SOLDAN - HEPPE / GESCHICHTE DER HEXENPROZESSE

P. P. Rubens: Der hl. Ignatius von Loyola heilt Besessene.   Wien

SOLDAN-HEPPE / GESCHICHTE DER

HEXENPROZESSE

NEU BEARBEITET UND HER-
AUSGEGEBEN VON

MAX BAUER

BAND II

Soldan-Heppe: Geschichte der Hexenprozesse.
Neu bearbeitet und herausgegeben von Max Bauer.
Reprint der Originalausgabe von G. Müller, München 1911
Gesamtherstellung: KOMET MA-Service und Verlagsgesellschaft mbH, Frechen

ISBN 3-933366-03-8

DIE HEXENPROZESSE IN DER ZWEITEN HÄLFTE DES SECHZEHNTEN UND IN DER ERSTEN HÄLFTE DES SIEBZEHNTEN JAHRHUNDERTS IN DEN GEISTLICHEN FÜRSTENTÜMERN DEUTSCHLANDS

Im geistlichen Kurfürstentum Trier war einst der Kurfürst-Bischof Johann v. Baden, des Trithemius Freund, von Innozenz VIII. wiederholt zur Vornahme von Hexenverfolgungen aufgefordert worden. Johann hatte jedoch dieses Ansinnen mit der Erklärung zurückgewiesen, daß es in seinem Lande keine Hexen gebe. Bereits 1548 hatte zwar in Trier eine Diözesansynode verordnet: Die Offizialen sollen achtsame Nachforschungen anstellen nach den Betreibern jener Wahrsagerei und Zauberei, „bei der man die Verehrung des wahren Gottes aufgibt und zu den Blendwerken der lügnerischen Höllengeister seine Zuflucht nimmt". Alle, die dabei betreten und trotz der Mahnung nicht ihren Sinn ändern, sind mit dem kirchlichen Bann zu belegen und so lange in das Gefängnis zu werfen, bis sie „von den Einflüsterungen und Vorspiegelungen der Teufel, ihrer Lehrer, befreit werden"[1]. Doch fand bis ins letzte Drittel des sechzehnten Jahrhunderts im Erzstift kein Hexenprozeß statt.

Das erste näher bekannte Verfahren spielte sich im Jahre 1572 zu Kenn und Fell ab und wurde von dem Amtmann des Klosters St. Maximin bei Trier geführt. Drei Weiber starben den Flammentod[2].

Die gewaltigen Hexenbrände entflammte erst Johann VI. (1581—1599).

Die Gesta Trevirorum rühmen ihn als einen klugen, frommen und demütigen Mann, dessen Äußeres eher einen Pfarrer als einen Kurfürsten verraten habe.

---

1) *Janssen*, VIII, 687. — 2) *Hennen*, Ein Hexenprozeß aus der Umgebung von Trier im Jahre 1572. St. Wendel, 1887.

Die Bemühungen des uns schon bekannten Ketzer-richters Binsfeld hatten es dahin gebracht, daß das Land dieses „sanften Mannes" einer Wüste glich und das Vermögen der Begüterten in die Hände der Gerichtspersonen und des Nachrichters überging. Es sind dort nicht bloß gemeine Leute, sondern auch Doktoren, Bürgermeister, Kanoniker und andere Geistliche verbrannt worden[3]. Laut amtlichen Nachrichten bestiegen nur aus etwa zwanzig Dörfern in der nächsten Umgegend der Hauptstadt in sechs Jahren (1587 bis 1593) 306 Personen den Scheiter-haufen[4]. In zwei Ortschaften blieben nur zwei Frauen am Leben[5].

Auch im Fürstbistum Bamberg nahm die Hexenverfolgung einen entsetzlichen Umfang an. Im Jahre 1625 beginnt unter Johann Georg jene lange Reihe von Hexenprozessen, die die bambergischen Annalen schändet. Des Bischofs rechte Hand war hierbei Friedrich Förner, Suffragan von Bamberg, ein unbedingter Jesuitenanhänger und Todfeind der Ketzer und Zauberer, gegen die er auch als Schrift-steller aufgetreten ist[6]. Weihbischof Förner ließ für Bam-berg ein eigenes „Hexenhaus" errichten. Es stand in der heutigen Franz-Ludwigstraße. Über dem Eingang war eine Bildsäule der Gerechtigkeit mit der Unterschrift: „DIS-CITE JUSTITIAM MONITI ET NON TEMNERE DIVOS." Daneben das Zitat aus dem dritten Buch der Könige: „Das Haus wirdt ein Exempel werden, daß alle die für über gehen, werden sich entsetzen vnd Blaßen vnd Pfeiffen und sagen: Warumb hatt der Herr disem Landt, disem Hauß

---

3) *Hennen*, S. 11. — 4) *M. Fr. J. Müller*, Kleiner Beitrag zur Gesch. des Hexenwesens im 16. Jahrh., Trier 1830, S. 7. *S. Marx*, Gesch. des Erzstiftes Trier, Trier 1858—64, 2., S. 111. *G. L. Burr*, The fade of Dietrich Flade, New-York and London 1891, S. 21. *W. Seilet*, Studien zur Kunst und Kulturgeschichte, 2. Bd., Frankfurt 1883, S. 51. *Arthur Richel*, Zwei Hexenprozesse aus dem 16. Jahrh., Beiträge zur Kultur-gesch., II, Weimar 1898. — 5) *Hennen*, S. 3 ff. *Janssen*, VIII, S. 687 ff. — 6) Panoplia armaturae Dei. Conciones contra omnes superstitiones et praestigias diaboli. Ingolstadt 1626. S. *Gropp*, Tom. III, p. VIII.

Wahre vnd Eigentliche Contrafactur des Newgebauten Bo
ing, deren von Gott entwichen vnd verlaugneten bößhaf sti
lauffenden 1627 Jahr. so im Monat Junÿ angefang

J REGVM 9.V.8 ET 9
Domus haec erit in exemplu
omnis qu transiet it per eam
Stupebit, et sibilabit et dice
quare fecit Dominus sic tere
huic et domui huic? Et respo
debunt Quia dereliquerut
Dominum Deum suum, et
secuti sunt Deos alienos, et
adoraverunt eos et col
verunt eos: idcirco in
duxit Dominus super
vos omne malum hoc.

Geometrische Gründt deß Newgebawten Hauß. Zu den

Eingang des Hauß sampt dern vntern gemächern.

Wächter
Stuben

andere gemach
stuben

Das Bamb
Nach dem Kupfer in d

Hexenhaus

Bibliothek zu Bamberg

also gethan? So wird man antwortten: Darumb, daß sie den Herren ihren Gott verlassen haben vnd haben angenommen andere Götter und sie angebettet vnd ihnen gedient, Darumb hat der Herr all diß übel über sie gebracht[7]."

Was sich in diesem „Hexenhaus" des ob seines Wirkens von dem Kardinal Steinhuber hochgerühmten Bischofs abspielte, spottet jeder Beschreibung. Ein Aktenstück aus dem Jahre 1631 erzählt lakonisch: „Designatio welche Persohnen im abscheulichen Hexenhauss zu Bamberg bezichtigter Veneficij halben (außer etlich hunderdt hingerichten) noch jämmerlich enthalten undt unschuldig ellendtlich gequellt werden." Nun folgen die Namen von dreiunddreißig Personen, von denen eine schon über vier Jahre im Hexenhaus gefangen gehalten wurde. Da heißt es weiter: „Nachfolgendte Persohnen seindt durch unerhörte Speis allss hering mit lauter Saltz vnd Pfeffer zum Prey gesotten, so sie ohne ainichen trunkh essen müessen, Item mit einem Wannen Baadt von siedheißen Wasser mit Kalch, Salltz, Pfeffer vndt anderer scharpffen Matherie zugerichtet neben andern neuerfundenen Torturen auch Hungers Noth ohne einichen christlichen trost, Urtl oder Raht ellendtlich vmb ihr Leben kommen." Nun werden dreizehn Frauen genannt. „Was dann solchen noch ligenden Verhafften an ihren Haab und Güettern konfiszirt worden sich in Summa befindten würden über die 500000 Gulden[8]." Wenn man diese Summe auch für stark übertrieben halten mag, so blieb das Hexenbrennen und die damit verknüpfte Vermögens-Konfiskation dennoch ein sehr gutes Geschäft.

G. von Lamberg, der aus aktenmäßigen Quellen geschöpft hat[9], bestimmt die Anzahl der von 1625—1630 allein in den beiden Landgerichten Bamberg und Zeil an-

---

7) *Leitschuh*, Beiträge zur Geschichte des Hexenwesens in Franken. Bamberg 1883, S. 44. — 8) *Leitschuh* a. a. O. S. 56 ff. — 9) Kriminalverfahren vorzüglich bei Hexenprozessen im ehemaligen Bistum Bamberg während der Jahre 1624—1630. Nürnberg.

hängig gemachten Prozesse auf mehr als neunhundert; und eine im Jahr 1659 mit bischöflicher Genehmigung zu Bamberg selbst gedruckte Broschüre[10] meldet, daß der Bischof im ganzen sechshundert Hexen habe verbrennen lassen. In Hallstadt mußten vom 16. August 1617 bis zum 7. Februar 1618 28 von 102 Hexen auf den Scheiterhaufen. An einem Tage wurden 13 eingeäschert[11].

Heben wir einiges aus der Broschüre aus:

„Darauf der Cantzler und Dr. Horn, des Cantzlers Sohn, sein Weib und zwo Töchter, auch viele vornehme Herrn und Rathspersonen, die mit dem Bischof über der Tafel gesessen, sind alle gerichtet und zu Asche verbrandt worden.

„Und haben bekennet, daß sich ihrer über die eintausendzweihundert mit einander verbunden haben, und wenn ihre Teuffels-Kunst und Zauberei nicht an den Tag kommen, wollen sie gemacht haben, daß in vier Jahren kein Wein noch Getreydig im gantzen Lande geraten wäre und dadurch viel Menschen und Viehe Hungers sterben und ein Mensch das ander fressen müssen.

„Es sind auch etliche katholische Pfaffen darunter gewesen, die so große Zauberei und Teuffels-Kunst getrieben, daß nicht alles zu beschreiben ist, wie sie in ihrer Pein bekannt, daß sie viel Kinder in Teuffels-Nahmen getaufft haben.

„Der eine Bürgermeister in der Langen-Gassen und der ander Bürgermeister Stephan Bawer, die haben bekannt, daß sie viel schreckliche Wetter und große Wunder gemacht, viel Häuser und Gebäu eingeworffen, und viel Bäum im Wald und Felde aus der Erde gerissen und nicht anders vermeint, sie wollten das Wetter und den Wind so arg machen, daß es den Thurm zu Bamberg übern Hauffen werffen sollt.

---

10) Bamberg 1659. *Hauber*, Bibl. mag. Bd. III, S. 441 ff. — 11) *P. Wittmann*, Die Bamberger Hexenjustiz (1595—1631), Archiv für kathol. Kirchenrecht. 50. Bd., S. 117 ff. Mainz 1883.

Ulrich Zwingli
Holzschnitt aus dem Anfang des 16. Jahrhunderts

„Die Becken auf dem Markt haben bekannt, wie sie viel Menschen haben gesterbet, die Wecke mit ihrer teuffelischen Salbe geschmieret, daß viel Leute haben müssen verdorren. Die Bürgermeisterin Lambrech und die dicke Metzgerin haben bekannt, daß sie den Zaubern die Salbe gemacht haben, und von einer jeden Hexen wöchentlich zwey Pfennig bekommen, hat ein Jahr sechshundert Gülden gemacht.

„Der Bürgermeister Neidecker hat mit seiner teuffelischen Gesellschaft bekannt, wie sie die Brunn vergifftet haben. Wer davon getrunken, hat alsbald die Beul oder Pestilentz bekommen, und viel Menschen dadurch gesterbet.

„Es haben auch die Zauberin bekannt, wie ihrer 3000 die Walpurgis-Nacht bei Würtzburg auf dem Kreydeberg auf dem Tanz gewesen, hat ein jeder dem Spielmann einen Kreutzer geben, darmit der Spielmann 40 Gülden zu Lohn bekommen, und haben auf demselben Tanz sieben Fuder Wein dem Bischof zu Würtzburg aus dem Keller gestohlen.

„Es sind etliche Mägdlein von sieben, acht, neun und zehn Jahren unter diesen Zauberin gewesen, deren zwey und zwanzig sind hingerichtet und verbrannt worden, wie sie denn auch Zetter über die Mütter geschrien, die sie solche Teuffels-Kunst gelehrt haben, und seynd in dem Stift Bamberg über die 600 Zauberin verbrannt worden, deren noch täglich viel eingelegt und verbrannt werden."

Zu den Hingerichteten zählte auch der fünfundfünfzigjährige Bürgermeister Johannes Junius, der 1628 verbrannt wurde, nachdem seine Gattin vorher dasselbe Schicksal ereilt hatte. Seine seelischen und physischen Leiden sind dieselben, die hunderte Opfer vor und nach ihm erduldet. Sie gehen uns aber dadurch besonders nahe, weil er sie in einem Briefe an seine Tochter, mit von der Folter zerfetzten Händen aufgezeichnet hat, in dem er gleichzeitig von diesem seinem geliebten Kinde Abschied für immer nahm.

Selbstverständlich haben die Richter dieses Schreiben, „eines der rührendsten Aktenstücke aus den Hexenprotokollen" nennt es Diefenbach, unterschlagen, und diesem Gebaren, so verdammenswert es auch sein mag, danken wir die Erhaltung dieses ganz außerordentlich wichtigen Dokumentes.

Es zeigt, wie nur wenige andere, wie grauenvoll unter dem Krummstab im Namen der Religion und der Gerechtigkeit gefrevelt wurde, und daß selbst der Verworfenste unter den Verworfenen, der Henker, mit dem Opfer der entmenschten Richter Mitleid gefühlt, das den Juristen fremd blieb. Angesichts solcher Beweise zerfallen alle „Ehrenrettungen", die den Richtern, geistlichen wie weltlichen, guten Glauben zubilligen, in nichts, und die nackten Tatsachen der Geld- und Blutgier treten grell und unleugbar zutage.

Hier der Inhalt des Briefes, dessen beide erste Seiten unsere Wiedergabe zeigt:

„Zu viel hundert tausend guter nacht hertzliebe dochter Veronica. Vnschuldig bin ich in das gefengnus kommen, vnschuldig bin ich gemarttert worden, vnschuldig muß ich sterben. Denn wer in das haus (Hexenhaus) kompt, der muß ein Drudner (Hexer) werden oder wird so lange gemarttert, biß das er etwas auß seinem Kopff erdachte weiß, vnd sich erst, daß got erbarme, vf etwas bedencke. Wil dir erzehlen, wie es mir ergangen ist. Alß ich das erste mahl bin vf die Frag gestemt worden, war Doctor Braun, Doctor Kötzendörffer und die zween frembde Doctor da..., da fragt mich Doctor Braun zu abtswert: schwager, wie kompt ir daher, Ich antwortt: durch die valsheit, vnglück. Hört, Ir, sagt er, Ir seyt ein Drutner, wolt Ir es gutwillig gestehen, wo nit, so wird man euch Zeug (Zeugen) herstellen vnd den Hencker an die seyten. Ich sagt, ich bin kein Drutner, ich hab ein reines gewissen in der sach, wan gleich taussent Zeug weren, so besorg ich mich gar nicht, doch wil ich gern die Zeug hören. Nun wurdt mir

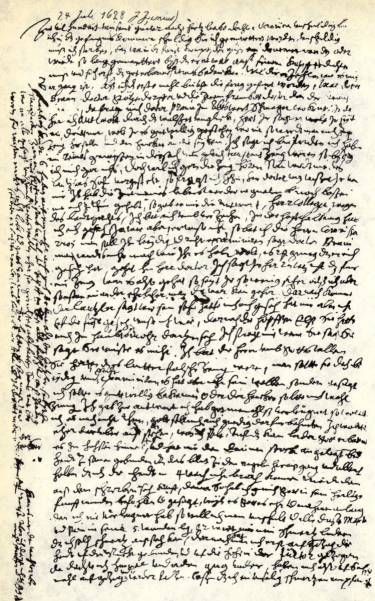

Die beiden ersten Seiten des Briefes
(Siehe

des Bürgermeisters Johann Junius
Seite 6 ff)

des Cantzlers Sohn (Dr. Haan) vorgestelt, so fragt ich Ihn, Her Doctor, waß wißet Ir von mir, Ich hab die Zeit meines lebens weder in gueten noch bössen nie noch (mit Euch?) zu thun gehabt; so gab er mir die Antwort, Herr Collega, wegen des landtgerichts. Ich bit euch umb der Zeugen. In der hoffhaltung hab ich euch gesehen. Ja wie aber? Er wißt nicht. So bat ich die herrn Commissarios, man soll ihn beeydig und recht examiniren. Sagt Doctor Braun, man werd es nicht mach, wie Ihr es haben wolt, es ist genug, daß er euch gesehen hat. Gehet hin herr Doctor. Ich sagt, so, herr, was ist das für ein Zeug? Wann es also gehet, so seyt ir so wenig sicher, alß ich oder sonsten ein ander ehrlicher man. Da war kein gehör. Danach kommt der Cantzler, sagt wie sein sohn; hette mich auch gesehen, hat mir aber nicht vf die Füß gesehen, waß ich war. Darnach die hoppfen Elß (eine angeklagte Taglöhnerin). Sie hette mich in Haupts mohr (Hauptsmorwald) dantzen seh. Ich fragt noch, wie sie sah. Sie sagt sie wüßte es nicht. Ich bat die Herrn um gottswillen, sie hörten, daß es lauter falsche Zeug weren, man sollte sie doch beeydig vnd sicher examiniren, es hat aber nicht sein wollen, sondern gesagt, ich sollte es guttwillig bekennen oder der hencker sollte mich wohl zwing. Ich gab zur antwort: ich hab got niemal verleugnet, so wollt ich es auch nicht thun, gott soll mich auch gnedig dafür behueten. Ich wollt eher darüeber außstehen, was ich sole. Vnd da kam leider, Gott erbarm es in höchstem himmel der hencker und hat mir den Daumenstock angelegt, bede hende zusamen gebunden, daß das blut zu den negeln heraußgangen vnd allenthalben daß ich die hendt in 4 wochen nicht brauch koennen, wie du da auß dem schreiben seh kannst. So hab ich mich Gott in sein heilige funff wunden befohlen vnd gesagt, weyl es Gottes ehr vnd nahmen anlang, den ich niht verleugnet hab, so will ich mein vnschult vnd alle diese marter vnd pein in seine 5 wunden leg er wirt mir mein schmertz lindern, daß ich solche schmertz aus-

steh kann. Darnach hat man mich erst außgezogen, die
hendt vf den Rücken gebunden vnd vf die höhe in der
Fulter (Folter) gezogen. Da dachte ich, himmel vnd erden
ging vnder, haben mich achtmahl auffgezogen, vnd wieder
fallen lassen, daß ich ein vnselig schmerzen empfan. (Auf
dem Rande, quer:) Liebes Kindt 6 haben auf einmahl auf
mich bekennt, als: der Cantzler, sein sohn, Neudecker,
Zaner, Hoffmaisters Ursel vnd Hopffen Els alle falsch auß
zwang wie sie alle gesagt, vnd mir vmb Gotteswillen eher
sie gerichtet abgebetten ... worden sie wissen nichts alß
liebs vnd guts von mir. Sie hetten es sag muß, wie ich
selbsten erfahren werde . . . . kann kein Priester hab,
nimb das schreiben wohl in acht.

(2. Seite:) Und dießes ist alles fasel nackent geschehen,
dan sie haben mich fasel nacket ausziehen lassen. Als
mir nun unser hergot geholfen, hab ich zu Ihnen gesagt:
Verzeihe euch Got, daß ir ein ehrlich man also vnschuldig
angreift, wollt ihn nicht allein vmb leib vnd seel, sondern
vmb hab vnd guet bring. Sagt Doctor Braun, du bist ein
schelm. Ich sagt, ich bin kein schelm, noch solcher man
vnd bin so ehrlich, alß Ir alle seyt, allein weyle es also
zugehet, so wirdt kein ehrlicher man in Bamberg sicher
sein. Ir so wenig als ich oder ein ander. Sagt Doctor,
er wer nit vom Teuffel angefochten; ich sagt: ich auch
nicht, aber eure falsche Zeugen, das sen die Teuffel, eure
scharffe marter. Dann ihr laßt kein hinweg und wenn er
gleich alle Marter ausstehet. Vnd dieses ist den Freytag
den 30. Juny gescheh hab ich mit Gott die Marter aussteh
müß. Hab mich also die gantze Zeit nicht anzieh noch die
hendt brauch können ohne die andern schmerzen die ich
ganz vnschuldig leiden muß. Als nun der Hencker mich
wieder hinwegführt in das gefengnus, sagt er zu mir: Herr,
ich bit euch vmb gotteswillen, bekennt etwas, es sey gleich
war oder nit. Erdenket etwas, dan ir könnt die marter
nicht ausstehen, die man euch anthut, vnd wann ir sie
gleich alle ausstehet, so kompt ir doch niht hinaus, wann

Ir gleich ein graff weret, sondern fangt ein marter wider auf die andre an, bis ir saget, ir seyt ein Truttner, vnd sagt, eher niht dann lest man euch zufrieden, wie denn auß allen iren vrtheylen zu sehen, daß eins wie das ander gehet. Darnach kam der Georg vnd sagt, die Kommissarii hetten gesagt, mein Herr (Bischof Johann Georg II.) wolle ein solches Exempel an mir statuiren, daß man darüber staun solt; so hetten die hencker alleweyl zusammen geäußert vnd wolten mich wieder peinigen, er bette mich vmb gotteswillen, ich sollte etwas erdenken vnd wan ich gleich gantz vnschuldig wer, so keme ich doch niht wieder hinaus; es sagt mir es der Candelgießer, Newdecker vnd andere. So hab ich gebetten, ich sei gar übel auf, man solte mir einen tag bedenck zeit geb vnd ein Priester. Der Priester war mir abgeschlagen, aber die Zeit zu bedencken war mir geben. Nun hertzliebe dochter, was meinstu in was für eine gefahr ich gestanden und stehe. Ich sollt sag, ich sey ein truttner, vnd bin es niht, soll gott erst verleugnen vnd hab es zuvor niht gethan. Hab tag vnd nacht mich hoh bekümmert, endlich kam mir indem noch ein Rat vor. Ich sollte vnbekümmert sein, weyle ich keinen Priester hab bekommen, mit dem ich mich berathen könne, solte ich etwas gedencken und es also sag. Es war ja besser, ich sagt es nur mit dem mauhl und worten, vnd hette es aber im werck niht gethan, sollte es danach beychten vnd es die verantworten lassen, die mich dazu nötigen. Darauf ich dann den Paterprior im prediger Closter begert hab, ihn aber nit bekomen können. Vnd dann ist dieses mein Aussag wie folgt aber alle erlogen.

(3. Seite:) Nun folgt, hertzliebes kindt, was ich hab außgesagt, daß ich der großen marter vnd harten tortur bin entgangen, welche mir vnmöglich lenger also auszustehen geweßen were. Nemblich alß ich anno 1624 oder 1625 ein commission von Rottweyl gehab, hab ich dem Doctor (dem kaiserl. Hofger. Adv. Lukas Schlee zu Rottweil) vf die Commission in meiner Rottweylisch Rechtfertigung vf die 600 fl.

geben müß, also daß ich viel ehrliche leut angesprochen, die mir ausgeholfen. Das ist alles war. Itzunder volgt mein außag mit lauter lügen, die auf befragung der noch großen marter sag muß vnd darauf sterben muß. Nach dießem sey ich vf mein Feldt bey dem Friedrichsprunnen gangen gantz bekummert, hab mich daselbsten niedergesetzet, da sey ein graß medlein zu mir kommen vnd gsagt: herr was macht ir, wie seyt ir so trawrig. Ich darauf gesagt: Ich wißte es nicht, also hat sie sich neher zu mir gemacht. Sobalt solches geschah, ist sie zu einem geißbock worden vnd zu mir gesagt: siehe, itzunder siehstu, mit wem du zu thun hast; hat mir an die gurgel gegriffen vnd gesagt, du mußt mein sein oder ich will dich umbbring. Do hob ich gesagt, behüt mich got darfür. Also ist er verschwunden vnd bald wieder komen vnd zwey weiber vnd drey menner bracht. Ich (solle) gott verleugnen, so hett ich es gethan; Gott vnd das himmlische heer verleugnet, so hett ich es gethan; darauf hatte er mich getauft vnd waren die zwey weiber die taufdotten (Paten); hatten mir ein ducaten eingebunden, were aber ein scherben gewesen. Nun vermeint ich ich wer gar forüber, da stellt man mir erst den Hencker an die seyten, wo ich vf dentze gewesen, da wust ich nicht, wo auß oder ein; besann mich, daß der Cantzler vnd sein sohn vnd die hopffen Else alte hofhaltung, rahtstube und haubtsmohr genenet hetten, vnd was ich sonsten bey den derartige vorlesen gehört hab, nennet ich solche ort auch. Darnach soll ich sag, was ich für leut alda gesehen hatte. Ich sage, Ich hatte sie nicht gekennet. Du alter Schelm, ich muß dir den hencker übern hals schicken, sag . . . . is der Cantzler nicht da gewest so sagt ich ja. Wer mer. Ich hatte niemandt gekennet. So sagt (er) nehm ein gaß nach der andern; fahr erstlich den marck heraus vnd wieder hinein. Da hab ich etliche persohn müssen nennen, darnach die lange gasse. Ich wuste niemand. Hab acht persohn daselbsten müssen nennen, darnach den Zinkenwert, auch ein persohn, darnach vf die ober prucken biß zum Georgthor vf beden seyten. Wuste auch niemandt. Ob ich nichts in der Burg wüst, es sey wer es (wolle) solle es ohne scheu sag. Vnd so fortan haben sie mich vf alle gassen gefragt, so hab ich nichts mer sag wollen noch können. So haben sie mich dem hencker geben, soll mich auszieh, die haar abschneide vnd vf die Tortur zieh. („)Der schelm weiß ein vfm marck, gehet täglich mit im vmb vnd will ihn nicht nennen.(") So haben sie den Dietmeyer (einen hochverdienten Beamten) genennet, also hab ich ihn auch nennen müssen. Darnach solt ich sag, was ich for vebel gestifft hab. Ich sagt nichts.

(4. Seite:) Hat mich wohl angesonnen (der Teufel) allein weyle ich es nicht thun wolln, hat er mich geschlagen. Ziehet den schelm auf. So hab ich gesagt, ich hette mein Kinder umbbring sollen, so hette ich ein pferdt dargegen vmbbracht. Es hat nicht helfen wollen. Ich hette auch ein hostien genohmen vnd die eingegraben. Wie dieses geredt, so haben sie mich zufride gelassen. Nun, hertzliebes kindt, da hastu alle meine Aussag vnd verlauf, darauf ich sterben muß vnd seint lautter lüg vnd erdichte sach, so war mir gott helff. Dann dieses hab ich alles auß forcht der ferner angetrohenen marter vber die schon zuvor außgestandene Marter sag muß. Denn sie lassen nicht mit den martern nach, biß man etwas sagt, er sey so fromm als er wolle, so muß er ein trudener sein. Kompt auch keiner herauß, wenn er gleich ein graf wär. Vnd wenn gott kein mittel schickt, daß die sach recht an tag kompt, so wirdt die ganze Schwegerschaft verbrendt. Dan es muß ein jedes erst laut bekennen, was man gleich nicht von einem weiß, wie das ich thun muß. Nun weiß gott im himmel, daß ich das geringste nicht kann noch weiß. Sterbe also vnschuldig vnd wie ein martirer. Hertzliebes Kindt, ich weiß, daß du so fromm bist als ich, So hastu eben so wohl schon etliche pein und wann ich dir rathen soll, so sollstu von gelt vnd

briefen, was du hast, nehmen vnd dich etwa ein halb Jahr vf ein walfahrt begeben oder wo du dich eine zeit lang auß dem stifft mach kannst, da rahte ich Dir biß man siehet, wo es hinaus will. Mancher ehrlich man vnd ehrlich weib gehet zu Bamberg in die Kirchen vnd in seine andern geschafften, weiß nicht böß, hat ein gut gewissen, wie ich auch bißhero wie du weißt . . . . . nichts desto weniger wird in dem Trudenhause angeben. Wenn er nur seine Stimme (?) hat, so muß er fort, es sei gerecht oder nicht. Es hat der Newdecker, Cantzler sein Sohn, der Candelgiesser, wolff hofmeister dochter alle of mich bekannt vnd die hopffenelse, alle vf ein mahl. Ich hab warlich hineingemüst, also gehet es gar vilen und wirdt noch vilen also ergehen, wo got kein mittel schickt. Liebes kindt dieses schreiben halt verborgen, damit es nicht vnter die leut kompt, sonsten werde ich dermassen gemartert daß es zu erbarmen vnd es würden die wechter geköpffet. Also hoh ist es verboten. Heer vetter Stamer kannstu es wohl doch vertraulich ein wenig rasch lesen lassen. Bey im ist es verschwiegen. Liebes Kindt verehr diesem man 1 Reichsthaler . . . . . . Ich hab etliche tag an dem schreiben geschrieben; es seint meine hendt alle lam, ich bin haltd gar übel zugericht. Ich bitte dich vmb des jüngsten gerichts willen, halt dies schreiben in guter Hut vnd bet für mich als dein vatter für ein rechten merterer nach meinem tode . . . . . doch hütt dich daß du das schreiben nicht lautbar machest. Lass die Anna Maria (seine zweite Tochter, Nonne in Bamberg) auch für mich bet. Das darfst künlich für mich schwören daß ich kein trudner sondern ein mertirer bin vnd sterb hiemit gefast. Guter Nacht denn dein vatter Johannes Junius sieht dich nimmermehr. 24. July ao 1628[12]."

Das Verfahren in diesen Prozessen war ebenso formlos wie grausam; in der Untersuchung und Aburteilung strotzte es von Nichtigkeiten. Gewöhnlich wurde die ganze Hand-

---

12) *Leitschuh*, S. 49 ff.

lung in ein einziges, unabgesetztes Protokoll zusammengefaßt. Wenn mehrere Personen zugleich verurteilt wurden, so waren sie nicht mit ihren Namen, sondern mit Nummern bezeichnet.

„Auff Clag, Antwortt, auch alles Gerichtliches vor- unndt anbringen und nottürftiger erfahrung unndt sowohl güet alls peinlich selbst aigene bekhandtnus unndt aussag, So deßhalb alles nach laut deß Hochwürdigen Unssers Gnedigen Fürsten unndt Herrns von Bamberg etc. rechtmeßigen reformation geschehen, Ist endtlich zu recht erkhandt, daß nachfolgende 8 Personen, deren extrahirte Aussag mit Nris 1, 2, 3, 4, 5, 6, 7 und 8 angehöret worden, wegen mit der Hexerey verübten Uebeltaten, indem Sie erstlichen Gott den Allmechtigen und dem ganzen Himmlischen Heer erschröckhlich und unchristlich abgesagt dem Laidigen Sathan sich mit Laib unndt Seel ergeben, Auch anders Uebel und Unheil mehr gestifftet, Sonderlich Nro. 1, 2, 4 unndt 5 wegen ihrer Uebeltaten, so Sie mit der heiligen Hostien verübt, andern zur abscheü, so offt sie diesselbe dishonorirt, soviel Zwiekh mit glüenden Zangen gegeben. Nro. 4, weilen sie ihr aigen Kindt umbbracht, die rechte Handt abgehieben, wie auch Nro. 2, weilen sie die h. Hostie so vielmahls verunehrt unndt Nro. 5 in solche Hostie zweymahl gestochen, daß das Bluet herauß gangen, Jeder auch zuvor die rechte Hand abgehieben werden.

Alßdann neben den andern mit feüer lebendig zum todt hingericht werden sollen. Actum Bamberg den 12: Octobris anno 1629.

Richter unndt ganzer Schöpffenstuhl
daselbsten"[13].

Nach Fällung des Urteils wurde hin und wieder durch einen sog. Gnadenzettel verkündet, daß vor der Verbrennung die Richtung durch das Schwert allergnädigst gestat-

13) v. Lamberg, Beilage Lit. S.

tet wurde. Einer dieser Gnadenbriefe ist hier im Faksimile wiedergegeben.

In einem Bamberger Prozeß von 1614 wurde eine 74jährige Frau, nachdem sie den Daumstock und die Beinschrauben überstanden, drei Viertelstunden lang auf den Bock gesetzt. Als sie dann von den Martern tot zusammenbrach, berichteten die Kommissare: Die Inquisitin habe sich durch die drei Grade der Folterung von den gegen sie vorliegenden schweren Indizien überflüssig purgiert und ihre Unschuld insoweit dargetan, daß dieselbe, wenn der Tod sie nicht ereilt hätte, von der Instanz absolviert worden wäre. Es sei deshalb der Hingeschiedenen ein christliches Begräbnis zuerkannt und solle ihrem Mann und ihren Kindern, um üble Nachrede abzuwehren, ein Zeugnis ausgestellt werden [14].

Dieses Zeugnis sollte den Justizmord ausgleichen.

Der Verteidiger der ultramontanen Hexenmeister, Diefenbach, ringt seiner Feder das Bekenntnis ab: „Der Einblick in einen Teil der Prozeßakten ließ folgende Eigentümlichkeiten des Bamberger Verfahrens erkennen: die eingezogenen Personen wurden in der Regel dreizehnmal examiniert und die peinliche Frage in folgenden Stufen vollzogen: Zuerst gebunden, dann Anlegung von Daumschrauben, drittens Beinschrauben, viertens der Zug auf die Leiter, fünftens Geißelung mit Ruten. Oftmals erwirkten die Verurteilten sogenannte ‚Gnadenzettel‘, d. h. Verwandlung der Feuerstrafe in Hinrichtung mit dem Schwert. So erhielten unter dem 10. Februar 1628 (also an einem Tage!) sieben Personen den Gnadenzettel [15]." Der Text des Gnadenzettels, den wir nebenstehend nach einem Original der Bamberger Kgl. Bibliothek abbilden, lautet:

Obwohln gegenwertig vor Gericht gebrachte Persohnen dem itzt verlesenen Vrtheil auf Ihrem schwehren Verbrechen vnd verdienst nach billich mit dem feuer vom leben zum tode zu straffen, so läßt

---

14) *Wittmann*, S. 181. *Janssen, VIII*, S. 679 ff. — 15) Der Hexenwahn, Mainz 1886, S. 132.

jedoch der hochwürdige vnser allerseits gnädige Fürst vnd Herr von Bamberg auß sonderbahren bewegenden Vrsachen Ihnen diese hohe fürstl. Gnad erzeigen vnd erweißen, das sie nemblich erstlich mit dem Schwerd vom leben zum todt hingerichtet, alßdann mit dem Feuer zu Pulfer vnd Asche verbrent werden sollen. Neben diesem aber solle Anna Eberl wegen Ihrer vndt viel begangenen Missethaten erstlich Ein griff mit glühender Zange gegeben, hernacher ihre rechte Hand, mit welcher sie erschröckhlich und vnchristlich gesündigt sambt dero haubt zugleich abgeschlagen vndt ihr Cörper gleich andern durch das feuer verzehrt werden. Act. d. 22. Jan. 1628.

Ex mandato R. mi.

Die Beichtväter, gewöhnlich Jesuiten, erstatteten nach der Exekution dem Kommissär Bericht, ob der Verurteilte früher getane Komplizenangaben im Momente des Todes zurückgenommen oder verändert hatte. War dieses nicht der Fall, so schloß der Kommissär, daß diesen Angaben um so mehr Glauben beizumessen sei[16]. Eine Verletzung des Beichtgeheimnisses, die eine direkte Denunziation enthielt, berichtet v. Lamberg S. 25.

Die Gelderpressungen waren so arg, daß selbst die Hinterbliebenen herangezogen wurden. Man raubte, so lange noch etwas da war; als aber die Verarmung durch Krieg, Mißwachs und Hexenprozeß allgemein geworden war, riet sogar das bischöfliche Kabinett zur Einschränkung der Prozesse, weil man nicht mehr wisse, woher die Unkosten zu bestreiten[17]. Zwischendurch hatte sich auch Kaiser Ferdinand II. durch eingelaufene Beschwerden zum Einschreiten bewogen gefunden. Es liegen von ihm Schreiben an den Bischof vor, worin er sich selbst die Ernennung des Oberrichters vorbehält, das Anfangen des Prozesses mit Kaptur und Folter rügt und ganz besonders die Güterkonfiskation nachdrücklich verbietet. „Was aber die höchst schmutzige Confiskation in diesem Crimine anbelangt, können wir diese Dero Andacht durchaus nicht und unter keinerlei Vorwand mehr gestatten[18]". Aus einer

---

16) *v. Lamberg*, S. 24. — 17) *v. Lamberg*, S. 15. *Leitschuh*, S. 56 ff. — 18) *v. Lamberg*, S. 20.

jener Beschwerden ergibt sich, daß man das Vermögen der Inkulpaten schon unmittelbar nach deren Verhaftung aufzunehmen und dem Fiskus und den Inquirenten pro rata zuzuschreiben pflegte[19].

Im Stifte Würzburg gedachte Bischof Julius von Mespelbrunn mit dem Protestantismus zugleich sein Land auch von der Hexerei zu säubern, weshalb er überall die eifrigste Hexenverfolgung eintreten ließ[20].

In dem kleinen Orte Gerolzhofen wurden allein im Jahre 1616 99 Hexen verbrannt und im folgenden Jahre mußten 88 daran glauben.

Julius starb am 13. September 1617, als das begonnene Werk der Reinigung des Landes noch unvollendet war, weshalb es sein Nachfolger, der bisherige Fürstbischof von Bamberg, Johann Gottfried von Aschhausen (1617—1623) rüstig fortsetzte. Schon im ersten Jahre seiner Regierung ließ er in dem neu erbauten Gefängnis in der Münze zu Würzburg acht Kammern und zwei Stuben für Hexen und Unholde einrichten, damit sie nicht mehr über die Straße zu den Verhören geschleppt werden müßten[21].

Die grausigste Tätigkeit entfaltete aber in der Verfolgung der Hexen sein Nachfolger Philipp Adolf von Ehrenberg (1623—1631). Personen jeden Alters, Standes und Geschlechts, Einheimische und Fremde, Geistliche, Ratsherren, dann Söhne des fränkischen Adels, Matronen, Jungfrauen und unmündige Kinder sind in rasch aufeinander folgenden „Bränden" zum Tode geführt worden, und das Vermögen der Reichen, die auf diese Weise endeten, ist nicht mehr ins Ausland gegangen[22]. Wir haben noch ein Verzeichnis der bis zum Februar 1629 vollzogenen Hinrichtungen. Es reicht bis zum neunundzwanzigsten

19) *v. Lamberg*, S. 17. — 20) *Buchinger*, Julius Echter von Mespelbrunn, S. 170 ff. u. S. 232 ff. — 21) *Baldi*, die Hexenprozesse in Deutschland, S. 13. — 22) *Dr. Scharold*, Archiv des hist. Vereins f. Unterfranken, VI. 1. S. 128.

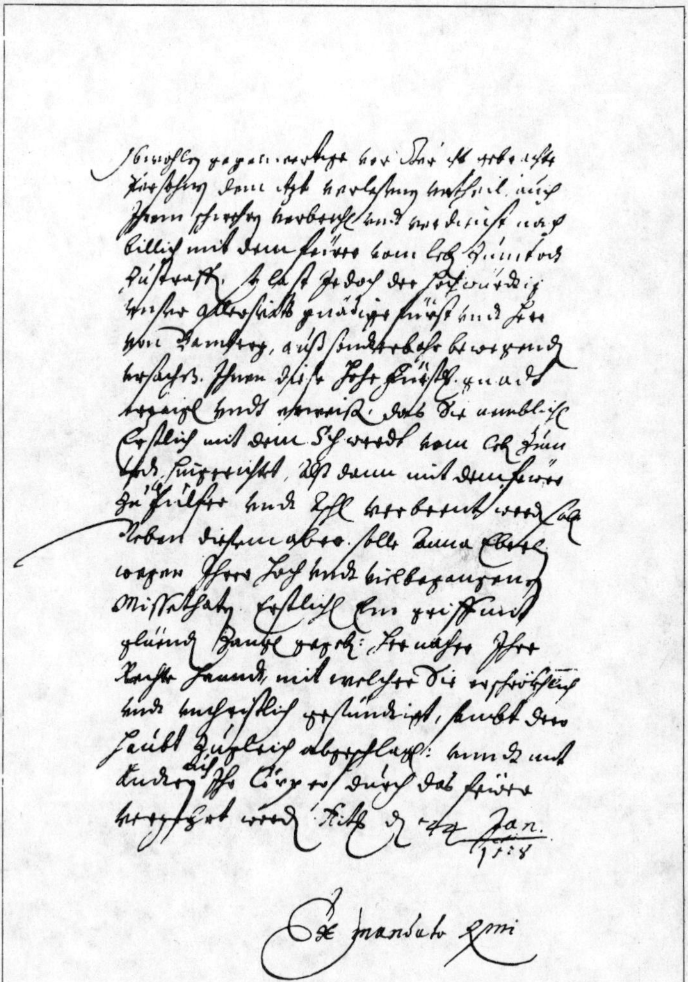

Bamberger Gnadenzettel

Ir Philips Adolph

burg vnd Hertzog zu Francken / ꝛc.

serer / zwar ohne das sonst vieler mühesamer obl
auch so viel andere Vnthaten nach sich zeucht / deren ein
lauter Augenschein gibt / auß sonderlicher Göttlicher Fürs
bels nicht nachsetzen würden / wir nicht allein vor Vns /
das gantze Land ins gemein / diejenige Straffen / welche die
zu viel befürdert / vmb so viel desto mehr verhengen möchte /
in heyliger Göttlicher Schrifft so ernstlich gebotten / ange

Haben derohalben vff wunderbarliche / vnd allen
an hand gegebenen Weg nachzusetzen / vnd nun ein geraun
sen hinrichten zu lassen verordnet / dann wir etwa vor dessen

Es hat sich aber dabey dieses ereugnet / daß je mehr
mit solcher manier entdecket / daß wir dabey spüren vnd mercken müssen / daß Gott der Allmächtig d
keit / dero zu solchem Ende das Schwerdt von Gott dem Allmächtigen vertrawt vnd anbefohlen /
vber vns ergangene Straffen / deren so vielfaltigen Kriege / Hunger / Pestilentz vnd anderer Vnfäl

Dann wann Gott der Allmächtig solche fünff Stätt / vnd alle deroselben Einwohner (
mitischen Lasters willen also erschrecklich gestrafft / so ist leichtlich zu vermuhten / was die mit der H
Laster der verletzten Göttlichen Majestät / deren sie nicht allein würcklich absagen / vnd dardurch sich
von der heyligen Christlichen Catholischen Kirchen verdampten Meinungen deß Widertauffs / d
Vnthaten / Verschwerung aller guter Werck / verbinden / mit dem Teuffel in vielfaltigem Ehebru
stäl / vnd andere vielmehr erschröckliche Vnthaten begehen / welche an diesem Ort ihrer abschewligk

Vnter welchen dann zumal keine ist / deren Verbrechung nicht Leibs vnd Lebensstraff vff
sich bringen / daß wir also derogleichen straffbar befundene Personen nicht allein an Leib vnd Leben

Diewell wir aber vnter vorgenommener Inquisition dieses Lasters / vnd daruff angestellte
ten Vnderthanen Seelen Heyl vnd Seligkeit / auch dieselbe widerumb in die Göttliche Huld vnd
seiner schwer : vnd weitleufftigkeit willen / weit ein mehrers / dann vff bestraffung anderer Laster / no
men / verscheidenen Centen angehöriger Vnderthanen / in welchen derogleichen Maleficanten begr
bunden / nicht vffzuladen wissen. Als haben wir nach deßwegen eingeholtem vielfaltigen vnd wet
di / vnd der schuldig befundenen Güter einzuziehen / so fern zu remittiren vnd nachzusehen.

Daß nemlich von deren Personen / welche Kinder hinderlassen / Haab vnd Gütern / denseb
tzen vermögens / wie solches gemeiner geschriebener Rechten Wegen / deducto scilicet ære alieno.

Bey den jenigen aber welche keine Kinder / aber in vffsteigender / auch beyseit Linien / biß in
wandte vnd Zugetane haben / auch mit obbesagter Condition an gebührenden theils liquidirliche

Von den jenigen aber / welche weder in ab: oder vffsteigender / oder auch beyseits Linien / b
mögen / jedoch in allweg mit vorangeregtem Vorbehalt der Creditorn Rechten / eingezogen / vnd n

Nemlich soll davon zum vordersten der Inquisition vnd Execution Kosten abgetragen / t
chen mildten vnd Gott gefelligen Stifftungen angelegt werden : Dannenhero sich ins künfftig n
demselbigen zuuorderst die Ehre Gottes in obacht genommen werden.

Inmassen wir dann allbreit in dem Werck / in allen Aemptern vnd Orten / da derogleich
den vorerleuterter massen anfallenden Gütern / daselbst gedachte obliegen verordnen / vnd an Ort v
setzter Zeit ablegen sollen.

Hierauff befehlen wir nun allen vnsern Amptleuten / Vögten / Kellern / Schuldtheissen /
nen so zu Einbringung vorgemeldter Verlassenschafften verordnet / vberall / vnd in allen Puncte
nennt werden möchte / abhalten zu lassen.

Das versehen Wir vns also ohne alle Ein: oder Widerrede ohnfehlbarlich zu geschehen.
10. Iunij, Anno 1627.

Mandat gegen He
Philipp Adolfs von E

nach GOttes deß Allmächtigen vnerforschlichem Willen/ bey Vn-
alb/ sehr beschwerlicher vnd gefehrlicher Regierung/ sich das Laster aller Laster/ welches
derlich die Leib vnd Lebensstraff vff sich trägt/die Hexerey nemlich vnd Teuffelskunst/ also/ vnd wie der
ugnet/daß wann wir dero Göttlichen Anweisung vnd Handbietung zu genzlicher Außreutung dieses Ve-
Gewissen/ ein solches nicht zu verantworten hetten/ sondern auch besorgen müsten/ Gott der Allmächtig vber
ftige Leut/ so viel ihnen ist/mit ihrem verdampten Willen vnd Eingehelen/die verschiene Jahr hero nur
weniger wir vns die abschaffung eines so erschrecklichen Vbels/ dessen ernstliche Leibs-vnd Lebensbestraffung
n ließen.

en nach/ Göttliche Eröffnung vnd Handbietung nicht vnderlassen sollen/ deme vns durch solche Anleitung
ro ein solche anzahl dergleichen Vnmenschen/ zwar nicht mit verdienten/ sondern viel leidentlichern Straf-
in vnserm ganzen Land vnd Fürstenthumb/ auch vff die fleissigste Inquisition zu finden/gewesen seyn solten.
man diesem Laster nachgesezt/ je mehr sich demselben ergebene Manns-vnd Weibspersonen/ auch dero viel
nter einlauffenden Vnthaten nicht lenger nachzusehen willens/ sondern zu besorgen/ daß wir/ als die Obrig-
rendes Einsehen haben/ Gott der Allmächtig mit Schwefel vnd Fewer von dem Himmel/ weil ja die bißhero
ichts gefruchtet/ das ganze Land verderben/ vnd wie Sodoma vnd Gomorra außbrennen möchte.
n Loth sampt seinem Weib vnd Töchtern außgeschlossen) vmb deß einzigen daselbst hero genandten Sodo-
rieffene Vnmenschen/ welche nicht allein ordentlich mit solchem Laster alle/ sondern dabeneben noch mit dem
nnigkeit von dem Christlichen Glauben schuldig machen/ sondern noch darüber in allerhand kezerische/ vnd
t Gottes/ sondern deß Teuffels Nahmen/Absagung alles Himmlischen Heers/Verpflichtung zu allen
greiffen/ gemeinlich mit Gifft Menschen vnd Viehe merckliche Schäden fügen/ also Todtschläg/ Dieb-
uerzehlen vnderlassen werden.

zlichen aber/ welche neben derselbigen auch die Einziehung der Güter/ vnd confiscationem bonorum mit
uch an ihren zeitlichen Gütern zu straffen/ mehr dann befugt weren.

on/ anderst nichts/dann zuvorderst die rettung der Ehren Gottes/ so dann der armen so jämmerlich verführ-
che sie so liederlich verscherzt/ zu bringen/ suchen vnd zu suchen begehren. Vff diesen Proceß aber/ vmb
ngewendet werden muß/welchen Last wir dann/ angesehen die ohne das schwere vnd thewre Jahr/vnsern ar-
sonsten mehrer theils der/ bey ihnen justificierten Personen Vnkosten zu tragen/dem herkommen nach ver-
Rechtlichen Bedencken/ vns endlich dahin entschlossen/ das vor angeregter massen habende ius confiscan-

offentlich vnschuldigen Kindern vnd Descendenten vorderst zu Gnaden/ allein der fünffte Theil deß gan-
ug gebührlicher Quotz der obliegenden Schulden/ ohne das zu verstehn.
Grad/ (doch denselben außgeschlossen) den Keyserlichen vnd Weltlichen Rechten nach zu rechnen/Ver-
/ der halbe theil aller Güter eingezogen werden solle.
ritten/vnd denselben außgeschlossenen Grad/ solche angewandte Freund nicht haben/ solle das ganze Ver-
r massen verwendet werden.
er alles getrewlich der armen abgeleibten Sünder vnd Sünderin Seelen zu Heyl vnd Trost/ zu derogle-
zeleibten auch die lebendige/ vmb so viel destomehr zu trösten vnd zu gedulden vrsach haben/ vnd in allem

zerissen/ ehrbare vnd vnuerdächtige Personen zu bestellen/ welche solches alles in gute obacht nehmen/ von
hin wir es bescheiden werden/ihre gebührende Rechnung/ bey verpfendung ihrer Haab vnd Güter/ zu ange-

stern/ Räthen/ auch ins gemein allen vnd jeden Vnderthanen/ solchem allem also fleissig nachzusezen/ de-
rn/ gute vnd bestendige Handbietung zu thun/ vnd sich von solchem allem zumal nichts/wie es auch ge-

rkund haben Wir vnser Secret Insiegel hierunter zu drucken befohlen. So geben vnd geschehen den

1 Teufelskunst
g von Würzburg

Brand und macht hundertsiebenundfünfzig Personen aus dieser kurzen Periode namhaft; in seiner Fortsetzung bis zum zweiundvierzigsten Brande kannte es der Biograph des Bischofs bei Gropp. Dort belief sich die Zahl der Opfer auf zweihundertundneunzehn. Hiermit sind aber ohne Zweifel nur die in der Stadt Würzburg selbst zum Tode Geführten gemeint; die Gesamtzahl der Hinrichtungen im Stift unter Philipp Adolf belief sich laut einer mit bambergischer Zensur gedruckten Nachricht auf neunhundert. Die anschaulichste Widerlegung der nicht ungewöhnlichen Meinung, als hätte die Verfolgungswut in Deutschland der Regel nach nur arme, alte Weiber zu erreichen gewußt, wird sich aus der wörtlichen Mitteilung der erwähnten Liste ergeben. Sie reicht von 1627 bis zum Anfange von 1629.

„VERZEICHNISS DER HEXEN-LEUT, SO ZU WÜRZBURG MIT DEM SCHWERT GERICHTET UND HERNACHER VERBRANNT WORDEN [23].

Im ersten Brandt vier Personen.

Die Lieblerin.
Die alte Anckers Wittwe.
Die Gutbrodtin.
Die dicke Höckerin.

Im andern Brandt vier Personen.

Die alte Beutlerin.
Zwey fremde Weiber.
Die alte Schenckin.

Im dritten Brandt fünf Personen.

Der Tungersleber, ein Spielmann.
Die Kulerin.
Die Stierin, eine Procuratorin.
Die Bürsten-Binderin.
Die Goldschmidin.

Im vierdten Brandt fünf Personen.

Die Siegmund Glaserin, eine Burgemeisterin.

Die Birckmannin.
Die Schickelte Amtfrau (Hebamme).
   NB. von der kommt das ganze Unwesen her.
Die alte Rumin.
Ein fremder Mann.

Im fünften Brandt acht Personen.

Der Lutz ein vornehmer Kramer.
Der Rutscher, ein Kramer.
Des Herrn Dom-Propst Vögtin.
Die alte Hof-Seilerin.
Des Jo. Steinbacks Vögtin.
Die Baunachin, eine Rathsherrnfrau.
Die Znickel Babel.
Ein alt Weib.

Im sechsten Brandt sechs Personen.

Der Rath-Vogt, Gering genannt.
Die alte Canzlerin.

23) *Hauber*, Bibl. mag. 36. Stück, 1745, S. 807.

Die dicke Schneiderin.
Des Herrn Mengerdörfers Köchin.
Ein fremder Mann.
Ein fremd Weib.

Im siebenten Brandt sieben Personen.

Ein fremd Mägdlein von 12 Jahren.
Ein fremder Mann.
Ein fremd Weib.
Ein fremder Schultheiß.
Drey fremde Weiber.

NB. Damahls ist ein Wächter, so theils Herren ausgelassen, auf dem Markt gerichtet worden.

Im achten Brandt sieben Personen.

Der Baunach, ein Raths-Herr, und der dickste Bürger zu Würtzburg.
Des Herrn Dom-Propst Vogt.
Ein fremder Mann.
Der Schleipner.
Die Visirerin.
Zwei fremde Weiber.

Im neundten Brandt fünf Personen.

Der Wagner Wunth.
Ein fremder Mann.
Der Bentzen Tochter.
Die Bentzin selbst.
Die Eyeringin.

Im zehnten Brandt drei Personen.

Der Steinacher, ein gar reicher Mann.
Ein fremd Weib.
Ein fremder Mann.

Im eilften Brandt vier Personen.

Der Schwerdt, Vicarius am Dom.
Die Vögtin von Rensacker.
Die Stiecherin.
Der Silberhans, ein Spielmann.

Im zwölften Brandt zwey Personen.

Zwey fremde Weiber.

Im dreyzehenden Brandt vier Personen.

Der alte Hof-Schmidt.
Ein alt Weib.
Ein klein Mägdlein von neun oder zehn Jahren.
Ein geringeres, ihr Schwesterlein.

Im vierzehenden Brandt zwey Personen.

Der erstgemeldten zwey Mägdlein Mutter.
Der Lieblerin Tochter von 24 Jahren.

Im fünfzehenden Brandt zwey Personen.

Ein Knab von 12 Jahren in der ersten Schule.
Eine Metzgerin.

Im sechzehenden Brandt sechs Personen.

Ein Edelknab von Ratzenstein, ist Morgens um 6 Uhr auf dem Cantzley-Hof gerichtet worden, und den gantzen Tag auf der Pahr (Bahre) stehen blieben, dann hernacher den andern Tag mit den hierbeygeschriebenen verbrant worden.
Ein Knab von zehn Jahren.
Des obgedachten Raths-Vogts zwo Töchter und seine Magd.
Die dicke Seilerin.

Im siebenzehenden Brandt vier Personen.

Der Wirth zum Baumgarten.
Ein Knab von eilf Jahren.
Eine Apotheckerin zum Hirsch, und ihre Tochter.

NB. Eine Harfnerin hat sich selbst erhenket.

Im achtzehenden Brandt sechs Personen.

Der Batsch, ein Rothgerber.
Ein Knab von zwölf Jahren, noch
Ein Knab von zwölf Jahren.
Des D. Jungen Tochter.
Ein Mägdlein von funfzehen Jahren.
Ein fremd Weib.

Im neunzehenden Brandt sechs Personen.

Ein Edelknab von Rotenhan, ist um 6 Uhr auf dem Cantzley-Hof gerichtet, und den andern Tag verbrannt worden.
Die Secretärin Schellharin, noch
Ein Weib.
Ein Knab von zehn Jahren.
Noch ein Knab von zwölf Jahren.
Die Brüglerin eine Beckin, ist lebendig verbrennt worden.

Im zwanzigsten Brandt sechs Personen.

Das Göbel Babelin, die schönste Jungfrau in Würtzburg.
Ein Student in der fünften Schule, so viel Sprachen gekont, und ein vortreflicher Musikus vocaliter und instrumentaliter.
Zwey Knaben aus dem neuen Münster von zwölf Jahren.
Der Steppers Babel Tochter.
Die Huterin auf der Brücken.

Im einundzwanzigsten Brandt sechs Personen.

Der Spitalmeister im Dietericher Spital, ein sehr gelehrter Mann.
Der Stoffel Holtzmann.
Ein Knab von vierzehn Jahren.
Des Stoltzenbergers Rathsherrn Söhnlein, zween Alumni.

Im zweiundzwanzigsten Brandt sechs Personen.

Der Stürmer, ein reicher Bütner.
Ein fremder Knab.
Des Stoltzenbergers Raths-Herrn große Tochter.
Die Stoltzenbergerin selbst.
Die Wäscherin im neuen Bau.
Ein fremd Weib.

Im dreiundzwanzigsten Brandt neun Personen.

Des David Croten Knab von zwölf Jahren in der andern Schule.
Des Fürsten Kochs zwey Söhnlein, einer von 14 Jahren, der ander von zehn Jahr aus der ersten Schule.
Der Melchior Hammelmann, Vicarius zu Hach.
Der Nicodemus Hirsch, Chor-Herr im neuen Münster.
Der Christophorus Barger, Vicarius im neuen Münster.
Ein Alumnus.

NB. Der Vogt im Brembacher Hof, und ein Alumnus sind lebendig verbrannt worden.

Im vierundzwanzigsten Brandt sieben Personen.

Zween Knaben im Spital.
Ein reicher Bütner.
Der Lorenz Stüber, Vicarius im neuen Münster.
Der Betz, Vicarius im neuen Münster.
Der Lorenz Roth, Vicarius im neuen Münster.
Die Roßleins Martien.

Im fünfundzwanzigsten Brandt
sechs Personen.

Der Fridrich Basser, Vicarius im
Dom-Stift.
Der Stab, Vicarius zu Hach.
Der Lambrecht, Chor-Herr im
neuen Münster.
Des Gallus Hausen Weib.
Ein fremder Knab, die Schelmerey
Krämerin.

Im sechsundzwanzigsten Brandt
sieben Personen.

Der David Hans, Chor-Herr im
neuen Münster.
Der Weydenbusch, ein Raths-Herr.
Die Wirthin zum Baumgarten.
Ein alt Weib.
Des Valckenbergers Töchterlein ist
heimlich gerichtet, und mit der
Laden verbrannt worden.
Der Herr Wagner, Vicarius im Dom-
Stift, ist lebendig verbrannt
worden.

Im siebenundzwanzigsten Brandt
sieben Personen.

Ein Metzger, Kilian Hans genannt.
Der Hüter auf der Brücken.
Ein fremder Knab.
Ein fremd Weib.
Der Hafnerin Sohn, Vicarius zu
Hach.

Der Michel Wagner, Vicarius zu Hach.
Der Knor, Vicarius zu Hach.

Im achtundzwanzigsten Brandt,
nach Lichtmeß anno 1629 sechs
Personen.

Die Knertzin, eine Metzgerin.
Der D. Schützen Babel
Ein blind Mägdlein. NB.
Der Schwart, Chor-Herr zu Hach.
Der Ehling, Vicarius.
  NB. Der Bernhard Mark, Vica-
rius am Dom-Stift, ist lebendig
verbrannt worden.

Im neunundzwanzigsten Brandt
sieben Personen.

Der Viertel Beck.
Der Klingen Wirth
Der Vogt zu Mergelsheim.
Die Beckin bei dem Ochsen-Thor.
Die dicke Edelfrau.
NB. Ein geistlicher Doctor, Meyer
genant, zu Hach, und
Ein Chor-Herr ist früh um 5 Uhr
gerichtet und mit der Bar ver-
brannt worden.
Ein guter vom Adel, Junker Fisch-
baum genannt.
Ein Chor-Herr zum Hach ist auch
mit dem Doctor eben um die
Stunde heimlich gerichtet, und
mit der Bar verbrannt worden.
Paulus Vaecker zum Breiten Huet.

Seithero sind noch zwey Brändte gethan worden.

Datum, den 16. Febr. 1629.

Bisher aber noch viel unterschiedliche Brandte gethan worden."

Unter den Opfern dieser Greuelzeit war auch ein Bluts-
verwandter des Bischofs. Wir entnehmen die Erzählung
dem salbungsreichen Berichte desjenigen Jesuiten, der als

Aufseher, Beichtvater und — fast als Scherge eine Hauptrolle in der Begebenheit gespielt hat, und der durch alle Umstände seiner eignen Erzählung uns die Alternative stellt, in ihm entweder den hirnlosesten Kopf seines Ordens oder einen vollendeten Schurken zu erkennen[24].

Ernst von Ehrenberg, Page und Verwandter des Bischofs, der Letzte seines Namens, war ein schöner, talentvoller, fleißiger und frommer Knabe. Eine alte, vornehme Base, die er zuweilen besuchte, verführte ihn. Ernst spielte eine Zeitlang den Heuchler, dann ließ er seine Studien liegen, vernachlässigte den Gottesdienst und beschwerte sich über dessen Langweiligkeit, spielte und ging den Mädchen nach. Die Hexenrichter erfuhren endlich von gefolterten Inquisiten den Grund dieses Benehmens. Ernst hatte sich, gelockt durch die Ränke seiner Base, dem Teufel ergeben, besuchte die Hexentänze, bezauberte seine Feinde und verführte seine Freunde. Der Bischof beschloß, seinen Verwandten der Zucht der Mönche zu übergeben. Man stellte dem Beschuldigten vor, daß der Fürst trotz der vorliegenden Beweise gnädig sein und ihn nicht am Leben strafen wolle, wenn er gestände und sich bußfertig zeigte. Der Knabe bekannte erschrocken, was man forderte, versprach Besserung und wurde den Jesuiten anvertraut. Diese nahmen ihn in ihr Haus, bewaffneten ihn gegen die Angriffe des bösen Feindes mit Amuletten, Agnus Dei, Wachs, Reliquien und Weihwasser, unterwarfen ihn angestrengten geistlichen Übungen und bewachten ihn Tag und Nacht. Anfangs zeigte sich der Pflegebefohlene willfährig, aber bald machten die Väter der Gesellschaft Jesu die Entdeckung, daß kein Laster in der Welt schwieriger zu heilen sei als das der Zauberei. Ernst legte nämlich in der Nacht zuweilen die Heiligtümer, mit denen man ihn

24) *Gropp*, Collect. Tom. II, p. 287 ff. Aucupium innocentiae a stygio aucupe in pietatis et literarum palaestris versanti juventuti periculose structum et experientia duce ac magistra veritate detectum. Würzburg 1700.

ausgerüstet hatte, ab, und dann kam der Teufel und holte ihn zu den Hexentänzen. Morgens um vier Uhr, wenn die Väter aufstanden, war er gewöhnlich wieder zurück; doch fanden diese auch zuweilen sein Bett leer und vernahmen ein sonderbares, verworrenes Getöse. — Auf Befragen erzählte der Knabe die erlebten Wunderdinge, gelobte weinend Besserung und ließ es doch immer beim alten. Die Jesuiten gewannen die Überzeugung, daß Ernst stets zwischen Gott und dem Teufel schwanke. Sie verzweifelten daher an dem Erfolg ihrer pädagogischen Kunst, und da es den Franziskanern, die einen letzten Versuch machten, nicht besser ging, so erklärte man dem Bischofe, daß an dem jungen Sünder Hopfen und Malz verloren sei. Jetzt ließ der Bischof vom Gerichte das Todesurteil sprechen. Die Jesuiten sollten den Verurteilten zum Tode bereiten. Am bestimmten Tage traten diese — der Erzähler war unter ihnen — bei dem nichts ahnenden Knaben ein, redeten ihm in zweideutigen Ausdrücken von einem besseren Leben, dem er jetzt entgegen gehe, und lockten ihn auf das Schloß. Hier erinnerte er sich in argloser Freude aller Plätzchen, die ihm durch seine Kinderspiele teuer geworden waren — der Jesuit beschreibt es sehr rührend — und merkte noch immer nicht, zu welchem Gange er abgeholt war. Erst als die Pädagogen ihn in ein schwarz behangenes Gemach führten, wo ein Schafott errichtet war, gingen ihm die Augen auf, und als nun der Scharfrichter Hand an ihn zu legen begann, erhob er ein Jammergeschrei, daß selbst die Richter erweicht wurden und beim Bischofe Fürbitte einlegten. Der Fürst macht einen letzten Versuch und verheißt durch einen Abgesandten Verzeihung, wenn Ernst sich aufrichtig bessern will. Aber der Abgesandte meldet zurück: Alles sei vergebens, weil der Teufel den Jüngling verhärtet habe, so daß dieser so frech gewesen zu erklären, er wolle bleiben wie er wäre, und wäre er nicht schon so, so würde er's werden wollen. Da wird der Fürst grimmig und befiehlt, dem Recht seinen Lauf zu lassen. Von neuem schleppt man den Jüngling in das schwarze Zimmer, zwei Jesuiten zur Seite, die zur Buße mahnen; er aber bleibt dabei, daß er keiner Buße bedürfe, jammert um sein Leben, sucht sich den Händen der Schergen zu entwinden und gibt den fortgesetzten Ermahnungen der Priester kein Gehör. Endlich nimmt der Scharfrichter den günstigen Augenblick wahr und schlägt dem ermatteten Schlachtopfer den Kopf ab. „Er fiel — sagt der Jesuit, der diese Begebenheit überliefert hat, — ohne ein Zeichen des Schmerzes oder eine andere Äußerung der Frömmigkeit zu Boden. Wollte Gott, daß er nicht auch ins ewige Feuer gefallen wäre!"

Gropp hat eine dramatisierte Darstellung dieser Geschichte aufbewahrt, wie sie einst bei einem Schulaktus in Heidelberg aufgeführt worden sein soll[25].

Wäre Philipp Adolph nicht Landesherr gewesen, er selbst hätte ohne Zweifel bald darauf denselben Weg gehen müssen, den er seinen einzigen Verwandten gehen hieß. Denn es kam zuletzt dahin, daß die Angeklagten den Bischof selbst und seinen Kanzler als Mitschuldige angaben. Jetzt erst gingen dem Betrogenen die Augen auf. Er sistierte die Prozesse und stiftete ein wöchentliches, vierteljährliches und jährliches feierliches Gedächtnis für die Hingerichteten bei den Augustinern zu Würzburg[26].

Im geistlichen Fürstentum Fulda ging die Ausrottung der Hexen mit der des Protestantismus Hand in Hand. Der Fürstenabt Balthasar von Dernbach mußte allerdings darüber einen Aufstand seiner evangelischen Stände erleben, infolgedessen das Land unter kaiserliche Administration kam[27]. Kaum aber waren ihm 1579 von Kaiser

---

25) *Gropp*, Tom. II, p. 291. — 26) Anpreisung Sr. Majestät allergnädigsten Landesverordnung, wie es mit dem Hexenprozesse zu halten sei. 1766, S. 142. — 27) *Heppe*, „Die Restauration des Katholizismus etc." S. 134 ff. und „Das evangel. Hammelburg und dessen Untergang durch das Papsttum". Wiesbaden, 1862.

Rudolf II. die Einkünfte des Amtes Bieberstein zum Unterhalte zugewiesen, als er auch einen seiner Diener, Balthasar Roß[28] („Balzer Roß"), einen Sadisten schlimmster Art, zum Zentgrafen und Malefizmeister des Amtes ernannte. Als er dann im Dezember 1602 vom Kaiser die Regierung des Fürstentums wieder übertragen erhielt, bestellte er den Roß 1603 zum Zentgrafen und Malefizmeister des ganzen Landes. Alsbald trat nun in dem Lande Fulda eine Hexenverfolgung ein, die in dem Zeitraum von 1603 bis 1605 an 250 Unglücklichen das Leben kostete[29]. Das Gericht, das der Abt mit der Ausrottung der Hexen betraut hatte, war das Stadtgericht zu Fulda, die „Müntz" genannt. Es bestand aus dem Zentgrafen Roß, einigen Beisitzern und den Schöffen; in Wahrheit aber hatte Roß die Hexenverfolgung ganz allein in der Hand. War ihm eine Person als Hexe oder Zauberer angezeigt worden, so ließ er sie durch den Stadt- oder Landknecht wo er sie gerade fand in Haft nehmen und dem Henker zur Tortur überliefern. Den Hans Werner von Ditges, einen Mann von 70 Jahren, griff er selbst ohne Anzeige und ohne allen Grund auf offenem Wege auf, brachte ihn nach Fulda und ließ ihn foltern. Des Steub Hennes Ehefrau zu Neuhof ließ er aus dem Wochenbett hinweg nach Fulda ins Gefängnis schaffen, peinigen und verbrennen, was auch den Tod ihres eben geborenen Kindes zur Folge hatte. Dabei wurde die Tortur von Roß in der unmenschlichsten Weise zur Anwendung gebracht. Viele Gefolterte starben während oder unmittelbar nach der Tortur. Töll Glübs Weib von Neuhof wurde zweimal nachts verhaftet, das eine Mal alsbald aufgezogen und mit einem scharfen, schneidenden Holz, mit brennenden Fackeln und anderen „bisher unerhörten Tormenten" so furchtbar gepeinigt, daß Roß selbst ihrem Manne hundert Taler versprach,

28) Roß, nicht Nuß, Ruß oder Voß. Mitteilungen des Vereins für Geschichte und Altertumskunde in Frankfurt a. M., 6. Bd. 1881, S. 36. — 29) *Malkmus*, „Fuldaer Anekdotenbüchlein" (Fulda 1875) S. 101—151.

wenn er von diesen Torturen niemand etwas sagen würde. Viele Verhaftete machten im Kerker aus Verzweiflung ihrem Leben selbst ein Ende, und schließlich wurden die Greuel, die Roß an seinen Opfern beging, sogar den Schöffen selbst so arg, daß sie ihn wiederholt vor deren Fortsetzung warnten und sich von der Hexenverfolgung zurückzuziehen suchten. In den Wetzlarschen Beiträgen zu den Hexenprozessen (von 1847) wird ein Mandat des Reichskammergerichts vom 27. Juli 1603 gegen den Zentgrafen und die Schöffen des peinlichen Gerichts in Fulda, auf Anrufen eines verhafteten Weibes verfaßt, mitgeteilt, woraus das Prozeßverfahren des Fuldischen Hexenrichters zu ersehen ist. Dort heißt es: die klagende Hausfrau habe sich von Jugend auf als fromme, unbescholtene, redliche und tugendhafte Person betragen, auch im besten Rufe gestanden etc. „Das Alles hintangesetzt habt Ihr, Zentgraf, Schöffen und Richter, sie ohne einigen Grund für eine Hexe — bloß unter dem Vorwande erklärt, weil drei derselben Untat beschuldigte Weiber sie dafür angesehen haben sollen; und ohne fernere Erkundigung habt Ihr sie gewalttätig angreifen, in ein abscheuliches Gefängnis, in einen Hundestall am Backhause des Fuldaer Schlosses, einsperren, in grausamer Weise an Händen und Füßen fesseln lassen und sie genötigt, durch ein niedriges Loch auf allen vieren wie ein Hund zu kriechen, worin sie dann gekrümmt und gebückt, elendiglich hockend, sich weder regen, bewegen, aufrecht stehen, noch des leidigen Ungeziefers erwehren kann. — Obwohl nun außer dem Zeugnisse der drei heillosen Weiber — nicht die geringsten Indicia der Zauberei gegen sie vorliegen, und deswegen ihr Ehewirt ihre Unschuld in Rechten darzutun, auch eine Kaution zu stellen sich erboten und um Erleichterung der Haft dieser ehrbaren, vermutlich schwangeren Person und um Zeit zur Defension gebeten, so habt Ihr ihm diese Bitte nicht gewährt, und die Klägerin hat hiernach nichts Gewisseres zu erwarten, als daß Ihr zu uner-

träglicher Tortur forteilen und ihr demnächst einen schmäh-
lichen Tod unzweifelhaft antun werdet." Das Kammergericht erließ hierauf den strengen Befehl, bei „Pön von
10 Mark löthigen Goldes sofort der Klägerin ein mildes,
leidliches Gefängnis zu geben, ohne erhebliche, in Rechten
zugelassene Indizien sie nicht zu torquiren und den zu
ihrer Defension und Verantwortung erforderlichen Zutritt
zu gestatten. Auch habe sich das Gericht über die zur
Klage gebrachten Nullitäten zu verantworten".

Roß ließ sich aber durch derartige Einsprüche in seinem
Wüten und Würgen nicht hemmen. Er suchte nur um so
mehr durch summarisches, ganz formloses Verfahren —
seine Prozesse dauerten von der Verhaftung bis zur Verbrennung oft nur acht bis vierzehn Tage —, durch Er-
marterung von Denunziationen — die aus jedem Hexenprozeß eine ganze Reihe anderer erwachsen ließ —, um
so rascher zu dem zu gelangen, worauf er es mit seiner
ganzen Hexenverfolgung abgesehen hatte, nämlich zu Geld,
indem ihm für jede Verurteilung wie für jede Freisprechung
ganz beträchtliche Summen gezahlt werden mußten. So
mußten z. B. Sebastian Orth zu Fulda für sein Weib 31
Gulden, Hans Herget für sein Weib 42 Gulden, Johann
Keller für seine Mutter 50 Gulden, Hans Döler zu Hammelburg für seine Schwiegermutter 80 Gulden, die Erben der
Heimfurterin 80 Gulden und Blasius Bien zu Fulda für
sein Weib, das zweimal eingezogen, das erstemal freigesprochen, das zweitemal aber verbrannt war, $91^1/_2$ Gulden
5 Batzen bezahlen, — wobei die Hauptbeträge für Holz,
Reisig und Stroh (zum Scheiterhaufen) und für den ver-
trunkenen Wein verrechnet wurden.

So hauste Roß im Fulder Lande drei volle, schreckliche
Jahre lang. Überall loderten die Feuer der Scheiterhaufen
auf, und nicht selten ließ er auf e i n e m Scheiterhaufen
eine ganze Anzahl von Frauen und Mädchen sterben. So
wurden im Jahre 1604 am 22. Juni neun, am 14. Juli neun,
am 11. August neun, am 9. September elf, am 29. Sep-

tember zwölf, am 17. Oktober zehn, am 12. Dezember acht, im Jahre 1605 am 21. Mai dreizehn, am 27. Juni zwölf, am 13. Juli zwölf, am 22. August zwölf, am 25. Oktober zehn, am 14. November elf, und im Jahre 1606 am 13. März sieben Personen hingerichtet. — In einem Bericht über die bei den Hexenprozessen gehabten Einnahmen und Ausgaben führte Roß selbst 205 Personen namentlich auf, die er in den Jahren 1603—1605 justifiziert hatte, — fast lauter Frauen und Mädchen aus den geringeren Ständen. Dabei waren aber nicht wenige Hingerichtete, namentlich alle Hammelburger, unerwähnt geblieben.

Glücklicherweise starb der Abt Balthasar, Roß' Gönner, am 15. März 1606. Bei seinem Nachfolger Johann Friedrich von Schwalbach liefen alsbald über die Vergewaltigungen und Schändlichkeiten, die der Zentgraf sich erlaubt habe, so schwere Anzeigen ein, daß dieser nicht umhin konnte, dessen sofortige Verhaftung anzuordnen. Die Kläger beschwerten sich nicht über ungerechte Hinrichtung der Ihrigen, sondern über das Prozeßverfahren und über die Kosten. Roß hatte von den Prozessen in den drei Jahren im ganzen 5393 Gulden eingenommen. In den nun eingeleiteten Untersuchungen kamen die größten Betrügereien zutage. Roß suchte sich zu reinigen; allein darüber mußte er 13 Jahre in schrecklicher Haft verbringen und schließlich wurde er 1618 öffentlich enthauptet.

Von besonderem Interesse sind auch die auf die Hexenverfolgung bezüglichen Vorfälle im Fürstbistum Münster[30].

Hier regierte 1565 der Fürstbischof Bernhard von Raesfel, dem der Gedanke der Hexenverfolgung fast ganz fremd war. Der erste münstersche Hexenprozeß, über den wir Nachricht haben, datiert aus dem Jahre 1565, beziehungsweise 1563. Der Amtsschreiber zu Stromberg schreibt nämlich unter dem 19. Juli 1565 an den Fürstbischof, daß

---

30) *Dr. B. Niehues*, „Zur Geschichte des Hexenglaubens und der Hexenprozesse, vornehmlich im ehemaligen Fürstbistum Münster." (Münster 1875.) 34 ff., 49 ff , 141 ff.

mehrere Personen wegen Zauberei anrüchig wären. Sie seien schon 1563 deshalb gerichtlich eingezogen und peinlich verhört worden. Sie stellten alles, was man ihnen zur Last lege, beharrlich in Abrede, allein er „habe ihnen nicht gestattet sich durch einen Eid zu reinigen". Weiters berichtet er dem Landesherrn, daß er von Malefizien, die die Angeschuldigten anderen zugefügt haben sollten, durchaus nichts habe ermitteln können. Andererseits geben die „weltlichen Richter" des Fürstbischofs dem Amtsschreiber bezüglich der Geständnisse der Angeschuldigten den Bescheid: „Weil solche und dergleichen Dinge gewöhnlich aus einem Afterglauben zu fließen pflegen, so habt Ihr den Prädikanten einige Male zu ihnen zu schicken, daß er sie mit der H. Schrift von solcher teuflischen Phantasie abzustehen ermahne". Auch der Fürstbischof bewies dabei, daß ihm der Glaube der späteren Zeit an die Malefizien der Hexen noch ganz fremd war, und daß er darum auch nicht im entferntesten an eine Verfolgung der Hexen, wie sie nach seinem Ableben im Lande zu wüten begann, dachte. Das durch die Folter erpreßte Geständnis der Angeklagten genügte ihm darum nicht zur gerichtlichen Feststellung ihrer Schuld, indem er vielmehr den Nachweis der Schuld durch äußere Beweisgründe oder durch rechtsgültige Zeugen verlangte. Zur Einbringung eines Strafantrags von seiten des fiskalischen Anwalts forderte er ferner den Nachweis, daß die Angeklagten durch ihre Zauberkünste anderen Schaden zugefügt hatten; und als dieser Nachweis nicht erbracht werden konnte, befahl er die Angeklagten trotz ihres Geständnisses zu entlassen und sie nur der besonderen Obhut ihres Ortspfarrers zu empfehlen. Ja schließlich erhielten unter dem 25. November 1565 der Vogt und der Untersuchungsrichter sogar den landesherrlichen Befehl, in Zukunft nicht wieder „solche Leute auf bloße Vermutung in Haft zu nehmen, es wäre denn, sie suchten sich davon zu machen und unterständen sich zu entfliehen".

Das alles wurde aber nach dem Ableben des Fürstbischofs Bernhard anders. Im Jahre 1585 wurde Herzog
Ernst von Bayern zum Fürstbischof von Münster erwählt,
und als dieser 1611 die Regierung niederlegte, kam sein
Neffe Ferdinand von Bayern (von 1612—1650) zur Regierung. Beide betrachteten die Ausrottung des Protestantismus in ihren Diözesen als ihre vornehmste Aufgabe,
denn wie die Ketzerei der Protestanten, so war aber auch
die Zauberei der Hexen das Werk des Teufels, weshalb
derselbe Eifer, der die protestantischen Prediger verjagte
und deren Gemeinden gewaltsam zum Katholizismus zurückführte[31], sich auch auf die Aufspürung und Verfolgung
der Hexen warf. Bald wurde es geradezu zur Manie, in
jedem besonders auffallenden Vergehen einen Zusammenhang mit Zauberei zu vermuten, und die Folter gab die
Mittel zur Entdeckung an die Hand.

Ein Prozeß aus dem Jahre 1596 läßt es deutlich erkennen, wie eben damals im Fürstentum Münster der Umschwung erfolgte, aus dem der eigentliche Hexenprozeß
und die epidemische Hexenverfolgung hervorging[32].

Es rühmten sich damals nicht wenige im Lande, im Besitze von Exorzismen zu sein, mittelst deren sie in allerlei
Kräuter eine besondere Heilkraft hineinbringen könnten.
Von dem Verkauf dieser Kräuter und sonstiger Geheim-
mittel nährten sie sich und die Ihrigen. Einer dieser „Exorzisten" war ein gewisser Schneider Hermann Schwechmann,
Eigenhöriger des Gutsbesitzers Rudolf Münnich zu Eick-
hafen im Amte Vechta. Schwechmann wurde, wegen Zauberei anrüchig, in Haft genommen, obschon der Droste zu
Vechta in seinem Bericht an die „weltlichen Räte" zu Münster ihm nichts anderes zur Last legen konnte als daß er
„den Leuten allerlei Briefe für Zauberei und sonstige Dinge
gegeben, durch die er sie von Gott und seinem Worte

31) Vgl. *Niehues*, „Zur Gesch. der Gegenreformation im ehemaligen
Fürstentum Münster" in der Zeitschr. für preuß. Gesch. und Altertumskunde, 1874, Monat November. — 32) *Niehues*, S. 60—77.

ablenkt und sie ihres Geldes beraubt und entblößt". Dabei bemerkt der Drost, daß „dieser Handel hier im Amte viel im Schwange ist". Nun nahm sich der Gutsherr des Angeklagten in mehrfachen Gnadengesuchen sehr energisch an, indem er beteuerte, daß Schwechmann niemals Zauberei getrieben, niemand etwas Böses getan, sondern in seiner Armut sich der Exorzismen, gegen die bisher kein Verbot ergangen sei, bediene, um sich zu ernähren. Allein diese Gnadengesuche verfehlten ihren Zweck, indem die Untersuchung unter der Hand eine ganz andere und für den Angeklagten höchst bedrohliche Richtung angenommen hatte. Die Regierung zu Münster wollte dem weit verbreiteten Handel mit Exorzismen, geweihten Kräutern und Kerzen ein Ende machen, was am sichersten dadurch geschah, daß man sie für Teufelswerk erklärte. Da nun der vorliegende Fall ganz dazu geeignet zu sein schien, die Exorzisten und deren geheime Formeln und Mittel an den Tag zu bringen, so erkannten die „weltlichen Räte" am 28. März 1596 gegen den Verhafteten auf peinliches Verhör durch Anwendung der Folter. Alsbald richtete daher der Gutsherr, der von diesem Befehle Kunde erhielt, am Karfreitag 1596 ein neues Gnadengesuch an die Regierung, worin er hervorhob, daß Schwechmann durchaus nichts anderes verbrochen habe, als was tagtäglich auch von vielen anderen Personen, und zwar geistlichen und weltlichen Standes, im Stifte geschehe.

Allein diese Eingabe des Gutsherrn lief in Münster ein, als der Verhaftete bereits gefoltert war — und sein „Geständnis" abgelegt hatte. Aus dem Protokoll ist deutlich zu ersehen, an welchen Stellen das „Geständnis" durch Suggestivfragen ermartert ist. Nachdem er nämlich zunächst wegen ganz anderer Vergehen, die man ihm zur Last gelegt hatte, vernommen war, heißt es plötzlich:

„Weiteres gefragt, wer ihn sothane Künste (NB. von denen vorher gar keine Rede war) gelehrt, sagt er: Zu Holte im Gerichte zu Haselünne wohne einer, der heiße

Morer Johann, der habe ihm die Bücher gegeben und ihn solche Künste gelehrt."

„Sagt, er könne den Teufel zwingen mit Gottes Wort, da er Schaden thue, daß er allda abweichen müsse."

„Sagt demnächst, Johann Hagestede sei zu ihm gekommen, als ihm drei Pferde krank gewesen und habe ihn um Rat gefragt. Er habe demselben geantwortet: Er besitze natürliche Kräuter, darüber wolle er Gottes Wort lesen und sie dann den Pferden eingeben. Werde es gut oder wiederum besser, so solle er ihm, dem Verstrickten, einen Reichsthaler und ein Brot geben; wofern aber nicht, solle er ihm einen Ortsthaler und ein Brot für die Kräuter und Arbeit geben. Es sei aber darnach mit den Pferden besser geworden."

„Haverkamp Buschelmann, dem Meier zu Molen, dem Schulten Johann zum Ossendorp habe er auch mit solchen Künsten und Kräutern geholfen, nemlich ihren Tieren, und zwar habe er gebraucht Hugelicia, Repuntia, Rhabarbara und Hohlwurzeln. Es würden nachfolgende Worte darüber gesprochen: Exufilus te Deus Pater, exufilus te Deus Filius, exufilus te Deus Spiritus Sanctus; Benedicat te Deus, qui coelum creavit. Ipse vos benedicat in nomine Patris et Filii et Spiritus Sancti. Amen." —

„Sagt, der Teufel werde auch bei Gott und seinen fünf Wunden, Leiden und Sterben abzuweichen beschworen, wie er von seinem obgemeldten Meister verstanden und selber auch versucht und erfahren hätte."

„Auch sagt, der Teufel komme vor ihm in Gestalt einer Drossel; auch müsse er kommen in jeder Gestalt, so ihm befohlen oder geboten werde. Er könne sprechen, wie er selbst erfahren."

„Auch sagt, die so hoch in der Kunst seien, daß ihnen der Teufel allhier auf Erden zu dienen gelobt, die müßten ihm wiederum nach ihrem Absterben mit ihren Seelen dienen. Das habe er auch gelobt."

„Diese Nachbeschriebenen sollen auch diese Kunst gebrauchen und damit umgehen: Der Pastor zu Bostrup usw. usw."

Zum Schlusse des Protokolls heißt es sodann:

„Letztlich bekennt er nochmals zum Überfluß, daß er sothanen Vertrag mit dem Teufel, wie obgemeldet, geschlossen, und bekennt Alles, was er gesetzter Maßen bekannt, also wahr zu sein. Er will darauf leben und sterben und bittet um Gottes willen um Gnade, mit Erbietung und Angelobung, daß er sothane Künste hinferner nicht mehr gebrauchen will."

Hier war also dem Unglücklichen das Geständnis eines Vertrags mit dem Teufel suggeriert, wie es den Hexenprozessen zugrunde lag, während er doch gestanden hatte, daß er seine Mittel g e g e n den Teufel gebrauche! Auch was er außerdem über den Teufel gesagt hatte, paßte mit dem Begriff eines Bundes mit dem Teufel wenig zusammen.

Die Herren zu Münster gingen aber auf der einmal eingeschlagenen Bahn ruhig weiter. Schon am Tage nach dem Empfange des Protokolls wurden sie in der Sache schlüssig. Die Exorzismen und Weisungen Schwechmanns wurden von ihnen kurzer Hand als „teuflische Handlungen" hingestellt, und die Amtleute zu Vechta wurden angewiesen, mit ihm — anderen zum abscheulichen Exempel — nach dem Rechte zu verfahren. Zugleich wurden diese Amtleute aufgefordert, die in der Nachbarschaft gesessenen Personen geistlichen und weltlichen Standes, die nach dem Geständnis Schwechmanns ebenfalls der Zauberei ergeben wären, in Untersuchung zu ziehen und, wenn sich seine Angabe bewahrheiten sollte, in gleicher Weise zu bestrafen.

Hier war also ganz allmählich eine Untersuchung wegen Wunderdoktorei künstlich so geführt und gedreht worden, daß sie schließlich die Unterlagen eines Hexenprozesses zutage förderte und mit dem grausigen Ende eines solchen abschloß.

Wie sehr es aber bereits zur Manie geworden war, jede ungewöhnliche Untersuchung durch das Medium der Folter in
einen Hexenprozeß umzuwandeln, ist aus einem Prozeß zu ersehen, der 1615 in der münsterischen Stadt Ahlen vorkam[33].

Hier lebte ein Trunkenbold Peter Kleikamp, der wegen
eines ihm schuldgegebenen Diebstahls flüchtig geworden,
später nach Ahlen wieder zurückgekehrt war, wo er plötzlich des Versuchs der Sodomiterei und anderer Dinge
angeklagt wurde. Von Zauberei war dabei keine Rede.
Der Angeklagte wurde vernommen, die ihm nachgesagten
Vergehen konnten jedoch nicht erwiesen werden und Kleikamp hätte somit wieder in Freiheit gesetzt werden müssen.
Da fiel es dem Untersuchungsrichter ein, daß Kleikamp
einst von Ahlen geflohen war, und sofort wurde gesagt,
er habe sich durch die Flucht der Untersuchung entziehen
wollen. Da man nun außerdem ohne Mühe nachweisen
konnte, daß er mit verdächtigen Personen Umgang gepflogen habe, so hatte man zwei Gründe, die zur Anwendung der Folter berechtigten. Allerdings wurde nun ein
rechtskundiger Verteidiger des Angeklagten zugelassen,
der die Anklageschrift für neidisches Straßengewäsch und
Geplärr erklärte und namentlich die mangelhafte Glaubwürdigkeit des Hauptzeugen hervorhob. Allein nichtsdestoweniger wurde von dem Gerichtshof die peinliche
Verfolgung der Sache in Münster beantragt, infolgedessen
am 16. Juni 1615 die Tortur stattfand.

Das Protokoll der Tortur fehlt. Kleikamp hatte sich
aber standhaft gehalten und kein Geständnis abgelegt,
weshalb er „wieder hingesetzt und, damit er während der
Nacht nicht vom bösen Feind gestochen werde, durch die
dazu bestellten Diener bewacht wurde".

Was man nun während der Nacht mit ihm anfing, darüber schweigen die Akten. Am anderen Morgen aber
wurde dem Richterkollegium angezeigt, daß Kleikamp zum
Geständnis willig gemacht sei.

---

33) *Niehues*, S. 81—97. *Janssen*, VIII, 698 ff.

Von sodomitischen Sünden, um die es sich im Anfange der Untersuchung gehandelt hatte, ist in dem über das Geständnis aufgenommenen Protokoll keine Rede. Vielmehr heißt es darin:

„Am folgenden Tage (17. Juni) haben wir — dem Angeklagten gütlich zugesprochen, um von ihm zu erfahren, wie es denn mit ihm wäre, ob er ein Zauberer und welchergestalt er damit umgegangen und von wem er das Zaubern gelernt."

„Darauf er gütlich ausgesagt: Er sei seines Alters 44 Jahre. Gestern habe ihn der Teufel unter dem linken Arm gestochen und nicht haben wollen, daß er bekennen sollte. Er habe ihn gekniffen bunt und blutig, welches auch an ihm zu sehen war. Er sei ein Zauberer. — Seine verstorbene Frau habe ihn vor ungefähr sechzehn Jahren das Zaubern gelehrt. Auf der Broickhauser Heide, im Kirchspiel Walstedde, da habe er Gott und seinen Heiligen entsagt, dem Teufel Glauben, Treue und Huld gelobt. Bei dieser Verleugnung Gottes sei er dreimal rückwärts gesprungen. Darauf wäre der Teufel in Gestalt eines schwarzen Hundes zu ihm gekrochen. Der Hund wäre bald wieder verschwunden; statt seiner aber habe sich ein Weib neben ihn gestellt. Auch ein Mann sei erschienen, der Buhle seiner verstorbenen Frau. Der sei mit seiner Frau auf die Seite gegangen, um mit ihr zu buhlen."

„Vor zehn Jahren sei er ein Werwolf geworden. Sein Gehilfe sei damals gewesen der verstorbene Johann Ossenkamp. Hier folgt die Angabe verschiedener Leute, deren Kälber, Ochsen und Schafe er und Ossenkamp gebissen. — Später, vor fünf Jahren, sei Christian zum Loe sein Gehülfe geworden. — Meine Frau ist auch eine Zaubersche, gehört aber zu einer anderen Rotte. Nun folgt die Angabe zahlreicher Genossen. Wir bildeten zwei Rotten. In meine Rotte gehörte Heinrich Hoyemann zu Broickhausen. Unser Hauptmann war Cort Busch; der hatte einen roten Kopf. Zu jeder Rotte gehören sieben, und

IDEM IMPETRAVIT A DEO VT MAGVS A DEMONIBVS DISCERPERETVR ·

Teufelsspuk

Nach P. Bruegel d. Ä. von H. Cock

Titelkopf eines Flugblattes von der Marterung und Richtung eines Bauern aus Bedburg bei Köln, der ein Werwolf gewesen sein soll. Mit ihm werden zwei Hexen eingeäschert Nürnberg 1589. Kgl. Kupferstich-Kabinett, Berlin

zwar gehören zu meiner Rotte Grethe Cloeths, Anna Grone, Anna Jaspers, Tonieß zu Kellings Frau, Christian zum Loe etc. — Ich war ihr Trommelschläger. Unseren Tanz hielten wir auf der Kampfarte. Wir tanzten auf einer Leine, die an der Pforte und an der Mauer befestigt war. Beim Trommelschlagen saß ich auf der Mauer. Die Trommel wird mit einem Fuchsschwanz geschlagen und geht: Tup, Tup, Tup, Tup, Tup." —

Weiterhin bekannte er: Auf der Kampstraße in Schellings Hause hätten sie sich geschmiert, darauf wären sie aufgeflogen nach der Mark, in den Weg nach Mecheln zu, in Suidtholdts Kamp an der Lohelinde und nach anderen Orten hin. Hier hätten ihnen ihre Buhlen Kräuter behändigt, die sie zum Vergiften gebrauchen sollten. Mit den seinigen habe er nichts ausgerichtet. Nur im Anfange seiner Lehre habe er von seiner Buhle Kraut empfangen, mit dem er einen Hahn, eine Henne und sich selber ein Schwein vergiftet. Sie wären aufgeflogen als schwarze Raben." —

Von dem Untersuchungsrichter mußte vor allem die Richtigkeit dieser Angaben genauer ermittelt und festgestellt werden. Auch wandte sich das Gericht noch an demselben Tage (17. Juni 1615) an das benachbarte Gericht von Heessen, in dessen Bezirk der Angeklagte einen Teil seiner Malefizien verübt haben wollte, mit dem Ersuchen um genauere Auskunft darüber, ob die bezeichneten Stücke Vieh zu der von dem Angeklagten angegebenen Zeit und an den von ihm bezeichneten Orten, so wie er es angegeben, umgekommen wären. Die in Ahlen wohnenden Personen, denen Kleikamp Schaden an Vieh zugefügt haben wollte, wurden daher für die folgenden Tage zur Zeugenaussage nach Ahlen vorgeladen. Nun hatten allerdings die Zeugen gar vieles über mannigfache Schädigungen zu klagen, die ihnen seit Jahren von Hexen und Zauberern zugefügt wären, aber nur ganz wenige gaben diese Unglücksfälle oder Vergehen ungefähr so an,

daß die Zeugenaussagen mit Kleikamps „Geständnissen"
in Übereinstimmung gebracht werden konnten.

Das Zeugenverhör begann am 22. Juni. Zuerst erschien
der von dem Angeklagten genannte Roer aus dem alten
Kirchspiel Ahlen. Ihm wollte Kleikamp mit seinem Gefährten vor fünf Jahren ein schwarzbuntes Kalb totgebissen
haben. Roer aber wußte nur zu sagen, daß ihm vor etwa
drei Jahren in seinem Gehölz ein rotes Huhn und ein brau-
nes mit weißen Füßen abhanden gekommen sei. Außerdem
sei eins seiner Rinder, schwarz von Farbe, zuerst an den
Füßen lahm geworden und bald darauf gefallen und gestorben. Und dennoch urteilten die Richter, daß dieser Fall mit
der Aussage des Angeklagten ganz wohl übereinstimme.

Aber noch weniger paßte die Aussage eines andern
Zeugen, Recker, zu dem, was der Angeklagte erzählt hatte.
Ihm wollte Kleikamp mit Christian zum Loe ein schwarzbuntes Rind in einen trockenen Graben gedrängt und
darin umgebracht haben. Recker aber erklärte ganz bestimmt: Eine schwarz-bunte Kuh sei im letztverflossenen
Jahre nicht ihm, sondern dem Roer in einen Graben gefallen,
die sie indessen lebendig wieder herausgezogen hätten.

Der Zeuge Brune in der Broickhauser Heide, dem der
Angeklagte als Werwolf ein Schaf gebissen haben wollte,
hatte bis dahin Schafe gar nicht besessen; und der Zeuge
Frie zu Broickhausen wußte sich nicht zu erinnern, daß
ihm oder seinen Vorfahren an einem Kalbe Schaden zugefügt sei, weshalb er die Aussage des Angeklagten nicht
zu bewahrheiten vermochte.

Diese Widersprüche zwischen der Selbstanklage Kleikamps und den Zeugenaussagen machten aber die Richter
nicht im entferntesten irre, vielmehr gaben sie dem Richterkollegium nur Veranlassung, durch künstliche Wendungen
und Auslegungen zwischen den beiderseitigen Aussagen
eine scheinbare Übereinstimmung herzustellen, um so die
Selbstanklage des Verhafteten als erwiesen ansehen und
im Prozesse weiter fortfahren zu können.

Dieser aber erlitt plötzlich eine Störung durch das Auftreten der von Kleikamp genannten Mitschuldigen. Der Angeklagte hatte die angeblichen Angehörigen der beiden Rotten genannt, die mit ihm und seiner Frau an den nächtlichen Hexentänzen und an der Teufelsbuhlschaft teilgenommen haben sollten. Diese gehörten nun teilweise den angesehensten Familien in Ahlen an. Als sich daher in dem durch diesen Prozeß in die größte Aufregung versetzten Städtchen — in dem jetzt Kleikamp von jedermann als der entdeckte Urheber alles Unglücks der letzten Jahre angesehen ward — die Kunde von diesen Anschuldigungen verbreitete, säumten die nächsten Angehörigen der Beschuldigten nicht, dem Gericht alsbald einen entschiedenen Protest gegen die Aussagen Kleikamps zu überreichen und seine nochmalige Vernehmung zu beantragen. Außerdem erschien auch Christian zum Loe vor Gericht und erklärte zu Protokoll, daß er Kleikamp gegenübergestellt zu werden begehre. Daher verfügte das Gericht nochmaliges Verhör des Angeklagten und seine Konfrontation mit Christian zum Loe.

In diesem neuen Verhör wurde dem ersteren sein „Bekenntnis" vorgelesen und er dabei befragt, ob er etwas hinzuzusetzen oder zu widerrufen habe. — Der Unglückliche wußte, daß ein gänzlicher Widerruf nur eine abermalige Folterqual zur Folge haben würde; aber es peinigte ihn der Gedanke, daß er mit dem Verbrechen, das er an seiner Frau begangen, aus der Welt scheiden sollte. Daher entschloß er sich, seine bezüglich dieser getanen Aussagen zu widerrufen. Er sprach seine Reue darüber aus, daß er seiner Frau unrecht getan, denn sie sei keine Hexe und habe sich nie mit Zauberei befaßt. „Was er aber sonst am 17. Juni ausgesagt, sei der Wahrheit gemäß, insbesondere auch, soweit es Christian zum Loe betreffe, und er habe es ungezwungen und aus freien Stücken gesagt. Er verbleibe darum bei seinem Bekenntnis und er wolle es vor dem strengen Gerichte Gottes, bei Verlust seiner ewigen Seligkeit also verantworten."

Nachdem nun Kleikamp das von ihm aus Verzweiflung zusammengebrachte Lügengewebe abermals anerkannt und sich darin verstrickt hatte, daß er sich nicht mehr drehen und wenden konnte, fand seine Konfrontation mit dem am meisten von ihm angeschuldigten Christian zum Loe statt. „Du bist ein Werwolf, gerade so wie ich", rief ihm Kleikamp entgegen und hielt ihm nun die ganze, lange Reihe von Malefizien vor, die er gemeinschaftlich mit ihm verübt haben wollte. Der alte Christian zum Loe — ein Eingehöriger des Jobst van der Recke auf dem benachbarten Gute Heessen — war wie niedergedonnert. Er beteuerte seine Unschuld; aber Kleikamp blieb bei seiner Aussage.

Der Prozeß ging zu Ende. Die Prozeßakten wurden abschriftlich einem auswärtigen Rechtsgelehrten zur Begutachtung übersandt, worauf das Verdikt erfolgte, daß Kleikamp „wegen geständiger Zauberei, dabei verübter Vergiftung und anderer Untaten mit der gesetzlichen Strafe des Feuers vom Leben zum Tode hingerichtet und zu Asche verbrannt" werden sollte. Schließlich machte der Verteidiger noch einen Versuch, wenigstens die Qual des Feuertodes von dem Verurteilten abzuwenden. Allein „Richter und Schöffen" erklärten, die Bitte des Verurteilten nur insofern berücksichtigen zu können, „daß sie die Ausführung des ausgesprochenen Urteils möglichst beschleunigten". — Daher ward Kleikamp schon in den nächstfolgenden Tagen zu Asche verbrannt.

Das war das Ergebnis der Anklage eines einzigen, die gar nicht auf das Vergehen der Zauberei, sondern auf das der Sodomiterei gerichtet gewesen war.

Aber eine Drachensaat ging aus der Asche des Gemordeten auf — was vor allem der alte Christian zum Loe erfahren mußte[34]. Von Verzweiflung getrieben, eilte er nach Lembeck, um sich dort der Wasserprobe zu unterwerfen und seinen Leumund wieder herzustellen. Allein

---

34) *Niehues*, S. 96—109.

die Wasserprobe mißlang. Seine Frau schlich sich in Erwartung der Dinge, die da kommen würden, heimlich von ihm fort. Er selbst hielt sich aus Furcht vor einer Verhaftung eine Zeitlang in den benachbarten Gehölzen auf; allein es war alles vergebens. Die Behörden begannen über ihn zu verhandeln und auf ihn zu fahnden, bis endlich am 26. Februar 1616 seine Verhaftung erfolgte. Im Kerker befiel den Unglücklichen der Wahnsinn, weshalb die Räte zu Münster am 18. April 1616 seine baldige Folterung befahlen. Doch erlöste ihn der Tod aus den Händen seiner Peiniger, indem er noch am Abend des 18. April starb. Das Gutachten des Scharfrichters über das Ableben des Verhafteten lautete: Der Hals des Verstorbenen sei ganz schwarz und lasse sich umdrehen; die Brust und die Beine wären zerkratzt. Er sei schon bei mehreren derartigen Fällen zur Stelle gewesen und halte dafür, daß der zum Loe dieses sich nicht selbst getan, sondern daß ihm der Teufel dabei geholfen habe.

Seitdem loderten die Scheiterhaufen allerorten im Münsterlande auf. Denn in allen Städten, in allen Untergerichten wurden angebliche Hexen massenweise aufgespürt oder zur Anzeige gebracht, und nur in den seltensten Fällen endete ein Hexenprozeß mit bedingter Freisprechung der Angeklagten.

Im Kurfürstentum Mainz hatte man zwar schon vom Ende des fünfzehnten Jahrhunderts an Hexen und Zauberer fleißig verbrannt, indessen liegen doch bis über das Jahr 1570 hinaus nur über ganz vereinzelt vorgekommene Hexenprozesse Berichte vor, und aus dem dabei angewandten prozessualischen Verfahren ersieht man, daß die Hexenverfolgung der nächstfolgenden Zeit damals noch nicht im Gange war[35]. Vom Februar bis Juni 1511 finden in Mainz Verhandlungen gegen zwei Frauen statt, die von

---

35) *Huffschmids* Aufsatz „Zur Criminalstatistik des Odenwalds im sechszehnten und siebenzehnten Jahrh." (in der „Zeitschrift für deutsche Kulturgesch." 1878, S. 423—433).

zwei Männern Zauberinnen gescholten werden, durch die ihre Frauen und sie selbst krank gemacht worden waren. Das Ratsgericht erklärte nach eingehenden Zeugenverhören die Beschuldigungen für unbegründet und legte den Verleumdern Buße auf[36]. Im Gegensatz zu diesem gerechten Verfahren steht der Prozeß vom Jahre 1570.

In diesem Jahre wurde Elisabeth, Hans Schmidtens Ehefrau, in dem Orte Altheim der Hexerei verdächtig. Ihre Nachbarn richteten daher eine Eingabe an den Oberamtmann zu Amorbach, worin sie baten, „wegen dieser Zaubereien sie gnädig zu bedenken". Infolgedessen wurde die Angeklagte in den Turm zu Buchen geworfen und hier, an eine Kette angeschmiedet, in strenger Haft gehalten. Die Zeugen, die man am 12. Juni 1570 über sie vernahm, sagten aus: In jeder Walpurgisnacht sei die Schmidtin, die eine Geiß geführt, bei dem Vieh auf dem Felde gewesen und habe mit einer schwarz-weißen Gerte auf verschiedenes Vieh geschlagen. Das sei hernach erkrankt und zugrunde gegangen. Sie habe ferner, als ein schweres Unwetter entstanden, gesagt: ihretwegen möge das Wetter alles erschlagen; sie habe den ganzen Winter hindurch auch nur Hotzele und Dürrüben zu essen gehabt. — Insbesondere sagte noch der Kuhhirt aus: Als das Gewitter sich entladen, seien ihm die Kühe davon gelaufen, was seiner Überzeugung nach nur durch die anwesende Schmidt verursacht sei. — Ihrem Bericht fügten Schultheiß und Schöffen noch bei: Dem Dorfschulzen sei durch die Zauberei der Schmidtin inzwischen eine Kuh krepiert, auch seien „den Leuten, so die Schmidtin angezeigt, die Kühe und vier Schweine schwach und krank geworden. Auch habe zur großen Verlegenheit der Gemeinde der Kuhhirt abgedankt, weil er mit solchen verhexten Kühen nichts mehr zu schaffen haben wollte", — „ihm überdies drei zauberische Hasen begegnet seien,

---

36) *Horst*, Zauberbibliothek, IV. 210. S. auch *Diefenbach*, Hexenwahn, S. 111.

Walpurgisnacht

Handzeichnung von Goethe im Frankfurter Goethe-Haus

von denen einer einen Bauch gehabt wie eine Geiß, und denen kein Hund habe nachlaufen können".

Am 12. Juli befahlen hierauf die „weltlichen Räthe" des Kurfürsten, man solle die Schmidtin unaufgezogen (d. h. ohne Anwendung der Folter) verhören. Dieses geschah, die Angeklagte beteuerte aber natürlich ihre Unschuld. Nun ruhte die Untersuchung, während die Unglückliche im Kerker schmachtete, bis das Rats-Kollegium am 12. Juli 1571 verfügte, man solle sie entlassen, ihr aber einschärfen, daß sie sich in Zukunft fromm und ehrlich zu halten habe. — Aber dennoch ließ der Schultheiß auf des Amtmanns Befehl, wie es in den Akten heißt, den mit Reverenz zu vermeldenden Wasenmeister aus Miltenberg kommen, die Schmidt auf die Folter legen und dergestalt peinigen, daß ihr Leib zerdehnt, zerrissen, ihre Hände und Arme verrenkt und zerbrochen wurden. Sie hielt aber aus, ohne das geforderte Geständnis abzulegen, und der Prozeß endete, nachdem die gemarterte Schmidtin entlassen war, damit, daß deren Ehemann gegen die Ankläger seiner Frau bei dem Zentgerichte auf Entschädigung klagte, — was aber keinen Erfolg hatte.

Im letzten Dezennium des Jahrhunderts nahm aber die eigentliche Hexenverfolgung ihren Anfang, indem nicht mehr einzelne, sondern ganze Massen von Angeklagten mit der peinlichen Frage in Untersuchung genommen wurden. Namentlich scheint von 1593 an im ganzen mainzischen Odenwald überall auf Hexen und Zauberer Jagd gemacht worden zu sein. Dort geriet das ganze Volk in eine wilde Bewegung, die sich allerdings zunächst gegen die Ausrottung „alles teuflischen Geschmeises" richtete, dann aber auch die Unzufriedenheit mit den elenden materiellen Zuständen zu erkennen gab.

Furcht und Schrecken herrschte damals unter der Bevölkerung, weil die unsinnigste Klage hinreichte, um jemand auf die Folter und auf den Scheiterhaufen zu bringen. Die Untersuchungsakten enthalten umfangreiche

Verzeichnisse von Verdächtigen, Eingezogenen, Entflohenen usw. Selbst alters- und geistesschwache Personen finden sich unter den Verhafteten vor. Eine große Zahl schwangerer Frauen wurde ihren Männern nur gegen schwere Kaution auf so lange zurückgegeben, „bis sie ihrer weiblichen Bürde entledigt" seien.

Auf der Folter wurden nun die tollsten Geständnisse zuwege gebracht. Eine Katharina Lengenfelder von Reisenbach schrie auf der Folter, „sie sei des Teufels und wolle sein bleiben", riß sich dann von der Folter los, machte einen rasenden Angriff auf den Scharfrichter und stürzte tot nieder. Die Leiche wurde verbrannt.

Dabei befahlen die weltlichen Räte, „man solle nicht so viele Umstände machen, und vor allem das Vermögen einziehen".

Eine Margarete Habeckerin aus Galmbach war entflohen. Man zog nun ihre Mutter ein, und diese bekannte, ihre Tochter an einen Teufel verheiratet zu haben. — Zu Amorbach gab ein Bauer seiner eigenen Mutter vor Gericht schuld, daß sie das teuflische Hexenwerk treibe.

Gegen das mörderische Treiben der mainzischen Beamten reichten damals zwei Edelleute eine Beschwerdeschrift bei dem Kurfürsten Wolfgang zu Mainz ein, worin sie klagten, daß die Beamten des Kurfürsten nachts in ritterschaftliche Gebiete eingefallen, fremde Untertanen hinweggeschleppt, unschuldige Personen schändlich gemartert und selbst den Nachlaß der hingerichteten Weiber konfisziert hätten.

Dagegen richtete die Gesamtbürgerschaft der Stadt Buchen an den Kurfürsten eine Eingabe, in der sich der Aberglaube der Zeit in wahrhaft schrecklicher Weise kund gab: In der Nacht vom 4. auf 5. Juli habe der Torwart Veit Meffert zwischen 11 und 12 Uhr ein Rumoren von Pfeifen, Trommeln, umhersprengenden Reitern und ungeschmierten Kutschen gehört, daß er vor Schrecken ins Horn gestoßen, doch habe er niemand von der Bürgerschaft aufwecken können. Desgleichen habe der Torwart in der Vorstadt ein Springen, Tanzen und Getümmel vernommen, wie wenn alle Häfen zerschmissen würden, worauf um den Torturm herum ein greuliches Wetter samt Platzregen erfolgt, wie aus Fässern, dessengleichen noch niemand gesehen. Ein Bürger, der aus dem Wirtshaus des Hanns Feierabend gekommen, habe alles um sich herumtanzen sehen, und habe eine merkliche Anzahl teuflischen Zaubergesindels in Menschengestalt, schwarz angetan, auf der Gasse umher tanzen und springen bemerkt, das sei vom leidigen Satan wider alles Verbot geistlicher und weltlicher Obrigkeit mit seinen untergebenen teuflischen Instrumenten zu keinem anderen Ende gerichtet, denn um sein Reich durch solche verdammliche Freude zu erheben. Daher „wolle die liebe, von Gott eingesetzte, und von Gott mit dem scharfen Verstande wohl begabte Obrigkeit eine heilsame Strafe gegen die dem leidigen Satan fürsichtig ergebenen Zauberer verordnen".

Alsbald wurden nun wieder — trotz der Einsprache des Amtskellers zu Buchen, der behauptete, der Bürger, der die Teufelsgestalten gesehen, müsse offenbar zum Narren gehalten worden sein — eine Menge von Zauberern und Hexen eingezogen, zum Teil unter den unsinnigsten und lächerlichsten Anschuldigungen. So wurde z. B. eine Frau beschuldigt, in eine Kuh einen Fiedelbogen hineingezaubert zu haben. Im Jahre 1602 entstand in Buchen ein Auflauf, bei dem zwei der Hexerei verdächtige Weiber vom Pöbel mißhandelt und auf das Rathaus geschleppt wurden. Weil der Amtskeller dem Verlangen, sie zu verbrennen, nicht entsprach, sondern fünf der Rädelsführer in den Turm werfen ließ und sie mit schwerer Geldstrafe belegte, erging eine gewaltige Beschwerdeschrift an den Kurfürsten, worin die ärgsten Klagen gegen den Amtskeller erhoben und die Bitte um Zerstörung der „greulichen Tyrannei des Satans" ausgesprochen wurde. Der

Kurfürst stimmte dem Amtskeller bei und ließ die Überreicher der Schrift einsperren[37].

Doch dies war eine Ausnahme. Sonst war es vergeblich, daß die Unglücklichen bei Gott und allen Heiligen ihre Unschuld beteuerten. Sie wurden gefoltert, wobei stets in den Akten bemerkt wird, daß sie sich zwar am Kopfe „gekrauet", daß aber bei ihnen keine Tränen geflossen seien. Nicht wenige der Gefolterten überstanden auch alle Qualen, ohne sich ein Geständnis abmartern zu lassen. Über diesen teuflischen Trotz des Hexengeschmeißes aufs höchste erbittert, verfügten daher die mainzischen Räte: „Gegen diejenigen, so in puris negativis ohne sonderlichen Schmerz beständen und mit der Sprache nicht losschlagen wollten, solle mit den Schrauben und Daumeisen angefangen und dann mit den anderen Instrumentis fortgefahren werden. Sintemalen aber diese Leute allem Ansehen nach unsichtbare Geister bei sich hätten und vom bösen Feinde angereizt seien, sollen geistlicher Leute Mittel gegen diese teuflischen Verführungen gebraucht werden." —

Über das Schicksal der einzelnen Angeschuldigten erfährt man aus den Akten nur selten etwas Bestimmtes. Zuweilen wird von dieser und jener Unglücklichen auf der Außenseite des betreffenden Aktenheftes ausdrücklich bemerkt, daß sie hingerichtet worden sei. Im allgemeinen fand man jedoch diese Notierung unnötig, da ein Hexenprozeß nur selten anders als auf dem Scheiterhaufen oder überhaupt unter der Hand des Scharfrichters endigte. Als eines Tages der Oberamtmann anzeigt, er habe wieder fünf Hexen verbrennen lassen, wird er von den kurfürstlichen Räten belobt.

Während der ganzen ersten Hälfte des siebzehnten Jahrhunderts war in Kurmainz die Hexenverfolgung im fortwährenden Steigen.

37) *E. Huffschmid* in der Zeitschrift für deutsche Kulturgesch., 1859, S. 425 ff.

44

Kurfürst Johann Schweikart (1604—1626) brachte zuerst System in die Prozesse. Nachdem er sich von der theologischen und der juristischen Fakultät seiner Hochschule umständlichst über das fluchwürdige Wesen und Treiben der Hexen hatte belehren lassen, befahl er eine Untersuchungsordnung für Hexenprozesse mit achtzehn General- und achtundneunzig Spezialfragen aufzusetzen und allen Gerichten im Lande zu überweisen.

Die schrecklichste Zeit nahm jedoch mit dem Regierungsantritt seines Nachfolgers, des Kurfürsten Georg Friedrich (v. Greiffenklau) 1626 ihren Anfang. Als sich dieser im genannten Jahre zu Dieburg huldigen ließ, erschien vor ihm eine Deputation der Zentmannschaft und bat ihn inständig und um Gottes willen, daß er doch zur Ausrottung des überhandnehmenden Lasters der Zauberei die nötigen peinlichen Untersuchungen befehlen möchte. Dieselbe Bitte wurde ihm, da es dem Kurfürsten mit der schärferen Verfolgung der Hexen doch nicht so eilig war, unter dem 6. Februar 1627 auch schriftlich vorgetragen. In Dieburg stand nämlich damals eine ganze Menge von Personen im Geruch der Zauberei, und die Masse des Volks war gegen sie mit solcher Wut erfüllt, daß selbst die Beamten, die nicht sofort alle Verdächtigten in Haft nahmen, sich bedroht sahen. Daher mußte zur Beruhigung der Bürgerschaft endlich wieder ein Hexenprozeß in Szene gesetzt werden. Aus der Menge der zur Anzeige gebrachten wählte man hierzu Martin Padts Witwe aus, „weil deren Mutter vor zwanzig Jahren als Hexe verbrannt worden sei". Am 26. Juni 1627 begann das Verhör und am 7. Juli wurde die Verhaftete hingerichtet. Die Padtin hatte eine ganze Anzahl von Mitschuldigen genannt; daher gestaltete sich aus dieser einen Inquisition sofort eine ganze Anzahl anderer Prozesse, von denen jeder einzelne wieder zu neuen Verfolgungen in Dieburg, Seligenstadt[38],

---

38) *Steiners* Geschichte der Stadt und ehemaligen Abtei Seligenstadt, Aschaffenburg 1820, S. 283 ff.

Aschaffenburg[39] usw. Anlaß gab. Aus den massenhaft angestellten Verhören traten nun auch hier die gewöhnlichen Angaben der wegen Hexerei Verhafteten hervor. Als Versammlungsstätten der Hexen wurden der Eichwasen bei Dieburg, der Humesbühl, der große Formel usw. bezeichnet. Bei der Generalversammlung, die zu Walpurgis auf dem Eichwasen stattfand, fanden sich oft Tausende, darunter auch vornehme Leute aus Darmstadt, Aschaffenburg, Umstadt, Münster usw. zusammen. Bei den Gelagen waren die Tische und Stühle gemalt, die Trinkgeschirre, dem Anschein nach von Gold und Silber, waren eigentlich Roßköpfe und Schelmenbeine, und was sich als Krammetsvögel ansah, war in Wirklichkeit eine Schüssel voll Kröten. Das aufgetischte Brot mußte an einem Sonntag gebacken sein; Salz dagegen kam bei keiner Gasterei vor. Die Hexen erzählten auch, sie hätten sich zwar mit den genossenen Speisen gesättigt, allein, wenn sie nach Hause gekommen, hätten sie sich hungrig und äußerst matt gefühlt usw. — Alle diese und ähnliche Geständnisse waren den Verhafteten durch eine bestialische Anwendung der Folter erpreßt. Man lese z. B. folgendes Torturprotokoll vom 2. Oktober 1627: „Weil dieselbe (Verhaftete) nichts gestehen wollte, sondern auf dem Leugnen halsstarrig bestand, als ist sie auf dem einen Schenkel mit dem Krebs beschraubt worden. Sie hat aber immerdar gerufen, es geschehe ihr Unrecht etc. und sich erzeigt, gleichsam sie einigen Schmerz nicht empfinde. Und ob der Meister auf ein Holz schraubte, auch mit aufgesperrtem Mund in einen Schlaf gerathen. Und als man ihr Weihwasser in den Mund geschüttet, hat sie dasselbe jedesmal wieder ausgespieen und abscheuliche Geberden im Gesicht von sich gegeben. Derentwegen, nachdem sie wieder zu sich selbst gekommen, dieselbige ausgezogen, geschoren, mit dem Folterhemd angelegt und auf dem anderen Bein auch beschraubt worden, wobei sie sich mit Entschuldigen, Rufen, Schreien,

39) *Janssen*, VIII, S. 686.

Schlafen wieder wie zuvor geberdet, auch das Weihwasser abermals ausgespieen. Auf welche beharrliche Halsstarrigkeit und Verleugnen sie ungefähr ein zwei Vaterunser lang aufgezogen, und mit ihr ein großer Stein an beide große Zehen gehängt worden. Sie hat aber wie zuvor einig empfindliches Zeichen nicht von sich gegeben, sondern gleichsam sie tot wäre, sich gestellt, deßhalben man sie herabgelassen, und zur vorigen Custodie, nachdem sie sich wieder erholt, hinführen lassen[40]".

Einer der Verhafteten, Philipp Krämer aus Dieburg, tat im Verhör die unerhörte Äußerung, daß die gegen ihn abgelegten Zeugenaussagen falsch seien und daß das ganze Hexenwerk nichts als Aberglauben sei. „Wenn dergleichen Belialszeugnisse auch tausend wären," rief er, „so könnten sie doch alle tausend falsch sein. Denn das wären Leute, so in ihrer Pein und Marter verzweifelten. Da müsse er sehen, daß unter Tausenden nicht einem Recht geschehe. Es nehme ihn Wunder, daß man solche abergläubische Sachen glaube. Das seien doch lauter unmögliche Dinge, und es könne aus keiner Schrift bewiesen werden, daß es zu glauben sei. Der Teufel verblende die Leute und nehme frommer Leute Gestalt an."

Er wurde dafür am 6. September 1627 mit dem Schwerte hingerichtet und sein Leichnam verbrannt.

So wurden in Dieburg nach den vorliegenden Akten im Jahr 1627 überhaupt sechsunddreißig — nach einer Aufzeichnung des Pfarrers Laubenheimer sogar fünfundachtzig — Personen hingerichtet. Im November 1629 begann hierauf eine neue Untersuchung gegen einundzwanzig Dieburger Leute. Ganze Familien sind in jenen Jahren zu Dieburg fast ausgerottet worden.

An anderen Orten ging es noch grausiger her.

In Großkrotzenburg und Bürgel wurden auf Betreiben des fanatischen Dechanten zu St. Peter in Mainz gegen dreihundert Personen wegen Hexerei hingerichtet, infolge-

---

40) *Steiner*, S. 94.

dessen der Kapitularpräsenzkammer zu Mainz bei tausend Morgen konfiszierter Ländereien zufielen. Das aber war dem Kurfürsten Johann Philipp (von Schönborn, 1647 bis 1673) doch zu arg, weshalb er das im Lande herrschend gewordene ganz formlose Verfahren in der Hexenverfolgung untersagte, regelte und einschränkte[41]. Weitere Hexenbrände, frühere und spätere aus dem Mainzer Erzstift werden aus Miltenberg (1615—17)[42], Lohr (1602, 1617)[43], Stockum (1587), Oberursel (1613)[44], Flörsheim und Hochheim gemeldet. Hochheim nahm zur „Ausrottung der Zauberei" 1618 bei dem St. Klarakloster in Mainz ein Darlehen von 2000 Gulden auf[45].

Im Jahr 1657 wurde von der Bürgerschaft der kurmainzischen Stadt Amorbach ein Projekt zur Verbrennung aller Hexen entworfen, die Fröste gemacht und die Weinernte zugrunde gerichtet hätten. Zu diesem Zwecke waren nicht allein die Einwohner von Amorbach, sondern auch die der angrenzenden Ämter aufgeboten, und der Oberamtmann Daniel von Frankenstein wurde in geradezu stürmischer Weise zu einem gerichtlichen Einschreiten gegen die Hexerei gedrängt. Allein der Kurfürst Johann Schönborn zu Mainz befahl, man sollte die bereits Verhafteten ohne weiteres zu ihren Familien zurückkehren lassen[46].

Als allenthalben die Scheiterhaufen auflohterten, schrieb der Kölner Ratsherr Hermann Weinberg in sein Tagebuch: „Anno 1589, den 30. Juni, wollten etliche für gewiß halten, daß die Hexen oder Zauberinnen das Unwetter verlittener Nacht gemacht hätten. Denn das Gerücht ging sehr stark, wie der Kurfürst von Trier innen und außer Trier, viele Zauberer und Zauberinnen, Männer und Frauen, Geistliche und Weltliche, gefangen, verbrannt und ertränkt habe.

41) *Steiner*, Gesch. d. Stadt Dieburg, Darmstadt 1829, S. 68—100. — 42) *Diefenbach*, Zauberglaube, S. 104. — 43) *Diefenbach*, S. 107. — 44) *Diefenbach*, S. 111. — 45) *Schuler*, Gesch. der Stadt Hochheim am Main, Hochheim 1887, S. 135. — 46) *Huffschmid*, in der „Zeitschr. für deutsche Kulturgesch." 1858, S. 432.

Einige geben vor, es sei eine freie, natürliche Kunst, womit Hochgelehrte und Prälaten sich befaßten, vielleicht die Nekromantia, Schwarzkunst oder dergleichen darunter zu verstehen, wiewohl auch diese verboten ist. Über die Zauberei kann ich nach meinem Verstande nicht urteilen; ich höre auch, die Leute sind nicht darüber einig. Etliche glauben gar nicht daran, halten es für Phantasie, Träumerei, Tollheit, Dichtung, Nichtsnutzigkeit. Andere, Gelehrte und Ungelehrte, glauben daran, nehmen ihr Fundament aus der Heiligen Schrift und haben Bücher darüber geschrieben und gedruckt, halten hart darauf. Gott allein wird es wohl am besten wissen. Man kann der alten Weiber und verhaßten Leute nicht besser und bälder quitt werden als auf solche Weise und Manier (!) Mich gibt (nimmt) es Wunder, daß es in dem Katholischen und heiligen Stifte von Trier und in mehreren anderen Orten so viele böse Weiber gibt, warum dem Teufel dort mehr von Gott die Zauberei gestattet werden soll als in der Stadt Köln. Wer hat früher gehört, daß Zauberer oder Zauberinnen in Köln verurteilt, verbrannt worden wären? Oft hat man einige, die der Zauberei beschuldigt waren, gefangen und lange sitzen lassen; man hat sie verhört, aber nichts Bestimmtes erfahren können. Soll es denn in Köln nicht so viele Mittel geben, die Wahrheit zu erforschen, wie an andern Orten? Heute noch sitzt ein armes, altes Weib auf dem Altenmarkt am Brunnen im Schuppen Tag und Nacht; man sagt, sie sei eine Zauberin; man wirft es ihr vor, sie bekennt es öffentlich vor dem Volke, verlangt, man solle sie verbrennen; sie ist wohl lange Jahre ein böses Weib gewesen; aber man läßt sie passieren und sagt, daß sie toll sei. Es gibt gar böse Leute, die irgend ein Weib Zauberin schelten, dadurch in den Mund des Volkes bringen, und das Volk hält dieses Weib dann für eine wirkliche Zauberin. Wenn man aus Haß oder aus Leichtfertigkeit seine Mitmenschen in so böses Gerücht bringt, wird man schwerlich solches vor Gott verantworten können. Ich habe auch zu den Leuten, die mit Fingern auf eine Zauberin wiesen, gesagt: „Woher wißt ihr das?" — „Ja, die Leute sagen es, das Gerücht geht so." Darauf antwortete ich: „Wenn es von euch gesagt würde, wie solltet ihr denn gemutet sein, welche Lust solltet ihr darüber empfinden? Liebe schweigt, nimmt niemanden, was man ihm nicht wieder geben kann." Ich weiß wohl, daß es manche böse, argwöhnische, niedrige, aufsässige, unzüchtige, schädliche Weiber gibt, daraus folgt aber gar nicht, daß diese Zauberinnen seien. Niemals aber habe ich ein Weib gesehen, das imstande wäre, Hasen, Hunde, Katzen, Mäuse, Schlangen, Kröten zu machen, mit einem Bock durch den Schornstein zu fliegen, in Weinkeller zu schlüpfen, mit den Teufeln zu tanzen; und derjenige, der da sagt, er habe es gesehen, kann lügen[47]." So spricht der gesunde Menschenverstand eines Renaissance-Menschen, der in der frischen Luft einer freien Stadt aufgewachsen war.

Erst in der zweiten Hälfte des 16. Jahrhundert griff in der Erzdiözese Köln die Hexenverfolgung wie ein rasender Dämon in alle Schichten der Gesellschaft ein, Kinder und Greise, Geistliche und Laien, Frauen und Mädchen massenhaft erfassend und zerreißend[48]. Man vergleiche folgende aus dem Salmschen Archive abgedruckten Akten! Der Pfarrer Duren zu Alfter berichtet an den Grafen Werner von Salm: „daß ich vorlängst nicht geschrieben, ist daher kommen, daß mir nichts Sonderliches vorgekommen, allein daß man zu Bonn stark zu brennen anfange. Jetzo sitzet eine Reiche (Frau), deren Mann vormals Schöffe zu Bonn gewesen, Namens Kurzrock, dem die Herberge „zur Blume" eigenthümlich zuständig gewesen. Ob er Ihre Gnaden bekannt gewesen, weiß ich nicht. Dem sei wie ihm wolle; sie ist eine Hexe und

47) *Höhlbaum C.*, Das Buch Weinberg, 2 Bände, Leipzig 1886—87.
48) *W. von Waldbrühl:* „Naturforschung und Hexenglaube". *L. Ennen*, Gesch. der Stadt Köln, 5. Bd., Köln cit. 1880. Das Buch Weinsberg, herausgeg. von F. Lau, Bonn 1897, 2 Bd. S. 68 f.

täglich vermeint man, daß sie justifizirt werden solle, welcher ohne Zweifel noch etliche Dickköpfe (d. h. lutherisch Gesinnte) folgen müssen." — Aus einem späteren Briefe desselben Pfarrers an den Grafen sei folgende Stelle ausgezogen: „Solche (Opfer des Scheiterhaufens) sind aber mehrertheils Hexenmeister dieser Art. Es geht gewiß die halbe Stadt drauf. Denn allhier sind schon Professores, Candidati juris, Pastores, Canonici und Vicarii, Religiosi eingelegt und verbrannt. Ihre Fürstliche Gnaden haben siebzig Alumnos (des Priesterseminars), welche folgends Pastores werden sollten, von welchen quidam insignis musicus, gestern eingelegt; zwei andere hat man aufgesucht, sind aber ausgerissen. Der Kanzler sammt der Kanzlerin und des geheimen Secretarii Hausfrau sind schon fort und gerichtet. Am Abend unserer lieben Frauen (7. September) ist eine Tochter allhier, so den Namen gehabt, daß sie die schönste und züchtigste gewesen von der ganzen Stadt, von neunzehn Jahren, hingerichtet, welche von dem Bischofe selbst von Kind an auferzogen. Einen Domherrn mit Namen Rotensahe habe ich sehen enthaupten und folgends verbrennen sehen. Kinder von drei bis vier Jahren haben ihren Buhlen (Buhlteufel). Studenten und Edelknaben von neun, von zehn, von elf, zwölf, dreizehn, vierzehn Jahren sind hier verbrannt. Summa, es ist ein solcher Jammer, daß man nicht weiß, mit was Leuten man conversiren und umgehen soll."

Der Vogt zu Hülchrath, Andreas Heffelt, berichtet unter dem 22. Dezember 1590 an den Amtmann Wilhelm von Ladolf in dem salmschen Städtchen Dyck: „Nächst dienstnachbarlicher Ehrerbietung thue Ew. Liebden ich hiermit zu wissen, wie daß Zeiger dieses, der armen gefangenen Frauen Eidam, genannt Gort, — bei mir gewesen und gebeten wegen seiner selbst und seinen Geschwägern, daß man doch ihre Mutter mit dem Schwerte richten und in die Erde begraben möchte, dagegen sie unserem gnädigen Herrn 40 Thaler Kölnisch zu unterthänigster Verehrung geben wollten. — Die allhier Sitzenden habe ich examiniren, peinigen und aufs Wasser versuchen lassen, deren zwei ihre Unthaten umständlich bekannt, die dritte aber halsstarrig geleugnet, jedoch dieselbe wie die anderen zwei auf dem Wasser geschwommen."

Unter den zahllosen Kölner Hexenprozessen, von damals und dem Anfange des folgenden Jahrhunderts, mag einer genügen.

In Köln lebte im Jahr 1627 eine junge schöne Dame, Katharine von Henoth, die Tochter eines kaiserlichen Postmeisters. Sie leitete das Hauswesen ihres Bruders, des Propstes und Domherrn Hürtger von Henoth, und war in den vornehmen Kreisen, die sich mit dem Hause des Bruders berührten, hoch angesehen. Da geschah es, daß einige angeblich behexte und vom Teufel besessene Profeßschwestern des Klosters zu St. Clara sie als Hexe verschrien, weshalb sie unter Beihilfe eines städtischen Rutenträgers und Gewaltrichters mit Gewalt aus dem Hause ihres Bruders geholt und ins Gefängnis geschleppt wurde. Alsbald wurden über sie die erbärmlichsten Gerüchte in Umlauf gesetzt. In den Gärten um ihrer Wohnung hatte sich eine auffallende Menge von Raupen gezeigt, die Obst und Gemüse verdarben. Auch bekannten zwei Pfarrer, daß sie an den geheimsten Teilen ihrer Leiber litten, daß eine Hexe es ihnen angetan haben müsse, und daß ihnen die Hexe im Traume wie im wachenden Zustand fortwährend erscheine. Daß diese Hexe Fräulein v. Henoth sei, stand sehr bald fest. Sie wurde daher dreimal durch alle Grade hin gefoltert. Die gräßlichsten Schmerzen waren jedoch nicht imstande, der mit zerrissenen Gliedern auf der Folter liegenden standhaften jungen Dame das Geständnis zu erpressen, das die Richter haben wollten. Sie blieb bei der Beteuerung ihrer Unschuld. Beinahe wäre auch ihr Bruder in den Prozeß hereingezogen worden. Er hatte alle Ursache, sich glücklich zu schätzen, daß man ihn unbehelligt ließ, als man die Schwester auf einen

Karren lud und hinaus vor die Stadt zum Scheiterhaufen führte. Die Unglückliche hatte freilich Freunde, die auch in der äußersten Not nicht von ihr ließen, weshalb sie einen kaiserlichen Notar gewannen, der sich bereit erklärte, einen Protest gegen das schreckliche Verfahren aufzusetzen. An einer Straßenkreuzung der Stadt, wo altem Herkommen gemäß der Zug nach dem Richtplatze zu halten pflegte, standen die Freunde, stand der Notar. Die Verwahrungsurkunde wurde auf den Wagen gereicht, und der Unglücklichen eine Feder in die Hand gedrückt, damit sie unterzeichne. „Seht ihr, Leute," riefen alsbald die Jesuiten, die den Karren zum Richtplatz geleiteten, zu dem Volke, in dem sich das Gefühl des Mitleids zu regen begann, „seht ihr, daß sie eine Hexe ist, denn sie schreibt mit der linken Hand." Jetzt aber, als sie die Rechtsverwahrung in die Hand des Notars zurückgegeben, riß sie mit der linken Hand den Verband von der Rechten, zeigte, wie diese in der Folter zu einer blutigen Masse verstümmelt war und brach in die Worte aus: „Ja, ich schreibe mit der Linken, weil die Henkersknechte die Rechte mir verdarben und zerschmetterten, um mich Unschuldige zum Geständnis zu zwingen!" — Grausen und Entsetzen ergriff das Volk; Entrüstung zeigte sich in der Menge, in der bereits harte Worte gegen die Hexenrichter laut wurden. Da winkten die Jesuiten, stimmten einen Psalm an und geleiteten den Karren, der sich wieder in Bewegung setzte, durch die Stadt zum Scheiterhaufen.

An anderen geistlichen Orten ging es nicht besser.

Zu Ellingen in Franken, einer Landkomturei des deutschen Ordens, wurden 1590 in nur acht Monaten 71 Personen wegen Hexerei hingerichtet[49]. Zu Ellwangen wurden in dem einen Jahr 1612 sogar 167 von Jesuiten zum Henkertode vorbereitet; in Westerstetten bei Ellwangen wurden binnen zwei Jahren 300 verbrannt. Bis 1617 dauerten die Blutgerichte[50].

49) Württembergische Vierteljahrhefte für Landesgeschichte 1883 und 1884. 6. 247. 306 ff. — 50) *Janssen*, VIII, 680.

In dem reichsunmittelbaren Frauenstift Quedlinburg, wo die Hinrichtungen im Jahre 1569 begannen, zählte man im Jahre 1570 etwa 60, im Jahre 1574 beiläufig 40 Hexenverbrennungen[51]. 1589 wurden an einem Tage 133 Hexen verbrannt.

In dem Stiftslande Zuckmantel, dem Bischof von Breslau untertan, wurden schon 1551 nicht weniger als 8 Henker gehalten, die, wie das Theatrum Europaeum erzählt, vollauf zu tun hatten. In den Jahren 1639 wurden nachweisbar zu Zuckmantel, Freiwaldau, Niklasdorf, Ziegenhals und Neisse 242 Personen wegen Hexerei hingerichtet, und im Jahr 1654 starben hier 102 Personen den Feuertod, darunter auch zwei Kinder, deren Vater der Teufel gewesen sein sollte[52].

Unter den bischöflichen Territorien spielte Eichstätt eine besonders traurige Rolle. Dort waren schon im 15. Jahrhundert viele Ketzerbrände veranstaltet worden. Hexenprozesse mit zahlreichen Hinrichtungen folgten 1590, 1603 bis 1630, 1637[53]. Noch 1723 hatte sich bei einem Eichstätter Hexenprozeß der ganze mittelalterliche Wahnwitz behauptet. Eine Hexe, die 22jährige Maria Walburga Rung von Buchdorf, die fromme Richter foltern und enthaupten ließen, war anscheinend eine geistesgestörte Dirne[54].

In dem Erzstift Salzburg kam die Hexenverfolgung unter Wolfgang Dietrich 1588 in Gang. Im Jahr 1678 wurden hier 97 der „erschröcklichsten Zauberer und Hechsen“, darunter Kinder von 10—14 Jahren, mit Feuer und Schwert hingerichtet[55]. Einem damals erschienenen Berichte zufolge sollten die Salzburger Hexen das einstimmige Bekenntnis abgelegt haben, daß sie, außer anderen Vergehen, allen Heiligen abgesagt und sich verpflichtet hätten, keine

51) *Janssen*, VIII, 737. — 52) *Roskoff*, B. II, S. 312. *Riezler*, S. 241.
53) *Riezler*, S. 221. — 54) Ebenda, S. 295. — 55) *Dr. F. V. Zillner*,
Salzburg. Kulturgeschichte, S. 234. *Ad. Bühler*, Salzburg und seine
Fürsten, 3. Aufl., Reichenhall, 1910, S. 135.

guten Werke in oder außer der Kirche zu tun, zum Abendmahl ohne vorgängige Ohrenbeichte zu gehen und die Hostie zu verunehren. Sie sollten auch gestanden haben, daß sie oft die Hostie durchstochen hätten, wobei aus ihr Blut hervorzutreten pflege[56].

Im Stift Paderborn, wo die Scheiterhaufen seit 1585 unter der Regierung des Fürstbischofs Theodor v. Fürstenberg gelodert hatten[57], rief 1656 ein Jesuit Löper, der den Teufel durch Exorzisierung der von ihm Besessenen bekämpfen wollte, eine Bewegung ganz eigener Art hervor. Die Besessenen, etwa hundert an der Zahl, liefen in den Straßen der Stadt umher und schrien Zeter über den Bürgermeister, über die Kapuziner, die Hexen und Hexenverteidiger. Auf Betreiben des Kapuziner-Guardians wurde der Jesuit ausgewiesen, aber der Unfug war nun einmal im Gange. „Aus mehr als dreißig besessenen Leuten", sagt das Theatrum Europaeum (T. VII, S. 1023) „zu Paderborn und Brackel riefen die Teufel unaufhörlich über Trinike Morings als über eine Zauberin, welche die Teufel durch Branntwein, Kuchen, Äpfel, Bier, Fleisch und andere mehr Sachen hätte in die Menschen getrieben. Ja die Teufel haben auch öffentlich auf den Gassen über etliche als Hexenverteidiger geschrien; und was die Teufel schrien, das bekannten dann die Hexen gerichtlich vor den Herren Kommissarien, nämlich daß die bösen Geister durch Hexerei in so viele Menschen wären eingetrieben worden."

Die einmal in Gang gekommene Bewegung ließ sich jedoch nicht so leicht bewältigen, vielmehr drang sie bald über ihre anfänglichen Grenzen hinaus.

Die ungeheuere Erregung der Gemüter, durch die Hexenverfolgung hervorgerufen, die gräßlichen öffentlichen

---

56) *Kofler*, Observationes magicae bei *Hauber*, Bibl. mag., T. III, S. 306. *Horst*, Dämonomagie, T. II, Anhang, S. 349 ff. *Mezger*, Histor. Salisburg, Lib. V, cap. 54. — 57) *G. J. Bessen*, Gesch. des Bistums Paderborn, C. II, S. 88, 98 ff.

„Brände" und die dem Volke dadurch eingeimpfte Furcht vor der Hexerei bewirkte, daß die Seuche nicht nur das ganze Paderborner Land, sondern auch die Grafschaft Rietberg und andere westfälische Bezirke erfaßte, indem ganze Scharen von Frauen und Mädchen das Land durchzogen, sich für vom Teufel besessen erklärten, die seltsamsten konvulsivischen Gebärden zeigten, eine Menge von Personen als Hexen und Hexenmeister verschrien und überall Furcht und Schrecken verbreiteten. Da hierdurch an vielen Orten tumultuarische Auftritte hervorgerufen wurden, so schritten die Behörden gegen die Unruhestifter ein. Viele wurden ausgepeitscht oder gebrandmarkt und des Landes verwiesen, einzelne auch am Leben gestraft. In zahllosen Verhören gestanden nicht wenige, daß sie von bestimmten Personen zur Simulierung der Besessenheit verführt und in dem dazu erforderlichen Gebärdenspiel unterwiesen worden wären [58].

---

58) „Ein Kriminalprozeß gegen ein besessenes Mädchen" in Hitzigs und Schletters Annalen der Kriminalrechtspflege, Leipzig 1854, S. 267 ff.

Verbrennung von drei Hexen zu Derneberg in der Grafschaft Reinstein am Harz im Oktober 1555 (Gleichzeitiger Holzschnitt)

EINUNDZWANZIGSTES KAPITEL

DIE HEXENPROZESSE VON DER ZWEITEN HÄLFTE DES SECHZEHNTEN BIS ZUM ENDE DES SIEBZEHNTEN JAHRHUNDERTS IN DEUTSCHLAND

Wir haben früher gesehen, daß fast in allen Landen die Zeit vom Ende des fünfzehnten bis in die zweite Hälfte des sechzehnten Jahrhunderts die Zeit des eigentlichen Entstehens der Hexenprozesse war. Denn bis zum Ende des sechzehnten Jahrhunderts kamen sie zumeist — von einzelnen Landstrichen abgesehen, nur vereinzelt vor. Das Resultat dieser verhältnismäßig noch sehr geringen Hexenverfolgung war aber, daß durch sie die im Hexenhammer und in den üppig aufwuchernden Hexen- und Zauberbüchern enthaltene Doktrin von der Hexerei dem Volke eingeimpft war, und daß ferner die Obrigkeiten, die Gerichte, die Geistlichen sich mit ihrem Denken selbst in die Lehre von der Hexerei einlebten und sich an die Verfolgung der Hexerei als des furchtbarsten Verbrechens, das der Christ begehen könne, gewöhnten.

Etwa von der Mitte der zweiten Hälfte des sechzehnten Jahrhunderts an bis gegen das Ende des siebzehnten Jahrhunderts sehen wir daher die Hexenverfolgung auf ihrer höchsten Höhe.

Werfen wir zunächst einen Blick auf die Herzogtümer Braunschweig-Lüneburg und Braunschweig-Wolfenbüttel[1]. Schon zum Jahre 1561 heißt es in der Göttinger Chronik (T. I, S. 163), der Magistrat von Göttingen sei so sehr mit Hexenprozessen beschäftigt gewesen, daß fast kein altes Weib vor der peinlichen Frage und dem Scheiterhaufen sicher war. Herzog Heinrich von Wolfenbüttel ließ 1565 an einem Tage bei Salzgitter zehn und bei Lichtenberg sieben Hexen verbrennen, und in den Jahren 1572 und 1573 kam selbst die Herzogin Sidonie, die Gemahlin des Herzogs Erich II. von Braunschweig-Kalenberg, in Bedrängnis. Um in den Dienst des Königs Philipp II. von Spanien treten zu können, war der stark verschuldete Herzog Erich Katholik geworden. Er beschuldigte seine Frau, sie habe, um diesen seinen Abfall vom Protestantismus zu rächen, im Bunde mit dem Teufel vier Frauen gedungen, die ihn durch Zauberkünste aus dem Leben schaffen sollten. Sidonie entkam zu ihrem Bruder, dem Kurfürsten August von Sachsen. Gegen die Frauen, von denen drei vom Adel waren, wurde mit satanischer Grausamkeit vorgegangen. 1572 begann in Gegenwart des Herzogs und der angesehensten Adeligen der Prozeß und in „persönlicher Gegenwart" des Herzogs und im Beisein des Kurfürsten August von Sachsen wurden die Opfer den haarsträubenden Qualen ausgesetzt. Sie gestanden natürlich, widerriefen aber sofort wieder, als auf Bitten Sidonies der Kaiser eine Revision des Prozesses anordnete, bei der keine Folter angewendet werden durfte. „Als die gefangenen Frauen, unter ihnen eine neunundachtzigjährige Matrone, der kaiserlichen Untersuchungsbehörde vorgeführt wurden, boten sie einen jammervollen Anblick dar: allen

1) *L. T. Spittler*, Gesch. des Fürstentums Hannover, Hannover 1798, B. I, S. 304—307.

waren die Brüste zerrissen, Adern zersprengt, die Glieder verdreht[2]. Bei den Verhandlungen stellte sich ihre wie Sidonies Schuldlosigkeit heraus. Auf diese Nachricht wurde Erich „recht toll und unsinnig, daß zu ihm kein Mensch hat kommen dürfen". Seine Abgesandten aber erklärten am 3. Januar 1574, „der Herzog sei erfreut, daß die Unschuld der Herzogin an den Tag gekommen sei[3] ".

Sein Sohn und Nachfolger war der ebenso wegen seiner hohen Bildung und seiner Dichtkunst wie seines eifrigen Hexenbrennens berühmte Herzog Heinrich Julius von Braunschweig - Wolfenbüttel (1589–1613). Der Leipziger Buchhändler Henning Grosius widmete 1597 dieser vielseitigen „Leuchte der Zeit" seine 2-bändige „Magica, dasz ist: Wunderbarliche Historien von Gespenstern und mancherley Erscheinungen der Geister etc." das

Herzog Heinrich Julius von Braunschweig

Stich von H. Ulrich († 1621)

1600 in Eisleben erschien. In seinem ersten Drama, der „Tragica Comoedia von der Susanna" ließ der Herzog

2) *Janssen,* VIII, S. 700. — 3) *Hanemann* im Niedersächsischen Archiv 1842, Hannover 1842, S. 278 ff. *Möhlmann* im Archiv des Histor. Vereins

den Vater der Heldin, Helkia, sagen: „Gott hat befohlen, man soll keine Zauberer leben lassen, sondern mit Feuer verbrennen[4]." In der „Tragoedia Hibeldeha, Von einem Buhler und einer Buhlerin" (1593) ruft der Teufel Satyrus den Lucifer, der sofort mit seinem Gesinde herbeieilt: „tragen die Todten abe und jauchzen und seind lustig auf ihre Art"[5]. Auch in seinen anderen Stücken spielen die Teufel eine gewaltige Rolle als Vergelter des Bösen. Gegen ihr Walten hegte er keinen Zweifel. Im Jahre 1593 schärfte er den Predigern nachdrücklich ein, bei Abgötterei und Zauberei nicht durch die Finger zu sehen und nicht willkürlich bloß Kirchenbußen zu verhängen. Die Leichenrede des Predigers Steinmetz rühmt dem Herzog nach, „Hexen und Zauberer dem Worte Gottes gemäß strenge bestraft" zu haben. In Wolfenbüttel waren an einem Tage oft 10—12 Hexen verbrannt worden. Unter den vom Herzog 1591 Verurteilten befand sich auch „eine Greisin: war 106 Jahre alt, welche eine zeitlang geschleift und darnach auch verbrannt" wurde[6].

Es hieße den Teufel beleidigen, wollte man die Gefühllosigkeit der braunschweigischen Richter bei den Folterungen der Delinquenten satanisch nennen. Die Konquitatoren in der Neuen Welt und selbst die entmenschte Soldateska in der schrecklichsten Epoche des 30jährigen Krieges waren mild zu nennen gegen jene blutgierigen Bestien in Menschengestalt.

Wie sie den Teufel zu Hilfe nahmen, um sich eines unliebsamen Widersachers zu entledigen, beweist das Schick-

für Niedersachsen, 1842, 3. Heft. *K. v. Weber*, Aus vier Jahrhunderten, Leipzig 1857/58, 2. Bd., S. 38 ff. *Joh. Merkel* in der Zeitschrift des Histor. Vereins für Niedersachsen 1899, S. 11 ff. *Riezler* S. 168. — 4) *Janssen*, VIII, S. 733 f. — 5) *Julius Tittmann*, Die Schauspiele des Herzogs Heinrich Julius von Braunschweig, Leipzig 1880, S. 73. — 6) *J. K. H. Schlegel*, Kirchen- und Reformationsgesch. von Norddeutschland und den Hannoverischen Staaten, Hannover 1828/29, 2. Bd., 367. *A. Rhamm*, Hexenglaube und Hexenprozesse vornämlich in den braunschweigischen Landen, Wolfenbüttel 1882, S. 75 f.

Anton Ulrich, Herzog von Braunschweig-
Wolfenbüttel

Stich von E. Chr. Heiß

sal des Braunschweiger Stadthauptmanns und Rechtsgelehrten Hennig Brabant. Als man ihm in unerhörten Folterqualen[7] das Bekenntnis seines Bündnisses mit dem Teufel abgepreßt, erfolgte am 17. September 1604 seine Hinrichtung. Auf der Richtstätte auf dem Hagenmarkt wurden Brabant, durch die Tortur ohnehin schon „bejammernswert gerissen", erst zwei Finger der rechten Hand abgehauen. Dann wurde er mit glühenden Zangen an den Armen und an der Brust gezwickt, hierauf nackt auf einen Schlachttisch gelegt und entmannt. Damit er nicht durch Ohnmacht dem vollen Schmerz aller Peinigungen entgehe, hielt man ihm Kraftwasser vor. Der Henker zerschlug ihm dann langsam die Brust mit einem hölzernen Hammer, ritzte den Leib auf, riß das Herz heraus und schlug es dem Sterbenden ins Gesicht. Sein Körper, in fünf Teile zerstückelt, wurde an den fünf Toren der Stadt aufgehängt. Die fünf unmündigen Kinder des scheußlich Hingemordeten verloren ihr Vermögen. Sie lebten und starben im Elend[8].

Richter, die solche Urteile fällten und die Folterungen als Gelegenheiten benutzten, sich toll und voll zu saufen[9], verdienen kaum die Lobeshymne, die ihnen Mejer singt[10]. Sein ganzes, künstlich aufgebautes System zur Erklärung der Hexenprozesse fällt damit wie ein Kartenhaus in sich zusammen.

In einer ungedruckten Chronik der Stadt Hitzacker im Fürstentum Lüneburg wird zum Jahr 1610 berichtet[11]: „Anno 1610 wurden etliche Personen in Hitzacker und in der Nähe der Hexerei und Zauberei beschuldigt, welche dann auf viele andere mehr bekannten, daß auf zehn Personen incarcerirt und zum Feuer verdammt worden. —

---

7) *F. K. v. Strombeck*, Henning Brabant, Braunschweig 1829, S. 52. *K. A. Menzel*, Neuere Geschichte der Deutschen seit der Reformation. 2. Aufl., Breslau (6 Bände 1854—56), 5. Bd, S. 132 f. — 8) *Janssen*, VI, S. 555. — 9) *Scheible*, Das Schaltjahr, Stuttgart 1846, I. 361. — 10) *Mejer*, S. 33. — 11) Neues vaterländisches Archiv des Königreichs Hannover von *G. H. G. Spiel* und *E. Spangenberg*, B. II, Lüneb. 1822, S 66.

Der damalige Pastor zu Hitzacker, Herr Simon Krüger, schreibt, daß ihm diese Affaire nicht allein große Mühe und Arbeit gemacht, sondern auch tausend Sorgen und Thränen aus dem Herzen gedrungen. — Es ward geurteilt, daß sehr viele dieser Leute unschuldig sterben müssen, und daß der Scharfrichter bei der Wasserprobe betrüglich gehandelt, damit er nur viel verdienen möchte[12]." — Die Pfähle, daran die Hexen verbrannt, waren anno 1670 noch auf dem Galgenberge zwischen Marwedel und Lwau zu sehen. — Man erzählt, daß etliche von den Pfählen wieder gegrünt, was der Regierung einiges Nachdenken verursacht, von solchem Prozeß abzustehen, und eine Untersuchung wider den Scharfrichter vorzunehmen.

In Hanau erfolgte am 9. März 1564 die erste Verhaftung wegen Hexerei. Eine Bäuerin von Bischofsheim hatte einem Nachbarn die Milch verzaubert, so daß ein seltsamer Käse „wie ein Kröß" daraus entstanden war. Bald waren vier weitere, von der ersten Hexe beschuldigte Frauen zur Haft gebracht. Sie wurden alle zum Tode verurteilt. Die jüngste jedoch, „Gotts Anna", weil sie noch jung, dann durch ihre eigene Mutter und „durch Eingebung eines Stück Brodes darzu kommen", wurde zur Kirchenbuße begnadigt. Sie mußte an drei Sonntagen nacheinander in der Hanauer Kirche „durch den Pfarrherrn der Gemein angezeiget" werden und „eine christliche Vermahnung" erhalten, worauf sie stadtverwiesen wurde. Bei dem diesen folgenden Hexenprozeß ist bemerkenswert, daß die verurteilten zwei Frauen ertränkt wurden. „Seind heut dato", heißt es unter dem 22. August 1567 im Tagebuch der Regierung, „mit Urtel erkannt, daß sie mit dem Feuer vom Leben zum Tode sollen gericht werden, als aber ihr unterthäniges flehentliches Bitten angehört, ist ihnen Gnade erzeiget und sie anstatt des Feuers mit dem Wasser vom Leben zum Tode gericht worden und ist die Exekution sofort geschehen[13]."

12) Zeitschrift des Harzvereins, 3. Bd., Wernigerode 1870, S. 809 f. —
13) *Ernst J. Zimmermann*, Hanau, Stadt und Land, Hanau 1903. S. 378 f.

Zum Jahre 1613 heißt es in einer Hanauer Chronik: „Im September wurde eine arme alte Frau, Maria Frappé, weiland Niklas Dablins nachgelassene Witwe, aus Verdacht, Zaubereien verübt zu haben, zur Haft gebracht. Sie hatte einem Mägdelein, so mit ungewöhnlicher fremder Krankheit männiglich zum erbärmlichen Spektakul eine zeitlang gelegen, durch Stöße, Schläge, Todesbedrohung genötigt und gezwungen, auf vorher gehende heimliche Anrufung des Satans, mit ihrer Hand über den Bauch auf- und abgestrichen. Hierauf ist dem Mägdlein alsbald besser geworden, nur daß man in der Gurgel noch eine Geschwulst bemerkt, welche sie gleichermaßen aus Zwang angerührt, darauf das Mädlein alsbald alle Krankheit verlassen. Die Frau wurde . . . . etwas scharf mit dem Krebs befragt, worauf sie nichts eingestanden und aus der Haft entlassen werden sollte. „Freien Gemüts" gestand sie nunmehr ein, daß sie vom Satan ein Mordpülverlein empfangen, und damit neben dem obengenannten Mädlein noch zwei andere Kinder mit Haselnuß verhext hätte, bei welchem Bekenntnis, in der Güte und scharf befragt, sie beharret". Sie wurde verbrannt[14].

In Kurbrandenburg nahm die Hexenverfolgung bis zur Regierung des großen Kurfürsten ihren ungestörten Fortgang. Unter diesem staatsklugen Fürsten tritt jedoch eine Wendung zum Besseren ein. Allerdings dauerten die Prozesse noch immer fort. Aufsehen machte hier namentlich ein Prozeß, der drei Jahre lang gegen ein 1662 im Dorfe Jagow in der Uckermark verhaftetes Weib geführt wurde. Die ganze uckermärkische Ritterschaft hatte auf den Prozeß gedrungen. Endlich erkannte der brandenburgische Schöffenstuhl auf Tortur. Das Weib überstand diese jedoch, ohne sich ein Geständnis abmartern zu lassen. Daher urteilte ein weiteres Erkenntnis des Schöffenstuhls, bei der Tortur müsse ihr der Teufel Hilfe geleistet haben, und da sich inzwischen in Jagow allerlei seltsame Dinge

14) *Zimmermann,* Hanau, S. 724.

zugetragen hatten, so erging ein Endurteil der Juristenfakultät zu Frankfurt a. O. auf Landesverweisung, das der
Kurfürst bestätigte. — Seitdem endeten die Hexenprozesse
gewöhnlich mit Verweisung in das Spinnhaus oder mit
Verbannung aus dem Lande. Doch hatte der einsichtsvolle Monarch viel mit den Vorurteilen seiner Patrimonial-
gerichtsherren zu kämpfen, die noch immer der Hexerei
durch Verbrennung der Hexen ein Ende machen zu müssen
glaubten. Daher sah er sich zum öfteren genötigt, gegen
deren Verfahren Untersuchung einzuleiten oder die Urteile der Gerichte zu kassieren [15].

In Österreich hat, wie Abraham a Sancta Clara im
„Judas der Ertzschelm" erzählt, „das werthe Herzogthum
Steyer" von „A 1675 bis in das laufende Jar 1688" durch
verruchtes Zaubergeschmeiß unglaublichen Schaden erlitten, wie es die eigenen Aussagen der Hingerichteten
zu Feldbach, zu Radkersburg, zu Voitsberg, zu Grauwein
und an anderen Orten bezeugten. „Dieß Jahr 1688, im
Monat Juni", fährt der eifrige Prediger fort, „haben sie
einen so großen Schauer heruntergeworfen, daß deren
etliche Steine fünf Pfund schwer gewogen, und hat man
unweit der Hauptstadt Gräz gewisse große Vögel wahrgenommen, welche in der Höhe vor diesem grausamen
Schauerwetter geflogen und selbiges hin und her geführt.
Einige bekannten, so nachmals verdienter Maßen im Feuer
aufgeopfert worden, wie sie das höchste Gut und die heiligsten Hostien salva venia in den Sautrog geworfen, selbige
mit einem hölzernen Stössel nach Genügen zerquetscht,
daß auch mehrmalen ihren Gedanken nach das helle Blut
hervorgequellt, dennoch ganz unmenschlich und unbeweglich in ihrer Bosheit fortgefahren, gedachtes höchstes Ge-
heimnis mit unflätigem Wasser begossen, und nachdem
sie es mit einem alten Besenstiel gerührt, sei alsobald der
klare Himmel verfinstert worden und allerseits, wo es
ihnen gefällt, der häufige Schauer heruntergeprasselt."

15) *Von Raumer*, Märkische Forschungen, Bd. I, S. 257 ff.

Richtstätten, Richt-, Straf- und Folterwerkzeuge
Brandenb. Halsgerichtsordnung. Nürnberg 1517

Abraham a Sancta Clara gibt auch noch andere Mittel an, durch die die Hexen nach ihrer eigenen Aussage allerlei Malefizien zuwege gebracht hätten. Dabei gesteht er allerdings, daß „sehr viele Ungewitter, Schauer, Platzregen kommen von natürlichen Ursachen", doch bekennt er es zugleich als seine „wohl gesteifte Meinung", daß dermalen durch den Teufel und dessen Hexengesinde solches Übel verursacht werde, und solches der gerechte Gott um unserer Sünden halber zulasse, meistens aber, weil wir des Satans Namen öfters im Maul und auf der Zunge haben als den Namen des wahren Gottes.

Weiterhin erzählt Abraham a Sancta Clara, daß „wundersame Aussagen und Erkenntnisse sind ergangen verwichene Jahre allhier in Steyermark von dem Hexen- und Zaubergesinde, daß man davon könnte ein großes Buch verfassen, nur von Anno 1675 bis in das laufende Jahr 1688". Eine Hexe bekannte, daß sie mehr als achttausend achthundertmal zu ihrem Liebsten, dem Teufel gefahren, „der in schwarzem Sammet auffgezogen und ausländisch geredet", in allen Wollüsten gelebt habe. — Eine andere ist mit achtzehn Personen in Vogelgestalten, wie Raben und Elstern, ausgeflogen, und als die Braut, die mit dabei war, vor lauter Behagen beim Teufelsmahl ausgerufen: „Jesus Maria, so wohl habe ich nie gelebt!" saßen sie plötzlich unweit einer Schinderhütte bei einem verreckten Schimmel. — Abraham berichtet dann noch über die Geständnisse anderer Hexen und Zauberer und schließt mit den Worten: „Hundert und hundert und über hundert dergleichen Begebenheiten könnten beigebracht werden; wir jedoch geben uns mit diesen zufrieden."

Gewaltiges Aufsehen machte der Riegersburger Prozeß, der 1674 begann, wegen der in ihn verflochtenen Geistlichen und der Riegersburger Blumenhexe. Aus den Akten und den Aussagen der Beteiligten geht hervor, daß die Geistlichen Hexensabbate veranstaltet hatten, um mit den verängstigten und betörten Frauen und Mädchen Orgien der schlimmsten Art abhalten zu können. Zwei der Hauptschuldigen wurden der Verurteilung entzogen. Der Hauptpfarrer Zirkelius vergiftete sich, und der Anstifter des ganzen Treibens, Georg Agricola, Pfarrer zu Hatzendorf, starb im Kerker auf geheimnisvolle Weise[16].

Katharina Paltauff,
die 1675 verbrannte Blumenhexe
Nach dem Originalgemälde auf der
Riegersburg bei Gleichenberg

Elf Personen wurden verbrannt, zwei flohen und eine starb an den Folgen der Tortur. Eines der Weiber hatte auf die Pflegerin der Riegersburg, Katharina Paltauff (Baldauf) ausgesagt, die „immer die schönsten und frühesten Blumen zog"[17]. Sie, einst die Geliebte des Hauptpfarrers Zirkelius, nannte eine ganze Reihe von Mitschuldigen, die dem rachsüchtigen, ränkevollen Weib Anlaß zu Ärger gegeben hatten. Darunter waren wieder drei Vikare und ein Pfarrer. Die Folter spielte, und am Tage der herbstlichen Tag- und Nachtgleiche 1675 wurde an der Blumenhexe und drei anderen Frauen das Todesurteil zu Feldbach vollzogen[18].

Und weiter wüteten die Hexenmeister in der grünen Steiermark 1677, 1679, 1686, 1689 bis 1690. In den beiden letzten Jahren wurden auf dem Schlosse Gleichenberg allein vierunddreißig Teufelsbündler durch Schwert und Scheiterhaufen gerichtet[19].

---

16) *Hammer-Purgstall*, Die Gallerin auf der Riegersburg, 2. Aufl., Wien 1849, 3. Teil, I. S. 204, II. S. 113. — 17) a. a. O. I. S. 157. — 18) a. a. O. I. S. 225. 19) a. a. O. I. S. 226 II. S. 210 ff.

Gründtlicher warhaff-

tiger Bericht / was sich am tag Kůngun-
dis den 3. Martij / zwischen etlichen Dienstmägden
auffm Feldt / nicht weit von dem Dorff Poppen-
reuth / eine kleine Meyl wegs von der Stad Nů-
renberg gelegen / Für eine Wunderliche Erschröckliche Geschicht / verloffen vnnd zugetragen. Mit
angehengter Warnung vnnd Vermanung / Das
sich mennigklich vor dergleichen leichtfertigkeit / verachtung GOTTES Worts /
vnnd der Heiligen Sacramen-
ten / fleissig hůten wolle.

Erstlich zu Nürenberg durch Valentin
Geyslern gedruckt. !··

Hostienschändung
Flugblatt v. Jahre 1567, im Besitze des Herrn Antiquars Martin Breslauer in Berlin

In Tirol faßte die Regierung zu Innsbruck im September 1637 den Entschluß, gegen das Hexenwesen ernstlicher einzuschreiten. Indessen war man sich doch über die Gesichtspunkte, von denen man dabei auszugehen, und über die Grundsätze, nach denen man zu verfahren habe, nicht recht klar, weshalb die Innsbrucker Regierung damals den erzfürstlichen Vormundschaftsrat und Kammerprokurator zu Innsbruck Dr. Volpert Mozel aufforderte, ein Gutachten über das Zauberwesen und über die Frage zu verfassen, wie es „mit Constituirung der in Kriminal- und Hexereisachen gefangenen Personen und ihrer Complices gehalten werden solle". Infolgedessen arbeitete Mozel seine neun Abschnitte umfassende Schrift „Instruction und Conclusiones, mit was Umbstenden die Hexen-Personen constituirt werden khinnen" aus. Diese bewegt sich ganz und gar auf dem Boden des Hexenhammers, enthält aber dabei doch mancherlei, wodurch sie sich von der bei den meisten Gerichten üblichen Praxis und von den Anschauungen vieler Rechtslehrer zu ihrem Vorteil unterscheidet. Mozel will z. B., daß der Untersuchungsrichter es nie versuchen soll, die Angeklagten mit Vertröstung einer Begnadigung zum Geständnis zu bringen. Haben Inquisiten die Tortur überstanden ohne ein Geständnis abzulegen, so sind sie freizugeben. Die Tortur soll nicht zu lange, wenigstens nicht leicht eine Stunde lang dauern, und niemand soll öfter als dreimal gemartert werden. Ferner soll der Untersuchungsrichter nur die nach der Marter, nicht aber die auf der Folter gemachten Aussagen protokollieren. Nach den Mitschuldigen soll der Richter erst fragen, wenn der Inquisit ein Geständnis abgelegt hat. Weil aber auf die Aussage einer der Hexerei überführten Person wenig zu geben ist, so soll sie der Richter nach gemachter Anzeige noch mit einer „geringen Marter angreifen" und sie dabei erinnern, daß sie durch falsche Angaben sich unzweifelhaft die ewige Verdammung zuziehen würden. Sollte dann die gefangene Person auf der Folter ihre Aussage widerrufen, so habe man ihren Geständnissen keinen erheblichen Wert beizulegen.

Man sieht, daß Mozel doch einigermaßen bestrebt gewesen ist, den Forderungen der Vernunft und Humanität wenigstens hin und wieder zu ihrem Rechte zu verhelfen[20]. Nach Mozels Instruktion wurde nun die Hexenverfolgung im ganzen Lande mit frischem Mute aufs neue in Angriff genommen. Umständliche Hexenprozesse kamen z. B. im Hochstift Brixen 1643—1644, im Primörtale 1647—1651 vor. In dem interessanten Prozeß gegen den Zauberer Matth. Niederjocher von Schwaz vom Jahr 1650, der beschuldigt war, Erze und Bergwerke „verthan" (d. h. verzaubert) zu haben, kamen auch ein paar „Glasteufel" vor (in Glasgefäße eingeschlossene spiritus familiares oder Dämonen). Einer davon wurde an zwei Bauern aus dem Zillertale um hohen Preis verkauft[21]. Unter den Tiroler Hexenprozessen ist am bekanntesten der in den Jahren 1679—1680 bei dem Gerichte Lienz im Pustertale gegen eine gewisse Emerenziana Pichlerin und deren vier unmündige Kinder geführte. Er endigte mit der Hinrichtung der Mutter (25. Septbr.) und der beiden ältesten Kinder von vierzehn und zwölf Jahren (27. Septbr. 1680). Wie häufig aber solche Prozesse damals in Tirol waren, ersieht man aus dem Tagebuche des Benefiziaten Lorenz Paumgartner zu Meran (1664—1681), in dem er berichtet, daß er während der kurzen Zeit von fünf Vierteljahren dreizehn wegen Hexerei vom Gericht zu Meran zum Tode Verurteilte zur Richtstätte begleitet habe[22].

In Bayern lassen sich erst seit 1578 einzelne Hexenverfolgungen nachweisen. In dem genannten Jahr saß Barbara Beyrlin als „ein Unhuldt" in der Münchener Schergenstube gefangen. In demselben Jahre wurde Margarete Schilherin aus Bozen in Weilheim mit dem Feuer gerichtet.

---

20) Vgl. *L. Rapp*, Die Hexenprozesse und ihre Gegner aus Tirol (Innsbruck, 2. Auflage, 58 ff. — 21) *Schönherr* im „Tiroler Boten" 1873, Nr. 181—190. — 22) *Rapp*, S. 25 ff.

Ihr Geständnis wurde, wie dies in Bayern wohl üblich war, vor ihrer Hinrichtung öffentlich verlesen, was den Glauben an Hexerei mächtig befördern und befestigen mußte. Um 1583 wurde „der reiche Bürger Wolf Breymüller zu Aufkirchen, der sich dem bösen Geist ergeben und mit Gift 27 Personen vergeben hat", hingerichtet. In Augsburg, wo bereits 1590 viele Personen „in unterschiedlichen benachbarten Orten verbrannt worden waren[23], liegen im Archiv Nachrichten der Hexen-Verfolgungen vom Jahre 1650 vor. Wir wollen nur zwei von den Urteilen mitteilen. Ein Erkenntnis vom 18. April 1654:

„Der verhaßten Anna Schäfflerin von Erlingen sollen ihrer bekannten Hexerei halber und daß sie nicht allein der allerheiligsten Dreifaltigkeit, der Mutter Gottes Maria und allen lieben Heiligen abgesagt, selbe geschändet, geschmäht und gelästert, wie nicht weniger das hochheilige Sakrament des Altars zum zweiten Mal mit Füßen getreten und grausamlich verunehrt, sondern auch mit dem bösen Geist Unzucht getrieben und sich demselben mit Leib und Seele auf ewig ergeben, auch die verstorbene Maria Pihlerin von Haustätten durch Gifteingebung gewalttätig ermordet und also selbe ums Leben gebracht, mit glühenden Zangen zween Griffe in ihren Leib gegeben, folgens sie mit dem Schwert vom Leben zum Tod gerichtet und der Körper zu Asche verbrannt werden soll. — Am 15. April 1666 wurde folgendes Urteil gefällt: „Anna Schwayhoferin, die sich dem bösen Feind, nachdem solcher auf dreimaliges Rufen in Mannsgestalt erschienen, ganz und gar ergeben, ihn für ihren Herrn angenommen und auf sein Begehren die hochheilige Dreifaltigkeit, die seligste Mutter Gottes und das ganze himmlische Heer verleugnet, mehrmals der katholischen Religion entgegen, ungebeichtet die heil. Communion empfangen und zu drei unterschiedlichen Malen die heil. Hostie wiederum aus dem

---

23) *P. v. Stetten*, Gesch. der Stadt Augsburg. I. Bd. Frankfurt und Leipzig 1743 S. 718.

Munde genommen, daheim in ihrer Stube auf den Boden geworfen, mit Füßen getreten und ganz verrieben, auch die Stube darauf ausgefegt; nicht weniger mit Hülfe des bösen Feinds und zauberischer Zusetzung ein Kind ums Leben gebracht, auch sonst eine Person mit solchen Mitteln übel zugerichtet, soll solcher verübten schwerer Verbrechen halber auf einen Wagen gesetzt, zur Richtstatt ausgeführt, inzwischen aber an beiden Armen mit glühenden Zangen, und zwar an jedem Arm mit Einem Griff gerissen. Darauf zwar aus Gnaden, weil sie sich bußfertig erzeigt, mit dem Schwert und blutiger Hand vom Leben zum Tod hingerichtet, der todte Körper aber nachmals zu Asche verbrannt werden, — welches Urtheil auf einkommende starke Fürbitte um willen ihrer großen Leibesschwachheit und hohen Alters noch weiter dahin aus Gnaden gemildert worden, daß die zween Griffe mit glühenden Zangen vermieden geblieben." — Das letzte unbekannte Erkenntnis, datiert vom 27. Juli 1694.

Zu Wallerstein im Bayreuthischen wurden im Jahre 1591 auf einmal 22 Hexen verbrannt. Unter den „Hochangesehenen Personen", die man vor Gericht zerrte, war die siebzigjährige Erbmarschallin Caecilie von Pappenheim in Ansbach. „Ein Schäfer verlangte von ihr einen Gulden, weil er in einer Nacht, als sie beim Teufel zu Gevatter gestanden, zum Hexentanze geblasen habe. Mit der Forderung abgewiesen, machte er das Vorkommnis im Lande bekannt, und veranlaßte, daß einige Hexen, die zu Schwabach, Abensberg und Ellingen gerade hingerichtet werden sollten, von neuem auf die Folter gespannt und befragt wurden, ob sie nichts über die Erbmarschallin anzuzeigen hätten. Auf die Auskunft einer Ellinger Hexe: Caecilie reite gemeiniglich, von ihrer Kammerfrau begleitet, auf einer Kuh zu den höllischen Versammlungen, erfolgte die Verhaftung der Greisin. Sie wurde jedoch nicht mit dem Feuer gerechtfertigt, weil die juristische Fakultät zu Altdorf dahin entschied: die Aussage der Ellinger Hexe, die ohne

Konfrontation hingerichtet worden, sei nicht sattsam begründet; dagegen sei die Aussage des Schäfers, daß er zum Hexenball geblasen, solchermaßen wichtig, bedenklich und gravierend, daß die Angeschuldigte solche nur mit

Kurfürst Maximilian I. von Bayern
Kupfer von Math. Merian 1633

einem Reinigungseid abwenden könne. Um ihre Freiheit wieder zu erlangen, mußte Caecilie diesen Eid schwören und sämtliche Kosten des Prozesses tragen[24].

24) *Janssen*, VIII, S. 723. *L. Kraußold*, Gesch der evangel. Kirche im ehem. Fürstentum Bayreuth, Erlangen 1860, S. 158. *K. H. Lang*, Neuere Geschichte des Fürstentums Bayreuth, Nürnberg 1811 ff., 3. Bd. S 338 ff.

Das epidemische Wüten der Hexenprozesse fällt in Bayern in die Regierung der zwei frommsten Fürsten, die je über das Land geherrscht haben: Wilhelms V. und Maximilians I.

Der Herd der Prozesse war in der Herrschaft Schongau. Hier holte sich ein Grundhold des Klosters Steingaden, nachdem ihm ein Kind gestorben und ein Schwein gefallen war, Rat beim Scharfrichter in Kaufbeuren. Zurückgekehrt, beschuldigte er eine Bauersfrau namens Geiger als Hexe. Der Fall Geiger wurde erst niedergeschlagen, aber etwa zwölf Jahre später, durch das Gutachten eines Abdeckers, neu belebt. Trotz des Einspruches des Prälaten von Steingaden nahm der Stadtrichter Lidl von Schongau die Frau fest und sandte die Untersuchungsakten dem Münchener Hofrat ein. Von dort erfolgte der Befehl, die Angeklagte zu foltern. Die Frau blieb standhaft und mußte freigelassen werden [25].

Von da ab wollte in Schongau der Hexenglaube nicht mehr verstummen, so daß zwei Jahre später Herzog Ferdinand eine umfassende Untersuchung anordnet. Diesem großen Prozeß, der drei Jahre hindurch die Schongauer Gerichte ausschließlich in Anspruch nahm, sind etwa 63 Frauen, darunter eine Amtmanns- und Richterfrau, zum Opfer gefallen. Da bei den Folterungen stets dieselben Suggestivfragen gestellt wurden, so erfolgen immer Geständnisse vom Wettermachen, vom Töten von Tieren durch Beschmieren mit der Hexensalbe, vom Ausgraben und Sieden von Kinderleichen zur Bereitung von Hexensalbe, der geschlechtliche Umgang mit Teufeln, die Hexenfahrten auf Heugabeln zu den Teufelsfesten. Der die Untersuchungen führende Schongauer Stadtrichter Friedrich Herwart von Hohenburg wurde von dem Münchener Hofrat zu immer neuen Folterungen angespornt. Auch die Ingolstädter Juristenfakultät, von der Gutachten eingeholt wurden, schürte den Verfolgungseifer [26], soweit dies bei dem

25) *Riezler*, S. 165 f. — 26) *Riezler*, S. 168.

fanatischen Richter noch nötig war. Meist bedurfte er weder Ansporn noch Rat, denn die Indizien lagen für ihn klar zutage. So war z. B. eine Hexe „im Verdacht, den vorjährigen Hagel gemacht zu haben"; denn in ihrem Wohnorte „war man männiglich erfreut, daß sie hinweggekommen sei". Ferner hatte sie „ein Roß zu Tode gezaubert". Beweis: „eine Wahrsagerin hat es gesagt". Drittens fing sie den Mist von den Pferden auf, um, „wie gesagt worden", den Besitzer damit zu bezaubern. Andere Hexen brachten gleich schwerwiegende Gründe auf den Scheiterhaufen[27].

Nach dem Ausgang des Schongauer Prozesses hob der Pfleger in einem Bericht an Herzog Ferdinand hervor: „Bei 63 Hexen" seien „ungefähr in zwei Jahren zu des Herzogs großem Ruhm in und außer Lands zu Schongau" hingerichtet worden, viele unter lautem Dank zu Gott für eine Obrigkeit, die der geheimen Laster so fleißige „Nachforsch" gehalten. Nirgends habe man „solche Justizien gesehen wie gottlob in Schongau". Er stellt den Antrag, daß „der Obrigkeit zu Ruhm" „eine ewige Merksäule an irgend einem öffentlichen Platze in oder um Schongau gemauert und erbauet" werde. Der Herzog war einsichtig genug, dieses Gesuch abzulehnen.

Die Hinterbliebenen der Gerichteten mußten die Kosten des Prozesses bezahlen. Für 30 von ihnen belief sich die Summe auf 3400 Gulden, in einer Zeit, in der ein Tagwerk Wiesmaht für 6 Gulden, ein Jauchert Acker für 10 Gulden zu haben waren[28].

In Ingolstadt, wo 1590 Unholde, die sehr geduldig und reuevoll starben, gerichtet worden waren, hauste der Jurist Georg Everhard, der in seinen „Consilia" (1618) zwei Gutachten über Hexenprozesse hinterlassen hat, die zeigen, „daß neben stupender Gelehrsamkeit Raum bleibt für eine nicht minder stupende Dummheit"[29].

---

27) *Her* im Oberbayer. Archiv für vaterländ. Geschichte, 11. Bd., München 1849, S. 126 ff., 356 ff. — 28) *Janssen*, VIII, S. 674. — 29) *Riezler*, S. 168.

Eine grauenvoll-scheußliche Strafvollstreckung sah München im Jahre 1600. Einem Ehepaar und dessen zwei Söhnen war auf der Folter die Aussage abgepreßt worden, 400 Kinder verzaubert und getötet, 58 Personen krumm und lahm gehext und andere Grausamkeiten verübt zu haben. Zur Strafe dafür wurde der Vater an einen glühenden Spieß gesteckt, die Mutter auf einem glühend gemachten eisernen Stuhl verbrannt. Die Söhne wurden sechsmal mit glühenden Zangen gezwickt, an den Armen gerädert und dann verbrannt. Der jüngste Sohn, der unschuldig befunden wurde, mußte der grausigen Hinrichtung der Eltern und Brüder beiwohnen, „damit er sich forthin zu hüten wisse"[30].

Diese, jeder Menschlichkeit Hohn sprechende Abschreckungstheorie war anscheinend nicht nur bei Hexenprozessen üblich. Als am 23. Dezember 1572 auf dem Heidelberger Marktplatz das Haupt des Predigers Johann Sylnan fiel, der es gewagt hatte, die Lehre von der Dreieinigkeit anzugreifen, mußten seine beiden kleinen Söhne der Exekution zuschauen, „Ihnen zur Gedächtnus vnnd Exempel"[31].

Von Schongau war der Brand in die benachbarte Freisingische Grafschaft Werdenfels übergesprungen, wo Zündstoff seit altersher aufgehäuft lag[32].

Wie bei den Schongauer Prozessen spielte auch in Werdenfels der Schongauer Scharfrichter eine bedeutsame Rolle als Hexenfinder. Der Richter, der „unstudierte" Kaspar Poißl zu Atzenzell, rühmt von ihm, daß er „solche zauberische Personen außerhalb der Tortur auf den Augenschein notdürftig erkenne, daß er sich des Werkes schon zu Schongau unternommen und aus fürstlichem Befehl dort bereits Hexen hinweggerichtet habe". Seinen Befähigungsnachweis erbrachte er in Werdenfels damit, daß er drei verhaftete Frauen besichtigte und sofort als Unholde befand.

---

30) *Sauter,* Zur Hexenbulle, Ulm 1884, S. 37. — 31) *Wolfr. Waldschmidt,* Altheidelberg und sein Schloß, Jena 1909, S. 128 f. — 32) *Riezler,* S. 175 ff.

Bald reichte er aber nicht mehr aus, und es wurden zu seinem Beistand der von Biberach, „ein in Hexensachen erfahrener Mann", und der von Hall in Tirol berufen.

Nun hob mit Genehmigung der Regierung ein großes Foltern an. Eine der Verhafteten, die Gattingerin, hatte, ehe sie sich im Gefängnis erhängte, zahlreiche Weiber denunziert. Die Geständnisse der Gefolterten besagten, den vom Pfleger gestellten Fragen entsprechend: Ungewitter machen, Einfahren in die Keller und Austrinken von Wein, Töten von Kindern durch Beschmieren mit der Hexensalbe, Buhlen mit dem Teufel, der als Meister Hämmerle und mit anderen Namen bezeichnet wird, Hexentänze und Verunehrung des Sakraments. Vom Nachprüfen der Geständnisse ist keine Rede.

An sieben „Malefizrechtstagen" vom 5. Februar 1590 bis in den November 1591 sind 50 Weiber verbrannt und der Ehemann der einen, Simon Kembscher von Wamberg, gerädert worden. Ein Teil der Verurteilten wurde lebendig verbrannt, die anderen vorher erdrosselt, weil ein Gewitterregen Holz und Stroh durchnäßt hatte. Meist waren die Hexen arme und alte Frauen, doch finden sich auch einige jüngere Personen, Angehörige der besten Familien von Garmisch, Mittenwald und Partenkirchen, unter den Gerichteten.

Diesem Umstand war denn auch ein Umschlag in der Stimmung der Bevölkerung zuzuschreiben, da die Einwohner der Grafschaft „sich alle mit Freundschaft, Schwägerschaft oder Gevatterschaft zugetan waren". Um die armen Weiber trauerte niemand, daß aber „die Gerechtigkeit" sich die Frauen der erbgesessenen, siegelmäßigen Geschlechter langte, mußte Unwillen erregen. Ansichten wurden laut, die der Wahrheit sehr nahe kamen. „Die Züchtiger (Scharfrichter) machen mit ihrer unleidlichen Marter viel mehr Unholden als wir im Lande haben", schreibt einer und eine Verurteilte rief auf der Richtstatt den Umstehenden zu: „Ihr frommen Weiber fliegt über alle Berge, denn wer von euch dem Züchtiger in die Hände fällt und an die strenge Marter kommt, muß sterben." In einem Bericht vom 8. August 1591 klagt denn auch Poißl, er sei bei Gericht und Gemeinde bereits dermaßen verhaßt, daß er überall auf Hindernisse stoße. Schließlich, am 18. Januar 1592, schlug Poißl selbst der Regierung vor, die Untersuchungen einzustellen. „Sollte auf alle Denunzierten gefahndet und peinlich mit ihnen verfahren werden, so zweifeln wir nicht, daß der mehrer Teil Weiber in der Grafschaft Werdenfels in dergleichen zauberischen Verdacht kommen und torquiert werden müßte, welchem nachzufolgen meinem geringen Verständnis nach schwerlich sein kann oder mag und dem Lande zum höchsten Verderben gereichen würde." Dies war der eine Grund, die Hexenprozesse in Werdenfels zu beendigen. Der zweite, gewichtigere bestand darin, daß sie dem Lande zu teuer wurden. Poißl erklärte, die Gefangenen, Wärter, Amtleute und Henker nicht länger unterhalten zu können und bat die von ihm eingereichten Hexenrechnungen endlich anzuweisen. Diese Rechnungen tragen die Bezeichnung: „Hierin lauter Expensregister, was verfressen und versoffen worden, als die Weiber zu Werdenfels im Schloß im Verhaft gelegen und hernach als Hexen verbrannt worden"[33].

In Regensburg behauptete 1595 ein irrsinniges Mädchen, der Teufel in Mückengestalt sei in sie gefahren und sie habe in Begleitung des Teufels mehrmals die Hölle besucht. Zwei weise Juristen forderten, man möge die Hexe nicht mit dem Feuertod bestrafen, wohl aber zu ihrer Warnung und Besserung sie etwas foltern, dann auf den Pranger stellen, ihr durch die Backen brennen und sie auf ewig aus der Stadt weisen[34].

Im Breisgau kam die Hexenverfolgung während des Dreißigjährigen Krieges wieder in Aufnahme. In der Landvogtei Offenburg wurden nach einer Pause von 24 Jahren,

---

33) *v. Hormayr*, Histor. Taschenbuch für 1831, S. 333. — 34) *Chr. G. Gumpelzhaimer*, Regensburgs Geschichte, Sagen und Merkwürdigkeiten, 2. Abt., Regensburg 1837, 1010 ff.

TOLLITE Ô PORTE, CAPITA VESTRA, ATTOLLIMINI FORES SEMPITERNE, ET INGREDIETVR REX ILLE GLORIÆ

Die Vorhölle

Kupfer von H. Cock nach Peter Bruegel d. Ä.

Martin Schongauer, Christus in der Vorhölle

1627, vier Frauen gerichtet. Von da ab geht es im Schnell-
schritt zum Hochgericht. 1628 hat fast in jedem Monat
seine Hexenrichtung. Im Januar starben 8, im April 5,
im Mai 4, im Juni 3, im Juli 4, im August 3, im Oktober
3 Frauen den Tod durch Henkershand. Im darauffolgenden
Jahr wurde 29 Frauen und 4 Männern das Todesurteil
gesprochen. In Offenburg wurde 1586 die schwarze Elfe
vom „Meister Hardlein" „mit ziemlichem Ernste befragt
und gemartert". Da sie nicht gestand, mußte sie Urfehde
schwören und über den Schwarzwald verreisen. Von 1600
ab setzen die Prozesse in verstärktem Maße ein. Der
Prozeß gegen zwei landfahrende Traubendiebinnen nahm
durch die Tortur größeren Umfang an und lieferte noch
eine brave Bäckersfrau und wahrscheinlich noch andere
in die Fänge des Henkers. 1603 wurde mit Barbara Hirn
Hans Bluethards Frau verbrannt. Diese gestand, mit ihrem
Buhlen auf einer Geiß in den Baldreit nach Baden geritten
zu sein. Dort vergnügte sie sich erst in einem Bad, dann
zechte sie in einem Keller.

1608 erklärte Graf von Sulz, Präsident des Kammer-
gerichtes in Speyer, auf eine Anfrage aus Offenburg:
„obgleich die Frau Fehr nicht wegen Schadens angeklagt
und nach allen Aussagen einen braven Lebenswandel geführt habe, so sollte man doch nach Rat der Rechtsgelehrten gegen sie vorgehn, denn der Teufel könne auch
die Gestalt eines Gerechten annehmen. So wurde die Frau
eingelocht, und als ihr Mann beim Kammergericht vor-
stellig wurde, hatte sie bereits nicht nur Geständnisse abgelegt, sondern auch andere Frauen beschuldigt, die wieder weitere denunzieren. Bosheit und Gemeinheit feiern
Orgien. Der Schwiegersohn beschuldigt die Schwiegermutter, die Frau und die Schwägerin der Hexerei, die
Mutter den eigenen Sohn der Blutschande mit ihr und
Zauberei, eine Frau ihren Mann, um die Scheidungsklage
wirksam zu unterstützen, und so geht es fort bis zum
Jahre 1631. Als wirksamstes Foltergerät bedienen sich die

Ratsherrn des „Hackerschen Stuhls", einer Erfindung des Ortenberger Scharfrichters. „Die Gefangenen wurden auf den mit Stumpfstacheln besetzten Eisenstuhl festgebunden und der Stuhl von unten geheizt. So ließ man die Unglücklichen fast tagelang bis zum Geständnisse martern, oder wenn dieses nicht bald erfolgte, bis zur vollen Erschöpfung oder selbst bis zum Eintritt des Todes[35]. So heißt es in einem Protokoll vom 1. Juli 1628: „Nächten nach 11 Uhr ist des Welschen Magdalen auf dem Stuhl urplötzlich verstorben und unangesehn man sie zuvor stark zur Bekenntnis ermahnt, ist sie aber allzeit auf ihrer Unschuld beharrt. Die hat man auch nach 12 Uhren nochmals stark ermahnt aber vergebens." „Erkannt — daß man sie unter dem Galgen begrabe[36]."

Als um das Jahr 1616 auf Befehl der herzoglich württembergischen Regierung die gewaltigsten Hexenbrände in den Städten Sondelfingen, Dornstadt, Löwenberg und Vaihingen stattfanden, „bekannte eine Frau aus Seresheim, die man aller Hexen Mutter nannte: sie habe das Hexenwerk seit unvordenklichen Zeiten betrieben, wohl an die 400 Kinder, auch drei ihrer eigenen Kinder umgebracht. Die seien alle wieder ausgegraben, gesotten, gekocht, teils gefressen, teils zu Schmier- und Hexenkunst gebraucht worden; den Pfeifern habe sie die Knochenröhrlein zu Pfeifen gegeben; ihrem eigenem Sohn habe sie ein Weib und zwei Kinder getötet, ihre zwei Männer viele Jahre lang erlahmt, sie endlich getötet. Ihre Unzucht mit dem Teufel sei unendlich gewesen. Seit 40 Jahren habe sie unzählige schädliche Wetter auf etliche Meilen Wegs dem Heuchelberg entlang hervorgerufen. Auf diesem Berg würde alljährlich fünfmal der Sabbat abgehalten, wobei allezeit an die 2500 Personen, Arme und Reiche, Junge und Alte, darunter auch Vornehme, beisammen seien. Sie sagte auch: Wenn die Hexen nicht wären, würden die württembergischen Untertanen kein Wasser trinken und im siebten Jahre das

35) *Volk*, S. 111. — 36) *Volk*, S. 73 f.

Feld nicht bauen dürfen, auch ihr Küchengeschirr würde nicht ferner mehr irden, sondern silbern sein. Als Ursache, daß so viele Frauen der Versuchung anheimfielen, gab sie deren Mißhandlung durch ihre versoffenen Männer an, deutete den Richtern auch die Zeichen, woran man sie erkenne." Auf ihre Anzeige wurden dann zahlreiche Personen eingefangen und hingerichtet[37].

Zu Mömpelgard hatten, wie die „Warhaffte und glaubwürdige Zeyttung von 134 Unholden" usw. (Straßburg 1583) erzählt, „den 21. Heumonat 1582 auf einem Berge die Hexen eine Versammlung gehabt und ein schreckliches Hagelwetter angerichtet". Von den angeblichen Teilnehmern wurden 44 Weiber und 3 Männer am 24. Oktober 1582, später dann noch weitere verbrannt[38].

Unsterblichkeit erlangte ein Württemberger Prozeß aus dem Jahre 1615 gegen Kätherle Guldenmann, der Mutter des Astronomen Johann Kepler. Ihre Ehe mit Heinrich Kepler war friedlos und unglücklich. Ihr Mann trieb sich lieber draußen bei Kriegsleuten herum, als daß er für Weib und die vier Kinder gesorgt hätte. Allerdings war Katharina, eine Wirtstochter aus Eltingen, wenig dazu veranlagt, dem Manne ein behagliches Heim zu bereiten. Johann nennt die Mutter selbst heftig und etwas unruhig. Nach einem unsteten Lagerleben mit ihrem Manne, ließ sich das Ehepaar Kepler erst in Ellmendingen später in Leonberg nieder. Dort verließ Heinrich Kepler Frau und Kinder für immer. Katharina sorgte nun allein für das Hauswesen, trotzdem blieb ihr noch Zeit übrig zu doktern. Die Veranlassung zur Anklage gab ein Streit der Keplerin mit der Frau des Glasers Reinhold von Leonberg. Diese, eine „in ihrer Jugend in Unzucht verstrickte" Person, litt an Unterleibskrämpfen und hatte bei ihrem Bruder, dem Leibbarbier des Prinzen Achilles von Württemberg, Hilfe gesucht. Da sich durch die Medikamente des Bruders die Krankheit steigerte, erklärte der Barbier das Leiden für angehext und

37) *Janssen*, VIII, S. 724. — 38) *Janssen*, VIII, 724. *Görres*, Mystik 4., 642 f.

nur durch die Person heilbar, die es verursacht habe. Nun erinnerte sich die Reinhold, einmal von der Keplerin einen Trunk erhalten zu haben. Nun beschuldigte sie die Kepler der Hexerei. Diese aber hielt der Reinhold ihr früheres Leben vor und wie sie sich durch starke Arzneien ruiniert habe. Die Angehörigen der Familie Kepler erhoben hierauf die Beleidigungsklage gegen die Reinhold. Allein da die Kepler auch mit dem Vogt Eichhorn von Leonberg verfeindet war, so wurde die Anklage nicht betrieben und die gegnerische Partei, zu der sich auch der Vogt gesellte, suchte die Keplerin wegen Zauberei anzuklagen. Jetzt nahm sich Johann, damals Hofastronom des Kaisers Rudolph in Linz, der Mutter an. Er brachte sie nach Linz, doch da man ihre Entfernung als Schuldbeweis ansah, kehrte sie nach der Heimat zurück. Dort wurde sie verhaftet. Die Anklagepunkte waren: sie sei zu Weil der Stadt bei ihrer Base, die dort als Hexe den Feuertod erlitten, erzogen worden. Obgleich sie als Witwe hätte einsam sein sollen, sei sie doch an Orte gelaufen, wo sie nichts zu verrichten gehabt und habe sich dadurch als Hexe verdächtig gemacht; sie habe einem Mädchen einen Teufel zum Buhlen gegeben, einem Bürger zwei Kinder getötet, sei durch verschlossene Türen gegangen, habe Vieh behext, das sie nie berührt, nicht einmal gesehen hatte. Sie glaube weder an Himmel noch an Hölle. Wenn der Mensch sterbe, sei alles aus, wie beim Vieh. Ihr gutes Leben komme von dem Zusammensein mit den Hexen und dem Teufel. — Die Verwandten, der Zinngießer Kepler und der Pfarrer, der Gatte ihrer Tochter Margarete, wandten sich von ihr ab. Nur die Tochter und Johann standen treu zur Mutter. Johann eilte von Linz nach Württemberg, und es gelang nach schwerer Mühe, die Mutter vor der Folter zu bewahren. Er konnte zu ihrer Entlastung geltend machen: Obgleich in der Stadt Leonberg etliche Male Unholden justifiziert und verbrannt wurden, welchen alles, was ihnen von sich selbst und andern, ihren Gespielinnen bewußt gewesen, mit unleidlicher Pein und Marter ausgepreßt worden, so sei doch die Beklagte von keiner der in Haft gelegenen Hexen angegeben worden; ja eine unter diesen eingezogenen Weibern, die man so „barbarisch torquierte", daß „ihr der Daumenfinger in der Wage hangen geblieben", habe ausgesagt: sie sei „durch zwei zu ihr gesandte Gerichtspersonen auf die Keplerin verbotener Weise befragt worden". Der Mann der Reinhold berief sich allerdings darauf, daß man bei Hexen keiner Beweise bedürfe, denn „sie schädigen verborgenerweise". Im Ellwangischen seien „mehr als 100 Hexen verbrannt worden, ohne daß die Beschuldigungen bewiesen worden" seien. Kepler verteidigte seine Mutter und es gelang ihm, sie zu retten[39].

Eine furchtbare Hexenverfolgung erhob sich in Württemberg noch einmal 1662. Sie ging von Eßlingen, Möhringen und Vaihingen aus. Die Untersuchung begann hier im Juli 1662. Sie nahm, da von jedem Angeklagten die Anzeige von Mitschuldigen herausgemartert wurde, bald eine gewaltige Ausdehnung an, dauerte bis zum Jahr 1665 und erstreckte sich auf 188 Angeklagte. Zu Eßlingen richtete man das damals leerstehende Augustinerkloster zu einem großartigen Hexengefängnis ein, das mit dem Folterturm durch einen Gang verbunden, und zu dessen strengster Beaufsichtigung zwanzig Turmhüter in Eid und Pflicht genommen waren. Hunderte von Zeugen wurden vorgeladen, der Schrecken, von dem das Land erbebte, ließ die Vorgeladenen alles bejahen, was man sie fragte[40].

Der Chronist des Saulgaues bemerkt über die Hexenprozesse in Oberschwaben, daß 1612 bis 1617 und wieder 1650 bis 1680 viele Hexen hingerichtet wurden, und daß

---

39) *Karl Strack*, Aus dem deutschen Frauenleben, Leipzig 1873, 2. Bd. S. 265 f. *Längin*, Religion und Hexenprozeß, S. 256 ff. *Dr. Chr. Frisch*, Kepleri Astronomi opera omnia, VIII., Erlangen 1871, S. 360 ff. *J. H. C. v. Breitschwert*, Joh. Keplers Leben und Wirken, Stuttgart 1831, S. 97 f., 193 f. *Janssen*, VIII, 724. — 40) *Pfaff*, in der Zeitschr. für d. Kulturgesch., 1856, S. 347 ff.

die Verfolgung 1731 noch nicht aufgehört habe. Er setzt hinzu: in anderen Städten wurden jedenfalls noch mehr hingerichtet[41]. 1741 wird jedoch in Stuttgart eine Hexenanklage mit einem ernstlichen Verweis „wegen heillosen Aberglaubens" abgewiesen[42].

In dem niederrheinischen Amte Angermund wütete um das Jahr 1590 eine gewaltige Hexenverfolgung. Hermann von Burgel, Rentmeister zu Heltorf, schilderte am 23. Juni 1590 seinem Herrn, Wilhelm von Scheidt, genannt Weschpfenning, Amtmann zu Burg, seine Hexennot und bat um Verhaltungsmaßregeln. „Man sollte sie dieser Art" behandeln „gleich wie die Frau von Rss. (Reuschenberg?), so kurzer Tage 12 Frauenspersonen der Zauberei halber hat hinrichten lassen und wie die von Ossenbrock (zu Hayn), daselbst bei 150 Personen derhalben umgekommen"[43].

Im Amte Hülchrath war um dieselbe Zeit die anderswo untersagte Wasserprobe noch im Gebrauch. Der Vogt Heffelt gibt an, mehrere Hexen dieser Probe unterzogen zu haben, die alle „auf dem Wasser geschwommen"[44]. Herzog Johann Wilhelm von Cleve gab 1581 dem Drosten zu Vlotho den Befehl, eine der Zauberei Bezichtigte „auf das Wasser der Gebühr nach zur Probe stellen zu lassen"[45].

Im Elsaß werden in dem Malefizprotokoll des Amtes Ballbronn aus den Jahren 1658—1663 dreiundzwanzig Hinrichtungen von Hexen aufgeführt[46]. In der zur Stadt Straßburg gehörigen Herrschaft Barr nahmen die Denunziationen wegen angeblicher Hexerei einen so schreckenerregenden Umfang an, daß der Magistrat der Stadt sich 1630 veranlaßt sah, ein „Mandat wider das Diffamiren wegen Hexerei" zu erlassen[47], „weil bald kein ehrlicher Mensch mehr sicher sein mag".

---

41) *Längin*, Religion etc. S. 267. *Dr. Sauter*, Die Hexerei Oberschwabens, Ulm 1884, S. 13. — 42) *Hartmann*, Stuttgart, S. 104. — 43) *Janssen*, VIII, 697 f. — 44) *H. Giersberg*, Geschichte der Pfarreien des Dekanats Grevenbroich, Köln 1883, S. 303. — 45) *Janssen*, VIII, S. 698, s. auch Kuhls Gesch. der Stadt Jülich, 3 Bde., Jülich 1891—94. — 46) *R. Reuß*, La sorcellerie, S. 198—199. — 47) *Reuß*, S. 180—181.

Aus Hessen-Darmstadt liegt nur ein geringes Aktenmaterial zur Geschichte der Hexenprozesse im siebenzehnten Jahrhundert vor; aber aus dem wenigen ist doch zu ersehen, daß die Hexenverfolgung in allen Landesteilen von Zeit zu Zeit immer von neuem ausbrach. In der Niedergrafschaft Katzenellnbogen, 1629 unter darmstädtischer Herrschaft, wurden in diesem Jahre sogar auf ausdrückliches Verlangen der Gemeinden in den einzelnen Kirchspielen Ausschüsse gebildet, um die Hexen aufzuspüren. Doch wurden hier die Hexenprozesse, soweit es der herrschende Aberglaube zuließ, noch immer mit einer gewissen Vorsicht geführt. Während nämlich in den benachbarten nassauischen Grafschaften die Hexenrichter ohne weiteres Urteile fällten und die Urteile vollstrecken ließen, ohne daß eine höhere Instanz davon Notiz nahm, mußten in Hessen-Darmstadt nicht nur die Akten des Prozesses der juristischen Fakultät an der Landesuniversität in Marburg zur gutachtlichen Äußerung eingesandt, sondern es mußte auch hernach noch das gefällte Urteil derselben Fakultät zur Prüfung vorgelegt werden. Das so unter der Kontrolle der Juristenfakultät gefällte Urteil durfte aber nicht eher vollzogen werden, als bis es landesherrlich bestätigt war[48]. — Dadurch wurde natürlich die Hexenverfolgung einigermaßen eingedämmt. Grausige Hexenprozesse kamen aber dennoch in den Jahren 1631 bis 1633, 1650—1653 und 1661 in der freien Reichsburg Lindheim in der Wetterau vor, die damals unter der ganerbschaftlichen Regierung eines Hermann von Oynhausen, Landdrosten in braunschweigisch-lüneburgischen Diensten, eines Hartmann von Rosenbach, Domdechanten zu Würzburg und einiger anderer Edelleute stand. Besonders schrecklich war die letzte Hexenverfolgung in den Jahren 1661—1664.

Der v. Oynhausische Justitiar Geiß[49], ein gemeiner und

---

48) *Keller*, „Die Drangsale des Nassauischen Volkes im dreißigjährigen Kriege", S. 135. — 49) Siehe I. Bd., S. 439 f.

geldgieriger Mensch, hatte dem schwachsinnigen Landdrosten v. Oynhausen vorgestellt, daß es in Lindheim
wieder von Hexen wimmele und man nicht eher ruhen
dürfe, bis das verfluchte Hexengeschmeiß in Lindheim
und an allen anderen Orten vom Erdboden vertilgt sei.
Die Ganerben gaben zur Wiederaufnahme der Hexenverfolgung ihre Zustimmung. Geiß, der sich selbst mehrere
gleichgesinnte Bürger als Blutschöffen erwählte, wurde
zum Untersuchungsrichter ernannt, und alsbald wurden
mehrere Personen in die Höhlen des (noch jetzt vorhandenen) Hexenturms zu Lindheim geschleppt. Die Verhafteten
wurden hier, ohne daß man irgendwelche Verteidigung zuließ, so lange mit den ausgesuchtesten Martern gepeinigt,
bis sie sich selbst als Hexen und Zauberer bekannt hatten.
Der Hebamme zu Lindheim wurde auf diese Weise
das Geständnis abgepreßt, das Kind, das die Ehefrau
des v. Rosenbachschen Müllers Schüler vor einem Jahre
tot geboren, umgebracht zu haben, obgleich die Schüler,
darüber vernommen, keinem Menschen ein Verschulden
an ihrem Kinde beimaß. Auf das Bekenntnis der Hebamme wurden nun sechs Personen eingezogen, die auf der
Folter bekennen mußten, sie hätten die Leiche des Kindes
ausgegraben, in Stücke zerhauen, diese in einem Topfe
ausgekocht und daraus eine Hexensalbe bereitet. Obgleich
nun die Leiche des Kindes ausgegraben und unversehrt
gefunden wurde, so wurde dennoch beschlossen, die sechs
im Turme eingesperrten Hexen, weil sie ihr Vergehen an
dem Kinde auf der Folter einmal bekannt hätten, zu verbrennen, und dem Vater des Kindes, der bei der Ausgrabung
zugegen gewesen, wurde unter Androhung schwerer Strafe
bedeutet, von dem Befund der Ausgrabung nichts zu sagen,
bis die Justifizierung der sechs Hexen erfolgt sei. Als diese
gebrannt waren, wurde die alte Becker-Margreth eingezogen.
Zu ihr kam einer der Blutschöffen in den Kerker und
redete ihr zu, sie möge sich nur des ihr zur Last Gelegten
schuldig bekennen, dann sollte sie auch kein Meister und

Kinderraub durch einen Waldmenschen
Holzschnitt von Lukas Cranach

Schindersknecht angreifen, sondern sie sollte dann alsbald
aufs Rathaus geführt, und wenn man sie hingetan (d. h.
hingerichtet) haben werde, neben dem Kirchhof beerdigt

Frans Franken: Vor der Ausfahrt

werden. Die Unglückliche sah, daß sie verloren war und
fügte sich verzweiflungsvoll in ihr Geschick, gab nun aber
noch vierzehn andere Personen als Mitschuldige mit dem
Bemerken an, diese sollten es auch erfahren, wie das Hin-

tun und Brennen schmecke. Infolgedessen wurde nun auch Schülers Ehefrau als der Hexerei verdächtig eingezogen. Alsbald eilte Schüler nach Würzburg, um dem Domdechanten von Rosenbach seine Not zu klagen und durch ihn das geliebte Weib zu retten. Bei seiner Rückkehr nach Lindheim erfuhr er jedoch, daß sie inzwischen in furchtbarster Weise gefoltert worden sei und nicht allein sich selbst der Zauberei schuldig bekannt, sondern auch ihn selbst als Mitschuldigen genannt habe. Schüler hatte kaum Zeit, sich von dem ersten Schrecken, mit dem ihn diese Nachrichten befielen, zu erholen, als er sich selbst von dem Blutrichter verhaftet und in den Hexenturm geworfen sah, wo er in Ketten und Banden gelegt wurde. Am fünften Tage wurde er mit eigens für ihn herbeigeschafften Werkzeugen gefoltert. Die unerträgliche Pein der Tortur preßte ihm das Geständnis seiner Schuld ab. Doch nahm er dieses alsbald wieder zurück. Daher wurde er sofort aufs neue und noch schrecklicher torquiert. Abermals trieb man ihn so zum Geständnis seiner Schuld, das er jedoch hernach abermals zurücknahm; und schon wollte ihn Geiß zum drittenmal auf die Folter spannen, als ein Tumult ausbrach, durch den Freunde es ihm möglich machten zu entfliehen. — Während seiner Abwesenheit wurde sein Weib am 23. Februar 1664 verbrannt.

Hiermit war aber auch der Anfang vom Ende der Schreckenstage Lindheims erschienen. Mehrere Weiber flohen nach Speier und erfüllten die Stadt mit ihrem Wehklagen; die ganze Gemeinde klagte bei den Ganerben wie bei dem Reichskammergericht gegen den Justitiar, der gegen alles göttliche und menschliche Recht Unschuldige eintürmen, foltern, würgen und brennen lasse, infolgedessen das Reichskammergericht dem Blutgericht Einhalt gebot; die Juristenfakultät zu Gießen mahnte zur Mäßigung und Vorsicht. Als daher Matthias Horn einem der Blutschöffen, der seine Frau zur Folter schleppen wollte, einen Arm entzweischlug und der Scharfrichter mit seinem Gesindel vor der Wut des Volkes sich eiligst durch die Flucht retten mußte, und Andreas Krieger, der verhaßteste unter den Blutschöffen, kaum noch in seinem Hause Sicherheit fand, sah sich Herr von Oynhausen endlich (1666) genötigt, seinen Justitiar, den er nicht mehr schützen konnte, zu entlassen. —

Nicht weit von Lindheim ist ein Graben, den das Volk noch heute den Teufelsgraben nennt. Bei ihm soll der Blutrichter, als er mit dem Pferde darüber setzen wollte, vom Pferde gestürzt sein und den Hals gebrochen haben.

Ein anderer Hexenprozeß kam 1672 in dem hessen-darmstädtischen Orte Burkhardsfelden im Busecker Tal vor.

Im Jahre 1672 wurde nämlich Else Schmidt, genannt die Schul-Else, zu Burkhardsfelden im Busecker Tale, vor Gericht gestellt. Der Anklageschrift des Fiskals zufolge hatte sie Mäuse gemacht, einen Knaben zur Hexerei verführt und in Gegenwart des Teufels umgetauft, Hexentänze besucht, einen Mann durch Branntwein und eine Frau durch Sauerkraut zu Tode behext, ein Mädchen bezaubert, daß ihm die Haare ausfielen, auch Heilungen durch Lorbeerabsud bewirkt, woraus der Schluß folgte, daß die behandelten Krankheiten zuvor auch durch ihre Zauberei erzeugt waren. Mehrere Hexen hatten auf die Schul-Else ausgesagt, und seit dem letzten Prozesse haftete übler Ruf auf ihr. Da die Angeklagte leugnete, so wurde ein Zeugenverhör angestellt und der Fiskal reichte eine Deduktionsschrift ein, die mit Zitaten aus Bodin, Binsfeld und Delrio reichlich ausgestattet ist. In der Gegenschrift des Verteidigers wurden sowohl die Indizien wie die Qualifikation der Zeugen mit löblicher Klarheit bekämpft. Dennoch verwarf, nachdem das Gericht die defensio pro avertenda tortura abgeschlagen hatte, die Juristenfakultät zu Gießen die Einwendungen des Defensors als unerheblich und erkannte auf die Folter. Die Angeklagte überstand demgemäß eine zweistündige Marter, ohne das mindeste zu bekennen. Hierauf aber erschien der Fiskal mit neunundvierzig Additionalartikeln, die im wesentlichen auf folgendes hinausliefen: Die Schul-Else habe einst einer Frau in einem Wecken Zauberei beigebracht, wodurch deren Knie so aufgeschwollen, daß der Pfarrer auf öffentlicher Kanzel über solche Übeltat gepredigt; die Täterin habe dann einen Aufschlag von zerriebenem Tabak und Bienhonig auf die kranke Stelle gelegt, worauf sich die Geschwulst geöffnet und anderthalb Maß Materie und fünf Arten von Ungeziefer, nämlich haarige Raupen, Maueresel, Engerlinge, Sommervögel und Schmeißfliegen, von sich gegeben habe. Auch wird hervorgehoben, daß bei der neulichen Tortur keine Träne zu bemerken gewesen, daß aber der Scharfrichter an der rechten Seite der Angeklagten ein Stigma entdeckt und beim Hineinstechen unempfindlich befunden habe. — In der abermaligen Zeugenvernehmung bestätigte die angeblich Bezauberte und Geheilte alles, auch den Punkt von dem Ungeziefer; der Verteidiger verwarf sie als Zeugin in eigener Sache und Todfeindin; die Angeklagte stellte die neuen Anschuldigungen gleich den früheren in Abrede. In einer sehr leidenschaftlich gehaltenen Schrift begehrte jetzt der Fiskal eine geschärftere Tortur; er nannte die Beklagte einen Höllenbrand, einen Teufelsbraten, der hundertmal den Scheiterhaufen verdient habe. Von der Juristenfakultät erging unterdessen, wie der Defensor behauptet, ein lossprechendes Urteil puncto repetitionis torturae, von dessen Existenz der Fiskal jedoch nichts zu wissen vorgab und von dem auch das Gerichtsprotokoll nichts erwähnt. Gewiß ist es, daß man vorerst zur zweiten Tortur nicht schritt, sondern am 6. Mai 1674, also nach anderthalbjähriger Gefangenschaft des Weibes, die Nadelprobe vornahm. Ein von zwei Gerichtsschöffen unterschriebenes Protokoll bezeugt, daß man unter der rechten Schulter das Stigma entdeckt, mit zwei Nadeln durchbohrt und ohne Blut und Empfindung gefunden habe. Hierauf sandte man die Akten an die Mainzer Juristen. Sie gaben unterm 15. Juni

1674 ein Gutachten ab, dem wir folgende wesentliche Punkte entnehmen:

„Wir Senior und übrige Professores etc. befinden — — — die Acta — — — nicht also beschaffen, daß mit der vom Herrn Fiskal begehrten zweiten, und zwar völligen Tortur gegen die peinlich Beklagtin prozedirt werden könne: und hätte ihrer auch mit der ersten harten Tortur verschonet und dero Defensional-Articuln keineswegs verworfen werden sollen. Und thut im Uebrigen wenig zur Sach, daß die löbl. Juristenfakultät zu Gießen die Beklagtin Elisabeth zu der ersten Tortur condemnirt habe. Und ist daran Unrecht beschehen, daß dieses arme alte Weib nach Ausweis des Protokolls — zwo ganze Stund lang mit den Beinschrauben und an der Folter so überaus hart gepeiniget worden. Noch unrechter aber ist darin beschehen, daß der Herr Fiskal, ohnerachtet daß die verba finalia illius protocolli so viel geben, daß sie Elisabeth nach ausgestandener solcher erschröcklicher Tortur absolvirt worden seye, nichts desto weniger in seiner also intitulirten Confutation und Gegensubmission-Schrift, wie auch endlichen Gegenschlußschrift die reiterationem torturae contra istam miserrimam decrepitam mulierem so stark urgirt hat, gleichsam dieses alte Weib propter suspicionem hominum quovis modo hingerichtet und verbrennet werden müßte, sie seye gleich eine Zauberin, oder nicht. — — — Wie deme, so ist die Sach nunmehr in so schlechtem Stand, daß sich ohne Bedrückung und Schaden eines oder des andern Theils, oder gar beeder Theile kein Temperament ersinnen läßt. — Gut wäre es, wenn die unschuldig beklagte Elisabeth durch glimpfliche Mittel dahin bewogen werden könnte, daß sie den Ort ihrer jetzigen Wohnung verändern und sich anders wohin begeben thäte, angesehen sie ohne Aergerniß, Widerwillen und continuirliche Unruhe des Orts Unterthanen nicht wird wohnen können. Dafern das von ihro, wie zu besorgen, in Güte nicht zu erhalten, so ist nöthig, daß die Obrigkeit öffentlich verbiete, daß

Niemand bei Vermeidung wohlempfindlicher Geld- und andern Strafen sich gelüsten lassen solle, sie Elisabeth und die Ihrigen an ihren Ehren mit Worten oder Werken anzugreifen, oder auch von dem wider sie bishero geführten peinlichen Hexenprozeß mit andern Personen etwas zu reden. — Und damit sie Elisabeth desto leichter bewogen werden möge, ihre gegen den Herrn Fiskal habende schwere Actionem injuriarum, item ad expensas litis, damna et interesse fallen und schwinden zu lassen, so ist rathsam, daß die Obrigkeit sie Elisabeth alsbald ihrer Haften erlasse, mit der Vertröstung, daß man den Herrn Fiskal zu Zahlung der Prozeßkosten anhalten, auch an allen Orten der Buseckischen Obrigkeit bei hohen Geld- und andern harten Strafen ernstlich verbieten wolle, daß Niemand sie Elisabeth, oder auch ihre Kinder an ihren Ehren angreifen solle. — Im Fall nun die oftgenannte Elisabeth mit diesem Temperament, wie zu vermuthen, sich befriedigen lassen wird, so ist der Herr Fiskal einer großen Gefahr überhoben, im widrigen aber secundum jura in periculo durae sententiae, der Ursachen halben wir diesem unserm Responso keine sententiam beifügen. Und daß aller obiger Inhalt den kaiserlichen Rechten gemäß seye, wird mit unserer Fakultät zu End aufgedrucktem gewöhnlichen Insiegel beurkundet."

Hält man dieses Gutachten gegen jene, die gleichzeitig und später in ähnlichen Fällen von andern katholischen Juristenfakultäten und von den protestantischen zu Tübingen, Gießen, Helmstädt u. a. zu ergehen pflegten, so muß den Mainzer Juristen die Ehre bleiben, daß sie zu den ersten gehören, die auf die Bahn der Humanität und der Vernunft einzulenken wußten.

In der Landgrafschaft Hessen-Kassel war im siebenzehnten Jahrhundert derselbe Aberglaube heimisch, der damals alle Welt beherrschte. Ein Bettelweib aus Bottendorf war wegen Abfalls von Gott und wegen allerlei Zauberei (es hatte den Bauern das Vieh behext, Mäuse gemacht usw.) 1648 hingerichtet worden. Sie hatte einen zehnjährigen Knaben in ihre Zauberkünste eingeweiht und mit dem Teufel persönlich bekannt gemacht, so daß nun auch er, wie er selbst gestand, Mäuse machen, Vieh behexen und sonstiges Teufelszeug verrichten konnte. Die Sache kam bei der Kanzlei zu Marburg zur Anzeige, die dem Pfarrer zu Bottendorf aufgab, sich des Knaben, der vom Bettelvogt bereits mit Ruten gestrichen sei, anzunehmen, ihn seinem Vater zu übergeben und für seine Unterweisung im Katechismus zu sorgen, damit er womöglich aus den Stricken des Satans wieder befreit werde. Der Pfarrer berichtete jedoch hierauf an die Kanzlei, daß es unmöglich sei, den Knaben in die Schule zu bringen, indem alle Leute des Orts erklärt hätten, daß sie, wenn dieser Teufelsbube in die Schule käme, alle ihre Kinder, um sie nicht ebenfalls in die Hände des Teufels geraten zu lassen, von deren Besuche zurückhalten würden.

Wie in anderen Orten, so fürchtete man auch in Hessen-Kassel das geheime Treiben und die Begegnung mit dem Teufel. Im Jahr 1672 sagte in Marburg ein Soldat, Joh. Scharf, vor Gericht aus: er habe von seiner Wirtin Sohn einen Zirkel geborgt, und als er ihn aufgetan, sei aus ihm Wasser herausgespritzt. Darauf habe er den Zirkel ins Wasser geworfen. Alsbald aber sei ihm der böse Feind erschienen und habe ihn zwingen wollen, den Zirkel wieder aus dem Wasser zu holen. Er habe es aber nicht getan, sondern sich Gott befohlen. Späterhin sei ihm der Teufel noch einmal erschienen und habe ihn abhalten wollen, das heil. Abendmahl zu empfangen.

Am ärgsten scheint der Hexenwahn im Anfang der zweiten Hälfte des siebenzehnten Jahrhunderts in Hessen-Kassel grassiert zu haben.

Im Jahr 1669 kam das Gerücht in Umlauf, daß in dem oberhessischen Dorfe Wohra sich kaum drei Menschen vorfänden, die nicht der Hexerei ergeben wären, weshalb man es in der Umgegend das „Hexendorf" nannte.

Natürlich war man unter solchen Umständen auch in Hessen in der Verfolgung der Hexen nicht träge. Die Verdächtigten wurden eingezogen, „ad bancum geführt", wurden „in banco gefragt" und mußten „güt- und peinlich" bekennen. Die Folter arbeitete zuweilen in entsetzlicher Weise.

Allein wenn schon die Hexenverfolgung in Hessen durch das ganze siebenzehnte Jahrhundert hin dauerte[50], so kamen hier verhältnismäßig doch weniger Hexenverbrennungen vor als in anderen Ländern. Auch das Prozeßverfahren war immer ein geordneteres. Die Prozeßakten mußten von der juristischen Fakultät zu Marburg geprüft und die Todesurteile dem Landesherrn zur Bestätigung vorgelegt werden.

Hatte sich im Prozeß herausgestellt, daß die Verhörte sich wohl des Lasters der Zauberei im höchsten Grade verdächtig gemacht, daß ihr dieses aber doch nicht sicher bewiesen werden konnte, so wurde sie zwar ab instantia entbunden, aber gewöhnlich mit Landesverweisung unschädlich gemacht oder zu öffentlicher Arbeit verurteilt. So lautet z. B. das Schlußactum eines Hexenprozesses zu Rotenburg in Hessen von 1668:

„Urtheil.

In Sachen Fürstl. Hessisch-Rheinfelsischen Fiscalis, peinlichen Amtsanklägers eines-, entgegen an Else Baldewins, peinliche Beklagte anderen Theils, beschuldigte Hexerei in actis mit mehreren angezogen, betreffend, wird von uns peinlichen Richtern und Schöffen des Fürstl. Rheinfels. hohen Halsgerichts zu Rothenburg allem Vorbringen nach auf vorgehabtem Rath der Rechtsgelehrten zu Recht erkannt: daß peinlich Beklagte von der ordentlichen Strafe der Hexerei zwar zu absolviren, jedoch aber wegen verübten Excessus ihr zur Strafe und den Anderen zum Exempel auf ein Jahr lang ad opus publicum zu verdammen sei; wie wir dann dieselbe dergestalt, als vorsteht, hiermit respective absolviren und verdammen, von Rechtswegen."

50) *Tiedemann*, in den „Hessischen Beiträgen zur Gelehrsamkeit und Kunst", B. II, Frankf. 1787, S. 577—605.

Hierauf folgt die Unterschrift der juristischen Fakultät zu Marburg:

„Daß dieses Urtheil den uns zugeschickten Akten und Rechten gemäß sei, bezeugen wir Decanus und anderen Doctores der Juristenfakultät in der Universität zu Marburg in Urkund unseres hierneben aufgedrückten Fakultäts-Inseigels."

Vor der Entlassung aus dem Kerker mußte die Inquisitin Urfehde schwören und geloben, daß sie nicht allein die aufgelaufenen Gerichtskosten bezahlen, sondern auch wegen der ausgestandenen Haft und Tortur sich weder an der Landesherrschaft noch an deren Beamten und Untertanen rächen wollte.

Aber auch die Lage der Freigesprochenen war in der Regel eine überaus traurige. Man hielt sie noch im Kerker fest, bis die Gerichtskosten bei Heller und Pfennig bezahlt waren. Die Mutter eines Bürgers Fröhlich zu Felsberg z. B. war der Zauberei beschuldigt, zwei Jahre im Turm „angeschlossen" in Haft gehalten und gefoltert worden. Das Gericht selbst bezeugte, daß die Frau die peinliche Frage zu großer Verwunderung ausgestanden und nichts bekannt habe. Daher war die Unglückliche von der Juristenfakultät zu Marburg 1664 freigesprochen worden. Die peinlichen Richter wollten sie aber nicht aus ihrer Haft entlassen, bis ihr Sohn für die Zahlung der (62 Rth. 18 Albus, d. h. nach dem jetzigen Geldwert etwa 1000 Mark) Bürgschaft geleistet hatte.

In der Volksmeinung war jedes Weib, das einmal in den Verdacht der Hexerei gekommen war, unehrlich. Als noch 1695 die Witwe eines Schneidermeisters, die als der Zauberei verdächtig lange Zeit auf dem Schlosse im Hexenturm gesessen hatte, vor der Beendigung des mit ihr angestellten Prozesses gestorben war, mußte die Schneiderzunft durch Drohungen gezwungen werden, die Leiche der „Hexe" zu Grabe zu tragen. — Wie aber in der ersten Hälfte des Jahrhunderts ein Teil der Geistlichkeit

in dieser Beziehung dachte, ist aus einem Konsistorial-
protokoll vom 15. April 1664 zu ersehen. Im Jahr 1663
war nämlich die zu Eschwege lebende Witwe Holzapfel
in den Verdacht der Hexerei gekommen. Darüber in Haft
und Untersuchung genommen, hatte sie die völlige Grund-
losigkeit dieser Beschuldigung dargetan und war freigesprochen worden. Aber gleichwohl wollten der Superintendent Hütterodt und dessen beide Amtsbrüder zu
Eschwege die anrüchig Gewordene nicht zum Abendmahl
zulassen. Die Witwe wendete sich daher beschwerde-
führend an das Konsistorium zu Kassel, und dieses gab
Hütterodt auf, der Witwe die Gemeinschaft des Sakraments
nicht zu versagen. Die drei Geistlichen aber beharrten
hartnäckig bei ihrer Weigerung, indem sie sogar erklärten,
sie würden eher ihre Ämter niederlegen, als der Holzapfel das Sakrament reichen. Da beschloß das Konsistorium durchzugreifen, lud die Geistlichen vor seine Schranken
und zwang sie, der Witwe, „da sie des beschuldigten Lasters der Hexerei nicht habe überführt werden können",
das Abendmahl zu gewähren.

Seltsamerweise kam in Hessen auch der Fall vor —
wohl der einzige Fall dieser Art —, daß eine Jüdin als
Hexe angesehen wurde. Golda, des Kaiphas zu Kell im
Amte Ulrichstein Tochter und des Juden Rubens zu Treis
a. d. Lumde Ehefrau, hatte im Jahr 1669 ihr Häuschen
zu Treis in der Absicht angesteckt, dadurch das ganze
Dorf in Asche zu legen. Vor Gericht gezogen, gestand
sie nicht nur diese ihre Absicht, sondern auch, daß sie
ihre Seele dem Teufel verschrieben, daß sie in ihrer Jugend
mit einem Bäckergesellen gebuhlt habe, daß sie von ihrer
Mutter schon im Mutterleibe verflucht worden sei, und
daß sie darum diese wieder verflucht habe. Sie erklärte,
daß sie sich von Gott verstoßen wisse und nicht mehr
beten könne, und bat darum um den Tod, womöglich mit
dem Schwerte. — Sie wurde nach Marburg in den Turm
gebracht, hier aber als irrsinnig erkannt und entlassen.

Besonders schwunghaft wurde die Hexenverfolgung in der seit 1647 zu Hessen-Kassel gehörigen Grafschaft Schaumburg betrieben. Hier hatte ein Professor der Jurisprudenz zu Rinteln, Hermann Göhausen aus Brakel im Lippeschen († 1632) im Jahr 1630 — zu derselben Zeit wo in Rinteln (1631) Friedrich Spee heimlich seine Cautio criminalis drukken ließ — seine Anweisung zur Führung des Hexenprozesses[51] herausgegeben, worin er vor unangebrachtem Mitleid warnte. Nach diesem Kodex wurde nun in Rinteln gegen die Hexen verfahren. Im hessischen Staatsarchiv liegen namentlich aus der Zeit von 1654 an zahlreiche Hexenprozeßakten vor, die mancherlei Eigentümliches wahrnehmen lassen. Die Verhaftung und Verhörung der Verdächtigen ging von Bürgermeister und Rat aus, von denen die Eingezogenen im Rathaussaal zu Protokoll vernommen wurden. Doch ist zu beachten, daß Bürgermeister und Rat in Hexensachen nichts taten, ohne die juristische Fakultät zu Rinteln zu befragen, so daß diese der eigentliche Hexenrichter war. War das erste Protokoll, in dem die Angeklagten jede Schuld ableugneten, der Fakultät zugeschickt, so verfügte diese, daß die Verdächtigen zur Folter geführt und hier nochmals zu einem reuigen Geständnis ihrer Schuld ermahnt werden sollten. Gewöhnlich appellierten dann die Beschuldigten an die Wasserprobe. Diese wurde an der Weser vorgenommen. Regelmäßig schwammen aber dabei die Angeklagten oben auf, weshalb nun die Fakultät auf Anwendung der scharfen Frage erkannte. Am 21. August 1660 wurde eine Angeklagte auf der Folter elfmal aufgezogen und dabei noch „etliche Male gewippt". Gewöhnlich schrieb die Fakultät folgende generellen „Inquisitionales" vor, über die den Unglücklichen Geständnisse abgefoltert werden sollten: 1. ob sie zaubern

---

51) „Processus juridicus contra sagas et veneficos, d. i. Rechtlicher Prozeß, wie man gegen Unholde und zauberische Personen verfahren soll. Mit Erweglichen Exempeln und wunderbaren Geschichten, welche sich durch Hexerey zugetragen, aussführlich erkläret." Die Grenzboten 1908, S. 126.

könnten; 2. von wem, zu welcher Zeit und an welchem Orte sie es gelernt und was sonst dabei vorgegangen; 3. ob sie Menschen und Vieh mit Bezauberung und Vergiftung Schaden getan; 4. wem, an welchem Ort, zu welcher Zeit und mit was für Mittel; 5. ob sie andere Personen, Männer oder Weiber kennten und wüßten, so neben ihnen zaubern könnten, und woher sie solches wüßten. — War nun bezüglich dieser und der übrigen Spezialfragen den Gefolterten das gewünschte Geständnis abgepreßt, so ordnete die Fakultät auf Grund des ihr vorgelegten Torturprotokolls ein peinliches Halsgericht an, das auf dem Marktplatz gehalten wurde, und von diesem ging es dann entweder direkt oder nach nochmaliger Einkerkerung der Verurteilten zum Scheiterhaufen.

So wütete die Hexenverfolgung in allen Gauen Hessens, bis zum Jahr 1673, wo sie nachzulassen begann.

Im Jahr 1672 war auf leeres Geschwätz hin die Katharine, Ehefrau des Opfermanns Lips zu Betziesdorf in Oberhessen, in den Hexenturm zu Marburg eingesperrt und in gräßlicher Weise torquiert worden.

Das Tortur-Protokoll lautet:

„Hieruff ist ihr nochmals das Urthel vorgelesen worden undt errindert worden, die warheit zu sagen. Sie ist aber bestendig bey dem leugnen blieben, hatt sich selber hertzhafft undt willig aussgezogen, worauff sie der Scharffrichter mit den handen angeseilet, hatt wieder abgeseilet, peinlich Beklagtin hatt geruffen: O wehe! O wehe! ist wieder angeseilet, hatt laut geruffen: O wehe! O wehe! Herr im Himmel, komme zu Hülffe! Die Zähe sindt angeseilet worden, hatt umb rach geruffen, undt ihr arme brechen ihr. Die Spanischen Stieffel sindt ihr uff gesetzt, die Schraube uffm rechten Bein ist zugeschraubet, ihr ist zugeredet worden, die wahrheit zu sagen. Sie hatt aber daruff nicht geundtwordtet. Die Schraube uffm lincken Bein auch zugeschraubet. Sie hat geruffen, sie kennte und wüste nichts, hatt geruffen, sie wüste nichts, hatt umbs jüngste gericht gebetten, sie wüste ja nichts, hatt sachte in sich geredet, sie wüste undt kennte nichts. Die lincke Schraube gewendet, peinlich Beklagtin ist uffgezogen, sie hatt geruffen! Du lieber Herr Christ, komme mihr zu Hülffe! sie kennte und wüste nichts, wan man sie schon gantz todt arbeitete. Ist hoher uffgezogen, ist stille worden undt hatt gesagt, sie wehre keine Hexe. Die Schraube uffm rechten Bein zugeschraubet, woruff sie O wehe! geruffen. Es ist ihr zugeredet worden, die warheit zu sagen. Sie ist aber dabey blieben, das sie nichts wüste, ist wieder niedergesetzet worden, die Schrauben seindt wieder zugeschraubet. hatt geschrien: O wehe! O wehe! wieder zugeschraubet, uffm rechten Bein, ist stille worden und hatt nichts antwortten wollen, zugeschraubet, hatt laut geruffen, wieder stille worden undt gesagt, sie kennte und wüste nichts, nochmahls uffgezogen, sie geruffen: O wehe! O wehe! ist aber bald gantz stille worden, ist wieder niedergesetzt undt gantz stille blieben, die Schrauben uffgeschraubet. Es ist ihr vielfeltig zugeredet worden, sie ist dabey blieben, dass sie nichts kennte oder wüste. Die Schrauben hoher undt zugeschraubet, sie lautt geruffen undt geschrien, ihre mutter unter der Erden solte ihr zu Hülff kommen, ist baldt gantz stille worden undt hatt nichts reden wollen. Hartter zugeschraubet, woruff sie anfangen zu kreischen undt geruffen, sie wüste nichts. An beyden Beinen die Schrauben hoher gesetzet, daran geklopfet, sie geruffen: Meine liebste mutter unter der Erden, o Jesu, komme mihr zu Hülffe! Am lincken Bein zugeschraubet, sie geruffen und gesagt, sie wehre keine Hexe, das wüste der liebe Gott, es wehren lautter Lügen, die von ihr geredet worden. Die Schraube am rechten Bein hartter zugeschraubet, sie anfangen zu ruffen: aber stracks wieder ganz stille worden. Hieruff ist sie hinausgeführet worden von dem Meister, umb ihr die Haere vom Kopf zu machen. Daruff er, der Meister, kommen und referirt, dass er das stigma funden, in welchem er eine nadel über gliedts tieff gestochen, welches sie nicht gefühlet, auch kein Blut herausgangen. Nachdem ihr die Haare abgeschoren, ist sie wieder angeseilet worden an handen und fuessen, abermahls uffgezogen, da sie geklagt undt gesagt, sie müste nun ihr liebes Brodt heischen, hatt laut geruffen, ist wieder gantz stille worden, gleich als wan sie schlieffe. Indem fienge sie hartt wieder an zu reden. Die Schraube am rechten Bein wieder zugeschraubet, da sie laut geruffen, die lincke Schraube auch zugeschraubet, wieder geruffen, und stracks gantz stille worden, undt ihr das maul zugangen. Am lincken Bein zugeschraubet, woruff sie gesagt, sie wüste von nichts, wan man sie schon todt machete. Besser zugeschraubet am rechten Bein, sie gekrischen, endlich gesagt, sie könte nichts sagen, man solte sie uff die Erde legen undt todt schlagen. Am lincken Bein zugeschraubet, uff die Schrauben geklopfet, hartter zugeschraubet, nochmahls uffgezogen, endtlich gantz wieder loes gelassen worden.

(gez.) J. Jacob Blanckenheim.   (gez.) Friderich Bauod.
(gez.) J. Hirschfeld.   (gez.) M. F. Rang.

Meister Christoffel, der Scharffrichter, berichtet, als sie peinlich Beklagtin die Hare abgeschnitten, habe sie an seinen Sohn begehrt, das man sie doch nieht so lange henken lassen mochte, wann sie uffgezogen wehre "

Indessen hatte man ebensowenig aus dem heldenmütigen Weibe ein Geständnis herausmartern als wirkliche Indizien herbeischaffen können. Sie wurde daher von der Instanz entbunden und nach Ausstellung der Urfehde (4. Mai 1672) entlassen. Indessen behielt man die Frau fortwährend im Auge. Indem man endlich die gewünschten Indizien gewonnen zu haben glaubte, wurde sie im folgenden Jahre wiederum verhaftet und am 4. November 1673 zu Marburg nochmals und noch entsetzlicher gemartert. Sie wurde viermal aufgezogen, sechzehnmal wurden die Schrauben so weit geschraubt wie es nur möglich war, und da sie wiederholt in Starrkrampf verfiel, so wurde ihr wiederholt mit Werkzeugen der Mund aufgebrochen, damit sie bekennen sollte. Bald betete sie, bald brüllte sie „wie ein Hund". Aber größer noch als die Bosheit ihrer Peiniger war die Seelenstärke dieses Weibes, denn sie gestand nichts. In dem Berichte an die Landgräfin Hedwig Sophie vom 4. November 1673, mit dem die fürstlichen Räte zu Marburg die Einsendung der Akten einschließlich des Torturprotokolls begleiteten, bemerkten sie nun, daß die Frau auf der Folter durch Zauberei sich müsse unempfindlich gemacht haben, weil sie sonst die Tortur unmöglich in solcher Weise hätte ertragen können. Da sah aber doch die Landgräfin ein, daß sie die Gerichte nicht länger dürfe so fortwüten lassen. Allerdings wurde die unglückliche Lips zur Landesverweisung begnadigt; zugleich aber erließ die Landgräfin von Kassel aus unter dem 15. November 1673 an die Kanzlei zu Marburg den Befehl, „das Gericht ernstlich dahin anzuweisen, daß dasselbe in dergleichen Hexenprozessen mit sonderbarer Circumspection und Behutsamkeit verfahre, insonderheit auf bloße Denunziation und anderen geringen Argwohn, wenn nicht das Corpus delicti notorie und andere starke und triftige Umstände vorhanden, nicht so leicht jemanden zu Haften bringe, weniger denselben ohne vorhergehende Communikation mit den Räthen peinlich vorstelle".

Von da an verringerte sich die Zahl der Hexenprozesse. Doch fand und verfolgte man hier und da in Hessen noch über das Ende des siebzehnten Jahrhunderts hinaus Hexen; allein man verfuhr in der Einziehung und Inquisition vorsichtiger und brannte weniger.

Der letzte Hexenprozeß, über den Akten im hessischen Staatsarchiv vorliegen, fand in den Jahren 1710 und 1711 statt.

Damals war nämlich die Ehefrau Anna Elisabeth Ham zu Geismar allerlei zauberischer Tücken beschuldigt worden. Man hatte sie daher in den Hexenturm zu Marburg gebracht, verhört und der Fiskal hatte, da sich die Verhörte keiner Zauberei schuldig bekennen wollte, Tortur beantragt. Das Gericht ging jedoch auf den Antrag nicht ein, sondern entband am 13. Mai 1711 die Angeklagte von der Instanz. In dem Verhör hatte sie aber noch bekennen müssen, es sei „wahr und außer allem Zweifel, daß es wirkliche Hexen und Zauberer gebe, die nämlich Gott absagen, sich mit dem Teufel verbinden, durch dessen Hilfe und Unterricht mit verborgenen Künsten Menschen und Vieh Schaden zufügen, auch wohl Wundertaten verrichten."

In Nassau wütete die Hexenverfolgung namentlich seit 1628. Um mit den Unholden recht gründlich aufzuräumen, bestellt auch hier die Landesherrschaft in den Dörfern Ausschüsse, die als öffentliche Ankläger alle wegen Hexerei verdächtig werdenden Personen den im Lande umherziehenden Hexenkommissären zur Anzeige bringen sollten. Daneben wurde den Geistlichen auf einer Landessynode am 3. November 1630 zu Idstein aufgegeben, ihre Gemeinden von der Kanzel herab vor dem greulichen Laster der Zauberei zu warnen, — was seitdem namentlich an jedem St. Andreastage geschah. Und rasch füllten sich alle Kerker mit Unglücklichen, die als Verbündete und Werkzeuge des Satans galten. Durch die Folter erfuhr man von ihnen die Namen von gewissen Stätten, an denen die Hexen und Zauberer ihre Versammlungen hielten, namentlich die Limburger Heide zwischen Diez und Limburg, die Herrenwiese bei Dillenburg, die Klippelsheide und die Altenburg bei Idstein, die Deissighafer Heide bei der Eiche usw. Dahin kamen die Hexen und Zauberer auf Ofen- und Mistgabeln geritten, oder in einem von vier schwarzen Katzen gezogenen Wagen gefahren, tanzten, aßen und tranken und buhlten miteinander.

Die Seuche des Hexenwahns hatte bereits alles Volk erfaßt, so daß in der ungeheuren Erregung, die die Gemüter ergriff, einzelne sich selbst für Hexen hielten. Ein Mädchen aus Amdorf, Katharine Jung, bekannte sich selbst bei ihrem Vater als Hexe, der sich infolgedessen in seinem

Gewissen dazu gedrängt fühlte, am 1. Mai 1631 die eigene Tochter in Herborn zur Anzeige zu bringen, wo sie schon am 11. Mai hingerichtet wurde.

Das Prozeßverfahren war meist ein sehr summarisches. Selten dauerte ein Prozeß über vierzehn Tage. Nicht wenige starben aber in den Kerkerlöchern der Hexenrichter infolge der erlittenen Tortur oder machten aus Verzweiflung ihrem Leben selbst ein Ende. Das eine wie das andere war nach allgemein herrschender Annahme natürlich das Werk des Teufels. So fand man in Herborn Hans Martin Steins Witwe, die wegen Hexerei in Untersuchung stand und gefoltert war, tags darauf tot im Gefängnis. Das konnte aber nicht mit rechten Dingen zugegangen sein. Erinnerte man sich doch, daß während der Tortur eine Speckmaus, so groß wie eine Taube, in den Turm geflogen war! Ja, es legten selbst zwei berühmte Ärzte zu Herborn bei drei Frauen, die nach überstandener Tortur entseelt im Kerker vorgefunden waren, das visum repertum ab, daß die eine weder an den Folgen der Tortur noch an einer Krankheit gestorben, sondern daß ihr der Hals umgedreht sei, daß die zweite müsse Gift genommen haben, und daß sich bei der dritten über die Todesursache nichts Sicheres sagen lasse. — Eine Frau von Langenaubach machte in der Nacht vor dem bereits bestimmten Tage ihrer Exekution ihrem Leben dadurch ein Ende, daß sie das feuchte Stroh ihres Schmerzenslagers anzündete und sich in dem Rauche erstickte.

Dabei lebten die Hexenrichter herrlich und in Freuden. Der Amtskeller zu Camber schrieb am 28. November 1630, „daß wenn über die Zauberer Verhör gehalten werde, alles auf Kosten der Hexen gehe und man nichts fehlen lasse, Kost und Wein würden bei dem Wirte geholt".

So ging es im Nassauer Lande von 1629—1632, und in diesen vier Jahren sah man in allen Teilen des Landes die Scheiterhaufen lodern. Allein in Dillenburg wurden damals fünfunddreißig, in Driedorf dreißig, in Herborn sogar neunzig Personen gerichtet. Schließlich drohte die Hexenverfolgung sogar Leute, die den hervorragenderen Ständen angehörten, zu erfassen. So war der Geheimsekretär Dr. Hön zu Dillenburg, ein Vertrauensmann des Grafen, von einer wegen Hexerei in Untersuchung gezogenen Person zu Eibach als Hexenmeister angezeigt worden. Auf der Limburger Heide sollten die Vornehmen beim Hexentanz sich oft haben sehen lassen.

Vielleicht trug gerade diese Wendung dazu bei, daß die Verfolgung auf einige Jahre nach 1632 überall im Lande nachließ. Doch schon 1638 brach die Seuche wieder aus, indem damals auf ausdrückliches Verlangen der Gemeinden aufs neue Ausschüsse zur Aufspürung der Hexerei ernannt wurden, namentlich im Lande Siegen. Dem Schultheiß zu Freudenberg wurde ein Verweis erteilt, weil er die Denunziationen der öffentlichen Ankläger unbeachtet gelassen hatte. Bald war daher keine Frau und kein Mädchen im Lande vor den Fallstricken der Hexen-Inquisition mehr sicher. Der Graf Johann Ludwig zu Hadamar erließ daher unter dem 20. Juli 1639 an seine Räte ein Reskript, worin er erklärte, daß allerdings das Laster der Zauberei bestraft werden müsse, wo es sich zeige, zugleich aber auch die Räte ermahnte, darauf hinzuarbeiten, „daß keinem Unschuldigen weder an Ehre, Leib und Seele zu kurz oder mehr geschehe, wie man gemeiniglich zu tun pflege. Dabei sei großer Fleiß, Sorge und Fürsichtigkeit zu gebrauchen, und solches mit gottesfürchtigen und gelehrten Theologen und Rechtsgelehrten zu beratschlagen, auch unverdächtige, gottesfürchtige, verständige Leute zu Kommissären zu gebrauchen, damit die Bosheit gestraft und die Unschuld beschützt werde". Durch dieses Einschreiten des Grafen mag manches schon bedrohte Leben gerettet worden sein; aber die in dem nassauischen Staatsarchiv zu Idstein massenhaft aufbewahrten Akten von Hexenprozessen beweisen, daß der Dämon der Hexenfurcht und der Hexenverfolgung im Lande Nassau durch das ganze Jahrhundert hin wütete[52]. Ein großer Hexenprozeß fand 1676 zu Idstein statt, der insbesondere wegen des Standes der angeklagten und verurteilten „Hexe" besonderes Aufsehen machte. Der Prozeß betraf nämlich die Gattin des Pfarrers von Hefftrich bei Idstein, Cäcilie, geb. Wicht. Das Gericht erkannte auf den Tod durch Feuer, und der Graf Johann VI. von Nassau-Dillenburg bestätigte am 22. März 1676 das gefällte Urteil[53].

In Hamburg war im Jahre 1603 (oder 1605) die Aufstellung eines neuen Stadtrechts erfolgt[54]. Es hieß darin (IV. 2): „Die Zauberer und Zauberinnen, die mit verbotenen Mitteln dem Menschen oder dem Vieh an Leib und Leben Schaden zufügen, oder auch die aus bösem Vorsatz von Gott und seinem heil. Wort vergessentlich abtreten und mit dem bösen Feinde sonderbare, hochärgerliche Verbündnisse machen, werden nach Gelegenheit ihrer beweislichen Bewirkung, mit Feuer oder mit dem Schwert am Leben gestraft."

Das Gesetz unterscheidet also zweierlei Verbrechen, nämlich das der Schädigung von Menschen und Vieh durch verbotene Zaubermittel und das des aus bösem Vorsatz (also auch zum Zwecke der Schädigung) eingegangenen Teufelsbündnisses. Die Zauberei an sich wird also nicht ausdrücklich bedroht. Wichtiger aber ist, daß die im älteren Recht ausgesprochene Ergreifung des Verbrechers auf frischer Tat nicht mehr als Merkmal eines strafbaren Verbrechens hingestellt, sondern der Kriminalbeweis gefordert wird, womit die Möglichkeit gegeben war, schon das Geständnis, das erpreßte Geständnis als Beweis geltend zu machen. Daher kam die Hexenverfolgung in Hamburg jetzt erst recht in Zug. Im Jahre 1618 berichtet eine Berliner Zeitung: In Hamburg seien 14 böse Weiber und ein

52) *E. F. Keller,* Die Drangsale des Nassauischen Volkes und der angrenzenden Nachbarländer in den Zeiten des dreißigjährigen Krieges; Gotha 1854, S. 132—139. — 53) Vgl. *Götzes* Mitteilung in den Annalen für Nass. Altertumskunde, Bd. XIII, S. 327. — 54) *Trummer,* Vorträge etc., S. 123 ff.

Mann mit dem Schwerte gerechtfertigt worden und noch
50 Personen seien wegen Hexerei in Haft[55]. Im Jahr 1643
wurde eine „alte Hexe" Cillie Haubels hingerichtet. Es
wird von ihr gesagt, daß sie ihren Mann ermordet habe,
daß sie darum viermal mit dem Rade gestoßen und daß
alsdann ihr Körper zu Asche verbrannt worden sei. Dieses
war die letzte nachweisbare Hexenverbrennung in Hamburg, die sich noch damit entschuldigen läßt, daß hier ein
Gattenmord zu sühnen war[56].

In Pommern machte die Prozedur gegen Sidonia von
Bork besonders viel von sich reden. Weil sie „in ihrer
Jugend die schönste und reichste adelige Jungfer von ganz
Pommern" war, hatte sie die Liebe des Herzogs Ernst
Ludwigs von Wolgast derart für sich eingenommen, daß
er ihr die Ehe versprach. Die Herzoge von Stettin wider-
setzten sich aber dieser Ehe und die um ihr Lebensglück
Betrogene trat in das protestantische Stift Marienfließ.
Da „anstatt der Bibel der Amadis ihr vornehmster Zeit-
vertreib war[57], worin viele Exempel der von ihren Amanten
verlassenen Damen, so sich durch Zauberei gerächt, zu
finden, so ließ Sidonia sich vom Teufel dadurch verführen,
lernte schon etwas bei Jahren die Hexerei von einem alten
Weibe und bezauberte vermittelst derselben den ganzen
Fürstenstamm"[58]. „Es erzählet mir ein großer Mann: achtzehn Herzoge in Pommern wären durch eine vom Adel
ihrer Mannheit beraubet worden, und bis auf den letzten
den ganzen Stamm geendet, in Boleslao" schreibt 1648 ein
Zeitgenosse Sidonias über diese cause celèbre[59]. Dieses
Verbrechen wurde aber erst ruchbar, als im Jahre 1618 der
große Hexentilger Herzog Franz zur Regierung kam. Als

55) *J. O. Opel* im 3. Bd. des Archivs für Gesch. des deutschen Buch-
handels, Leipzig 1879, S. 119 f. *Janssen*, VIII, 738. — 56) *Trummer*,
S. 144. — 57) *J. Bobertag*, Geschichte des Romans, Berlin 1876, S. 349 f.
Steinhausen in der Zeitschrift für vergl. Literaturgesch., N. f. VII, Weimar
und Berlin 1894, S. 349 ff. *Steinhausen*, Kulturgesch., S. 566, 593. —
58) *Janssen*, VIII, S. 740. — 59) *Scheible*, Das Kloster, VI. Bd., S. 211 ff.
Stuttgart, 1847.

die „dicke Wolte Albrechts" auf der Folter die damals achtzigjährige Sidonia als Genossin angab, wurde diese aus dem Stift in die Oderburg nach Stettin gebracht und am 28. Juli 1620 so lange torquiert, bis sie gestand, die ihr vorgehaltene „Missetat an dem Fürstenstamm" begangen zu haben[60]. Der Klosterhauptmann bezeichnete sie amtlich als „Klosterteufel, unruhiges Mensch, Schlange". Die allgemein Gehaßte war aber bald auch die von allen Gefürchtete, indem sie sich der Kraft ihres Gebets zur Bestrafung ihrer Feinde rühmte und dabei allerlei Quacksalberei trieb und sympathetische Kuren vollführte. Von der Folter herabgenommen erklärte sie, „sie begehre nicht länger zu leben", und erbat, zum Sterben bereit, den Beistand des Seelsorgers. Viele benachbarte Fürsten legten für die Verurteilte Fürbitte ein, jedoch ohne Erfolg. Am 19. August 1620 wurde sie auf dem Rabenstein vor Stettin erst enthauptet und dann zu Asche verbrannt[61].

Hier noch eine zweite pommersche Hexengeschichte, die wie die Fabel eines gut erfundenen Romanes anmutet. Meta von Zehren, die Tochter eines Gutsbesitzers, liebte einen Nachbarn, mit dem sie sich erst nach schweren Kämpfen verloben durfte. Kurz vor der Hochzeit mußte der Bräutigam eines Duelles wegen fliehen. Er kümmerte sich nicht weiter um die Braut, die von den Eltern aus dem Hause gejagt wurde, als sie ihren Zustand nicht mehr verbergen konnte. Sie irrte hilflos umher, bis sich ein Förster ihrer erbarmte und sie in sein Haus aufnahm. Ihr Diensteifer gewann ihr bald die Herzen der Försterfamilie. Ihr Herr verlor während des großen Krieges Hab und Gut und mußte als Bettler von dannen ziehen. Meta suchte als Magd anderswo unterzukommen. Doch das Unglück verfolgte sie. Eine Stellung mußte sie wegen der un-

60) *Janssen*, VIII, S. 741. — 61) *F. W. Barthold*, Gesch. von Rügen und Pommern, Teil 4, Band 2, S. 485—500. *Dr. O. Henne am Rhyn*, Der Teufels- und Hexenglaube, Leipzig 1892, S. 111. *Wilhelm Meinhold*, Sidonia von Bork, die Klosterhexe, Leipzig 1848 und Leipzig 1910.

begründeten Eifersucht der Bäuerin verlassen. In einer andern zieh man sie ungerechterweise der Unehrlichkeit. Endlich fand sie in einem Bauernhaus einen guten Dienst. Als die Hausfrau einige Jahre darauf starb, trat das Edelfräulein an ihre Stelle. Das Hauswesen gedieh unter den nimmermüden Händen der Bäuerin, deren Herkunft niemand, selbst ihr Ehemann nicht kannte. Das gab zu Gerede Anlaß und bald stand Meta vor den finsteren Richtern. Die Folter des Lebens hatte sie so hart gemacht, daß die Henkersknechte kein Geständnis von ihr zu erpressen vermochten. Sie hätte freigelassen werden müssen, wenn nicht an ihr ein Hexenmal, eine Narbe, entdeckt worden wäre. Sie wurde zum Feuertod verurteilt. Doch einen Tag nach dem Urteilsspruch starb Meta an den Folgen der Tortur. Ihr Leichnam wurde 1667 unter dem Hochgericht eingescharrt[62].

In der Reichsstadt Nordhausen war frühzeitig ein milderes Verfahren gegen Hexen heimisch geworden. Am 8. März 1644 waren zwei mit Ausweisung aus der Stadt bestraft worden[63], während in dem benachbarten Stolberg noch am 30. Oktober 1656 eine Hexe enthauptet und verbrannt, und 1657 zwei Bürgerfrauen, die von jener angegeben waren, wegen Umgangs mit dem Teufel etc. ebenfalls auf den Scheiterhaufen gebracht wurden[64].

In einem Uelzener Hexenprozesse von 1611 sagte eine der Angeklagten auf der Folter aus, sie habe auf dem Blocksberg eine derart zahlreiche Gesellschaft gefunden, daß von einem Hinten Erbsen, die verteilt worden waren, jedes nur eine Erbse erhalten habe. Auf dem Hirschelberge bei Eisenach kamen im Jahre 1613, wie eine „newe Zeitung" verkündete, 8000 zusammen, unter diesen 1000 Männer. Eine Erfurter Hexe ließ einen Kriegsknecht aus Königsberg „oftmals" von einem Bock zu ihrer Tochter holen und nach einigen Stunden ins Lager zurückführen.

62) *Strack*, Frauenleben, II, S. 263 f. — 63) *Förstemann*, Kleine Schriften zur Gesch. der Stadt Nordhausen, I. S. 102. — 64) *Zeitfuchs*, Stolbergische K. u. R. Historie, S. 350.

Der satanische Hexenbüttel Peregrinus Hühnerkopf, halber-
städtischer Amtmann zu Westerburg, dem jeder Prozeß
Anlaß zu weiteren gab, erzielte durch fortgesetzte Folterungen und einen Hexentrank, „ein Arcanum des Scharfrichters", von einer Hexe das Geständnis, daß sie „ihrem
Ehemann eine Schar Teufel in den Bart gezaubert habe,
die von andern Hexen wieder hinausgewiesen werden
mußten". Der Magdeburger Schöppenstuhl bestätigte auf
Grund dieser Aussage das Todesurteil[65].

Unter den Prozessen, in denen die eigentliche Natur
des Hexenprozesses besonders klar, aber auch in herzbe-
wegendster Weise zutage tritt, verdient eine Verhandlung
hervorgehoben zu werden, die sich 1629 zu Pfalz-Neuburg
zutrug[66]. Dort lebte die ehrbare und fromme Hausfrau
eines Wirtes Käser, der ehedem die Wirtschaft auf der
Trinkstube zu Eichstätt geführt hatte und späterhin nach
Rennertshofen übergesiedelt war. Die Frau, Anna Käserin,
mag an Schwermut gelitten haben. Ihr Mann, der sie
sehr lieb hatte und während des Prozesses über sie vernommen wurde, erklärte nämlich zu Protokoll: Er könne
in Wahrheit wohl sagen, daß seine Frau seit sieben Jahren
nie recht fröhlich gewesen. Sie habe zu keiner Hochzeit
oder dergleichen Mahlzeiten und Fröhlichkeiten, auch wenn
er es ihr befohlen, gehen mögen. Sie habe immer gebetet, gefastet und geweint. Dabei habe sie fleißig gesponnen und dem Hauswesen abgewartet. Zu Eichstätt
habe sie alle vierzehn Tage oder längstens alle vier Wochen
gebeichtet und kommuniziert und dann gewöhnlich einen
halben Tag in der Kirche zugebracht. — Auf diese Frau
hatten nun seit 1620 zwölf verhaftete Hexen und Zauberer
bekannt, und die meisten von ihnen waren „auf sie gestorben". Infolgedessen wurde sie im Frühling 1629 verhaftet und nach Neuburg gebracht. Nun kam der Befehl
des Pfalzgrafen, die Verhaftete an eine Kette zu legen

65) *Janssen*, VIII, 736. — 66) *J. Baader*, im Anzeiger des Germanischen
Museums, 1876, Bd. XXIII, S. 259 ff.

und an der Wand festzumachen. Auch sollte ihr zur Bewachung ein Weib beigegeben werden. Dem Mann der Unglücklichen wurde befohlen, ein Bett für sie bringen zu lassen. Er schrieb an seine gefangene Frau folgenden Brief:

„Ehrentugendsame, herzlieber Schatz! Weilen ich noch zu Neuburg und deiner Person halber ein Lieg- und Deckbett und ein Kissen begehrt wird, also bitte ich meinen Schatz, sie wölle mich mündlich wissen lassen, ob ichs allhie oder von Rennertzhoven aus von dem Unsrigen verschaffen solle. Bitte von Gott, er wolle dir Erkenntniß deiner Wissenheit geben. Bist du, o mein Schatz, schuldig, bekenne es, bist du unschuldig, hast eine gnädige Obrigkeit, derer wir, zuvörderst Gottes Huld, und unser kleine Kinder zu getrösten. Seye mit deiner und meiner Geduld dem Schutz Gottes befohlen!

Neuburg, den 19. März 1629.

Dein Getreuer, weil ich leb,
Georg Keser.

O mein Schatz, sage mit Wenigem, wie ich eine Zeitlang die Haushaltung anstellen solle; und in höchster Bekümmerniß dieß."

An demselben Tage wurde mit der Verhafteten das erste Verhör angestellt. Als sie leugnete, wurde sie am 21. Mai abermals verhört. Die Marterwerkzeuge lagen vor ihren Augen ausgebreitet. Auch heute leugnete sie, selbst als ihr der Daumenstock angeschraubt worden. Jetzt nahm aber der Scharfrichter die schärfere Tortur vor, und nachdem sie diese eine halbe Viertelstunde ertragen, waren ihre Glieder und auch ihr Mut gebrochen. Sie gestand nun den gewöhnlichen Unsinn und gab auch eine Anzahl Mitschuldiger an. Fortgesetzte Folterungen, mit denen die Arme in gräßlichster Weise gepeinigt ward, schienen endlich alles, was man wissen wollte, auch das Geständnis von

Mordtaten, aus ihr herausgepreßt zu haben, weshalb das Gericht, um sie zum Tode vorzubereiten, am 13. Juni zwei Geistliche zu ihr schickte. Diesen aber erklärte die Gemarterte sofort, daß alle ihre Geständnisse ersonnen und ihr lediglich durch die schreckliche Folterqual abgepreßt wären. Namentlich wären alle die Leute, die sie als Unholde angegeben, durchaus unschuldig. Zugleich bat sie die Geistlichen, deren einer ein Jesuit war, dieses dem Gericht anzuzeigen. Die Geistlichen taten dieses, und nun wurde die Frau alsbald wieder so grausigen Martern unterworfen, daß sie nicht nur ihre früheren „Geständnisse" wiederholte und bestätigte, sondern jetzt auch erklärte, sie sei vor dem Teufel niedergekniet, habe ihn angebetet und gesagt: „Du bist mein Gott und mein Herr!" — Vor ihrem letzten Gange aber sprach sie vor den Richtern die Bitte aus, man möchte doch sonst niemand verbrennen als sie und man möchte überhaupt „hier im Lande nicht weiter brennen". —

Am 20. September 1629 wurde sodann die Anna Käserin öffentlich vor der Brücke zu Neuburg enthauptet, ihr Leib dann bei dem Hochgerichte zu Asche verbrannt und die Asche ins Wasser geworfen.

Recht arg hausten auch die Hexenrichter dieses Ländchens in Reichertshofen und Burglengenfeld. Aus dem erstgenannten Flecken liegt aus der Mitte des 17. Jahrhunderts ein Verzeichnis von 50 Personen vor, die bis dahin wegen Hexerei hingerichtet worden waren. Aus Burglengenfeld bewahrt das Kreisarchiv Neuburg Hexenprozeßakten von 1613, 1685—1686, 1718, 1719, 1742—43 und sogar noch von 1765. Auch das Reichsarchiv enthält viele Neuburgische Hexenprozeßakten[67].

Die Erbärmlichkeit des üblichen Gerichtsverfahrens ist so ziemlich aus jedem Hexenprozeß zu ersehen, dessen Akten vollständig vorliegen. Den jämmerlichsten Eindruck macht aber die Haltung des obersten Gerichtshofes des

---

67) *Riezler*, S. 229.

heiligen Reichs, wenn dessen Hilfe angerufen wurde. Zum Belege teilen wir folgenden, aus den Originalakten entnommenen Fall mit[68].

Im Jahre 1603 hatte eine reiche Bürgersfrau zu Offenburg, Anna Maria Hoffmann, bei der Hochzeitsfeier ihrer Tochter an die unbemittelten Familien der Stadt Suppe, Fleisch und Wein ausgeteilt. Eine Wöchnerin, die von diesen Speisen, wahrscheinlich unmäßig, genossen hatte, war bald nachher krank geworden und zehn Tage darauf gestorben. Da die Erkrankte selbst ihr Unglück dem Genusse dieser Speisen beimaß, so war schon damals die Hoffmann in das Geschrei gekommen, mit der Suppe Zauberei getrieben zu haben. Sie hatte es lediglich den klugen Schritten ihres Ehemannes zu verdanken, daß der Magistrat den aufgekommenen Verdacht für grundlos erklärte. Als jedoch fünf Jahre später Rudolphs II. Kommissarien der Stadt den Vorwurf allzugroßer Lauheit in der Hexenverfolgung machten, obgleich man binnen neun Jahren auf dem kleinen Gebiete vierundzwanzig Personen gerichtet hatte, kam die Rede auch wieder auf jenes Ereignis. Mehrere gefolterte Weiber taten die Aussage und sollen darauf gestorben sein, daß sie die Hoffmann und ihre Tochter oft bei Hexentänzen, Wettermachen, Bocksfahrten und dergl. zu Gefährtinnen gehabt hätten. Die Mutter rettete sich durch eine schleunige Flucht nach Straßburg; die Tochter aber, an Eberhard Bapst zu Offenburg verheiratet, wurde im Oktober 1608 verhaftet und sogleich mit einem von jenen Weibern konfrontiert. Glauben wir den Ratsakten, so wurde ihr hier von einem Weibe ins Gesicht gesagt, daß sie beide an etlichen Orten zusammen auf dem Sabbath gewesen; nach einer später protokollierten Versicherung der Bapst jedoch hatte der Stadtschreiber aus einem Buche die zu bekennenden Ereignisse und Lokalitäten vorgelesen und das bettlägerige, infolge der Tortur kaum der Sprache

---

68) Rubr. Hoffmännin contra Bürgermeister und Rat der Stadt Offenburg, Mandat. poenalis sine clausula de administranda justitia. *Volk*, S. 55.

mächtige Weib nur zur Bestätigung des Vorgelesenen aufgefordert. Ohne eine Verteidigung zu gestatten, schritt man jetzt gegen die Neuverhaftete mit der Folter vor. Als die Bapst nach dem ersten Grade, um weiterer Pein zu entgehen, sich selbst als Hexe und die Mutter als ihre Lehrmeisterin angab, protokollierte man diese Aussagen als gütliche Bekenntnisse. Eine Eingabe der entflohenen Mutter an das Kammergericht erwirkte indessen unterm 11. Oktober einen Erlaß an die Stadt Offenburg, der die geschehenen Schritte aufhob und dem Magistrate aufgab, hinfort nicht anders als nach den Rechten zu verfahren. Hiergegen erklärte der Rat, jenes Mandat sei durch falsche Vorstellungen erschlichen, sandte einige Protokolle ein, die, obgleich sie den Stempel absoluter Nichtigkeit an sich tragen, doch die Rechtmäßigkeit jenes Verfahrens beweisen sollen, und fuhr in dem angefangenen Prozesse fort. Ja er beklagte sich gegen das Kammergericht, daß es ihn in dem vom Kaiser wiederholt gebotenen Wirken hindere. Nach vielfachem Anrufen der Verwandten erfolgte im Dezember 1609 abermals ein Befehl von Speyer, der Verhafteten Abschrift der Indizien, Defension und Zutritt der Angehörigen zu gestatten. Die Mitteilung der Indizien geschah endlich im Januar 1610. Sie bestehen, die Aussagen der hingerichteten Hexen ausgenommen, sämtlich aus Dingen, die sich erst nach der Verhaftung und nach der Tortur während eines längst kassierten Verfahrens ergeben hatten, namentlich aus den erfolterten und dann wieder zurückgenommenen Bekenntnissen der Verhafteten selbst. Dennoch rechtfertigte in dem Schlußartikel die Logik des Offenburger Magistrats aus allen diesen Indizien die geschehene Verhaftung und Torquierung seiner Inquisitin. Obgleich nun das Kammergericht diese aus nichtigem Verfahren gewonnenen Anzeigen verwarf, so ließ sich doch der Rat in seinem Gange nicht stören. Er schnitt der Verhafteten willkürlich die wirksamsten Verteidigungsmittel ab, setzte ihren Mann wegen unehrerbietigen Widerspruchs ins Gefängnis, protestierte gegen die Strafandrohungen des Kammergerichts und begehrte sogar die Bestrafung des Gegenadvokaten als Injurianten, weil dieser mit einer Klarheit, gegen die keine Rechtfertigung aufkommen konnte, die Nichtigkeit des ganzen Handels ans Licht gezogen hatte. Aus dem November und Dezember 1610 liegen noch zwei dringende Suppliken wegen höchster Lebensgefahr der Inquisitin bei den Akten; das Kammergericht gab einen abermaligen Inhibitionsbefehl bei schwerer Strafe und lud den Rat zur Verantwortung vor; doch ein Aktenstück vom 25. Februar 1611 redet schon von Anna Maria Bapst als einer incinierierten Hexe. Der Prozeß spann sich nun vor dem Kammergerichte fort, nicht wegen der Bestrafung des ungehorsamen Magistrats, sondern wegen des Kostenpunkts. Über ihn ist noch vom 20. Januar 1612 ein mündlicher, nicht entscheidender Rezeß verzeichnet; dann schließt das Protokoll ohne Bescheid.

In demselben Städtchen Offenburg wurden übrigens nicht lange nachher in dem kurzen Zeitraum von 1627 bis 1631 nicht weniger als sechzig Personen als Hexen hingemordet[69].

Noch Größeres aber leisteten die Hexenrichter in dem kleinen Ysenburgischen Städtchen Büdingen, wo in den Jahren 1633 und 1634 gerade hundertundvierzehn Personen wegen Hexerei sterben mußten.

Eine 1615 für das Herzogtum Hannover erlassene Prozeß-Ordnung sieht den Krebsschaden der Suggestivfragen ein, wenn sie vorschreibt: „Es sollen auch die Schultheißen und Schöffen oder Gerichtsschreiber der gefangenen Person keine Umstände der erkundigten Missetat vorsagen, sondern diese von den Behafteten selbst sagen lassen"[70].

In Olpe in Westphalen ergeht am 10. Mai 1644 das Urteil: „Auf Klage, Antwort und alles gerichtliche Vorbringen, auch nothdürftige wahrhaftige Erfahrung und Er-

---

69) *Schreiber*, Die Hexenprozesse im Breisgau, S. 22. — 70) *Janssen*, VIII, S. 698 f.

findung so deßhalb alles nach laut Kaiser Karls V. und des heiligen Reichs Ordnung beschehen: Ist durch die Urtheiler und Schöffen der Churfürstlich Cölnischen Gerichter Olpe und Drolshagen endlich zu Recht erkannt, daß peinlich beklagtinnen Annen Kleinen und Annen, Hinrichen Mundt's Hausfrau, so gegenwärtig vor Gericht stehen, des Zauberlasters halber wodurch gegen Gott und seine heiligen Gebote gehandelt mit dem Feuer vom Leben zum Tode gestraft werden sollen[71]." Die wüsten Verhandlungen in diesem Verfahren hatten weiter eine Vorschrift der kurfürstlichen Räte zu Arnsberg zur Folge, die den Richtern größere Vorsicht bei Aufnahme der Indizien befahl. Diese Vorschrift kam besonders den „Werwölfen" zugute, die für jeden Wolf büßen mußten, der in den entvölkerten Gegenden auf Raub ausging.

In Brilon werden Hexenprozesse 1643, 1648, 1681, 1684 bis 1687 geführt. In Geseke wird 1691 ein Mordbrenner mit seiner aus fünfzehn Personen bestehenden Bande wegen Teufelskunst verurteilt[72].

In den Hexenprozessen von 1629—1631 zu Bilstein in Westfalen, wo bereits 1592 Hexenbrände stattgefunden hatten, hieß der Teufelsoberste noch Beelzebub. Die Hexentänze fanden außer an Feiertagen nur Donnerstag abends statt. Den „Spielmann" macht immer eine Hexe. Als Foltermittel wurden Schrauben, Aufziehen und Zerhauen „probiert". Ein Angeschuldigter blieb standhaft, obschon „mit Aufziehen etliche Male versucht, auch dreimal die Schrauben angesetzt, auch mit Feuerkohlen wärmen unter den Füßen". Vom 2. Juni bis 3. September 1629 wurden 32 Hexen gerichtet. Drei Frauen und ein Mann wurden gegen Kaution entlassen. Diese Kaution bestand in Bürgen, die „mit Hand und Mund" unter Begebung aller Einreden dergestalt Bürgschaft leisten, „daß sie als ammanuenses den

---

71) *Dr. H. Pollack*, Mitteilungen über den Hexenprozeß in Deutschland, insbes. über verschiedene westfälische Hexenprozeßakten, Berlin 1886, S. 22 ff. — 72) *Pollack*, S. 31 ff.

Beschuldigten in ihre Verwahrsam nehmen und dafür gut sein, daß er dieser gefängnisse halber weder mit Worten noch mit Thaten, es geschehe denn mit ordentlichem Rechten nichts fürnehmen soll; auch sonsten auf fernere Zusprache zu ihm allhier in Haft, so oft solches erfordert wird, einliefern sollen und wollen. Und das bei Pein 200 Gulden [73]".

In der Grafschaft Henneberg, wo der Generalsuperintendent Joachim Zehner, Pfarrer von Schleusingen, seine wütenden Tiraden gegen Hexen, „Gabelreiterinnen und dergleichen zauberischen Gesinds" in Wort und Schrift hinausschleuderte[74], wurden 1612 zweiundzwanzig und überhaupt in dem Zeitraum von 1597—1676 im ganzen hundertsiebenundneunzig Hexen verbrannt[75].

Von bayerischen Prozessen sind der von 1653 vor dem Pflegegericht Reichenberg gegen die alte Landstreicherin Marie Killnerin und ihren dreizehnjährigen Begleiter Georg Kilian bemerkenswert. Der Junge sagt das tollste Zeug aus. Die Folter besteht in Rutenschlägen. Der Ausgang des Verfahrens ist unbekannt[76].

Im gleichen Jahr wird in Landshut der etwa siebzehnjährige Student Paul Zächerle wegen Zauberei eingezogen und gefoltert, seinen Eltern aber wieder zugestellt. Sie sollen ihn unter Aufsicht und christlicher Zucht halten, damit er „als ein unbeständiger, unbehutsamer und blödsinniger (!) Mensch" nicht wieder in Gefahr gerate[77]. 1701 findet nochmals in Landshut ein Prozeß gegen „eine dem Ansehen nach nit recht beim Verstand sich befindende und mithin zu Diensten untaugliche Weibsperson" statt[78].

1656 wird in Amberg gegen Ursula Zannerin, ihren Mann und ihre drei Kinder „wegen erschrecklicher Zaubereien, Anmachung höchst schädlicher Gewitter, Donner, Hagel, Wind, Regen, Stein etc. über das Geholz, Vieh und Getreide, Schik-

73) *Pollack*, S. 21 ff. — 74) *Janssen*, VIII, S. 640 f. — 75) *Schlözer*, Staatsanzeiger, B. II, 1831, S. 150. *Von Weber*, Aus vier Jahrhunderten, I. S. 376 f. — 76) *Riezler*, S. 283. — 77) Ebenda, S. 283 f. — 78) Ebenda, S. 284.

kung zauberischer Wölfe, Machung der Mäuse, Treibung der Sodomiterei mit dem bösen Feind" usw. verhandelt [79].

1666 wird in München ein siebzigjähriger Greis hingerichtet, der ein Unwetter gemacht, „darin durch die Wolken gefahren und nackend zur Erde gefallen", der auch dem Teufel über 40 Jahre gedient und Hostien verunehrt hatte. „Wiewohl er einer härteren Strafe würdig gewesen wäre, ließ Se. Kurf. Durchlaucht ihm noch Gnade widerfahren, indem er ihn auf beiden Armen und an der rechten Brust mit glühenden Zangen zwicken, an einen Pfahl binden und auf dem Scheiterhaufen verbrennen ließ. Starb dem Ansehen nach mit bußfertigem Herzen und Bereuung seiner Missetaten [80]."

Aus dem Herzogtum Sachsen-Gotha liegt ein Hexenprozeß aus dem Jahre 1660 vor [81]. Das dabei zur Anwendung gebrachte Verfahren war entsetzlich. Die Inquisitin wurde, nachdem sie schon längere Zeit in Haft gesessen, am 4. September nachts zwei Uhr in die Torturstube auf dem Erfurter Turm gebracht. Hier wurden ihr nicht weniger als dreihundertundein Frageartikel vorgelegt, die sie sämtlich verneinend beantwortete. Daher wurde sie morgens um sieben Uhr von dem Gericht, das sich entfernte, dem Scharfrichter übergeben. Von diesem entkleidet und in üblicher Weise untersucht, wurde sie dann auf die Folter gespannt und bis nachmittags zwei Uhr torquiert, ohne daß sie ein Geständnis ablegte. „Am selbigen Nachmittage wurde daher mit der Tortur fortgefahren, und obschon der Scharfrichter die Schnüre so scharf angezogen, daß er selbst eine Narbe in der Hand bekam, so fühlte sie doch nichts davon. Als sie hierauf an die Leiter gestellt und an den ihr an dem Rücken zusammengebundenen Händen aufgezogen wurde, schrie sie das eine über das andere Mal, sie sei eine unschuldige Frau, blöckte auch dem Scharfrichter so in die Ohren, daß er vorgab, es werde ihm ganz schwindlig davon.

79) *Riezler*, S. 284. — 80) Ebenda, S. 285. — 81) *Hitzigs* Annalen, Bd. 26, S. 101 ff. *Weber*, Aus vier Jahrhunderten, I, S. 376 f.

Bald darauf aber stellte sie sich, als ob sie ohnmächtig würde, sagte solches auch, redete ganz schwächlich und schlief endlich gar ein. Als ihr aber der Scharfrichter nur an die Beinschrauben, so er ihr an das rechte Schienbein gelegt, rührte, konnte sie laut genug schreien. Wie sie nun so etzliche Male so eingeschlafen, sagte der Scharfrichter, er habe dieses bei gar argen Hexen auch observirt; der böse Feind mache ihnen nur tiefen Schlaf, daß sie nichts fühlen sollten."

Diese Angabe des Scharfrichters veranlaßte nun eine neue Untersuchung gegen die unglückliche Frau, infolge deren ihr abermals die Folter zuerkannt wurde. Ihrem Verteidiger gelang es indessen durch rüchsichtsloses Aufdecken des von dem Gerichte angewandten unwürdigen Verfahrens, die Inquisitin vor einer abermaligen Tortur zu bewahren, indem der Schöppenstuhl zu Jena sich selbst reformierte und die Inquisitin absolvierte, jedoch aber „zur Vermeidung alles Ärgernisses" die „Amtsräumung" gegen sie erkannte, die von seiten der Regierung noch auf einige andere Ämter ausgedehnt und aller Suppliken ihres Mannes unerachtet streng durchgeführt wurde.

In Arnstadt spielte sich 1669 ein Prozeß gegen Barbara Elisabeth Schulze in den überall üblichen Formen ab. Sein Ausgang ist unbekannt[82].

Gleichwohl zeichnete sich Sachsen-Gotha in der Hexenverfolgung wenigstens dadurch aus, daß nicht nur die Anzahl der Hexenprozesse und der zum Tode verurteilten Inquisiten weit geringer war als in den Nachbarländern, sondern daß auch schon seit 1680 die Verurteilten immer seltener wurden, indem man gar nicht mehr auf Tortur erkannte, sondern nach geschehenem Verhör und Vernehmung der Zeugen die Inquisiten ab instantia entband[83].

Nur in dem am Saum des Thüringer Waldes gelegenen Georgenthal ging es anders her. In diesem damals kaum viertausend Eingesessene zählenden Amte wurden 1652—1700

---

82) *Reinh. Stade*, Barb. Elisabeth Schulzin, Arnstadt 1904. — 83) *Hitzigs* Annalen, B. XXV, S. 305—306.

vierundsechzig Hexenprozesse, und zwar in dem Jahre 1674 allein zwölf und in den sechs Jahren 1670—1675 zusammen achtunddreißig Prozesse verhandelt. Der Grund lag lediglich darin, daß es sich der damalige Amtsschösser Benedikt Leo in den Kopf gesetzt hatte, um jeden Preis den Amtsbezirk von allem Hexenwesen gründlich zu säubern.

Von dem Schultheißen zu Tambach wurde 1674 ein Hexenprozeß geführt, der durch eine Besessene veranlaßt war. Sie hatte der Inquisitin Schuld gegeben, ihr in einem Stückchen Kuchen den Teufel beigebracht zu haben. Am 15. Januar 1674 begann der Prozeß, und am 30. März morgens ging man mit der scharfen Frage vor. Allein nach Beendigung der ersten Tortur lautete die Erklärung der Inquisitin: „sie wäre zwar eine arme Sünderin, aber keine Hexe". Daher heißt es in dem Torturprotokoll weiter: „Hierauf ist sie wieder auf die Leiter gestellt und sind die Riemen angezogen, ihr auch die Beinschrauben angelegt worden; aber hat alles nichts gefruchtet, bis nach zehn Uhr, da sie den Kopf hängen lassen, die Augen sperrweit aufgemacht, diese verdreht, sich gebäumt, das Maul verdreht, geschäumt und so abscheulich ausgesehen, daß man sich nicht genug zu entsetzen und zu fürchten gehabt; worauf, wie sonst öfters wechselsweise geschehen, der Nachrichter sie herunter gelassen, ihr zugerufen und gebetet: „Christe du Lamm Gottes etc." und andere liebe Passionsgesänge, ihr auch Wein in den Mund gegeben und auf allerlei Weise gesucht, sie zum Geständnis zu bringen, aber alles vergebens. Denn sie dagestanden wie ein Stock. Gegen elf Uhr, da sie ganz wieder zurecht, ist nach treufleißiger Erinnerung wieder ein Versuch mit ihr gemacht worden; da sie dann, ehe der Nachrichter sie recht angegriffen, abermals die Augen verkehrt, das Maul gerümpft und sich so schrecklich gestellt, daß man augenscheinlich spüren und merken müssen, es gehe mit ihr von rechten Dingen nicht zu, sondern Satanas habe sein Werk in ihr. — Weil man denn nun bei dieser ihrer Verzückung nicht anders gemeint, als

Satanas habe ihr, weil Kopf und alles geschlottert, den Hals gebrochen, oder was noch nicht geschehen, würde noch geschehen, als hat man sie aus der Stube an ihren Ort gebracht, ob Gott auf andere Weise und Wege ihre Bekehrung suchen werde, und also ist sie ohne Geständnis fernerer Tortur entkommen."

Unter diesem Protokoll steht geschrieben: „Notitur. Als ungefähr eine Stunde nach der Tortur ich mit der anderen Inquisitin zu tun gehabt im Nebenstüblein, und man nicht anders gemeint, (als) Wiegandin täte kein Auge auf und läge gleichsam in ecstasi, hat sich auf Einmal in ihrem Gefängnis ein groß Gepolter erregt. Da man nun zugelaufen, hat sich befunden, daß sie von ihrem Ort, allwo sie ausgestreckt gelegen, hinweg und außerhalb dem Thürlein des Gatters, welches doch ziemlich niedrig und schmahl, vorm Ofen auf einem Klumpen gelegen, da man sie dann mit vieler Mühe wieder an ihren Ort bringen müssen; alsdann Jedermann davon gehalten, es ginge von rechten Dingen nicht zu, der Satan müsse sie hinausgerissen, und ihr seinen Dank, daß sie sich so wohl gehalten, gegeben haben.

Joh. Benedikt Leo[84]."

Wie man durch die Tortur Geständnisse erpreßte, ist insbesondere aus dem von dem Amtskommissär Jacobs zu Gotha[85] mitgeteilten Prozeß gegen die achtzigjährige „Sachsen-Ursel" zu ersehen.

Die Greisin wird „ein baar Stunden" gefoltert, leugnet aber hartnäckig eine Hexe zu sein. Man foltert daher in gräßlicher Weise weiter: „Hat sie endlich gewehklagt und gesagt: Der Nachrichter soll sie doch herunter lassen, dem wir aber widersprachen und begehrten, sie sollte zuvor sagen, wann, wie und wo sie zur Hexerei gekommen. — Ad quod illa: Man sollte sie herunter tun, sie wollte sterben als eine Hexe und sich verbrennen lassen. — Nos: ob sie denn

---

84) *Hitzigs* Annalen, Band XXVI, S. 76. — 85) *Hitzigs* Annalen, Band XXVI., S. 56 ff.

eine Hexe sei? — Illa: Nein, so wahr als sie da stünde, wäre sie keine Hexe. Sie wüßte nichts und könnte nichts; man möchte mit ihr machen, was man wollte. — Nos: Sie möchte sagen, was sie wollte, so wären so schwere Anzeigen wider sie da, welche machten, daß man ihr sogleich nicht glauben könnte. — Haec begehrt nochmals, man möge sie heruntertun, die Arme thäten ihr wehe, man sollte ihr zu trinken geben. — Nos: Wenn sie gleich zubekennte, so sollte sie gleich heruntergelassen und ihr, was sie begehre, gegeben werden. Ob nicht wahr, daß sie eine Hexe sei? — Haec: Sie müßte etwa vom Teufel heimlich sein verführt worden. — Nos: Ob sie denn verführt worden? wann und wo? — Haec: Ja nu, nu, „ich mich erst besinnen". Er müßte im Kohlholz zu ihr gekommen sein, da sie vielleicht nicht gebetet oder sich Gott nicht befohlen haben würde. — Nos: Wann es geschehen? — Haec: als ihr Mann noch gelebt, müßte Er (der Satan) etwa am Nesselberge zu ihr gekommen sein, als der Amtsverweser noch da gewesen, müßte er sie am Nesselberge mit Listen so bekommen und sie in Essen und Trinken verführt haben. — Nos: Es gelte und heiße hier nicht, „es müßte, es müßte usw.", sondern sie sollte pure antworten: entweder Ja oder Nein. Sie sollte sagen: ob sie nicht das Hexen gelernt, wo, wie und wann? — Nota: Weil man an ihr gemerkt, daß sie auf gutem Wege sei, hat man sie von der Leiter gelassen, sie von Allem ledig gemacht, sie auf einen Stuhl niedergesetzt und sie zum Geständniß beweglich und umständlich ermahnt. — Haec: sie wolle es sagen, ja sie sei eine Hexe" usw. Die Unglückliche wurde verbrannt, doch vorher wahrscheinlich stranguliert.

Die Kosten der Speisung und Ergötzung der bei der Exekution zugegen gewesenen Amtspersonen betrugen 5 Mfl. 13 Gr. 3 Pf. Von den dreizehn „Gästen" wurden nämlich 17½ Maß Wein und 26 Kannen Bier vertrunken. Zu der Exekution selbst wurden 3 Klafter Holz und 2 Schoß Reißig verbraucht.

Furchtbare Hexenbrände fanden im heutigen Königreich Sachsen statt. Die Kriminalordnung von 1572 des Kurfürsten August[86] spornte den Jagdeifer nach Hexen in unerhörter Weise an. Von der Leipziger juristischen Fakultät erließ Carpzow seine Urteile, eines immer bluttriefender als das andere. So dekretierte er im August 1582 nach Leipzig:

„An Carlen von Diskaw.

Haben G. P. G. W. und E. S. in scharffer Frage, und in gutem bekannt, daß sie vielen Leichen zu Groß-Zschocher in des bösen Feindes Nahmen die Daumen der Meynung eingeschlagen, daß es Creutzweise und in die Länge sterben solte; auch denen in ihrer Aussage benannten 12. Personen Gifft, davon sie gestorben, beybracht; und daß er G. P. dem Lorentz Herbestetten auf den Hals gekniet, gewürget, und sein Kind, desgleichen nebens G. W. den Hans Kreischen umbracht; daß auch sie die E. S. der Malprichen Kind gekochet, und den einen Topff, nach Inhalt ihrer Aussage, mit Zauberey zugerichtet; und daß G. P. und G. W. denselben, und den andern Topff, welchen die alte Posserin zubereitet, vergraben. Desgleichen haben R. G. P. Weib, und sie, die E. S. ferner ausgesagt und bekannt, daß sie beyde mit dem Teuffel gebulet, und zu thun gehabt; wären auch beyde auf dem Blockersberg, und sie, die R. dabey gewesen, als die S. der Walprichen Kind gekochet, und in aller Teuffel Nahmen gesegnet, daß es weidlich sterben solte; hätten auch insgesamt der Verstorbenen Häuser bestehlen helffen. Da ihr euch nun allbereit erkundiget hättet, oder würdet euch nochmahls erkundigen, daß, Inhalts ihrer gethanen Uhrgicht, die darinnen benannte Personen also umkommen wären; und die Gefangenen würden auf ihren gethanen Bekäntnissen vor Gerichte freywillig verharren, oder des sonsten, wie recht, überwiesen: So möchten sie alle viere, von wegen solcher

86) I. Band, S. 399.

LVXVRIA

Peter Bruegel d. Ä. Die Wollust
(Kgl. Kupferstichkabinett, Berlin)

ihrer begangenen und bekannten Mißhandlung, E. S. und R. G. P. Weib mit dem Feuer, G. P. und G. VV. aber mit drey glühenden Zangengriffen gerissen, und mit dem Rade vom Leben zum Tode gestrafft werden, V. R. W."

In demselben Monat wurde einer der städtischen Totengräber in Leipzig und sein Knecht gerädert, weil sie durch Teufelskunst, Kröten- und Schlangengift 22 Personen umgebracht hatten[87]. Einen kurpfuschenden Zauberer aus der Nähe von Jena hatte man zuerst gespießt und dann verbrannt. Die nichtigsten Anzeigen genügten, aus den Frauen das bor   nierteste Zeug zu erfoltern und die Geständigen mit Feuer zu „rechtfertigen". In Dresden wurde 1585 eine Hexe dem Scheiterhaufen überliefert, die nach ihrer „Aussage" eine Frau dermaßen bezaubert hatte, daß sie „durch Gottes Verhängnis vier stumme Kinder zur Welt getragen". Dies und noch Unsinnigeres mehr wurden von den Richtern als „gotterbärmliche Wahrheit" angenommen, sogar die Aussage eines neunjährigen Mädchens aus einem Dorfe bei Dresden: es habe mit dem Teufel Unzucht getrieben und ein Kind geboren. „Nur immer zum Feuer mit dem Teufelsgesinde!" „Wollen im Anfang nicht viel bekennen, aber so die Scharfmeister tapfer weiter fragen, kommt all ihre Teufelskunst offenbar zu Tage", mahnt das „Kurtze Tractätlein über Zauberei" um 1575. „Man möchte wohl mitleidig werden können," fährt es fort, „wenn man so viel hunderte brennen sieht in sächsischen Landen und sunst; aber es geht nicht anders, denn Gott will alle Zauberei mit dem Tode gestraft haben, und werden die Zauberkünste je länger je ärger[88]." Es ist nie fürchterlicher gewütet worden als im Namen Gottes.

In Neisse, das dem Bischof von Breslau gehörte, hatte der Magistrat zum Verbrennen der Hexen einen eigenen Ofen bauen lassen, in dem im Jahre 1651 zweiundvierzig

---

87) *T. Heydenreich*, Leipzigische Chronicke, Leipzig, 1635, S. 176 f. — 88) *Janssen*, VIII, 737, 743.

Frauen und Mädchen gemordet wurden[89]. Im Fürstentum Neisse sollen im Laufe von neun Jahren über tausend Hexen hingerichtet worden sein, darunter Kinder von zwei bis vier Jahren[90].

In Lothringen rühmte sich der Hexenrichter Nikolaus Remigius im Jahre 1697, daß er in diesem Lande binnen 16 Jahren 800 Menschen wegen Zauberei auf den Scheiterhaufen gebracht habe, während ebenso viele Angeklagte entflohen oder nicht zum Geständnis gebracht werden konnten[91]

Wie es in dem Städtchen Coesfeld zuging, können wir aus einer von Niesert mitgeteilten Rechnung des Scharfrichters entnehmen. Es heißt darin unter anderm[92]:

Gertruth Niebers viermal verhort worden baven uff den Süstern Tornt, von jeder Tortur drey Rthlr. machet 12 Rthlr.

Den 16 Julii Gertruth Niebers des Morgens twischen 3 und 4 Slegen das Haupt abgeslagen, davon mich zukumpt viff Rthlr. Darnach verbrandt worden, daervon mich oech zukumpt viff Rthlr.

Den 18 Julij Johan Specht, anders Dotgrever, uff der Valkenbruggen porten verhort, davon mich zukumpt drei Rthlr.

Den 19 Julij Johan Specht uff der Valkenbrugger porten verhort worden, davon mich zukumpt drey Rthlr.

Demselbigen dito Greite Pipers uff dem Wachtorn verhort worden, davon mich zukumpt drey Rthlr.

Den 23 Julij Johan Specht under im Süster Torn verhort, davon mich zukumpt drey Rthlr.

Den 2. Augusti Johan Specht erstlich gestrangulerth uff ein Ledder (auf einer Leiter) davon mich zukumpt viff Rthlr. Darnach verbrandt worden, davon mich och zukumpt viff Rthlr. — Und so weiter.

---

89) Zeitschrift des Vereins für Gesch. und Altertumskunde Schlesiens, 1856, I, S. 119. *Riezler*, S. 241. — 90) *Roskoff*, II, S. 311. — 91) *Roskoff*, II, S. 313. *Riezler*, S. 241. — 92) Merkw. Hexenpr. gegen den Kaufmann Köbbing, S. 100.

Es ergibt sich, daß der Scharfrichter in der Regel von jedem Inquisiten 15 Rthlr. bezog. Die ganze Rechnung geht vom Julius bis zum Dezember 1631, betrifft lauter Hexenprozesse zu Coesfeld und beträgt im ganzen 169 Rthlr.

Besonders arg wurde in den zahllosen kleinen Patrimonialgerichten gehaust.

Christoph von Rantzow ließ 1686 auf einem seiner Güter im Holsteinischen an einem Tage 18 Hexen verbrennen, — wofür er freilich eine Geldstrafe von 2000 Rthlr. zahlen mußte[93].

Überaus interessante Einzelheiten bietet der Prozeß gegen die Genossen des Zauberjackls, der schon 1677—1681 die Salzburger Gerichte beschäftigt[94].

Der Zauberjackl, Jakob Koller, der Sohn des Mauterndorfer Abdeckers, zog schon elfjährig mit seiner Mutter vagabundierend herum, stahl und raubte, was ihm vor die Finger kam. Bald hatte Jackl eine kleine Bande um sich geschart, meist 6—7 Betteljungen auf die der Jackl einen faszinierenden Einfluß ausübte. „Er macht ihnen an irgend einem Körperteil einen Einschnitt, zeichnet sie mit ihrem Blute in ein Buch, manchmal reißt er ihnen auch ein Büschel Haare aus und legt sie bei; dann müssen sie schwören, ihm und dem Teufel zu dienen, der manchmal in Gestalt eines Jägers zugegen ist." So schuf sich Jackl einen Kreis von Helfern und Spionen, die ihn stets den Nachstellungen der Behörden entzogen, trotz der hohen Preise die auf seinen Kopf gesetzt waren. Er galt für den Besitzer eines „schwarzen Käppels", durch das er sich unsichtbar machen konnte. Dieses steigerte den Nimbus, der Jackl in den Augen seines Anhanges und des Volkes umgab. Man fürchtete den Räuber ebensosehr wie den Zauberkünstler, dem man Teufeleien nachsagte, wie sie der Erzzauberer Dr. Johannes Faust ausgeführt haben soll, z. B. das Fressen eines beladenen Heuwagens und ähnliche.

---

93) *Horst*, Dämonomagie, S. 198. — 94) Nach den mir zur Verfügung gestellten Akten u. Auszügen des Herrn *Prof. Leop. Becker* in Salzburg.

Ihn selbst fing man nicht, wohl aber einige seiner Genossen, darunter den fünfzehnjährigen Veit Lindner und den zwanzigjährigen Georg Eder, die zu Kronzeugen wurden. Um sich Liebkind bei den Richtern zu machen, lügen sie diesen zu Gefallen das tollste Zeug zusammen. Sie bringen durch ihre Aussagen im Jahre 1678 allein 115 Personen, Männer, Frauen und Kinder auf die Folter und das Schafott. Dann schlägt allerdings auch für diese Buben die Stunde. Sie werden in Anbetracht der von ihnen geleisteten Dienste „nur" guillotiniert.

In den Verhören der ersten Zeit wurde besonderes Gewicht auf Hostienschändungen gelegt, die von fast allen Gefangenen eingestanden werden mußte. Die wahnwitzigen Erzählungen vom Sprechen durchstochener Hostien stehen in den Protokollen. — Die Versammlungen finden am Gaisberg, am Untersberg, jedoch auch auf den Heimatsorten der Verhafteten näher gelegenen Plätzen statt. Sie fahren dahin auf Gabeln, Besen, Böcken, Katzen, Windspielen und feurigen Hunden. Die Neulinge erhalten vom Teufel Namen wie Hahnenfuß, Feldmaus, Fuchsschwanz, Ganshaut; einer wird sogar Butterzipf getauft. Die Männer tanzen mit einer hübschen Frau, die jedoch Hörnchen am Kopfe und Krallen an den Fingern hat. Nach dem Tanz folgt die Orgie. „Die Richter geben durch die Art des Fragens förmlich methodischen Unterricht in der Pornographie!" Und diese Fragen hatte das fünfjährige Maxel und das zehnjährige Bärbel ebenso zu beantworten wie die achtzigjährige Margarethe Reinperger! Eine der gräßlichsten Episoden dieses an Unmenschlichkeiten kaum zu überbietenden Prozesses bietet das Verfahren gegen den Kohlenbrenner Andreas Debellach aus St. Martin in Krain. Er war erblindet und in einer rheinischen Stadt hoffte er Heilung von seinem Gebreste zu finden. Deshalb machte er sich mit seiner Frau und vier kleinen Kindern auf den Weg. Ein volles Jahr war die Familie bereits auf der Wanderung, als sie in Werfen verhaftet und nach Salzburg gebracht wurde. Wie dort bei den frommen Herren üblich, wurden zuerst der achtjährigen Urschel und der elfjährigen Lisi Geständnisse von eigenen und von Vergehen der Eltern abgepreßt. Dann kam die Mutter an die Reihe. Die Aussagen der Kinder und die Foltern auf der Leiter machten sie endlich gefügig. Sie und ihr elfjähriges Töchterchen wurden erwürgt, im Beisein des kleinen Urschels! Über die beiden jüngsten Kinder, den sechsjährigen Simandl (Simon) und den dreijährigen Georgl findet sich nichts in den Akten. Vielleicht sind sie dem Vater zurückgegeben worden, als man den an Leib und Seele gebrochenen Mann aus dem Lande warf.

Am 31. Oktober 1678 wurde der Blinde zum erstenmal in die Folterkammer geführt, wo man ihm die Geständnisse der Seinen vorhielt. Er erklärte, nur die Verzweiflung konnte ihnen derartige Lügen abgepreßt haben, denn weder er noch sie wußten etwas vom Jackl noch von den andern ihnen zur Last gelegten Taten. Die zerfolterte Frau wiederholt aus Furcht vor neuer Tortur ihre Angaben. Trotzdem bleibt Debellach dabei, daß er kein Zauberer sei; denn wenn er zaubern könnte, wäre er weder blind noch ein Bettler. Auf der Leiter werden ihm nun die Arme aus den Gelenken gerissen, und nach zehn Tagen wird diese Marter wiederholt, verschärft durch Eintreiben brennender Eicheln in den Körper. Vergebens. An den Füßen gelähmt, wird er in den Kerker zurückgetragen. Ein Hofratsbefehl ergeht, ihm vierzehn Tage Zeit zur Heilung zu lassen, dann aber mit der Folter fortzufahren, wenn Frau und Kinder auf ihrem Geständnis beharren. Zum Glück widerruft Lisi in der Nacht vor ihrer Hinrichtung und ihr Beichtvater, P. Gerardus Pasendorf, brachte dies brieflich zur Kenntnis des Gerichtshofes. Darob ergrimmten die gelehrten Herren gar gewaltig, denn der wackere Kapuziner hatte schon einmal einen dreizehnjährigen Knaben retten wollen. Der Kommissar beklagt sich deshalb bei dem Erzbischof: „Und weillen vorkhomet, das der P. Capuziner Lector sich gegen der Statt Gerichts Obrigkheit alhier schon zu öffteren sehr indiscret bezaigt und bey denen Zauberischen Maleficanten mit seinem übrigen vnd zur sach nicht thunlichen geschwätz vill ungelegenhait verursacht hat, Also ist Ihro Hochf. Gnaden ect hierüber gehorsammich zu referiren und dero resolution zu erwarthen." Damit war der brave Mann abgetan. Menschenfreundliche Priester konnte ein Salzburger Erzbischof des siebzehnten Jahrhunderts nicht brauchen.

Immerhin hatte das Einschreiten des Paters den Erfolg, daß man den Blinden vier Monate in der Behandlung des chirurgiekundigen Scharfrichters ließ, ehe man den notdürftig hergestellten wieder in die Folterkammer zerrte. Dort schrie der Gepeinigte, wenn er auch in der Tortur sterben müsse, so sterbe er unschuldig. Wenn er bekennen würde, was nicht wahr sei, so könne er das vor Gott nicht verantworten. Der Herr habe auch viel leiden müssen. Mit dem halsstarrigen Kerl war nichts anzufangen, deshalb ließ man ihn Urfehde schwören und warf den Blinden, den man lahm gefoltert hatte, der nicht einmal der deutschen Sprache mächtig war, und dem man seine Kinder und seine Führerin geraubt hatte, auf die Straße. Er wollte sich nicht verbrennen lassen, so mochte er hinter einem Zaun krepieren.

Und der Kirchenfürst, unter dessen Regierung der Riesenbrand tobte, der 1678—79 allein 76 Menschen im Alter von zehn bis achtzig Jahren verzehrte[95], war Max Gandolph, Graf von Küenburg, ein Zögling der Grazer Jesuitenschule[96].

So ging durch die Lande ein Wüten und Morden der Hexenrichter, dem gegenüber sich kein Mensch mehr seines Lebens sicher fühlte. Es war — etwa die Landesherren ausgenommen — niemand, der sich nicht sagen mußte, daß auch er schon vielleicht am nächstfolgenden Tage von der Hexenverfolgung erfaßt und in den Abgrund eines Hexenprozesses hinabgestürzt würde.

Ein sächsischer Arzt, Veith Pratzel, hatte um 1660 beim fröhlichen Trunk im Scherz davon gesprochen, daß er was die Hexen täten auch fertig zu bringen wisse, daß er in

---

95) *Riezler*, S. 285 f. — 96) *Ad. Bühler*, Salzburg u. s. Fürsten, Bad Reichenhall 1910, S. 135.

Passau sich habe „festmachen" lassen. Er hatte einst sogar vor den staunenden Augen der Anwesenden zwanzig Mäuse, die er bei sich versteckt hatte, gemacht. Die Folge davon war, daß er allgemein als Zauberer galt, eingezogen, durch die Folter zum Geständnis gebracht und verbrannt wurde. Zum Schluß der Tragödie wurde aber auch noch beschlossen, die beiden Kinder des Unglücklichen, die zweifelsohne schon in die Hexerei eingeweiht wären, in einer Badewanne sich zu Tode bluten zu lassen. Das Gericht bezog sich dabei auf einen Ausspruch des Bodinus, nach dem alle, die mit dem Teufel einen Bund schlössen, vor allem die Pflicht übernähmen, dem Teufel ihre Kinder, sobald sie geboren wären, zuzueignen. Als der unglückliche Vater vor dem Gange zum Scheiterhaufen noch einmal die Kinder zu sehen wünschte, ward ihm vom Scharfrichter eröffnet, daß sie bereits tot wären[97].

Ein grausiges inneres Erbeben erfüllte daher damals die Gemüter von Millionen in Deutschland. Denn zu dem Schrecken, den die fortwährend jeden einzelnen bedrohende Hexenverfolgung hervorrief, kam noch die Angst und Furcht vor dem geheimen Treiben der Hexen, die hin und wieder die frappantesten epidemischen Erscheinungen hervorrief. Zu Calw im Württembergischen wurde im Jahr 1673 namentlich die Jugend von einer solchen Epidemie erfaßt. Kinder von sieben bis zehn Jahren gaben vor, nächtlicher weile auf Gabeln, Böcken, Geißen, Hühnern, Katzen in Hexenversammlungen entführt zu werden, wo sie die heil. Dreieinigkeit verleugnen und mitessen und trinken müßten. „Die armen Kinder selbst sind voll Schrecken und Angst, besonders in der nächtlichen Finsternis und Einsamkeit, beten selbst und flehen zum Teil bisweilen, man solle für sie beten. Man hat aber durch fleißiges Bewachen und Hüten der Kinder in vielen Nächten wahrgenommen, daß wahrhaftig ihr Leib nirgends hinweggeführt wird, sondern

---

97) U—hu—hu! oder Hexen-, Gespenster-, Schatzgräber- und Erscheinungsgeschichten, Erfurt 1785—1792, B. 4, S. 26—84.

im Bett oder auch im Schoß und in den Armen der Eltern und wachender Anverwandten liegen bleibt, bei einem Schlaf, der bei einigen ganz natürlich scheinet, daß man sie leicht erwecken kann, bei anderen aber einer harten Erstarrung ähnlich ist, dabei auch etwa die Glieder derselben erkalten." — Eine aus Juristen und Theologen zusammengesetzte Kommission untersuchte die Sache und — verurteilte eine alte Witwe mit ihrem Stiefenkel zum Tode und verwies mehrere andere aus der Stadt, wonach sich endlich wieder allmählich alles beruhigte[98].

Seit Remigius und Binsfeld erklärt hatten, daß zahllose Kinder an den Hexensabbaten teilnahmen, kamen die Prozesse gegen Kinder bis zum zartesten Alter hinab überall in Fluß.

Der erste Hexenprozeß in Schwyz (1571) richtete sich gegen einen zwölfjährigen Knaben, der verbrannt wurde. Ihn wie die Gretty Wuriner machte der Scharfrichter von Luzern „gichtig"[99].

Unter den Angeklagten eines Ingolstädter Prozesses aus den Jahren 1610 bis 1618 sind ein zwölfjähriges Mädchen und ein neunjähriger Knabe, die Kinder eines Soldaten der Ingolstädter „Leibguardi" und einer hingerichteten Hexe. Durch Rutenhiebe entlockte man ihnen die Geständnisse, daß sie ausfahren können, daß sie es von ihrer Mutter gelernt haben, daß jedes seine besondere Gabel besitze und jedes immer seine Gabel selbst geschmiert habe. Da aber die Aussagen der beiden über diese Ausfahrten vollständig verschieden waren, entstand im Richterkollegium peinliche Verlegenheit[100].

Im pfalz-neuburgischen Territorium wird 1629 gegen ein 10 jähriges Hexenmädchen, die Tochter der als Hexe verbrannten Ursula Zoller, 1699 gegen ein 7jähriges Mädchen, 1700 gegen einen dreizehnjährigen Knaben verhandelt[101].

---

98) *Schindler*, der Aberglaube des Mittelalters, S. 340 nach *Theophil. Spitzelius*, Gebrochene Nacht der Finsternis. — 99) *A. Dettling*, Die Hexenprozesse im Kanton Schwyz, 1907, S. 12f. — 100) *Riezler*, S. 202. — 101) *Riezler*, S. 228.

SEGNITIES ROBVR FRANGIT LONGA OCIA NERVOS.

Die Todsünden: Die Trägheit
H. Cook nach Pieter Brueghel

Hexensabbat in der Schweiz
Aus einer Handschrift in der Züricher Stadtbibliothek

1629 war in Köln die Schrift erschienen: „Newer Tractat von verführter Kinder Zauberei." Darin wird erklärt, wie es komme, „daß viele Unerwachsene und unmündige Kinder, so noch zur Zeit scheinen unschuldig zu sein, zu der verdammten Geister und Zauberer Gesellschaft gebracht und unerhörter Weise verführt werden"[102].

Dr. J. Chr. Fritsch teilt in seinen „Seltsamen, jedoch wahrhaftigen theologischen, juristischen und medizinischen Geschichten"[103] den am 16. Juni 1632 begonnenen Prozeß gegen vier Knaben, Hans Grünwald, neun Jahre, Nikolaus Schwend und Paul Dippert, beide 11 Jahre und den $14^{1}/_{2}$-jährigen Paul Sylvan mit. Nach dem Urteilspruch der Leipziger Juristenfakultät wurde Paul Sylvan „in Beyseyn seiner Mitgefangenen Gesellschaft, mit dem Schwerdt vom Leben zum Tod gebracht, und der todte Cörper beneben allen Zauber-Büchern, Salben, Schmieren, Pulvern und dergl., dessen er sich und seine Gesellschaft erlaubt, so viel man deren von ihnen erlangen kann, öffentlich verbrannt." Die Mitschuldigen wurden, nachdem man sie auf der Richtstätte zur Richtung vorbereitet hatte, in das Gefängnis zurückgebracht, dort vom Scharfrichter mit Ruten gezüchtigt und so lange eingesperrt gehalten, „bis man mercken könne, daß sie uf Zureden des Ministerii Reu und Leid über ihre begangenen Uebelthaten tragen und sich zur Besserung anschickten". Es ist unfaßbar, wie Richter nach solchem Urteil ruhig schlafen konnten. Es soll aber auch im Zeitalter der Jugendgerichte noch vorkommen, daß Dummejungenstreiche, wie sie zweifellos in diesem Falle vorlagen, tragisch enden.

In Augsburg mußte 1685 ein von seiner Mutter zur Hexerei verführter Knabe deren Hinrichtung ansehen, worauf er mit einem „Stadt-Schilling" entlassen wurde[104].

In Geseke in Westphalen wurde 1688 gegen zwei Knaben verhandelt. Den einen, $9^{1}/_{2}$jährigen, hatte seine Stiefmutter denunziert. Er sagte dann auf seinen elfjährigen Bruder aus[105].

102) *Riezler*, S. 270. — 103) Leipg. 1740, S. 276. *Avé-Lallemant*, die Mersener Bockreiter, Leipzig 1880, S. 38 f. — 104) *Riezler*, S. 202. — 105) *Pollack*, S. 32.

Die dem Bock ehrende Hexen

Aus N. Remigii Daemonolatria
Hamburg 1693

DIE HEXENPROZESSE VON DER ZWEITEN HÄLFTE DES SECHZEHNTEN BIS ZUM ENDE DES SIEBZEHNTEN JAHRHUNDERTS AUSSERHALB DEUTSCHLANDS

Ungarn leidet schon früh unter dem Hexenwahn, der erst verhältnismäßig spät erstirbt, da noch der berühmte ungarische Rechtsgelehrte Bodo in seinem Hauptwerk „Iuris prudentia criminalis" (1751) Anleitungen zum Hexenprozeßverfahren gibt. In den ungarischen Prozessen wird häufig erwähnt, daß die Hexen Hühner-, Roß-, Stier- und selbst Menschenköpfe vergraben, um Dürre zu erzeugen, ein Glaube, der sich bis heute erhalten hat. Sie melken Brunnenschwengel und Türbalken, in die sie vorher Milch gezaubert haben. Sie machen Felder unfruchtbar, leiten die Potenz eines Mannes auf einen andern über, zaubern Personen aus der Ferne herbei, schöpfen Butter aus dem Wasser, saugen in Frosch- oder Hundegestalt den Kühen die Euter aus und bohren einen Rebenstock an, aus dem sie den Wein des ganzen Weinberges trinken. Die Nabelschnur verwenden die magyarischen Hexen, um das Blut und Leben des betreffenden Menschen auszusaugen. Den Regen halten sie in einem Kürbis gefangen und sie schaffen das Getreide von den Feldern zu den Türken. Dabei sind die magyarischen Hexen militärisch organisiert. Der Teufel ist Befehlshaber und General, ihm unterstehen die Kompanien und Abteilungen, die ihre Führer, Fahnenträger und Korporale haben. Die Fahnen sind aus schwarzer Seide. H. v. Wlislocki, dem ich diese Angaben entnehme[1], erwähnt einen Hexenprozeß von 1517, doch kamen zweifellos schon viel früher solche vor. Von einem ungarischen Riesenprozeß im Jahre 1615, bei dem

---

1) „Am Urquell", III. Bd., Linden 1892, S. 291 ff. Aus dem Volksleben der Magyaren, München 1893, S. 116, S. 112.

eine große Menge von Hexenmeistern und Hexen verbrannt wurde, erzählt der Kronstädter Stadtpfarrer Markus Fuchs. Über das Hexenwesen bei den Südslaven hat Dr. Friedr. S. Krauß eine materialienreiche Monographie veröffentlicht[2].

Um dieselbe Zeit waren die Hexenprozesse auch im Sachsenlande in Siebenbürgen in Gang gekommen. Im allgemeinen war das Gerichtsverfahren in Ungarn und in Siebenbürgen dasselbe wie in Deutschland; doch fehlte es nicht an charakteristischen Eigentümlichkeiten. — In Ungarn nannte man die Hexen (lateinisch): Ligantes, Albae mulieres, Xurguminae, Bruxae, in Siebenbürgen: Tridler, Truden, Hundsart, zauberischer Donnerschlag, eine Bezeichnung, die auf den heidnischen Donar hinweist. Sie versammelten sich in Siebenbürgen in einem wüsten Hof, auf einem Berg, Wasen, im Pfefferland etc. An manchen Orten kamen verschiedene Gesellschaften von Hexen zusammen, mit Trommel und Geige. Diese führte der „Trudengeiger". Er sitzt, wie der Spruch „trudegêger bûmstêger" beweist, auf einem Baum, auch wohl auf dem Brunnenschwengel und bewahrt sein Instrument in einer Nußschale. — Der Hexenprozeß ist im Sachsenlande kein Inquisitionsprozeß, sondern es herrscht hier noch im ganzen siebzehnten und achtzehnten Jahrhundert das alte Verfahren, so daß hier auch von keinem Fiskal die Rede ist. — Zur Klage selbst wurde der Verdächtige gedrängt, entweder durch die wegen ausgesprochenen Verdachts des Teufelsdienstes vom Pfarrer verhängte Exkommunikation oder durch die Nachbarschaft. Hatte jemand einen anderen im Verdacht der Zauberei, so redete er ihn deshalb vor Zeugen und öffentlich an: „Du Trud! Du zauberischer Donnerschlag!" oder er sandte zwei Nachbarn zu ihm, mit der Aufforderung, den angerichteten Schaden wieder gut zu machen oder die Kriminalklage zu gewärtigen. Diese Aufforderung durfte nicht unberücksichtigt bleiben. Es mußte entweder die Versöhnung erfolgen oder der Beschimpfte

---

2) Slavische Volksforschungen, Leipzig 1908, S. 31 ff.

mußte sein „Recht suchen". Geschah keins von beiden, so verweigerte der Pfarrer dem Betreffenden die Kommunion und die Nachbarschaft schloß ihn von Feuer und Wasser aus, womit ihm alle bürgerliche Ehre und aller Glaube entzogen war. Scheiterte die Versöhnung an der Hartnäckigkeit der einen oder andern Partei, so mußte der Beschimpfte vor dem „sitzenden Gericht", vor Königs- und Stuhlrichter erscheinen und gegen seinen Beleidiger einen Injurienprozeß anhängig machen. Dies geschah an dem von dem Gericht anberaumten Tage anfangs nur mündlich, im achtzehnten Jahrhundert auch schriftlich. Die Beschimpfung wurde von dem Beklagten ganz gewöhnlich eingestanden und der Beweis angeboten. Nach einer fünfzehntägigen Exmission wurden die Zeugen von dem Angeklagten vorgeführt, und nur wenn die zuerst vorgeführten das Verbrechen nur „scheinbar" gemacht hatten, wurde eine Frist zur Herbeiführung neuer Zeugen gestattet. War das Verbrechen nicht scheinbar gemacht oder war es erwiesen worden, so wurde alsbald das Urteil gefällt. — In der Regel häuften die Zeugen allen Wust des allgemeinen Geredes und des Aberglaubens auf den unglücklichen Kläger, der sich nun plötzlich als Angeklagten dastehen sah. — War dann durch das Verhör dem Verdacht „ein Schein gemacht", so war das Gericht in der Sache, weil sie „den Hals und Bauch anging", nicht mehr zur Fällung des Urteils befugt, weshalb es das ganze bis dahin geführte Protokoll „ad majorem causae dilucidationem et discussionem" der mit dem Blutbann betrauten Behörde übersandte, die sofort zur Verhaftung und Haussuchung schritt. Die Gegenstände, die bei der letzteren als verdächtig auffielen, Scherben Töpfchen, in denen sich „Geschmier" nachweisen ließ, ein Strohwisch im Stall, ein Federwisch u. dgl., wurden dem Rate übergeben. Da nun diese Dinge einerseits ohne weiteres „ein gewisses specimen Magicae artis" ergaben und die Beklagten doch nicht eingestehen wollten, daß sie diese zu Zaubereien gebraucht hätten, und da man andererseits in den Hexenprozessen nur nach „gichtigem Mund", d. h. nach dem Geständnis des Angeklagten verurteilen konnte, so schritt man, um dieses zu erhalten, gewöhnlich zu dem Gottesurteil der Wasserprobe, — die in Ungarn schon vor den Zeiten des heil. Ladislaus her üblich war. Diese Wasserprobe ist — dank der Geschicklichkeit der siebenbürgischen Scharfrichter! — allemal zum Nachteil der Angeschuldigten ausgefallen. Doch hat es zahlreiche Fälle gegeben, in denen die Probe — gewöhnlich die „Schwemmung" genannt — nicht zum Geständnis führte. In diesem Falle ging's mit der geschwemmten Person alsbald zur — Folter. Hatte man dort das gewünschte Geständnis erpreßt, dann wurde unter Mitwirkung aller Glieder des Rats das Urteil gefällt. Im siebzehnten Jahrhundert wurde in der Regel mit Feuerstrafe, später meist auf Hinrichtung mit dem Schwerte erkannt. Jetzt erst kam die Geistlichkeit mit dem Prozeß in Berührung, indem ein Geistlicher die Verurteilten zur Richtstätte begleitete. Dort angekommen, forderte ein Beamter die Verurteilten auf, nochmals die Wahrhaftigkeit und Freiwilligkeit der gemachten Geständnisse zu bekennen und die Mitschuldigen anzugeben. Zuweilen wurde auch, wer bei der Wasserprobe oder bei der Hinrichtung seine Teilnahme für die unglückliche Hexe allzulaut aussprach, dadurch selbst in Verdacht gebracht. So wurde, als man am 26. November 1650 zu Reps in Siebenbürgen zwei Männer schwemmte, auch ein dritter „auf Verdacht probiret". Nun ging er zwar im Wasser unter, aber er wurde doch, „weil er zuvor viel unnützlich geredet" nur gegen Bürgschaft freigegeben[3]. —

Im Umfange der heutigen Schweiz hatte sich im Jurisdiktionsgebiet des Bischofs von Lausanne der Hexenprozeß aus dem Ketzerprozeß so entwickelt, daß hier die Versammlungen der Hexen durch das ganze sechzehnte und siebzehnte Jahrhundert hin ganz ebenso wie weiland die

---

3) *Müller*, S. 65—77.

Hexenbrand in der Schweiz
Aus einer Handschrift in der Stadtbibliothek zu Zürich

der Ketzer allgemein mit dem Namen „Sekte" bezeichnet wurden. Doch liegen über den Beginn der Hexenverfolgung erst von 1580 an Nachrichten vor. Damals kam in dem Neuchateler Val-de-Travers ein Hexenprozeß vor, dem in den Jahren 1581, 1585 und 1586 andere Prozesse nachfolgten. Doch traten sie bis zum Jahr 1607 immer nur vereinzelt hervor. Erst seit diesem Jahre kam die Seuche der Hexenverfolgung, immer grausiger anwachsend, zum Ausbruch[4]. Allein in der Grafschaft Valangin fanden in den Jahren 1607--1667 achtundvierzig Hexenprozesse statt. In einem der kleinsten der neun Gerichtsbezirke des Neuchateler Landes, in Colombier, verbrannte man in den beiden Jahren 1619 und 1620 dreizehn Hexen und Zauberer. Der Kastellan von Thielle ließ in seinem winzigen Gerichtsbezirk 1647 in zwei Monaten elf, im November 1665 zehn Hexen verbrennen[5]. Am entsetzlichsten wütete hier die Hexenverfolgung im Jahre 1685[6]. Damals wurden in Thielle auf Befehl des Kastellans am 13. Nov. zwei, am 18. Nov. drei, am 24. Nov. fünf Zauberer und Hexen verbrannt. — In anderen Landesteilen ist es indessen nicht viel besser hergegangen.

Das Prozeßverfahren war ein sehr summarisches. Vom Tage der Einziehung einer Verdächtigen bis zur Vollstreckung des Urteils dauerte es für gewöhnlich nur zehn bis zwölf Tage. Die Tortur wurde, wie es scheint, in jedem Prozesse nur einmal angewandt, wobei es aber doch an Grausamkeiten aller Art nicht fehlte. In der Grafschaft Valangin kam der Fall vor, daß ein Richter eine auch unter den furchtbarsten Martern ihre Unschuld behauptende Inquisitin, über diese „Hartnäckigkeit" aufgebracht, in ihrem Kerkerloch einmauern ließ[7].

Das regelmäßig auf lebendige Verbrennung lautende Ur-

---

4) Les sorciers dans le pays de Neufchâtel au 15. 16. et 17. siècle (Locle, 1862) und Les procédures de sorcellerie à Neufchâtel par *Charles Lardy* (Neufchâtel 1866). — 5) *Lardy*, S. 6—7. — 6) *Lardy*, S. 40. — 7) Les sorciers dans le pays de Neufchâtel, S. 21.

teil mußte der obersten Landesbehörde in Neuchatel zur Bestätigung vorgelegt werden. Von dieser wurden die Verurteilten gewöhnlich zur Erwürgung auf oder neben dem Scheiterhaufen begnadigt. — Die Exekutionen — sie fanden in Neuchatel vor der Schloßterrasse statt — galten als Volksschauspiele, zu denen regelmäßig viele Tausende zusammenströmten. Den Schluß des ganzen Akts bildete stets eine solenne Schmauserei, an der das gesamte Gerichtspersonal und andere, z. B. auch der Schulmeister, der die Glocken geläutet hatte, teilnahmen. Nur die Henkersknechte speisten an einem besonderen Tisch[5].

Im Kanton Bern hatte sich allmählich die Praxis herausgebildet, daß gegen die „Hexen" ganz nach den Regeln des Hexenprozesses verfahren, das über die schuldig Befundenen gefällte Urteil jedoch von dem Berner Rat in eine mildere Strafe umgewandelt wurde. So kamen z. B. im Jahre 1651 von zweiundfünfzig Todesurteilen nur drei zu strenger Vollziehung.

In dem genannten Jahre gaben indessen einige im Waadtlande vorgekommene Fälle zu einer neuen, humaneren Regelung der Hexenprozesse Anlaß[9]. Der Kastellan von Molondin hatte vier Schwestern Petrognet auf einfache Anzeige hin einkerkern, durch den Henker visitieren lassen und ihnen, obgleich sich nichts wider sie ergab, die Kosten für beides abgefordert. Die Geschwister führten darüber in Bern Beschwerde. Infolgedessen wurde der Gerichtsbeamte selbst verhaftet und, da sich herausstellte, daß sowohl er wie sein Gerichtsherr sich Ungebührliches erlaubt, beide zum Tragen der Kosten und zur vollen Entschädigung der Mißhandelten verurteilt.

Ähnlich erkannte der Berner Rat kurz nachher über Etienne und Françoise Borbosa von Lonay, die ihre Unschuld durch standhaftes Ertragen der Folter erwiesen, die Freilassung, und zwar so, daß die Gerichtspersonen wegen

---

8) *Lardy*, S. 36 ff. — 9) Prof. *Dr. Trechsel* „Das Hexenwesen im Kanton Bern" (Berner Taschenbuch von 1870) S. 215 ff.

ungebührlichen Gebrauchs der Folter die Kosten zu tragen hatten. Dieser Fall insbesondere veranlaßte nun den Rat, das bestehende prozessualische Verfahren aufs neue in Erwägung zu ziehen, wobei sich schließlich zwei Fragen als die für das ganze Prozeßverfahren maßgebenden herausstellten, nämlich erstens: ob das am Leibe einer Eingezogenen vorgefundene Stigma berechtige, alle Marter anzuwenden; ferner ob eine Anzeige, daß zwei oder mehrere Personen am hellen Tage über Hexensachen sich unterhalten und verabredet, zum Einschreiten einen gültigen Grund abgeben könnte. Beide Fragen wurden alsbald den verschiedensten wissenschaftlichen Autoritäten, namentlich den medizinischen Fakultäten zu Bern und Basel, der Juristenfakultät und dem Konvente der Stadtgeistlichen zu Bern zur gutachtlichen Äußerung vorgelegt. Die Antworten, die der Rat auf seine Anfrage erhielt, lauteten von allen Seiten her verneinend. Namentlich erklärte sich in diesem Sinne auch der Konvent der Stadtgeistlichen, dem insbesondere die Weisung zugegangen war, die Fragen theologisch nach der hl. Schrift zu prüfen und sich darüber auszusprechen, „ob nicht auch in diesen beiden Stücken die arglistige Einmischung und Verblendung des Satans mit unterlaufen könnte". Das Responsum der Berner Prediger repräsentiert einen Höhengrad von Intelligenz und Freimütigkeit, der damals — im Jahr 1651 — nur selten wahrzunehmen war. Die Prediger antworteten nämlich nicht allein auf beide Fragen mit dem entschiedensten Nein, sondern suchten in ihrem Gutachten auch die sozialen und kirchlichen Übelstände nachzuweisen, in denen die Krankheit der Hexerei wurzele, und die Mittel, durch die sie geheilt werden müsse.

Als wesentlichstes Heilmittel gegen das arge Unwesen der Hexerei wird bezeichnet: die christliche Wachsamkeit. Diese soll sich betätigen, „daß die verdächtigen Personen und Beklagten mit mitleidigem Ernst erforscht werden, nicht alsbald mit der peinlichen Tortur durch die Scharfrichter, welche zuzeiten blutdürstige Leute sind und mit Künsten umgehen, dadurch sie einen Teufel mit dem anderen sich unterstehen zu fahen; sondern durch gelehrte und erfahrene Männer, die aus Gottes Wort mit ihnen nach einem eifrigen Gebet reden, ob sie zum freien Bekenntnis ihrer Missetat und herzlicher Begierde, aus den Klauen des höllischen Löwen erledigt und hingegen des himmlischen und seligen Lebens teilhaftig zu werden mögen bewegt werden". Ganz besonders aber dringen die Geistlichen darauf, daß die Geständnisse der Angeschuldigten auf das sorgfältigste zu prüfen seien, „ob nämlich das (von ihnen) Bekannte möglich oder unmöglich den Unholden, oder ihrem Meister, — item an denen Orten oder Personen oder Gütern, die geschädigt worden seien, es (wirklich) geschehen sei oder nicht".

In diesem ernsten und weisen Wort, das die Berner Geistlichkeit dem Rate übersandte, war allerdings ebenso wie in den Gutachten der medizinischen und juristischen Fakultäten der Glaube an die Möglichkeit des Teufelsbundes und der Hexerei festgehalten, aber der bisherige Hexenprozeß wurde doch in seinen Grundlagen erschüttert. Unmöglich konnte es daher in der bisherigen Weise weiter fortgehen, was namentlich der Berner Rat recht wohl einsah. Zur Beratung eines neuen Prozeßverfahrens wurde alsbald eine Kommission niedergesetzt, die man bedeutete, daß einerseits auf die Vorschläge der Geistlichkeit zur Entfernung öffentlicher Mißstände und zur religiös-sittlichen Hebung des Volks Bedacht genommen, andererseits über die Zeichen, ob sie zur Vornahme der Tortur genugsam seien oder nicht, ein Vortrag abgefaßt und die alte Ordnung revidiert vorgelegt werde. In der Zwischenzeit gebot man den welschen Amtleuten (14. November 1651) vorläufig bei Verhaftungen wegen Hexerei keinerlei Tortur anwenden zu lassen, sondern in jedem Falle umständlich zu berichten und den Bescheid zu gewärtigen, auch auf die Angebungen wegen gehaltener Gespräche u. dgl., es sei bei Tage oder bei Nacht, als auf teuflische Illusion keine Rücksicht zu nehmen. Unter dem 29. Dezember 1651 wurde dann die

Richtplatz mit Scheiterhaufen

Kupfer aus dem Beginn des 18. Jahrhunderts

durchgesehene und mannigfach verbesserte Prozeßordnung veröffentlicht. Nach ihr sollten vage Anzeigen von Verhafteten, angebliche Abreden zum Bösen gar nicht mehr in Betracht kommen. Nur in Fällen von besonderer Wahrscheinlichkeit soll eine Voruntersuchung über die Umstände der gesprochenen Worte und den Leumund des Betreffenden stattfinden, ein weiteres Vorgehen dagegen erst auf obrigkeitlichen Befehl. Betrifft jedoch die übereinstimmende Anzeige zweier Personen eine begangene Missetat, so sei mit Verhaftung, Konfrontation und Besichtigung einzuschreiten, zugleich aber die geschehene Tatsache der Vergiftung von Menschen oder Tieren in sichere Erfahrung zu bringen. Erst wenn dieses sich wirklich ergebe, die Anzeiger überdies beständig bleiben, der Leumund nachteilig laute und der Beklagte dessenungeachtet kein Bekenntnis ablege, dürfe man zur „ziemlichen" Folter schreiten, über deren Ergebnis sodann wieder berichtet werden solle. Sie wird indessen auf das Anhängen eines Gewichts von höchstens hundert Pfund mit nur dreimaligem Aufziehen beschränkt, und dabei wird die gebührliche Rücksichtnahme auf persönliche Umstände zur Pflicht gemacht.

Außerdem übersandte der Berner Rat das Gutachten des Konvents auch der waadtländischen Geistlichkeit zur berichtlichen Äußerung, die es im wesentlichen billigte.

Die Frucht aller dieser Verhandlungen trat bald in mancherlei Weise zutage. Sogleich auf die letzte Verordnung der Regierung hin zeigte sich in den Ratsmanualen eine auffallend größere Sorgfalt bei der Prüfung der eingehenden Prozeßverhandlungen, die auch öfters als ungenau und mangelhaft zurückgewiesen wurden. Anstatt sofort zur Tortur zu schreiten, wurde es üblich, durch zwei Geistliche den stark Verdächtigen zum Bekenntnis der Wahrheit zu bewegen. Mehrmals gibt man die Frage zu bedenken, ob nicht Melancholie, d. h. Geisteskrankheit überhaupt, sich annehmen lasse. Gerichte, die leichtfertig und willkürlich vorgingen, erhielten scharfe Verweise, mußten die Gefangenen augenblicklich in Freiheit setzen, und zwar, was wohl ihren allzu raschen Eifer dämpfen sollte, ohne Vergütung der Kosten. Der vorgekommene Fall, daß ein Angeklagter auf das gefundene Stigma hin grausam gefoltert, nachher aber kein Stigma mehr an ihm zu entdecken war, gab den warnenden Beweis, wie leicht man sich in dieser Sache irren und Unschuldige mißhandeln könne, was zur Aufstellung einer Anzahl darauf bezüglicher Vorschriften führte. Die Besichtigung sollte demnach durch Sachverständige am hellen Tage und an einem hellen Orte geschehen, über das Ergebnis eidlich referiert, jedoch nichts protokolliert werden, man habe denn das Zeichen zum dritten Male geprüft[10]. So suchte man wenigstens im einzelnen zu bessern, so lange man noch nicht mit dem Ganzen aufzuräumen wagte.

Allerdings währten die Prozesse noch geraume Zeit fort; selbst die Frau des Pfarrers Mader von Kappelen wurde zu Erlach als Hexe enthauptet, und im Jahre 1665 kamen im Waadtland noch vierundzwanzig Hinrichtungen vor. Zu Carouge wurde am 16. März 1665 sogar ein eigener Hilfsgeistlicher zur „Hintertreibung des Satans" angestellt. Allein mit dem Jahre 1680 verschwinden die Todesurteile, mit denen man bisher die Hexerei bestraft hatte, aus den Berner Ratmanualen gänzlich. Die Hexenverfolgung dauerte zwar noch eine Weile fort, allein man erkannte jetzt nur auf Geld- und Freiheitsstrafen.

In Luzern waren, nach den Turmbüchern, in den Jahren 1562 bis 1572 491 Personen wegen Hexerei in Untersuchung, doch wurden nur 62 gerichtet, die andern wieder freigelassen. Weitere Hexenprozesse spielten sich 1575, 1576, 1577, 1578, 1579, 1580, 1584, 1587, 1588 und 1594 ab. Zwei Hexen „bekannten", sich in Wölfe verwandelt zu haben, und daß der Teufel in Gestalt eines Wolfes mit einer Hexe über Berg und Tal geritten sei. Eine andere Hexe hatte sich „zum drittenmal in Hasengestalt verkehrt

---

10) Erlaß an alle waadtländischen Amtleute vom 3. Dezbr. 1652.

Wer zauberlichen dingen glaubt/
Bleibt Gots genad nit vnberaubt.
Nit tröst dich ob die wort seind gůt/
Die man vnchristlich prauchen thůt.
Endt jemand damit das er will/
Jm hilfft der Teüfel durch sein spil.
Solchs jm von Got wirt offt vergunt/
Darnach volgt schwere straf d sünd
Des alter vil exempel sind/
Der sál man in der Bibel findt.

Hexenzauber. Aus Cicero, officia
Augsburg 1531

Die Todsünden: Der Hochmut
H. Cook nach Pieter Brueghel

und war so im Dorfe Hochdorf herumgelaufen". Die Teufel erschienen bald als schwarze Vögel, bald als schwarze Männer, mit langem Barte und Roß- oder Geißfüßen; selbst im Gefängnis besuchten sie die Hexen[11].

Die erste Verbrennung wegen „Hägxerye" erfolgte in Zürich 1493. Aelly Schnider von Andelfingen hatte gestanden, daß sie der Teufel gelehrt hatte „Ryffen" machen und den Axtstiel zu melken[12]. 1501 verurteilte das Bauerngericht in Wädensweil eine Frau, die sich in eine Katze verwandeln konnte, zum Ertränken, 1520 eine Wettermacherin und Viehschädigerin zum Feuertod. Zürich ist aber manchesmal auch verständiger als andere Schweizer Orte, denn 1512 entläßt der Rat eine Frau, trotzdem sechzehn Zeugen gegen sie aussagen, straflos aus dem Gefängnis[13]. Später ändert sich das, doch kommen Prozesse mit tragischem Ausgang nur ganz vereinzelt vor. So befiehlt 1520 der Rat bei der geständigen Christiane Keller von Mardorf, daß „der Nachrichter sie um solich Hegxery und Mißtun auf das Grien an der Syl führen, an eine Stud binden und verbrennen soll"[14]. Zwei Jahre später wiederum gesteht Christina Merchlin, daß der Teufel als langer, schwarzer Mann, mit einem 1¼ Ellen langen Schwanz, sie mehrfach, allerdings vergeblich in Versuchung brachte, daß sie von ihm Geld genommen habe und in ihrem Wirtshaus, um diesem mehr Zulauf zu verschaffen, als Gespenst umgegangen sei. Sie wird „umb sölich falsche Buebery" verurteilt, zwei Stunden im Halseisen zu stehen und die Eidgenossenschaft zu meiden. Nach mehreren Prozessen, die mit Freispruch enden, finden Hexenbrände 1525, 1539, 1544, 1563 statt. Die Höhezeit der Zürcher Hexenautodafén liegt zwischen 1571 bis 1598, in denen von 79 angeklagten Hexen 37 verbrannt wurden. In den ersten dreißig Jahren des 17. Jahrhunderts starben 19, von 1661

---

11) *J. Schnell*, Geschichtsfreund, 23. Band, S. 531 ff, Einsiedeln 1863, *Janssen*, VIII, 671 f. — 12) *Dr. Paul Schweizer* in Züricher Taschenbuch N. F. 25. Jahrgang 1902, S. 29. — 13) Ebenda, S. 30. — 14) Ebenda, S. 42.

bis 1660 nur 6 von 27 angeklagten Hexen den Feuertod. „Als von der unter Zürichs Schutz stehenden, aber in der Kriminaljustiz selbständigen Stadt Stein am Rhein 1660 vier Unholdinnen hingerichtet wurden und das neunjährige Knäblein einer von ihnen beschuldigt wurde, ebenfalls an einem Teufelsgelag teilgenommen zu haben, fragte der Zürcher Pfarrer Heidegger von Stein beim Antistes Ulrich an, ob man das Knäblein heimlich in einem Bad mit Öffnung der Adern hinrichten solle, erhielt aber die Antwort, nach Kaiserlichem Recht sei nicht einmal die Tortur gegen Minderjährige zulässig, er solle fleißig mit dem Knaben beten, da dadurch schon mancher dem bösen Geist entrissen worden sei."

Unter den englischen Prozessen jener Zeit hat der von Warbois (1593) einige Berühmtheit erlangt, weil er eine Stiftung veranlaßte, nach der jährlich ein Studiosus der Theologie im Kollegium der Königin zu Cambridge gegen ein Honorar von vierzig Schillingen einen Vortrag über die Hexerei zu halten hatte. Das Ganze war durch das Gerede von Kindern angegangen, die halb aus törichter Einbildung, halb aus Bosheit von den abgesandten Geistern eines alten Weibes geplagt zu werden vorgaben. Die Alte wurde verhaftet, zum Geständnis gebracht und von den Geschworenen samt ihrem Ehemanne und ihrer Tochter, die jede Schuld standhaft leugneten, in Huntingdon zum Tode verurteilt[15].

Schottland erlebte seine Greuelperiode unter Jakob VI.[16] Dieser König schürte mit der reformierten Geistlichkeit das Feuer um die Wette; er selbst bildete sich ein, um seines Religionseifers willen vom Teufel verfolgt zu werden, und sein Argwohn traf darum besonders die schottischen Katholiken als dessen Werkzeuge. — Bei seiner Rückkehr aus Dänemark, wo er sich vermählt hatte, war Jakob von gewaltigen Seestürmen bedrängt worden, die er den Zauberkünsten der Hexen zuschrieb. Daher wurde dieser Sturm

---

15) *Hutchinson*, Kap. 7, *W. Scott*, Br. T. II, S. 65. — 16) *W. Scott*, Br. üb. Däm. T. II, S. 158 ff.

der Anlaß zu einer ganz entsetzlichen Hexenverfolgung. Der Argwohn des Königs fiel hauptsächlich auf einen Dr. Fian, der den Sturm erregt haben sollte Fian gestand dieses auch auf der Folter, nahm aber hernach sein Geständnis zurück. Daher wurde er wiederholt allen nur irgend erdenklichen Martern unterworfen. Die Knochen der Beine wurden ihm in den spanischen Stiefeln in einzelne Stücke zerbrochen und schließlich wurden auf Geheiß des Königs dem Unglücklichen an allen Fingern die Nägel gespalten, mit einer Kneipzange ausgerissen und an jeder wunden Stelle wurde ihm ein eiserner Nagel bis zum Kopfende ins Fleisch eingetrieben. Aber „der Teufel war so tief in sein Herz eingedrungen, daß er hartnäckig leugnete, was er vorher eingestanden hatte", weshalb er ohne Geständnis lebendig verbrannt wurde[17].

Wie in diesem Falle, so wohnte der König auch sonst den Verhören persönlich bei, ließ sich mitunter von den Verhörten die Melodien vorspielen, mit denen die Teufelsprozessionen begleitet wurden, freute sich, wenn der Teufel französisch von ihm gesagt haben sollte: „Il est un homme de Dieu", oder er sei der größte Feind, den Satan in der Welt habe, — und bedrohte die Geschworenen mit Anklagen wegen vorsätzlichen Irrtums, wenn sie nicht eifrig genug im Verurteilen waren.

Mit Jakobs Übersiedlung nach London änderte sich die Szene seines Wirkens; jetzt kam Schottland etwas zu Atem, und in England erschien sogleich ein Gesetz (1603), das die Zauberei ganz im Geiste der königlichen Dämonologie auffaßte und die Zauberer, als der Felonie schuldig, jedes geistlichen Beistandes für unwürdig erklärte[18]. Berüchtigt sind die beiden Prozesse der Lancashire-Hexen in den Jahren 1613 und 1634, wobei ein boshafter elfjähriger Knabe unter der Anleitung seines habsüchtigen Vaters die Denunziationen machte. Der Betrug wurde entdeckt, als sieb-

---

17) Vgl. *Pitcairns* Criminal Trials of Scotland, vol. I, P. II, S. 213, 223. — 18) *W. Scott*, T. II, S. 76 ff.

zehn Weiber schon auf dem Punkte waren gehängt zu werden[19].

Unerhörte Dinge durchlebte England in der Zeit seines Bürgerkriegs. Ein gemeiner Mensch, Matthias Hopkins aus Essex, der sich besonderer Kenntnisse rühmte, durchzog unter dem Titel eines General-Hexenfinders (Witch-Finder-general) von 1645 an die Grafschaften Essex, Sussex, Norfolk und Huntingdon[20]. Wo ein Magistrat seine Hilfe in Anspruch nahm, da suchte er gegen freien Unterhalt, Vergütung der Reisekosten und bestimmte Diäten die Hexen des Bezirks auf. Als Mittel hiezu dienten ihm besonders die Proben mit der Nadel und mit dem kalten Wasser. So brachte er Hunderte von Unglücklichen zum Tode und fanatisierte den Pöbel täglich mehr.

Unter anderen fiel der Verdacht auch auf den fast achtzigjährigen anglikanischen Geistlichen Lowes, der fünfzig Jahre lang seines Amtes in Ehren gewaltet hatte. Er wurde mehrere Tage und Nächte hindurch mit der landesüblichen tortura insomnii gequält, bis er ganz ohne Besinnung war und als Geisteskranker erschien. Schließlich wurde er gehängt. Die einen behaupteten, er habe standhaft bis ans Ende seine Unschuld beteuert, während andere erzählten, er habe bekannt, daß er zwei Teufel (imps) besitze, von denen der eine ihn immer zum Bösen antreibe, und mit dessen Hilfe er namentlich ein Segelschiff auf der See vor seinen Augen zum Sinken gebracht habe[21]. — Indessen dauerte das Treiben Hopkins nicht lange. Er hatte eben seinen Besuch der Stadt Houghton in Huntingdonshire zugedacht, als ein dortiger Geistlicher Mr. Gaul, sich gegen das Unwesen erhob. Hopkins, der nun dem Landfrieden nicht mehr traute, schrieb, um die Stimmung zu erforschen, an mehrere Magistrate des Orts folgenden Brief, der außer der Feigheit des Menschen auch beweist, daß selbst ein

---

19) A trial etc. p. 25. — 20) *Hutchinson*, Versuch v. d. Hexerei, Kap. IV. *Walter Scott*, Br. über Dämonol. T. II, S. 86 ff. und *Thomas Wright*, Narratives of Sorcery T. II, Kap. XXV. — 21) *Hartpole-Lecky*, S. 83.

GVLA.

E. BRIETAS. EST. VITANDA. INGLVVIESQVE. CIBORVM.

Schut. Trunckenschap / en Gulsigheyt. en Vraet. ouerdaet doet Val in fon falven vergheeten's

H. Cock. eend. cum gratia et priuilegio 1558.

Die Todsünden: Die Völlerei
H. Cook nach Pieter Brueghel

ungelehrter Hexenverfolger, der niemals von Edelin und Loos gehört hat, gewandt in der Verdächtigungspolitik sein kann. Er schreibt: „Meine Empfehlung an Eure Herrlichkeit. Ich erhielt heute einen Brief, der mich nach der Stadt Groß-Houghton beruft, um nach übelberüchtigten Personen zu fahnden, die man Hexen nennt, obwohl ich höre, daß Euer Pfarrer infolge seiner Unwissenheit arg gegen uns ist. Ich gedenke, geliebt es Gott, um so eher zu kommen, damit ich dessen seltsame Meinung in betreff solcher Angelegenheiten vernehme. In Suffolk habe ich einen Priester gekannt, der ebensosehr gegen diese Entdeckung von der Kanzel herab eiferte, jedoch vom Parlament gezwungen wurde, an ebenderselben Stelle zu widerrufen. Ich wundere mich sehr, daß solche böse Menschen Verfechter, und noch dazu unter den Geistlichen, finden, die täglich Schrecken und Entsetzen predigen sollten, um die Übeltäter zu erschüttern. Ich gedenke Eurer Stadt einen plötzlichen Besuch abzustatten. Diese Woche komme ich nach Kimbolton, und es stehen zehn gegen eins zu wetten, daß ich zuerst mich nach Eurer Stadt wende; doch möchte ich zuvor mit Zuverlässigkeit wissen, ob Eure Stadt viele Parteinehmer für solches Gesindel zählt, oder ob sie bereit ist, uns freundlichen Empfang und gute Bewirtung angedeihen zu lassen, wie andere Orte taten, in denen ich war. Wo nicht, so werde ich Euren Bezirk meiden (nicht als wäre ich zunächst auf mich selbst bedacht) und mich in solche Gegenden begeben, wo ich nicht nur ohne Kontrolle handeln und strafen kann, sondern auch Dank und Belohnung ernte. So verabschiede ich mich ergebenst und will mich als Euren Diener empfohlen haben. Matthias Hopkins.“

Hopkins trieb sein Spiel, bis er sich in seinen eigenen Netzen fing. Das entrüstete Volk nahm zuletzt mit ihm selbst die Wasserprobe vor, er schwamm, ward schuldig erkannt und getötet; ob mit gerichtlichen Formen, oder nicht, bleibt zweifelhaft. Butler gedenkt seiner im sechsten Gesange des Hudibras.

Von einer ähnlichen Hexenjagd, die wenige Jahre später im nördlichen England vorging, berichtet Sykes in den Local Records. „In den Gemeinderats-Akten von Newcastle wird eine Petition in Hexensachen vom 26. März 1649 erwähnt, die ohne Zweifel von den Einwohnern unterzeichnet war und deren Inhalt einen Prozeß gegen alle verdächtigen Personen veranlaßte. Infolge davon schickte die Obrigkeit zwei Gerichtsdiener nach Schottland und bot einem Schotten, der sich auf die Nadelprobe zu verstehen vorgab, wenn er nach Newcastle kommen und die ihm Vorgeführten untersuchen wollte, außer freier Her- und Rückreise zwanzig Schillinge für jede Person, die als Hexe verurteilt werden würde. Als die Gerichtsdiener den Hexenfinder zu Pferde in die Stadt brachten, ließ die Obrigkeit bekannt machen, wer gegen irgend ein Weib eine Klage wegen Hexerei vorzubringen habe, der solle es tun; man würde die Frau sogleich verhaften und untersuchen lassen. Dreißig Weiber wurden in das Rathaus gebracht, der Nadelprobe unterworfen und die meisten schuldig befunden. Aus dem Register der Pfarrkirche zu St. Andrews in Schottland ersieht man, daß ein Mann und fünfzehn Weiber zu Newcastle wegen Hexerei hingerichtet wurden. Als der Hexenfinder in dieser Stadt mit seinem Geschäfte zu Ende war, begab er sich nach Northumberland, um Weiber zu untersuchen, und erhielt drei Pfund für das Stück; aber Henry Ogle Esq. bemächtigte sich seiner und forderte Rechenschaft. Der Mann entwischte nach Schottland, wo er verhaftet, vor Gericht gestellt und wegen ähnlicher in diesem Lande verübten Niederträchtigkeiten verurteilt wurde. Er gestand am Galgen, daß er über zweihundertundzwanzig Weiber in beiden Königreichen um den Lohn von zwanzig Schillingen für den Kopf zum Tode gebracht habe[22].

Ganz England war damals von dem unheimlichen Hexenglauben umnachtet. Szenen, wie sie Shakespeare in seinem Macbeth und in anderen Dramen vorführte, wurden überall

22) A trial etc. S. 25.

als der Wirklichkeit des Hexenwesens entsprechend an gesehen[23]. — Der berühmte Verfasser der (etwa 1633 erschienenen und den krassesten Aberglauben verteidigenden) Religio medici, Thomas Browne, der „Vater des Deismus" gab 1664 über zwei Weiber in Suffolk sein Urteil dahin ab, daß deren Krämpfe und sonstigen Zufälle zwar natürlich, aber durch den ihnen einwohnenden Teufel gesteigert wären, was er durch Berufung auf kurz vorher in Dänemark vorgekommene Fälle erwies. — Die beiden Unglücklichen waren mit dieser nichtssagenden Erklärung als Hexen dargetan und wurden 1665 gehängt. Der Oberrichter Sir Matthew Hale ging in seiner Verurteilung von dem Satze aus, daß die Tatsächlichkeit des Lasters der Hexerei nicht zu bezweifeln sei, denn sie werde 1. durch die heil. Schrift und 2. durch den Consensus gentium bestätigt, indem die Weisheit alter Völker Gesetze gegen die Zauberei aufgestellt habe[24]. — Im Jahr 1682 wurden in Exeter drei Personen wegen Hexerei hingerichtet[25].

In Schottland hatten die Hexenprozesse namentlich seit 1603 ihren ununterbrochenen Fortgang gehabt, und zwar unter der eifrigsten Mitwirkung der reformierten Geistlichkeit. Um zu Denunziationen zu ermuntern, waren hier in den Kirchen wie in Italien Kasten mit Deckelspalten aufgestellt, in die man die Namen Verdächtiger werfen sollte. Entsetzlicher Art waren die Schottland eigentümlichen Torturmittel[26]. Um eine hartnäckige Hexe zu zähmen, band man ihr einen eisernen Reifen mit vier Zacken, die in den Mund eindrangen, um das Gesicht, und dieser Kappzaum wurde hinten an der Mauer in einer solchen Weise befestigt, daß die Unglückliche sich nicht niederlegen

---

23) *J. E. Poritzky*, Shakespeares Hexen, Berlin 1909, S. 36 ff. — 24) A collection of rare and curious tracts relating to witchcraft (London 1838) und *Campbells* Lives of the chief-justices, I., S. 565—566. — 25) *Hutchinson*, Historical essay concerning witchcraft, 1720, S. 56—57. — 26) *Buckle*, Geschichte der Zivilisation in England (übersetzt von Ruge) II., S. 253 ff.

konnte. In dieser Stellung mußte sie oft mehrere Tage und Nächte hindurch verbleiben, während deren sie von Zeit zu Zeit zu Geständnissen aufgefordert wurde. Gleichzeitig wurde an ihr mit der tief ins Fleisch eindringenden Nadel zur Ermittelung des Hexenmales experimentiert[27]. Außerdem wurde die Qual noch dadurch gesteigert, daß man die Gefolterte den sich einstellenden Durst ertragen ließ ohne ihr einen Schluck Wasser zu gewähren. Es soll vorgekommen sein, daß einzelne diese Marter — einschließlich der tortura insomniae — fünf, sogar neun Tage und Nächte hindurch ertragen mußten[28].

Außerdem wurde aber ganz besonders „Verstockten", die auf diesem Wege nicht zum Geständnis zu bringen waren, mit noch ganz anderen Torturmitteln zu Leibe gegangen. Hartpole Lecky[29] berichtet darüber: „Die drei vorzüglichsten Folterungen waren die Pennywinkis, die spanischen Stiefeln und die Caschielawis. Erstere war eine Art Daumenschraube, die zweite ein Gehäuse, in das das Bein eingesenkt und darin durch Keile zerquetscht wurde, die man mit einem Hammer hineintrieb. Die dritte eine eiserne Form, die von Zeit zu Zeit über einer Kohlenpfanne erhitzt und um den Leib gelegt wurde. Manchmal wurde der Körper des Opfers mit Schwefelfaden gebrannt. In einem gleichzeitigen Aktenstücke lesen wir von einem Manne, der achtundvierzig Stunden unter der scharfen Tortur in den Caschielawis gehalten wurde, und von einem anderen, der in derselben schrecklichen Maschine elf Tage und Nächte lang blieb, dem vierzehn Tage lang die Beine alltäglich in den spanischen Stiefeln gebrochen und der so gegeißelt wurde, daß ihm die ganze Haut vom Körper gerissen ward. — Wie viele Geständnisse durch diese Mittel erpreßt wurden, läßt sich nicht mehr ermitteln. Zwar ist uns eine große Zahl von Zeugenaussagen und Geständnissen aufbewahrt, allein diese

---

27) *Pitcairn*, Criminal trials of Scotland, vol. I, P. II, S. 50. — 28) *Hartpole-Lecky*, S 101. — 29) S. 101, Nach *Dalyell*, Darker Superstitions of Scotland, S. 645 ff.

stammen nur von einem einzigen Gerichte her. Wir wissen, daß (hier) 1662 mehr als hundertundfünfzig Personen der Hexerei angeklagt und daß in diesem Jahre vierzehn Untersuchungskommissionen eingesetzt waren." Es kann also nicht auffallen, wenn ein Reisender gelegentlich bemerkt, daß er 1664 in Leith neun Frauen zusammen verbrennen sah oder wie 1678 an einem einzigen Tage von einem und demselben Gericht neun Frauen verurteilt wurden. Ein Graf Mar erzählt, wie einst mehrere Weiber „mit gellendem Geschrei schon halb verbrannt dem langsam sie verzehrenden Feuer sich entwanden, einige Augenblicke mit verzweifelter Kraftanstrengung inmitten der Zuschauer kämpften, aber bald unter lautem gotteslästerlichen Angstgeschrei und wilden Unschuldsbeteuerungen in zuckendem Todeskampfe in die Flammen niedersanken" [30].

Gegen das Ende des siebzehnten Jahrhunderts war die Pest des Hexenglaubens von England nach Nordamerika eingeschleppt.

Schon im Jahr 1645 waren im Staate Massachusetts vier Personen der Hexerei angeklagt und hingerichtet worden. Doch hatte dieses Vorkommnis kein sonderliches Aufsehen gemacht. Die berüchtigte Hexenjagd von Salem nahm erst später, im unmittelbaren Anschluß an eine Quäkerverfolgung ihren Anfang. — Es ist dabei zu bemerken, daß deren Seele zwei hochangesehene reformierte Geistliche, Vater und Sohn waren, nämlich Increase Mather, der zweiundsechzig Jahre als Seelsorger an der Nordkirche zu Boston gewirkt hat und dem Neu-England den ersten Grundstein seiner Unabhängigkeit verdankt, und vor allem dessen Sohn Cotton Mather, — wie der Vater ein ernster und glaubenseifriger Prediger.

Ein anscheinend ganz unbedeutendes Ereignis, das sich 1688 zu Boston zutrug, gab den ersten Anlaß zu dem grausigen Drama.

---

30) *Hartpole-Lecky*, S. 102.

Im Hause eines Maurers war Wäsche abhanden gekommen — der Verdacht fiel auf eine Waschfrau, die in der Familie zeitweise Dienste leistete. — Diese, empört über die Beschuldigung, ließ sich derbe Äußerungen gegen ein Töchterchen der Familie entschlüpfen. Als das Kind nun den andern Tag erkrankte und das Übel sich auch seinen Geschwistern mitteilte, kam man auf den Gedanken, die Waschfrau habe sie behext. Diese, eine Irländerin und Papistin, keins von beiden sprach zu ihren Gunsten, wurde verhaftet, verhört, und da sie unzusammenhängend und nur gebrochen englisch sprach, schließlich in der Verzweiflung auch selbst schuldig zu sein vorgab, verurteilt und hingerichtet.

Natürlich hatte dieser Vorgang einen tiefen Eindruck auf das Volk gemacht, und die Verblendung nahm mehr und mehr zu. Cotton Mather wurde als Zeuge zu den Kindern des Maurers gerufen. Nicht zufrieden mit dem, was sich seinen Augen hier darbot, nahm er das am meisten von Krämpfen und eigentümlichen Zuständen befallene Kind mit nach Hause, um es ungestört ausfragen zu können. Es scheint, daß das kleine Mädchen mancherlei von den Hexereien, die in England und Schottland vorgekommen sein sollten, gehört und seine Phantasie damit erfüllt hatte. Die Kleine kam nämlich oft in Gegenwart vieler Personen in einen eigentümlichen Zustand, setzte sich rittlings auf einen Stuhl, trabte, galoppierte usw. Bald schien sie mit unsichtbaren Wesen zu sprechen, bald diesen zuzuhören. Sie erzählte Cotton Mather von Hexenversammlungen und bezeichnete Personen, die sie dort gesehen haben wollte usw. — Der Geistliche wurde jetzt durch alles, was er von der Patientin herausexaminierte, immer mehr von der Wahrheit der Hexerei überzeugt und hat sogar über den beregten Fall ein Buch[31] der Nachwelt hinterlassen.

31) „Memorable Providences relating to Witchcraft and Possession". London 1689.

INVIDIA   HORRENDVM   MONSTRVM   SÆVISSIMA   PESTIS
Een onstuytfugbde dock vs ngit / en verrde pesthe sie heeft die haer sielen eet / met duesschen melste

Die Todsünden: Der Neid
H. Cook nach Pieter Brueghel

Ein anderer Geistlicher, Paris aus Salem-Village, lebte seit mehreren Jahren in Unfrieden mit seiner Gemeinde. Im Februar 1692 wurden einige junge Leute aus seiner Familie von eigentümlichen Zuständen befallen; sie verkrochen sich unter den Möbeln und in die Ecken, sprachen sonderbar, verrenkten die Glieder und fielen teilweise in Krämpfe. Der Arzt konnte die Art der Krankheit nicht erkennen und sprach die Vermutung aus, daß die Kranken behext wären. — Nun hatte Paris einen Indianer und dessen Frau als Dienstboten; — durch diese ließ er, wie es in ihrem Stamm üblich war, einen verzauberten Kuchen backen und dieser, einem der Familie gehörenden Hunde gegeben, sollte es möglich machen, daß die besessenen Personen erkennen könnten, wer sie behext hätte. Das Resultat war, daß sie die beiden Indianer für schuldig erklärten und diese, dazu gedrängt, gestanden es auch ein und wurden ins Gefängnis geworfen.

Von nun an mehrten sich die Anklagen, und am 11. April wurde eine ganze Anzahl der Hexerei beschuldigter Personen in Salem von einem aus sechs Richtern und einigen Geistlichen zusammengesetzten Gericht in Untersuchung genommen.

Die wunderbarsten Geständnisse wurden aus den Besessenen herausgelockt. Sie erzählten von einem schwarzen Manne von übernatürlicher Größe, der sie verfolge und dränge, daß sie sich in ein von ihm hingehaltenes Buch einzeichnen und ihre Seele verschreiben sollten, — von unheimlichen Zusammenkünften solcher Personen, die sich bereits dem Teufel verschrieben hätten, die mit dem Ausdruck von Hohn und Spott Brot und Wein genössen und es ihr Sakrament nennten, usw. Sie erzählten weiter, daß sie auf einem Stock zu den Versammlungen ritten, und daß sie die Absicht hätten, das Reich Christi zu zerstören und das Reich des Teufels aufzurichten. Die Tollheit ging bald so weit, daß sogar ein vierjähriges Mädchen als der Hexerei dringend verdächtig gefänglich eingezogen wurde.

Man gab ihm schuld, daß es sich zuweilen unsichtbar mache, und daß es durch seinen bösen Blick Unheil zufügen könne.

Als im Mai 1692 Sir W. Phipps als Gouverneur nach Neu-England kam, machte er durch seine strengen Maßregeln die Sache noch ärger. Immer mehr Anklagen wurden laut und die Angeklagten glaubten sich oft nur dadurch helfen zu können, daß sie wieder andere Personen der Hexerei beschuldigten. Hatte man im Anfange nur niedrige und in schlechtem Rufe stehende Personen angeklagt, so belastete man nun auch Höherstehende. Wagte jemand zu ihren Gunsten zu sprechen, so wurde er ebenfalls der Hexerei verdächtig. — Am 31. Mai 1692 wurde ein Seekapitän aus Boston nach Salem gebracht und vor Gericht gestellt. Er fragte ganz erstaunt seine Ankläger, wie sie sich nur denken könnten, daß er nach dieser Stadt kommen möge, um Personen zu schädigen, da er Salem noch nie zuvor gesehen? Aber er wurde verurteilt und ins Gefängnis geworfen; der Beschließer jedoch scheint ihm zur Flucht behilflich gewesen zu sein.

Die Gefängnisse füllten sich immer mehr und Todesurteile wurden vollstreckt. Die Besessenen nahmen massenhaft zu, und ihre Aussagen, oft ganz barock, wurden von dem Gericht für Wahrheit hingenommen. Die Besessenen wollten Besuche von den Hexen erhalten haben, die mitten in der Nacht durch das geschlossene Fenster kamen, sie gleich einem Alp stundenlang drückten, so daß sie kein Glied rühren und nicht atmen konnten; sie wollten die Hexen sich bald in ein Schwein, bald in einen Popanz, bald in andere Gestalt verwandeln gesehen haben. In den gerichtlichen Verhören behaupteten sie den „schwarzen Mann" neben den Angeklagten stehen zu sehen, um ihnen die Worte ihrer Verteidigung ins Ohr zu flüstern, und die Richter waren dabei von der Schuld der Angeklagten so fest überzeugt, daß sie ihnen sogar den einzigen ihnen gebliebenen Beweis des Alibi nicht gestatteten.

Die Todsünden: Der Zorn
H. Cook nach Pieter Brueghel

Da standen am 5. August wieder sechs Angeklagte vor Gericht, von denen fünf am 19. August hingerichtet wurden. Unter diesen befand sich ein Geistlicher, Georg Burroughs, der seine Richter mit dem Ausspruche, daß es weder jemals Hexen, die einen Bund mit dem Teufel gemacht, gegeben hätte noch gebe, sehr erzürnt hatte. Auf dem Richtplatze wendete er sich zu der umstehenden Menge und sprach zu ihr mit so viel Gefühl, daß aus manchem Auge Tränen flossen. Da aber riefen die Ankläger: „Der schwarze Mann steht neben ihm und diktiert ihm was er sagen soll" und Dr. Cotton Mather, der zu Pferde anwesend war, rief der Menge zu, es sei kein wirklicher Geistlicher, sondern seine Frömmigkeit sei nur Verstellung und auch hier habe, wie so manchmal, der Teufel die Gestalt eines Engels des Lichts angenommen. Mit Burroughs wurde u. a. ein früherer Gefängnisbeamter hingerichtet, der, um sein trauriges Geschäft nicht länger betreiben zu müssen, entflohen, aber auf der Flucht ergriffen worden war.

Ein Rechtsgelehrter, der sich geweigert, in einem Hexenprozeß zu fungieren, wurde zu Tod gepreßt, ihm die Zunge aus dem Mund gerissen und als er im Todeskampf lag, wieder mit einem Stock in den Mund hineingedrückt.

Neunzehn Personen waren bereits gehängt worden, einschließlich des zu Tode Gequetschten — und die Richter begannen denn doch sich zu fragen, wie sie ihr Verfahren rechtfertigen sollten, weshalb Cotton Mather auf dringenden Wunsch des Gouverneurs sieben Hexenprozesse durch die Presse veröffentlichte und sie durch Hinweis auf ähnliche, in England vorgekommene Fälle zu rechtfertigen suchte. „More Wonders of the invisible World" wurde im Oktober herausgegeben. Indessen war doch durch verschiedene Vorkommnisse im Volk bereits ein Zweifel an der Wahrheit der Sache entstanden und, nachdem man den Durst nach Menschenblut gestillt, stieg man eine Stufe herunter und richtete seine Wut auf Tiere. So wurde z. B. ein Hund, den man für besessen und ein anderer, den man für einen Zauberer hielt, gehängt.

Aber die Seuche ging von Salem nach anderen Orten über. In Andover ließen Leute, deren Angehörige krank waren, von Salem Personen kommen, die das „Gespenster-Gesicht" hatten, damit sie ihnen sagen sollten, wer die Kranken behext habe. So begann denn hier dasselbe Schauspiel wie in Salem, und nachdem der Friedensrichter (Dudley Bradstreet) dreißig bis vierzig Personen hatte verhaften lassen, fühlte er sich doch sehr in seinem Gemüte beunruhigt und weigerte sich, weitere Verhaftungen auszustellen. Darauf aber wurde er selbst als der Hexerei schuldig angeklagt und mußte, als einzige Rettung, die Flucht ergreifen.

Bald danach wurde ein angesehener Herr aus Boston angeklagt; dieser jedoch, rasch entschlossen, wußte sich einen Verhaftsbefehl gegen seine Ankläger zu verschaffen und berechnete seinen ihm durch Verleumdung zugefügten Schaden auf tausend Pfund Sterling. Dieses kühne Vorgehen richtete viel aus — die Anklagen hörten plötzlich auf und kamen von dieser Zeit an in Mißkredit. Viele, die bereits Geständnisse abgelegt hatten, zogen diese wieder zurück, und am 3. Januar 1693 wurden an dem obersten Gerichtshof von Salem von sechsundfünfzig Anklageschriften dieser Art dreißig einfach beiseite gelegt, und von den übrigen sechsundzwanzig, als sie zum Prozeß kamen, nur drei für berechtigt und die betreffenden Personen für schuldig befunden. Ende Januar wurden zehn gefangene Personen, die bereits verurteilt waren, freigelassen.

Im April desselben Jahres wurde der Gouverneur Phipps von seiner Stelle in Neu-England abgerufen; vor seiner Abreise setzte er alle wegen Hexerei verdächtigen Gefangenen in Freiheit. Ihre Zahl betrug hundertundfünfzig, von denen fünfzig gestanden hatten, wirklich Hexen zu sein. Weitere zweihundert waren angeklagt, aber noch nicht gefänglich eingezogen. — Das Volk befürchtete von dieser Maßregel die schlimmsten Folgen, allein die Hexerei hörte von diesem Augenblick an auf. Die Leute begannen nachzudenken, sahen ihren Irrtum ein und beklagten ihn. Vor allem richtete sich nun der Unwille des Volkes auf den Pfarrer von Salem-Village, Paris, der den ersten Anstoß zur Verfolgung von Hexen gegeben hatte. Obgleich dieser nun selbst von seinem Unrecht überzeugt war, dieses eingestand und bitter bereute, so ließen die Leute ihm doch keine Ruhe, bis er Stadt und Land verließ.

So erstarb denn nach und nach der Hexenglaube, wenn auch einzelne Personen nicht ganz davon lassen wollten. — Einmal allerdings schien er wieder aufleben zu wollen, indem ein junges Mädchen, Margaret Bule in Boston, in Konvulsionen fiel und von acht Gespenstern, die Personen ihrer Bekanntschaft sein sollten, besucht sein wollte. Cotton Mather suchte sie auf, glaubte sich von der Wahrheit ihrer Aussage zu überzeugen, und leicht hätte eine neue Flamme auflodern können, wäre ihr nicht von anderer Seite entgegengearbeitet worden. Ein intelligenter Kaufmann, Calef, von Boston, besuchte nämlich Margaret Bule ebenfalls und kam dabei zu einem von der Ansicht Cotton Mathers vollständig verschiedenen Resultat. Von dem Buche Calefs „More Wonders of the invisible World" erhalten wir wohl die allergenaueste Anschauung der damaligen Vorgänge in Salem und Andover.

Seit dieser Zeit hörte man in Neu-England nichts mehr von Hexen. Am 17. Dezember 1696 wurde in Salem ein großes Fasten gehalten, wo Gott um Verzeihung gebeten und angerufen wurde, solche Vorkommnisse nicht mehr gestatten zu wollen, und die Richter unterzeichneten eine Schrift, worin sie ihre Reue bekannten und Gott baten, ihnen und den Ihrigen ihre Schuld nicht anzurechnen. Im Gegensatz zu dem Henkergeist der Puritaner stand das Verhalten der Quäker in dieser Frage. Ungefähr um dieselbe Zeit, als in Massachussets die Hexenrichter tobten, war im heutigen Delaware eine Frau der Hexerei angeklagt. Die quäkerische Majorität der Geschworenen gab das Urteil ab: „Die Frau ist schuldig, daß über sie eine gemeine Rede geht, sie sei eine Hexe; sonst ist sie hier vor Gericht unschuldig." William Penn, der Stifter der Kolonie, wohnte der Gerichtsverhandlung bei[32].

In Frankreich verließen die Parlamente die Besonnenheit, die ihnen das Lob eines Duarenus und den Tadel eines Bodin erworben hatte. Das von Dôle verurteilte z. B. 1573 Gilles Garnier aus Lyon, der angeklagt und geständig war, als Werwolf mehrere Kinder in der Umgegend zerrissen zu haben, zum Feuer[33]; das von Paris sprach 1578 ein gleiches Urteil über den Werwolf Jacques Rollet[34] und bestätigte 1582 das Todesurteil einer Hexe, die einem jungen Mädchen den Teufel in den Leib geschickt hatte[35]. Mit der Wirksamkeit der Gerichte unter Heinrich III. ist Bodin recht zufrieden; doch geschah der Ligue noch bei weitem nicht genug. Der König ließ einst einige angebliche Besessene durch eine Kommission untersuchen und dann als Betrüger einsperren. Man warf ihm darum Begünstigung der Zauberer vor. Ein kurz vor Clements Tat erschienenes Pamphlet enthielt nicht nur den Vorwurf, daß Heinrich einige Verurteilte begnadigt habe, sondern machte ihn sogar selbst der Zauberei und eines vertrauten Umgangs mit dem Hofteufel Terragon verdächtig. Clement soll besonders hierdurch zu seinem Meuchelmord bestimmt worden sein[36].

Auch mit den Zeiten Heinrichs IV. hätte Bodins Eifer zufrieden sein dürfen, wenn sein Buch so weit gereicht hätte. Daß im Hexenprozesse unter diesem König eine Pause eingetreten sei, ist unrichtig; die Berichte aus Poitou, die Register der Parlamente zu Bordeaux und Paris und

---

32) *Längin*, Religion, S. 248, *Otto Hopp*, Bundesstaat und Bundeskrieg in Nordamerika, Berlin 1885, S. 58 ff. — 33) *Garinet*, p. 129. *Bolo*, Notice sur l'arrêt du Parlement de Dôle du 18 janvier 1573 etc. — 34) *De Lancre*, Arrêts notables de Paris, p. 785. — 35) *Garinet*, pag. 139. *Le Brun*, Hist. crit. des pratiques superstitieuses, I., 306. *Collin de Plancy* im Dict infernal. — 36) *Garinet*, p. 153. Les sorcelleries de Henri de Valois, et les oblations, qu'il faisait au diable dans le bois de Vincennes. Didier - Millot 1589. S. *Garinet*, p. 294. — Remontrances à Henri de Valois, sur les choses terribles, envoyées par un enfant de Paris, 28 janvier 1589. Jacques Grégoire. In - 8 vo.

das Zeugnis des Konvertiten und Jesuitenjüngers Florimond de Remond, der sich seiner Mitwirkung rühmt, beweisen das Gegenteil. „Unsere Gefängnisse" — sagt er von 1594 — „sind voll von Zauberern; kein Tag vergeht, daß unsere Gerichte sich nicht mit ihrem Blute färben und daß wir nicht traurig in unsere Wohnungen zurückkehren, entsetzt über die abscheulichen, schrecklichen Dinge, die sie bekennen. Und der Teufel ist ein so guter Meister, daß wir nicht eine so große Anahl von ihnen ins Feuer schicken können, daß nicht aus ihrer Asche sich wieder neue erzeugen"[37]. Garinet sucht den Grund, warum auch Heinrich IV. diese Prozesse geschehen ließ, hauptsächlich darin, daß er dadurch den seinem Vorgänger wegen Begünstigung der Zauberer gemachten Vorwürfen habe entgehen wollen. Wie dem auch sei, im Jahre 1609 stellten Despagnet, Präsident, und De Lancre, Rat des Parlaments zu Bordeaux, in königlichem Auftrage eine große Untersuchung unter den Basken von Labourd an[38]. Es wurden hier mehr als sechshundert Personen verbrannt, und der abergläubische De Lancre stellte aus seinen Erfahrungen zwei Traktate zusammen, die nach Form und Inhalt der Dämonolatrie des Remigius nahe kommen[39].

Viele Verfolgte entflohen aus Labourd nach Spanien und veranlaßten dort die vor der Inquisition von Logroño verhandelten Prozesse[40]. Am 7. und 8. November 1610 wurde zu Logroño ein feierliches Autodafé gehalten. Unter zweiundfünfzig Personen, die bestraft wurden, befanden sich neunundzwanzig Zauberer. Achtzehn von diesen wurden, weil sie im Verhör sich zur Aussöhnung mit der Kirche

---

37) *Delrio*, Lib. V, Append. — 38) *Le Brun*, hist. crit. des prat.superst. Vol. I, p. 309. — 39) L'incrédulité et mécréance du sortilége pleinement convaincues Paris 1612, — und Tableau de l'inconstance des mauvais anges et démons. Paris 1612. Eine deutsche Bearbeitung: Wunderbarliche Geheimnussen der Zauberey etc., gezogen aus einem weitleufftigen in Frantzösischer Spraach getrucktem Tractat Herrn *Petri de Lancre*, Parlamentsherrn, zu Bordeaux. (Ohne Druckort 1630). — 40) *De Lancre*, Kap. 13. *Llorente*, Geschichte der span. Inquisition. Teil III. Kap. 37.

willfährig gezeigt hatten, freigelassen, elf aber, weil sie leugneten, zur Übergabe an den weltlichen Arm verurteilt. Als Denunzianten hatte man hierbei verschiedene Kinder gebraucht, die der Vikar von Vera bei sich schlafen ließ und exorzierte, die aber dennoch, als der Exorzismus einst versäumt wurde, von den Hexen auf den Sabbat entführt sein sollten. — Dieser Prozeß veranlaßte eine Eingabe des Humanisten Peter de Valencia an den Großinquisitor. Es wird darin außer andern Mißständen des Hexenprozesses besonders das Unrecht hervorgehoben, bei der Zweifelhaftigkeit des Gegenstandes selbst Leugnende zu verurteilen; eine genaue Instruktion für die Inquisitoren müsse die Willkür abschneiden. Zwar liest man, daß der Großinquisitor diesen Aufsatz mit Verachtung beiseite gelegt habe; doch ist es gewiß, daß eine beschränkende Instruktion für die Provinzialinquisitoren bald darauf erschien[41].

Über den spanischen Hexenaberglauben jener Zeit unterrichtet eine Novelle von Cervantes, „Gespräch zwischen Cipion und Berganza, den Hunden des Auferstehungs-Hospitals in Valladolid"[42]. Dort erzählt die Spitalsmutter Cañizares von einer Zauberin: „Sie zog Wolken zusammen, wann es ihr beliebte, und verhüllte mit ihnen das Antlitz der Sonne. Sie zauberte Menschen in einem Augenblick aus fernen Landen herbei; sie wußte auf eine wunderbare Art den Jungfrauen zu helfen, die in der Wacht über ihre Unschuld eine Unachtsamkeit begangen hatten; sie setzte die Witwen instand, in allen Ehren ein zügelloses Leben zu führen; sie trennte und stiftete Ehen, wie es ihr beliebte. Im Dezember hatte sie frische Rosen in ihrem Garten, und im Januar schnitt sie Weizen. Daß sie in einem Backtroge Kresse wachsen ließ, war nur eine ihrer geringsten Künste, und ebenso, in einem Spiegel oder auf dem Nagel eines Kindes alle Lebendigen oder Toten zu zeigen, die man nur verlangte. Sie stand in dem Rufe, sie verwandle Men-

---

41) *Llorente*, Teil III, Kap. 37, Abschn. 2. — 42) Die Novellen des Cervantes, übertragen v. Konrad Schorer, 2. Bd., Leipzig 1907, S. 237 ff.

schen in Tiere und habe sich sechs Jahre lang eines Küsters in Gestalt eines Esels bedient." Cañizares spricht dann vom Teufelsbannen in einen Zauberkreis, vom Bereiten der

Herzog von Richelieu
Stich von Math. Merian, 1633

Hexensalbe, vom Herrn und Meister, dem Bock, und den Hexensabbaten. „Er gibt uns dort eine unschmackhafte Mahlzeit, und es gehen Dinge vor, die in Wahrheit bei

Gott und meiner Seele so unflätig und schmutzig sind, daß ich sie nicht zu erzählen wage, weil ich deine keuschen Ohren nicht beleidigen will. Es gibt Leute, die glauben, wir gehen zu diesen Gastmahlen nur in der Phantasie, und dann spiegle uns der Teufel die Bilder aller jener Dinge vor, die wir als wirklich erlebte Begebenheiten erzählen; andre wieder sagen das Gegenteil und behaupten, wir seien wirklich mit Leib und Seele dabei. Ich aber bin der Ansicht, daß beide Meinungen wahr sind, denn wir wissen es nie genau, ob wir so oder so hingehen; aber alles, was in unserer Phantasie geschieht, hat so sehr den Anschein des Wesenhaften, daß wir keinen Unterschied machen können, ob wir wirklich mit Leib und Seele dabei sind oder nicht"[43].

Unter Ludwigs XIII. Regierung erregten am meisten Aufsehen die beiden Prozesse gegen die Geistlichen Gaufridy und Grandier. Der eine fällt in die Periode von Richelieus Staatsverwaltung und verlief nicht ohne Mitwirkung des Kardinals, der in diesem Punkte nicht über seiner Zeit stand. Das hatte er schon 1618 als Bischof beurkundet, als er den Gläubigen seiner Diözese eine Schrift zusandte, die er 1626 wieder auflegen ließ, in der sich unter andern folgende Stelle findet: „La *magie* est un art de produire des effets par la puissance du diable; *sorcellerie* ou *maléficie* est un art de nuire aux hommes par la puissance du diable. Il y a cette différence entre la magie et la sorcellerie, que la magie a pour fin principale *l'ostentation*, se faire admirer; et la sorcellerie la *nuisance*"[44].

Louis Gaufridy[45], Benefiziatpriester an der Kirche des Accoules zu Marseille, galt, wie ein Bericht seiner Feinde

---

43) S. 297 ff. — 44) *Garinet*, Hist. de la Magie en France. Pièces justificatives, Nr. IX, pag. 308. — 45) *Garinet*, Hist. de la Magie en France, p. 180. Trauergeschichte von der greulichen Zauberey Ludwig Goffredy usw. in *Reichens* fernerem Unfug der Zauberey, Halle 1704. S. 553. *W. Mannhart*, Zauberglaube und Geheimwissen, 3. Auflage, Leipzig 1897, S. 211.

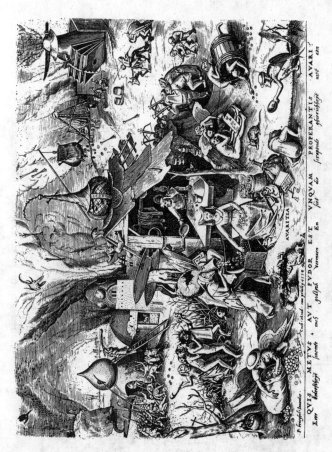

Die Todsünden: Der Geiz
H. Cook nach Pieter Brueghel

Geistlicher und Teufel am Sterbebett
Holzschnitt von Hans Weiditz. 16. Jahrhundert

sagt, für den frömmsten Mann auf Erden. Er sah seinen Beichtstuhl besonders vom weiblichen Geschlechte umdrängt. Plötzlich hörte man von Exorzismen, die der Dominikaner Michael, Prior von St. Maximin, an einigen Nonnen des Ursulinerinnenklosters vornehmen mußte. Die Teufel Beelzebub, Asmodeus, Leviathan u. a. reden aus ihnen, weissagen vom Antichrist und vom jüngsten Tage und erzählen ganz besonders vom Priester Gaufridy schreckliche Dinge. Dieser habe sich, sagen sie, mit Leib und Seele dem Teufel verschrieben, um Ansehen und Weibergunst zu erlangen: er sei König der Zauberer in Hispanien, Frankreich, England, in der Türkei und in Deutschland, und sein Hauch bezaubere die Frauen, wenn er sie mißbrauchen wolle. So habe er die jüngste unter den Nonnen, Magdalene de la Palud, verführt, zum Hexentanze mitgenommen und zum Abfalle bewogen; als sie aber reumütig ins Kloster zurückgekehrt, habe er ihr und ihren Gefährtinnen Plageteufel zugesandt, um sie zu besitzen und zu martern. Nun gab es zwar in Marseille nur eine Stimme, daß Gaufridy nur aus Mißgunst vom Pater Michael verschrien werde, dennoch kam die Sache vor das Parlament von Aix, wo Magdalene, nachdem der Präsident ihr das Leben zugesagt, ein umständliches Bekenntnis über die zauberischen Schändlichkeiten Gaufridys ablegte. Dieser wurde verhaftet, von einigen Amtsärzten in Gegenwart des erzbischöflichen Vikars der Nadelprobe unterworfen und mit Magdalene konfrontiert, die sich, bei fortdauernden unkeuschen Angriffen der Teufel, des geistlichen Beistands der Dominikaner und Kapuziner erfreute. Gaufridy schwur bei Gott und den Heiligen, daß er falsch angeklagt sei. Magdalena bekam indessen neue, noch heftigere Anfälle, und die Teufel Beelzebub und Verrine bezeugten aus der Besessenen, daß Gaufridy als Fürst der Zauberer weit schlimmer gewesen sei als der Teufel selbst. Hierin fand das Parlament genugsamen Grund, dem Angeklagten das Leben abzusprechen; er wurde, um Nennung seiner Mitschuldigen zu erpressen, die man als Hunde und Eulen scharenweise um das Gefängnis heulen hörte, gefoltert, dann degradiert und am 30. April 1611 auf dem Dominikanerplatze zu Aix lebendig verbrannt. Bald nach seinem Tode erschien eine umständliche Darstellung dieser Teufelsgeschichten, wie man sie eher bei einem Cäsarius von Heisterbach als im Jahrhundert Ludwigs XIV. suchen würde. Auch ließ man ein angeblich von Gaufridy getanes Geständnis drucken, das der Mercure Français von 1617 aufnahm. Dieses ist wohl das eingehendste, was wir aus französischen Prozessen besitzen. Es ist nicht nur in allen Hauptpunkten, sondern auch in den meisten Nebendingen denen der Hexen in allen andern Ländern vollkommen gleich. Bemerkenswert ist nur, daß im Pactum sowohl bei Gaufridy wie bei Magdalena de la Palud noch die seltenere Form des Chirographums mit Blut vorkommt[46].

Wenden wir uns noch zu einer zweiten Geschichte von Besessenen, die ebenfalls in einem Ursulinerinnenkloster spielt[47]. Zu Loudun, in der Diözese von Poitiers, lebte der Priester Urbain Grandier im Besitze zweier Präbenden; er verdankte sie der Protektion der Jesuiten zu Bordeaux, in deren Schule er sich ausgezeichnet hatte. Grandier war schön, kenntnisreich und gewandt, aber hochfahrend, sarkastisch und wegen seiner Neigung zum weiblichen Geschlechte von Ehemännern und Vätern gefürchtet. Darum fehlte es ihm nicht an Neidern und Feinden. Der königliche Prokurator Trinquant, aufgebracht über die heimliche Niederkunft seiner Tochter, die ein dumpfes Gerücht mit Grandier in Verbindung brachte, vereinigte sich mit etlichen seiner Verwandten, Priestern und Beamten, die zum Teil schon wegen verlorener Prozesse auf Grandier erbost waren,

---

46) *Hauber*, Bibl. mag. Bd. I, S. 457 ff. und 469 ff. — 47) Geschichte der Teuffel zu Lodün, in *Joh. Reichens* fernerem Unfug der Zauberey, S. 273 ff. — *Alexis Willibald* hat dieses schreckliche Vorkommnis in der Form eines historischen Romans bearbeitet: „Urban Grandier oder die Besessene von Loudun. 2 Bde. Berlin 1843."

zu dessen Sturz. Man beschuldigte ihn vor dem Bischofe der Gottlosigkeit, vielfacher Unkeuschheit und sogar mitten in seiner Kirche verübter Notzucht. Auf öffentlicher Straße kam es zu Zänkereien, und Grandier wurde in seinem Priesterornate durchgeprügelt. Während er nun dafür in Paris Genugtuung suchte, verordnete der Bischof von Poitiers, der eines Dienstvergehens wegen in der Hand des Komplottes war, am 22. Oktober 1629 seine Verhaftung. Obwohl es an allen Beweisen fehlte, wurde Grandier dennoch vom Offizialate zur Buße verurteilt und der Ausübung geistlicher Funktionen zu Loudun auf immer für unfähig erklärt. Er appellierte, und die Sache wurde vor den königlichen Gerichtshof zu Poitiers verwiesen. Es ergab sich, daß selbst falsche Zeugnisse abgelegt worden waren; Grandier wurde daher freigesprochen und vom Erzbischof von Bordeaux, Henri Escoubleau de Sourdis, wieder in seine Ämter eingesetzt. Die Versetzung verschmähend, die ihm der Erzbischof zur Vermeidung weiterer Verdrießlichkeiten anbot, zog er jedoch mit einem Lorbeerzweige in der Hand in Loudun ein, erhob Entschädigungsklagen gegen seine Feinde und reizte diese bei jeder Gelegenheit durch ungemessenen Hohn.

In dieser Stadt war vor wenigen Jahren ein Ursulinerinnenkloster gestiftet worden; die Nonnen waren noch arm und wohnten in einem gemieteten Hause, in dem sie eine Pension hielten. Doch waren etliche unter diesen Damen munterer Laune und hatten sich bereits mehrfach das Vergnügen gemacht, ihre älteren leichtgläubigeren Schwestern durch Gespenstererscheinungen zu necken. Jetzt verbreitete sich in der Stadt das Gerücht, daß der Pater Mignon, Beichtvater des Klosters, der schon früher gegen Grandier aufgetreten war, etliche von bösen Geistern besessene Nonnen fleißig exorzisiere. Die Wahrheit war, daß er sie durch mancherlei Vorspiegelungen vermocht hatte, sich zu einer höchst ruchlosen Rolle abrichten zu lassen. Als sie die nötige Fertigkeit erlangt hatten, lud er einige Magistratspersonen zur Beschwörung einer von einem lateinisch redenden Teufel besessenen Nonne ein. Kaum bemerkte die Oberin (Domina) die eingeführte Behörde, so sprang sie unter Zuckungen auf, grunzte wie ein Schwein, kroch unter das Bett und gebärdete sich auf das seltsamste. Mignon und seine Gehilfen, Mönche aus dem von Grandier heftig befehdeten Karmeliterkloster, ergriffen sie, und Mignon richtete an den Teufel die Frage: Propter quam causam ingressus es in corpus hujus virginis? Antwort: Causa animositatis. Frage: Per quod pactum? Antwort: Per flores. Frage: Quales? Antwort: Rosas. Frage: Quis misit? Antwort: Urbanus. Frage: Dic cognomen! Antwort: Grandier. Frage: Quae persona attulit flores? Antwort: Diabolica! — Hierauf kam die Nonne wieder zu sich und betete. Mignon aber nahm die beiden Magistratspersonen beiseite und raunte ihnen zu: dieser Fall habe viele Ähnlichkeit mit der Sache des zu Aix verbrannten Pfarrers Gaufridy. Dergleichen Szenen wiederholten sich an den folgenden Tagen vor einer Schar von Neugierigen. Zuletzt verkündete man für den folgenden Tag die endgültige Austreibung der Teufel, und als das Gericht zur bestimmten Stunde erschien, um ein Protokoll darüber aufzunehmen, wurde es an der Türe mit der Nachricht empfangen, die Sache sei bereits zu Ende.

Mittlerweile hatte sich Grandier beim königlichen Baillif und beim Bischof von Poitiers über Verleumdung beklagt; dieser gab ihm jedoch kein Gehör, und als jener die Exorzismen durch die bisherigen Priester ohne die Gegenwart des Gerichts verbot, gehorchten weder die Nonnen noch die Exorzisten, sondern beriefen sich auf den Bischof.

Bald fing ein zweiter Akt der Besessenheiten an, und obgleich sich die Teufel mit ihrem Latein und Weissagen schmachvoll blamierten, so nannten sie doch Grandiers Namen deutlich genug, um den Mann in immer ärgeres Geschrei zu bringen. Grandiers Klagen wurden nirgends gehört. Dem plumpen Betruge arbeitete nur der Baillif entgegen, der mehrmals die Nonnen so verwirrte, daß die Exorzisten mit Schimpf bestanden. Sie erhielten neuen Mut, als ihnen der Bischof noch zwei Helfer sandte. Die Sache sollte eben von neuem angehen, als der Erzbischof bei einem zufälligen Besuche in der Nachbarschaft seinen Arzt mit gemessenen Instruktionen zur Beobachtung nach Loudun schickte. Jetzt hatten die Besessenheiten auf einmal ein Ende, und der Prälat erließ auf Grandiers Bitte für den Fall der Wiederkehr Bestimmungen hinsichtlich der Behandlung der Nonnen, die vorerst weder diesen noch ihren bisherigen Seelenärzten angenehm sein konnten. Dies geschah Anfang 1632.

Mignon und die Nonnen lebten bereits in tiefer Verachtung, diese auch, weil die Kostgänger ausblieben, in Dürftigkeit, als der Staatsrat von Laubardemont, eine Kreatur Richelieus, in Loudun eintraf, um einem königlichen Befehle zufolge die Schleifung des dortigen Schlosses zu leiten. Dieser Mann, ein Verwandter der Domina, wurde bald in das Interesse der Verschworenen gezogen. Man vereinigte sich, Grandier als den Verfasser eines Pasquills[48] zu bezeichnen, das kurz zuvor zugunsten der Königin Mutter gegen Richelieu erschienen war. Kaum war Laubardemont wieder in Paris, so begannen die Besessenheiten in noch größerem Stile als zuvor; nicht nur sämtliche Nonnen, sondern auch weltliche Jungfrauen in der Stadt und Umgebung wurden heimgesucht, und man verbreitete unter dem Titel: la Démonomanie de Loudun eine Schrift, worin die Einzelheiten der wunderbaren Ereignisse dargestellt wurden. Da, gegen das Ende des Jahres, erschien plötzlich Laubardemont als königlicher außerordentlicher Untersuchungs-Kommissär für alle früheren und gegenwärtigen Vergehen Grandiers; seine Vollmachten waren die ausgedehntesten und schnitten sogar die Appellation ab. Er begann sein Geschäft mit Grandiers Verhaftung und der Wegnahme seiner Papiere, unter denen

48) Betitelt: La cordonnière de Loudun.

sich indessen nichts Anstößiges fand, als eine Abhandlung über den Zölibat. Hiergegen erhoben die Verwandten Einspruch, und das Pariser Parlament genehmigte die Appellation, ohne daß sich darum Laubardemont in seinem Gange hemmen ließ. Grandiers Feinde hatten gewonnenes Spiel: sie waren seine Richter und Wächter, fungierten als Exorzisten, Sachverständige und Zeugen.

Die Zahl der beschwörenden Priester mehrte sich jetzt von Tag zu Tag. Die Mönche Frankreichs, den Pater Joseph an der Spitze, verhandelten damals stark den vom Kapuziner Tranquille aufgestellten Satz, daß der Teufel, wenn er ordnungsmäßig beschworen werde, sich gezwungen sehe, die Wahrheit zu sagen. In der Hoffnung, durch die Besessenen von Loudun die Frage zur Entscheidung zu bringen, strömten Mönche verschiedener Orden dahin zusammen. Auch der Pater Joseph hatte sich inkognito eingefunden; da er aber die Sache allzu plump angelegt fand, um nicht in der öffentlichen Meinung zu verunglücken, so zog er sich frühzeitig zurück und überließ geringeren Geistern die Gefahr der Blamage. Diese konnte nicht ausbleiben, da viele der gleichsam in Programmen vorherverkündigten Taschenspielerstücke gänzlich scheiterten. Einst war angesagt, daß am folgenden Tage der Teufel während der Exorzismen dem Herrn von Laubardemont den Hut vom Kopfe nehmen und so lange in der Luft schweben lassen werde, wie man ein Miserere singe. Die Exorzismen wurden bis zum Abend verlängert. Die angekündigte Szene konnte aber nicht aufgeführt werden, weil etliche neugierige Zweifler unter das Kirchendach vorgedrungen waren und dort einen Burschen ertappt hatten, der nur auf die Dämmerung wartete, um mittelst eines Angelhakens, der an einem Faden durch ein Loch der Decke hinabgelassen werden sollte, das diabolische Schweben des Hutes zu bewerkstelligen. Vornehme Fremde, die gekommen waren, reisten jetzt murrend und kopfschüttelnd ab. Da erschien der Bischof von Poitiers persönlich, um gegen den Unglauben zu predigen, und die Exorzisten verkündigten, daß es eine Beleidigung Gottes, des Königs und des Kardinals Richelieu sei, nicht an die Wahrheit der Besessenheiten zu glauben. Die überaus schamlosen Reden und Gebärden der Besessenen hatten beim Volke Unwillen erregt; auch davon zu reden wurde durch öffentlichen Anschlag und durch Verkündigung von der Kanzel verboten.

Mittlerweile war Grandier verhört, konfrontiert und der Nadelprobe unterworfen worden. Man hatte dabei da, wo nach der Aussage der Nonnen das Stigma sein sollte, das runde Ende der Sonde angesetzt, an den übrigen Körperteilen dagegen die Spitze bis auf den Knochen eingebohrt, um ihn zum Schreien zu bringen. Falsche Zeugen waren verhört worden, und selbst der Protokollfälschung hatte man sich nicht entblödet. Grandiers Dokumente aus den früheren Händeln befanden sich in Laubardemonts Verwahrung; sein Bruder, ein Parlamentsadvokat, war durch Verhaftung unschädlich gemacht, der wackere Baillif mit Frau und Kind selbst der Zauberei beschuldigt. Was half es, daß jetzt einige der mißbrauchten Nonnen ihre Aussagen widerriefen und unter Tränen der Reue beteuerten, daß sie nur Werkzeuge der niederträchtigsten Pfaffenränke gewesen? Die Geistlichen versicherten, daß nur der Teufel aus ihnen rede, und zwar diesmal nicht die Wahrheit. Eine zahlreiche Kommission trat zusammen, das Endurteil zu sprechen. In dieser Not richtete die Bürgerschaft von Loudun eine Bittschrift unmittelbar an den König, stellte ihm die Gefahr vor, die jeder Rechtliche laufe, wenn das Prinzip durchginge, auf die angeblichen Aussagen des Teufels ein peinliches Urteil zu gründen, und bat um Überweisung der Sache an das Parlament von Paris. Hierauf antwortete die Kommission, nicht der König, mit Kassierung der Eingabe, die einer aufwieglerischen Versammlung ihren Ursprung verdanke, verordnete eine Untersuchung und verbot fernere derartige Schritte bei schwerer Strafe.

Grandier sah sein Ende nahen. Sein Benehmen war resigniert, aber die von ihm eingereichte Verteidigungsschrift strafte in unverhülltem Unwillen die Ungerechtigkeit des gegen ihn gerichteten Verfahrens. Am 18. August 1634 sprach die Kommission folgendes Urteil: „Wir haben kund getan und tun kund, daß besagter Urbain Grandier gebührender Weise des Lasters der Zauberei und Hexerei und der Besessenheit der Teufel, die durch sein Verursachen einigen Ursulerinnen aus dieser Stadt Loudun und einigen weltlichen Personen begegnet, nebst andern hieraus hervorgegangenen Übeltaten und Lastern angeklagt und überführt sei. Zur Abbüßung haben wir diesen Grandier verdammt und verdammen ihn, mit entblößtem Haupte, einen Strick um den Hals und eine brennende Fackel von zwei Pfunden in der Hand, vor der Haupttüre von St. Peter auf dem Markte und vor der Kirche der heiligen Ursula Buße zu tun und auf den Knien Gott, den König und die Gerechtigkeit um Vergebung zu bitten. Und wenn dieses geschehen ist, so soll er auf den Platz des heiligen Kreuzes geführt werden und dort an einem Pfahl über einem Scheiterhaufen, den man zu diesem Zwecke aufrichten wird, angebunden, auch sein Leib lebendig nebst den Bündnissen und zauberischen Zeichen, die bei den Akten aufgehoben sind, und nebst dem Buche, das er gegen das uneheliche Leben der Geistlichen aufgesetzt hat, verbrannt und seine Asche in die Luft gestreut werden. Wir haben auch kund getan und tun hiermit kund, daß alle und jede seine Güter dem König sollen heimgefallen und konfisziert sein, jedoch so, daß davon die Summe von hundertundfünfzig Livres vorausgenommen werde, damit man dafür eine kupferne Platte ankaufen möge, in die der Inhalt gegenwärtigen Urteils eingegraben und alsdann an einem erhabenen Orte in besagter Ursulerinnenkirche zu immerwährendem Gedächtnis aufgehoben werde. Und bevor man zur Vollstreckung des gegenwärtigen Urteils schreite, verordnen wir, daß besagter Grandier wegen Nennung seiner Mitschuldigen auf die ordentliche und außerordentliche Tortur gebracht werde."

Grandier hörte dieses Urteil mit ruhiger Würde, überstand die Folter mit Ausdauer, obgleich man ihm die Beine zwischen zwei Brettern in qualvollster Weise zusammenkeilte, und erklärte, daß er sich nichts vorzuwerfen habe als einige längst gebüßte Fleischesverirrungen, die besessenen Nonnen aber in seinem Leben nicht gesehen habe. Nach der Folter war Laubardemont über zwei Stunden bei ihm und suchte ihn zur Unterzeichnung einer ihm vorgelegten Schrift zu überreden. Grandier schlug dies standhaft ab. Wahrscheinlich war es ein solches Bekenntnis wie dasjenige, das wir noch von Gaufridy besitzen. Am Abend desselben Tags wurde das Urteil vollstreckt, nur daß der Unglückliche wegen Zerschmetterung seiner Beine nicht, wie der Buchstabe wollte, auf den Knien, sondern auf dem Leibe liegend seine Buße tat. Auf dem Scheiterhaufen wollte er zum Volke reden; die Exorzisten aber schütteten ihm eine Flut von Weihwasser ins Gesicht, und als dessen Wirkung vorüber war, gaben sie ihm Judasküsse. Grandier nannte sie selbst so. Wiederholt verlangten sie Bekenntnisse, und als diese nicht erfolgten, gerieten sie in so heftigen Zorn, daß sie die vom Propsteirichter zugestandene Erdrosselung vor dem Anzünden des Holzstoßes zu vereiteln suchten. Sie knüpften in die Schnur, die dem Scharfrichter übergeben wurde, Knoten, daß sie nicht zulaufen konnte, und der Pater Lactantius übernahm selbst das Amt des Henkerknechts, indem er eiligst den Brand ins Holz warf. Grandier rief: „Deus meus, ad te vigilo, miserere mei, Deus!" Seine Stimme wurde von den Kapuzinern unterdrückt, die abermals den Inhalt ihrer Weihkessel auf sein Gesicht ausgossen.

Nach dem Tode des Unglücklichen hörten die Exorzismen noch immer nicht auf. Wir wollen sie nicht weiter verfolgen. Nur verdient noch bemerkt zu werden, daß einst die Abendmahlshostie in dem Munde einer Besessenen

blutig erschien und die Teufel, obgleich mit großem Widerstreben, für die Transsubstantiation Zeugnis ablegten. Der
Pater Lactantius starb in Verzweiflung und Raserei; an
seiner Stelle übernahm der Jesuit Surin die Exorzismen.
Zahlreiche Schriften erschienen zur Erbauung des Publikums.

Urbain Grandiers Pakt mit dem Teufel I

Der Gedanke, das Zeugnis des Teufels für dogmatische
und Inquisitionszwecke zu Ehren zu bringen, rief auch an
andern Orten ähnliche Szenen hervor, unter denen jedoch
einige sogleich in der Geburt erstickten. So war man eben
im Begriff, die Teufel Beelzebub, Barrabas, Carmin und
Gilman aus dem Leibe eines Mädchens in der Wallfahrts-
kapelle U. l. Frauen zu Roquefort, im Gebiet von Avignon,
auszutreiben, als Mazarin, damals päpstlicher Vizelegat,

Kardinal Mazarin

Von Peter van Schuppen

durch einfache Androhung weltlicher Strafen die Teufel
und ihre Beschwörer auf einmal zur Ruhe brachte. Eine

Urbain Grandiers
Pakt
mit dem Teufel II

Beschwörung zu Chinon endete mit öffentlichem Skandal,
und Richelieu, der schon bald nach Grandiers Tode den

Exorzisten die bisher bezogene Entlohnung zurückbehalten hatte, fand es endlich an der Zeit, alle weiteren Wundertaten der frommen Väter ernstlich zu verbieten.

Im achtzehnten Jahrhundert schrieb La Menardaye zur Verteidigung der Exorzismen von Loudun und veröffentlichte eine Abschrift derjenigen Urkunde, durch die sich Grandier dem Teufel verschrieben haben soll[49]. Das Original, sagt er, werde, mit dem Blute des Zauberers unterschrieben, in der Hölle aufbewahrt. (Siehe S. 170, 171.)

In der zweiten Hälfte des siebzehnten Jahrhunderts legte der Doktor der Theologie und Pfarrer zu Vibrai, Jean Baptiste Thiers, die Überzeugung der gebildeten Stände Frankreichs von dem Hexenwesen in einem vierbändigen Traité des superstitions, qui regardent les sacrements (Paris, 1679) dar. Das Werk erlebte 1741 schon die vierte Auflage, doch gehört nur der erste Band hierher, in dem der Verfasser alle kirchlichen Verbote der Zauberei zusammenstellt und die „schwarze Magie" zwar als nichtige Torheit, aber auch als schwerstes Verbrechen zu erweisen sucht.

Von Schweden ist es nicht bekannt, daß man vor dem Dreißigjährigen Kriege Zauberer verbrannt habe; man weiß sogar, daß Christina und ihre Generale solche Verfolgungen in den deutschen Landen hemmten. Aber ganz kurz vor der Krise des Übels war es, als hätte das kalte lutherische Volk dem Aberglauben den zurückbehaltenen Tribut mit einem Male nachzahlen sollen. Der Prozeß von Mora und Elfdale im Jahr 1669 ist einer der furchtbarsten, die die Geschichte der Hexenverfolgung kennt[50].

Bei mehreren Kindern der Kirchspiele Elfdale und Mora in Dalekarlien zeigten sich auffallende Erscheinungen: sie fielen in Ohnmachten und Krämpfe und erzählten bald im

---

49) *Garinet*, p. 236. — 50) *B. Bekker*, bez. Welt, Buch IV, Kap. 29. *Horst* Z. B. Teil I, S. 212ff. *Hauber*, Bibl. mag., Bd. III, St. 30. *W. Scott*, Br. üb. Dämonologie, Teil II, S. 34, und *Th. Wright*, Narratives of sorcery, Chap. XXIX. *Anton Nyström*, Christentum und freies Denken, 2. Aufl., Berlin 1904, S. 279 ff.

gewöhnlichen Zustande, bald in einer Art von Paroxysmus von einem Orte, den sie Blakulla nannten und wohin sie von den Hexen mitgenommen worden seien, um dem dort gefeierten Sabbat beizuwohnen. Hier sollen sie zuweilen vom Teufel Schläge erhalten haben und leiteten von ihnen ihre Kränklichkeit ab. Ein unmäßiges Geschrei erhob sich jetzt in ganz Dalekarlien gegen die Hexen, und vom Hofe wurde eine Kommission gesendet, um die Sache zu untersuchen. Sie verhaftete alsbald eine Menge Weiber und verhörte an dreihundert Kinder. Diese sagten mit mehr oder weniger Übereinstimmung den ihnen gegenübergestellten Weibern die seltsamsten Dinge ins Gesicht. Sie sagten aus, wenn sie den Teufel anriefen, so erscheine er in der Gestalt des tollen Andreas im grauen Rock mit rot und blau gewirkten Strümpfen, mit einem roten Barte und mit einem hohen Hute, der mit Schnüren von mancherlei Farbe verziert sei. Dabei trage er Kniebänder von bedeutender Länge. Er schmiere die Kinder mit einer Salbe ein, setze sie auf eins seiner Tiere und fahre mit ihnen gen Blakulla, wo ein Palast stehe, in dessen Hofe die Tiere, von denen sie hingetragen wären, weideten, und in dessen Gemächern die opulentesten Gastmähler und wildesten Ausschweifungen stattfänden. Etliche der Kinder erzählten auch von einem weißen Engel, der ihnen verboten habe das zu tun, wozu der Teufel sie anreize. Dieser gute Engel stellte sich auch bisweilen an den Eingang des Blakullahauses zwischen die Kinder und die Hexen, diese zurückweisend, damit die Kinder eintreten könnten. — Von den Eltern erfuhr die Kommission, daß die Kinder nachts in deren Armen und in den Betten gelegen hätten, wenn sie am Morgen von ihren nächtlichen Fahrten erzählten. — Mittelst der Folter machte sich die Kommission den ganzen Sachverhalt klar. Nach ihrem Verdikt wurden vierundachtzig Erwachsene und fünfzehn Kinder verbrannt, hundertachtundzwanzig Kinder wurden während eines Jahres allwöchentlich einmal an den Kirchtüren ausgepeitscht und zwanzig der Kleinsten nur an drei aufeinanderfolgenden Tagen gezüchtigt, siebenundvierzig andere Personen von der Instanz entbunden.

Die Bekenntnisse der Verurteilten erzählen im ganzen das Gewöhnliche von den Hexentänzen, in einzelnen Zügen nur noch mehr ins Fratzenhafte gezerrt als anderwärts. Der Teufel führt die Hexen durch die Luft nach Blakulla und züchtigt sie, wenn sie nicht wenigstens fünfzehn oder sechzehn Kinder mitbringen. Um diesen einen bequemen Sitz zu bereiten, verlängern sie den Rücken ihres Bockes durch eine in dessen Hinterteil gesteckte Stange. Der Teufel prügelt oft Hexen und Kinder, zuweilen ist er gnädig, spielt auf der Harfe, läßt sich, wenn er krank ist, von den Hexen schröpfen und ist sogar einmal bei einem solchen Anfalle auf kurze Zeit gestorben. Er hat auch leibliche Söhne und Töchter zu Blakulla verheiratet, die aber statt natürlicher Kinder nur Schlangen, Eidechsen und Kröten erzeugen.

Dieses alles protokollierten die Kommissarien, sprachen das Urteil und kehrten, von dem Danke der Talmänner begleitet, an den Hof zurück. Im Lande betete man sonntäglich in den Kirchen um ferneren Schutz gegen die Macht des Teufels; König Karl XI. aber äußerte später gegen den Herzog von Holstein: „seine Richter und Kommissarien hätten auf vorgebrachten eindringlichen Beweis mehrere Männer, Weiber und Kinder zum Feuertode verurteilt und hinrichten lassen; ob aber die eingestandenen und durch Beweisgründe bestätigten Handlungen wirkliche Tatsachen oder nur die Wirkung zügelloser Einbildungskraft gewesen, sei er bis jetzt nicht imstande zu entscheiden."

Aus dem Munde eines reisenden Schweden, der mit zu Gericht gesessen hatte, berichtet Thomasius, daß die Juristen anfangs Anstand genommen hatten, auf das Gerede unmündiger Kinder eine Untersuchung zu gründen. Die Geistlichen aber bestanden darauf, indem sie behaupteten, daß der heilige Geist, der immer die Ehre Gottes gegen das Reich des Teufels verteidige, nicht zugeben würde, daß die Knaben lögen; denn es heiße im Psalm: „Aus dem Munde der jungen Kinder und Säuglinge hast du dir deine Macht zugerichtet, daß du vertilgest den Feind und die Rachgierigen." Erst als schon viele Unschuldige verbrannt waren, gelang es einem der weltlichen Assessoren, den Theologen durch eine angestellte Probe den Beweis zu führen, daß der heilige Geist nicht aus den Kindern redete. Er versprach nämlich mit Vorwissen seiner Kollegen einem unter den Knaben einen halben Taler und bestimmte ihn dadurch, seine Denunziation von einer ehrbaren Person alsbald auf eine andere zu übertragen[51].

Die Bewegung drang bald nach Angermanland, wo 1675 nicht weniger als 75 Personen zum Tode verurteilt wurden, dann nach Bohuslän, Uppland, Stockholm usw. Der berühmte Gelehrte und Arzt Urban Hjärne, ein Mitglied des Königlichen Kommissorialgerichtes in Stockholm, eigens eingesetzt, die Hexen abzuurteilen, ermittelte den Trug, der mit den falschen Anzeigen betrieben wurde. Er hatte jedoch die Geistlichkeit gegen sich, der allein es zuzuschreiben war, daß erst in der zweiten Hälfte des achtzehnten Jahrhunderts die Hexenprozesse aufhörten[52].

Sollen wir fortfahren in unserer Rundreise? Noch könnte manche seltsame Geschichte erzählt werden. Es ließe sich außer vielem andern berichten, wie mit Mazarins Billigung 1643 die Pförtnerin im Kloster zu Louviers exorzisiert und dann als Buhlerin des Teufels eingemauert wurde[53]; wie eine Chambre de la tournelle zu Aix den Naturforscher Jean Pierre d'Orenson zum Galgen verurteilte, weil er ein Experiment über die Harmonie der Töne an einem Skelett angestellt hatte; oder wie noch 1670 zu Haye du Puis auf Ansuchen des General-Prokurators an dem Pfarrer von Coignies die Nadelprobe vorgenommen und das Hexenmal gefunden wurde. „Zu Bern in der Schweitz, als der Magistrat dieser Stadt einigen frantzösischen Marionetten-

---

51) *Thomasius*, Kurze Lehrsätze vom Laster der Zauberei, § 46. — 52) *Nyström*, S. 282 f. — 53) *Garinet*, 245.

Spielern die Erlaubnus gegeben hatte, in der Stadt ein Theatrum aufzurichten und nachgehends erfuhre, was für seltsame Dinge sie mit ihren Puppen machten, daß sie redeten, die vorgelegten Fragen beantworteten, erschienen und in einem Augenblick verschwünden, plötzlich sich erhüben, als ob sie aus der Erde kämen, und wieder fielen, als ob sie verschwünden, und was sie sonsten noch für Possen machten, gabe er ihnen Teuffels-Streiche schuldig, und wenn sie nicht eingepackt hätten und mit gleicher Geschicklichkeit und Geschwindigkeit, wie ihre Marionetten verschwunden wären, würden diese armen unschuldigen Leute ohnfehlbar als Teuffel und Teuffels-Meister zum Feuer verdammt worden seyn, ja vielleicht noch wohl eine härtere Strafe haben ausstehen müssen[54]." Wir könnten dann weiter durchmustern, was sich in Preußen, Polen, Ungarn und Italien, in Spanien und Portugal, ja in Goa und Mexiko begab. Aber wir würden nichts Neues sehen und vor Erreichung des Ziels ermüden an dem überall wesentlich gleichen Grundcharakter in Glauben, Verfahren und Strafe, bei unbedeutenden lokalen Verschiedenheiten. Und diese ermüdende Wanderung würde nicht einmal mit dem traurigen Troste enden, daß in jenem Jahrhundert außer England irgend eine Nation die unserige in der Anzahl der Opfer eingeholt oder überboten hätte.

---

54) Geschichte des Teuffels, aus dem Englischen übersetzet, in zwey Theilen, Frankfurt am Mayn MDCCXXXIII, S. 495. Zitiert bei *Engel*, Deutsche Puppenkomödien, Oldenburg 1875, II., S. IX.

BEKÄMPFUNG UND VERTEIDIGUNG DES GLAUBENS AN HEXEREI UND DER HEXENVERFOLGUNG WÄHREND DES SIEBZEHNTEN JAHRHUNDERTS IN DEUTSCHLAND

1. DIE DREI JESUITEN ADAM TANNER, PAUL LAYMANN UND FRIEDRICH SPEE

Welche Wüste, welche Mördergrube war aus Deutschland, war aus dem gesamten christlichen Abendlande geworden! Überall, in allen Ländern ertönte der Schrei der Verzweiflung in den Folterkammern, und aller Orten rauchten die Scheiterhaufen, auf denen ein dämonischer Aberglaube seine Opfer brachte, — Jahr aus Jahr ein! Und immer von neuem schleppten Gerichte und juristische Fakultäten Opfer herbei, deren Glieder auf der Marterbank mit dem Hexenhammer zerschlagen, deren Leiber zerrissen und in Flammen geworfen wurden! Theologen und Juristen wetteiferten, die Lehre von den Hexen zu verteidigen, zu verfeinern, zu verbreiten, Fürsten und Behörden gaben ihr mit dem Scheiterhaufen Anwendung und Nachdruck. Auf protestantischen wie katholischen Kanzeln hielt man Teufels- und Hexenpredigten, die dann durch den Druck verbreitet wurden. Die immer zahlreicher werdenden Prozesse wirkten ebenso aufreizend wie die Hexenpredigten, der Hexenhammer und die ganze Hexenliteratur. Jede Verfolgung mußte den Wahn weiterverbreiten und verstärken, da sie das Volk vor die Wahl stellte, an aller göttlichen und menschlichen Autorität, ja an der sittlichen Weltordnung irre zu werden, oder dem Glauben zu huldigen, auf dem die Verfolgung beruhte. Die Menge aber strömt immer nach, wohin der Strom sie reißt. „Muß wohl an Hexerei glauben," sagte der Eichstätter Kaplan im Verhör, „da ja die Hexen hingerichtet werden!" „Sollen wir etwa glauben, daß diese vielen Tausende von Hexen unschuldig verbrannt worden sind?" fragt der Jesuit Drexel[1].

---

1) *Riezler*, S. 231 f.

War denn da niemand, der die Greuel des Wahnsinns erkannte und seine Stimme gegen sie zu erheben wagte?

Allerdings gab es einzelne, die es einsahen, daß ein scheußlicher Molochsdienst in der Hexenverfolgung verübt ward, und die vor ihm warnten; und diese einzelnen fanden sich — im Jesuitenorden vor! Allein es war ein schreckliches Zeichen der Zeit, daß, nachdem zwei Ordensmänner an dem System der Hexenverfolgung zu rütteln gewagt hatten, der dritte, vor dessen Geistesauge sich die Unvernunft und Unmenschlichkeit des Wahnes am vollständigsten bloßlegte, und der es darum nicht lassen konnte, seine Stimme laut und vernehmlich gegen das frevelhafte Martern und Morden zu erheben, die Notwendigkeit einsah, dieses nur vom dichtesten Versteck aus zu tun, in dem ihn kein Mensch vermuten konnte.

Der erste dieser Kämpen, dem allerdings nicht das uneingeschränkte Lob gebührt, das man ihm aus naheliegenden Gründen zuteil werden ließ, war der Jesuit Tanner. Adam Tanner, geboren zu Innsbruck 1572, gestorben am 25. März 1632 in Unken bei Salzburg, absolvierte in seiner Vaterstadt und in Dillingen humanistische und philosophische Studien. Er trat 1591 in den Jesuitenorden, machte zu Landsberg das Noviziat ab und studierte dann Theologie zu Ingolstadt. 1596 wurde er Professor des Hebräischen zu Ingolstadt, dann in München Professor der Kontroversen und der Moraltheologie. 1599 veröffentlichte Tanner seine erste Schrift: „De verbo Dei scripto et non scripto et de judice controversarium". 1601 bis 1603 nahm er an dem von dem Herzog Maximilian von Bayern und dem Pfalzgrafen Philipp Ludwig von Neuburg in Regensburg veranstalteten Religionsgespräch teil, nach dessen Beendigung er den theologischen Doktorgrad erhielt. Er wurde hierauf Professor der scholastischen Theologie in Ingolstadt, ging 1618 in gleicher Eigenschaft nach Wien, kehrte aber schon nach einem Jahre wieder nach Ingolstadt zurück. Bald darauf wurde er vom Kaiser Ferdinand II.

als Kanzler an die Prager Universität berufen, legte aber wegen Kränklichkeit diese Würde bald nieder. Er war dann drei Jahre Pater Minister, fünf Monate Rektor zu Hall in Tirol, dann Studienrektor und Professor der heil. Schrift in Ingolstadt. 1632 verließ er seiner Krankheit wegen — er litt an Wassersucht — Ingolstadt, um sich in seine Heimat zu begeben. Auf dem Wege dahin ereilte ihn der Tod.

Er, der so vernünftig für die Hexen eintrat, kam nach seinem Hinscheiden selbst in den Geruch, ein Hexenmeister zu sein. „Nach seinem Tode fanden die Bewohner des Hauses zu Unken, in dem er gestorben war, unter seinen Habseligkeiten ein ihm von seinem Ordensgenossen Christoph Scheiner geschenktes Vergrößerungsglas, in dem eine Mücke eingeschlossen war. Sie hielten das große behaarte Tier in dem kleinen Glase für einen „Glasteufel" und den Verstorbenen für einen Zauberer, der nicht in geweihter Erde begraben werden durfte, wurden aber von dem Pfarrer dadurch beruhigt, daß er die Mücke aus dem Glase herausnahm und ihnen in ihrer natürlichen Größe zeigte und eine andere Mücke in das Mikroskop hineintat, die nun ebenso aussah wie der Glasteufel[2]."

Schon während seiner Lehrtätigkeit in München wurden ihm, wie er in der „Theologia" erzählt, verschiedene wichtige Fragen vorgelegt, die sich auf die Hexenprozesse bezogen. In seinem Werke sprach er sich nur zu dem Zwecke ausführlich darüber aus, damit „die Gebildeten seiner Zeit und vor allem die Obrigkeit von seinen Ansichten Kenntnis nehmen und sie in reifliche Erwägung ziehen" möchten[3].

In der fünften „Disputatio" des ersten Bandes kommt er auf die Engel und Dämonen, wobei er allerlei „Dubia", namentlich auch die Frage erörtert, „was von der Versetzung der Hexen nach ihren Sammelplätzen zu halten sei und ob sie wirklich getragen würden. Indem er nun

---

2) *Rensch*, Allg. deutsche Biographie, XXXVII, Leipzig 1894, S. 380 ff. -- 3) *Janssen*, VIII, S. 713.

dieses für ganz unmöglich erklärt, äußert er seine Meinung dahin, daß die Angaben der Weiber, die durch den Teufel zu den Hexensabbaten gebracht sein wollten, in der Regel auf Träumen und Sinnestäuschungen beruhten. Nichtsdestoweniger ist die entgegengesetzte Meinung wahr und ausgemacht, daß die Hexen nicht selten auch wirklich und körperlich vom Teufel zu ihren Versammlungen getragen werden. „Dies ist jetzt unter den Katholiken die allgemeine Ansicht der Theologen und Juristen." Allerdings betont er Bedenken gegen die Realität der Ausfahrten. Er bemerkt, daß die meisten dieser Hexen verheiratet seien. Wie wäre es nun möglich, daß sie so viele Nächte hindurch von ihren Männern entfernt wären, ohne daß diese es merkten? Doch vielleicht glaube man, daß der Teufel an die Stelle der Weiber irgendeinen Scheinkörper lege; allein man dürfe nicht annehmen, daß Gott so leicht und so häufig dem Teufel eine solche Täuschung und Berückung unschuldiger Männer gestatte. Viele dieser Weibspersonen, sowohl verheiratete wie unverheiratete, seien auch in ihren Wohnungen durch Türen, Fensterbalken und Riegel so wohl verwahrt, daß sie der Teufel ganz unmöglich entführen könne, ohne Lärm zu machen. Auf die Geständnisse der Hexen sei nichts zu geben; denn deren Aussagen ständen oft miteinander in Widerspruch, und wenn sie behaupteten, daß sie in Gestalt einer Katze, einer Maus oder eines Vogels vom Satan hinweggeführt worden seien, so könne dieses nur als Phantasterei angesehen werden. Deshalb geht seine eigene Ansicht dahin, daß die Hexen häufig Träume für Tatsachen halten, daß aber an dem wirklichen Vorkommen körperlicher Ausfahrten festzuhalten sei. Die Dämonen besäßen auch nicht die Gewalt, aus sich selbst (ohne göttliche Zulassung) und durch angebliche Zauberer Menschen und Tieren zu schaden, ausgenommen den Fall, daß sie giftige Salben oder sonstige Mittel anwendeten, die den Menschen auf natürliche Weise schädlich wären. Ungleich wichtiger als diese verklausulierten Einschränkungen der herrschenden Theorien ist was Tanner im dritten Bande seines Werks, und zwar in der vierten Disputatio (Quaestio 5), von dem Prozesse gegen die crimina excepta, insbesondere gegen das crimen veneficii, sagt. Er verlangt, daß in ihnen nach Vernunft und Billigkeit vorgegangen werde, weshalb die Richter vor allem darauf achten sollen, daß nicht aus einem solchen Prozesse auch für Unschuldige Gefahr erwachse. Denn „wie groß ist die Schmach, wie groß sind die Qualen, denen Unschuldige ausgesetzt sein können, wenn sie jahrelang in Prozesse wegen angeblicher Hexerei verwickelt sind! Wie groß ist der Schaden, der daraus für viele, manchmal auch vornehme Familien erwächst!"

Ferner müsse als Grundsatz gelten, daß die wegen Verdachts der Hexerei Eingezogenen nicht von vornherein als Schuldige angesehen und behandelt werden dürften, weshalb ihnen die Möglichkeit, sich von dem Verdachte zu reinigen, gegeben werden müsse. Die auf der Tortur erpreßten Geständnisse seien ohne allen Wert und jeder sich auf sie gründende Urteilsspruch deshalb nichtig und an sich ungültig.

Hierauf wendet sich Tanner gegen die von vielen „Doctores" vertretene Ansicht, daß, um zur peinlichen Frage schreiten zu können, die Denunziation eines oder mehrerer Mitschuldigen genüge. Habe man keine sicheren Indizien, so dürfe man auf bloße Denunziation hin, und wenn sie auch von noch so vielen ausgehe, Personen, die sich sonst eines guten Rufes erfreuten, weder martern noch verurteilen. Diese Behauptung widerspreche zwar der Ansicht vieler Rechtsgelehrten und der üblichen Praxis der Gerichte, allein sie beruhe auf der Vernunft. Denn entweder seien die Denunzianten wirklich, wie sie von sich selbst aussagen, Hexen und Zauberer oder sie seien es nicht. Sind sie es nicht, so lügen sie, indem sie dann „Mitschuldige" nicht haben können; sind sie aber wirklich, wie angenommen wird, Hexen und Zauberer, so sind sie vermöge der Natur dieses Verbrechens solche Personen, von denen man anzunehmen hat, daß sie allen, zumal unschuldigen Leuten, auf jede Weise, also auch durch eine Verderben bringende falsche Aussage schaden wollen. Wie könnte also ihre Aussage von solchem Gewicht sein, daß sie genüge, um sonst unbescholtene Leute einzukerkern und mit den schrecklichsten Torturen zu peinigen!

Um zu beweisen, wie gefährlich und töricht es sei, auf derlei Denunziationen hin die peinliche Frage zu verhängen, erzählt Tanner, es sei ihm von zwei sehr angesehenen und gelehrten Männern gesagt worden, daß gewisse Personen, von deren Unschuld sie vollkommen überzeugt gewesen, nur um der ihnen gedrohten Tortur zu entgehen, absichtlich allerlei Dinge ausgesagt hätten, weil sie geglaubt, daß sie nach ihnen auf der Folter befragt werden würden. Wie leichtfertig bisweilen die Untersuchung geführt werde, beweise der Fall, der sich unlängst in einer Stadt am Rhein zugetragen, daß nämlich, als dort die Geständnisse der wegen Hexerei Verurteilten öffentlich vorgelesen und unter anderen Verbrechen auch verschiedene Mordtaten und Verzauberungen, die gewissen und mit Namen genannten Personen daselbst zugefügt worden seien, aufgerufen wurden, jene Personen selbst, die gesund und wohlbehalten zugegen waren, die Falschheit der vorgelesenen Geständnisse bezeugt haben.

Weiterhin weist Tanner nach, wie notwendig es sei, daß die Prozeßführung in allen Punkten durch klare Bestimmungen festgestellt und der Willkür der Richter entzogen werde. Auch müsse man den wegen Hexerei Angeklagten, die oft ganz ungebildete, einfältige Personen seien, ordentliche Verteidiger geben, und bei der Anwendung der Tortur müsse man das Maß beobachten und alles vermeiden, wodurch das Schamgefühl verletzt werde. Tanner erzählt, daß ihm ein tapferer, frommer, gelehrter und kluger Mann gestanden habe, er traue sich nicht die Kraft zu, die übliche Folter zu ertragen, selbst wenn es gälte, einen Unschuldigen zu retten. Oft höre man auch von Hexen, daß sie ihr den Tod vorziehen, zumal sie zuweilen auch gegen ihre Scham und Sittsamkeit verstoße[4].

Den Geistlichen macht es Tanner zur Pflicht, wenn sie sich von der Unschuld Angeklagter überzeugt zu haben glauben, dieses den Richtern in kluger Weise mitzuteilen und diese zu einer Prüfung der Akten zu veranlassen. Der Seelsorger muß sich aber hüten, nicht zu sehr in den Verurteilten zu dringen, sein Geständnis zu widerrufen, noch darf er einen freiwillig geleisteten Widerruf unklug und in ärgernisgebender Weise an die Öffentlichkeit bringen. In den meisten Fällen wird es genügen, den Richter davon in Kenntnis zu setzen[5]. Namentlich aber haben sie jedem Verurteilten einzuschärfen, daß er, wenn er etwa eine unschuldige Person denunziert hat, sub peccato mortali verpflichtet ist, diese falsche Aussage zu widerrufen.

In den folgenden Abschnitten erörtert Tanner die Fragen, auf welche Weise sich der Christ gegen Zaubereien zu schützen habe, und durch welche Mittel sie zu bekämpfen und auszurotten seien. Zur Ausrottung empfiehlt er Abschaffung alles dessen, was dem Teufel Vorschub leistet: der ländlich-unsittlichen Belustigungen, der Tänze, des anstößigen Brauches, Frauen am Kindleinstage mit Ruten zu schlagen[6]. Ferner durch Übereinkunft der Fürsten in der ganzen Christenheit einheitliche Organisation der Hexenprozesse. Wiewohl nicht zu hoffen, daß dieses Verbrechen durch Strenge je ausgerottet werden könne, ist solche doch nötig, um Gottes Ehre zu rächen und das Ärgernis zu vermeiden, daß Einfältige glauben, es gebe kein solches Verbrechen. Erfordernisse dieses Universalhexenprozesses wären: gelehrte, kluge, unbescholtene Richter; Beiordnung eines Theologen; endlich überall in

---

4) Riezler, S. 253[8]f. — 5) Riezler, S. 255 ff. — 6) Das sogen. Fitzeln, das heute noch in manchen Teilen Norddeutschlands stark verbreitet ist. Über das Fitzeln in der Vergangenheit *D. Joh. Georg Krünitz*, Encyklopädie, 37. Teil, Berlin 1786, S. 868f.

Stadt und Land Bestellung von Aufpassern (syndici et exploratores), die auf alle Anzeichen von Hexerei sorgfältig zu achten und diese heimlich zur Anzeige zu bringen hätten. Die Prozesse sollen nicht zu lange dauern, nach Mitschuldigen die Hexen erst dann gefragt werden, wenn sie ihr Todesurteil vernommen und gebeichtet haben. Wahrhaft Reumütigen soll außer Gericht Straflosigkeit versprochen und ihre Namen sollen im Katalog der Angezeigten gestrichen werden. Zuweilen würde es vielleicht nützen, auch gegen Verurteilte so gnädig zu sein und sie nur mit Kirchenbußen zu belegen. Dann durch den Gebrauch geistlicher Mittel. Dämonen, Zauberer und Hexen, sagt er, können ja nur wenn es „ob bonum finem", mit göttlicher Zulassung geschehe, nicht aber aus sich selbst heraus leiblichen Schaden bringen. Weil darum die ganze Sache von der göttlichen Vorsehung abhängt, sei das beste Mittel zur Abwehr zauberischer Anläufe fester Glaube an Gott, Gebet, Fleiß in der Heiligung, Gebrauch der Sakramente, werktätige Liebe.

Tanner hat durch sein Werk vielfache Verfolgungen erleiden müssen. Zwei Inquisitoren, die seine Äußerungen über die Hexenverfolgung gelesen hatten, erklärten laut, sie würden diesen Menschen, sobald sie ihn in ihre Gewalt bekämen, sofort auf die Folter spannen.

Der zweite Jesuit, der in seinen Vorlesungen wie in seinen Werken der Hexenfrage besondere Aufmerksamkeit schenkte, war Paul Laymann. 1575 zu Innsbruck geboren, war er in München, Ingolstadt und Dillingen Professor des kanonischen Rechts und starb am 13. November 1635 zu Konstanz an der Pest[7]. Sein Hauptwerk ist seine zuerst 1625 in München herausgegebene Theologia moralis. In ihm wirft er (Lib. III de institia Tract. 6, cap. 5) die Frage auf: ob es besser sei, gegen die Zauberer und Hexen vorsichtig und nur dann einzuschreiten, wenn genügende Indizien vorhanden seien, oder ob es geratener sei, wegen der

---

7) *Rapp*, S. 69—70.

PROCESSVS IVRIDICVS

CONTRA SAGAS ET VENEFICOS.

Das ist/

Ein Rechtlicher Proceß gegen die Vnholden vnd Zauberische Personen.

In welchem ordentlich docirt/ vnd auß Fürnehmen beyder Rechten Doctoren/ vnd berümbten Scribenten vorgetragen wird: Was gestalt Geistliche vnd weltliche Inquisitores, Richter/ Schäffen/ vnd Mit Beampten/ so wol vor als nach der Gäptur der Maleficanten/ dann auch vor vnd nach dem Capital-Sentenz/ vnd letztem Rechts Vrtheil/ mit den Reis, vnd Beklagten/ wegen deß Zauberey Lasters (damit sie ohn Sorg vnd Gefahr in Tribunalibus, vnd Gerichtsstätten procedieren vnd verfahren mögen) sich zuverhalten haben.

Ist mit gutem Fleiß/ vnnd gründlicher Probation/ vnd beweiß/ Durch P. PAVLVM LAYMANN der Societet IESV Theologum vnd Iuris Canonic Doctorn, in Lateinischer Sprach beschrieben: jetzt den Gerichtshältern/ vnd guter Iustici Befreundten zum besten verteutscht/ Auch mit bewärten Historien/ vnd andern Vmbständen vermehret/ vnd in vnderschiedliche Titeln ordentlich abgetheilt.

Gedruckt zu Cölln/ bey Peter Metternich/ im Schwartzenhauß vor den Augustinern/ Im Jahr/ 1629.

Erster Druck der deutschen Uebersetzung von Paul Laymanns Traktat gegen die Hexenverfolgung

Schwere und Schädlichkeit dieses Verbrechens auch in zweifelhaften Fällen den Prozeß einzuleiten — und entscheidet sich für die Ansicht, daß man nicht leicht Denunziationen Glauben zu schenken habe, wenn nicht die betreffende Person überhaupt verrufen oder der gegen sie rege gewordene Verdacht durch sichere Indizien begründet worden sei. Allerdings stehe es geschrieben: Maleficos non patieris vivere, aber ebenso fest stehe auch das Gesetz: Ne insontem occidas! Habe man daher bezüglich eines Angeklagten zu befürchten, daß er ein Zauberer sei, und falls er nicht justifiziert werde, Gott und den Menschen Unbilden zufüge, und habe man andererseits zu besorgen, daß ihm, als einem vielleicht fälschlich Angeklagten, durch das Gefängnis und die Tortur ungerechterweise an Ehre, Leib und Leben Schaden zugefügt werde, so habe man das kleinere Übel zu ertragen, damit nicht ein größeres entstehe, das durch ein höheres Gesetz verboten sei[8].

Die Zeit war aber noch für solche Mahnungen taub. Man marterte und mordete ruhig weiter, und es schien in Erfüllung gehen zu sollen, worauf Laymann in seiner Theol. mor. (L. III, Tr. 6, P. 3) hingewiesen hatte: „Es ist jetzt so weit gekommen, daß, wenn solche Prozesse noch länger fortgesetzt werden, ganze Dörfer, Märkte und Städte veröden, und daß niemand mehr sicher sein wird, auch nicht einmal Geistliche und Priester."

Da wurde plötzlich eine neue Stimme laut, die noch vernehmlicher, noch gewaltiger als die bisherigen auf den Wahnsinn der Hexenverfolgung hinwies.

Wir reden von der Cautio criminalis, die 1631 anonym zu Rinteln erschien. Ihr Titel lautet: Cautio criminalis, seu de processibus contra sagas liber ad magistratus Germaniae hoc tempore necessarius; tum autem consiliariis et confessariis principum, inquisitoribus, judicibus, advocatis, confessariis reorum, concionatoribus ceterisque lectu utilissimus. Auctore incerto Theologo orthodoxo. Rintelii, typis

8) *Riezler*, 259, *Janssen* VIII, 710f.

exscripsit Petrus Lucius, typogr. Acad. MDCXXXI. —
Schon 1632 wurde das Buch von Gronäus in Frankfurt a. M.
neu aufgelegt. Eine dritte Auflage erschien 1695 zu Sulzbach, die letzte wohl zu Augsburg, 1731. Eine deutsche
Übersetzung im Auszug wurde 1647 unter dem Titel
„Gewissensbuch von Prozessen gegen die Hexen" von dem
schwedischen Feldprediger J. Seiffert zu Bremen herausgegeben. Eine vollständige Übersetzung veranstaltete der
Sekretär und Rat des Grafen Moritz zu Nassau-Katzen-
ellenbogen. Hermann Schmidt. Doch wagte er erst 1648
das schon 1642 abgeschlossene Manuskript der Öffentlichkeit zu übergeben. Die Übersetzung trägt den Titel:
„Hochnotpeinliche Vorsichtsmaßregel oder Warnungsschrift
über die Hexenprozesse, gerichtet an alle Behörden Deutschlands, an die Fürsten und ihre Räte, an die Richter und
Advokaten, Beichtiger, Redner und an das ganze Volk."
Eine andere Übertragung gab Reiche in seinen „Unterschiedlichen Schriften vom Unfug des Hexenprozesses"
(Halle 1703) heraus. Eine französische Übersetzung wurde
zu Lyon 1660 veröffentlicht. Die Cautio criminalis wurde
so schnell vergriffen, daß schon im folgenden Jahre eine
zweite Auflage nötig war. Ihr Herausgeber, Gronäus, bezieht sich für sein Unternehmen auf den ausdrücklichen
Wunsch einiger Glieder des Reichskammergerichts und
des Reichshofrats. Späterhin erschienen noch mehrere Ab-
drücke und verschiedene Übersetzungen, und es ist darum
keinem Zweifel unterworfen, daß das Werk Aufsehen gemacht habe. Um so wunderbarer ist's, daß wir es von
den ersten Kriminalisten des Jahrhunderts, einem Carpzov,
Berlich und Brunnemann, gar nicht erwähnt finden, und
daß auch Thomasius, als er sein erstes Schriftchen über
die Zauberei herausgab, annahm, die Cautio criminalis sei
ein ganz neues Buch, weil er nur von deren letzter Ausgabe Kenntnis hatte. Hauber vermutet, vielleicht nicht mit
Unrecht, daß die ersten Ausgaben von den an den Pranger
gestellten Hexenrichtern möglichst unterdrückt worden

Cautio
CRIMINALIS,

Seu

DE PROCESSIBUS
CONTRA SAGAS

Liber.

AD MAGISTRATVS

Germaniæ hoc tempore necessarius,

Tum autem

Consiliariis, & Confessariis Principum,
Inquisitoribus, Judicibus, Advocatis, Confessariis
reorum, Concionatoribus, cæterisq; lectu
utilissimus.

AVCTORE

INCERTO THEOLOGO ROMANO.

RINTHELII,
Typis exscripsit Petrus Lucius Typog. Acad.

M DC XXXI

---

seien; wenigstens waren Exemplare schon zu seiner Zeit sehr selten geworden[9].

Friedrich von Spee
Nach dem Gemälde im Kölner Marzellen-Gymnasium

Der Verfasser dieser Schrift war der Jesuit Friedrich Spee[10], der unsterbliche Verfasser der „Trutznachtigall",

9) Bibl. mag., Teil III, S. 10 f. — 10) *Alex. Baldi*, Die Hexenprozesse in Deutschland und ihr hervorragendster Bekämpfer, Würzburg 1874;

der Sprosse des adeligen, jetzt gräflichen Geschlechts der Spee von Langenfeld. Im Jahre 1591 zu Kaiserswerth im Kölnischen geboren, war er als neunzehnjähriger Jüngling bei den Jesuiten in Trier als Novize eingetreten, von wo er in das Ordenshaus nach Köln übersiedelte. Hier 1621 in die Gesellschaft aufgenommen, wurde er mit der Professur der Philosophie und Moral betraut, 1624 aber in das Jesuitenkolleg zu Paderborn versetzt, von wo aus er dem in die Gemeinden und namentlich in den Adel der Diözese Paderborn eingedrungenen Protestantismus entgegenarbeiten sollte. Durch seine Klugheit und Geschicklichkeit soll es ihm auch gelungen sein, den größten Teil des Paderborner Adels in die katholische Kirche zurückzuführen. Die großen Erfolge seiner Missionsarbeit in Paderborn veranlaßten den Orden, ihn zu gleichem Zwecke 1627 nach Bamberg und Würzburg zu berufen. Hier jedoch, wo eben damals die grausigsten Hexenverfolgungen im Gange waren, sah sich Spee beauftragt, als Beichtvater der zum Tode verurteilten Hexen zu fungieren. Diese neue Tätigkeit ließ ihn tief in den Abgrund sehen, der so viele Tausende verschlang. Bald fiel es ihm wie Schuppen von den Augen und es trieb ihn zu kühner, männlicher Tat. Er schrieb seine Cautio criminalis, eine Warnungsschrift, die er jedoch erst, nachdem er aus Franken in das Paderborner Land zurückgekehrt war, drucken zu lassen wagte, — und zwar anonym. Die Annahme des Chefredakteurs der klerikalen „Köln. Volkszeitung", Dr. Cardauns, der da schreibt: „Die Approbation der Ordensoberen trägt das Buch (Spees) nicht, indes steht zu vermuten, daß die Cautio bei ihnen wohlwollend aufgenommen wurde"[11], hat

Hölscher, Friedrich Spee von Langenfeld (Düsseldorfer Realschulprogramm von 1871); *J. B. M. Diel*, Friedrich v Spee, eine biographische und literar-historische Skizze, Freiburg 1872, *F. J. Micus*, Friedrich Spee in der Zeitschrift des Vereins für Geschichte und Altertumskunde Westfalens, B. XIII, Münster 1852, S. 59—76; *Gebhardt*, Friedrich Spee von Langenfeld, Hildesheim 1893. — 11) Frankfurter zeitgemäße Broschüren, 1894, V, Nr. 4, S. 125.

auch nicht den Schein von Berechtigung. Spee hat seine wohlwollenden Oberen besser gekannt als Herr Dr. Cardauns sie zu kennen vorgibt.

Schon binnen wenigen Monaten waren alle Exemplare vergriffen. Niemand ahnte, wer der Verfasser sei, und sogar noch vierzehn Jahre nach Spees Tode war selbst dem Übersetzer des Buches dessen Autor unbekannt. Erst Leibnitz hat den Namen Spees als Urhebers der Cautio criminalis der Welt verkündet[12].

„Dieser ausgezeichnete Mann — sagt Leibnitz von Spee — verwaltete in Franken das Amt eines Beichtvaters, als man im Bambergischen und Würzburgischen viele Personen wegen Zauberei fing und verbrannte. Johann Philipp von Schönborn, später Bischof von Würzburg und zuletzt Kurfürst von Mainz, lebte damals in Würzburg als junger Kanonikus und hatte mit Spee eine vertraute Freundschaft geschlossen. Als nun einst der junge Mann fragte, warum wohl der ehrwürdige Vater ein graueres Haupt habe, als seinen Jahren gemäß sei, antwortete dieser: das rühre von Hexen her, die er zum Scheiterhaufen begleitet habe. Hierüber wunderte sich Schönborn, und Spee löste ihm das Rätsel folgendermaßen: Er habe durch alle Nachforschungen in seiner Stellung als Beichtvater bei keinem von denjenigen, die er zum Tode bereitet, etwas gefunden, woraus er sich hätte überzeugen können, daß ihnen das Verbrechen der Zauberei mit Recht wäre zur Last gelegt worden. Einfältige Leute hätten sich auf seine beichtväterlichen Fragen, aus Furcht vor wiederholter Tortur, anfänglich allerdings für Hexen ausgegeben, bald aber, als sie sich überzeugten, daß vom Beichtvater nichts zu besorgen sei, hätten sie Zutrauen gefaßt und aus ganz anderem Tone gesprochen. Unter Heulen und Schluchzen hätten alle die Unwissenheit oder Bosheit der Richter und ihr eigenes Elend bejammert und noch in ihren letzten

12) *Theodicee*, Bd. I. §. 96 u 97. Herausgegeben von Rob. Habs, Leipzig o. J., S. 244f.

Augenblicken Gott zum Zeugen ihrer Unschuld angerufen. Die häufige Wiederholung solcher Jammerszenen habe einen so tiefen Eindruck auf ihn gemacht, daß er vor der Zeit grau geworden. Als Schönborn mit Spee immer vertrauter geworden war, gestand ihm dieser, daß er der Verfasser der Cautio criminalis sei. In der Folge wurde Schönborn Bischof und Reichsfürst, und so oft eine Person der Zauberei bezichtigt wurde, unterzog er, eingedenk der Worte des ehrwürdigen Mannes, die Sache seiner eigenen Prüfung und fand die von jenem ausgesprochenen Warnungen nur allzu begründet. So hörten in jener Gegend die Menschenbrände auf."

Aus dem Erwähnten ist zu ersehen, was Spee mit seiner Schrift bezweckte. Er hatte aus der nächsten Nähe den Hexenprozeß in seiner furchtbarsten Übertreibung kennen gelernt und wollte dem Unwesen entgegentreten. Indessen ist es nicht das Prinzip selbst, was er bekämpft, sondern die Praxis. Er räumt die Existenz der Hexerei und die Notwendigkeit eines Verfahrens gegen sie ein; aber unter seinen Händen schmilzt der Hexenglaube so sehr zusammen und erhält das Verfahren eine so vollkommene Umgestaltung, daß bei gewissenhafter Durchführung seiner Grundsätze Deutschland schwerlich wieder einen einzigen Hexenbrand gesehen hätte. Seine scharfe Kritik ergießt sich über den Aberglauben und die Gehässigkeit des Pöbels, die Habsucht, Voreingenommenheit und geistige Unselbständigkeit der Richter, den Leichtsinn der Fürsten, die Beschränktheit und den Fanatismus der Geistlichen die Trüglichkeit der sogenannten Beweise, die Grausamkeit der Tortur und überhaupt über die Unregelmäßigkeit und Nichtigkeit des ganzen Verfahrens. Die Hervorhebung einzelner Stellen seines Werkes wird auch Spee und seine Zeit am besten charakterisieren.

„Erste Frage. Ob auch in Wahrheit Zauberer, Hexen und Unholden seien?

Ja. Dann ob mir zwar nicht unbewußt, daß etliche,

und darunter auch einige katholische Gelehrte, die ich eben nicht nennen mag, dasselbige in Zweifel gezogen; obs auch zwar etliche davor halten oder muthmaßen wollen, daß mans in der katholischen Kirchen nicht allzeit geglaubt habe, daß die Hexen und Unholden ihre leiblichen Zusammenkünfte hielten; ob auch wohl endlich ich selbst, als ich mit unterschiedlichen dieses Lasters Schuldthätigen in ihren Gefängnissen viel und oft umgegangen und der Sachen nicht allein fleißig und genau, sondern fast vorwitzig nachgeforschet, mich nicht ein-, sondern etlichemal so betreten gefunden, daß ich fast nicht gewußt, was ich dießfalls glauben sollte. Nichtsdestoweniger nachdem ich meine hierbei sich ereignende zweifelhafte und verwirrte Gedanken kürzlich zusammenfasse und erwäge, so halte ich's gänzlich davor, daß in der Welt wahrhaftig etliche Zauberer und Unholden seien und daß dasselbig von Niemandem ohne Leichtfertigkeit und groben Unverstand geleugnet werden könne. — — Daß aber deren so viel, oder auch, daß die alle miteinander, welche bisher unterm Prätext dieses Lasters in die Luft geflogen, Zauberer oder Hexen seien oder gewesen sein sollen, das glaube ich nicht, und glauben's auch andere gottesfürchtige Leute mit mir nicht. Und wird mich auch Keiner, der nur nicht etwan auf des gemeinen Pöbels Geschrei oder Ansehen der Personen zuplatzen, sondern dem Handel mit Witz und Vernunft nachdenken wird, leichtlich überreden, daß ich dasselbige glauben soll." — —

„Die andere Frage. Ob's in Deutschland mehr Zauberer, Hexen und Unholden gebe, als anderswo?

Diese Frage trifft eine Sache an, so ich nicht weiß; ich will aber für die Langeweile mit einem Worte dasjenige sagen, was mir vorkommt: Man meinet und hält's einmal davor, daß in Deutschland mehr Zauberer seien, als anderswo. Ursach ist diese: Es rauchet ja in Deutschland fast allenthalben. Wovon und warum? Darum, weil man in Arbeit ist, die Zauberer und Zauberinnen zu verbrennen und auszurotten; ist denn nicht hieraus klärlich abzunehmen, daß dieses Unheil in Deutschland weit eingerissen sei? Und zwar dieß Rösten, Sengen und Brennen ist eine Zeitlang in unserem lieben Vaterlande so groß gewesen, daß wir die deutsche Ehre bei unsern ausländischen Feinden nicht um ein Geringes verkleinert und unsern Geruch bei Pharaone stinkend gemacht haben." Als Ursachen des Wahnes, dass es so viele Zauberer geben solle, betrachtet Spee: 1) den Aberglauben des Volks, das sich Hagel, Seuchen etc. nicht aus natürlichen Ursachen zu erklären wisse, und 2) Mißgunst und Bosheit des Pöbels, welcher Reichtum und Ansehen anderer gerne aus verbotenen Künsten herleite.

Ein anschauliches Gesamtbild des damaligen Hexenprozesses gibt Spee in der

„Einundfünfzigsten Frage: Nun sage mir die Summa und kurzen Inhalt des Prozesses im Zaubereilaster, wie derselbige zu dieser Zeit gemeiniglich geführt wird.

§ 1. Das will ich thun. Du mußt aber zum Eingange merken, daß bei uns Teutschen, und insonderheit (dessen man sich billig schämen sollte) bei den Katholischen der Aberglaube, die Mißgunst, Lästern, Afterreden, Schänden, Schmähen und hinterlistiges Ohrenblasen unglaublich tief eingewurzelt sei, welches weder von der Obrigkeit nach Gebühr gestraft, noch von der Kanzel der Nothdurft nach widerlegt und die Leute davor gewarnt und abgemahnet werden; und eben daher entsteht der erste Verdacht der Zauberei, daher kommt's, daß alle Strafen Gottes, so er in seinem heiligen Worte den Ungehorsamen gedrohet, von Zauberern und Hexen geschehen sein sollen, da muß weder Gott oder die Natur etwas mehr gelten, sondern die Hexen müssen alles gethan haben.

§ 2. Dahero erfolgt dann, daß Jedermann mit Unvernunft ruft und schreit: die Obrigkeit soll auf die Zauberer und Hexen inquiriren (nämlich deren sie mit ihren Zungen so viel gemacht haben). Hierauf befiehlt die hohe Obrigkeit ihren Richtern und Räthen, daß sie gegen diese beschreite lasterhafte Personen prozediren sollen. Dieselbigen wissen nun nicht, wo und an wem sie anheben sollen, weil es ihnen an Anzeigungen und Beweisthum ermangelt und ihnen gleichwohl ihr Gewissen sagt, daß man hierinnen nicht unbedachtsam verfahren solle. Inmittelst kommt der zweite und dritte Befehl von der Obrigkeit, daß sie fortfahren sollen, und darf sich Herr Omnes vernehmen lassen, es müsse nicht klar mit den Beamten sein, daß sie nicht wollten, und dessen dürfen auch wohl die Obrigkeiten selbst sich von Andern überreden lassen. Sollte man nun der Obrigkeit hierinnen in etwas widerstreben und nicht stracks zu Werke greifen, das würde vorab bei uns Teutschen sehr übel gedeutet werden, angesehen, daß fast männiglich, auch die Geistlichen, alles vor recht und gut halten, was den Fürsten und der Herrschaft gefället, da sie, die Geistlichen, doch nicht wissen, von was Leuten Fürsten und Herren (ob sie sonst wohl von Natur sehr gut seien) oft angereizt werden. Also gehet dann der Herrschaft Wille vor, und macht man den Anfang des Werkes auf Gerathewohl.

§ 3. Ziehet aber der Magistrat diese Sache als ein schwer und gefährlich Werk weiter in Bedenken, so schickt die Obrigkeit einen Inquisitorem oder Commissarium; ob dann gleich derselbige aus Unverstand oder erhitztem Gemüte der Sachen etwas zu viel thut, so muß dennoch dasselbige nicht unrecht gethan heißen, sondern dem gibt man den Namen eines gottseligen Eiferers zu der Gerechtigkeit, und derselbe gerechte Eifer wird durch die Hoffnung des guten Genusses oder Salarii so viel mehr entzündet und unterhalten, sonderlich wann der Commissarius bedürftig ist und ihm auf jedes Haupt eine gewisse Summa von Thalern pro salario zugelegt wird und ihm außerdem noch frei stehet, von den Bauern ein und andere Steuer zu fordern. Trägt sich's dann zu, daß etwa ein besessener oder wahnwitziger Mensch von einer armen

Gaja ein verdächtiges Wort geredet, oder das heutige allzu gemeine lügenhaftige Gespräch auf sie fället, so ist der Anfang gemacht und muß dieselbe herhalten.

§ 4. Damit es aber nicht scheine, als ob man auf dieß bloße Geschrei und ohne andere Indicia also prozedire, so ist alsbald ein unfehlbar Indicium vorhanden, und das aus diesem Fallstrick: Entweder Gaja hat ein böses, leichtfertiges oder ein frommes, gottseliges Leben geführt. Ist jenes, so ists ein großes Indicium, dann wer böse ist, kann leicht böser und je länger je weiter verführet werden; ist dieses, so ists kein geringer Indicium, dann sagen sie: so pflegen sich die Hexen zu schmücken und wollen allezeit gerne vor die Frömmsten gehalten sein. Da ist dann der Befehl, daß man mit der Gaja zu Loch solle. Und ist stracks wieder ein neues Indicium, abermals per dilemma: Entweder die Gaja gibt durch die Anlaß, Wort oder Werk zu verstehen, daß sie sich fürchte, oder gebärdet und erzeigt sich unerschrocken. Spüret man dann einige Furcht oder Schrecken bei ihr (dann wer wollte sich nicht entsetzen, der da weiß, wie jämmerlich sie dero Orts gemartert werden?), so ist's abermal ein Indicium; dann (sagen sie) das böse Gewissen macht sie bang. Fürchtet sie sich nicht, sondern trauet ihrer Unschuld, so ists wieder ein Indicium; dann (geben sie vor) das pflegen die Hexen zu tun, daß sie die Unschuldigen sein wollen, und der Teufel macht sie mutig. Damit es aber an mehreren Indicien nicht mangele, so hat der Inquisitor oder Commissarius seine Jagdhunde zur Hand, oftmals gottlose, leichtfertige, beschreite Leute, die müssen dann auf der armen Gaja ganzes Leben, Handel und Wandel inquiriren, da es dann nicht wohl sein kann, daß man nicht etwas finden sollte, welches argwöhnische Leute nicht aufs Ärgste auslegen und auf Zauberei deuten möchten. Sein dann auch vielleicht etliche, so der Gaja vorhin nicht viel Gutes gegönnt haben, die tun sich alsdann herfür, bringen quid pro quo, und ruft Jedermann:

die Gaja hat gleichwohl schwere Indicia gegen sich. Darum muß die Gaja auf die Folterbank (wofern sie anders nicht selbigen Tages, da sie gefänglich angenommen, sobald ist gefoltert worden).

§ 5. Denn bei diesen Prozessen wird keinem Menschen ein Advocatus oder auch einige Defension, wie aufrichtig sie auch immer sein möchte, gestattet; dann da rufen sie, dieß sei ein crimen exceptum, ein solch Laster, das dem gerichtlichen Prozeß nicht unterworfen sei; ja da einer sich darinnen als Advocatus wollte gebrauchen lassen, oder der Herrschaft einreden und erinnern, daß sie vorsichtig verfahren wollte, der ist schon im Verdacht des Lasters und muß ein Patron und Schutzherr der Hexen heißen, also daß Aller Mund verstummen und alle Schreibfedern stumpf sein, daß man weder reden, noch schreiben darf. Insgemein haben gleichwohl die Inquisitores den Brauch, damit ihnen nicht nachgesaget werde, als ob sie der Gaja ihre Defension nicht zugelassen hätten, daß sie dieselbige vorstellen und sie über die Indicia examiniren (soll man's anders examiniren heißen). Ob dann gleich die Gaja die gegen sie vorhandenen Indicia samt und sonders genugsam ablehnet, so passet man doch darauf nichts, ja man schreibt's auch wohl nicht einst an, sondern die Indicia bleiben nichtsdestoweniger auf ihrem Valor und muß die obstinata Gaja wieder zu Loch und sich besser bedenken; denn weil sie sich wohl verantwortet, so ist's ein neu Indicium; dann, wann diese keine Hexe wäre (sagen sie), so könnte sie so beredt nicht sein.

§ 6. Wann sie sich nun über Nacht also bedacht hat, stellet man sie des folgenden Morgens wieder für, und da sie bei ihrer gestrigen Antwort bleibet, so lieset man ihr das decretum torturae für, nicht anders, als ob sie gestern nichts geantwortet, noch die Indicia im Geringsten widerleget hätte. Ehe sie aber gefoltert wird, führet sie der Henker auf eine Seite und besiehet sie allenthalben an ihrem bloßen Leib, ob sie sich etwan durch zaubersche

Kunst unempfindlich gemacht hätte. Damit ja nichts verborgen bleibe, schneiden und sengen sie ihr die Haare allenthalben, auch an dem Orte, den man vor züchtigen Ohren nicht nennen darf, ab und begucken Alles aufs Genaueste, haben doch bisher dergleichen noch wenig gefunden. Und zwar, warum sollten sie solches den Weibern nicht thun, da sie doch der geistlichen Priester hierinnen nicht schonen? Und zwar der geistlichen Bischöfe und Prälaten Inquisitores sein in diesem Fall die besten Meister, und achtet man die päpstliche Bullam Coenae, so Päpstl. Heiligkeit gegen die ausgelassen, welche ohne Ihrer Heiligkeit Spezialbefehl gegen die Geistlichen prozediren, vor Blitz ohne Donnerschläge, und damit ja fromme Fürsten und Herren dasselbige nicht erfahren, und also dergleichen Prozeß einen Zaum anwerfen, wissen Inquisitores dasselbige fein zu verhehlen.

§ 7. Wann nun die Gaja also gesenget und enthäret ist, so wird sie gefoltert, daß sie die Wahrheit sage, d. i. sich schlecht vor eine Zauber'sche bekennen soll. Sie mag anders sagen, was sie wolle, so ist es nicht wahr und kann nicht wahr sein. Man foltert sie aber erst auf die schlechteste Manier, welches du also verstehen mußt, als ob sie gleich zum Schärfsten torquiret wird, so heissts doch die schlechteste Art in Respekt und Erwägung deren, die nachfolgen sollen. Bekennet nun die Gaja auf solche Manier, so geben sie vor, sie habe gutwillig und ohne Folter bekennet. Wie kann denn ein Fürst oder Herre vorüber, daß er diejenige Person nicht vor eine Hexin halten sollte, die so gutwillig und ohne Tortur bekennet hat, daß sie eine sei? Und macht man sich demnach keine ferneren Gedanken oder Beschwernung, sondern man führet sie zum Tode, wie man doch würde getan haben, wenn sie schon nichts bekennet hätte, sintemal, wenn der Anfang des Folterns gemacht ist, so ist das Spiel gewonnen, sie muß bekennen, sie muß sterben. Sie bekenne nun oder bekenne nicht, so gilt's gleich.

Bekennet sie, so ist die Sache klar, und wird sie getödtet, denn Widerrufen gilt hier nichts; bekennet sie nicht, so torquiret man sie zum zweiten, dritten und vierten Mal, denn bei diesem Prozesse gilt, was nur dem Commissario geliebt, da hat man in diesem excepto crimine nicht zu sehen, wie lang, wie scharf, wie oftmalig die Folter gebraucht werde, hier meinet Niemand, daß man etwas verbrechen könnte, darvon man hiernächst Rechnung geben müsse. Verwendet nun etwa die Gaja in der Folter vor Schmerzen die Augen, oder starrt mit offenen Augen, so sein's neue Indicia; denn verwendet sie dieselbigen, so sprechen sie: Sehet, wie schauet sie sich nach ihrem Buhlen um. Starret sie dann, so hat sie ihn ersehen; wird sie denn härter gefoltert und will doch nicht bekennen, verstellet ihre Gebärden wegen der großen Marter, oder kommt gar in eine Ohnmacht, so rufen sie: die lachet und schläft auf der Folter, die hat etwas gebraucht, daß sie nicht schwatzen kann, die soll man lebendig verbrennen, wie denn ohnlängsthin Etlichen widerfahren. Und da saget männiglich und auch die Geistlichen und Beichtväter, die habe keine Reue gehabt, habe sich nicht bekehret, noch ihren Buhlen verlassen, sondern demselben Glauben halten wollen. Begibt sich's denn, dass Eine oder die Andere auf der Folter stirbt, so sagt man, der Teufel habe ihr den Hals gebrochen. Derohalben so ist dann Meister Hans Knüpfauf her, schleppt das Aas hinaus und begräbt's unter den Galgen.

§ 8. Kommt aber die Gaja auf der Folter davon und ist etwan der Richter so nachdenklich, daß er sie ohne neue Indica nicht weiter torquiren, auch nicht unbekennet hinrichten lassen darf, so läßt man sie dennoch nicht los, sondern legt sie in ein härter Gefängniß, da sie denn wohl ein ganz Jahr liegen und gleichsam einbeizen muß, bis sie mürbe werde. Denn hier gilt kein Purgirens durch die ausgestandene Tortur, wie zwar die Rechte wollen, sondern sie muß des Lasters einen Weg, wie den andern schuldig bleiben; denn das wäre den Inquisitoren eine Schande, daß sie eine Person, so sie einmal zur Haft gebracht hätten, loslassen sollten. Welchen sie einmal in's Gefängniß gebracht, der muß schuldig sein, es geschehe mit Recht oder Unrecht. Inmittelst schickt man ungestüme Priester zu der Gefangenen, welche ihr oft verdrießlicher sein, als der Henker selbst. Die plagen denn das arme Mensch so lange und viel, bis sie bekennen muß, Gott gebe, sie sei eine Hexe oder nicht, rufen und schreien, daß, wenn sie nicht bekennen werde, so könne sie nicht selig oder der heil. Sakramente theilhaftig werden. Und darum hüten sich die Herren Inquisitores mit allem Fleiß, daß sie keine solchen Priester bei diesen Sachen und Prozeß gebrauchen, die etwas sittsam seien, Verstand im Herzen und Zähne im Munde haben, wie ingleichen, damit ja niemand bei das Gefängniß komme, der denen Gefangenen guten Rath mittheile, oder den Fürsten von dem Handel unterrichte. Denn ihnen ist vor nichts mehr bange, als daß etwan ihre Unschuld auf eine oder andere Weise zu Tage kommen möchte.

§ 9. Mittlerweile also die Gaja im Stankloch sitzet und von denen, die sie trösten sollten, gequälet wird, so haben hurtige und geschwinde Richter schöne Griffe und Fundament, wie sie auf sie neue Indicia zu Wege bringen und womit sie sie dermaßen in's Gesicht überweisen (verstehe hinter sich), daß sie auch durch der Juristen-Fakultäten Responsum lebendig verbrennet zu werden schuldig erkennet werden muß. Etliche lassen die Gajam beschwören und bannen und setzen sie demnach in ein ander Gefängnis und lassen sie also noch eins torquiren, ob man auf solch Exorcisiren und Veränderung des Orts den stummen Teufel (wie sie meinen) von ihr bringen möchte. Bekennet sie alsdann noch nicht, so muß sie lebendig verbrennet werden. Nun möchte ich (weiß Gott!) gerne wissen, weil sowohl die, so nicht bekennet, als auch welche bekennet, Hexen sein und sterben müssen, wie doch ein

Mensch, er sei so unschuldig, wie er immer wolle, sich allhier retten könne, oder wolle? O du elende Gaja, Worauf hast du doch gehofft? Warum hast du nicht, sobald du das Gefängniß betreten, gesagt, du wärest des Lasters schuldig? O du thörichtes Weib! Warum willst du so oft sterben, da du Anfangs mit einem Tode hättest bezahlen können? Folge meinem Rath und sage stracks zu, du seiest eine Hexe, und stirb; denn vergebens hoffest du, los zu werden, solches lässet der Eifer der Gerechtigkeit bei uns Teutschen nicht zu.

§ 10. So nun eine aus Unleidsamkeit der Marter fälschlich über sich bekennet, so gehet das Elend erst an, sintemalen hier ist insgemein kein Mittel sich loszuwirken, sondern die Gaja muß Andere, ob sie schon von ihnen nichts Böses weiß, anzeigen, und oftmals die, welche ihr von den Inquisitoren oder Schergen in den Mund gegeben werden, oder wovon sie wissen, daß sie vorhin ein böses Geschrei haben, oder vorhin besagt oder im Gefängniß gewesen und dessen wiederum entlassen seien. Werden dann diese auch gefoltert, so müssen sie wieder Andere besagen und die aber Andere, und ist hier also kein Ende oder Aufhören. Und kommt's auf solche Manier so weit, daß die Richter entweder den Prozeß fallen lassen und ihre Kunst begeben, oder aber die Ihrigen, ja sich selbst und alle Leute verbrennen müssen. Denn da fehlet's nicht, die falschen Besagungen werden sie endlich alle miteinander treffen, und werden sie auch, wann's nur zum Foltern mit ihnen kommt, alle schuldig machen. Da kommen dann deren viele mit in's Spiel, die Anfangs so hart gerufen und getrieben, daß man brennen und brühen sollte, und haben die guten Herren im Anfang sich nicht besinnen können, daß die Reihe auch an sie kommen würde, und die haben denn ihren gerechten Lohn von Gott, weil sie uns mit ihren giftigen Zungen so viel Zauber gemacht und so viele unschuldige Menschen dem Feuer hingegeben haben. Doch thun sich nunmehr etliche Verständigere und Gelehrtere hervor, die, gleichsam aus dem tiefen Schlafe erwachend, ihre Augen aufthun, den Sachen besser nachdenken und nicht so unbesonnen ins Tausendste hineintoben.

§ 11. Und obwohl die Richter und Commissarii insgesammt leugnen, daß sie nicht auf die bloßen Besagungen gehen, so ist's doch nichts damit, und ist's droben im Traktat erwiesen, daß sie damit nur ihren Fürsten und Herren einen blauen Dunst für die Nase machen; dann die Fama oder das böse Gerüchte, so sie gemeiniglich bei die Besagung ziehen, ist allezeit unkräftig und nichtig, weil dieselbe nimmermehr zu Recht erwiesen wird und verwundert mich's, daß es noch von keinem Richter in Acht genommen worden, daß dasjenige, was Viele von den zauberischen Zeichen plaudern, gemeiniglich ein Betrug der Henker sei. Unterdessen aber und immittelst, daß die Hexenprozesse noch mit Ernste fortgetrieben und diejenigen, welche gefoltert werden, aus Unleidsamkeit der Pein auf Andere und diese wieder auf Andere bekennen müssen, da kommt's stracks aus, daß diese oder jene besagt seien (denn so heimlich pflegen's die zu halten, die bei der Folter adhibiret und gebrauchet werden) und das nicht ohne ihren Vortheil; denn daraus können sie stracks Indicia ergreifen. Und das abermals durch diese zweifache Fallthür: denn diejenigen, welche es vernehmen, daß sie besagt seien (wie es dann stracks ein offen Gerüchte wird), die nehmen entweder die Flucht zur Hand, oder halten Fuß beim Male und warten des Ihrigen. Fliehen sie, so hat sie ihr böses Gewissen fortgetrieben; bleiben sie aber, so hält sie der Teufel, daß sie nicht können wegkommen. Gehet aber Einer zu den Inquisitoren und fragt, ob's wahr sei, daß er beschwätzt sei, damit er sich bei Zeiten mit seiner rechtmäßigen Defension verantworten möge, so ist's abermal ein Indicium; denn er weiß sich nicht sicher und fürchtet sich für seinen eigenen Schatten. Es mache es nun, wie er wolle, so hat er eine

Klette davon, und läßt er dieses also stille hingehen, so ist's über ein Jahr ein gemein Geschrei, welches alt und stark genug ist, wann nur etliche Besagungen dazu kommen, daß man ihn deßwegen zur Folter erkenne, da doch dieß Geschrei erst aus der neulichen Besagung entsprossen ist.

§ 12. Auf eben die Manier geht's denen, welche etwan von einem leichtfertigen Buben oder einer leichtfertigen Pletzen vor einen Zauberer oder Zauber'sche gescholten werden. Dann entweder er vertheidigt sich mit Recht, oder laßt's anstehen. Vertheidigt er sich nicht, so ist er des Lasters schuldig, sonst würde er nicht stille schweigen: vertheidigt er sich mit Recht, so kommt die Sache je länger je mehr und weiter aus, und kitzelt sich hie Einer, dort ein Anderer damit und tragt's also weiter fort, bis es endlich allenthalben auskommen, und das ist denn ein böses Gerüchte, das nimmermehr wieder ausgetilget werden kann. Und was ist denn leichters, als diejenigen, welche hierzwischen torquiret und auf ihre Complices gefragt werden, eben diese anzeigen? Folget demnach schließlich dieses (welches man billig mit rother Tinte anzeichnen sollte), daß, wenn dieser Prozeß bei jetziger Zeit fortgetrieben werden sollte, kein Mensch, was Geschlechts, Vermögens, Stands, Amts und Würden er immer sein möge, von diesem Laster oder Verdacht des selben sicher sein und bleiben würde, wenn er nur so viel Feinds hat, der ihn in der Zauberei bezüchtigen oder ihn davor schelten dürfte. Wannenhero ich, ich wende mich auch, wohin ich immer wolle, einen armseligen Zustand um mich her sehe, wann diesem Wesen nicht in andere Wege sollte vorgebauet werden. Ich hab's droben gesagt und sage es nochmals mit einem Worte, daß dieses Übel oder Laster der Zauberei mit Feuer nicht, sondern auf eine andere Weise, ohne Blutvergießen, ganz kräftig ausgetilgt werden könne. Aber wer ist's, der solches zu wissen begehret? Ob ich zwar Willens gewesen, ein Mehreres hiervon zu schreiben und die Summa oder Auszug aus dem Grunde auszuführen, so kann ich's vor Herzeleid nicht thun;

vielleicht möchten sich Andere finden, welche aus Liebe des Vaterlandes solche Mühe auf sich nehmen. Dieses will ich endlich alle und jede gelehrte, gottesfürchtige, verständige und billigmäßige Urtheiler und Richter, (denn nach den andern frage ich nicht viel) um des jüngsten Gerichts willen gebeten haben, daß sie dieses, was in diesem Traktat geschrieben ist, mit sonderbarem Fleiße lesen und aber lesen und wohl erwägen wollen. In Wahrheit, alle Obrigkeiten, Fürsten und Herren stehen in großer Gefahr ihrer Seligkeit, wofern sie nicht sehr fleißige Aufsicht bei diesem Handel anwenden. Sie wollen sich auch nicht verwundern, wenn ich hierinnen bisweilen etwas hitzig gewesen und mich bisweilen der Kühnheit gebraucht, sie zu warnen: denn es gebühret mir nicht, unter derjenigen Zahl gefunden zu werden, welche der Prophet verwirft, daß sie stumme Hunde seien, so nicht bellen können. Sie mögen nun wohl Acht haben auf sich und ihre Herde, welche Gott der Allmächtige dermaleinst von ihrer Hand wieder fordern wird."

Spee starb zu Trier vier Jahre nach dem Erscheinen seiner merkwürdigen Schrift, am 7. August 1635. Er hatte sich aufgeopfert in der Verpflegung verwundeter und kranker Soldaten.

Ehre diesem Jesuiten, dem die Kultur- und die Literaturgeschichte den Kranz der Unsterblichkeit geflochten haben!

Aber so wenig stichhaltig es ist, den Jesuiten das Verdienst Spees zuzuschreiben, so ungerecht wiederum ist es, die Priester Societatis Jesu mehr als andere Geistliche, gleichviel ob katholischen oder protestantischen Glaubens, zu verdammen. Die Patres waren nicht schlechter als die Pastoren. „Es wäre geradezu unbegreiflich, wenn eine religiöse Genossenschaft in Deutschland, die mitten in dem Volkswahn und in der Hinrichtungswut lebte, nicht gleich der Masse der katholischen und protestantischen Gebildeten von denselben Ideen wäre beeinflußt worden. Ein solches Wunder darf man auch bei den Jesuiten nicht suchen. Die Jesuiten sind und waren Kinder ihrer Zeit und als solche den herrschenden Irrtümern ausgesetzt und unterworfen", sagt Duhr sehr richtig[13], wenn auch die jesuitenfreundlichen Schlußfolgerungen, die er an diese Sätze knüpft, um so weniger den Beifall aller finden dürften, da sie unrichtig sind. Um dies zu beweisen, darf nur an den Galgenpater Gaar erinnert zu werden, der mit Erlaubnis der Oberen noch 1749 für die Verbrennung der Klosterhexe Maria Renata in zwei Predigten eintrat.

Daß man, vielleicht um die Priorität für die Protestanten zu retten, die ihnen durch Weyer ohnehin bleibt, auch den tübingischen Theologen Theodor Thummius als wakkeren Bekämpfer der Hexenprozesse gerühmt hat, ist unrecht. Seine hierher gehörige Schrift[14] bezweckt allerdings zum Teil eine mildere Behandlung der Angeklagten; aber sie ist so voll vom Glauben an die Gewalt des Teufels, räumt den Hexenverfolgern im wesentlichen alle Gewalt ein und verliert sich in so viele scholastische Spitzfindigkeiten, daß sie auch da, wo sie zum Guten redet, ihre Wirksamkeit durch klägliche Befangenheit erstickt. Mit Spees Sicherheit, Anschaulichkeit und Wärme hält Thummius keine Vergleichung aus.

Mit größerem Rechte ist dagegen den vorgenannten drei Jesuiten gegenüber auf protestantischer Seite ein Prediger hervorzuheben, der zwar nicht unmittelbar gegen die Hexenverfolgung, aber gegen dasjenige Institut aufgetreten ist, mit dem diese stehen und fallen mußte, — nämlich gegen die Folter. Es war dieses der Prediger Johannes de Greve[15], aus dem Clevischen Orte Büderich gebürtig, der 1605 Pfarrer zu Arnheim geworden war, aber als Schüler des Conrad Vorstius und Anhänger des Arminius die Dogmatik der Dortrechter Synode nicht anerkennen wollte, weshalb er seines Amtes entsetzt und des Landes ver-

---

13) *B. Duhr*, Die Stellung der Jesuiten in den deutschen Hexenprozessen, Köln 1900, S. 22. — 14) De sagarum impietate, nocendi imbecillitate et poenae gravitate, zuerst Tübingen 1621, dann 1667. — 15) *Van Slee*, Allg. deutsche Biographie, IX, S. 647 f.

wiesen wurde. Er begab sich nach Emmerich, von wo aus er heimlich die Glaubensgenossen in Kampen zu besuchen und ihnen zu predigen pflegte. Darüber wurde er jedoch ertappt, in Emmerich verhaftet und zuerst nach dem Haag, dann nach Amsterdam geführt, wo er anderthalb Jahre lang in einem entsetzlichen Kerker zusammen mit gemeinen Verbrechern schmachten mußte. Mit Hilfe treuer Freunde gelang ihm endlich ein kühner Fluchtversuch. Herzog Friedrich von Schleswig-Holstein gab dem Verfolgten eine Zufluchtsstätte, und zum Dank dafür widmete ihm Grevius am 12. Januar 1624 sein Werk über die Folter, das „Tribunal reformatum"[16]. Während seiner Kerkerhaft hatte aber de Greve sich fast ausschließlich mit dem Gedanken beschäftigt, daß die Folter eine der größten Plagen sei, unter denen die Menschheit zu leiden habe Unmittelbar nach seiner Freilassung (1621) arbeitete er daher ein sehr ausführliches Werk aus, worin er nachwies, daß die Folter dem deutschen Rechtsverfahren von Haus aus fremd, daß sie mit dem Naturrecht und mit dem Gesetz der christlichen Liebe durchaus unverträglich, daß sie, wie man namentlich an der englischen Kriminaljustiz sehen könne, völlig unnütz und entbehrlich und durchaus trügerisch und verderblich sei, indem ermarterten Bekenntnissen kein Wert beigelegt werden könnte und auf Grund solcher Geständnisse gar oft Unschuldige in gräßlichster Weise gepeinigt, verurteilt und hingerichtet würden. Zur Begründung seiner Sätze teilt Grevius eine ganze Anzahl von Prozessen mit. Die Schilderungen de Greves von den gebräuchlichen Folterungen sind Entsetzen erregend. „Es gibt jetzt mehr Arten von Foltern als Glieder am menschlichen Leibe", sagt er. „Oft kommt es vor, daß man sie an einem Menschen fast alle zusammen in Anwendung bringt." De Greve erwähnt von den Arten

---

16) *J. Diefenbach*, Der Zauberglaube des 16. Jahrh. nach den Katechismen Dr. Martin Luthers und des P. Canisius, Mainz 1900. S. 160 f. *Binz*, Weyer, 2 Aufl., S. 117 ff.

der Folter: Anbrennen des ganzen Körpers; Einschließen in den sogenannten ehernen Stier, der glühend gemacht wurde; Eingießen großer Mengen von Urin in den Mund des Delinquenten; erzwungene Schlaflosigkeit; Quälen des bereits gefolterten Körpers durch Bienen- und Wespenstiche; Auflegen von Essig, Salz und Pfeffer auf die Wunden; Schwefeleinguß in die Nase; Ablecken der mit Salzwasser bestrichenen Fußsohlen durch eine Ziege[17]. Doch damit sind die verschiedenen Folterungen keineswegs erschöpft. Zahlreiche Juristen setzten einen Stolz darein, neue Torturen zu erfinden, wie auch Henker nicht müßig waren, neu erdachte Torquierkünste an wehrlosen Opfern zu zeigen. Im Jahre 1622 erschien die mit großem Geschick und in schönem Latein abgefaßte Schrift im Druck und machte natürlich großes Aufsehen; aber wirklichen Erfolg konnte sie erst nach Ablauf eines Jahrhunderts haben, wo sie aufs neue aufgelegt wurde[18].

Johann Geiler von Kaisersberg
Straßburg 1522

In seinem Kampf gegen die Folter hatte de Greve Vorgänger, die den Krebsschaden am Körper der Justiz erkannten, ohne ihn beseitigen zu können.

Schon Geiler von Kaisersberg, sonst so finster wie nur

---

17) *Janssen*, VIII!, S. 508. — 18) Im Jahre 1737 zu Wolfenbüttel.

ein Sohn seiner Zeit sein konnte, beschwert sich über „die Schmach und Torheit", „daß man immer noch zur Erforschung der Wahrheit die Folter anwendet[19]." Der Jurist Petrus von Ravenna befürwortete 1511 die Abschaffung der Tortur[20]. Ludwig Vives, der berühmte spanische Humanist und Gottesgelehrte († 1540) eiferte gegen die heidnische Folter. „Es gibt viele wilde Völker, die es für grausam und unmenschlich erachten, einen Menschen zu foltern, dessen Verbrechen noch im Zweifel steht. Wir aber, geschmückt mit aller Bildung, die eines Menschen würdig ist, wir quälen die Menschen, damit sie nicht unschuldig hingerichtet werden, in einer Weise, die sie bemitleidenswerter macht, als wenn sie hingerichtet würden." Vives faßt seine Ansicht in die Worte zusammen: „Sehr gewichtig sind alle Gründe, die man gegen die Folter vorbringt; was man indes zu ihrer Verteidigung sagt, ist nichtig, eitel, haltlos[21]."

Das erste Land übrigens, in dem als Frucht der Bemühungen Spees die Einstellung der Hexenprozesse erfolgte, war das Kurfürstentum Mainz unter der Regierung Johann Philipps von Schönborn (1647—1673). Auch im Bistum Bamberg legte sich seit 1631 die Wut der Hexenverfolgung.

Die römische Kurie ließ sich natürlich durch alle diese Vorkommnisse in ihrer Stellung zur Hexenverfolgung anfangs nicht im entferntesten beeinflussen. Noch unter dem 20. März 1623 verfügte Gregor XV.: Wer einen Pakt mit dem Satan eingegangen ist, aus dem Impotenz oder Verlust von Tieren oder Schaden an Feldfrüchten hervorgegangen sei, der solle von der Inquisition lebenslänglich eingekerkert werden. Doch konnte schon in diesem Breve des Papstes ein Einlenken in andere Bahnen wahrgenommen werden.

19) *Dr. Philipp de Lorenzi*, Geiler von Kaisersberg, ausgewählte Schriften, Trier 1881, 1. Bd., S. 46. — 20) *Janssen*, VIII, 503. — 21) *Janssen*, VIII, 513.

Noch bemerkenswerter ist aber die neue Instruktion zur Führung der Hexenprozesse, die von der römischen Inquisition im Jahre 1657 erlassen wurde[22]. In ihr wurde geradezu das Geständnis abgelegt, daß seit langer Zeit nicht ein einziger Prozeß von den Inquisitoren in korrekter Weise geführt worden sei, daß die Hexenrichter sich durch übermäßige Anwendung der Folter und andere Unregelmäßigkeiten arg vergangen hätten, und daß noch täglich sowohl von den Inquisitoren wie von den anderen geistlichen Gerichten die gefährlichsten Irrungen begangen und auf solche Weise fälschliche Todesurteile gefällt würden. Namentlich wurde vor der Anwendung von Quetschmaschinen in der Tortur gewarnt.

Wenige Jahre vorher waren zu Rom einige Mönche zum Tode geführt worden, weil sie den Papst durch zauberische Wachsbilder zu töten versucht haben sollten[23]. Sonst ist in Rom aus dem fünfzehnten Jahrhundert nur ein Hexenbrand sicher nachweisbar[24]. Am 8. Juni 1428 bestieg die Hexe Finicella den Scheiterhaufen. Sie hatte in teuflischer Weise viele Kreaturen getötet und andere beschädigt. Vordem soll ein altes Weib verbrannt worden sein, das sich in Gestalt einer Katze an Wiegen schlich und die darin liegenden Kinder tötete[25].

2. THEOLOGEN, JURISTEN UND JURISTISCHE FAKULTÄTEN IM SIEBZEHNTEN JAHRHUNDERT

Dem Vorgange der erwähnten Jesuiten wagten oder vermochten im siebzehnten Jahrhundert nur wenige Theologen zu folgen. Vor allem der 1590 zu Jena geborene Erfurter Professor der Theologie Johann Mathias Meyfart[26].

---

22) Instructio pro formandis processibus in caussis strigum, sortilegorum et maleficorum. Rom 1657. *Carena*, De offic. Inquis., im Anhange *Pignatelli*, Consultat. noviss., I, S. 123. — 23) Theatr. Europ., III, S. 456. — 24) *Ludwig Pastor*, Geschichte der Päpste, Freiburg, 4. Aufl., I. Bd., S. 231. *Janssen*, VIII, S. 546. *Paulus*, S. 260 ff. — 25) *Riezler*, S. 68 f. — 26) *Janssen*, VIII, 513, 590, 666 f. *Bärwinkel*, Joh. Math. Meyfart, Erfurt 1897.

In seiner „Christlichen Erinnerung an gewaltige Regenten"
erwies er sich als warmer Fürsprecher der Gefolterten. Er
erzählt als Augenzeuge von scheußlichen Folterungen,
„welcher Gestalt ein Martermeister mit einem Schwefel-
kopf die in der Marter hangende Person an heimlichen
Orten gebrannt" habe, während die Richter „gefressen und
gesoffen, auch wohl gespielet und den Reum allein unter
der Hand der grausamen Scharfrichter gelassen, bis ihnen
gesagt worden, jetzt wolle der Inquisit bekennen oder er
wäre gar wohl auf der Folter gestorben." „Unser Volk hat
die Gerechtigkeit verändert um einen schnöden Eifer",
sagte Meyfart. Allein der Glaube an die Wirklichkeit und
an die Strafbarkeit der Hexerei stand doch im allgemeinen
in dieser Zeit ebenso bei den evangelischen wie bei den
katholischen Geistlichen fest. Es war nichts Unerhörtes,
daß ein evangelischer Prediger im Gottesdienst auf der
Kanzel seine Gemeindeglieder vor dem greulichen Verbrechen der Hexerei warnte und diese Warnungen im Druck
festlegte. Im Gegenteil!

Bereits im selben Jahre, in dem Weyers Werk erschien,
hatte der Prediger Ludwig Milichius in seinem „Zauber-
teufel", einem Volksbuch über „Zauberei, Wahrsagung, Beschwören, Aberglauben und Hexerei" ausdrücklich verlangt,
daß das Volk auch von den Kanzeln herab darüber näher
unterrichtet werde. Milichius gibt genau an, an welchen
Sonntagen über Schwarzkünstler, Beschwörer, Zauberer,
Hexen, Milchdiebe, Wettermacherinnen und andere Teufelsbündler gepredigt werden sollte. „Am Leben sind zu strafen alle, die mit dem Teufel Bündnis haben, sie seien Männer
oder Weiber." Auch die ungetreuen Hebammen, zauberische
Spieler und Pfeilschützen (Freischützen) rechnet er dazu.
Die Folter erscheint ihm unentbehrlich [27]. Milichius Worte
fanden bei seinen Amtsbrüdern Würdigung, und die Kirchen
widerhallten von flammenden Protesten gegen das überall

---

27) *Janssen*, VIII, 635. *Längin*, Religion, S. 222 f.

Werwölfe und Hexen im Fürstentum Jülich, 1591
Titelkopf eines Augsburger Flugblattes vom Jahre 1591

anwachsende Hexen- und Zauberwesen[28], an das die Pastoren felsenfest glaubten, ganz gleich, ob sie Vielwisser wie die Humanisten oder so ungebildet waren wie jener im Pfarrstand altgewordene Seelsorger in dem thüringischen Elsnig, der „Vaterunser und Glauben nur mit gebrochenen Worten beten konnte; dagegen verstand er Teufel zu bannen, und er genoß darin einen so großen Ruf, daß er nach Leipzig geholt wurde"[29].

Von katholischen Hexenpredigten liegen nur zwei vor[30]. Dies beweist nur, daß nicht mehr gedruckt, nicht aber, daß nicht mehr gehalten wurden. Daraus Schlüsse auf den geringeren Aberglauben der katholischen Priesterschaft zu ziehen, geht daher nicht wohl an.

Außerdem suchten einzelne Prediger auch in besonderen mehr oder weniger ausführlichen Schriften über das Wesen der Hexerei, das die Seele aller diesem satanischen Treiben Ergebenen notwendig der ewigen Verdammnis zuführe, wissenschaftlich aufzuklären und zu belehren; so der Tübinger Theologie-Professor Martin Plantsch, der 1505 eine Reihe von Predigten hielt, die er 1507 in lateinischer Sprache der Öffentlichkeit übergab. Nach ihm hilft nur ein christliches, tugendhaftes Leben, die Sakramentalien der Kirche, die kirchlichen Segnungen und Weihungen, das mit Gottes Zulassung geübte Hexenwerk unschädlich zu machen[31]. Heinrich Bebel, der bekannte Tübinger Humanist und berühmte Verfasser der Schwänke[32], konnte das Buch Plantsch' nicht genug loben. Ein derartiges Elaborat wurde ferner im Jahre 1597 von dem katholischen Pfarrer Franz Agricola zu Sittart im Fürstentum Jülich unter dem Titel veröffentlicht: „Gründtlicher Bericht, ob Zauberey die ärgste und grewlichste sünd auff Erden sey; zum Andern, ob die

---

28) *Diefenbach*, 204 f., 304 f. *Paulus*, 101 ff. *Längin*, Religion, 228 f. —
29) *Paul Drews*, Der evangelische Geistliche, Jena 1905, S. 14 f. —
30) *Janssen*, VIII, 659. — 31) *Paulus*, S. 101 f. — 32) *Heinrich Bebels*
Schwänke. In vollständiger Übertragung herausgegeben von *Albert Wesselski*, 2 Bände, Georg Müller, München und Leipzig 1907.

Zauberer noch Bussthun vnd selig werden mögen; zum Dritten, ob die hohe Obrigkeit die Zauberer vnd Hexen am Leibe vnd Leben zu straffen schuldig. Mit Ableinung allerley Einreden"[33].

Alle drei auf dem Titel angegebenen Fragen werden natürlich auf das entschiedenste bejaht. An die Spitze der ganzen Ausführung wird nämlich der im Hexenhammer entwickelte Begriff der Hexe gestellt. 1574 verteidigte an der Universität Ingolstadt ein Pfarrer Wegmann Thesen über die Zauberei. Der dortige Professor Hieronymus Ziegler übersetzte 1555 die Antwort des Trithemius auf die acht Fragen des Kaisers Maximilian[34]. Der Wormser Pfarrer Konrad Distel hielt in einer Versammlung von Geistlichen eine lateinische Rede gegen die Unholden, die erbarmungslos ausgerottet werden müßten. 1570 hielt es Reinhard Lutz, Pfarrer zu Schlettstadt, für „billich", einen vierfachen Hexenbrand anschaulich zu schildern[35].

Ungleich gewichtiger, ausführlicher und verbreiteter waren die protestantischen Unterweisungen über das Hexenwesen. Sie mischen Bekanntes, allgemein Verbreitetes mit von den Autoren selbst Erdachtem, womit sie ihre Leser zur Hexenspürerei aufzustacheln suchten.

So das 1576 erschienene „Hexenbüchlein". Ein Doktor Jakob Wecker war sein Verfasser. Auf dem „General-Konzilium", das der Teufel mit den Hexen abhält, heißt es in diesem stupiden Machwerk, werden sie belehrt „wie sie Donner, Hagel, Reifen, Schnee, Wetter, Luft machen, zaubern und verzaubern sollen, item in Katzen, Tier, Wölf, Geiße, Esel, Gänse, Vögel sich verändern, auf Stecken, Gabeln reiten, von einem Ort an das andere fahren, die Leut erlähmen und das wütisch Heer zurichten sollen". Hat die Teufelsbuhlschaft mit den Hexen Folgen, so kommen sie zum „wütisch Heer". „Alle zusammen von allen Nationen, führt sie der Teufel über Staud und Höck, Dörfer,

33) *Janssen*, VIII, S. 657. — 34) *Riezler*, S. 140. — 35) *Janssen*, VIII, 682.

Städte, Land, Leute, Berg und Tal mit greulichem Geschrei, erschrecklichem Greuel; der Teufel fahret ihnen vor und nach, bis sie kommen auf den Platz, den sie verordnet haben; da genesen sie ihrer Kinder[36]."

Vom gleichen Kaliber ist die „Richtige Antwort auf die Frage: ob die Zäuberer und Zäuberin mit ihrem Pulver Krankheiten oder den Tod selber bringen können"[37] von Siegfried Thomas. Er kennt alle Abscheulichkeiten des Verkehrs zwischen Hexen und Teufel, als ob er sie selber durchgemacht. Sein Glaube an Teufelswerk vermag Berge zu versetzen. So erzählt er von dem Gebrauch, eine Hostie zu stehlen, diese „einem Esel zu essen geben, welchen sie hernach lebendig bei der Kirchtüre begraben: darauf erfolget ein Regen wie eine Sintflut". „Es hat mich einer", fügt Thomas hinzu, „einsmals bereden wollen, als sollte solcher Esel ein Mensch sein, wie man denn lieset, daß ihrer viel also in Esel verwandelt worden. Aber ich sehe keine genugsame Ursache, warumb allhie nicht ein rechter Esel zu verstehen sein sollte, weiß sonst wohl, daß der Satan die Elementaria, Corpora in andere Körper und Leibe verwandeln kann, wenn es ihm Gott verhänget und zuläßt." Er ist natürlich unbedingt für Folter und Scheiterhaufen[38].

Derartige Auslassungen und Kundgebungen der Geistlichen waren insofern sehr vom Übel, als sie den Glauben an das Hexenwesen im Volke immer mehr befestigen halfen und dadurch indirekt das Ihrige zur Fortsetzung der Hexenverfolgung beitrugen. Weit schlimmer und verderblicher wirkte jedoch in letzterer Beziehung die Stellung der Juristen und der juristischen Fakultäten zur Hexereifrage, indem diese durch ihre Autorität unmittelbar auf die Hexenverfolgung einwirkten und nicht allein ihr Erlöschen verhinderten, sondern auch deren Fortführung und Steigerung veranlaßten.

Unter den Rechtsgelehrten des siebzehnten Jahrhunderts

---

36) *Janssen*, VIII, 642, Theatrum de veneficiis, S. 306 ff — 37) Erford 1593, 1594. — 38) *Janssen*, VIII, 643 ff.

gibt es keinen, der bezüglich aller Fragen des Kriminalrechts dem Leipziger Professor Benedikt Carpzov (1595 bis 1666) an Autorität auch nur annähernd gleichkäme[39]. Die Theologen kennen ihn ebensowohl wie die Juristen. Denn Carpzov war ein frommer Christ im Stil der lutherischen Orthodoxie des siebzehnten Jahrhunderts. Er ging regelmäßig an jedem Sonntag zur Kirche, allmonatlich auch zur Beichte und zum Abendmahl und las daheim die Bibel mit unglaublichem Fleiße, so daß er am Abend seines Lebens von sich rühmen konnte, daß er die heil. Schrift nunmehr dreiundfünfzigmal durchgelesen habe. Auch war er ein sehr ernster, strenger Jurist. Oldenburger[40] rühmt von ihm, daß er zwanzigtausend Todesurteile unterzeichnet habe. Selbst im höchsten Grade autoritätsgläubig, ist er mit seiner „Practica nova rerum criminalum Imperialis, Saxonica in tres partes divisa", Witeberg. 1635, für die Juristen seiner und der nächstfolgenden Zeit zur höchsten Instanz des Kriminalrechts geworden. Diese Anerkennung verdankte er aber nicht etwa seiner geistigen Bedeutung. Vielmehr fußte sie lediglich auf dem Umstande, daß er es verstand, gerade das Starrste im Positiven in wissenschaftlicher Form vorzuführen und selbst längst bestehende Mißbräuche durch Berufung auf die Meinung der Rechtslehrer mit dem Scheine des Regelmäßigen zu bekleiden. Durch ihn gewannen Bestimmungen, die zunächst nur in der sächsischen Kriminalordnung bestanden, allgemeinere Verbreitung, und daß namentlich im Punkte der Hexerei das sächsische Recht engherziger, härter und unbarmherziger war als die Karolina, ist bereits erwähnt worden[41].

Was den Glauben an die Hexengreuel anbelangt, so bekennt sich Carpzov ganz zur striktesten Observanz. Bodin, Remigius, Jakob I. und Delrio sind seine Gewährsleute. Er steht ganz auf dem Boden des Hexenhammers, dessen

---

39) *R. v. Stinzing*, Geschichte der deutschen Rechtswissenschaft, I, 2, München 1884, S. 54 ff. — 40) *Ph. Andr. Oldenburger*, Thesaurus rerum publicarum, Genevae 1675, IV, 816. — 41) *Paulus*, a. a. O., S. 144 ff.

Benedikt Carpzow. Kupfer von Johann Dürr

Verfasser er den wichtigsten Autoritäten wie Augustinus, Hieronymus und Isidorus zuzählt. Bei den Hexenurteilen hatte „sein blinder und zuweilen dummer Religionseifer seinen Verstand umnebelt"[42]. Weyer wird umständlich bekämpft; kaum daß neben der regelmäßigen körperlichen Hexenfahrt ausnahmsweise auch eine phantastische zugegeben wird. In den Strafbedingungen hält sich Carpzov natürlich an das sächsische Recht, dessen Bestimmungen er gern in die Karolina hineininterpretieren möchte.

Auch im Verfahren hat Carpzov nichts Neues aufgestellt; er suchte nur die sächsische Praxis seiner Zeit durch Nachweisung ihrer Gesetzmäßigkeit und, wo dieses nicht ging, durch die Autorität der Rechtslehrer zu schirmen. Hierdurch bewirkte er freilich eine allgemeinere Anerkennung für manches, was bisher bestritten war, und darin besteht hauptsächlich seine Bedeutung für die Fortbildung des peinlichen Rechts. Bei allen größeren, die öffentliche Ruhe störenden Verbrechen betrachtete er den inquisitorischen Prozeß als den ordentlichen[43] und faßte ihn als ein summarisches Verfahren auf[44]. Durch ihn besonders fixierte sich in der Wissenschaft der bisher schon im geistlichen Gerichtswesen und in der weltlichen Praxis einheimische Grundsatz, daß bei schweren und verborgenen Verbrechen der Richter nicht verbunden sei, sich an den strengen Gang des ordnungsmäßigen Beweisverfahrens zu halten. Die Behandlung der sogenannten crimina excepta war es gerade, wogegen Spee seinen Hauptangriff gerichtet hatte, und nun bewies Carpzov wieder, wie z. B. in der Zauberei das corpus delicti nur in der Vermutung vorzuliegen brauche und wie die leich-

---

42) *Malblanc*, Geschichte der peinlichen Halsgerichtsordnung Kaiser Karls V., Nürnberg 1783. — 43) Part. III, Qu. 103, n. 50. Processus inquisitorius an hodie sit remedium ordinarium. Vgl. Quaest. 107, n. 22. — 44) Inquisitorius vero est processus, quando nullo existente accusatore judex per viam inquisitionis *summarie et sublato* (quod dicitur) *velo absque longo litis sufflamine* procedit etc. Part. III, Qu. 103, n. 18.

testen Indizien zur Tortur und endlichen Verurteilung ausreichen. Carpzov schwamm also ganz mit dem Strome, und darum trug ihn der Strom empor, während der widerstrebende Spee unter den Wellen begraben und vergessen ward.

Für die Masse der Juristen war nun Carpzov das Orakel, von dem man eine absolut sichere Wahrheit empfangen hatte, weshalb ihm alle blindlings folgten. Als Zeugen dieser Tatsache wollen wir aus Norddeutschland einen Rechtslehrer Carpzovscher Richtung anführen. In Hitzigs Annalen (XXV. S. 309 ff.) wird nämlich ein Auszug aus des Nikolaus v. Bekmann Schrift Idea iuris von 1688 mitgeteilt, worin sich dieser S. 426 ff. ausspricht: „daß es Hexen gibt, und man von ihnen viele wunderliche Sachen erfährt, ist aus folgenden Argumentis zu entnehmen: denn 1) ist's wahr, wir verordneten Commissarii haben es in der Tat befunden, daß der beschuldigten Hexen Herzen so sehr verstockt seien, daß sie keine Thränen vergießen können, ob sie auch noch so gern wollten. 2) Haben sie insgesamt gar verwirrte und verdächtige Gesichter und stellen sich dabei über die Maßen unschuldig und sehr andächtig an. 3) Geben sie sich bei allem halsstarrigsn Verneinen doch in gewissen Fällen zum Theil selber schuldig, wenn man sie etwas genauer examinirt, da eine solche selber vor uns dubitative gesagt, es könnte wohl sein, daß sie mit in der teuflischen Gesellschaft gewesen etc., allein sie wüßte es nicht. Wie wir dann auf sothane verdächtige Rede das geweihte Wasser zu trinken gegeben, da hat sie angefangen mit den Händen, Füßen und mit dem ganzen Leibe grausam zu zittern, ist ganz bleich — im Gesicht geworden und hat den Kopf mit beiden Händen gehalten, laut rufend: Ach wie ist mir etc. — Wie nun das heil. Wasser so große und wunderbare Kraft und Wirkung wider den Teufel — verrichtet hat, so hat die arme Person hierauf selber in Etwas vor uns bekannt, es wäre ihr schon viel leichter; sie glaube, der Teufel habe

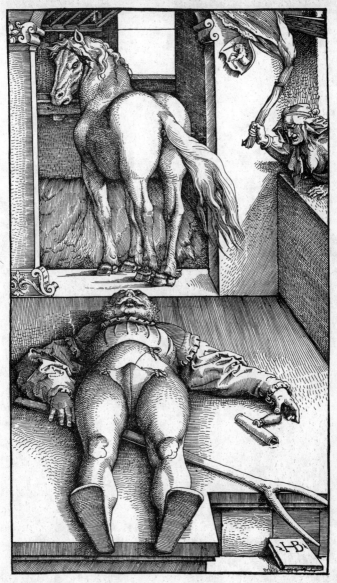

Der behexte Stallknecht
Kupfer von Hans Baldung-Grien, Kgl. Kupferstich-Kabinett Berlin

ihr das Maul verstopft gehabt u. s. w., hat dennoch wenig oder nichts bekennen wollen, weßhalb wir sie von dem Freimann besichtigen lassen, der dann freilich allsofort das Teufelszeichen in unserer Präsenz auf dem Rücken gefunden, und eine große Nadel eines ganzen Fingers lang über die Hälfte bis auf den Knochen in das Teufelszeichen hineingestochen, welches die Inquisita nicht empfunden, ist auch kein Blut daraus gegangen, daher wir billig bewogen worden, diese und andere mehr denunzirte Personen rebus sic stantibus durch den Freimann zur Peinbank zu führen, wo sie dann sämmtlich ihre delicta abominanda circumstantialissime in der Pein bekannt und selbige hernach folgenden Tages confirmirt haben." Noch mehr als ein Menschenalter nach Carpzovs Tod genügte sein Urteil, ein armes Weib, die Anna Maria Rosenthal in Winterberg, in den Tod zu schicken. Der fiskalische Anwalt in diesem westfälischen Prozeß von 1728 beruft sich auf den genügenden „Vermutungsbeweis" nach der Lehre des „berühmten Criminalisten" Carpzov und auch der Referent am Arnsbergschen Kollegium führt gegen die Karolina Delrio und Carpzov als ausschlaggebende Autoritäten auf[45].

Nicht lange nach Carpzov trat in Österreich unter den Juristen ein Gelehrter auf, der Innsbrucker Professor Joh. Christoph Frölich von Frölichsburg, den man fast den österreichischen Carpzov nennen könnte. Im Jahre 1657 zu Innsbruck geboren, war Frölich nach Beendigung seiner Studien Advokat, dann Landrichter zu Rattenberg geworden, worauf er 1695 die Professur der Institutionen und 1698 die des bürgerlichen und Lehenrechts an der Universität zu Innsbruck übertragen erhielt. Im Iahre 1706 wurde er zum wirklichen Rat bei der oberösterreichischen Regierung und später zum Kanzler ernannt. Er starb im Mai 1729[46]. Frölich galt für einen der gelehrtesten Juristen des Landes, und seinen Schriften wurde eine ungewöhnliche Autorität beigelegt.

---

45) *Pollack*, S. 26 ff. — 46) *de Luca*, Versuch einer Geschichte der k. k. Leopold - Universität zu Innsbruck. Grenzboten 1906, S. 300 ff.

Unter ihnen gehört hierher seine 1696 zu Innsbruck unter dem Titel „Nemesis Romano-Austriaco-Tyrolensis d. i." etc. herausgegebene Anweisung zur Führung des Inquisitionsprozesses, die 1714 in neuer Auflage unter dem Titel erschien: „Joh. Chr. Frölichs de Frölichsburg, der Röm. Kayserl. Majest. Ober-Oesterreichischer Regiments-Rath zu Innsprugg etc. Commentarius in Kayser Carl des Fünfften und des H. Röm. Reichs Peinliche Hals-Gerichts-Ordnung" (zwei Bände in 4⁰).

Im zweiten Teile seines Werks (Buch I, Tit. 3) handelt der Verf. sehr weitläufig „von dem Laster Sortilegii, Magiae oder der Zauberey". Nach ihm sind Zauberer oder Schwarzkünstler diejenigen, die „wissentlich mit dem Teufel ein Pact begehen, den Teufel für ihren Gott halten, dessen Hülfe und Rath ansuchen, und ihn mit unterschiedlichen bekannten und unbekannten Worten, Brummeln, verwunderlichen Zeichen, Kreisen, auch Verfluchung, aus dem Abgrund herauf fordern". — „Es gibt allerdings Schriftsteller, die der Hexen Ausfahrt und Buhlschaft bezweifeln und sich vermessen zu behaupten, es sei dieses Alles nur eine Einbildung unglücklicher Weiber, die deßhalb nicht zum Scheiterhaufen zu verurtheilen seien." Allein die „Hexenpatrone" sind „durch andere gelehrte Leute, sowohl Theologos als Juristen fundamentaliter widerlegt". — Bei einer solchen Auffassung der Hexerei begreift es sich, daß Frölich sich für das strengste Verfahren gegen Hexen und Zauberer ausspricht. Da die Zauberei „eine der erschröcklichsten Missethaten ist und billich unter die delicta excepta gerechnet wird, sonderlich unter diejenigen, so einer sehr schweren Beweisung seynd", so sind sowohl zur Inquisition als zur Tortur nur „geringere Anzeigungen" erforderlich. Insbesondere muß schon das „gemeine Geschrei" zur Einleitung eines Prozesses genügen. Andere Verdachtsgründe, die zur Einziehung rechtfertigen, sind: wenn eine Person von zauberischen Eltern geboren ist, wenn jemand andere Leute nicht „redlich" anschauen kann oder gewisse Zeichen am Körper trägt. Der Untersuchungsrichter muß außerhalb der Tortur auch durch allerlei Vorspiegelungen, so von Begnadigung etc., die Wahrheit herauszubringen suchen. Bezüglich der über Hexen und Zauberer zu verhängenden Strafen lehrt Frölich folgendes: 1. Jene, die einen wirklichen Bund mit dem Teufel aufgerichtet und sich ihm mit Leib und Leben ergeben haben, sind einfach zu verbrennen, auch wenn von ihnen Menschen oder Vieh kein Schaden zugefügt worden ist. 2. Jene, die ohne eigentliches Bündnis mit dem Satan Menschen oder Vieh durch teuflische Zauberkünste Schaden zufügen, sind mit dem Schwerte hinzurichten. Derselben Strafe verfallen die „Segensprecher, Brunnengräber, Schatzgräber, Wahrsager und Teufelsbeschwörer". Wer aber ohne dergleichen Beschwörungen sich unterschiedlicher abergläubischer Possen bedient, ist nach Beschaffenheit der Sache in anderer Weise zu bestrafen, z. B. mit Gefängnis, Rutenstreichen, Landesverweisung und „beim einfältigen Bauernvolk mit einer heilsamen Geldbuße, daran sie am längsten denken". — Es steht in keines Richters Gewalt, einen Zauberer oder eine Hexe, wenn sie überführt sind, von der Strafe des Feuers oder des Schwertes zu befreien, mögen sie auch von Adel oder sonst von Stand und Würden sein. Die Feuerstrafe kann jedoch in Enthaupten umgewandelt werden, wenn ein Zauberer oder eine Hexe wahre Reue und Buße bekundet haben, bevor sie wegen ihrer Übeltaten zur Verantwortung gezogen wurden. Denn die nach der Einziehung sich zeigende Reue ist ohne Wert und verdient keine Beachtung.

Die Einwendung, daß die tirolische Landesordnung solche harte Strafen gegen Hexen und Zauberer nicht kennt, sucht Frölich durch die kühne Behauptung zu entkräften, daß in der Polizeiordnung Ferdinands II. von 1573 bloß jene Zauberei gemeint sei, die nicht mit einem Teufelsbündnis und Abfall vom christlichen Glauben in Zusammenhang steht. Liege aber wirklich ein Pakt mit dem Teufel vor, so trete ebendieselbe Strafe ein, die von der Tiroler Landesordnung über die Verleugnung des christlichen Glaubens verhängt werde, nämlich: der Tod durch Feuer und die Konfiskation des dritten Teiles alles Vermögens, das der Verurteilte hinterlasse[47].

So dachten und redeten die Koryphäen der Rechtswissenschaft im siebzehnten Jahrhundert über die Hexerei und über die Hexenverfolgung. Die Jurisprudenz war eben von dem Wahn der Hexerei vollständig befangen und geknechtet.

Bewiesen wird dieses durch die Menge der Gutachten, die im siebzehnten Jahrhundert in den Hexenprozeßsachen von juristischen Fakultäten abgegeben worden sind.

Aus der großen Menge dieser Gutachten greifen wir zunächst das Responsum heraus, das die Rechtsgelehrten zu Marburg in Hessen in einer Hexenprozeßsache unter dem 19. Juli 1631 abgaben. Aus den Akten ersahen die Professoren, daß Angeklagter H. Sangen aus Biedenkopf „sowohl in- als außerhalb des Gerichts ohne einigen Zwang bekannt und gestanden, daß er Gott abgesagt und sich dem Teufel ergeben, sich auch mit demselbigen verbunden und in dessen Namen taufen und einen anderen Namen geben lassen, auch mit dem Teufel zu verschiedenen Malen Sodomiam begangen, dazu die hochwürdigen Sakramente schändlich gemißbraucht, und sonderlich, welches schrecklich zu hören ist, im heil. Abendmahl das gesegnete Brot iterato in des Teufels Namen empfangen, auch mit Füßen getreten, und den gesegneten Wein durch Gebrauch einer süßen, ihm von dem Teufel gegebenen Wurzel per vomitum von sich gegeben und ausgewürgt und also von Gott, den er in vielen Wegen gelästert und geschmähet, allerdings abgefallen". — Es könnte nun wohl gefragt werden, ob es nicht möglich sei, mit Verschiebung der Strafe die Befreiung des Frevlers aus der Gewalt des Teufels zu versuchen. Allein die Fakultät erklärt, daß sie dazu nicht

47) *Riezler*, 1272.

raten könne. Denn die tägliche Erfahrung beweise, „daß der Teufel denen, so er einmal in seine Stricke gebracht, keine Rast noch Ruhe läßt, daß sie auch lieber tot als lebendig sein wollen". Daher schließt die Fakultät ihr Gutachten mit den Worten: „Es will bei diesen Dingen Ernst gebraucht sein, daß Gottes Ehre gerettet und dem Teufel sein Reich zerstört werde" usw.

Außerdem teilen wir aus den Akten der juristischen Fakultät bezüglich eines im Jahre 1639 zu Arnum im Fürstentum Calenberg vorgekommenen Prozesses folgendes mit[48]: Katharine Holenkamp, verwitwete Lükken, war hier auf die vagsten Aussagen einiger unbeeidigten Zeugen hin verhaftet worden. Der Juristenfakultät zu Helmstedt wurde von den Zeugenaussagen Mitteilung gemacht, und diese erkannte ohne weiteres auf Tortur, die am 12. Sept. 1630 vollzogen ward. Nun weiter! „Sobald", heißt es in dem Bericht, den der Amtmann an die Juristenfakultät zu Helmstedt einschickte, „der Scharfrichter ein wenig mit den Beinschrauben angegriffen, hat sie zwar anfangs Schmerzen gefühlt, dennoch aber nichts bekennen wollen, bald darauf ein schreckliches und abscheuliches Gesicht gemacht, dem Gehör nach mit dreien verschiedenen Zungen, und sonderlich hochdeutsch, geredet, alsbald eingeschlafen und nachgehends von der Tortur nichts gefühlt, sich auch also dabei bezeigt, daß sie in Sorgen gestanden, das Weib wäre gar tot. Dero Ursachen ich dem Nachrichter befohlen, das Weib gänzlich zu lassen und auf die Erde niederzulegen. Etwa nach Ablauf einer halben Stunde ist sie wiederum erwacht und in die Custodie gebracht worden."

Auf diesen Bericht entgegnete die Juristenfakultät zu Helmstedt unter dem 10. Oktober 1639 an den Amtmann: „Da Inquisitin sich bei der Tortur ganz wunderlich und übernatürlich betragen, so solle er sie in ein anderes Ge-

---

48) *G. E. v. Rüling*, Auszüge einiger merkwürdigen Hexenprozesse aus der Mitte des siebzehnten Jahrhunderts im Fürstentum Calenberg geführt. Göttingen, 1786, S. 16 ff.

fängniß bringen und durch den Scharfrichter fleißig besichtigen lassen, ob etwas Verdächtiges bei ihr zu finden, dadurch sie ihr Bekenntnis hinterhalten könnte. Auch habe er sie zu befragen, woher es komme, daß sie wider alle Vernunft gleichsam mit dreien Zungen geredet, sich so ungeberdig bezeigt und nichts bekennen wollen, ferner auch sie zu richtigem Bekenntniß anzumahnen. Sollte sie aber also noch nicht richtig zugehen und bei ihrem Leugnen verharren, dann dießfalls Beschaffenheit nach die scharfe peinliche Frage auch wohl mit anderen Instrumenten, als wie vorhin gebraucht, ziemlicher Weise zu repetiren sei."

Nach dieser bestialen Weisung der Helmstedter Juristenfakultät wurde das arme Weib am 26. Novbr. 1639 abermals auf die Folter gespannt. In dem Torturprotokoll heißt es: „Verstriktin ist einen Weg wie den anderen bei ihrem Verleugnen geblieben, und daß sie ein redlich Weib, auch von nichts anderem zu reden wisse als von dem lieben Gott; gestalt sie dann immer den Namen des lieben Gottes im Munde führt, unterdessen aber ihrer vorigen Art nach in der Tortur eingeschlafen (!), ungeachtet der Scharfrichter sie aufgezogen und mit lebendigem Schwefel beworfen und mit Ruthen gehauen, welches aber Verstriktin alles nicht geachtet und sich deßwegen nicht einmal bewegt (!), daß auch der Scharfrichter sich darüber verwundert und gesagt: er hätte ein solch Weib noch nie vor sich gehabt. — Etwa über eine halbe Stunde hat der Scharfrichter mit den Beinschrauben abermals hart angegriffen, da dieselbe dann überlaut gerufen, sie wäre eine Zauberin, als aber Verstriktin erlassen und derselben ihre Aussage wieder vorgehalten, hat sie Alles revociret, wäre unschuldig und ein ehrlich Weib."

Auf diesen Bericht erkannte nun die Juristenfakultät zu Helmstedt unter dem 17. Dezbr. 1639: „daß Verstriktin gestalten Sachen nach, da vermuthlich, daß ihr muß vom Teufels ein angethan, daß durch die Pein und Marter zum andern Mal nichts hat können gebracht werden, und man sich ihrethalben weiter nichts zu befahren habe, auch andere Leute dieses Ort nicht ärgern mögen, des Landes zu verweisen. Von Rechts wegen." Der Rat von Röbel in Mecklenberg trat besonders scharf gegen die Hexenbrut auf. Er brannte zahlreiche Weiber, aber ein ganzer Teil entfloh, starb nach der Tortur oder brachte sich selbst um. Als er 1659 wiederholt Gutachten von Greifswald erbat, schloß er sein Schreiben mit dem naiven Ersuchen, endlich auf Tortur der Angeklagten zu erkennen, „da das Verschicken der Akten sonst zu viel Geld koste[49]".

Meist war es der krasseste Aberglaube, der die Fakultäten ihre Erkenntnisse abfassen ließ. Mit diesem Aberglauben tritt oft zugleich eine Roheit der Gesinnung zutage, die die Fakultäten zu geradezu rechtswidrigen Urteilen verleitete. So erkannte z. B. die Juristenfakultät zu Rinteln unter dem 20. Juni 1653 in einem Fall, wo nichts als das einfältige Geschwätz eines Kindes, der Tod eines Hundes und die Erblindung zweier Kühe vorlag, und wo die Zeugenaussagen ganz verschieden lauteten, ohne weiteres auf Anwendung der Tortur[50]! — Innerhalb der juristischen Fakultät zu Helmstedt machte sich, wie Raumer in den Märkischen Forschungen, I, S. 258 richtig sagt, ein erster „Fortschritt zum Vernünftigern" bemerklich, als diese 1671 bezüglich einer auf Zauberei angeklagten armen Magd aus einem brandenburgischen Dorfe erkannte, „daß man sie zuvor zur Beredung mit einem Geistlichen verstatten solle. Beharre sie dann noch bei dem Bunde mit dem Teufel, so sei sie am Leben zu strafen".

Mit diesen Gutachten der juristischen Fakultäten stimmt bezüglich der Auffassung des Hexereiglaubens eine Menge von Dissertationen überein, die von juristischen Fakultäten approbiert wurden. Wir heben unter ihnen hervor: nämlich 1. die Dissertation des Tübinger Doktors Christoph Dauer De denuntiatione sagarum von 1644; 2. das Examen juridi-

---

49) *C. Bayer*, a. a. O., S. 89. — 50) *v. Rüling*, Auszüge, S. 63.

cum judicialis lamiarum confessionis, se ex nefando cum Satana coitu prolem suscepisse humanam, die Nicolaus Pütter 1698 vor der Juristenfakultät zu Rostock verteidigte; 3. die Disputatio inauguralis de fallacibus indiciis magiae, quam praeside Domino H. Bodino — die 22. Oct. 1701 — eruditorum disquisitioni submittit Felix Martinus Braehm[51].

Die erstgenannte Abhandlung enthält eine ziemlich allgemein gehaltene Besprechung der Hexenprozesse. Das Wesen der Hexerei findet der Verfasser in der abnegatio Dei et religionis, weshalb sie verfolgt werden muß. Wer überhaupt mit „verdächtigen Dingen, Gebärden, Worten und Wesen umgeht", ist als der Zauberei verdächtig anzusehen. Zu den verdächtigen Dingen gehört aber vor allem der Umgang mit der Natur und die Kenntnis ihrer Kräfte, da sie eine „einem Christenmenschen nicht geziemliche Kenntnis" ist.

Über die zweite Abhandlung läßt sich nicht gut· etwas mitteilen, weil in ihr sich nur die obszönsten Untersuchungen über das Bündnis und den Koitus der Hexen mit dem Satan vorfinden. Gleichwohl ist sie „Deo, patriae et parenti" dediziert. Veranlaßt war die Schrift übrigens, wie der Verfasser sagt, durch ein vom Spruchkolleg der Rostocker Fakultät im Oktober 1698 gefälltes Urteil. Eine Weibsperson hatte sich das Geständnis abfoltern lassen, daß sie mit dem Teufel, der in der Gestalt eines feingekleideten Ritters mit Federbusch zu ihr gekommen, Unzucht getrieben habe. Auf dieses Geständnis hatte die Fakultät erkannt, „die Gefangene sei wegen solcher mit dem Teufel gehabten Gemeinschaft mit dem Feuer vom Leben zum Tode zu führen".

Der Verfasser der dritten Abhandlung, F. M. Brähm, der sie am 22. Oktober 1701 unter dem Vorsitz des Professors der Jurisprudenz Heinrich Bodin zu Halle verteidigte, weist zwar die Unhaltbarkeit der meisten bisher gültig gewesenen Indizien nach, aber sein Bekenntnis lautet wörtlich: „Mit

---

51) „Der Hexenglaube in der Universitätsaula" in Robert Prutz' „Deutsches Museum", 1857, S. 465 ff.

einem Worte, es gibt wahrhaftig Zauberer und Hexen, welche wissentlich ein Bündnis mit dem Teufel machen und anderen Schaden tun, aber, wie ich dafür halte, nicht in so großer Menge."

Unter den wenigen juristischen Fakultäten, deren Intelligenz und Urteil sich über den Aberglauben der Zeit erhob, ist insbesondere die Straßburger Fakultät zu nennen. Als z. B. eine Frau in dem württembergischen Orte Deizisau von einem fremden Bettelweib der Bezauberung ihres Kindes angeklagt war, und, da sie leugnete, die juristische Fakultät zu Straßburg um ihr Gutachten angegangen wurde, erklärte diese: Auf die Aussage des Bettelweibes hin könne man die Frau nicht verhaften. Es wäre gut, wenn man die Leute belehrte, daß nicht jede Krankheit ein Werk des Teufels sei. Ganz ungereimt auch sei es, daß der Pöbel sie darum für eine Hexe halte, weil sie in der Kirche beim Beten nicht wie andere Weiber die Lippen bewege. Überdies erfreue sie sich ja eines guten Rufs, und wenn sie früher sich eine Zeitlang wunderlich gebärdet und gesagt habe, sie wolle sich das Leben nehmen, so sei dieses aus Melancholie geschehen. Man solle sie daher in Ruhe lassen etc. — In einem dem Hofgerichte zu Marburg 1659 erteilten Gutachten empfiehlt die Straßburger Juristenfakultät, was bisher unerhört war, die Angeklagte zum Reinigungseid zuzulassen und von der Tortur abzustehen.

Der bösen Geister und Gespenster wunderseltzahme Händel- und Gauchelwercks-Beschreibung. II. Theil.

Gedruckt im Jahr 1693

Der Teufelspakt
Kupfer aus Nic. Remigii Daemonolatria
Hamburg 1693

224

ALLMÄHLICHE ABNAHME DER PROZESSE
BALTHASAR BEKKER

Noch wütete der Hexenwahn und die Hexenverfolgung unter den Völkern des Abendlandes und raffte jahraus jahrein Tausende von Opfern dahin, als eine ganze Reihe von Erscheinungen zutage trat, die erkennen ließen, daß es in bisheriger Weise mit dem Brennen der Hexen nicht lange mehr fortgehen könne. Einzelne Regenten, vorerst zwar noch selbst im Glauben an Zauberei befangen, aber einsichtsvoll genug, um eine verheerende Praxis zu verabscheuen, weisen den fessellosen Gerichtsgang in gesetzliche Schranken und begnadigen; ein freies Wort führt an solchen Asylen fortan nicht mehr zum sicheren Tode. Die fortschreitende philosophische und naturwissenschaftliche Bildung umkreist jetzt immer enger die Bollwerke der Finsternis, sprengt eine Schanze nach der andern, bis endlich die mündig gewordene Vernunft mit der blanken Waffe der Wahrheit dem Teufel zu Leibe geht und ihn samt seinen Werken und Hexenprozessen, nicht ohne das Jammergeschrei und den Widerstand jener, die ohne den Teufel keinen Gott haben, aus seiner letzten Feste jagt.

Wir sahen den bambergischen Prozeß an der Verarmung des Landes und an der Erschöpfung der fürstlichen Kasse sterben; dann tat Schönborn aus menschlicheren Motiven in Würzburg und Mainz der Hexenverfolgung Einhalt; hierauf nahm sich ein schwedischer Offizier der Verfolgten in Osnabrück an, und seine Königin ließ in den neu erworbenen deutschen Landen die Niederschlagung der anhängigen Prozesse ihre erste Regierungshandlung sein, wodurch zum ersten Male ein deutsches Land von der Pest der Hexenverfolgung wieder befreit wurde.

Die Königin befahl nämlich durch Reskript vom 16. Februar 1649 von Stockholm aus, „daß alle fernere Inquisition und Prozeß in dem Hexenwesen aufzuhören habe, die dießfalls allbereits Captivirten wieder relaxirt und in integrum zu restituiren seien, — weil diese und dergleichen weit aussehende Prozesse allerlei Gefährlichkeiten und schädliche Consequentien mit sich führen und aus denen an anderen Orten fürgelaufenen Exempeln kundbar und am Tage ist, daß man sich in dergleichen Sachen je länger je mehr vertiefet und in einen inextricablen Labyrinth gesetzet"[1].

Freilich finden sich unter Christinas Nachfolgern auch wieder Hinrichtungen im schwedischen Pommern[2].

Aber es war von großer Bedeutung, daß in Mecklenburg 1683 ein herzogliches Reskript erschien, das auf das strengste untersagte „daß hinfüro in den peinlichen Gerichten bei angestelltem scharfem Verhör der wegen Zauberei inhaftirten und der Tortur untergebenen Delinquenten so wenig von den zu der peinlichen Befragung adhibirten Richtern und Beisitzern gefragt werden sollte, ob reus oder rea auf dem Blocksberg gewesen und daselbst gegessen, getrunken, getanzet oder anderes teuflisches Gaukelwerk getrieben und diese oder jene Person mitgesehen und erkannt habe, noch auch, so der Gepeinigte von selbst obiges alles erzählen und für Wahrheit berichten wollte, desselben Bekenntniß einigen Glauben beilegen, noch zu Protokoll bringen und des Beklagten Namen verzeichnen lassen sollen, zumalen alle dergleichen denuntiationes ex fonte malo herfließen und also billig zu abominiren und zu keinem Grunde rechtschaffener Beweisung zu legen seien".

Ziemlich gleichzeitig (am Ende des siebzehnten Jahrhunderts) konnte es die Juristenfakultät zu Frankfurt sogar wagen, dem herrschenden Wahne so weit entgegenzutreten, daß sie einem Geistlichen, den eine alte Hexe unter anderem tollen Zeug, das sie erzählte, als Zauberer angab, das Recht zu einer Injurienklage gegen den Richter zusprach, weil er den Namen des Geistlichen zu Protokoll genommen hatte[3].

---

1) *Hauber*, Bibl. mag., Teil III, S. 250. — 2) *Balth. Bekker*, bezauberte Welt, Buch IV, Kap. 30. — 3) *v. Wächter*, S. 301 f.

Die Stellung, die gegen Ende des siebzehnten Jahrhunderts im nördlichen Deutschland die öffentliche Meinung und die Rechtspflege zur Frage der Hexerei und Hexenverfolgung einnahm, wird etwa von der „Anleitung zu vorsichtiger Anstellung des Inquisitionsprozesses" repräsentiert, die der große Kurfürst Friedrich Wilhelm von Brandenburg († 1688) durch den Professor Joh. Brunnemann zu Frankfurt (lateinisch und deutsch) aufstellen ließ. Allerdings wird der überlieferte Hexenglaube und der Gedanke, daß die Zauberei ein Laster sei, gegen das notwendig mit der Tortur vorgegangen werden müsse, festgehalten; allein das Prozeßverfahren wird im Interesse der Humanität mannigfach geordnet und beschränkt. Zugleich bricht sich die Überzeugung Bahn, daß gar vielerlei, was man den Hexen nachsage, und was diese auf der Folter sogar selbst von sich aussagten, auf Einbildung beruhe. In § 15 wird es ausdrücklich als ein eingeschlichener und abzustellender Mißbrauch bezeichnet, „daß die Leute so lange torquirt werden, bis sie etwas bekennen, welches absonderlich bei denen, so der Hexerei beschuldigt worden, gebräuchlich ist". — Nach der hierauf mitgeteilten „Anweisung" soll die Peinigung nicht über eine Stunde dauern, weshalb der Richter eine Sanduhr bei sich haben soll, die er bei dem Beginne der Tortur umzukehren hat. Auch soll die Tortur wenigstens fünf oder sechs Stunden nach dem Essen oder des Morgens ganz früh, oder „was das Beste ist", nachts vorgenommen werden, damit das Erbrechen während der Peinigung vermieden werde. Insbesondere soll, wenn der Inquisit mit einem schweren Gebrechen behaftet ist, die Tortur nicht an dem Tage, „da eine Mondverwechselung ist", angestellt werden, weil dann die Krankheiten heftiger hervorzutreten pflegen. Auch sei es nötig, daß dem Inquisiten vorher ein Präservativ von einem verständigen Medico eingegeben und dergestalt dieses Übel nach Möglichkeit zurückgehalten werde. Die Richter sollen die bei der Tortur gebrauchten Instrumente anmerken, damit diejenigen Rechtsgelehrten, an die hernach die Prozeßakten zur gutachtlichen Äußerung verschickt werden, sicher zu erkennen vermögen, ob die Peinigung rechtmäßig vollzogen, oder ob ein „Exzeß" dabei vorgekommen sei. Die Hexen sind allerdings zu fragen, ob sie Menschen oder Vieh Schaden zugefügt haben, aber man soll sie auch fragen, woher sie denn wüßten, daß der vorgekommene Schaden gerade durch sie bewirkt sei. — Wenn Hexen andere als Mitschuldige angeben, so soll nach Kap. 3, § 13 nachgeforscht werden, ob die Denunziation auf gutem Grunde beruht, oder ob es nur teuflische Verblendung gewesen, dahin die Beschuldigung einer Zauberin gehöre, so die anderen auf dem Blocksberg gesehen haben wollte.

In Frankreich schlug Ludwig XIV. 1672 die Untersuchungen in der Normandie nieder und setzte alle eingezogenen Hexen in Freiheit, trotzdem das Parlament zu Rouen in seinem Gutachten dem König aus theologischen und juristischen Gründen die Wirklichkeit der Hexerei und die Notwendigkeit der Todesstrafe zu beweisen suchte[4]. Obgleich er selbst wieder in einem späteren Gesetze (1682) die Zauberei unter gewissen Voraussetzungen mit der Todesstrafe bedrohte, so zeigt sich doch schon darin eine Veränderung des alten Gesichtspunkts, daß hauptsächlich nur von Betrug und Mißbrauch der Sakramente, nicht aber vom Teufelsbunde und vom Sabbat ausdrücklich die Rede ist[5].

Seit 1682 stockten auch in England die gerichtlichen Hinrichtungen[6]. Dreißig Jahre früher hatte auch Genf seinen letzten, wiewohl noch sehr krassen Prozeß gesehen[7].

In Holland waren die Gerichte längst verständiger geworden. Hier, wo der gelehrte Arzt und Apotheker Abraham Palingh zu Haarlem, ein Mennonit, 1658 mit einer gelehrten historischen Beleuchtung des Hexenwesens her-

---

4) *Garinet*, p. 268 und 337. — 5) *Le Brun*, I, p. 316. — 6) *Walter Scott*, Br. über Dämonologie, Teil II, S. 110. — 7) *Hauber*, Bibl. mag. St. XVII.

vorgetreten war[8], um dessen Torheit und Nichtigkeit zu erweisen, suchte namentlich der Gerichtshof von Flandern durch eine Verordnung vom 31. Juli 1660 den Hexenprozeß durch genauere Regelung des Prozeßverfahrens einzuschränken, wobei namentlich auch bestimmt wurde, daß das Nachsuchen nach dem Stigma diabolicum bei angeklagten Frauen fernerhin nicht mehr durch Scharfrichter, sondern von unverdächtigen Ärzten geschehen sollte.

Mittlerweile ging die allgemeine Geistesbildung ihren Weg. In der gesamten Naturwissenschaft war kein Heil gewesen, solange nicht Experiment und Beobachtung an die Stelle der Empirie und des Syllogismus getreten war. Jetzt aber setzte sich die Erforschung der Materie in ihr Recht ein, um die Emanzipation des Geistes aus der Gewalt des Dämonismus vorzubereiten. Was Kepler, Galilei, Gassendi, Harvey, Guericke, Huygens u. a. geleistet haben, ist nicht bloß den mathematisch-physikalischen Wissenschaften, es ist auch der Philosophie, der Humanität, dem ganzen Kulturleben zugute gekommen. Die großen Geister des Jahrhunderts, Hobbes, Bacon, des Cartes, Spinoza, Leibnitz und Newton, hoben die ganze alte Methode der Wissenschaft aus den Angeln und entzündeten ein Licht, das freilich den blöden Augen gar mancher Zeitgenossen wehe tat, aber den dankbaren Nachkommen desto wohltätiger vorgeleuchtet hat.

Vor diesem Lichte ist auch der Aberglaube erblichen.

Auf die in jener Zeit begründeten Fortschritte der Naturkunde und Philosophie stützt sich wesentlich die spätere Umgestaltung des Strafrechts. Der empirischen wie der spekulativen Schule, so verschieden übrigens in Prinzipien wie in Resultaten, gebührt hier gleiches Lob; beide strebten nach Selbständigkeit. Sobald einmal der Satz von der Bewegung der Erde und von der Existenz der Antipoden

---

8) Het afgerukt momaangezicht der Tooverye, daarin het bedrogh der gewaande toovery naakt ontdekt en met gezonde redenen en exempelen dezer eeuwe aangewezen wordt. S. *Scheltema*, S. 281 ff.

feststand, war ein wichtiges Prinzip durchgefochten. Es mußte nun auch außerhalb der Bibel und der Kirchenväter eine legitime Erkenntnisquelle für die Wahrheit geben. Die Philosophie riß sich los von der Obervormundschaft der Theologie. Vor der Erkenntnis des Naturgesetzes wich das Wunder des Aberglaubens und die Teufelei, vor der eigenen Einsicht die traditionelle Autorität, vor einer geistigen Auffassung der Buchstabenkram; der starke, eifrige Gott der Juden, der da straft bis ins vierte Glied, machte im Herzen des Theologen demjenigen Platz, der seine Sonne aufgehen läßt über die Guten und die Bösen, und der Jurist bat dem Höchsten die Lästerung ab, die er ihm zugefügt, als er in der Bestrafung eingebildeter Verbrechen sich vermaß, zur Rache für die beleidigte göttliche Majestät den Scheiterhaufen aufzurichten.

Aber wie sich zwischen Tag und Nacht die Dämmerung um so länger legt, je schiefer sich eine Region der Sonne zukehrt, so durchdrang auch das geistige Licht nur langsam und unter steten Kämpfen das mit altgewordenen Verkehrtheiten überschüttete Europa.

Der gelehrte Gabriel Naudé[9], Oberbibliothekar der Mazarinschen Büchersammlung, an deren Begründung er einen hervorragenden Anteil hatte, bestritt zwar nicht in direkter Polemik das System des Zauberglaubens seiner Zeit, aber er half dessen geschichtliche Grundlage untergraben, indem er auf dem Wege der historischen Kritik diejenigen Männer der Vergangenheit, die als Hauptzauberer verschrien waren, gegen diesen Vorwurf in Schutz nahm[10]. Er zeigte, wie dergleichen durch alberne Nachbeterei stehend gewordene Anklagen ursprünglich auf sehr unschuldigen Dingen oder gar auf beneideten Verdiensten beruhten. Dichter, Politiker, Philosophen, Mathematiker und Naturforscher seien Opfer solcher Nachreden geworden. Seine Apologie verbreitet sich umständlich und mit guten

---

9) *Bayle*, Pensées diverses, § 241. — 10) Apologie pour tous les grands hommes qui ont été accusés de magie. Paris 1669.

gelegentlichen Bemerkungen über Zoroaster, Orpheus, Pythagoras, Numa Pompilius, Demokritus, Empedokles, Apollonius, Sokrates, Aristoteles, Plotin, Jamblich, Geber, Raymund Lullius, Arnold von Villeneuve, Paracelsus, Agrippa von Nettesheim, Roger Bacon, Trithemius, Albertus Magnus, Sylvester II., Gregor VII., den König Salomon, Virgil u. a. — Zufrieden mit der Ehrenrettung längst Verstorbener, überläßt Naudé der Einsicht seiner Zeitgenossen die Anwendung der von ihm angebahnten kritischen Methode auf die gegenwärtigen Verhältnisse.

Wenige Jahre vorher hatte der Hexenglaube einen außerordentlich geschickten Anwalt an einem jungen Geistlichen der anglikanischen Kirche, Joseph Glanvil (1636—1680), gefunden. — Glanvil [11], ein unabhängiger Denker, entschiedener Gegner des Aristotelismus und gewandter Schriftsteller, wurde seinerzeit von den einen als Vertreter kirchlicher Rechtgläubigkeit, von den anderen als Organ des modernen Skeptizismus angesehen, und ebenso verehrt wie gehaßt. In Wahrheit gehörte er zu der kleinen Zahl von Gelehrten des siebzehnten Jahrhunderts, die zwar an der überlieferten Dogmatik festhielten, aber es doch einsahen, daß die Zeit der Herrschaft der Autorität abgelaufen sei, daß der Glaube sich mit der Bildung der Zeit abfinden, auf die Einwendungen der Skeptiker eingehen und sich über seine Wahrheit und Berechtigung wissenschaftlich ausweisen müsse. Um diesem Bedürfnisse der Zeit zu entsprechen und die von aller Autorität unabhängigen wissenschaftlichen Grundlagen des Glaubens nachzuweisen, gab Glanvil 1661 eine Schrift über „die Nichtigkeit des Dogmatisierens" heraus [12].

Die Veröffentlichung dieses Aufsehen erregenden Buches — das zur Einführung der induktiven Philosophie in England wesentlich beitrug und eine ganz neue Periode der Theo-

---

11) *Hauber*, Bibl. mag., B. II., S. 682 ff. — 12) The vanity of dogmatizing, London 1661 und 1662. Mit Zusätzen vermehrt 1665 unter dem Titel: Scepsis scientifica or Confest ignorance the way to science.

logie zu begründen schien — hatte zunächst für Glanvil den Erfolg, daß er zum außerordentlichen Mitglied der Königlichen Sozietät erwählt wurde. Zugleich kam aber Glanvil in eine wissenschaftliche Diskussion, die ihm die rationelle Begründung des Hexenglaubens als das nächst-liegende Interesse der neueren Theologie erscheinen ließ. Sein Gedankengang war: „Wer das Dasein von Hexen leugnet, der leugnet auch das Dasein der Geister, und wer dieses tut, der leugnet auch das Dasein Gottes. Da nun die Hexerei diejenige Erscheinungsform der supranaturalen Welt ist, von der die Gegenwart, das Leben der christ-lichen Völker — nach dem Urteile jedes Unbefangenen — am unmittelbarsten berührt wird, so muß der Glaube an das Übernatürliche überhaupt gerade durch Begründung des Glaubens an die Hexerei neu befestigt werden."

Glanvil war mit diesen Gedanken beschäftigt, als er mit Bestürzung erfuhr, daß die Staatsregierung einem gewissen Mr. Hunt, der als Friedensrichter in Sommerset mit einem wahrhaft wütigen Eifer die Aufspürung und Verfolgung der Hexen betrieb, Einhalt gebot. Er schrieb daher eine Ab-handlung zur Verteidigung Hunts und des Hexenprozesses überhaupt[13]. Dieser folgte bald eine zweite, worin Glanvil eine um jene Zeit vorgefallene Spukgeschichte von einem gespenstischen Trommler zu Tedworth dem Publikum als neuen Beweis für seine dämonologischen Ansichten vor-legte. Er nannte diese Schrift „einen Streich gegen den heutigen Sadduzismus"[14]. Aber der Sadduzismus in Eng-land war unbescheiden genug, in seinen Zweifeln zu be-harren, und als Mr. Glanvil zu einem zweiten, gewaltigeren Streiche ausholte, erschien sogar eine Druckschrift des Arztes Webster[15], in der dieser im kecken Tone eines

---

13) Some philosophical considerations touching the being of witches and witchcraft. 1666. — 14) Blow at modern Sadducism on Witches and Witchcraft etc. 1666 (1667, 1688). — 15) Display of supposed witchcraft, 1673. Aus dem Englischen übersetzt, mit einer Vorrede von Thomasius, Halle 1719.

Hier sieht man sonnenklar, daß Hexen in der Welt,
Da eines Träumers Kopff wohl tausend in sich hält.

Titelkupfer zu John Websters
„Untersuchung der vermeintlichen und sogenannten Hexereien"
Halle im Magdeburgischen, 1716

Weyer behauptete, M. Glanvil habe sich durch einen höchst plumpen Betrug hintergehen lassen, und seine ganze Lehre von der Hexerei sei eine Albernheit. Der Beleidigte wollte anfangs hierauf nicht antworten; bald jedoch entwarf er, durch seine Freunde bestimmt, den Plan zu einem ausführlicheren Werke. Er sammelte hierzu bei seinem Freunde Hunt und anderwärts die „glaubwürdigsten" Hexengeschichten, rückte aber so langsam vor, daß er über der Arbeit starb. Seine Freunde stellten die gesammelten Belege mit den führenden Abhandlungen und einigen eigenen Zutaten zusammen und nannten das Ganze Sadducismus triumphans[16]. Das Buch erschien 1681, ein Jahr nach Glanvils Tode. Von seinen beiden Hauptteilen soll der erste die Möglichkeit, der zweite die Wirklichkeit der Hexerei aus der Schrift und Geschichte erweisen. Der Sadducismus triumph. war für alle, die am Hexenglauben festhalten zu müssen glaubten und doch das Gewicht der gegen ihn laut gewordenen Skepsis zu begreifen vermochten, ein Trost, der sie aus großer innerer Bedrängnis befreite. Denn er war scheinbar die geistvollste Verteidigung des Hexenglaubens, die bis dahin erschienen war, weshalb nicht allein sehr bald neue Ausgaben des Buches nötig wurden, sondern auch eine ganze Reihe von Schriftstellern, der Philosoph Henry More, der Dekan von Canterbury, Casaubonus, der berühmte Theologe Cudworth, für das Werk eintraten. — Das Buch Glanvils wurde auch ins Deutsche übersetzt. Da diese deutsche Übersetzung gleichzeitig mit des Thomasius berühmten Thesen erschien, so nahmen sie dessen Gegner schon um des Titels willen mit großem Beifallsgeschrei auf, und das Buch scheint in Deutschland fast größeres Aufsehen gemacht zu haben als in seinem Vaterlande.

Dieses Aufsehen kam indessen bei weitem nicht demjenigen gleich, das Balthasar Bekkers „Bezauberte Welt"

16) Sadducismus triumphans or a full and plain evidence concern. Witches etc. by *Dr. Henry More*, 1681. *Hartpole Lecky*, S. 89 ff.

erregte. Das erste Buch der Schrift erschien unter dem Titel: De betoverde Wereld, synde een groudig onderzoek van't gemeene gevoelen, aangaande de Geesten, derzelver aart, vermogen, bewind en bdrijf alsoog hetgeen de Menschen door derzelver kragt of gemeenschap doen, 1. boek Leeuw. 1691, 8⁰. Die drei nachfolgenden Bücher folgten bis

D. Balthasar Bekker
geb. 20. März 1654, gest. 11. Juni 1698
Nach dem Gemälde von Zach. Weber,
gestochen von Liebe

1693. Letzter Abdruck: Deventer, 1739 in 4⁰. Eine deutsche Übersetzung wurde bereits 1693 in Leipzig herausgegeben [17]. Bekker, von deutscher Abkunft, reformierter Pastor zu Amsterdam, ein Mann von philosophischem Scharfblicke, freiem Geiste und theologischer Gelehrsamkeit, ist der erste, der die Nichtigkeit des Zauberglaubens in seiner Totalität erkannte und demzufolge nicht mehr dessen einzelnen Erscheinungen, sondern dem Prinzip selbst den Krieg erklärte. Dieses Prinzip aber liegt in der Dämonologie, insbesondere in der Lehre vom Teufel. Bekker führt uns zum erstenmal die historische Entwicklung, Verbreitung und Feststellung der dämonologischen Vorstellungen unter den Christen vor Augen und stellt hiermit die heidnischen und jüdischen Meinungen zusammen, die auf diese Ausbildung eingewirkt haben können.

17) B. Becker in Franeker, Gron. 1848; B. Bekker in Amsterdam, Gron. 1850; *v. d. Aa*, Biographisch Woordenboek, T. II, S. 88; *Nippold*, S. 83 f.

Im zweiten Buche zeigt er zuerst, wie eine gesunde Spekulation von der herrschenden Dämonologie nichts wisse, und betritt dann den exegetischen Weg, um die Zauberei auf Grund der biblischen Schriften zu prüfen. Es ergibt sich ihm hierbei, daß viele bisher auf den Teufel gedeutete Stellen sich gar nicht auf ihn beziehen und somit die daraus gezogenen Folgerungen für die Dämonologie wegfallen; andere Stellen, die vom Satan und den Dämonen wirklich reden, erhalten teils durch eine allegorische, nicht immer ungezwungene Interpretation, teils durch die Annahme einer weisen Akkomodation von seiten Jesu und der Apostel ihre Aussöhnung mit den philosophischen Begriffen der Zeit. Hiernach kommt Bekker zu dem Ergebnisse, daß die Bibel nur sehr Weniges und Unvollständiges über die Natur und Macht der Dämonen lehre, und daß dieses Wenige die herrschenden Vorstellungen so wenig stütze, daß sie mit der Bibellehre sogar im Widerspruche stehen. Der Teufel ist ihm nicht jener im Moralischen wie im Physischen so mächtige Fürst der Finsternis, wie er sich in der fast in Manichäismus ausgearteten Orthodoxie darstellte; er ist vielmehr ein gefallener, zur Strafe in den Abgrund hinabgestoßener und dort des Gerichts harrender Geist, ohne Kenntnis des Verborgenen, ebenso unfähig einen Leib anzunehmen, wie sinnlich wahrnehmbar zu erscheinen und auf das Leibliche einzuwirken. Seine untergeordneten Geister sind gleichfalls verdammt und so ohnmächtig wie er selbst.

„Es streitet derhalben", sagt er, „gegen alle Vernunft und Verstand, daß der Teufel oder ein böser Geist, wer er auch möchte sein, sich selber oder etwas anderes in einem Leibe oder leiblichen Schein zeigen sollte, und es streitet auch wider das Wesen eines Geistes, wie oben gemeldet worden. Und so dieses vielleicht zu wenig wäre, so habe man bloß acht auf diese Ursachen. Kein Geist wirket anders, als mit seinem Willen, und der Wille bloß durch Denken. Wie man es wendet oder kehret, so kann man es anders nicht begreifen; es kommt allemal wieder darauf aus. Nun sagt mir eins, wie euer eigener Geist, d. i. eure Seele, etwa das Geringste an eurem Leibe tut, so es anders als mit Denken ist. Nachdem ihr wollet, so reget sich Hand und Fuß, und wie ihr wollet. Aber tut das einmal an einem anderen Leibe, der nicht euer eigen ist, ohne Mittel eures eignen. Machet mit Denken eins einen Leib, oder leibliches Gleichniß, oder Schatten auf der Erden, wo es auch sein mag, oder in der Luft. Wie will denn das der Teufel tun, der keinen eigenen Leib hat? Ein guter Engel ist ganz etwas anderes; denn der hat Gottes Gunst und Macht zur Hilfe, ihm einen Leib oder Leibes Gleichniß in dem, was er aus Befehl der höchsten Majestät verrichten muß, zu geben. Aber meinen wir, daß der höchste Richter den verfluchten Feind aus dem Kerker loslassen und noch darüber allenthalben mit allem, was ihn gelüstet, fügen wird, um nach seinem Belieben nichts als Wunder zu tun, mit allemal etwas Neues zu schaffen und den einen oder andern Lumpenhandel ins Werk zu setzen, welches er zur Unehre des Schöpfers und seines liebsten Geschöpfes mißbrauchen soll?

„Aber die Schrift, meint man, lehret uns, daß Gespenster seien? So das wahr ist, so wird es in dem Lager der Syrer von Samarien gewesen sein, da es so kräftig spukete, daß sie alle erschraken, in der Nacht wegliefen und ließen alles stehen, da es stund. Aber dieses Gespenst war von dem Teufel nicht, sondern der Herr hatte hören lassen die Syrer ein Geschrei von Rossen, Wagen und großer Heereskraft. Derhalben hatten sie sich aufgemacht und flohen in der Frühe. II. Kön. VII. 6. 7. Die Apostel, Leute ohne sonderliche Auferziehung aus dem geringsten Volk der Juden, die insonderheit zu der Zeit zum Aberglauben geneigt waren, schienen im Anfang nicht weiser zu sein als die übrigen. Denn als sie Jesum um die vierte Nachtwache auf dem Meere gehen sahen, erschraken sie und sprachen: Es ist ein Gespenst, — und schrieen für Furcht. Matth. XIV. 26. Da er sich seit dem ersten Mal nach seinem Tod unvermuthet ihnen lebendig erzeigte, da erschraken sie und furchten sich, meinten, sie sähen einen Geist. Luc. XXIV. 37. Aber Christus, ohne zu erklären, ob die bösen Geister auch erscheinen (welches in solchem Fall seine Weise nicht war . . . .), antwortet auf die Sache, daß ein Geist nicht Fleisch und Bein habe, wie sie sähen, daß er habe. Demnach weiß es Schottus besser, daß ein Geist kalt ist anzurühren (I. Buch XX. v. 9). So hätte Jesus nach dem Sagen des Jesu- iten besser geantwortet: Tastet mich an und fühlet mich, daß ich warm bin und darum auch kein Geist.

„Was, will ich den alle Spukerei leugnen? Beinahe. Von En- geln vermeine ich nicht, wie gesagt ist, ob Jemand sagen möch- te, daß dieselbigen noch nun und dann erscheinen. Daß man aber so viel Spuks vom Spuken macht, bin ich wohl geruhig, daß Niemand viel davon halten soll, dem es an dem Einen und Andern nicht mangelt von dem, was ich als Ursache solches Aberglaubens in meiner Untersuchung über die Ko- meten in dem XXV. und XXIX. Hauptstücke angewiesen habe. — — — Die Unachtsamkeit bei den Werken der Natur und die Unwissenheit ihrer Kraft und Eigenschaften und das stete Hörensagen machen, daß wir leichtlich auf eine andere Ursache denken, als die Wahrheit lehret; und das Vorurteil, das man von dem Teufel und den Gespenstern hat, sowohl gelehrt als ungelehrt, bringet den Menschen alsbald zum Gespenst. Die Auferziehung der Kinder stärket diesen Eindruck, dieweil man sie von Jugend auf durch ge- machte Gerüchte erschrecket, sie durch eingebildete Furcht zu stillen und ferner mit allen solchen alten Mährlein und altem Weibergeschwätz unterhält. Denn es kann nicht aus- bleiben, oder es gehet nach dem alten Sprichwort:

Quo semel est imbuta recens, servabit odorem
Testa diu . . . .

Daher begegnet ihnen das Geringste nicht, daß sich im An- fang von ferne oder im Dunkeln herfürthut, ohne daß man noch kann merken, was es ist, das man nicht achtet ein Ge- spenst zu sein. Solches war zu sehen an den Aposteln, welche, wie ich glaube, niemals ein Gespenst gesehen, aber viel von Gespenst gehört hatten, als sie Jesum bei der Nacht auf dem Wasser gehen sahen, den sie mannichfaltig und kurz zuvor gesehen hatten und von ihm so manches Wunderwerk; dennoch, ohne eins an ihn zu denken, erschraken sie sehr und sprachen: Es ist ein Gespenst, — sonder Frage, sonder Zweifel, es wär und müßte ein Gespenst sein. (Matth. XIV. 26.)[18]

„In Ansehung nun, daß in der ganzen Bibel nichts, das im Geringsten nach keinem Königreich gleichet und darauf gedeutet wird, zu finden ist; so wird es außer Grund insgemein also gesagt, daß der Satan auch ein Reich auf Erden habe, das eben so weit, als Gottes eigen Reich auf Erden sich erstrecket, nicht allein außer-, sondern auch innerhalb seiner Kirche, welche das Himmelreich, das Reich Gottes und Christi genannt wird. Reich gegen Reich, des Teufels Reich wider Gottes; und ob das noch zu wenig wäre, Reich in dem Reich: Imperium in imperio, — und das von feindlicher Macht. Wie kann Gottes eigen, wie kann Christi Reich bestehen? Ich will beweisen, daß der Teufel kein Reich, das gegen Gott, noch unter Gott angestellet, noch wider das Christenthum, oder davon unterschieden, noch weniger darinnen, weder in dem Meisten, noch in dem Geringsten hat, noch haben kann[19].

„Man darf sich auch nicht allzu sehr bekümmern, zu wissen, was der Teufel zu thun vermag, wenn uns bedünket, daß etwas über die Natur geschieht; denn so ist es gewiß, daß er es nicht kann thun. Ich sage, daß es allzumal sinnlos fürgegeben wird, wenn etwas Böses geschieht, das nach unserem Verstande über die Kraft der Natur geht, daß es ein Werk des Teufels sei. Denn welchen das dünket, der muß nothwendig glauben, daß der Teufel etwas thun kann, das natürlicher Weise nicht kann geschehen. Siehet Jemand diese Folge nicht, ich will's ihm alsofort sehen lassen. Alles, was er denken könnte, das da ist,

18) Bez. Welt, Buch II, Kap. 32, § 8, 9, 10. — 19) Ebendaselbst, Kap. 34, § 4.

das muß entweder der Schöpfer selbst, oder sein Geschöpfe sein. Was ist der Teufel nun? Ein verdorben Geschöpfe, werdet ihr sagen müssen, diesemnach ein Theil und ein verdorben Theil der erschaffenen Natur. Wie kann nun das, was ein Theil der Natur ist, über die Natur sein? Wer ist über die Natur, denn Gott allein? Derhalben schließe ich alsofort schnurgerade wider die gemeine Meinung: Sobald als man mir sagt, daß etwas über die Natur geschehen sei, so hat es denn der Teufel nicht gethan; es ist Gottes eigen Werk. Ein Anderer sagt: Es ist doch kein natürlich Werk; derhalben muß es Zauberei sein, — und ein ungewaschener Mund: Da spielet der Teufel mit; — aber ich: So es kein natürlich Werk ist, so ist es gewißlich auch keine Zauberei; denn ist Zauberei, die muß, obschon betrüglich, dennoch ganz und gar natürlich sein, gleichwie ich hoffe, in dem dritten Buch den Leser sehen zu lassen [20]."

Im dritten Buche führt Bekker den Satz von der Unkörperlichkeit und Machtlosigkeit des Teufels in seiner Anwendung auf die Zauberei und die Besitzungen weiter aus. Es wird gezeigt, daß die Schrift keinen Bund mit dem Teufel und eine daraus hervorgehende Zauberei kenne, daß vielmehr Vernunft und Christentum solchen gemeinschädlichen Irrtum verdamme; daß die im mosaischen Gesetze bezeichneten Zauberer nicht übermenschliches Wissen und Vermögen besitzen und nicht als Teufelsverbündete vertilgt werden sollen, sondern als Betrüger, Götzendiener und Verführer des Volkes. „Der Bund der Zauberer und der Zauberinnen mit dem Teufel ist nur ein Gedichte, das in Gottes Wort nicht im allergeringsten bekannt ist, ja streitig wider Gottes Bund und Wort, allerdings unmöglich, das allerungereimteste Geschwätz, das jemals von den heidnischen Poeten ist erdacht worden, und dennoch von vielen vornehmen Lehrern in der protestantischen Kirche verteidigt, wo nur nicht auch zum Theil erdacht. Denn

20) Buch II, Kap. 34, § 17.

ich finde schier keine Papisten, die von dem Teufel und den Zauberern mehr Wunder schreiben, als Danaeus, Zanchius und ihres Gleichen thun. Woraus man sehen mag den kläglichen Zustand der Kirche, in welcher ein so häßliches, ungestaltes Ungeheuer von Meinungen nicht allein gelitten, sondern auch geheget und unterhalten wird[21]."

Die einzelnen Arten des sich hieran knüpfenden Aberglaubens hat Bekker mit einer Schärfe gegeißelt und ihre verderblichen Einwirkungen auf Religion, Moral, Wissenschaft und Rechtspflege so dringend hervorgehoben, daß die Intelligenz wie der Charakter des Mannes in gleich erfreulichem Lichte erscheint. Derselbe Scharfblick bewährt sich auch im vierten Buche, wo Bekker mehrere berühmte Zauber- und Spukgeschichten der nächsten Vergangenheit einer Analyse unterwirft. Wir führen noch folgende Worte aus dem Schlusse des Werkes an:

„Daß wir die Meinung von der Zauberei und was derselben anklebet, gar wohl entbehren können, erscheint klärlich aus unserer eigenen Erfahrung, weil sie nirgends mehr gefunden wird, als da man sie zu sehn glaubt. Glaubt sie denn nicht mehr, so wird sie nicht mehr sein. In dem Papstthum hat man täglich Beschwörungen zu thun, hier nimmermehr. So viel Besessene sind denn allda mehr, als hier. Denn sehet, sie sind selbst nöthig, den Geistlichen Materie zu Miraculn zu geben und zu zeigen, welche Kraft ihr okus bokus auf den Teufel habe; davon rauchet ihr Schornstein. Bei uns erkennt man nicht leichtlich Jemand bezaubert, so da kein Handgucker oder Wahrsager, noch sogenannte Teufelsjäger sein, gleichwie der alte Claes und solch Volk. Alle, die allda kommen, sind bezaubert, — — — kommen aber dieselben zu Doctoren, die wissen von keiner Zauberei. — Also siehet man auch, daß bei uns (in Holland), da bei keinem Richter mehr auf Zauberei Untersuchung gethan wird, auch Niemand leichtlich der Zauberei halber wird beschuldigt. Man sieht hier niemals

---

21) *Buch* III, Kap. 19, § 1.

weder Pferd, noch Kuh, noch Kalb, noch Schaf, in dem Stall, oder auf der Weide, die von einem Wehrwolf todtgebissen sind. So das Gras oder Korn nicht wohl stehet, giþt man niemals den Zauberern dessen Schuld. — — Aber anderswo, da das Hexenbrennen Statt hat, wird kein Unglück sich begeben haben, das man nicht der Zauberei zuschreibet. — Man siehet nun klärlich, daß ganz keine Zauberei sein würde, so man nicht glaubte, daß sie sei. Derhalben ist es keine Atheisterei, dieselbe zu leugnen, weil Gott nicht angehet, daß man von dem Teufel etwas leugnet. So es Atheisten sind, die solche Teufelsdinge leugnen, so sind es die Heiden und nächst ihnen die Papisten am wenigsten; am meisten aber dagegen die zum reinsten reformirt sind und am wenigsten von der Zauberei wissen. So es unsern Glauben und Gottesdienst hindert, wenn man keine Zauberei glaubet, und ist das Glauben der Zauberei Gottesfurcht: warum denn länger hier verzogen? warum kehren wir nicht mit dem Ersten zum Papstthum zurück? Allda spüket es täglich aus der Hölle und dem Fegfeuer, ja selbst erscheinen allda wohl die Seelen aus dem Himmel von Jesu und Maria, von den Aposteln und den Märtyrern. Wenn es hier einmal spüket, so muß es allemal der Teufel thun, wie in dem ersten Buche gezeigt ist, daß in solchen Zeiten und bei solchen Lehrern am meisten von Zauberei, Besessenheit, Erscheinungen und Beschwörungen der Geister die Rede ist, allda sie meist von dem heidnischen Aberglauben Stadt und Raum behalten hatte; also siehet man heute, daß, wo am meisten von dem Papstthum übrig ist, da redet man auch am meisten von der Zauberei. — Also kann man denn die Wahrheit des christlichen Glaubens vertheidigen und dennoch so viel weiter von dem Glauben der Zauberei ab sein, so kann man Gott und Christum näher kennen, wenn man weniger von dem Teufel meint zu wissen außer dem, was uns die Schrift davon lehrt. Das nur zu wissen, ist genug zu wissen, und alles, was darüber ist, ist nur Thorheit. Es sagen fürnehme Gottesgelehrte selber, daß wir den ganzen Teufel sollten entbehren können und nichts desto weniger vollkömmlich zur Seligkeit wohl unterwiesen sein, so die Schrift uns nicht lehrete, daß so ein Teufel mit seinen Engeln sei."

Die durch Bekkers Werk veranlaßte Bewegung war außerordentlich. In zwei Monaten waren viertausend Exemplare verkauft, und fast in allen Sprachen Europas erschienen gute und schlechte Übersetzungen. Aber die Welt teilte sich zwischen Beifall und Haß. Über die Entbehrlichkeit des Teufels dachte der größere Teil der damaligen Theologen anders als Bekker. Eine Flut von Streitschriften wurde gegen ihn losgelassen; Bayle behauptet, daß man sie nicht um hundert Gulden würde anschaffen können. Bald wurde ihm Cartesianismus, bald Mißverstehung dieser Philosophie, bald Mißhandlung der Bibel durch gezwungene allegorische Interpretation, bald gar atheistischer Irrtum vorgeworfen. Bald waren alle Kirchenräte, der zu Amsterdam voran, Klassenkonvente und Synoden Hollands mit Bekker beschäftigt. Fast allgemein wurde die Bestreitung der hergebrachten Teufelslehre als Leugnung des wahren Glaubens an Gott angesehen, weshalb ihn die Synode zu Alkmaar im August 1692 seines Amtes entsetzte. An vielen Orten wurde ihm auch die Teilnahme an der Abendmahlsfeier verweigert. Indessen vertrat Bekker seine Überzeugung mit männlichem Mut, bis er am 11. Juli 1698 zu Amsterdam starb.

Hundert Jahre später hat es kaum noch einen namhaften protestantischen Theologen gegeben, der in dämonologischen Dingen nicht an Bekkers Resultaten festhielt. Bekkers Bedeutung für den Umschwung der Theologie des achtzehnten Jahrhunderts muß daher dankbar anerkannt werden. Zu derjenigen freieren Kritik der biblischen Schriften selbst sich zu erheben, die das Vorhandensein gewisser, aus den Begriffen der Zeit geschöpfter dämonologischer Vorstellungen in der Bibel anerkennt, ohne daraus eine bindende

Norm für den Glauben herzuleiten — dies war freilich erst einem späteren Zeitalter vorbehalten. Bekker kannte, um seine sich ihm aufdrängende philosophische Überzeugung mit der Bibel zu versöhnen, keinen anderen Weg, als den der üblichen Exegese, und daher kommt es, daß diese nicht überall eine ungezwungene ist.

Auch Peter Bayle muß unter den Bekämpfern des Aberglaubens genannt werden. Schon in seinen Gedanken über die Kometen (1682) hatte er einige hierher gehörige Fragen abgehandelt, und mehrere Kapitel in der Réponse aux questions d'un provincial (1703) sind demselben Gegenstande gewidmet. Der Hexenglaube war damals in Frankreich noch sehr mächtig. Mit gewohnter Klarheit weiß Bayle zu entwickeln, wie z. B. den sogenannten Besessenheiten entweder absichtlicher Betrug, Autosuggestion oder Krankheit der Seele zugrunde liegt, oder wie die Furcht vor dem Nestelknüpfen (nouer l'aiguillette) an dem abergläubischen Menschen wirklich diejenigen Erscheinungen hervorbringen kann, die man dem Zauber selbst zuschreibt, und wie diese Erscheinung aufhört, sobald der Leidende zu dem Glauben kommt, daß der Zauber gehoben sei.

Um so mehr setzen Bayles Ansichten über die Strafwürdigkeit der Zauberei in Verwunderung[22]. Ist es schon sonderbar, daß dieser Philosoph den wirklichen Zauberern, wenn er gleich von deren Existenz nur hypothetisch redet, die Todesstrafe zuerkennt, so fällt es noch mehr auf, wie er gleiche Strafe begehrt für die eingebildeten Zauberer (sorciers imaginaires), d. h. für diejenigen, die zwar keinen Vertrag mit dem Teufel wirklich gemacht haben, aber doch dies getan zu haben, den Sabbat zu besuchen und der Teufelsgesellschaft anzugehören sich einbilden. Bayle will in ihnen den bösen Willen bestraft haben, verteidigt in dieser Beziehung die Hexenrichter gegen die Vorwürfe von Loos und Bekker und findet sogar von Gaufridys Ver-

---

22) Réponse aux questions d'un provincial, Chap. 35.

urteilung ganz in der Ordnung. Er war in dem Irrtum befangen, in den abgefolterten Bekenntnissen der Angeklagten eine subjektive Wahrheit zu vermuten.

Übrigens unterscheidet Bayle zwischen den beiden Fragen:
ob die Zauberer Strafe verdienen und ob die Obrigkeit sie
peinlich strafen solle[23]. Dieses will er, wie schon Malle-
branche begehrt hatte, eingeschränkt sehen, damit nicht der
Aberglaube und der Reiz, sich in ein imaginäres Hexenver-
hältnis einzulassen, gesteigert werde. So wenig sich nun auch
bei Bayle durch das Ganze ein festes Prinzip hindurchzieht, so
ist doch im einzelnen viel Treffendes gesagt und insbesondere auch mancher Mißbrauch im Gerichtsverfahren angemessen gerügt. Was Deutschland anbelangt, so begrüßte
Bayle freudig die ersten wirksamen Lichtstrahlen, die damals
von Halle aus sich durchzuarbeiten anfingen, und meinte,
daß im Punkte des Hexenglaubens eine Kongregation de
propaganda incredulitate in hohem Grade vonnöten sei.

---

23) Réponse, Chap. 39.

CHRISTIANUS THOMASIUS.

F. C. Krüger fec.

CHRISTIAN THOMASIUS

Der letzte entscheidende Schriftenkampf war einem Manne vorbehalten, der mit einem durchdringenden Verstande und einer nicht sowohl in die Tiefe des Geistes als aufs Praktische gehenden philosophischen Bildung ein für alles Gute offenes Herz und einen unerschütterlichen Mut verband.

Christian Thomasius[1], 1655 in Leipzig als Sohn des Philosophen Jacob Thomasius geboren, ist in mannigfacher Beziehung ein Reformator seiner Zeit geworden; hätte er aber auch nur das e i n e Verdienst, wesentlich dazu mitgewirkt zu haben, daß, wie Friedrich II. sagte, die Weiber fortan in Sicherheit alt werden und sterben könnten[2], so würde schon darum sein Name unsterblich sein. Freilich stand er hierbei auf den Schultern seiner Vorgänger und wirkte auf einem Boden, der schon für die bessere Saat empfänglich war; aber wie stark der zu bekämpfende Feind noch immer war, erhellt am deutlichsten aus dem eigenen Leben des Mannes.

Schon hatte Thomasius die Cartesianische Philosophie studiert, schon eigene philosophische Vorträge gehalten, schon bei verschiedenen Händeln die Partei des Fortschrittes verfochten, und noch immer war er an der Rechtmäßigkeit des Hexenprozesses so wenig irre geworden, daß er einst als Referent in der Juristenfakultät auf die Folterung einer Angeklagten antrug. Es ward ihm die Beschämung, von seinen Kollegen, die in diesem konkreten Falle anders dachten, überstimmt zu werden, und dies gab ihm den ersten Anstoß zu tieferer Prüfung des ganzen Gegenstandes und zu seiner offenen Bestreitung, sobald die bessere Überzeugung gewonnen war.

---

1) Vgl. *Karl Biedermann*, Deutschland im 18. Jahrhundert, 2. Auflage, Leipzig 1880, Bd. III, S. 348—383, und *Dernburg*, Thomasius und die Stiftung der Universität Halle; Halle 1865. *Ernst Landsberg* in der Allgem. Deutschen Biographie, 38. Bd., S. 93. — 2) Oeuvres, Tom. I, p. 367.

Hören wir seinen eigenen naiven Bericht, wie er „die Augen des Geistes schloß, damit nicht der Blitzstrahl menschlicher Autorität sie blende"[3]:

„Dieser gegenwärtige Casus" — schreibt er über den zweiundzwanzigsten seiner juristischen Händel, — „wurde auch Anno 1694 in unsere Fakultät geschickt im Monat September, und war ich damals mit der gemeinen Meinung von dem Hexenwesen so eingenommen, daß ich dafür geschworen hätte, die in des Carpzovii Praxi criminali befindlichen Aussagen der armen gemarterten, oder mit der Marter doch bedroheten Hexen bewiesen den mit den armen Leuten pacta machenden und mit den Menschen buhlenden, auch mit den Hexen Elben zeugenden und sie durch die Luft auf den Blockersberg führenden Teufel überflüssig, und könnte kein vernünftiger Mensch an der Wahrheit dieses Vorgebens zweifeln. Warum? Ich hatte es so gehöret und gelesen und der Sache nicht ferner nachgedacht, auch keine große Gelegenheit gehabt, der Sache weiter nachzudenken. Dieses waren die ersten Hexenakten, die mir Zeitlebens waren unter die Hände gekommen, und also excerpirte ich dieselben mit desto größerem Fleiß und Attention."

Es folgt hierauf ein Aktenauszug aus dem Prozesse einer in der ganz gewöhnlichen, nichtssagenden Weise indizierten Angeklagten aus Cöslin; dann fährt Thomasius fort:

„Nachdem ich den bisher erzählten Extrakt ex actis ad referendum verfertigt, bemühte ich mich zu Überlegung und Abfassung meines Voti, des Carpzovii criminalia, ingleichen den Malleum maleficarum, Torreblancam, Bodinum, Delrio, und was ich für Autores de magie mehr in meiner wenigen Bibliothek antraf, zu consuliren, und da fiel nun freilich nach dieser Männer ihren Lehren der Ausschlag dahin, daß die Inquisitin, wo nicht mit der Schärfe, doch zum wenigsten mit mäßiger Pein wegen der beschuldigten Hexerei anzugreifen wäre. Und dachte ich dannenhero mit diesem

---

3) *Biedermann*, S. 349.

meinem voto in der Fakultät Ehre einzulegen. Aber meine Herren Kollegen waren ganz anderer Meinung, und mußte ich dannenhero das Conclusum Facultatis auf folgende Art entwerfen:

„Daß wider Barbaren Labarentzin in Ermangelung anderer Indizien ferner nichts vorzunehmen, sondern sie ist nunmehro nach geleisteten Urpheden der gefänglichen Haft zu erlassen, jedoch seynd diese Acta wohl zu verwahren, und ist auf ihr Leben und Wandel fleißig Acht zu geben. Sie ist auch die auf diesen Prozeß ergangenen Unkosten nach vorhergegangener Liquidation und richterlicher Ermäßigung zu erstatten schuldig. V. R. W."

„Nun verdrosse es mich aber nicht wenig, daß bei diesem ersten mir unter die Hände gerathenen Hexenprozeß mein votum nicht hatte wollen attendiret werden; aber dieser Verdruß war nicht sowohl gegen den damaligen Herrn Ordinarium und meine übrigen Herren Collegen, als wider mich selbst gerichtet. Denn da ich allbereit in der Ausarbeitung meiner deutschen Logik gelehret hatte, daß ein weiser Mann die beiden Haupt-Praejudicia menschlicher Auctorität und der Übereilung meiden müßte, verdroß es mich auf mich selbst, daß mein votum auf nichts als die Auctorität obiger, und zwar offenbar größtentheils parteiischer, unvernünftiger Männer und auf deren übereilte und unzulängliche rationes sich gründete, fürnehmlich darauf, daß die justifizirte Hexe es der Inquisitin in die Augen gesagt, daß sie von ihr hexen lernen und umgetauft worden, auch bei ihrer Aussage bis in ihren Tod beständig verharret wäre. Ja, es verdroß mich noch mehr auf mich, daß ich, sobald ich die rationes contrarias meiner Herren Collegen nur hörte, alsbald von deren Wichtigkeit convinciret wurde und nichts darauf antworten konnte."

Versetzen wir uns um sieben Jahre von dieser beschämenden Lektion weiter, so erblicken wir den bekehrten Thomasius in vollem Kampfe mit den Hexenverfolgern. Er hatte mittlerweile Weyer, die Cautio criminalis, van Dale und Balthasar Bekker kennen gelernt, war darüber erstaunt, daß solche Intelligenzen keinen besseren Erfolg errungen hatten, und gesellte sich ihnen mit raschem Entschlusse als Bundesgenossen zu. Die „kurzen Lehrsätze vom Laster der Zauberei", durch deren Verteidigung 1701 Johann Reiche unter Thomasius' Präsidium die juristische Lizentiatenwürde erlangte, sind eigentlich von Thomasius selbst verfaßt und in der Folge auch unter dessen eigenem Namen erschienen [4].

Thomasius wählte sich einen anderen Punkt des Angriffs als seine Vorgänger. Unter diesen hatte Weyer die Zauberei zugegeben, aber die Hexerei und das Teufelsbündnis, auf das sich diese gründen soll, geleugnet; Spee hatte die Möglichkeit der Hexerei eingeräumt, aber durch seine prozessualischen Beschränkungen einen Weg abzumarken gesucht, auf dem man in den einzelnen Fällen niemals zur Überzeugung von ihrer Wirklichkeit käme. Bekker hatte, wo nicht den Teufel selbst, doch dessen Macht und Einfluß auf den Menschen in Frage gestellt. Weyer beging den Fehler der Inkonsequenz, Spees Buch litt an Prinziplosigkeit, und Bekker kam mit seinem Prinzip zu früh, um eine vollständige Wirkung zu machen. Zwar ist es, wie Thomasius bemerkt, vollkommen wahr, daß das Bekkersche Prinzip bei den Anhängern der damals nicht wenig verbreiteten Corpuscular- und mechanischen Philosophie vernünftigerweise keinen Anstoß erregen durfte; aber ebenso gewiß ist die Tatsache, daß die Orthodoxen den ehrlichen Bekker und seine Anhänger zu Atheisten machten und

---

4) Theses inaugurales de crimine magiae, quas in Academia regia Fridericiana praeside D. *Ch. Thomasio* — — — solemni eruditorum disquisitioni submittit M. *Joannes Reiche*, 12. d. Novemb. 1701. Halae Magdeb. — *Hauber*, Bibl. mag., Bd. II , S. 308 f. — *Reiche*, „Herrn D. Chr. Thomasii kurze Lehrsätze von dem Laster der Zauberei, nach dem wahren Verstande des lateinischen Exemplars in's Teutsche übersetzet etc.", 1704. — „*Christ. Tomasii*, Kurtze Lehrsätze von dem Laster der Zauberey, aus dem Lateinischen ins Deutsche übersetzet und mit des Authoris Vertheidigung vermehrt", 1706.

hiermit die Einwirkung seiner Lehre auf die Abstellung des Hexenprozesses wesentlich lähmten.

Thomasius schlug einen Mittelweg ein. Er begriff, daß die Theologen den Teufel nicht fallen lassen würden, ja er selbst glaubte an ihn, schränkte aber die landläufigen Vorstellungen von dessen Wesen und Wirksamkeit ein und wußte die Unhaltbarkeit der gangbaren Hexentheorien vom Standpunkte der historischen Kritik einleuchtend zu machen. „Ich aber, — sagt er, — der ich der uralten Geisterphilosophie (philosophiae spirituali) ergeben bin, glaube nicht allein, sondern verstehe auch einigermaßen, daß der Teufel der Herr der Finsterniß und der Fürst der Luft, d. i. ein geistliches (geistiges) oder unsichtbares Wesen sei, das auf eine geistliche oder unsichtbare Weise vermittelst der Luft oder auch wässeriger und irdener Körperchen in den gottlosen Menschen seine Wirkung hat." (§ 7.) „Ich leugne aber hinwiederum, daß Hexen und Zauberer gewisse Verträge mit dem Teufel aufrichten sollten, und bin vielmehr gewiß, daß alles, was dießfalls geglaubet wird, nichts anderes als eine Fabel sei, so aus dem Juden-, Heiden- und Papstthum zusammengelesen, durch höchst unbillige Hexenprozesse aber, die sogar bei den Protestirenden eine Zeithero gebräuchlich gewesen, bestätigt worden." Hierauf werden die von Juristen und Theologen für die Existenz der Zauberei vorgebrachten Gründe durchgemustert und ins Absurde geführt. Für jene muß Carpzov, für diese Spizelius herhalten. Es wird nachgewiesen, wie die Bibel und das römische Recht zwar Wahrsager, Sterndeuter, Giftmischer, Gaukler, Götzendiener u. dgl. kennen und mit Strafen bedrohen, keineswegs aber solche Verbrechen, die unter den Begriff der auf dem Teufelspaktum beruhenden Zauberei oder Hexerei fallen. Die jüdisch-römischen Strafbestimmungen habe man später auf die Hexerei angewendet, ohne für deren Wirklichkeit und ihre Kongruenz mit den dort bedrohten Vergehen irgendeinen haltbaren Grund beizubringen.

Merkwürdig ist die Schärfe, womit der blinde Autoritäts-glaube der Juristen gerügt wird. „Carpzovius hätte sich schämen sollen, daß er in einer Sache, worauf das Haupt-werk der ganzen Frage beruht, nichts anders vorbringt, als die Zeugnisse der päpstlichen Scribenten Bodinus, Remigius, Chirlandus u. a., die ihre Bücher theils mit alten Weiber- und Mönchsfratzen, theils mit melancholischer Leute, theils mit ausgefolterten und ausgemarterten Aussagungen anzufüllen pflegen, dadurch freilich die Leute alles dasjenige, warum sie gefragt werden, gestehen müssen. Gewiß, hätten bisher unsere Rechtsgelehrten Andere, und vornehmlich die Päpstler, nicht ohne Verstand abgeschrieben, sondern ein jeder sowohl die natürlichen, als moralischen Sachen, wovon die Gesetze disponiren, nach ihrer Natur und Be-schaffenheit fein nach seiner eigenen Vernunft untersucht, so würde unsere Jurisprudenz auch vorlängst für eine Disziplin von den Gelehrten sein gehalten worden, die auch zu der wahren Gelehrsamkeit gehöre. Da aber bis dato noch immer einer den andern ohne Nachsinnen ausschreibet und sich noch dazu einbildet, Wunder was er gefunden, wenn er diesen oder jenen casum, diese oder jene Frage in terminis terminantibus angetroffen hat, so darf man es denen Gelehrten nicht verargen, wenn sie bei Nennung eines Juristen sich von demselben in terminis terminantibus keinen andern Conzept machen, als von einem Zungen-drescher und Legulejo." (§ 21.) Teophil Spizelius, ein ge-borener Steiermärker, Senior des geistlichen Ministeriums zu Augsburg († 1691) aber, der das Leugnen der Hexerei für Ketzerei und Atheismus erklärte und sich auf Thomas Aquinas, Bonaventura und Torquemada berufen hatte, wird in folgender Weise abgefertigt: „Wenn Thomas de Aquino, Bonaventura und Johannes de Turrecremata noch am Leben wären, würden sie sich nicht auch der lutherischen Lehre widersetzen? Vermutlich aber würde Spizelius sich durch derselben graues Ansehen nicht bewegen lassen, daß er ihnen Glauben zustellte. Hierbei sehe ich auch nicht, wie die Meinung derjenigen, die das Laster der Zauberei nicht für wahr halten, den Weg zur Atheisterei bahnen solle. Vielmehr halte ich dafür, daß diejenigen Geistlichen und Prediger, die anstatt der seligmachenden Lehre auf der Kanzel und in ihren Schriften lauter alte Weiber-Lehren und abergläubische Mährlein erzählen, schuldig sind, daß viele Leute, die noch ein wenig Verstand und etwas von ihren fünf Sinnen übrig haben und sich gerne von dem Schandfleck des Aberglaubens reinigen wollen, endlich in die äußerste Gefahr der Atheisterei verfallen." (§ 26.)

In dem Folgenden weist Thomasius nach, wie man im Christentum dazu gekommen sei, den Teufel, der doch niemals einen Leib angenommen habe und einen solchen überhaupt nicht annehmen könne, sich in Körpergestalt und körperlichen Funktionen vorzustellen. Die Kirchenväter, großenteils dem platonischen oder dem stoischen Systeme zugetan, hätten aus diesen und dem Pharisäismus ihre dämonologischen Vorstellungen gezogen und diese in die Bibel hineingetragen. So hätten sie die verführende Schlange im Paradiese, die Verbindung der Kinder Gottes mit den Töchtern der Menschen, den Fall des Luzifer, die Versuchungsgeschichte Jesu und anderes auf ihren persönlichen und körperlichen Teufel gedeutet; die Scholastiker, obgleich Aristoteliker, hätten dies weiter ausgebildet, und so sei der Wahn von Teufelspakten, Inkuben und Sukkuben verbreitet worden und habe sich, begünstigt vom Klerus, am Ende den Schein zu geben gewußt, als sei er direkt aus der biblischen Lehre hervorgegangen. Weil nun aber die Juristen unter theologischen Einflüssen aufgewachsen, so hätten sie auch in dem justinianeischen Rechte, obgleich dieses von einem Teufelsbunde nichts wisse, die Zaubervorstellungen ihrer Zeit wiederzufinden geglaubt; Melanchthons Einfluß auf die Wiederherstellung des Scholastizismus, das Beispiel Augusts von Sachsen, der eine geschärfte Bestimmung in seinen Strafkodex aufnahm, und die blinde Nachbeterei der Rechtslehrer hätten das Übel auch unter den Protestanten verbreitet. Übrigens erkennt der Verfasser an, daß die Hexenverfolgungen bereits abgenommen haben und auf den Universitäten durch den Einfluß der Cartesianischen Philosophie, die jedoch in der Lehre von den Geistern allzusehr in das andere Extrem gefallen, eine dankenswerte Verminderung des Aberglaubens herbeigeführt sei, die zu den besten Hoffnungen berechtige. Eine scharfsinnige Kritik der in der Karolina angeführten Indizien der Zauberei schließt das Ganze. —

Auch gegen Thomasius brauste der Sturm los. Er hatte die Juristen in Carpzov, die Theologen in Spizelius beleidigt und dem Teufel, was er ihm mit der einen Hand gegeben, mit der andern wieder genommen. Schon das hallische Weihnachtsprogramm von 1701, von Buddeus herausgegeben, suchte die beiden Sätze zu schützen, daß Jesus vom Satan in leiblicher Gestalt versucht worden, und daß die verführende Schlange im Paradiese der Teufel gewesen sei. Thomasius wird zwar in dieser Schrift nicht genannt, auch bezeigten nur wenige Lust, in offenen Streitschriften seine Lehrsätze direkt anzugreifen; desto häufiger aber waren die gelegentlichen Ausfälle und die verketzernden Deklamationen.

„Als der berühmte Herr Thomasius" — schreibt einer seiner Anhänger[5] — „sich dem protestantischen Papsttum und denen Pedanten eifrigst widersetzet, so hat man ihn für den ärgsten Atheisten, Quaker, Socinianer, und ich weiß nicht für was, in der ganzen Welt ausgeschrieen; sogar daß die Meisten noch jetzo seine raisonnablen Lehren für seelenschädliche Irrthümer auszugeben sich nicht scheuen. Sonderlich hat die neulich unter ihm gehaltene Disputation wider das Laster der Zauberei von neuem in das Wespennest gestöret weil die Antistites regni tenebrarum wohl

---

5) Gründliche Abfertigung der unpartheyischen Gedancken eines ungenandten Auctoris, die er von der Lehre de crimine magiae des hochberühmten Herrn D. Christiani Thomasii neulichst herausgegeben, gestellet von *Hieronymo a Sancta Fide.* Frankfurt 1703.

gesehen, daß hiemit zugleich viele falsche Einbildungen vom Teufel als ihrem Knecht Ruprecht vor die Hunde gehen würden. Wie sich aber bisher Niemand unterfangen ex professo wider diese Disputation zu schreiben, so hat doch ein curieuses Membrum nicht nur etlichemal in seinen Unterredungen von der magia, sondern auch in einer aparten Scharteke seine unparteiischen Gedanken von des Herrn Thomasii Lehre in puncto der Zauberei ausgefertigt, darinnen er die Unzulänglichkeit derselben zeigen wollen."

Dergleichen „curieuse Membra", deren bald noch mehrere auftraten[6], zu widerlegen, überließ nun Thomasius hauptsächlich seinen Schülern; er selbst antwortete nur gelegentlich, z. B. in der Erinnerung wegen der künftigen Winterlektionen 1702. Hier räumt er ein, daß es verborgene Mittel zur Beschädigung von Menschen und Tieren, auch Krankheiten gebe, die mutmaßlich vom Teufel herkommen, bekämpft jedoch von neuem die sichtbaren Erscheinungen des Teufels und dessen Verkehr mit den Menschen.

Zudem gab Johann Reiche, um das Publikum nach und nach auf den richtigen Standpunkt zu führen, in Halle 1703 und 1704 seine „Unterschiedlichen Schriften vom Unfug des Hexenprozesses" heraus. Man findet darin unter anderem einen Abdruck der Cautio criminalis, einen Malleus judicum, eine Geschichte der Teufel zu Loudun, die Apologie des Naudäus, einen Bericht über den Priester Gaufridy und verschiedene Aktenabdrücke von Hexenprozessen,

---

6) *Petri Goldschmidts* (Pastors zu Starup) Verworfener Hexen- und Zauber-Advokat, d. i. wohlgegründete Vernichtung des thörichten Vorhabens Herrn Christiani Thomasii, J. U. D. et Prof. Halens., und aller derer, welche durch ihre superklugen Phantasiegrillen dem teufelischen Hexengeschmeiß das Wort reden wollen, in dem gegen dieselben aus dem unwidersprechlichen göttlichen Worte und der täglich lehrenden Erfahrung das Gegentheil zur Genüge angewiesen und bestätigt wird, daß in der That eine teufelische Hexerei und Zauberei sei und dannenhero eine christliche Obrigkeit gehalten, diese abgesagten Feinde Gottes, schadenfrohe Menschen- und Viehmörder aus der christlichen Gemeinde zu schaffen und dieselben zur wohlverdienten Strafe zu ziehen. 1705.

worin Betrügerei und Einfältigkeit die erste Rolle spielen. Später wurden auch unter Thomasius' Leitung Übersetzungen der Schriften von Webster (Halle 1719), Wagstaff[7] und Hutchinson[8] besorgt. Thomasius selbst nahm erst 1712 den Gegenstand wieder auf, indem er unter seinem Präsidium die Abhandlung über den Ursprung und Fortgang des Inquisitionsprozesses gegen die Hexen öffentlich verteidigen ließ[9]. Auch über diese Schrift gab es noch gelegentliches Murren und Schmähen, aber niemand wagte mehr eine förmliche Bestreitung. Gegen den Gebrauch der Folter ist Thomasius gleichfalls aufgetreten, indem er einen seiner Schüler „über die Notwendigkeit, die Folter aus den christlichen Gerichtshöfen zu entfernen", disputieren ließ. Allein mit Unrecht ist Thomasius als unbedingter Gegner der Folter bezeichnet worden. Biedermann macht in der Schrift „Deutschland im achtzehnten Jahrhundert", B. II, S. 374 auf einen an ebendiesen Schüler gerichteten und auf die erwähnte Disputation bezüglichen Brief aufmerksam, worin er zwar dessen Vorhaben nicht mißbilligt, aber doch das Bedenken äußert, daß es nicht ratsam sein dürfte, den Lenkern christlicher Staaten die Nachahmung der Engländer und anderer Völker in Abschaffung der Folter schlechthin anzuempfehlen, — weil es zweifelhaft sei, ob nicht, so lange es noch so viele andere Mißstände in der Rechtspflege gebe, die plötzliche Abschaffung der Folter größere Nachteile haben möchte als ihre Beibehaltung.

Um Thomasius in der Würdigung seines Verdienstes nicht zu viel und nicht zu wenig zu tun, müssen wir ihn in seiner

---

7) *John Wagstaff*, gründlich ausgeführte Materie von der Hexerei, Deutsch, Halle 1711. — 8) *Franz Hutchinsons* historischer Versuch von der Hexerei etc. Deutsch von *Th. Arnold*, mit einer Vorrede von Thomasius. Leipzig 1726. — 9) Disputatio juris canonici de origine et progressu processus inquisitorii contra sagas, quam . . . . praeside *Chr. Thomasio* . . . . examini subjicit *J. P. Ipsen*, Halle 1712. *Thomasius*, Vorrede zur Übersetzung des Webster, S. 18.

Stellung zu seiner Zeit betrachten. Als er auftrat, waren die Hexenbrände schon bei weitem seltener als um die Mitte des Jahrhunderts, das Überhastete des Verfahrens war einem an festbestimmte Förmlichkeiten gebundenen Prozesse gewichen, eine Menge der früher als unbezweifelt betrachteten Indizien war in Mißkredit geraten, und manche der gröbsten Auswüchse des Hexenglaubens selbst, wie die Leiblichkeit der Blocksbergfahrten, die Lykanthropie u. dgl. fanden unter den Gebildetern wie vor Gericht keinen rechten Glauben mehr. Insofern, schien es, mußte der Bekämpfer des Hexenprozesses leichteres Spiel haben. Aber gerade eine Beschränkung und förmlichere Gestaltung war, weil sie schon an sich als eine Art von Reformation erschien, der durchgreifenden Abstellung des Ganzen für den Augenblick nicht günstig. War man doch einsichtig genug, gar vieles Unsinnige beiseite zu werfen, warum hätte man nicht von der Vernunftmäßigkeit des Beibehaltenen überzeugt sein sollen? Urteile aus jener Zeit, z. B. Responsa der Juristenfakultät zu Gießen aus dem Jahre 1700, beweisen, wie man förmlich und gemäßigt sein und dabei dennoch Hexen zum Scheiterhaufen verurteilen kann[10]. — So flatterte die Aufklärung ohne Schwerpunkt zwischen Himmel und Erde.

Hier durfte also nicht mehr gegen einzelnes geplänkelt, sondern es mußte das Prinzip angegriffen werden. Aber der Kampf der fortschreitenden Philosophie mit dem Dogmatismus der Juristen, teilweise auch der Theologen, war im Ganzen noch lange nicht seiner Entscheidung nahe. Derjenige Prinzipienangriff also, der auf dem Boden des Hexenwesens geschah, konnte, obgleich nur ein einzelner Teil der ganzen Bewegung, nicht von der Operationsbasis eines bereits anerkannten allgemeineren Prinzips ausgehen, sondern mußte selbständig sich Bahn brechen. Bekker und Thomasius haben dieses versucht: jener mit gründlicher Kritik und Konsequenz, eben darum aber auch mehr

10) *Hertii* Consilia et responsa. Francof. 1729.

zum Entsetzen als zur augenblicklichen Überzeugung des in der Macht der Autoritäten befangenen Publikums; dieser dadurch, daß er an allen wesentlichen Konsequenzen des Bekkerschen Prinzips festhielt, während er in der Aufstellung des Grundsatzes selbst der alten Dämonologie noch Konzessionen machte. Durch die letzteren fand er sich mit einem Teile der Theologen ab und milderte die Schroffheit des Übergangs. Bekker war ein schärferer Denker als Thomasius, dieser ein gewandterer Kämpfer; jener bewaffnete das Angriffsheer, dieser wählte die einzelnen Truppen aus und führte sie an. Bekker stellte sich dem ersten, frischen Grimme der Altgläubigen bloß, dem er auch unterlag; Thomasius fand sein Publikum schon vorbereiteter und wirkte unter einem König, der stolz darauf war, seine neue Universität Halle im Vordertreffen des großen Kampfs für Licht und Recht zu erblicken.

Bekker und Thomasius waren die Wortführer des Geistes einer neuen Zeit, die die Völker aus dem blindesten und blutigsten Autoritätsglauben aufschreckte. Ihre Stimme mußte gehört werden, weil sie die Ergebnisse einer fortgeschrittenen philosophischen und naturwissenschaftlichen Bildung mit den Forderungen der Religion und Humanität in Einklang brachten. Aber die Herrschaft über die Geister wußte der Aberglaube noch immer zu behaupten.

Im Jahre 1713 erteilte die Tübinger Juristenfakultät ein Prozeß-Gutachten. Der junge Sohn eines alten Generals war krank geworden, und die Ärzte hatten seinen Zustand für nicht natürlich erklärt; auch erinnerte sich der General, in seiner Jugend öfters vom Alp gedrückt worden zu sein. Dies alles schrieb man einer armen alten Frau zu, die man auch sofort vor Gericht stellte. Die Akten zeigen, daß man das alte System noch nicht verlernt hatte. Der Teufelsbund, die Verschreibung mit Blut, die Unzucht, der Hexentanz, die Schändung der Hostie, die Beschädigung von Menschen und Tieren — dies alles findet sich hier vor. Michael Graß, der Verfasser des Responsums, kennt Thomasius' Schriften und verwirft sie. Nach dem Spruche der Fakultät wurde die Inquisitin zum Scheiterhaufen geführt.[11] Zehn Jahre nach Thomasius hatte Petrus Tornowius, Consiliarius Serenissimi Ducis Mecklenburgensis et Consul Güstrowiensis noch den traurigen Mut, im zweiten Teil seines Buches De Feudis Mecklenburgicis (Güstrow 1711) Seite 236 ff. für die Hexenprozesse einzutreten, trotzdem er die Werke Weyers, die Cautio criminales von Spee und die Schriften von Thomasius kannte. Er verwirft 1. die Bezichtigung durch Hexen, da aus ihnen nur die Eingebung des Satans spricht, 2. die Luftfahrten, die Satansbuhlschaften, das Wettermachen und die Hexensabbate, 3. die Wasserprobe, 4. den Werwolf. Hingegen hält er an den Hexenmalen fest. Er läßt als gültige Indizien zu: 1. daß die persona inquisita des Criminis Veneficii berüchtigt sei, 2. auch sonst ein anrüchiges Leben geführt, 3. von berüchtigten Eltern stamme, 4. mindestens durch zwei Zeugen belastet sei, 5. gestehe.

Es dauerte eben lange, bis die Gedanken eines Thomasius bei den Rechtsgelehrten und in der Gesetzgebung zur Geltung kamen. Der Professor der Rechte Augustin v. Leyser (zu Helmstädt und Wittenberg, † 1752) teilt in seinen umfangreichen Meditationes ad Pandectas spec. 608, Nr. 19 folgendes mit: Das Kollegium der Helmstädter Rechtsgelehrten hatte im Monat Februar 1714 einen frechen und des Raubes beinahe überführten, aber leugnenden Dieb zur Folter verurteilt. Auf diese geworfen, gab er kein Zeichen von Empfindung und war endlich gar sanft eingeschlafen. Der Richter schickte die Akten nach Helmstädt zurück und fragte an, was ferner zu tun sei. Wir berieten uns lange und zweifelten, was für ein Gutachten zu geben sei. Zwar war die Sache nicht neu, sondern hatte sich oft vorher zugetragen und trägt sich auch heute hier und da zu. Schurigius erzählt in der Spermatologie Kap. VII, S. 327, daß ein Verbrecher Pillen verschluckt und nachher sogar in dem sogenannten

11) Consilia *Michaelis Crassi*, in den Consil. Juridicorum Tubingensium, Tom. V, p. 705 f., ed. 1733.

höchsten Grade der Tortur, obwohl ihm einigemal unterworfen, nichts gestanden habe. Auch lassen wir verschiedenes, was Damhouderus, Carpzov, Brunnemann u. a. an Mitteln angegeben haben, und es erschien unter allem das Abscheren der Haare über dem ganzen Leibe als das unschuldigste. Einer von unseren Amtsgenossen zwar war dagegen und wendete ein, daß ein solches Gutachten, das keineswegs in der gesunden Vernunft gegründet sei, nach dem Aberwitz alter Weiber schmecke und der guten Sitte sowie der Klugheit zuwider sein würde[12]. Die tägliche Erfahrung lehrt jedoch, daß viele Dinge in Gebrauch sind, deren Ursache jedoch nicht angegeben werden kann, und die dennoch einen glücklichen Erfolg haben. Deshalb antworteten wir wie folgt: „daß Inquisit zuförderst durch Abnehmung der Haare und andere zulässige Mittel, welche die Scharfrichter angeben werden (!), zur Empfindlichkeit zu bringen, nachgehends die Tortur auf die im vorigen Urteil vorgeschriebene Art an ihm wieder von neuem anzufangen und zu vollstrecken sei."

Wir hören hier also die Juristen-Fakultät zu Helmstädt im Jahre 1714, mit dem Gutachten der Tübinger Juristen-Fakultät von 1713 ganz übereinstimmend, sich gutachtlich so aussprechen, daß sie dabei von dem alten Aberglauben und von dessen juristischen Vertretern aus früherer Zeit vollständig abhängig und beherrscht erscheint.

Daher kann es nicht allzusehr auffallen, wenn ein Jahrzehnt später der Professor der Rechte Johann Gottlieb Heineccius zu Halle († 1741) in seinen Elementa iuris civilis secundum ordinum institutionum (Lib. IV, Tit. 18, § 1358) schlankweg lehrt: „Zauberer, die durch Gemurmel und Zauberformeln Schaden angerichtet haben, werden mit dem Schwerte hingerichtet, diejenigen aber, die ausdrücklich ein Bündnis mit dem Teufel eingegangen sind, werden lebendig verbrannt." Doch setzt er hinzu: „Der Richter

---

12) *J. A. Scholtz*, Über den Glauben an Zauberei in den letztverflossenen vier Jahrhunderten. (Breslau, 1830), S. 115.

muß aber, wenn in irgendeiner, so gewiß in dieser mit so vielen Irrtümern der Menge verflochtenen Sache nicht zu leichtgläubig sein[13]."

Derartige Äußerungen konnte man aus dem Munde von Autoritäten der Rechtswissenschaft sogar noch kurz vor der Mitte des achtzehnten Jahrhunderts hören, bis es endlich der Direktor der Universität zu Frankfurt a. O. Jos. Sam. Friedr. Böhmer 1758 in seinen Bemerkungen zu Carpzovs Schriften der Welt verkünden konnte, daß das Licht der Vernunft obgesiegt habe und der Hexenglaube der Verachtung preisgegeben sei[14].

Die Stellung der neueren evangelischen Theologie zu Teufels- und Hexenglauben entschied sich damals in der lebhaften Diskussion, die über die Dämonischen zur Zeit Christi geführt ward. Noch im achtzehnten Jahrhundert erschien eine Reihe von Schriften (Hermann, de δαιμονιφομένοις, Wittenb. 1738; Gronau, de daemoniacis, Bremen 1743; Zeibich, Beweis, daß die Besessenen nicht natürliche Kranke gewesen, Schleitz, 1776 u. a.), in denen der Versuch gemacht wurde, die traditionelle Meinung, daß die Dämonischen wirklich von Teufeln und Dämonen Besessene gewesen wären, neu zu stützen, bis Semler in Halle im Jahre 1760 mit seiner epochemachenden Abhandlung De Daemoniacis, quorum in Nov. Test. fit mentio hervortrat, der die Dämonischen als physisch Leidende hinstellte — weil eine andere Auffassung gar nicht möglich sei —, worauf alsbald eine Reihe von Schriftstellern auftrat wie Gruner, de daemoniacis, Jena 1775; Farmar, Versuch über die Dämonischen, Bremen 1776; Cäsar, Bedenken von den Besessenen, München 1790; Kirchner, Dämonologie der Hebräer, Erlangen, 1798 u. a., die den Dämonenglauben aus der Theologie der Zeit vollständig verscheuchten.

Die ersten erfreulichen Wirkungen seiner Tätigkeit sah Thomasius im preußischen Staate. Friedrich I. zog schon

---

13) *Scholtz*, S. 118. — 14) *Scholtz*, S. 119.

1701 einen märkischen Gerichtsherrn wegen einer Hinrichtung zur Rechenschaft. Auf den Münchowschen Gütern in der Uckermark war nämlich ein fünfzehnjähriges Mädchen wegen fleischlicher Vermischung mit dem Teufel enthauptet worden, und zwar nach einem von der Universität Greifswald eingeholten Erkenntnisse. Eine Revision der Akten ergab, daß weder die nötigen Zeugen verhört noch die Angeklagte ordnungsgemäß verteidigt worden war. Nach dem Gutachten des Hoffiskals hätte diese, als eine mit Melancholie behaftete Person, dem Arzte übergeben werden sollen. Die Sache blieb übrigens auf sich beruhen, weil der Gutsherr sich damit entschuldigte, daß er während des Falles gerade abwesend gewesen sei, auch keine jura verstehe [15]. Ferner beschränkte der König 1706 die Hexenprozesse in Pommern [16].

Sächsische Behörden beschäftigten sich noch 1715 mit der Frage, ob der unter besonderen Umständen erfolgte Tod zweier Bauern bei Jena, die mit einem Studenten einen Schatz heben wollten, dem Teufel zuzuschreiben sei oder nicht. Die Akten wurden zuletzt nach Leipzig geschickt, wo die theologische, die juristische und medizinische Fakultät einstimmig erklärten, daß der Tod auf natürliche Weise erfolgt sei [17].

In Frankreich hatte es der einsichtsvolle Oratorianer Nicole Malebranche (1638—1715) seinen Zeitgenossen von den Prinzipien der Cartesianischen Philosophie aus klar gemacht, daß neben der Allwirksamkeit Gottes ein teuflisches Hexenwerk gar nicht zu denken sei. Er hatte auch darauf hingewiesen, daß, seitdem einige Parlamente die Hexenverbrennungen eingestellt, die Hexen in diesen Bezirken seltener geworden wären, was ihm Veranlassung gegeben, in der allmählichen und allgemeinen Verbreitung des Hexenglaubens, namentlich der Lykanthropie, die an-

---

15) Märkische Forschungen, I., S. 261. — 16) Märkische Forschungen, I, S. 264. — 17) *Thomasius* in der Vorrede zu Webster, S. 32, *Ernst Borkowsky*, das alte Jena Jena 1908, S. 84 f.

steckende Macht der Einbildungskraft nachzuweisen. Späterhin fand die Stellung der öffentlichen Meinung in Frankreich zu den Hexenprozessen in der spöttischen Bemerkung

Die Jenenser Schatzgräberaffäre von 1715
Kupfer aus „Wahre Eröffnung der Jenaischen Christnachtstragödie"
Jena 1716

Voltaires Ausdruck, daß, seitdem es in Frankreich Philosophen gebe, die Hexen zu verschwinden beginnen. Im

Jahre 1672 wies daher Colbert die Magistrate an, Klagen auf Zauberei nicht mehr anzunehmen und verwandelte in einer Anzahl von Fällen die Todesstrafe in Verbannung. Allerdings eiferten die Klerikalen teilweise noch immer für die Ausrottung des Teufelswerks, und selbst das Parlament zu Rouen stellte in einer Adresse dem König vor, daß die den Unholden gewährte Schonung gegen Gottes Wort und gegen alle Überlieferungen der Kirche sei[18]. Allein die Verfolgung und Verbrennung der Hexen wurde doch immer seltener.

Schweden war bald nach dem Prozesse von Mora zur Besonnenheit zurückgekehrt und hatte gesetzliche Beschränkungen der Hexenverfolgung gegeben; die Todesstrafe wurde jedoch erst 1779 ausdrücklich aufgehoben, nachdem sie längst nicht mehr zur Anwendung gekommen war[19].

Es fanden immerhin im achtzehnten Jahrhundert noch drei Hexenprozesse statt, nämlich 1720, 1742 und 1757 bis 1763. Der letzte, der sich in Dalarne gegen dreizehn von einem überspannten und bösartigen Burschen verdächtigte Frauen abspielte, ließ noch einmal alle Greuel des Inquisitionsverfahrens aufleben. Zum Glück fanden die Frauen in dem Landeshauptmann einen vernünftigen Richter, der sie trotz ihrer auf der Folter erpreßten Aussagen in Schutz nahm und ihren Angeber zu schwerer Leib- und Geldstrafe verurteilte. Doch der Bischof Troilus des Dalarner Stiftes sorgte „in seinem christlichen Eifer" dafür, daß hiermit der Prozeß erst recht begann. „Gott erbarme dich unserer kaltsinnigen und freidenkenden Zeit!" rief er in seinem Anklageschreiben gegen die „Hexen". Das Hofgericht nahm sich der Sache an und entschied nach langem Prozessieren, in dem die Geistlichkeit immer wieder gegen die Frauen schürte, zugunsten der Angeklagten und verurteilte den Richter, der sie foltern ließ, und den Gefängniswärter, der sie mißhandelt hatte, zu Gefängnis und

---

18) *Garinet*, S. 337, 344. — 19) *Horst*, Z. B., Bd. IV, S. 367.

Geldbußen. Da sich der Richter dem Schadenersatz durch die Flucht entzogen hatte, zahlte der Staat den Frauen 3000 Taler aus[20].

Sogar das weltentrückte Island hatte seinen Hexenbrand. Im Jahre 1685 wurde Haldorr Finnbogason wegen Zauberei eingeäschert; 1690 jedoch ein wegen desselben Deliktes verurteilter Mann, namens Clemens, begnadigt[21].

Holland war von dem Hexenwahn längst frei; daß seine Stadtwage zu Oudewater noch zuweilen gebraucht wurde, geschah nur infolge einer wohltätigen Akkommodation, die den Angeklagten des Auslands zugute kam.

In England hatte sich zuerst in den Arbeiten des Sir Thomas Browne das Aufdämmern einer von dem traditionellen Aberglauben sich abwendenden Zeit bemerklich gemacht. Derselbe Thomas Browne nämlich, der um 1633 seine Apologie des Aberglaubens unter dem Titel einer Religio medici geschrieben, hatte schon zwölf oder dreizehn Jahre später eine Schrift über „gemeine und weitverbreitete Irrtümer"[22] veröffentlicht, worin er, wenigstens indirekt, dem Hexenglauben geradezu allen Boden entzog. Indessen willigte doch Browne selbst noch 1664 in die Hinrichtung von Hexen ein, und noch im folgenden Jahrzehnt erschien in England das Volksbewußtsein von dem Glauben an Hexerei vollständig umnachtet. Namentlich war dieses in Schottland der Fall. „Es gab kein protestantisches Volk, das in dieser Beziehung der katholischen Nation Spaniens so ähnlich war wie das schottische[23]." Aber rasch machte auch hier die Aufklärung des folgenden Jahrhunderts der Herrschaft des Aberglaubens ein Ende.

Im Jahre 1690 übergab der gefeierte Richard Baxter die von Cotton Mather († 1728) verfaßte Geschichte der ältesten Hexenprozesse in Massachusetts dem englischen

20) *Nyström*, S. 287. — 21) *Maurer*, Isländische Volkssagen, 107. — 22) Inquiries into vulgar and commonerrors, 1646 (Works of Sir Thom. Browne, II, Seite 163). — 23) *Buckle*, Geschichte der Zivilisation in England, II, S. 152 ff. u. 357 ff.

Publikum mit dem im Vorwort ausgesprochenen Bemerken, „der Mensch müsse ein sehr verstockter Sadducäer sein, der ihr keinen Glauben schenke", und im folgenden Jahre 1691 stellte Baxter zur Rechtfertigung des Glaubens an Zauberei in einer eigenen Schrift über „die Gewißheit der Geisterwelt" eine grandiose Zahl von Berichten über entdeckte Zauberer und Hexen zusammen. Von da bis zum Jahre 1718 (wo Hutchinson sein Buch schrieb), erschienen in England nicht weniger als fünfundzwanzig Schriften zur Verteidigung des Hexenglaubens; aber dennoch war er im genannten Jahre bei fast allen Gebildeten vergessen. — Ein letzter Hexenprozeß war gleichwohl noch 1712 gegen eine gewisse Johanna Wenham in Herfordshire vorgekommen. Allein aus dem ganzen Verfahren war zu ersehen, daß man zur Hexenverfolgung nicht mehr den früheren Mut hatte. Der Richter, der an die Hexerei nicht recht glaubte, erbat sogar in einer Ansprache an die Geschworenen die Entlastung der Angeklagten, und behandelte den Ortspfarrer, der auf seinen Eid erklärte, daß sie eine Hexe sei, mit auffallender Mißachtung. Nun sprachen allerdings die Geschworenen über die Angeklagte ihr „Schuldig" aus; allein der Richter setzte es doch durch, daß das Urteil gemildert ward.

Dieses Vorkommnis hatte einen lebhaften Schriftenwechsel zur Folge, in dem die bei dem Prozesse beteiligt gewesenen Geistlichen feierlichst erklärten, daß die Verurteilte eine Hexe sei, und daß das Verfahren des Richters eine Rüge verdiene[24]. Allein die Zeit der Hexenprozesse war doch abgelaufen.

In Schottland erfolgte die letzte Hinrichtung im Jahre 1722[25].

Kurz nachher, 1736, wurde das Statut Jakobs I. durch eine Parlamentsakte förmlich aufgehoben, nachdem der

---

24) *Hartpole - Lecky*, S. 93—95. — 25) *Hugo Arnots*, Collection of criminal trials in Scotland, Edinb. 1785, auch *Hartpole-Lecky*, S. 105.

Pöbel noch ein altes Mütterchen in der Wasserprobe umgebracht hatte[26].

In Polen verbot der Reichstag von 1776 alle Prozesse gegen Zauberei[27].

Im neunzehnten Jahrhundert war in Europa nur noch ein Hexengesetz übrig, nämlich das irländische Statut. Dieses ist erst im Jahr 1821 aufgehoben worden[28].

Dem Beispiele Preußens ahmte auch das übrige protestantische Deutschland mehr oder weniger bereitwillig nach. Wer von Bekker und Thomasius nicht gleich anfangs überzeugt worden war, der schrie eine Zeitlang, bis er entweder zu ihrer Fahne überging, oder wenigstens der immer mächtiger werdenden Stimme der Vernunft gegenüber verstummte. So starb die alte Generation ab, mit ihr der Glaube und mit dem Glauben auch die Praxis des Hexenprozesses, wenn gleich noch der Buchstabe im Strafkodex blieb. Bis auf die jüngste Zeit herab hat dieser Buchstabe, als Artikel 109 der Karolina, im gemeinen deutschen Strafrecht unschädlich fortgelebt, und man sollte ihn, in Quadratklammern eingefaßt, in die neuen Strafbücher mit hinübernehmen, als ein Denkzeichen, daß für den Richter einer künftigen Zeit die Aufgabe sich wiederholen könnte, die der Richter des achtzehnten Jahrhunderts gelöst hat, nämlich da, wo der Gesetzgeber hinter dem Geist der Zeit zurückbleibt, den Buchstaben stehen zu lassen und mit dem Genius der Humanität fortzuschreiten.

---

26) *W. Scott,* Br. über Däm., Teil II, S. 112. *Hauber,* Bibl. mag., Teil II, S. 3. — 27) *Wachsmuth,* Zeitalter der Revolution, I, 132. — 28) *Hartpole-Lecky,* S. 36, Anmerkung.

Gespensterspuk: Die weiße Frau im Berliner Kgl. Schlosse
Kupfer aus dem ersten Viertel des 17. Jahrhunderts

HEXENPROZESSE DES ACHTZEHNTEN JAHRHUNDERTS — AUFHÖREN DER GERICHTLICHEN VERFOLGUNGEN

Derjenige deutsche Staat, der in der Person seines Monarchen sich zuerst mit klarer Einsicht in die Tollheit des Glaubens an Hexerei erhob, um der Hexenverfolgung ein Ende und die deutsche Nation von dem Fluche des heidnischen Dämonismus, den einst das Papsttum über sie gebracht hatte, wieder frei zu machen, war Preußen[1]. Der Große Kurfürst war noch ganz im Geiste der Zeit befangen. Er begünstigte den Hexenprozeß und erließ im Jahre 1679 eine Verordnung, in der er ausdrücklich befahl, alle Hexen zur gerechten Strafe zu ziehen[2]. Doch

---

1) *v. Raumer*, „Aktenmäßige Nachrichten von Hexenprozessen in der Mark Brandenburg" in den „Märkischen Forschungen" von 1841, S. 263—265 und *Stenzel*, Gesch. von Preußen, B. III, S. 447. — 2) *Streckfuß*, 500 Jahre Berliner Geschichte, Berlin 1900, S. 260.

kamen auch hierdurch in der Mark die Hexenbrände nicht so in Aufnahme, daß Massenhinrichtungen erfolgt wären, weder während seiner Regierungszeit noch in der seines Sohnes, des ersten Preußenkönigs. Sein Enkel, Friedrich Wilhelm I., ein abgesagter Feind jeder philosophischen Spekulation, daher auch aller juristischen Spitzfindigkeiten, stand mit seinem klaren Verstand dem noch immer allgemein herrschenden Aberglauben gegenüber, mit dem er in der ihm eigenen selbstherrschenden Weise aufzuräumen suchte[3].

Kurz nach seiner Thronbesteigung erließ der Soldatenkönig unter dem 13. Dezember 1714 ein von dem Minister v. Plotho ausgearbeitetes Mandat, das zwar das Ende der Hexenverfolgung nicht sofort herbeiführte, aber doch ankündigte. Der König erklärte darin, daß unter den im Kriminalprozeß überhaupt wahrnehmbaren Mißständen einer der gefährlichsten in den Hexenprozessen hervortrete, indem hier nicht immer mit der nötigen Vorsicht verfahren, sondern oft auf ganz unsichere Indizien hin vorgegangen, darüber auch gar mancher ganz unschuldig auf die Folter, durch diese um Gesundheit und Leben und auf das Land eine große Blutschuld gebracht werde. Er wolle daher die Prozesse in Hexensachen verbessern und so einrichten lassen, daß dergleichen üble Folgen aus ihnen nicht entstehen könnten. Inzwischen aber, bis es dazu gekommen sein würde, sollten alle Urteile in Hexensachen, bei denen es sich um Anwendung der scharfen Frage oder gar um Verhängung der Todesstrafe handle, ihm selbst zur Bestätigung vorgelegt werden. Auch wünsche er, daß ihm die Kriminalkollegien, Fakultäten und Schöffenstühle ihre Gedanken wegen der Hexenprozesse überhaupt gutachtlich vorlegen möchten, wobei es ihm zu besonderem gnädigsten Gefallen gereichen werde, wenn jemand zur Verbesserung des bisherigen Verfahrens etwas beitrage. Schließlich wurde

---

3) *Streckfuß*, S. 343.

befohlen, alle noch vorhandenen Brandpfähle, an denen Hexen gebrannt worden wären, sofort zu beseitigen.

Damit hörten in Preußen die Hexenbrände auf. Die beiden letzten Hexenprozesse kamen hier in den Jahren 1721 und 1728 vor. Im erstgenannten Jahre wurde eine Schuhmachersfrau zu Nauen der Hexerei beschuldigt, weil sie an eine andere Frau Butter verkauft hatte, die über Nacht Kuhdreck geworden wäre. Darauf leitete der Magistrat zu Nauen einen Prozeß ein. Das Kriminalkollegium erkannte indessen, mit dem corpus delicti habe es nicht seine volle Richtigkeit, weil es möglich sei, daß jemand aus Mutwillen Kuhdreck statt der Butter hingesetzt habe. Auch seien die nach Art. 32 und 44 der Karolina zur Anklage auf Zauberei erforderlichen Indizien nicht vorhanden, so daß also eine Inquisition nicht stattfinden könne. — Eigenhändig schrieb der König unter dieses Erkenntnis die Worte: „Soll abolirt sein." Zugleich wurde aber dem Magistrat zu Nauen dafür, daß er den Prozeß veranlaßt habe, ein Verweis erteilt, weil der König durchgehends alle Hexenprozesse verboten habe.

Nichtsdestoweniger konnte es in Berlin noch im Jahre 1728 vorkommen, daß eine geistesschwache oder geisteskranke Müllerstochter von zweiundzwanzig Jahren, die sich hatte erhängen wollen, nach Anleitung der in dem Malleus maleficarum gegebenen Gesichtspunkte eingezogen wurde. Sie hatte ausgesagt, daß sie einst auf dem Wedding einem Herrn in blauem Rock und gestickter Weste begegnet sei, der ihr Geld geschenkt habe. Späterhin habe sie ihn an der langen Brücke wieder angetroffen, von wo er sie nach dem Wedding geführt habe. Hier habe ihr der unbekannte Herr eröffnet, daß er der Teufel sei und habe an sie zugleich das Ansinnen gestellt, daß sie ein mit drei Buchstaben beschriebenes Billett unterzeichnen sollte. Hernach habe der Teufel ihr so in die Finger gedrückt, daß das Blut hervorgetreten sei, und seitdem verfolge sie der Teufel unablässig. Er sei auch schuld daran, daß sie sich habe erhängen wollen. Das mit drei roten Buchstaben beschriebene Billett zu den Akten gebend bemerkte sie, daß sie dem Teufel ein anderes, von ihr mit ihrem eigenen Blute beschriebenes Billett ausgestellt habe. Bei dem Schreiben habe ihr der Teufel die Hand geführt. Ein Geistlicher und ein Arzt besuchten das Mädchen im Gefängnis, wo es oft entsetzliche Paroxismen bekam. Das Erkenntnis des Kriminalkollegiums zu Berlin vom 10. Dezember 1728 erklärt, es habe das Ansehen, als sei Inquisitin wegen des Bündnisses mit dem Teufel mit dem Feuer oder doch mit dem Schwert zu strafen, zumal sie, wie es heißt, darauf los gehurt habe. Weil sie aber lange Zeit mit schwerer Not und Melancholie behaftet gewesen, so könne der Gedanke des Teufelbunds möglicherweise auch Effekt ihrer Schwermütigkeit sein, zumal die deshalb von ihr erzählten Umstände unwahrscheinlich, ja ungereimt seien, so daß man auf Verstandesverrückung schließen müsse. Daher könne Inquisitin nicht als eine Person, die sich wirklich zu ihrer und anderer Leute Schaden dem Teufel ergeben habe, angesehen und also auch nicht am Leben bestraft werden. Damit sie aber durch ein liederliches Leben und versuchten Selbstmord nicht ferner in des Satans Wegen sich verstricken könne, sei sie lebenslänglich in das Spinnhaus zu Spandau zu bringen und zu leidlicher Arbeit anzuhalten, ihr auch dort leibliche Arznei und geistlicher Zuspruch zu erteilen, von Rechts wegen. Der König bestätigte dieses Erkenntnis, mit dem die Geschichte der Hexenprozesse in Preußen ein Ende hatte. Allerdings scheint es hin und wieder den adeligen Gerichtsherrn schwer geworden zu sein, sich der Hexenverfolgung ganz zu entwöhnen. Selbst König Friedrich Wilhelm II. mußte es noch erleben, daß ein Edelmann zu Bütow in Pommern ihm eine Eingabe übersandte, worin der gestrenge Herr über die Bosheit der Zauberer klagte und von einem Knechte erzählte, dem von drei Weibern der Teufel eingegeben sei. Auch habe ihn ein Bauer bei einem Hochzeitsmahle, zu dem er von diesem eingeladen worden sei, mit einem Spitzglase Branntwein behext, weshalb er um die Erlaubnis bat, an diesem wenigstens die Wasser- und Nadelprobe vornehmen zu dürfen[4].

Ein Zauberer äscherte 1761 das altmärkische Städtchen Osterburg ein. Die Stadtchronik berichtet darüber: „Einem Brauer zu Osterburg wollte kein Gebräu mehr geraten. Er mußte zuletzt glauben, daß seine Bottiche ihm verhext seien. Als kein Mittel mehr anschlagen wollte, ließ er aus Stendal einen Mann herbeiholen, welcher behauptete, nichts sei ihm leichter, als diese Hexerei „auszubrennen". Der Versuch wurde gemacht; ehe aber der Brauer sich dessen versah, schlug ihm die helle Flamme aus seinem Hause entgegen; zwei Dritteile der Stadt brannten nieder[5]."

Das übrige protestantische Deutschland folgte dem Vorgange Preußens alsbald nach, indem hier in den ersten Dezennien des 18. Jahrhunderts die Hexenprozesse gänzlich aufhörten, so z. B. in Hessen-Kassel im Jahre 1711.

Anders aber war es im katholischen Deutschland.

In Österreich machte die Staatsregierung sogar noch am 16. Juli 1707 den Versuch, der erlahmenden und absterbenden Hexenverfolgung noch einmal auf dem Wege der Gesetzgebung neues Leben einzuhauchen. Die hierher gehörigen Paragraphen der peinlichen Gerichtsordnung Josephs I. für Böhmen, Mähren und Schlesien atmen ganz den Geist des Hexenhammers[6].

„Art. XIX. § 3. Die Zauberey (worunter auch Wahrsagen, Aberglauben, Topfeingraben, Schlösser an Bäume verschließen, solche in Brunnen oder Wasser werfen, Schüssen, Knipfen etc. gezogen werden), ist eine mit ausdrücklich oder heimlich bedungener Hülff des Teufels begangene Unthat.

---

4) *Horst*, Zauberbibl., Teil II, S. 403. — 5) *Dietrich* und *Parisius*, Bilder aus der Altmark, II, S. 170. — 6) Der Römischen Kayserl. etc. etc. Majestät Josephi des Ersten Neue Peinliche Halsgerichts-Ordnung, vor das Königreich Böheim, Marggrafthumb Mähren, und Herzogthumb Schlesien, Freyburg 1711. Publiziert den 16. Juli 1707.

„Auf wahrhaffte Zauberey, sie geschehe mit ausdrücklich- oder verstandener Verbündnus gegen den bösen Feind, dardurch denen Leuten, Viehe oder Früchten der Erde Schaden zugefüget wird, oder auf diejenige, welche neben Verläugnung des christlichen Glaubens sich dem bösen Feind ergeben, mit demselben umgangen, oder sich unzüchtig vermischet, wann sie auch sonsten durch Zauberey niemand Schaden zugefüget hätten, gehört die Straff des Feuers, obschon solche, aus erheblichen Ursachen, und wann Inquisitus oder Inquisita dazu gekommen, jung an Jahren, einfältig, in der Wahrheit bußfertig, oder der Schaden nicht so groß, mit vorhergehender Enthauptung gelindert, und nur der Cörper verbrennet werden kann; Hingegen:

Die Wahrsager, aberglaubische Seegen-Sprecher und Bock-Reiter [7], welche, ohne ausdrückliche Verbündnus mit dem bösen Feind, dieses verüben, mögen, nach Erheblichkeit des Verbrechens zum Schwerdt, jedoch nicht ohne Unterscheid, sondern nur wann solches durch des bösen Feindes Hülff wissentlich beschehete, sondern aber zu einer Extra-Ordinari Straff verurtheilet, oder wann der Schaden und Umstände nicht gar groß, nach abgelegtem Eyd und offentlicher Absagung, derley Unthaten nicht mehr zu verüben, mit einem gantzen oder halben Schilling belegt, und zugleich des Lands auf ewig verwiesen, oder, Falls sie unterthänig wären, oder andere wichtige Ursachen solches erforderten, mit einem zwey auch drey jährigen opere publico und eben also diejenigen, welche sich bey derley bösen und so bekandten Leuten Raths erholen, bestraffet werden.

„Und obgleich in vollständiger Zauberey, wegen Größe des Lasters kein lindernder Umstand kan erfunden werden, so seynd doch genugsame Ursachen, warum die Straffe zu verschärffen seye, besonders wofern zu der Zauberey annoch eine Gotteslästerliche That, als Mißbrauch heiliger Hostie, oder anderer Gott geheiligten Sachen zugesetzet wird.“

7) Über Bockreiter und Bockritt F. *Chr. B. Avé-Lallement*, Die Mersener Bockreiter des 18. und 19. Jahrh. Leipzig 1880, S. 39 ff.

Art. XIII, § 4 werden als Indizien aufgeführt: „Aberglaubische Gesundheitsmittel, Schaden, so allzeit in Gegenwart des Inquisiten beschehen, und niemal in dessen Abwesenheit, bei ihm oder ihr gefundene verdächtig- oder
verbothene Bücher, Spiegel, Verbündnus mit dem bösen
Feinde, mit ungewöhnlichen Ziffern, oder Zeichen, mit oder
ohne Blut geschriebene Zettel, Todten-Bein, an des Inquisiten Leib unschmertzhafft befundene Merck-Mahle, und sonsten zur Zauberey gebräuchliche Sachen, gedrohter und
erfolgter nicht allerdings natürlicher Schaden, übernatürliche
Wissenschafft zukünfftiger oder unbegreifflicher Dinge, von
schlechten Leuten angemaßte Wahrsagerey, etwas besonders vor anderen, zum Gleichnuß: Wann ihre Felder grünen,
deren andern dürren, ihr Vieh nutzbar, anderer verdorben
etc. etc. Wann die in Verdacht gekommene Person, andere
Leute die Zauberey zu lehren, sich anerbothen, Mensch-
lich unbegreiffliche Thaten würcket, in der Lufft herum-
fahret, u. s. w."

In e i n e m wichtigen Punkte hat indessen die Erfahrung
den Gesetzgeber zur Vorsicht bestimmt. Er will „auf die
Aussagung der Complicum allein, sie seye beschaffen, wie
sie immer wolle, wegen so vielfältig unterloffenen Betrugs,
und durch List des Satans angespunnenen Unwahrheit,
nicht alsogleich weder die Tortur vorzunehmen, weder zur
Straffe zu schreiten, zulassen." (Art. XIII, § 29.)

In den Landen der österreichischen Monarchie hatte daher die Hexenverfolgung einstweilen noch immer ihren Fortgang, nur daß die Prozesse und Justifizierungen jetzt seltener vorkamen als früher. Auch wurde jetzt häufiger auf
Hinrichtung mit dem Schwert als auf lebendige Verbrennung
erkannt. So wurden in den Jahren 1716 und 1717 im Fürstentum Trient, nicht weit von Rovereto, zwei Personen,
Maria Bertoletti und Domenica Pedrotti als Hexen mit dem
Schwert vom Leben zum Tod geführt, aber ihre Leiber zu
Asche verbrannt. Mehrere andere würden dasselbe Schicksal gehabt haben, wenn sie nicht im Kerker gestorben

wären. Im Jahre 1728 starb in einem benachbarten Orte eine Frauensperson, Maddalena Todeschi, im Gefängnis, die wegen Hexerei zu lebenslänglicher Haft verurteilt worden war[8].

Indessen kamen damals besonders in Ungarn auch noch Hexenprozesse ganz in altüblicher Weise vor.

Am 23. Juli 1728 wurden zu Szegedin sechs Hexenmeister, unter ihnen auch der vormalige Stadtrichter, ein Greis von sechsundachtzig Jahren, und sieben Hexen, nach gemachter Wasserprobe, in der sie wie „Pantoffelholz" geschwommen haben sollen und nach geschehener Wagprobe, in der ein großes, dickes Weib nicht mehr als anderthalb Lot wog, auf drei Scheiterhaufen an der Theiss lebendig verbrannt. Nur e i n e Frauensperson wurde vorher geköpft. Unter den hingerichteten Weibern befand sich auch eine Hebamme, die über zweitausend Kinder in des Teufels Namen getauft haben sollte. Ein Schusterjunge, der über Szegedins Weinberge „grausam starkes" Hagelwetter gebracht hatte und durch einen anderen Jungen verraten wurde, hatte die Rotte angegeben[9]. Im Jahre 1730 wurde noch ein dicker Stadtrichter verbrannt, unter dem Vorwande, daß er nur einige Quentlein gewogen habe[10]. Im Jahre 1739 machte man mit Hexen um Arad die Wasserprobe, und 1744 wurden in Karpfen drei Hexen verbrannt[11]. Auch noch 1746 kam zu Mühlbach im Sachsenlande ein Hexenprozeß vor, in dem drei Glieder einer Familie verbrannt wurden. Seitdem hörte die Hexenverfolgung hier auf. Ein schreckliches Drama spielte sich dagegen in dem benachbarten Maros Vasarheli noch im Jahre 1752 ab. Eine alte Frau, die Hebamme Farkas, die der Magistratsdirektor des Orts der Hexerei angeklagt hatte, wurde nämlich hier noch der

---

8) *L. Rapp*, Die Hexenprozesse und ihre Gegner aus Tirol, S. 75. — 9) „Wiener Zeitung" von 1728, Nr. 68 und *F. Müller*, Beitrag zur Geschichte des Hexenglaubens und Hexenprozesses in Siebenbürgen. Braunschweig 1854, S. 12. — 10) *Keysler*, Neueste Reisen, Hannover 1751, S. 1284 — 11) *Schlözer*, Kritische Untersuchungen zur Geschichte der Deutschen in Siebenbürgen, S. 297.

altüblichen Wasserprobe unterworfen, dann, weil man ihre Mitschuldigen erfahren wollte, gefoltert, und schließlich hingerichtet[12].

Erst unter Maria Theresia wurde die neue peinliche Halsgerichtsordnug von 1707 außer Wirksamkeit gesetzt. Bis dahin galt jedoch in Österreich und in anderen katholischen Ländern Deutschlands der Glaube an die Tatsächlichkeit der Hexe ebenso für kirchlich-orthodox, wie die Verfolgung der Hexerei als vollkommen zu Recht bestehend. Allein wenn man auch das bisherige Verfahren gegen Zauberer und Hexen aufrecht hielt, so zeigte es sich doch bald, daß die Herzhaftigkeit, mit der die Gerichte und Obrigkeiten ehedem auf Tod durch Feuer und Schwert u. dgl. erkannt hatten, dem jüngeren Geschlechte verloren gegangen war. Es zeigte sich dieses insbesondere an einem der letzten Hexenprozesse, der im geistlichen Fürstentum Salzburg im Jahre 1717 vorkam[13]. Er war durch folgendes veranlaßt: In den Jahren 1715—1717 wurden im Pflegegerichte Moosham sehr viele Rinder, Füllen, Schafe, Ziegen, Schweine, Hirsche und anderes Wild auf der Weide und in den Wäldern von Wölfen niedergerissen. Zwar stellte man wiederholt Jagden auf die Bestien an, aber geschossen wurde keiner. Dies erregte den Verdacht der durch die Wölfe geschädigten Gemeinden um so mehr, als gerade damals der zu Moosham inhaftierte Bäckerlippl aus freiem Antriebe gestand, daß ihn der mittlerweile verstorbene Betteltoni mit einer schwarzen Salbe angeschmiert habe, wodurch er sofort zu einem Wolfe geworden sei. Als solcher habe er mit Ruepp Gell, vulgo Perger genannt, und anderen, die ebenfalls zu Wölfen geworden, zu verschiedenen Malen Vieh niedergerissen. Auf diese Angabe hin wurden Perger und dessen Mitschuldige verhaftet und in die Fronfeste nach Salzburg abgeliefert.

---

12) *F. Müller*, Geschichte des Hexenglaubens in Siebenbürgen, S. 50 bis 52. — 13) „Anzeiger für Kunde der deutschen Vorzeit. Neue Folge. Organ des germanischen Museums", Band XXIII, Jahrg. 1876, S. 295 ff.

Perger, mit dem allein wir uns hier beschäftigen, leugnete anfangs alles. Als er aber am 23. Sept. 1717 auf die Folter gebracht, ans Seil gebunden und, an den Füßen mit einem fünfundzwanzigpfündigen Stein beschwert, in die Höhe gezogen ward, da bekannte er, daß er wie seine Mitschuldigen sich mit einer schwarzen Salbe angeschmiert, hierdurch zum Wolf geworden und als solcher das Vieh hin und wieder niedergerissen habe. Diese Salbe habe er vom bösen Feind auf der Heide bei Moosham erhalten. Der habe zu ihm und den anderen gesagt: „Was sollt ihr Hunger leiden? Hier habt ihr Salben, daß ihr zu Wölfen werdet und euch satt fresset so oft und wie ihr wollt!" Darauf habe er sich dem Teufel mit Leib und Seele ergeben. In einem späteren Verhöre nahm allerdings Perger sein Geständnis zurück, da es ihm nur durch die Qual der Tortur abgepreßt worden sei. Allein kurzer Hand wurde er vom Scharfrichter wieder auf den Folterstuhl niedergesetzt ans Seil gebunden, auf die Leiter gespannt und eine halbe Stunde lang gemartet, was zur Folge hatte, daß er seine früheren Geständnisse bestätigte. Auch den Kameraden Pergers wurden dieselben Geständnisse abgemartert. Das Urteil der Richter lautete nun allerdings auf Verbrennung der Malefikanten; doch hielt man es für gut, sie der Gnade des Erzbischofs von Salzburg zu empfehlen. Dieser ließ auch Gnade für Recht ergehen. Am 20. August 1718 erließ daher das Stadtgericht zu Salzburg an das Untergericht die Weisung: „Demnach mit Ihrer hochfürstlichen Gnaden gnädigstem Vorwissen — wir den allhier in puncto magiae et lycanthrophiae inliegenden Perger auf ewig, den vulgo Schweblhans aber auf 8 Jahre lang ad triremes condemnirt haben, also wird — Euch hiermit anbefohlen, daß Ihr diesen Delinquenten gewisse Religiosen (damit sie in geistlichen Sachen bis zu deren Auslieferung interim notdürftig unterwiesen und allenfalls a pacto dioboli liberiret werden,) zugeben sollet." Am 12. September 1718 mußte sodann Perger noch die übliche Urfehde schwören.

Durch die Kaiserin Maria Theresia wurde in Österreich dem Unfuge der Hexenverfolgung ein Ende gemacht. Ein Jahr vor ihrem Regierungsantritt waren noch 1739 neue Kriegsartikel erschienen, deren § 25 lautete: „das Höllische Laster der Hexerei wird mit dem Feuertode bestraft, sowie alle diejenigen, die nachts unter dem Galgen vom Teufel verblendete Mahlzeiten und Tänze halten, oder Ungewitter, Donner und Hagel, Würmer und anderes Ungeziefer machen." Im Jahre 1740 hob sie die bestehende Prozeßordnung auf, indem sie verfügte, daß zur Verhinderung alles ferneren Unfuges sämtliche Hexenprozesse in allen kaiserlichen Erblanden ihr zur Einsicht und Entscheidung vorgelegt werden sollten. In Art. 58 ihrer „peinlichen Gerichtsordnung" verbot sie auch die Wasserprobe „nebst allen dergleichen nichtigen und abergläubischen Zaubergegenmitteln" auf das bestimmteste. Auch erließ sie eine Verordnung, aus der wir ersehen, daß Träume von gewissen Personen gedeutet, und daß aus den Friedhöfen nicht selten Leichen, als mit der Magia posthuma behaftet, ausgegraben und verbrannt wurden. Die Kaiserin sagt nämlich: „Wie zumalen hierunter Aberglauben und Betrug stecken, wir dergleichen sündliche Mißbräuche nicht gestatten, sondern vielmehr mit den empfindlichsten Strafen anzusehen gemeint sind: als ist unser gnädigster Befehl, daß künftig in allen derlei Sachen ohne Konkurrenz der Politici nichts vorgenommen, sondern allemal, wenn ein solcher Casus eines Gespenstes, Hexerei, Schatzgräberei oder eines angeblich vom Teufel Besessenen vorkommen sollte, derselbe der politischen Instanz sofort angezeigt, mithin von dieser mit Beiziehung eines vernünftigen Physici die Sache untersucht und eingesehn werden solle, und was für Betrug darunter verborgen und wie sodann die Betrüger zu strafen sein werden."

Durch diese weise Verordnung war in Österreich zum ersten Male gegen die Hexenriecherei der Gerichte und gegen deren wüstes Dreinfahren ein fester Damm aufgerichtet, an dem sich die bisher immer noch im Gange gebliebene Hexenverfolgung ein für allemal brach. Die Prozesse hörten bald ganz auf. Doch wußte die Kaiserin recht wohl, daß sie bei dem in vielen Volksschichten herrschenden Aberglauben leicht auch wieder aufleben könnten, wenn nicht die Macht des Gesetzes sie niederhalte. Indem sie daher den Strafprozeß in Österreich überhaupt vollständig zu reformieren beschloß, trat auf ihren Befehl in Wien eine Hofkommission unter dem Vorsitze des Vizepräsidenten der Obersten Justizstelle, Mich. Joh. Graf v. Althann, zusammen, um die Aufstellung eines neuen Strafgesetzbuches zu beraten. Im zweiten Teile des neuen Kodex sollte auch ein Abschnitt de Magia eine Stelle finden. Nach längeren Verhandlungen wurde ein Entwurf fertiggestellt, in dem man zwar nicht den Hexenglauben, aber das ganze bisherige Gerichtsverfahren gegen die Hexen über Bord warf, und der Kaiserin zur Prüfung vorgelegt. Dieser Entwurf wurde nun von Maria Theresia, die sich in solchen Angelegenheiten gern von ihrem berühmten Leibarzt van Swieten beraten ließ, vollständig genehmigt und unter dem 5. November 1766 unter dem Titel „Sr. Kaiserl.-Königlich-Apostolischen Majestät allergnädigste Landesordnung, wie es mit dem Hexenprozesse zu halten sei" publiziert. Alle Gerichtsstellen und Obrigkeiten der Kaiserlichen Erblande wurden angewiesen, das neue Statut bis zur Publikation des in Arbeit befindlichen Strafgesetzbuchs als Gesetz zu beobachten.

In ihm wird erklärt: „Wir haben gleich bei Anfang Unserer Regierung auf Bemerkung, daß bei diesem sogenannten Zauber- und Hexenprozesse aus ungegründeten Vorurteilen viel Unordentliches sich mit einmenge, in Unseren Erblanden allgemein verordnet, daß solche vorkommende Prozesse vor Kundmachung eines Urtheils zu Unserer höchsten Einsicht und Entschließung eingeschicket werden sollen; welch' Unsere höchste Verordnung die heilsame Wirkung hervorgebracht, daß derlei Inquisitionen mit sorfältigster Behutsamkeit abgeführt und in Unserer Regierung bisher kein wahrer Zauberer, Hexenmeister oder Hexe entdeckt worden, sondern derlei Prozesse allemal auf eine boshafte Betrügerei, oder eine Dummheit und Wahnwitzigkeit des Inquisiten, oder auf ein anderes Laster hinausgeloffen seien, und sich mit empfindlicher Bestrafung des Betrügers oder sonstigen Uebelthäters, oder mit Einsperrung des Wahnwitzigen geendet haben. Gleichwie Wir nun gerechtest beeifert seynd, die Ehre Gottes nach allen Unseren Kräften aufrecht zu erhalten und dagegen Alles, was zu derselben Abbruch gereichet, besonders aber die Unternehmung zauberischer Handlungen auszurotten, so können Wir keinerdings gestatten, daß die Anschuldigung dieses Lasters aus eitlem altem Wahne, bloßer Besagung und leeren Argwöhnigkeiten wider Unsere Unterthanen was Peinliches vorgenommen werde; sondern Wir wollen, daß gegen Personen, die der Zauberei oder Hexerei verdächtig werden, allemal aus rechtserheblichen Inzichten und überhaupt mit Grunde und rechtlichem Beweise verfahren werden solle, und hierinfalls hauptsächlich aus folgenden Unterscheid das Augenmerk zu halten sei: ob die der bezichtigten Person zur Last gehenden den Anschein einer Zauberei oder Hexerei und dergleichen auf sich habenden Anmaßungen, Handlungen und Unternehmungen entweder 1) aus einer falschen Verstellung und Erdichtung und Betruge, oder 2) aus einer Melancholey, Verwirrung der Sinnen und Wahnwitz, oder aus einer besonderen Krankheit herrühren, oder 3) ob eine Gottes und ihres Seelenheils vergessene Person solcher Sachen, die auf eine Bündniß mit dem Teufel abzielen, sich zwar ihres Ortes ernsthaft, jedoch ohne Erfolg und Wirkung unterzogen habe, oder ob endlichen 4) untrügliche Kennzeichen eines wahren, zauberischen, von teuflischer Zuthuung herkommen sollenden Unwesens vorhanden zu sein erachtet werden."

Die wahre Zauberei oder Hexerei soll nur da angenommen werden, „wo die Vermuthung Statt hat, daß eine erwiesene Unthat, welche nach dem Laufe der Natur von einem Menschen für sich selbst nicht hat bewerkstelligt werden können, mit bedungener Zuthuung und Beistand des Satans aus Verhängniß Gottes geschehen sei."

Was die Bestrafung betrifft, so verfügt das Gesetz für den ersten der oben bezeichneten Fälle angemessene Leibesstrafe und, sofern der gespielte Betrug das Mittel zur Ausführung eines Verbrechens gewesen wäre, die auf dieses gesetzte Strafe mit Schärfung; für den zweiten die Internierung in ein Irren- oder Krankenhaus; für den dritten, je nach den Umständen, entweder die schärfste Leibesstrafe, oder, wenn bürgerliche Verbrechen oder Blasphemie konkurrieren, geschärfte Todesstrafe bis zum Scheiterhaufen. „Wenn endlich viertens — sagt das Gesetz — aus einigen unbegreiflichen übernatürlichen Umständen und Begebnissen ein wahrhaft teuflisches Zauber- und Hexenwesen gemuthmaßet werden müßte, so wollen Wir in einer so außerordentlichen Ereignisse Uns selbst den Entschluß über die Strafart eines dergleichen Uebelthäters ausdrücklich vorbehalten haben; zu welchem Ende obgeordnetermaßen der ganze Prozeß an Uns zu überreichen ist."

Außerdem verbietet die Verordnung dem Richter alle Nadel-, Wasser- und andere Proben und bindet die Anwendung der Tortur an bestimmte Regeln. Der Eingang enthält einige wohlgemeinte Belehrungen über die Unvernünftigkeit des Hexenglaubens und leidet nur an dem historischen Irrtum, „daß die Neigung des einfältig gemeinen Pöbels zu abergläubischen Dingen hierzu den Grund gelegt habe".

Wie König Friedrich Wilhelm I. das protestantische Preußen, so hat also die Kaiserin Maria Theresia das katholische Österreich von dem Vampyr der Hexenverfolgung erlöst.

Man hätte nun erwarten können, daß damit dem Wahn der Hexerei und der Dummheit des Hexenprozesses im ganzen heiligen römischen Reiche deutscher Nation ein Ende gemacht worden wäre. Indessen war dieses doch in den katholischen Ländern des Reichs nicht überall der Fall.

In dem jetzigen Donaukreise des Königreichs Württemberg bestand das Prämonstratenser Reichsstift Marchthal. In diesem Stift kam vor dem Oberamt zu Ober-Marchthal — der Residenz des Fürstabts — noch in der ersten Hälfte des achtzehnten Jahrhunderts eine ganze Reihe von Hexenprozessen vor, in denen auf das entsetzlichste gefoltert worden ist. Wir besitzen genaue Abschriften von Original-Prozeßakten [14] aus den Jahren 1746 und 1747, die sich auf die Hinrichtung von sechs angeblichen Hexen bezogen von denen je zwei Mutter und Tochter waren, die sämtlich in dem einen zum Stiftsgebiet gehörigen, am Federsee gelegenen Dorfe Alleshausen aufgegriffen waren. Außerdem geht aus diesen Akten hervor, daß nicht lange vorher zwei Schweizerinnen in Ober-Marchthal verbrannt worden waren. Alle acht Unglückliche waren durch die Folter zum Geständnis gebracht worden. Diese Geständnisse waren die gewöhnlichen: Lossagung von Gott, der Mutter Gottes und allen Heiligen, Abschließung eines Bundes mit dem Teufel, Besuch der Hexensabbate, Anbetung des Teufels, Verunehrung der bei der Kommunion heimlich aus dem Munde genommenen Hostien, die beim Hexentanz zerstampft wurden, fleischliche Vermischung mit dem Teufel, Verursachung von Unwetter, Anstiftung von allerlei Malefizien usw. Das Urteil lautet auf Strangulierung oder Hinrichtung mit dem Schwerte und Verbrennung der Leichen zu Asche. — Von besonderem Interesse ist die Urgicht, die einer Barbara Bingesserin von Alleshausen abgemartert worden war. Aus ihr erhellt, daß diese siebenundfünfzigjährige Frau im Dorfe als Hexe verschrien war, daß man allerlei Schädigungen, von denen einzelne Ortsangehörige betroffen wurden, ihren Hexenkünsten zugeschrieben, und daß sie darum wiederholt das Oberamtsgericht flehentlichst gebeten hatte, das ihr zur Last gelegte zu

---

14) Wir verdanken die Einsicht in diese Akten der gütigen Mitteilung des Herrn Professor Dr. jur. *Fuchs* zu Marburg, dem die Originale vorlagen.

untersuchen und sie gegen fernere Verleumdung in Schutz zu nehmen. Statt diese Bitte der Verunglimpften jedoch zu beachten, hatte das Gericht sie verhaften und in den Hexenturm bringen lassen. Sie sollte sich nun der ihr vorgeworfenen Malefizien schuldig bekennen. Die Ärmste wußte nicht, wie ihr geschah; aber das Gericht ging ihr alsbald mit der Verbal-Territion und da diese erfolglos war, auch mit der Real-Territion zu Leibe. Doch war auch hiermit nichts aus ihr herauszubringen. Daher wurde das Weib auf die Folter gespannt und gemartert, — einmal, zweimal, — ohne daß sie zum Geständnis zu bringen war, bis sie endlich den ihr im Kerker beigegebenen Wächtern, von denen sie unablässig mit der Aufforderung ihre Schuld zu bekennen gepeinigt ward, zuschrie, „daß sie ein schlimmes Weib sei, daß sie eine schlimme Hand habe, und daß eben jedermann, den sie nur anrühre, einen Schmerz empfinde, krank und elend werde". Nunmehr aber, nachdem die Unglückliche so weit gebracht war, durfte man hoffen, mittelst fortgesetzter Tortur alle noch wünschenswerten Geständnisse aus ihr herauszupressen, damit sie für den Scheiterhaufen reif werde. Daher heißt es in der Akte weiter: „Endlich und nach mehrmaliger Tortur, Exorzismos und Benedictiones hat der allmächtige Gott an dem heil. Weihnachtsabend ihr steinhartes Herz berührt und erweicht, wo sie dann ohne ferneren geringsten Zwang aussagt und bekennt usw." Nunmehr folgt dann in der Akte eine Fülle von Geständnissen. Ihr Teufel, mit dem sie auch noch im Hexenturm gebuhlt hatte, wurde von ihr „der Tambur" genannt. Er hatte, nachdem er sie blutig gegriffen, sie als „Bärbel" in sein Buch eingetragen. Sie war unzähligemal auf dem Hexentanz gewesen, und hatte dort lecker gegessen und getrunken, war aber immer hungrig nach Hause zurückgekehrt. Der Teufel hatte ihr zum öfteren Geld gegeben, das wirkliches Geld war, mit dem sie ihre Not lindern konnte; dafür hatte sie aber vor allem ihrem eigenen Manne an seinen Kühen und Pferden fortwährend Schaden zufügen müssen. Sie ließ sich auch zu dem Geständnis treiben, daß sie ihre Tochter „Annele" mit zum Hexentanz verführt, daß auch diese mit dem Teufel gebuhlt, die Hostie zertreten und allerlei Schaden angerichtet habe, fügte aber hinzu: „Sie habe ihr Kind mit auf diesen Schelmentanz und Weg genommen und wolle es nun auch mit sich in die Ewigkeit nehmen. Es sei ihr ein liebes Kind gewesen und sei ihr noch lieb bis auf diese Stunde. Ja, wenn ihr das Kind jetzo unter das Gesicht kommen würde, wollte sie ihm sagen: Annele, wir haben einander allezeit lieb gehabt, jetzo wollen wir auch miteinander in die Ewigkeit gehen und sehen, daß wir in den Himmel kommen."

Natürlich wurde nun auch die Tochter von dem Gericht sofort gepackt und mit der Mutter konfrontiert. Es mag eine herzzerreißende Begegnung gewesen sein. Die Tochter wußte von dem allen, womit die Mutter sie belastet hatte oder belastet haben sollte, gar nichts, und die Mutter — nahm alle ihre Geständnisse wieder zurück. Da mußte die Tortur wiederum helfen, und sie half so, daß die Schuld der Mutter und der Tochter in den Augen des Oberamtsgerichts nun ganz unzweifelhaft war. — Schließlich wurde die Mutter vom Gericht befragt, „warum sie ihre so vielfältigen schweren Sünden und verübten Missethaten, wegen welcher sie zum Theil überwiesen gewesen, nicht gleich anfangs und in Güte einbekannt, sondern sich lieber so hart habe strecken und schlagen lassen wollen". Sie antwortete: „sie habe nicht bekennen können, der böse Feind habe es ihr nicht zugelassen, habe ihr viel versprochen, aber nichts gehalten. Sie habe die Schläge und Streiche alle gar wohl empfunden und sei derentwegen allerdings elend, krumm und lahm geworden. Der böse Feind habe ihr nichts nützen oder helfen können, auch sie an ihren vielen Wunden und Schmerzen nicht geheilt. Jetzo habe sie Gott in ihrem Herzen und hoffe samt ihrem Annele, mit dem man sie schon jetzo heben und legen müsse, in den Himmel zu kommen." —

Von diesen Prozessen hat man seinerzeit keine besondere Notiz genommen; ein anderer aber, der ebenfalls in einem geistlichen Fürstentum Deutschlands vorkam, hat mehr von sich reden gemacht.

Zu Würzburg, in der fürstbischöflichen Residenzstadt, spielte sich um die Mitte des achtzehnten Jahrhunderts ein Drama ab — der Prozeß und die Hinrichtung der hochbetagten Nonne Maria Renata —, das den Zorn der Kaiserin Maria Theresia und Entsetzen bei den Zeitgenossen erweckt hat. Man hatte in Würzburg lange Zeit Anstand genommen, dem Wunsche derer, die im Interesse der Geschichtswissenschaft die Prozeßakten einzusehen wünschten, zu entsprechen. Erst dem Abgeordneten A. Memminger erschloß sich das ganze Aktenmaterial, das er in einem Buche unter dem Titel „Das verhexte Kloster"[15] herausgab. Nach seiner Darstellung ist hier das Ende der „letzten Reichshexe" wiedergegeben.

Maria Renata Singerin von Mossau war durch den Machtspruch ihres Vaters neunzehnjährig in das reiche Kloster Unterzell bei Würzburg eingetreten, dem sie fünfzig Jahre hindurch als Ordensschwester angehören sollte. Die Habsucht der Nonnen und nicht zuletzt der Subpriorin Renata trug die Schuld, daß man bei der Auswahl der Novizen nicht immer mit der nötigen Sorgfalt verfuhr. So wurden auch zwei Töchter des reichen Würzburger „Würzkrämers" Venino eingekleidet, dessen halbe Nachkommenschaft verrückt war. Hauptsächlich diese Familie, mit dem Vater an der Spitze, wurde die Hauptursache für das Verhängnis der unglückseligen Maria Renata, denn die Veninos bestärkten durch ihre Aussagen den Verdacht, daß die Subpriorin den Teufel in das Kloster gebracht habe. Außer den Veninos beherbergte das Kloster noch eine hysterische

---

15) 2. Aufl. Würzburg 1904, S. 141 ff.

Nonne, Cäcilia von Schaumberg, die schon 1738 direkt als Närrin bezeichnet wurde, während man sie acht Jahre später für behext erklärte. Im Jahre 1746 wurde die Hysterie und die Tollheit im Kloster epidemisch, und die herbeieilenden Herren Patres taten mit ihren Mitteln und Exorzismen das Ihrige, das Übel zu steigern. Auch die Subpriorin blieb davon nicht verschont. „Aufgewachsen in einer Zeit und Umgebung, die von Teufelsspuk, von dem Glauben an Hexen und Zauberer erfüllt war, verfiel sie im Greisenalter, da sie Tag und Nacht nichts anderes mehr sah und hörte als die tollen Ausbrüche der kranken Nonnen und die aufregenden Beschwörungen der übelberatenen Patres, selber dem finstern Verhängnis. Es wurden ihr sozusagen mit Gewalt Meinungen suggeriert und Äußerungen abgerungen, die den Verdacht der Hexerei gegen sie bestätigten. Aus einem nach der Hinrichtung abgegebenen feierlichen Protest ihres Beichtvaters, des Benediktiners Pater Maurus Stuart de Boggs, läßt sich der schwere Vorwurf gegen die Hexenpatres, Prämonstratenser und Jesuiten, nicht zurückweisen, daß sich einzelne an den armen Nonnen schwer vergangen haben; denn Pater Maurus lehnt jede weitere Beteiligung an der Behandlung der kranken Nonnen ab [16]."

Bei Maria Renata wirkten, abgesehen von ihrem körperlichen und geistigen Zustand, noch zwei Umstände mit, sie ins Verderben zu stürzen. Sie war nicht nur ihrer finsteren Strenge wegen bei den Nonnen, sondern auch durch ihren Eigenwillen bei den männlichen Klostervorstehern überaus unbeliebt. Was die Klosterschwestern über die Subpriorin zischten, trugen die Mönche weiter, und bald war das verhexte Klosterzell und seine Hexenmeisterin in aller Mund. Jeder verrückte Mönch und jede überspannte Nonne gaben der Maria Renata die Schuld an ihren Leiden, so auch der Kaufmann und Stadtrat Venino in Würzburg.

---

16) *Memminger*, S. 155.

Schließlich wurde das umgehende Geschrei so groß, daß eine geistliche Kommission die Zustände in Unterzell untersuchte und das Verfahren gegen Maria Renata eröffnete. Eines der mit der Angeklagten aufgenommenen Protokolle lautet:

1. Frage: Warum sie in Gefangenschaft sitze?

Resp.: Wegen ihres gottlosen Lebens, so sie geführet.

2. Wie sie ein gottlos Leben führen oder geführt haben könne, indem sie so lange im Kloster professa wäre?

R.: Es wäre nicht anders, indem ihre profession aus keinem innerlichen Grund geschehen, darum sie auch jederzeit gottlos gelebet: da sie profess getan, wären ihre Gedanken in der Welt gestanden und ihre profession nicht von Herzen gangen.

4. Warum sie dann ins Kloster gangen, wenn sie keine Lust zum geistlichen Leben gehabt?

R.: Sie wäre von armen adeligen Eltern geboren, mithin hätten ihre Eltern gern gesehen, daß sie versorget wäre, darum wäre sie ins Kloster gegangen.

5. Worin denn ihr gottloses Leben bestanden?

R.: In Zauberei und anderen teuflischen Künsten.

6. Ob sie denn eine Zauberin sei?

R.: Ja.

7. Wo sie dann solches gelernt und von wem?

R.: Zu Wien, da sie und die ganze Haushaltung mit ihrem Vater in den ungarischen Krieg gezogen, hätte ein „grenadier" ihr solches gelernt.

8. Wie sie zu diesem Grenadier gekommen?

R.: Wie es im Krieg herginge; der Grenadier hätte ihr öfters aus Not Brot gegeben und endlich ihr was zu lernen versprochen.

9. Was denn endlich dieser Grenadier ihr gelernet?

R.: Er hätte ihr ein Papier, worauf allerhand Buchstaben gezeichnet gewesen, gegeben. Damit hätte sie einen

Zirkel machen müssen und darein gestanden und hätte nebst diesen einen Zettel mit verschiedenen Wörtern bekommen, und wann sie diese Wörter gelesen, so hätte sie den auf der Gasse Vorbeigehenden krumm und lahm machen können.

10. Ob sie dann solches auch getan und ob ein Mensch lahm geworden?

R.: Ja, sie hätte es verschiedene Male getan; ob die Leute aber lahm worden wären, wissete sie nicht. (!!)

11. Wo denn dieser Zirkel und Papier sei?

R.: Diesen Zirkel und Papier hätte sie, wie sie sich dem Teufel unterschrieben und mehreres gewußt, hingeworfen und zerrissen.

12. Ob sie sich dann dem Teufel unterschrieben, wo und wann?

R.: Ja, denn sie wären von Wien nach Prag transportiret worden, wo eben dieser Grenadier sie transportiren mußte. Dieser hätte sie in Prag in einen Palast und Zimmer geführet, wo ein zahlbares Volk beisammen gewesen, da hätte sie der Grenadier zu dem höchsten Herrn, der inmitten gesessen, geführet, mit Vermelden, sie auf und in seine Gesellschaft zu nehmen.

13. Wer denn dieser große Herr gewesen?

R.: Zweifelsohne wäre es der Teufel gewesen.

14. Ob sie denn der Teufel in die Gesellschaft aufgenommen?

R : Nein; er hätte geantwortet, sie wäre noch etwas zu jung und hätte ihr ein Bild, auf dem zwei Hexen gemalt gewesen, geben. Auf diese zwei Hexen hätte sie ihren Namen mit Tinte schreiben müssen.

15. Was sie denn für Nutzen aus diesem Unterschreiben geschöpfet?

R.: Noch keinen, als bis sie sich ihm, nämlich dem Teufel, mit eigenem Blut unterschrieben hätte.

16. Ob sie sich dann mit ihrem eigenem Blut und wann, dem Teufel verschrieben hätte?

R.: Ja und im 14ten Jahr ihres Alters hätte sie gemeldter
Grenadier zu Prag in den nämlichen Saal geführt,
allwo sie von ihm aufgenommen und sie sich mit ihrem
eigenen Blut unterschrieben hätte.

Mit Blut aus der Hand zwischen dem kleinen und
Ringfinger habe sie sich dann auf Geheiß des Teufels
in ein großes Buch eingetragen, doch statt Maria
Ema Renata geschrieben. Bei diesem Akt, dem „viele
Gräfin, adelige von Wien etc." beiwohnten, habe sie
der heil. Dreifaltigkeit und dem ganzen himmlischen
Heer abschwören müssen. Dafür erhielt sie ein neues
Röcklein, in dem sie zum Hexentanz gefahren, dann
eine „Schmier", Pulver und Zettel mit verschiedenen
Buchstaben, mit denen sie die Leute, so weit deren
Stimme reichte, verzaubern können. Trotz ihrer Gottlosigkeit sei sie aus „Forcht und Zwang der Eltern"
ins Kloster gegangen. Dort habe sie ihre geistlichen
Verrichtungen getan, daß niemand ihr Lasterleben
merken konnte, wozu sie der Teufel angeleitet. So
habe sie sieben heilige konsekrierte Hostien „erstaun-
lich verunehret", indem sie zwei in den Armen, zwei
in den Füßen „eingeheilet", je eine in das secret und
in den See geworfen, die letzte endlich in die Hexen-
zunft oder Tanz mitgenommen.

29. Wie oder auf was Weise sie solche eingeheilet?

R.: Mit einem Federmesser hätte sie Schnitt in die Arme
und Beine gemacht, die heil. Hostien in die Haut, so
sie aufgelöset, geleget und solche eingeheilet. — Sie
hätte entsetzliche Schmerzen ausgestanden, bis die
Wunden verheilt waren. Die Narben zeigte sie vor.
Beim Hexensabbat wurde die Hostie mit Nadeln durchstochen, „allwo das helle Wasser daraus geflossen".
Nun erzählt sie auf Befragen ihre Fahrt zum Hexentanz, die vom Hergebrachten nicht abweicht.

36. Ob sie glaube, daß dieses keine Verblendung gewesen,
und geglaubt, dagewesen zu sein?

R.: Vielmal wäre es eine Verblendung gewesen, aber mehrestenteils wäre es Wahrheit gewesen. — In einem „angenehmen Wald" oder auf großer schöner Wiese wurde da dem Teufel, der in Gestalt eines großen Herren und potentaten zugegen war, hohe Ehre zuteil. Unter den Anwesenden befanden sich der Graf von X aus Prag und andere Adelige aus Wien. Man aß Bisquit, Anisbrod und dergleichen, trank dazu saueren Wein und ergötzte sich mit tanzen, springen und anderen Lustbarkeiten bei der Musik von Teufeln. Etliche der Tänzer waren bekleidet, doch die meisten ganz nackend und bloß. Einmal habe sie vom Teufel einen Speziestaler erhalten. Sie nennt noch zwei Teilnehmer, eine Zeller Frau und einen Offizianten. „Der Herr Hofkantzler Reibelt hat gegen diesen Offizianten starke Inquisitiones ergehen lassen." — Alle Montage habe sie der Teufel im Kloster besucht.

52. Was er bei ihr getan?

R.: Er hätte ihr alle Montage fornicando beigewohnt.

53. Wie solches möglich wäre, indem der Teufel ein Geist und zu solchen lasterhaften Taten untauglich sei?

R.: Er hätte jederzeit einen Leib gehabt und wäre nur zu wahr, daß er ihr beigewohnt, aber mit entsetzlichen und größten Schmerzen. — Er habe sich oft zwei bis drei Stunden bei ihr aufgehalten, ohne daß es jemand bemerkt habe. Nun kommen die Hauptfragen wegen ihrer Behexungen der Schwestern. Sie gibt alles zu. Ihre Zaubereien bestanden „in Verwirrung des Verstandes, Verlängerung (?) an Gliedern, Schmerzen an denselben und Plagen an allen fünf Sinnen". Auch drei Hofmägden und einem Knecht hat sie es aus Mißgunst angetan. Ihr Haß gegen die Nonnen entstand, weil diese bei dem Klosterpropst beichteten, den sie nicht leiden mochte. Ihn selbst durch die Zauberei lahm und blind zu machen, ließ Gott nicht zu. Sie konnte die von ihr Behexten nicht heilen, weil sie, als ihre Zauberei entdeckt worden war, ihr Röcklein, Schmier, Zettel etc. sogleich verbrannt hätte. Nun könne sie aber auch keinem andern mehr schaden.

66. Wie dann von solchen Uebeln abzuhelfen?

R.: Durch heiligen Kirchengebrauch, Exorcismus und geistliche Mittel.

67. Wie dann ihr lasterhaftes Leben entdecket worden?

R.: Durch die Katzen, so sie abschaffen müssen.

68. Was dieses für Katzen gewesen?

R.: Das Kloster und alle Zimmer wären mit so vielem Ungeziefer, Mäus und Ratten beschmeiset gewesen, daß sie keinen Rat hätten tun können. So hätten sie solches dem Propst geklagt, der dann einer jeden Nonne erlaubet, eine Katz in ihrem Zimmer zu halten, so daß das Ungeziefer hinweggeräumet.

69. Wie dann ihre Boßheit durch solche Katzen entdecket worden?

R.: Sie hätte anstatt einer Katze drei gehalten. Diese drei Katzen aber wären drei Teufel gewesen, welche geredet, sowohl in ihrem Zimmer als in dem Klostergang. Die Nonnen hätten abends und in der Nacht solches gehört und darauf acht gehabt, und wäre eine große Furcht im Kloster gewesen, da solches Reden eine Nonne der andern gesagt und geklaget, so haben sie es dem Propst angezeigt, daß meine drei Katzen redeten. — Darauf ließ der Propst alle Klosterkatzen entfernen und erteilte ihr „geschärfteste" Weisungen. Seit sie im Arrest saß, hatte sie der Teufel nicht besucht.

Soweit das Geständnis, dem sich später andere anreihten, die noch mehr Scheußlichkeiten, Ausgeburten einer überreizten Phantasie enthalten[17], die bereits in dem wüsten Lagerleben in der Kindheit Maria Renatas vergiftet worden war. Im Kloster steigerten die Unbefriedigtheit, der Zank

---

17) *Memminger*, S, 166 ff.

mit den Schwestern, die Eifersüchteleien, das müßige, sorglose Leben ohne Zerstreuung, die unterdrückte Sinnlichkeit den mitgebrachten Keim der Hysterie zu zeitweilig auftretendem Wahnsinn. Einfache Erlebnisse aus früherer Zeit erhalten in dem getrübtem Gedächtnis phantastische Formen und werden schließlich zu all dem krausen Zeug, an dessen Realität niemand weniger zweifelt als die Erzählerin selbst.

Die Untersuchung gegen Maria Renata nahm nun ihren Fortgang, und auf Befehl des Domdechanten, der nach dem plötzlich erfolgten Tode des Fürstbischofs Anselm Franz von Ingelheim die Regierung leitete, erschien „das heilige Gericht" im Kloster Unterzell. Die Kommission bestand aus dem klugen und einsichtsvollen Dr. Barthel, dem geistlichen Rat Dr. Wenzel und den beiden Jesuiten Staudinger und Munier. Die alte und kranke Schwester mußte von Laienschwestern zum Verhör getragen werden. Der von ihr passierte Gang war mit Weihwasser besprengt worden. Man legte ihr 240 Hauptfragen, die im voraus nach den Vorschriften des Hexenhammers festgesetzt waren, zur Beantwortung vor. 72 Folioseiten umfaßt das Protokoll, das die erstgemachten Aussagen womöglich noch mehr verzerrt. So wenn sie behauptet, daß von den von ihr behexten Personen mehrere gestorben seien, und zwar eine, die 80 Jahre alt gewesen, zwei Schwindsüchtige und eine, die den Hals gebrochen habe. Sie widerspricht sich in auffälligster Weise. Die Kommission ist denn auch dafür, die Inquisitin nach einem sicheren Ort zu überführen, damit sie einerseits den Besessenen im Kloster nicht mehr schaden könne, andererseits dem Publikum, das den Handel kenne, „einige satisfaction" geschehen möge. Man suchte eben das Leben der Greisin zu retten, besonders Dr. Barthel und Dr. Wenzel. Doch die Prälaten von Oberzell und der Propst von Unterzell schürten alle bei dem neuen Fürstbischof Karl Philipp Graf von Greifenclau. Dieser erließ am 16. Mai 1749 ein Dekret, in dem die Angelegenheit

Maria Renatas nochmals genau zu untersuchen befohlen wurde. Auf Wunsch des Fürstbischofs wurde der theologischen Fakultät von Würzburg ein Gutachten über die drei Punkte abverlangt:

1. Ob bei einer Besessenheit die bösen Geister zu der Aussage gezwungen werden können, ob (daß) die Besessenheit ein Maleficium sei?

2. Ob die bösen Geister die Maleficos nennen müssen, denen die Besessenheit zuzuschreiben ist und

3. welcher Glaube kann den durch die Beschwörungen bearbeiteten bösen Geistern beigelegt werden, wenn die Aussagen beständig gleich sind?

Die erste Frage wird bejaht, die zweite nicht verneint, jedoch die Angeberei dritter Personen für gefährlich erklärt, und bei der dritten zugestanden, daß man einigen Glauben an solche nicht abweisen dürfe. Für die Jesuiten der Würzburger Universität hatte Graf Spree nicht gelebt. Ihre Quellen sind Delrio, Sanchez und ähnliche Mitglieder ihrer Gesellschaft. Inzwischen nahmen die Arbeiten der neu eingesetzten, verstärkten Kommission ihren Fortgang. Die Besessenheit der Nonnen nahm trotz aller Exorzismen nicht ab, was bei dem Fanatismus der Klosterschwestern und der ihre Dämonen beschwörenden Mönche vorauszusehen war. Dr. Barthel durchschaute das Treiben, suchte es durch kluge Maßregeln unschädlich zu machen, doch vergebens. In seiner Sentenz an den Fürstbischof gibt er und die geistlichen Räte Wenzel und Hueber das Urteil ab, daß die höllischen Geister aus den Besessenen bekennen, Renata erneuere den mit ihnen abgeschlossenen Bund alle Nacht. Aber ihnen als Lügengeistern ist ebensowenig zu glauben wie ihrer gewesenen, jetzt bekehrten Sklavin Maria Renata. Diese sei zwar dem weltlichen Richter zu überweisen, doch möge gegen die arme Sünderin „weder zu einiger Todts- noch anderer Gliederverstümmelung straf für geschritten" werden. Die Kommission suchte demnach das Leben der Greisin zu retten, aber vergeblich. Am 4. Juni begann das weltliche Gericht seine Arbeit, die am 18. Juni mit dem Todesurteil gegen Maria Renata abschloß. Ihr Hauptgegner, der Prälat von Oberzell, hatte mit seinem Zeugnis gegen Geheimrat Dr. Barthel gesiegt, denn dessen vernünftigen Aussagen vor Gericht setzte er die tollsten Hirngespinste entgegen, die von den besessenen Nonnen bestätigt wurden. Drei Tage nach dem Urteilsspruch wurde die arme greise Nonne, die nicht mehr gehen konnte, zum Richtplatz getragen, aus besonderer Gnade erst geköpft und der Leichnam verbrannt. Das Widerlichste an diesem widerlichen Justizmord war die Predigt, die Pater Gaar, Societatis Jesu, am Scheiterhaufen hielt, um das Verfahren gegen Maria Renata zu rechtfertigen[18], die er dann am Fest der heil. Magdalena im Dom zu Würzburg fortsetzte. Beide Predigten liegen vor, die im Dom gehaltene gedruckt mit Erlaubnis der Oberen[19]. Mit dem Tode Maria Renatas war der Teufelsspuk in Unterzell keineswegs zu Ende. Bei der neuerlichen Untersuchung kommt die interessante Tatsache zum Vorschein, daß Maria Renata von den Patres der Klöster Ober- und Unterzell grausam geschlagen worden sei, um von ihr ein Geständnis zu erlangen.

Dieser Würzburger Hexenprozeß, weniger merkwürdig an sich selbst als durch die Zeit, in der er sich abspielte, veranlaßte eine literarische Fehde über das Hexenwesen, die die Macht, die der Hexenglaube noch immer ausübte, noch schreckhafter erkennen ließ als dieser Prozeß selbst.

Eben damals hatte sich nämlich in Tirol ein Mann als Gegner der Hexenverfolgung erhoben, den man bisher nur als tüchtigen humanistischen Gelehrten kennen gelernt hatte. — Hieronymus Tartarotti[20], am 2. Januar 1702 zu Rovereto geboren, hatte in Padua und Verona Theologie und alte Literatur studiert, war dann als Abbate nach Rovereto

---

18) *Dr. Friedrich Leist.* Aus Frankens Vorzeit, Würzburg 1884. — 19) *Memminger*, S. 211. -- 20) *L. Rapp*, Die Hexenprozesse und ihre Gegner aus Tirol, S. 71 ff.

zurückgekehrt, wo er späterhin, nachdem er längere Zeit in Innsbruck, Rom und Venedig gelebt hatte, seinen bleibenden Aufenthalt nahm und zur Bekämpfung des Hexenglaubens und der Hexenverfolgung ein umfassendes Werk über die angeblichen nächtlichen Versammlungen der Hexen veröffentlichte. Sein Titel lautet: Del congresso notturno delle lammie libri trè. S'aggiungono due dissertazioni epistolari sopra l'arte magica. Venet. 1750 (460 S. in 4°). Die Vorrede ist vom 25. Dezember 1748 datiert. Doch konnte das Buch erst 1750 erscheinen, weil die Bücherzensur in Venedig zwei Jahre lang den Druck aufhielt. Tartarotti suchte in seiner Schrift, nachdem er eine

HIERONYMVS TARTAROTTVS SERBATVS CRITICVS ET POETA.

el Vonnetius del.   Christophorus ab Aqua Sculpsit

Hieronymus Tartarotti

ausführliche Abhandlung über die Geschichte des Aberglaubens vorausgeschickt, in allerlei Weise die Nichtigkeit der Hexerei darzutun. Er sagt z. B. in Buch II: „Man behauptet, die Hexen begeben sich mit solcher Schnelligkeit durch die Lüfte zu ihren Sammelplätzen, daß kein

Vogel und kein Pfeil ihnen nachfolgen könnte. Sie seien imstande, eine Strecke von zweihundert Leucas, siebenhundert bis achthundert italienische Meilen, in vier bis fünf Stunden zurückzulegen. Wie sollte dieses aber für menschliche Lungen möglich sein, ohne sich der Gefahr des Erstickens auszusetzen? Und wenn die Hexen wirklich, wie ebenfalls behauptet wird, durch die kleinsten Ritze, Türspalten usw. ihren Ausgang zu nehmen vermögen, warum benützen sie diese Fertigkeit nicht im Kerker zu ihrer Befreiung? Alle ihre Aussagen über ihre nächtlichen Fahrten, Zusammenkünfte, Tänze, Buhlschaften und Gastereien mit dem Teufel seien nichts als Phantastereien, was auch aus den unsinnigen und lächerlichen Umständen hervorgehe, unter denen diese Dinge vorkommen sollten, so z. B., daß die Hexen bei ihren Tänzen sich stets nach links bewegen, daß sie dem Teufel huldigen, indem sie ihm den Rücken zukehren, daß sie rückwärts gekehrt sich ihm nahen, daß sie, wenn sie ihn um etwas bitten, ihre Hände rückwärts ausstrecken u. dgl. m. Auch könne nachgewiesen werden, was wohl zu beachten sei, daß die angeblichen Hexen gerade dann am zahlreichsten sich vermehrten, wenn sie am härtesten verfolgt würden. Man möge von aller Verfolgung abstehen und Personen, die wirklich als Hexen gelten wollten, als Irrsinnige behandeln, dann werde es bald keinen Zauberer und keine Hexe mehr geben. Man habe wohl in der angeblichen Übereinstimmung der Aussagen der Gefolterten einen Beweis für die Wirklichkeit des Hexenwesens finden wollen. Allein eine durchgehende Übereinstimmung liege gar nicht vor. Manche z. B. sagen, sie hätten den Satan in Menschengestalt gesehen; die Maria Bertoletti, die 1716 bei Rovereto als Hexe hingerichtet sei, beschreibe ihn als ein Ungeheuer mit den Hörnern eines Bockes und dem Schweife einer Schlange. Übrigens lasse sich die Ähnlichkeit der Aussagen vieler Hexen leicht dadurch erklären. daß ihnen die Richter die gleichen Fragen vorzulegen pflegten, deren Beantwortung dann mittelst der Tortur ganz so, wie es die Richter verlangten, erpreßt werde. — Schließlich spricht sich Tartarotti über die Gründe aus, die ihn zu der Annahme berechtigen, daß der Hexenglaube allmählich ganz aufhören und aus den Köpfen der Menschen für immer verschwinden werde.

Übrigens unterschied Tartarotti zwischen Hexerei und Magie, an die er wirklich glaubte und deren Tatsächlichkeit er aus der Schrift und Tradition zu erweisen suchte. Tartarotti stand also auf dem Standpunkt Weyers, was dem greisen Francesco Scipione Maffei zu Verona (1675—1755) Veranlassung gab, ihm in zwei Schriften[21] klar zu machen, daß der Glaube an Magie ebenso widersinnig sei als der an Hexerei, und daß jene mit dieser stehe und falle. Gegen die erstgenannte Schrift richtete Tartarotti seine Apologia del Congresso notturno delle Lammie (Venez. 1751).

Nach dem Erscheinen des congresso wurde Tartarotti von vielen Seiten auf das freudigste zugestimmt. Der greise Abbate Ludovico Muratori (†1750), Bibliothekar des Herzogs von Modena, einer der intelligentesten Gelehrten Italiens im achtzehnten Jahrhundert, schrieb an Tartarotti mit Beziehung auf den eben erschienenen Congresso notturno: „Diese Frage (vom Hexenwesen) ist von Dir mit solcher Klarheit behandelt worden, daß ich vollkommen überzeugt bin, kein Anhänger des Delrio werde sich je wieder erheben, um gegen Dich auf den Kampfplatz zu treten. Denn dem allgemeinen Gelächter würde der sich aussetzen, der es noch wagen sollte, die vulgäre Ansicht zu verteidigen."

Tartarotti mochte auch selbst glauben, daß es nunmehr mit der Hexenverfolgung aus sei, als er zu seiner größten Überraschung die Predigt zu Gesicht bekam, die der Jesuit Georg Gaar bei der Verbrennung der Nonne Maria Renata gehalten hatte.[22] Da war also der traditionelle Hexenglaube

---

21) Arte magica dileguata. Lettere del Signor Marchese *Maffeé* al Padre Innocente Ansaldi dell' ordine dei Predicatori. Seconda edizione in Verona 1750; und Arte magica annichilata. Libri trè. Verona 1754. — 22) Siehe S. 293.

ganz unverhüllt aufs neue feierlichst verkündet worden. Sofort fertigte er daher eine italienische Übersetzung der Predigt Gaars an und ließ sie mit sehr scharfen Glossen ausgestattet in Verona drucken, — womit eine sich durch viele Jahre hinziehende Fehde ihren Anfang nahm. Der Pater zu Würzburg, für den der Hexenglaube so fest stand wie das Evangelium, blieb natürlich die Antwort nicht schuldig, sondern erwiderte die elf Glossen Tartarottis mit einer anscheinend grundgelehrten Replik, in deren Vorwort er bemerkt, „daß ein bis jetzt in Deutschland ganz unbekannter Autor, er wisse nicht von welchem Geiste getrieben, mit einer sehr lahmen Kritik seiner Predigt hervorgetreten sei und dadurch nicht nur diese Predigt, sondern auch alle Tribunale Europas sich nicht gescheut habe zu verlästern." Nun fand allerdings Tartarotti einen sehr geschickten Verteidiger an seinem talentvollen Schüler Jos. Bapt. Graser, Lehrer der Rhetorik am Gymnasium zu Rovereto (Propugnatio adnotationum criticarum in sermonem de Maria Renata Saga adversus responsa P. Georgii Gaar J. T. Venet. 1752); allein gleichzeitig sah er auch eine ganze Reihe blinder Fanatiker die Lanze zum Schutze des alten Hexenglaubens einlegen. Unter ihnen war der verbissenste und für jede Verständigung unzugänglichste der Franziskaner-Provinzial und Generaldefinitor Benedikt Bonelli (†1783 zu Trient), der 1751 gegen Tartarotti eine ausführliche Schrift (Animaversioni critiche sopra il notturno congresso delle Lammie) zu Venedig erscheinen ließ, worin die Lehre eines Delrio in jeder Beziehung vertreten und auf das hartnäckigste verfochten wurde. Tartarotti und Bonelli wechselten nun bis zum Jahre 1758 eine ganze Anzahl von Streitschriften. Die letzte Schrift des verhaßten Hexenfreundes wurde auf Betreiben seiner ergrimmten Gegner zu Trient öffentlich durch den Henker verbrannt, während er selbst an schwerer Krankheit danieder lag. — Tartarotti starb am 16. Mai 1761.

In Deutschland unternahm es der von Neustadt a/S. im Würzburgischen gebürtige, dem Kloster Erfurt angehörige

Augustiner-Eremit Jordan-Simon, ein namhafter kanonistischer Schriftsteller, in dem Buche „Das große weltbetrügende Nichts", das 1761 und unter dem Titel „Die heutige Hexerei und Zauberkunst" 1766 in Frankfurt und Leipzig erschien, Maffeis Schriften zu übersetzen und zu bearbeiten. Simon hatte ein abenteuerliches Leben hinter sich, und sein Charakter wie seine Aufführung schienen nichts weniger als ehrenwert gewesen zu sein. Unverkennbar aber war er ein begabter und vielseitiger Kopf. Gleich Spee setzte er sich durch seine aufgeklärten Ansichten in Widerspruch mit den in seinem Orden herrschenden und durfte wohl auch aus diesem Grunde, nicht nur wegen seiner getrübten Vergangenheit, nicht wagen, offen aufzutreten. Er verbarg sich unter dem Pseudonym Ardoino Ubbidiente Dell' Osa. Dieser Literaturkreis und besonders Simons Buch boten zum großen Teil die Grundlagen für den „Hexenkrieg", der bald darauf in Bayern losbrechen sollte.[23]

Hier hatte Kurfürst Maximilian Joseph (1745—1777), von dem das Volksschulwesen des Landes eigentlich zuerst begründet, viele Klöster reformiert und Feiertage abgeschafft worden waren, im Jahre 1759 die Akademie der Wissenschaften zu München begründet, deren Druckschriften der Zensur der Universität, d. h. der Jesuiten, entzogen wurden, und deren Mitglieder es als ihre Aufgabe betrachteten, dahin zu wirken, „daß die Wissenschaften von allen Vorurteilen gereinigt und zu jener Stufe der Vollkommenheit gebracht werden möchten, wie sie dieselben in den benachbarten Staaten rühmlichst blühen sahen". Das Wappenschild der Akademie erhielt den Wahlspruch: tendit ad aequum.

Daher hielt es am 13. Oktober 1766 ein Mitglied der Akademie für angemessen, bei schicklicher Gelegenheit in ihr einen Vortrag über die Nichtigkeit des Hexenwesens zu

---

23) *Riezler*, S. 302. *Baader*, Lexikon verstorb. bayer. Schriftsteller, I, 241.

halten. Es war dieses der regulierte Priester des Theatiner-
ordens Don Ferdinand Sterzinger[24].

Am 24. Mai 1721 auf dem Schlosse Lichtwehr im Unter-
inntale als Sohn eines Innsbrucker Gubernialrates geboren,
war Sterzinger im neunzehnten Jahre seines Lebens in den
Theatinerorden eingetreten, hatte sich mit gutem Erfolge
namentlich dem Studium der Geschichte und des kanonischen Rechts gewidmet, seit 1750 in seinem Orden anfangs
zu Prag, dann zu München als Lehrer der Moral und
Philosophie gewirkt und war von dem Kurfürsten Maximilian Joseph schon bei der Errichtung der Akademie der
Wissenschaften in diese aufgenommen worden.

In seiner Rede suchte Sterzinger zu beweisen, daß „die
Hexerei ein ebenso nichts wirkendes als nichts tätiges Ding"
sei[25]. Eine wirkliche wissenschaftliche Bedeutung hatte
dieser Vortrag freilich nicht, indem er nichts enthielt, was
nicht schon von Maffei, dell Osa und anderen gesagt war.
Überdies machte er am Schlusse dem vulgären Hexenglauben noch die bedenklichsten Konzessionen. Sterzinger
resümierte nämlich: Was also von vielen für Hexerei gehalten werde, das seien nichts weiter als ganz natürliche
Zufälle. Daher solle man nicht sogleich mit Exorzismen
und Benediktionen zufahren, sondern die Sache durch
unbefangene und urteilsfähige Leute, namentlich durch
Ärzte untersuchen lassen. — Um nun aber nicht mit dem
bayerischen Strafrecht in Kollision zu kommen, fuhr der
Redner fort: „Ich merke schon, daß einige meiner werten
Zuhörer denken werden, wie es doch möglich wäre, daß
so viele Hexen durch Feuer und Schwert aus der Gesellschaft der Menschen seien vertilgt worden, wenn sie weder
die höllischen Geister in den menschlichen Leib bannen,

---

24) *Reusch* in der Allgemeinen deutschen Biographie, XXXVI. S. 124.
Riezler S. 297. — 25) Die Rede erschien im Druck unter dem Titel:
„Akademische Rede von dem gemeinen Vorurteil der wirkenden und
tätigen Hexerei, — — von P. Don Ferdinand Sterzinger, regulierten
Priester etc. — München, 1766.

weder durch Teufelskünste dem Nächsten schaden, Donner und Hagel erregen, in der Luft herumfahren oder einen Bund mit dem Satan machen können? Allein verdienen nicht diejenigen den Tod, die den heiligsten Namen der unendlichen Majestät Gottes lästern, den Teufel anrufen, ihn heidnisch anbeten und von ihm Hilfe und Beistand verlangen? Machen sich nicht diejenigen des Bluturteils schuldig, die, um ihren bösen Willen zu erfüllen, unschuldige Kinder töten, die Leichen der Toten ausgraben, dem Nächsten gröblich zu schaden suchen und tausend andere Bosheiten ausüben, wenn auch die Hexerei, wie wir unabläßlich behaupten, in sich selbst ein eitles und leeres Nichts, ein Vorurteil und Hirngespinst verrückter Köpfe ist?" — Sterzinger präzisiert seinen Standpunkt durch den Satz in seinen „Gespenstererscheinungen" (S.12): „Teufel leugnen ist ein Unglaube; ihm zu wenig Gewalt zuschreiben ist ein Irrglaube; ihm aber zu viele Gewalt zueignen ist ein Aberglaube."

Über den unmittelbaren Eindruck dieses Vortrags berichtet der Graf Joh. Zech in der Rede, die er als Mitglied der Akademie zum Andenken an Sterzinger am 22. Februar 1787 hielt: „Kaum wurde diese Rede, wie gewöhnlich, abgelesen, so entstunden, wie man in einem schattichten Walde das ohnversehene Sausen des Windes in den Gipfeln belaubterAeste vernimmt, schon während der Ablesung besondere Gährungen in den Gemüthern der Zuhörer: man lispelte sich sogleich stille wechselweise Entdeckungen in das Ohr, ja man glaubte kaum das Herabgelesene verstanden zu haben: man eilte nach Hause, man spitzte die Federn zu Widerlegungen und die in so vieljähriger Ruhe gebliebenen alten Klassiker (Hexen-Klassiker!) wurden von ihren Winkeln aus ihrem spannhohen Staube hervorgerissen."

So stand es damals um die Intelligenz der Träger der Wissenschaft in Bayern, weshalb es nicht wundernehmen kann, daß, nachdem die Kunde von dem Vortrage Sterzingers wie ein Lauffeuer durch das ganze Land gegangen war, dessen Name alsbald in allen Schichten der Gesellschaft mit Grimm und Verachtung genannt ward. Er wurde überall als Frevler am Glauben verschrien. „Die Rede Sterzingers", berichtet einer seiner Verbündeten, „machte in Bayern sehr viel Lärmen; in München war alles in Bewegung, nicht nur die Gelehrten, auch der Pöbel war geteilt." Auch traten, nachdem die Rede in Druck erschienen war, allerorten literarische Verfechter des Hexenglaubens auf. Zunächst erschien eine Streitschrift unter dem Titel: „Urtheil ohne Vorurtheil über die wirkend- und thätige Hexerey, abgefasset von einem Liebhaber der Wahrheit, 1766. Mit Erlaubnis der Oberen." Im Verlau e des nun beginnenden Streites zeigte es sich, daß der Verfasser ein Augustinermönch und Professor der Theologie zu München, Agnellus Merz war. Er entwickelte und verfocht „mit Erlaubnis der Oberen" in seinem Pamphlet folgende Lehre: „Unter der heutigen und sogenannten Hexen- und Zauberkunst verstehen wir nichts Anderes als ein ausdrückliches oder geheimes Bündniß mit dem Teufel, kraft dessen man sich ihm gegen die von ihm versprochenen Vortheile zu eigen übergibt. Diese Vortheile vonseiten der Hexe oder Unholde bestehen hauptsächlich in folgenden Wundern: daß sie an gewissen Tagen, an bestimmten Orten in einer wollüstigen Zusammenkunft alle Ergötzlichkeiten mit dem Satan genießen, der sie auf Böcken, Besen, Gabeln u. dergl. abzuholen pfleget oder verbunden ist, daß sie nach ihrem Belieben zum Schaden eines Landes, einer Gemeinde, eines Bürges schädliche Stürme, Ungewitter, Hagel, Regengüsse in der Luft erregen dürfen; daß sie endlich die erschreckliche Gewalt haben, des Nächsten Vieh, Kinder oder andere Leute zu bezaubern oder zu lähmen, ja ganze Legionen der Teufel in den Leib der Unschuldigen hineinzusperren, und was dergleichen mehr ist. Der Vortheil hingegen vonseiten des Teufels ist der einzige Seelenraub."

Warum Bayern vor allen anderen Ländern von Vorurteilen eingenommen sein solle, kann der Verfasser nicht einsehen. Wie „die besondere Zierde des Jahrhunderts unter den Gelehrten", P. Calmet (der Geschichtsschreiber Lothringens), erklärt habe, sei Leugnung der Hexerei ein offenbarer Angriff auf den Glauben der Kirche. Sterzinger antwortet hierauf, ebenfalls mit Erlaubnis der Oberen, in einer Verteidigungsschrift „Betrügende Zauberkunst und träumende Hexerei" (1767). Er gibt darin „dem schweren Trank des Bieres" und den groben und harten Speisen, womit sich der Nordländer den Magen anfüllt, schuld an dem Aberglauben. Und daß der Pöbel in Bayern mehr als anderswo mit Vorurteilen und abergläubischen Meinungen schwanger gehe, wissen diejenigen am besten, die fremde Länder bereist haben.[26]

Hierauf entgegnete der Augustiner mit einer „Vertheidigung wider die geschwulstige Vertheidigung der betrügenden Zauberkunst" 1767. So ging das Geplänkel hin und her, bis immer neue Kämpfer gegen Sterzinger erstanden, natürlich lauter Herren schwarzester Gesinnung, Ultramontane schwersten Kalibers. So der Benediktiner Angelus März im bayerischen Kloster Scheyern, der zu Freising gegen ihn eine „Kurze Vertheidigung der Hex- und Zauberey wider eine dem heiligen Kreuz zu Scheyrn nachtheilig-akademische Rede, welche den 13. Oktober 1766 von P. Don Ferdinand Sterzinger abgelesen worden", erscheinen ließ[27]. Motive, Geist und Stil des ehrwürdigen Paters zeigen sich am anschaulichsten im § 7 seiner Abhandlung, den wir, weil er überdies einige interessante Nachrichten über den damaligen Stand des religiösen Lebens in Bayern gibt, vollständig wiedergeben.

„Die Akademische Rede ist nachtheilig dem H. Kreutz zu Scheyrn. Das ehemal eines durchleuchtigsten, und dermal Glorwürdigst regierenden Churhauses Bajern uralte Stammenschloß, dessen eigentlichen Erbauer, ich neulich entdecket

26) *Riezler*, S. 304. — 27) *Riezler*, Seite 306 ff.

zu haben glaube, nunmehro aber Benediktiner-Kloster Scheyrn hat allein vor andern Gotteshäusern Deutschlands die Ehre, sich mit dem größten und mit Blut besprengten Particul vom wahren Kreutz Christi zu rühmen. Wie und auf was Art wir dieses erhalten, ist allen durch ein gedrucktes Buch unter dem Titel: „Kreutz im Kreutz" schon bekannt. Nur allein kommet hier zu erinnern vor, daß sich dessen Verehrung nicht nur mit großen Eifer angefangen, sondern auch immerdar mit noch größeren fortgesetztet worden. Wie denn ein unsterblicher Held, und Churfürst in Bajern Maximilian der Zweite, ein Durchleuchtigster Karl Philipp Churfürst in der Pfalz, ein Großer Karl Albert nachmahl Römischer Kayser, Sr. Durchleucht Eminenz Johann Theodor, und viele andere Durchleuchtigste Häupter auch bei izigen Zeiten sich persönlich zu diesen begeben, und mit tiefester Ehrfurcht angebettet haben. Die Andacht und Vertrauen kamme endlich so weit, daß man um dessen Verehrern ein Genüge zu leisten, theils von Messing, theils von Silber kleine gegossene Kreutzl an dem wahren Partickel anrühren, und ihnen überlassen mußte, welche auch bis auf izige Stunde als ein, absonderlich wider Hex- und Zauberey, dienendes Mittel von allen sind erkennet worden, wie aus einem gedrückten, und den Fremdlingen zu gebenden Zettel erhellet, dessen Inhalt wir anhero setzen: Die an solchem hochheiligen Partickel benedicirt, und anberührte Kreutzlein (welche sogar die Unkatolischen an vielen Orten wegen ihrer großen Kraft hoch schätzen) dienen sonderbar wider die gefährliche Donner und Schauer-Wetter, dann Zauber und Hexereyen - - - -, demmet den bösen Feind in den besessenen Personen, machet das krank- und bezauberte Vieh wieder gesund u. s. f. — Hochwürdiger Herr Akademicus! ist die Hex- und Zauberey ein Fabelwerk, eine Blödsinnigkeit, ein Vorurtheil schlechtdenkender Seelen, so sind wir Scheyerische Väter schändliche Betrüger, Wort- und Maulmacher, wie man zu reden pflegt, gleich jenen Marktschreyern, welche die hohe Berge, wo sich ein Kaiser Maximilian verirret hat, auf- und abklettert. Die Folge ist zu klar, als daß sie einer weiteren Probe nöthig ist. Da nun dieses nicht nur der Ehre der scheyerischen Religiosen sehr nahe kommt; sondern auch dem dasigen Heil. Kreutzpartickel sehr nachtheilig ist, wie darfen Sie sich wundern, wenn da und dort eine Probe aus der Feder geschlichen, der keinen Khylus, oder Milchsaft machen wird. Nicht nur in Bajern, Schwaben, Böhmen, Oesterreich, Mähren und Ungarn, sondern auch in Sachsen und Poln werden die Scheyerisch an dem wahren Partickel anberührte Kreutzlein absonderlich wider Hex- und Zauberey, wider gefährliche Schauer und Donnerwetter, theils andächtig verehret, theils nützlich gebrauchet, also daß man bei 40,000 derselben nicht selten in einem Jahre hat ausgetheilet. Wäre aber nichts anders, als leere Einbildung, histerische Zustände, nächtliche Träume, kein anders, als nur natürliches, und durch keine Hex- und Zauberey erregtes Ungewitter zu förchten: wie würde inskünftig die Andacht und Vertrauen gegen dem Heil. Kreutz bestehen können, und zwar bei Christen, von welchen man sagen kann: Nisi signa et prodigia videritis, non creditis. Was lächerliche Andacht wäre diese? was ungereimtes Vertrauen?" usw.

Zur weiteren Beglaubigung legt der Pater März ein mit priesterlichem Eide bekräftigtes, untersiegeltes und dreifach unterzeichnetes Instrument bei, in dem ein Karmeliter von Abensberg seine Heilung durch ein scheyerisches Kreuz erzählt. Das Wunder erfolgte im Jahre 1719, das Dokument ist von 1738. Der Karmeliter hatte sich, wie er sagt, plötzlich von einem so starken Zauberwerk angesteckt gefühlt, daß er Stimme, Sprache und Verstand verlor. Sein Beichtvater legte ihm ein „an dem wahren Partickel berührtes Scheyrer Kreuz" auf das Haupt, gab ihm auch ein wenig mit diesem Kreuze geweihtes Öl zu kosten, und der Patient fand sich bald wieder hergestellt, nachdem er zuvor an drei Tagen nacheinander verschiedene Zauberstücke durch Erbrechen ausgeworfen hatte, nämlich:

„Am ersten Tag: 1. Einen Partickel eines haarichten

Leders. 2. Einen Partickel eines versilberten Papiers, welches einen Engelskopf vorstellte. 3. Einen Flintenstein (dessen ziemliche Größe annoch bei uns zu ersehen ist). 4. Einen halben Kopf eines Hechtes. 5. Einen Hufnagel. 6. Einen kleinen Zwirn, dessen Farbe nicht zu erkennen. 7. Etwelche Partickel eines wächsernen Tachtes [Dochtes].

Am zweiten Tage: 1. Etwelche S. V. mit einem Faden zusammen gebundene Schweinborste. 2. Zween Partickeln eines abgenutzten Tuches." Usw.

Von den Argumenten des Paters Angelus März für das Dasein der Hexen dürfen wir schweigen; es sind die längst bekannten, nur in der eigentümlichen Sprache dieses Schriftstellers vorgetragen. War aber der Pater kein großer Gelehrter, so war er doch ein ganz guter Taktiker. Auf der Rückseite des Titels steht in Schwabacher Schrift als Motto folgende Stelle aus dem bayerischen Strafkodex: „Böse Gemeinschaft mit dem Teufel, durch desselben praemeditirt und geflissene Beschwörungen mit aberglaubischen Ceremonien, oder da man durch zauberische Mittel jemand an seinem Leben, Leibs- oder Gemüths-Gesundheit, Vieh, Früchten, Haab und Guth, oder auf welcherley Weis es immer seyn mag, schaden thut, wird ohne Unterscheide, ob der Schaden gering, oder groß, mit dem Schwerdt bestrafft. Maximilianus Josephus utriusque Bavariae Dux etc. Codicis criminal. Parte prima, Cap. 8. §. 7. n. 2."

Außer den Genannten traten noch verschiedene andere Kämpfer für den Hexenglauben gegen Sterzinger auf, z. B. ein junger Jurist Joh. Mich. Model, der in einer Broschüre die „Ausfahrt der Hexen wider den heutigen Hexenstürmer P. Ferd. Sterzinger" verteidigte; dann ein Benediktiner des Klosters Niederalteich, P. Beda Schallhammer, der einen dicken Quartband, 30 Bogen stark, in lateinischer Sprache (Dissertatio de Magia nigra critico-historico-scripturistico-theologica, Straubing 1769) zur Verteidigung des Hexenglaubens gegen Sterzinger erscheinen ließ. — Doch fand Sterzinger in diesem Kampfe auch Freunde und Vertreter. Unter ihnen befand sich auch sein jüngerer Halbbruder Don Joseph Sterzinger († 1821 als Bibliothekar zu Palermo), der anonym die satirische Schrift „Der Hexenprozeß, ein Traum, erzählt von einer unparteiischen Feder im Jahr 1767" publizierte. Der Hessische Hofrat und Leibarzt Baldinger in Kassel, seit 1786 Professor in Marburg, hatte bereits 1766 in einem Büchlein, das im folgenden Jahr von der Wiener Zensur verboten wurde, dem Teufel den Krieg erklärt[27]. Am eifrigsten nahm sich jedoch des vielfach Angegriffenen ein pseudonymer Schriftsteller, der sich „F. N. Blocksberger, Benefiziat zu T." nannte, in mehreren Schriften an. An den P. Angelus in Scheyern richtete er ein humoristisches „Glückwunschschreiben" (gedruckt zu Straubing 1767), worin er ihn dazu beglückwünschte, daß er mit so unvergleichlicher Geschicklichkeit die Hexerei und die Hexenprozesse verteidigt und dem bösen Don Sterzinger nach Gebühr die Leviten gelesen habe, da er letzteren einen „Abgesandten des Teufels", einen „theologischen Marktschreier", einen „Stiefeltheologen" etc. hieß[28].

Sich selbst verteidigte Sterzinger seinem verkappten Gegner, dem Augustiner Merz, gegenüber in einer besonderen Schrift, und dem offenen trat er vor dem Konsistorium in Freising entgegen. Vor diesem erhielt er im ganzen weder recht noch unrecht[29]. Zwar meldeten schon triumphierende Briefe aus Bayern, die Rede des Akademikers sei zu Freising verdammt worden und werde nächstens in Rom als eine „oratio scandalosa und haeretica ad valvas geschlagen werden"[30]. Indessen kam es in

---

27) *Riezler*, S. 301. — 28) Wegen dieser Grobheiten vom bischöflichen Konsistorium zu Freising zur Verantwortung gezogen, erklärte *März*: „Ich konnte anders nicht schreiben, weil ich glaubte, ein großer Thurm dürfte nicht einen kleinen Knopf haben." — 29) *Riezler*, S. 309. — 30) S. Nichtige, ungegründete, eitle, kahle und lächerliche Verantwortung des *H. P. Angelus März* über die vom *P. Sterzinger* bei dem hochfürstlichen geistlichen Rat in Freising gestellten Fragen. Vom Moldaustrom 1767. S 8.

der Tat nicht so weit. Der Kläger und der Beklagte erhielten den Auftrag, „in dieser Materie eine moderate Schrift herauszugeben", und Sterzinger leistete dieser Forderung Genüge, indem er in der dritten Auflage seiner begierig gelesenen Rede seine frühere Behauptung, daß die Hexerei ein Vorurteil schlecht denkender Seelen sei, dahin abschwächte, daß er diese nun zum Vorurteil seicht denkender Seelen machte. Die beiden Väter Merz und März sahen sich übrigens noch verschiedenen sehr derben Abfertigungen von Anhängern Sterzingers ausgeliefert, und der Streit, in dem sich sehr wenig Neues und Gründliches, aber sehr viel gutwillige Halbheit auf der einen und dummdreiste Anmaßung auf der andern Seite gezeigt hatte, war bald ganz vergessen. Das Geistreichste, was bei dieser Veranlassung geschrieben wurde, ist Pfarrer Kollmanns „Zweifel eines Bayers über die wirkende Zauberkunst und Hexerei. An dem Lechstrome 1768." Es werden darin sowohl Sterzingers Inkonsequenzen wie die Ungereimtheiten seiner Gegner in skeptischem Tone ans Licht gezogen. — Den Münchener Streitpunkt verbindet mit einem lobpreisenden Kommentar der österreichischen Verordnung folgende Schrift: Anpreisung der allergnädigsten Landesverordnung Ihrer k. k. a. Majestät, wie es mit dem Hexenprozesse zu halten sei, nebst einer Vorrede, in welcher die kurze Vertheidigung der Hex- und Zauberei, die Herr Pater Angelus März der akad. Rede des Herrn P. Sterzinger entgegengesetzet, beantwortet wird von einem Gottesgelehrten. München 1767. — Nach einer handschriftlichen Bemerkung in dem Exemplar dieser Schrift in der Hofbibliothek zu Darmstadt war Dr. Jordan Simon, Augustiner zu Erfurt, dann zu Prag, der obengenannte Dell' Osa, dieser „Gottesgelehrte".

Übrigens begegnen wir damals in Bayern allerlei Begebenheiten, die beweisen, daß der Dämonenglaube und die Hexenverfolgung hier von jeher ganz besonders heimisch gewesen waren. Denn hier wurde 1728—1734 bei Augsburg, im Gericht Schwabmünchen, jener Hexenprozeß gegen elf Einwohner aus Bobingen geführt, der sich aus einer Anklage wegen Kindesmord und Inzest zu einem Hexendrama von echt mittelalterlichem Gepräge entwickelte. Dann wurde in Landshut 1754 die dreizehnjährige Bortenmacherstochter Veronika Zerritschin hingerichtet, und 1756 endlich ein vierzehnjähriges Mädchen, Marie Kloßnerin, weil es mit dem Teufel Umgang gepflogen, Menschen behext und Wetter gemacht habe, enthauptet[31]. Es wurde sogar bei den kurbayerischen Landgerichten noch im Jahre 1769 eine amtliche Instruktion zum „Malefiz-Inquisitions-Prozeß"[32] eingeführt, die ganz und gar dem Hexenhammer entsprach. In diesem merkwürdigen Dokument werden den Richtern zunächst die genauesten Belehrungen über das „Laster der Zauberei, Hexerei oder Schwarzkunst" gegeben, wobei zwischen Schwarzkünstlern (magi), eigentlichen Zauberern (praestigiatores), Segensprechern (incantatores oder exorcistae), sowie necromanticis, Wahrsagern (haruspices, arioli), Veneficis und eigentlichen Hexen (sagae, lamiae, striges oder Unholden) sorgfältig unterschieden wird. — Diese „Gabelfahrerinnen, Hexen und Hexenmeister thuen Ungewitter, Riesel, Donner und Blitz in den Lüften erwecken, trachten nach Menschen und Viehs Untergang, — besuchen die Zusammenkünfte der Teufel und anderer Hexen und reiten dahin auf Gabeln, Stecken und Besen, halten auch beiderlei Geschlechts bei."

„Die Schwarzkünstler, Hexen und Zauberer machen mit dem Teufel einen ordentlichen Pakt, sie verleugnen die allerheiligste Dreifaltigkeit, den christlichen Glauben, die seligste Mutter Gottes, die lieben Heiligen, alle Kirchen-Sacramenta, treten deren Bildniß, das heilige Kreuz, mit Füßen, lassen sich auf des obersten Teufels Namen und in aller anderen Teufel Namen umtaufen, schwören denselben

---

31) *Rapp*, Hexenprozesse, S. 112. *Riezler*, S. 296 f. — 32) *Schuegraf* in Müllers und Falkes „Zeitschrift für deutsche Kulturgeschichte", 1858, S. 767 ff.

die Treue, beten ihn mit gebogenen Knieen an, unterschreiben sich mit ihrem eigenen Blut, geloben (sich) ihm an und gebrauchen ohne Unterlaß seinen Beistand, werden auch von ihm an unterschiedlichen Orten des Leibes mit verschiedenen Figuren gezeichnet, allwo sie hernach keine Empfindlichkeit haben, küssen den Teufel von hinten und vorn, treiben mit demselben (wie ich darvor halte) ihrer Einbildung nach Unzucht und fleischliche Vermischung, — tragen versteckter Weise die heil. Hostien mit sich auf die Hexentänze und Convente, haben viele Jahre aufeinander ihre Teufel als Puller und legen dergleichen, wenn sie von ihren Ehemännern aus dem Bett hinweggefahren, statt ihrer unter menschlicher Gestalt zu dem Ehemann in das Bett an die Seite."

Hierauf wird bezüglich der „Anzeigen dieses allerabscheulichsten Lasters" mit Berufung auf die Autorität Carpzovs ausgeführt, daß es „in den heimlichen und schwer zu probirenden Verbrechen genug" sei, daß Mutmaßungen vorhanden; denn „eine mutmaßliche und aus wichtigem Argwohn entsprungene Probe ist dießfalls für vollkommen entscheidend zu achten". Daher hat man zunächst nur nach dem Rufe der Betreffenden zu fragen und demgemäß gegen sie vorzugehen.

Bezüglich des Prozeßverfahrens ist nun zwar von der Anwendung der Folter nicht die Rede; dagegen wird eine Reihe der scheußlichsten Vorschriften des Hexenhammers wiederholt. Zunächst heißt es nämlich: „Wenn dergleichen Geschmeiß in Verhaft kommt, ist das Sicherste, der Oberbeamte befehle, man solle ihnen alle Haare abscheeren und sie durchgehends glatt und eben machen, auch wegen vielleicht habenden Zeichen visitiren, damit sie nichts Zauberisches mögen bei sich führen oder versteckt behalten, wie dann auch wohl geschicht, wenn man ihnen ein anderes Malefizhemd — zuwirft."

Aus den für den Prozeß vorgeschriebenen „Fragestücken" sind hierbei wohl am empörendsten die zum Gebrauche bei Kindern vorgeschriebenen. Sie sollen zunächst in freundlicher Weise gefangen werden: „Wie sie heißen? Ob sie ihre Eltern lieb haben? Ob sie schon zur Schule gehen? Was sie für Kameraden haben? Was diese können? Was sie mit ihnen spielen?" usw. Dann folgen die Fragen: „Warum sie dermalen nicht zu Hause bei dem Vater (Mutter), sondern hier im Amthaus sich befinden? Was sie neulich da und dort mit diesen getrieben? In wem es bestanden? Was, wie er es gemacht? Wer es ihm gelehrt? Wann, wo, wer dabei gewesen? Wie oft sie es gemacht? — Wie lange das Wetter gedauert? Wem es vermeint gewesen und geschadet? Zu wem sie die Mäuse geschickt? Warum? Wie er ausgeschaut? — Wie oft sie auf dem Tanz gewesen? Wer sie hingeführt und was sie noch alldort gethan? Was ihnen dieser und jener, auch der Teufel versprochen?" usw.

Bei Erwachsenen soll sofort gefragt werden: „Ob er diese oder jene Personen kenne? Ob dieser ein Hexenmeister sei? Er müsse es wissen, weil er mit ihm Umgang gepflogen. Was ihm von dem jüngst gewesenen Schauerwetter bekannt? Wer dieses gemacht? Wo er um diese und jene Zeit gewesen? Von wem er das Hexen und Zaubern gelernt? Wie lange er solches treibe? — Was er für einen Glauben habe? Wie er dieses sagen möge, zumal er sich ja durch seine teuflischen Künste von Gott abgesondert? Was er zu seiner Kunst gebrauche? Woher er die Sachen genommen? Was der Teufel von ihm verlangt? Solle die Wahrheit sagen. Ob er sich demselben verschrieben? Auf wie lange und mit was für Umständen? Ob er Gott verleugnet? Ob er anders getauft und mit was für einem Namen? — Ob er mit dem Teufel Beischlaf gehabt? Wie oft und auf was für eine Weise? Wie dieser geheißen, wie er ausgesehen? Was sie hierbei und nach der Hand verspürt? Hierbei ist dann auch in herkömmlicher Weise von dem membrum frigidum und semen frigidum des Teufels die Rede! Zu was Zeit und an welchem

Orte er auf dem Tanz gewesen? Was der Teufel geredet?"
usw. usw. — Besonders wird es dem Untersuchungsrichter
noch zur Pflicht gemacht, „auch auf die Complices zu inquiriren".

Diese im Archive zu Kelheim aufgefundene Instruktion
für die kurbayerischen Hexenrichter scheint keinen offiziellen
Charakter gehabt zu haben. Sie dürfte, wie Riezler vermutet, das Machwerk eines Reaktionärs unter den Richtern
gewesen sein. Daß es aber unter den bayerischen Richtern
einen Mann gab, der ein derartiges Schriftstück abfassen
konnte, ist bezeichnend genug.

Große Bewegung rief damals in Bayern ein gewaltiger
Teufelsbanner, der Priester Joh. Joseph Gassner, hervor[33].
Er verkündete, daß die Wirksamkeit des Teufels jetzt vorzugsweise in der Bewirkung von Krankheiten hervortrete,
weshalb ein großer Teil von ihnen nicht mit Arzneien,
sondern nur mit Beschwörungen und Exorzismen geheilt
werden könne.

Einen mächtigen Gönner fand Gassner an dem Bischof
von Regensburg, Anton Ignaz Grafen von Fugger, der
ihn zu seinem Hofkaplan und geistlichen Rat ernannte.
Da der genannte Bischof zugleich Propst von Ellwangen
war, so begab sich Gassner dahin und begann hier an
Besessenen und anderen Kranken seine Exorzismen zu ex-
perimentieren. Der Zulauf, den er hier fand, war so groß,
daß im Dezember 1774 die Zahl der Hilfesuchenden über
2700 betrug. Um seine Teufelsbannerei noch mehr in
Schwung zu bringen, veröffentlichte Gassner 1774 ein
Schriftchen unter dem Titel: „Weise, fromm und gesund
zu leben, auch ruhig und gottselig zu sterben oder Nütz-
licher Unterricht wider den Teufel zu streiten durch Beantwortung der Fragen: 1. Kann der Teufel dem Leibe
der Menschen schaden? 2. Welchen am meisten? 3. Wie
ist zu helfen?" (Kempten, 1774, 40 S.) Er meint in diesem

---

33) Vgl. *L. Rapp,* die Hexenprozesse und ihre Gegner aus Tirol, II. Aufl.,
S. 133 ff. *Riezler,* S. 314.

Schriftchen, daß es drei Klassen vom Teufel geplagter Menschen gebe, nämlich circumsessi (angefochtene), obsessi oder maleficiati (verzauberte) und possessi (besessene). Für alle diese Geplagten gibt Gassner die Mittel der Heilung an. Vor allem habe sich der Betroffene davor zu hüten, daß er die teuflische Plage und Schädigung für ein natürliches Leiden halte, indem niemand die Wirklichkeit der dämonischen Zauberei leugnen könne, ohne sich „de religione suspectus" zu machen. — Im folgenden Jahre zog Gassner nach Regensburg und auch hier strömte viel Volks von allen Seiten herbei, aus der Pfalz, aus Böhmen, Österreich und aus anderen Ländern, um sich durch seine Bannsprüche von allerlei zauberischen Plagen, Besessenheit und sonstiger Krankheit heilen zu lassen.

Endlich aber ward ihm das Handwerk gelegt. Der kaiserliche und kurbayerische Hof, der Bischof von Konstanz und die Erzbischöfe von Salzburg und Prag untersagten ihm die fernere Ausübung seiner Teufelsbannerei. Auch in Rom wurde die Ostentation gemißbilligt, mit der er seine, teilweise von ihm selbst redigierten, Exorzismen betrieb. Nebenbei wurde viel Staub durch die Broschüren aufgewirbelt, die sich mit dem Teufelsbanner und Wunderdoktor beschäftigten[34].

In diesem Federkrieg sprach sich seltsamerweise nicht nur der berühmte Ludwig Lavater zu Zürich einigermaßen zugunsten Gassners aus, indem er in diesem zwar keinen Wundertäter, aber doch einen starken Glaubensmann anerkannte, — sondern auch der kaiserliche Leibarzt Anton von Haen. Haen, der wie sein Kollege, der Freiherr Gerhard van Swieten, für einen Hauptgegner des Hexenglaubens galt, und der einst drei angebliche, schon gemarterte und zum Scheiterhaufen verurteilte Hexen gerettet hatte, ließ sich bestimmen, in einer Broschüre[35] dem Hexenglauben

---

34) Vgl. *Schröckhs* Kirchengesch. seit der Reform., B. VII., S. 330 ff. — Gassner starb 1779 als Dekan zu Bendorf in der Diözese Regensburg. — 35) De magia liber, Venetiis 1775.

LUDOVICI LAVATERI,

Theologi eximii,

DE

SPECTRIS, LEMURIBUS, VARIISQ₃

PRÆSAGITIONIBUS,

Tractatus vere aureus.

Titelblatt von Lavaters De Spectris etc.
Zürich 1659

gewisse Konzessionen zu machen. In einer zweiten Bro
schüre[36] „über die Wunder" schloß freilich Haen seine
Untersuchung damit, daß, da sich die wesentlichen Kennzeichen des Wunders bei den wunderbaren Heilungen
Gassners nicht vorfänden, er sie wohl mit Hilfe des Teufels
verrichtet haben müßte.

Auch unter der Regierung des Kurfürsten Karl Theodor
(1777—1799) dauerte die Herrschaft des Aberglaubens in
Bayern ungestört fort. Noch im Jahre 1784 verbot ein
landesherrliches Reskript Karl Theodors alle weltlichen
Heilmittel gegen den Biß toller Hunde und verwies lediglich auf die geistliche Wunderkraft des heiligen Hubertus[37].
Fast jedes Kloster hatte seinen sogenannten Hexenpater,
bei dem man sich Rat und Schutzmittel zu holen pflegte,
z. B. Agnus Dei und Lukaszettel. Eine 1786 erschienene
Schrift: „Neuester Hexenprozeß aus dem aufgeklärten heutigen Jahrhundert, oder: So dumm liegt mein bayerisches
Vaterland noch unter dem Joch der Mönche und des Aberglaubens, von A. v. M." hat mit Hexen nichts zu tun,
sondern berichtet nur die Schandtaten eines Hexenpaters.
„Haben wir nicht", sagt der Anonymus, „in jedem Kloster
einen Hexenpater? Unter welch anderen Namen sind die
P. Astery, ein Karmeliter zu Straubing, P. Hugo zu Abensberg bekannt als Hexenpater? Ich selbst habe von ersterem
einen Zettel gesehen, worauf er aus eigener Kraft dem Satan,
den Hexen und allem Unheil befiehlt, dieses Haus nie zu
betreten. In und um Straubing befinden sich auf sieben
Stunden weit wenige Häuser, wo nicht ein solcher Zettel
an der Türe angebracht ist." Eine Münchener Handschrift
aus dem 18. Jahrhundert enthält in deutscher und lateinischer Sprache das ganze Rüstzeug eines dieser Hexenpatres, eine Sammlung von Mitteln, in denen auch solche
nicht fehlen, die der Hexenhammer empfohlen hatte[38].

36) De miraculis liber, Ven. 1776. — 37) *Dr. E. Vehse*, Geschichte des
Hofes vom Hause Baiern. Leipzig, II. Band, S. 169. — 38) *Riezler*,
S. 317 f.

In Bayern sah man noch im Jahre 1775 eine Hexentragödie vor sich gehen. Dieser Hexenproxeß erfolgte im damaligen Stift Kempten, wo er am 6. März begann und am 11. April zu Ende ging. Über seinen Verlauf berichten wir nach C. Haas, der ihn in der Schrift „die Hexenprozesse" S. 108 ff. nach den Akten mitgeteilt hat.

Eine arme Söldners- und Tagwerkerstochter Anna Maria Schwägelin von Lachen hatte früh ihre Eltern verloren und mußte sich ihr Brot mit Dienen erwerben. Im Dienste eines protestantischen Hauses knüpft der Kutscher des Herrn ein Verhältnis mit ihr an und verspricht ihr die Ehe unter der Bedingung, daß sie den katholischen Glauben verlasse und lutherisch werde. Dieses vollzog die Schwägelin in Memmingen im Alter von etwa 30—36 Jahren (sie wußte im Verhör über ihr Alter nur zu sagen, daß sie in die dreißig oder nahezu vierzig Jahr alt sei). Nichtsdestoweniger ließ sie der Kutscher sitzen und heiratete eine Wirtstochter von Berkheim. Hierüber erregt und zugleich in ihrem Gewissen beunruhigt beichtete sie die Sache einem Augustinermönch in Memmingen, der ihr gesagt haben soll: „es sei nunmehr genug, daß sie es gebeichtet, und daß sie eine wahre Reue dagegen bezeuge, und sie habe nicht nötig, daß sie wiederum neuerdings ein Glaubensbekenntnis ablege, wenn sie nur bei ihrem Vorsatz beharre." Bei ihrer Konversion in der Martinskirche zu Memmingen habe sie die Schwörfinger heben und sagen müssen, daß sie auf dem lutherischen Glauben beharren wolle, und daß die Mutter Gottes und die Heiligen ihr nicht helfen können. Die Mutter Gottes sei nur eine Kindelwäscherin und nicht mehr als ein anderes Weibsbild gewesen. Die Bilder von den Heiligen seien nichts als zum Gedächtnis, keineswegs aber, daß man diese verehren solle. Gott allein könne ihr helfen, sonst niemand. Da aber der oben gemeldete Augustiner in Memmingen wenige Tage nach der Beichte der Schwägelin apostasierte, so wurde sie wieder unruhig und meinte, sie sei wohl von diesem Geistlichen nicht richtig absolviert.

Sie will daher hierauf die Sache einem Kaplan gebeichtet haben, der ihr jedoch die Absolution mit dem Bemerken verweigerte, der Fall müsse nach Rom berichtet werden. Alsbald aber sei der Kaplan auf einen anderen Dienst gekommen und die Sache sei liegen geblieben.

Seitdem irrte die Schwägelin von Dienst zu Dienst, und wurde schließlich als vagierende und wahrscheinlich körperlich und geistig leidende Person in das Kemptensche Zuchtschloß Langenegg gebracht. Dort wurde sie einer notorisch geisteskranken Person, namens Anna Maria Kuhstaller, für wöchentlich 42 kr. in Pflege und Aufsicht gegeben. Ihrer Aussage nach wurde sie von dieser sehr schlecht gehalten, elend genährt, oft Tage lang gar nicht, und dabei vielfach geschlagen und sonst mißhandelt. Soviel steht wenigstens fest, daß sie schließlich nicht mehr stehen und gehen und keine Hand mehr erheben konnte. Die Schwägelin gab dabei an, daß die Kuhstaller sie aus Eifersucht so arg mißhandelt habe, weil sie befürchtete, sie mache ihr den Zuchtmeister abspenstig. Dagegen erklärte die Kuhstaller, sie habe der Schwägelin nur zweimal mit einem Stricke etliche Hiebe gegeben, weil sie gelogen habe und boshaft gewesen sei. Essen habe sie ihr richtig und genug gegeben, so gut sie es habe auftreiben können, was der Zuchtmeister Klingensteiner als wahr bezeugte.

In ihrem Unmute sagte einmal die Schlägelin, sie wollte lieber beim Teufel als in solcher Pflege sein. Das benutzte die Kuhstaller, um alsbald bei Gericht anzuzeigen: die Schwägelin habe ihr einbekannt, daß sie mit dem Teufel Unzucht getrieben und Gott und allen Heiligen habe absagen und auf jene Weise und Art sich verschwören müssen, wie es ihr der Teufel vorgehalten habe. Auch habe sie die Schwägelin manchmal laut lachen und mit jemand sprechen hören, während doch niemand bei ihr gewesen sei.

Diese Anzeige genügte, weil der Zuchtmeister sie bestätigte, die unglückliche, ganz gebrechliche Person „abholungsweise auf der sogen. Bettelfuhr" am 20. Febr. 1775

nach Kempten ins Gefängnis schaffen zu lassen. Von da
bis zum 6. März wurde sie nun zunächst durch den Eisenmeister Klingensteiner beobachtet, der auf Befragen über
das Verhalten der Angeklagten deponierte: In der dritten
Nacht ihrer Anwesenheit im Kerker habe man im Gefäng-
nisofen ein Geräusch gehört, als ob etwas vom Ofen herabgefallen wäre. Er selbst freilich habe es nicht gehört, sondern es sei ihm von einem anderen Gefangenen erzählt
worden. Aber er und seine Schwester hätten gehört, wie
ihre Enten im Stalle geschrien und hätten deren Unruhe
gesehen, und zwar nachts zwischen zwei und drei Uhr.
Späterhin habe man nichts mehr gehört. Er, der Eisenmeister, habe die Schwägelin gefragt, ob sie wisse, warum
sie ins Gefängnis gebracht worden sei. Darauf habe sie
geantwortet: Ja, sie habe gesagt, daß sie Gott und allen
Heiligen abgeschworen und mit dem Teufel Unzucht getrieben; allein das habe sie zur Kuhstallerin nur aus Furcht
gesagt, weil sie sonst von ihr geschlagen worden sei. —
Diese wollte sie also als Hexe anklagen und hatte das
Geständnis erpreßt!

Die Voruntersuchung war nun geschlossen und die Angeklagte wurde am 6. März vernommen. Die Personalien
wurden protokolliert, dabei die Erzählung ihres Abfalls vom
katholischen Glauben, ihrer Behandlung seitens der Kuhstallerin etc., wobei sie erzählte, sie habe der Kuhstallerin
geklagt, daß die Maden ihr die Fersen auffräßen, sie solle
doch machen, daß man ihr diesmal ein Mittel verschaffe,
worauf diese geanwortet, daß ihr Hurenjäger, womit sie den
Zuchtmeister gemeint, ihr schon was geben werde. Auf ihre
Klage über schlechte Kost habe sie von der Kuhstallerin
Schläge bekommen unter Vermelden, sie habe von der gnädigen Herrschaft Erlaubnis sie zu züchtigen. Immer darüber
berufen, daß sie es mit dem Teufel zu tun habe, habe sie
aus Furcht vor Schlägen und anderer Mißhandlung solches
zugegeben und auf Andringen habe sie zuletzt auch dem
Zuchtmeister erzählt, vor etwa fünf oder sechs Jahren sei

der Teufel in Gestalt eines Jägers ihr in der Harth unweit Memmingen begegnet, mit dem sie sich damals versündigt habe. Sonst wisse sie nichts anzugeben.

Am 8. März erfolgte nun das zweite Verhör. Inquisitin bleibt dabei, daß sie nur aus Furcht und Angst der Kuhstallerin und dem Eisenmeister die Geschichte mit dem Teufel erzählt habe, um Ruhe zu bekommen und weil letzterer ihr versprochen, ihr dazu behilflich sein zu wollen, daß sie von Langenegg fortkomme. Trotzdem wurde aber diese Aussage als Geständnis angesehen und Inquisitin mit Fragen aller Art so bestürmt, daß sie endlich verwirrt auf die Suggestionen selbst einging und die lächerliche Aussage mehr und mehr ausspann, oder vielmehr sich ausspinnen ließ, z. B., daß der Teufel ihr zuletzt gesagt habe, daß er der Teufel sei. — Hierauf geht das Verhör auf das Lutherischwerden usw. über, und wird das Abschwören in der Martinikirche zu Memmingen zum Abschwören vom Teufel. Zur Unzucht mit dem Teufel, sagt die Angeklagte, sei es nicht gekommen, und sie könne es nicht anders sagen, auch wenn sie sterben müsse. — Auf die Frage, was ihr denn der Teufel versprochen, antwortet sie: Der Teufel habe ihr allerlei Sachen schenken wollen. — Nun wird die Unglückliche immer von neuem dazu gedrängt, daß sie gestehen soll, sie habe mit dem Teufel Unzucht getrieben; allein sie verneint es stets und bleibt dabei, daß sie ihre Aussage gegen den Zuchtmeister nur aus Furcht und Angst getan habe.

Am folgenden Tage (9. März) wird die Schwägelin wieder ins Verhör genommen. Dieses beginnt wieder mit Fragen nach dem Lutherischwerden und geht sodann zur Erörterung ihrer Behandlung in Langenegg über. Inquisitin bleibt fest bei ihren früheren Aussagen, gesteht aber endlich zu, daß der Teufel mit ihr Uuzucht getrieben und sie mit Aufhebung von zwei Fingern habe schwören lassen, daß sie alles dasjenige halten wolle, was sie ihm versprochen habe, nämlich, daß sie ihm dienen wolle.

Nun beginnt ein so schamloses Inquirieren nach dem Detail

der Unzucht, daß das arme Geschöpf nicht weiß, was es antworten soll. Sie wird nach Scheußlichkeiten gefragt, von
denen sie noch nie gehört hat; aber der Verhörrichter ruht
nicht, bis er aus ihr herausgepreßt, was er in sie durch seine
Suggestionen hineingelegt hat. Die Kuhstallerin, die nachher verhört wird, deponiert, daß sie die Schwägelin einmal
habe zum Teufel sagen hören: es komme jemand, er solle
in ihre Truhe fahren

In dem am 10. März fortgesetzten Verhör versichert Inquisitin, sich mit dem Teufel nur einmal, und zwar auf der
Harth, versündigt zu haben. Im Schlafe sei es ihr zwei- oder
dreimal nur so vorgekommen. Sie klagt, „es werde ihr so
wehe und sie könne schier nicht mehr schnaufen; heute nacht
habe sie gemeint, sie müsse sterben, indem es ihr so schwer
auf dem Herzen gewesen". Hierauf wird ihr erwidert: „ihr
dermaliger Zustand, den sie dato anzeige, werde wohl ja
und allein daher rühren, dieweilen sie dem Anschein nach
bisher kein aufrichtiges Bekenntniß gethan habe. Sie solle
daher ihre Sache aufrichtig bekennen".

Endlich dahin gebracht, daß sie bekennt, der Teufel habe
in jeder Nacht mit ihr Unzucht getrieben, geht sie nun auf
alle Fragen ein, so toll sie auch waren, und beantwortet
sie ganz nach Wunsch des Verhörrichters mit einfachem Ja.
Zumeist betrafen die Fragen schon früher verhandelte Dinge.
Plötzlich aber wird im Verhöre von etwas ganz Neuem, nämlich von einem Pakte mit dem Teufel gesprochen, den die
Angeklagte eingestandenermaßen eingegangen habe. Dieses geschah in der zweihunderteinundzwanzigsten Frage, in
der der Richter dabei auf Frage hundertsechsundsechzig
Bezug nahm. Die Frage hundertsechsundsechzig lautete aber:
„Wie lange es angestanden, daß, nachdem sie lutherisch geworden, sie hernach Gott und alle Heiligen verleugnet und
sich dem Teufel zugeeignet?" an die nun die Suggestivfrage
zweihunderteinundzwanzig angeschlossen ward: „Sie habe
ad interrog. hundertsechsundsechzig gesagt, daß sie erst
in zwei Jahren danach, wie sie lutherisch geworden, diesen

Pakt mit dem Teufel gemacht habe." Nun folgt noch eine lange Reihe von Fragen über die mit dem Teufel getriebene Unzucht, wobei die Angeklagte auf Befragen angibt, daß er bald als Jäger bald als halberwachsener Bauersknecht zu ihr gekommen war, bis man endlich am 30. März 1775 das crimen laesae majestatis divinae als konstatiert ansehen und das Urteil gefällt werden konnte, das auf „Tod durch das Schwert" lautete. Die Bestätigung des Urteils ist mit den Worten vollzogen: „Fiat iustitia! Honorius, Fürstbischof." Ein nachgetragenes „Bey-Urthl" lautet: „Auch ist zu Recht erkannt wurden, daß wer der armen Sünderin Tod rächen oder hindern würde, in dessen (?) Fusstapfen gestellt werden solle."

So verlief der letzte Hexenprozeß auf deutscher Erde — im Jahre 1775!

Unter den französischen Gerichten war das Parlament von Bordeaux eines der hartnäckigsten. Es verbrannte noch 1718 einen Menschen, den es für überführt erklärte, einen vornehmen Herrn mit seinem ganzen Hause durch Nestelknüpfen bezaubert zu haben[39].

Spanien endigte seine Hexenverbrennungen 1781 mit der Hinrichtung eines Weibes zu Sevilla, das des Bundes und der Uuzucht mit dem Teufel angeklagt war. Sie hätte, sagt Llorente, dem Tode entgehen können, wenn sie selbst sich des Verbrechens hätte schuldig erklären wollen[40]. — Noch 1804 wurden verschiedene Personen wegen Liebeszauber und Wahrsagerei von der Inquisition eingekerkert.

Die schrecklichsten Dinge trugen sich aber während des achtzehnten Jahrhundert in der Schweiz zu[41].

Hier erschien am 9. August 1737 ein siebzehnjähriges Mädchen, Katharina Kalbacher, in Zug vor dem Hexentribunal, um Geständnisse abzulegen. Diese von frühester

39) *Garinet*, pag. 256. — 40) *Llorente*, Geschichte der spanischen Inquisition, Teil IV, Kap. 46. — 41) „Der Hexenprozeß und die Blutschwitzer-Prozedur, zwei Fälle aus der Kriminal-Praxis des Kantons. Zug aus den Jahren 1737—1738 und 1849." Zug, 1849. *Dettling*, Schwyz, S. 60 f.

Jugend an verwahrloste Person hatte vorher eine Besprechung mit den Jesuiten in Luzern gehabt, die in ihr eine Besessene erkannten, und deren Rektor ihr die Weisung erteilt hatte, zu tun, was er sie heißen werde, wenn sie von ihrem Stande erledigt sein wollte. Sie gab nun den gewöhnlichen Unsinn zu Protokoll, wollte schon als kleines Kind dem Teufel und der Zauberei ergeben gewesen sein, nannte dabei noch sechs Personen als Mitschuldige, zu denen sie späterhin, wahrscheinlich zur Fristung des eigenen Lebens, noch drei andere Personen hinzufügte.

Die Angezeigten wurden nun vorgeladen und „in loco torturae", d. h. in dem unter dem Namen Kaibenturm bekannten, noch vorhandenen scheußlichen Arrestlokal der Hexen vernommen.

Im ersten Verhör wiesen die Denunzierten jedes Wissen von Zauberkünsten und jede Teilnahme an ihnen einfach zurück, obschon ihnen von Anfang an mit Drohungen sehr ernst zugesetzt wurde. Daher schritt man alsbald zum peinlichen Verhör, zunächst mit der siebzigjährigen Lisi Bossard. Diese alte Person wurde also „gesetzt", dann „gebunden" und mit dem „kleinsten Stein aufgezogen". Die Bossard gab hängend „unter erschrecklichem Geschrei, aber ohne Zähren" auf die Fragen: „ob es nichts mit dem Teufel gehabt, ob es nichts verderbt, ob es nichts wissen wolle über das Schlüsselloch, ob es kein Vieh verderbt", ein beharrliches „Nein" zur Antwort, worauf zu schärferen Torturen vorgegangen wurde, — mit demselben Erfolg.

Doch wir sehen hier von der gräßlichen Behandlung der anderen Angeklagten ab, um nur eine von ihnen ins Auge zu fassen, deren Geschick uns darüber belehren mag, wie Menschen teuflischer als der Teufel sein können.

Die Ehefrau Anna Gilli war am 12. August 1737, vierzig Jahre alt, in der vollen Kraft der Gesundheit und eines abgehärteten, starken Körpers vor ihre Untersuchungsrichter gebracht worden; und am 29. Januar 1738 wurde sie zerschlagen, zerquetscht, zerfetzt und zerrissen an Fleisch und

Knochen, kaum noch ein menschliches Aussehen an sich tragend, in der Ecke eines der Löcher im Kaibenturm zusammengekauert, tot aufgefunden.

Das erste Verhör der Anna Gilli wurde damit eröffnet, daß man sie das Zeichen des Kreuzes machen, fünf Vaterunser und Ave Maria sowie den Glauben und die „offene Schuld" beten ließ, worauf die erste Frage folgte: „ob sie dem bösen Feinde widersage", deren Bejahung sofort zu der Frage benutzt wurde, „ob sie von ihm etwas angenommen habe", womit die Quälerei ihren Anfang nahm. Man hatte bei ihr im Stalle acht „Steckeln" gefunden, von denen sie sagte, daß ihr Mann sie gemacht habe, um sie mit Köpfen zu versehen, mit Scheidewasser anzustreichen und zu verkaufen. Allein das Gericht wollte in ihnen nun einmal die Besenstiele erkennen, mit denen sie zum Hexensabbat fahre, weshalb sie sich des Bundes und der Buhlerei mit dem Teufel usw. schuldig bekennen sollte. Da sie dieses nicht tat, so wurde alsbald zur Tortur geschritten. Sie wurde entblößt, mit einem Hexenkleide angetan, „ist ihr dann unseres Erlösers Jesu Christi . . . . .[42] um den Leib gelegt und heilige und gesegnete Sachen an den Hals gehängt worden, wie auch Salz, das an einem Sonntag gesegnet war — ist auch exorzisiert worden, hat aber hierauf keine Zähre vergossen. Sind ihr hierauf im Weihwasser drei Tropfen von einer gesegneten Wachskerze gegeben, ist ihr hierauf wieder lange Zeit geistlich zugesprochen worden", — mit diesen Worten beginnt das Protokoll des dreizehnten Verhörs. Bis zum 2. September, wo dieses Verhör stattfand, war sie bereits zwölfmal gepeinigt worden. Fast in jedem dieser Verhöre hatte man sie stundenlang die Tortur auf der Folter durch Anhängen der schwersten Steine ertragen lassen, und da dieses nichts fruchtete, so wurden noch andere Martermittel zur Anwendung gebracht. Man hatte sie in die „Geige"

---

42) *Riezler*, S. 116, Anm. 1, will hier eine Kette eingefügt wissen.

gespannt, ihr den „eisernen Kranz" aufgelegt und schließlich war sie „im Namen der heiligsten Dreifaltigkeit" nach
Entblößung ihres Körpers erst auf dem Rücken, dann auf
den Fußsohlen mit Haselstöcken zerhauen worden. Im
vierzehnten Verhör (am 3. September) wurden ihr sogar
über dreihundert Rutenstreiche versetzt. „Zur Applizierung
dieser Rutenstreiche wurde (in Zug) der Inquisit mittelst
einer besonderen Vorrichtung (spanischer Bock genannt)
auf dem Boden der Folterkammer, und durch Stricke, die
an den Daumen und Zehen befestigt und angezogen
wurden, auf das äußerste ausgestreckt. Jeder dieser
Rutenhiebe auf diesen so gespannten Rücken warf eine
schwarz und blau unterlaufene Schramme auf, die nach
und nach aufsprang und einen bis auf die Knochen zerfetzten Rücken zurückließ. Man brauchte diese Folter auch
noch in neuerer Zeit; doch hat man nie gewagt, mehr als
fünfzig bis achtzig Streiche auf einmal geben zu lassen."
Aber die teuflisch Gequälte blieb standhaft. Daher ließ
man sie jetzt bis zum 3. Oktober in ihrem scheußlichen
Behälter in Ruhe. Da aber nahmen das Verhör und die
Tortur aufs neue ihren Anfang. Man hatte nämlich in
ihrem Hause ein Bündelchen mit Hafermehl und ein Büchs-
chen mit einer Salbe vorgefunden, und die Kalbacherin
hatte ausgesagt, daß das angebliche Hafermehl Gift sei,
das die Gilli zum Hagelmachen und Sterben des Viehes
gebrauche. Ebenso hatte sie angegeben, daß die Gilli
mit der Salbe ihre „Steckle" zum Ausfahren verwende.
Allein obgleich die Gilli sich bereit erklärte, das Hafermehl
sofort zu verzehren, wenn man es ihr nur gebe, und obgleich der Meister Nachrichter, den man beauftragt hatte,
mit dem gefundenen Hafermehl an einem Hunde die Probe
zu machen, berichtete, er habe eine Handvoll davon einem
Hund in einem Stück Fleisch und in Bratwurst beigebracht,
dem es weder geholfen noch geschadet habe, so wurde
die Unglückliche doch nochmals auf die Folter gespannt,
und zwar mit Anhängung aller drei Steine an den Füßen. —

Nach dieser letzten Tortur wurde sie nach Ratserkenntnis wieder in ihr kaltes Loch gesperrt, und bei etwas Suppe zu Mittag und etwas Brot zur Nacht bis zum 23. Januar in Ruhe gelassen. Da wurde sie plötzlich nochmal ins Verhör geführt. Die zermarterte Frau konnte nicht mehr gehen. Sie wurde abermals aufgefordert, sich als Hexe zu bekennen, gab aber keine Antwort, sondern brach lautlos zusammen. Die Richter hatten dabei noch die Roheit, sie zu fragen, weshalb sie nicht gerade stehen könnte. Als Antwort sprach sie die Bitte aus, daß man ihr etwas Wasser geben möchte.

Am 29. Januar 1738 wurde sie endlich tot im Gefängnis gefunden. Das darüber aufgenommene Visum repertum teilt mit, „daß nachdem die Läufer besagte Person todt angetroffen, der Meister Nachrichter bei näherem Untersuch in einem der zwei hölzernen Gehäuse oder Keychen der obersten contignatio dieselbe in einer Ecke auf der rechten Schulter liegend, Hände und Füße zusammengezogen und mit einem Skapulier und Rosenkränzchen am Hals, — auch ohne Merkmale eigenhändiger Gewaltthätigkeit gefunden; daß hierauf die wohlweisen und gnädigen Herrn des Stadt- und Amtsrats beschlossen, weil solche arme Person von den auf sie gewesenen Indizien durch große und vielfältige Pein sich purgirt und nichts auf sie gebracht werden können, wollen M. g. Herrn sie nun als tot nicht für eine Unholdin erkennen noch traktiren, und um das so viel mehr, da sich aus dem Viso reperto durchaus zeige, daß diese arme Person nicht eines gewaltthätigen sich selbst angethanen Todes gestorben sei, sondern das Skapulier und Rosenkranz am Halse gefunden worden. Deßhalb soll solche heute Nacht ohne Geläute und Lichter von den Läufern auf den Kirchhof getragen und in das Bettlerloch herunter gelassen werden."

Ganz ebenso wie mit diesem standhaften, willensstarken Weibe wurde nun auch mit allen anderen Angeklagten verfahren. Bei allen dieselben Prozeduren und dieselben Torturen! Nur mit einigen Worten wollen wir hier noch das Schicksal des Marx Stadlin von Zug, seiner Frau und seiner Tochter Euphemia berühren. Diese drei Unglücklichen waren die von der Kathri Kalbacher ganz nachträglich am Tage vor ihrer beschlossenen Hinrichtung als Hexen Denunzierten. Marx Stadlin erlitt unter unsäglichen Schmerzen alle die Torturen, die wir bei der Gilli erwähnten, ohne sich ein Geständnis abpressen zu lassen. Das schreckliche Ende mehrerer dieser sogenannten Hexen auf dem Richtplatze, das er noch vor seiner Gefangennehmung mit ansehen konnte, mag nicht wenig zu dieser Standhaftigkeit beigetragen haben. Ebenso ertrug auch seine Tochter Euphemia alle Martern. Dieses heldenmütige, kaum achtzehnjährige Mädchen hat durch den Mut, mit dem sie lieber alle Martern erleiden und das Leben einbüßen wollte, als die Seele verlieren, selbst ihre Richter in einem Grade stutzig gemacht, daß „solche unter der Zeit die h. Regierungshäupter um Rath fragen zu müssen glaubten, was ferner in der Sache zu thun sei." — Beide wurden schließlich freigesprochen.

Weniger stark und fest war Stadlins Frau, Anna Maria, geb. Petermann. „Sie wolle lieber sagen, sie sei eine Hexe, als so gemartert werden, — sie sei jetzt schon halb tot." Etwa sechsmal widerrief sie ihre Geständnisse, bis sie schließlich der fortgesetzten Tortur und Geißelung erlag und sich als Hexe bekannte.

Zum Schlusse noch folgende in diesem Prozesse vorgekommenen Erkenntnisse:

„Ueber die arme Sünderin Elisabeth Bossard, weilen diese vor vierzig Jahren durch Ableugnung Gottes uud seiner Heiligen, auch wegen begangenen gottesschänderischen Verunehrung des Hochwürdigsten solche unmenschliche Verderbungen, nicht minder auch mit Vermischung mit dem Teufel sich entsetzlich verfehlet, daß diese arme Person vor dem Thurm hinter sich in ein Karren gesetzt, dreimal mit feurigen Zangen gerissen, als zum erstenmal allhier gleich nach Ablesung des Urtheils an der rechten Hand, das andere

Mal am rechten Fuß gleich vor der Stadt auf der Schanze, und das dritte Mal gleich innerhalb des Schützenhauses an dem linken Fuße; hernach mit einem Vierling Pulver am Hals lebendig verbrannt, und also vom Leben zum Tode hingerichtet werde."

„Ebenso soll das Margareth zweimal mit feurigen Zangen gerissen, ebenso ausgeführt und mit einem Vierling Pulver

TAB: LXXIII

Hexenbrand und Gerichtsverfahren

Kupfer von D. Chodowiecki in Basedows Elementarwerk, 1768 ff.

am Hals an eine Leider gebunden und ins Feuer gestoßen werden."

„Das arme Mensch Theresia Bossard soll gleich der anderen zur Stadt hinaus auf den gewohnten Richtplatz geführt und alldort die rechte Hand abgehauen und da sie den Strick am Hals und noch lebendig, die Zunge mit einer feurigen Zange aus dem Mund gerissen, auch mit einem Strick an einer Stud erwürgt werden."

„Ebenso soll das Anna Maria Bossard ausgeführt, mit feuerigen Zangen gerissen und verbrannt werden. Dieselben alle vier sollen zu Pulver und Asche verbrannt, damit ferner Niemandem kein Schade geschehen könne."

Anna Maria Petermann wurde an einem Pfahl erwürgt und vorher mit feuerigen Zangen gezwickt.

Noch enthält das Protokoll das Urteil über sieben Personen, die auf gleich grausame Weise als Hexen hingerichtet wurden. —

So endete dieser entsetzliche Prozeß, der — was wohl zu beachten ist — in Szene gesetzt wurde, nachdem es der alten aristokratischen Partei zwei Jahre vorher (1735) gelungen war, das Regiment des edlen, gerechten und freisinnigen Landamman Schuhmacher in Zug zu stürzen und diesen aus dem Lande zu verbannen.

Übrigens war er noch lange nicht der letzte Hexenprozeß der Schweiz. In dem zum Königreich Preußen gehörigen Lande Neufchatel wurde noch im Jahre 1743, also unter der Regierung Friedrichs d. Großen, von dem Kriminalgericht zu Motiers ein Zauberer verurteilt. Er wurde erst gerädert und dann lebendig verbrannt[43]. Im Juli 1753 wurde in Schwyz die „Kastenvögtin" Anna Maria Schmidig auf Denunziation hin eingezogen, darauf durch den Scharfrichter beschoren, gewaschen und gradatim gepeinigt. Nach zahlreichen Folterungen starb die Gefangene im Hexenturm. Der Körper wurde um 12 Uhr nachts aus dem Turm in einem Sack hinausgeworfen und samt allen Kleidern in einem abgelegenen Gestrüpp tief in die Erde verscharrt. Nur ihr Zinn, „Ehr" und Kupfer wurde ihren Erben gelassen. Den ganzen übrigen Hausrat, Betten und Kleider verbrannte der Scharfrichter in einem abseitigen Ort[44].

Am 5. Oktober desselben Jahres wurde gleichfalls in Schwyz die bereits einmal freigesprochene, etwa 63 jährige Rosa Locher aufs neue eingezogen. Auch sie überstand die

43) Les procédures de sorcellerie à Neufchâtel par *Charles Lardy*, Neufchâtel 1866, S. 42. — 44) Dettling, Schwyz, S. 61 ff.

häufigen, gräßlichen Martern nicht und starb im Gefängnis. Ihr Vermögen fiel dem Fiskus anheim, ihre Kleider wurden durch den Scharfrichter verbrannt [45].

Das letzte gerichtliche Opfer des Hexenglaubens während des achtzehnten Jahrhunderts fiel in der Schweiz im Jahre 1782 zu Glarus [46].

Anna Göldi, Dienstmagd des Arztes Tschudi, wurde enthauptet, weil sie das Kind ihres Herrn bezaubert haben sollte, so daß es Stecknadeln, Nägel und Ziegelsteine vomierte. Dieses Erbrechen hatte begonnen, als die Beschuldigte bereits seit drei Wochen außerhalb Landes gewesen war. Ihr angeblicher Mitschuldiger, ein angesehener Bürger, erhängte sich aus Verzweiflung im Gefängnisse. Das in diesem Prozesse hervortretende Parteienspiel der Patrizierfamilien, das Benehmen der Ärzte und Theologen, das Hinzuziehen eines wahrsagenden Viehdoktors, die Entzauberungsprozedur durch die Angeschuldigte und das von reformierten Richtern gefällte Todesurteil selbst geben einen traurigen Begriff von der damaligen Geistesbildung des kleinen Freistaates. Die Vorstellungen, die von dem aufgeklärten Zürich herüberkamen, hatten kaum einen andern Erfolg, als daß die Glarner Richter einen Euphemismus erfanden. Sie redeten in ihrem Urteil von „außerordentlicher und unbegreiflicher Kunstkraft" und von „Vergiftung", wo sie auf Zauberei erkannt haben würden, hätten sie nicht aus Zürich erfahren, daß ein Hexenprozeß ihnen vor aller Welt Schande bringen müßte. Das folgende Aktenstück wird den Charakter des Ganzen hinlänglich ins Licht stellen [47]:

„Malefiz-Prozeß und Urtheil
über die z. Schwert verurtheilte Anna Göldinn aus dem Sennwald, verurtheilt den 6/17 Junii 1782.

45) Ebenda, S. 66 ff. — 46) Siehe Freundschaftliche und vertrauliche Briefe, den sogenannten sehr berüchtigten Hexenhandel zu Glarus betr. Von *H. L. Lehmann*, Zürich 1878. *Scherr*, Menschliche Tragikomödie, Leipzig 1884, VI. Band, S. 49 f. *Scherr*, Studien, Leipzig 1865—66, III Band, S. 257. — 47) *Lehmann* a. a. O., Heft II., S. 88 ff.

Die hier vorgeführte bereits 17 Wochen und 4 Tage im Arrest gesessene, die meiste Zeit mit Eisen und Banden gefesselte arme Uebelthäterin mit Namen Anna Göldinn aus dem Sennwald hat laut gütlich und peinlichem Untersuchen bekennet, daß sie am Freytag vor der letzten Külbi allhier zwischen 3 und 4 Uhr Nachmittags aus des Herrn D. Tschudis Haus hinter den Häusern durch und über den Gießen hinauf zu dem Schlosser Rudolf Steinmüller, welcher letzthin in hochobrigkeitlichem Verhaft unglückhafter Weise sich selbst entleibet hat, expresse gegangen sey, um von selbem zu begehren, daß er ihr etwas zum Schaden des Herrn Doktors und Fünfer Richters Tschudi zweyt ältestem Töchterli Anna Maria, dem sie übel an sey, geben möchte, in der bekennten äußerst bösen Absicht das Kind elend zu machen, oder daß es zuletzt vielleicht daran sterben müßte, weil sie vorhin von dem unglücklichen Steinmüller vernommen gehabt habe, daß wann man mit den Leuten uneins werde, er etwas zum Verderben der Leute geben könne. Auf welches sie ein von dem unglücklichen Steinmüller zubereitetes und von ihm am Sonntag darauf, als an der Kilbi selbst, überbrachtes verderbliches Leckerli im Beyseyn des Steinmüllers auf Herrn D. Tschudis Mägdekammer zwischen 3 und 4 Uhr, als weder Herr D. Tschudi, noch dessen Frau, noch das älteste Töchterli zu Hause war, unter boswichtigen Beredungen, daß solches ein Leckerli sey, dem bemelten Töchterli Anna Maria beigebracht habe; wo ihr der Steinmüller bey gleich unglücklichem Anlaß noch auf der Mägdekammer, zwaren da das Töchterlein das verderbliche Leckerli schon genossen gehabt, eröffnet habe, daß solches würken werde, nämlich es werde Guffen, Eisendrath, Häftli und dergleichen Zeugs von dem Kinde gehen, welches auch leider zum Erstaunen auf eine unbegreifliche Weise geschehen, wodurch das unschuldige Töchterlein fast 18 Wochen lang auf die jammervollste Weise zugerichtet lag. Bey solchem unter der betrüglichen Gestalt eines Leckerlis dem Töchterlein beigebrachten höchst verderblichen Gezeug ließ es die hier stehende Uebelthäterin nicht bewenden, sondern erfrechte sich aus selbsteignem bösen Antrieb laut ebenfalls gütlich und peinlich abgelegtem Geständniß neuerdings in der letzten Woche, da sie noch bei Herrn D. Tschudi am Dienst stund, wo ihro nach ihrem Vorgeben damals das Töchterli in der Küchen die Kappe abgezerret habe, diesem Töchterli in sein mit Milch auf den Tisch gebrachtes Beckeli zu acht unterschiedlichen malen und noch über erfolgtes Warnen hin, jedesmal eine aus dem Brusttuch genommene Guffe, also zusammen 8 Guffen zu legen, in der bekennten schändlichen Absicht, damit wann man die Guffen gewahr werde und mit der Zeit Guffen vom Kind gehen möchten, man schließe, daß das Töchterlein solche aus eigner Unvorsichtigkeit geschluckt habe, und dadurch die erste im Beyseyn des Steinmüllers verübte Uebelthat, wegen des beygebrachten Leckerlis, verdeckt bleibe, von welchen Guffen zwaren das Töchterli keine empfangen hat, sondern solche allemal auf dem Tisch entdeckt worden sind."

„Laut der unterm 13ten letzt abgewichenen Christmonat aufgenommenen Besichtigung, da die Uebelthäterin der Justiz noch nicht eingebracht worden war, ist das gedachte Töchterli elend, meistens ohne Verstand auf sein Lager gelegen, die Glieder waren starr, so daß weder die Arme noch Füße, noch Kopf konnten gebogen werden, auch konnte es auf das linke Füßlein nicht stehen, und hat in Gegenwart der zur Untersuchung verordneten Ehren-Kommission öfters gichterische Anfälle bekommen."

„Nach laut der neuerdings unterm 10. März dis Jahrs bei dem bemeldten Töchterlein aufgenommenen Besichtigung, da damalen die arme Uebelthäterin schon im Verhaft gelegen war, hatte das Töchterlein wiederum in Anwesenheit der Ehren-Kommission öfters kaum 2 Minuten dauernde Anfälle von gichterischen Verliehrungen der Sinne angewandelt, und das linke Füßlein war unveränderlich mit gebogenem Knie ganz kontrakt gegen den Leib gezogen,

dergestalten, daß solches auch mit Gewalt nicht konnte
ausgestreckt werden, auch beim geringsten Berühren sich
schmerzhaft zeigte. Was in so langer Zeit das elende
Töchterli seinen geliebten Eltern für Mühe, Kosten, Kreuz
und Kummer verursacht hat, ist zum Erstaunen groß, indem laut eydlichen Zeugnuß der Eltern und anderer dabey
gewesenen Ehrenleute in etlichen Tagen über 100 Guffen
von ungleicher Gattung, 3 Stückli krummen Eisendraht,
2 gelbe Häftli und 2 Eisennägel aus dem Mund des Töchterleins unbegreiflicher Weise gegangen sind. Nachdem
dieser armen Uebelthäterin die jammervollen Umstände des
Töchterleins zu Gemüth geführt worden, hatte sie sich
endlich nach vorläufig dreymal auf dem Rathhause nächtlicher Zeit, als den 11., 12. und 14. März, vergeblich ge-
wagten Versuchen erkläret, daß sie das Kind an dem Ort,
wo sie solches verderbt, wiederum bessern wolle; wo also
gleich, den 15. März, nächtlicher Zeit man bemeldte Uebelthäterin in H. D. Tschudis Haus in die Küche, dahin sie
zu gehen begehrte, führen ließ, welche durch ihr in dem
Untersuch beschriebenes Betasten, Drucken und Strecken
an dem linken verkrümmten und kontrakten Füßli des Kinds,
welches einige Zoll kürzer, als das rechte Füßli war, und
darauf es weder gehen, noch stehen konnte, mit ihren
bloßen Händen so viel bewürkte, daß das Töchterli in Zeit
10 Minuten wieder auf das verderbte Füßli stehen und damit
allein und auch mit Führen hin und hergehen konnte, wie
dann diese Uebelthäterin das Töchterli an denen noch nach-
gefolgten zwey Nächten vermittelst ihrer auch im Untersuch
ausführlich beschriebenen Bemühung wiederum nach allen
Theilen zum größten Erstaunen auf eine unbegreifliche Weise
gesund hergestellt, so daß nach eydlichem Zeugnuß nach der
Hand 2 Guffen nid sich von dem Töchterli gegangen sind, welches nun die wesentliche Beschreibung des Verbrechens samt
der Krankheit und Besserung des Töchterleins ausmachet."

„Wann nun hochgedachte M. G. H. und Obere vorbe-
meldtes schwere Verbrechen nach seiner Wichtigkeit in

sorgfältige Bewegung gezogen und betrachtet die große Untreue und Bosheit, so die gegenwärtige Uebelthäterin als Dienstmagd gegen ihres Herrn unschuldiges Töchterlein verübet, betrachtet die fast 18 Wochen lang unbeschreiblich fürchterliche unerhörte Krankheit und vorbemeldt beschriebene elende Umstände, welche das Töchterli zu allgemeinem größten Erstaunen ausgestanden hat, nebst der von eben dieser Uebelthäterin bezeigten außerordentlichen und unbegreiflichen Kunstkraft mit der einersmaligen zwar zum Besten des Töchterleins gelungenen plötzlichen Curirung desselben, und auch betrachtet ihren vorhin geführten üblen Lebenswandel, darüber zwaren sie, wegen eines in Unehren heimlich geborenen und unter der Decke versteckten Kind schon in ihrem Heimat von ihrer rechtmäßigen Obrigkeit aus Gnaden durch die Hand des Scharfrichters gezüchtigt worden, und hiemit solche in keine weitere Beurteilung fallet, wohl aber in traurige Beherzigung gezogen worden, wie daß anstatt diese arme Delinquentin, wegen ihrer großen Versündigung gegen ihr Fleisch und Blut sich hätte bessern und bekehren sollen, sich wiederum eine solche Greuelthat gegen das Töchterli des H. D. Tschudis ausgeübt hat; derowegen von hochgemeldten auf ihren Eyd abgeurtheilet wurde: daß diese arme Uebelthäterin als eine Vergifterin zu verdienter Bestrafung ihres Verbrechens und Andern zum eindruckenden Exempel dem Scharfrichter übergeben, auf die gewohnte Richtstatt geführt, durch das Schwerdt vom Leben zum Tod hingerichtet und ihr Körper unter den Galgen begraben werde, auch ihr in hier habendes Vermögen confiscirt seyn solle. Ob dann jemand wäre, der jetzt oder hernach des armen Menschen Tod änzte, äferte oder zu rächen unterstünde, und jemand darum bächte, hassete, oder schmähte, der oder die solches thäten, sollen laut unserer Malefiz-Gericht-Ordnung in des armen Menschen Urthel und Fußstapfen erkannt seyn, und gleichergestalten über sie gerichtet werden. Actum den 6/17. Juni 1782.   Landsschreiber Kubli."

In Polen, wo die Hexenverfolgungen arg gewütet hatten, fand die preußische Regierung bei der Besitznahme von Posen noch die Prozesse vor. Scholtz macht hierüber folgende Mitteilung: „Im Jahre 1801 fielen einer Gerichtsperson bei Gelegenheit einer Grenzkommission in der Nähe eines kleinen polnischen Städtchens die Reste einiger abgebrannten, in der Erde steckenden Pfähle in die Augen. Auf Befragen wurde von einem dicht anwohnenden glaubhaften Manne darüber zur Auskunft gegeben: daß im Jahre 1793, als sich eine königliche Kommission zur Besitznahme des ehemaligen Südpreußens für den neuen Landesherrn in Posen befand, der polnische Magistrat jenes Städtchens auf erfolgte Anklage zwei Weiber als Hexen zum Feuertode verurteilt habe, weil sie rote entzündete Augen gehabt und das Vieh ihres Nachbars beständig krank gewesen sei. Die Kommission in Posen habe auf erhaltene Kunde davon sofort ein Verbot gegen die Vollstreckung des Urteils erlassen. Selbiges sei aber zu spät angelangt, indem die Weiber inmittelst bereits verbrannt worden [48]."

Ohne Zweifel ist dieses der letzte gerichtliche Hexenbrand gewesen, den Europa im achtzehnten Jahrhundert gesehen hat. Der Pöbel aber, unfähig zu begreifen, wie das Recht auf einmal zum Unrecht werden sollte, sah fast allerwärts nur mit Widerstreben die obrigkeitlichen Schritte gegen das gefürchtete Hexenvolk aufhören und hat bis auf die neueste Zeit herab nicht selten zur Selbsthilfe gegriffen. In England erstürmte 1751 eine wütende Volksmasse die Sakristei einer Kirche, wohin sich ein altes, schwaches Weib vor ihren Verfolgern geflüchtet hatte, und schleifte die Unglückliche im Wasser herum, bis sie den Geist aufgab. Als derjenige Mensch, der sich hierbei am gewalttätigsten benommen hatte, von der Obrigkeit ergriffen und zum Hängen verurteilt wurde, wollte der Pöbel der Exe-

---

48) *Scholtz*, Über den Glauben an Zauberei in den letztverflossenen vier Jahrhunderten, Breslau 1830, S. 120.

kution nicht beiwohnen, sondern stellte sich in der Ferne auf und schimpfte auf diejenigen, die einen ehrlichen Burschen zum Tode verdammten, weil er die Gemeinde von einer Hexe befreit hätte[49].

In Sizilien kam 1724 die letzte Verbrennung von Ketzern und Hexen vor. Der „Glaubensakt", wie man das Autodafé zu Palermo nannte, betraf eine Nonne und einen Ordensbruder, die als Anhänger der molinistisch-quietistischen Ketzerei dem Feuer übergeben wurden. Das Ganze war eine pomphafte Feier, an der mehrere hundert Personen, die sämtlich lukullisch bewirtet wurden, teils amtlich, teils als eingeladene Zuschauer teilnahmen. Bei diesem Akte wurden nun noch sechsundzwanzig andere Personen gemaßregelt („reconciliirt"). Unter diesen befanden sich zwölf Personen, die man als Hexen (fattuchiere) und Hexenmeister in Untersuchung gezogen hatte, sowie ein sechsundsechzigjähriger Greis, der schon 1721 „wegen Zauberei und Aberglauben" bestraft und jetzt als rückfälliger Sünder abermals in die Hand der Inquisition geraten war. Er wurde zu lebenslänglichem Gefängnis verurteilt. Alle sechsundzwanzig aber wurden verurteilt „zur Schmach mit gelben Kleidern angetan und ausgelöschte gelbe Wachskerzen in der Hand tragend durch die Straßen der Stadt" geführt zu werden. Außerdem wurde ihnen Haft oder Verbannung und den Hexen Peitschenstrafe zuerkannt. Eine Hexe sollte zweihundert Hiebe erhalten. Diese Strafe wurde am 7. April, am Tage nach dem Autodafé, vollstreckt[50].

---

49) *W. Scott*, Briefe über Däm., Teil II, S.113 f. — 50) L'Atto publico di fede solennemente celebrato nella città di Palermo à 6. Aprile 1724 dal Tribunale del S. Uffizio di Sicilia. Descritto dal D. D. *Antonino Mongitore*, Canonico etc. Palermo 1724. — *Reusch*, Theologische Literaturbl. 1873, Nr. 3.

P. Goldſch: fec

Titelblatt von Goldschmids „Höllischem Morpheus"
Hamburg 1698
(Als Beispiel der Ausstattung einer populären Hexenschrift)

HEXEREI UND HEXENVERFOLGUNG IM NEUNZEHN-TEN JAHRHUNDERT — DIE NEUESTEN VERTRETER DES GLAUBENS AN HEXEREI

Im Laufe des achtzehnten Jahrhunderts sahen wir in allen europäischen Staaten einen kulturgeschichtlichen Prozeß sich vollziehen, demzufolge die Hexenverfolgung, die im Anfange des Jahrhunderts noch im vollsten Gange war, an seinem Ende aufhörte. In diesem Vorgange stellte sich die Tatsache dar, daß im Laufe des Jahrhunderts die Stellung der Männer der Wissenschaft, vor allem die der Juristen und der Theologen, überhaupt der gebildeteren Stände zum Hexenglauben allmählich eine andere geworden war wie ehedem, daß darum die Strafgesetzgebung sich änderte, und daß schließlich vor dem Forum des Staates und der Rechtspflege die Hexerei nur als ein Phantom galt. Die breiteren Volksschichten waren jedoch von dieser Änderung der Ansichten zunächst nur insofern berührt, als sie von den Gerichten nicht mehr wegen Hexerei ge-quält wurden. Der Hexenwahn selbst, den die Hexen-verfolgung dem ganzen Volke eingeimpft hatte, lebte in ihm noch unerschüttert und ungeschwächt fort, und erst all-mählich konnten die finsteren Mächte des Zauberglaubens etwas verblassen, als die Volksschule im Leben der unteren Schichten eine Macht zu werden und es im Denken der Volksmassen etwas lichter zu werden begann.

Lichter, aber nicht hell, denn:

„Unten im Volke haftet noch heute der Glaube an den Teufel und seine Hexen, und noch heute versucht der alte Wahn in der orthodoxen Lehre der Katholiken und Prote-stanten ans Tageslicht zu dringen", sagte Gustav Freytag[1].

---

1) Bilder aus der deutschen Vergangenheit, 24. Aufl., Leipzig 1900, 2 II, S. 380.

Aber so unantastbar wahr diese Worte sind, so wenig trifft es für die Allgemeinheit zu, wenn er fortfährt: „Aber die jetzt noch wagen, eine reale Existenz des Versuchers zu behaupten, müssen sich gefallen lassen, selbst die Bezeichnung zu ertragen, welche der Böse in dem letzten Jahrhundert vorzugsweise erduldete, das Prädikat armer Teufel!"

Freytag irrt. Gar einflußreiche Herren in Amt und Würde, hochgelahrte Lehrer der Theologie lassen sich nicht mit der von ihm gewählten Bezeichnung abtun. Da würde das Gericht ein Wörtchen mitsprechen. Sie wollen ernst genommen werden, wie dies — leider auch noch der Fall ist.

Wenn in der früheren Auflage dieses Buches auf Seite 346 zu lesen stand: „In der evangelischen Kirche hat sich während des laufenden (19.) Jahrhunderts (so viel wir wissen) nur e i n e Stimme von Bedeutung für den Glauben an die Wirklichkeit der Hexerei erhoben, nämlich August Vilmar zu Marburg", so sind wir heute, fast vier Jahrzehnte später, in der Lage feststellen zu können, daß Vilmars Lehren auf guten Boden gefallen sind. Der „Stimmen von Bedeutung" sind gar manche laut geworden, deren Besitzer gleich dem orthodoxen Marburger Theologen und Literaturhistoriker († 1868) „des Teufels Zähnefletschen aus der Tiefe gesehen (mit leiblichen Augen gesehen; ich meine das ganz unfigürlich!)[2]".

Hier gleich einer der bedeutendsten jener modernen Theologen, nach denen der leibhafte Gottseibeiuns noch lebt und wirkt wie in der finstersten Zeit der Hexenbrände. Professor Dr. A. Freybe, der Geschichtsschreiber des Todes, eine der Größen der modernen protestantischen Orthodoxie, legt folgendes Glaubensbekenntnis ab[3]: „Vom Standpunkt der Offenbarung aus wird man die Realität dieser heillosen modernen Nekromantie und Magie — des

2) Theologie der Thatsachen wider die Theologie der Rhetorik, Marburg 1856, S. 39. — 3) Der deutsche Volksaberglaube in seinem Verhältnis zum Christentum und im Unterschiede von der Zauberei, Gotha 1910, S. 151 ff.

Tab. XXV

Spiritismus — keinen Augenblick leugnen. Ohne auch nur das Triviale, Alberne, Gemeine der Aussagen der Geister besonders zu betonen und ohne die Frage entscheiden zu wollen, ob die erscheinenden Geister mit den abgeschiedenen Personen, für welche sie sich ausgeben, wirklich identisch seien, wissen wir eben aus der Offenbarung, nicht nur, daß es unsaubere Geister, πνεύματα ἀκάθαρτα, δαιμόνια gibt,

Höllenqualen

Aus Dionysius Eßling-Klein, Tragico Comœdia von einer Wallfahrt in die Höll und den Himmel. Tübingen 1620

sondern auch, daß die Seelen, welche Gott vergessen haben, oder gar bewußt Christum verwerfen, ihre Selbständigkeit einbüßen, also von dem Teufel und seinen Werkzeugen, sei es diesseits oder jenseits des Grabes leicht in ihre Gewalt gebracht und auch zum Wiedererscheinen, sei es auch im Tischklopfen, genötigt werden können. Daß die Toten wiederkommen können (אוֹבָרֹת), lehrt das Alte Testament ganz bestimmt. Ist es doch auch, wie Vilmar in seiner Dämonologie[4] sagt, eins der gewissesten Zeichen der bösen Geister und der von ihnen in Besitz Genommenen, daß sie irgendwelch heiliges Wort, zumal den Namen Jesu Christi nicht aussprechen, oder das Signum crucis, das Kreuzschlagen nicht vertragen, oder wenigstens nicht selbst vollziehen mögen; dasselbe gilt schon vom Händefalten zum Gebet, vollends vom Beten des heiligen Vaterunsers, das sie rückwärts lesen. Der Christ, sagt J. v. Görres, welcher von der Frucht des Baumes der Erkenntnis des Guten und Bösen also ißt, von jener Frucht, die der Böse ihm gesegnet, ißt den Fluch in sich hinein, wie er dem Segen Gottes in gleichem Verhältnisse absagt. Statt mit Christo im Baume des Lebens das Nachtmahl zu feiern, hat er mit dem Dämon im Baume der Erkenntnis Mahl gehalten, und so an Stelle des Sakraments, wenn man so sagen darf, das Exekrament gesetzt." In einer Anmerkung erklärt Freybe: „Als ein solches Exekrament erscheint auch das Mahl auf dem Blocksberg, das in niederdeutschen Hexenprozeßakten oft wiederkehrt. Züge davon kehren auch in der mecklenburgischen Sitte des Blocksbergreitens wieder, bei der Röcke und Jacken mit Kreuzen bezeichnet wurden", zitiert er nach K. Bartsch' „Sagen, Märchen und Gebräuche aus Mecklenburg", weil er Soldan-Heppe nicht kennen oder vielleicht auch nicht kennen will, da die Ansichten dieser Theologen mit den seinen zu himmelweit auseinandergehen. Doch weiter im Texte. „Nun handelt er „in des duvels, in drier duvel, in dusent duvel namen, tövert de lüde doff un blinth, köpt ok in aller duvel namen einen poth, makt den poth ful tuges van adderen (Ottern) vnd slangen, de up der rösten braden sind und melck dartho gedan, maket den poth tho in aller duvel namen un get en vor de doren der naberschop in aller duvel namen." Daß das Sakrament der heiligen

---

4) Dogmatik, herausgegeben von *Piderit*, 2 Bde., Gütersloh 1874/75, I, 323.

Taufe bei diesem Bunde mit dem Teufel gelästert wird, kann im Grunde nicht befremden: „Jacob du schalt töfen in aller duvel namen drie mhal." „Wasser holen in Gottes Namen und darein legen negenderlei Holtz und negenderlei steine von dem velde in taussen düfel namen", oder Wasser füllen gegen den Strom in aller Teufel Namen, oder sagen: „Düfel, help help in deinem nahmen, das es diesem Man vergehet und den andern bestehet". Das alles kehrt in den niederdeutschen Zauberformeln oft wieder."

„Diese Zauberei darf nach der Heiligen Schrift wie nach der Erfahrung nicht in das Gebiet des Aberglaubens und Wahnglaubens verwiesen werden, sondern gehört in das des Abfalls von Gott und seiner Offenbarung. Daß bei dieser Zauberei unendlich viel Aberglaube, ja Betrug mit unterläuft, benimmt der Realität derselben nichts[5]."

Glaubt man nicht einen Inquisitor zu hören oder einen Hexenmeister des sechzehnten und siebzehnten Jahrhunderts? Und doch ist es ein Geistlicher unserer Zeit, der ein „für die Praxis bitter notwendiges Lehrstück über die pastorale Behandlung des Volksaberglaubens" jungen Pastoren darbietet, „in dessen Behandlung oft die schwersten, für die Seelsorger oft verhängnisvollsten Mißgriffe erfahrungsgemäß erfolgen". Doch nicht der Volksaberglaube allein bedrückt Freybe: „Auch die moderne Zauberei ist als Realität und als Abfall von Gott zu behandeln. Gerade in unserer Zeit der Akedie, in welcher so viele dem Spiritismus zunächst nur aus curiositas verfallen, als einem der stärksten Reizmittel für den abgestumpften Geist, der sich im Geniekultus oft stumpf und verrückt gelesen hat (!), ist dieser Abfall von Gott und seinem Wort der modernen Welt als solcher zum Bewußtsein zu bringen. Damit wird das Heilverfahren beginnen müssen, um dann in ruhiger Lehre und Betrachtung des Wortes Gottes die Satanalogie und Dämonologie der Heiligen Schrift zu entfalten, die Abge-

---

5) *Freybe*, S. 153.

fallenen womöglich zur Taufe und Taufgnade zurückzuführen und in ihnen wieder einmal die Freude an Christo zu erwecken, der gekommen ist, die Werke des Teufels zu zerstören."

Herr Professor Freybe, der auch seine dumpftönende Stimme gegen die Leichenverbrennung erhob[6], hat recht, wenn er auf Seite 67 seines Buches zitiert: „Es gibt eben, wie Goethe (!!) sagt, viele Dinge, von denen die Gelehrten sich nichts träumen lassen."

Noch einen Schritt weiter als Prof. Freybe geht Ernst Mühe, Pfarrer zu Derben in Pommern. Seine Sehnsucht steht direkt nach der Hexenverfolgung von Rechts wegen! Nach ihm ist Hexerei und Zauberei Gotteslästerung, was ja auch bereits die Inquisitoren eingesehen hatten. Pfarrer Mühe will dem Hexengeschmeiß mit Predigt und Belehrung zu Leibe gehen, „da leider (!) die neue Gesetzgebung den Obrigkeiten keine genügende Handhabe bietet, um diesem Frevel wirksam zu steuern"[7]. Nicht ganz so radikal ist Herr Friedrich August Röschen, Pfarrer zu Wimmerod bei Gießen. Er schreibt: „Der Teufel bezweckt durch die Zauberei die Menschen ganz und gar von Gott loszureißen und an sich, als Helfer und Gott, und an das Reich der Finsternis zu ketten; bei den Christen besonders den Taufbund zu brechen, den seligmachenden Glauben zu rauben, die Kirche zu zerstören und den Menschen zum ewigen Tode zu verstricken[8]."

Wie drüben, so hüben. Was Joseph von Görres in seiner „christlichen Mystik" lehrte, wuchert heute noch üppig fort und trägt die eigenartigsten Blüten, die man sich hüten muß als Aberglaube zu bezeichnen, da anerkannte katholische Kapazitäten und Kongregationen[9] sie als unantastbare Wahr-

---

6) Erdbestattung und Leichenverbrennung, Halle 1908. — 7) Der Aberglaube. Eine biblische Beleuchtung der finsteren Gebiete der Sympathie, Zauberei, Geisterbeschwörung usw., 2. Aufl., Leipzig 1886, S. 45. — 8) Die Zauberei und ihre Bekämpfung, Gütersloh 1886, S. 73. — 9) *Hoensbroech*, I, S. 263 f.

heiten von der Kanzel und vom Katheder herab verkünden. All die „Tatsachen" wie Hexensabbate, Incubi und Succubi, Hexenzeichen, die eingehenden Beschreibungen des Teufels, seiner Sippe und der Hölle, die Görres in den vier Bänden seines Lebenswerkes zusammengetragen, sind unvergessen geblieben und werden jungen, angehenden katholischen Seelsorgern mit auf den Lebensweg gegeben.

So doziert Professor Dr. Bautz an der Kgl. Universität in Münster über die Hölle und das Fegfeuer, die er anscheinend wie seine Tasche kennt.

„Die Hölle, so lautet nämlich unsere These, befindet sich nicht in weitentlegener Ferne, sie befindet sich im Innern unserer Erde, wie im Anschluß an die H. Schrift Väter und Theologen in größter Übereinstimmung lehren[10]." Die Vulkane sind die Schlote dieser Hölle, was lange vor Bautz schon Caesarius von Heisterbach entdeckte, die Riesenwogen ihres Feuermeeres machen als Erdbeben „die Erde, die uns trägt, in banger Angst erzittern". Und „das Bewußtsein, daß die Hölle uns so nahe ist, daß ihre grausigen Flammen hart unter unseren Füßen drohend lodern, daß es der Hölle Schloten sind, die vor unsern Augen giftig qualmen, daß die Riesenwogen ihres ewigen Feuermeers aus der Tiefe herauf die Erde, die uns trägt, in banger Angst erzittern machen, das alles dürfte wohl geeignet sein, den erschütternden Eindruck — des Gedankens an die Hölle — nicht wenig zu verschärfen[11]." Wie der Jesuit Suarez ist Bautz der Überzeugung, daß es vier unterirdische Räume gibt: den Schoß Abrahams, das Fegfeuer, den Aufenthaltsort für die mit der Erbsünde gestorbenen Kinder und die Hölle. „Auch vom Standpunkte des vernünftigen Denkens empfiehlt sich unsere Lehre." „Daß die eigentliche Hölle am tiefsten, dem Zentrum der Erde am nächsten liege, oder mit diesem identisch sei, wird von allen Theologen eingeräumt; nicht minder, daß der

---

10) Die Hölle, Mainz 1882, S. 22, 2. verbesserte und vermehrte Auflage. Mainz 1905. *Dr. Marcus Landau*, Hölle und Fegfeuer. Heidelberg 1909, S. 66. — 11) *Bautz*, Hölle, 2. Auflage, S. 49 und 72.

„Schoß Abrahams" sich in höherer uud würdigerer Lage befinde. Man könnte geneigt sein, den „Raum für die ungetauften Kinder" in die unmittelbare Nähe der Hölle zu verlegen. Dennoch verlegen ihn viele Theologen in einige Entfernung von der Hölle. Das Fegfeuer befindet sich aber wohl in unmittelbarer Nähe von der Hölle. Nach der Auferstehung freilich wird das Fegfeuer keine Bewohner mehr haben, wie schon jetzt „der Schoß Abrahams"; beide Orte werden dann wohl zur eigentlichen Hölle gezogen. Gegen die Annahme, daß in einem Teile des Erdinnern Feuer sei, kann die moderne Wissenschaft keinen Widerspruch erheben, und sie tut es auch tatsächlich nicht [12]." „Wie dem auch sei, das Feuer der Hölle ist ein materielles Feuer, durch Gottes Hauch entzündet. Diese Lehre erklärt der Jesuit Perrone für so gewiß, daß sie nicht ohne Verwegenheit bezweifelt werden kann [13]." „Wie immer die Entwicklung unseres Erdballs in den Jahrtausenden, die ihm vor dem Weltende noch beschieden sind, verlaufen mag, für den Fortbestand des Höllenfeuers wird die Weisheit und Allmacht des strafenden Gottes Sorge tragen."

Nun die Beherrscher dieses Feuermeers.

Die Annahme ist durchaus nicht unwahrscheinlich, daß einzelnen bevorzugten Teufeln ein weiteres Arbeitsfeld gegeben ist. „Ihnen liegt es ob, hervorragende, heiligmäßige Personen durch stärkere und listigere Versuchungen zu beunruhigen, ihnen liegt es ob, gegen eine größere Kommunität den Kampf zu leiten, und zu dem Ende werden ihnen Teufel niederer Ordnung zur Hilfeleistung unterstellt; sie unterrichten und ermuntern dieselben, schicken sie hierhin und dorthin, eilen wohl auch selbst hinzu, um hilfreich einzugreifen. Die Besessenheit kommt dadurch zustande, daß der Teufel seiner Substanz nach innerlich im Menschen Wohnung nimmt. Die Realität solcher Besessenheit und zwar bis in die Gegenwart hinein muß zugegeben werden.

---

12) a. a. O., S. 25. — 13) S. 107 ff.

Der Teufel ist imstande, die einfachen Elemente in mannigfacher Weise zusammenzubringen, damit sie sich chemisch
unter den gewöhnlichen Erscheinungen (Licht, Wärme, Feuer,
Schall, Elektrizität) verbinden. Er ist ferner imstande, die
Samenzellen organischer Wesen an die geeignete Stelle
zu tragen, damit sie dort nach Umständen zuvor, durch
männlichen Samen befruchtet, zu lebendigen Wesen sich
entwickeln." Das schreibt schon der Hexenhammer in seiner
Lehre von der geschlechtlichen Vermischung zwischen
Teufel und Mensch. Nach Bautz vermag der Teufel ferner
Schäden und Krankheiten zu heilen. Er kann mannigfache
Erscheinungen wie Schall, Licht, Wärme, Elektrizität herbeiführen. „Durch Kondensierung des Wasserdampfes erzeugt
er Regenwolken und Regen; durch gewaltigen Impuls der
Luft erzeugt er verheerende Sturmwinde, entzündet Feuer
durch elektrische Bewegungen und läßt es vom Himmel
fallen. Er bildet aus geeigneten Stoffen für sich selbst
oder für andere Zwecke Körper, die menschlichen oder
tierischen Leibern nachgebildet sind, und gibt ihnen durch
mechanische Kraftanwendungen die entsprechenden äußeren
Qualitäten: Schwere, Festigkeit, Wärme, Farbe. Er läßt
in rapider Bewegung solche Körper plötzlich erscheinen
oder verschwinden, versetzt sie oder andere Gegenstände
durch unsichtbare Gewalt von Ort zu Ort, läßt sie in
Wirklichkeit oder zum Schein durch andere Körper hin-
durchgehn. Was die teuflische oder schwarze Magie betrifft,
so ist sie von der weißen oder natürlichen sorgfältig zu
unterscheiden. Wir verstehen unter ihr das gottlose Bestreben
eines Menschen, auf Grund eines ausdrücklichen oder stillschweigenden Paktes mit dem Satan Wirkungen zu setzen,
die über die Kraft des Menschen hinausgehen. Daß derartige Dinge tatsächlich vorkommen, kann ohne Irrtum im
Glauben nicht geleugnet werden[14]." Die Theologen geben
zu, daß der Teufel in einem „wirklich organisierten Leibe"
erscheine, wozu er sich eines Leichnams bemächtigt[15].

14) a. a. O., S. 136 ff. — 15) *Caes. v. Heisterbach*, dialog. miraculorum, XII. 4.

Sonst ist ihm nicht gestattet, dem Leib, den er sich bereitet, das Bild eines vollkommenen Menschenleibes aufzudrücken. „Er ist genötigt, ihm teilweise eine tierische Bildung oder eine andere verzerrte oder fratzenhafte Form zu geben; und während der gute Engel seinen Leib aus edlen, ätherischen Stoffen bildet, ist der Teufel für diesen Zweck auf unreine, schmutzige Materien angewiesen. Unter den denkbar verschiedensten Gestalten ist Satan schon erschienen: als Wolf, Bär, Stier, Bock, Ziege, Fuchs, Kater, Hund, Maus, Fledermaus, Vogel, Hahn, Eule, Drache (!), Kröte, Eidechse, Skorpion, Spinne, Fliege, Mücke; oder er erscheint in Menschengestalt als Mohr, Bauer, Schiffer, Geistlicher, Eselstreiber, geputztes Weib." Bauern, Schiffer, Geistliche und geputzte Weiber können sich bei dem Herrn Verfasser dafür bedanken, daß er sie als aus „unreiner, schmutziger Materie" hergestellt erklärt.

Vorsichtiger als Bautz drückt sich der Jesuit Lehmkuhl in seiner vielverbreiteten, in den Priesterseminaren vielfach als Handbuch benützten „Theologia moralis" aus [16]. „Liegt ein ausdrückliches Bündnis mit dem Teufel vor, dessen Vorkommen wir nicht leugnen können, obwohl allzu große Leichtgläubigkeit vermieden werden muß, so sind damit andere Sünden gewöhnlich verbunden, z. B. Anbetung des Teufels. Der mit dem Teufel abgeschlossene Vertrag, der von beiden Seiten durch ein äußeres Zeichen bekräftigt worden ist, muß aufgelöst, verbrannt, zerstört werden. Mit dem Teufel während des Exorzismus Scherz treiben ist schwer sündhaft. Zur Bestialität ist auch der geschlechtliche Verkehr mit dem Teufel zu rechnen, wenn er unter menschlicher oder tierischer Form erscheint. Obgleich dies selten geschieht, so ist es doch nicht unmöglich, daß es zuweilen geschieht."

Nicht der geniale Schwindler Taxil allein, der einst die ganze ultramontane Welt narrte, hält die Freimaurer für diejenigen, die heute noch im lebhaftesten persönlichen Ver-

---

16) Freiburg i. B., 6. Auflage, 1890.

kehr mit dem Teufel stehn. Auch wenn man nicht einer Loge angehört, muß man das Gefasele belächeln, das gläubigen Lesern in unverkennbarer Absicht über „das lichtscheue Treiben" der Freimaurer aufgetischt wird. Der phantasievollste Hintertreppenroman-Fabrikant muß vor Neid erbleichen, wenn er die breit ausgemalten Schauerszenen bei den Versammlungen der Freimaurer liest[17].

Als Illustration diene hierzu ein Bericht in der Abendausgabe des Berliner Tageblattes vom 26. Juli 1910:

Den Zöglingen der katholischen Präparandenanstalt in Merzig (Rheinprovinz) wurde von einem Lehrer folgende Ferienaufgabe zur Bearbeitung während der Pfingstfeiertage gestellt:

„Fragen über die Freimaurerei" (nur zu volkskundlichen Zwecken).

1. Wie wird der Name „Loge" und „Freimaurer" gedeutet?

2. Was erzählt man sich von der Aufnahme der Freimaurer?

3. Was erzählt man sich über ihre Versammlungen?

4. Was erzählt man sich über ihren Zauberkuß?

5. Was erzählt man sich über ihre Häuser?

6. Was erzählt man sich über ihren Reichtum?

7. Was erzählt man sich über ihre Werkzeuge?

8. Was erzählt man sich über ihre Erkennungszeichen?

9. Was erzählt man sich über den mit ihnen verkehrenden Teufel?

10. Was erzählt man sich über ihr Ende?

11. Was erzählt man sich über die in der Loge hängenden Bilder?

12. Was erzählt man sich darüber, wie sie wieder loskommen?

13. Was erzählt man sich über ihren Schutz gegen Verrat?

14. Was erzählt man sich über ihre Lebensdauer?

---

17) *Hoensbroech*, I, S. 321 ff.

15. Was erzählt man sich über ihr Verhältnis gegen Religion und Staat?

16. Welches sind die allgemeinen Vorurteile gegen die Freimaurer?

Besonders erwünscht sind zusammenhängende Erzählungen, wie zum Beispiel: Beim Leichenbegängnis eines Freimaurers war auch ein fremder Mann unter den Leidtragenden, den niemand kannte und der beim Gebet des Geistlichen plötzlich verschwunden war. Noch lange Zeit danach hörte man laute Klagetöne in der Luft. Die Fenster am Hause des Verstorbenen sprangen wie durch eine unsichtbare Macht auf und zu. Das hat so lange gedauert, bis ein frommer Nachbar den Spuk gebannt hat. Auf dem Grabe wuchsen keine Blumen länger als ein Jahr, darauf gepflanzte Sträucher waren alsbald verdorrt."

Das ist die genaue Abschrift des mit Schreibmaschine hergestellten Originals.

Von den Priesterseminaren werden diese Lehren in die Bildungsstätten der Lehrer getragen. An einem Königlich Sächsischen Lehrerseminar trug ein Religionslehrer nach einer Nachschrift vor: „Im Morgenlande schieben die Bewohner die Entstehung von Krankheiten auf die Geister. Ich glaube das aufs Wort, weil ich an der Bibel festhalte. Das Bewußtsein des Menschen verbindet sich mit dem des Geistes. In gewissen Momenten wird aber der Mensch seiner selbst bewußt und unterscheidet sich von dem Geist, der in ihm ist. Es treten hier Erscheinungen ein, die diese Geschichte (Markus 5) unmöglich als Dichtung erscheinen lassen, nämlich, daß die Geister in die Säue fahren; letztere ersaufen im Meer. Die bösen Geister haben bestimmte Aufenthaltsorte, die sie ohne Jesu Erlaubnis nicht wechseln dürfen. — — Es gibt einen persönlichen Teufel; denn sonst brauchten wir keine Erlösung. Kunst und Wissenschaft sind Blendwerk vom Teufel und bringen den Menschen von Gott ab [18]."

18) Nach dem Bericht in der „Leipziger Lehrerzeitung", „Berliner Tageblatt", Abendausgabe vom 23. Juli 1910.

In der Berliner Morgenpost vom 16. Mai 1911 findet sich die nachstehende Notiz:

„Aus dem „Handbuch der Pastoralmedizin von Dr. Aug. Stöhr, 5. Auflage, von Dr. Kannamüller-Freiburg, Herdersche Verlagsbuchhandlung 1909" zitierte der bekannte Mediziner Prof. Dr. v. Hansemann in der Berliner klinischen Wochenschrift folgende Sätze:

„Die Möglichkeit der Entstehung von Krankheiten durch dämonische Einflüsse muß von jedem gläubigen Katholiken als eine über allen Zweifel erhabene Tatsache angenommen werden." Es heißt dann einige Zeilen weiter, nachdem verschiedene Gründe dafür angeführt sind: „es gibt also dämonische, in ihrer Aetiologie (Ursache) von den durch den Einfluß natürlicher Dinge entstandenen pathologischen Vorkommnissen grundverschiedene, mit Zulassung Gottes durch übernatürliche Kräfte und durch die Macht böser Geister erzeugte menschliche Krankheiten." Für diese Krankheiten sind die Gnadenmittel die erfolgreichsten und berechtigtsten Heilmittel."

Kannamüller stellt im weiteren seinen „aufgeklärten" Standpunkt der mittelalterlichen Auffassung gegenüber und bestreitet, daß der Satan, wie die alte Zeit geglaubt habe, durch besonders auffallendes Gebaren oder durch den Hokuspokus der Volkssage seine Anwesenheit verkünden müsse. Der Gelehrte schreibt:

„Der Gedanke, daß dämonische Kräfte unter der Maske eines akuten Gelenkrheumatismus oder Typhus sich bergen können, hat für mich wenigstens etwas viel Bestechenderes, insofern sich eben der dämonische Intellekt unter solchem Trugbild als feiner und raffinierter operierend darstellt als die Annahme, daß die Einwirkung feindlicher übernatürlicher Gewalten sich immer nur auf außergewöhnlichen, von dem natürlichen Verlauf der Dinge abweichenden Bahnen bewege. Die Erkenntnis solcher Krankheitszustände als dämonischer dürfte dann allerdings lediglich Sache des Theologen sein, für den Arzt unterscheiden sie sich in keiner Weise von den gemeinen Affektionen der nämlichen Form."

Tatsächlich hat ja auch seinerzeit im Alexianerprozeß Sanitätsrat Dr. Kapellmann die grausame Behandlung der Irren mit dem Vorhandensein dämonischer Krankheiten, die die Austreibung des Teufels bedingten, gerechtfertigt. Aber wenn die Blätter des evangelischen Bundes, vorab die Tägliche Rundschau, mit dieser Postoralmedizin ausschließlich das katholische Konto belastet wissen wollen, so sind sie im Unrecht. Wir erinnern an die famosen Debatten der Kurpfuscherkommission des Deutschen Reichstages über das Gesundbeten, das Besprechen von Vieh und dergleichen. Da fanden sich die alten Weiber unter den Kommissionsmitgliedern interkonfessionell zusammen und verschrieben unter andern Gnadenmitteln auch die Korinthen eines jungfräulichen Ziegenbocks.

Der Glaube an Besessenheit, den Justinus Kerner verfocht und neue Nahrung zuführte, ist bei einem Teil des katholischen Klerus in vollster Blüte. Nur wenige Jahre sind verflossen, seit eine Teufelsaustreibung in einem deutschen Lande allgemeines Aufsehen erregte. 1892 war's, da exorzierte in Wemding der Kapuzinerpater Aurelian mit Bewilligung des Bischofs von Eichstätt aus einem Besessenen einen Teufel, der dem Beklagenswerten von einer Protestantin mittelst Backobst in den Körper gezaubert worden war. Der Teufel wurde glücklich davongejagt und sein Bändiger wegen Beleidigung der protestantischen „Hexe" zu 50 Mark Geldstrafe und Tragung der Kosten verurteilt[19]. Mit welch ungeschwächter Kraft aber auch im Volke der Hexenglaube fortlebt, davon im folgenden einige Stichproben nach den fast immer neuesten Quellen. Nur Stichproben, denn eine Durcharbeitung des ganzen vorliegenden Materials würde ein starkes Buch ergeben. Ich glaube aber, das Mitgeteilte wird genügen. Ich beschränke mich

---

19) Münchner Neueste Nachrichten Nr. 532, 20. XI. 1892.

hauptsächlich auf Europa und räume den Deutschen den breitesten Raum ein. Italien und die pyrenäische Halbinsel, die Heimstätten des finstersten Aberglaubens, sind nur gestreift. Es genügt zu sagen, daß dort Inquisitions- und Hexenprozesse jetzt noch ebenso Opfer sonder Zahl finden würden, wie geistliche Ankläger und — vielleicht auch weltliche Richter. Denn, so schreibt Hans Barth im Berliner Tageblatt vom 14. Oktober 1910 in einem römischen Brief über einen Hexenzauber, dem die Frau des Bänkelsängers Piovani erlegen sein soll:

„Und doch ist Giuseppe Piovani, der nebenbei ein sehr frommer Mann ist und ganze Tage in den Kirchen verbringt, durchaus nicht „verrückter" als viele seiner Landsleute, die in einem Punkte, im Aberglauben, noch völlig auf dem Niveau der guten, alten Zeit, ja, der antiken Römer stehen. Trägt das Volk, wie G. Belli irgendwo sagt, zugleich „Rosenkranz und — Messer in der Tasche", so der Gebildete in zahlreichen Fällen zugleich — Darwin und Traumbüchlein. Noch glaubt der Römer, und ein wenig auch der Norditaliener, steif und fest an die „jettatura" und an den „bösen Blick", und die als „jetattori" bezeichneten Leute sind gebrandmarkt wie Aussätzige, werden gemieden und verabscheut, und wer in ihre Nähe kommt, macht rasch mit der Rechten das Zeichen der Beschwörung, zeigt sein an der Uhrkette baumelndes Korallenhörnchen (den Abkömmling des antiken Phallus) oder greift etwas unästhetisch an die Hosennaht. Noch bedienen sich sogar Gelehrte und Staatsmänner (und wäre es nur aus Gewohnheit) des schützenden Hörnchens, und selbst der größte moderne Politiker Italiens, Francesco Crispi, schwur ganz offen auf diesen unfehlbaren Talisman. Freilich war er Süditaliener. Wie viele Familien der besten Kreise Roms schmücken nicht ihre Kinder zugleich mit Madonnenbild und „Cornetto", denn man hat nicht immer einen Buckeligen zur Hand, vor dem alle Hexen und Hexenmeister ihre Kraft verlieren, wie Simson die seine unter Delilas Schere. Und was das

Kapitel „Hexen" betrifft, so „kann man nicht wissen". Denn schon die Alten (und die waren klüger als die Jungen) fürchteten sich vor Werwölfen, Lamien und „strigae". Wer wollte es darum den Modernen verargen, wenn sie beim Anblick gewisser Vetteln oder Zauberer, bezw. jettatori, schleunigst zur Abwehr greifen? Hört man nicht sogar im skeptischen Deutschland allerorts die Beschwörungsformeln „unberufen" und „unbeschrieen"? Und darum hatte auch Giuseppe Piovano völlig recht, wenn er sich und seine arme Antonia von der „strega" von San Carlo verhext hielt. Wie denn Belli, der römische Dialektdichter, singt:

Questa vecchiaccia qua in faccia è er mio spavento ...
E ogni notte, sopr' aqua sopr' a vento,
Er Demonio la porta a Benevento ..."

(Wie mir die Alte Angst und Schrecken macht ...
In Wind und Regen wird sie jede Nacht
Vom Teufel hin nach Benevent gebracht.)"

Am 18. Oktober 1911 wurde in Umbertide bei Perugia eine alte Hexe von Bauern in einem Kalkofen verbrannt[20].

Aus Frankreich nur ein kurzer Bericht nach dem Illustr. Wiener Extrablatt vom 15. Dezember 1910:

„In Dijon wurde eine junge Frau verhaftet, eine gewisse Jeanne Noel, 26 Jahre alt, deren Treiben neuerdings den Beweis erbringt, daß der stupideste Aberglaube nicht auszurotten ist. Diese Jeanne Noel hat es verstanden, zwei Frauen, einer Hausbesitzerin Helus und ihrer verheirateten Tochter Beau, einzureden, daß sie verhext und bezaubert seien. Die Frau Beau stand mit ihrem Gatten im Ehescheidungsprozeß. Die Noel wußte ihr einzureden, daß sie imstande sei, ihr den unzufriedenen Gatten zurückzuführen. Der Mutter der Frau machte sie vor, daß sie vom Satan und von bösen Geistern besessen sei. Um den Gatten der Tochter zurückzuführen und um sie selbst vom Satan zu befreien, müsse die Frau allerlei Opfer bringen. Frau Helus

---

20) B. Z. am Mittag, 19. IX. 1911.

mußte auf das Skelett eines Kindes, das sich die Beschwörerin auf eine bisher noch nicht aufgeklärte Weise beschafft hatte, zahlreiche Eide schwören. Dann wieder trug die Frau Noel ihr auf, bestimmte Geldsummen unterm Dach zu verstecken und schließlich mußte sie sogar allerlei verrückte Tänze und Zeremonien in halbnacktem Zustand in ihrer Wohnung aufführen. Schließlich ging die Noel sogar so weit, allerlei Getränke zu brauen, von denen ihre beiden Opfer trinken mußten. Am 15. Juli reichte sie der Witwe Helus einen Beschwörungstrank, nach dessen Genuß die Frau erkrankte und noch am selben Tage starb. Der Sohn der Verstorbenen richtete nun an die Staatsanwaltschaft eine Anzeige. Das Gericht ließ die Leiche der Frau Helus exhumieren und gerichtschemisch untersuchen. Es wurde festgestellt, daß die Frau tatsächlich am Genusse eines giftigen Getränkes gestorben war."

In Rumänien nehmen nach dem Volksglauben die Hexen die Gestalt einer roten Flamme an. Wem eine solche auf den Kopf steigt, wird stumm und wahnsinnig. Nur der kann sich des Geistes erwehren, der sich rasch bekreuzt oder die Daumen der beiden Hände der Flamme entgegenspreizt[21]. Die Freitagskinder sind gegen Hexenglauben gefeit.

In Griechenland treiben die Hexen an den Neumondstagen im März ihr Wesen. Sie vertauschen ein an einem dieser Tage geborenes Kind gern gegen einen Wechselbalg[22].

Über den Hexenglauben bei den südslavischen Völkern, den Serben, Kroaten, Neu-Slawonen und Bulgaren, macht Krauß die Angaben:

„Es gibt drei Arten von Hexen. Zur ersten gehören die Lufthexen. Diese sind von sehr böser Gemütsart; sie sind den Menschen feindlich gesinnt, jagen ihnen Schreck und Entsetzen ein und stellen ihnen auf Weg und Steg überall

21) *Bernh. Stern*, Medizin, Aberglauben und Geschlechtsleben in der Türkei. 2 Bände. Berlin 1903, I, S. 343. — 22) *Stern*, II, 330. —

nach. Nächtlicherweile pflegen sie dem Menschen auf-
zupassen und ihn so zu verwirren, daß er das klare Bewußtsein vollständig verlieren muß. Zur zweiten Art gehören die Erdhexen. Diese sind von einschmeichelndem,
edlem und zugänglichem Wesen und pflegen dem Menschen
weise Ratschläge zu erteilen, damit er dieses tun und jenes
lassen möge. Am liebsten weiden sie die Herden. Die
dritte Art bilden die Wasserhexen, die höchst bösartig sind,
doch, wenn sie frei auf dem Lande herumgehen, mit den
ihnen begegnenden Menschen sogar gut verfahren. Wehe
und ach aber demjenigen, den sie im Wasser oder dessen
Nähe erreichen: denn sie ziehen und wirbeln ihn so lange
im Wasser herum, oder reiten ihn der Reihe nach so
lange, bis er jämmerlich ertrinken muß[23]."

Sehr interessant ist der Vergleich, den der verdiente
Slavenforscher zwischen süd- und nordeuropäischem Hexenwahn zieht:

„Vergleicht man den südslavischen Hexenglauben mit
dem abendländischen, vorzüglich mit dem deutschen und
italienischen, aus welchem die Südslaven so manche Elemente entlehnt haben, so fällt es auf, daß in allen Sagen
Hexenmeister nicht erwähnt wird. Ferner ist dem Teufelsglauben eine sehr untergeordnete Stellung eingeräumt. In
den deutschen und italienischen Hexenprozessen spielt
der Teufel eine sehr große Rolle. Die Hexen verschreiben
sich ihm mit Leib und Seele unter Hersagen besonderer
Schwurformeln. Davon ist keine Rede im südslavischen
Hexenglauben. Merkwürdigerweise wird den Hexen bei
den Südslaven die Gabe der Weissagung in keiner Weise
zugeschrieben. Die Vještice war eben ursprünglich keine
Wahrsagerin, sondern lediglich Ärztin. Die Weissagung
erscheint noch heute den Südslaven als nichts Veracht-
liches. An gewissen Festtagen im Jahre, z. B. am Tage
der heil. Barbara und zu Weihnachten, weissagen noch
gegenwärtig Frauen und Männer. Die Frauen z. B. aus

23) *Friedrich S. Krauß*, Sitte und Brauch der Südslaven. Wien 1885.

Fruchtkörnern, die Männer aus dem Fluge der Vögel oder aus den Eingeweiden oder Schulterstücken geschlachteter Tiere. Bei den Südslaven gab es offenbar ursprünglich keineswegs wie bei den Italienern und Deutschen einen besonderen Stand der Priesterinnen, Weissagerinnen und Ärztinnen. Das streng demokratisch-separatistische System der Hausgemeinschaft (zadruga), der Phrarie (brastvo) und der Phyle (pleme), welches die Südslaven als uraltes indogermanisches Erbstück bis auf die Jetztzeit zum Teil festgehalten haben, bot der Entwicklung von Priesterinnenkollegien nicht geringe Hemmnisse. Zudem nahm und nimmt das Weib im Volksleben der Südslaven eine ganz untergeordnete Stellung ein. Dem Weibe, das man sich wie irgendeinen Gegenstand von ihren Eltern und Verwandten kaufte, konnte man unmöglich eine höhere geistige Befähigung einräumen, die sie über den Mann gestellt hätte. Infolgedessen konnten die Hexenprozesse des Abendlandes auf dem Balkan keinen günstigen Boden finden. Die mittelalterliche Dämonologie des Abendlandes fand hier keinen Eingang."

Die Slaven in Deutschland haben sich den Hexenglauben aus ihrer ursprünglichen Heimat nach ihren neuen Wohnsitzen mitgebracht.

Die Wöchnerin bei den Mähren in Schlesien darf ihr Neugeborenes sechs Wochen lang nicht ohne Aufsicht lassen, sonst kommt die Tscharotenitza, die Hexe, nimmt das Kindchen und legt einen Podhodek, d. h. Wechselbalg, dafür in die Wiege [24].

Bei den Wenden werden zu Walpurgis die schrägen Kreide- und Teerkreuze an den Stalltüren erneuert, der uralte Viehschutz gegen das Behexen. Denn in der Walpurgisnacht schwärmen die Hexen umher [25]. Früher zog man gegen die Hexen mit brennenden Besen los, doch machte dem die Polizei ein Ende [26].

---

24) *Dr. Frz. Tetzner*, Die Slaven in Deutschland, Braunschw. 1902, S. 278·
— 25) *Wuttke*, Der deutsche Volksaberglaube der Gegenwart, 3. Bearb.
von El. Hugo Mayer, Berlin 1900, S. 157, S. 76. — 26) *Tetzner*, S. 332.

Wo abends ein Schmetterling in der Stube herumfliegt: „Da ist eine Hexe."

Wer sich unter eine „abgestorbene" Egge — eine Egge, die von einem inzwischen gestorbenen Pferde gezogen worden war — setzt, die an eine Wand gelehnt ist, der sieht, wenn eine Hexe in den Stall zum Vieh kommt[27]. Bei den Zolaben oder Elbslaven im hannoverschen Wendlande können Hexen nicht in den Stall wenn Grasbündel davor liegen. Sie müssen erst die Halme zählen. Wenn man unter einer dreibalkigen Egge durchblickt, dann kann man die Hexen am ersten Maitag auf einem Besenstiel reiten sehn. Donnerstagkinder müssen auf dem Altar getauft werden, sonst sehen sie Spuk[28].

Bei den Kaschuben in Pommern sind der Teufel, Alp, Mahrt, die Leutchen, d. h. Kobolde und Heinzelmännchen, kopflose Gespenster und Hexen heute noch zu Hause. Hinter dem Mistkäfer verbirgt sich der leibhafte † † †, ebenso kommt er im Wirbelwind. Wo Irrlichter funkeln, hat er Geld verborgen[29].

Am Johannisabend legen die Polen in den deutschen Gebieten Kornblumenkränze zum Schutze gegen die Hexen vor die Ställe[30].

In der Herzegowina wird die Hexe an den trüben, tiefliegenden Augen, den zusammengewachsenen Augenbrauen und einem kleinen Schnurrbart unter der Nasenscheidewand erkannt[31].

Jedes alte Weib auf der Insel Lesina in Dalmatien, das ein aufwärts gebogenes Kinn, eingefallene Augen hat und unter einem besonderen Stern geboren ist, übt nach dem Glauben der Eingeborenen Hexenkünste[32].

In der russischen Allgemeinen Gesetzsammlung vom Jahre 1890 handeln die Artikel 28—55 vom Aberglauben. In

27) *Willib von Schulenburg*, Wendisches Volkstum, Berlin 1882, S. 75 ff. — 28) *Tetzner* a. a. O., S. 385 f. — 29) *Tetzner*, S. 462. — 30) *Tetzner*, S. 491. — 31) *Ploß-Bartels*, Das Weib etc., Leipzig 1902, 7. Auflage, II. Bd., S. 671. — 32) *Ploß-Bartels*, S. 671.

ihnen wird von Personen gesprochen, die sich für Hexen und Zauberer ausgeben. Und diese Gesetze sind nötig, denn nirgend ist der Zauberwahn lebendiger als im Reiche des weißen Zaren. „Der Russen träge Phantasie", schrieb der Arzt Wichelhausen im Jahre 1803, „wird am meisten noch durch das Übernatürliche und Fabelhafte erschüttert. Leicht glaubt er deswegen an das Daseyn unsichtbarer Mächte, deren Einflüsse ihm uralte Sagen verkünden und die Furcht ihm mit neuen Farben ausmahlt."

Dieser Glaube an unreine Kräfte, an gute und böse Geister, an Dämonen, Hexen und Zauberer ist in allen Kreisen, auch in denen der Geistlichkeit verbreitet. In Kleinrußland stellt man sich heute eine Hexe fast immer als eine alte Frau vor; auffallend Langlebige sind verdächtig, weil die Kunst der Verlängerung des Lebens ein Hauptgeheimnis der Zauberei ist. Das meist verbreitete russische Bild, das man sich von einer Hexe macht, ist dieses: Eine bejahrte Frau, hoch, mager, knochig, mit einem kleinen Buckel, mit zerzausten, unter dem Kopftuch hervordrängenden Haaren, roten Augen, zornigem Blick, breitem Munde, vorspringendem Kinn [33]. Nach kleinrussischer Ansicht hat die Hexe immer einen kleinen Schweif und einen schwarzen Streifen auf dem Rücken. Im Jahre 1900 stellte ein Vater in einem Vororte Kischenews seine menschenscheue und etwas verwachsene zweiundzwanzigjährige Tochter drei ganze Stunden vor die Nachbarn hin, damit sie an der Splitternackten den Hexenschwanz suchen [34].

Europäische Berühmtheit hat der Prozeß vom Jahre 1878 erlangt, der sich in einem Aul des Kreises Jekaterinodar im Kaukasus abspielte und in den Folterungen einer Hexe und eines Zauberers gipfelte.

Weit krasser noch war der Fall vom 4. Februar 1879 im Tischwinschen Kreise im Kaukasus [35]:

33) *Bernh. Stern*, Geschichte der öffentl. Sittlichkeit in Rußland, 2 Bde., Berlin 1907, I. Bd., S. 81 ff. — 34) *Stern*, S. 82. — 35) Die mangelhaften Angaben bei Soldan-Heppe nach *Stern*, I, S. 84 f., berichtigt und ergänzt.

„In dem Dorfe Wratschewska lebte die Frau Katharina Ignatjew, die ihres hohen Alters und ihrer Kränklichkeit wegen als Hexe betrachtet wurde. Diese Frau benutzte den Schrecken, den sie verbreitete, um auf fremde Kosten zu leben, und dies sollte ihr schließlich übel bekommen. Es ereignete sich, daß zufällig mehrere Frauen nacheinander Nervenkrämpfe erlitten. Sofort wurde allgemein der alten Hexe die Schuld an diesen Erkrankungen gegeben. Die Ältesten des Dorfes zogen mit einer großen Schar der Bewohner vor die Hütte der Hexe. Man vernagelte hier alle Türen und Fenster mit Brettern, legte Holz und Stroh um die ganze Behausung und zündete das Dach an. An dem erhabenen Schauspiel beteiligten sich siebzehn der Ältesten als Gerichtsvollstrecker und Henker, während mehr als dreihundert Menschen als Zuschauer assistierten. Unter ihnen befand sich auch der Pope des Ortes. Alle meinten, daß sie ein wahres Gotteswerk ausgeübt; und als sie vor Gericht gestellt wurden, erfolgte die vollständige Freisprechung der meisten. Bloß drei wurden, sozusagen aus formalen Gründen, zu einer gelinden Kirchenbuße verurteilt."

Im Gouvernement Pensa gab es während des Jahres 1879 fünf Ermordungen von Hexen und Zauberern. Derartige Lynchjustiz an „Zaubergesindel" scheint, wenn man Sterns Mitteilungen nicht in Zweifel ziehen will, in Rußland an der Tagesordnung. Die von ihm mitgeteilten Fälle reichen bis in das Jahr 1904[36]."

Hier noch einen der letzten russischen Hexenprozesse:

„Am 16. März 1896 hatte das Bauerngericht im Dorfe Ustj-Mulljänka im Permschen Kreise des Kama- u. Wolgagebietes über die Klage eines Bauern zu entscheiden, der behauptete, im Dorfe wäre eine Hexe, die seinen Stier bezaubert hätte. Er verlangte, daß man, um die Hexe herauszufinden, alle Weiber des Dorfes durch ein Kummet kriechen lassen sollte; diejenige, die nicht hindurch käme, sei die Hexe. Und das löbliche Dorfgericht entschied wirklich im Sinne des Klägers[37]."

---

36) *Stern*, S. 86 f. — 37) *Stern*, a. a. O., I, 56.

In den Dörfern der Bretagne ist heute wie ehedem die Hexe zu Hause. Man fürchtet ihre Rache und Bosheit, aber

Eine Dorfhexe aus der Bretagne 357

man sucht sie in den Stunden der Bedrängnis auf. Sie kann in die Zukunft schauen, Krankheiten anhexen, aber auch heilen, sie weiß uralte Sprüche, die Fische in die Netze zu locken, das Vieh vor Schaden bewahren und der Dorfschönen den Herzallerliebsten verschaffen. Aber auf dem Besen reiten, das kann sie nicht mehr. Das hat sie in den letzten Jahrhunderten verlernt.

In Ballyvadlea bei Clonmel in Irland wurde am 15. März 1895 eine 26jährige hübsche und unbescholtene Frau als Hexe verbrannt. Der Mann dieses armen Weibes, Michael Cleary, ein Faßbinder, war von der Überzeugung durchdrungen, daß ihm Hexen seine Frau entführt und an deren Stelle einen Dämon zurückgelassen hatten, der nur die Gestalt seines Weibes aufwies. Der eigene Vater des Opfers und mit diesem die ganze Sippe teilten die Meinung Clearys, und ein „Geisterdoktor" bestärkte sie darin. Um den Dämon aus dem Leibe der Frau zum Entweichen zu bringen versuchte man erst allerlei Torturen und verbrannte schließlich den mit Petroleum begossenen Körper auf dem Rost über flackerndem Herdfeuer. Der Haupttäter Cleary und seine Helfer wurden zu ihrer großen Verwunderung von den Geschworenen zu langjährigen Zuchthausstrafen verurteilt[38]

Im skandinavischen Norden, namentlich in Norwegen, treiben die Hexen weiter ihr frevles Spiel. Sie vermögen sich in allerlei Getier zu verwandeln und fügen besonders den eigenen Ehemännern empfindlichen Schaden an der Habe, an Leib und Leben zu. Nur Sonntagskindern gelingt es, diesen Hexen das tückische Handwerk zu legen [39].

Nach den Anschauungen des dänischen Landvolkes vernichtet Blutzauber das Hexenwerk. Hat man jemand im Verdacht, ein „böses Auge" zu haben, mit dem er das Vieh behexen kann, dann gilt es immer für das beste, die betreffende Person bis auf das Blut zu hauen. Dadurch wird die Gefahr beseitigt [40].

38) *Binz*, Weyer, II. Aufl., S. 39 ff. — 39) *H. Freiberg* in „Am Urquell", N. F., Linden b. Hann., 1892, S. 1 f. — 40) *Ploß-Bartels*, II, S. 672.

Auf dem einsamen Island ist seit der zweiten Hälfte des neunzehnten Jahrhunderts infolge der zunehmenden Aufklärung und der erleichterten Verbindung zwischen den verschiedenen Landesteilen der Glaube an Spuk und Zauberei zum größten Teil ausgerottet, rühmt Valtyr Gudmundsson [41].

Das politisch so reife Ungarn vermag dies nicht von sich zu behaupten.

Johann Vargas erzählt in seinem Buche „A babonàk Könyoe. „Das Buch des Aberglaubens" [42]: „Vor einigen Jahren entdeckte in Debreczin die Polizei eine Hexenküche. Richtiger gesagt: eine Höllenküche; denn wahrlich das, was dort gebraut wurde, das kochte bei teuflischem Feuer. Dort fand man Menschenschädel, auf denen noch die Haare waren; das alte Weib (die Besitzerin der Küche) kaufte vom Totengräber die Leichen und verbrannte deren Gebeine — zu Medizinen. Da waren gedörrte Schlangen, Frösche und anderes ekelhaftes Getier; Totennägel, Stricke von Erhängten und deren Haare, und Gott weiß noch was alles, woraus Speisen, Getränke und Salben bereitet wurden [43]." Eine ähnliche „Anstalt" wurde bald darauf in Marmaros aufgespürt. Und daß der Teufels- und Hexenglaube in den letzten Jahrzehnten nicht weiter abgenommen hat, geht auch aus einer Gerichtsverhandlung hervor, die sich am 12. Januar 1903 vor dem Bezirksgericht in Fadd abspielte.

Der Pester Lloyd schreibt darüber: Der wohlhabende Landwirt Andreas Schukkert kränkelte schon seit zwei Jahren unaufhörlich, und angeblich hatten ihn bereits sämtliche Pakser Ärzte behandelt, ohne jedoch imstande zu sein, eine Besserung bei ihm herbeizuführen. Während seiner langen Krankheit hatte sich sowohl bei ihm wie auch bei seiner Frau der Gedanke festgesetzt, daß ihn jemand „verwunschen" habe und daß dies niemand anders als sein Schwiegersohn sein könne, der Fleischhauermeister Stefan

41) Island am Beginn des 20. Jahrh., übersetzt von *Richard Palleske*, Kattowitz 1904, S. 33 f. — 42) *Arad*, 1877, S. 140. — 43) *Dr. H. von Wlislocki*, Aus dem Volksleben der Magyaren, S. 68.

Szalai. In dieser Bedrängnis ließ das Ehepaar den „Teufelsbeschwörer" von Fadd holen, der auch bald erschien, und,
nachdem er verschiedene geheimnisvolle Zeremonien vorgenommen hatte, in einer jeden Zweifel ausschließenden
Weise herausfand, daß Schukkert in der Tat „verwunschen"
worden sei. Das erste, was das Ehepaar tat, war nun,
daß es Szalai aus dem Hause jagte und die Tochter zwang,
ihren Gatten zu verlassen. Außerdem reichte das Ehepaar auch eine Klage beim Kgl. Bezirksgericht ein. Natürlich nahm der Richter diese Anzeige nicht ernst. Allein
nun verklagte auch Stefan Szalai seine Schwiegereltern
wegen Verleumdung, so daß sich das Gericht mit der
kuriosen Affäre beschäftigen mußte und ein Urteil zu fällen
genötigt war. Bei der Verhandlung klagte Schukkert dem
Richter fast unter Tränen, was er leiden müsse, und daß
die Ursache all dieser Leiden niemand anders als Szalai
sei, der ihn durch seine teuflische Kabbala verhext habe,
um ihn zu verderben und sich dann durch Erbschaft in den
Besitz seines Vermögens zu setzen. — „Wie können Sie
so dummes Zeug reden!" sagte der Richter zu Schukkert.
„Wissen Sie denn nicht, daß es weder Hexen noch Zauber
gibt?" Das Ehepaar Schukkert ließ sich aber dadurch in
seinem Hexenglauben nicht erschüttern, sondern begann mit
felsenfester Überzeugung die Details der geschehenen „Ver-
wünschung" zu schildern. „Als ich vor einiger Zeit in
meinem Bette lag," erzählte der alte Schukkert, „ging
plötzlich die Türe von selbst auf und ein großer schwarzer
Hund kam herein. Ich sprang aus dem Bette und wollte
ihm mit dem Besen einen Streich versetzen, da hatte sich
aber der Hund in Luft aufgelöst. Als ich dann in die
Küche hinausging, fand ich ihn dort wieder; ich wollte ihn
auch von da vertreiben, da begann aber der Hund ein
schauerliches Gelächter auszustoßen. Ich hatte mich auch
davon nicht überzeugen lassen und begann auch bereits
die Sache zu vergessen, als plötzlich die an der Wand
hängende Uhr mir in ihrem Tiktak zurief: „Du bist ver-

wunschen, dein Schwiegersohn hat dich verzaubert!" Jetzt erst wandte ich mich an den Teufelsbeschwörer, der mir — mein Schwiegersohn befand sich damals auf dem Markte — sagte, daß er denjenigen, der mich verhext habe, zitieren werde, und zwar wäre das die erste Person, die ins Zimmer treten werde. Kaum hatte er jedoch erst die Beschwörung begonnen, als mein Schwiegersohn hereintrat mit gesträubtem Haar, als ob ihn der Teufel an ihm herbeigezogen hätte." — Und nun brachte Stefan Szalai seine Klage vor. Er sagte, daß man auf Schritt und Tritt diese Geschichte über ihn verbreitet habe, daß die Leute ihn beschimpften und verfluchten, so daß er nicht mehr unter Menschen gehen und auch keine Arbeit bekommen könne. Nach Vernehmung der Zeugen verurteilte der Richter das Ehepaar Schukkert wegen Ehrenbeleidigung. Der arme Schukkert bezahlte die ihm auferlegte Geldstrafe und betrachtete auch dieses neue Mißgeschick als eine Folge der Teufelskünste seines Schwiegersohnes, des Hexenmeisters[44].

So geschehen in Ungarn, in dessen Hauptstadt sich der † † † gleichfalls des besten Wohlseins erfreut. Folgende Notiz entstammt einer März-Nummer der Berliner „Welt am Montag", Jahrgang 1910:

Die Zeiten, da die Existenz des Gottseibeiuns einfach damit zu beweisen war, daß auf die entsprechenden Stellen der göttlich geoffenbarten Bibel hingewiesen wurde, sind vorbei. Heutzutage muß die „Wirklichkeit" Beelzebubs anders bewiesen werden. Wie? Das kann der neugierige Leser aus einem Vorfall ersehen, der sich am 14. d. Mts. in einer Budapester Bürgerschule ereignet hat. Dort fragte ein Schüler den Klassenlehrer, ob es einen Teufel gebe; er erhielt zur Antwort: „Nein! Ein gescheiter Mensch glaubt nicht daran!" In der Stunde darauf aber gab es Religionsunterricht, und der Religionslehrer erklärte die Hölle voll von Teufeln. Derselbe Schüler stand auf und sagte: „Aber der andere Herr Lehrer hat ja eben erst

44) Nach *B. Stern.* I, S. 87 ff.

versichert, es gebe keine Teufel, an sie glaubt kein gescheiter Mensch!" Der Religionslehrer unterbrach daraufhin sofort den Unterricht und eilte zum Direktor. Der fand die Sache so wichtig, daß er sogleich den Unterricht einstellen ließ und eine Lehrerkonferenz einberief, damit sofort die Frage erklärt werde, ob es einen Teufel gebe oder nicht. Die wichtige Sache wurde in streng parlamentarischer Form debattiert und nach vielem Hin und Her schritt man denn auch zur Abstimmung. Diese ergab mit zwei Stimmen Majorität: „Der Teufel existiert in Wirklichkeit!" Das Resultat wurde den Schülern feierlich bekanntgegeben.

Bei den Sachsen im Siebenbürgenlande wurzelt noch tief „der Aberglaube, daß die Hexen über den Gewalt bekommen, von dessen Körper oder Eigentum sie etwas zu erlangen vermögen. Darum müssen ausgefallene Zähne, abgeschnittene Haare und Fingernägel sorgfältig versteckt werden[45]". Um das Neugeborene vor Hexen zu schützen, muß man bis zur Taufe Tür und Fenster geschlossen halten; auch darf man das Kind nie allein in der Stube lassen. Muß dies dennoch geschehen, so legt die Mutter einen Besen, ein Brot, ein Gesangbuch oder ein Messer, die Schneide nach aufwärts, in die Wiege[46]. In der ersten Zeit nach der Geburt soll man in der Wochenstube während der Nacht das Licht brennen lassen, damit das Kind vor den Hexen (Truden) geschützt ist, die ihm das Herz aussaugen wollen[47]. Ein probates Hexenschutzmittel ist auch ein altes Lederstück, das man abends vor dem Schlafengehen in die Herdasche legt[48].

Nun von Cis nach Trans. Über den Hexenglauben im Salzkammergut gibt gleichfalls eine Gerichtsverhandlung (Wiener Extrablatt vom 11. Juli 1908) Aufschluß.

45) *Haltrich-Wolff*, Zur Volkskunde der Siebenbürger Sachsen, Wien 1885, S. 314. — 46) *Joh. Hillner*, Volkstümlicher Glaube und Brauch bei Geburt und Tod im Siebenbürger Sachsenlande. (Schäßberg. Gymnasialprogramm 1877, S. 24. — 47) *Dr. Heinr. von Wlislocki*, Volksglaube und Volksbrauch der Siebenbürger Sachsen, Berlin 1893, S. 150. — 48) *Hillner*, S. 25.

„Hexenaustreibungen in aller Form waren es, die den Gegenstand einer in den letzten Tagen vor dem Bezirksgerichte in Gmunden stattgehabten Betrugsverhandlung bildeten. Die Eheleute Heinrich und Anna Hüttner und ein gewisser Mathias Schneed aus Krottenden waren angeklagt, durch Gebete und allerlei Zeremonien „Hexenaustreibungen" vorgenommen zu haben, wofür sie sich jedesmal 10 bis 20 Kronen bezahlen ließen. Beschädigte gab es jedoch in diesem Betrugsprozesse nicht; die Bauern, in deren Hause je eine Hexe ausgetrieben wurde, erklärten im Gegenteile ausdrücklich, daß die Hexenaustreibungen den gewünschten Erfolg hatten und daß sie dem Angeklagten zu großem Danke verpflichtet seien! Auch die Angeklagten waren von dem Ernste ihrer Mission durchdrungen. Gewöhnlich war es ein Viehstall, in dem die Hexe hauste. Dann wurde der als Hexenaustreiber bekannte Hüttner herbeigeholt, der die eigentliche, überaus feierliche Prozedur der Hexenaustreibung vornahm, während seine Frau und Mathias Schneed bloß Gebete murmeln mußten. Er wußte am Schlusse der Prozedur geschickt einige Gegenstände vorzuweisen, die von der soeben ausgetriebenen Hexe in der Eile zurückgelassen wurden: eine Schweinsblase, einen Würfel, einen Knochen usw. Diese Sachen wurden unter großem Geschrei, wobei die drei Personen sich wie toll gebärdeten, im Ofen verbrannt, womit die Prozedur ihr Ende hatte. Die als Zeugen vor Gericht gerufenen Bauern erklärten bei der Verhandlung, daß sie sich nicht für geschädigt erachten, da sie die Tätigkeit Hüttners und seiner Gehilfen für eine ersprießliche zu halten allen Anlaß hätten. Der Richter war freilich anderer Meinung. Er qualifizierte die Hexenaustreibung als Betrug und verurteilte Hüttner zu einem Monat, seine Gattin zu vierzehn Tagen und Schneed zu acht Tagen strengen Arrests."

In der deutschen Schweiz findet sich derselbe Zauberglaube, der den Alpenbewohnern in Österreich und Bayern eigen ist, teilweise mit unwesentlichen Abweichungen. Wie in den anderen Alpengebieten, steckt auch dort in den eidgenössischen Tälern und Triften noch unendlich viel vom Hexenwahn der alten Zeit[49].

Aus der grünen Steiermark berichtet ihr berufenster Schilderer, Peter Rosegger: Wenn auch die alten Geschichten

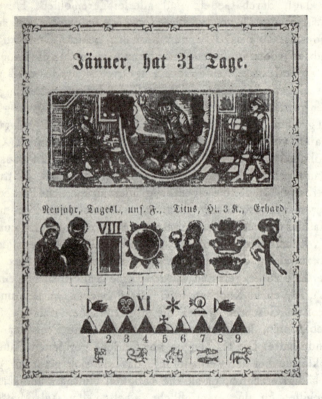

Zwei Seiten aus dem
Verlag Leykam in Graz. Siehe Rosegger,

vom Verwünschen, Verhexen und Teufelholen nicht mehr in Mode sind, zu Pfingsten ist im Gebirge Hexensabbat

49) *Stoll*, Zur Kenntnis des Zauberglaubens etc., in dem Jahresberichte der Geogr. und Ethnograph. Gesellschaft in Zürich 1908/09.

noch heute. „In der Regel kennt der Aberglaube im steie-
rischen Gebirge heutzutage noch zwei Gattungen von Hexen:
die Wetterhexen und die Butterhexen. Die erste Gattung
gründet sich auf Bosheit, die andere auf Habsucht[50]." Die
steirische Wetterhexe unterscheidet sich in gar nichts von

„Mandelkalender" 1910

Volksleben in Steiermark, Seite 92 f.

ihrer Ahne aus der guten alten Zeit. Die Butterhexe hingegen weist einige individuelle Züge auf.

---

50) *Peter Rosegger*, Das Volksleben in Steiermark, 14. Auflage, Leipzig
1910, S. 248 ff.

Die Butterhexe vermag die fette Buttermilch aus den Eutern ihrer Nachbarskühe in die Euter ihrer eigenen Kühe zu übertragen, ein Glaube, der über fast ganz Deutschland verbreitet ist[51]. Jedoch in Steiermark ist man imstande die Butterhexe leicht zu erkennen und zu entlarven. Man braucht nur durch eine von der Sonne gezogene Bretterfuge dies Treiben einer Hexe zu beobachten[52]. Am Pfingstmorgen verwandelt sich die Hexe in irgendein fliegendes oder kriechendes Tier und saugt als solches den Kühen auf der Weide die Milch und das Fett aus. „So ist es geschehen, daß am Pfingstsonntag sogar Hasen und Rehe aus dem Walde hervorgekommen sind und an den Eutern der Kühe ihr Frühstück getrunken haben[53]."

In Kärnten ist das Hexensehen umständlicher als in der benachbarten grünen Styria. „Wer ein Brett mit einem Astloch aus einem frisch aufgeworfenen Grabe erhascht, der soll, wie es heißt, während des Leichenzuges damit in den Turm hinaufeilen und vom Schallfenster durch das Astloch herabschauen. Da kann er die Hexen in dem Leichenzug sehen, der sich gerade zum Friedhof begibt. Gewöhnlich gehen sie zuletzt und sind durch das Gelterle (Melkschaff) kenntlich, das sie auf dem Kopfe tragen[54]." Denn der Glaube an Hexen ist in diesem Berglande keineswegs ausgestorben. „Vor nicht gar langer Zeit soll in einer Ortschaft bei einem Hochgewitter ein Bauer, der sein Gewehr mit einigen Blättern aus einem alten Mandlkalender geladen hatte, in die hagelschwangeren Wolken geschossen haben, und patsch — fiel die alte als Hexe verdächtigte Wurzelgraberin auf das Pflaster herab, soll aber augenblicklich wieder verschwunden sein. Wenn die Hexe in den Wolken von einem Mandl im Kalender getroffen wird, fällt sie herab, ohne sich zu beschädigen." Auch Hexenringe gibt es, ebenso werden Hexentanzplätze gezeigt[55].

51) *Wuttke*, S. 158 f., 266. — 52) *Rosegger*, S. 249. — 53) *Rosegger*, S. 250. — 54) *Franz Franziski*, Volksleben, Sitten und Bräuche in Kärnten, Graz und Wien o. J., S. 136. — 55) *Franziski*, S. 114.

Im Umlande von Viechtach liest man an Bettstellen oft den Spruch: „Trudenkopf, ich verbiete dir mein Haus und Hof, Pferd- und Kuhstall und meine Bettstatt, daß du mich nicht trudest. Trude in ein anderes Haus; bis du alle Berge steigst, alle Zaunstecken zählst und über alle Wasser steigst, so kann der liebe Tag wieder in mein Haus [56]."

Auf die Milch haben es die Hexen allerorten abgesehen. In der Oberpfalz wirft die Bäuerin die Haut der abgekochten Milch ins Feuer, um dadurch die Kühe vor Hexen zu schützen und sich vor Milch-, Butter- und Schmalzschaden zu bewahren; denn mit der Milchhaut verbrennt die Hexe, die dem Vieh geschadet hat oder ihm schaden wollte [57]. Im Regnitztal und im Fränkischen Jura ist das „Hexenauspeitschen" [58] Brauch. „Am Vorabend des Walpurgistages, wenn es „mault" (mondet), knallen die Burschen im Dorfe straßauf und straßab und rufen: „Hexen raus Hexen raus!" Auch das Peitschen auf Kreuzwegen am 1. Mai, wie es in luxemburgischen Dörfern üblich [59], dann das Hexenausblasen mit Schalmeien und Hörnern aus Weidenrinden [60], das Hexenausklatschen im Voigtland und im Fichtelgebirge, das Hexenaustuschen mit kreuzweisem Peitschen im Takte und das Hexenplaschen mit Schießen, wie es in der nördlichen Oberpfalz üblich war, gehören hierher [61]." Am Jörgentag, am 23. April, ziehen die Buben in einzelnen Dörfern des Unterinntals vom Anger aus, Schellen, Kuh- und Dachglocken aus Leibeskräften läutend, der starke Melker voran, durch das Dorf auf die Felder und dann durch eine andere Gasse nach dem Anger zurück. Dieses Hirtenfest des Grasausläutens soll ebenfalls die bösen Geister durch schreckhaften Lärm von der Weide verjagen [62]. Das Hexen-

56) *Sepp*, Orient und Occident, S. 122 f. — 57) *F. J. Bronner*, Von deutscher Sitt' und Art, Volkssitten und Volksbräuche in Bayern etc., München 1908, S. 157 ff. — 58) *Meyer*, Deutsche Volkskunde, S. 142. — 59) *Ed. de la Fontaine*, Luxemb. Sitten und Gebräuche, Luxemburg 1883, S. 46. — 60) *Wuttke*, S. 158. *Bronner*, S. 157. *Sepp*, S. 231 f. — 61) *Bronner*, S. 157. — 62) *Meyer*, Volkskunde, S. 142.

auspeitschen findet da und dort auch beim erstmaligen Weidetriebe am 1. Mai statt. Wo man an diesem Tage Kücheln bäckt, läßt man das Schmalz recht prasseln, daß es den Hexen die Augen ausbrennt.

An der Böhmerwaldgrenze geschieht das Hexenauspeitschen am Pfingstvorabend oder schon am 1. April. Da legt man auch nachts frischen Rasen vor die Haus- und Stalltüre und besprengt ihn mit Weihwasser[63], um bösen Geistern den Eintritt zu wehren[64].

In Tirol findet in der Walpurgisnacht ein allgemeines Ausbrennen der Hexen statt. Unter entsetzlichem Lärm, mit Schellen, Glocken, Pfannen, Hunden und dergleichen werden Reisigbündel von Kien, Schlehdorn, Schierling, Rosmarin und anderen Hexenkräutern auf hohe Stangen gesteckt und angezündet. Mit diesen Flammenbündeln läuft man lärmend siebenmal um das Haus und das Dorf und treibt so die Hexen hinaus[65]. Das Jahr über schützt der im Stall aufgehängte „Hexenbesen", der Mistelzweig, gegen Trud und Hexe, besonders wenn er auf einer Eiche gewachsen ist, an der ein Christusbild hängt[66]. Die Tiroler Hexen sind gezeichnet. Sie tragen an den Armen dunkle Flecken, die Spuren des Fingers des Teufels und an der Wirbelsäule ist ihnen des Teufels Siegel, der Bocksfuß, eingebrannt. Eine Hexe antwortet niemals auf den Gruß „Gelobt sei Jesus Christus". Vom Stubaital in Tirol meldet Greußing: „Was die Hexen anbetrifft, so gibt es solche in Stubai noch in großer Menge. Jeden „Pfinstig" (Donnerstag) versammeln sie sich zum Hexensabbat am Sailjoche. Sie machen die bösen Wetter, und wenn die große Glocke in Telfes nicht wäre, dann würden die Fruchtfelder schon längst in Murbrüche verwandelt sein. Besonders kräftig gegen das Verhexen der Früchte ist es, wenn man im Fruchtjahr geweihte

63) *Hugo Meyer*, Deutsche Volkskunde, Straßburg 1898, S. 142. — 64) *Bronner*, S. 159. — 65) *v. Alpenberg*, Mythen und Sagen Tirols, Wien 1857, S. 260. — 66) *Franz Söhns*, Unsere Pflanzen, 4. Auflage, Leipzig 1907, S. 143.

Kohlen in die Erde legt." . . „Die Glocke von Telfes aber hat eine solche Kraft gegen die verhexten Wetter, daß schon beim ersten Ton die Wolken nördlich gegen Kreith ziehen. Aus diesem Grunde trugen die Kreither den Telfesern 2000 fl. unter der Bedingung an, daß sie die Glocke nimmer läuten. Die Telfeser aber natürlich, als die „Gescheitern", gingen diesen Vertrag nicht ein[67]."

Die Tiroler Zauberweiber erlernen ihre Kunst von alten Hexen. Erst wenn sie sich in allen Proben der Hexenmeisterei dreimal sieben Jahre bewährt haben und durch wirkliche Buhlschaft mit dem Teufel und seinen Geistern geweiht sind, erhalten sie das Siegel eingebrannt und damit die volle Zaubermacht, wie auch den bösen Blick[68].

Die Ostpreußen haben das leichter. Dort braucht man nur nach Empfang des heiligen Abendmahles hinter dem Altar mit einer Peitsche zu knallen, dann kann man gleich hexen[69].

Von den Marschen schreibt Hermann Allmers:

„ . . . der Glaube an Hexen und ihren häufigen Einfluß, z. B. wenn die Kühe wild werden, die Milch keine Butter absondert, Kinder erkranken usw., wurzelt noch tief und fest im Volke. Ist man „verhext", so holt man sich Rat und Gegenmittel aus Bremen, wo allerlei weise Männer und Frauen wohnen sollen. Überall hört man vom Vorhersehen der Feuersbrünste, Leichenzüge Unglücksfälle, ja selbst lustigen Hochzeiten, und ganze Bände der wunderbarsten und grausigsten Spukgeschichten ließen sich in den Marschgegenden sammeln[70]."

Die Niedersachsen auf der Lüneburger Heide erzählen, daß jeder, der sich in der Neujahrsnacht auf einem Kreuzweg unter zwei aufeinander gelehnte Eggen setzt, den Teufel tanzen sieht. Im Kirchspiel Moisburg wählt man dazu die Mainacht, dann erblickt man wie die Hexen nach

---

67) *Paul R. Greußing*, Im Stubaital, München o. J., S. 144 ff. — 68) *Alpenberg*, S. 256. — 69) *Wuttke*, S. 156, § 214. — 70) Marschenbuch, 5. Auflage, Oldenburg und Leipzig o. J., S. 167.

dem Blocksberg ziehn [71]. „Man glaubt hier und da auch heute noch an Hexen. Ich entsinne mich noch deutlich," sagt Kück, „wie in der Mitte der siebziger Jahre sich eines Tages wie ein Lauffeuer in meinem Heimatsort das Gerücht verbreitete, in einem bestimmten Garten habe sich eine Hexe gezeigt [72]."

Gar tolle Orgien feierte bis vor kurzem noch der Hexenglaube in Braunschweig. Dem mustergültigen Werke Rich. Andrees über „Braunschweiger Volkskunde [73]" entnehme ich: „Um 12 Uhr nachts (in der Walpurgisnacht) reiten die Hexen auf Mistforken und Gresten, auf Besenstielen, Braken, Schweinen oder Ziegen zu ihren Zusammenkünften mit dem Teufel, um dort ihre Feste zu feiern. Die bei uns erzählten Hexenfahrten decken sich mit den anderweitig schon beschriebenen [74]. Man kann die Hexen erkennen, wenn man an einem Kreuzwege in der Geisterstunde der Walpurgisnacht sich verbirgt und aufpaßt; da ziehen sie vorüber. Darunter versteht man entweder und gewöhnlich die Stunde von 11 bis 12 oder die von 12 bis 1 nach dem Spruche:

> Von twelwen bet einen
> Sind alle Geister to beinen.

Ganz sicher aber erkennt man in Waggum die Hexen, wenn man durch eine Egge schaut, deren Zähne nach auswärts gerichtet sein müssen, am besten eine ererbte Egge, wie denn ererbten Gegenständen eine besondere Kraft innewohnt, so dem Erbschlüssel, dem Erbgander. Ist es eine Hexe, die den Kühen die Milch verhext, so trägt sie einen Eimer, die Butterhexe führt ein Butterfaß bei sich. Die drei Kreuze, die vor Hexen schützen, werden am besten am Wolpertstage (Walpurgis) über der Tür mit Kreide angebracht. Ein Arbeiter aus Klein-Schöppenstedt erzählte

71) *Dr. Ed. Kück,* Das alte Bauernleben der Lüneburger Heide, Leipzig 1906, S. 43. — 72) *Kück,* S 239. — 73) 2. Aufl., Braunschweig 1901, S. 380 ff. — 74) *Schambach und Müller,* Niedersächsische Sagen und Märchen, Göttingen 1854, S. 177.

mir, er habe als Knabe öfter in der ersten Mainacht zur Mitternachtsstunde auf einem Kreuzwege auf die Hexen gewartet, ohne sie zu sehen. Dabei habe er zum Schutze gegen die Hexen einen Kreis um sich gezogen. Wie alt dieser Aberglaube ist, erkennt man aus folgendem: Der dreizehnjährige Sohn des Opfermannes zu Geitelde, Hans Reinhart, wollte (1661) die Hexen sehen und wendete, laut Bericht des Wolfenbütteler Amtmanns Wulfen, dazu folgendes Manöver an. „Habe sich in der Walpurgisnacht auf einen hölzernen dreibeinigen Schemel überärsch gesetzt, sei damit von seines Herrn Hofe in des Teufels Namen dreimal um und durch das Dorf und vor dasselbe auf einen Kreuzweg gerücket, habe mit der rechten Hand einen runden Kreis und über ihn in vier Ecken ein Kreuz gemacht und sich darein gesetzet. Nach anderthalb Stunden Wartens, als seine Genossen schon müde geworden und sich entfernt, sei ein grausamer Windsturm entstanden und sechs alte Weiber aus Geitelde um den Kreis gekommen, die hätten ihn herausziehen wollen, aber es, da er gebetet, nicht vermocht; er aber sei dabei so angst geworden, daß er weder hinter noch vor sich hätte sehen können." Er nannte dann sechs Frauen aus Geitelde, darunter die eigene Mutter (!) als Hexen, „worüber groß Geschrei in dem Orte entstanden". Hans kam mit einer Züchtigung davon [75].

Die Hexen schaden besonders der Milch, verzaubern die Kühe, daß sie keine oder rote Milch geben. Das sind die molkentöverschen, von denen wiederholt die Rede ist. Eine Hexe ist leicht zu erkennen. Sie vermag nicht über kreuzweise gelegte Gegenstände, z. B. Besen zu gehen. Die Hexe fängt an zu zittern, wenn man ihr ein Stück Kreuzdorn vorhält, denn aus Kreuzdorn bestand Christi Dornenkrone, und darum kann ihn die Hexe nicht vertragen. Auch am Gründonnerstag vermag man die Hexe zu er-

---

75) *H. Rhamm*, Hexenglauben in braunschweigischen Landen, Wolfenbüttel 1892, S. 94.

kennen, wenn man ein an diesem Tage vor Sonnenaufgang gelegtes Ei bei sich trägt. Man hat sich nur zu hüten, daß die Hexe das Ei nicht zerdrückt, da sonst dessen Besitzer stirbt. Ein junges Mädchen aus Schandelah erkannte auf diese Art eine Hexe. Als sie heimwärts ging, folgte ihr die Hexe, zertrümmerte das Ei, und das Mädchen stürzte tot nieder.

Eine besondere Art von Ei, das nâberei, schützt dagegen vor Hexen, wenn man es in die Ständer und Pfosten des Tores hineinbohrt, wie dieses im Vorsfeldischen noch geschieht. Aber nicht jedes gewöhnliche Ei ist dazu geeignet, sondern nur die mißgestalteten, auffallend kleinen Hühnereier, die kaum größer als Taubeneier sind. Der Brauch ist durch ganz Niedersachsen verbreitet. Baldrian ins Zimmer gehängt, schützt vor Hexen und läßt sie erkennen. Tritt ein altes Weib ein, und der Büschel Baldrian beginnt sich zu bewegen, so ist es eine Hexe. Ballerjân is Hexenkrût — auch der Göttinger nennt die Valeriana Hexenkraut [76]. — Außer diesem wirkt aber namentlich Dill, der zu vielen Dingen gut ist und in hohem Ansehen beim Landvolke steht, gegen Hexen, ebenso Dost (Origanum vulgare).

Um in Oldenburg eine Hexe zu werden und die Fahrt nach dem Blocksberge mitmachen zu können, braucht die Betreffende nur zu sagen:

Ik verswâre ûsen herrgott

Un glôwe an düssen pott [77].

„Die Hexen vermögen den Menschen Tiere in den Leib zu zaubern. Man soll daher von alten Weibern nichts Eßbares, besonders keine Birnen und Äpfel, annehmen. Namentlich bringen sie gern lörke (Kröten) in den Magen anderer, wodurch Krankheiten entstehen. Macht man aber

---

76) *Franz Söhns*, Unsere Pflanzen, S. 122. — 77) *Ludw. Strackerjan*, Aberglaube und Sagen aus dem Herzogtum Oldenburg, 2. Auflage, bes. von *Karl Willoh*, Oldenburg 1909, I. Band, 369.

über das Losebrot oder den Apfel, die die Hexe bietet, das Zeichen des Kreuzes, dann springt der Lork heraus."

Der Hexenglaube im Großherzogtum Oldenburg weist mit dem braunschweigischen viele verwandte Züge auf, ja ist ihm häufig vollständig gleich. Die Hexen fahren auch hier nach ihren Tanzplätzen auf dem Blocksberg und an anderen Orten, wo in der Walpurgis- und in der Johannisnacht die Zusammenkünfte stattfinden[78]. Wenn sie sich mit dem Safte des Faulbaumes (rhamno cathartico) beschmieren, können sie durch die Luft fliegen. Sie spielen den Menschen allerlei Schabernack, rauben die Milch, erregen Stürme und Hagelwetter, können sich in Tiere und auch in leblose Dinge verwandeln. „Ich sah einst eine schwarze Katze auf unseren Gründen wildern und lief ins Haus, um ein Gewehr zu holen. Der Hausherr fragte, was ich mit dem Gewehr wolle. Als ich ihm meine Absicht kund gab, rief er: „Um Gottes willen nicht, das Tier könnte eine verwandelte Hexe sein, und ich würde nie wieder mit dem Gewehr ein Wild treffen"[79].

Am Südharz reiten die Knaben auf Steckenpferden aus bunt beringelten Weidenstäben am Walpurgismorgen den Hexen bis an die Flurgrenzen entgegen, um die Flur vor den Schädigungen durch die Hexen zu schützen.

Auf ihrer Fahrt nach dem Brocken führen die Hexen alle nur möglichen Bosheiten aus. Sie nehmen z. B. den heilsamen Frühlingskräutern ihre Wunderkräfte, weshalb diese vor der Walpurgisnacht gepflückt werden müssen. In dem weimarischen Dorfe Hain bei Erfurt wird alljährlich am Sonntag vor dem ersten Mai das „Herrgottsbärtlein" (Allium ursinum) in den umliegenden Wäldern gesammelt, um mit diesem Kraut dem Vieh die sonst durch die Hexen verloren gehende Heilkraft zu wahren[80].

Um den einheimischen Hexen in Thüringen die Abfahrt nach dem Brocken unmöglich zu machen, versteckt man

78) *Strackerjan*, I, 386 f. — 79) *Strackerjan*, I, 404. — 80) *Rudolf Reichhardt*, Die deutschen Feste in Sitte und Brauch, Jena 1908, S. 141.

noch heute am Abend vor der Walpurgisnacht alle alten Besen, in anderen Gegenden stellt man sie verkehrt aufrecht. Die alten Großmütter aber legen die Strümpfe ihrer Enkelkinder über Kreuz vor das Bett, damit die Hexen den Kleinen nicht Schaden zufügen [81].

In Westfalen war noch in der ersten Hälfte des neunzehnten Jahrhunderts die Hexenprobe durch das Schlüsseldrehen im Gebrauch. Die sonderbare Zeremonie spielte sich wie folgt ab: „Um herauszubringen, ob eine Frau eine Hexe sei, setzten sich zwei gegenüber und stritten pro und contra. Zuvor wurde das 53. Kapitel Jesaia aufgeschlagen, ein Schlüssel hineingelegt und dann das Buch zugebunden, so daß es an dem Schlüssel hing. Dann nehmen die Streitenden den Schlüssel zwischen die Finger und lassen ihm nebst seinem Gewichte die freie Bewegung. Nach welcher Seite sich der Schlüssel nun dreht, je nachdem wird der Streit entschieden, ob N. N. eine Hexe sei oder nicht [82]."

Aus dem sächsischen Erzgebirge berichtet E. John in Annaberg [83]: „Am Walpurgisabend treiben die Hexen, die noch heute im Volksglauben eine große Rolle spielen, ihr Wesen. Deshalb trifft man allerhand Vorkehrungen, um Haus und Hof, Stall und Vieh vor ihren vermeintlichen bösen und schädigenden Einflüssen zu schützen." Der Hexenglaube hat sich hier seit Jahrhunderten unverfälscht erhalten, „wie das zur Genüge auch die zahlreichen modernen Hexenprozesse beweisen, mit denen sich die Gerichte jahraus, jahrein zu beschäftigen haben [84]".

Vom Königreich Sachsen schreibt Dr. E. Mogk: „Alle möglichen Schutzmittel gegen sie (die Hexen) werden auf der Schwelle des Hauses oder Stalles oder an der Tür angebracht. Selbst in Großstädten wie Leipzig habe ich

---

81) *Reichhardt*, S. 142. — 82) *D. Joh. Georg Krünitz*, Ökonomischtechnologische Encyklopädie, Berlin, 146. Teil, S. 471. — 83) Aberglaube, Sitte und Brauch im sächsischen Erzgebirge, Annaberg 1909, S. 196 ff. — 84) *John*, S. 133, 138, 153, 196, 221, 234.

das abwehrende Hufeisen vor der Haustür gesehen[85]." In Württemberg wird oft eine Magd mit Hohn und Haß aus dem Hause gejagt, wenn sie in den Ruf kommt, Hexerei zu treiben. Auch ansässige Leute, die verschrien sind, werden durch die ärgsten Unbilden genötigt, ihre Heimat zu verlassen. Bei Krankheiten und andern für angehext geltenden Übeln werden von den vermeintlichen Kundigen gewöhnlich bestimmte Personen als die Hexen angegeben; vielfach sind dies die nächsten Verwandten. Bettelweiber, besonders alte, gelten oft als Hexen, und man beschenkt sie aus Furcht[86].

Aus Hessen und Nassau erzählt Hermann von Pfister: „Bei Zesberg trägt man keine Milch unbedeckt, keine Butter ohne hineingedrücktes Kreuzzeichen, damit die Hexen — Hegsen schreibt Pfister — ihr nichts antun. Früher brachten auch die Schwälmer Butterführer keinen Kloß nach Kassel zu Markte ohne das heil. Zeichen." „Wenn man Eier ißt, muß man hinterdrein die Schalen gut zerdrücken, sonst haben die Hexen Anteil daran und gewinnen Macht über einen[87]."

In der Nimptscher Gegend in Schlesien räuchern am Karfreitag die Frauen ihre Ställe, die sie mit einem Topf durchschreiten, in dem siebenerlei heilkräftige Kräuter auf Holzkohlen schwälen. Vor diesem Dampf entweichen alle Hexen[88]. Kreuzdorn in der Karfreitagnacht stillschweigend geschnitten und über der Stalltüre befestigt schützt in ganz Oberschlesien vor Hexen. Da dieses Mittel aber nicht überall als unfehlbar angesehen wird, so greift man häufig zu probateren. „Man besteckt die Düngerhaufen mit grünen Birken- oder Erlenreisern und mit Mistgabeln, man vergräbt alte Besen unter die Türschwelle, man legt zwei andere Besen kreuzweise innen vor die Schwelle,

---

85) *Wuttke*, 213, S. 156. — 86) *Dr. Wuttke*, Sächsische Volkskunde, Leipzig 1893, S. 324. — 87) *Herm. v. Pfister*, Sagen und Aberglauben aus Hessen und Nassau, Marburg 1885, S. 170 f. *Drechsler*, Schlesien, II, S. 225 u. a. a. O. m. — 88) *Dr. Franz Schroller*, Schlesien, Glogau o. J., S. 245.

man befestigt einen Feuerstein mit recht vielen Löchern über der Tür, man nagelt Schlehdorn — der auch sonst von und gegen Hexen Verwendung fand[89] — kreuzweise über die Tür. Katholiken machen wohl auch mit geweihter Kreide drei Kreuze über die Tür, endlich, was besonders gut ist, legt man außen vor die Tür ein Stück frischen Rasen, wie dies auch in den Alpenländern gebräuchlich. Wenn die Hexen mitternachts zwischen 12 und 1 Uhr in den Stall eindringen wollen, müssen sie erst alle Blätter an den Reisern und alle Grashalme im Rasen zählen, und dann legen ihnen die andern Schutzmittel neue Hindernisse in den Weg. Mittlerweile schlägt die Uhr 1, und der Hexen Macht ist dahin.[90] In Kaltern bei Breslau warf eine Frau jedesmal einen Besen vor die Tür, wenn eine neugekaufte Kuh in den Stall geführt wurde. Früher pflegte man außerdem noch dem Vieh neunerlei Kräuter oder einen Hering kleingehackt unter das Futter zu mischen. Um die Flachsfelder vor Hexen zu schützen, steckt man Birkenreiser hinein.[91]

Um sich persönlich vor dem Hexeneinfluß zu sichern, gibt es zahlreiche Mittel. Man zieht zweierlei Schuhe an, das Hemd oder einen Strumpf verkehrt; man trägt vierblätterigen Klee bei sich; man hängt eine „Unruhe" an die Stubendecke, einen Distelknopf oder einen „Geist", die in Taubenform zusammengestellten Knochen des Karpfenkopfs (Kalschen), oder eine ausgeblasene Eierschale mit Kopf und Papierflügeln versehen (Beuthen, Oberschl.). Die stete Bewegung der Unruhe vertreibt die Hexe[92]." In der Lausitz verschreibt man noch heute Bannmänner aus Böhmen, um plötzlich erkranktes Vieh von der Behexung zu heilen. Selbst Pfarrfrauen bedienen sich ihrer. Manchmal wird ein Bein gekocht und in einem Topf auf den höchsten Gipfel einer Fichte gehangen[93].

89) *Hovorka-Kronfeld*, Vergleichende Volksmedizin, I. Bd., S. 380. — 90) *Schroller*, S. 259. — 91) *Schroller*, 460. *Paul Drechsler*, Sitte, Brauch und Volksglaube in Schlesien, II, Leipzig 1906, S. 145 ff. — 92) *Drechsler*, S. 249. — 93) *Sepp*, a. a. O., S. 163.

Erasmus Francisci (Finx † 1694). Der höllische Proteus
Nürnberg 1695

Die sehr interessante Bibliothek eines modernen Zauber-doktors, des „Medikasters und Geheimkünstlers" Joseph Wetzel von Knollengraben bei Grünkraut in der Nähe von Ravenburg fiel 1895 der Behörde in die Hände. Die Bücherei bestand aus 123 Nummern, darunter zum Teil sehr seltene Werke, zum Teil jene Scharteken, mit denen von spekulativen und gewissenlosen Verlegern die gesunde Ver-nunft des niederen Volkes in Stadt und Dorf vergiftet wird[94].

Wie in den Köpfen der Orthodoxen und beim Landvolk, so glimmt der Hexenaberglaube aber auch in den deutschen Städten fort. Das überaus lehrreiche Büchlein „Verbrechen und Aberglaube" von Dr. Albert Hellwig[95] enthält Hexen-prozesse aus Eisenach vom Jahre 1904, Koburg 1905, Groß-Ostheim in Unterfranken. In dem preußischen Städtchen Eilenburg beantragte ein wegen Verleumdung angeklagtes Ehepaar Zeugenvernehmung darüber, daß sich die Klägerin in einen schwarzen Kater verwandeln könne. 1907 be-hexte in Neustadt in Thüringen eine alte Frau ein Kind. Die Mutter dieses armen Würmchens hatte für diese ihre Überzeugung 15 Mark Strafe von Gerichts wegen zu erlegen.

„Kann man sich wundern, daß der Hexenglaube nicht ausstirbt," sagt Hellwig, „wenn man erfährt, daß selbst die hohe Obrigkeit in deutschen Landen im Jahre des Heils 1907 den Hexenglauben gewissermaßen legalisiert und von Amts wegen dazu ratet, einen „weisen Mann" zu holen, um den zauberischen Mächten den Garaus zu machen?! Der zweifelhafte Ruhm, der historische Ort dieses kultur-historischen Kuriosums zu sein, gebührt dem sächsischen Örtchen Schönfeld bei Pillnitz.

Schon seit einigen Jahren klagten die Bewohner dieses Ortes über den Rückgang ihres Viehstandes, viele Milch-kühe erkrankten beim Kalben, andere „versetzten" die Kälber, wie es in der landwirtschaftlichen Sprache heißt,

---

94) *Paul Beck*, in der Zeitschrift des Vereins für Volkskunde, 15. Jahr-gang, Berlin 1905, S. 412 ff. — 96) Aus Natur und Geisterwelt, 212. Band, Leipzig 1908, S. 10 f.

und die Viehbesitzer hatten infolgedessen großen Schaden. Kluge Leute im Dorfe hatten nun von einem frommen Mann in Sadisdorf gehört, der imstande sein sollte, die bösen Geister zu bannen und auszutreiben. Man ließ den „Hexenmeister" kommen, der auch versprach, das behexte Vieh zu heilen. Er ließ sich nachts bei den Kühen einschließen und erklärte am anderen Morgen, daß das Vieh enthext sei. Als Lohn für seine Geisterbeschwörung erhielt er so viel „als ein Kalb wert war". Nun fügte es sich, daß bald darauf im Viehstande eines Nachbarn des Gemeindevorstehers L. ebenfalls eine Kuh erkrankte. Auf Veranlassung des Gemeindevorstandes wurde der Sadisdorfer Hexenmeister abermals geholt, der ob der abermaligen Erkrankung einer Schönfelder Kuh ganz geheimnisvoll tat und dem Besitzer der Kuh erklärte, daß ein Einwohner von Schönfeld die Kuh behext habe. Auf die Frage, wer dies sein könne, erwiderte der Hexenmeister ganz wie sein magyarischer Kollege: „Der erste, der bei dir was pumpt, der ist der Hexer!" Als nun am andern Morgen zufällig ein Gemeinderatsmitglied in die Behausung des Bauern trat, um ein Brecheisen zu leihen, ging ihm die ganze Familie aus dem Wege. Man betrachtete ihn als den Hexer, und als solcher wurde er bald von der ganzen Gemeinde geächtet und gemieden. Der angebliche Zauberer nahm sich diese Behandlung seiner Landsleute sehr zu Herzen. Er war aber nicht imstande, den Leuten den Aberglauben auszutreiben. Sein Groll wendete sich erklärlicherweise gegen den Gemeindevorstand, denn dieser war es ja gewesen, der den Sadisdorfer Hexenmeister hatte holen lassen. Das gespannte Verhältnis zwischen ihnen wurde immer unerquicklicher, und schließlich richtete der Hexenmeister eine Beschwerde an die Amtshauptmannschaft, in der dem Gemeindevorstand verschiedene dienstliche Unregelmäßigkeiten vorgeworfen wurden. Der Beschwerdeführer wurde deshalb von dem hexengläubigen Gemeindevorstand wegen Beleidigung verklagt, aber freigesprochen, da er in Wahrnehmung berechtigter Interessen gehandelt habe. Ebensowenig Glück hatte der Gemeindevorsteher mit einer Beleidigungsklage gegen den verantwortlichen Redakteur einer sächsischen Zeitung, die einen Artikel über den Hexenglauben der hohen Obrigkeit gebracht hatte. Da der Wahrheitsbeweis im vollen Umfange gelang, wurde auch hier der Angeklagte freigesprochen[96]."

Hier zwei kleine Nachträge aus einem Feuilleton Hellwigs, das im Jahre 1910 in einer Berliner Zeitung erschienen ist. ... „Daß aber auch in Städten der Hexenglaube noch nicht ausgestorben ist, dafür haben wir kürzlich vor den Toren Berlins ein Beispiel erlebt. Eine Arbeiterfrau namens K. kam zur Köpenicker Polizeiverwaltung und wünschte den Polizeiinspektor in einer dringenden Angelegenheit zu sprechen. Sie stellte allen Ernstes das Ansinnen an ihn, ihrer Nachbarin, einer 70 Jahre alten Frau P., den Prozeß zu machen, weil sie eine gefährliche Hexe sei. Das neugeborene Kind der K., das anfangs ganz gesund gewesen, sei behext, so daß es jetzt immer schreie; ebenso habe sie schon viele andere Leute behext, lasse Hexenbücher im Zimmer herumtanzen und verstehe auch allerlei andere Hexenkunst. Auch ihr Mann sei fest davon überzeugt, daß Frau P. das Kind behext habe. Alles gütliche Zureden half nichts; die Frau war von ihrem Glauben nicht zu bekehren und entfernte sich schließlich mit den Worten: ,Sie mögen noch so schlau sein, Herr Inspektor, aber die Hexe ist doch noch schlauer, sie hat ihre alten Bücher, die Sie nicht haben.'"

„Dem Verfasser dieser kleinen Skizze sind viele solcher Fälle aktenmäßig zugänglich gewesen, und er könnte allerlei aus diesen Hexenprozessen berichten. Es würde aber zu weit führen, wenn wir auch nur einen einzigen Fall aus jeder Kategorie des kriminellen Hexenglaubens ausführlicher schildern wollten. Wir müssen uns damit begnügen, einen einzigen, besonders auffälligen Fall mit einigen wenigen

---

96) *Hellwig*, S. 12 f.

Strichen kurz zu zeichnen. Es ist der kulturgeschichtlich und psychologisch so überaus bedeutsame und doch so wenig bekannte Hexenmord in Forchheim. Da der Täter und seine Familienangehörigen noch am Leben sind, wollen wir ihre Namen nur durch den Anfangsbuchstaben kennzeichnen. In der Nacht zum 7. Juli 1896 wurde die Witwe Euphrosine G. in dem badischen Dorfe Forchheim bei Endingen erwürgt. Der Verdacht der Täterschaft lenkte sich von Anfang an auf den 21 Jahre alten Landwirt Franz Xaver W., dessen Großmutter väterlicherseits eine Schwester der Ermordeten gewesen war. Ein Raubmord oder Lustmord war der ganzen Sachlage nach ausgeschlossen, auch irgendein anderes Motiv war nicht ersichtlich; daher lenkte der Verdacht sich ohne weiteres auf Franz Xaver W., da er und seine ganze Familie, wie es im ganzen Dorfe bekannt war, die Ermordete für eine sehr gefährliche Hexe gehalten hatten, der sie allerlei Unglück in Haus und Hof, besonders aber die Epilepsie des Franz Xaver W und die auf hysterischer Grundlage beruhende angebliche Besessenheit seiner Tante Sibylla zuschrieben. Nach langem Leugnen gestand er schließlich, durch erdrückende Zeugenaussagen in die Enge getrieben und von Gewissensqualen gefoltert, daß er ganz allein mit voller Überlegung seine Großtante ermordet habe, um die Welt von dieser Hexe zu befreien, die schon so viel Unheil angerichtet und ihm die fallende Sucht angetan habe. Es fehlt uns hier leider an Raum, um eingehender darzustellen, wie die Tat des Angeklagten gewissermaßen nur die notwendige Folge der ganzen abergläubischen Umgebung gewesen ist, in der er aufgewachsen war, um die psychologische Entwicklung und allmähliche Steigerung des Hexenglaubens, die ihn von Beleidigungen zu Mißhandlungen und schließlich zu der Mordtat führte, zu schildern. Es mag nur bemerkt werden, daß das entscheidende Moment, das ihm den Entschluß eingab, sich und die andern von der böswilligen Hexe zu befreien, seine Erkrankung an der Epi-

lepsie war, die er, einem alten, weitverbreiteten Volksglauben folgend, auf Verhexung zurückführte. Der Staats-
anwalt erhob die Anklage wegen Mordes, doch sprachen
die Geschworenen den Angeklagten nur des Totschlags
schuldig, offenbar weil es ihnen widerstrebte, einen im
krassen Hexenglauben Befangenen und so in eingebildeter
Notwehr Handelnden ebenso hart zu bestrafen wie einen
Lustmörder oder kaltblütigen Raubmörder. Dieses Kultur-
bild aus dem Ende des neunzehnten Jahrhunderts, dem
kaum minder krasse aus den letzten zehn Jahren angereiht
werden könnten, zeigt zur Genüge, daß die hexengläubige
Köpenickerin durchaus nicht so vereinzelt dasteht, wie
volkskundlich nicht Geschulte vielleicht annehmen möchten."

Das Land aber, in dem das neunzehnte Jahrhundert
— seit dem Jahre 1860 — die eigentlichen Hexenprozesse
hat wieder aufblühen sehen, ist die große strenggläubige
Republik Mexiko[97].

Zunächst wurde hier 1860, wie Tylors „Anfänge der Kultur" und nach ihm Peschels Völkerkunde berichten, zu
Comargo eine Hexe verbrannt. Genaueres wissen wir aber
über die Prozedur vom 7. Mai 1874 zu San Juan de Jacobo
(einer von Indianern und Mischlingen bevölkerten Stadt)
im Staate Sinaloa, wo Diega Lugo und ihr Sohn Gero-
nimo Porres als Zauberer lebendig verbrannt wurden. Der
offizielle Bericht des Richters J. Moreno vom 10. Mai 1874
über die Exekution schließt mit den Worten: „Der Fall
war ein sehr trauriger, Herr Präfekt, aber er war notwendig, um den Bosheiten Einhalt zu tun, die zu verschiedenen
Zeiten hier vorkamen. Ja, trotz der Hinrichtung wurde mir
gestern noch berichtet, daß der Angeklagte J. M. Mendoza gesagt habe, wir würden früher oder später noch
büßen, was wir getan. Sie sehen hieraus, wie wenig diese
Leute eingeschüchtert sind; aber ich versäume inzwischen
keine Vorsicht. Die Angeklagten Mendoza haben aus
Furcht sich geflüchtet; — warum fliehen sie, wenn sie sich

97) *Nippold*, Die gegenwärtige Wiederbelebung d. Hexenglaubens, S. 11 f.

nicht schuldig wissen? Reine Wäsche bedarf keiner Seife!"
Dann folgt die republikanische Schluß- und Grußformel:
Libertad e independencia!

In der Tagespresse, die einem Bericht des „New-York
Herald" aus Mexiko vom 18. Mai folgte, wurden neben
dem genannten Weibe und ihrem Sohne noch Jose Maria
Bonilla und dessen Frau Diega genannt, als schon vor
jenen um des gleichen Verbrechens willen in Jacobo verhaftet, gerichtlich verhört und lebendig verbrannt, weil,
wie es in dem Bericht des dortigen Alcalde an den Prä-
fekten des Bezirks hieß, erwiesen worden wäre, daß sie
einen gewissen Schneider Zacarias behext hätten. Die Bun-
desregierung zu Mexiko schritt zwar dagegen ein, jedoch
zu spät. Ein weiterer Bericht hat das gleiche von einem
Mädchen gemeldet, das Haare ausgebrochen hatte, das einem
Strohkreuz aus dem Wege gegangen war und alle Häuser
vermieden hatte, an denen sich ein Hufeisen als Schloß
befand. Mit ihr wurde ihr kleiner Bruder verbrannt. — Auch
aus der Stadt Concordia wurde dann ein ähnlicher Prozeß
konstatiert. Doch fehlen uns hier offizielle Urkunden.

Das wären also von 1860 an wenigstens fünf mexika-
nische Hexenprozesse! Ein sechster spielte sich am 20. August 1877 zu San Jacobo ab, an welchem Tage daselbst
fünf Hexen verbrannt wurden. Der Alcalde Ignacio Castello
berichtet darüber an den Distriktspräsidenten: „— — Der
Unterzeichnete hat in Übereinstimmung mit der ganzen
Bevölkerung befohlen, die Schuldigen zu verhaften und zu
verbrennen. Es lebe die Unabhängigkeit und Freiheit!"

Zu dem Vorerwähnten könnten noch die zahlreichen Fälle
von Besessenheiten und viele andere Vorkommnisse, die
namentlich in der katholischen Kirche hervorgetreten sind,
hinzugefügt werden, um zu zeigen, welche Macht der
Aberglaube in der katholischen Kirche noch heutigentags
ist. Zum öfteren (z. B. in der Blutschwitzer-Prozedur zu
Zug im Jahre 1849) hat die Polizei von solchen die Massen
erregenden und vom Klerus darum sehr begünstigten Er-

scheinungen Notiz genommen, und die Gerichte haben dann jedesmal die dahinter steckende Betrügerei und Schwindelei aufgedeckt. Das schlimmste aber ist, daß die Orthodoxie, und nicht die der katholischen Kirche allein, den heidnischen Dämonismus und den Glauben an Hexerei auch noch im zwanzigsten Jahrhundert zu vertreten und zu lehren wagt.

G.W. du LEIBNITZ

SCHLUSS

Hat unsere Darstellung geleistet, was ihre Aufgabe war, so dürfen wir hoffen, dem Leser das Wesentliche des Hexenprozesses nicht nur in seiner äußeren Erscheinung, sondern auch in seiner Entwicklung und seinen Gründen vorgeführt zu haben. Unser Hauptaugenmerk war, um es wiederholt auszusprechen, dem modernen Hexenwesen, wie es vom Mittelalter auf die neue Zeit vererbt wurde, zugewendet, und unser Rückgreifen in das Altertum bestimmte sich vorzugsweise nach dem näheren oder entfernteren Grade der Verwandtschaft, in dem sich die einzelnen Elemente wie die ganze Auffassungsweise zu ihm ankündigen. Auf eine vollständige Darstellung der antiken Zauberei hat daher diese Schrift keinen Anspruch.

Wir haben die neuere Zauberei in fast allen Ländern der Christenheit mit einer Gleichförmigkeit auftreten sehen, die sich bis auf die überraschendsten Einzelheiten erstreckt. Sie hat fast nirgends nationale Hauptunterschiede, ihr Charakter ist ein universeller. Was aber hat diese Übereinstimmung vermittelt? Daß die allgemeine psychologische Disposition des Menschen zum Glauben an die Wirkung höherer Mächte hierauf nicht ausreichende Antwort gebe, ist an sich klar; denn wo liegt die psychologische Notwendigkeit, daß der Zauberglaube überall nur in diesen, zum Teil so höchst bizarren Formen sich habe entwickeln müssen?

Es muß also ein historischer Grund aufgesucht werden.

Dieser aber wird nicht weniger universell sein dürfen als die Wirkung. Er liegt weder in der deutschen noch in der nordischen Mythologie, weder in der Vergangenheit der Kelten noch in der Vorzeit der Slaven oder Mohammedaner. Alle diese Völker haben ohne Zweifel ursprünglich ihren nationalen Zauberglauben gehabt, der sich mit dem späteren allgemeinen verwebte und darin verschwamm; ihr Glaube hat weder innerhalb der eigenen Landesgrenzen die nationale Grundform bewahrt, noch die Vorstellungen der übrigen Völker zu normieren vermocht. Ja, dieser Glaube der einzelnen Nationen ist in seiner Urgestalt oft schwer zu erkennen, oder gänzlich zweifelhaft, weil der Forscher teils aus späteren, möglicherweise schon modifizierten Erscheinungen rückwärts schließen, teils zu schriftlichen Quellen seine Zuflucht nehmen muß, bei denen außernationale Einflüsse teils zu vermuten stehen, teils wirklich erwiesen sind. So wird Burkhard von Worms für die deutsche, Saxo Grammaticus für die nordische Mythologie mit großer Vorsicht zu gebrauchen sein.

Von universeller Bedeutung, wie für Wissenschaft und Kunst, ist das römisch-griechische Altertum auch für den Aberglauben der Völker geworden; nur trat hier noch ein zweites hinzu: das Orientalisch-Christliche. Jenes lieferte im wesentlichen das Material, dieses die Auffassungsweise. Bei den Kirchenvätern vermählte sich das Römer- und Griechentum mit dem Dämonismus des Morgenlands. Wohin durch den römischen Eroberer oder den wandernden Germanen der römische Aberglaube nicht verschleppt worden war, dahin brachte ihn der römische Kirchenlehrer und Heidenbekehrer, sei's durch die Polemik dagegen — denn er setzte sein Vorhandensein überall voraus — oder durch die Praxis. Mit dem Christentum kamen lateinische Sprache und Literatur, Dämonologie, befangene, aber auf den Bildungsgang Einfluß übende Priester zu Kelten, Germanen und Slaven. Was den Nationen eigentümlich gewesen sein mochte, assimilierte sich im Laufe der Zeit den ihnen zugetragenen mächtigeren Elementen. Wunder- und Teufelsglaube verschlang die in einigen Jahrhunderten des Mittelalters hervorkeimende hellere Ansicht. Selbst das zeitweise erfreuliche Anstreben zur Naturforschung ward unter diesen Gesichtspunkt gebracht. Die Dienerin hierarchischer Zwecke, die Inquisition, um Popularität und Einkommen verlegen, sah sich um nach einem Musterbilde aller Scheußlichkeit, die sie ihren Opfern leihen könnte, und unter ihren Händen bildete sich aus lauter bekannten Stoffen das Verbrechen der Hexerei. Den Teufel in der Gestalt, wie sie ihn ausgebildet vorfand, in die Mitte stellend, eignete sie ihm auf der einen Seite die traditionellen, mit jedem Jahrhundert gestiegenen Ketzergreuel der christlichen Kirchengeschichte, auf der anderen aber die Leib und Gut verletzenden, vom alten Gesetz verpönten Malefizien des römischen Heidentums samt allem aus den Dichtern bekannten Zauberspuk der Römer zu. Dies alles verband sich mit Hexerei zu einem Ganzen, während die frühere Zeit nur einzelne durch Zauberei verübte Künste oder Verbrechen gekannt hatte. Eine blutige Praxis lieferte so schlagende und zahlreiche Beweise zu der dämonischen Theorie, die man überdies der Bibel und dem römischen Rechte anzupassen wußte, daß bald jeder Zweifel vor der dreifachen Macht der Erfahrung, der Autorität und der Furcht verstummte und die auf jener Theorie gebauten Prozesse, begünstigt durch die oben entwickelten Verhältnisse, bis an unsere Zeit heranreichen konnten. Ohne die römische Literatur, ohne die ebenso eigentümliche wie weitgreifende Vermittlung der kirchlichen Auffassungsweise, ohne die mannigfaltigen, stets sich erneuernden Nebeninteressen der an der Ausübung Beteiligten wäre die Erscheinung jenes überall gleichförmigen, nicht mehr nationalen, sondern europäischen oder vielmehr christenheitlichen Aberglaubens ebenso unbegreiflich, wie sie vollkommen erklärlich wird, sobald man sie als Resultat jener vereinigten Potenzen betrachtet. Wir finden wenigstens in der Hexerei nicht einen einzigen Hauptzug, der nicht in einer der angedeuteten Beziehungen oder in allen zusammen aufginge. Es führt vielmehr überall ein sachlich, örtlich und zeitlich lückenloser Weg vom Gewordenen zur Quelle zurück.

Allerdings ist es versucht worden, das Hexenwesen der letzten Jahrhunderte in anderer Weise zu erklären. Einige dieser Versuche wollen das Ganze, andere nur Einzelheiten aufhellen. Sie wären vielleicht anders gestellt worden, wenn ihre Urheber nicht zum Teil von irrigen Voraussetzungen in bezug auf Umfang, geographische Verbreitung und Bildungsepochen des Hexenwesens ausgegangen wären.

Jakob Grimm hat in der Mythologie mit gewohnter Gelehrsamkeit und Kombinationsgabe eine treffliche Übersicht des deutschen Hexenwesens und scharfsinnige Forschungen über viele seiner Einzelheiten gegeben. Er geht von den unbestreitbaren Sätzen aus, daß die alten Deutschen Zauber und Zauberer kannten (S. 579), daß das Christentum den Begriff zauberübender Weiber als heidnischen vorfand, aber vielfach veränderte (S. 587). Namentlich rechnet er unter diejenigen Vorstellungen, die sich unter den Deutschen erst nach der Annahme des Christentums erzeugten, den Glauben an die nächtlichen Hexenfahrten und die damit verbundenen abscheulichen Begehungen (S. 594). Somit fällt das eigentliche Hexenwesen gar nicht in das Gebiet der deutschen Mythologie, und die Aufgabe des Mythologen hätte schon mit der Erörterung des heidnisch-deutschen Zauberwesens ihre vollständige Lösung erhalten[1]. Aber über dieses Zauberwesen ist wenig zu sagen, und wie Grimm überhaupt seinem Werke die dankenswerte Ausdehnung gegeben hat, daß er die Schicksale und Nachwirkungen des Heidnischen weiter herab verfolgt, so hat er auch hier die einzelnen Momente des germanischen Heidentums nachzuweisen gesucht, die in das Hexentum der christlichen Zeit ablaufen oder ihm Anhaltspunkte geben mochten. Hierbei verkennt er nun keineswegs die Masse des eingedrungenen Undeutschen, weist vielmehr häufig auf die zahlreichen Analogien gleichzeitiger Erscheinungen des Auslands und die des klassischen Altertums hin; aber im ganzen spricht er dem germanischen

---

1) Gegen diese Ansicht *Weinhold*, Zur Gesch. des heidn. Ritus, S. 15.

Wesen selbst immer noch weit mehr Nachwirkungen zu, als wir einräumen zu dürfen glauben. Daß solche Nachwirkungen, sowohl alter Zaubervorstellungen selbst als auch mancher Einrichtungen, die eine spätere Zeit auf Zauberei umdeuten mochte, im allgemeinen möglich seien, bestreiten wir nicht; aber die von Grimm angegebenen sind wenigstens in der Ausdehnung, wie sie der verehrte Forscher nimmt, nicht wahrscheinlich.

Wir müssen etwas mehr ins einzelne gehen.

Grimm glaubt, daß „bis auf die jüngste Zeit in dem ganzen Hexenwesen ein offenbarer Zusammenhang mit den Opfern, Volksversammlungen und der Geisterwelt der alten Deutschen zu erkennen sei". (S. 587.) Um dieses zuvörderst hinsichtlich der Opfer zu erläutern, verweist er auf jene Stelle der lex Salica, wo, der gewöhnlichen Erklärung zufolge, von dem Hexenkessel und dem Kochen der Hexen die Rede ist, erinnert hierauf an die Heilighaltung des Salzflusses, um den sich die Chatten mit den Hermunduren schlugen, und stellt dann die Vermutung auf, daß das Salzbereiten in Kesseln von Priesterinnen als heiliges Geschäft, vielleicht mit Opfern und Volksversammlungen, betrieben worden sei. An dieses Salzsieden nun habe sich die spätere Volksansicht von der Hexerei angeschlossen. „An gewissen Festtagen stellen sich die Hexen in dem heiligen Wald, auf dem Berge ein, wo das Salz sprudelt, Kochgeräthe, Löffel und Gabeln mit sich führend; Nachts aber glüht ihre Salzpfanne." Diesen Vermutungen soll zustatten kommen ein Gedicht aus dem dreizehnten Jahrhundert, dessen Verfasser ungläubig von den Hexen sagt:

> Daz ein wîp ein chalp rite,
> Daz wären wunderlîche site,
> ode rit ûf einer dehsen,
> ode ûf einem hûspesem
> nâch salze ze Halle füere;
> ob des al diu welt swüere,

doch wolde ich sîn nimmer gejehen,
ich enhet ez mit mînen ougen gesehen,
wand sô würde uns nimmer tiure
daz salz von dem ungehiure.

Wir möchten hiergegen folgendes einwenden. Der Hexenkessel der späteren Zeit ist nicht zu bezweifeln, der in der lex Salica aber ist ebenso fraglich, wie die ganze Stelle noch kritisch und exegetisch im argen liegt. Das zitierte Gedicht, worin die Hexen nach Salz zu Halle fahren, enthält unstreitig einen Zug des Volksglaubens, der von Interesse ist, der aber so vereinzelt dasteht, daß wir ihm in dem gesamten Hexenwesen nicht weiter begegnet sind. Vielmehr sind die Hexen sonst überall dem Salze so abgeneigt, daß es sogar bei ihren Festmahlzeiten regelmäßig fehlen muß. Ich möchte daher hierin nur eine lokale Beziehung auf die Heimat des Dichters erkennen, deren Aberglauben er bekämpft. Wenn nun die Salzbereitung durch die neueren Hexen im allgemeinen ebenso entschieden in Abrede gestellt werden muß, wie der Salzkessel der alten im salischen Gesetze zweifelhaft ist, so scheint es, daß sich auch durch die Annahme des Salzkochens durch altdeutsche Priesterinnen kein Zusammenhang zwischen alter und neuer Hexerei herstellen lasse.

Weiter ist Grimm der Ansicht, „daß Zeit und Ort der Hexenfahrten sich gar nicht anders erklären lassen als durch Bezugnahme auf Opfer und Volksversammlungen. Zu Walpurgis, Johannis und Bartholomäi, wo die Hexen ihre Hauptfeste feiern, seien auch germanische Opferfeste und Gerichtstage gewesen. Seine ehrliche Gerichtzeit hätte das Volk nicht den Hexen eingeräumt, wären diese nicht im althergebrachtem Besitze gewesen". (S. 591.) — Wir haben nirgends eine Spur davon gefunden, daß die heidnischen Germanen Hexenfahrten an diese bestimmten Tage gebunden hätten; den christlichen aber, die dies taten, mußte eine Beziehung der Sache auf ihre eigenen Verhältnisse näher liegen, als auf die heidnische Vergangenheit. Außer jenen drei Epochen finden sich, wie oben nachgewiesen ist, auch Ostern, Pfingsten, Weihnachten und Jakobi. Wir haben hier, Walpurgis ausgenommen, lauter hohe Kirchenfeste und ausgezeichnete Heiligentage vor uns; wenn diese das christliche Volk den Hexen ließ, warum nicht noch weit eher seine Gerichtstage, auch ohne althergebrachten Besitz? Es gehörte gerade zu den Grundvorstellungen von der Hexerei, wie sie von den Inquisitoren ausgebildet wurde, daß sie gegen das Christentum Opposition machte und auf Nachäffung und Schändung seiner Feste und Zeremonien ausging. Nur aus dem angenommenen Grundsatze, daß der Teufel der Affe Gottes sei, glauben wir die Wahl jener Zeiten für die Hexenfahrten erklären zu müssen, nicht aus den heidnisch-germanischen Volksgewohnheiten. Ob das Maireiten überhaupt unter diese letzteren gehöre, scheint noch sehr zweifelhaft; bei Grimm sind wenigstens keine sehr alten Belege dafür beigebracht (S. 449, 450). Maifeste im allgemeinen gab es auch schon im Altertum. Außer den von Grimm hierüber angezogenen Stellen (S. 452) dürfte hier gelegentlich noch die Majuma zu erwähnen sein (Cod. Justin. lib. XI. Tit. 45), worin wir nach Suidas v. Μαιουμᾶς eine Art von Schifferstechen erkennen müssen, und die mit dem von Olaus Magnus beschriebenen Mairitte der Schweden wenigstens das gemein hat, daß kämpfende Jünglinge in beiden das Volk belustigen.

„Noch deutlicher zu" — fährt Grimm fort — „trifft die Örtlichkeit. Die Hexen fahren an lauter Plätze, wo vor alters Gericht gehalten wurde oder heilige Opfer geschahen[2]. Ihre Versammlung findet statt auf der Wiese, am Eichwasen, unter der Linde, unter der Eiche, an dem Birnbaum, in den Zweigen des Baumes sitzt jener Spielmann, dessen Hülfe sie zum Tanz bedürfen. Zuweilen tanzen sie auf dem peinlichen Richtplatz, unter dem Galgenbaum. Meistens aber werden Berge als Orte ihrer Zusammenkunft bezeichnet,

---

2) *Riezler*, S. 14.

Hügel (an den drei Büheln, an den drei Köpchen) oder die höchsten Punkte der Gegend." Es werden sodann viele solcher Berge namentlich aufgeführt. Die Beziehung dieser Hexenlokalitäten auf Opfer und Gerichtswesen erscheint uns — wir müssen es gestehen — so wenig als die einzig mögliche, daß wir sie vielmehr für eine gezwungene halten müssen. Wenn die späteren Dämonologen und Prozeßakten berichten, daß die nächtlichen Zusammenkünfte auf der Wiese, am Eichwasen, am Birnbaum, an den drei Büheln auf diesem oder jenem Berge stattfinden, was nötigt hierbei an die Opfer- und Gerichtsplätze der deutschen Vorzeit zu denken? Irgendwo, wenn überhaupt, muß doch der Ort der Vereinigung sein, und die Richter haben stets nach ihnen gefragt. Da hat man bald auf ganz gleichgültige Lokalitäten der nächsten Umgegend, bald, was mehr im Charakter lag, auf einsame schauerliche Orte, Heiden, schwer zugängliche Berghöhen usw. bekannt. Zuweilen treiben auch, worin sich wieder das christenfeindliche Element zeigt, die Hexen vor den Kirchen, ja in ihnen selbst ihr gottloses Wesen. Berge, die ihre Gegend so beherrschen wie der Brocken das norddeutsche Flachland, kamen eben darum wohl auch in ausgebreiteteren Ruf als andere, die nicht so vereinzelt stehen. Deutschland hat viele ausgezeichnete Hexenberge und außerdem zahllose untergeordnete, nur in der nächsten Nachbarschaft genannte Lokalitäten. Deutschland unterscheidet sich auch hierin nicht vom Ausland; auch anderwärts versammeln sich die Hexen auf Bergen und Heiden, Wiesen und Feldern, unter Bäumen und heiligen Kreuzen.

Den Glauben an die Hexenfahrten endlich leitet Grimm ab aus einer Mißdeutung der gottesdienstlichen Zusammenkünfte, die nach der Einführung des Christentums von heimlichen Anhängern der alten Religion fortgesetzt worden seien. „Wenn auch" — sagt er S. 593 — „der große Haufen für die neue Lehre gewonnen war, einzelne Menschen blieben eine Zeitlang dem alten Glauben treu, und verrichteten insgeheim ihre heidnischen Gebräuche. Von solchen Heidinnen ging nun Kunde und Überlieferung unter den Christen, die Dämonologie des Altertums mischte sich hinzu, und aus Wirklichkeit und Einbildung erzeugte sich die Vorstellung nächtlicher Hexenfahrten, bei welchen alle Greuel der Heidenschaft fortgeübt würden." Es fragt sich hier, ob nicht auch unabhängig von den genannten Zusammenkünften der Heidinnen die Dämonologie des Altertums gewirkt haben möge, und zwar ganz, was ihr hier nur zur Hälfte zugewiesen wird. Nach Grimm wäre die Vorstellung von den Hexenfahrten immerhin erst unter den Christen erzeugt worden, also ein Irrtum der Christen; der Kanon Episcopi aber verdammt sie geradezu als einen Rückfall in errorem Paganorum. Somit haben ihn in seiner damaligen Gestalt — denn später bildete er sich wieder anders — die Christen nur übernommen, nicht erzeugt. Aus welchem Heidentum aber stammt er? Aus dem deutschen gewiß nicht; dieses kennt keine Nachtfahrten in Masse (s. Grimm, Myth. S. 593). Also doch wohl aus dem römischen. Daß die deutschen Christen diesen Aberglauben im elften Jahrhundert bereits hatten, folgt weniger daraus, daß Burkhard hierauf bezügliche Stellen überhaupt aufgenommen hat — er gibt oft Ausländisches — als aus der deutschen Benennung, die er in eine angeblich aus den Beschlüssen des Konzils zu Agath (Agde in Languedoc) von 506 entnommene Stelle einschiebt: Credidisti, ut aliqua femina sit, quae hoc facere possit, quod quaedam a diabolo deceptae se affirmant necessario et ex praecepto facere debere, id est cum daemonum turba in similitudinem mulierum transformata, quam vulgaris superstitio holdam (al. unholdam) vocat, certis noctibus equitare debere super quasdam bestias, et in eorum se consortio annumeratam esse (Burchard. Decret. lib. XIX. cap. 5). Ob übrigens gerade in dieser Stelle Grimms Vermutung, daß eine einzelne Gottheit der alten Deutschen Holda geheißen habe, in deren Gefolge man später die Nachtweiber verwiesen, eine Stütze finde (S. 165, 594), lassen wir, da es nicht weiter zur Sache gehört, dahingestellt sein. Ist der Text bei Burkhard unverderbt, so würde das Wort holda (Substantiv oder Adjektiv?) auf die ganze Schar der nachtfahrenden Dämonen zu beziehen sein.

Wenn nun Grimm der neueren Hexerei nur einen losen und meist indirekten Zusammenhang mit dem Wesen unserer heidnischen Vorfahren zuerkennt, und dieser Zusammenhang, unsern obigen Bemerkungen zufolge, nicht einmal in dem von diesem Gelehrten angenommenen Maße erweislich scheint: so werden gewisse viel weiter gehende Ansichten einiger anderer Gelehrten um so leichter als unhaltbar hervortreten.

Mone[3] führt das Hexenwesen, und namentlich den Sabbat, auf Hekate und die alten Bacchanalien zurück, die den Deutschen schon während ihres Aufenthalts am Schwarzen Meere bekannt worden seien.

Zum dritten Male wird das Hexenwesen als Kult der alten Deutschen von Jarcke herangezogen[4]. Dieser sagt: „Wenn wir die Gesetze Karls des Großen zur Ausrottung des heidnischen Glaubens unter den Sachsen — den indiculus superstitionum — — — den gewöhnlichen Zusatz more paganorum etc. betrachten, und damit in Verbindung bringen, was in den skandinavischen Sagen über Zauberei und Gewalt des Menschen sogar über Wind und Wetter gesagt wird: so dürfte die Behauptung nicht zu gewagt erscheinen, daß das Zauberwesen und der Zauberglauben im Mittelalter zunächst eine Tradition aus der heidnisch-germanischen Zeit, eine im Volke lebende heidnische Naturkunde und Naturreligion gewesen sei, die auch ihre — freilich

---

3) Anzeiger zur Kunde der deutschen Vorzeit, 1839, S. 119 ff. — 4) „Ein Hexenprozeß aus der Mitte des siebenzehnten Jahrhunderts, mit einer Nachricht über das Verbrechen der Zauberei" (in *Hitzigs* Annalen der deutschen und ausländischen Kriminalrechtspflege, B. I, 1828, Seite 431—456) und „Beitrag zur Geschichte der Zauberei" (ebendas. B. II, S. 182—194) und in seinem „Handbuch des Strafrechts" S. 54 ff.

antichristlichen und, vom religiösen Standpunkt aus betrachtet, dämonischen — Zeremonien und Sakramente hatte. Die heidnische Naturreligion wurde dann später im Kampfe mit christlichen Prinzipien und nachdem die christliche Lehre vom Teufel in das Bewußtsein des Volks übergegangen war, zu einer dem Christentum und allem Göttlichen feindlichen, und zu einem wahren Teufelsdienste, indem die alte Naturwissenschaft selbst von denen, die ihre Geheimnisse kannten und ausübten, als etwas vom Teufel Ausgehendes angesehen wurde. — — — — Daher die Erscheinung, daß eine Einweihung in jene Künste zuletzt wirklich die äußere Form der Ergebung an den Teufel annahm."

Wie Jarcke aus den gegebenen Voraussetzungen die gezogenen Folgerungen rechtfertigen will, vermögen wir nicht einzusehen. Es sind hier ganz verschiedene Dinge zusammengebracht. — Die fränkischen Kapitularien verbieten an verschiedenen Stellen heidnischen Götzendienst im allgemeinen und besondern, an andern wieder einzelne Arten des Zauberglaubens und darauf sich beziehende Handlungen. Der Indiculus superstitionum inbesondere, der dem Kapitulare von 743 angehängt ist, erwähnt in dreißig Rubriken, wozu der Text fehlt, verschiedene Gegenstände, worüber Beschlüsse gefaßt worden zu sein scheinen. Etliche Artikel handeln vom Götzendienst[5], andere von Sakrilegien[6], noch andere von verschiedenen Arten des Aberglaubens, auch des christlichen[7], fünf Artikel endlich schlagen ins Gebiet des Magischen ein. Nämlich: X. de phylacteriis et ligaturis; XII. de incantationibus; XIII. de auguriis vel avium vel equorum, vel bovum stercore, vel sternutatione; XIV. de divinis et sortilegiis; XXX. de eo quod credunt, quia feminae lunam commendent, quod possint corda hominum tollere juxto paganos. Nirgends aber sind Zauber-

---

5) VIII. de sacris Mercurii et Jovis. — 6) I. de sacrilegio ad sepulchra mortuorum; V. de sacrilegiis per ecclesias. — 7) XIX. de petendo quod boni vocant Sanctae Mariae; IX. de sacrificio, quod fit alicui Sanctorum.

glaube und Zauberübungen in Beziehung zu einer heidnisch-germanischen Naturreligion gesetzt; ja es ist noch überhaupt die Frage, ob in allen diesen Punkten ausschließlich und ursprünglich Germanisches verboten sei. Mitten unter den Franken lebten ja Romanen. Phylakterien, Inkantationen, Augurien, Sortilegien, herzfressende Weiber und Wettermacher (dies ist's, was wir im wesentlichen in den Kapitularien finden) kannten schon die Römer; die christlichen Kaiser und außerdeutsche Konzilien hatten zum Teil längst verboten, was hier nur wiederholt wird. Was nun die „heidnische Naturkunde" anbelangt, so tritt diese hierin ebensowenig hervor; denn man wird doch nicht das eingebildete Beherrschen von Wind und Wetter dahin rechnen wollen. Daß Naturkundige zuweilen als Zauberer verschrien worden sind, ist freilich bekannt genug; man denke aus der heidnischen Zeit an Apulejus, aus der christlichen an Gerbert, Constantinus Africanus, Roger Bacon, Raimund Lullus und viele andere! Doch diese alle schöpften nicht aus einer „im Volke lebenden heidnischen Naturkunde", sondern erhoben sich über das Volk und waren nicht Deutsche. Aber Jarcke scheint, einer anderen Stelle zufolge, geneigt, die Hexerei an „das dunkle Gebiet des tierischen Magnetismus" anzuknüpfen (S. 431). Hiervon wird weiter unten die Rede sein. Warum aber mag jene im Volke lebende, mit Zeremonien und Sakramenten verbundene heidnische Naturkunde und Naturreligion im Kampfe mit dem Christentum zuletzt so sehr das Selbstbewußtsein verloren haben, daß „die alte Naturwissenschaft selbst von denen, welche ihre Geheimnisse kannten und ausübten, als etwas vom Teufel ausgehendes angesehen wurde"? Schlimm für jene Eingeweihten, sie mochten recht haben oder irren! Ob man überhaupt mit Jarcke annehmen will, „daß eine Einweihung in jene Künste zuletzt wirklich die äußere Form der Ergebung an den Teufel angenommen habe", das wird zunächst von den Begriffen abhängen, die man sich vom Teufel bildet, und dann von der Glaubwürdigkeit, die man den Legenden und Hexenakten beizumessen geneigt ist. In keinem Fall aber sind die Teufelsbündnisse, weder die einseitig versuchten, noch die gegenseitig vollzogenen, noch endlich die eingebildeten, auf deutschem Boden gewachsen. Der Vicedominus Theophilus, von dem die älteste Teufelsergebung berichtet, war weder Naturkundiger noch der deutschen Naturreligion ergeben, sondern ein Verehrer der Jungfrau Maria, die ihn rettete, weil er sie unter allen zuerst wieder versöhnte, als er sich dem Bösen ergeben hatte. Sodann nehmen die Teufelsergebungen durch Gerbert und die französischen Katharer ihren Weg und langen erst mit dem Kusse, den die Stedinger dem bleichen Manne darbringen, in Deutschland an. Die Teufelsergebung der französischen Hexen wird erst gegen das Ende des dreizehnten Jahrhunderts, die der deutschen noch später amtlich ermittelt.

Manche haben als Grundlage der Hexerei und der Hexenverfolgung einen wirklichen, aber falsch aufgefaßten Tatbestand, ein eigentliches corpus delicti, zu erkennen geglaubt, an das dann abergläubische Meinungen angeknüpft worden seien. Dahin gehört z. B. Lambergs[8] Vermutung, daß die sogenannten Hexensabbate in der Wirklichkeit nur Zusammenkünfte zur Befriedigung der Wollust gewesen seien, in denen Landstreicher, Straßenräuber, Zigeuner oder auch vornehmere Wüstlinge ihrer Sicherheit wegen sich als Teufel vermummt und so ihren Opfern jede Denunziation vor Gericht unmöglich gemacht hätten.[9] Diese Vermutung wurzelt ohne Zweifel in dem Bedürfnisse, dem regelmäßig in den Akten wiederkehrenden Bekenntnis einer teuflischen Buhlschaft irgendeinen realen Grund unterzulegen; aber sie hätte dennoch nicht von einem Gelehrten aufgestellt werden sollen, der achthundert bambergische Prozesse durchgelesen hat. Solche Bekenntnisse sind von Individuen, die als neunjährige Mädchen oder greise Mütter-

---

8) Kriminalverfahren bei Hexenprozeß im Bistum Bamberg etc. § 5. —
9) *Cardanus* (de rerum varietate XV, 80).

chen die Begierde eines Wüstlings nicht leicht reizen mochten, ebensogut abgelegt worden wie von reifen Dirnen; und bei den letzteren hieße es wenigstens eine unbegreifliche Dummheit und Widernatürlichkeit voraussetzen, wenn sie massenweise in eine so plumpe Falle gegangen wären. Wie reimt es sich ferner, daß hier der menschliche Verführer zur Teufelsmaske greift, während, wenn wir die Akten hören, der Teufel in der Regel wenigstens das erstemal die Vorsicht gebraucht, als schmucker Kavalier oder doch sonst in menschlicher Gestalt aufzutreten? Was die Hexen über das Physiologische des teuflischen Concubitus aussagen, hätte anders ausfallen müssen, wenn sie mit verkappten Männern zu tun gehabt hätten; ebenso das, was von den Folgen berichtet wird. Die Frucht eines menschlichen Beischlafes wäre in den meisten Fällen wohl ein Kind gewesen, wovon in der Regel nichts gemeldet wird, und nicht Elben, Eidechsen und Würmer, von denen die Akten sprechen.

„Es kann einem bei Lesung der protokollarischen „Geständnisse" der Hexen unmöglich entgehen, daß in sehr vielen Fällen „die teuflische Bestrickung", welcher Mädchen, namentlich sehr junge, unterlegen zu sein glaubten, in Wahrheit nur Veranstaltungen einer ruchlosen Kuppelei gewesen", sagt Johannes Scherr[10], und ich teile seine Meinung, wenn ich mich auch hüte, derartige Vorkommnisse zu verallgemeinern. Die Verfasser dieses Werkes bekämpfen zwar diese Annahme, da ihnen die Beweise dafür fehlten und sie als abstrakte Buchstabenmenschen niemals zwischen den Zeilen lesen wollten. Was nicht bewiesen werden kann, ist für sie nicht vorhanden. Annahmen gelten ihnen nichts. Nun sind aber urkundliche Belege dafür vorhanden, daß sich verwegene Lüstlinge hinter Teufelsmasken gesteckt haben, um junge, überspannte Weiber zu verführen. Leichte Eroberungen sind und waren nicht nach jedermanns Geschmack, und die Gefahr bei der

---

10) Gesch. der deutsch. Frauenwelt, 5. Aufl., Leipz. 1898, II. Bd., S. 147.

Verführung übte auf viele Männer einen bestrickenden Reiz aus, der sie das Schwerste wagen ließ. Aber im Grunde genommen war es nur ein unbedeutendes Wagnis, sich als Teufel eine Frau gefügig zu machen. Der Verführer leugnete einfach seine Tat und beschuldigte den Teufel, seine Person nachgeahmt zu haben. Die Gerichtsherren glaubten ihm das gern, denn sonst wären sie um ihren Hexenprozeß gekommen. Zahllos sind denn auch die Bekenntnisse von Hexen, die dem Teufel in der Gestalt eines guten Bekannten unterlegen sind.[11] Derartig pervers veranlagte Don Juans, die sich von der Entlohnung des Liebesdienstes drücken, gibt es heute[12], wie sie im sechzehnten und siebzehnten Jahrhundert unter den genußsüchtigen Bürgern, den halbvertierten Soldaten und den auf ihrer großen Tour mit allen Lastern gespickten Adeligen nicht selten gewesen sein mögen. „Offenbar" haben damalige Wüstlinge „die vorhandene Neigung zum Abfalle in den unteren Ständen, den Reiz geheimer Künste und Genüsse zu desto gesicherterem Betreiben ihrer Schändlichkeiten benutzt", sagt Vilmar[13], und Ludwig Lavater schreibt 1568 (S. 29): „Etwan legend mutwillige Gesellen Tüfelskleider an oder schlahend sonst Lylacken um sich und erschreckend die lüt, do vil einfalter lüt nit anders münend, dann der bös Geist oder sunst ein Unghür seie innen in Lybsgestalt erschienen."

Wie skrupellose Kupplerinnen sich den herrschenden Aberglauben zunutze machten, hübsche, dumme Mädchen auszubeuten, geht unwiderleglich aus jenem Prozeß hervor, den Nikolaus Putter 1678 in seiner Dissertation „Was von den Hexen Bekänntniß zu halten etc." anführt.

Das Bauernmädchen Lucie Bertitsch bekennt ohne Tortur aus freien Stücken seine Buhlschaften, die es in seinem zwölften Jahr begonnen. Sie hat „mit allen den drei ihr

11) *Volk*, Hexen in der Landvogtei Ortenau etc., Lahr 1882, S. 18 ff. — 12) Don Juan, Casanova und andere erotische Charaktere, Stuttg. 1906. — 13) *Janssen-Pastor*, VIII, 582.

von den gottlosen Lehrmeistern als Bräutigam gegebenen Geistern viele Male den Beischlaf geübt, offenbar mit solchem Ergötzen, daß sie selbst dann, als sie vor den Richter gebracht und auf die Inquisitionsfragen zu antworten aufgefordet wurde, kaum ohne einiges Gefühl der Freude sich dessen erinnern konnte". Die an Erotismen reichen Schilderungen des Mädchens zeigen so überaus deutlich den Mißbrauch, den man mit diesem armen Geschöpf getrieben, daß es kaum zu fassen ist, wie die Rostocker Fakultät auf Tod durch das Feuer erkennen konnte.

Jener Soldat Joseph Mäcklin, der im Offenburgischen das Verführen geschäftsmäßig betrieb, die Weiber mit sich nahm und sie dann sitzen ließ, wenn er ihre Ersparnisse durchgebracht hatte, darf als typische Erscheinung für jene Gesellen gelten, die sich gelegentlich auch für Teufel ausgaben. „Merklin hieße besser „Kräutlin", „Hämmerle", „Federle" oder „Hölzlin", welche Namen wirklich einzelne Geschlechter der Gegend führten; denn solche Erscheinungen sind für den Hexenwahn das Vorbild des buhlerischen Unbekannten, der in allen Hexenprozessen mit so überraschendem Glück beim ersten Anlauf die Frauen zur Hingabe überredet."[14]

Janssen-Pastor führen eine ganze Anzahl von Quellen an, nach denen „Wüstlinge, fahrende Schüler, Landsknechte, Kupplerinnen und Buhldirnen" die Rollen der Teufel und Teufelinnen spielten[15]. Im viscontischen Palast bei S. Giovanni im Conca zu Mailand schreckten ein Amant und seine Leute in den Masken von Teufeln den Gemahl der Geliebten[16].

In den Gleichenberger Hexenprozessen sind untrügliche Belege dafür vorhanden, daß nervöse, vielleicht hysterische Weiber und nicht zum wenigsten junge, verlassene Frauen von den Leitern der Gleichenberger Hexen-

14) *Volk*, Ortenau, S. 152. — 15) *Janssen-Pastor*, VIII, 581 f. *Kiesewetter*, Gesch. des Okkultismus, Leipzig 1891—96, S. 586. — 16) *Jakob Burckhardt*, Die Kultur der Renaissance, 8. Aufl., II. Bd., S. 253.

sabbate mißbraucht worden sind. „Wir begegnen unter den Angeklagten sechsmal jungen Ehefrauen, die von ihren — mehrfach betrunkenen — Männern schlecht behandelt werden und in dem Bösen einen Tröster finden, der zum Schluß von den weitesten Rechten Gebrauch macht[17]."

Und wenn solch ein von Todesahnen, Folterqualen und Seelenschmerz gepeinigtes Weib niederkam, so sah die Mutter wohl selbst in der Frucht einen Wechselbalg. Zur Elbe und zum Kielkropf aber wurde der abortierte Embryo.

Ganz verfehlt ist es natürlich, aus solchen Vorfällen einen Schuldbeweis für die Hexen zu konstruieren, wie es versucht worden ist. Auch Wuttke glaubte an die sittlich-religiöse Verkommenheit der Hexen, was aber der Herausgeber der dritten Auflage des Deutschen Volksaberglaubens, Elard Hugo Meyer, einer der bedeutendsten Kenner des deutschen Volkstums, ärgerlich widerlegt[18].

Ferner hat man die sogenannten Bezauberungen von Menschen und Vieh durch eigentliche Giftmischerei zu erklären gesucht. Wer will in Abrede stellen, daß Substanzen, die dem tierischen Organismus schaden, der Vergangenheit ebensogut bekannt und zugänglich waren wie der Gegenwart? Aber das Strafrecht war sich auch eines Unterschiedes zwischen Vergiftung und Zauberei bewußt und setzte auf jene eine andere Strafe als auf diese. Wo darum wirkliche Vergiftung vorkam, ist zwar die Möglichkeit, aber nicht die Wahrscheinlichkeit vorhanden, daß der unverständige Richter sie für Zauberei nahm; wo uns aber in den Hexenakten das Wort Gift begegnet, da ist es in den wenigsten Fällen in der jetzt gebräuchlichen engeren Bedeutung, sondern fast durchgängig (gleich dem lateinischen veneficium) als Zaubermittel zu fassen. So kocht eine brandenburgische Hexe „Gift" aus einer Kröte, etwas

17) *Dr. Wilhelm Ruland*, Steirische Hexenprozesse, Zeitschr. für Kulturgesch., Weimar 1898, 2. Ergänzungsheft, S. 50 ff., s. a. *Schweizer,* Züricher Jahrbuch, S. 53. — 18) a. a. O., S. 124, Abs. 212.

Graberde und Holz von einer Totenbahre und schüttet es in einen Torweg, durch den jemand kommen soll. Eine andere kocht ein „Vorgift" aus Asche und gießt es vor die Türe einer Edelfrau, damit diese, wenn sie darüber schritte, kinderlos bliebe; eine dritte vergräbt „Gift" im Hofe, um Pferde zu bezaubern; eine vierte verlähmt Kinder durch einen „giftigen Guß"; eine fünfte richtet zur Tötung einen „Gifttrank" aus Schlangen zu; eine sechste macht durch ein „gegossenes Gift", daß ihr Feind verarmt usw. Vorstehende Beispiele sind sämtlich aus den von Raumer mitgeteilten brandenburgischen Akten entnommen und könnten aus andern Quellen vielfach vermehrt werden. Wenn nun zwischendurch vorkommt, daß eine Inquisitin jemand „mit einem großen Gift vom Leben gebracht", oder ein Kind „mit Gift in einem Löffel voll Pappe vergeben habe", so sind dieses mindestens zweifelhafte Ausdrücke, die wegen ihrer Zusammenstellung mit den übrigen eher auf Zauberei als auf eigentliche Vergiftung zu deuten sein werden. Daß die Hexen im Rufe standen, durch gewöhnliche Nahrungsmittel, die man ihnen abnahm, eine Krankheit bewirken zu können, ist bekannt. Die als Gift bezeichneten Mittel sind in der Regel mehr ekelhaft als schädlich; aber dessenungeachtet wirken sie, den Akten zufolge, auch wenn sie ausgegossen oder ausgestreut werden, jedesmal nur auf bestimmte Personen und für bestimmte Zwecke[19]. Salben und Pulver spielen in dem Hexenapparate eine große Rolle. Sie werden von den Inquisiten nach Farbe und Bestandteilen sehr abweichend, in der Wirkung aber übereinstimmend beschrieben. Diese Wirksamkeit aber haben die Mittel nicht an sich, sondern nur in der Hand der Hexe, wie Remigius, der in diesen Dingen Vielerfahrene, bemerkt. Dieser Mangel an natürlichem Zusammenhang zwischen Mittel und Wirkung sollte schon an sich auf den richtigen Gesichtspunkt leiten. Man hat die Angeklagten erst gezwungen, zu gestehen, daß sie gezaubert,

19) *Remigius*, Dämonolatrie, Teil II, Kap. 8.

Hans Francken, Vorbereitungen zur Ausfahrt

und dann hat man, wozu der Art. 52 der Karolina verpflichtet, gefragt, womit und wie sie gezaubert haben.

Es versteht sich von selbst, daß, wenn wir auch die Giftmorde der Hexen in weitester Ausdehnung zugeben wollten, damit immer nur ein sehr kleiner Teil des gesamten Hexentums erklärt wäre.

Um den Glauben an die objektive Wahrheit der von Hexen bekannten Handlungen steht es also im einzelnen wie im ganzen sehr mißlich. Darum haben manche jenen wunderbaren Erlebnissen nur eine subjektive Existenz in der Vorstellung der Hexen einräumen zu müssen geglaubt. Die Hexen sollen sich entweder durch Krankheit oder durch künstliche Mittel in einem Zustande höchster Exaltation befunden haben, in dem sie das, was ihre wüste Phantasie ihnen vorgaukelte, für Wirklichkeit nahmen und als solche, oft sogar ohne Zwang, zu den Akten brachten. So meinen schon Weyer[20], Bacon von Verulam[21] und Rudolf Reuß[22], daß die Hexen mittelst ihrer Salbe sich zu jener Tätigkeit der Einbildungskraft steigern, vermöge deren sie zu fliegen, in Tiere verwandelt zu sein oder mit dem Teufel zu buhlen glaubten. Über die Bestandteile dieser Salbe haben wir teils Nachrichten in den Akten selbst, teils neuere Vermutungen; jene wie diese gehen auseinander. In busekkischen Akten heißt es darüber: „Actum den 29. April. A. 1656.... Frage: Woraus dann die Hexensalbe gemacht werde? Resp. Aus den Hostien, welche sie und alle Hexen beym abendtmahl in der Kirchen auß deme Mundt genommen, in der handt behalten, dem Teuffel beym Hexen Danz geopffert und solche nachgehents wieder von Ihme bekommen, den heiligen Wein empfangen sie in der Kirche in gedancken auch ins Teuffels nahmen. Sie P. Beklagtinn seye da bevor umb ein Kindt kommen, das habe sie auch dazu gebraucht. Die scheiden Möllerin, die Butsch, deß

20) De praestig. daemon. B. III, Kap. 17. — 21) Silva silvarum, Cent. X. p. 501, ed. Amstelod. — 22) La sorcellerie au 16. et au 17. siècle, Paris, 1871, Seite 130 ff.

Herrn Fraw haben die Salben helffen kochen." Bei Weyer finden sich folgende Rezepte: Gesottenes Kinderfett, Eleoselinum, Aconitum, Pappelzweige, Ruß; oder: Sium. Acorum vulgare, Pentaphyllon, Fledermausblut, Solanum somniferum, Öl. Cardanus gibt eine andere Zusammensetzung an. Eschenmaier vermutet, daß das tollmachende Bilsenkraut eingemischt worden sei, dies gebe das Gefühl des Fliegens[23]. Andere geben außer dem Bilsenkraut noch Stechapfel, Tollkirsche und Alraunwurzel als die Mittel an, mit denen sich die Hexen narkotisiert hätten[24].

Lassen wir die weitere Untersuchung der in den Akten bezeichneten grünen, weißen, schwarzen, blauen und gelben Salben auf sich beruhen, und räumen wir unbedenklich ein, daß es Substanzen gibt, die den Menschen zu betäuben oder in ekstatischen Zustand zu setzen vermögen[25]. Man löse aber folgende Rätsel: Was hat wohl Tausende von Weibern dazu vermocht, freiwillig und mit der Aussicht auf Tortur, Scheiterhaufen und ewige Verdammnis sich Visionen zu bereiten, in denen, ihren eignen Aussagen zufolge, weder Behagen noch Reichtum, sondern nichts als Schauder, Schmach und Schmerz zu finden war? Woher rührte die Einbildung von dem ersten Zusammentreffen mit dem Teufel, das regelmäßig dem Sabbatsritte und folglich dem ersten angeblichen Gebrauch der Salbe vorausging? Wenn gleich eine berauschende Substanz Ekstasen im allgemeinen erzeugen kann, gibt es eine solche, die bei allen Personen, die sie anwenden, notwendig ganz gleichmäßige Visionen, und zwar immer nur die der bekannten Hexengreuel, hervorbringt? Wenn ein Weib des Blocksbergrittes sich schuldig bekannte und zwanzig andere als Komplizen angab, die dann unter der Folter ebenfalls zugaben, Salben gebraucht und beim Sabbat sich gegenseitig erkannt zu haben: sollen dann alle einundzwanzig oder nur jene erste in visionärem Zustande gewesen sein? In jenem Falle

23) Magnet. Archiv III, St. 1. *Binz,* S. 39[2]. — 24) *Janssen-Pastor* VIII, S. 582[1]. *Hoensbroech,* a. a. O. I, S. 401[1]. — 25) *Lehmann,* S. 235.

Hexen
von Hans Baldung-Grien

Hans Baldung-Grien, Bereitung der Hexensalbe

hätten wir eine undenkbare Komplizenschaft der Einbildung, in diesem den Beweis, daß zwanzig Personen auch ohne gehabte Vision sich schuldig erklären können, und dieser Umstand müßte zu der natürlichen Frage führen, warum, was in zwanzig Fällen zugelassen wird — nämlich das Geständnis gegen besseres Wissen —, im einundzwanzigsten unstatthaft sein solle.

Die entgegengesetzte Ansicht hat in Maximilian Perty einen ebenso geistreichen wie entschiedenen Vertreter gefunden. Er hat in seinem Buche „Die mystischen Erscheinungen der menschlichen Natur" (Leipzig und Heidelberg 1861) einen besonderen Abschnitt (S. 367—389) der Erklärung der „Hexerei und des Hexenprozesses" gewidmet. Er bestreitet es (S. 374), daß eine jede sogenannte Zauberhandlung entweder auf naturwissenschaftlichem Boden beruhe oder absolut nicht sei, indem es noch ein Drittes, das eigentlich Wesentliche gebe. Die Zauberei beruhe nämlich auf den magischen Kräften des Menschen, die nicht der Natursphäre, sondern der geistigen Welt angehörten. Die Hexerei hatte nach Perty ihre Realität in der Vision der Hexen. Diese fanden nach ihm in diesen Visionen nicht bloß Schauder, Schmach und Schmerz — das Gegenteil behaupteten sie nur bei der Untersuchung —, sondern Vergnügen dabei, wie der Haschisch- und Opiumesser und der Tabaksraucher, nur ein bedeutend roheres, mit wilden und wüsten Phantasien nach dem Geschmack der Zeit und der Bildung dieser Leute. — Daß die Aussagen über die gehabten Feste nach Zeit und Umständen übereinstimmten, erklärt sich Perty dadurch, daß an den gleichen Abenden und ohne Zweifel meist auf Verabredung und an seit langem gewohnten Tagen, z. B. Walpurgis, Johannis und Bartolomäi, viele sich durch die narkotische Salbe in Ekstase versetzten, und daß sie in einer wahrhaft magischen Seelengemeinschaft zusammentrafen. „Unzählige haben dieses getan, und nur ein Teil davon war so unglücklich, deshalb inquiriert zu werden. — (S. 378:) Diese imaginären Zusammenkünfte waren ein schlaff-wacher visionärer Zustand, in den sich die betreffenden versetzten und sich im Geiste mit anderen in gleichem Zustande befindlichen begegneten. Sehr geübte konnten sich durch den bloßen Willen in den Hexenschlaf versenken, die allermeisten mußten hierfür eine narkotische Salbe unter den Armen und an den Geschlechtsteilen möglichst tief einreiben." — Daher urteilt Perty (S. 376): „Der Hexenprozeß hatte in der Tat eine, wenn auch nur beschränkte Berechtigung. Es mochten viele von den Hexen und Zauberern Freude haben an böser Lust, und die Intention, aus Eigennutz oder Rache anderen zu schaden; den wenigsten wird dieses gelungen sein, und so waren die meisten Verbrechen imaginär. Unendlich Größeres haben ihre Richter verschuldet. — Was in der Vision und ihrer inneren Welt sich begeben, das nahmen die Richter für greifbare Realität."

Wir geben nun zu, daß wenn der Geist des Menschen fort und fort unter der Macht und dem Eindrucke gewisser Vorstellungen steht, wie ja das siebzehnte Jahrhundert von der Vorstellung des Hexenwesens beherrscht war, diese Vorstellungen zu Halluzinationen führen können, in denen er selbst das zu erleben glaubt, was er sich vorher nur gedacht hat, — namentlich wenn der Mensch narkotische Mittel auf sich einwirken läßt[26]; und wir wollen daher gern zugeben, daß unter den Millionen Hexen, die justifiziert worden sind, einzelne sich mit Salben narkotisiert und den Versuch gemacht haben, anderen mit dämonischer Hilfe zu schaden, und daß sie darum auch erlebt zu haben glaubten, was alle Welt den Hexen nachsagte[27]. Aber nur als Ausnahme von der Regel kann dieses angenommen werden. Der Satz Pertys: „Unzählige haben dieses getan" etc. läßt sich aus den Akten der Hexenprozesse nicht beweisen. Die Hexenprozesse bieten

---

26) Des hallucinations ou histoire raisonnée des apparitions, des visions, des songes, de l'extase etc. par *A. Brierre de Boismont* (Paris, 1845), S. 135. — 27) *Schindler*, Der Aberglaube des Mittelalters, S. 286—287.

eine Erscheinung dar, die man wohl gern in Pertys Weise erklären möchte, nämlich die so häufig vorkommende Tatsache, daß Hexen bei der Konfrontation mit anderen, die sie nur, um von der Folter zu kommen, lügenhafterweise als Mitschuldige bezeichnet hatten, mit dem Ausdrucke vollster subjektiver Wahrhaftigkeit diesen ins Gesicht hinein ihre angeblichen Malefizien vorhalten. Hier zeigt sich ein psychologisches Phänomen, das durch die Folterqual, durch die Seelenangst, durch die Verzweiflung erzeugt war. Aber die Annahme, daß diese Unglücklichen im Hexenturm narkotische Salben gebraucht hätten, ist doch unzulässig. Die Akten der Hexenprozesse bieten für Pertys Hypothese keinen Anhaltspunkt, indem sie fast durchweg bei den Verhafteten das Bewußtsein ihrer Unschuld erkennen lassen und außerdem konstatieren sie die Tatsache, daß sich die Hexenprozesse überall, wo sie einmal Platz gegriffen hatten, aus sich selbst heraus fortsetzten und mehrten.

Dasselbe ist auch gegen diejenigen geltend zu machen, welche die Phantasmen der Hexen aus Geisteszerrüttung herleiten wollen. Ludwig Meyer, Direktor der Irrenanstalt zu Göttingen, sagte in einem überaus interessanten Aufsatz über „die Beziehungen der Geisteskranken zu den Besessenen und Hexen"[28]: „Es waren wieder (wie bei den Besessenen Geisteskrankheiten, welche den eigentlichen Typus der Hexen darstellten. Geisteskranke bildeten den Mittelpunkt der Hexenprozesse wie der Teufelsaustreibungen, nur daß bei jenen unverhältnismäßig mehr geistig Gesunde in den verderblichen Kreis hineingezogen wurden."

Wir können diesen Satz in der Beschränkung zugeben, daß hier und da die Geisteskrankheit einzelner den ersten Anlaß zum Beginne einer Hexenverfolgung gegeben hat; wenn indessen dieser Satz zum eigentlichen Erklärungsprinzip des Hexentums erhoben werden soll, so zeigen

---

28) Westermanns Monatshefte X. Bd , S. 258 ff.

sich alsbald unlösbare Schwierigkeiten. Oder gibt es denn wirklich eine methodische Raserei, die in tausend Köpfen den gleichen Weg durch tausend festbestimmte Einzelheiten nimmt? Gibt es einen geistigen Rapport der Wahnsinnigen untereinander, so daß der eine vor Gericht aussagen kann, was und wann der andere gerast hat? Gibt es eine Politik der Verrücktheit, die oft viele Jahre lang den eigenen Irrwahn schlau verbirgt und ableugnet, um ihn erst unter den Schmerzen der Tortur für Wahrheit zu geben? Und warum hat dieser schlaue Irrwahn nur so lange bestanden, wie er zum Scheiterhaufen führte, während er den weit harmloseren Tummelplatz in den heutigen Irrenhäusern verschmäht? Alle diese Fragen müssen unbedingt verneint werden, wenn man das ausschlaggebende Moment der Suggestion ausschaltet. Ohne Suggestion wären die zahllosen, nicht wegzuleugnenden Fälle der Selbstanklagen unmöglich gewesen. „Einfache Bosheit hatte keinen Sinn, da es ihnen durch ihr Tun ans eigene Leben ging. Ebensowenig hat die Annahme Wahrscheinlichkeit, daß sie sich, wie die typische Hysterika unserer Tage, um jeden Preis zum Gegenstand einer außergewöhnlichen Begebenheit und zum Zielpunkt der Aufmerksamkeit zu machen suchten. Sondern, um diese Fälle zu verstehen, müssen wir uns daran erinnern, daß es Leute gibt, bei denen alles, was ihnen direkt oder indirekt, absichtlich oder unabsichtlich suggeriert wird, sofort derart das Gewand vollkommener Realität annimmt, daß sie gar nicht mehr imstande sind, wirklich Geschehenes von bloß Gedachtem, Gehörtem zu unterscheiden [29].“ Als Beispiel für das Gesagte führt Stoll die Suggerierung eines Diebstahls an, die Professor Bernheim in Nancy im Beisein von Professor Forel inszenierte und die bei vier Personen vollständig gelang [30]. „Verlegen wir nun derartige psychische Dispositionen in jene Zeiten zurück, wo die Majorität der Völker, von beständiger Furcht

29) *Stoll*, Suggestion und Hypnotismus in der Völkerpsychologie, Leipzig 1894 bei Lehmann, S. 569 f. — 30) *Lehmann*, S. 569 f.

vor den Hexen geplagt, in den einfältigsten und natürlichsten Dingen und Ereignissen zauberische Einflüsse witterte, so werden wir leichter begreifen, wie unter dem ungeheuren Druck der Seelenangst, welche durch die Hexenfurcht auf der einen und durch die Schrecken der ewigen Verdammnis auf der anderen Seite in breiten Schichten des Volkes entstand, arme, extrem suggestible Tröpfe durch den einen oder anderen unglücklichen Zufall, etwa durch eine möglicherweise ganz unbeabsichtigte Fremdsuggestion oder eine halluzinatorische Teufelserscheinung, auf die Idee kommen konnten, sie seien Hexen, und es in ihrer Gewissensangst für ihre Pflicht hielten, sich dem Gericht „freiwillig" zu stellen. Nicht Bosheit, sondern Gewissensangst und extreme Suggestibilität hat viele unschuldige Menschen zu dem unheilvollen Schritte getrieben, der ihren Untergang veranlaßte[31]."

Auch das Hexen- oder Teufelsmal war eines der sichersten Zeugnisse vom Hexentum. „Solche anästhetischen Stellen scheinen nach den alten Berichten keineswegs selten gewesen zu sein; aber diese Merkmale sind ein charakteristisches Symptom für die Hysterie. Da die Hysterie nun häufig durch psychische Erregungen, besonders durch Schrecken und Furcht, ausgelöst wird, so scheint hieraus hervorzugehen, daß die Furcht vor Hexen die Hysterie geradezu in einem Maße hervorgerufen hat, wie es uns jetzt fast unbegreiflich ist. Die ursprünglich ganz unbegründeten Anklagen scheinen so im Laufe der Zeit krankhafte Phänomene herbeigeführt zu haben, und diese konnten dann wieder als Beweis für die Berechtigung der Anklagen hingestellt werden[32]."

Auch August Strindberg versuchte in seinem Blaubuch[33] eine Erklärung des Hexenglaubens. Er führt sie auf die, nach ihm tatsächlich bestehende Macht des bösen Willens zurück, der die Seelen der Mitmenschen so zu beeinflussen

31) *Stoll*, Lehmann, S. 570. — 32) *Lehmann*, S. 568. — 33) München und Leipzig, 1908, 2. Bd., S. 661 f.

vermag, daß sie „besessen" wurden. Damit wäre im günstigsten Falle die Besessenheit erklärt, in der der Teufel die Hauptrolle spielt, und nicht die Hexe. „Was verstand man damals unter einer Hexe? Ein Weib (meistens Weiber!), das zufällig die Fähigkeit der Seele entdeckt, aus dem Körper herauszugehen oder aus der Entfernung einen anderen zu beeinflussen, meistens auf den niedrigen Gebieten. Daneben müssen sie die Fähigkeit besessen haben, unreine Bilder hervorzurufen, besonders bei Kindern", fährt er fort. Das stimmt nicht recht. Die Hexe war weit davon entfernt, die Phantasie anderer zu beeinflussen. Sie wollte nur ganz, ganz vereinzelt Liebe wecken, da ihre Seele ja mit der Liebe zum Teufel erfüllt war. Wo sie Liebeszauber übte, griff sie zu ekelhaften, greifbaren Mitteln, und nicht zur Telepathie. Daß die Hexen daher „Vampyre" gewesen sein sollen, wie Strindberg behauptet, ist nicht stichhaltig. Daß sie „besessen" waren, wie er weiter annimmt, trifft ebenso wenig zu. Besessene wurden exorziert, Hexen verbrannt „Albingenser und Tempelherrn sollen die Sünde der Zauberei mit allen Abarten ausgeübt haben; und deshalb wurden sie verbrannt, nicht aus religiösen Gründen." Diese Ansicht Strindbergs ist uns dadurch erklärlich, daß er die gesamte Weltgeschichte kurz und bündig für eine Fälschung erklärt. „Und wenn die Tempelherrn auf dem Scheiterhaufen schwuren, sie seien unschuldig, so meinten sie die äußere Handlung, da das Gesetz Gedankensünde, Willenssünde, Wunschsünde nicht bestraft." Sie wurden aber doch verbrannt — aus welchen Motiven wohl? Den Beweis, daß Albingenser und Tempelherrn Willenssünden, Wunschsünden und Gedankensünden begangen haben sollen, schenkt sich der geistvolle Paradoxenjongleur. Sein ganzer Erklärungsversuch wird dadurch hinfällig, daß er die Liebe als den Kernpunkt aller Hexerei annimmt. Es waren aber, abgesehen von der Teufelsbuhlschaft, die mit Liebe im Strindbergschen Sinne nichts gemein hat, viel prosaischere Motive, die man den Hexen unterschob. Im übrigen verbrannte man meist alte Weiber, für die die Liebe eine längst abgetane Sache war.

Es ist auch versucht worden, die Hexenverfolgung und deren enorme zeitliche und räumliche Ausdehnung lediglich als Erzeugnis der Bosheit, des Neides und Hasses und der Habgier anzusehen und zu erklären. Nun läßt sich allerdings aus unzähligen Prozeßakten nachweisen, daß diese Motive wirklich nur allzuoft die grausamsten Verfolgungen herbeigeführt haben — namentlich die Habgier. Aber dennoch reichen jene Motive zur Erklärung der Sache nicht aus. So wenig Bosheit und Habgier gegenwärtig Hexenprozesse bewirken können, so wenig würden sie dieses in früheren Jahrhunderten vermocht haben, wenn nicht die wirklichen Grundlagen der Hexenverfolgung andere gewesen wären. Auch sind unzählige unglückliche, arme, heimatlose Leute und kleine Kinder wegen Hexerei hingerichtet worden, an deren Hinrichtung weder die Habsucht noch der Neid ein Interesse nehmen konnte.

Karl Haas äußert sich [34] dahin, daß die Hexerei die Frucht und Folge der vorausgegangenen Ketzerei und daher auch ganz so wie diese behandelt worden sei. Er sagt (S. 63), die Geschichte lasse nirgends Lücke und Leeren, sondern überall notwendige Übergänge erkennen, „Varietäten, aber aus einer und derselben Gattung". „So entstand die Hexerei genannter Periode aus der Ketzerei der ihr unmittelbar vorangehenden Zeit, und wie die Ketzerei betrieben und behandelt ward, so ihre Base, wenn nicht Tochter, die Hexerei. Beide entstehen aus Unglauben, Unklarheit, Hochmut, Überspannung, sind Wahngeschöpfe, mißhandeln und werden mißhandelt und wachsen dabei, bis ihnen mit Kraft und Vernunft entgegengetreten wird." Indem nun Haas hervorhebt, daß anerkanntermaßen Deutschland gerade im dreizehnten Jahrhundert der Boden grober Ketzereien gewesen sei, so meint er hiermit den „histo-

---

34) Die Hexenprozesse, ein kulturhistorischer Versuch nebst Dokumenten, Tübingen 1865.

rischen Beweis" für die Richtigkeit seiner Hypothese erbracht zu haben (S. 66): „Ketzerei und Hexerei gingen nacheinander und auseinander hervor, waren vor der Tortur da und gehören nicht unter jene Erscheinung, die man Hysteronproteron nennt. Beide sind Exzesse: jene in Beziehung auf die gottgeordneten Schranken höherer Autorität, diese in Beziehung auf die gottgeordneten Schranken der menschlichen Natur." — In Wahrheit ist jedoch von Haas gar nichts bewiesen. Wohl aber muß es rätselhaft erscheinen, daß er die ganze Hexerei (S. 78) „in das Gebiet des Wahns, des Irrtums und der Täuschung bei den sogenannten Hexen wie bei deren Richtern und Zeitgenossen" verweist und dabei doch (S. 67) die Meinung äußert: „Es gab und wird stets Zauberkreise geben, welchen der Mensch nicht ungestraft nahen darf, Geister, deren man sich bemächtigen möchte und deren Herr man nicht werden kann, wie Goethes Zauberlehrling." —

Dieselbe Meinung wie Haas vertritt auch Lehmann. Er sagt[35]: „Der Glaube an das Hexenwesen entstand zu einer Zeit, wo die Kirche die Möglichkeit der Zauberei annahm. Zu den alten Beschuldigungen gegen die Ketzerei fügte man die Anklagen wegen Hexerei zuerst als ein untergeordnetes Moment hinzu; nach und nach trat letzteres aber mehr in den Vordergrund, und nach einer langsamen Entwicklung, die in den Akten geschichtlich verfolgt werden kann, wurde die Ketzerei zuletzt zur Hexerei." „Anfangs ging es nämlich nicht recht voran mit den Hexenprozessen — ganz natürlich, denn man wußte noch nichts von Hexen und ihren Gemeinschaften. Der Glaube daran mußte erst durch Schriften und Predigten dem Volke vorsuggeriert werden. Als das aber geschehen war, kam Zug in die Sache. Denn wir wissen ja, daß derjenige, der in einem bestimmten Glauben befangen ist, in den Ereignissen des täglichen Lebens leicht Tatsachen findet, die seinen Glauben zu bestätigen scheinen. In den kleinsten und natür-

---

35) a. a. O., S. 568.

lichsten Dingen konnte man jetzt die Tätigkeit der Hexen spüren; die Anklagen wegen Hexerei wurden häufiger, und mit der Menge der Hexenverbrennungen wuchs auch die Furcht, die dann wieder zu neuen Anklagen führte."

Um die sogenannte Freiwilligkeit in den Bekenntnissen der Hexen zu erklären, gibt man uns eine Welt voll Verrückter oder Nervenkranker, deren Visionen einander genau in denselben Punkten begegnen. Das heißt eine klare Sache zum Rätsel machen. Es ist dies fast ein Seitenstück zu der künstlichen Erklärung, die der Pater Aubert über das Pferdehaar im Hühnerei abgab. Diesem gelehrten Jesuiten, Professor der Mathematik zu Caen, brachte man einst ein hartgesottenes Ei, in dem ein Pferdehaar sich mehrmals durch das Weiße wand und dann in das Gelbe ging. „Das Ding kam mir etwas außerordentlich vor," — erzählt Aubert — „denn dieses Haar muß in die Milchadern hineingegangen sein und dann in den ductum thoracium, von dannen in die hohle Ader und dann in das Herz; und indem es ausging durch den herabgehenden Ast der Aorta, muß es sich in den Eierstock hineingedrängt haben." Die Wahrheit ist, daß das Haar niemals in dem Huhn gewesen, sondern durch ein feines, nachher wieder verklebtes Loch unmittelbar vor dem Sieden in das Ei geschoben worden war. Ähnlich war jene Freiwilligkeit der Bekenntnisse, die übrigens nicht einmal in den Protokollen so häufig gemeldet wird, wie mancher denkt, von außen hineingebracht. Wenn man dem Inquisiten mit gezähnten Schrauben die Schienbeine zu Brei zusammengepreßt hatte, so ließ ja der Sprachgebrauch vieler Richter dann immer noch ein gutwilliges Bekenntnis zu. So versichert ein glaubwürdiger Mann, Graf Friedrich Spee.

Anderwärts zeigen die Akten deutlich, wie mancher Angeklagte nur deswegen bereitwillig bekannte, um sich die unnützen Schmerzen der Tortur zu ersparen, oder durch scheinbare Reumütigkeit statt des Scheiterhaufens „die Begnadigung des Schwertes" zu verdienen.

Daß die Gleichförmigkeit der Bekenntnisse, die einst für die objektive Wahrheit der Hexengreuel den Hauptbeweis lieferte, in unsern Augen nicht für, sondern gegen die Aufrichtigkeit der Aussagen zeugen muß, ist klar. Sie erklärt sich, so lange sie sich im allgemeinen hält, schon aus der wesentlichen Gleichförmigkeit des überall verbreiteten Hexenglaubens, sobald sie aber Spezialitäten konkreter Orte, Zeiten, Personen und Handlungen betrifft, nur aus Suggestion oder Kollusion.

Wenn in dem Vorstehenden den Bekenntnissen der Angeklagten jede Bedeutung für die Entschuldigung der Hexenprozesse im großen abgesprochen wurde, so ist damit nicht die Möglichkeit einzelner Fälle geleugnet, in denen ein Geisteskranker sich wirklich von der Wahrheit seiner Aussagen überzeugt halten mochte. Aber aus der Möglichkeit folgt noch nicht geradezu die Wahrscheinlichkeit. Möglich wäre es z. B. ebensogut, daß ein Verrückter sich für einen Werwolf hielte, als es gewiß ist, daß manche Irren auf Glasbeinen zu gehen oder Vögel im Kopfe zu tragen sich einbilden. Ob nun aber, wenn irgendwo ein Kind oder Schaf vermißt wurde, gerade derjenige, den das Gericht als Werwolf aufgriff und verbrannte, von seiner eingestandenen Lykantropie selbst überzeugt war, dies ist eine andere Frage. Jener Unglückliche in Westfalen, der einst um dieser Beschuldigung willen eine fünfzehnmalige Tortur ausstand, litt gewiß nicht an dieser Monomanie; und so hat sich uns überhaupt in keinem konkreten Falle die Annahme einer solchen aus den Umständen als notwendig ergeben.

Außer dieser Möglichkeit der Einbildung geben wir auch noch die Möglichkeit, ja die Wahrscheinlichkeit des Versuchs in einzelnen Arten der Zauberei zu. Aber auch damit wird im wesentlichen nichts geändert.

Bei dem allgemein herrschenden und ganz feststehenden Glauben an die Möglichkeit eines Bundes mit dem Teufel und einer mit dessen Hilfe zu bewirkenden Zauberei konnte es allerdings bei einzelnen Unzufriedenen, Verzweifelnden, Verirrten zu Anrufungen des Teufels und zu Konaten kommen, mit Hilfe des Teufels irgend etwas zu bewerkstelligen und zu erreichen. Derartige Vorkommnisse sind sogar nachweisbar. Allein gegenüber den in den zahllosen Hexenprozessen massenhaft vorliegenden Tatsachen beweisen diese ganz vereinzelt auftretenden Erscheinungen gar nichts. In den Hexenprozessen, die sich auf dem Scheiterhaufen abspielten, ist nicht von Konaten eines Teufelsbündnisses, auch nicht von anderen Verbrechen, sondern nur von wirklich vollzogenen Teufelsbündnissen, von wirklichen Vermischungen mit dem Teufel und wirklichen Zaubereien die Rede, was sich auch leicht begreift.

Hexenmünze von Ernst Seger

Geben wir z. B. zu, daß ein abergläubischer Bösewicht heimlich ein Wachsbild schmolz, oder mit Nadeln durchstach, weil er dadurch seinen Feind töten zu können meinte. Dieser wirkliche Versuch zog begreiflich, weil der Erfolg ausbleiben mußte, auch keinen Prozeß nach sich und kam nicht in die Akten. Dagegen war die von einem Sterbenden ausgesprochene oder ihm beigemessene Überzeugung, daß er der Zauberei dieses oder jenes Feindes unterliege, schon genügend, um den Bezeichneten in Untersuchung zu ziehen. Wenn dieser nun auf der Folter sich schuldig erklärte und dann, um die Mittel befragt, Wachsbilder nannte, so muß dieses Geständnis entweder in seiner ganzen Ausdehnung vom Versuch und Erfolg gelten, oder es fällt mit dem Glauben an den Erfolg auch die Vermutung des Versuchs weg. Und so in den übrigen Malefizien. Demnach dürfen wir die versuchte Zauberei gerade in den Hexenprozessen am wenigsten suchen; diese geben uns, so wie ihr Kern, der Teufelsbund, eine Schimäre ist, auch nur eingebildete Malefizien.

———

REGISTER

Die Namen der Hexen und Hexenmeister sind nur in ganz
bemerkenswerten Fällen verzeichnet.

Mailand 324, 433, 465, II 400
— Ambrosius von 132
— Heribert von 136
Maimonat 302 f.
Maimonides 121, 155
Mainz 140, 142, 144, 232, 250, 294, 392, 397, 471, II 39, 47 f., 88, 206, 225
— Kurfürst Wolfgang II 42
— Schönborn, Joh. Philipp von II 48, 189, 206
— Schweikart, Kurfürst II 45
— Untersuchungsordnung II 45
Majer, Paul 500
Malchow 492
Malebranche, Nicole II 260 f.
Malleus maleficarum: siehe Hexenhammer
Malmesbury, Wilhelm 85, 99
Malmö 537
Mamercus, Scaurus 62
Manasse 27 f.
Mandl-Kalender II 364 f.
Mandragora 29
Manessern 278
Manichäer 93, 130, 144, 146, 177, 381
Mank O/Ö. 531
Mans, Hildebert le 184
Mantik 22, 32
Mar, Graf 561, II 149
Marburg, Konrad von 140 ff., 144, 161, 176, 193, 227
Marburg i. H. 144, 329, 387, 465, 517, 519 f., 521 f., 523, II 83, 91 ff., 94 f., 99, 218, 223, 306

Marchthal, Stift II 281
Marcian 60
Marcioniten 93
Marcosier 129 f.
Marcus Aurelius 62
Marcus, Gnostiker 129
Mardorf II 141
Marienbaum, Kloster 235
Marienfließ, Stift II 104
Marigny, E. de 206
Marktbreit a. Rh. 437
Marmaros II 359
Maros Vasarheli II 274 f.
Marschen II 369 f.
Marseille II 161
Marser 45
St. Martin 95, 98
St. Martin i. Krain II 124
Martin der Pole 146
Marwedel II 62
März, Angelus II 302 ff.
Masca 55
Massachusetts II 149, 263
Mather, Cotton II 149 ff., 155, 263
Mather, Increase 149 ff.
Mäusezauber 218 f., 288, 324, II 87, 90 f., 115, 127
Maxentius 62
Maximilian I. 265, 396
Maximilian II. 396
Maximinius 62
Maja 302
Majer, Paul 500
Mazarin, Kardinal II 170 ff., 230
Mecheln II 35

440

Nonnen 206, 235, 288, II 333
Nonsberg 535
Nordamerika II 149
Nordhausen 528, II 106
Nördlingen 314, 500 ff.
Norfolk 144
Normandie II 228
Northampton 560
Northumberland II 146
Norwegen II 358
Nosten 35
Notz 233
Numa, Pompilius II 231
Numenius von Apamea 65
Nürnberg 216, 333, 351, 356, 433, 436, 508
Nyon 542

Oberehenheim 285
Obernheim 278
Oberpfalz II 367
Oberschwaben II 81
Oberursel II 48
Oberyssel 437
Odenwald II 41
Ofen (Buda) 243
Offenburg 279, 285, 326, 334, 351, 367, 442 f., II 76 f., 110 f., 112, 400
Ogereth 155
Ohsen 509
Oldenburg 141, II 373
Oldenburger, Ph. Andreas II 212
Oldesloe 278
Olmütz 435
Olpe in Westfalen II 112 f.

Olten 236
Onokentauren 156
Ool 554
Ophiten 129
d'Orenson, Jean Pierre II 175
Origines 72, 129
Orleans 99, 101, 134, 147 f., 217, 451
— Jungfrau: siehe Jeanne d'Arc
Orles 101
Orpheus 36, 40, II 231
Ortenau 511
Ortenberg II 78
dell'Osa: siehe Jordan-Simon
Osenbrüggen, Eduard 329
Osiris 20
Osnabrück 142, 233, 281, 338, 341, 509 f., 514, II 225
Ossendorp II 31
Ossory 206
Osterburg II 271
Ostermann, Peter 346
Österreich 7, 185, 530, II 64 f., 215, 271 f.
— Erzherzog Ferdinand 396
— — Sigmund 252 f.
— Joseph I. II 271
— Maria Theresia II 275, 277 f., 284
Osthanes 32, 41 f.
Gr.-Ostheim II 377
Ostindien 382
Ostpreußen II 369
Otho 62
Otto III. 121
— IV. 161, 180

INHALT

SOLDAN-HEPPE / GESCHICHTE DER HEXENPROZESSE

Hans Baldung-Grien: Die Hexen
Städelsches Kunstinstitut, Frankfurt a. M.

SOLDAN-HEPPE / GESCHICHTE DER

HEXENPROZESSE

NEU BEARBEITET UND HER-
AUSGEGEBEN VON

MAX BAUER

BAND I

Soldan-Heppe: Geschichte der Hexenprozesse.
Neu bearbeitet und herausgegeben von Max Bauer.
Reprint der Originalausgabe von G. Müller, München 1911
Gesamtherstellung: KOMET MA-Service und Verlagsgesellschaft mbH, Frechen

ISBN 3-933366-03-8

MOTTO

DIE TEUTSCHEN WURDEN WOLGEMUT
SI GIENGEN IN DER KETZER PLUT
ALS WERS AIN MAYENTAWE

LIED VOM BAYRISCHEN KRIEG

VORREDE ZUR ERSTEN AUFLAGE

Eine Geschichte der Hexenprozesse gehört unter die längst ausgesprochenen Bedürfnisse. Ihre Notwendigkeit ist nicht nur in verschiedenen Zeiten von Thomasius Semler, Jean Paul, Jarcke und andern anerkannt worden, sondern es hat auch nicht an vielfachen Bestrebungen zu ihrer Herstellung gefehlt. Ein reicher Stoff liegt bereits in den Sammelwerken von Reiche, Hauber, Reichard und Horst aufgehäuft und mehrt sich fortwährend durch schätzbare Lokalbeiträge, die bald einzeln, bald in historischen und kriminalistischen Zeitschriften erscheinen. Zudem sind in Deutschland Schwager, Horst und Scholtz, in England Walter Scott, in Holland Scheltema, in Frankreich Garinet mit pragmatischen Bearbeitungen des Gegenstandes hervorgetreten.

Dem Bedürfnisse ist indessen noch nicht abgeholfen. Die Gegenwart will das Ganze im Zusammenhange begreifen; man hat ihr jedoch selbst die äußere Erscheinung meist nur fragmentarisch vorgeführt und läßt den Schlüssel zum Verständnisse vergeblich suchen. Wo auf den Hexenprozeß die Rede kommt, durchkreuzen sich die widersprechendsten, oft sehr wunderliche Ansichten, ja selbst hinsichtlich der einfachen Tatsachen werden noch täglich die irrigsten Voraussetzungen laut. Unter den oben genannten Geschichtsschreibern hat Scholtz unstreitig mit historischem Geiste gearbeitet; seine Schrift ist jedoch zu sehr Skizze, um alle Partien ins nötige Licht zu stellen. Horsts Dämonomagie enthält im einzelnen Dankenswertes, es fehlt aber an Überblick und Zusammenhang. Durch die spätere Herausgabe seiner Zauberbibliothek hat er selbst die Notwendigkeit einer „Revision des Hexenprozesses" anerkannt. Schwagers unvollendetes Werk leidet an Einseitigkeit und handgreiflichen Verstößen. Walter Scott und Scheltema sind ohne Quellenstudium und voll von Unrichtigkeiten; jenem galt es mehr um eine anziehende Unterhaltung, diesem mehr um die Verherrlichung des holländischen Volkes als um die Erforschung der Wahrheit. Garinet beschränkt sich auf sein Vaterland. Im allgemeinen läßt sich behaupten, daß man in einem nach Raum und Zeit viel zu enge gezogenen Kreise sich bewegte, als daß eine freie Übersicht des Ganzen hätte gewonnen werden können. Der Hexenprozeß ist nicht eine nationale, sondern eine christenheitliche Erscheinung; soll er begriffen werden, so darf seine Darstellung weder auf ein einzelnes Volk sich beschränken noch mit demjenigen Zeitpunkte beginnen, wo er als etwas schon Fertiges hervortritt.

Durch eine zufällige Veranlassung zur näheren Beachtung des Gegenstandes hingeführt, habe ich mich bald von der Notwendigkeit einer neuen Bearbeitung überzeugt gesehen; es zog mich an, die eigene Kraft daran zu versuchen, und so entstand die Schrift, die ich hiermit der Öffentlichkeit übergebe.

Wurden die hierbei zu besiegenden Schwierigkeiten gleich anfangs nicht gering angeschlagen, so haben sie sich im Verlaufe der Arbeit noch größer dargestellt. Es war hier nicht nur eine lange Reihe von Jahrhunderten und Völkern zu durchforschen, sondern dies mußte auch in den verschiedensten Richtungen geschehen. Die Erscheinungen des Zauberglaubens sind nicht etwas Isoliertes: sie stehen nicht bloß mit dem allgemeinen Stande der Bildung in stetem Zusammenhange, sondern verzweigen sich auch in zahlreichen Berührungen mit der Kirchengeschichte, der Geschichte des Strafrechts, der Medizin und Naturforschung, — Fächern, in denen der Verfasser zum Teil Laie ist und nur mit Mühe die nötigen Aufschlüsse sich verschaffen konnte. Eine umfassende Lektüre hat oftmals nur dazu gedient, um einen einzelnen Umstand sicherzustellen oder für die weitere Forschung den richtigen Standpunkt zu gewinnen, ohne eine einzige Zeile Text zu liefern. Zudem ist die Literatur des eigentlichen Zauber- und Hexenwesens eine sehr reichhaltige und der Weg durch das endlose

Gewirre der dogmatischen, polemischen und praktischen Werke oft ebenso dunkel wie ermüdend. Historische Quellenschriften standen für Deutschland viele, für das Ausland wenigere zu Gebot; es mußte darum für das letztere öfters zu Nachrichten aus zweiter Hand gegriffen und ihre Glaubwürdigkeit einer nicht immer leichten Prüfung unterzogen werden. Möge darum der billige Beurteiler die aus der Sache hervorgegangenen Unvollkommenheiten dieser Schrift mit Nachsicht aufnehmen.

Eine Gesamtgeschichte des magischen Aberglaubens, so daß auch die sogenannten geheimen Wissenschaften eingeschlossen wären, gehört nicht in den Plan dieser Schrift. Sie behandelt, der obigen Ankündigung zufolge, nur den Hexenprozeß oder, mit andern Worten, den Zauberglauben, insofern er ein Strafverfahren zur Folge hatte, und hat darum alles dasjenige, aber auch nur dasjenige in ihr Gebiet zu ziehen, was dazu führt, denselben ins rechte Licht zu stellen. Lediglich in dem ausgesprochenen Zwecke findet der Gang, den wir durch Völker, Zeitalter und Stoffe zu nehmen haben, seine Richtung wie seine Ausdehnung und Beschränkung vorgezeichnet. Der Leser erwarte auch weder psychologische Deduktionen über die letzten Gründe des Zauberglaubens überhaupt noch Exkurse über das mögliche naturwissenschaftliche oder das mythologische Fundament einzelner Zauberideen, welche wir in letzter Instanz bis zum griechischen oder römischen Altertum zurückführen werden. Wie der Grieche zu dem Glauben kam, daß ein Mensch sich in Wolfsgestalt verwandeln könne, warum er sich die Erforschung der Zukunft aus dem Munde eines Toten möglich dachte, worauf der Römer seine Vorstellung von den herzaufzehrenden Strigen gründete, ob bei den Philtren neben dem Zeremoniell zuweilen auch arzneilich wirkende Substanzen angewendet wurden, und welche es sein mochten usw., — dies alles wird uns um so weniger aufhalten dürfen, als Erörterungen darüber teils Bekanntes wiederholen, teils auf ganz unsicherem Boden sich herumtreiben, teils endlich, was hier die Hauptsache ist, für unseren Zweck nur von untergeordnetem Belange sein würden. Wir werden, anstatt zu deuten und zu mutmaßen, solche Vorstellungen, wo und wie sie uns zuerst begegnen, ganz einfach als Tatsachen nehmen und dafür ihre Fortbildung, ihre Verpflanzung, ihre Verschmelzung mit Verwandtem und ihre praktische Bedeutung, soweit es mit historischer Gewißheit oder Wahrscheinlichkeit geschehen kann, desto fleißiger verfolgen.

Was die Form anbelangt, so ergab es sich von selbst, daß eine Schrift, welche teils Unsicheres feststellen, teils Ergebnisse zur Anschauung bringen sollte, halb Forschung, halb Darstellung werden mußte. Ferner waren, weil von Epoche zu Epoche, von Volk zu Volk gleichsam ein Kassensturz des umlaufenden Ideenkapitals nötig schien, häufigere Wiederholungen nicht zu vermeiden. Um wenigstens der wörtlichen Wiederholung zu entgehen, zugleich um einen treueren Abdruck der Zeit zu geben, sind an geeigneten Orten die Stellen der betreffenden Schriftsteller bald unverkürzt, bald im Auszuge eingereiht worden. Kürze und Ausführlichkeit der Darstellung überhaupt schien je nach der Stellung der einzelnen Teile zum Ganzen abgemessen werden zu müssen.

In Auffassung und Urteil habe ich nach Unbefangenheit, Bestimmtheit und Mäßigung gestrebt. Ich habe aber nicht über mich vermocht, mit dem Aberglauben zu liebäugeln und die Barbarei mit der Barbarei zu rechtfertigen. Wohl mag der einzelne nicht verdammt werden, wenn er mit seinem Volke irrt; aber ein vorhergehendes Zeitalter der Besonnenheit vermag einem nachfolgenden der Unvernunft das Urteil zu sprechen, und ein einziger Weiser unter einem ganzen Volk von Toren liefert den Beweis, daß die Torheit keine absolute „welthistorische Berechtigung" auf die Beherrschung der ganzen Generation hat. Wäre es nur Torheit allein! Es sind aber auch schmutzige Motive, welche die Torheit gängeln und ausbeuten. Für diese ist auch das finsterste Zeitalter verantwortlich. Möge man mir daher nicht den Vorwurf machen, als ob ich mich nicht genug in die Vergangenheit versetze. Ich habe es getan für die Erkennung und Erklärung des Faktischen; was das Urteil anbelangt, so habe ich immer lieber die einzelnen, fast in jedem Menschenalter hervortretenden Bekämpfer des Unwesens gelobt als dessen Panierträger samt ihrem Trosse mit der Zeitgemäßheit ihres Treibens entschuldigt.

Darmstadt, den 1. Mai 1843.

DR. W. G. SOLDAN.

Fast vier Dezennien sind dahingeeilt, seit vorliegendes Werk zum ersten Male seinen Weg in die Öffentlichkeit fand und, da es ein bis dahin noch schwach bebautes Feld bearbeitete, geradezu epochemachend wirkte. Vereinzeltes über Hexenprozesse war erschienen, aber nur Ungenügendes, und man hatte keine Ahnung, welche Dimensionen dieselben genommen, zu welchem Grauen und Fluch sie für die Menschheit geworden waren — bereits lag die Erinnerung an diese traurigen Vorgänge wie im Nebel, und man nahm sich nicht die Mühe, denselben zu lichten.

Aber die Geschichte verlangt Wahrheit, und so schwer mitunter die Erkenntnis derselben wird, so wenig darf sie doch umgangen werden.

So entrollte denn Soldans „Geschichte der Hexenprozesse" ein durch Jahrhunderte und länger hinlaufendes trauriges Bild menschlichen Wahnes und menschlicher Verirrung.

Kulturhistorisch wie kirchengeschichtlich interessant, erregte das Buch die Beachtung der gelehrten Welt, fand hier und da wohl schwachen Widerspruch, im allgemeinen aber, da es auf den solidesten Quellenstudien fußte, die größte Anerkennung, wie es auch zu weiterem Eingehen des behandelten Gegenstandes Anregung gab und eine ganze Anzahl Schriften der verschiedensten Fachgelehrten hervorrief.

Seitdem hat die Wissenschaft große Fortschritte gemacht, welche auch dem vorliegenden Werke zugute kommen. Die Entzifferung der Hieroglyphen und Keilschrift hat gelehrt, daß Zauberglauben und Magie bis auf vorgeschichtliche Zeiten zurückzuführen sind, so daß, was Soldan damals als Hypothese aufstellte, Jakob Grimm und Wuttke aber mit Entgegenstellung des alten Germanentums bekämpften — der Satz nämlich, daß der Glaube an Zauberei vom Orient sich nach dem Westen herüber verpflanzt habe — nun so ziemlich klargestellt erscheint.

Außerdem haben sich viele Archive, deren Schätze früher der Öffentlichkeit entzogen waren, geöffnet und reichhaltiges, teilweise seitdem benutztes Material zutage gefördert, geeignet, als Ganzes dem Beschauer vorgeführt zu werden.

So schien es denn an der Zeit, das längst vergriffene Werk „Geschichte der Hexenprozesse" neu zu verlegen, und der Schwiegersohn des verewigten Verfassers unterzog sich mit Freuden dieser Arbeit, welche ihm ebensowohl als pietätvoll geboten erschien wie sie auch ihm, dem unermüdlichen Forscher, durch ihre große Bedeutung das vollste Interesse abnötigte.

Es sollte seine letzte Arbeit sein! Als sie vollendet, das Buch druckfertig war, wurde Heinrich Heppe aus seiner vollen schönen Tätigkeit, aus seinem ihn so beglückenden Berufe durch eine tödliche Krankheit, welche ihn am 25. Juli d. J. aus diesem Leben in ein besseres Jenseits führte, abgerufen.

Zum zweiten Male tritt nun dies Buch seine Reise in die Welt an. Bereichert, teilweise nach neueren Forschungen geändert, möge es ebenso freundliche Beurteilung erfahren wie in seiner ersten Gestalt!

Einen besseren Wunsch kann Unterzeichnete, welcher die traurige Mission zuteil geworden, diese Worte zu schreiben, einem Werke, das die Namen zweier ihr nahestehenden Verklärten, ihres Vaters und ihres Mannes, auf seinem Titelblatte trägt, nicht mit auf den Weg geben.

Marburg im Oktober 1879.

HENRIETTE HEPPE
GEB. SOLDAN

VORREDE ZUR DRITTEN AUFLAGE

Das berühmteste Werk über den Hexenprozeß, Soldan-Heppes gemeinsame Arbeit, begann in den letzten Jahren recht selten zu werden. Beim Verleger längst vergriffen, tauchte es nur hier und da in den Antiquariats-Katalogen auf. Außerdem weihte es das Papier, auf dem es gedruckt war, dem Untergang. Braun und brüchig, so präsentieren sich die Blätter, auf denen das Lebenswerk zweier Geschichtsschreiber niedergelegt ist. Diese Umstände rechtfertigen allein schon eine Neuherausgabe des mit Recht hochgeschätzten Buches. Hierzu tritt noch ein neues, überaus gewichtiges Moment. Mehr als drei Jahrzehnte sind verflossen, seit Heppe den letzten Federstrich an der Geschichte der Hexenprozesse getan. Seit jener Zeit sind die bahnbrechenden Arbeiten von Joseph Hansen, Sigmund Riezler, Janssen-Pastor und Nikolaus Paulus erschienen, denen sich zahlreiche kleinere Monographien über das Hexenwesen anschlossen. All das von diesen Autoren neu zutage gebrachte Material war den beiden ersten Autoren unbekannt und konnte der Neubearbeitung zugute kommen.

Doch auch noch andere, nicht unwichtige Änderungen waren vorzunehmen, um dem Werke eine zeitgemäße Gestalt zu geben. So mußte die Tendenz fallen, die protestantischen Hexenverfolger gegenüber denen aus der alten Kirche möglichst glimpflich zu behandeln. Wenn sich diese Absicht auch niemals bis zur letzten Konsequenz verstieg, so trat sie doch häufig störend zutage, auch dadurch, daß die norddeutschen Hexenprozesse recht stiefmütterlich behandelt wurden.

Ferner schien es geboten, den Stil zu glätten, Wiederholungen auszumerzen, den Ballast der Fußnoten zu verringern und sehr weitschweifige Fehden Heppes mit längst vergessenen Gegnern zu streichen.

Ein Kapitel über den Hexenglauben von heute will diesen Ausfall ersetzen.

Im ganzen und großen aber habe ich mich ängstlich bemüht, all die Vorzüge zu wahren, die Soldan-Heppes Werk von Freund und Feind zuerkannt worden sind.

Ich habe bei meiner Arbeit manche Unterstützung gefunden, für die ich auch an dieser Stelle danke. So dem Kgl. Kupferstichkabinett und dem Kgl. Museum für vorderasiatische Altertümer in Berlin, der Kgl. Bibliothek in Bamberg, der Stadtbibliothek in Zürich, Herrn Dr. Franz Goltsch in Graz und Herrn Professor Leopold Becker in Salzburg. Bildermaterial stellten mir in liebenswürdigster Weise zur Verfügung: Herr Verlagsbuchhändler Carl Georgi in Bonn, Herr Antiquariatsbuchhändler Martin Breslauer, Herr Bildhauer Ernst Seger, Grunewald-Berlin, und Herr Hofantiquar Ulrich Mai in Berlin.

Berlin-Friedenau, Juni 1911.

MAX BAUER.

ERSTES KAPITEL

EINLEITUNG

Mit besonderem Interesse verweilt der Blick des Kultur-historikers bei der großen Reihenfolge der mannigfal-tigsten, weltgeschichtlichen Vorgänge, deren Zusammen-hang die glänzende, lebensvolle Geschichte des fünfzehnten Jahrhunderts ausmacht. Das unter dem wilden Ansturm der Osmanen zusammengebrochene Griechenreich sandte die Apostel einer neuen wissenschaftlichen Ära, in der sich die seit vielen Jahrhunderten verschütteten Quellen klassischer Bildung der abendländischen Menschheit aufs neue auftun sollten, nach Italien und Deutschland. Gutenberg erfand seine gewaltige Kunst, die bald die mächtigste Großmacht aller Kulturvölker werden sollte. Kolumbus und Vasco de Gama erschlossen der europäischen Menschheit ganz neue Welten, von deren Dasein man bis dahin nur gefabelt hatte. Kaiser Maximilian beschwor den rohen Geist mittelalterlicher Ge-walt, brach dessen Burgen und tat den ersten wirksamen Schritt zur Herstellung eines öffentlichen Rechtszustandes im Deutschen Reiche, und in allen Landen Europas traten Männer auf, die die der Christenheit längst unverständlich gewordene Gottessprache ihres Evangeliums redeten und die Epoche der Reformation vorbereiten halfen.

Aber in düsteren, unheimlichen Zügen fällt auf diese glän-zenden Seiten der Geschichte des Abendlandes der Schlag-schatten eines Ungeheuers, das an Furchtbarkeit alle Greuel des früheren Mittelalters weit überragt. Es ist dies der Hexen-prozeß. Er gewinnt im fünfzehnten Jahrhundert Abschluß und feste Gestaltung und wird als legitimes Kind der Kirche an-erkannt, um eine Barbarei ohnegleichen in stets wachsender Verbreitung auf zwei volle Dritteile derjenigen Geschichts-periode zu vererben, die sich so gern als die der Geistes-mündigkeit und Humanität preisen läßt. Und er kontrastiert nicht nur mit dem, was die Zeit bewegt, er wuchert auch darin.

Das Größte, Edelste mußte ihm dienen. Aus den wiedereröffneten Hallen der altklassischen Literatur schuf er sich ein reiches Arsenal von Schutz- und Trutzwaffen; Gutenbergs Erfindung, zum Heile der Menschheit erdacht, hat gleichwohl im Jahrhundert ihrer Geburt schwerlich irgendein Buch in größerer Anzahl vervielfältigt als Sprengers berüchtigten Hexenhammer; an Bord der Weltumsegler drang der Hexenprozeß nach Mexiko und Goa, nebst der Inquisition das erste Geschenk, das die europäische Zivilisation den beiden Indien für ihr Gold und ihre Edelsteine geboten hat. Karls V. peinliche Gerichtsordnung stempelte durch allgemeines Gesetz die Zauberei zum todeswürdigen bürgerlichen Verbrechen, wie sie seit den letzten Jahrhunderten als kirchliches gegolten hatte.

Auch die Reformation hat das Übel nicht gebrochen. Luther, Zwingli, Calvin kämpften gegen große und kleine Auswüchse des Pfaffentums; ihrem bizarrsten und blutigsten, dem Hexenprozesse, hat kein Reformator die Maske abgezogen, vielmehr fuhren die Protestanten — nach kurzem Besinnen — fort, mit den Katholischen in unsinniger Verfolgungswut zu wetteifern, und England hat sogar ein gekröntes Haupt aufzuweisen, das neben dem Schwert und dem Feuerbrande auch die Feder gegen den imaginären Frevel führte. Tausende und aber Tausende von Unglücklichen fielen fortwährend in allen Teilen der Christenheit durch Henkershand; die Stimme der wenigen, die Geist, Herz und Mut genug besaßen, dem Unwesen entgegenzutreten, verhallte ungehört oder rief Verfolgung gegen sie selbst hervor.

Das siebzehnte Jahrhundert sah einen dreißigjährigen Glaubenskampf die Eingeweide Deutschlands zerfleischen, und, als wäre es am Kriegsjammer noch nicht genug, erreichte gerade um diese Zeit das deutsche Hexenwesen den höchsten Grad seiner Intensität; ganze Gemeinden, Herrschaften und Fürstentümer wurden dadurch geplündert, entsittlicht und entvölkert, die Familienbande zerrissen, das Vertrauen zwischen Nachbarn und Freunden, Obrigkeiten und Untertanen vergiftet und die Summe des moralischen wie des physischen Elends bis zum Unermeßlichen gesteigert. Und alle diese Gräßlichkeiten wurden im Namen Gottes und der Gerechtigkeit verübt!

Nur wenig mehr als ein Jahrhundert ist vergangen, seitdem in unserem Vaterlande, und nur ein paar Menschenalter, seit im übrigen Europa die letzten Scheiterhaufen verglimmten. Noch reibt sich die europäische Menschheit die Augen, wie neu erwacht aus einem bösen Traum, und kann es nicht fassen, wie es kam, daß dieser Wahn, so schwer und unsinnig, so viele Jahrhunderte andauern konnte.

Aber schon beginnt auch der finstre Aberglaube, der dem Ganzen zur Unterlage diente, seine scharfen, schroffen Umrisse in den zarten Nebelduft der Poesie zu verstecken; das kaum erst Überlebte ist plötzlich zur halbbekannten, nach Ursprung und Wesen vielfach mißdeuteten Antiquität geworden.

Weil Goethe das lebensfrische Bild seines Faust auf jenen düstern Grund gezeichnet, weil Shakespeare im Macbeth und Heinrich VI. den spröden Stoff poetisch bewältigt hat, werfen sich manche als Apologeten des Zauberglaubens auf; in der sagenmäßigen Seite des Gegenstandes festgefahren, reden sie, als wäre niemals Blut geflossen, von frommheiterem, an sich schon dichterisch gestaltendem Volksglauben; ja man ist so weit gegangen, diese Blume aller pfäffischen Mißbildungen für uralt-germanisch zu erklären und mit einer Art patriotischen Stolzes in den dahin einschlagenden Volkssagen nur Reminiszenzen aus der Zeit der Völkerwanderung zu erkennen. Aber Deutschland weist den Vorwurf, die Mutter dieser Geistesverirrungen zu sein, mit gerechtem Unwillen von sich ab. Wahr ist es, daß auch Deutschland gleich anderen Völkern seinen Aberglauben gehabt und ihm drei Jahrhunderte hindurch Molochsopfer dargebracht hat; aber nichtsdestoweniger hat jene große Seuche, die seit Innocenz VIII. ihren verheerenden Gang durch Europa nahm, auf Gründen beruht, die mit dem problematischen Zauberglauben der germanischen Urzeit nur sehr wenig gemein haben.

Auf einer anderen Seite hat man darauf zurückgewiesen, daß bereits die Griechen und Römer ein Strafverfahren gegen Zauberei kannten, und daß sie sogar schon im mosaischen Gesetze als todeswürdiges Verbrechen bezeichnet ist. Wir finden allerdings hier Dinge, die den genannten Erscheinungen in vielen Punkten analog, zum Teil selbst ursächlich verwandt, in vielen aber auch an Charakter, Zweck, Form und praktischer Bedeutung gänzlich fremd sind. Zeit, Ort und Verhältnisse gestalten ja bei Vergehen, die als deutlich erkennbare, scharf begrenzte Taten vor das Auge treten, die gesetzliche Auffassung verschieden, um wie viel mehr bei Dingen, die mehr dem stets veränderlichen und vielgestaltigen Reiche der Einbildungskraft als der Wirklichkeit angehören!

Die Hexenprozesse des 14. bis zum 18. Jahrhundert haben bei aller Verschiedenheit der Auffassung die Aufmerksamkeit der Gegenwart lebhaft erregt. Ihre Darstellung muß an sich schon ein sehr interessantes Kapitel in der Kulturgeschichte dieser Periode bilden. Es verbindet sich aber hiermit für den Augenblick noch ein praktisches Interesse. Nichts ist so geeignet, mit den Mängeln der Gegenwart zu versöhnen und zugleich auf die Zukunft warnend und anregend hinzuweisen, wie der Rückblick auf die Schattenseiten der nächsten Vergangenheit. Die Schwärmer auf dem Nachtgebiete der Natur, die in unsere Zeit wieder eine Geisterwelt hereintragen, mögen zurückblicken auf die Zeiten jener gepriesenen Altgläubigkeit, und ihre Jeremiaden werden verstummen bei dem Anblick der Früchte, die auf dem Boden des Dämonenglaubens wachsen und gedeihen konnten. Auf der anderen Seite werden aber auch die Zweifler am Fortschritt zum Bessern, die Ungenügsamen, denen überall des Lichts noch zu wenig und des Alten zu viel ist, die Ängstlichen, die von jeder vorüberziehenden Wolke eine Sonnenfinsternis besorgen, die Ungestümen, die in ihrem Phaëtonseifer die Welt in Flammen zu setzen drohen, beim Hinblick auf das Überwundene sich beruhigen und anerkennen, daß der menschliche Geist nicht gefeiert hat; sie werden vertrauen, daß er auch in Zukunft seinen Gang gehen wird, der zwar nicht ohne Kampf, aber auch nicht ohne Ruhe und Stetigkeit der Entwicklung sein kann.

In dem Folgenden soll es versucht werden, die Hexenprozesse in ihrer Entstehung, ihrem Fortgange und Verschwinden pragmatisch und übersichtlich zu behandeln. Da sie indessen nur eine einzelne, und zwar die letzte Phase in der Geschichte des Zauberglaubens überhaupt bilden, so kann ihr Wesen außer dem Zusammenhange mit dessen früheren Erscheinungen nicht richtig gewürdigt werden. Deshalb ist es nötig, eine Darstellung des Verhältnisses, das dieser Zauberglaube auch im Altertum und bei den Völkern des Mittelalters dem Gesetze, der Religion und der öffentlichen Meinung gegenüber eingenommen hat, voranzuschicken und seine Formen und Verzweigungen bis zu einer gewissen Grenze zu verfolgen.

Der Glaube, daß durch Zauberei dem Menschen Heil oder Unheil bereitet werden könne, ist fast allen Völkern gemeinsam. Er beruht auf der Vorstellung, daß die Seelen der Verstorbenen ein für uns nicht wahrnehmbares, aber dem leiblichen Leben durchaus ähnliches Dasein fortführen und einerseits die Naturkräfte beherrschen, andererseits die Fähigkeit besitzen, sich in Menschen, Tieren, Pflanzen, Steinen und anderen Dingen einzukörpern[1].

Aus diesen Vorstellungen hat sich nach Lippert, die Religion entwickelt[2].

Der Zauber- oder Hexenwahn ist demnach, wie Hansen meint, ein Bestandteil derjenigen Anschauung, die der Menschheit durch ihre Religionen vermittelt worden ist. Er hängt aufs engste mit dem religiösen Glauben zusammen. Wie die religiösen Bekenntnisse in ihren verschiedenen Formen das Vorhandensein eines oder mehrerer göttlicher Wesen lehren, an die sich die Gläubigen bittend wenden, so lehren sie auch,

---

1) *Felix Stieve*, Abhandlungen, Vorträge und Reden, Leipzig 1900, S. 301. — 2) *Jul. Lippert*, Kulturgeschichte Leipzig—Prag 1886, III. Abt., S. 37 ff. *Dr. M. Hoernes*, Urgeschichte der Menschheit, Leipzig 1897, S. 20 ff. *E. B. Tylor*, Anfänge der Kultur, Braunschweig 1883, S. 115 ff.

daß es entweder ein dem göttlichen nebengeordnetes oder ihm untergebenes oder ein selbständiges, ihm feindlich gesinntes, aber mächtiges und in seinem Handeln wenig beschränktes Wesen in Einheit oder Mehrzahl gibt, das gleichfalls den Bitten und Wünschen der Menschen zugänglich ist. Seine Anrufung gilt bei allen polytheistischen Religionen für erlaubt oder geduldet, bei allen Monotheisten für streng verpönt.

Der Begriff der Zauberei oder — was wir gewöhnlich als gleichbedeutend nehmen — der Magie, ist nur recht schwer in wenigen Worten zusammenzufassen. Die uns bekannten Definitionen sind fast durchgängig entweder zu weit oder zu eng. Letzteres läßt sich von Jakob Grimms Erklärung behaupten: „Zaubern heißt höhere geheime Kräfte schädlich wirken lassen[3]." Hierunter wären die zauberischen Heilungen nicht begriffen. — Richtiger ist, was W. Müller[4] sagt: „Zauberei heißt durch irgendwelche geheime Mittel oder Künste, die man erlernen oder mit Hilfe von Geistern sich aneignen kann, Wirkungen hervorbringen, welche die gewöhnliche menschliche Kraft übersteigen. Daß man dadurch anderen schadet, liegt ursprünglich nicht darin, obgleich sich diese Idee später gewöhnlich damit verband."

Im allgemeinen darf man annehmen, daß derjenige, der dieses Wort gebraucht, an die Bezweckung von Erkenntnissen oder Wirkungen denkt, die das natürliche Maß der menschlichen Kraft übersteigen und zugleich außer dem Gebiete dessen liegen, was ihm als Religion gilt. Aber wie heterogen sind nicht die Objekte, die man in verschiedenen Zeiten als dem Zauberwesen angehörig betrachtet hat! Bald sind es die sinnlosen Heilungszeremonien des Schamanen, bald die phantastischen Metamorphosen eines orientalischen Märchens, bald der wirkliche Eintritt einer Sonnen- oder Mondfinsternis; bald die marktschreierischen Goldmacherkünste

---

3) Deutsche Mythologie S. 579. — 4) Geschichte und System der altdeutschen Religion, Gött. 1844, S. 357.

6

eines Raimond Lullus[5], bald die ehrwürdigen, aber von der Menge nicht begriffenen Anfänge einer richtigeren Einsicht in Chemie, Physik und Medizin. Hier weist man hin auf die angebliche Faszination eines Kindes durch den Blick des bösen Auges, dort auf die verbrecherische Erregung der Wollust durch wirkliche Reizmittel oder auf einen heimtückischen Giftmord. An einem dritten Orte sind es die erträumten Gräuel der Hexensabbate, an einem vierten die nächtlichen Brudermahle der christlichen Urgemeinden; dann wieder hier die frechen Betrügereien eines Cagliostro und dort die ewig denkwürdigen Heldentaten, durch die eine begeisterte Jungfrau ihr Vaterland aus Schmach und Not befreite.

Nicht weniger ins Unbestimmte gerückt ist die Basis aller Zauberei. Hier träumt man von den verborgenen Kräften der Kräuter, Steine und Metalle; dort sollen Formeln und Zeremonien die Seelen der Abgeschiedenen und selbst die dämonischen Mächte zum Erscheinen zwingen; anderwärts leitet man die Macht des Zauberers einzig und allein aus einem Bündnis mit dem Satan ab. In dem einen Zeitalter scheint die Zauberei unzertrennlich mit dualistischen Religionsansichten verflochten, in einem andern schlägt sie mitten in dem erklärtesten Polytheismus Wurzel, im dritten heftet sie sich unmittelbar an die Mysterien des christlichen Kultus. So entzieht sie sich als ein vielgestaltiger Proteus fast jedem Versuche, ihr Wesen durch eine einfache Begriffsbestimmung erschöpfend auszudrücken. Wer sie theoretisch beleuchten will, der muß sich auf den dogmatischen Standpunkt stellen, d. h. er muß an ihre Realität glauben wie Bodin, Delrio und Carpzow; vom historischen aus erscheint sie ihrem Gehalte nach nur als ein abenteuerliches Gemenge aus Aberglauben, absichtlichem Betrug und natürlichen, aber in ihrer Kausalität nicht begriffenen Wirkungen.

---

5) Raimond Lullus, Scholastiker und Alchemist, geboren 1235 in Palma auf Malorka, war der erste Europäer, der die Kabbala kannte, die er als göttliche Weisheit betrachtete. Er wurde 1315 als Missionar an der Nordküste Afrikas gesteinigt.

Der dem Menschen eingepflanzte Trieb, die Dinge außer ihm im Zusammenhange zu erkennen und sich untertan zu machen, seine Abhängigkeit von Natur und Schicksal zu vermindern oder zu modifizieren und so den höheren Wesen, die er über sich ahnt, durch Wachsen in Erkenntnis und Vermögen näher zu treten, — dieser Trieb ist von jeher die Quelle der edelsten Bestrebungen und der erfreulichsten Resultate gewesen; aber er hat auch, wo Beobachtungsgabe und Kritik nicht zur Seite stand, wo Vorurteil, Selbstsucht und Haß ihn mißleiteten, zu den bizarrsten Phantomen, zu den unseligsten Täuschungen geführt, die in ihren Wirkungen oft um so verderblicher wurden, je geschickter sie ein kleines Teilchen Wahrheit in ihr Gewebe zu verschlingen wußten. Auf diesem Boden wurzelt auch der Zauberglaube. Er ist das Ergebnis einer verirrten Reflexion über die Ursächlichkeit der Naturerscheinungen und über die Bedingungen und Schranken, innerhalb deren sich der Mensch zur Ausübung seiner Herrschaft über die Dinge der sichtbaren Welt berufen weiß.

Je nach dem Maße seiner Bildung und Erfahrung zieht sich der Mensch einen engern oder weitern Kreis, innerhalb dessen ihm dasjenige liegt, was er das Natürliche nennt. Auf dem Standpunkte des großen Haufens fällt das Natürliche mit dem Gewöhnlichen, Alltäglichen zusammen; denn es ist in der Tat nicht sowohl die deutlichere Erkenntnis der waltenden Gesetzmäßigkeit, als vielmehr eben nur die gewohnte Wiederkehr und Verbreitung, was der Masse eine Erscheinung weniger auffallend erscheinen läßt als die andre. Das Seltene, im Grade Höhere und darum Imponierende stellt sich ihr gern außerhalb dieses Kreises. Je beschränkter nun das Gebiet ist, das ein Volk dem Natürlichen zuweist, desto mehr füllt sich ihm das Gebiet des Übernatürlichen. Überall nimmt es dann wirkliche Erscheinungen wahr, die ihm, obgleich unzweifelhaft von Menschen hervorgebracht, doch das Maß menschlicher Kraft zu übersteigen scheinen, und für die es also die Mitwirkung höherer Kräfte voraussetzt. Man denke an die Sagen von Deutschlands Riesendomen und von den

Teufelsbrücken! Hierbei bleibt man indessen nicht stehen. Ist einmal jene Mitwirkung höherer Mächte anerkannt, so läßt die gemeine Meinung den Menschen durch sie auch solche Wirkungen vollbringen, die in der Wirklichkeit entweder gar nicht oder wenigstens nicht in der vorausgesetzten Weise von ihm erzielt werden können. So gibt sie auf der einen Seite dem menschlichen Vermögen zu wenig, auf der andern zu viel.

Jenseits der Grenze des Natürlichen bewegt sich einerseits das Wunder und andererseits die Zauberei. Hier stellt sich indessen abermals eine Relativität des Begriffes dar. Ob eine übernatürliche Handlung zauberisch oder wunderbar sei, darüber entscheiden die herrschenden Religionsvorstellungen: was diesen genehm ist, fällt dem Wunderbaren, was ihnen widerstrebt, dem Zauberischen zu. So haben die Kirchenväter die heidnischen Orakel und Weihungen, und die Heiden wiederum die christlichen Wunder zauberisch gefunden[6].

Vermöge jener doppelten Relativität der Begriffe ist eine vielfache Verschränkung der Gebiete des Natürlichen und Übernatürlichen, des Wunderbaren und Zauberischen denkbar. Was dem einen auf vollkommen natürlichem Boden sich bewegt, kann dem andern als Wunder, dem dritten als Zauberei erscheinen. So war die Jungfrau von Orleans, bei beiderseits unbezweifelter Übernatürlichkeit ihrer Taten, bloß durch Subsumtion unter verschiedene Gesichtspunkte den Engländern Hexe, den Franzosen Wundertäterin, während sie der heutigen Welt keins von beiden ist. So hat ferner mancher wahre Naturforscher sich als Zauberer behandelt gesehen. Astrologie, Alchymie und Chiromantie haben sich zeitweise als höhere Naturkunde, gewisse Sortilegien und Amulette durch Anschmiegen an den herrschenden Kultus als Wunderwirkungen zu legitimieren gesucht.

6) Celsus bei Origenes (contra Cels. I. 6. u. 68), Arnobius (adv. gentes lib. I. p. 25. ed. Lugd. Bat. 1651). *Iren.* adv. haeres. I. 20, *Augustin.* de Civ. Dei XVIII. 53. — *Justin. Martyr.* Dial. cum. Tryph. pag. 269 ed. Colon. 1686.

Trotz dieser Wandelbarkeit der Gesichtspunkte finden sich zwischen den verschiedensten Völkern und Zeiten im Stoffe wie in der Auffassung zahlreiche Analogien, und es könnte gefragt werden, ob sich hierin eine historische oder nur eine psychologische Verwandtschaft zeige. Wahr ist es, der Zauberglaube ist jederzeit und überall verbreitet gewesen; kein Volk steht in der Geistesbildung so niedrig, daß es sich nicht zu ihm zu erheben vermöchte, keines so hoch, daß es ihn ganz aus sich verbannen könnte. Schon diese Allgemeinheit spricht dafür, daß er auf einer allgemeinen Disposition des menschlichen Gemütes beruhe, und der Versuch, alle seine Erscheinungen auf eine gemeinschaftliche historische Quelle zurückzuführen, würde hier nicht weniger unfruchtbar ausfallen als bei Religion und Sprache. Doch gilt dies nur vom Zauberglauben im ganzen und großen. Denn ebenso, wie einzelne Religionen und Sprachen weit über die Grenzen ihrer ursprünglichen Heimat hinausgedrungen sind und die Religionslehren und Sprachen andrer Völker auf die entferntesten Zeiten hin umgestaltet oder gänzlich verdrängt haben, ebenso lassen sich zwischen einzelnen Zauberformen und ganzen Zauberdoktrinen unbezweifelbare historische Zusammenhänge nachweisen, die bald in dem unmittelbaren Verkehr der Nationen, bald in literarischer Vererbung und sonstigen Einflüssen ihre Erklärung finden. Die Verkennung solcher historischen Verwandtschaften hat oft der Aufklärung und Humanität wesentlich geschadet, indem man da, wo nur Nachtreterei vorlag, einen auf die Realität und Evidenz des Gegenstandes selbst gegründeten Consensus gentium wahrzunehmen wähnte. So ist z. B. ein großer Teil des magischen Unsinns, der im Mittelalter und später die Köpfe des Abendlands füllte, römischen oder griechischen und sogar noch weit älteren Ursprungs. In den Klöstern, wo man so trefflich die Kunst verstand, überall die tauben Nüsse aufzulesen und den gesunden Kern liegen zu lassen, hatte man diese Ausbeute aus der Lektüre der Klassiker gewonnen und suchte sie nun in Lehre und Leben anzuwenden. Später traten die Inquisitoren und die Richter mit der Folter hinzu und torquierten einen überall gleichmäßigen Glauben an die Wirklichkeit dieser Dinge in die Völker hinein. Als nun dieser Glaube im Laufe der Zeit ein wirklich volkstümlicher geworden und sein Ursprung vergessen war, da traten, wo sich Widerspruch erhob, die Apologeten des Hexenprozesses wieder mit den Alten in der Hand hervor und machten das, was die eigentlichen Quellen jener Vorstellungen enthielt, zu ebenso vielen neu aufgefundenen Beweisen für die Wirklichkeit und das hohe Alter der vorgestellten Dinge selbst. — Auf der andern Seite ist aber auch oft eine historische Verwandtschaft angenommen worden, wo sie entweder gar nicht oder wenigstens nicht in der angenommenen Weise bestanden hat. Auch hiefür werden sich Beweise ergeben.

ZWEITES KAPITEL

DER HEIDNISCHE ORIENT

Betrachten wir den Aberglauben, auf dem der Wahn der Magie und der Hexerei beruht — ein Wahn, dem wir noch am heutigen Tag bei allen christlichen Völkern, namentlich in den niederen Volksschichten begegnen, — und verfolgen wir dessen Geschichte rückwärts von Jahrhundert zu Jahrhundert, so will es uns doch nicht gelingen, irgendwo in der Geschichte der abendländischen Welt eine Stelle aufzufinden, wo er sich zuerst gestaltet und von wo aus er sich unter den Völkern verbreitet habe. Denn die grausige Zeit des siebzehnten Jahrhunderts, in dem fast alle Lande Europas von den die Opfer heidnischen Aberglaubens verzehrenden Flammen der Scheiterhaufen widerleuchteten, weist uns zurück über die Reformation hinaus in das Mittelalter hinein, wo man hin und wieder auch „weidlich gebrannt" hat, und von da in die Zeit der Kirchenväter, die denselben Aberglauben vertreten, den das römische und den schon früher das griechische Heidentum gepflegt und den dieses aus den Landen am Euphrat und Tigris fast unverändert überkommen hat, wo wir das Bestehen der dämonischen Magie bis hinauf zum Anfange der eigentlichen Geschichte und der lebendigen Erinnerungen des Menschengeschlechts verfolgen können. Wo aber diese aufhören, da führen uns die Hieroglyphen der Pyramiden Ägyptens und die Keilschriften-Literatur der Lande am Euphrat in eine graue Vorzeit ein und zeigen, daß schon in ihr, schon wenigstens ein Jahrtausend vor dem Beginne der eigentlichen Geschichte hindurch, im wesentlichen derselbe Aberglaube bestand, den wir in der Geschichte aller Völker Europas zu allen Zeiten nachweisen können, daß daher seine Spuren gerade so weit hinaufreichen wie die Spuren der Menschheit selbst.

Erst in neuer Zeit ist es der Wissenschaft gelungen,

die Geheimnisse, die der Bibliotheksaal im Palaste der Könige zu Ninive in sich barg, zu erschließen. Henry Rawlinson teilte im Jahr 1866 im zweiten Bande der Cuneiform inscriptions of Western Asia (Taf. 17 und 18) eine größere Tafel mit achtundzwanzig Zaubersprüchen mit. Er fand ferner in der Bibliothek des alten Königspalastes unter Tausenden von Bruchstücken tönerner Täfelchen die Fragmente eines umfangreichen Werkes magischen Inhalts, das in seiner Vollständigkeit nicht weniger als zweihundert Tafeln umfaßte. Diese unschätzbaren Urkunden sind wie alle auf Magie sich beziehenden Dokumente Chaldäas in akkadischer[1], d. h. in der den finnischen und tatarischen Idiomen verwandten turanischen Sprache abgefaßt, die der ursprünglichen, vorgeschichtlichen Bevölkerung der Ebenen des unteren Euphrat (Chaldäas) eigen war. Der assyrische König Assurbanipal (884—860 v. Chr.) ließ sie zusammen mit der assyrischen Interlinearversion, mit der sie überliefert waren, abschreiben und seiner Palastbibliothek einverleiben. Diese Hinterlassenschaft der Akkader — die wohl selbst wieder auf älteren allmählich zu einem Ganzen zusammengestellten Überlieferungen beruhen mag — weist daher hoch hinauf auf eine Zeit, in der unter den Akkadern wie unter den Ägyptern der Glaube an die Einheit und reine Geistigkeit des göttlichen Wesens — trotz des aufgewucherten Kultus der Naturgewalten — noch nicht ganz erloschen war. Die Masse der Urkunden zeugt, wie Lenormant S. 23 sagt, „von der Existenz einer so künstlichen und zahlreichen Dämonologie bei den Chaldäern, wie sie sich ein Jakob Sprenger, Joh. Bodin, Weier oder Pierre de Lancre wohl nimmer vorgestellt hätten. Es erschließt sich uns darin eine ganze Welt von bösen Geistern, deren Rangordnung mit vieler Gelehrsamkeit festgestellt, deren Persönlichkeiten sorgfältig unterschieden und deren besondere Eigenschaften scharf präzisiert sind".

---

1) *François Lenormant*: „Die Geheimwissenschaften Asiens. Die Magie und Wahrsagekunst der Chaldäer, Jena, 1878".

Zu oberst werden zwei Klassen von Wesen gestellt, die als Genien oder Halbgötter erscheinen[2]. Unter ihnen stehen die guten Geister und die Dämonen, von denen die letzteren (akkadisch: utuq) gewöhnlich an wüsten Stätten hausen.

Götterrelief aus dem Palaste Assurbanipals in Ninive
(Berlin)

Die mächtigsten und gefürchtetsten von ihnen sind diejenigen, deren Macht sich über die Ordnung der Natur erstreckt, in die sie oft zum Nachteil des Menschen störend eingreifen, während die Tätigkeit der übrigen unmittelbarer

---

2) *Lenormant*, S. 16 ff.

auf den Menschen gerichtet ist, dem sie unablässig Unheil und Schaden bereiten. Von allen Einwirkungen der Dämonen auf den Menschen ist die Besessenheit die gefürchtetste. Zur Bannung dieser Krankheit hatte man daher vielerlei Formeln. Waren aber die Dämonen aus dem Körper eines Besessenen vertrieben, so gab es nur ein sicheres Schutzmittel gegen ihre Wiederkehr: es mußte durch Anwendung anderer Formeln dahin gewirkt werden, daß sich nun gute Geister des von den Dämonen befreiten Menschen bemächtigten.

Eine andere Klasse der Dämonen sind diejenigen Geister, die, ohne unmittelbar verderbliche Handlungen zu verrichten, in schreckenerregenden Erscheinungen hervortreten. Solcher Art sind z. B. der „innin" und der „gewaltige uruku", die beide zu den Nachtgeistern und Gespenstern zählen. Die drei hervorragendsten Wesen dieser Klasse sind das „Schreckgespenst" oder „Schattenbild" (akkad. dimme, assyr. lamastuw), das „Gespenst" (akkad. dimmea, assyr. labasu) und der „Vampir" (akkad. dimmekhab, assyr. abharu). Von diesen dreien erschrecken die beiden ersteren nur durch ihre Erscheinung, wogegen der Vampir „den Menschen anfällt". Der Glaube, daß die Toten als Vampire aus dem Grabe steigen und Menschen anfallen, war überhaupt in Babylonien und Chaldäa ganz allgemein. — Eine besondere Gruppe bilden ferner die „Dämonen der nächtlichen Samenergüsse", die bald als Nachtmännchen (akkad. lillal, assyr. lilu), bald als Nachtweibchen (akkad. kiel-lillal, assyr. lilituv) erscheinen, und deren Umarmungen sich weder Männer noch Frauen im Schlafe zu erwehren vermögen. — Allgemein herrschend war außerdem die Furcht vor dem „bösen Blick" sowie vor dem „bösen Wort" oder „bösen Mund", d. h. vor der unheilvollen Wirkung gewisser Worte.

Zur Abwehr und Bekämpfung dieses dämonischen Zaubers gebrauchte man vor allem Beschwörungsformeln, und wie jene Vorstellungen von den Dämonen und deren verderblicher Wirksamkeit sich bei Griechen und Römern und im

Mittelalter wieder finden, so zeigt sich auch zwischen jenen Beschwörungen und z. B. der Φαρμακεύτρια des Theokrit und der achten Ekloge des Vergilius die auffallendste Ähnlichkeit.

Als die ältesten mit der monotheistischen (oder wohl richtiger: monolatrischen) Gottesidee im Zusammenhange stehenden Beschwörungsformeln stellen sich diejenigen dar, in denen „der große Name," „der höchste Name", den Êa allein kennt, gebraucht wird. Vor diesem Namen beugt sich alles im Himmel, auf Erden und in der Unterwelt; selbst den Göttern legt dieser Name Fesseln an und zwingt sie, ihm untertan zu sein. Aber nur Êa kennt diesen Namen.

Die Masse der Beschwörungsformeln ist indessen anderer Art. Zuerst werden in ihnen die zu beschwörenden Dämonen genannt, ihre Machtsphäre wird angegeben und ihre Wirkung geschildert. Es folgt hierauf der Wunsch, daß sie vertrieben werden und daß man vor ihren Nachstellungen bewahrt bleiben möge, was häufig in geradezu kategorischer Form verlangt wird. Eine dieser Formeln lautet:

Die Pest und das Fieber, die das Land verheeren,
die Seuche, die Auszehrung, die das Land verwüsten,
schädlich dem Körper, verderblich den Eingeweiden,
der böse Dämon, der böse alal, der böse gigim,
der boshafte Mensch, der böse Blick, der böse Mund, die böse Zunge,
daß sie des Menschen, Sohn seines Gottes, Körper verlassen mögen,
daß sie seine Eingeweide verlassen mögen.
Meinem Körper werden sie nimmer anhaften,
vor mir werden sie nimmer Böses stiften,
in meinem Gefolge werden sie nimmer einherschreiten,
in mein Haus werden sie nimmermehr eintreten,
mein Zimmerwerk werden sie nimmer durchschreiten,
in das Haus meiner Wohnstätte werden sie nimmermehr einkehren [3].

Außerdem gebrauchte man zur Abwehr dämonischer Zauberei Zaubertränke, Zauberknoten oder Schleifen, Talis-

---

3) *Dr. S. Seligmann*, Der böse Blick, Berlin 1910, 1. Bd. S. 6. —

mane von allerlei Art, auch zum Tragen am Halse eingerichtet und mit akkadischen Inschriften versehen, und insbesondere Zauberstäbe, die Cicero virgulae divinae nennt.

Altassyrisches Amulett aus Eisenstein: Der Kopf eines
Dämon. Auf der Rückseite eine Zauberformel in Keilschrift
(Berlin, Kgl. Museum für asiatische Altertümer)

Dieses war die gute, die göttliche Magie, die in den
Priesterschulen der Akkader gelehrt wurde. Neben dieser
gab es aber auch eine dämonische, teuflische Magie, die
verboten war und verfolgt wurde, die natürlich in den offiziellen Urkunden nicht beschrieben ist, aber doch aus ihnen
erkannt werden kann[4]. Es gab in Akkad, wie man aus den
gegen die dämonische Zauberei aufgestellten Beschwörungen
ersieht, eine Menge Zauberer und Zauberinnen, die als „Böse-
wichte", „boshafte Menschen" bezeichnet werden, deren
Tun und Treiben man aber nur in sehr verschleierter Weise
anzudeuten wagte, weil die Furcht vor ihnen die Gemüter
aller beunruhigte. Indirekt bekommen wir aber mannigfache Aufklärungen über die Zauberei, weil die Priester
natürlich ihr ebensowohl wie allen andern schädlichen Einflüssen entgegentreten mußten. Die Beschwörungen bestehen
nämlich größtenteils aus sehr ausführlichen Beschreibungen

4) *Lenormant*, S. 68ff.

sowohl der Wirkung der Zauberei als der Mittel, durch die sie ausgeübt wird. Es heißt z. B.: „Weil die Zauberin mich bezaubert hat, die Hexe mich gebannt hat, schreit mein Gott und meine Göttin über mich. Wegen meiner Krankheit bin ich schmerzlich geplagt, ich stehe aufrecht, lege mich nicht nieder, weder nachts noch am Tage. Mit Schnüren haben sie meinen Mund gefüllt, mit Upuntakraut haben sie meinen Mund gestopft. Das Wasser meines Getränks haben sie gering gemacht; mein Jubel ist Jammer, meine Freude ist Trauer!"[5]

Es war gar kein Übel denkbar, das der Zauberer nicht auszuüben vermocht hätte. Er bezauberte durch den bösen Blick und durch Unglücksworte und zwang durch seine Zauberformeln die Dämonen, nach seinem Willen zu tun. Dabei waren es in Akkad und Chaldäa (geradeso wie später in Thessalien) namentlich Frauen, die diese dämonische Zauberei trieben, zu denen sie Zauberformeln, zauberische Knoten, Zaubertränke und namentlich von ihnen angefertigte Bildnisse der betreffenden Personen verwendeten. Übrigens war bereits in Akkad der Glaube verbreitet, daß die Hexen ihre Versammlungen hielten und zu ihnen auf einem „Stück Holz" ritten.

Diese Magie beruhte bei den Akkadern auf einem vollständigen, in allen seinen Teilen zusammenhängenden mythologischen System, das die auffallendste Übereinstimmung mit der Mythologie der Finnen erkennen läßt, was uns zur Herleitung dieses Dämonenglaubens und der mit ihm zusammenhängenden Magie aus einer Urzeit des Menschengeschlechtes berechtigt, in der die am Euphrat und Tigris lebenden Akkader mit den Finnen im hohen Norden Europas noch ein Volk waren[6]. Dagegen ist zwischen dem akkadischen System und dem der Ägypter keine Verwandtschaft vorhanden. Lenormant weist als Grundlage der ägyptischen Magie den Gedanken nach, daß die Menschenseele

---

5) *Dr. Alfr. Lehmann*, Aberglaube und Zauberei, Stuttgart 1908, 2. Aufl., S. 42. — 6) *Lenormant*, S. 259.

die Bestimmung habe, nach dem Tode dem Osiris gleich zu werden. Zur Beförderung dieser Apotheose wurde der Leichnam durch die Anwendung magischer Formeln gegen schädliche, zerstörende Einwirkungen gefeit, indem die Erhaltung des Leibes die Bedingung der Apotheose der Seele war. Außerdem legte man den Zauberformeln aber auch die Kraft bei, dem Lebenden, der sie sprach, göttliche Vollkommenheiten zuzuführen. Der Gedanke eines Unterschiedes böser und guter Dämonen ist dem ägyptischen System fremd. Der Zauberer, durch seine Magie auf eine höhere, göttliche Stufe erhoben, gebietet den Göttern. Die spätägyptischen Magier bedienten sich, wie aus einem Leidener Papyrus hervorgeht, des Hypnotismus, um die Verbindung zwischen einer übernatürlichen Welt mit der sinnlichen herzustellen. Der Papyrus ist etwa um das dritte Jahrhundert unserer Zeitrechnung geschrieben, wo die Gnosis in vollster Blüte stand. Das Hauptbestreben der Gnostiker im Pharaonenland ging dahin, die heidnischen Mythen, dann die Gottheiten und Dämonen, vorzüglich der ägyptischen und syrischen Tempelwelt, mit dem Christentum zu verquicken[7].

Bei den Geisterbeschwörungen dieser Gnostiker war ein reiner, unschuldiger Knabe das Haupterfordernis. „Das Kind vertrat die Stelle des Mediums, und aus seinem Munde vernahm der Beschwörer, ob der gerufene Dämon oder die Dämonen zur Stelle waren, zugleich auch ihre Geneigtheit, die gestellten Fragen zu beantworten[8]."

Wie es scheint, war es im dritten Jahrtausend vor Christus, daß in das von den Akkadern bewohnte nachherige Chaldäa sowie in die umliegenden Lande kuschitische Semiten einwanderten, von denen die Nationalität, die Sprache und die Religion der Akkader allmählich mehr und mehr zurückgedrängt wurden. In Chaldäa und Babylonien gestalteten sich so verschiedenartige Kulte, aus

---

7) *Prof. Dr. H. Brugsch - Pascha*, Aus dem Morgenlande, Leipzig (1894) S. 44. — 8) *Brugsch*, S. 48.

denen um das Jahr 2000 König Sargon I., der beide Reiche beherrschte, ein einheitliches Religionssystem herstellte, das nun in Chaldäa und Babylonien und hernach auch in Assyrien als Staatsreligion galt[9]. Dieses System beruhte wesentlich auf der der syrischen und phönizischen verwandten Religion der Kuschiten. Daher begann jetzt die bis zur Zeit Alexanders des Großen dauernde Periode der „Chaldäer", d. h. der Priesterkaste der chaldäisch-babylonischen Staatsreligion, die, wie in Chaldäa und Babylonien, so auch im assyrischen Reich als Vertreter der Staatsreligion galt[10]. Die gelehrte Staatsreligion nahm nun allerdings in Chaldäa, Babylonien und Assyrien die alten akkadischen Beschwörungsformeln mit dem ihnen zugrunde liegenden Dämonismus in den Kanon ihrer heiligen Schriften auf, so jedoch, daß die darin angerufenen Geister in der Staatsreligion eine untergeordnete Stellung erhielten. Daher bestanden neben den Priestern der Staatsreligion besondere Körperschaften von Zauberpriestern fort, die als untergeordnete Schriftgelehrte die alte Magie ausübten und aufrecht erhielten[11]. Indem diese nun hierbei nach wie vor die alten akkadischen Formeln gebrauchten, so besaß in Chaldäa die Magie ihre eigene Sprache, die zwar vom dreizehnten Jahrhundert an nicht mehr verstanden, die aber gerade darum von dem assyrisch oder chaldäisch redenden Volke als mit einer besonderen, geheimnisvollen Macht ausgestattet angesehen wurde.

Hoch über diese Zauberpriester stellte sich nun die Genossenschaft von Priestern und Schriftgelehrten, die den Namen des ursprünglichen Volksstammes der „Chaldäer" mit einem gewissen Stolze von sich gebrauchte, indem sie als gelehrte Astronomen und Astrologen ursprünglich wenigstens mit Zauberei nichts zu tun haben wollten[12]. Sie betrachteten die Sterne nicht nur als die Lenker des Weltalls, sondern auch als die Verkünder aller Vorkommnisse,

9) *Lenormant*, 157, S. 334. — 10) *Lenormant*, S. 422. — 11) *Lenormant*, S. 109. — 12) *Lenormant*, S. 422.

gaben sich daneben aber auch mit allerlei anderer Weissagerei ab.

Neben ihnen erhob sich jedoch etwa seit dem siebenten Jahrhundert in den in Rede stehenden Landen von Medien her eine ganz verwandte Erscheinung, der Magismus, so genannt nach dem medischen Stamme der Magier, der in Medien das ausschließliche Privilegium besaß, das Priesteramt auszuüben. Diese Magier waren keine Anhänger der von dem Zauberwesen und den Wahrsagerkünsten ursprünglich ganz freien Lehre des Zoroaster in Persien, sondern vielmehr ihre Gegner, weshalb sie, mit ihrem Sternenkultus und ihrer Weissagekunst anfangs auf Medien beschränkt, von den persischen Königen verfolgt wurden, bis es ihnen unter der Regierung des Xerxes gelang, auch am persischen Hofe sich einen immer mächtiger werdenden Einfluß zu verschaffen. Bald standen sie hier an der Spitze des gesamten Kultus[13]. Sie bildeten jetzt die nächste, angesehenste Umgebung des Königs. Eben damals begannen aber die Chaldäer und Magier ganz ineinander überzugehen. Im Buche Daniel werden die Kaschedim neben anderen Klassen von Zauberern und Wahrsagern zugleich (Dan. 2, 4, 5, 10) als Repräsentanten der Magie und Mantik überhaupt erwähnt. Sie müssen also wohl als identisch mit den Magiern angesehen werden. Der Name Magier war eben längst ein gewöhnlicher Titel der chaldäischen Gelehrten geworden. Ihre astronomischen Beobachtungen und Traditionen reichten schon damals in das graueste Altertum hinauf, was schon daraus erhellt, daß Callisthenes bei der Einnahme Babylons durch Alexander dort auf Backsteintafeln astronomische Beobachtungen von 1903 Jahren vorfand, die er an Aristoteles einsandte[14].

Auch in den nächstfolgenden Jahrhunderten finden wir die Bezeichnungen „Chaldäer" und „Magier", im Abendlande namentlich, ganz synonym und beide in gleich ehrenvoller Weise gebraucht.

---

13) Xenoph. Cyropaedie. VIII, 3, 6; VIII, 1, 8. — 14) Simplicii comment. ad Arist. de coelo p. 123.

Das Ansehen dieser Chaldäer-Magier beruhte — abgesehen von der astronomischen und sonstigen wissenschaftlichen Bildung, die man ihnen zutraute — auf ihrer angeblichen Weissagekunst, die sie ganz in derselben Weise wie die alten Chaldäer ausübten. Hierbei diente ihnen alles mögliche als Mittel zur Erforschung der Zukunft[15]. Die Chaldäer und Magier weissagten nämlich nicht nur nach den Sternen, sondern auch mit Anwendung von Losen oder Pfeilen (Belomantie); sie beobachteten hierzu den Flug bestimmter Wahrsagevögel, untersuchten die Eingeweide, insbesondere die Leber von Opfertieren (Hepatoskopie), sie wahrsagten nach der Wolkenbildung, nach den Blitzstrahlen, nach dem Rauschen und den Bewegungen von Bäumen und Sträuchern, nach den Bewegungen und dem Verhalten gewisser Tiere (Schlangen, Hunde, Fliegen, Fische usw.), nach zufälligen Wahrnehmungen und Vorkommnissen (z. B. nach der Bewegung von Hausgeräten etc.), nach überraschend klingenden Worten, die man zufällig hörte, nach dem Vorkommen von Mißgeburten. So versprach z. B. die Geburt eines Kindes mit weißem Haare dem Landesfürsten hohes Alter. Ganz besonders den Träumen legten die Chaldäer und Magier prophetische Bedeutung bei.

In der römischen Kaiserzeit änderte sich jedoch der Gebrauch beider Bezeichnungen. Chaldäer und Magier galten im Morgen- wie im Abendlande als fahrende Gaukler, die für Geld wahrsagten und ihre Heilmittel anboten und sich bei Leichtgläubigen durch geheimnisvoll aussehende Operationen Ansehen zu verschaffen suchten. Die öffentliche Meinung betrachtete bald beide als Schwindler und Betrüger[16].

---

15) *Lenormant*, S. 430—524. — 16) *P. Scholz*, Götzendienst und Zauberwesen bei den alten Hebräern und den benachbarten Völkern. Regensburg 1877, S. 87—89.

DRITTES KAPITEL

DAS VOLK DER HEBRÄER

Der englische Reisende J. Roberts sagt[1]: „Das Hinduvolk hat es mit einer so großen Anzahl Dämonen, Göttern und Halbgöttern zu tun, daß es in beständiger Furcht vor deren Macht schwebt. Es gibt in seinem Lande keinen Weiler, der nicht wenigstens einen Baum, eine geheime Stätte besäße, die als Sitz böser Geister gelten. Mit der Nacht verdoppelt sich aber der Schrecken des Hindu, und es kann ihn nur die dringendste Notwendigkeit bewegen, seine Wohnung nach Sonnenuntergang zu verlassen. Muß dieses geschehen, so schreitet er mit äußerster Vorsicht von dannen. Er beachtet das geringste Geräusch, er murmelt Beschwörungen vor sich her, die er immerfort wiederholt; er hält Amulette in der Hand, betet ununterbrochen usw." Dieser abergläubische Schrecken, diese grausige Furcht vor der überall drohenden, unheimlichen Macht der Dämonen und deren Diener, der Zauberer, ist zu allen Zeiten das Erbteil und Los aller Völker des Heidentums gewesen. Unter diesem Fluche des Dämonismus lag die ganze antike Welt gebannt, der die stoische und epikureische, überhaupt die philosophische Weltanschauung keine Erlösung von diesem Fluche bringen konnte. Nur ein Volk des Altertums finden wir davon befreit — die Hebräer.

Auch bei diesem Volke begegnen wir allerlei zauberischem Treiben wie bei allen anderen Völkern des Altertums, jedoch mit dem Unterschied, daß, während bei diesen der Glaube an Magie und Mantik in ihrem ganzen religiösen Denken und Leben begründet und an ihre „religio" angeschlossen war, der Aberglaube bei den Hebräern nur als eine von außen hereingekommene Alterierung des nationalen Gottesglaubens und Kultus hervortrat.

Im allgemeinen erscheint nämlich die Zauberei und Wahrsagerei bei den Hebräern als ein mit dem Jehovahkult un-

---

[1] Oriental illustrations of Scriptures, S. 542.

vereinbares heidnisches Unwesen, das vorzugsweise von
Ägypten und Chaldäa her eingedrungen war[2].

Als harmlosere Art der Wahrsagerei kommt im Alten
Testament die Traumdeutung vor, d. h. die Deutung der
Träume anderer und das Wahrsagen aus eigenen Träumen
(1 Mos. 40, 12 ff.; 41, 25; Dan. 2, 4 ff.; 4, 5 ff.; 4 Mos.
12, 6; Joel 3, 1; 1 Dan. 7, 1).

Von den im heidnischen Orient üblichen mantischen Künsten sind im jüdischen Volk nur wenige nachweisbar, und
von operativer Magie findet sich im A. T. kaum eine Spur
vor. Nirgends ist die Rede von magischen Heilungen, Beschädigungen von Menschen, Tieren und Feldern, Liebeszaubern, Erregung von Gewittern, Beherrschung der Planeten,
Verwandlungen in Tiergestalten, Luftflügen oder gar Bündnissen mit dem Satan, wie dies in dem späteren Zauberwesen geschieht. Nichtsdestoweniger hat man wegen der
in die Übersetzungen eingedrungenen Ausdrücke φαρμακός,
maleficus und Zauberer die Zauberei überhaupt, wie sie
später aufgefaßt wurde, als den alttestamentlichen Schriften bereits bekannt vorausgesetzt und hierin nicht nur für
ihre Existenz und Wirksamkeit, sondern auch für ihre Strafbarkeit eine heilige Autorität gefunden. Die Hexenprozesse
sind dadurch nicht wenig gefördert worden.

Der verhältnismäßig geringe Einfluß, den die orientalische
Magie und Mantik auf Israel in seiner früheren Zeit gewann,
erklärt sich aus der ganz einzigartigen Stellung der hebräischen Religiosität zu ihr. „Alles Zauberwesen ist Heidentum und darum Sünde, und zwar eine der furchtbarsten Sünden,

---

2) *P. Scholz*, Götzendienst und Zauberwesen bei den alten Hebräern
und benachbarten Völkern, Regensburg 1877; *C. F. Keil*, Handbuch der
biblischen Archäologie, Frankfurt a. M. 1875, S. 475—476; *de Wette*, Lehr-
buch der hebräisch-jüdischen Archäologie, 4. Aufl., bearbeitet von *Räbiger*,
Leipzig 1864, S. 357; *Baudissin*, Studien zur semitischen Religionsgeschichte,
Heft I u. II. Leipzig 1876 u. 1878; *Saalschütz*, Mosaisches Recht, S. 510 u. d. Art.
„Wahrsager" in Herzogs theologischer Realencyklop. B. XVII. von *L. Diestel*.
Alfr. Lehmann, Aberglaube und Zauberei, Stuttg. 1908, S. 69 ff. *Dr. D. Joël*,
Der Aberglaube und die Stellung des Judentums zu demselben, Breslau 1881.

die mit der Ausrottung des Frevlers bestraft werden muß", das war der Gedanke, den die Träger der Theokratie in Israel, vor allem die Propheten, vertraten. Allerdings wird von Manasse berichtet, daß er Zauberei und Zeichendeuterei trieb und Totenbeschwörer und „kluge Männer" sogar anstellte (2 Kön. 21, 6; 2 Chron. 33, 6); allein unter Josia

Totenschädel mit einer hebräischen Zauberformel
(Berlin)

sehen wir diese wieder beseitigt. Das Gesetz Moses will nun einmal sowohl die Wahrsager und Mekaschephim selbst wie auch alle, die sich ihrer Hilfe bedienen, mit dem Tode bestraft und ausgerottet wissen (2 Mos. 22, 18; 3 Mos. 20, 6 und 27; 5 Mos. 13, 5). Als Art der Hinrichtung erscheint

27

3 Mos. 20, 27 die Steinigung. Das Gesetz faßt nämlich diese Begehungen als götzendienerische Greuel der umwohnenden Heiden auf, wodurch der Israelit, der abgesondert von den Völkern dem Herrn leben soll, sich verunreinigen, von Gott abfallen würde (3 Mos. 19, 31; 20, 27; 5 Mos. 18, 9 ff.). Dem auserwählten Volke sollen Jehovahs Diener, die Propheten, verkünden, was ihm frommt (5 Mos. 18, 15); götzendienerische Wahrsagung mußte in dem theokratischen Staate als Empörung gegen das Staatsoberhaupt, als Hochverrat angesehen und als solcher bestraft werden; auf jeder Beleidigung Jehovahs stand die Steinigung.

Trotz der Strenge des Strafgesetzes neigten sich indessen die Juden fast jederzeit zu der ausländischen Wahrsagerei wie zum Götzendienste überhaupt hin, und da die Könige oft selbst diesem Hange folgten, so scheinen die gesetzlichen Strafen selten zur Vollstreckung gekommen zu sein. Saul hatte sich zwar in der Ausrottung der Wahrsager tätig gezeigt (1 Sam. 28, 9), doch griff er zuletzt selbst zur Totenbefragung. Über Götzendienst und Wahrsagerei in Israel und Juda erhoben die Propheten wiederholte Klagen, und die Bücher der Könige geben in dieser Beziehung traurige Schilderungen von den Zeiten Hoseas und Manasses (2 Kön. Kap. 17 und 21). Der Verkehr mit den heidnischen Nachbarvölkern, später besonders die Berührung mit dem babylonischen Wesen wirkte sehr nachteilig. Entstammt doch auch, wie Delitzsch hervorhebt, das Bild des Satans der babylonischen Mythologie.

Im Unterschied von „der alten Schlange, die da heißt der Teufel und Satanas", in welcher die altbabylonische Vorstellung von Tiâmat, der Urfeindin der Götter, sich erhalten hat, entstammt der Satan, der in den jüngeren und jüngsten Büchern des Alten Testamentes etliche Male erscheint, und zwar durchweg als Feind der Menschen, nicht als Feind Gottes (siehe Job Kap. 1, 2, 1 Chr. 21, 1, Zach. 3, 1ff.), dem babylonischen Dämonenglauben, welcher ebenfalls einen ilu limnu oder „bösen Gott" und einen gallû oder Teufel kennt"[3].

---

3) *Friedrich Delitzsch*, Babel und Bibel, 20. Tausend, Leipzig 1903, S. 69.

Unter dem Einflusse der aus dem Exil mitgebrachten Dämonenlehre bildete sich das Zauberwesen immer mehr aus, erhielt in den durch das Buch Henoch verbreiteten Vorstellungen von dem Umgange übermenschlicher Wesen mit dem Menschen beträchtlichen Vorschub und strebte durch die Kabbala nach Legitimation und wissenschaftlicher Gestaltung. Das Exil, in dem das jüdische Volk sich mit dem Dämonismus ganz und gar vertraut gemacht hatte, war für ihn in dieser Beziehung verhängnisvoll geworden. Zur Zeit Christi finden wir daher die Juden von dem Dämonenglauben vollständig beherrscht. Die Stelle 1 Mos. 6, 1 ff. galt als seine Grundlage. Vornehmlich Ägypten, von dem es im Talmud heißt: „Zehn Kab (Maß) Zauberei kam herunter auf diese Welt; neun nahm sich Ägypten und eins die ganze übrige Welt"[4], gab an das gelobte Land seinen Zauberglauben ab. Man kannte den bösen Blick und seine Macht, man übte Liebeszauber mit der Mandragora und das Nestelknüpfen, um Geburten zu verhindern. Es gab „Knochen-Beschwörer" wie die Hexe von Endor, die Tote zu befragen vermochten, und Schatzfinder. Die Talmudlehrer glaubten an die Nekromantie, wenngleich sie diese zum Teufelswerk zählten[5]. Besessene sah man überall; doch war die Frage offen, ob sie von eigentlichen Dämonen oder von den Geistern verstorbener böser Menschen geplagt würden. Josephus entschied sich für die letztere Ansicht[6], während es nach einer tannaitischen Quelle heißt: „Dies ist die Gewohnheit des Teufels, er fährt in den Menschen hinein und bezwingt ihn."

Zahlreiche Beschwörer rühmten sich der geheimen Kunst, die Dämonen bannen und austreiben zu können. Derartige jüdische Zauberer durchzogen bald alle Lande[7]. Zur Heilung der Dämonischen gebrauchten sie gewisse Formeln, die sie auf König Salomo zurückführten, dann Räucherungen, auch besondere Medikamente, zu deren Herstellung man

---

4) Kidduschin 49 b. — 5) *Dr. Ludw. Blau*, Das altjüdische Zauberwesen, Straßburg 1898, S. 50 ff. — 6) Archaeologie VIII. 2. 5. — 7) *Juvenal*, VI. 542 ff. XVIII. 3. 5. Augustin, de civitate Dei VIII.

sich der Wurzel einer selten vorkommenden Pflanze, einer Art πήγανον, bediente[8]. Die Christen stellten diese jüdische Teufelsbannerei dem heidnischen Goetentum ganz gleich, und zwar darum, weil die Juden ihre Exorzismen nicht im Namen des einigen Gottes verrichteten. Auch späterhin begegnen wir jüdischen Zauberern überall. Namentlich waren sie in Spanien, wo es eine sehr zahlreiche jüdische Bevölkerung gab, mit allerlei geheimnisvollen Schwindeleien geschäftig. Die Synode zu Elvira (im Jahre 305 oder 306) sah sich genötigt zu verordnen, daß fernerhin kein christlicher Gutsbesitzer sein Feld von Juden segnen lassen sollte[9]. Indessen, indem sich das Judentum aus aller Geselligkeit mit den Christen verstoßen und von jeder Teilnahme an deren öffentlichem Leben ausgeschlossen sah, so steigerte sich seine Neigung zu geheimem Treiben und zur Ausnutzung des Aberglaubens der Christen mehr und mehr. Im tieferen Mittelalter fanden sich daher in den Judengassen der großen Städte Zauberer vor, die zwar nur ganz im Verborgenen arbeiteten, aber doch großes Ansehen genossen; und als gegen das Ende des fünfzehnten Jahrhunderts die kabbalistische Philosophie den Christen bekannter wurde, zog man mit Vorliebe hebräische Namen und Formeln in das gelehrtere Zauberwesen herüber.

— 8) *Van Dale*, de divinatione idolol. c. VI. p. 519 ff. — 9) *Hefele*, Conciliengesch. B. I. S. 148.

Kirke und Odysseus
(Nach einem sizilianischen Vasenbild in Berlin)

VIERTES KAPITEL

GRIECHENLAND

Dem Glauben an Zauberei begegnen wir in Griechenland schon im ersten Anfang seiner Geschichte. Es
ist möglich, daß schon damals Einwirkungen auf die Vorstellungen des griechischen Volkes von Chaldäa her stattgefunden haben; sie sind jedoch nicht nachweisbar. Sicher
ist nur, daß die Griechen schon bei dem Beginne der Perserkriege eine mit der etruskischen völlig übereinstimmende
Haruspicin besaßen[1]. Erst von dieser Zeit an lassen sich
allerlei Erscheinungen und Vorgänge nachweisen, von denen
die Umgestaltung und größere Verbreitung des Glaubens
an Zauberei herrührten.

Zunächst kommt hier die Entwicklung der philosophischen Anschauungen in Kleinasien in Betracht. Hier hatte
zuerst Thales die Frage nach dem Urstoff der Welt, dem
Prinzip alles Seienden angeregt. Er hatte dieses in der
Materie, und zwar im Wasser nachzuweisen versucht, während nach ihm Heraklit (um 500 vor Chr.) es im Feuer
finden zu müssen glaubte. Bald nach den Perserkriegen erhob sich dann Anaxagoras in Klazomenä — der erste
Grieche, der eine Intelligenz als Welturssache erkannte, während ziemlich gleichzeitig Empedokles (um 440 vor Chr.)
mit einem dem heraklitischen sich nähernden System auftrat, in dem er zuerst die für die Magie erforderliche dualistische Weltanschauung lehrte[2] und das Dasein einer Dämonenwelt anerkannte. Auch stand er selbst in dem Rufe
eines Wundertäters und Zauberers. Von da an gewann die
Dämonenlehre, die schon von den ältesten Zeiten her im
griechischen Volke gelebt hatte, eine bestimmtere Gestalt
und größere praktische Bedeutung[3]. Gleichzeitig kam Grie-

---

1) *O. Müller und Deecke,* Die Etrusker, S. 187—188. — 2) H*ermann,*
Die gottesdienstl. Altertümer der Griechen, S. 213. — 3) *Van Oordt,* De
Godsdienst der Grieken met hunne volksdenkbeelden. Haarl. 1864, S. 67 ff.

chenland mit den Magiern und der medisch-persischen Magie
in Berührung, die anfangs als eine im Abendlande noch
ganz unbekannte höhere Weisheit angestaunt und gepriesen
wurde.

Von großem Einfluß war ein während der Perserkriege
nach Griechenland gekommenes Buch, das von einem Magier
Osthanes herrühren sollte. Soviel wir von diesem Werke
wissen, lehrte es als höchste Geheimnisse der Magierkaste
auch allerlei Zaubereien und Wahrsagerkünste, selbst das
Zitieren der Verstorbenen und der infernalen Dämonen.
Plinius berichtet[4], daß das Buch den Griechen nicht eine
heftige Begierde, sondern geradezu einen rasenden Heiß-
hunger nach der Magie eingeflößt habe.

In Griechenland trat daher jetzt die medische Magie an
die Stelle der rohen und primitiven Gebräuche der griechischen Goeten[5]. Bald aber stellte sich die Magie, die
man anfangs als eine auf der Sternenkunde beruhende Ge-
heimwissenschaft bewundert und deren Vertreter man als
den Göttern näher stehend verehrt hatte, in einem ganz
anderen Lichte dar. Griechenland wurde von wirklichen und
angeblichen Magiern, die von Osten her kamen und allerlei
elende Gaukeleien trieben, überschwemmt, und bald erschien
daher der Μάγος im griechischen Sprachgebrauch synonym
mit γόης[6] und mit der ganzen Schmach dieses Ausdrucks
behaftet, so sehr auch die Anhänger der Magie beide Begriffe auseinander zu halten suchten[7]. Inzwischen hatte die
Mantik und Auguralkunst in Griechenland eine neue Stütze
durch die Philosophie erhalten, indem die Stoiker sie mit
ihren fatalistischen Lehren in Zusammenhang brachten, den
Aberglauben philosophisch begründeten und für ihn nicht
nur bei dem Volke, sondern auch in den gebildeten Ständen neues Vertrauen erweckten[8].

Der erste Stoiker, der sich mit Aufstellung einer solchen

---

4) Hist. nat. XXX. 2. — 5) *Lenormant*, S. 229. — 6) *Sophocl.* Oed.
Tyr. 387, Aeschin. c. Ktesiphon. § 137. — 7) *K. F. Hermann*, Gottesdienstl. Altertümer, S. 213. — 8) *Lenormant*, S. 488.

Theorie befaßte, war Zenos zweiter Nachfolger Chrysippus († um 208 v. Chr.), der unter anderem zwei Bücher über Orakel und Träume schrieb. Nach Chrysippus verfaßte dann dessen Schüler Diogenes ein ausführlicheres augural-wissenschaftliches Werk, das anscheinend nicht allein die alte griechische Wahrsagerei, sondern auch die fremdländischen Wahrsagegebräuche behandelte[9].

Der neue Aufschwung, den somit die Mantik und Auguralkunst in den Kreisen der Gebildeten nahm, trug aber den Ungebildeten nur eine neue Steigerung des Hanges zur Zauberei ein, zumal da die gleichzeitigen Vorgänge in Asien dem Dämonenglauben und der Magie in Griechenland den wirksamsten Vorschub leisteten.

Nachdem nämlich Alexander d. G. den Orient mit dem Okzident verbunden hatte, war in Asien unter den Seleuciden die bisherige Scheidewand zwischen der babylonischen Bevölkerung und den griechischen Ansiedlern fast völlig gefallen. Kräftiger als je vorher wucherten daher jetzt unter den griechischen Völkerschaften aller mögliche Dämonenspuk und alle nur erdenkbaren Praktiken der Bezauberung und Beschwörung auf, und zwar waren es ganz besonders Frauen, die sich diesem Treiben, namentlich dem Mischen von Liebestränken[10], ergaben. So nahm jetzt der chaldäische Dämonismus mit allem, was sich im Laufe der Jahrhunderte und unter den vielfachen vorgekommenen Völkermischungen an ihm angesetzt hatte, von Griechenland und von der ganzen abendländischen Welt Besitz. Chaldäer und Magier, eine Bezeichnung, die längst als Synonyma galt, zogen in den Landen hin und her, die Leichtgläubigen zu täuschen und die Hoffnungen und Wünsche der einzelnen zu ihrem Vorteil auszubeuten. Vielfach waren es hellenische Juden, die als Hexenmeister im hohen Ansehen standen. Sie waren, von altgriechischen Anschauungen beeinflußt, der Zauberei mehr ergeben als ihre Glaubensgenossen im Mutterland. Sie hielten jedoch auch in Hellas

---

9) *Cicero*, de divinat. I, 3; II, 43. — 10) *Josephus*, Antiq. XVII. 41.

an dem Monotheismus fest, deshalb darf man ihre Magie, sofern sie nicht griechisch war, als die ihres Heimatlandes am Jordan ansprechen. Von diesen hebräischen Magiern sind Zauberformeln erhalten, die Deißmann wiedergab[11]. In Kleinasien galt insbesondere Ephesus als der Hauptsitz untrüglicher und wirksamer Magie. Berühmt waren namentlich die Ἐφέσια γράμματα, d. h. Zauberformeln, die auf Pergament geschrieben entweder hergesagt oder am Körper als Amulette getragen wurden[12].

Sehen wir uns nun nach diesem Überblick über die Entwicklung des Aberglaubens der griechischen Volksstämme im allgemeinen seine Erscheinungen im einzelnen an, so bietet sich bereits bei Homer[13] und Hesiod gar vielerlei dar. Bei Homer erscheint schon Circe, die der späteren Zeit als Königin aller Zauberinnen gilt, mit ihren betörenden Säften und ihrem klassischen Stabe, der lange Zeit ein fast unzertrennliches Attribut des Zauberers bleibt[14]. Was ihr naht, wird in Wölfe, Löwen oder Schweine verwandelt; den Gegenzauber kennt nur Hermes im Kraute Moly. Agamede in der Ilias ist so vieler Pharmaka kundig wie die weite Erde trägt[15]. Auf der Eberjagd am Parnaß stillen des Autolykos Söhne das Blut des verwundeten Odysseus durch Besprechungen[16]. Helena mischt den bekümmerten Gästen im Palaste zu Sparta einen Wundertrank aus ägyptischen Kräutern, der das Herz selbst gegen die härtesten Schläge des Schicksals stählt[17]; Here fesselt den kalten Gemahl durch den von Aphrodite entliehenen Zaubergürtel[18]. Wir erinnern ferner an die Verwandlungen des untrüglichen Seegreises Proteus und an den sinnbetörenden Gesang der Sirenen. Und vollends die nekromantischen Szenen der Odyssee mit ihrer viereckigen Grube, ihren

11) Bibelstudien, Marburg 1895, S. 21 ff. Blau, S. 96 ff. — 12) *Winer*, Biblisches Realwörterbuch, Art. Zauberei. — 13) *F. G. Welcker*s kleine Schriften, III, S. 20—26, 64—88. — 14) Odyss. X. 212 ff. — 15) Il. XI. 740. — 16) Odyss. XIX. 457. — 17) Odyss. IV. 220 ff. Lucian Pseudomantis. — 18) Il. XIV. 214.

Libationen und schwarzen Opfertieren, wo des Tiresias Schatten herbeibeschworen wird und die kraftlosen Häupter der Toten sich versammeln! — Hesiod kennt Tagwählerei. Er lehrt, an welchen Tagen Knaben und an welchen Mädchen zu guter Vorbedeutung geboren werden, und an welchen sie heiraten sollen[19]. Die Verfasser der Nosten erwähnen Äsons Verjüngung durch Medea, wiewohl diese als vollendete Zauberin erst bei den Tragikern erscheint. Überhaupt zeigt uns ein Blick auf den Charakter der nächsten Jahrhunderte nach Homer Verwandtes in Menge. Es ist die von Hesiod und den Zyklikern eingeführte Periode der Dämmerung, wo, wie Lobeck sagt[20], die Dichter zu philosophieren und die Philosophen zu dichten anfingen, wo aus der einfachen, kindlichen Religionsansicht der heroischen Zeit sich das Symbolische, Mystische und Phantastische jeder Art hervorbildete, das später besonders in den orphischen Gaukeleien und in dem Institute der Pythagoräer seinen Abschluß erreichte. Es ist der Zeitraum der Katharten, Jatromanten und Agyrten, in dem jene wunderbaren Gestalten wie Abaris, Aristeas, Epimenides und Branchus auftreten. Nach Wegräumung des geheimnisvollen Nebels, den die spätere Legende um diese Figuren gezogen hat, bleibt uns wenigstens das als historisches Faktum, daß Abaris mit Sühnungen und Weissagungen Griechenland durchzog, um die Hyperboreer von der Pest zu befreien; daß Epimenides in Athen eine Seuche durch Mittel zu stillen versuchte, die man als außer dem Kreise des gewöhnlichen Tempelkults liegend betrachtete, und daß Branchus in Milet, obgleich Priester und Prophet Apollons, ebenfalls bei einer Epidemie ein höchst sonderbares Abrakadabra in die Sühnungsformeln mit einmischen ließ.

Von der geheimen Kraft des Kohls spricht Hipponax um die Zeit des Cyrus; von Pisistratus ist es nach einer Stelle bei Hesychius wahrscheinlich, daß er an der Akropolis zu Athen ein grillenartiges Insekt zum Schutze gegen den bösen

---

19) Op. et dies, 765. sqq. — 20) Aglaophamus pag. 316.

Blick anbringen ließ[21]. Die Keime des astrologischen Aberglaubens bei den Lakedämoniern zeigen sich deutlich in ihrem Benehmen vor der Schlacht von Marathon, und wenn wir Lukian glauben wollen, so hatten die Griechen ihre Sterndeuterei überhaupt nicht von außen, sondern von ihrem Orpheus erlernt[22]. Doch war die Sterndeutung in Griechenland nie recht heimisch, wogegen die Traumdeuterei eine bedeutende Rolle spielte.

Nehmen wir hierzu noch den schon früh in Arkadien einheimischen Glauben, daß ein Mensch sich in einen Wolf verwandeln könne (Lykanthropie)[23], und das in Schauerlichkeiten eingehüllte Totenorakel am See Aornos in Thesprotien, das ums Jahr 600 v. Chr. schon Periander befragte[24], so haben wir Beweise genug, daß lange vor den Perserkriegen ein ansehnlicher Vorrat von Zaubervorstellungen und damit verwandten Gebräuchen bei dem griechischen Volke aufgehäuft war, ohne daß wir zu den späteren Sagen unsere Zuflucht zu nehmen brauchten, die z. B. schon Melampus als eigentlichen Zauberer behandeln, Odysseus als Verehrer der Lekanomantie und Orpheus als Verfasser einer Schrift über talismanische Gürtel darstellen.

Nach den Perserkriegen wurde das aus der früheren Zeit Überlieferte verbreitet, modifiziert, zum Teil zu einem hohen Grad von Abenteuerlichkeit gesteigert; wesentlich Neues kam bis auf Alexander wenig oder gar nicht hinzu. Plato redet davon, daß nicht bloß Privatleute, sondern sogar ganze Städte sich von einer Menschenklasse betören ließen, die er so charakterisiert, daß eine Art von Zauberern in ihnen nicht zu verkennen ist[25]. Sie ziehen, sagt

---

21) *Hesych. v.* Καταχήνη. Lobeck Aglaoph. p. 970 ff. — 22) *Lukian.* de Astrol. 10. — 23) *Plat.* de Republ. VIII. 16. *Pausan.* VIII. 2. *Plin.* H. N. VIII. 22. Vgl. *Böttiger,* Über die ältesten Spuren der Wolfswut in der griechischen Mythologie, in Sprengels Beiträgen z. Gesch. der Medizin, B. I. St. 2, u. *R. Leubuscher,* Über die Wehrwölfe und Tierverwandlungen im Mittelalter. Berl. 1850, S. 1—3. *Hertz,* Der Werwolf, Stuttgart 1862. — 24) *Herod.* V. 92. 7. *Heliodor* VI. 14. — 25) De Republ. II. 7. ed. Stallb.

er, vor den Türen der Reichen umher und wissen die Leute zu überreden, daß sie die Kraft von oben haben, durch Opfer und Besprechungen die Sünden der Menschen selbst und ihrer Vorfahren zu sühnen; wünscht jemand einem Feinde Übles zuzufügen, so versprechen sie für geringe Kosten durch Götterbeschwörungen und Bannflüche diesen Wunsch zu erfüllen. In ähnlicher Weise klagt der Verfasser der Schrift „de morbo sacro" über die gewinnsüchtigen Täuschungen der fahrenden Wundertäter; zu den Sühnungen eigner und fortgeerbter Blutschuld fügt er noch ihre vorgebliche Kunst, Sturm und heiteren Himmel, Regen und Dürre, Unsicherheit des Meeres und Unfruchtbarkeit der Erde zu machen.

Besonderen Beifall fand dieses Sühnwesen samt seinem Anhang von geheimem Kult und Liederlichkeit bei den Weibern. Strabo nennt sie die Oberanführer aller Deisidämonie [26].

Das klassische Land der griechischen Zauberei ist Thessalien [27].

Thessalische Weiber sind es, deren Salben bei Lukian und Apulejus [28] den Menschen in einen Vogel, Esel oder Stein verwandeln; sie selbst fliegen durch die Lüfte auf Buhlschaften aus wie später die Hexen. Hekate [29], ursprünglich als eine unheilentfernende, segenverbreitende Göttin gedacht und noch von Hesiod als solche gepriesen, tritt jetzt nach mehrfachen, zum Teil durch die Mysterien bedingten Metastasen ihres Wesens als die grauenvolle Göttin der Unterwelt und Vorsteherin des Zauberwesens auf. Sie erscheint, gerufen, in finsterer Nacht mit Fackel und Schwert, mit Drachenfüssen und Schlangenhaar, von Hunden umbellt, von der gespenstischen Empusa begleitet [30].

---

26) *Strabo*. VII. pag. 297. Casaubon. — 27) *Plin*. XXX. 1. *Horat*. Epod. V. 45 *Lucan*. Pharsal. VI. 452 ff. — 28) *Apulejus*, Der goldene Esel, München, Georg Müller, 1910, S. 10. — 29) *Dr. Herm. Stending*, Griechische und röm. Heldensage. 2. Aufl. Leipzig 1897, S. 50. — 30) *Aristoph*. Ran. 295. Ecclessiaz. 1049. *Horat*. Sat. I. 8. 38. Lukian. Philopseud. 14.

An Hekate hingen sich allmählich alle Arten von Zauberei an. Von ihr hatte Medea die Gifte und Zauberkräuter kennen gelernt. Die Zauberinnen schwuren bei ihr und beteten zu ihr. Auch krankhafte, nächtliche Schrecknisse, die aus dem Bette trieben, böse Träume u. dgl. galten als Anfälle der Hekate[31].

Von Hekate haben die späteren griechischen Autoren eine Menge Mythen erzählt und uns eine vollständige Beschreibung der Hekate-Beschwörungen hinterlassen. Ihre Wirkung sollte sein, daß die Göttin denen erschien, die sie anriefen. Die Vorkehrungen sind von der Hekate selbst vorgeschrieben. Sie lauten: „Machet eine Statue von wohlgeglättetem Holz, so wie ich es jetzt näher beschreiben werde. Machet den Körper dieser Statue aus der Wurzel der wilden Raute (Ruta graveolens L.)[32] und schmücket ihn mit kleinen Hauseidechsen; knetet dann Myrrha, Storax und Weihrauch zusammen mit denselben Tieren und laßt die Mischung bei zunehmendem Mond an der Luft stehen; sprechet eure Wünsche dann in folgenden Sätzen aus: ‚Komm unterirdische, irdische und himmlische Bombo, Göttin der Land- und Kreuzwege, die das Licht bringt, die in der Nacht umherschweift, Feindin des Lichtes, Freundin und Begleiterin der Nacht, die du dich des Bellens der Hunde und des vergossenen Blutes erfreust, die du im Schatten zwischen den Gräbern umherflackerst, die du Blut wünschest und den Toten Schrecken bringst, Gorgo, Mormo, Mond in tausend Gestalten, leihe unserem Opfer ein günstiges Ohr.‘ Ihr sollt ebensoviele Eidechsen nehmen, wie ich verschiedene Formen habe; machet es sorgfältig; machet mir eine Wohnung von abgefallenen Lorbeerzweigen, und wenn ihr innige Gebete an das Bild gerichtet habt, werdet ihr mich im Schlaf zu sehen bekommen"[32]. Die der finsteren Göttin heilige Raute war das wichtigste Kraut bei den Exorzismen, den Teufels-

31) *F. G. Welcker*, Griechische Götterlehre, B. II, S. 412—416. — 32) *Lehmann*, Aberglaube und Zauberei, Stuttg. 1908, S. 64.

austreibungen des Mittelalters. Man brauchte die geweihte
Raute vornehmlich zu Räucherungen und Bädern für die
Besessenen[33].

Es kommt hier nicht darauf an, alle Einzelheiten der Zauberkünste durchzugehen. In der Hauptsache beziehen sie
sich auf Weissagung durch Totenbeschwörung und auf Liebeszauber; die Mittel sind fortwährend die altüblichen Formeln und Pharmaka. Der elfte Gesang der Odyssee ist
der Prototyp aller Totenbeschwörungen und was dahin ein-
schlägt; die Grube, das blutige Opfer wiederholen sich
immer wieder; nur ist bei Homer die Grube quadratförmig,
bei Apollonius rund[34], in den orphischen Argonauticis aber
dreieckig, worin die Beziehung auf die dreifache Natur der
Hekate angedeutet scheint. Das Blut, das bei Lucan die
thessalische Erichtho dem Leichnam eingießt[35], erinnert
wieder ganz an dasjenige, das bei Homer der Schatten des
Tiresias trinkt, bevor ihm der Mund zum Weissagen geöffnet wird. Auch in Lukians Menippus, obgleich ein zoro-
astrischer Magier als Führer eingemischt wird, sind alle
nekromantischen Einzelheiten aus der Odyssee entlehnt. —
Unter den Liebeszaubern kennt Pindar den Vogel Jynx;
Aphrodite bringt ihn, an die vier Speichen des unauflös-
lichen Rades gebunden, den Sterblichen und lehrt Jason
Zaubersprüche, um Medeas Herz zu besiegen, daß es der
Eltern vergesse und nach Hellas sich sehne[36].

Noch ist des Zaubers zu gedenken, durch den die Thes-
salierinnen selbst den Mond vom Himmel herabziehen zu
können (καθαιρεῖν τὴν σελήνην) im Rufe standen[37]. Der Schlüssel
hierzu scheint nicht schwer zu finden. Daß Hekate, die in
Thessalien geborene Zaubergöttin herbeigeschworen wird, ist
in der Ordnung. Hekate ist aber in der späteren Mythologie

---

33) *Hovorka und Kronfeld,* Vergleichende Volksmedizin, Stuttgart 1908.
I. Bd., S. 357. — 34) Argonaut. III. 1032. — 35) Pharsal. VI. 554 ff. —
36) Pyth. IV. 214. — 37) *Hermann,* S. 212. *Horat,* Epod. V. 45. Vgl.
Tibull. I. 2. 45 und 8. 21. *Virgil.* Eclog VIII. 69. *Lucan.* Phars. VI. 420.
Brunck. Anthol. III. 172.

zugleich auch Selene, d. h. die personifizierte Fernwirkung des Mondes[38], und es bedarf mithin nur eines kleinen Schrittes, um von der mystischen Gottheit zu dem von ihr repräsentierten Planeten überzugehen, um so mehr, da man bei seinen jeweiligen Verfinsterungen eine Ursache seines Verschwindens suchte. Zauberinnen mußten dann die Schuld tragen. Um deren Bemühungen zu vereiteln, um ihre Worte nicht bis hinauf dringen zu lassen, machte man Lärm mit Erzplatten und Trompeten[39].

Unter den Zauberkräutern sind bei den Dichtern keine häufiger, als die kolchischen und iberischen[40]; neben diese werden die thessalischen gestellt[41]. Merkwürdig genug aber leiteten nach Tacitus die pontischen Iberier ihren Ursprung aus Thessalien her[42]. Den Glauben an Lykanthropie fand Herodot ebenfalls am Pontus. Die dortigen Scythen und Griechen glaubten von den benachbarten Neuren, daß jeder von ihnen alljährlich auf etliche Tage ein Wolf werde[43]. Auch die Thibier, die in jener Gegend wohnten, galten für ein Volk, das durch Berührung, Blick und Hauch Kinder und Erwachsene bezaubern und auf dem Wasser nicht untergehen könne[44]. Assyrische Pharmaka erwähnt Theokrit[45]. Unter den magischen Ringen ist ohne Zweifel der unsichtbar machende des lydischen Gyges, dessen Platon gedenkt, der älteste[46]. Von besonderem Gewichte aber ist's, daß die von Platon erwähnten Gaukler ihre Künste aus Schriften von Orpheus und Musäus geschöpft zu haben vorgaben. Von der Echtheit dieser Schriften kann freilich nicht die Rede sein; aber das wenigstens ist gewiß, daß sich etwas ganz Neues und Landfremdes nicht sogleich als altnational unterschieben läßt. Auch bei Euri-

---

38) *K. F. Hermann*, Lehrbuch der gottesdienstlichen Altertümer der Griechen (Heidelberg 1846), B. II. S. 209. — 39) *Tacit.* Annal. I. 28. — 40) Z. B. *Horat.* Epod. V. 21 ff. *Ovid.* Remed. amor. 261. *Tibull.* I. 2. 53. — 41) *Ovid.* Metamorph. VII. 224. — 42) Annal. VI. 34. — 43) *Herod.* IV. 105. — 44) *Plutarch*, Sympos. V. 7. *Plin.* H. N. VII. 2. — 45) *Theocr.* II. 162. — 46) De Republ. II. 3.

pides, im Cyklopen, findet sich eine ἐπῳδὴ Ὀρφικὴ, durch die ein Feuerbrand zum Laufen gebracht werden soll. Die orphischen Sühnungen und Heilungen aber hingen mit dem früher aus Phrygien herübergekommenen Kult der Cybele zusammen[47]. Der frühzeitige Verkehr der Phrygier mit den Hellenen ist durch das Alter der kleinasiatischen Ansiedelungen hinlänglich bestätigt. Cybele galt mit ihrem Gefolge, dem Pan und den Korybanten, für eine Haupturheberin von Schrecken und Krankheiten. Ihre Priester, die Metragyrten, eine Art von herumziehenden Bettelmönchen, beschäftigten sich daher besonders mit der mystischen Heilung der sogenannten heiligen Krankheiten. Bei Aristophanes findet sich schon eine Andeutung hiervon, und Antiphanes läßt in seinem Metragyrtes durch bloßes Bestreichen mit geweihtem Öle die plötzliche Heilung eines paralytischen Greises bewirken[48]. Auch Philo redet von diesen Priestern als Zauberern, und es ist aus der Stelle, wo er dies tut, wenn nicht mit Gewißheit, doch mit Wahrscheinlichkeit zu entnehmen, daß sie es besonders waren, denen man die Kunst, durch Philtra und Beschwörungen Liebe und Haß zu erregen, zuschrieb[49].

Es ist Tatsache, daß man zoroastrische, orphische, pythagoräische und hermetische Schriften schmiedete, und Plinius selbst erzählt von angeblich demokritischen Zauberbüchern, deren Echtheit schon damals bestritten wurde. Aulus Gellius handelte später in einem eigenen Kapitel „de portentis fabularum, quae Plinius Secundus indignissime in Democritum confert"[50]. So ist es vollkommen im Einklang mit den Ansichten jener Zeit, daß Plinius nicht nur viele einzelne Zaubermittel auf Zoroasters unmittelbare Empfehlung zurückführt, sondern auch die gesamte Zauberei aus dessen System sich über den Okzident verbreiten läßt. Für Griechenland zunächst muß ihm Osthanes zu diesem Zwecke dienen, obgleich es schwer fällt, einzusehen, wie

---

47) Aglaopham. Lib. II. Kap. 8. § 6. — 48) *Athen.* Deipnos. XII. 553. (Kap. 78, Schweigh.) — 49) Leg. spec. II. 792. — 50) Noct. Att. X. 12.

bei den erweislich so zahlreichen Berührungspunkten beider Völker sich hier alles an eine einzelne Persönlichkeit knüpfen soll, und sich in der Tat auch bei Plinius selbst schon die Bemerkung findet, daß von besser Unterrichteten einem etwas früheren Prokonnesier, den er Zoroaster nennt, ähnliche Einflüsse zugeschrieben werden. Ein zweiter Osthanes um Alexanders Zeit dient ihm nun weiter, um die Verpflanzung der Magie nach Italien, Gallien, Britannien und den übrigen Teilen der Erde zu erklären. Der ältere Osthanes wird aber auch als Verfasser eines Buches genannt, in dem außer verschiedenen andern Arten der Weissagung gehandelt werde „de umbrarum inferorumque colloquiis". Wäre diese Schrift wirklich echt, so enthielte sie doch wenigstens in diesem letzten Punkte etwas, was unseren Erörterungen zufolge einesteils den Griechen nicht neu und anderenteils dem Zoroastrismus völlig fremd wäre.

Was nun endlich das Strafverfahren anbelangt, das bei den Griechen gegen Zauberer gesetzlich stattgefunden haben soll, so haben sich zwar Delrio und andere Koryphäen in der Literatur des Hexenwesens mehrfach auf dieses berufen und hierin einen schlagenden Beweis für die Allgemeinheit und das hohe Alter solcher Prozesse zu finden geglaubt. Die Sache ist indessen sehr zweifelhaft. Die ganze Behauptung gründet sich eigentlich nur auf einen einzelnen, sehr kurz berührten und noch keineswegs mit Sicherheit ermittelten Vorfall in Athen. In einer angeblich demosthenischen Rede wird nämlich ein lemnisches Weib, Theoris oder Theodoris, beiläufig erwähnt, das von den Athenern samt seiner ganzen Familie zum Tode geführt worden sei[51]. Zwar ist sie als eine φαρμακὶς bezeichnet, deren Pharmaka späterhin sich auf einen athenischen Bürger vererbten, und auch von Formeln, die als Zaubersprüche betrachtet werden dürfen, ist die Rede. Aber das eigentliche Verbrechen, das ihr die Strafe zuzog, bleibt nichtsdestoweniger im Zweifel. War es die Zauberei an sich, die man

51) *Demost.* in Aristogit. I. p. 424.

hier verfolgen zu müssen glaubte, war es gemeine Giftmischerei, oder ein schädliches Philtrum oder eine unter
dem Deckmantel eines quacksalberischen Zeremoniells verübte Tötung — über dieses alles gibt die Fassung der
Worte keinen Aufschluß. Noch zweifelhafter wird die Sache,
wenn wir von Plutarch vernehmen, daß in dem Prozesse
dieser Theoris, die er als eine Priesterin bezeichnet, gar
eine Häufung von Verbrechen zur Sprache kam, unter denen
namentlich die Aufwiegelung der athenischen Sklaven an
sich schon als bedeutend genug erscheint[52]. Nehmen wir
hierzu noch die weitere Notiz, daß Theoris wegen der Ver-
achtung der Landesgötter ($\dot{\alpha}\sigma\acute{\epsilon}\beta\epsilon\iota\alpha$) den Tod erlitten habe[53],
so haben wir hiermit eine Divergenz der Nachrichten, die
sich vielleicht nur durch die Annahme ausgleichen läßt,
daß Theoris die Vorsteherin irgendeines verbotenen Ge-
heimdienstes gewesen sei. Wenigstens ist es erwiesen, daß
an solche aus der Fremde gekommene Kulte oft genug
Dinge der genannten Art wie Zauberbegehungen, Sklaven-
verführung, Verachtung der Landesgottheiten und Ver-
schwörungen sich angeschlossen haben.

Schließlich bemerken wir, daß Platon in seinen Gesetzen
eine schwere Gefängnisstrafe für die trügerischen Gaukler
beantragt, die sich auf Nekromantie und dergleichen Künste
zu verstehen vorgeben. Es wird die Asebie und Gewinnsucht dieser Menschen hierbei hervorgehoben[54].

---

52) *Plut.* vit. Demosth. 14. — 53) *Harpocrat.* v. Θεωρίς. — 54) Legg.
X. 15. ed. Ast.

FÜNFTES KAPITEL

DIE ETRUSKER UND RÖMER

Zur Zeit, wo Italien in der Geschichte des 'Abendlands hervortritt und die Zustände der mannigfachen italischen Völkerschaften durchsichtiger zu werden beginnen, finden wir, daß die Etrusker, Sabiner, Marser und die latinische Stadt Gabii wegen ihrer Kunde von göttlichen Dingen zu Rom in besonderem Ansehen standen [1]. Die Marser, die von der Circe abstammen wollten, waren wegen ihrer Kunstfertigkeit in der Beschwörung von Schlangen besonders berühmt [2]; die Marsae voces und die Sabella carmina waren fast sprichwörtlich, und in Gabii war Romulus, den man in Rom als den Urheber der Auguralwissenschaft ansah, der Sage nach erzogen worden [3]. Doch galt als italischer Ursitz aller mantischen Weisheit das Land der Etrusker, bei denen darum die patrizische Jugend Roms lange Zeit in die Schule zu gehen pflegte.

Wie im Orient die Chaldäer, so standen nämlich im Okzident die Etrusker überhaupt in dem Rufe einer vorzüglichen Gottesverehrung und dadurch einer besonders tiefen Einsicht in die Geheimnisse des Weltlaufes und der Zukunft, indem „die tuskische Divination der am meisten charakteristische Zug der Nation, seit alten Zeiten ein Hauptpunkt ihrer Geistestätigkeit und Erziehung war" [4], weshalb in Etrurien die Divination namentlich von den Söhnen der Edlen erlernt zu werden pflegte. Die Abkunft dieser etruskischen Mantik aus dem Orient ist nicht zu bezweifeln.

Am entwickeltsten waren unter den verschiedenen Zweigen der etruskischen Divination [5] die Beobachtung des Blitzes

---

1) *Clemens*, Alex. Strom. L. III, *Horat.*, Epod. V. 76 u. XVII 28 ff.; *Verg.* Aen. VII. 758 und *Ovid.*, Art. am. II. 102. — 2) *Aul. Gell.* N. A. XVI. 11; Plin. XXVIII. 2. — 3) *Dionys.* I. 84; *Plutarch* Rom. 6 u. Steph. B. s. v. *Τάβιοι.* — 4) *O. Müller*, Die Etrusker, neu bearb. von *Deeke*, Stuttgart 1877, B. II. S. 1. — 5) *Müller und Deeke*, S. 165 ff.

und der Eingeweide von Opfertieren. Die erstere war zu einer eigentlichen ars fulguritorum entwickelt, die in besonderen Fulguralbüchern niedergelegt war. Zur Zeit des Diodorus waren etruskische Blitzseher über den ganzen Erdkreis verbreitet. Die Eingeweideschau oder die Haruspicin im engeren Sinne des Worts hing mit dem eigentlichen Kultus der Etrusker zusammen, indem sie ganz außerordentlich fleißige Opferer waren.

Über etruskische Zauberei liegen Nachrichten nicht vor. Allerdings glaubten die Etrusker an eine Unterwelt, die sie sich mit finsteren, den Menschen feindlichen Mächten bevölkert dachten. Unter diesen furchtbaren Wesen werden genannt die Mania, die Acca Larentia, eine Menge von Furien usw. Zu ihrer Versöhnung und zum Schutz gegen ihre Verderben bringende Macht brachte man ihnen sogar Menschenopfer dar; dagegen von der alten Dämonenlehre und der Zauberei Chaldäas zeigt sich ebenso wie von der Sternseherei der Chaldäer in dem Etruskerlande nirgends eine Spur.

Anders aber war es in Rom. In der ältesten Zeit glaubte man hier allerdings für die Leitung der öffentlichen Angelegenheiten und für den Bedarf des Privatlebens durch das althergebrachte, heimische Auguralwesen, in dem jeder, der auf Bildung Anspruch machte, unterwiesen sein mußte, und durch die Haruspicin der Etrusker, der man unbedingt vertraute, hinlänglich versorgt zu sein. Es war ganz gewöhnlich, daß vornehme römische Jünglinge nach Etrurien reisten und sich dort in den mannigfachen Zweigen der Seherkunst unterrichten ließen; und außerdem pflegte man bei allen öffentlichen Vorkommnissen bedenklicher Art etruskische Haruspices, und zwar deren immer mehrere zusammen, nach Rom kommen zu lassen. Nur vorübergehend sahen sich die letzteren durch die Chaldäer — die zur Zeit der punischen Kriege unter dem prunkenden Namen der Mathematici auftraten, sonst aber auch Genethliaci und Magi genannt wurden — in Schatten gestellt.

Lange Zeit hindurch war daher Rom von dem Aberglauben und Zauberspuk der späteren Zeit frei. Allein bald fanden in Rom allerlei fremde Kulte bei einzelnen Eingang, ohne daß sich der Staat darum kümmerte. Praktisch, wie die Richtung des Volkes war, faßten seine gesetzlichen Bestimmungen vor allem das Staatsganze, nächst diesem die Rechtsverhältnisse der einzelnen ins Auge; was beiden zur Seite lag, nahm die Aufmerksamkeit wenig in Anspruch. Um seiner Meinungen willen wurde vor Nero niemand verfolgt, nur die Tat unterlag richterlichem Erkenntniss. Darum hat das Fremde in Religion und Philosophie zu Rom stets willige Aufnahme gefunden; der Versuch, den der Staat einst machte, als er noch klein war, sich auf seine einheimischen Götter zu beschränken, war kurz und erfolglos[6]. Im Laufe der Zeit wichen die altitalischen Gottheiten der griechischen Mythologie. Der korybantische Kultus der Cybele kam aus Kleinasien herüber, der Isisdienst schlich sich aus Ägypten ein, und selbst das verachtete Judentum wußte sich in einzelnen Punkten eine Geltung zu verschaffen, die die Satiriker ihrer Aufmerksamkeit würdigten. Waren die Bacchanalien verboten, so war es hauptsächlich deshalb, damit sie nicht als Deckmantel für staatsgefährliche Anschläge benützt wurden. So bestanden auch neben denjenigen Arten der Mantik, die der Staatskult durch die Auguren und Haruspices verwalten ließ, ungestört eine Menge von abergläubischen Übungen, die teils auf Divination, teils auf praktische Wirkungen berechnet waren. Die mantischen Künste der Griechen, die Totenbeschwörungen und Liebeszauber füllten nicht allein die Phantasie der Dichter, sie schlugen auch im Volksleben Wurzel. Auf Straßen und Märkten trieben die Sortilegi ihr Wesen[7], auf Scheidewegen und Begräbnisplätzen ereigneten sich die nächtlichen Schauerszenen einer Sagana und Canidia. Bald goß auch der Orient seine entarteten Sitten und seinen Aberglauben über Rom aus. Als man anfing, den

6) *Liv.* IV. 30. — 7) *Tibull.* I. 3. *Juvenal.* VI. 588.

Glauben an die Eingeweide der Opfertiere und den Vogel-
flug als altväterisch zu verlachen, blendete der Schein einer
tieferen Wissenschaftlichkeit, die aus den Sternenbahnen
die Zukunft zu enthüllen oder geheimnisvolle Mächte dem
Willen des Menschen dienstbar zu machen verhieß. Zwar
hat Rom, sobald es einmal der Kindheit entwachsen war,
jederzeit Männer gehabt, die mit hellerem Blicke das Nichtige solcher Künste durchschauten, wie Ennius, Cicero[8],
Seneca[9], Tacitus[10]; aber auf der andern Seite zeigen wiederum
die zahlreichsten Beispiele, wie selbst die trefflichsten Köpfe
Roms sich nicht über den Glauben an magische Dinge vollkommen zu erheben vermochten. Cato Censorius, der geschworene Feind aller griechischen Charlatanerie, war gleichwohl ein Verehrer höchst abergläubischer Hausmittel[11]; Sulla
ließ sich von sogenannten Magiern unter den parthischen
Gesandten aus gewissen Zeichen seines Körpers wahrsagen[12];
der gelehrte Varro empfahl geheime Sprüche gegen das
Podagra[13]; Julius Cäsar bestieg seinen Wagen nicht, ohne
eine bestimmte Formel dreimal auszusprechen, die eine glück-
liche Reise verbürgen sollte[14]; der Kaiser Vespasian gab
sich den Priestern des Serapis zu Alexandria zum Werkzeug einer magischen Kur an einem Blinden her[15].

Die Tradition rückt die Zauberkunde in Italien bis in die
ältesten Zeiten hinauf. Selbst Faunus und Picus werden
von der späteren Sage zu Inhabern magischer Künste gemacht[16]. Ihr Herbeibeschwören des Jupiter Elicius für Numa,
wie es Ovid erzählt[17], ist, wenn auch hier in durchaus
frommem Sinne vorgenommen, doch ein Vorbild der späteren Theurgie, die die Götter zwingt. Tullus Hostilius soll
vom Blitze erschlagen worden sein, weil er bei einem ähnlichen Versuche gegen den Ritus fehlte[18]. Ein sehr alter

---

8) De nat. deor I. — 9) Nat. Quaest IV. 67. — 10) Hist. I. 22. — 11) De
re rust. 160. *Plin.* H. N. XXXVIII. 2. — 12) *Vell. Paterc.* lib. II. p. 32,
ed. Lips 1627. — 13) *Plin.* H. N. XXXVIII. 2. — 14) *Plin.* ibid. —
15) *Tacit.* Hist. IV. 81. *Sueton.* vit. Vespas. 7. — 16) *Plutarch.* v. Num.
15. — 17) Fast. III. 321 ff. — 18) *Plin.* H. N. XXVIII. 2.

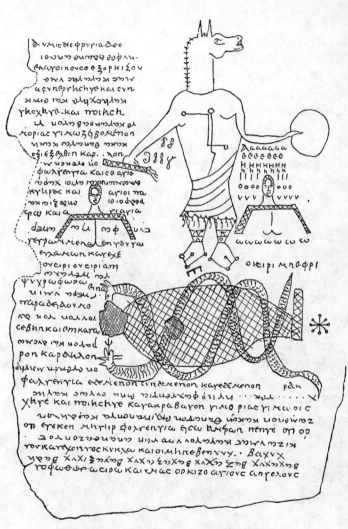

Teil einer altrömischen Verwünschungstafel
(Wunsch, Lethian. Verfluchungstafeln)

Glaube war es, daß man durch Zauberkunst das Getreide von fremden Äckern zu sich herüber locken könne (alienos fructus excantare, alienam segetem pellicere); bereits die zwölf Tafeln kennen ihn, Vergil[19] und Tibull[20] spielen darauf an. Hieran knüpft sich das willkürliche Herbeiziehen und Entfernen von Regengüssen und Hagel durch Beschwörungen, das bereits dem Verfasser der Schrift de morbo sacro bekannt ist, von Seneca als Albernheit einer längst zu Grabe gegangenen Zeit verlacht, aber vom Kaiser Konstantius wiederum mit der Todesstrafe bedroht wird[21]. Gewisse Arten magischer Heilungen sind ebenfalls alt. Als Lehrer in der Kunst, Krankheiten durch Sprüche zu vertreiben, erkannten die Römer die Etrusker an[22]; die Astrologie wurde erst von dem massilischen Arzte Krinas in die Medizin eingeführt[23]. Im Liebeszauber, dessen sich die Poesie mit Vorliebe bemächtigte, hielt man sich meistens an griechische Muster, ebenso in der Nekromantie, obgleich für diese letztere auch auf Hetrurien hingewiesen wird[24]. Überhaupt trugen sich fast alle griechischen Vorstellungen von der Macht der Zauberer auf die Römer über. Der Zauber erforscht das Verborgene, gebietet dem Monde, beherrscht die Natur, heilt, verwandelt, beschädigt und tötet, erregt Liebe und Haß und lähmt die intellektuellen Fähigkeiten des Menschen. Voll genug klingt es, wenn Ovid seine Medea sagen läßt[25]:

— — — — — — Götter der Nacht, o erscheint mir!
Ihr schuft, daß, wenn ich wollte, den staunenden Ufern die Flüsse
Aufwärts kehrten zum Quell; und ihr, daß geschwollene Meerflut
Stand und stehende schwoll die Bezauberung. Wolken vertreib' ich
Mir durch Wort und Gemurmel zerplatzt der Rachen der Natter;
Auch den lebenden Fels und die Eich', aus dem Boden gerüttelt,
Raff' ich, und Wälder, hinweg; mir bebt der bedräuende Berg auf;
Mir auch brüllet der Grund, und Gestorbene geh'n aus den Gräbern.

---

19) Eclog VIII. 99. — 20) El. I. 8. 19. — 21) *Senec.* Quaest. nat IV. 7. *Cod. Just.* lib. IX. Tit. 18 de malef. et mathem. Vgl. Gothofred ad Cod. Theodos. IX. 16. 5 — 22) *Dionys. Halicarn.* I. p. 24. — 23) *Plin.* H. N. XXIX. 1. *Sprengel,* Gesch. der Medizin Th. II. S. 13. — 24) *Clem.* Strom. III. redet von Τυῤῥηνῶν νεκυομαντείαις. — 25) Metamorph. VII, 199 ff. nach Voß.

Selbst dich zieh' ich, o Mond, wie sehr temesäisches Erz auch
Dir Arbeitendem hilft; es erblaßt der Wagen des Ahnen
Unserm Gesang; es erblaßt vor unseren Giften Aurora . . . . .

Ähnlich schildert Lucan die Macht der thessalischen Zauberinnen[26], und doch hat man nicht anzunehmen, daß hier der Dichter durch seine Phantasie im wesentlichen über die Höhenlinie des herrschenden Zauberglaubens emporgetragen worden sei.

Harpyıe
(Nach einem Relief des Harpyiendenkmals zu
Xanthos. Britisches Museum, London)

Wie die Magie auf die geistigen Vermögen des Menschen einwirkte, zeigt uns nicht nur Tibull an dem Beispiele des Hahnreis, der durch Zauberkünste in Blindheit erhalten werden soll[27], sondern auch Cicero in der drolligen Anekdote, die er von dem Redner Curio erzählt[28].

Von dem fortlebenden Glauben an Tierverwandlungen geben Apulejus und Petronius Proben. Bei Apulejus, der ein griechisches Muster vor sich hatte, sehen sich die Feinde der Zauberinnen plötzlich in Biber, Frösche, Böcke und andere Tiere umgestaltet. Der Lykanthropie gedenkt Pe-

26) Pharsal. VI. 452 ff. — 27) *Tibull.* I. 2. 55 ff. — 28) *Cic.* Brut. 60.

tronius im Gastmahle des Trimalchio. Dort erzählt Niceros[29]
wie ein Mensch, der mit ihm wanderte, die Kleider auszog,
ein Wolf wurde und in die Wälder lief. Als Niceros nach
Hause zurückkehrt, wird ihm berichtet, daß ein Wolf das
Vieh angefallen habe, aber von einem Knechte mit der Lanze
in den Hals gestochen worden sei. Niceros findet hierauf
seinen Gefährten wieder als Menschen im Bette, wo ein Arzt
den verwundeten Hals behandelt. Diese Erzählung ist das
Muster der zahlreichen Werwolfsgeschichten der späteren
Zeit. Plinius leugnet die Lykanthropie; aus dem herrschenden
Glauben an sie aber leitet er das Schimpfwort versipellis ab[30].

Ein Glaube, der mit dem neueren Hexenglauben wesentlich
zusammenhängt, ist der an die Strigen, Lamien und Empusen.

Der Name Strix, der heutzutage auf das Eulengeschlecht
übergegangen ist, gehörte im Altertum weit mehr dem
Reiche der Träume als der Ornithologie an. Zwar wissen
die Poesien eines Ovid, Horaz und Seneca von den Federn,
Eiern und Eingeweiden der Strix zu reden[31]; aber es geschieht jedesmal mit Bezug auf unheimlichen Nachtspuk,
und Plinius, der Naturhistoriker, bekennt offen, daß er sich
hinsichtlich der Einverleibung der Strigen in irgendeine der
bestehenden Vogelklassen in Verlegenheit befinde[32]. Der
gewöhnlichen Sage zufolge, bemerkt er weiter, pflegten
diese Vögel den Säuglingen ihre Brüste zu reichen, und
ihr Name war schon von den Alten bei Verwünschungen
gebraucht worden. Auf dieses Säugen spielt auch der Rhe-
toriker Serenus Sammonicus (um 220 n. Chr.) in seinem Gedichte von der Heilkunde an; er legt ihnen giftige Milch
bei. Als gefräßige Wesen in Eulengestalt, den Harpyien
verwandt, finden wir die Strigen wiederum bei Ovid[33].
Nachts fliegen sie zu den Wiegen der Kinder; aber statt
der Ammendienste saugen sie ihnen Blut und Eingeweide
aus. Auf diese Ansicht Ovids berief sich im 14. Jahrhundert

29) Kap. 61. — 30) *Plin*. H. n. VIII. 22. — 31) *Ovid*. Amor. I. 12. 20.
Metam. VII. 269. *Horat*. Epod. V. 20. *Senec*. Med. IV. 731. — 32) H. n.
XI. 39. — 33) Fast. VI. 131 ff.

noch Torreblanca, als er den Hexen nachsagte, daß sie das Blut ungetaufter Kinder aussaugen. — Auch ein toter Knabe erleidet bei Petronius einen solchen Überfall; seine Eingeweide werden aufgezehrt, eine Strohpuppe an seine Stelle gelegt. Ein Sklave, der mit dem Schwerte nach den Unholden haut, um sie von der Leiche zu treiben, wird am Körper blau und grün, als wäre er gegeißelt worden, verliert die Gesichtsfarbe und stirbt nach wenigen Tagen. Ebenso wurde bei Erwachsenen auch plötzliche Kraftlosigkeit, besonders das Versiegen der männlichen Kraft, der Bosheit der Strigen zugeschrieben[34]. Der Koch im Pseudolus des Plautus, indem er die schädlichen Wirkungen schlechter und übermäßiger Gewürze schildert, sagt von den pfuschenden Köchen:

— — — — — — — cum condiunt,
Non condimentis condiunt, sed strigibus,
Vivis convivis intestina quae exedint[35].

Zum Präservativ gegen diese innere Aufzehrung durch die Strigen genoß der Römer Speck und Bohnenbrei an den Calenden des Junius[36]; dieselbe Kost erhielt auch Polyän bei Petronius von der Priesterin des Priap als Heilmittel gegen den schon wirklich eingetretenen Schaden.

Daß nun diese Strigen nicht etwa als bloße gespenstische Ungetüme, sondern als boshafte Zauberinnen zu fassen seien, wird sich leicht dartun lassen. Zwar will Ovid in einer dem Dichter sonderbar anstehenden Anwandlung von kritischer Vorsicht die Frage nicht entscheiden, ob die Strigen, die zu Procas kamen, natürliche Vögel oder durch Zaubersprüche in Vogelgestalt verwandelte Weiber seien[37]; doch bekennt er sich selbst anderwärts zum Glauben an Zauberinnen, die als Nachtvögel umherstreichen. So sagt er von der alten Kupplerin Dipsas[38]:

Hanc ego nocturnas versam volitare per umbras
Suspicor, et pluma corpus anile tegi.
Suspicor et fama est.

---

34) *Petron.* 134. — 35) Pseudol. III. 2. 31. — 36) *Ovid.* Fast. VI. 170. — 37) Fast. VI. 141. — 38) Amor I. 8. 13.

Ebenso verwandelt sich bei Apulejus die Pamphile, wenn sie auf nächtliche Liebesabenteuer ausgehen will, in eine Eule (bubo) [39]. Über allen Zweifel aber wird die Sache durch Festus erhoben [40].

Das Aussaugen menschlicher Körper dient den Zauberinnen zu einem doppelten Zweck: entweder zum Liebeszauber für andere wie in der fünften Epode bei Horaz, wo aus dem Mark und der Leber des verhungerten Knaben ein Philtrum bereitet werden soll, — oder zur eignen Ernährung wie bei Ovid, wo den Strigen von der Masse des getrunkenen Blutes der Kropf schwillt. In letzterer Beziehung findet sich hier also schon bei den Alten die Grundlage des Vampirglaubens. Das Blut galt den Philosophen, namentlich Empedokles, als Prinzip der Lebenskraft, diente also den alten Zauberweibern als Mittel der Verjüngung, wie es in der Nekromantie den herbeigezogenen Schatten Kraft und Sprache wiedergeben sollte.

Nahe verwandt oder fast gänzlich identisch mit den Strigen sind anderwärts die Empusen oder Lamien [41]. Die Empusa tritt bald als Einzelwesen in Hekates Gesellschaft oder als Hekate selbst auf, bald findet sich der Name von einer ganzen Gattung von Unholden in der Mehrzahl gebraucht. Bei Aristophanes [42] erscheint Empusa mit einem ehernen und einem Eselsfuße, feurig leuchtend im ganzen Gesichte; sie verwandelt sich in rascher Folge in die Gestalt eines Ochsen, eines Maultiers, einer schönen Frau und eines Hundes. Auf seiner Wanderung zum Indus findet sie Apollonius von Tyana ebenso vielgestaltig; er schilt sie und gebietet seinen Gefährten, dasselbe zu tun, da verschwindet das Ungetüm mit schwirrendem Geräusch [43]. Aber in Korinth ist es dem Wundertäter abermals beschieden, ein Wesen dieser Gattung zu bannen [44].

Menippus, sein Schüler, sonst ein wackerer Philosoph,

---

39) Der goldene Esel, S. 95 ff. — 40) *Fest.* Fragm. e. cod. Farn. L. XVIII. ed. Müller. — 41) Vgl. *Stephan.* Thesaur. v. Ἔμπουσα. — 42) Ran. 295. Schol. ecclesiaz. 1049. — 43) *Philostrat.* vit. Apollon. II. 4.— 44) Ibid. IV. 25.

nur in der Liebe nicht, läßt sich mit einem fremden Weibe von wunderbarer Schönheit ein, ißt, trinkt und buhlt mit ihr und steht bereits auf dem Punkte, seine wirkliche Vermählung zu vollziehen. Dies merkt Apollonius, erscheint unangemeldet beim Hochzeitmahle und fragt nach der Braut. Sie wird ihm vorgestellt. „Das ist eine von den Empusen," — sagt er — „die man sonst auch Lamien nennt. Es ist ihnen weniger um Liebeslust zu tun, als um den Genuß des Menschenfleisches; sie locken durch Liebreiz denjenigen, den sie aufzehren wollen." Hiergegen will die Empuse Einwendungen machen; da aber Apollonius auf seinem Satze besteht, so verschwinden plötzlich Gold- und Silbergeräte, Mundschenk, Koch und die übrige Dienerschaft, und der Unhold selbst bittet mit Tränen um die Erlassung eines beschämenden Geständnisses. Aber es hilft nichts, er muß bekennen, daß er eine Empusa ist und an des athletischen Menippus Körper nur einen trefflichen Schmaus gesucht hat; denn schöne Jünglinge sind diesen Wesen am liebsten, weil ihr Blut am reinsten ist[45].

So treffen die Strigen, Lamien und Empusen zusammen in den wesentlichen Stücken der Verwandlungsfähigkeit, des Ausgehens auf Liebesabenteuer und der Begierde nach dem Blute und den Eingeweiden des Menschen. Wenn nun in einigen anderen Punkten Abweichungen bemerkbar sind, wenn z. B. die Strix an die Eulengestalt gebannt scheint, während den Lamien und Empusen alle Formen gerecht sind, wenn ferner die Schriftsteller in dem Treiben dieser Unholde bald mehr menschliche Zauberkunst, bald mehr dämonischen Spuk hervortreten lassen: so darf nicht vergessen werden, daß für das Reich des Aberglaubens keine Physiologie geschrieben ist, und daher bei allem Durchleuchten wesentlicher Grundzüge Spielraum genug bleiben musste, um die Einzelheiten nach Laune verschieden zu gestalten, wie es eben Zeitalter, Lokalität oder die Phantasie des einzelnen Dichters mit sich brachte. Übrigens

---

45) *Horat.* A. P. 340.

soll in dem Namen der Strigen entweder das schwirrende Geräusch ihres Fluges oder ihre kreischende Stimme sich aussprechen [46]. Derselbe Ton wird von Philostratus der Empusa beigelegt [47], deren Name jedoch nach seiner eigentlichen Bedeutung bis jetzt nicht genügend festgestellt ist. Die Lamien aber sind, wie bereits die alten Grammatiker annahmen, von ihrer Gefräßigkeit benannt [48]. Auf den dumpfen, murmelnden Ton der Unholde scheint auch der Name Mormolykia sich zu beziehen, den Philostratus als synonym mit Lamia und Empusa bezeichnet. Mormo war ein weiblicher Popanz, mit dem man die Kinder schreckte; davon bildete sich das Verbum μορμολύσσειν, erschrecken, und das Hauptwort μορμολυκία, Schreckbild. Mormo wurde aber auch bei den Griechen, des furchtbaren Aussehens halber, eine Theatermaske mit weit aufgerissenem Munde genannt. Im Latein des Mittelalters sind nun strix oder striga und masca auch wieder gleichbedeutend; beide bezeichnen ein nächtliches Zauberweib.

Es möge bei dieser Veranlassung zweier verwandter Gegenstände gedacht werden, der römischen Larva und der griechischen Gello. Daß larva ebenso wie das angeführte langobardische masca diejenige Vermummung des Angesichts bedeutet, die wir noch heute Larve und Maske nennen, ist bekannt. Beide Wörter bedeuten aber auch einen Nachtspuk, mit dem Unterschiede, daß die masca, wie bereits bemerkt, eine Strix oder ein lebendes, auf Menschentötung ausgehendes Weib, also eine Zauberin, ist, die larva aber eine abgeschiedene Menschenseele, die zur Strafe umherwandelt, allen Menschen ein Schrecken, den Sündern gefährlich, den Reinen unschädlich [49]. Gello, die bei den neueren Griechen Gillo heißt [50], war nach dem Glauben der

---

46) Στρίγξ = strix von στρίζω = τρίζω, lat. stridere. — Est illis strigibus nomen; sed nominis hujus Caussa, quod horrenda *stridere*. nocte solent. *Ovid.* Fast. VI. 139. — 47) Καὶ τὸ φάσμα φυγῇ ᾤχετο τετριγός. Vit. Apollon. II. 4 — 48) Λάμος, λαιμὸς, Höhle. Schlund. Schol. Horat. Epist. I. 13. — 49) *Augustin.* de Civ. Dei IX. 11, mit Bezug auf Platon. — 50) S. *Stephan.* Thesaur. v. Γελλώ.

Lesbier eine frühverstorbene Jungfrau, die nach dem Tode umging und Kinder tötete. Schon Sappho soll ihrer gedacht haben. Insofern sie als Tote auf Menschenmord ausgeht, stellt sich Gello allerdings dem Vampirismus näher als der eigentlichen Zauberei, aber es ist schon oben darauf hingedeutet worden, wie auch die lebenden Hexen des Altertums den Vampirn der neueren Zeit in der Begierde nach der Auffrischung ihres Lebensprinzips durch Menschenblut begegnen. Übrigens wird der Name Gellus (Γελλοὺς), der ohne Zweifel nur eine andere Form für Gello ist, von den Griechen des Mittelalters ganz auf die eigentlichen Strigen übertragen. Bei Johannes von Damask kommen die Gelluden durch die Luft geflogen, dringen durch Schloß und Riegel und fressen die Lebern der Knaben[51].

Die Mittel, die man zur Verwirklichung des Zaubers empfahl, waren ebenso zahlreich wie mannigfaltig. Als Cagliostro einst nach der Grundlage seiner Kunst gefragt wurde, antwortete er, ihre Kraft beruhe in verbis, in herbis, in lapidibus[52]. Die römische Magie bestrich ein größeres Gebiet. Sie zog auch das Tierreich, die Sterne und gewisse symbolische Zeichen oder Charaktere in ihren Kreis. Vor allem freilich war die Kraft des Wortes hochgeachtet (carmen, incantatio, deprecatio)[53]. Gesprochen, gesungen, gemurmelt, geschrieben diente es zum Zauber wie zum Gegenzauber; es machte Schnee, Sonnenschein und Regen und lockte das Getreide[54]. Selbst den Himmlischen war es furchtbar und brachte sie zum Erscheinen[55]. Das fromme Vertrauen, das eine frühere Zeit auf die Kraft des Gebetes gesetzt, hatte sich längst in den Rechtsanspruch umgewandelt, durch Bannformeln die Götter nach menschlichem Willen nötigen (numini imperare), und mittelst symbolischer

---

51) *Joann Damasc.* Tractat. de strigibus. — 52) Diese Dreiheit findet sich auch schon in *Jacobs* I. Dämonologie (lib. I. cap. 4.), wo sie freilich nur als das Abc der Zauberei bezeichnet wird. — 53) *Plin.* H. n. XXVIII. 2. — 54) *Tibull.* I. 2. 45 f. 8, 20 ff. *Virg.* Eclog. VIII. 64 ff. — 55) *Lucan.* Pharsal. VI. 527. 685.

die leblose Natur nach Gefallen einwirken zu können[56]. Alte oder ausländische Worte galten für die kräftigsten[57], jedem einzelnen wurde seine bestimmte Wirkung beigelegt. Ägyptische, babylonische, chaldäische Sprüche waren berühmt[58], besonders verehrt die sogenannten Ἐφέσια γράμματα[59]. Zettel und Bleche, mit gewissen Buchstaben beschrieben, dienten als Amulette oder sollten Gegenliebe erwecken.

Ein Mittelpunkt vieler abergläubischen Anschauungen und Operationen war bei den Alten die Vorstellung von der Macht des bösen Blicks. Man glaubte (und glaubt noch heute), daß Neid und Mißgunst imstande wären, auf das Wohlbefinden und Glück eines anderen Einfluß auszuüben, Handlungen selbst in weite Fernen auf Personen wie auf und daß ganz besonders die Augen das Organ wären, durch das diese Wirkung ausgeübt würde. Unter allen übrigen abergläubischen Vorstellungen der Alten trat dieser Gedanke mit solcher Stärke hervor, daß man die Worte βασκαίνειν, fascinare, ganz besonders von dem bösen Blick gebrauchte[60].

Die Zahl der sonstigen abergläubischen Vorstellungen war Legion. Ein Uhuherz, auf die linke Brust eines schlafenden Weibes gelegt, entlockt ihr alle Geheimnisse. Die Asche der Sterneidechse, um die linke Hand festgebunden, erregt den Geschlechtstrieb, um die rechte stillt sie ihn. Fledermausblut unter dem Kopfkissen des Weibes wirkt stimulierend, und die Haare der Mauleselin verbürgen die Konzeption. Die Prozeduren für den Liebeszauber sind aus Theokrit, Horaz, Virgil, Ovid, Tibull, Properz u. a. bekannt[61]. Schmilzt man das wächserne Bild des Geliebten am Feuer, so wird dieser zur Gegenliebe gezwungen; auch Puppen von Wolle oder Ton werden in gleicher Absicht

---

56) *Hermann,* Gottesdienstl. Altert. der Griechen S. 210. — 57) *Clem. Alex.* Strom. I. — 58) *Lukian.* Pseudomant. 13. — 59) S. *Eustath.* ad Odyss. XIX. 247. — 60) *Dr. S. Seligmann,* Der böse Blick und Verwandtes. I. Bd. S. 30, 33, 73, 75, 108, 116 u. a. a. O. m. — 61) *Horat.* Sat. I. 8. Epod. V. u. XVII. *Virg.* Eclog. VIII. *Theocrit.* Id. II. *Ovid.* Heroid. VI. Amor I. 8. *Tibull.* I. 2 u. 8. *Propert.* III. 5. *Lucan.* VI. 460.

zu symbolischen Handlungen gebraucht und Venusknoten aus farbiger Wolle geschlungen oder Fäden um den Zauberhaspel gewickelt. Als ganz besonders wirksam zur Entzündung unwiderstehlicher Liebesglut gilt Leber und Mark des Menschen, ein Glaube, den Horaz bis zum abscheulichsten Knabenmorde führen läßt[62].

Außer der gewöhnlichen Nekromantie, wie sie so häufig von den Dichtern nach griechischen Mustern angedeutet wird[63] und wie sie unter andern auch von Ciceros Freunde Appius wirklich geübt worden zu sein scheint[64], gab es auch eine Art verruchter Extispizien aus menschlichen Leichnamen. Cicero wirft solche dem schändlichen Vatinius vor[65], Juvenal spielt darauf an[66], und noch in der späteren Kaiserzeit finden sich Spuren davon[67]. Den Tod eines Feindes glaubte man zu erzielen, wenn man dessen Namen in eine Metallplatte einschnitt oder sein Bildnis mit einer Nadel durchbohrte[68]. Ein ähnliches Verfahren sollte auch dazu dienen, die männliche Kraft zu rauben[69].

Daß wirklichen Giftmischereien zuweilen auch magisches Beiwerk zugesellt wurde, ist sehr wahrscheinlich.

In der späteren römischen Zeit bildete sich auch der Glaube an die Macht eines spiritus familiaris oder Paredros aus[70], wie sie Simon der Magier und Apollonius von Tyana gehabt haben sollen. Ersterer rühmt sich bei Clemens von Rom[71], er habe sich die Seele eines unschuldigen, gewaltsam ermordeten Knaben dienstbar gemacht. Mit Hilfe solcher Geister glaubte man nicht nur die Zukunft erforschen, sondern auch die Zunge eines Gegners vor Gericht

62) Epod. V. — 63) *Virg.* Ecl. VIII. 98. Aeneid. IV. 490. *Horat.* Sat. I. 8. *Ovid.* Met. VII. 243. *Tibull.* I. 2. 45. *Seneca* Oedip. 547. *Lucan.* Phars. VI. 550. — 64) *Cic.* Tusc. Quaest. I. 16. De divinat. I. 58. Ein anderes Beispiel: *Tac.* Annal. II. 28. — 65) Vatin. VI. — 66) Sat. VI. 550. *Lucan.* VI. 554 ff. — 67) *Cassiodor.* Hist. tripart. VI. 48. — 68) *Tacit.* Annal. II. 69. — 69) *Ovid.* Amor. III 7. 29. *Herod.* II. 181. — 70) *Justin.* Apol. II. p. 65. *Tertullian.* Apologet 23. *Irenaeus* I. 24. *Arnob.* adv. gent. I. p. 25. — 71) *Clem. Rom.* Recognit. II. pag. 33. Ed. Basil. 1526.

hemmen, Pferde vor dem Wagen festbannen[72], einem Feinde Krankheiten und böse Träume zusenden und mancherlei andere Beschädigungen zufügen zu können[73].

Noch könnten gar manche andere Zaubermittel erwähnt werden; wir gedenken jedoch hier nur noch der vielgepriesenen magischen Ringe, die teils der Mantik dienten, teils dem Körper Gesundheit, Kraft, Schönheit und Unverwundbarkeit geben sollten[74] wie heute amerikanische Schwindelmittel.

Die Zauberei war ursprünglich im alten Römerreich an sich nicht strafbar. Sie wurde dies erst, wenn magische Künste angewendet wurden, um einem andern Gesundheit, Leben oder Vermögen zu zerstören oder zu schädigen. Die Menschen, die diese verderblichen Künste übten, sind die magi oder malefici, wie sie erst volkstümlich, seit Diocletian auch offiziell genannt wurden. Daneben behielt das Wort auch stets die allgemeine Bedeutung als Übeltäter[75].

Schon die zwölf Tafeln enthalten eine Bestimmung, die den Schutz des Eigentums gegen Zaubereien bezweckt[76]. Es wird eine Strafe über den verhängt, der die Erzeugnisse des Bodens durch excantatio von fremden Äckern zu sich herüberlockt. Bei Plinius findet sich ein Beispiel, daß auf Grund dieses Gesetzes eine wirkliche Anklage erhoben wurde[77]. Seneca berichtet (Quaest. nat. IV, 7), daß auf Veranstaltung der Decurionen Feldhüter zur Strafe gezogen worden seien, weil sie das zauberische Verhageln von Saaten und Weinpflanzungen nicht verhindert hätten. — Plinius (Hist. nat. 28) teilt mit, daß ein ganzer Ölberg, der einem Verwalter des Kaisers Nero gehörte, infolge einer excantatio sich plötzlich samt den auf ihm stehenden Wirtschaftsgebäuden erhoben und, die öffentliche Straße innehaltend, sich anderswohin geschoben habe. Viele italische Flurgesetze

72) S. *Gothofred.* ad. Cod. Theodos. lib. IX. Tit. 16. Leg. 11. — 73) Recognitionen (lib. II. p. 32). — 74) *Clem. Alex.* Strom. I. *Lukian.* Navig. 42 ff. *Philostr.* vit. Apoll. III. — 75) *Theodor Mommsen,* Röm. Strafrecht, Berlin 1899. S. 635 ff. — 76) *Seneca* Quaest. nat. IV. 7. — 77) *Plin.* H. N. XVIII. 6.

verboten, eine Spindel im Freien zu drehen oder auch nur unverdeckt zu tragen [78]; man glaubte nämlich, daß dadurch die Hoffnungen des Landmanns vernichtet würden. Den Schutz der Person beabsichtigte die Lex Cornelia de sicariis et veneficis. Tötung durch Zauberei sollte nach ihr mit der höchsten Strafe belegt werden [79]. Nach Marcian [80] bestand die ursprüngliche Strafe in Deportation und Gütereinziehung; die spätere Praxis verfügte bei Niedrigen die Tötung durch wilde Tiere, bei Vornehmeren die Verbannung auf eine Insel. In den Zeiten des Freistaats wurde mehrmals polizeilich eingeschritten, wenn gewinnsüchtige Betrüger die öffentliche Meinung durch fremde Vaticinien irre zu leiten suchten [81]. Eine solche Maßregel war schon im Jahre 425 v. Chr. nötig geworden. Im Jahre 139 verwies ein Edikt des Prätors Cornelius Hispallus die Chaldäer unter ausdrücklicher Hervorhebung ihrer habsüchtigen Betrügereien aus Italien [82]. Sulla, obgleich Urheber des Gesetzes gegen zauberische Tötung, war ein Verehrer der magischen Weissagungen; dagegen sahen sich unter August († 14 nach Chr.) wiederum die Astrologen durch Agrippa vertrieben [83]. Ihre Schicksale unter den folgenden Kaisern hingen hauptsächlich von persönlichen und politischen Verhältnissen ab; aus vorkommenden Ereignissen nahm man bald zur Unterdrückung, bald zur Begünstigung des magischen Treibens Veranlassung.

Tacitus berichtet von nicht weniger als drei verschiedenen Verordnungen, in denen die Verbannung der Magier verfügt wurden, und bei der Erwähnung der dritten drängt ihm sein patriotischer Grimm die Bemerkung ab, daß man diese schädliche Menschenklasse in Rom stets verdamme und doch niemals von ihr loskommen könne [84]. Tiberius (14—37) hatte ganze Scharen von ihnen in Capreä um sich versammelt; als aber Libo Drusus, durch ihre Weissagungen

---

78) *Plin.* H. N. XXVIII. 2. — 79) *Institut.* IV. Tit. XVIII. 5. — 80) *Digest.* XLVIII Tit. VIII. 2. 4. — 81) *Liv.* IV. 30. XXV. 1. — *Paul.* Sentent. V. 21. 1. — 82) *Valer. Max.* I. 3. — 83) *Dio Cass.* Lib. 49. pag. 60. ed. Reimar. — 84) Hist. I. 22.

verlockt, mit Neuerungen umging, wurden zwei Mathematiker hingerichtet und die übrigen durch Senatsbeschluß aus Italien verwiesen[85]. Beim Tode des Germanicus fiel der Verdacht des Meuchelmordes nach Angabe des Todfeindes des Tiberius, des glühenden Hassers Tacitus, auf den Kaiser selbst; man fand es jedoch angemessen, das Gerücht zu verbreiten, daß Piso durch Zaubersprüche und den in eine Bleitafel eingeschnittenen Namen des Ermordeten die Übeltat begangen habe[86]. Sehr gehässige Anklagen kamen auch unter Claudius (41—54) vor. Furius Scribonianus ward verbannt, weil er über den Tod, Lollia, weil sie über die Vermählung des Kaisers die Chaldäer befragt haben sollte[87]. Letztere fiel als Opfer von Agrippinas Eifersucht. Erwägt man aber, daß eben diese Agrippina, die hier die Anklage der Magie erhob, selbst diesem Aberglauben ergeben war und noch bei des Claudius Tod sich auf Sprüche der Chaldäer berief[88], so ergibt sich daraus, daß an Furius und Lollia nicht die chaldäische Kunst an sich, sondern das durch sie verübte Majestätsverbrechen bestraft wurde. Dies wird noch einleuchtender dadurch, daß neben den Magiern und Chaldäern auch das Orakel des klarischen Apollon als von Lollia befragt genannt wird, eine Handlung, die unzweifelhaft nur wegen des Gegenstands der Frage zum Verbrechen gestempelt werden konnte. Das Senatuskonsult zur Vertreibung der Mathematiker unter dem schwachen Claudius[89] war eben wegen der Vorliebe der Kaiserin für diese ohne Erfolg.

Unter Nero (54—68), obgleich auch er eine Zeitlang der geheimen Kunst anhing[90], wiederholten sich Anklagen in ähnlichem Sinne. Zwei Bürger, deren Treue verdächtig schien, sollten aus dem Wege geräumt werden; man verurteilte sie unter dem Vorwande zum Tode[91], daß sie die Nativität des Kaisers gestellt hätten. Servilia, die Tochter

---

85) *Tac.* Annal. II. 32. — 86) *Tac.* Annal. II. 69. — 87) *Tac.* Annal. XII. 22 u. 52. — 88) *Tac.* Annal. XII. 68, vgl. XIV. 9. — 89) *Tac.* Annal. XII. 52. — 90) *Plin.* H. N. XXX. 2. — 91) *Tac.* Annal. XVI. 14.

des unschuldig verfolgten Barea Soranus, mußte den Tod leiden, weil man ihr schuld gab, ihr Geschmeide hergegeben zu haben, um von den Magiern über die Wendung des Schicksals ihres Vaters und die Dauer des kaiserlichen Zornes Aufschluß zu erhalten[92].

An Otho fanden die Chaldäer wiederum einen eifrigen Jünger; durch ihre Weissagungen bestärkt, hatte er sich zu Galbas Sturze erhoben[93]; nichts war darum natürlicher, als daß sie nach seiner kurzen Regierung vor Galbas Rächer Vitellius das Weite suchen mußten[94]. So zeigt uns Tacitus die Schicksale der Magier fast durchgängig in nächster Beziehung zur Person des Regenten; nirgends gibt er ein Beispiel, daß die Anklage der Magie an sich erhoben worden wäre. Bei Mamercus Scaurus unter Tiberius erscheint sie im Gefolge des Ehebruchs mit Livia[95], bei Statilius Taurus, nach dessen schönen Gärten Agrippina strebte, wird sie dem crimen repetundarum beigegeben[96]; in beiden Fällen läßt es die Kürze des Geschichtsschreibers zweifelhaft, ob nicht auch hier Majestätsbeleidigung mit ins Spiel kam. Im letztgenanntem Fall drang die Kaiserin nicht einmal durch; ihr Werkzeug, der nichtswürdige Tarquinius Priscus, wurde aus der Kurie gestoßen.

Die folgende Zeit zeigt unter den Kaisern weit mehr Freunde als Feinde des magischen Unwesens. Hadrian (117—138)[97], Marcus Aurelius (161—180)[98] und Alexander Severus (222—235)[99] werden unter den ersteren genannt; Maximin verschleuderte an die Gaukler, die ihn mißbrauchten, die angesehensten Staatsämter[100]; Maxentius († 312) schnitt schwangeren Weibern und neugeborenen Kindern den Leib auf, um seine verruchten Extispicien anzustellen[101].

---

92) *Tac.* Annal. XVI. 30. — 93) *Tac.* Hist I. 22. — 94) *Tac.* Hist. II. 62. — 95) *Tac.* Annal. VI. 29. — 96) *Tac.* Annal. XII. 59. — 97) *Ael. Spartian.* vit. Adrian. 2 und 16. — 98) *Jul. Capitolin.* v. Marc. Aurel. 19. Vgl. *Dio Cass.* LXXI. p. 1187. Reimar. — 99) *Lamprid* 44. — 100) *Euseb.* Hist. Eccles. VIII. 14. — 101) *Euseb.* a. a. O. und IX. 9.

Dabei ist aber zu beachten, daß die Kaiser immer im Alleinbesitz der Kenntnis der Zukunft zu sein wünschten. Daher zogen sie eine Menge von Sterndeutern u. dgl. an ihre Höfe, während sie diese in den Provinzen verfolgen oder sie dorthin verbannen ließen[102].

Während so die divinatorische Seite der Magie am meisten hervortrat, blieb jedoch auch die operative nicht ohne Anwendung. Die Veneficien zur Tötung und zum Liebeszauber[103], zusammengesetzt aus leeren Formeln und wirklichen Mitteln, wurden von den höchsten Personen geübt, wußten sich aber sorgfältig mit Geheimnissen zu umhüllen.

Caligulas Wahnsinn wurde zum großen Teile einem Philtrum zugeschrieben, das ihm seine Gemahlin Cäsonia gegeben haben soll[104]. Die wollüstige Agrippina verstand für ihre Buhler das Hippomanes[105] ebenso geschickt zu bereiten wie den giftigen Pilz für ihren schwachköpfigen Gemahl[106]. Zwar fing man an, die Lex Cornelia di sicariis nun auch auf die Zauber zur Tötung und die Liebestränke auszudehnen, aber der sonstige Gebrauch magischer Mittel, namentlich zu Heilungen, blieb unbestraft. Doch findet sich bei Ulpian die Bestimmung, daß den magischen Heilkundigen keine Klage auf Entlohnung zustehe[107].

Unter den Prozessen wegen Bezauberung von Menschen ist in der Kaiserzeit einer der merkwürdigsten derjenige, in den sich der im zweiten Jahrhundert lebende platonische Philosoph und Sachwalter Apulejus aus Madaura in Afrika verwickelt sah, der auf Reisen durch Griechenland in die dortigen Mysterien eingeweiht war. Nach seiner Vermählung mit der reichen Witwe Pudentilla wurde er vor dem Prokonsul von Afrika angeklagt, ihre Liebe durch böse Kunst erworben zu haben. Dieser Anklage verdanken wir die schätzbare Apologia de magia, in der Apulejus nicht

---

102) *Maury*, Histoire de la Magie (Paris, 1860), ch. IV. — 103) *Juvenal*. VI. 609 — 104) *Juvenal*. VI. 614 — 105) *Salmas*. Exerc. Plin. p. 659 ff. — 106) *Juvenal*. VI. 133. — 107) *Digest*. V. Tit. XIII. 3.

nur mit siegenden Gründen dartut, daß die Liebe einer Witwe auch ohne Zauberei zu gewinnen sei, sondern wo er auch treffliche Mitteilungen über die geistigen Zustände seines Zeitalters gegeben hat. Der Prozeß endigte mit der Freisprechung des Angeklagten [108].

Der dreihundertjährige Kampf, den die christliche Religion durchzukämpfen hatte, ehe sie ihren Sieg feierte, bietet Momente dar, die auch für die Gestaltung der Magie von Belang sind. Es ist besonders ihre theurgische Seite, die seit dem dritten Jahrhundert auffallend hervortritt.

Wenn eine herrschende Religion mit dem Zeitgeiste in Widerspruch zu treten anfängt, so sucht sie, sofern ihr nicht die öffentliche Gewalt mit despotischem Schutze zur Seite stehen will oder kann, ein Abkommen mit dem Zeitgeist zu treffen, indem sie entweder Begriffe und Ansichten der Zeit unter möglichster Belassung der alten Formen in sich aufnimmt oder die alten, in Mißkredit geratenen Lehren auf dem Wege einer bald sophistischen, bald schwärmerischen Spekulation als vernunftgemäß darzustellen und von neuem zu begründen strebt. Nachdem in Alexandria das absterbende Judentum durch die Bemühungen eines Philo und Josephus in den aufgenommenen Ideen griechischer Philosophen, namentlich Platons, eine neue Stütze gewonnen, ja sogar schon früher durch Aristeas und Aristobulus alles Gute der griechischen Philosophie als ursprünglich hebräisches Eigentum reklamiert hatte, wurde in den Träumereien der Kabbala die schon seit dem Exil einheimische Dämonenlehre so scharf ausgeprägt [109], daß dieses Gemisch exzentrischer Ideen noch vor wenigen Jahrhunderten nicht nur als die wissenschaftliche Grundlage gewisser Arten der Magie, sondern auch als Quelle höherer Weisheit überhaupt angestaunt werden konnte.

Doch war dieses für die weitere Entwicklung des Aberglaubens im Abendland von geringerer Bedeutung. Den

---

108) Goldener Esel (Müller, München), S. XI ff. — 109) *Knorr de Rosenroth*. Kabbala denudata. Francof. 1684.

belangreichsten Einfluß übte dagegen auf die Vorstellungswelt der abendländischen Christenheit nicht nur durch das
Mittelalter hindurch, sondern auch bis in die neuere Zeit
hin der letzte Entwicklungsgang der griechischen Philosophie aus.

Der Verfall der alten Welt, die Auflösung ihrer religiös-
sittlichen Grundlagen war im Skeptizismus zutage getreten.
Alle philosophisch Gebildeten, die diese Tatsache erkannten,
fühlten sich hierdurch zu dem Streben angeregt, die Anschauungen der älteren (griechischen) Philosophie mit der
modernen, von dem alten polytheistischen Volksglauben sich
abwendenden Bildung so zu vermitteln, daß diese wiederum in jener ihre Grundlage finden konnte. So entstand die
Schule der Neu-Pythagoräer, deren Heros Apollonius von
Tyana und deren wissenschaftliche Vertreter Plutarch von
Chäronea und Numenius von Apamea waren, — jener als
Anhänger Platos, dieser als Vertreter der orientalischen
Denkweise. Unter ihnen bemühte sich namentlich Plutarch
um die Ausbildung der Dämonenlehre[110], indem er die Nachweisung einer Dämonenwelt, die zwischen Göttern und
Menschen stehe und beide miteinander vermittele, als das
bedeutendste Ergebnis der philosophischen Forschung ansah. Doch war der Neu-Pythagoräismus nur der Vorläufer
einer anderen Erscheinung, mit der die Entwicklung des
philosophischen Geistes der alten Welt zu Ende ging. Es
war dieses der Neuplatonismus[111].

Der Neuplatonismus war der letzte, wesentlich durch die
Geistesmacht des Christentums sollizitierte Versuch der antiken Welt, ein philosophisches System zu liefern, das, angeblich auf Plato beruhend, alles Sein und Denken in seiner
Einheitlichkeit darstellen und dem menschlichen Geiste ein
allen skeptischen Einwürfen entrücktes Erfassen der absoluten Wahrheit gewähren sollte. Nicht außer sich, sondern

---

110) *Friedländer*, Darstellungen aus der Sittengesch. Roms (Leipz. 1871),
B. III. S. 431. — 111) *Ritter*, Gesch. der Philosophie, T. IV., und *Zeller*,
Die Philosophie der Griechen, T. III.

in sich selbst, nicht durch Vermittlung des Denkens, sondern durch mystisches, ekstatisches Sichversenken in die Tiefen des Absoluten sollte der Mensch zum unmittelbaren Erfassen und Anschauen des einen allgemeinen Grundes alles Seins gelangen. Von diesem Gedanken aus ward das System des Neuplatonismus zuerst von Plotin, († 270 n. Chr.), dem Schüler des gefeierten Ammonius Sakkas, aufgeführt, und hernach von Porphyrius († 304 zu Rom), Jamblichus und anderen weiter ausgebaut. Aber schon bei Porphyrius zeigte sich die Hinneigung des neuplatonischen Geistes zu einer abergläubigen, in allerlei Beschwörungen, Exorzismen, Reinigungen etc. arbeitenden Theurgie, von der späterhin, namentlich seit dem Auftreten des Proclus, der Neuplatonismus vollständig beherrscht und absorbiert wurde. Porphyr erhob sich bereits zum Vertrauten und Priester der Gottheit, der aus unmittelbarer Anschauung über die tiefsten Geheimnisse Aufschluß geben könne, klassifizierte die Geister aufs genaueste, bezeichnete die Erscheinungen der einzelnen Dämonen nach ihren verschiedenen Merkmalen und stellte die Theurgie, als Wissenschaft des Übernatürlichen, über die Philosophie und alles übrige menschliche Wissen. Sie ist ihm die Wissenschaft geheimnisvoller Gebräuche, Worte und Opfer, vermittelst deren die Götter und Dämonen zur Erscheinung gezwungen werden. Angebliche hermetische Schriften, aus denen auch Pythagoras und Platon ihre Weisheit gezogen haben sollen, sind ihm die Quellen, aus denen die Rechtfertigung seiner Schwärmereien fließt. Die Prozedur, die zur Vereinigung mit der Gottheit führen soll[112], ist später von den Romandichtern oft kopiert worden. Zuerst Reinigung durch Besprengung und Räuchern mit geheimnisvollen Kräutern und Steinen, vermutlich von narkotischer Wirkung; dann Beschwörung der oberen und unteren Götter unter furchtbaren Drohungen; dann die geheimen Zeichen der göttlichen Mächte, Charaktere genannt, nach den Vorschriften der Kunst angewendet. Auch das

112) *Lobeck,* Aglaopham. p. 104 ff.

geweihte Rad oder der Zauberhaspel darf nicht fehlen. Nun verfinstert sich der Himmel, die Erde bebt, feurige Erscheinungen blenden das Auge, hüpfen als Lichter umher oder nehmen Tiergestalt an. Endlich läßt sich die donnernde Götterstimme hören und offenbart das Verborgene. Dieses nannte man eine Weihung (τελετὴ), und dem so Eingeweihten versprach man unmittelbaren Verkehr mit dem Himmel, Freiheit von allen Schwächen und Widrigkeiten dieses Lebens, ja selbst die leibliche Unsterblichkeit. Der Abkürzung und Bequemlichkeit halber ließ man auch zuweilen den Einzuweihenden nicht mit eigenen Augen sehen; der Beschwörer übernahm dies Geschäft für ihn und spielte dann dieselbe Rolle, die der Schauspieldichter oft einem Wächter anweist, der, von einer Mauerbrüstung herab hinter die Kulissen schauend, dem Zuhörer einen Seesturm oder ein Schlachtgetümmel schildern muß. In diesem Falle hieß der Eingeweihte nicht Autopt, sondern Epopt. Auch Lukians Pseudomantis unterschied zwischen den mittelbaren Orakeln und den unmittelbaren (χρησμοῖς αὐτοφώνοις), d. h. denjenigen, die sein weissagendes Schlangenbild mit eigenem Munde zu verkünden schien, indem ein versteckter Mensch mittelst einer künstlich eingefügten Kranichgurgel durch dessen Kopf sprach. Solche Heiligtümer waren es, für die der Kaiser Julian sich vom Christentum lossagen mochte. Doch wohl ihm, wenn er nur bei diesen stehen geblieben wäre! Aber wenn wir Cassiodor glauben dürfen, so fand man nach dem Tode des Kaisers unter seinen Zaubergeräten auch ein an den Haaren aufgehängtes Weib, dem er den Leib geöffnet hatte, um aus der Leber den Erfolg des persischen Feldzugs zu bestimmen[113].

Die Wirkung, die der Neuplatonismus im religiösen Leben und Denken der alten Völker hervorbrachte, war daher nicht die von ihm angestrebte Neubelebung des antik-religiösen Geistes, sondern die gänzliche Auflösung des griechisch-römischen religiösen Bewußtseins. Denn an Stelle

---

113) *Cassiodor*, Hist. tripart. XI. 48.

der alten Mythologie wurde ein religions philosophisches System gesetzt, in dem wohl von der absoluten Einheit, von dem Urgrunde alles Seins, von der Urvernunft und von der in die Einzeldinge hineingebildeten Weltseele, dagegen von den konkreten Gestalten des alten Mythus gar nicht die Rede war. Daher wurde durch den Neuplatonismus, indem er als Prinzip seines Systems die monistische Gottesidee geltend machte, die ganze griechisch-römische Götterwelt prinzipiell in eine unter der Gottheit stehende, zwischen Himmel und Erde schwebende Dämonenwelt umgesetzt. Je weniger aber sich der Heide von dem abstrakten und leeren Ur-Eins, das der Neuplatonismus als Gott bezeichnete, innerlich berührt fühlen konnte, um so stärker mußte in ihm das Gefühl der Abhängigkeit von der ihn überall umgebenden, unheimlichen Dämonenwelt erregt werden. Eine ganz neue Steigerung der Furcht vor den Dämonen war daher die wesentlichste Wirkung, die der Neuplatonismus im religiösen Leben der alten Völker hervorbrachte. Wußte man doch, daß es allerorten Zauberer gab, die mit den Dämonen im Bunde standen und mit deren Hilfe Krankheiten und Plagen aller Art über den Menschen bringen, seinen Geist mit trügerischen Bildern verwirren, vor Gericht seine Zunge und in der Rennbahn seine Pferde lähmen, ihn in ein Tier verwandeln, die mit Sturm, Gewitter und Hagel seine Felder verwüsten und ganze Städte und Lande mit der Pest heimsuchen konnten! Die δεισιδαιμονία — die Dämonenangst oder der Angstglaube — die uns Plutarch geschildert hat, erfüllte die ganze griechisch-römische Welt, soweit sie nicht in den bodenlosesten Nihilismus gefallen war. Das griechisch-römische Heidentum war zum reinsten Dämonismus geworden[114]. Allerdings wurde der Glaube an Schutzgötter noch aufrecht erhalten, allein das geringste Versehen, das bei ihrem Anrufen mitunterlief, bewirkte es, daß nicht sie, sondern die „Antithei" zur Stelle kamen, „täuschend, betrügend, irreführend", wie

114) *Buchmann,* Die unfreie und die freie Kirche, Breslau 1875, S. 230 ff.

Arnobius (Adv. gentes, IV., Kap. 12) sagt, der dieses Vorkommnis als ein nicht seltenes den Heiden zu Gemüte führt. Vor der Tücke der Dämonen wußte sich der Heide in keinem Augenblick mehr sicher. Denn daß auch die drakonischen Gesetze der Kaiser gegen diese Dämonen keinen Schutz gewähren und dem Unwesen der Magie kein Ende machen konnten, wußte man längst. In Furcht und Schrecken erzitterte darum die ganze antike Welt, und Verzweiflung, Furcht und Schrecken war das Ende, in das ihr Leben auslief.

SECHSTES KAPITEL

DIE ALTE KIRCHE

Mit dem Eintritt des Christentums in die Geschichte der Menschheit nahm diese eine veränderte Stellung zu dem Jahrtausende alten Dämonenglauben an.

Fassen wir zunächst die drei ersten Jahrhunderte der Kirche ins Auge, so finden wir, daß alle Kirchenväter, die den Ursprung der Dämonen berühren — Justinus Martyr[1], Athenagoras[2], Tatian[3], Minucius Felix[4], Tertullian[5], Irenäus[6] — an die jüdische Theologie jener Zeit sich anschließend, als biblische Grundlage der kirchlichen Dämonenlehre die Schriftstelle Gen. 6, 1—4 betrachten. Sie lautet: „Und es geschah, als die Menschen begannen sich zu mehren auf Erden und ihnen Töchter geboren wurden, da sahen die Söhne Gottes die Töchter der Menschen, daß sie schön waren, und nahmen sich Weiber von allen, die ihnen gefielen. — Zur selbigen Zeit waren Riesen auf der Erde; und auch nachdem die Söhne Gottes den Töchtern der Menschen beigewohnt, so gebaren sie ihnen (Söhne); das sind die Helden, die von alters her Männer von Ruhm gewesen." Nach allgemein herrschender Ansicht waren nämlich die „Söhne Gottes" Engel, die sich mit Töchtern der Menschen vermischt hatten, die dadurch gefallen und von Gott verstoßen und zu Dämonen geworden waren und Dämonen erzeugt hatten. Das alles sollte auf Anstiften des Teufels geschehen sein, der mit göttlicher Zulassung seitdem das Haupt eines großen Dämonenreiches geworden war.

Die wollüstigen Neigungen des mittelalterlichen Teufels sind zum guten Teil auf diese Deutung zurückzuführen. Im germanischen Mythus enthält die Abstammung des Volkes von Tuisko die Elemente dieses Wahns; der sagenhafte Ahn

---

1) Apol. II. c. 5. — 2) Πρεσβ. περί χριστ. — 3) Oratio ad Graec. c. 12. — 4) Octavius, c. 26 u. 27. — 5) de idol. c. 8 u. 9 und an anderen Stellen. — 6) Adversus heureses, L. IV, c. 16, 21.

des Merovingerhauses, Merovech, wurde als Sohn eines Meergottes und der Gemahlin des Königs Chlodio angesehen. War das eine jüngere Sagenbildung, so erzählte doch schon der Gote Jordanis um das Jahr 550, daß die Hunnen von bösen Dämonen und Zauberweibern erzeugt worden seien[7]. Den wollüstigen Incubus nannte man in Gallien um 400 n. Chr. Drusius, ein Beispiel, daß auch den keltischen Vorstellungen dieser Wahn nicht fremd war, und der Glaube an feenartige Wesen, die mit Männern in geschlechtliche Beziehung treten, ist gerade auf keltischem Boden weitverbreitet[8].

Von der erwähnten Schriftstelle ausgehend entwickelten nun die Kirchenväter der drei ersten Jahrhunderte eine Dämonenlehre, deren Hauptgedanken folgende sind:

Die Dämonen wohnen (nach Origenes u. a.) im dichteren Dunstkreise der Erde. Da sie Leiber besitzen, so bedürfen sie auch der Nahrung, die sie aus dem Qualm der heidnischen Opfer einsaugen[9]. Ihre Körperlichkeit ist aber unvergleichlich feiner und dünner als die der Menschen, wodurch es ihnen möglich wird, in den Geist wie in den Leib des Menschen einzudringen. Nach Tatian sind die Dämonenleiber luft- und feuerartig[10]. Nach Tertullian ist der Dämon wie jeder Geist gewissermaßen ein Vogel und mit einer solchen Schnelligkeit der Bewegung begabt, daß er in jedem Augenblick an jedwedem Orte sein kann. Diese gar nicht vorstellbare Schnelligkeit in der Bewegung der Dämonen ist auch eine der Ursachen gewesen, weshalb die Völker ihnen den Charakter der Göttlichkeit beilegten[11].

An Macht und Wissen sind die Dämonen den Menschen unendlich überlegen, woraus Tatian folgert, daß sie nicht, wie Josephus annahm, für Seelen verstorbener böser

---

7) *Jordanes*, Gothengeschichte. Lpzg. 1884. Kap. 24. (Gesch. d. d. Vorz Bd. 5). — 8) *Hansen*, Zauberwahn, Inquisition etc., München und Leipzig 1900. S. 19 ff. — 9) Orig. c. Celsum V, 579, Minuc. Fel., Octav. c. 27. *Tertull.*, Apolog. c. 22. — 10) Orat. ad Graec. 154. — 11) *Tertull.*, Apolog. c 22.

Menschen zu halten wären[12]. Origenes meint (im Kommentar zur Genes.), die Dämonen wüßten vieles Zukünftige aus der Bewegung der Gestirne; Tertullian nimmt an (Apolog. c. 22), daß sie ihr außerordentliches Wissen de incolatu aëris et de vicinia siderum et de commercio nubium hätten.

Die Wirksamkeit der Dämonen wird von Tertullian am konzisesten so bezeichnet, daß er sagt (Apolog. c. 22): 1. Operatio eorum est hominis eversio und 2. aemulantur divinitatem, — namentlich dem furantur divinationem (in oraculio).

In letzterer Beziehung steht es für alle Kirchenlehrer der drei ersten Jahrhunderte ganz unzweifelhaft fest, daß die Götter der Griechen und Römer nichts anderes als Dämonen waren, daß sie es gewesen sind, die als vermeintliche Gottheiten sich mit Weibern vermischt haben, daß die Namen der heidnischen Götter dieselben Namen sind, die sie sich selbst beigelegt haben, und daß sie daher als die eigentlichen Urheber des Heidentums mit seiner Mythologie und seinem Kultus gelten müssen. Die Dämonen sind es gewesen, die zur Begründung des abgöttischen Glaubens an ihre vermeintliche Gottheit scheinbare Wunder taten, die ihre Stimme aus den Orakeln ertönen ließen, die bei den Augurien in Vögel und andere Tiere eindrangen, die in den Tempelstatuen sich verbargen und sich einen Kultus darbringen ließen, und die die Menschen zur Astrologie und Magie verführten[13].

Der Teufel und dessen Dämonen sind unablässig bemüht, ihr Reich zu erweitern, indem sie die ihnen zugänglichen Menschen in ihre eigene Gottlosigkeit und Verdammnis zu verstricken suchen[14]. Doch ist ihnen dieses nur bei denjenigen möglich, die gottlos leben und um

---

12) Orat. ad Graec. 154. — 13) *Justinus*, Apol. I c. 25 u. 26. *Athenag.* Legatio 29., *Clemens Alex.* Cohort. ad gentes, 52, *Origenes*, Homil. 16 in Ezech., c. Celsum, *Tertull.*, Apolog. c. 23. *Clemens*, Strom. 1, 17 usw. — 14) *Cyprian*, de varitate idol , 13, und *Justin*, Apol. I. c. 13.

ihr Seelenheil unbekümmert sind, die sie daher namentlich durch Träume und Trugbilder zu betören und an sich zu locken suchen. Insbesondere sind sie bestrebt, durch ihre Eingebungen die Menschen vom Lesen solcher Bücher abzuhalten, in denen göttliche Wahrheit enthalten ist, und die zu deren Verteidigung verfaßt sind[15].

Die Christen freilich sind gegen die Anläufe des Satans und der Dämonen ein- für allemal sichergestellt. Vor ihnen müssen sie weichen, aber gerade darum ist die Bosheit des Dämonenreiches vor allem gegen die Christen und gegen die Kirche gerichtet, die sie fortwährend in allerlei Weise zu schädigen und zu verderben suchen, vor allem dadurch, daß sie die Heiden mit teuflischem Hasse gegen die Christen erfüllen und in allen Landen Christenverfolgungen veranlassen, sowie auch dadurch, daß sie in der Kirche Streitigkeiten, Spaltungen und Ketzereien hervorrufen[16]. Außerdem aber sind die Dämonen, weil sie Feinde Gottes sind, auch Feinde des Menschengeschlechts überhaupt, weshalb sie den einzelnen Menschen unablässig auflauern und sie auf allen nur erdenkbaren Wegen zu schädigen und zu verderben suchen. Ihre Wirksamkeit üben sie in allen unheilbringenden Naturphänomenen aus. Sie verursachen Mißwachs, Dürre, Pest und andere Krankheit, dringen in reißende Tiere ein, durch die sie Schaden stiften, während sie die dem Menschen nützlichen Tiere zugrunde richten, und schleichen sich selbst in die Gedanken des Menschen, um diese zu verwirren, von Gott abzulenken und daraus für den von ihnen angefallenen Menschen wie für andere Unheil anzurichten[17]. Um ihre heillosen Anschläge zur Ausführung zu bringen, teilen sie ihre geheimen Kenntnisse gern gottlosen Weibern mit[18].

Dieses war die Dämonenlehre der drei ersten Jahrhun-

---

15) *Justin,* Apol. I. c. 12 u. 13. — 16) *Justin,* Apol. I. c. 5, 11, 9, 26. *Minuc. Felix,* Octav 1. *Origenes,* Exhort. ad martyres 18, 32, 42. *Clemens Alex.,* Strom. II. 489. — 17) *Origenes* c. Cels. 8, 31 u. 32. *Tertullian,* Apolog. c. 22. — 18) *Clemens Alex.,* Strom. 5, 650.

derte der Kirche. Es war der alte Dämonenglaube, wie er die jüdische und die heidnische Welt beherrschte, nur an eine Erzählung der H. Schrift angeknüpft und nach Maßgabe der Stellung, die das Christentum zum Heidentum einnahm, erweitert und modifiziert. Das wesentlich Neue, was das Evangelium zur überlieferten Dämonenlehre hinzugebracht hatte, lag in dem Bewußtsein der Sicherheit, die der Christ gegenüber dem Teufel und den Dämonen habe.

In einer der alterältesten Urkunden der Kirche, in dem zwischen den Jahren 140 und 145 geschriebenen „Hirten" [19] des Hermas wird es wiederholt und nachdrücklichst verkündet, daß dem Teufel über den Christen keine Gewalt zustehe, daß dieser vielmehr alle Anschläge des Teufels zunichte machen könne, weshalb den Gläubigen wiederholt geboten wird, sich aller Furcht vor dem Teufel zu entschlagen und ihn als einen toten Feind zu verachten.

Alle Glieder der Kirche waren daher von dem Bewußtsein erfüllt, daß der Teufel und dessen Dämonen vor ihnen fliehen müßten, daß sie diese aus den Besessenen vertreiben, daß sie mit Anrufung des Namens Jesu Christi allen Dämonen- und Teufelsspuk zunichte machen und die Dämonen, die von den Heiden für Götter gehalten würden, zwingen könnten, sich selbst als Dämonen zu bekennen [20].

Ganz dieselbe Dämonenlehre, die wir in den drei ersten Jahrhunderten der Kirche von ihren Lehrern entwickelt sehen, finden wir nun auch in den nächstfolgenden Jahrhunderten von den Kirchenvätern vertreten. Lactanz z. B., der als kaiserlicher Prinzenerzieher zu Nicomedien lebte und im Jahre 330 starb, interpretiert die Stelle Genesis 6, 1 nach Philo, de gigantibus [21]: „Als sich die Zahl der Menschen gemehrt hatte, schickte Gott, damit sie nicht dem Trug des Teufels (dem er von Anfang an über die Erde Gewalt ge-

---

19) Patrum apostolicorum opera von Gebhardt, Harnack u. Zahn, B. III. S. LXXXII. — 20) *Just.,* Apol. I. 30, 61. Apol II. 30, 85, 121. *Tertullian,* Apolog. c. 23, *Irenäus,* II. c. 32, 41. — 21) In dem Divinarum institutionum LL. VII., L. II. c. 14—c. 18 und IV., c. 26—27.

geben hatte) erliegen möchten, zu ihrem Schutze Engel auf die Erde. Diese Engel aber erlagen im Verkehr mit den Töchtern der Menschen selbst, indem sie sich mit ihnen vermischten und Söhne erzeugten. Infolgedessen wurden die gefallenen Engel, aus dem Himmel verstoßen, zu Dämonen des Teufels. Die von ihnen erzeugte Brut war nun eine zweite Art von Dämonen, unsaubere Geister, vom Volke malefici genannt, die ebenfalls dem Teufel angehörten. Das ganze Streben dieser Dämonen und unsauberen Geister geht dahin, Gottes Reich zu zerstören und die Menschen zu schädigen. Zu diesem Zwecke haben sie durch scheinbare Wunder und Orakel den Völkern den Wahn beigebracht, daß sie Götter wären, und haben das Heidentum mit seiner Mythologie und seinem Kultus geschaffen. Auch sind sie die Urheber der Magie, Nekromantik, Haruspicin, der Auguralkunst und Astrologie. Außerdem richten sie in allerlei Weise Verderben an. Doch braucht der Christ ihre Tücke nicht zu fürchten, indem vielmehr der Teufel und dessen Dämonen vor dem Christen fortwährend in Furcht sein müssen[22]. Denn der Christ kann sie nicht allein überall austreiben, sondern er kann sie auch zwingen, ihre Namen zu nennen und zu gestehen, daß sie (als Jupiter, Juno, Merkur etc.) gar keine Götter sind, obschon sie in Tempeln verehrt werden." Denn Paulus hatte erklärt, im Anschluß an Psalm 95, 5, was man den alten Göttern opfere, das opfere man den Dämonen (I. Cor. 10, 20). Er hatte also die Dämonen mit den Göttern der Heiden identifiziert[23].

In derselben Weise und in demselben Sinne reden auch die übrigen Kirchenlehrer des vierten Jahrhunderts über die Dämonen. Alle erkennen in ihnen die Angehörigen des Satans, die Anstifter und Urheber des Heidentums, dessen Gottheiten nichts anderes als Dämonen waren und die geheimen Peiniger der Menschheit. Alle aber erkennen auch an, daß der Christ über das Reich des Satans Gewalt hat, daß er von den Dämonen gefürchtet, gemieden und ver-

22) *Lactanz*, Lib. II. c. 15. — 23) *Hansen*, Zauberei, S. 22.

trieben wird, und daß das Zeichen des Kreuzes und der Name Christi ein ganz sicheres Mittel zur Bewältigung der Dämonen und zur Durchkreuzung ihrer Anschläge ist. Namentlich wurde von allen anerkannt, daß schon in unzähligen Fällen die Haruspicien und andere Opferhandlungen der Heiden durch die Anwesenheit von Christen oder durch den Gebrauch des Kreuzeszeichens vollständig zunichte gemacht worden wären[24].

Unter den Kirchenvätern des nächstfolgenden Jahrhunderts begnügen wir uns damit, allein denjenigen hervorzuheben, der unter den großen Lehrern der vormittelalterlichen Kirche des Abendlandes unbestritten als der größeste dasteht, nämlich den Bischof von Hippo-Regius, Aurelius Augustinus († 430), da er wie kein anderer auf die Entwicklung der Theologie in den nachfolgenden Zeiten eingewirkt hat. Auch in ihm sehen wir einen klassischen Zeugen der Tatsache, daß in der Kirche des vierten und fünften Jahrhunderts eine Dämonenlehre bestand, die nichts anderes als die kirchliche Umgestaltung heidnischen Glaubens und Aberglaubens war, und die diesen in die mittelalterliche Welt hinein fortpflanzte.

Nach Augustin, der aus einem geschulten Philosophen Christ geworden war und in seinem Lebenskampf mit dem dualistischen Manichäismus andauernd Gelegenheit hatte, die Dämonologie zu erörtern[25], bestehen vom Anbeginne der Welt zwei von Gott prädestinierte und durch die Geschichte hindurch sich verwirklichende Reiche. Nämlich die civitas Dei, die alle guten Menschen und Engel, und die civitas Diaboli, die das gesamte Dämonenreich umfaßt. Zu der letzteren gehörte auch die civitas terrena Roms mit dem in ihr herrschenden Kultus der Dämonen. Dieses Dämonenreich, diese civitas Diaboli besteht noch jetzt; aber die Kirche ist ihre Besiegerin[26]. — Die Dämonen sind ihrer Natur nach Wesen,

---

24) *Eusebius,* Histor. eccles. VII. 17 und *Lactanz,* Instit. IV. 27. — 25) *Hansen,* Zauberei, S. 25. — 26) *A. Dorner,* Augustinus, sein theologisches System und seine religionsphilosophische Anschauung, Berl. 1873, S. 97, 299 ff., 313. *Döllinger,* Christentum und Kirche, Regensburg 1868, S. 175. *Roskoff,* I. 106, 212 ff.

die einen Luftkörper (corpus aërium) besitzen, weshalb sie mit einer gar nicht vorstellbaren Sinnesschärfe (acrimonia sensus) und Schnelligkeit der Bewegung (celeritas motus) ausgestattet sind. Hierzu kommt, daß sie bei der langen Dauer ihres Lebens eine Erfahrung gewonnen haben, zu der ein Mensch in seinem so kurzen Leben niemals gelangen kann. Diese natura aërii corporis macht es nun den Dämonen möglich, Künftiges vorhersagen und Wunderbares tun zu können. Indem daher die Menschen in den Dämonen ein übermenschliches Vermögen wahrnahmen, haben sie sie für Götter gehalten und ihnen einen Kultus dargebracht[27]. Dieser Kultus ist das Heidentum. — Die Dämonen besitzen namentlich das Vermögen Krankheiten, Unwetter, Mißernten zu erzeugen[28] und die Gottlosen zu Maleficien (malefacta) anzuregen. Dies tun sie, indem sie in die ihnen infolge ihrer Gottlosigkeit zugänglichen Menschen sowohl im wachenden als im schlafenden Zustand eindringen (was ihnen durch die subtilitas ihrer Luftkörper ermöglicht wird), ohne daß die Betreffenden es merken, — wobei sie ihre Gdanken in die der Menschen einmischen[29].

Dieses sind die Grundgedanken der Dämonenlehre Augustins, mittelst deren er sich mit der ganzen Vorstellungswelt des Heidentums so abfindet, daß ihm die heidnische Mythologie nicht auf Imagination, sondern auf Wirklichkeit und Tatsächlichkeit beruhend erscheint. Die diomedeischen Vögel sind seiner Meinung nach so entstanden, daß die Dämonen die Menschen bei Seite schafften und aus fernen Landen die Vögel an deren Stelle brachten. Wenn nun diese Vögel, von den Dämonen dazu bestimmt, in ihren Schnäbeln, wie man sage, Wasser in den Tempel trügen, den Griechen schmeichelten, Fremde dagegen mißhandelten, so sei das gar nicht zu verwundern, da es das Interesse der Dämonen mit sich bringe, die Welt zu überreden, daß Diomedes ein Gott geworden sei, damit sie nicht aufhöre,

---

27) De divinatione daemonum, Kap. 3. — 28) *Gust. Roskoff*, Geschichte des Teufels, Leipzig 1869. I. Bd. S. 234. — 29) De divinatione, Kap. 5.

falschen Göttern zu dienen[30]. Das ewige Licht in dem Venustempel, dem kein Unwetter etwas anhaben konnte, erkläre sich dadurch, daß ein Dämon unter dem Namen Venus entweder den Eindruck eines brennenden Lichtes hervorbringe oder das Brennen bewirke[31]. Was von der Kirke erzählt werde, das sei zwar an sich unglaublich; allein es gebe noch jetzt glaubhafte Leute genug, die Derartiges in zuverlässigster Weise von anderen als deren Erlebnis hätten berichten hören, oder die Ähnliches selbst erlebt hätten. Während seines Aufenthaltes in Italien will Augustin erfahren haben, daß es dort Gastwirtinnen gegeben habe, die sich auf die Kunst verstanden, die bei ihnen einkehrenden Reisenden mittelst Käse, den sie ihnen zu essen gaben, ganz nach Belieben und Bedarf in Zugtiere und diese nach Erledigung der ihnen auferlegten Arbeit wiederum in Menschen zu verwandeln[32], ein Glaube, der noch heute bei den Südslaven lebt[33]. Daher war Augustin mit dem Gedanken der Tierverwandlung ganz vertraut[34].

Augustin warnt nun nachdrücklichst vor allem Zauberwerk, weil die Magie nur mit Hilfe der Dämonen ausgeübt werden könne; er geißelt den Aberglauben, die Heilungen durch Sprüche und Charaktere, den Gebrauch von Amuletten, die Stellung des Horoskops u. dgl. m. Aber an die Wirklichkeit der Magie zweifelt er nicht. Mit Hilfe der Dämonen können die Gottlosen zukünftige Dinge vorhersagen und verderbliche, den Menschen sonst unmögliche Maleficien ausüben; mit Hilfe der Dämonen können die Gottlosen andere, namentlich auch durch den bösen Blick, schädigen[35] und Erntefelder zu ihrem Vorteil versetzen. Namentlich erkennt er auch an, daß Dämonen, in denen er die Silvani und Fauni der Heiden wiederfindet, als incubi mit Frauen Unzucht treiben können. Augustinus folgt hier-

---

30) De civitate Dei, XVIII, 18. — 31) Ebendas. XXI, 6. — 32) Ebendas. XVIII. 17. — 33) *Friedr. S. Kraus*, Slavische Volksforschungen, Leipzig 1908, S. 52 ff. — 34) *Hansen*, Zauberei, S. 27. — 35) De doctrina christ. II. 10 ff. — Confes. I. 7.

bei der Überlieferung. Denn zur Zeit des Horaz wurde in Rom das nächtliche Alpdrücken einem gespenstigen Wesen, Ephialtes, Incubus, zugeschrieben, das später dem Geschlechte der Faune und Silvani eingeordnet und auf wollüstige Träume übertragen wurde, indem man annahm, daß diese Incubi den Frauen nachstellten[36].

Dabei aber kennt Augustin auch sehr wohl den Trost, den der Christ gegenüber dem Treiben der Dämonen aus dem Evangelium gewinnt. In seiner Schrift de civitate Dei ruft er daher (XVIII. 18) den Gläubigen zu: „Je größer die Gewalt über die irdische Welt ist, die wir den Dämonen verliehen sehen, um so fester laßt uns an dem Erlöser halten, durch den wir uns aus dieser Tiefe nach oben hin erheben sollen."

Indem nun diese Dämonenlehre zurzeit kirchlich anerkanntes Dogma war, so mußte die Stellung der ersten christlichen Kaiser zum Dämonismus, zur Zauberei usw. notwendig die sein, die wir in ihren Gesetzen ausgesprochen finden.

Für sie war die Auffassung der Götter des alten Heidentums als böser Dämonen gegeben. Dazu kam, daß viele geheime Anhänger, die das Heidentum namentlich in den Volksmassen hatte, jetzt nach der Unterdrückung des bisherigen heidnischen Kultus gerade in dem Gebrauche der Zauberei ihre heidnische Religiosität ausübten und befriedigten[37]. Daher begreift sich die enorme Strenge und Härte, mit der die christlichen Kaiser gegen die Zauberei als heidnisches Teufelswerk einschritten[38]. Constantin († 306) befahl, daß jeder Haruspex, der sich in das Haus eines Bürgers rufen lasse, um Haruspicien anzustellen, lebendig verbrannt, das Eigentum des Bürgers konfisziert, die Denunzianten aber belohnt werden sollten[39]. Doch beschränkte

---

36) *W. H. Roscher,* Lexikon der griech. und römischen Mythologie, Leipzig 1890, II. S. 127. — 37) *Eusebius* (Vita Const. Lib. I. 16). — 38) *Henri Charles Lea,* Geschichte der Inquisition im Mittelalter, Bonn 1907, III. Bd. S. 397. — 39) Cod. Inst. IX., Tit. 18, 16, 1 und 2.

ein zwei Jahre später erlassenes milderes Gesetz diese harte Strafe auf diejenigen, die durch magische Künste der Gesundheit anderer zu schaden oder in unschuldigen Gemütern Wollust zu erwecken suchten. Dagegen sollte der Gebrauch magischer Mittel zur Heilung von Krankheit oder zum Schutz der Fluren gegen Wind und Wetter als straflos gelten[40].

Dieses Schwanken Constantins erklärt sich aus seiner inneren Stellung zum Christentum, dem er sich in Wahrheit doch fremd fühlte.

Anders aber war es bei Constantius (317—361), der mit der Magie und dadurch mit dem Heidentum gründlichst aufräumen wollte. In einem der Gesetze klagt er, daß viele Magier vorhanden wären, die mit Hilfe der Dämonen Stürme erregten und andere an Leib und Leben schädigten. Die in Rom eingefangenen Zauberer sollten wilden Tieren vorgeworfen, die in den Provinzen aufgegriffenen gemartert und ihnen, wenn sie beharrlich leugneten, mit eisernen Haken das Fleisch von den Knochen gerissen werden. In diesem Sinne erließ Constantius Gesetze gegen Haruspices, Auguren, Chaldäer, Magier, Totenbeschwörer, Traumdeuter und solche, die gegen die Menschen und die Elemente freveln. Alles Weissagen ohne Ausnahme wird verboten, und selbst Personen aus dem Gefolge des Kaisers, wenn sie beteiligt sind, sollen der Tortur unterworfen werden. Die Furcht vor Komplotten hatte ihren wesentlichen Anteil hieran[41].

Nach dem kurzen Wiederaufleben des Heidentums unter Julian (361—368) ehrte Valentinian I. (364—375) die alten Erinnerungen der Nation und selbst die noch gegenwärtigen Überzeugungen eines großen Teils von ihr, indem er nach seinem allgemeinen Toleranz-Edikt noch in einem besonderen Reskripte erklärte, daß die Kunst der Haruspices an sich mit der Zauberei keinen Zusammenhang habe und nur dann einer Strafe unterliege, wenn man sie zum Schaden anderer

---

40) *Cod. Just.* IX. Tit. 18, 4. — 41) *Gothofred.* ad. Cod. Theodos. lib. IX. tit. 16, 6. Ammianus Marcellinus.

mißbrauche. Freilich wurden der uralte Baumkultus[42], nächtliche Opfer und das mit ihnen so oft verbundene Zauberwesen (magici apparatus) neuerdings verboten[43].

Die von Valentinian gestatteten Übungen mußten aber seit Theodosius (379—395) wieder verschwinden.

Honorius (395—423) behandelte die Sache schon mehr von dem kirchlichen Standpunkt. Er gebot den sogenannten Mathematikern, ihre Bücher vor den Augen der Bischöfe zu verbrennen und unter Verwerfung ihres Irrtums zu den Religionsgebräuchen der katholischen Kirche sich zu verpflichten; wer sich dessen weigerte, sollte aus den Städten verwiesen und im Wiederbetretungsfalle verbannt werden[44].

So schwanken die Bestimmungen mannigfaltig, und die justinianische Sammlung enthält noch kein Gesetz, in dem sich die den christlichen Kirchenlehrern eigentümliche Ansicht von dem Dämonischen der Zauberei vollständig ausspräche. Dies geschieht erst in einer vom Kaiser Leo dem Philosophen erlassenen Verordnung (zwischen 887 und 893). Diese hebt in ihrem Eingange die Inkonsequenz des früheren Gesetzes hervor, das auf Beschädigungen Strafen setze, hingegen den Schutz der Saaten und Weinberge, Heilungen usw. erlaube. Man habe die Erfahrung gemacht, daß alle Zauberübungen (incantamenta, μαγγανεῖαι) den Menschen von Gott entfernen und dem Dienste greulicher Dämonen zuführen. Schaden am Seelenheil sei davon unzertrennlich, und es würden daher alle zauberischen Begehungen ohne Unterschied verboten. Der Übertreter dieses Verbotes soll als Apostat den Tod leiden[45].

Unter den Prozessen gegen Zauberer aus der Zeit der christlichen Kaiser möge hier nur desjenigen gedacht werden, der zu Antiochia unter den Augen des Kaisers Valens

---

42) *C. Bötticher*, Der Baumkultus der Hellenen, Berl. 1856. S. 532. — 43) *Cod. Theodos.* lib. IX. tit. 16, 7 und 9. 21. B. K. 12 ff. 26. B. K. 3 ff. — 44) *Cod. Just.* lib. I. tit. 4 de episcopali audientia. 10. — 45) *Imp. Leon.* Const. nov. LXV.

(364—378) vorging. Auch bei diesem konkurrierte das Majestätsverbrechen.

Mehrere Männer von Bedeutung wurden angeklagt, durch mantische Künste den Namen desjenigen erforscht zu haben, der des Kaisers Nachfolger sein würde. Im Verhöre gestanden sie, mittelst eines Zauberringes, der über einem mit dem Alphabet beschriebenen Becken schwebte, gefunden zu haben, daß ein gewisser Theodorus, ein Jüngling von ausgezeichneten Gaben, dieser Nachfolger sein werde. Wirklich schien hier, einem von Theodorus geschriebenen Briefe zufolge, eine Verschwörung gegen Valens vorzuliegen, und das ganze Orakel mochte nur vorgespiegelt sein, um Anhänger zu gewinnen. Aber das deshalb eingeleitete Verfahren war durchaus formlos und gewaltsam. Tausende von Personen wurden auf die nichtigsten Indizien hin verhaftet, maßlose Folterqualen angewendet, Schuldige und Unschuldige, zum Teil angesehene Staatsbeamte und Philosophen, unter Einziehung ihrer Güter als Teilnehmer oder Mitwisser erdrosselt, enthauptet oder lebendig verbrannt. Hierauf warf man, gleichsam zur Rechtfertigung vor dem über solche Greueltaten aufgebrachten Volke, die Bibliotheken der Hingerichteten ins Feuer; denn sie enthielten, sagte man, nichts als Zauberbücher. Während dieses Prozesses hatten zwei Nichtswürdige, Palladius und Heliodorus, die, als sie selbst wegen Zauberei verhaftet waren, durch Denunziationen den ganzen Prozeß veranlaßt, die unbegrenzte Gunst des Kaisers und bedeutende Reichtümer erschlichen; es lag ihnen jetzt nichts näher, als das Erworbene auf demselben schändlichen Wege zu behaupten. Darum traten die beiden Hofsykophanten stets wieder mit neuen Denunziationen hervor. Sie machten, wie Ammianus Marcellinus sagt, eine förmliche Jagd auf ihre Opfer. Häuser wurden versiegelt, und bei der Versiegelung wurden allerlei Zauberapparate wie Formeln und Liebestränke untergeschoben. Männer und Weiber, Vornehme und Geringe wurden verhaftet, die Folter ruhte nicht, Gü-

ter wurden eingezogen, Menschen verwiesen und enthauptet.
Eunapius vergleicht dieses Morden mit dem Hühnerschlach-
ten bei Festgelagen, und Ammianus versichert, daß damals im Orient jedermann in der Angst seine Bücher verbrannt habe, um nur keinen Stoff zum Argwohn zu bieten. Als Heliodorus starb, zwang Valens die Honora-
tioren, und unter diesen zwei Konsularen, die als Angeklagte nur durch seltene Standhaftigkeit in der Folter dem
Tode entgangen waren, die Leiche zu begleiten. Um aber
die absolute Bodenlosigkeit und Dummheit seines Despo-
tismus zu beurkunden, begnadigte Valens um dieselbe Zeit
den Kriegstribunen Pollentianus unter Belassung seines großen Vermögens und seiner Würde; und doch war dieser
überwiesen und geständig, ein schwangeres Weib geschlachtet zu haben, um mit der ausgeschnittenen Leibesfrucht
nekromantische Befragungen wegen des künftigen Regie-
rungswechsels anzustellen![46]

___

46) *Ammian. Marcellin.* XXIX. 1 u. 2. *Eunap.* vit. philos. et sophist.
p. 62 ed. Boissonade. Amstelod. 1822.

SIEBENTES KAPITEL

DAS MITTELALTER BIS ZUM DREIZEHNTEN JAHR-HUNDERT

Die Dämonenlehre und der auf ihr beruhende Glaube an Zauberei war also von den Kirchenvätern in die Doktrin der Kirche aufgenommen worden. Daher kann es uns nicht wundernehmen, wenn wir auch bei den germanischen Völkern, sobald sie in die Geschichte und in die Kirche eingetreten waren, einem Aberglauben begegnen, der seinen griechisch-römischen Ursprung nicht verleugnen kann.

Den Glauben an das Wettermachen haben wir sowohl im Griechentum wie in Roms frühesten und spätesten Zeiten gefunden; von seiner Fortdauer im Mittelalter geben die sogenannten Leges barbarorum, namentlich die der Westgoten, mehrere Konzilienbeschlüsse und die fränkischen Kapitularien den besten Beweis[1]. Der Gedanke des Herüberlockens fremder Ernten, das schon von dem Dezemviralgesetzen verboten war und von Tibull und Plinius erwähnt wird, trat im neunten Jahrhundert mit solcher Stärke hervor, daß man in Frankreich von einer gefährlichen Zaubergesellschaft träumte, die das Getreide massenweise in Schiffen durch die Luft nach dem Fabellande Magonia führte[2].

Die Tierwandlung, namentlich die Lykanthropie findet festen Glauben. Wilhelm von Malmesbury erzählt eine dem Apulejus nachgebildete Geschichte von der Wandlung eines Menschen in einen Esel. Kardinal Damiani suchte den Papst von ihrer Wahrheit zu überzeugen[3].

---

1) *Lex Visigothorum.* lib. VI. 3. *Concil. Bracar.* v. 563. *Poenitentiale Roman.* bei *Burch. Wormat.* Decr. X. 8. *Capitul. ecclesiast.* Karls d. G. v. 789. *Decretum synodale* Episcoporum v. 799. — *Agobardi* liber contra insulsam vulgi opinionem de grandine et tonitruis, Kap. I. — 2) *Agobard* a. a. O. Kap. II. — 3) *Vincentius Bellovacensis,* Speculum naturale, II. 109.

Die Philtra und das Nestelknüpfen ziehen sich durch das Mittelalter und die neuere Zeit; ebenso die Astrologie, Lekanomantie, Stichomantie, die Augurien aus dem Angange und andre Arten der Mantik, die Wachs- und Bleibilder, durch die man Menschen umbringt, die Faszination durch Lob und durch das böse Auge, die Amulette, Kräuter und Salben, Steine und Ringe, die Galgennägel und Totenglieder, das magische Ungeziefer und eine Menge andrer Dinge, die entweder unverändert oder mit geringen Aenderungen von den Alten herübergenommen wurden. Burkhard von Worms gibt davon in seinem Dekrete eine reiche Sammlung [4].

Von besonderer Wichtigkeit sind uns die Nachtfahrten der Zauberweiber. Zwar ist es bezweifelt worden, daß auch diese auf altklassischem Boden fußen, und noch Jakob Grimm hat ihren Ursprung lieber an das deutsche Altertum geknüpft [5]; nichtsdestoweniger sprechen sehr gewichtvolle Gründe für jene Annahme. Nicht nur ist der Glaube an die Hexenfahrten kein den germanischen Völkern eigentümlicher, sondern seine Grundlagen treten auch bei den Römern in ungleich älterer Zeit hervor, als er sich bei den Deutschen nachweisen läßt, und die Übergänge und Anknüpfungspunkte sind ziemlich deutlich bezeichnet. Daß die Zeit in den Einzelheiten einiges änderte, kann nicht auffallen. Bei den Alten zieht schon Hekate, die Zauberpatronin, mit nächtlichem Spuke umher. Dort ist sie Göttin, den Christen mußte sie zum Dämon werden. Aber auch menschliche Zauberinnen wirken in der Nacht. Wir erinnern uns, wie Canidia zum nächtlichen Zauber schreitet, wie Pamphile bei Apulejus, gleich den späteren Hexen, zur geheimnisvollen Salbenbüchse greift und durch die Luft auf Liebesabenteuer ausschwebt, wie die Strigen geflogen kommen und ohne sichtbare Waffen den Menschen beschädigen, wie sie ihm Mark und Blut, Herz, Leber und

---

4) Decret. lib. X. u. XIX. — 5) Deutsche Mythologie, im Kapitel von der Zauberei.

Nerven rauben und den Defekt mit Stroh füllen, daß der Mensch langsam hinwelkt. Und diese Strigen des römisch-griechischen Heidentums treten, wie sie im Glauben der griechischen Christen fortleben [6], mit unveränderten Namen und Attributen und fast ohne chronologische Unterbrechung auch in den Gesetzen der zum Christentum bekehrten Germanen auf, namentlich bei den salischen Franken. den Langobarden und in Karls des Großen Kapitularien [7]. Insbesondere redet die Lex Rotharis von einem innerlichen Aufzehren (intrinsecus comedere) durch die Strigen, wie dies von Plautus und Petronius angedeutet wird. Das Latein des Mittelalters bildete übrigens die Form Strix oder Striga öfters in Stria um. Mit Strega bezeichnet noch jetzt der Italiener eine Hexe. Dem Herzrauben und Stroheinlegen begegnen wir später wieder bei Burkhard von Worms [8], bei dem Stricker oder einem seiner Zeitgenossen [9] und im Volksglauben der Bayern und Österreicher, wo Frau Berchta mit der langen Nase den faulen Knechten den Leib aufschneidet und wieder mit Häckerling füllt [10]; am beharrlichsten aber scheint gerade in diesem Punkte der serbische Hexenglaube gewesen zu sein.

Eine besonders merkwürdige Stelle über den Glauben an die Nachtfahrten findet sich auch in zwei kirchlichen Rechtsammlungen, in der des Abtes Regino von Prüm und in der hundert Jahre jüngeren des Bischofs Burkhard von Worms (geb. ca. 965, gest. 1025). Diese beiden systematischen Sammlungen des Kirchenrechtes erlangten, wenn sie auch auf deutschem Boden entstanden, durch ihre Aufnahme in die späteren Sammlungen große Bedeutung für die gesamte Kirche. Abt Reginos von Prüm zwei Bücher über die Kirchenzucht, Anweisungen zur Visitation einer Diözese, die um das Jahr 906 in Trier auf Veranlassung des Erzbischofs

6) Als Gelluden. Siehe oben. — 7) *Lex. Sal.* LXVII. 3. *Leg. Rothar.* CCCLXXIX. *Capitul. Caroli M.* de part. Saxon. *Hansen*, Zauberw., S. 58. — 8) Decret. XIX. 5. — 9) *Grimm*, Deutsche Myth, S. 589. — 10) Ebenda. S. 170.

Ratbod ausgearbeitet worden sind, enthalten eine Menge von Bestimmungen gegen Aberglauben. Es sind zum größten Teil die älteren Synodalkanones und päpstlichen Dekretalen. Die eingehenden Erörterungen über die Luftfahrten der Weiber und über die angeblichen Verwandlungen finden sich in dem sog. Kanon Episcopi, der eine wichtige Rolle in der Geschichte des Hexenwesens gespielt hat. Die Mißdeutung der von Regino gewählten Überschrift hat noch Roskoff und Riezler diese Bestimmung auf das Konzil von Ancyra zurückführen lassen. Sie ist aber wahrscheinlich von Regino einem heute verlorenen fränkischen Kapitular entnommen worden[11].

Es wird darin den Bischöfen zur Pflicht gemacht, auf die Ausübung magischer Künste ein wachsames Auge zu haben und die Schuldigen aus der Kirchengemeinschaft auszuschließen. Regino setzt eine siebenjährige Buße auf die malefiziale Anwendung von Tränken, die Unfruchtbarkeit oder Tod herbeiführen oder Liebe bei Mann und Weib erzeugen sollen. Ferner fordert er die Vertreibung jener Frauen aus den Pfarren, die erklären, durch Malefizien und Inkautationen Haß und Liebe erzeugen und Menschen ihr Eigentum rauben zu können. Insbesondere habe man zu achten auf gewisse gottlose Weiber, die, vom Teufel und seinen Dämonen verblendet, sich einbilden und behaupten, daß sie zur Nachtzeit mit der Heidengöttin Diana, mit Herodias und einer Schar andrer Weiber auf gewissen Tieren reiten, große Länderstrecken durchfliegen und in bestimmten Nächten der Befehle ihrer Herrin gewärtig sein müssen. Dieses alles sei heidnischer Unsinn und werde vom bösen Geiste nur ihrer Phantasie vorgegaukelt.

Daß der in diesem Kanon erwähnte Aberglaube dem römisch-christlichen (und nicht dem germanischen) Altertum zuzuteilen ist, kann leicht erwiesen werden. Dafür spricht

---

11) *Hansen*, Zauberwahn S. 79 ff. *Hansen*, Quellen und Untersuchungen zur Gesch. d. Hexenwahns; Bonn 1901, S. 38 ffg. *Friedberg*, Aus deutschen Bußbüchern, Halle 1868, S. 67, S. 87 ff.

Der Werwolf von Onolzbach anno 1685

Georg Jakob Schneider, Nürnberg fec.

nämlich vor allem die Beziehung der fahrenden Weiber zur Diana, in der ihre zauberische Doppelgängerin Hekate nicht leicht zu verkennen ist[12]. Die römische Diana hatte auch nach Deutschland ihren Weg gefunden. Noch im sechsten Jahrhundert zerstörte der Einsiedler Wulfilaich ein Standbild von ihr bei Trier, das von dem heidnischen Landvolke eifrig verehrt wurde[13]. Bei den romanischen Völkern erscheint im Mittelalter an Stelle der Diana oft die Herodias, — der der Teufel für den an dem Täufer begangenen Mord den dritten Teil der Welt geschenkt hatte, und die nun nach Gottes Strafgericht ruhelos umherziehen mußte[14]. Die um sie gescharte Hexengesellschaft wurde auch ludus Dianae, societas Dianae, ludus bonae societatis genannt. Die Teilnahme an dieser Gesellschaft hieß später in Florenz und anderwärts andare in corso, andare alla brigata.

Sodann bezeichnet Burkhard von Worms in einer andern Stelle, die auf den obigen Kanon offenbar Bezug nimmt, in den Nachtweibern unverkennbar die Strigen des römischen Volksglaubens[15]. Es zeigt sich dort der Nachtflug wie bei Apulejus, das Aufzehren von innen wie bei Plautus, Petronius und den auf römischem Grunde eingebürgerten Langobarden, endlich das Stroheinlegen wie ebenfalls bei Petronius. Es könnte nur etwa das Reiten der Hexen neu erscheinen. Aber auch dafür findet sich im klassischen Altertume nicht nur Analoges, wie denn bei Ovid Medea nach Hekates Anrufung in ihrem Drachenwagen über die Berge hinschwebt[16] und Canidia bei Horaz auf des Dichters Schultern rittlings emporzusteigen droht[17], sondern es scheint auch in der Tat die Sache selbst ganz in der bezeichneten Weise den Römern bekannt gewesen zu sein. Wenn nämlich die Lebensbeschreibung des Papstes Damasus, die

---

12) *Catull* 34. *Horaz,* Carm. I. 21, III. 22. *Dr. Georg Wissoma,* Religion und Kultus der Römer, München 1902. S. 202. — 13) *Gregor. Turon.* Hist. Franc. VIII. 15 — 14) *W. Müller,* Geschichte u. System d. altdeutschen Religion, Göttingen 1844 S. 112—113. 15) Decret. lib. XIX 5. 16) Metamorph. VII. 220 ff. — 17) Epod. XVII. 74

man in einem sehr alten Kodex (de vitis Sanctorum) in Sta.
Maria Maggiore zu Rom aufbewahrt, Glauben verdient, so
ist schon auf der römischen Synode im Jahr 367 von Weibern,
die mit der Herodias und andern Weibern auf Tieren zu reiten und weite Reisen zu machen wähnen, die Rede gewesen[18].

Aus diesen Gründen müssen wir daran festhalten daß
der Kanon keinen anderen als römischen Aberglauben be-
spricht. Übrigens scheinen auch für die Annahme der Abfassung des Kanons auf anderem als römischem Boden,
eben weil die Priorität der Sache für die Römer streitet,
durchaus keine nötigenden Gründe zu sprechen. Daß die
Stelle zuerst in deutschen Sammlungen angetroffen wird,
beweist nichts, weil diese Sammlungen Nichtdeutsches in
Menge enthalten. Wenn ferner Burkhard anderwärts ein
Exzerpt aus einem Beichtbuche gibt, das von demselben
Aberglauben redet, aber an Dianas Stelle die deutsche
Holda nennt[19], so haben wir hier ohne Zweifel nur eine
von denjenigen Übertragungen auf germanische Verhältnisse,
deren das weitergreifende Christentum so manche mit sich
brachte. Die Götter sanken eben zu schädigenden Dämonen
herab, mit den Unholden verband sich wieder der kirchliche Begriff des Bösen, den die Germanen nicht kannten[20],
wie dies den Göttern der Griechen und Römer und den
Gottheiten der alten Indier gegangen war[21]. Schon Paulus
hatte erklärt, was man den alten Göttern darbringe, das
opfere man den Dämonen[22].

Und außerdem ist zu beachten, daß Burkhard in seinem
Korrektor den Aberglauben an die drei Schwestern, die
man Parzen nenne, und die auf ihm beruhende divinatorische Magie als einen im Volke üblichen Unfug bezeichnet
und ihn zu strafen befiehlt[23].

---

18) S. die Anmerkungen der römischen Korrektoren zum Kanon Episcopi.
— 19) Decret. XIX. 5. — 20) *Georg Steinhausen*, Geschichte der deutschen Kultur, Leipzig und Wien 1904. S. 70. — 21) *Längin*, Die biblische
Vorstellung vom Teufel, Leipzig 1890. S. 45. — 22) I. Cor. 10, 20. —
23) *Wasserschleben*, Bußordnungen, S. 657 u. 658.

Von den beiden in Frankreich entstandenen Sammlungen des Kirchenrechtes, die wir Ivo von Chartres (†1115) verdanken, sind im achten und elften Buch eingehende Bestimmungen über den Zauberglauben enthalten. Sie fußen zum größten Teil auf Burkhards 10. Buch. Von besonderer Bedeutung ist, daß bei Ivo die Zauberei zum erstenmal auch in den das kirchliche Eherecht behandelnden Bestimmungen erscheint, und zwar wegen jener Impotentia ex maleficio, die bekanntlich einen uralten Bestandteil des Zauberglaubens bildete. Schon Hinkmar, der in St. Denis erzogene Erzbischof von Reims, wurde im Jahre 860 zur gründlichen Erörterung der Frage veranlaßt, „ob die Ansicht vieler richtig sei, daß Frauen durch Malefizien unüberwindlichen Haß und geschlechtliches Unvermögen zwischen Eheleuten und unsägliche Liebe zwischen Männern und Weibern hervorrufen könnten"[24]. Der schmähliche Ehescheidungshandel zwischen König Lothar II. und Teutberga war die Ursache des Gutachtens. Waldrada, Lothars Konkubine, sollte ihn durch Zauberkünste unfähig gemacht haben, die Ehe mit seiner Gattin zu vollziehen. Hinkmar ist vollkommen von der Tatsächlichkeit solcher Vorgänge und ihrer Ausführung durch Verbindung des Menschen mit Teufeln überzeugt. Einer seiner Bischöfe hatte durch kirchliche Mittel einem in dieser Form bezauberten jungen Mann den Verkehr mit seiner Frau ermöglicht[25]. Das Bedürfnis solcher Untersuchungen war durch die seit dem neunten Jahrhundert wieder stärker betonte Unlöslichkeit der Ehe bedingt. Ivo von Chartres übernimmt Hinkmars Ansicht von der durch Maleficium erzeugten Impotenz und erklärt in Übereinstimmung mit Hinkmar, daß eine Ehe, die wegen des mit Erlaubnis des dunkeln, aber niemals ungerechten göttlichen Gerichts und mit Hilfe des Teufels bewirkten Eingreifens von Sortiariae und Maleficae nicht vollzogen werden könne, dann, wenn die kirchlichen Mittel das Hindernis nicht zu beseitigen vermöchten, getrennt

---

24) *Hansen*, S. 88. — 25) *Hansen*, S. 71.

werden, und daß den betreffenden Gatten eine neue Ehe gestattet werden dürfe[26].

Das Angeführte möge genügen, um an einigen wesentlichen Stücken zu zeigen, wie der Aberglaube der heid-

Meister mit dem Vogel: Satyrweib
(Berlin, Kgl. Kupferstich-Kabinett)

nischen Römer und Griechen sich auch auf ihre christlichen Nachkommen und durch diese auf die Christen überhaupt

---

26) *Geffcken*, Zur Geschichte der Ehescheidung vor Gratian, Berlin 1894. S. 68 ff.

vererben konnte[27]. Auch bei den germanischen Völkern
ist allerdings nach ihrer Bekehrung ganz ohne Zweifel ein
guter Rest alter Vorstellungen geblieben. Daß zu diesem
Reste aber auch noch Griechisch-Römisches in Menge aufgenommen werden mußte, liegt teils in dem vielfachen Verkehr mit den Römern selbst, teils in dem großen Einfluß,
den griechische und römische Bildung auf die Gestaltung
des kirchlichen Lehrstoffes ausübte.

Aber neben und mit dem Glauben fanden auch Übungen,
die in ihm Wurzel schlagen, bei den Christen Eingang. Die
Konzilienschlüsse und die Schriften der Kirchenväter liefern
hierfür deutliche Beweise. Es ist hier nicht bloß die Rede
von den zahlreichen Ketzern und Sekten der früheren Zeit,
denen oft dergleichen Dinge vorgeworfen wurden, wie Simon
dem Magier, den Basilidianern, Karpokratianern, Marcioniten, Montanisten, Manichäern und Priscillianisten[28]. Die
Nachrichten über alle diese sind teils so allgemein gehalten, daß man über die Gattung der ihnen vorgeworfenen
Magie im Ungewissen bleibt und nur bei einigen etwa auf
Philtra, astrologischen Aberglauben, Amulette und magische
Ringe schließen darf; teils rühren sie von den Gegnern her
und stimmen mit dem sonst bekannten Lehrsystem der Beteiligten wenig überein. Wir reden hier ganz besonders von
demjenigen, was unter ganz rechtgläubigen Christen selbst
im Schwange war.

Betrachten wir zunächst die Heilkunde.

Bereits seit dem vierten Jahrhundert galt es als eine lächerliche Behauptung, daß die Krankheiten nicht von dämonischer Einwirkung, sondern von Verderbnis der Säfte und
anderen organischen Störungen herrührten[29]. Die Annahme
des Dämonischen in den Krankheiten, von der alle theur-

27) *W. E. Hartpole Lecky,* History of the rise and influence of the spirit
of Rationalism in Europe (3. Aufl. London, 1866), übers. v. *Jolowicz,*
S. 28. — 28) *Tertull.,* De praescript. adv. haeret. cap. 43. — 29) *Sprengel,*
Geschichte der Medizin, Th. II, S. 170. *Troels-Lund,* Gesundheit und
Krankheit in der Anschauung alter Zeiten, Leipzig 1901, S. 59 ff.

gische Therapie ausgeht, läuft rückwärts bis zu den Akkadern, den Urbewohnern Chaldäas. Agobard von Lyon, der alle dämonischen Krankheiten leugnete, steht noch im neunten Jahrhundert hierin ebenso vereinzelt unter seinen Zeitgenossen wie in allen übrigen Erkenntnissen seines klaren Geistes. Darum gebrauchte man selten wirklich arzneiliche Substanzen, und in diesen seltenen Fällen waren es auch nur die im achten oder neunten Jahrhundert entstandenen Rezeptensammlungen, die man zu Rat zog, mißratene Kompilationen grober Empiriker, die ihrerseits wiederum den älteren Plinius ausgebeutet hatten[30]. Desto häufiger behandelte man dafür die Kranken mit Chrisam, Handauflegen, Besprengung mit Weihwasser, Formeln usw. Diese Art liturgischer oder ritualistischer Medizin war frühzeitig zum Monopol des Klerus oder der Mönche geworden[31]. Essenische und neuplatonische Theurgie hat sich mit untergemischt, und selbst die Kunstgriffe der Asklepiaden wurden nicht verschmäht; wer nicht geheilt war, der hatte den Glauben nicht. Solche Mittel ließen sich Theodosius und Justinian gefallen; ja zuweilen traten christliche Kleriker mit solchen Waffen gegen heidnische Zauberer in die Schranken, wie denn der Bischof Maruthas den persischen König Jezderdgerd, der von den Magiern bereits aufgegeben war, mit Gebet und Sprüchen heilte. Mit Gebet und geweihtem Öl bringt der heilige Martin bei Venantius Fortunatus eine Gelähmte, die schon in den letzten Zügen liegt, zu augenblicklicher Genesung[32]; mit Chrisam und Kreuzeszeichen behandeln Hospitius, Eparchius und andere Einsiedler die Taubstummen, Blinden, Blatternkranken und Aussätzigen, und bei Gregor von Tours ist zu lesen, daß die Kranken unmittelbar darauf hörten, sprachen, sahen und rein wurden[33]. Durch den Exorzismus erhoben sich die Geistlichen zu Gebietern der Dämonen; den Reliquien, dem Rosenkranze, dem Agnus Dei legten sie Schutzkräfte bei wie kein Römer jemals einem Phylakterium.

---

30) *Sprengel*, Geschichte der Medizin, Th. II, S. 178. — 31) *Sprengel* a. a. O. S. 150 ff. — 32) Vita S. Martini, lib. I. — 33) *Gregor. Turon.*, Hist. Franc. VI. 6.

SIXTVS V.
PONT. MAX.

Effigiem Sixti quā cernis cādi
Hanc tibi depicta chartula pa

Papst Sixtus V.

Als der Bischof Gregor von Tours († 594) — so erzählt er selbst in seinem zweiten Buche von den Wundern des heiligen Martin[34] — an einer schweren Ruhr darniederlag und alle ärztliche Kunst erfolglos aufgeboten worden war, sandte er einen Diakonus und ließ etwas Staub vom Grabe Martins holen. Daraus mußte der Arzt nach Vorschrift einen Trank bereiten, der Kranke genoß davon, fühlte sich erleichtert und begab sich am selben Tag drei Stunden nach der Anwendung des Mittels vollkommen gesund zum Mahle, fest überzeugt, daß er seine Genesung nur der Kraft des heiligen Staubes verdanke.

Die Verehrung solcher Heilungen stieg bis zu dem Grade, daß sie dem ärztlichen Heilverfahren feindlich entgegentrat und den Gebrauch natürlicher Mittel als strafwürdigen Eingriff in das Gebiet des Göttlichen erscheinen ließ. Wie er selbst bloß um eines frevlerischen Gedankens willen bestraft wurde, erzählt der gläubige Gregor im 60. Kapitel des angeführten Buches. Neunundneunzig Wundertaten des heiligen Martin hatte er bereits beschrieben und sah sich eben nach der hundertsten um, da wurde die linke Seite seines Kopfes plötzlich von so heftigem Schmerze befallen, daß die Adern ungestüm schlugen und die Tränen rannen. Einen Tag und eine Nacht hindurch ertrug er diese Leiden, begab sich dann in die Kathedrale zum Gebete und berührte die kranke Stelle mit dem Vorhange, der das Grab des Heiligen verbarg. Im Augenblick erfolgte Linderung. Nach drei Tagen befiel dasselbe Leiden die rechte Seite, und das gleiche Mittel half zum zweiten Male. Als er aber einige Zeit darauf einen Aderlaß angewandt hatte, da gab ihm drei Tage darnach der Böse, wie er meint, den Gedanken ein, daß sein früherer Kopfschmerz nur vom Blute hergekommen sein möge und ohne Zweifel durch unverzügliche Öffnung einer Ader auf natürlichem Wege eine baldige Abhilfe gefunden haben würde. Aber noch während dieses Gedankens fühlt Gregor seinen ganzen Kopf von dem alten

34) *Löbell*, Gregor v. Tours und seine Zeit. Leipz. 1869.

Schmerze wieder furchtbar zerrissen. Er eilt reuig zur Kirche, fleht um Vergebung, berührt das Haupt mit dem Vorhange und sieht sich in kurzem vollkommen hergestellt.

Das Seitenstück hierzu liefert die Geschichte des Archidiakonus Leonastes zu Bourges[35]. Dieser litt am Star, und kein Arzt vermochte ihm zu helfen. Endlich begab er sich in die Basilika Martins und brachte dort zwei oder drei Monate unter beständigem Fasten und Beten zu. Da wurde ihm an einem Festtage das Augenlicht wiedergegeben. Er eilte nach Hause, bestellte einen jüdischen Arzt und setzte auf dessen Rat zur Vollendung der Kur Schröpfköpfe an den Hals. Nun ereignete es sich aber, daß in demselben Maße, wie das Blut floß, die Blindheit wieder einzog. Voll Scham kehrte Leonastes zur Kirche zurück, betete und fastete wie zuvor, wurde aber der Wiederherstellung nicht gewürdigt. „Jeder Mensch" — schließt Gregor seine Erzählung — „möge aus dieser Begebenheit die Lehre ziehen, daß er, wenn ihm einmal die Wohltat wurde, himmlische Arznei zu erhalten, nicht wieder zu irdischen Künsten seine Zuflucht nehmen solle." Auch der heilige Willibald wurde durch den Besuch der Kreuzkirche in Jerusalem vom Star geheilt[36]. Ebenso war im alten Skandinavien die Heilkunde der Versuch, mit Hilfe der guten Geister die bösen aus dem Leibe des Kranken zu vertreiben, wie dies ja wohl bei den meisten Naturvölkern der Fall ist[37].

So ließ der Geist der Zeit die religiöse Therapie ihre Triumphe feiern über die pharmakologische, daß es scheinen mochte, als wäre die alte Zeit der griechischen Heiltempel jetzt in die christlichen Dome eingezogen, nur glänzender und mächtiger. Glaubten die Alten, durch Beschwörungen, Namen, Bilder und Zeichen Wirkungen, die außer dem Kreise der täglichen Erscheinungen lagen, hervorbringen zu können, so überbot sie der christliche Klerus noch um vieles, und zwar bis in die neueste Zeit herab. In den Exorzismen, schon

35) *Greg. Tur.* Hist. Fr. V. 6. — 36) Vita Willibaldi, Mon. Germ. histor. XIV. 1. — 37) *Karl Weinhold*, Altnordisches Leben. Berlin 1856. S. 384 ff.

in den frühesten Zeiten herübergenommen aus dem Judentum und später mannigfaltig erweitert und verändert, tönen
die Namen Gottes und der heiligen Jungfrau durch alle
Zungen und Synonymen hin; mit ihnen trieb man Teufel
aus, gab dem Wasser die Kraft, im Gottesurteil den Schuldigen, wie man wollte, zu verschlingen oder auszustoßen,
nahm dem Feuer seine Glut, wenn es die Glieder des Unschuldigen berührte, und stählte die Waffen des Kämpen
zum Siege für die gerechte Sache [38]. Aberglauben gegen
Aberglauben stellend, empfehlen noch die Jesuiten Schott
und David gegen Bezauberungen Heiligengebeine, Weihwasser und Agnus Dei. Papst Sixtux IV. erklärte durch eine
Bulle vom 22. März 1471 das Verfertigen und Vergaben
solcher Gotteslämmer für ein ausschließliches Recht des
Papstes. Ihm zufolge erwirkt ihr Berühren außer der Sünden-
vergebung auch Sicherheit gegen Feuersbrunst, Schiffbruch,
Sturm, Gewitter und Hagelschlag [39]. Solche heilige Amulette, wie sie der Jesuit Delrio nennt, hing man später auch
den verstockten Hexen im Verhöre um, und die Gesellschaft
Jesu versichert, daß dann bei Anwendung der Folter alle
vom Teufel geschenkte Unempfindlichkeit gegen den Schmerz
verschwunden sei.

Wie die Priester mit der Divination verfuhren, lehrt eine
naive Erzählung des Bischofs von Chartres, Johannes
von Salisbury († 1181) [40]. Als er die Psalmen lernte, ließ
der Priester, der ihn lehrte, ihn und einen andern Knaben
zuweilen in ein spiegelblankes, mit Chrisma bestrichenes
Becken schauen, um gewisse Aufschlüsse, die andre Personen begehrten, darin zu finden und mitzuteilen. Der
Mitschüler zeigte sich anstellig und redete von allerlei Gestalten in nebelhaften Umrissen; Johann aber sah beim
besten Willen nichts als ein blankes Becken und wurde in der
Folge nicht mehr zugezogen. Wir haben hier ganz die alte
Katoptromantie, nur mit dem Zusatze des geweihten Öles.

---

38) *Dr. Ludw. Zoepf*, Das Heiligen-Leben im 10. Jahrh. Lpzg. 1908. S. 9.
— 39) *Raynald*. Annal. Eccles. ad ann. 1471. — 40) Policraticus I. 28.

Mag es sein, daß Fälle wie der erwähnte mehr vereinzelt und ohne kirchliche Autorität vorkamen; es ist hier aber doch noch eines Gegenstandes zu gedenken, bei dem weder die allgemeine Verbreitung, noch die Genehmigung der höchsten Kirchenlehrer zweifelhaft ist. Es sind dieses die sogenannten Sortes Sanctorum, zuweilen auch Sortes Apostolorum oder Prophetarum genannt. Wie die Griechen ihre Stichomantie aus Homer, die Römer ihre virgilischen Lose hatten, so suchten die Christen Rat in den zufällig aufgeschlagenen Stellen der Bibel. Schon Augustin kennt diese Gewohnheit. Nach seiner Lehre zeigt das Los dem zweifelnden Menschen den göttlichen Willen an; er bezeichnet auch die Sortilegien aus der Bibel als göttliche Orakel, mißbilligt aber, daß man sie in weltlichen Geschäften zu Rate ziehe[41]. In Gallien wurden sie indessen in weltlichen wie geistlichen Dingen bald so allgemein, daß die Konzilien auf Beschränkung denken mußten. Bei Gregor von Tours finden sich Beispiele in Menge.

Als Prinz Merowig, Chilperichs I. Sohn, auf Befehl des Vaters zum Priester geschoren, im Dome zu Tours eine Freistätte gesucht hatte, begab er sich, irre geworden an einem von einer Wahrsagerin erhaltenen Ausspruche, zu dem Grabe des heiligen Martin, legte auf ihn die Psalmen, die Bücher der Könige und die Evangelien und betete zu dem Heiligen, daß er ihm mit Gottes Hilfe offenbaren möge, ob er einst den Thron besteigen werde oder nicht. Nach dreitägigem Fasten trat er abermals zum Grabe, schlug die drei Bücher nacheinander auf und wurde über den Inhalt der gefundenen Stellen so bestürzt, daß er mit seinem Guntram wegzog und sich bald darauf von einem vertrauten Diener mit dem Schwerte durchbohren ließ[42].

Als Prinz Chramnus seinen Vater Chlotar stürzen wollte, ließ auch er sich unter den Augen des heiligen Tetricus zu Dijon von drei Priestern ein Orakel geben[43].

---

41) *Decr. Grat.* P. II. Caus. XXVI. Qu. II, III, IV. — 42) *Greg. Tur.* Hist. Fr. V. 14 u. 19. — 43) *Greg.* H. Fr. V. 16.

Mehr mit Augustins Ansicht von der Heiligkeit der göttlichen Orakel mag der Gebrauch übereinstimmen, den man bei streitigen Bischofswahlen von ihm machte. Durch sie wurde Martin auf den Stuhl von Tours, der heilige Anianus auf den von Orleans erhoben. Aber auch in nicht streitigen Fällen pflegte man bei der Einweihung von Bischöfen und Äbten unter bestimmten Feierlichkeiten die Schrift aufzuschlagen, um, wie man es nannte, dem Neugewählten das Prognostikon zu stellen. Hiervon berichtet als von einer althergebrachten Sitte das Kapitel von Orleans an Alexander III.; gleiches erzählt Wilhelm von Malmesbury von der Einweihung der berühmten Kirchenlehrer Lanfranc und Anselm von Canterbury[44].

Die Entscheidung zweifelhafter Fälle aus Zetteln, die man, mit Ja und Nein oder andern kurzen Antworten beschrieben, unter dem Altartuche hervorzog, ist ebenfalls alt und von den angesehensten Männern ausgeübt worden. Durch sie bestimmt, eilte der heilige Patroklus von Bourges in die Einsamkeit[45], durch sie wurde auch der Leichnam des heiligen Leodegar dem Bischof von Poitiers zugesprochen, als sich die Bischöfe von Autun und Arras darum stritten[46]. Ja, daß man im neunten Jahrhundert in England selbst vor Gericht das Los zum gewöhnlichen Entscheidungsmittel gemacht hatte, beweist ein Verbot, das von Leo IV. an die britische Geistlichkeit erlassen wurde[47].

So trieb man eine Art christlicher Magie mit dem Ritual der Kirche. Das sah auch im 14. Jahrhundert der Kanzler Gerson († 1363) ein und suchte, was er nun einmal nicht abschaffen konnte, wenigstens zum Besten zu kehren.

Betrachten wir nun die Stellung der Kirche zur eigentlichen Zauberei und zum Zauberglauben.

Sobald die Verfolgung der Christen aufhörte und die Kirche zum Frieden gelangte, so daß sie auf Synoden ihre

44) De Pontif. Angl. lib. I. p. 214 u. 219. — 45) *Gregor. Tur.* vita S. Patrocli. — 46) *Baldrici*, Chronicon Camerac. I, 21. — 47) *Gratian. Decret.* P. II. Caus. XXVI. Qu. V. Cap. 7.

Angelegenheiten ordnen konnte, sahen wir sie auch sofort dem Aberglauben und der Zauberei, Wahrsagerei usw. als heidnischem Unwesen eifrigst entgegentreten, wobei freilich anfangs von der Kirche der Glaube an die Möglichkeit wahrer Zauberei und magischer Malefizien nur allzu stark ausgesprochen wurde[48]. Schon die Synode zu Elvira (von 306) verordnete in Kan. 6, daß, wenn jemand durch ein „maleficium" (d. h. durch Zauberkünste) einen anderen töte, er bestraft werden sollte und ihm selbst auf dem Totenbette das Abendmahl nicht gereicht werden dürfe, „weil ein solches Verbrechen ohne Götzendienst (Idololatrie) nicht möglich sei". Ebenso bedrohte die Synode zu Ancyra im Jahr 314 „alle, die wahrsagen und den Gewohnheiten der Heiden folgen oder Leute (Zauberer) in ihr Haus aufnehmen behufs der Entdeckung von Zaubermitteln oder zum Zwecke von Sühnungen", dann die gewöhnlich mit zauberischen Mitteln versuchte Abtreibung der Leibesfrucht mit kanonischen Strafen; worauf die hochwichtige (im Anfange der zweiten Hälfte des vierten Jahrhunderts versammelte) Synode zu Laodicäa im Jahre 375 in Kan. 36 dekretierte, „daß die höheren und niederen Kleriker keine Zauberer, Beschwörer, Mathematiker oder Astrologen sein, noch auch sogen. Amulette tragen und fertigen sollen, die Fesseln für ihre eigenen Seelen sind" — bei Strafe der Exkommunikation. Ähnliche Strafen wie diese Synoden bestimmen die gleichzeitigen kanonischen Briefe vom h. Basilius und vom h. Gregor: Zauberei und die mit Götzendienst verbundene Wahrsagerei wird dem Totschlag gleichgestellt und mit neun bis zwanzig Jahren Buße belegt. Wer Zauberer und Wahrsager in sein Haus nimmt, büßt sechs Jahre[19].

Auch in den folgenden Jahrhunderten sehen wir die Synoden der Kirche dieselbe Stellung zur Zauberei und Wahrsagerei einnehmen, wie auf der Synode zu Elvira, indem sie diese als Überbleibsel des Heidentums (die

48) *Hefeles* Conciliengesch. C. 1—8. — 49) *Schmitz*, Die Bußbücher und die Bußdisziplin der Kirche. Mainz 1883, I. Bd. 42. 44.

meistens sich noch mit Resten heidnischer Kulte in Zusammenhang erhalten hatte) verpönte und verfolgte. So trat das Konzil zu Orles (443 oder 452) der Verehrung von Bäumen, Felsen, Quellen usw. entgegen. Der Gebrauch der Sortes Sanctorum zur Erforschung der Zukunft wurde von der Synode zu Vannes in der Bretagne im Jahr 465 (Kan. 16) den Klerikern und von dem westgotischen Konzil zu Agde in Südgallien im Jahr 506 (Kan. 42) auch den Laien bei Strafe der Exkommunikation untersagt. — Die erste Synode zu Orleans im Jahr 511 verbot (Kan. 30) alle „Wahrsagerei, Augurien und Sortes Sanctorum". — Das Provinzialkonzil zu Elusa (551) bestimmte für Zauberer, wenn sie höheren Ständen angehörten, die Exkommunikation, für Niedere und Sklaven Peitschung durch den Richter, also durch die weltliche Gewalt. Das Provinzialkollegium zu Narbonne ordnete dasselbe an, setzte nur für Freie statt der Prügel Verkauf in die Sklaverei zum Besten der Armen fest[50]. Die zu Konstantinopel gehaltene Synodus quinisexta oder trullanische Synode von 692 verbot in Kan. 61 und 62 die Wahrsagerei, das Nativitätstellen, Wolkenvertreiben, Zaubern, Verteilen von Amuleten und allerlei andere Reste des griechisch-römischen Aberglaubens, die Kalendenfeste, die Bota (zu Ehren des Pan), die Brumalia (zu Ehren des Bacchus), die Versammlungen am 1. März, öffentliche Tänze der Frauen, die Verkleidungen von Männern und Weibern, das Anziehen komischer, satyrischer und tragischer Masken, das Anrufen des Bacchus beim Weinkeltern und dergleichen altheidnische Überlieferungen mehr. — Beschlüsse im ähnlichen Sinne hatten schon vorher die Synoden zu Tours von 567, zu Auxerre von 578 und zu Lenia um 630 gefaßt. Aus dem Jahr 693 liegt ein Beschluß der sechzehnten Synode zu Toledo vor, der es den Bischöfen, Priestern und Richtern zur Pflicht macht, die in Spanien noch immer vorhandenen Reste des Heidentums als: Verehrung von Steinen, Bäumen und Quellen, das Anzünden

---

50) *Hansen*, S. 41 ff.

von Fackeln, Wahrsagerei, Zauberei u. dgl. gänzlich auszurotten. Ebenso untersagte eine römische Synode im Jahr 743, die Kalenden des Januar und die Brumalien (Bacchusfeste am 25. Dezember) nach heidnischem Aberglauben zu begehen.

Daneben regte sich in der Kirche aber auch jetzt schon der Gedanke, daß alle Zauberei nur nichtiger Teufelsspuk sei.

Die zweite spanische Synode zu Braga (Bracara) im Jahr 563, die sich namentlich mit dem Priszillianismus beschäftigte, dekretierte nämlich im Kan. 8: „Wer da glaubt, daß der Teufel, weil er einige Dinge in der Welt hervorgebracht hat, auch aus eigener Macht Donner und Blitz, Gewitter und Dürre mache, wie Priscillian gelehrt, der sei verflucht!"

Unter den Kirchenlehrern des fünften und sechsten Jahrhunderts waren sogar nicht wenige, die vor aller Zauberei, auch vor der, die mit christlichen Formeln und Amuletten getrieben wurde, nachdrücklichst warnten. Dahin gehört z. B. der erleuchtete Patriarch Chrysostomus von Konstantinopel († 407), der gefeiertste Kanzelredner der alten Kirche, der in seinen Predigten und Traktaten zum öfteren den unter den Gliedern der Kirche herrschenden Aberglauben ins Auge faßt. „Du gebrauchst", sagt er z. B. in seiner Schrift ‚von dem Schmuck der Weiber', „nicht nur Amulette, sondern auch Zauberformeln, indem du trunkene und taumelnde alte Weiber in dein Haus einführst. Und du schämst dich nicht bei dem christlichen Unterrichte, den du empfangen, dich zu solchen Dingen zu wenden? Ja, man glaubt sich noch damit zu entschuldigen, daß das Weib eine Christin ist und nichts anderes spricht als den Namen Gottes! Gerade deshalb hasse und verabscheue ich sie um so mehr, weil sie den Namen Gottes schändet und, während sie eine Christin ist, heidnische Werke treibt." An einer andern Stelle (30. Homilie zum Ev. des Matth.) sagt er: „Die Priester hängen dem Menschen Phylakterien um den Hals, einige auch ein Stück des Evangeliums. Sage, du törichter Priester, wird nicht täglich das Evangelium in der Kirche gelesen und gehört?

Wenn nun das Evangelium, das zu seinen Ohren dringt, nicht nützt, wie wird es ihn retten, so es ihm um den Hals

Meister F. V. B. Dämonen quälen den hl. Antonius

gehängt ist? Ferner: worin besteht die Kraft des Evangeliums, im geschriebenen Buchstaben oder im Geiste? Wenn im Buchstaben, dann hänge es füglich um den Hals;

wenn aber im Geiste, dann ist es heilsamer, wenn du es zu Herzen nimmst, als wenn du es um den Hals hängst."

Über die Frage nach den gegen die Zauberei zur Anwendung zu bringenden Strafmitteln konnte die Kirche bei der in ihr feststehenden Auffassung der Zauberei kaum zweifelhaft sein. Sie galt als heidnisches Unwesen; daher konnte die Kirche, wenn kirchliche Belehrung und Warnung erfolglos blieben, gegen Zauberer und Zauberinnen nur mit dem Ausschluß aus ihrer Gemeinschaft vorgehen. In dieser Beziehung gewahren wir in den Beschlüssen der zahlreichen Synoden des fünften, sechsten und siebenten Jahrhunderts die vollste Übereinstimmung.

Dagegen lassen die bürgerlichen Gesetze dieser Periode gegen die Zauberei eine solche Übereinstimmung weniger erkennen. Allerdings war es natürlich, daß sich bei denjenigen germanischen Völkern, die durch die große Wanderung mit den Römern in die nächste Berührung kamen, auch Abhängigkeit von römischem Wesen, insbesondere von den Bestimmungen der christlichen Kaiser, zeigen mußte; aber nach und nach sehen wir das Gesetz der emporstrebenden Völker sich frei machen. So bediente sich der Ostgote Theodorich ganz der in Rom für die Magier bestehenden Strafen, drang aber auf den Schutz der unschuldig Angeklagten[51]. Wer durch Zauberei Felder und Weinberge mit Hagel beschädigte oder einen Menschen krank machte, dem bestimmte das westgotische Gesetz 200 Peitschenhiebe, Abscheren des Haars und Gefängnis oder Verweisung[52]. Wer einen Zauberer zu Hilfe nahm, erlitt ebenfalls körperliche Züchtigung und durfte vor Gericht nicht mehr zeugen[53]; betraf es aber eine Anfrage wegen des Todes des Fürsten oder überhaupt eines Menschen, so fiel der freie Mann noch außerdem mit seinem ganzen Vermögen dem Fiskus anheim[54]. In ähnlicher Weise war auch

---

51) *Cassiodor.* Var. IV. Epist. 12. *Edict. Theodorici Regis* 108. — 52) *Lex Visigoth.* lib. VI. tit. III. — 53) Lib. II. tit. IV. de testibus. Lib. VI. tit. II. 4. — 54) Lib. VI. tit. II. 1.

die Gewohnheit der Richter verpönt, bei ihren Untersuchungen sich zur Ermittlung des Tatbestandes der Hilfe von Wahrsagern zu bedienen[55]. In diesem Gesetz wird der Gedanke durchgeführt: die Wahrheit komme von Gott, die Lüge vom Teufel; man solle die verborgene Wahrheit nicht durch das Prinzip der Lüge aufsuchen. Im bayerischen Gesetzbuche suchte man besonders zwei Arten von Malefizien vorzubeugen: der zauberischen Weihung der Waffen vor dem Wehadinc oder gerichtlichen Zweikampfe und der Bezauberung der Ernte auf einem fremden Acker, die das Gesetz Aranscarti (Ährenscharte) nennt[56]. Die Lex Salica, setzte die Möglichkeit, daß eine Striga einen Menschen aufzehren könne, voraus und bestimmt für den Fall der Überführung eine Geldbuße von 200 Solidi, also die Strafe des Totschlags; eine fast ebenso hohe Strafe stand aber auch auf der falschen Beschuldigung der Teilnahme an zauberischen Handlungen[57]. Bei den Langobarden verordnete Rothars Gesetz für die Beschuldigung der Hurerei und Zauberei die Probe des Zweikampfs und setzte eine Strafe für die Überführten an; es erhebt sich aber schon hoch genug über das salische, um den Glauben, daß eine Striga oder Masca den Menschen innerlich aufzehren könne, für ungereimt und unchristlich zu erklären und jede unerwiesene Beschuldigung oder eigenmächtige Tötung einer angeblichen Striga mit angemessener Strafe zu belegen[58]. Eine spätere Verordnung Liutprands bestraft den, der Wahrsager befragt oder verbergen hilft, auch die Richter, Schultheissen und Dekane, die sich in der Aufspürung lässig zeigen, um die Hälfte ihres eignen Wehrgeldes[59]. Auch sollte es nicht gestattet sein, vor dem Gottesgerichte Chrisma

---

55) Lib. VI. tit. II. — 56) *Lex Bajuvar*. Tit. XII. Cap. 8. *Decreta Tassilonis*. IV. Vgl. *Dufresne*, Glossar. v. Aranscarti. Grimm, Deutsche Mythologie, S. 433. Brunner, Deutsche Rechtsgeschichte, Leipzig 1887 bis 1892. II. 680. — 57) *Lex Sal.* XXI. u. CXCVIII. *Riezler*, Geschichte der Hexenprozesse in Bayern, Stuttgart 1896. S. 12. — 58) *Lex Rotharis* CXCVIII und CCCLXXIX. — 59) *Liutprandi Leg.* LXXXI. und LXXXIII.

zu trinken, um dadurch gegen Recht und Wahrheit sich einen günstigen Ausgang zu bereiten [60].

Wie oft oder selten, wie strenge oder gelind diese Strafbestimmungen zur wirklichen Anwendung gekommen sein mögen, darüber geben die Geschichtsschreiber vor Karl d. G. nur unvollständige Auskunft. Glücklicherweise aber sind wir bezüglich desjenigen Volks, das unter allen europäischen bald die erste Stelle einnehmen sollte, nicht ohne die nötige Auskunft. Was Gregor von Tours in zerstreuten Mitteilungen über den Zustand der Dinge unter den Franken berichtet, läßt eine ganz auffallende Milde und Mäßigung erkennen. Zwar fehlt es nicht an Beschuldigungen der Zauberei, aber sie führen nur dann zu blutigem Ende, wenn das Pelopidenhaus der Merowinger unmittelbar dabei beteiligt ist. Es mögen einige Vorfälle kurz berührt werden.

Als die Königin Fredegund zwei Söhne, die Prinzen Chlodobert und Dagobert, an einer Epidemie verloren hatte, ließ sie sich nicht ungern überreden, ihr verhaßter Stiefsohn Chlodowig habe die Kinder durch die bösen Künste der Mutter seiner Buhlerin aus dem Wege geräumt. Das Weib wurde eingezogen und ließ sich unter den Qualen einer langen Folter ein Geständnis abpressen. Fredegund erhob jetzt ein Rachegeschrei und brachte Chilperich, ihren Gemahl, dahin, daß er seinen Sohn der Wütenden preisgab. Der Prinz fiel unter den Messerstichen gedungener Mörder, das verhaftete Weib aber wurde trotz ihres Widerrufs lebendig verbrannt [61].

Bald darauf raffte die Ruhr einen dritten Sohn Fredegundens hin. Nach diesem Todesfalle äußerte der Majordomus Mummolus gelegentlich bei Tische, als er Gäste hatte, er habe ein Kraut, dessen Absud auch den hoffnungslosesten Ruhrkranken in kurzer Zeit wiederherstellen könne. Fredegund erfährt dies, greift etliche Weiber auf und zwingt sie durch die Folter zu dem Geständnisse, daß

---

60) Hierauf bezieht sich auch bei *Burkh.* XIX.: Bibisti chrisma ad subvertendum Dei judicium. — 61) *Greg. v. Tours*, Hist. Fr. V. 40.

sie den Prinzen durch Zauberkünste für das Wohlergehen des Majordomus hingeopfert haben. Sie werden teils verbrannt, teils gerädert; die Reihe der Tortur kommt nun an Mummolus. Doch dieser bekennt nichts, ausgenommen, daß er von jenen Weibern zuweilen Salben und Getränke erhalten habe, die dazu dienen sollten, ihm die Gnade des Königs und der Königin zu erwerben. Von der Folter herabgenommen, sagt er zum Büttel: „Melde dem König, meinem Herrn, daß ich nichts Übles empfinde von dem, was man mir zugefügt hat." Da sprach Chilperich: „Muß denn dieser Mensch nicht ein Zauberer sein, wenn ihm alle diese Strafen nicht wehe getan haben?" Und Mummolus wird von neuem gegeißelt und soll, nachdem man ihm Pflöcke unter die Nägel getrieben hat, enthauptet werden; doch die Königin verfügt endlich seine Begnadigung und verweist ihn nach Bordeaux. Mummolus aber starb auf der Reise an den Folgen der erlittenen Peinigung[62].

Bei den Karolingern vertrieben 830 die Söhne Kaiser Ludwigs des Frommen aus seiner ersten Ehe die im Kaiserpalast befindlichen Sortilegae, Wahrsager und Zauberer, um deren dämonischen Einfluß auf den Herrscher zu vernichten[63].

König Lothar I. ließ im Jahre 834 die Nonne Gerberga, Tochter des Grafen Wilhelm von Toulouse, als Malefica und Veneficia ertränken[64].

Ein weiterer Fall ereignete sich in Bayern. Gelegentlich des Regensburger Reichstages von 899 wurde König Arnulf von einem Schlaganfall getroffen, dem er erlag. Es entstand der Glaube, daß der im kräftigsten Mannesalter stehende König durch ein ihm beigebrachtes Mittel verzaubert worden sei. Ein dieser Tat verdächtiger Mann wurde zu Öttingen enthauptet, ein anderer entfloh. Einer Frau, namens Rudpurg, die als Urheberin des Verbrechens galt, wurde das Geständnis abgefoltert und sie dann zu Aibling in Oberbayern an den Galgen geknüpft[65].

---

62) Hist. Fr. VI. 35. — 63) *Ernst Dümmler*, Gesch. des ostfränkischen Reiches. Leipzig 1886—1888. I. Bd. S. 57. — 64) *Hansen*, Zauberei, S. 115. — 65) *Dümmler*, II. 461.

Schon die Verschiedenheit in den Bestrafungen würde hinlänglich dartun, daß mehr nach der Laune der Machthaber, als nach gesetzlichen Bestimmungen verfahren wurde; wir werden aber um so mehr mit der fränkischen Praxis ausgesöhnt werden, wenn wir den vereinzelten Ausbrüchen merowingischer Grausamkeit das milde Verfahren der geistlichen Behörden entgegenhalten.

Eine Leibeigene in der Diözese von Verdun hatte sich aufs Wahrsagen gelegt. War irgendwo ein Diebstahl begangen worden, so gab sie den Täter, den Hehler und das Schicksal des gestohlenen Gegenstandes an. Sie erwarb sich dadurch ihre Freilassung, Gold und Silber in Menge und zog in kostbarem Schmucke umher. Der Bischof Agerich, dem sie vorgeführt wurde, behandelte sie als Besessene, versuchte den Teufel durch Salbungen auszutreiben, brachte ihn auch zu lautem Aufschreien. Da er aber doch nicht weichen wollte, ließ er das Mädchen in Frieden ziehen[66].

Ein andermal erschien zu Tours ein gewisser Desiderius, der sich großer Wundergaben rühmte und mit den Aposteln Petrus und Paulus einen Botenwechsel zu unterhalten vorgab. Blinde und Lahme strömten zu ihm; er ließ sie durch seine Diener an Armen und Beinen zerren und recken, daß etliche unter der Kur den Geist aufgaben. Öffentlich erschien er in einem Gewande von Ziegenhaaren und war enthaltsam in Speise und Trank, in seinem Zimmer aber schlang er mit so großer Gier, daß der Diener kaum genug herbeischaffen konnte. Obgleich man nun die Überzeugung hatte, daß dieser Mann durch teuflische Nekromantie seine Kuren betreibe, so begnügte man sich doch mit einfacher Verweisung aus dem Weichbilde der Stadt[67].

Die angeführten Züge charakterisieren hinlänglich den Geist, der schon vor Karl d. G. bei den Franken im Kirchenregimente waltete. Die Zeit war arm an Einsicht in den einfachsten Zusammenhang der Dinge und darum geneigt, in allem einigermaßen Auffallenden, was sich ihrem

66) *Greg. v. Tours*, Hist. Fr. VII. 44. — 67) Hist. Fr. IX. 6.

Blicke darbot, Wunder zu erkennen; aber dem Wunderglauben, der dem rohen Menschen natürlich ist, wohnte, eben weil er damals aus dem Volksgeiste selbst hervorging und nicht erst durch künstliche Mittel geschaffen und erhalten wurde, etwas Harmloses inne. Je weniger die Kirche ihre geheimnisvollen Heilwirkungen durch Zweifel und Unglauben bestritten sah, desto weniger bedurfte sie für sie eines Reliefs durch den Gegensatz diabolischer Greueltaten. Der Klerus, damals noch nicht zu ungemessener Machtausdehnung emporstrebend, war desto tätiger in seinem beschränkteren Kreise und achtete es für christlicher, durch Lehre und gemäßigte Zuchtmittel den Fehlenden noch für diese Welt zu bessern, als den sterblichen Körper den Flammen zu überliefern. Dieser gesunde Sinn, der sich auch in den Verfügungen der gallischen Konzilien vielfach ausspricht, mag wohl beachtet werden, wenn bei der Würdigung des merowingischen Zeitalters die ihm allerdings nicht ohne Grund vorgeworfenen Gebrechen über Gebühr hervortreten wollen.

Die entschiedenste Stellung zum überlieferten Zauberglauben nahm aber das Frankenreich unter der Herrschaft der Karolinger ein, indem in dieser Periode der deutsche Geist — der damals gegen den byzantinischen Bilderdienst die kräftigste Opposition machte — nicht nur die Reinigung der Kirche und des Volkslebens von allem Zauberwerk mit der größten Energie anstrebte, sondern auch mit dem Zauberglauben selbst ein für allemal brechen zu wollen schien.

Das am 21. April 742 unter Karlmann versammelte erste deutsche Nationalkonzil, gewöhnlich Concilium Germanicum genannt[68], befahl in Kan. 5: „Jeder Bischof soll in seiner Parochie mit Beihilfe des Grafen, der Schützer seiner Kirche ist, darauf bedacht sein, daß das Volk keine heidnischen Gebräuche mehr beobachte, als da sind: heidnische Toten-

---

68) *Engelb. Mühlbacher*, Deutsche Geschichte unter den Karolingern. Stuttgart 1896. S. 49.

opfer, Losdeuterei, Wahrsagerei, Amulette, Augurien, heidnische Opfer, welche die Toren oft neben den christlichen Kirchen den Märtyrern und Bekennern darbringen, oder die sakrilegischen Feuer, die sie ,Nodfyr' nennen." Karlmann bekräftigte diesen Synodalbeschluß noch einmal im März 743 auf einer Versammlung zu Lestines (Liptinae) im Hennegau. Auf die Beobachtung heidnischer Gebräuche wurde hier im Anschluß an eine Bestimmung von Karlmanns Vater eine Strafe von 15 Solidi gesetzt[69].

Karl der Große wiederholte diese Bestimmungen[70], ging aber in seiner Auffassung der Zauberei — und die Kirche des Frankenreiches mit ihm — noch weiter. Er bestätigte nämlich den Beschluß, den die im Jahr 785 zu Paderborn versammelte Synode in Kan. 6 aufgestellt hatte: „Wer vom Teufel verblendet nach Weise der Heiden glaubt, es sei jemand eine Hexe und fresse Menschen, und diese Person deshalb verbrennt oder ihr Fleisch durch andere essen läßt, der soll mit dem Tode bestraft werden." Allerdings bestimmt er dann wieder im sächsischen Kapitular (etwa 787), daß alle Wahrsager und Zauberer der Kirche als Sklaven zu übergeben seien. Mit dem Tode sollte bestraft werden, wer dem Teufel, d. h. einer heidnischen Gottheit, opferte[71].

Nach dem Synodalbeschluß von 785 wird also mit dem Tode nicht die Zauberei, sondern der Glaube an sie bedroht. Daß aber diese Stellung der fränkischen Kirche zum überlieferten Zauberglauben nicht auf der Autorität des großen Kaisers beruhte, sondern in dem Geiste des fränkischen Staats- und Kirchenwesens begründet war, wird durch die Äußerungen des angesehensten und hervorragendsten Geistlichen bewiesen, den die fränkische Kirche unmittelbar nach Karls Tode aufzuweisen hatte.

Agobard, aus Spanien gebürtig, von 816 bis zu seinem Tode (840) Erzbischof von Lyon — unter den Geistlichen

---

69) *Hansen*, S. 63. — 70) *Carol. M. Capitul.* ann. 769, c. 7. — 71) *Hansen*, S. 64.

110

des fränkischen Reiches nach Karl d. G. Tode unstreitig der hervorragendste — war (trotz der Beschlüsse des Nizäner Konzils von 787), wie aus seiner Schrift de imaginibus zu ersehen ist, der entschiedenste Bekämpfer des Bilderdienstes (indem die Bilder der Gotteshäuser wohl zur Erinnerung, nicht aber zur Verehrung dienen sollten), der Ordalien (insbesondere der gerichtlichen Zweikämpfe) und des Aberglaubens jeder Art [72]. Aus einer Schrift Agobards (um 820) Liber contra insulsam vulgi opinionem de grandine et tonitruis ersieht man, daß damals der Hexenglaube als Glaube an Wettermacherei bestand. Gegen diesen Wahn hebt nun Agobard hervor, daß Gott nicht nur der Schöpfer, sondern auch der Lenker aller Dinge sei, daß alle Naturereignisse ihren Grund in der göttlichen Weltregierung, nicht aber in menschlichem Bemühen hätten, und daß darum alles, was man über angebliche „tempestarii" sage, die das Getreide stehlen und in Luftschiffen nach Mangonia zum Verkauf bringen sollten, nur Torheit sei. Namentlich beklagt er die Verblendung des Pöbels, der einst vier Unglückliche aufgriff und steinigen wollte, weil er glaubte, daß sie aus den mangonischen Wolkenschiffen herabgefallen wären. Aus der genannten Schrift ersieht man auch, daß damals viele Personen zwar Zehnten und Almosen an Geistliche und Arme nur ungern gaben, dagegen unter dem Namen eines Kanons eine Getreideabgabe an Betrüger entrichteten, die sich die Miene zu geben wußten, als vermöchten sie die Fluren vor den Einflüssen des Wetters zu schützen. „So weit", sagt Agobard am Schlusse des Schriftchens, „ist es mit der Dummheit der armseligen Menschen gekommen, daß man jetzt unter den Christen an Albernheiten glaubt, die in früheren Zeiten niemals ein Heide sich aufbinden ließ."

In demselben Sinne schrieb Agobards Schüler und (seit 840) Nachfolger im Erzbistum zu Lyon, Amolo, an den Bischof Theutbold von Langres, daß man Reliquien, durch deren Berührung nach des letzteren Mitteilung Weiber

---

72) *H. B. Schindler*, Der Aberglaube des Mittelalters, Breslau 1858, S. 47.

und andere Personen von Zuckungen befallen worden wären, außerhalb der Kirche begraben sollte, damit der Aberglaube nicht genährt werde[73]. Das Poenitentiale von St. Gallen aus dem 8. Jahrhundert bestimmt: „Ein Zauberer und Wettermacher (inmissor tempestatis) soll fünf Jahre Buße tun, davon drei bei Wasser und Brot. Wer am ersten Januar mit einem Böcklein oder einem alten Weibe spazieren gegangen ist, soll drei Jahre Buße tun." Mit der zauberischen Vereitelung der Niederkunft einer Frau beschäftigen sich Bußbücher aus dem 7., 8. und 9. Jahrhundert.[74]

Zur Kennzeichnung der Stellung der Kirche in der nachkarolingischen Zeit, im 10., 11. u. 12. Jahrhundert, zur Hexerei kommt vor allem der berühmte sogenannte Kanon Episcopi in Betracht, den Abt Regino von Prüm, wahrscheinlich einem heute verloren gegangenen fränkischen Kapitular entnommen hat[75]. Er ist der klassische Kanon über die eigentliche Stellung der Kirche jener Jahrhunderte zum Hexenglauben.

In diesem für die Kirchengeschichte so bedeutungsvollen Kanon wird den Bischöfen zur Pflicht gemacht, den Glauben an die Möglichkeit von Nachtfahrten zu und mit Dämonen als bare Einbildung in ihren Diözesen und Gemeinden energisch zu bekämpfen und die ihm Ergebenen als Frevler am Glauben aus der Kirchengemeinschaft auszuschließen. Der Kanon leugnet den Glauben an die Nachtfahrten, aber damit keineswegs den an die Möglichkeit dämonischer Zauberei. Denn darin erhob sich die Kirche nicht über den Wahn der Menge[76]. — Die Hauptstelle des Kanons lautet: „Es gibt verbrecherische Weibsleute, die, durch die Vorspiegelungen und Einflüsterungen des Satans verführt, glauben und bekennen, daß sie zur Nachtzeit mit der heidnischen Göttin Diana oder der Herodias[77]

---

73) Magna Bibl. T. XIV. f. 324. — 74) *Graf P. Hoensbroech*, Das Papsttum in seiner sozial-kulturellen Wirksamkeit, Leipzig 1901, I. Bd., 3. Aufl. S. 275 ff. — 75) *Hansen*, Quellen und Untersuchungen zur Geschichte des Hexenwahns und der Hexenverfolgungen im Mittelalter, Bonn 1901, S. 38. — 76) *Hansen*, S 81 ff. — 77) *Grimm*, Mythologie, I. 234 ff.

und einer unzählbaren Menge von Frauen auf gewissen Tieren reiten, über vieler Herren Länder heimlich und in aller Stille hinwegeilen, der Diana als ihrer Herrin gehorchen und in bestimmten Nächten zu ihrem Dienste sich aufbieten lassen. Leider haben nun diese Weibsleute ihre Unheil bringende Verkehrtheit nicht für sich behalten; vielmehr hat eine zahllose Menge, getäuscht durch die falsche Meinung, daß diese Dinge wahr seien, vom rechten Glauben sich abgewendet und der heidnischen Irrlehre sich hingegeben, indem sie annimmt, daß es außer Gott noch eine übermenschliche Macht gebe. Daher sind die Priester verpflichtet, den ihnen anvertrauten Gemeinden von der Kanzel herab nachdrücklichst einzuschärfen, daß alles dieses durchaus falsch und Blendwerk sei, das nicht vom Geiste Gottes, sondern von dem des Bösen herrühre. Der Satan nämlich, der sich in die Gestalt eines Engels verkleiden könne, wenn er sich irgendeines Weibleins bemächtige, so unterjoche er sie, indem er sie zum Abfall vom Glauben bringe, nehme dann sofort die Gestalt verschiedener Personen an und treibe mit ihnen im Schlafe sein Spiel, indem er ihnen fernab bald heitere, bald traurige Dinge, bald bekannte, bald unbekannte Personen vorführe. Dabei bilde sich dann der ungläubige Sinn des Menschen ein, während der Geist dieses erleide, daß dieses doch nicht in der Vorstellung, sondern in Wirklichkeit geschehe. Wer aber (heißt es weiter) ist nicht im Traume so aus sich herausgefahren, daß er vieles zu sehen geglaubt hat, was er in wachem Zustande niemals gesehen hat? Und wer sollte so borniert und töricht sein, daß er glaube, alles das, was nur subjektives Erlebnis ist, habe auch objektive Wirklichkeit? Ezechiel hat Gott nur im Geiste und nicht mit dem Körper geschaut. Es ist daher allen Leuten laut zu verkündigen, daß derjenige, der dergleichen Dinge glaubt, den Glauben verloren hat. Wer aber den wahren Glauben nicht hat, der gehört nicht Gott, sondern dem Teufel an" [78].

78) In seinen Hauptteilen lautet der Kanon: Episcopi episcoporumque

Der Bischof Burkard von Worms († 1025) nahm diesen Kanon in sein Sammelwerk auf. Er schließt sich als neunzehntes Buch dem Dekretum, als der sogenannte Korrektor oder Medikus an das ganze Werk an, der wichtigsten vorgratianischen Rechtssammlung der Kirche. Es enthält eine Reihe von Fragen, durch die ermittelt werden sollte, ob

---

ministri omnibus viribus elaborare studeant, ut perniciosam et a diabolo inventam sortilegam et maleficam artem penitus ex parochiis suis eradant, et si aliquem virum aut feminam huiuscemodi sceleris sectatorem invenerint, turpiter dehonestatum de parochiis suis eiiciant. — Illud etiam non omittendum, quod quaedam sceleratae mulieres — daemonum illusionibus et phantasmatibus seductae, credunt se et profitentur nocturnis horis cum Diana, paganorum dea (vel cum Herodiade), et innummera multitudine mulierum equitare super quasdam bestias et multa terrarum spatia intempestae noctis silentio pertransire, eiusque iussionibus velut domino obedire, et certis noctibus ad eius servitium evocari. — Innumera multitudo hac falsa opinione decepta haec vera esse credit, et credendo a recta fide deviat et in errorem paganorum revolvitur, cum aliquid divinitatis aut numinis extra unum Deum esse arbitratur. Quapropter sacerdotes per ecclesias sibi commissas populo omni instantia praedicare debent, ut noverint, haec omnino falsa esse, et non a divino sed a maligno spiritu talia phantasmata mentibus infidelium irrogari, siquidem ipse Satanas, — cum mentem cuiuscunque mulierculae ceperit et hanc sibi per infidelitatem — subiugaverit, illico transformat se in diversarum species personarum species atque similitudines, et mentem, quam captivam tenet, in somnis deludens, modo laeta, modo tristia, modo cognitas, modo incognitas personas ostendens, per devia quaeque deducit, et cum solus eius spiritus hoc patitur, infidelis mens haec non in animo, sed in corpore evenire opinatur. Quis enim non in somnis et nocturnis visionibus extra se ipsum educitur et multa videt dormiendo, quae nunquam viderat vigilando? Quis vero tam stultus et hebes sit, qui haec omnia, quae in solo spiritu fiunt, etiam in corpore accidere arbitretur? Cum Ezechiel propheta visiones domini in spiritu, non in corpore vidit et Johannes apostolus Apocalypsis sacramentum in spiritu, non in corpore vidit et audivit? — Omnibus itaque publice adnuntiandum est, quod, qui talia et his similia credit, fidem perdidit, et, qui fidem rectam in deo non habet, hic non est eius, sed illius, in quem credit, i. e. diaboli. — Quisquis ergo aliquid credit posse fieri, aut aliquam creaturam in melius aut in deterius immutari aut transformari in aliam speciem vel similitudinem, nisi ab ipso creatore, qui omnia fecit et per quem omnia facta sunt, procul dubio infidelis est.

die Leute etwa an die Wirklichkeit der Hexerei glaubten, wobei zugleich von ihm die Strafen angegeben werden, mit denen dieser Aberglaube gesühnt werden soll[79]. Ob der Korrektor von Burkard stammt oder von ihm schon fertig vorgefunden nur seiner Sammlung einverleibt wurde, ist für uns belanglos. Seine Bedeutung ist für die Geschichte der Hexenprozesse darin begründet, „daß er uns über die Fälle der in Deutschland um das Jahr 1000 verbreiteten Wahnvorstellungen und die ausgebreitete Tätigkeit von Zauberern und Wahrsagern vortrefflich unterrichtet," ferner, „daß er von allen zeitgenössischen Schriften den aufgeklärtesten Standpunkt einnimmt" [80]. Allerdings glaubt auch der Verfasser an die Realität einzelner zauberischer Wirkungen, aber eine ganze Anzahl von Wirkungen stellt er doch als Wahn hin und setzt Strafen auf den Glauben an sie. Vielleicht ist dies der Grund, daß gerade dieser Teil des Burkard'schen Dekrets, das eine Hauptquelle des Kirchenrechtes geblieben ist, hiervon allein ausgeschlossen wurde. Bußordnungen wie die Burkards wurden von den Bischöfen durch das ganze Mittelalter hin aufgestellt. In allen finden sich Fragen vor, die sich auf den Glauben an Zauberei und Hexerei beziehen, und bei denen zugleich die kanonische Bestrafung dieses Aberglaubens angegeben wird [79].

Der Glaube an die Nachtfahrten der Hexen galt also in der Kirche im Anfange und noch in der Mitte des Mittelalters als ein nichtiges Hirngespinnst, als eine vom Teufel herrührende Illusion, mit der der Teufel aber nur diejenigen berücken konnte, die sich in ihren Herzen von Gott ab- und dem Teufel zuwendeten, und die eben darum strafbar wären. Daneben kamen in der Kirche allerlei Zauberversuche vor, die als Überbleibsel des alten Heidentums angesehen wurden. Genau dem entsprechend richtete nun die Kirche ihr Strafverfahren gegen Zauberei und Hexerei ein.

---

79) *Schmitz*, Bußbücher II. 393. *Hansen*, Quellen, S. 39. *Hansen*, Zauberwahn, S. 83. — 80) *Hansen*, S. 83.

Noch immer galt die Handhabung der Kirchenzucht, eventuell die Exkommunikation als das eigentliche Strafmittel gegen Zauberei. In diesem Sinne sprechen sich alle Synoden jener Zeit aus. Sie verfügen meistens Pönitenzen von vierzig Tagen bis zu sieben Jahren, wobei es aus lokalen und zeitigen Verhältnissen zu erklären sein mag, daß dieselbe Sache bald strenger, bald milder genommen wird. Der Gedanke einer kriminalrechtlichen Verfolgung abergläubischer Übungen war der Kirche ganz fremd.

Die Synode zu Reisbach-Freisingen von 799 dekretierte im Kanon 15: „Zauberer, Zauberinnen etc. sollen eingekerkert und durch den Archipresbyter womöglich zum Geständnis gebracht werden; aber am Leben darf ihnen nichts geschehen[81].

Dieses war die schärfste Synodalverfügung aus dieser Zeit. Daß die Strafe für Geistliche schärfer sein sollte als für Laien, kann nur als angemessen erscheinen; aber auch hierin war nicht ein Jahrhundert dem andern gleich. Während das vierte Konzil von Toledo (633) den Kleriker, der Magier befragt, ohne weiteres mit Absetzung und lebenslänglicher Klosterhaft bedroht[82], bestrafte Papst Alexander III. († 1181) einen Priester, der, um gestohlenes Kirchengut zu entdecken, bei einem Wahrsager in ein Astrolabium gesehen hatte, nur mit ein- bis zweijähriger Suspension, indem der an sich gute Wille dabei in Anschlag gebracht wurde[82].

Niemals ist es aber in der langen Periode vom Untergange des weströmischen Reiches bis zur Einführung der delegierten Inquisition vorgekommen, daß die Kirche den weltlichen Arm zu blutiger Verfolgung der Zauberei angerufen hätte; wohl sind dagegen Päpste und Synoden zum öfteren der barbarischen Strenge, mit der die Staatsgewalt hin und wieder die Zauberei verfolgte, entgegengetreten. Der Papst Nikolaus I. (858 bis 867) z. B., „einer der klügsten

81) *Riezler*, S. 27, *Hansen* 66. — 82) Decret. Gregor. Lib. X, T. XXI. de sortilegiis, cap. 3.

und kühnsten Priester, die je die Welt gesehen", erklärte sich in einem Schreiben an den Bulgarenfürsten nachdrücklichst gegen den Gebrauch der Folter, die man unter den Bulgaren gegen die des Diebstahls Beschuldigten anzuwenden pflegte. Ein solches Verfahren, schrieb er ihm, sei gegen alles göttliche und menschliche Gesetz. „Und wenn ihr nun durch alle von euch angewandten Strafen kein Bekenntnis von dem Angeklagten erpressen könnt, schämt ihr euch nicht dann wenigstens, und erkennt ihr dann nicht, wie gottlos ihr richtet? Gleicherweise, wenn einer durch die Marter dazu gebracht worden, sich dessen schuldig zu bekennen, was er nicht begangen, wird dann nicht die Schuld auf den fallen, der ihn zu einem solchen lügenhaften Bekenntnisse zwingt? Verabscheut also von ganzem Herzen, was ihr bisher in eurem Unverstande zu tun pflegtet!"[83]. — In demselben Sinne forderte Gregor VII., der gewaltige Hierarch, den König von Dänemark auf, es zu verhindern, daß in seinem Lande bei eintretenden Unwettern und Seuchen unschuldige Frauen als Zauberinnen, als Urheberinnen solchen Unglücks verfolgt würden[84].

Auch von seiten der weltlichen Gewalten kam übrigens ein peinliches oder blutiges Einschreiten gegen Zauberei nur recht selten vor. In der Lex Salica, dem um das Jahr 500 verfaßten fränkischen Rechtsbuch, wird derjenige, der ein Malefizium ausübt, indem er einen andern durch einen Gifttrunk tötet, als Mörder behandelt. Kann er das Wergeld nicht zahlen, so soll er auf dem Scheiterhaufen sterben. Das ostgotische Edikt Theodorichs (ca. 500) droht den Zauberern niederer Herkunft die Todesstrafe an. Im alamannischen Volksrecht (um 600) tritt deutlich hervor, daß das Volk eigenmächtig Weiber, die ihm als Zauberinnen (herbariae) verdächtig waren, dem Feuertod überantwortete, daß aber die Obrigkeit dieses Vorgehen scharf zu kontrollieren suchte[85]. Die Nachricht in den sogen. Annalen von

83) *Neander*, Allgem. Gesch. der christl. Religion u. Kirche, 3. Aufl. B. II. S. 170. — 84) *Neander*, ebendas. S. 380. — 85) *Hansen*, S. 55 ff.

Corvey, daß im Jahr 914 in Westfalen viele Hexen verbrannt worden seien, ist zweifellos eine Fälschung des 1753 gestorbenen Falcke[86].

Sehr vereinzelt stehen historisch beglaubigte Beispiele von Hinrichtungen da, wie dasjenige, das sich nach Lambert von Aschaffenburg im Jahr 1075 zu Köln zutrug. Eine Frau wurde von der Stadtmauer herabgestürzt, weil sie im Rufe stand, durch Zauberkünste den Verstand der Menschen verwirren (dementare) zu können[87]. In Aquitanien war 1028 vor den Mauern der Stadt Angoulême eine Frau verbrannt worden, die man beschuldigt hatte, dem Grafen Wilhelm von Angoulême eine verzehrende Krankheit angehext zu haben[88]. Um etwa die nämliche Zeit soll der spanische König Ramiro I. von Aragon (1035—1067) Zauberer dem Feuertod überantwortet haben.

In Vötting, am Fuße des Weihenstephaner Berges in Bayern, übte 1090 das Volk Lynchjustiz an drei der Zauberei verschrienen Weibern und verbrannte sie am Strande der Isar[89]. Im Jahre 1128 wurde in Flandern von den Dienern des Grafen Dietrich vom Elsaß ein Weib verbrannt, das den Grafen „an Herz und Eingeweiden" geschädigt haben sollte.

In demselben Jahre töteten Genter Bürger eine Zauberin und trugen ihren Magen rund durch die Stadt. Um 1190 wurde in Beauvais eine Zauberin auf Grund ordentlichen Urteils durch den Bischof und die städtische Obrigkeit auf einem Scheiterhaufen vor den Toren der Stadt verbrannt[90]. Auch in den Gesetzen Heinrichs I. von England blieb vorausgesetzt, daß durch einen Zauber, den man in vultu nannte, d. h. durch Verfertigung eines Bildes von Wachs oder Lehm (das man durchstach etc.) ein Mord begangen werden könnte[91].

---

86) Grimm, Mythologie, II. 892, Jos. v. Görres, Die christl. Mystik, Regensb. 1836—42, III. 63.—87) Lamb. Schafnab. p. 208 (Ausg. v. Krause, S. 136). — 88) Hansen, S. 117. — 89) Riezler, S. 29. — 90) Hansen, S. 119. — 91) Joh. v. Salisbury, Policr. I. 11.

Vollkommen klar liegen die damaligen Verhältnisse im Königreich Ungarn vor.

In der Gesetzgebung des Königs Stephan I. von Ungarn (997—1038) wird nämlich zwischen Hexerei und Wahrsagerei einerseits und Zauberei andererseits unterschieden. Der Zauberer — der veneficus aut maleficus —, der Menschen an Leib oder Leben schädigt, begeht ein bürgerliches Verbrechen und soll darum dem Geschädigten oder dessen Angehörigen zu beliebiger Behandlung übergeben werden. Dagegen galt die Hexerei als Dämonendienst und als rein kirchliches Vergehen. Daher bestimmt das Decretum Sancti Stephani (L. II. c. 31), daß, wenn man eine Hexe finde, sie in die Kirche geführt und dem Geistlichen empfohlen werden solle, der sie zum Fasten und zur Erlernung des Glaubens anhalten werde; nach dem Fasten möge sie nach Hause gehen. Werde sie zum anderenmal über demselben Vergehen ergriffen, so solle sie wieder fasten, darauf aber mit dem glühend gemachten Kirchenschlüssel auf der Brust, an der Stirn und zwischen den Schultern in Kreuzesform gebrandmarkt werden. Bei dem dritten Betretungsfall dagegen möge man sie dem weltlichen Gericht übergeben. Wer Wahrsagerei treibe (sortilegio utentes, ut faciunt incinere et his similibus), solle vom Bischof mit Geißelhieben auf den rechten Weg zurückgebracht werden.

Im wesentlichen hielten diesen Standpunkt für die Auffassung der Sache auch König Ladislaus der Heilige (1077—1095), der (im S. Ladislai Decretum I. 34) die Hexerei auf eine Linie mit der Hurerei stellte, und König Kolomann (1095—1114) fest, der (im Decretum Colomanni Regis I. 57) alle Zauberer dem Archidiakonus und dem Kreisgrafen zur Bestrafung zuweist, dagegen bezüglich der Hexen sagt: „Über die Hexen, die es nicht gibt, soll keine Untersuchung angestellt werden"[92].

Im griechischen Kaiserreiche freilich sah es anders aus.

---

92) *F. Müller*, Beitr. zur Gesch. des Hexenprozesses in Siebenbürgen, Braunschweig 1854, S. 9.

Am Hofe von Byzanz, dem elenden Hofe der Grünen und der Blauen, der Bilderstürmer und Säulenheiligen, der Regenten mit geblendeten Augen und der Kriegsmänner mit Kaftan und Stock, der schreibenden Prinzessinnen und der disputierenden Kaiser, — an diesem Hofe sah man die notwendigen Konsequenzen der Gesetze Konstantins und seiner Nachfolger in grausiger Wirklichkeit hervortreten.

Einige Beispiele von Verfolgung angeblicher Zauberer gibt Nicetas Choniata im Leben des Manuel Komnenus (Lib. IV. Cap. 6. ed. Bekker). Der Protostrator Alexius wurde unter solcher Anklage von dem habsüchtigen Kaiser seiner Güter beraubt und ins Kloster gesteckt. Der Dolmetscher Aaron Isaacius, der Legionen von bösen Geistern zu seinem Dienste zitieren können sollte, wurde geblendet und später noch von Isaak Angelus mit Abschneiden der Zunge bestraft. Die Strafe der Blendung erlitten auch Sklerus Seth und Michael Sicidites, jener wegen Liebeszauber, den er durch eine Pfirsich verübt, dieser wegen seiner dämonischen Verwandlungskünste, durch die er einst in einem mit Töpfen beladenen Nachen eine ungeheuere Schlange erscheinen ließ, so daß der Eigentümer in der Angst der Selbstverteidigung seine sämtliche Ware zerschlug. Auch der Kaiser Theodor Laskaris, der seine Krankheit der Bezauberung zuschrieb, stellte Verfolgungen an, bei denen er sich der Feuerprobe bediente.

Im Abendlande dagegen waren die drakonischen Gesetze der christlich - römischen Kaiser längst vergessen. Staat und Kirche hatten sich hier zu ernster aber menschlicher Gegenwirkung gegen den althergebrachten Unfug des Zauberwesens vereinigt, und erleuchtete Kirchenlehrer konnten es kühnlich aussprechen, daß der Glaube an die Wirklichkeit der Hexerei Sünde wäre, die von der Kirche bestraft werde.

In Wahrheit lag aber im Glauben, Denken und Leben der Christenheit während der drei ersten Jahrhunderte des zweiten Jahrtausends ein tiefgehender Gegensatz vor, aus dem neben den frohesten Hoffnungen für die Zukunft der abendländischen Völker auch Gespenster auftauchten, die Schreckliches ahnen ließen.

Jene Zeit war eine Epoche der Rohheit und Finsternis für das christliche Abendland. Die sparsamen Lichtstrahlen, die für Mathematik, Naturkunde und Medizin aus dem muhammedanischen Südwesten herüberblitzten, fanden selten dankbare Aufnahme. Sie verblüfften und schreckten durch ihre Unbegreiflichkeit die dumme Volksmasse, störten den Klerus aus seiner gewohnten Trägheit auf, bedrohten sein Ansehen und selbst sein Einkommen. War er bisher in fast ausschließlichem Besitze eines eigentümlichen Heilverfahrens gewesen, so erfuhr man jetzt durch einige Wißbegierige, die bei den Arabern und Juden Spaniens gelernt hatten, von Hippokrates und Galen, Aristoteles und Maimonides, Dschaffar, Ebn Sina und Averroes, und die neue Kunde schien die ganze bisherige Mönchsgelehrsamkeit aus dem Sattel zu heben. Darum gebot der eigene Vorteil, die unwillkommenen Lehren als unchristlich und magisch zu verdächtigen; aber die Wahrheit wußte dennoch ihren Weg zu finden. Gerbert, in Sevilla und Cordova gebildet, wegen seiner mathematischen und physikalischen Kenntnisse als Schwarzkünstler verschrien, bestieg nichtsdestoweniger als Sylvester II. im Jahr 999 den päpstlichen Stuhl und arbeitete mit seinem Freunde Otto III. rüstig für das Emporkommen der Wissenschaft. Konstantinus Afrikanus, der getaufte Jude, bei den Arabern in Kairo mit medizinischen Kenntnissen bereichert, nach seiner Heimkehr ebenfalls verfolgt, fand freudige Aufnahme bei den aufgeklärten Mönchen von Monte-Cassino, wo er dem Abendlande griechische und arabische Schriftsteller durch Übersetzungen zugänglich machte und zur Hebung der neuen Arzneischule von Salerno nicht wenig beitrug. Freilich war es schade, daß aus der arabischen Medizin sich auch das astrologische Element herüberschlich und von den Christen nachgerade eifriger gepflegt wurde, als selbst das System der arabischen Ärzte gestattete[93]; aber magischer wurde darum die christliche Medizin nicht, als sie in ihrer früheren theurgisch-rituellen Behandlungsweise gewesen war. — Auch gegen Gregor VII. und alle seine Vorgänger bis zu Sylvester II. hinauf ist das Geschrei der Zauberei erhoben worden. Es war ein Notschrei des schismatischen Kardinals Benno, der seiner Partei einen Stuhl durch Verleumdung zu erwerben gedachte, den der Sohn des Zimmermanns aus Saona durch böse Kunst bestiegen haben sollte.

Es standen sich eben damals in der Kirche geistvolle, angesehene Männer von ganz entgegengesetzter Geistes-richtung gegenüber, von denen die einen es als ihre Auf-gabe ansahen, das Leben und Denken des Volkes von dem Dämonen- und Hexenglauben frei zu machen, wäh-rend die anderen die Vertretung dieses Wahns als ihre kirchliche Pflicht betrachteten.

Johannes von Salisbury, Bischof von Chartres (1120 bis 1180), der, wenigstens in bezug auf die Nachtfahrten, der einreißenden Finsternis gleichsam den letzten Damm ent-gegenzusetzen suchte, sagt in seinem 1156—1159 verfaßten „Policraticus"[94]: „Manche behaupten, daß die sogenannte Nachtfrau oder die Herodias nächtliche Beratungen und Versammlungen berufe, daß man dabei schmause, allerlei Dienste verrichte und bald nach Verdienst zur Strafe ge-zogen, bald zu lohnendem Ruhme erhöht werde. Außerdem meinen sie, daß hierbei Säuglinge den Lamien beigegeben und bald in Stücke zerrissen und gierig verschlungen, bald von der Vorsitzerin begnadigt und in ihre Wiegen zurückgebracht werden. Wer wäre so blind, um nicht zu sehen, daß dieses eine boshafte Täuschung der Dämonen ist? Dies geht ja schon daraus hervor, daß die Leute, denen dieses begegnet, arme Weiber und einfältige, glau-bensschwache Männer sind. Wenn aber einer, der an solcher Verblendung leidet, von jemandem bündig und mit Beweisen überführt wird, so wird augenblicklich der böse

93) *Sprengel*, Gesch. der Med. Th. II , S. 413. — 94) *Colon.* 1622 II. 17.

Geist überwunden oder weicht von dannen. Das beste Heilmittel gegen solche Krankheit ist, daß man sich recht fest an den Glauben hält, jenen Lügen kein Gehör gibt

Der hl. Thomas von Aquin
Nach dem Gemälde im Karmelitenkloster zu Viterbo

und solche jammervollen Torheiten in keiner Weise der Aufmerksamkeit würdigt.“

In ähnlichem Sinne sprachen sich auch viele andere erleuchtete Kirchenmänner im zwölften und sogar auch im dreizehnten Jahrhundert aus. Aber derjenige Scholastiker, der unter allen Kirchenlehrern des dreizehnten Jahrhunderts unbestritten als der angesehenste hervorragte, Thomas von Aquino († 1274), den Johann XXII. im Jahr 1323 unter die Heiligen erhob, und den Pius V. im Jahr 1567 zum Doctor ecclesiae proklamierte, verkündete, daß es ein Irrtum sei, wenn man den Dämonenglauben aus Illusionen, und die Malefizien aus dem Unglauben herleiten wolle, indem es wirklich ein unter dem Teufel als seinem Oberhaupte stehendes Dämonenreich gebe, und daß der Teufel und dessen Dämonen mit göttlicher Zulassung die Macht besäßen, böse Wetter zu machen, Eheleute an der Ausübung der Geschlechtsgemeinschaft zu hindern und den Menschen sonst noch in allerlei Weise Schaden zuzufügen. Es gibt keinen theologischen Schriftsteller, der größeres Ansehen innerhalb des Ultramontanismus besitzt, als Thomas von Aquin. Er ist „Kirchenlehrer" und „Kirchenvater", er ist der „englische Lehrer" (doctor angelicus), der „Fürst der Theologen" (princeps theologorum), den eine Enzyklika Leos XIII. als den Lehrer für die gesamte Philosophie und Theologie erklärt. Er, der „princeps et magister omnium" hat „der Sonne gleich den Erdkreis mit dem Glanze seiner Lehre erfüllt". Sein Hauptwerk, die „Summa" wird für würdig gehalten, mit den kanonischen Büchern auf dem Altare aufgelegt zu werden.

Thomas hat die schon von dem Byzantiner Psellus[95] ausgesprochene Annahme von dem Incubus und dem Succubus zu einer neuen Theorie ausgebildet. Sie lautet: „Wenn aus dem Beischlaf der Teufel mit Menschen Kinder geboren werden, so sind sie nicht entstanden aus dem Samen des Teufels oder des von ihm angenommenen menschlichen Leibes, sondern aus dem Samen, den der Teufel sich dazu von einem andern Menschen verschafft hat. Derselbe Teufel, der sich als Weib mit einem Manne geschlechtlich vergeht, kann sich auch als Mann mit einem Weibe geschlechtlich vergehen[96]."

Kalt und grausig blickte es aus dieser Doktrin des

95) *Riezler*, S. 42.; s. a. *J. A. Endres*, Thomas von Aquin. Mainz 1910. — 96) *Hoensbroech*, I. S. 221 ff.

großen Kirchenlehrers der abendländischen Menschheit ins Angesicht. Denn schloß sich diese Dämonenlehre mit dem im Volke heimischen Aberglauben zusammen, so war die Möglichkeit gegeben, daß dem Zauberspuk von der Kirche

Der Irrtum aus Mißverstand der Wahrheit und des Zwecks der Erdichtung.

Kupfer von Dan. Chodowiecki aus Basedows Elementarwerk (1774).

volle Wirklichkeit zuerkannt wurde, und daß sich aus jener Lehre der ganze Dämonismus des Heidentums als Wahn von einem in der Kirche bestehenden Reiche des Satans erhob, gegen den dann alle christlichen Gewalten, vor allem die Kirche, zu einem Vernichtungskampf von Gott verpflichtet erscheinen konnten.

ACHTES KAPITEL

DAS KETZERWESEN IN DER KIRCHE BIS ZUM DREIZEHNTEN JAHRHUNDERT

Mit dem dreizehnten Jahrhundert haben wir einen Wendepunkt in der Geschichte des Zauberwesens erreicht. Es beginnt eine kurze Periode des Übergangs, die mit einer überraschenden Erscheinung endigt. An ihrem Schlusse sehen wir den bisher von der Kirche in seiner Realität oft bekämpften Zauberglauben kirchlich geboten und den Zweifel an dieser Realität als Ketzerei hingestellt. Der Umfang der Zauberei hat sich erweitert, ihr Charakter ist ein anderer geworden. Es handelt sich nicht mehr um Beschädigungen von Menschen, Tieren und Fluren, Liebeszauber, Luftfahrten, geheimnisvolle Heilungen, Sortilegien und Wettermachen als einzelne, untereinander unverbundene Künste: vielmehr sammeln sich alle diese Begehungen und noch andere, neu hinzutretende von nun an als Radien um einen gemeinschaftlichen Mittelpunkt, der nichts anders ist als ein vollendeter Teufelskultus.

Das ausdrückliche oder stillschweigende Bündnis mit dem Satan, die ihm dargebrachte obszöne Huldigung und Anbetung, die fleischliche Vermischung mit ihm und seinen Dämonen, die Lossagung von Gott, die förmliche Verleugnung des christlichen Glaubens, die Schändung des Kreuzes und der Sakramente, — dieses alles ist wesentliches Attribut der neueren Zauberei und stellt sie scheußlicher hin als alles, was die alte Zeit jemals unter diesem Namen begriffen hat.

Jetzt erhebt die Kirche das Panier einer blutigen Verfolgung, und das bürgerliche Gesetz trägt ihr eine Zeitlang das Schwert vor, um dieses zuletzt selbständig zu führen. Was früher neben der Magie den verfolgten Sekten vorgeworfen worden war, wie z. B. abscheuliche Einweihungszeremonien, Kindermord, Unzucht — das wurde jetzt in den Begriff der Zauberei mit hereingezogen. Man ließ jetzt die Zauberei in der öffentlichen Meinung als die praktische Seite der Ketzerei hervortreten und erhob sie selbst zur Häresie.

Das Vorbild der Anklagen, die man gegen die Ketzer erhob, können wir nämlich im wesentlichen in dem finden, was einst Minucius Felix seinen Cäcilius, als Repräsentanten der heidnischen Volksmeinung, gegen die christlichen Urgemeinden sagen ließ. Die Christen erscheinen dort als eine verworfene, verzweifelte und lichtscheue Rotte, zusammengesetzt aus verdorbenem Gesindel und leichtgläubigen Weibern, die gegen das Göttliche wütet, gegen das Wohl der Menschen sich verschwört und der Welt Verderben droht. Sie genießen in ihren nächtlichen Versammlungen unmenschliche Speise, verachten die Tempel, speien die Götter an und verspotten die heiligen Gebräuche; ihr eigner Kult ist nicht Gottesdienst, sondern Ruchlosigkeit. Sie erkennen sich an geheimen Zeichen, nennen sich untereinander Brüder und Schwestern und entweihen diesen heiligen Namen durch unzüchtige Gemeinschaft[1]. Sie beten einen Eselskopf an, oder wie andere behaupten, die Genitalien ihres Oberpriesters. Vor allem abscheulich ist die Aufnahme in ihre Gesellschaft. Ein Kind, mit Mehl überdeckt, wird dem Aufzunehmenden vorgesetzt. Dieser muß wiederholt in das Mehl stechen. Er tötet das Kind; das fließende Blut wird von den Christen gierig aufgeleckt, die Glieder des Kindes werden zerrissen, und so wird durch dieses Menschenopfer ein Pfand hergestellt, das der Gesellschaft die Verschwiegenheit der einzelnen verbürgt. Am Festtage versammeln sich alle mit ihren Schwestern, Müttern und Kindern zum gemeinschaftlichen Mahle. Wenn bei diesem durch unmäßiges Essen und Trinken die Wollust gereizt ist, so wird einem an das Lampengestell festgebundenen Hunde

---

1) *Th. Mommsen*, Der Religionsfrevel nach römischem Recht. (Histor. Zeitschrift, Jahrg. 64 S. 394. *Hansen*, Zauberwahn S. 226 ff.

ein Bissen hingeworfen, den er nicht erreichen kann, ohne durch Zerren und Springen das Gestell umzuwerfen. Sind nun auf diese Weise die Lichter erloschen, so gibt sich die Gesellschaft der abscheulichsten Unzucht hin.

Ein ganz auf dasselbe hinauslaufendes Gemisch von Anschuldigungen stellte sich nun die Kirche bezüglich der in ihr hervortretenden Ketzer und Sekten zusammen.

An der Spitze des Ketzerkatalogs erschien seit Irenäus[2] als Erzketzer und Erzzauberer Simon Magus, der eben darum auch als der Erstgeborene des Satans galt[3]. Seine Anhänger sollen, wie Irenäus sagt, mit Liebeszaubern, Familiargeistern und dem Bewirken von Träumen umgegangen sein. Mit Simon Magus und seinem Schüler brachte man früh die ganze heidnische Gnosis in Zusammenhang, deren phantastische Lehren und geheimnisvollen Kulte und Übungen zu den seltsamsten Verdächtigungen Anlaß gaben. Von den Ophiten berichtete Origenes[4], daß sie bei der Abendmahlsfeier eine gezähmte Schlange gebrauchten, in der sie den Teufel verehrten. Das Wunderlichste aber erzählt man sich von dem Schüler des Gnostikers Valentinian, Marcus, dessen Anhänger Marcosier genannt wurden. Irenäus legt ihm einen Dämon Paredros als Spiritus familiaris bei, mit dessen Hilfe er allen möglichen Zauberspuk getrieben haben soll. Namentlich wird gesagt, daß er seine Anhänger, meistens Weiber, durch Zauberei gewonnen habe. Bei der Abendmahlsfeier verwandelte er den weißen Wein in drei Glasbechern in roten, violetten und blauen Wein und goß den Inhalt des weit kleineren Bechers in einen viel größeren, und zwar so, daß dieser dennoch überlief. Die Weiber, die diese Magie mitansahen und sich durch sie gewinnen ließen, betrachtete Marcus als sein Eigentum, indem sie ihm zur Befriedigung seiner Lüste dienen und ihm alles Eigentum überlassen mußten. Überdies rühmten sich die Marcosier, daß sie sich unsichtbar machen könnten[5].

---

2) *Irenäus* adv. haer. 1, 20. *Eusebius*, H, E. II. 13.– 3) *Ignatius* ad Trall.– 4) Contra Celsum, VI. 28.— 5) *Irenäus*, adv. haer. I. 8 u. 9; *Epiphanius*, Haeres. XXXIV. 1.

Über Lehre und Leben der Marcosier und einzelner anderer gnostischer Sekten liegen allerdings nur wenige zuverlässige und sichere Nachrichten vor. Von einer anderen, gleichzeitigen Sekte, nämlich von der der Montanisten, wissen wir auf das sicherste, daß in ihr die rigoroseste Sittenstrenge waltete; gleichwohl wurden gerade ihnen die entsetzlichsten Greuel nachgesagt. Sie sollten alljährlich ein Kind schlachten oder wenigstens am ganzen Körper mit ehernen Nadeln durchstechen und das abgezapfte Blut unter Mehl kneten, um daraus das Abendmahlsbrot zu bereiten. Außerdem wurden die Montanisten, weil sie sich des Besitzes einer ekstatischen Prophetin rühmten, als vom Teufel Besessene verschrien[6].

Begreiflich dagegen ist es, daß das manichäische Lehrsystem, — dieses glühend prächtige Natur- und Weltgedicht, wie man es genannt hat, — bei seinem streng dualistischen Aufriß als die Brutstätte einer spezi.isch ketzerischen Dämonenlehre gelten konnte. Man sagte von den Manichäern, daß sie Amulette und Zauberformeln gebrauchten, daß sie allerlei böse Wetter machen könnten, und daß in ihren Versammlungen ein geheimnisvoller, blasser Mann erscheine, — nach der Meinung der einen der Häresiarch, nach der anderer der Teufel[7]. — So ziemlich in demselben Rufe standen auch die Priscillianisten in Spanien (um 400), deren System ein Gemisch gnostisch-manichäischer Gedanken war. Namentlich sollten sie böse Wetter, Sturm und Hagel mit Hilfe des Teufels zu bewerkstelligen versuchen[8]. — Im Geruche eines eigentlichen Satansdienstes, durch den sie sich gegen des Teufels Tücke schützen wollten, standen die Messalianer (im vierten Jahrhundert), sowie späterhin, ums Jahr 1000, auch die Bogomilen. Unter den ersteren (griechisch auch „Fuchiten" genannt), wollte man sogar eine Fraktion von „Satanianern" entdeckt haben, — die jedoch nie bestanden hat[9].

---

6) *Euseb.* H. E. V. 16 ff.; *Epiphan.* Haer. XLVIII. 14. —7) *Epiphan.* Haer. LXVI. 13. 21, 88.—8) Concil. Braccar. c. 9 u. 10. Vgl auch *Orosii* Consult. de erroribus Priscillianistarum —9) „Messalianer" in Herzogs theol. Realenzyklopädie, B. 9.

Die Häresie

Kupfer von Anton Eisenhut

Es erhellt hieraus, daß die Stellung der öffentlichen
Meinung der Kirche zu den im Orient und in Griechenland auftauchenden Häresien zu allen Zeiten dieselbe war.
Auch in den späteren Jahrhunderten traute man den Sekten
ganz dasselbe zu, was man schon im zweiten Jahrhundert

Caspar Reverdinus. Das jüngste Gericht
Berlin, Kgl. Kupferstichkabinett

von ihnen erzählt hatte. Aber eine Tatsache war dabei
vorgekommen, derengleichen die Kirche vordem noch
nicht gesehen, auch nicht für möglich gehalten hatte:
Priscillian war im Jahre 385 zu Trier hingerichtet worden.
Das war das erstemal, daß ein Christ wegen Ketzerei am

131

Leben gestraft wurde. Ein Schrei des Entsetzens ging damals durch die Kirche. Der Bischof Ambrosius von Mailand donnerte in sie hinein. Allein die Tatsache lag doch vor, daß wegen Ketzerei — mit der der Verdacht der Zauberei immer verbunden war — ein Christ am Leben bestraft werden konnte.

Übrigens trat die Häresie im Abendlande während des ganzen ersten Jahrtausends der Kirche nur in einzelnen sporadischen und vorübergehenden Erscheinungen auf. Anders aber wurde der Stand der Dinge, als das erste Jahrtausend der Kirche abgelaufen war.

Als sein Schluß herannahte, war die ganze abendländische Christenheit voll banger Erwartung des bevorstehenden Endes der Welt. Was die Apokalypse von dem tausendjährigen Reiche Christi auf Erden verkündet hatte, das wurde auf die bestehende Kirche bezogen. Unzählige, die sich um ihr ewiges Seelenheil Sorge machten, haben damals mit ausdrücklicher Hinweisung auf das herannahende Ende aller Dinge ihr Hab und Gut der Kirche geschenkt. Aber die gefürchtete Wende der Zeiten ging vorüber, und alles war geblieben wie es gewesen war. Der Gedanke an das Ende dieser Welt schwand daher sofort, und fester und immer fester richtete sich der Blick aller kirchlich Gläubigen auf die sichtbare Ordnung, die Gott angeblich für seine Kirche auf Erden aufgerichtet hatte. Die Hingabe an die Autorität der Kirche, an die Hierarchie, an das Papsttum galt nun allgemein als Bedingung alles Heiles. Denn mit derselben Gewißheit, mit der man vorher das Ende aller Dinge erwartet hatte, glaubte man jetzt an den unvergänglichen Bestand der Ordnung, die man nur im Reiche Gottes auf Erden sah.

Aber es gab auch unzählige Gemüter, es gab ganze Massen, die durch den ungeheuren Ernst dessen, was sie geglaubt und erwartet und durch die gewaltige Enttäuschung, die sie erlebt hatten, in ganz anderer Weise gestimmt wurden. Nach ihrer Meinung war die Zeit der

Kirche, des hierarchischen Kirchen- und Christentums nun zu Ende gegangen, weshalb sie, der Kirche den Rücken kehrend, nun in voller Unabhängigkeit von ihr über die ewigen Grundprobleme aller Religiosität selbständig zu denken und sich zu ganz neuen Religionsgenossenschaften zu einigen begannen. Es war die Idee einer völligen Neugründung des Reiches Gottes, der diese Kreise beschäftigte; und zwar geschah dieses so, daß ihnen dabei der Gedanke an das Bestehen eines gottfeindlichen Reiches des Satans, zu dem Gottes Reich im schroffsten Gegensatze stehen müsse, vorschwebte. Je schroffer aber der Gegensatz war, an den man dachte, um so stärker, gewaltiger und umfänglicher hob sich in den Gedanken dieser Kreise die Idee der satanischen Macht und ihres Reiches hervor. Es gestaltete sich in ihnen eine geradezu dualistische Weltanschauung, die den Satan als ewiges Wesen wie Gott betrachtete, und die — ganz gnostizierend — das Alte Testament mit seinem Jehovahkult und die ganze äußere Kirche dem Reiche des Teufels zuwies. Denn in beiden war allerlei Unreines gehegt und gepflegt worden, während in dem Reiche Gottes nur reines Leben vorhanden sein darf.[10]

So entstand vom Anfange des elften Jahrhunderts an von den verschiedensten Punkten aus, ähnlich wie im zweiten Jahrhundert die Gnosis, die Sekte der „Reinen" (καθαροί) oder das Katharertum, das noch im Laufe des Jahrhunderts alle romanischen Völker, auch die Dalmatiens und der umliegenden Lande, durchdrang und selbst nach Deutschland hin Eingang fand. Das Katharertum rang bald der Kirche ganze Gebiete ab, hatte einen eigenen aus Bischöfen und Diakonen bestehenden Klerus, zahlreiche Diözesen, trat auf Synoden zusammen und zog fort und fort immer zahlreichere Massen — auch aus dem Adel und der Geistlichkeit — an sich.

Es begreift sich, daß die Hierarchie die gegen sie her-

---

10) *H. C. Lea*, Geschichte der Inquisition im Mittelalter, I. Bd. Bonn 1905. S. 98 ff.

aufziehende Gefahr nicht gleichgültig lassen konnte. Der grimmige Haß, der sich in den Herzen der Katholiken gegen die Neuerer ansammelte, machte sich daher zunächst in allerlei Schimpfnamen Luft, mit denen man sie bezeichnete. Man nannte sie Bougres (Bulgaren, d. h. Bogomilen = liederliche Menschen), Poblicants (Verstümmelung von Pauliciani im Sinne von Publicani = Zöllner und Sünder), Albigenser (von dem katharischen Bistum zu Alby in Südfrankreich), Patarener (nach dem Revier der Lumpensammler zu Mailand, Patavia), am gewöhnlichsten aber Manichäer. Bald waren aber auch über ihre Sitten, über ihr Treiben bei ihren gottesdienstlichen Versammlungen die boshaftesten und ungeheuerlichsten Gerüchte in Umlauf gesetzt[11], und rasch nahm daher die Verfolgung der Ketzer ihren Anfang, wobei es sich zeigte, daß der Gedanke, Ketzer müßten ausgerottet, am Leben gestraft, verbrannt werden, der Kirche und den ihr dienstbaren weltlichen Machthabern nicht mehr fremd war.

Im Westen Europas machten sich bereits um das Jahr 1000 Katharerverfolgungen bemerkbar. In diesem Jahre wurde ein Bauer namens Leutard in Vertus bei Châlons überführt, priesterfeindliche Lehren verbreitet zu haben. Kurz darauf wurden Katharer in Aquitanien entdeckt, wo sie viele bekehrten. Ihre Ketzerei breitete sich im geheimen in Südfrankreich aus, trotzdem man mit Verbrennungen nicht sparte. Nach Orleans brachte ein weiblicher Missionar aus Italien die Lehre. Als König Robert der Fromme davon hörte, eilte er mit der Königin Konstanze nach Orleans, um mit einem Konzil der Bischöfe die Maßregeln gegen die drohende Gefahr zu beraten[12].

An der Spitze der dortigen Katharergemeinde standen einige Kanoniker, angesehen durch Bildung, Frömmigkeit und Stellung[13]. Im Gegensatze zur katholischen Lehre verwarfen sie namentlich die Transsubstantiation, die Wasser-

---

11) *Lea* I, S. 111 ff. — 12) *Lea* I, S.120. — 13) *Füesslin*, Kirchen- und Ketzerhistorie der mittleren Zeit. T. I, S. 31. *Glaber*, Hist. L. III. c. 8.

taufe und die Anrufung der Heiligen. Sie redeten in schwärmerischen Ausdrücken von einer himmlischen Speise und der Erteilung des heiligen Geistes durch Auflegung der Hände. Die Verhafteten bekannten freimütig ihren Glauben und wiesen die Bekehrungsversuche mit Würde zurück. Die Angeklagten wurden degradiert und verbrannt. In dem Benehmen dieser Unglücklichen liegt nichts, was den Gottlosen bezeichnet. Aber schon der Mönch Glaber Radulf, ein Schriftsteller desselben Jahrhunderts, beschuldigt sie des Epikureismus und leitet ihre Ketzerei von einer Italienerin ab, die, voll vom Teufel, jedermann mit unwiderstehlicher Gewalt verführt habe. Noch weiter geht schon der gleichzeitige Ademar[14]. Nach ihm waren die Kanoniker von einem Bauern betrogen, der den Menschen Asche verstorbener Knaben eingab und sie durch deren Kraft zu Manichäern zu machen verstand. Waren sie einmal eingeweiht, so erschien ihnen der Teufel bald als Mohr, bald als Engel des Lichts, brachte alle Tage Geld und befahl ihnen, Christus äußerlich zu bekennen, im Herzen aber zu verabscheuen und im Verborgenen sich allen Lastern zu ergeben. Am weitesten ausgeführt sind indessen diese moralischen Greuel in einem Aufsatze, den d'Achery aus dem alten Archive von St. Peter zu Chartres mitgeteilt hat[15]. Was den Verlauf der Entdeckung, des Verhörs und der Hinrichtung, sowie die den Kanonikern vorgeworfenen Glaubenspunkte betrifft, so scheint er sicherer zu führen, als Radulf und Ademar; sobald aber der Verfasser auf die himmlische Speise kommt, die Arefast verheissen wurde, kann er sich nicht enthalten, über die Art ihrer Bereitung ein höchst abenteuerliches Märchen einzuschalten. Doch muß bemerkt werden, daß er dabei wenigstens nicht tut, als sei Arefast sein Gewährsmann; er gibt

---

14) *Labbe* Nov. Bibl. mscrpt. T. II, p. 180. — 15) *D'Acherii* Spicileg. T. I, p. 604. E vet. Chartulario S. Petri Carnot in Valle. Cartulaire de l'Abbaye de Saint-Père de Chartres, publié par *M. Guérard* (im ersten Band der Collection des Cartulaires de France, Paris 1841) Tom. I. 108 ff.

es auf seine eigene Autorität, augenscheinlich aber ist es den von Psellus erzählten Messalianergreueln nachgebildet. Man versammelt sich in der Nacht, jeder mit einem Lichte. Die Teufel werden in bestimmten Formeln angerufen und erscheinen in Tiergestalt, darauf folgt Auslöschung der Lichter, Unzucht und Blutschande. Die erzeugten Kinder werden verbrannt und ihre Asche wie ein Heiligtum aufbewahrt. Diese hat eine so teuflische Kraft, daß, wer auch nur das Geringste davon kostet, unwiderstehlich an die Sekte gebannt ist, also genau dasselbe, was um dieselbe Zeit etwa Psellus den Euchiten nachsagt, ebenso wie es später von anderen Ketzern, sogar von den Templern und Fratizellen erzählt wird. Der Verfasser schließt seine Episode mit einer treuherzigen Aufforderung an alle Christen, vor solchen Verführungen auf der Hut zu sein. Im Jahre 1025 entdeckte man in Lüttich einen Ketzerherd, doch versprachen die Sektierer Bekehrung und wurden begnadigt. Zu gleicher Zeit werden im Schlosse Monteforte bei Asti in der Lombardei befindliche Ketzer von den benachbarten Adeligen und Bischöfen eifrig verfolgt und verbrannt.

Als um 1034 der Erzbischof Heribert von Mailand († 1044) nach dem Schlosse Monteforte kam und von dieser Katharergemeinde hörte, ließ er sie zu sich kommen und nahm sie mit nach Mailand. Da dort die Bekehrungsversuche seiner Priester so wenig Erfolg hatten, daß die Standhaftigkeit der Leute sogar in den neugierig herbeiströmenden Bauern noch Proselyten gewann, so errichteten die Turiner, gegen den Willen des Erzbischofs, einen Scheiterhaufen und ein Kreuz daneben und gaben die Wahl zwischen dem Feuertode und der Anbetung des Kreuzes. Wenige wurden abtrünnig, die meisten stürzten sich in die Flammen [16].

Wie aus den Akten der späterhin eingesetzten Inquisition zu ersehen ist, mußte das unter den Katharern übliche Consolamentum zu argen Verleumdungen Anlaß geben. Der in die Gemeinde Aufzunehmende näherte sich näm-

---

16) *Lea* I, S. 120 ff.

lich dem Bischof vorschriftsmäßig mit gesenktem Haupte, kniete nieder, küßte ein Buch und erhielt durch Handauflegung den Segen oder die Geistestaufe und den Bruderkuß. In zahlreichen Untersuchungsakten ist nun von der Zeremonie des Kniebeugens als einer Adoration die Rede, und es ward ihr gewöhnlich die Auslegung gegeben, daß die Katharer ihre Bischöfe anbeteten. Aber schon bei Alanus von Ryssel ist dies dahin entstellt, daß man in ihren Versammlungen den Teufel selbst in der Gestalt eines Katers erscheinen läßt, um einen obszönen Huldigungskuß zu empfangen. Schandbare Wollustsünden sollen nächstdem aus Grundsatz geübt werden und die Ehe deshalb von ihnen verdammt sein, weil sie der Unzucht Abbruch tue[17]. Dasselbe wiederholt später der Dominikaner Yvenot (um 1278) mit dem Zusatze, daß vor dem Beginne der Hurerei die Lichter ausgelöscht werden.

Mitten in dieser das ganze Volksleben, namentlich Frankreichs, in allen Schichten erregenden Bewegung, erwuchs nun allmählich eine neue religiöse Genossenschaft, von der anfangs nur zu sagen war, daß sie dem in den Kreisen der Katharer erwachten Eifer für Verbreitung des Verständnisses der Schriftlehre zu entsprechen mit besonderem Interesse bemüht war, so daß sie als eine Vorläuferin des Protestantismus angesehen werden kann.

Es waren dieses die in der zweiten Hälfte des zwölften Jahrhunderts in Lyon hervortretenden Waldenser[18], ursprünglich eine Kongregation von Evangelisten, die sehr bald in den weitesten Kreisen eine in der katholischen Kirche unerhörte Sehnsucht nach der Bibel erweckte, weshalb überall Übersetzungen einzelner Bücher der heiligen Schrift in der Landessprache begehrt wurden. In demselben Maße aber wie die heilige Schrift in der Landessprache Verbreitung fand und ganz von selbst zu Vereini-

---

17) *Alani* [ab Insulis] insignis theologi opus adversus haereticos et Valdenses, qui postea Albigenses dicti etc. Ed. Masson. Paris. 1612. p. 145 sq. — 18) *Herzogs* theol. Realencyclopädie, B. XVII.

gungen gleichgestimmter frommer Seelen führte, trat überall eine mehr und mehr anwachsende und immer kühner sich erhebende Opposition gegen die Kirche hervor, in der Waldenser und Katharer, in Frankreich „bons hommes" genannt, einander die Hand reichten, und der selbst Große, wie die Grafen von Toulouse und von Foix, Schutz gewährten. Die Landschaft Albigeois galt jetzt als ein Hauptsitz der Ketzer, der Name Albigenser kam zur Bezeichnung der französischen Katharer und angeblichen Manichäer in Umlauf. Die Priester der Kirche — so klagen gleichzeitige Schriftsteller[19] — waren so in der Achtung gesunken, daß sie, wenn sie über die Straße gingen, die Platte mit den übrigen Haaren bedeckten, um nicht dem Hohn des Volkes ausgesetzt zu sein; die Edelleute gaben nicht mehr ihre Söhne, sondern nur ihre Leibeigenen zu Geistlichen her. Selbst Bischöfe hielten es mit den Ketzern, der Zehnte wurde verweigert, die Seelmessen brachten nichts mehr ein. Im Anfange des dreizehnten Jahrhunderts zählten fast sämtliche Fürsten, Grafen und Barone im südlichen Frankreich zu den bons hommes, die in Schlössern und Städten öffentlich ihre Versammlungen hielten, an vielen Orten auch ihre wohlbekannten Bethäuser und Schulen hatten.

Da bestieg am 11. Februar 1198 Innozenz III. den Stuhl Petri, der dem seit anderthalb Jahrhunderten hin und her wogenden Kampf des Katholizismus mit der Häresie um jeden Preis ein Ende zu machen beschloß[20]. Im Jahre 1209 begann die grausige Arbeit, die bis zum Jahre 1229 dauerte. Innozenz bewaffnete die Habsucht der Großen gegen die Großen und den Aberglauben gegen die Freiheit. Ein Kreuzzug wurde gepredigt unter Verheißung gleicher Privilegien wie für die Streiter gegen die Sarazenen; waren ja, nach des Papstes eigener Verkündigung, die Albigenser noch weit ärger als diese[21]! Die Untertanen der ketze-

---

19) *Guilelm. de Podio Laurent*, in der Vorrede. — 20) *Lea* I, 143 ff. — 21) *Vincent. Bellovac.* Spec. moral. II. Dist. 29, p. 3.

Ketzerorgie. Tendenziöser Kupfer von F. Morellon la Cave

rischen Grafen wurden der Treue gegen ihre Herren entbunden; wer das Land eroberte, sollte es besitzen. Der zwanzigjährige grausame Religionskrieg, erst von Simon von Montfort, dann von Ludwig VIII. geführt, raffte Tausende dahin und endete mit fast gänzlicher Ausrottung der Albigenser. Auch die Waldenser wurden teils niedergemacht, teils versprengt. Viele von ihnen fanden eine Freistätte in den Bergen von Piemont und Savoyen, später auch anderwärts; in Frankreich konnten sich ihre Gemeinden nur in der Provence und Dauphiné, zum Teil aber nur unter hartem Druck, auf längere Zeit erhalten. Zur Vertilgung der zerstreuten Reste und zur Unterdrückung jedes neuen Auftauchens antihierarchischer Bestrebungen wurde am Schlusse des Krieges das ständige Inquisitionsgericht zu Toulouse, dann an vielen andern Orten eingerichtet.

Die Ketzerei galt von jetzt an als eines der ärgsten öffentlichen Verbrechen. Das bürgerliche Gesetz bestrafte sie mit Ehrlosigkeit, Kerker, Tod und Konfiskation der Güter. Die Obrigkeit verfolgte und verhaftete, das geistliche Gericht entschied über Schuld und Unschuld, und der weltliche Arm ging blindlings zur Vollstreckung vor.

Auch Deutschland war, indem die katharische Bewegung in seine Gauen Eingang gefunden hatte, alsbald zum Schauplatz ihrer rohesten Verfolgung geworden.

Schon 1052 wurden zu Goslar von dem frommen Kaiser Heinrich III. Katharer zum Tode verurteilt. Im Jahre 1146 disputierte Evervin, Probst von Steinfelden, mit mehreren Häuptern der Sekte zu Köln, konnte sich jedoch nicht vor der Wut des Pöbels retten. Auch 1163 kamen in Köln Verbrennungen vor. Im Jahr 1212 ließ der Bischof von Straßburg an einem Tage gegen hundert Menschen verbrennen[22]. Im Jahr 1232 erfolgte endlich die Reichsacht gegen die Ketzer im Reiche.

---

22) *Mutii*, Germ. Chron. Lib. XIX. bei Pistor. German. Script. T. II. p. 809.

Schon vorher hatte Konrad von Marburg[23] als General-inquisitor (inquisitor generalis haereticae pravitatis) für ganz Deutschland seine Blutarbeit begonnen. Unter den Zeitgenossen herrscht über ihn fast nur eine Stimme. „Wer ihm in die Hände fiel, so berichtet der Erzbischof von Mainz an den Papst[24], dem blieb nur die Wahl, entweder freiwillig zu bekennen und dadurch sich das Leben zu retten oder seine Unschuld zu beschwören und unmittelbar darauf verbrannt zu werden. Jedem falschen Zeugen wurde geglaubt, rechtliche Verteidigung war niemandem gestattet, auch dem Vornehmsten nicht; der Angeklagte mußte gestehen, daß er ein Ketzer sei, eine Kröte berührt, einen blassen Mann oder sonst ein Ungeheuer geküßt habe. Darum, sagt der Erzbischof, ließen sich viele Katholische lieber um ihres Leugnens willen unschuldig verbrennen, als daß sie so schändliche Verbrechen, deren sie sich nicht bewußt waren, auf sich genommen hätten. Die Schwächeren logen, um mit dem Leben davonzukommen, auf sich selbst und jeden beliebigen andern, besonders Vornehme, deren Namen ihnen Konrad als verdächtig suggerierte. So gab der Bruder den Bruder, die Frau den Mann, der Knecht den Herrn an; viele gaben den Geistlichen Geld, um Mittel zu erfahren, wie man sich entziehen könne, und es entstand auf diese Weise eine unerhörte Verwirrung." Daß Konrad im Widerspruch mit den kirchlichen Gesetzen die Probe des heißen Eisens vorzunehmen pflegte, erzählt Trittenheim[25]. Konrads Gewalttaten, die ihm bekanntlich selbst ein gewaltsames Ende zuzogen, hatten besonders im Elsaß, im Mainzischen und Trierischen ihren Schauplatz; das merkwürdigste Ereignis jedoch, in dem er als mitwirkende Person auftritt, ist der Kreuzzug gegen die Stedinger[26].

---

23) *Hausrath*, Konrad v. Marburg (in „Kleine Schriften religionsgesch. Inhaltes"), Leipzig 1883. — 24) *Alberici Monachi* Chronicon ad. ann. 1233. — 25) Chron. Hirsaug. ad ann. 1215 u. 1233. — 26) *Schminckius* de expeditione cruciata in Stedingos Marb. 1722. *Ritter* de pago Steding et Stedingis, saeculi XIII. haereticis. Viteb. 1751.

Die Bewohner des Gaues Steding im heutigen Oldenburg und Delmenhorst, ein freiheitsliebender, kräftiger
Menschenschlag, lebten bereits seit vielen Jahren in Zwistig-
keit mit dem Erzbischofe von Bremen, der nicht nur in
manchen ihrer Wälder das Jagdrecht, sondern auch auf
ihren Äckern den Zehnten in Anspruch nahm. Einige
Geistliche dieses Prälaten, die des Zehnten wegen im Jahre
1197 an sie abgesandt waren, wurden mißhandelt. Dieses
Vergehen betrachtete der Erzbischof als Ketzerei, weil der
Zehnte von Gott eingesetzt sei, und als er auf seiner Wallfahrt nach dem Orient durch Rom kam, erwarb er sich
die Erlaubnis zu einem Kreuzzuge gegen die Ungehorsamen. Aus dem Kreuzzuge wurden jedoch vorerst nur
kleine Fehden, die von den Stedingern mit Tapferkeit ertragen und zuweilen durch Vergleiche beigelegt wurden.
Da fiel 1207 der Erzbischof Hartwig ins Land ein, betrachtete, als man ihm eine Summe Geldes zahlte, seinen
Zweck als erreicht und führte das Heer zurück. Im Jahr
1219 bestieg Gerhard II. den Stuhl von Bremen. Um diese
Zeit gibt ein habsüchtiger Priester, unzufrieden mit dem
von einer adeligen Frau ihm dargebrachten Beichtpfennig,
beim Abendmahl ebendiesen Pfennig anstatt der Hostie
der Frau in den Mund. Der Gemahl der Frau erschlägt
den Priester, wird exkommuniziert, trotzt dem Banne und
findet Anhang. Ähnliche Vorfälle reizen einen großen Teil
der Bewohner auf. Gerhard fällt jetzt mit den benachbarten
Fürsten ins Land, das Volk aber verteidigt sich so hartnäckig, daß dessen Besiegung unmöglich scheint. Der Erzbischof wendet sich daher an den Papst und schildert die
Stedinger als arge Ketzer. Da erscheint im Jahr 1232 eine
Bulle von Gregor IX. an die Bischöfe von Minden, Lübeck
und Ratzeburg mit dem Befehl, das Kreuz predigen zu lassen.
Diese Bulle wirft den Stedingern vor: Geringschätzung und
Feindseligkeit gegen die Freiheit der Kirche, wilde Grausamkeit, besonders gegen die Geistlichen, Herabsetzung
des Abendmahls, Verfertigung von Wachsbildern und Be-

fragen von Dämonen und Wahrsagerinnen. Ein Kreuzheer von 40 000 Mann überschwemmt infolgedessen im Jahr 1233 das Land, ein Teil der Stedinger fällt im Kampfe, die übrigen versprechen dem Erzbischofe Ersatz und Gehorsam und werden hierauf vom Banne losgesprochen.

Dies ist in wenigen Worten der Hergang des in seinem Anlaß und Verlauf sehr einfachen Streites.

Der Erzbischof von Bremen und der Papst hatten sich zwar tunlichst bemüht, die ehrlichen Stedinger als Ketzer hinzustellen, aber sie waren gar keine Ketzer. Wären sie dieses gewesen, so würden wir in der Bulle von 1232 eine ähnliche Schilderung von Ketzergreueln zu lesen haben, wie wir sie in einer Bulle desselben Gregor IX. aus dem Jahr 1233 vorfinden. In dieser erkennen wir den Widerhall der nichtswürdigen Berichte des Großinquisitors Konrad von Marburg über die angeblich in Deutschland von ihm entdeckten Ketzereien.

Die Bulle[27] ist an die Bischöfe von Paderborn, Hildesheim, Verden, Münster und Osnabrück gerichtet, erteilt dem Erzbischof von Mainz und dem Konrad von Marburg besondere Aufträge und befiehlt ebenfalls gegen die Ketzer das Kreuz predigen zu lassen. — Nach einem sehr rhetorisch gehaltenen Eingang klagt Gregor IX. über die Ketzer: „Wenn ein Neuling aufgenommen wird und zuerst in die Schule der Verworfenen eintritt, so erscheint ihm eine Art Frosch, den manche auch Kröte nennen. Einige geben ihm einen schmachwürdigen Kuß auf den Hintern, andre auf das Maul und ziehen die Zunge und den Speichel des Tieres in ihren Mund. Dieses erscheint zuweilen in gehöriger Größe, manchmal auch so groß wie eine Gans oder Ente, meistens jedoch nimmt es die Größe eines Backofens an. Wenn nun der Novize weiter geht, so begegnet ihm ein Mann von wunderbarer Blässe, mit ganz schwarzen

---

27) Epist. Gregorii IX. bei *Raynald*, ad a. 1233, Nr. 42; *Thom. Rippoll.* Bullarium Ord. praedicat. I. 52 u. Epist. Greg. IX. ad Henricum, Friderici Imper. Filium in *Martene*, Thesaur. I. 950. *Hoensbroech* I, 215 ff.

Augen, so abgezehrt und mager, daß alles Fleisch geschwunden und nur noch die Haut um die Knochen zu hangen scheint. Diesen küsst der Novize und fühlt, daß er kalt wie Eis ist, und nach dem Kusse verschwindet alle Erinnerung an den katholischen Glauben bis auf die letzte Spur aus seinem Herzen. Hierauf setzt man sich zum Mahle, und wenn man sich von ihm erhebt, steigt durch eine Statue, die in solchen Schulen zu sein pflegt, ein schwarzer Kater von der Größe eines mittelmäßigen Hundes rückwärts und mit zurückgebogenem Schwanze herab. Diesen Kater küßt zuerst der Novize auf den Hintern, dann der Meister und so fort alle übrigen der Reihe nach, jedoch nur solche, die würdig und vollkommen sind, die unvollkommenen aber, die sich nicht für würdig halten, empfangen von dem Meister den Frieden. Wenn nun alle ihre Plätze eingenommen, gewisse Sprüche hergesagt und ihr Haupt gegen den Kater hingeneigt haben, so sagt der Meister: „Schone uns!" und spricht dies dem Zunächststehenden vor, worauf der dritte antwortet und sagt: „Wir wissen es, Herr!" und ein vierter hinzufügt: „Wir haben zu gehorchen!" Nach diesen Verhandlungen werden die Lichter ausgelöscht und man schreitet zur abscheulichsten Unzucht ohne Rüchsicht auf Verwandtschaft. Findet sich nun, daß mehr Männer als Weiber zugegen sind, so befriedigen auch Männer mit Männern ihre schändliche Lust. Ebenso verwandeln auch Weiber durch solche Begehungen miteinander den natürlichen Geschlechtsverkehr in einen unnatürlichen. Wenn aber diese Ruchlosigkeiten vollbracht, die Lichter wieder entzündet und alle wieder auf ihren Plätzen sind, dann tritt aus einem dunklen Winkel der Schule, wie ihn diese Verworfensten aller Menschen haben, ein Mann hervor, oberhalb der Hüften glänzend und strahlender als die Sonne, wie man sagt, unterhalb aber rauh, wie ein Kater, und sein Glanz erleuchtet den ganzen Raum. Jetzt reißt der Meister etwas vom Kleide des Novizen ab und sagt zu dem Glänzenden: „Meister, dies ist mir gegeben, und ich gebe dir's wieder", — worauf der Glänzende antwortet: „Du hast mir gut gedient, du wirst mir mehr und besser dienen; ich gebe in deine Verwahrung, was du mir gegeben hast", — und unmittelbar nach diesen Worten ist er verschwunden. — Auch empfangen sie jährlich um Ostern den Leib des Herrn aus der Hand des Priesters, tragen ihn im Munde nach Hause und werfen ihn in den Unrat zur Schändung des Erlösers. Überdies lästern diese Unglückseligsten aller Elenden den Regierer des Himmels mit ihren Lippen und behaupten in ihrem Wahnwitze, daß der Herr der Himmel gewalttätiger, ungerechter und arglistiger Weise den Luzifer in die Hölle hinabgestoßen habe. An diesen glauben auch die Elenden und sagen, daß er der Schöpfer der Himmelskörper sei und einst nach dem Sturze des Herrn zu seiner Glorie zurückkehren werde; durch ihn und mit ihm und nicht vor ihm erwarten sie auch ihre eigene ewige Seligkeit. Sie bekennen, daß man alles, was Gott gefällt, nicht tun solle, sondern vielmehr das, was ihm mißfällt usw. —"

So weit das Wesentliche aus der päpstlichen Bulle. Man sieht, daß hier ohne erhebliche Veränderung dasselbe Lied wiedertönt, das den christlichen Urgemeinden, den Gnostikern und Manichäern, den Montanisten, Priscillianisten, Messalianern und Katharern gesungen wurde. —

Übrigens blieb die päpstliche Bulle für Deutschland ohne alle Bedeutung.

Als der Generalinquisitor Konrad von Marburg am 30. Juli 1233, auf seinem Wege von Mainz gen Paderborn, auf der Heide bei Marburg oberhalb des Dorfes Kappel überfallen und erschlagen wurde, hatte diese Gewalttat wenigstens die heilsame Folge, daß in Deutschland die Inquisition vor den Drohungen der Volksjustiz zurückbebte und ihre Blutarbeit für immer einstellte, wenn auch der Geist der Inquisition noch für Jahrhunderte fortlebte.

NEUNTES KAPITEL

DER TEUFELSBUND

Es kann dem Leser nicht entgangen sein, daß bei einigen der zuletzt besprochenen Sekten zu den alten Ketzergreueln ein neuer hinzugekommen ist, nämlich die dem Satan persönlich und förmlich dargebrachte Huldigung. Verträge mit der Geisterwelt waren schon dem römischen Altertum nicht ganz unbekannt. Lucanus berichtet im 6. Buch seiner Pharsalia von einem durch Pakte vermittelten Verkehr mit den Göttern. Die Idee eines Paktums und Homagiums war auch in der Versuchungsgeschichte Jesu ausgesprochen. „Dieses alles will ich dir geben, so du niederfällst und mich anbetest", hierin liegt das Paktum, sofern die Leistungen beiderseitig sind, das Homagium, sofern die Hoheit des Teufels anerkannt werden soll. Die Heiligenlegende bildete dieses vielfältig nach; ihre Helden triumphierten, wie der Heiland. Nun mußte aber auch ein Unterliegen gedacht werden können; ja, in dem Schwachen, dessen höchstes Ziel das Glück dieser Erde war, konnte der Wunsch nach einer solchen Versuchung und die Geneigtheit, ihr zu unterliegen, im voraus vorhanden sein. Diesen Fall veranschaulichen die Geschichte vom heiligen Basilius, Bischof von Cäsarea (370—379), in der ein Sklave Christus abschwört, um die Liebe der Tochter eines Senators zu erlangen, was ihm mit Teufelshilfe auch gelingt, und die Legende des Vicedominus Theophilus in Cilicien, für deren Glaubwürdigkeit der Patriarch Eutychius als Augenzeuge einstehen muß. Allgemein geschätzt und selbst des Bischofsstabes für würdig geachtet, verlor Theophilus unter Justinian I. um niedriger Verleumdung willen sein Amt als Ökonomus der Kirche zu Ada und ließ sich in der Verzweiflung von einem jüdischen Zauberer verführen, einen förmlichen Vertrag mit dem Teufel einzugehen. Für das Versprechen seiner Wiedereinsetzung sagte er sich von Christus und den Heiligen los und gab sich dem sichtbar erscheinenden Teufel durch eine Handschrift zu eigen. Nur nach aufrichtiger Zerknirschung und langwieriger Buße gelang es ihm später, seine Verschreibung durch die Fürsprache der heiligen Jungfrau wieder zu erhalten und sich mit Gott auszusöhnen. Diese Theophilussage erscheint nun mit verschiedenen Ausschmückungen im Abendlande bei Roswitha von Gandersheim[1], dem Kardinal Damiani, Sigebert von Gemblours, Vincentius von Beauvais und vielen andern. Einmal von den Mönchen aufgenommen, mußte der Glaube an die Teufelsbündnisse bald genug auch unter dem Volke sein[2]. Cäsarius und Vinzenz von Beauvais brachten die ersten Berichte von solchen wirklich zustande gekommenen Teufelspakten, und bald teilten päpstliche Geschichtsschreiber selbst (Martin der Pole u. a.) mit, daß wirklich ein Papst, Silvester II. (999—1003) — der als Mönch Gerbert etwas mehr gelernt hatte als die meisten anderen seiner Zeit — durch einen mit dem Satan abgeschlossenen Bund auf den Stuhl Petri gekommen sei[3]! Doch beschränkte sich der Glaube an die Teufelsbündnisse zunächst auf das Verhältnis der Zauberer zum Teufel, deren Gemeinschaft mit ihm schon von Augustin mit einem Bündnisse verglichen worden war.

Hierzu trat aber Entsprechendes aus dem Ketzerwesen. Die Ketzer waren bereits von den Kirchenvätern als Werkzeuge, Kinder, Diener oder Krieger des Satans betrachtet worden; den Manichäern und den von diesen abgeleiteten Parteien hatte man sogar eine Verehrung des bösen Prinzips vorgeworfen. Das Christentum kennt einen alten und einen Bund Gottes mit den Menschen und heilige Mysterien dieses Bundes; es schien daher nahe zu liegen, auch dem

---

[1] Die Dramen der Roswitha von Gandersheim. Übers. von *Ottamor Piltz*, Lpzg. S. 13. *Golther*, Gesch. der deutschen Literatur. (Kürschners Nat. Literatur 163. Bd.) 1. Bd. S. 410. *Hansen* 168. — [2] *Hansen*, S. 169. — [3] „Der Papst und das Konzil von Janus", Leipzig 1869, S. 271 ff.

Teufel einen solchen mit den Ketzern unter bestimmten Formen zuzuweisen. Doch bildete sich das alles nur langsam aus. Bei Tertullian findet sich von dem Gedanken des Teufelsbundes eine erste Spur[4], indem er vom Teufel sagt, daß er beim Götzendienste die Sakramente nachahme, seine Gläubigen und Getreuen taufe und seine Krieger auf der Stirne zeichne. Bei den Messalianern läßt man die persönliche Dahingebung an die sichtbaren Dämonen schon deutlicher hervortreten. Der förmliche Akt der Huldigung kommt jedoch erst im Abendlande zum Abschlusse.

In der Tat hatte die abendländische Ketzerei eine so feindliche Stellung gegen die römische Kirche eingenommen, daß sie alles bisher Erlebte zu überbieten schien. Schon der heilige Bernhard findet zwischen den alten und neuen Ketzern den Unterschied, daß diese nicht, wie jene, einen menschlichen Stifter haben, sondern von unmittelbarer satanischer Eingebung herrühren; ja schon vorher hatte die Sage die Abtrünnigkeit der Chorherren zu Orleans von der Wirkung eines eingenommenen Pulvers abgeleitet. Nun aber ist sicher, daß einige jener Sekten, namentlich die Katharer, eine bestimmte Feierlichkeit hatten, in der der Übertretende sich von dem Verbande der römischen Kirche lossagte. Diese Lossagung vom Papsttum aber und die Verwerfung der Wassertaufe erschien den Katholiken als Lossagung vom Christentum und von Gott, als das diabolische Gegenstück zur abrenunciatio diaboli. Inquisitoren wußten bald das ausdrückliche Geständnis zu erpressen, daß der Aufzunehmende Christum verleugnen müsse[5].

In den Katharern des Mittelalters wollte man die alten Manichäer wieder erkennen; von dem diesen zugeschriebenen Glauben an zwei Grundwesen bedurfte es nur eines kleinen Schrittes, um auch eine Anbetung des Bösen zu

4) De praescript. haeret. Cap. 40. — 5) Hist. de Languedoc, Tom IV. Preuves pag. 118.

folgern. Dieser Anbetung lieh man nun die Form des skandalösen Kusses, der offenbar nichts anders ist, als eine Verdrehung des Bruderkusses bei der Adoration. Die alten Heiden ließen die Urchristen die Genitalien ihrer Priester verehren[6]; die Ketzermacher des Mittelalters lassen ihre Mitchristen dem Teufel selbst den obszönsten Körperteil küssen. Jene erdichteten nur eine Unfläterei, diese legten in die Unfläterei noch die abscheulichste Sünde; denn der Kuß ist das Zeichen des Homagiums, nach ihm und durch ihn ist der Ketzer der Mann oder Vasall (homo) des Teufels. Der erste, der von diesem Kusse erzählt, ist angeblich Alanus von Ryssel, der ihn den Katharern aufbürdet. Über die Bedeutung des Aktes spricht sich deutlicher die Anklage gegen den Bischof von Coventry (1303) aus, quod diabolo homagium fecerat et cum fuerit osculatus in tergo.

Tiergestalten und andere abenteuerliche Formen hatte man schon in früher Zeit den erscheinenden Dämonen beigelegt; bei Jamblich treten sie als Löwen, Säcke und Geschirre auf, bei Basilius d. H. fallen sie als Katzen, Hunde und Wiesel die Menschen an. In den Ketzerorgien begegnen wir den Dämonen zuerst bei den Messalianern, dann bei den Chorherren von Orleans, wo der Graf Arefast weiß, daß sie allerlei Tiergestalten annehmen. Daß Alanus bei den Katharern gerade die Katzengestalt wählt, geschieht offenbar nur, um ihren Namen von *catus* ableiten zu können. Dieser etymologische Einfall machte indessen das Glück des Katers, den wir gleich darauf auch in der Bulle von 1233, im vierzehnten Jahrhundert in dem Prozesse der Templer und noch öfter wiederfinden[7]. Noch im siebenzehnten Jahrhundert leitet der Jesuit Gretser die Namen Katharer und

---

6) *M. Conrat*, Die Christenverfolgungen im römischen Reich vom Standpunkt des Juristen, 1897. 29 ff. — 7) *Vincentius* (Spec. hist. XXX. 76). (Gesta Trevirorum, ed. *Wyttenbach* et *Müller*, Tom. I, cap. 104.) *Mones* Anzeiger 1839, S. 127. *Gmelin*, Schuld oder Unschuld des Templerordens, Stuttg. 1893. S. 67 u. a. a. O.

Ketzer von Kater und Katze ab. Statt des Katers erschien aber anderwärts auch ein Frosch, eine Kröte, ein Hund,

Versuchung des hl. Antonius (Dämonen in Tiergestalten)

ein Bock, ein blasser Mann oder die unzweideutige Gestalt des Satans selbst, um die Huldigung zu empfangen. Neben dem Homagium durch den Kuß findet sich für den Ketzerbund auch die Form des Chirographums, späterhin freilich immer seltener und mehrenteils nur für die Teufelsverbündeten höheren Rangs, ohne Zweifel deshalb, weil die geringe Verbreitung der Schreibekunst unter dem gemeinen Volke von selbst zu solchen Unterscheidungen führte.

Zwei Ketzer — erzählt Cäsarius von Heisterbach[8], — kamen nach Besançon, taten Wunder und fanden viele Anhänger. Voll Angst über ihren Erfolg forderte der Bischof einen in der Nekromantie bewanderten Geistlichen auf, durch Teufelsbeschwörung zu ermitteln, was jenen Leuten die Kraft gebe, im Wasser nicht unterzugehen und im Feuer nicht zu verbrennen. Es ergab sich, daß sie die Chirographa, worin sie dem Teufel das Homagium geleistet hatten, zwischen Haut und Fleisch unter der Achsel trugen und sich dadurch schützten. Des Zaubers beraubt, wurden sie verbrannt. — In andern Erzählungen desselben Schriftstellers erscheint der Teufel mit der Frage: Vis mihi facere homagium? ohne die Art weiter zu bezeichnen. Auch bei Berthold von Regensburg, dem gewaltigsten Volksprediger des 13. Jahrhunderts, gibt es Leute, die „sich dem Teufel um des Gutes willen" verschreiben.[9]

Die Verschreibungen geschahen mit dem eigenen Blute des Menschen. In den Hexenprozessen findet sich späterhin auch die Form des Paktums, daß man etwas von seinem Blute in ein mit Totenknochen unterhaltenes Feuer laufen läßt.

---

8) Illustr. mirac. V. 18. — 9) *Predigten*, herausgeg. v. Pfeiffer und Strobl. Wien 1862. I, 342. Hansen, S. 169.

ZEHNTES KAPITEL

DIE TEUFELSBUHLSCHAFT

In den von den Katharern und von den Ketzern in Deutschland erzählten Greueln hatte sich die Phantasie ihrer Feinde noch keineswegs erschöpft; das Jahrhundert war im Fortschreiten. Der Vorwurf gemeiner Unzucht war bereits an den ältern Ketzern verbraucht worden, den deutschen Ketzern hatte man dann schon das Verbrechen der Sodomie aufzubürden gewagt. Was blieb daher noch übrig, als der Vorwurf des Geschlechtsverkehrs mit dem Teufel selbst? Von diesem gibt das große Autodafé, das 1275 zu Toulouse unter dem Inquisitor Hugo von Beniols gehalten wurde, soviel man weiß, das erste Beispiel. Unter den lebendig Verbrannten war auch die sechsundfünfzigjährige Angela, Herrin von Labarethe. Man hatte sie gestehen lassen, allnächtlich fleischlichen Umgang mit dem Satan gepflogen zu haben; seine Frucht sei ein Ungeheuer mit Wolfskopf und Schlangenschwanz gewesen, zu dessen Ernährung sie in jeder Nacht kleine Kinder habe stehlen müssen [1].

Mit der Beschuldigung der fleischlichen Vermischung mit den Dämonen war ein entscheidender Schritt weiter getan; sie erscheint bald darauf wieder im Gefolge der Anklagen, unter denen der Templerorden erlag, und wiederholt sich in allen folgenden Hexenprozessen. Die Vorstellung von einem solchen Umgange war weit älter als ihre Anwendung.

Der vielfache Liebesverkehr der Götter und Halbgötter mit den Menschen, von dem das klassische Altertum zu erzählen weiß, blieb innerhalb der Grenzen der Mythologie, Poesie und Volkssage. Keinem Lebenden in Rom und Griechenland hat man hieraus jemals einen Vor-

---

1) *Lamothe-Langon* Hist. de l'Inquisition en France. Paris 1829. Tome II, p. 614. — Hist. de Languedoc Tome IV, p. 17.

zug oder ein Verbrechen abgeleitet. Als aber in den ersten Jahrhunderten des Christentums Kirchenlehrer, Rabbiner und heidnische Philosophen sich fast um die Wette in dämono-

Albrecht Dürer. Der Gewalttätige
Berlin, Kgl. Kupferstichkabinett

logische Spekulationen vertieften, wurde der Grund zu einem Systeme gelegt, das, unter mancherlei Widerspruch ausgebildet, die gerichtlichen Anklagen begründete, wie wir sie soeben kennen gelernt haben.

152

In dem späteren theurgischen Wesen der Griechen war nicht nur von männlichen und weiblichen Göttern und Dämonen, sondern auch von doppelgeschlechtigen und zwiefacher Geschlechtsfunktion die Rede; so bei Selene und Bacchus[2].

Weitere Anhaltspunkte geben die Schriften der Juden. Das Buch Henoch kennt den Umgang der Geister mit Gott, und wie sehr der Glaube an Dämonen und andere Geister im jüdischen Volke verbreitet war, zeigen uns viele Stellen im Talmud. So Chagiga 16a, Erubim 18b, Chullin 105b, Pesachim 110a, Sabbath 67a, Erubim 18b, Gittin 13b u. a. m.[3]. Allerdings suchte der Talmud im Interesse einer streng monotheistischen Weltanschauung die Dämonen wie die Engel tunlichst als Personifikationen von Ideen hinzustellen. „Überaus charakteristisch für die Tendenz des Talmud ist die Weise, in der er diese Engels- und Dämonenlehre in den Dienst des strengen Monotheismus zu pressen sucht. Die Engel werden ihm einfach zu Trägern von Gedanken, Gefühlen, göttlichen Idealen. Die Dämonen ihrerseits sind die unsichtbaren Schädiger, im Menschen mehr denn außer ihm. Satan nimmt allerdings genau die Stelle des ‚bösen Geistes‘ der persischen Mythologie ein. Er ist Verführer, Ankläger und Todesengel; allein der Talmud erklärt das Wort absolut als ‚Leidenschaft‘, die da reizt, Gewissensbisse schafft und tötet. Satan nimmt darum proteusartig allerlei Gestalten an. Ihn zum ‚Gegner‘ Gottes zu machen, blieb der urchristlichen Anschauung vorbehalten. Dem Talmud hätte dieses nichts Geringeres als Gotteslästerung erschienen[4]."

Allein zwei Wesen waren es, an die sich nicht nur in der Volksüberlieferung, sondern auch in Lehrdarstellungen der Rabbiner allerlei wunderliche Erzählungen anknüpften, die wir hier beachten müssen, nämlich die Lilith und die Sehirim[5].

---

2) *Orph*. Hymn. 41, 4. *Macrob.* Saturn. III. 8. — 3) L. *Munk*, Targum Scheni zum Buche Esther, Berl. 1876, S. 17. — 4) *Emanuel Deutsch*, London: „Der Talmud", 2. Aufl. Berl. 1869, S. 54. — 5) *Georg Längin*, Die biblischen Vorstellungen vom Teufel. Leipzig 1890, S. 19.

Lilith, ein Nachtgespenst, das als daemon succubus unter der Bezeichnung Kielgelal bei den Akkadern vorkommt und von den Assyrern den Namen Lilit erhielt[6], findet sich — nachdem Vorstellung und Name von den Assyrern zu den Hebräern gelangt war — bei Jesaias (34, 14) und wird bei den Rabbinen zu dem kinderfressenden Seitenstück der Lamien, Strigen und Empusen. Nach Rabbi Bensira war Lilith Adams erste Frau und verließ ihn aus Hochmut, um ihm nicht untertan zu sein. Drei Engel, auf Adams Klage von Gott nachgesandt, holten sie am Roten Meere ein und drohten, wenn sie die Rückkehr verweigere, sie selbst ins Wasser zu werfen und täglich hundert von ihren Kindern zu töten. Lilith ging die Bedingung hinsichtlich der Kinder ein und sprach: „Laßt mich ziehen, weil es nun einmal meine Bestimmung ist, Kindern nach dem Leben zu trachten, den Knaben nämlich vor dem achten Tage nach der Geburt, den Mädchen aber vor dem zwanzigsten. Doch verspreche ich und schwöre bei dem lebendigen Gotte, daß ich die Kinder verschonen will, so oft ich entweder euch selbst, oder eure Namen oder eure Zeichen auf einem Amulett erblicke." Dies wurde genehmigt und daher kommt es, daß alle Tage hundert Teufel sterben und daß man den neugeborenen Judenkindern ein Amulett mit den Namen der drei Engel Senoi, Sansenoi und Samangaloph umhängt und ebendiese Namen in den vier Ecken der Wochenstube anschreibt.

Lilith erscheint hier also auch als Mutter von Teufeln, als die sie auch 1480 der „Meßpfaffe" Theodoricus Schernberk zu Mühlhausen in dem Spiel von Frau Jutta auf die Bühne brachte[7]. Über diese Teufelsmutter sagt Rabbi Elias weiter, Adam habe während dieser 130 Jahre nach dem

6) *Scholz*, Götzendienst und Zauberwesen bei den alten Hebräern. Regensburg 1877, S. 84. *A. van Dale*, de origine ac progressu idololatriae et superstitionum. Amstel. 1696, S. 111 ff. *Eisenmenger*, Entdecktes Judentum. Königsberg. I. 461. II. 417 ect. — 7) Dr. med. *Ludwig Hopf* in „Neue Weltanschauung", Stuttgart 1908, Heft 3/4, S. 91.

Sündenfalle, in denen er im Banne und von Eva getrennt lebte, mit vier Müttern, Lilith, Nahamah, Ogereth und Machalath, sämtliche Dämonen gezeugt. Andere wiederum behaupten, während dieser 130 Jahre habe sich Adam mit weiblichen und Eva mit männlichen Dämonen vermischt, so daß von jenem die weiblichen, von dieser die männlichen Geister abstammen.

Es verdient bemerkt zu werden, daß die Lilith bei Jesaias in der Vulgata durch Lamia übersetzt wird, wodurch nun auch in der Schrift ein dauerndes Zeugnis für die Realität des römisch-griechischen Glaubens niedergelegt erschien.

Wir müssen hier ferner der Sehirim gedenken[8]. Dieser Ausdruck, der zunächst Böcke bedeutet (wie 3 Mos. 4, 14 und 16, 9), bezeichnet anderwärts einen Gegenstand abgöttischer Verehrung (3 Mos. 17, 7). Bei Jesaias (13, 21 und 34, 14) sind die Seherim Bewohner der Wüste, die tanzen und einander zuschreien. Obgleich nun einige Ausleger, wie Van Dale, in den jesaianischen Stellen unter diesen Wesen nur wilde Tiere oder Waldtiere verstehen wollen, so wird doch das Wort bereits von den alten Erklärern auf Dämonen gedeutet und auch Gesenius ist der Ansicht, daß hier von bocksgestaltigen Waldmenschen, den Satyrn der Griechen ähnlich, die Rede sei. Auch eine Sekte der Zabier verehrte, nach Maimonides, Dämonen unter Bocksgestalt[9]. Die ursprüngliche Bedeutung des hier auf Dämonen bezogenen Ausdrucks scheint über die Grundlage der späteren christlichen Vorstellung vom Teufel in Bocksgestalt Licht zu verbreiten. Diese Vorstellung, schon frühzeitig in einzelnen Spuren vorhanden[10], konnte erst dann recht allgemein werden, als der Glaube an die fortwährenden Beweise von der Bocksnatur des Satans sich begründet hatte.

Auf den Grundlagen der heidnischen und jüdischen Vorstellungen hat sich die Ansicht der Kirchenlehrer über den

---

8) *Van Dale*, a. a. O. Kap. 6. — 9) Ebendas. S. 29. *Scholz*, Götzendienst bei den alten Hebräern, S. 137. — 10) *Vincent. Bellov.* Spec. hist. XI. 86.

Geschlechtsverkehr zwischen Teufeln und Menschen, jedoch nur allmählich und nicht ohne Widerspruch, ausgebildet. Galten einmal die mythologischen Wesen im allgemeinen für Dämonen, so mußten die in den gangbarsten Bibelübersetzungen aufgenommenen Namen der Lamien, Sirenen, Onokentauren und Faune auch zu spezielleren Anwendungen führen. Es ist bereits bemerkt worden, wie schon Justin der Märtyrer und Lactanz die Stelle 1. Mos. 6, 1 ff. auf eine Vermischung der Dämonen mit den Töchtern der Menschen deuteten. Andere Kirchenväter taten dasselbe, und man verschmähte es hierbei nicht, sich auf Analogien, wie den Besuch der Schlange bei Alexanders d. G. Mutter, zu berufen. In Chrysostomus[11], Cassian[12] u. a. fand nun zwar die Vernunft bessere Vertreter, auch schüttet der sonst so leichtgläubige Epiphanius seinen Unwillen über die Behauptung der Gnostiker aus, daß ein weiblicher Dämon vom Propheten Elias habe gebären können[13]. Die Zeugung sollte durch das im Schlafe vergossene und vom Dämon geraubte semen virile erfolgt sein. Epiphanius sagt hierüber: Welche alberne Behauptung! Wie kann ein unreiner und körperloser Geist sich in irgendeiner Weise an Körperlichem beteiligen? Aber in Augustin erhielt dafür der Aberglaube der Folgezeit eine desto glänzendere Autorität. Obgleich in der Erklärung der mosaischen Stelle selbst zurückhaltend, leugnet Augustin doch nicht die Möglichkeit einer Vermischung der Dämonen mit den Menschen im allgemeinen und verweist ausdrücklich auf die Faune, Sylvane und gallischen Dusii, die solchen Verkehr treiben[14]. Daß Drachen in Menschengestalt mit Weibern buhlten, war ebenfalls ein im Orient verbreiteter Glaube, der schon früher in einer eigenen, angeblich von Johannes von Damask herrührenden Schrift einer Widerlegung gewürdigt worden war[15].

---

11) Homil. 22 in Genes. — 12) Collat. VIII. 21. — 13) Haeres. XXVI. 13. — 14) De Civ. Dei XV. 22 ff. — *Isidor.* Orig. VIII. — 15) Tractat. de Draconibus in *Jo. Damasc.* Opp. ed. Lequien Tom. I. p. 471 sqq.

Als ein besonders wichtiger Zeuge der Anschauungsweise seiner Zeit ist hier der jüngere Michael Constantinus Psellus († um 1106) zu nennen, — der fruchtbarste theologische Schriftsteller der griechischen Kirche im Mittelalter und von seiner Zeit als Polyhistor bewundert. Unter seinen zahlreichen Schriften findet sich ein Gespräch De operatione daemonum vor (1615 von G. Gaulmin zu Paris herausgegeben). Psellus teilt in dem Buche mit, daß ein Grieche, namens Marcus, der niemals an das Dasein von Geistern geglaubt, sich in die Einsamkeit zurückgezogen und sich dabei alsbald von Geistern umringt gesehen habe. Marcus habe nun den lebhaftesten Verkehr mit den Geistern gehabt und habe ihm deren Aussehen, Leben und Treiben auf das genaueste beschrieben. Auf Grund dieser Mitteilungen will nun Psellus ein philosophisches, im wesentlichen neuplatonisches System der Lehre von den Geistern und deren Hierarchie geben. Dieses System hat sein Fundament in dem Satze, daß alle Dämonen Körper haben, was er aus der kirchlich anerkannten Lehre folgert, daß sie die Feuerqual erdulden. Doch haben ihre Körper nicht bestimmte, feste Gestalt, sondern sie sind den Wolken vergleichbar, indem sie bei der Feinheit ihrer Materie jede beliebige Gestalt annehmen und in jede Öffnung eindringen können. Sie haben darum auch keinen bestimmten Geschlechtscharakter, aber sie können bei ihrer Beweglichkeit sowohl männliche wie weibliche Gestalt annehmen. Einige Arten der Dämonen können sich auch besamen, woraus dann ein eigentümliches Gewürm entsteht (— was an die Elben in den Hexenprozessen erinnert). Von Natur kalt, suchen sie gern Lebenswärme in Badestuben und in menschlichen und tierischen Körpern, in die sie einzudringen pflegen. Daher die vielen Besessenheiten und deren Folgen, der Wahnsinn. — Auch das Wesen und Treiben der Incubi wird von Psellus erwähnt.

Es konnte nun nicht fehlen, daß die Kreuzfahrer mit diesen griechischen Spekulationen bekannt wurden, so wie mit den sehr materiellen Geistern des Muhammedanismus, namentlich den Dschinns, die den Mädchen nachstellen. Vielleicht liegt hierin eine Hauptursache, weshalb mit dem Anfange des dreizehnten Jahrhunderts auch das Abendland fast plötzlich mit zahllosen Buhlgeschichten von Dämonen und Feen überflutet wurde. Solche erzählt schon Cäsarius von Heisterbach aus seiner eigenen Zeit in Menge. Doch gab es vorerst noch unter den Gelehrten verschiedene Ansichten. So führt Vincentius Autoritäten an, die die Zeugungsfähigkeit der Dämonen leugnen und den wunderbaren Ursprung Merlins[16] entweder auf Selbsttäuschung der Mutter oder Unterschiebung und Blendwerk zurückführen[17]. Dagegen hat sich Cäsarius von den Gelehrten eine Theorie mitteilen lassen, in der, so sehr sie der von Epiphanius verworfenen gnostischen nahekommt, die Grundzüge des späterhin allgemein geglaubten Incubenwesens vorgezeichnet sind[18]. Es machte in der Sache keinen Unterschied, daß die Theologen des Abendlands, abweichend von den älteren Kirchenvätern, Muhammedanern und Byzantinern, die vollkommene Körperlosigkeit der Dämonen und damit deren ursprüngliche Zeugungsunfähigkeit zu behaupten anfingen; das Vermögen einen fremden Körper anzunehmen und durch diesen auf die Sinnenwelt zu wirken, blieb auch bei den Scholastikern dem Dämon immer zuerkannt.

Am folgenreichsten scheint gewesen zu sein, daß auch Thomas von Aquino die Existenz der Buhlgeister im alten Testament begründet zu finden glaubte. Behemoth und Leviathan (bei Jesaias 40) deutet er auf den Satan, der hier der Überlegenheit seiner Bosheit wegen unter dem Bilde der gewaltigsten Tiere des Landes und des Wassers, des Elefanten und des Walfisches, beschrieben werde. Die einzelnen Teile in der Beschreibung der Tiere werden hier-

---

16) *Fr. v. Schlegels* Sämtl. Werke, 7. Bd. Wien 1846. S. 7 ff. — *A. Graf,* Geschichte des Teufelsglaubens, aus dem Italienischen von Dr. R. Teuscher. Jena 1893 S. 198 ff., s. auch Immermann (Meyer) IV. Bd. — 17) Spec. nat. II. 128. — 18) Illustr. mirac. III. 12.

bei vom Ausleger den einzelnen Verhältnissen des Satans angepaßt, somit auch diejenige Stelle, wo der Text von den geschlechtlichen Beziehungen des Behemoth spricht. Hierbei nun wird mit Augustin der Koitus der Dämonen mit den Weibern eingeräumt, jedoch so, daß es dem Dämon nicht um Befriedigung der eigentlichen Wollust zu tun sei, sondern nur um die Verführung der Menschen zum Laster und seiner dadurch vergrößerten Herrschaft[19]. — Die Frage, wie sich der Teufel seine Hexen zur Stelle schaffe, machte dabei keine Schwierigkeit. Nach dem Evangelium hatte der Satan den Erlöser durch die Luft getragen und ihn auf eine Zinne des Tempels gestellt. Thomas von Aquino meinte daher, wenn der Teufel dieses mit e i n e m Körper zu tun vermöge, so könne er es auch mit vielen und mit allen Körpern tun. —

Über die Frage, ob aus einem solchen Koitus auch eine Zeugung erfolgen könne, waren zu Thomas' Zeit die Meinungen noch immer geteilt; er selbst bejaht sie. Nach seiner Theorie hat der unkörperliche Geist die Fähigkeit, einen Körper anzunehmen und mit ihm den Koitus zu üben. Die hierdurch erfolgende Zeugung wird jedoch weder durch den aus dem angenommenen Körper abgesonderten Samen, noch durch den eigenen Organismus des Dämons bewirkt, sondern auf die Weise, daß der Dämon sich erst einem Manne als Sukkubus hingibt und dann den in diesem Beischlafe in sich aufgenommenen Samen auf ein Weib überträgt, mit dem er sich als Inkubus vermischt. Den auf diesem Wege erzeugten Sohn betrachtet Thomas zwar ganz folgerichtig als den Sohn desjenigen Mannes, von dem der verwendete Samen stammt, räumt jedoch ein, daß solche Kinder an Größe und Stärke die gewöhnlichen übertreffen können, weil der dämonische Erzeuger vermöge seiner höheren Kenntnisse den günstigen Augenblick richtiger treffe.

---

19) Comment. ad Jes. 40.

Von einem solchem Inkubuskinde, das 1249 in Herford-shire geboren worden, berichtet Matthäus Paris, daß es vor Ablauf eines halben Jahres vollkommen ausgezahnt und die Größe eines siebenzehnjährigen Jünglings erreicht gehabt habe. Die Mutter aber sei sogleich nach der Geburt schwindsüchtig geworden und auf jammervolle Weise gestorben.

Vor dem oben erwähnten Inquisitions- ...n wir kein Beispiel, daß das ...sich um dämonische Buhlschaf- ...mert hätte; sie gehörten bis dahin der Volkssage, der Legende, der Poesie und der Spekulation einiger Gelehrten an. Bald hatte die fromme Einfalt einen Kirchenheiligen verherrlicht, indem sie seine Keuschheit von Dämonen in Frauengestalt versuchen ließ; bald war von der Stammeitelkeit das Geschlecht der Häuptlinge an die Unsterblichen geknüpft worden, wie im Norden an Odin, in Sachsen an Wotan[20]; bald hatte der Volkshaß am Feinde Rache geübt, wie an den Hunnen, denen man vertriebene Zauberweiber und unreine Geister der Wüste zu Ahnen gab[21]; bald

Wechselbalg von einem
Fahrenden gezeigt

Nach der Miniature einer Handschrift des 12. Jahrhunderts in der Brüsseler Kgl. Bibliothek

war es die schrittweise aus dem Einfachen ins Wunderbare übertretende Volkspoesie, die in der übernatürlichen Zeugung geheimnisvoller Männer, wie des Zauberers Merlin, Ergötzung gesucht hatte.

So war das dreizehnte Jahrhundert herangekommen, unter allen Jahrhunderten, wie Leibnitz sagt, das dummste, wenn ihm nicht etwa das nächstfolgende den Rang streitig macht.

20) *Grimm*, d. Mythol. S. 110. — 21) *Jordan*. de reb. Goth. cap. 24.

Vergebens hatte Johann von Salisbury, der am Schlusse der bessern Zeit steht, den Verächtern und Verderbern der gründlicheren Wissenschaft seinen Metalogikus entgegengesetzt. Vor dem vollendeten römischen Geistesdespotismus mit seinen Interdikten, Ketzerkreuzzügen und Inquisitionen mußte jede freiere Regung verstummen und der Aberglaube desto üppiger wuchern; früher heftig bestrittene Lehren finden jetzt ihre unantastbare Sanktion, die Philosophie wurde Magd der Theologie, Bettelmönche mit ihren Wundergeschichten waren die Gebieter des Zeitalters. Selbst der Minnegesang gab sich zum Prediger des lächerlichsten Wunderglaubens her. Diese allgemeine Verdummung machte die Menschen selbst zur Erkennung des Tatsächlichen ihrer eigenen Zeit unfähig. Die Kirchengeschichte wurde in dem Mirakelwesen des heiligen Franziskus und der Legenda aurea des Jakob de Voragine zum Märchen, der Profangeschichte ging's kaum besser. Während Konrad von Marburg durch Feuerprobe und Tortur die abgöttische Verehrung des Satans in Krötengestalt zur gerichtlich erhobenen Tatsache stempelte, erzählten Schriftsteller wie Gervasius Tilberiensis und Cäsarius von Heisterbach unter dem Anspruche auf historische Glaubwürdigkeit Wunder- und Schauergeschichten als selbst erlebt, die noch kurz vorher der gesundere Sinn eines Abälard, Johannes von Salisbury oder Otto von Freisingen als alberne Fabeln verworfen haben würde.

Beide Schriftsteller charakterisieren ihre Zeit und mögen daher an dieser Stelle eine flüchtige Beachtung finden.

Gervasius, Marschall des arelatensischen Reiches, ein Mann nicht ohne Gelehrsamkeit und Einsicht in bürgerlichen Dingen, widmete um 1211 seine Otia Imperialia dem Kaiser Otto IV.[22] Er hat die Alten gelesen, namentlich Virgil und Apulejus, und gibt viele Geschichten von ihnen fast nur mit der einzigen Veränderung wieder, daß er sie in sein Land und seine Zeit verlegt. Die Wer-

22) Bei *Leibnitz* Script. Rer. Brunsvic. Tom. I.

wolfsgeschichten des Apulejus[23] ereignen sich bei ihm zu Vienne, in der Auvergne oder in England. Die Weiber Griechenlands und Jerusalems läßt er die Verächter ihrer Reize in Esel verwandeln, die Fabel von Amor und Psyche[24] wird für die Abenteuer eines Ritters Raimund zugeschnitten. Hinsichtlich der Nachtweiber (lamiae, mascae, striae) kennt er zwar die Behauptung der Ärzte, daß solche nächtliche Schreckbilder auf eine erhitzte Einbildungskraft, dicke Säfte und daher rührende Beängstigungen zurückzuführen seien; aber sogleich beweist er dann wieder das Dämonische dieser Erscheinungen aus Augustin und mengt die kinderfressende Lamia der Römer mit ein, die er a laniando lieber Lania genannt wissen will. Nachdem er hierauf von den nachtfahrenden, Laternen anzündenden und Kinder raubenden Weibern in einer Weise gesprochen hat, als wolle er sich nur zur allgemeinen Sage herablassen, stellt er es wiederum als eine unbezweifelte, tägliche Erfahrung hin, daß Männer von Feen geliebt, bereichert und im Falle der Untreue empfindlich gestraft werden. An einer andern Stelle führt er Weiber als Zeugen an, daß sie selbst dem Flug der Lamien über Berg und Tal beigewohnt haben, und daß diejenige, die den Namen Christus ausgesprochen, sogleich herabgestürzt sei; ja er selbst will eine Frau gesehen haben, die bei solcher Veranlassung um Mitternacht in die Rhone herabfiel. Auch laufen Weiber des Nachts in Katzengestalt umher, und wenn man sie verwundet, finden sich am Morgen nach ihrer Rückverwandlung noch die Spuren. Leibnitz zeiht unsern Gervasius einer gewissen Lust am Lügen.

Ein noch bedeutenderer Zeuge des Teufels- und Dämonenglaubens seiner Zeit ist der Zisterziensermönch Cäsarius, der den Namen des Klosters Heisterbach bei Bonn trägt und zwischen den Jahren 1240 und 1250 gestorben ist[25].

23) Goldener Esel, Georg Müller, München, S. 140 ff. — 24) Monumenta Germ. histor. Script. Bd. 25, Hannover 1880. — 25) *A. Kaufmann*, Cäsarius von Heisterbach, 2. Aufl., Cöln, 1862, De dialogus Miraculorum van

Cäsarius hielt es für ganz nützlich, den Unterricht, den er als Mönch den Novizen erteilte, durch Vorführung von Beispielen aus dem Leben und durch sonstige Erzählungen, die er aus dem Munde der Leute gesammelt hatte, lebendiger zu machen. Auf Befehl seines Abtes trug er (um 1222) nun alle diese Erzählungen in ein Manuskript zusammen, dem er die Form eines Gesprächs zwischen einem Mönch und einem Novizen gab. So entstand sein zwölf Abteilungen (Distinctiones) umfassender Dialogus miraculorum[26]. Es gibt kaum ein zweites Werk des Mittelalters, das mit solcher Anschaulichkeit das Denken und Leben der Zeit darlegte wie dieser Dialogus. Die Distinctio „de daemonibus" läßt uns namentlich den Teufelsglauben, der die abendländische Christenheit in der ersten Hälfte des 13. Jahrhunderts beherrschte, auf das genaueste erkennen. Wir ersehen hier aus einer Legion von Erzählungen, wie nach der Überzeugung aller Schichten der Gesellschaft jener Zeit der Teufel mit seinen Dämonen überall in die Angelegenheiten des Menschen eingreift und überall die Hand im Spiel hat. Er erscheint bald in Tier- (Kröte, Affe, Hund, Katze etc.), bald in Menschengestalt, und zwar ebenso als Weib wie als Mann. Ist es ihm um die Verführung einer Frau oder eines Mädchens zu tun, so tritt er als schmucker Reitersmann auf. Sonst erscheint er auch als Mohr, als Drache etc., immer aber fehlt ihm der Rücken. Macht er sich mit Weibern zu schaffen, so ist er ein Incubus, während er sich bei Männern zum Sukkubus macht. Die Unzucht ist überhaupt eine Hauptsache im Verkehr des Teufels mit Menschen. Dabei werden Frauen oft von Teufeln gemißbraucht, ohne daß die daneben im Bette liegenden Ehemänner etwas davon merken. Der

Caesarius von Heisterbach — door Aem. *W. Wybrands* (letztere in den Studiën en Bydragen von W. Moll en de Hoop Scheffer, II. 1871, S. 1-116). — 26) Caesarii Heisterbacensis Monachi ordinis Cisterciensis Dialogus miracul., recogn. *Josephus Strange*, Coloniae, 1851. Neue Ausgabe der Werke Cäsarius v. Kaufmann, Köln 1882—92, Meister, Freiberg 1901.

Teufel und die Dämonen — die immer um uns herum sind — können dem Menschen an Leib und Seele und an allem schaden, was er hat. Schutzmittel gegen die Anläufe der Bösen sind: das Zeichen des Kreuzes, Weihwasser, geweihtes Wachs, Weihrauch, Gebet und das Aussprechen des christlichen Glaubensbekenntnisses.

Der Teufel, den uns Cäsarius malt, ist aber nicht ein Mephistopheles voll Menschenkenntnis, Erziehung und feiner Berechnung; er ist gleichsam der Teufel in den Flegeljahren, plump, hochfahrend und trotzig, prahlend, gewalttätig wie ein nordischer Recke, oft linkisch in der Wahl seiner Mittel und zuweilen sogar so schwach, daß er das gegebene Wort hält oder Gnade für Gewalt ergehen läßt. Er buhlt mit Männern als Weib und mit Weibern als Mann, mißhandelt die ihm Widerstrebenden mit Fauststößen, und betet, wenn er jemanden treuherzig machen will, das Vaterunser, jedoch mit Auslassungen und grammatischen Fehlern, auch das Kredo, aber falsch. Viele Geschichten sind nur dazu da, in köstlich naiver Unverfrorenheit für den Zisterzienserorden Reklame zu machen.

Dieser Teufelsglaube, dem wir vom Anfange des dreizehnten Jahrhunderts die ganze abendländische Christenheit ergeben sehen, war die Grundlage, auf der sich der Begriff des Hexenwesens aufbaute; zurzeit jedoch war dieser noch nicht entwickelt. In Cäsarius' Auseinandersetzungen und Erzählungen tritt, was wohl zu beachten ist, die Idee eines eigentlichen, dauernden Teufelsbundes noch nicht hervor. Allerdings sucht sich der Teufel der Menschen zu bemächtigen, und ist ihm dieses gelungen, so verlangt er von ihnen das Homagium. Auch erinnern die seltsamen Gaben, die er dafür bietet, an die im sechzehnten Jahrhundert landläufig gewordenen Vorstellungen von der Undankbarkeit des Teufels. Auch der Gedanke der Teufelsbuhlerei ist bereits vollständig ausgebildet; die übrigen Momente des Hexenglaubens dagegen fehlen noch. Man weiß noch nichts von einem Teufelsbündnis, durch das

Der Antichrist, unterstützt von drei Teufeln, sucht sich gegen einen Engel den Zugang zum Himmel zu erzwingen. Rechts predigen Elias und Henoch für den wahren Glauben, links sucht der Teufel durch den Mund eines Geistlichen die Menschheit zum Abfall zu bringen.   Schedels Chronik, Nürnberg 1493

Meister L. Cz. Versuchung Christi

sich der Mensch für immer von Gott los- und dem Teufel zusagt, man nimmt auch nicht an, daß alle, die sich dem Teufel ergeben haben, mit dessen Hilfe oder mit teuflischen Hilfsmitteln anderen Schaden tun, sondern man weiß nur, daß es Besessene gibt, in deren Körper der Teufel oder dessen Dämonen so Eingang gefunden haben, daß sie nun das Böse und Boshafte durch diese, als durch ihre Werkzeuge selbst, tun.

Allegorie auf
Von Luc

Gesetz Gottes
anach d. J.

Himmel und Hölle. Holzschnitt aus dem 16. Jahrhundert

ELFTES KAPITEL

DIE KIRCHE UND DAS GESETZ IM DREIZEHNTEN JAHRHUNDERT

Im Laufe der Jahrhunderte hatten sich die religiösen Vorstellungen der abendländischen Christenheit unter der Leitung der Hierarchie allmählich vielfach, zum Teil von Grund aus, geändert. Namentlich war dieses bezüglich der kirchlichen Lehre vom Teufel und dessen Dämonen der Fall. Das eigentlich christliche Element, das die ursprüngliche Lehre der Kirche vom Satan charakterisiert hatte, war durch die Hierarchie aus ihr entfernt worden. Die evangelische Verkündigung der Väter und der Kirche in den ersten Jahrhunderten: „Unser Glaube ist der Sieg, der alle Teufel und Dämonen überwindet", war zum Schweigen gebracht, und das Gebot des Kirchenvaters Hermas: „Ihr sollt den Teufel nicht fürchten" hatte die Hierarchie in das entgegengesetzte Gebot umgewandelt. Die alte Kirche war von dem Bewußtsein erfüllt gewesen, daß der Christ über Dämonen Gewalt habe und daß der Teufel vor ihm fliehen müsse; in der Kirche des Mittelalters dagegen ging der Glaube um, daß der Teufel und dessen Dämonen mit göttlicher Zulassung in allerlei Weise auch über den Christen Gewalt hätten, weshalb der Christ vor ihrer Tücke nirgends sicher wäre. — An Stelle der

167

christlichen Lehre von dem Teufel und dessen Reich gewann daher allmählich der heidnische Dämonismus wieder Platz.

Hierdurch allein wurde es möglich, daß auf der Grundlage der Lehre vom Teufel die Lehre von der Zauberei und Hexerei, die in späteren Jahrhunderten die Völker des Abendlandes beherrschte und zerfleischte, erwachsen, und daß sie die Bedeutung und Ausdehnung gewinnen konnte, in der sie sich uns geschichtlich darstellt. Doch hat dabei die Stellung der Hierarchie zur Ketzerei wesentlich mitgewirkt.

Auf die bisherigen, in der öffentlichen Meinung der Kirche feststehenden Ketzergreuel war freilich der Name der Zauberei zur Bezeichnung des Ganzen noch nicht angewandt worden; nur Gerüchte von einzelnen Zauberübungen wurden im Gefolge der übrigen Beschuldigungen laut. Doch haben wir uns, indem wir die progressive Ausbildung der Ketzermärchen schrittweise begleiteten, zu einem Punkte hingeführt gesehen, von dem aus es nicht mehr als ein Sprung erscheinen darf, wenn zu jenen Greueln jetzt auch noch der Vorwurf verderblicher Zauberkünste als wesentliches und sogar überwiegendes Moment in der Weise hinzutritt, daß er dem aus dieser Vermischung entstehendem Ganzen den Namen gibt, und daß unter der generalisierten Benennung der Zauberei jene Ketzerlaster hinfort in der Regel als mitinbegriffen verstanden werden.

Vernehmen wir zuvörderst, wie der Dominikaner Nikolaus Jaquier († 1472) 1458 die Ketzereien seiner Zeit charakterisiert[1]!

Er berichtet von einer neu entstandenen Sekte, die an Verruchtheit alle bisherigen Ketzer weit überbiete; bei ihr gehe alles aus bösem Willen, nichts aus Irrtum hervor. Sie versammeln sich an bestimmten Tagen zu einem Teufelskulte (synagoga diabolica), wo man den Bösen in Bocksgestalt anbete und Unzucht mit ihm treibe. Ihr Hauptbe-

---

1) Flagellum haereticorum fascinariorum, *Hansen*, Quellen, S. 134 ff.

streben sei, im Dienste des Teufels den katholischen Glauben anzufeinden, weil dieser allein selig mache. Darum werde zwar von dem aufzunehmenden Juden und Mohammedaner die Verleugnung des väterlichen Glaubens nicht gefordert, der Christ dagegen müsse, wie er einst bei der Taufe dem Teufel entsagt, nun Gott und seinem Dienste absagen, das Kreuz anspeien und treten, Abendmahl und Weihwasser lästern, dem Teufel durch Kuß und Kniebeugen Ehre erweisen, ihn als Herrn erkennen und nach bestem Vermögen mit Opfern bedenken.

Bis hierher hat sich Jaquier noch nicht von Bekanntem entfernt; nun fügt er aber hinzu, daß diese Ketzer in ihren Teufelssynagogen vom Satan allerlei Zaubermittel empfangen und sich verpflichten, durch diese ihren Mitmenschen in jeder Weise zu schaden, indem sie Krankheiten, Wahnsinn, Sterben unter Menschen und Tieren, männliches Unvermögen und weibliche Unfruchtbarkeit, Verderben der Saaten und anderer zeitlichen Güter hervorrufen. Diejenigen Menschen nun, die sich zu dem beschriebenen Kultus bekennen, bilden nach Jaquier die Ketzer- und Zaubersekte (secta et haeresis maleficorum fascinariorum). Auch in den angeführten magischen Wirkungen ist, wie man sieht, nichts Neues; eine geschlossene Zaubersekte aber mit festbestimmtem Kult und Streben war den früheren Zeiten ein ebenso undenkbares Ding, wie eine Häresis der Mörder, Diebe und Brunnenvergifter. Auch ist sich Jaquier dessen wohl bewußt; die Zauberketzer sind, wie er selbst bemerkt, erst in neueren Zeiten (modernis temporibus) entstanden. Gewinnen wir für diese wichtige allgemeine Zeitangabe eine nähere Bestimmung durch den Inquisitor Bernhard von Como[2] († 1510), der die Sekte der Hexen (secta strigarum) — was mit obiger Bezeichnung gleichbedeutend ist — aus der ersten Hälfte des vierzehnten Jahrhunderts datieren läßt, so ist hiermit im allgemeinen die Epoche bezeichnet, in der zuerst aus Ketzerei und Zauberkünsten

2) *Bernard. Comens.*, Tractat. de Strigibus. *Hansen*, Quellen, S. 34, 279 ff.

jenes eingebildete Monstrum zusammengesetzt worden ist, dem mehr als vierhundert Jahre hindurch so viel unschuldiges Blut geopfert wurde.

Albertus Magnus. Holzschnitt aus „Secreta Mulierum"
(Köln, um 1480)

Das traurige Verdienst, das Ketzer- und Zauberwesen zu dem Ganzen der Hexerei theoretisch vereinigt und die Hexenprozesse der neueren Zeit in Gang gebracht zu haben, gebührt den Inquisitoren und ihren gelehrten Schildträgern. Um diesen Satz in helleres Licht zu stellen, werden wir zuvor auf das Verhältnis der Magie zu der öffentlichen Meinung und dem Strafgesetze in der den Hexenprozessen zunächst vorangehenden Zeit einen Blick werfen, um sodann aus der eigentümlichen Lage der Inquisitoren die Ursachen zu entwickeln, die so Verderbliches zur Erscheinung gebracht haben.

Die Kreuzzüge haben der christlichen Welt unter anderen auch den wesentlichen Dienst erwiesen, daß sie sie der arabischen Bildung näher brachten. Um die Wette sieht man Deutsche, Franzosen und Engländer zu den Schulen von Toledo und Cordova wallfahrten und bereichert an mathematischen, physikalischen, mechanischen, chemischen und medizinischen Kenntnissen heimkehren. An die Namen eines Roger Bacon, Albert von Bollstädt, gewöhnlich Albertus Magnus genannt, Raimund Lullus, Peter von Apono, Arnold von Villeneuve u. a. knüpfen sich dankbare Erinnerungen in dieser Beziehung. Die bequemeren arabischen Zahlzeichen kamen jetzt in allgemeineren Gebrauch, gleichzeitig bemächtigte sich die Scholastik durch Alexander von Hales der Arbeiten der Araber über den noch kurz vorher zum Feuer verurteilten Aristoteles, und Friedrich II. verbreitete die Schriften dieses Philosophen nach Übersetzungen aus dem Arabischen. Wenn sogar der Dominikaner Raimond von Pennaforte das Studium der arabischen Literatur empfehlen konnte und die Synode zu Vienne, wo Clemens V. den Templerorden verdammte, Lehrstühle für sie zu errichten beschloß, so geht daraus hervor, daß man selbst von seiten der Kirche die Notwendigkeit der Sache tief genug fühlte, um sie nicht aus dem einseitigen Grunde zu verdammen, weil sie gerade von den Ungläubigen stammte.

Aber mit dieser Ausbeutung des Orientalischen war das doppelte Übel verbunden, daß nicht nur die Gelehrten selbst mit dem Guten auch mannigfache Verirrungen herüberbrachten, sondern daß auch das Richtige, das sie gaben, bei der Menge vielfältiger Mißdeutung unterlag. So heftete sich an die Fortschritte einer erleuchteteren Medizin die Verbreitung der Astrologie. Die Chemie, so verdient um die Pharmakologie, konnte sich nicht losringen von dem alchimistischen Anstriche, den ihr schon Dschaffar gegeben hatte; man war überzeugt von der Möglichkeit der Metallverwandlung und der Gewinnung eines lebensverlängernden Elixirs oder einer Panazee, die einige schon in einer Goldauflösung u. dgl. gefunden zu haben wähnten.

Aber auf der andern Seite, welche imponierenden Tatsachen hatte nicht die Wissenschaft jener Zeit in Wirklichkeit dem Volke entgegenzuhalten! Wenn die fortgeschrittene Pharmakologie Wunden heilte, wo der Grabesvorhang des heiligen Martin vergebens aufgelegt worden war, war dies nicht schon ein halber Beweis für den Satz von der Lebenstinktur? Wenn Bacon (1214—1294) kühn die Ahnung aussprach, daß auch ein schwererer Körper unter gewissen Bedingungen sich in die Luft zu erheben vermöge, schien er damit nicht sagen zu wollen, daß er dies mit seinem eigenen Leibe könne, wie einst, der verbreiteten Sage zufolge, der Magier Simon zu Rom getan? Und wenn Bacon vollends von einer chemischen Mischung Donner und Blitz, die Vernichtung eines Heeres und die Zerstörung einer Stadt verspricht, tut dann der Unkundige zuviel, wenn er an die furchtbarste Entladung eines landverheerenden Gewitters denkt? Der Gedanke an magische Künste mußte hier um so eher kommen, als die Gelehrten sehr oft nur mit den Wirkungen prunkten und die Mittel dazu in unverständliche Formeln hüllten. Man nehme z. B. das Rezept zu Bacons explodierender Substanz[3], oder dasjenige, worin Raimund Lullus (1235—1315) Anweisung gibt, wie man aus dem Merkur der Weisen in verschiedenen Durchgängen grüne und rote Löwen, kimmerische Schatten, einen Drachen, der seinen Schweif verschlingt, und endlich brennendes Wasser und menschliches Blut

---

3) *J. Dumas*, Die Philosophie der Chemie. Übersetzt von *Rammelsberg*. Erste Vorlesung S. 17.

gewinnen soll, womit, nach Dumas, nichts anderes als die Gewinnung des Brenzessiggeistes aus Blei dargestellt ist[4]! Die arithmetischen Tabellen, die mit ihren wenigen krausen, ausländischen Zeichen auf die schwierigsten Fragen augenblickliche Antwort gaben, waren schon ihrer Natur nach für die Menge ein unauflösliches Rätsel. Hieran heftete sich nun das vergrößernde Gerücht. Gerberts metallener Kopf, der vorgelegte Fragen beantwortet, im zwölften Jahrhundert zuerst erwähnt[5], wiederholt sich dann bei Roger Bacon und wird bei Albert dem Großen gar zu einem vollständigen Menschen, der das Verborgenste enthüllt, um später im Prozesse der Templer wieder zum redenden Kopfe herabzusteigen. Arnold von Villeneuve bildet bei Mariana gleichfalls einen Menschen auf künstliche Weise. Peter von Apono, weil er in den sieben freien Künsten so sehr bewandert war, muß sieben Familiargeister in einer Flasche aufbewahren. Gerberts Rechentisch, den er den Sarazenen gestohlen haben sollte, mußte jetzt Belehrungen über die Bedeutung des Singens und Fliegens der Vögel und über die Heraufbeschwörung der Schatten aus der Unterwelt enthalten[6]. Ja, von Artephius, der im zwölften Jahrhundert gestorben war, wollte man wissen, daß er mit Apollonius von Tyana eine Person gewesen sei und folglich durch geheime Künste über tausend Jahre sein Leben hingehalten habe.

So warf sich auf diese Männer selbst und ihr Treiben ein Schein des Wunderbaren, Übermenschlichen, und es fragte sich nur, ob ihre Wirkungen von Gott oder vom Teufel stammten; denn daß sie die Frucht des eigenen Nachdenkens und der Naturbeobachtung sein könnten, fiel nur wenigen ein. Auch Thomas von Aquino glaubte entschieden an die Wirklichkeit der Magie. Was er mit Eifer

---

4) *Dumas* a. a. O. S. 26. *Brambach*, Des Raimundus Lullus Leben und Werke in Bildern des 14. Jahrhunderts. Karlsruhe 1893. — 5) *Guil. Malmesb.* II. p. 67. *Johann von Salisbury*, Policrat. I. 11. — 6) *Guil. Malmesbur*, II. p. 64. Vgl. *Vicent Bellovac.* Spec. hist. XXIV. 98.

gegen ihre Erlaubtheit vorbringt, ist zum Teil so subtil, daß es von manchen Verehrern der geheimen Wissenschaften zu ihren Gunsten umgedreht wurde. Für den Teufel, von dem das Jahrhundert voll war, entschied man sich immer am liebsten, und jedenfalls dann, wenn der Inhaber jener Geheimnisse zugleich auch einige Selbständigkeit in Religionssachen mitgebracht hatte und es sich herausnahm, dem Pfaffentum und der Orthodoxie entgegenzutreten, wie Roger Bacon, Peter von Apono und Arnold von Villeneuve. Zu milderem Urteil war man geneigt, wo etwa scholastische Verdienste um die Stützung des Dogmas vorlagen, wie bei Albert d. G., oder ein Bekehrungseifer wie bei Raimund Lullus. Wußte man ja von Albert, dem großen Lehrer des noch größeren Thomas, daß die heilige Jungfrau ihm die Gnade verliehen hatte, alle Wissenschaft der Philosophen zu erlernen, ohne am wahren Glauben Schaden zu nehmen, und daß er überdies fünf Jahre vor seinem Ende seine ganze Weisheit freiwillig wiedervergessen hatte, um eines christlichen Todes desto sicherer zu sein. Seine Magie ward darum auch für eine natürliche erklärt, wie er selbst diese Bezeichnung schon gebrauchte [7].

Das Beispiel reizte zur Nachahmung. Viele wären gerne im Besitz der Künste gewesen, die man an Albertus und anderen pries; was diese auf dem von der Menge ungeahnten Wege der Forschung erreicht hatten, erstrebte man auf dem Wege abergläubischer Gebräuche; man suchte die alten theurgischen Übungen hervor, mischte sie mit dem Zeremoniell, mit dem die Priester seit Jahrhunderten Geister gebannt und anderen Unfug getrieben hatten, und gedachte hiermit zur Herrschaft über die Geister und die von diesen repräsentierten Naturkräfte sich zu erheben. So kam dasjenige in Gang, was man weiße Magie oder weiße Kunst nannte. Trotz ihrer steten Bemühung, sich einen christlichen Anstrich zu geben, und

7) S. *Trithem.* Chron. Hirsaug. T. I. p. 593 cf. T. II. p. 40.

trotzdem sie sich längere Zeit auf einzelnen Universitäten, namentlich zu Salamanka und Krakau eines gewissen Rufes erfreute, hat es indessen dieser weißen Magie in ihren verschiedenen Erscheinungen als Theurgie, Theosophie, Rosenkreuzerei usw. niemals recht gelingen wollen, von der Kirche anerkannt zu werden. Ein Bezwingen der Dämonen kann nach Thomas von Aquino[8] nur durch die Kraft Gottes geschehen, und wo dies geschieht, da ist überhaupt keine Magie, sondern eine Wirkung der göttlichen Gnade vorhanden. Hiernach sei, fährt Thomas fort, dem König Salomo, den man so gerne zum Erzvater der weißen Magie machte, entweder alle Magie abzusprechen, sofern man von seinen Geisterbezwingungen aus derjenigen Zeit rede, wo er im Stande des Heils war, oder er habe gleich jedem andern durch die Kraft des Teufels gewirkt, sofern er zur Zeit seines Götzendienstes Übernatürliches getan. Dies stimmt mit Augustins Ansicht überein, der zwischen Goetie und Theurgie nur in der Benennung einen Unterschied findet.

Der Name der weißen Magie ist übrigens jünger als der der schwarzen, der ihn erst als Gegensatz hervorrief. Der letztere entstand durch die Korrumpierung des Wortes Nekromantie in Nigromantie (nigromantia). Unter Nekromantie verstand man bereits zu Anfang des dreizehnten Jahrhunderts nicht mehr die bloße Totenbefragung, sondern böse Zauberkünste überhaupt. Noch in demselben Jahrhundert kommt die Nigromantie in gleicher Bedeutung vor. Wer diese Wortform zuerst gebraucht hat, ist uns unbekannt. Schon Vincentius von Beauvais bedient sich ihrer (Spec. nat. II. 109), ebenso Ottokar von Horneck in seiner Erzählung vom Pseudo-Friedrich:

> Ettleich jahen zu dem mal
> Er war ein Aeffer gewesen
> Und hiet die Puch gelesen

---

8) Quaest. disp. VI. de mirac. art. 4.

Von Nigramanczey,
(Man gicht, daz die Chunst sei
Also gemachet und gestalt,
Wer jr hat Gewalt,
Der peget mit Zawber und tut
Darnach ym stet sein Mut)
Die Chunst chund er von dem Puch
Und hiez dieser Mann Holzschuch.

Als Grundlage aller nicht von Gott ausgehenden Weissagung betrachtet diese Zeit schon ein Bündnis mit dem Teufel, das entweder ausdrücklich oder stillschweigend eingegangen wird. Man berief sich deshalb auf Jesaias XXVIII. 15: Percussimus foedus cum morte et cum inferno fecimus pactum[9]. Vincentius setzt für das, was er Nigromantie nennt, das ausdrückliche Pactum voraus.

Das Land, wo die Weisen des Jahrhunderts ihr Wissen holten, galt jetzt als Hauptsitz der Zauberei[10]. Bayerische und schwäbische Jünglinge studieren, sagt Cäsarius von Heisterbach, zu Toledo die nekromantische Kunst. Ein Magister aus Toledo muß die von Konrad von Marburg verfolgten Teufelsgreuel verbreitet haben. Was aber aus Spanien nur dunkel und bruchstückweise verlautete, ergänzte sich die Neugierde aus der zugänglicheren römischen Literatur. Virgil, Apulejus und Petronius, letzterer der Liebling der Klöster, konnten hier aushelfen. Hier gab es Luftfahrten, Tierverwandlungen, Donner und Blitz. In dem Zauberer Virgilius stellt schon Gervasius einen Tausendkünstler dar, der dem späteren, von der Sage vergrößerten Albertus kaum etwas nachgibt[11]. An Bacons Flugkünste ketteten sich die Nachtweiber mit ihren Tier- und Stockritten und gewannen in den Lamien und Strigen eine bestimmtere Gestalt, während sie zugleich die Zaubersalbe

---

9) *Vincent Bellovac.* Spec. moral. Lib. II. Dist. 17. part. 3. *Torreblanca* Daemonolog. II. 6. — 10) *Roger Bacon.* Opus majus, ed. Jebb, p. 253 ff. *Jacob. de Vitriaco.* Hist. Hirosol. 73. — 11) *Vincent. Bellov.* Spec. hist. VI. 61 nach Helinand.

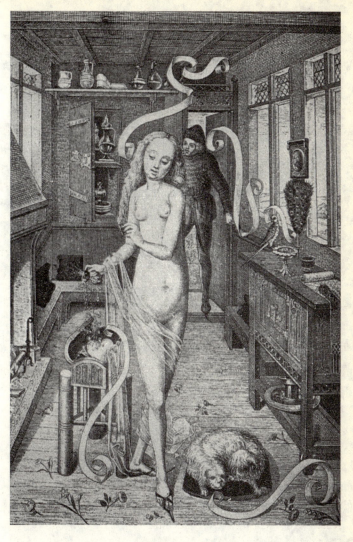

Liebeszauber
Flandrisches Gemälde aus dem 15. Jahrhundert

der Pamphile bei Apulejus beibehielten. Sein Rezept für Donner und Blitz rief die alten Tempestarier ins Gedächtnis; und wenn schon einst die Synode von Braga (563) den Glauben an das Gewittermachen des Teufels für ketzerisch erklärt hatte, so weiß doch die Scholastik die Klippen des Manichäismus geschickt zu umschiffen, indem sie den Teufel auf künstlichem, nicht auf natürlichem Wege diese Erscheinungen herbeiführen läßt.

In den Malefizien gegen Personen hielt sich die nächste Folgezeit ebenfalls vorzugsweise an römische Muster. Bezauberung durch das böse Auge, geschmolzene Wachs- und Bleibilder, magische Ringe, Stricke, Haare und Nägel von Gehängten, Erde von Begräbnisplätzen, Turteltaubenblut, Kräuterabsude und ähnliches kommt in Akten aus der ersten Hälfte des vierzehnten Jahrhunderts vielfältig vor und mag zum Teil schon vorher praktisch versucht worden sein. Den Haß Philipp Augusts gegen seine verstoßene Gemahlin Ingeburg leitet schon Vincentius von einer Bezauberung her[12]; der Glaube an die Möglichkeit einer solchen hatte bereits in Gratians Dekret eine Autorität gefunden.

Längst war nämlich die Einwirkung auf die Leidenschaften des Menschen, die Erregung unüberwindlichen Abscheus oder der leidenschaftlichsten Liebe gerade in solchen Lebensverhältnissen, wo die Natur und das Gebot Gottes den entgegengesetzten Affekt forderten, als eine der gewöhnlichsten Übeltaten der Zauberer allgemein anerkannt. Nicht selten sollte ein boshaftes Weib ein irdisches Feuer in der Brust eines Mönches entzündet und ihn zu Falle gebracht haben. Auch nahm der Böse wohl bei seinen Bewerbungen die Gestalt eines angesehenen Geistlichen an, dessen Ruf der Heiligkeit er dadurch für immer zerstört. Daneben machten sich Zauberer und Zauberinnen ein besonderes Geschäft daraus, Neuvermählte an ihrer

---

12) Spec. natural. XXXIII. 96. S. auch *Rigordus* de reb. gestis Phil. August. bei *Duchesne* T. I. p. 37.

geschlechtlichen Vereinigung zu hindern. Eine ganze Reihe von Synoden und Konzilien hat alle Urheber einer solchen Untat mit dem Banne bedroht[13]!

Die Furcht vor den geheimen Malefizien der Werkzeuge Satans, die sich der Gemüter bemächtigte, wurde noch durch den (z. B. auch von Thomas v. Aquino bestätigten) weit verbreiteten Wahn gesteigert, daß die Dämonen die Körper ihrer Werkzeuge verändern könnten, worauf namentlich der Glaube an die Lykanthropie — der Verwandlung der Hexen in Wölfe beruhte[14].

Auf diese Weise hatte sich im dreizehnten Jahrhundert vieles vereinigt, um zahlreiche einzelne Vorstellungen von magischem Wesen in Umlauf zu bringen, die sich mehr und mehr im tiefsten Schwarz zusammenzogen und den Begriff der Hexerei und der Hexe zum Abschluß bringen sollten. Die Schriftsteller verunstalteten ihre Werke mit den aberwitzigsten Geschichtchen, und mancher betrogene Bösewicht mag in jener Zeit den wirklichen Versuch gemacht haben, durch die ihm angepriesenen Zauberkünste seine Feinde zu verderben oder sich selbst emporzuschwingen; wenigstens finden sich dergleichen Klagen bald nachher selbst am päpstlichen Hofe zu Avignon. Noch aber ist die Sache nicht zur Festigkeit gelangt; obgleich man das Paktum mit dem Teufel kennt, so bildet es doch noch nicht den gemeinschaftlichen Mittelpunkt zu einem Ganzen verbundener Zaubergreuel wie im späteren Hexenwesen. Der Zauberer des dreizehnten Jahrhunderts treibt das eine oder das andere; er ist noch weit mehr Gelehrter, den der Bund mit dem Satan des Studiums nicht überhebt; die spätere Hexe erhält ihr ganzes Können durch den Bund mit einem Male; jener steht für sich, diese ist nur Glied einer großen Gesellschaft.

Wie übrigens der Glaube an die nachtfahrenden Strigen schon in Synodalbeschlüssen und fränkischen Kapitularien als ein unchristlicher und sündhafter erklärt

---

13) *Hartpole Lecky* S. 61. — 14) *Hartpole Lecky*, S. 58—59.

worden war, so fand er auch jetzt noch Widerspruch, wo man ihn aus den Schriften der Römer hervorzusuchen anfing. Merkwürdig ist in dieser Beziehung eine Stelle, die Grimm aus einer Wiener Handschrift des Striker oder eines von dessen Zeitgenossen mitgeteilt hat[15].

So erklärt auch Vincentius diese Nachtflüge für eine Täuschung, die der Mensch im Traume erleide[16]; ebenso der Roman de la Rose.

Indessen konnte doch über das Maß des Sündhaften in der Beschäftigung mit der Magie jene Zeit noch keine feste Ansicht haben, eben weil sie über die Wirklichkeit und Natur jener Künste noch nicht im klaren war. Im ganzen ließ man den guten oder schlimmen Gebrauch den Ausschlag geben, und selbst die so arg gebrandmarkte Nekromantie unterlag in geeigneten Fällen einer milderen Beurteilung. Zwar fahren bei Cäsarius und seinen Zeitgenossen die Seelen der verstorbenen Nekromanten zum Teufel; aber das hatten sie nicht nur mit den Seelen anderer Sünder und selbst mit leblosen Gegenständen gemein. Ein Mensch, dem ein Stiefel nicht angehen will, wünscht, daß diesen der Teufel holen möge; sogleich fliegt der Stiefel durch die Luft fort[17]. Man hat sogar Seelen aus der Hölle zurückkehren und Zisterzienseräbte werden sehen. Erinnern wir uns weiter, wie bei Cäsarius ein Nekromant als gläubiger Katholik vor dem Bilde der Jungfrau für die Seele seines verstorbenen Gefährten Psalmen liest, und wie selbst der Bischof von Besançon durch einen nekromantischen Priester unter Zusicherung des Sündenerlasses zwei Ketzerhäupter entlarven läßt. Thomas von Aquino gestattet schließlich sogar den Besitz magischer Kenntnisse als unsündlich, sofern man sie nicht zur Ausübung, sondern zur Widerlegung der Magie anwenden will[18]. Hieraus geht hervor, daß Thomas, obgleich auch

---

15) Deutsche Mythologie S. 589. — 16) Spec. moral. lib. II. dist. 17. part. 3. — 17) *Vincent, Bell*. Spec. mor. Lib. III. Dist. 8. part. 5. — 18) Quodlib. IV. Qu. 9.

er im allgemeinen einen Teufelsbund kennt[19], ihn dennoch zur Erwerbung magischer Kenntnisse nicht unbedingt notwendig hält.

Was die kirchlichen Strafmaßregeln gegen Zauberübungen betrifft, so finden sich zurzeit noch keine Abweichungen von den früheren Disziplinarbestimmungen, da als eigentlich kirchliches Strafmittel noch immer die Exkommunikation gilt; wohl aber entschließt sich das bürgerliche Gesetz in Deutschland zu einer Neuerung. Der Sachsenspiegel sagt: „Swelk kersten man [oder wif] ungelovich is unde mit tovere ummegat, oder mit vorgiftnisse [unde des verwunnen wirt], den sal men upper hort bernen[20]." Eine Neuerung nennen wir dies, weil vor dem Sachsenspiegel in Sachsen keine Spur einer gesetzlichen Verbrennung der Zauberer gefunden wird, und besorgen hierbei nicht den Einwurf, daß diese Sammlung nur Altüberliefertes aufgenommen habe. Nicht um das, was einst gegolten hatte, sondern um dasjenige, was galt oder gelten sollte, hatte sich der Sammler für praktische Zwecke zu kümmern, und sein Werk trägt in der Tat das Gepräge des Neuaufgenommenen auch sonst noch, z. B. in seinen Sympathien für die römisch-hierarchischen Grundsätze von den zwei Schwertern, die den alten Sachsen vollkommen fremd waren. In der Zeit, wo der Sachsenspiegel entstand, fing eben der Teufel überall wieder zu spuken an. Damals gerade erzählte Cäsarius seine Geschichten von den Homagien, unterhielt Gervasius den Sachsenkaiser Otto mit seinen Werwölfen und Weibern in Katzengestalt und galt Philipp August für behext. Besonders aber ist zu beachten, was jene Zeit von den Magistern aus Toledo, den bleichen Männern, bei deren Kusse der Glaube aus dem Herzen weicht, und der Betreibung nekromantischer Studien in den mohammedanischen Ländern fabelte. Eine solche Zeit konnte auch wohl ein Gesetz, wie das erwähnte ist,

19) Ad. Jesai. XXVIII. 15. — 20) Artikel XIII. Herausgegeb. von *Curt Müller,* Leipzig (Reclam) S. 70.

entstehen sehen. Für den späteren Begriff der Hexerei zeigt sich übrigens hier noch keine Spur gesetzlicher Anerkennung.

Teufel nehmen eines Menschen Leib
Geiler von Kaisersberg Emeis. Straßburg 1517

Der Schwabenspiegel hat das besprochene Gesetz fast mit denselben Worten, in seinen späteren Redaktionen jedoch mit manchen Erweiterungen und mit deutlicher Hereinziehung des Homagiums, aufgenommen[21].

Auf demselben Standpunkte halten sich die seitdem aufgestellten sächsischen Stadtrechte von Hamburg, Lübeck, Bremen, Riga, Stade, Verden. Das Hamburger Stadtrecht von 1270 z. B. bestimmt (XII. 6): „So welck Kersten Man offte wyff, de ungelovich ist, offte mit Toveryn ummegeit, offte mit Vergiftenisse vnde mit der verschen Daet begrepen werd, de schall me vpe der Hord bernen, vnde so schall man ock don enen vorreder." Um also auf die Strafe des Scheiterhaufens erkennen zu kön-

---

21) Der Schwabenspiegel, herausgegeben von *Dr. H. G. Gengler*, Erlangen 1875. Kap. CCCIX, S. 230, und Kap. CXLVIII, § 12, S. 128.

nen, war erforderlich: 1. daß der Verbrecher oder die Verbrecherin sich zum Christentum bekannte, 2. daß die Person ungläubig war, 3. daß sie mit Zauberei oder Vergiftung umging und 4. daß sie auf frischer Tat ergriffen worden war [22]. Durch diese letztere Bestimmung unterschied sich aber das Hamburger Stadtrecht von dem Sachsenspiegel und den mit ihm übereinstimmenden Stadtrechten. Während diese nur wollen, daß der Täter „des verwunden wird" und dadurch der späteren Anwendung der Tortur Raum schafften, wird dort das richterliche Verfahren auf den Fall der Handhaftigkeit beschränkt.

---

22) *C. Trummer,* Vorträge über Tortur, Hexenverfolgungen, Vehmgerichte und andere merkwürdige Erscheinungen in der Hamburgischen Rechtsgeschichte, Hamburg, 1844, S. 102 ff.

ZWÖLFTES KAPITEL

DIE INQUISITION IM DREIZEHNTEN JAHRHUNDERT. AUSBILDUNG DES HEXENPROZESSES IN FRANK-REICH. HEXENPROZESSE IN IRLAND UND ITALIEN.

Im Jahr 1183 versammelte Papst Lucius III. in Verona gemeinschaftlich mit Kaiser Friedrich eine Anzahl von Prälaten der Kirche um sich. Neben vielem anderen wurde hier auch die Ketzerei in Südfrankreich und das zu deren Ausrottung anzuwendende Verfahren besprochen. Nicht lange nachher (1183) ließ Lucius durch den Erzbischof von Rheims als päpstlichen Legaten in Flandern eine ganze Anzahl von Ketzern verbrennen.

Dieses Jahr 1183 kann als ein verhängnisvoller Wendepunkt in der Geschichte der Kirche angesehen werden. Von diesem Jahre an wurde nämlich allmählich der Begriff der Ketzerei und das Strafverfahren der Kirche gegen diese ein anderes. Dieses wie jenes geschah aber dadurch, daß sich das Papsttum in ganz neuer Weise als Prinzip alles Glaubens und Lebens der Kirche geltend machte.

Die Auffassung der Ketzerei betreffend, hatte man bisher in der Kirche den Gesichtspunkt festgehalten, von dem einst die römischen Kaiser in ihrer Strafgesetzgebung gegen Ketzerei ausgegangen waren; man hatte zwischen den Irrlehren unterschieden und nur Ketzereien von größerer Bedeutung mit Strafen belegt. Jetzt aber wurde der Gedanke zur Geltung gebracht, daß jedes Dogma auf der Autorität der Kirche, auf dem Papsttum beruhe, daher also auch die geringste Abweichung von der Kirchenlehre eine Verleugnung der Autorität des Papsttums, die Ketzerei, sei, daß also die Ketzerei, in welcher Form sie auch auftrete, immer gleich fluchwürdig und gleich strafbar sei.

Als die der Größe des Verbrechens der Ketzerei — des Abfalls von der Kirche, von Gott — allein entsprechende Strafe betrachtete man den Tod durch Feuer.

Allerdings wurden noch im elften und im Anfange des zwölften Jahrhunderts viele Stimmen in der Kirche laut, die vor der Hinrichtung Irrgläubiger warnten. Ernste, fromme Kirchenmänner wie der Bischof Wazo von Lüttich, der Bischof Hildebert von Le Mans, Rupert von Deutz, der heil. Bernhard von Clairvaux u. a., erinnerten daran, daß ein solches Verfahren gegen Christi Willen sei, daß man dadurch nur die Heuchelei großziehe, die Kirche verhaßt mache usw. — Allein der von dem Papsttum vertretene Gedanke, daß die Ketzerei vom Teufel stamme, daß darum deren Bestrafung Ausrottung der Ketzer sein müsse, gewann in der Kirche mehr und mehr Raum. — Der altkirchliche Gedanke, daß Ketzerei mit Exkommunikation zu ahnden sei, war bald vergessen.

Aber auch der altkirchliche Gedanke, daß die Verfolgung der Ketzerei den Bischöfen zustehe, wurde bald vergessen gemacht. Indem nämlich das Papsttum das eigentliche Wesen der Ketzerei in der Verleugnung seiner Autorität sah, so lag es nahe, daß dieses die Verfolgung und Bestrafung der Ketzerei als eine ihm ausschließlich zugehörige Sache ansah. Daher erhob sich jetzt das Papsttum durch seine Legaten, die von ihm mit den ausgedehntesten Befugnissen ausgestattet waren, das Strafrecht der Kirche gegen die Ketzer selbst auszuüben.

Doch mochte man dabei anfangs die Diözesangewalt der Bischöfe noch nicht eigentlich zur Seite schieben. Als Innocenz III. den Entschluß faßte, Einrichtungen ins Leben zu rufen, durch die eine ununterbrochene Aufspürung und Verfolgung der Ketzer sichergestellt würde, ließ er durch das vierte Laterankonzil verfügen, daß jeder Bischof seine Diözese entweder durch seinen Archidiakon oder durch andere geeignete Personen bereisen und an allen verdächtigen Orten entweder einzelne unbescholtene Leute oder die ganze Einwohnerschaft durch einen Eid alle ihnen bekannten ketzerischen Personen anzeigen lassen sollte. Die Verweigerung des Schwures sollte als Zeichen der

Ketzerei gelten; der Bischof aber, der sich in der Verfolgung der Ketzerei lässig zeigen würde, sollte abgesetzt werden. — Formell waren also die Bischöfe mit der Ketzerverfolgung betraut; aber die päpstlichen Legaten waren angewiesen, sie zu beaufsichtigen und zu leiten. — Von dem Konzil zu Toulouse 1229 wurde diese Einrichtung noch erweitert.

Allein so sehr auch die Delegaten des Papstes die Bischöfe zur Aufspürung und Verfolgung der Ketzer antrieben, so hatte die ganze Einrichtung doch nicht im entferntesten den in Rom gewünschten und gehofften Erfolg. Die Denunziationen, ohne die man die Ketzer nicht ermitteln konnte, waren nicht in Gang zu bringen.

Daher entschloß sich Papst Gregor IX., die Inquisition den Bischöfen ganz zu entreißen, sie als ein rein päpstliches Institut einzurichten, dem auch die Bischöfe unterworfen sein sollten, und die „Inquisitio haereticae pravitatis" den Dominikanern zu übertragen, die dieses „heilige Offizium" in seinem unmittelbaren Auftrage ausrichten sollten. Mit dem Jahre 1232 trat dieses neue päpstliche Institut ins Leben, zunächst in Südfrankreich, in Aragonien, in der Lombardei, in Oesterreich und Deutschland [1].

Schon damals hatte Kaiser Friedrich II., um in Italien die Welfen niederwerfen zu können, die 1238 und 1239 noch vermehrten Blutgesetze erlassen, die den letztern alle rechtlichen Schutzmittel entzogen, sie der Inquisition ganz und gar preisgaben und als ihre Strafe den Feuertod und die Konfiskation ihres Vermögens anordneten.

So begannen nun die Päpste mittels ihrer Dominikaner, neben denen späterhin gelegentlich auch Franziskaner herangezogen wurden, ihre Blutarbeit. Mit der Inquisition war die päpstliche Autorität ganz unmittelbar in die Kirche hereingetreten, alle Ordnungen der bischöflichen Diözesanregierung durchbrechend und niedertretend. Jeder einzelne Inquisitor arbeitete im unmittelbaren Auftrag, und vom

---

1) *Hansen*, Zauberwahn, S. 97.

dreizehnten Jahrhundert an bis zur Reformation hin ist „nie ein Mensch anders als im Namen des Papstes und auf dessen allgemeinem oder speziellem Auftrag zur Folterbank geführt und auf den Scheiterhaufen gestellt worden"[2].

Mit brutalem Übermut erhoben sich daher die Inquisitoren nicht nur gegen die Bischöfe, sondern auch gegen landesherrliche Gewalten. Sie waren genötigt, den Inquisitoren Kerker zu bauen und deren Urteile zu vollstrecken, ohne sich um den Gang der Untersuchung kümmern zu dürfen. Taten sie dieses und wollten sie nicht willfährig die Scheiterhaufen aufrichten und die Verurteilten verbrennen lassen, so verfielen sie dem Kirchenbanne; und hatten sie sich von ihm nicht nach Jahresfrist befreit, so waren sie der Inquisition selbst verfallen. Darum mußte sich in den Dienst der Inquisition alles, alles stellen, und darum wurde ihr auch die Wissenschaft dienstbar, die sich alsbald dazu herbeiließ, das Institut der Inquisition zu rechtfertigen. So namentlich Thomas v. Aquino, der (Summa, II. 9. 11 Art. 3 u. 4) aus symbolischen Bezeichnungen der Ketzer, die das Neue Testament gebraucht, die Pflichtmäßigkeit ihrer Hinrichtung in folgender Weise abzuleiten sucht: Die Häretiker werden im N. T. Diebe und Wölfe genannt; Diebe aber pflegt man zu hängen und Wölfe totzuschlagen. Auch sind die Ketzer Söhne des Satans. Deshalb ist es nur billig, daß ihnen das Los ihres Vaters schon hier auf Erden zuteil werde, d. h. daß sie brennen wie er. An die Worte des Apostels Johannes, daß man einen Häretiker, nachdem man ihn zweimal vergebens belehrt habe, fliehen solle, knüpft er die Bemerkung, daß diese Meidung am besten durch Hinrichtung zuwege gebracht werde. Bei Rückfälligen aber hält er jede Belehrung für unnütz und empfiehlt, sie kurzweg zu verbrennen.

Wie nun die Einsetzung der Inquisition als solche die willkürlichste Durchbrechung der bestehenden hierarchischen Ordnung der Kirche seitens des Papsttums war, so beruhte

---

2) *Janus*, Der Papst und das Konzil, Leipz. 1869, S. 264.

Vor dem Autodafé: Zug der Inquisitoren mit den Ketzern zur Messe
Kupfer von Picart 1723

auch das Prozeßverfahren — der Inquisitionsprozeß — auf dem vollständigsten Bruche mit dem bisherigen Prozeß.

Die Kirche hatte sich von Anfang an das von ihr vorgefundene römische Recht angeeignet, sowohl zur Normierung ihrer mannigfachen inneren und äußeren Verhältnisse als auch für die Form ihres Strafverfahrens, insbesondere bei der Ausübung des Strafrechts[3]. Daher kannte das kanonische Recht bis etwa zum Jahre 1200 ebenso wie das römische Recht keinen anderen Prozeß als den auf wirklicher Anklage beruhenden, — den Akkusationsprozeß[4]. Wie im römischen, so war auch im kanonischen Strafverfahren die Inscriptio et in crimen subscriptio d. h. die vom Ankläger zu unterzeichnende schriftliche Aufstellung der Anklage im gerichtlichen Protokoll oder in einem vom Ankläger eingereichten Libellus accusationis die eigentliche Basis des ganzen Prozeßverfahrens. Durch sie war dem Prozeß seine bestimmte, nicht zu überschreitende Grundlage gegeben und zugleich die Verantwortlichkeit des Anklägers dem Angeklagten und dem Staate gegenüber gesichert.

Allerdings war in der Kirche aus dem Bedürfnisse der kirchlichen Disziplin schon frühzeitig ein anderes Strafverfahren, das der Inquisitio erwachsen, was später insbesondere durch Innocenz III. und durch die Beschlüsse des Laterankonzils von 1215 bestimmter geregelt wurde. Es kam nämlich insbesondere in Betracht, daß der Akkusationsprozeß zur Handhabung des Strafrechts den Geistlichen gegenüber darum nicht genügen konnte, weil im kanonischen Recht die Erhebung einer förmlichen Anklage gegen einen Geistlichen durch einen Laien oder gegen einen höher stehenden Geistlichen durch einen niederen ausgeschlossen war. Daher waren die geistlichen Gerichte ermächtigt, namentlich in Beziehung auf Kleriker, bei Delictis manifestis s. notoriis, von Amts wegen einzuschreiten,

---

3) *H. A. Zachariä*, Handbuch des deutschen Strafprozesses, Band I., Göttingen 1861, S. 106. — 4) Ebenda. S. 101.

auch wenn kein Ankläger aufgetreten war. Doch konnte der Beschuldigte, wenn er sich schuldfrei wußte, sich eidlich reinigen.

Nach dem damaligen kanonischen Recht galt es daher als Regel, 1. daß der Anklageprozeß, der auf der Inscriptio eines fähigen Anklägers beruhte, das ordentliche Prozeßverfahren war; 2. daß das Prozeßverfahren (wie das römisch-rechtliche) öffentlich und mündlich und streng an die Akkusationsschrift des Anklägers gebunden war, und 3. daß das Geständnis, das der Richter von dem Angeklagten zu gewinnen bemüht sein müsse, nur dann Wert habe, wenn es ein in keiner Weise mit Gewalt erpreßtes, durchaus freiwillig abgelegtes war.

In diesem Punkte wich das Strafrecht der Kirche von dem römischen Recht ab, das bei Majestäts- und anderen Kapitalverbrechen die Anwendung der Folter zuließ.

In Rom war man sich schon bei der ersten Einleitung der Ketzerverfolgung darüber klar geworden, daß der Ketzerrichter, wenn er zum Abwarten einer gesetzlich gültigen Anklage verpflichtet sein sollte, unmöglich Ketzer entdecken könnte. Daher setzte das Papsttum die ganze Rechtsordnung, die im Anfange des dreizehnten Jahrhunderts in der Kirche noch bestand, ebenso wie die Iurisdictio ordinaria der Bischöfe für das ganze Gebiet der Inquisitio haereticae pravitatis außer Kraft, indem es 1. den Akkusations- durch den Inquisitionsprozeß verdrängte, 2. alle Erwachsenen eidlich zur Anzeige der ihnen bekannten Ketzer verpflichtete, 3. für den Inquisitionsprozeß die Geheimhaltung der Namen der Zeugen, und 4. (seit Innocenz IV.) die Anwendung der Tortur zur Erpressung von Geständnissen anordnete, und 5. die Verurteilung der überführten Ketzer zum Feuertode einführte.

Dieses ganz neue Prozeßverfahren stand nun zu dem deutschen Recht in ebenso grellem Gegensatz wie zu dem bisherigen Kirchenrecht. Denn auch die deutschen Volksrechte, die Kapitularien der fränkischen Könige, die Rechts-

JUGEMENT de L'INQUISITION dans la grande Place de MADRID.

Ein spanisches Inquisitionsgericht im Beisein des Königs und des Großinquisitors
Kupfer von Picart 1723

bücher des Mittelalters setzten sämtlich den Anklageprozeß als das allein rechtsgültige Verfahren voraus und bestätigten die alte Regel des germanischen Volksbewußtseins: „Wo kein Kläger, da ist auch kein Richter[4]." — Als Hauptbeweismittel galt im deutschen Strafrecht neben der Zeugenaussage und dem Gottesurteil der Eid des unbescholtenen Mannes[5]. — Dieses Beweissystem des deutschen Rechts erhielt sich mit dem Akkusationsprozeß in Deutschland bis über das Ende des fünfzehnten Jahrhunderts hinaus.

Die Kanonisten dagegen eigneten sich den Gedanken eines Prozeßverfahrens ex officio ohne Akkusation, nur auf böses Gerücht oder Denunziation hin, an, entwickelten ihn zu einem vollständigen System, was (mit der Folter) auch bei den italienischen Zivilisten, und durch diese auch in Deutschland Eingang fand. Bald wurde der Inquisitionsprozeß als der eigentlich gültige Strafprozeß angesehen und anerkannt.

Durch ihn hatten nun die Inquisitoren im Prozeß völlig freie Hand, und die Verdächtigten waren ihrer Willkür vollständig preisgegeben. Daher war der Inquisitionsprozeß, so wie er im dreizehnten, vierzehnten und fünfzehnten Jahrhundert geführt wurde, die Ausgeburt der niederträchtigsten und boshaftesten Rabulistik, die bis dahin auf dem Gebiete der Rechtspflege hervorgetreten war. Schon der Verdacht oder die Denunziation, daß jemand einer ketzerischen Meinung ergeben sei, berechtigte zur Verhaftung. Keinem Verhafteten aber durfte, wie schon die Konzilien von Beziers und Narbonne 1235 bestimmt hatten, ein Belastungszeuge namhaft gemacht werden. Papst Innocenz IV. bestätigte dieses 1254 in der Bulle Cum negotium. Zugelassen wurden als Zeugen alle möglichen Personen, die für den Akkusationsprozeß nicht in Betracht kamen: Mitschuldige, Meineidige, Kuppler und sonstige Ehrlose, außerdem auch die allernächsten Familien-

---

4) *Zachariä*, S. 124. — 5) *A. v. Kries*, Der Beweis im Strafprozeß des Mittelalters, Weimar 1878, S. 3.

angehörigen. Aus diesen vorgeladenen Zeugen holte das grausige Gespenst der Inquisition sehr bequem alle möglichen Anzeigen heraus; und um die Angeklagten zur Anerkennung der gegen sie gemachten Depositionen, zum „Geständnis" zu bringen, brachte man sehr bald mit bestem Erfolg die Folter zur Anwendung. Die Hilfe eines Rechtsbeistandes und das Recht der Berufung an eine höhere Instanz waren im Inquisitionsprozeß ausgeschlossen. Dem Inquisitor war verboten, Milde und Schonung zu zeigen. Kein Widerruf, keine Versicherung der Übereinstimmung mit dem Glauben der Kirche konnte den Angeschuldigten retten. Man gewährte ihm Beichte, Absolution und Kommunion, glaubte also im Forum des Sakraments seiner Versicherung der Reue und Sinneswandelung; zugleich aber, wenn er ein Rückfälliger war, wurde ihm erklärt, daß man ihm gerichtlich nicht glaube und er daher sterben müsse. Und endlich, um das Maß voll zu machen, wurde seine unschuldige Familie ihres Eigentums durch die gesetzlich ausgesprochene Konfiskation beraubt. Nur das Leben allein, sagt Innocenz III., soll den Söhnen von Irrgläubigen, und auch dieses nur aus Barmherzigkeit gelassen werden. So wurden sie denn auch zu bürgerlichen Ämtern und Würden für unfähig erklärt[6]).

Ihren Unterhalt bezogen die Inquisitoren anfänglich von den Gemeinschaften, unter denen sie wirkten, bald aus Teilen des konfiszierten Vermögens. Innocenz IV. wies sie 1252 auf das Drittel an und ließ ihnen im Grunde auch noch ein zweites Drittel zugute kommen, indem er dieses für künftige Inquisitionszwecke zu deponieren befahl. Dabei blieb man nicht. Bernardus Comensis, selbst Inquisitor, kennt es im fünfzehnten Jahrhundert schon als eine rechtliche Gewohnheit, daß die Inquisition das ganze Vermögen der Verbrannten oder sonstwie Hingerichteten an sich zog, und Pegna im sechzehnten nimmt dies überall da als Recht in Anspruch, wo die Inquisition ihre eigenen Diener und

6) *Janus*, S. 262—263.

Gefängnisse hat und folglich dem Staate keine Ausgaben verursacht[7]).

Das also, was den Inquisitionsprozeß — das „Negotium fidei" — vorzugsweise charakterisierte, war 1. die Anwendung des Inquisitionsverfahrens, durch das die Akkusation als Basis des Prozesses verdrängt wurde, 2. der Gebrauch der Tortur und 3. der des Scheiterhaufens.

Die Folter tritt als Inquisitionsmittel zuerst unter Papst Innocenz IV. hervor. Indessen in einer Bulle („Ad exstirpanda"), die er 1252 erließ, um den Gebrauch der Tortur kanonisch zu regeln, und die von Alexander IV. 1259, von Clemens IV. 1265 erneuert wurde, erscheint die Tortur als längst zu Recht bestehendes Verfahren. Aber nur wenn andere Beweismittel vorlagen, sollte sie ausgeschlossen sein. Auch sollte sie nicht bis zur Membrorum diminutio et mortis periculum gesteigert werden. Ihr Zweck war ein zwiefacher: die Folter sollte dem Verdächtigen das Geständnis seiner eigenen Schuld und die Anzeige seiner Mitschuldigen erpressen.

So begannen nun die Inquisitoren das „Negotium fidei" zu betreiben, mit ihrer Folter Unzählige zu peinigen und deren Leiber zu zerfleischen. Das geschah im Namen und zu Ehren des Gottes, der den Tod des Sünders nicht will. Daher war freilich die Zerbrechung der Glieder und die Gefährdung des Lebens in der Tortur sogar mit Exkommunikation und Irregularität bedroht. Diese aber und deren kanonische Aufhebung legte den Inquisitor auf eine gewiße Zeit lahm und störte also das „Negotium fidei". Damit dieses daher in voller Schwunghaftigkeit ungestört betrieben werden könnte, erließ Papst Urban IV. im Jahr 1261 eine Bestimmung, die über alle Schwierigkeiten hinaushalf, indem er verfügte, daß in allen Fällen, wo Inquisiten aus Übereilung oder menschlicher Schwachheit bis zur Membrorum diminutio et mortis periculum gefoltert wären, die geistlichen Inquisitoren sich sollten untereinander absolvieren

---

7) *Limborch*, Hist. Inquis. p. 171.

können! Hatte also ein Inquisitor einen Unglücklichen auf der Folter zu Tode gepeinigt, so war er allerdings sofort vom Gericht getroffen, indem er ipso facto exkommuniziert und irregulär war; beides aber konnte auch sofort wieder aufgehoben werden, wenn ein anderer bei der Inquisition beschäftigter Geistlicher zu ihm die kanonische Formel sprach: Ego absolvo te in nomine etc.[8].

Hiermit war nun das Ergebnis jedes einzelnen Inquisitionsprozesses entschieden und die Erreichung seines Zieles sichergestellt. War jemand der Ketzerei verdächtig und von dem Inquisitionsgericht eingezogen, so wurde er von diesem auch als der Ketzerei, Zauberei etc. unzweifelhaft schuldig angesehen. Es galt nur noch durch die Tortur das Geständnis seiner Schuld zu erpressen.

War das „Geständnis" zuwege gebracht, so mußte das nunmehr erwiesene Verbrechen durch Verbrennung des Verbrechers gesühnt werden. Zu dem Akte wurde öffentlich, wohl anch durch reitende Boten, eingeladen.

Die nächsten Vorgänge hingen davon ab, ob der Luftstrom den Opfern des theokratischen Fanatismus den Qualm ins Gesicht oder von ihm hinwegtrieb. In diesem Falle hatten sie den bitteren Kelch bis auf die Neige zu leeren und alle Stadien des langsamen Verbrennens durchzumachen. Manche hatten moralische Kraft genug, lautlos den letzten Schlag des Herzens zu erwarten. Andere brachen, vom Schmerz übermannt, in ein schreckliches Gebrülle aus. Damit nun den „Kleinen kein Ärgernis gegeben" würde, ward den Delinquenten nach dem Zeugnis des Simancas[9] die Mundsperre — eine Art Bremse — angelegt und die Zunge gebunden. So vernahmen die Zuschauer nichts als das Knistern des brennenden Holzes und den monotonen Wechselgesang zwischen einem Priester der Inquisition und seinen Chorknaben beim Rezitieren der Litanei[10], — bis der Leib des Ketzers verkohlt zusammensank.

---

8) *Buchanan*, S. 178 ff. — 9) De cathol. instit. tit. 48, § 6. — 10) *Buchanan*, S. 187.

Dieses in seiner Idee unnatürliche, in seiner Ausführung terroristische und schamlose Verfahren mußte natürlich auf Widerstand stoßen. Während das Leben, die Lehre, die Zwecke und Schicksale der Verfolgten überall, wo sich Sehnsucht nach einem besseren Zustand regte, mächtige Sympathien fanden, war die Inquisition, wie der Abt Fleury bezeugt, Ketzern und Katholiken, Bischöfen und Magistraten, Behörden und Privaten gleich furchtbar und verhaßt. Der Anmaßung, Willkür, Habsucht, Unehrlichkeit und Grausamkeit der Inquisitoren sind darum zu verschiedenen Zeiten Päpste, Könige und Fakultäten mit Entrüstung entgegengetreten. Die Sorbonne führte Beschwerde gegen das unverantwortliche Wüten der unwissenden Mönche, Parlamentsbeschlüsse schritten gegen das bisher unerhörte Rechtsverfahren ein [11]. Königliche Edikte haben wir von Ludwig d. H. [12], Philipp dem Schönen [13] und Ludwig XI. Schon 1243 hatte sich das Konzil zu Narbonne veranlaßt gefunden, die Ketzerrichter von der Auflegung von Geldstrafen um der Ehre ihres Ordens willen abzumahnen [14]. Hinsichtlich der Erpressungen traten sie in die Fußtapfen der für die Sendgerichte tätigen sogenannten Exploratores criminum oder Promotores, über die Nikolaus von Clemanges Klage führt. Wo die Herrschenden auf seiten der Inquisitoren standen, oder ihre Einsprüche nicht zum Ziele führten, da hat das mißhandelte Volk sich selbst Recht verschafft. Im Jahre 1233 wurden zwei Dominikaner, die nach Cordes geschickt worden waren, um Ketzer ausfindig zu machen, von den Bürgern erschlagen [15]. Am 30. Juli desselben Jahres erlag in der Nähe von Marburg Konrad von Marburg Edelleuten, gegen die er den Kreuzzug gepredigt hatte [16]. 1235 wurden die Inquisitoren mit Gewalt aus Toulouse vertrieben [17]. Fünf Jahre später tötete man

11) *Lamothe-Langon*, Hist. de l'Inquis. en France II. p. LXXXVIII.— 12) *Lea, Henry Charles*, Geschichte der Inquisition im Mittelalter, Bonn 1909, II. Bd. S. 62 — 13) *Lea*, II. Bd. S. 66 F. 9. — 14) *Lamothe-Langon*, T. II. p. 530. — 15) *Lea*, II. Bd. S. 13. — 16) Ebenda. S. 387.— 17) Ebenda. S. 17.

in Carcassonne kalten Blutes dreißig Geistliche, 1242 fielen die Inquisitoren in dem Städtchen Avignonet als Opfer ihres Fanatismus. 1252 erlag in Barlassina bei Como der Inquisitor Peter und ein Ordensbruder den Streichen gedungener Mörder[18]. Am 26. Dezember 1277 erschlug Konrad von Venosta den Bruder Konrad Pagano und seine Begleiter, die sich auf der Ketzerjagd im Veltlin befanden[19]. Man wird es daher begreiflich finden, daß die Stellung der Inquisitoren schon frühzeitig, wenn sie mächtig und einträglich sein sollte, auch eine sehr gefährliche war.

ALEXANDER TERTIUS
PONTIFEX ROMANUS CLXX.

(1559—81)

Dieses änderte sich jedoch, als die Inquisition allmählig eine ganz neue Richtung, nämlich die gegen Zauberei und Hexerei einschlug.

Schon mit der Einsetzung der Inquisition war eine ganz veränderte, erweiterte Auffassung des Begriffs der Ketzerei gegeben. Jede, auch die geringste Abweichung vom Dogma

18) Ebenda. S. 243. — 19) Ebenda. S. 267.

der Kirche, jedes Wort und jede Handlung, worin ein Mangel an Unterordnung unter die absolute Autorität des Papsttums gefunden werden konnte, galt jetzt als Ketzerei. Mit der Ketzerei ging aber nach der in der Kirche längst herrschend gewordenen Vorstellung die Zauberei Hand in Hand. Die Ketzerei war ein Abfall von der Kirche, von Gott, und die Zauberei war ein Wirken mit Kräften des Teufels. Der Gedanke, daß der Zweck des Abfalls vom Reiche Gottes der Eintritt in das Reich des Teufels sei, lag daher nahe und die Inquisition konnte die Zauberei als die praktische Seite der Ketzerei in ihr grimmiges Auge fassen. Dieses muß auch wirklich recht frühzeitig geschehen sein, indem sich Papst Alexander IV. (1254—1261) veranlaßt sah, am 13. Dezember 1258 und am 10. Januar 1260, die Inquisitoren, die gegen alles im Kirchenrecht Verbotene, gegen Zinswucher, Wahrsagerei, Zauberei etc. vorzugehen pflegten, in ihre Schranken zu verweisen. Gegen den üblichen Unfug mit Divinationen und Sortilegien sollten sie nur dann einschreiten, wenn er offenbar auf Ketzerei hinweise; anderenfalls sollten sie jenen, die diese Dinge trieben, den zuständigen Richtern, d. h. den Bischöfen überlassen [20].

Diese Verordnung Alexanders IV., die die Inquisitoren in der Verfolgung der mantischen Zauberei beschränkte, wurde nun aber von ihnen als stillschweigende Gutheißung der Verfolgung der ausübenden Zauberei mit Freuden begrüßt, weshalb die Inquisition gerade seit der Publikation jenes Breves die Verfolgung der Hexerei eifrigst zu betreiben begann.

In dem Hexenprozesse gewann jetzt der Inquisitor einen geschmeidigen und unerschöpflichen Stoff, weil, wo die Natur des im Reiche der Einbildungen einheimischen Verbrechens dem Richter den Vorwand leiht, von der Erhebung des objektiven Tatbestandes abzusehen, nirgends eine Grenze gezogen ist. Nicht minder gewann er an

---

20) Sexti Decretalium Libri, Lib. V. Tit. II. cap. 8: *F. K. P. Hinschius*, System des katholischen Kirchenrechtes, Berlin 1899, VI. Bd., S. 398 ff.

Popularität; denn er rechtfertigte die Grausamkeit seines Verfahrens durch die Größe der zu unterdrückenden Greuel und vertauschte die gehässige Rolle eines Verfolgers freierer Religionsansichten mit der dankenswerten eines Wohltäters, der die menschliche Gesellschaft von einer Rotte gemeingefährlicher Bösewichter befreit und dem Furchtsamen schon auf bloße Denunziation hin Schutz bietet, wo der weltliche Richter die förmliche Anklage mit allen ihren Gefahren auferlegt hätte. In dem Hexenprozesse siegte endlich die Inquisition über alle Anfechtungen ihrer Kompetenz im Zauberwesen. Als Sünde hätte die Zauberei vor den Bischof, als Verbrechen — z. B. bei Tötungen, — vor die Obrigkeit gehört; als Ketzerei aber war sie, mit Hintansetzung des ordentlichen Richters, der Inquisition verfallen. Alexanders IV. beschränkende Verordnung ist in der Tat zur privilegierenden geworden, indem sie den Scharfsinn der Inquisitoren darauf hinwies, in der Zauberei häretische Elemente geltend zu machen. Diese Geltendmachung beginnt unmittelbar nach dem päpstlichen Erlasse, kämpft sich durch alle Einwände der Gerichte und der gesunden Vernunft hin und endigt damit, daß sie die Zauberer geradezu zur geschlossenen Sekte erhebt. Nur durch die Aufdrückung eines häretischen Charakters war es möglich, daß magische Vergehungen, für die die Kirche von jeher nur disziplinäre Bestrafung gehabt und diese selbst noch im dreizehnten Jahrhundert bestätigt hatte, von nun an zum Scheiterhaufen führten. Nur hierdurch wird es erklärlich, wie in den Prozessen der Inquisitionsgerichte auch Mord, Ehebruch und andere der bürgerlichen Justiz unterworfene Verbrechen eine Stelle gefunden haben. Es wird aber auch bei dieser Ineinanderziehung der Magie und Ketzerei weiter begreiflich, daß, wenn die Inquisitoren den ordentlichen Gerichten gegenüber das Häretische der Magie hervorhoben, es auch ebenso leicht, wie geraten war, in solchen Zeiten, wo die Ketzereien mehr Sympathie zu finden anfingen, das Volk mit dem Magismus der Häresie zu schrecken.

Im Schoße der Inquisition ist der Hexenprozeß erzeugt und großgezogen worden; die Männer, die ihn durch ihre Schriften theoretisch begründet und im einzelnen weitergeführt haben, Eymericus, Nider, Bernhard von Como, Jacquier, Sprenger, Institorius u. a., sind sämtlich Dominikaner und Inquisitionsrichter gewesen.

Über zweihundert Jahre hat sich die Inquisition in fast ausschließlichem Besitze des Hexenprozesses behauptet, und als sie in den meisten Ländern zu Grabe getragen wurde, hat sie ihn den weltlichen Gerichten als ein trauriges Erbteil hinterlassen.

Allerdings konnte dieses nur dadurch erreicht werden, daß der Kanon Episcopi, der im Kirchenrecht stand, unschädlich gemacht wurde. Dieses aber konnte nur durch hundertjährige und noch längere Arbeit geschehen. In Spanien hielten die Minoriten die Geltung des Kanons lange Zeit aufrecht, und es konnte daher gleichzeitig vorkommen, daß man in Spanien als Ketzer verurteilt wurde, wenn man die Möglichkeit der nächtlichen Hexenfahrt behauptete, in Italien aber, wenn man sie leugnete. Allmählich aber siegte die dreifache Autorität des Papsttums, des Thomas von Aquino und des Dominikaner-Ordens[21]. Man machte geltend, daß die Autorität eines Konzils doch von der des Papsttums unendlich überragt werde, und indem man die Hexen ohne weiteres zu verbrennen pflegte, so gestaltete sich in der Kirche ein auf der Autorität des Papsttums beruhendes Gewohnheitsrecht, dem gegenüber der Kanon Episcopi nicht mehr in Betracht kam. —

Verfolgen wir jetzt die allmähliche Entwickelung des Unheils!

Um 1271 sieht man die Inquisition in Languedoc beschäftigt, die Überbleibsel der Ketzer, namentlich der Waldenser (vaudoisie), zu vertilgen. Diese Sekten ver-

---

21) *Janus*, S. 278—279.

schwinden für einige Zeit von dem Schauplatze und geben erst wieder zwischen 1285 und 1300, nachdem sie besonders in der Diözese von Albi Zuwachs aus der Lombardei und andern Ländern erhalten haben, Stoff zu neuer Tätigkeit. In der Zwischenzeit aber sind die ersten eigentlichen Hexenprozesse vor den Tribunalen von Carcassonne und Toulouse verhandelt worden. In Toulouse veranstaltete der Dominikaner Hugo von Boniols 1275 eine Ketzer- und Zaubereiverfolgung, in deren Verlauf eine angesehene Frau, die 56jährige, anscheinend geistesgestörte Angela de la Barthe verbrannt wurde. Sie gestand, im Umgang mit dem Teufel ein Monstrum empfangen zu haben, oben Wolf, unten Schlange, zu dessen Fütterung sie kleine Kinder benutzt habe, die sie auf nächtlichen Streifzügen herbeiholte[22]. Kurz vorher war in Poitou ein gräfliches Edikt ergangen, durch das allen Untertanen auferlegt wurde, in Sachen der Magie und der Sortilegien vor der Inquisition zu Toulouse auf Verlangen eidliches Zeugnis abzulegen[23]. Gegen die von den Inquisitoren in Languedoc begangenen Exzesse schritt Philipp der Schöne mehrmals ein[24] und band ihr Vorschreiten an die Mitwirkung der Bischöfe und des königlichen Seneschalls; dagegen verschmähte er es nicht, alle Ränke der Ketzerrichter für seine eigenen Zwecke spielen zu lassen, als er die welthistorische Ungerechtigkeit an dem Templerorden beging, und er hatte volle Ursache, mit den ihm hierbei geleisteten Diensten zufrieden zu sein.

Der Prozeß dieses Ordens ist zwar nicht ein Hexenprozeß an sich, aber er enthält Elemente, die sich im Hexenprozesse wiederfinden, wie der Vorwurf des Abfalls vom Glauben, der Beschimpfung des Kreuzes, der Verachtung der Sakramente, des Kusses, des Homagiums und der Teufelsunzucht. Der angebliche Kopf in den Templer-

---

22) *Hansen,* Zauberwahn, S. 309. Quellen, S. 446. — 23) *Bardin,* Chron. ad ann. 1270. S. Hist. de Languedoc. Pr., p. 5. — 24) Hist. de Langu. IV. Preuves, p. 98 ff.

Darstellung der Vauderie in einer Brüsseler Handschrift von etwa 1460
Aus Jos. Hansen, Quellen und Untersuchungen für Geschichte des Hexenwahns

Papst Johann XXIII.

kapiteln scheint da, wo er nicht einfach auf Götzendienst zu deuten ist, nach den astrologischen Bildern Gerberts und Bacons kopiert zu sein[25]. Dasselbe Konzilium zu Vienne, das die Sache dieses Ordens verhandelte, beschränkte die Vollmachten der Inquisitoren, indem es sie abermals enger an die Vorschriften der Ordinarien band, doch wollte es mit Entschiedenheit die Unterdrückung der alten und neuen Ketzereien.

Der Liber Sententiarum der Inquisition zu Toulouse liefert Beweise von der Tätigkeit dieses Tribunals in dem Zeitabschnitte von 1307 bis 1323. Die Urteile betreffen bis dahin meistens noch Albigenser, Waldenser und Beghinen, doch befinden sich unter ihnen schon Verhöre von Zauberern und Zauberinnen[26].

Dagegen werden von dieser Epoche an die Autodafés gegen die Sekten in Languedoc in eben demselben Maße seltener, wie sich die Verurteilungen wegen Zauberei mehren.

An dieser Steigerung scheint die persönliche Furcht Johanns XXII. (1316—34) vor magischem Unwesen nicht geringen Anteil gehabt zu haben. Bereits im Anfange seiner Regierung lebte er in steter Angst vor seinen Feinden, unter denen selbst mehrere Kardinäle ihm nach dem Leben getrachtet haben sollen. Nachdem er einmal durch genommenes Gegengift sich gerettet zu haben glaubte, verhängte er bald darauf eine peinliche Untersuchung gegen den Arzt Johann von Amanto und andere Leute seines Hofes, die bezichtigt waren, durch Gift und Wachsbilder unter Anrufung der Dämonen sein Verderben beabsichtigt zu haben[27]. Wenige Jahre später (1320) wies Johann die Inquisitoren von Carcassonne unter ausdrücklicher Erweiterung seiner Vollmachten zu eifriger Ver-

25) *Soldan*, Über den Kult der Templer, im Comte-rendu des Straßburger Kongresses von 1842 — 26) S. Hist. de Languedoc. T. IV. p. 184. *Hansen*, Quellen, S. 446 ff. — 27) *Raynald*, Annal. Eccles. ad ann. 1317.

folgung derjenigen an, die den Dämonen opfern, ihnen das Homagium leisten und eine Verschreibung geben, um dann mit allerlei Zaubermitteln Missetaten zu begehen[28]. Das Jahr 1327 brachte neue Klagen und Strafandrohungen Johanns[29]; diesmal hatte man den König Karl durch Blei- oder Steinbilder — er weiß es nicht genau — aus der Welt schaffen wollen. Wirklich hatten die königlichen Beamten zu Toulouse deshalb eine Untersuchung angestellt und in diese auch den Neffen Johanns verwickelt[30]). Im Jahr 1330 ließ sich endlich der unermüdliche Papst Akten und Berichte über den Stand des Zauberwesens einsenden. Da er das Übel nicht gemindert fand, griff er zu neuen Maßregeln[31]. Hatte er doch selbst die Kränkung erleben müssen, daß der Astrolog Franziskus Asculanus den Römerzug Ludwigs des Bayern voraussagte, eine Ungebühr, die der Magier zu Florenz auf dem Scheiterhaufen büßte[32]. Der französische Hof, selbst in Furcht vor der Macht jener Bildermagie, gab dem Inquisitionsunfug mehr Vorschub, als er ihm Einhalt tat. Zwar hatte Philipp von Valois bald nach seiner Thronbesteigung den zu Paris versammelten Prälaten sechzig Artikel über den Mißbrauch der geistlichen Gerichtsbarkeit vorlegen lassen, doch hatte ein Beschluß des Pariser Parlaments, wodurch die Inquisition für einen Königlichen Gerichtshof erklärt wurde, in der Tat eine bedeutende Machterweiterung dieses Tribunals zur Folge[33], und Philipp selbst erklärte 1334 ausdrücklich die Kompetenz der Inquisitoren im Punkte der Magie mit der nichtssagenden Einschränkung „sicut eorum officium tangi aut tangere potest"[34].

Unter diesen Verhältnissen konnte es an Schlachtopfern

28) Frater Guilelmus, Episc. Sabinensis, Inquisitori haer. prav. in partibus Carcassonn. S. *Hansen,* Quellen, S. 4 ff. — 29) *Raynald,* Annal. eccles. ad ann. 1327. *Hansen,* Quellen, S. 5 ff. — 30) Hist. de Langu. T. IV. Pr., p. 173. — 31) *Raynald,* ad ann. 1320. *Hansen,* Quellen, S 7 ff. — 32) *Raynald,* ad ann. 1327. — 33) *Lamothe-Langon,* Hist. de l'Inqu , T. I. p. LXIX , vgl. T. III p. 214. — 34) Hist de Languedoc, T. IV. Pr., p. 23.

nicht fehlen. In Carcassonne verurteilte man von 1320—1350 über vierhundert Zauberer, von denen mehr als die Hälfte zum Tode geführt wurde. Hier stand 1329 der Karmelitermönch Peter Recordi vor den beiden Inquisitoren Heinrich von Chamay und Peter Bruni. Er war angeklagt, verschiedene Wachsbilder angefertigt und dabei den Teufel unter Beschwörungen angerufen zu haben. Diese Wachsbilder hatte er, mit Giftstoffen und Krötenblut vermischt, zunächst dem Teufel geopfert, indem er sie in der Bauchgegend mit Blut und Speichel besprengte, und sie dann unter die Schwelle der Häuser von Frauen gelegt, mit denen er in geschlechtlichen Verkehr zu treten wünschte. Er hatte dieses starke Mittel dreimal mit vollem Erfolge benutzt. Der Karmeliter hatte jedesmal, wenn sein Werk gelungen war, die Wachsbilder in den Fluß geworfen, dem Teufel einen Schmetterling geopfert und dabei Satans persönliches Erscheinen aus einem Windstoß oder in anderer Weise feststellen können. Die Strafe des bußfertigen und zum Abschwören seiner Ketzerei bereiten Sünders, der die Milde der Kirche anflehte, wurde besonders darnach bemessen, daß er sich im Kerker das Verdienst erworben hatte, die Tätigkeit der Inquisition in der Weise zu unterstützen, daß er andere gefangene Ketzer, die leugneten, zum Geständnis veranlaßte und durch Verrat dessen, was er von ihnen gehört, den Inquisitoren auch sonst Dienste geleistet hatte. Demnach, und mit Rücksicht auf den Orden, dem er angehörte, wurde er von der Exkommunikation losgesprochen und zu ewigem Kerker bei Wasser und Brot und mit eisernen Arm- und Beinfesseln begnadigt[35]. Zu Toulouse wurden in demselben Zeitraume etwa sechshundert Urteile gefällt, und ungefähr zwei Dritteile lauteten auf Auslieferung an den weltlichen Arm[36]. Dergleichen Exekutionen wiederholten sich auch in der zweiten Hälfte des Jahrhunderts; unter andern hat das

35) *Hansen*, Zauberei, S. 312 ff. Quellen, S. 449. — 36) *Lamothe-Langon* a. a O. T. III. p. 226.

Jahr 1357 in Carcassonne allein 31 Hinrichtungen erlebt [37]. Es war damals jene grausige Zeit hereingebrochen, wo der schwarze Tod durch die Völker Europas hinging und im Laufe von wenigen Jahren das Leben von Millionen verschlang, wo die Geißelbrüder in wilder Ekstase durch

die Lande wanderten, wo Tausende und aber Tausende in den Niederlanden und in Deutschland von der Epidemie des Veitstanzes erfaßt wurden, mit lautem Geschrei den bevorstehenden Triumph des Satans verkündeten und von Eigennutz geschürter Fanatismus unzählige Juden abschlachtete. Alle Stützen des Lebens schienen zu brechen und ganzer Millionen bemächtigte sich eine unheimliche Stimmung, in der sie sich überall von unsichtbaren, bösen Mächten gefährdet und geschädigt glaubten.

Martern der zum Richtplatz geführten Juden

Holzschnitt um 1475

Der Verfasser der Geschichte von Languedoc macht die Bemerkung, daß um dieselbe Zeit, wo die Fratricellen und Beghinen [38] in Narbonne ihre Irrtümer verbreiteten (1326 ff.), eine große Menge von Menschen sich der Magie ergab,

37) *Hansen*, Quellen, S. 454. — 38) *Hahn*, Geschichte der Ketzer im Mittelalter, Stuttgart 1845. B. II., S. 423 ff.

und daß die angestrengteste Tätigkeit der Bischöfe und Inquisitoren nicht vermocht habe, dem Unwesen Einhalt zu tun. Die Ketzerei der Fratricellen [39] bestand hauptsächlich darin, daß sie, als strenge Anhänger der Armutsregel des hl. Franziskus, die päpstliche Dispensation von ihr für ketzerisch erklärten und diejenigen aus ihrer Mitte, die deshalb den Scheiterhaufen hatten besteigen müssen, als Märtyrer priesen. Außerdem gaben sie sich apokalyptischen Schwärmereien hin, nannten die römische Kirche die babylonische Hure und eine Synagoge des Satans, erblickten in Johann XXII. den Vorläufer des Antichrists und verkündeten eine gewaltsame Umwälzung der Dinge und blutige Kriege als nahe bevorstehend.

Rädern und Verbrennen von Juden

Holzschnitt um 1475

Auch ist in den Akten niedergelegt, daß sie den Staub und die Knochen ihrer Märtyrer, die sie als Reliquien aufbewahrten, küßten und heilsame Wirkungen von ihnen erwarteten [40]. Die spätere Tradition modelt das Treiben der Fratricellen wiederum ganz nach dem Typus der Katharergreuel. Auch hier wieder Lichterlöschen, Kinder-

39) Siehe Lib. Sentent. bei *Limborch*, p. 298. — 40) *Limborch*, p. 319.

braten und Einweihung des Novizen mittelst eines Trankes aus Kinderasche und Wein[41].

Kehren wir zum Hexenwesen zurück!

Ein Blick auf die Akten des vierzehnten Jahrhunderts zeigt uns hier überall nur dieselbe Kombination des alten Ketzer- und Zaubermaterials[42].

Man hat sich dem Teufel ergeben und alle Exzesse der Zusammenkünfte mitgemacht, die gewöhnlich in der Nacht von Freitag auf Sonnabend auf dem Berge Alaric zwischen Carcassonne und Narbonne und auf den waldigen Hügeln und Gebirgen bis zu den Pyrenäen hin stattfinden. Der Teufel erscheint mit feurigen Augen oder als riesiger Bock und fordert die Neulinge zur Leistung des Homagiums auf. Die Teilnehmerinnen geben sich ihm und den übrigen Anwesenden hin. Er bläst dem Bejahenden in den Mund; durch seinen bloßen Willen versetzen sich die Geworbenen zum Sabbath. Dort ißt man von dem Fleische geraubter Säuglinge und andern ekelhaften Speisen, ohne Salz, und lernt Zaubermittel, wie man mit Kräutern, Giften, Wachsbildern, Stücken von Leichnamen, die man sich auf den Kirchhöfen oder an den Hochgerichten verschaffte, Zaubereien ausüben konnte, wie man Wetter machte, Hagel erzeugte, giftige, die Weinberge und die Äcker schädigende Nebel hervorbrachte, Tiere und Menschen krank machte und tötete. Natürlich fehlen auch Liebeszauber, die Sterilitäts- und die Impotenz-Malefizien nicht, obschon sie nicht ausdrücklich erwähnt werden. Ebensowenig der Hexentanz. Den Hexentanz finden wir zum ersten Male bei einem Autodafé zu Toulouse im Jahr 1353 erwähnt[43].

Der Bund mit dem Satan wird zuweilen so geschlossen, daß man sein Blut in ein Feuer laufen läßt, in dem Totenknochen brennen. Man bereitet Liebeszauber aus einem Streifen vom Hemde des Geliebten, aus Galgenstricken, Taubenherzen und dem eigenen Blute, das alles zusammen

---

41) *Trithem.*, Annal. Hirsaug. ad. ann. 1299 u. 1320. — 42) *Lamothe-Langon*, Tom. III. p. 226 ff. — 43) S. *Lamothe-Langon* III. 360.

Teufelskult
Kupfer von Gillot

vergraben wird. Man parodiert die Messe zum Behufe eines Sortilegiums. Zum Zurüsten des Zaubers günstig sind die Nächte vor Johannistag, Weihnachten und die des ersten Freitags im Monat. Zwei Schäfer haben Brunnen durch Magie vergiftet und den Teufel, dem sie ein schwarzes Huhn opferten, nachts auf einen Kreuzweg berufen, um Krieg über das Land zu bringen. Ein anderer Hirt hatte völlig nackt eine Messe gelesen, um ein Zaubermittel wirksam zu weihen. Die Inquisitin hat Hagel, Regen und giftigen Nebel gemacht, Getreide und Reben erfrieren lassen, Ochsen und Schafe der Nachbarn verderbt; sie hat eine Frau getötet, indem sie deren wächsernes Bild am Feuer schmolz.

Papst Johann XXII., der überall Zauberer und Hexen sah, die mit Teufel und Dämonen verbündet wären[44], redet in seinen Erlassen von Wachsbildern, mit denen die Zauberer ihm und anderen nach dem Leben trachteten. Diese Wachsbilder seien nämlich von den Zauberern auf den Namen bestimmter Personen getauft, und wenn sie dann das Wachs

---

44) *Buchmann,* Die unfreie und die freie Kirche, S. 288 ff.

durchstächen, so würde dadurch der Tod der Personen herbeigeführt, deren Namen sie trügen. Solche Bilderzauberei (envoûter) war es auch, die Enguerrand de Marigny, Philipps des Schönen gewesener Minister, gegen Ludwig X. verübt haben sollte, als der Graf von Valois eines Vorwands bedurfte, um die beschlossene Verbannung des gestürzten Günstlings in die Todesstrafe umzuwandeln[45]. Auch in den Tagen der Katharina von Medici war es üblich, Wachsbilder von seinen Feinden anzufertigen und zu durchbohren, wie es die rachsüchtige Japanerin noch heute tut[46].

Andere haben durch Formeln oder durch das böse Auge getötet, aus der Hand, den Sternen und Spiegeln geweissagt, wahrsagende Geister in Ringe eingeschlossen usw. Daß die Teufelsunzucht nicht vergessen wurde, versteht sich von selbst. Alvarus Pelayo, Bischof von Sylva († 1352), der um 1332 sein Buch De planctu ecclesiae schrieb, hat viele Nonnen gekannt, die sich den Umarmungen des Teufels ohne Scheu hingaben, wie er aus ihren gerichtlichen Bekenntnissen ersah[47].

Ein Hexenprozeß von 1344 in Irland ließ in sonnenhellster Weise erkennen, daß er sich auf der Unterlage des Ketzerprozesses gestaltete, und daß damals noch der Vorwurf der Zauberei nur eine Steigerung des Vorwurfs der Ketzerei war[48]. Der Urheber der Verfolgung war hier der Bischof von Ossory im Palatinat Kilkenny, Richard de Ledred aus dem Minoritenorden. Der Kirchenfürst hatte es sich zur Aufgabe gestellt, zunächst in seiner Diözese und weiterhin in ganz Irland der Ketzerei und Zauberei ein Ende zu machen. Daher trat er zunächst in Hirtenbriefen gegen die „gens pestifera novella" auf, die keine kirchlichen Abgaben und Zehnten entrichten wollte, die Rechte der Bischöfe nicht

45) *Garinet*, Historie de la magie en France, p. 82. — 46) *Brauns*, Japanische Märchen, 1889, S. 33. — 47) *Raynald* ad. a. 1317. — 48) *Th. Wright*, A contemporary narrative of the proceedings against Dame Alice Kyteler or Ketler, prosecuted for sorcery in 1344. —*Wright*, Narratives of sorcery and magic (Lond. 1851) T. I. S. 25—40.

achtete und die Kirchengüter plünderte; — denn dieses war ihm Ketzerei. Im Jahre 1324 wurde nun eine vornehme Dame, Alice Kyteler, mit ihren beiden Zofen, ihrem Sohne William Outlaw, den sie vermutlich zu „kirchenräuberischen" Praktiken, d. h. zur Ketzerei verleitet haben sollte, und mehreren anderen vor das geistliche Gericht geladen, weil sie der Zauberei angeklagt wären. Alle Angeklagten sollten auch, um zaubern zu können, für eine bestimmte Zeit den christlichen Glauben abgeschworen haben. Alice Kyteler insbesondere sollte auf Kreuzwegen (in quadriviis) Zusammenkünfte mit einem bösen Geiste von der armseligsten Sorte (ex pauperioribus inferni) haben, der sich „Robinus filius artis" nenne. Diesem ihren Liebhaber setze sie bei besagten Zusammenkünften neun rote Hähne und eine unbekannte Zahl von Pfauenaugen vor. Sie bereite auch Pulver, Salben und Kerzen aus ekelhaftem Gewürm, giftigem Kraut, dem Fett und Hirn ungetaufter Kinder nebst anderen greulichen Ingredienzen, die sie allesamt in dem Schädel eines vom Galgen gestohlenen Missetäters mische und koche. Ferner trieb die Angeklagte mit ihrem Liebhaber bei den Zusammenkünften Unzucht und höhnte das heilige Meßopfer. An diese Handlung schlössen sich dann noch Verwünschungen gegen alle ihre Feinde, ihre Ehemänner mit eingeschlossen, die sie in allen Gliedern ihrer Körper einzeln verfluche, und deren sie bereits vier durch ihre Teufelskünste umgebracht, wie denn auch ihr gegenwärtiger Ehemann, Lord John de Poer, in einen solchen Zustand geraten, daß ihm Nägel und Haare ausgegangen wären. Alle diese Schandtaten sollte sie ihrem Liebhaber, dem Teufel Robin Artysson zu Gefallen verübt haben. Als ganz besonders erschwerender Umstand wurde noch angeführt, daß Robin einer der gemeinsten aus der Hefe aller Teufel in der Hölle wäre, denn er erscheine immer nur in Gestalt eines Katers oder schwarzhaarigen Hundes oder allenfalls, wenn er bei sehr guter Laune sei, in Gestalt eines Mohren und bringe dann gemeiniglich zwei andere Mohrenteufel für die Zofen Petronilla und Basilia zur Gesellschaft mit.

Allerdings gelang es nun William Outlaw der Gefahr, die ihm und seiner Mutter drohte, einstweilen insoweit zu entgehen, als er es erreichte, daß dem Bischof die Verhaftsbefehle gegen die Angeschuldigten verweigert wurden. Allein Dame Alice wurde exkommuniziert, William Outlaw vor das geistliche Gericht geladen, um sich wegen einer Anklage auf Ketzerei und Anreizung zur Ketzerei vernehmen zu lassen, und endlich setzte es der Bischof, der, ermuntert durch ein besonderes Schreiben Papst Johannes XXII. an König Eduard III. von England, als Inquisitor auftrat, durch, daß das Parlament erklärte, den Lauf der Gerechtigkeit gegen Ketzerei und Zauberei nicht länger aufhalten zu wollen. Bald war nun eine neue Anklageakte gegen Alice Kyteler und deren Angehörigen zuwege gebracht. Die Angeklagten wurden jedoch zu ihrer Sicherstellung in eine entfernte Gegend Irlands geschafft, wo sie in tiefster Verborgenheit lebten. Nur Petronilla geriet in die Hände der Häscher und wurde, als der Ketzerei und Zauberei überwiesen, zum Scheiterhaufen verurteilt. Die Folter übte man damals noch nicht; allein das unglückliche Weib ward sechsmal wegen ihrer „Sortilegien" in grausamster Weise gegeißelt. Nach der sechsten Geißelung legte sie die verlangten Geständnisse ab, wobei sie die Alice Kyteler als die Hauptzauberin des Landes und als die Lehrerin aller anderen Zauberinnen bezeichnete; aber das Benehmen der Unglücklichen am Pfahle bewies, daß sie unter den erlittenen Mißhandlungen wahnsinnig geworden war.

Hernach wandte sich die Bosheit des Bischofs wiederum gegen die Outlaw und gegen andere; diesen jedoch wurde jetzt nur „Ketzerei" zur Last gelegt. — Die Hinrichtung der unglücklichen Petronilla war das erste wegen Hexerei in Irland vollstreckte Bluturteil.

Etwa 1358 schrieb ein spanischer Dominikaner, der

Generalinquisitor von Aragon Nicolaus Eymericus (1320 bis 1399) sein Directorium Inquisitorum, die erste systematische Unterweisung für den Ketzerrichter[49], das, obwohl eine Privatarbeit, doch bald das Ansehen einer amtlich aufgestellten Kriminalordnung erlangt und als solche Jahrhunderte hindurch den Inquisitionsprozeß beherrscht hat[50]. Eymericus hat auch Schriften über Logik und Physik verfaßt — aber nicht diesen Arbeiten, sondern seinem „Directorium", dem sich noch zwei umfangreiche Traktate über denselben Gegenstand anschlossen, verdankt er seine Unsterblichkeit. Er hat sein Amt als Generalmenschenquäler 44 Jahre verwaltet und ist während dieser Zeit, wie sein Biograph von ihm rühmt, ein acer haereticae pravitatis inquisitor gewesen. Was damals irgend möglich war, das hat er getan, um seinen Kollegen die Blutarbeit zu erleichtern. Ein Brevier, ein Kruzifix und dieses Buch in der Tasche — und der Inquisitor war für seine Menschenjagd vollkommen ausgerüstet. Eymericus hat sich aber auch dadurch vor seinen Vorgängern hervorgetan, daß er seinen Amtsgenossen ein alphabetisch geordnetes Verzeichnis von Ketzereien vorgelegt hat, auf die sie inquirieren konnten. Dieser Katalog ist zwölf eng gedruckte Seiten stark; allein der Buchstabe A umfaßt vierundfünfzig Ketzereien!

Die von dem Kanonisten Franz Pegna 1578 mit Kommentaren versehene Ausgabe (ein mäßiger Folioband) hat Gregor XIII. als praecipua catholicae fidei capita continentem unter dem 13. August 1578 mit einem Privilegium gegen Nachdruck versehen[51].

In diesem Kodex finden wir nun die Theorie schon so weit fortgeschritten, daß es, die Chiromantie etwa aus-

---

49) *Nic. Eymerici*, Directorium Inquisitorum, cum scholiis *Francisci Pegnae*. Romae 1578. — 50) *Hansen*, Quellen, S. 66, *Lea*, II., 174 ff. — 51) *Buchmann*, Die unfreie und die freie Kirche (Breslau 1875), S. 152 bis 153. *Hansen*, Quellen, S. 358. Zauberwahn, S. 269 ff *Hoensbroech*, Papsttum, I. 39 ff.

genommen, fast nicht eine einzige magische Übung gibt, von der der Verfasser nicht nachwiese, daß sie ketzerisch sei oder wenigstens nach Ketzerei schmecke, mithin vor das Forum des Inquisitors gehöre.

Auch in Italien zeigen sich um diese Zeit schon Hexenprozesse. Doch ist aus dem Gutachten, das der seiner Zeit in Gelehrtenkreisen hochangesehene, bei dem Volke aber wegen seiner Härte verhaßte Jurist Bartolus von Sassoferraco (Severus de Alphanis) (1314—1357) ausstellte[52] zu ersehen, daß die Hexenprozesse in Italien noch nicht recht im Zuge waren, und daß die Kriminaljustiz zum Verbrennen der Hexen noch nicht den rechten Mut hatte. Johann Visconti, Bischof von Novara (1331—1342), ein eifriger Ketzervertilger, und der päpstliche Inquisitor hatten bei Bartolus angefragt, welche Strafe einer von ihnen gefaßten aus Orta bei Novara stammenden mulier striga gebühre. In seinem Gutachten spricht sich Bartolus ganz entschieden für Bestrafung der Hexen mit dem Feuertod aus, er hält es aber dabei für ratsam, zur Stützung seines Urteils sich auf das zu berufen, was in der kirchlichen Theologie der Zeit unbeanstandet gelehrt wurde. In dieser war es nun längst üblich geworden, das, was Christus und die Apostel, eine geistliche Auffassung ihrer Worte voraussetzend, von dem Reiche Gottes verkündet hatten, auf äußere Verhältnisse, auf die mit äußerer Zwangsgewalt operierende Kirche zu beziehen. Das Wort des Apostels, daß der geistliche Mensch alles richte, verstand man, wie in der Bulle Bonifacius VIII. „Unam sanctam" gelehrt wurde, dahin, daß der Papst nach Christi Ordnung der oberste Richter der Fürsten und Völker sei. Wenn der Prophet Jeremias im Alten Bunde seinen ihm von Gott erteilten Auftrag, göttliche Strafgerichte anzukündigen, in orientalischer Redeweise als einen Befehl, zu verderben und zu verwüsten, bezeichnete, so sollte nach päpstlicher Auslegung hierin eine typische Darstellung der Gewalt des Papstes zu erkennen

---

52) *Hansen*, Quellen, S. 64.

sein, indem Gott hier eigentlich dem Papsttum habe die
Macht verleihen wollen, nach freiem Ermessen zu ver-
derben und aus dem Lande der Lebendigen auszurotten.
Wenn es in den Psalmen von dem Könige des zukünftigen
Messianischen Gottesreiches auf Erden heißt, er werde mit
eiserner Rute die Völker bezwingen, so sah man darin
den Beweis für das Recht und die Pflicht der Päpste, die
Völker mit ihrer todbringenden Inquisition heimzusuchen.

Auf Grund dieser und ähnlicher Ausführungen erklärte
daher der große Bartolo in seinem Gutachten, daß ein
zauberisches Weib zu verbrennen sei, weil nach Christi
Gebot, wer nicht in seiner Gemeinschaft verbleibe, hinweg-
zuwerfen sei wie eine verdorrte Rebe, die man verbrenne.
— Von dem Bekanntwerden dieses Gutachtens an nahm
das regelmäßige Verbrennen der Hexen seinen Anfang[53].

---

53) *Janus*, S. 275—276.

Aus Paulus Frisius. Deß Teuffels Nebelkappen
Frankfurt a. M. 1583

Eines der Titelblätter aus der deutschen Übersetzung von
Joh. v. Bodinus „Daemonomania"
Hamburg 1698

ABNAHME DER HEXENPROZESSE IN FRANKREICH. IHR ÜBERGANG IN DIE ANGRENZENDEN LÄNDER.

Mit dem Schlusse des vierzehnten Jahrhunderts bereitet sich eine Veränderung der Dinge vor. Von Wichtigkeit war es, daß der Hexenprozeß durch Beschluß des Pariser Parlaments im Jahre 1390 dem geistlichen Richter abgenommen und dem weltlichen zugewiesen wurde[1]. Wenngleich dadurch nicht jeder Anspruch der Inquisition auf ein einmal geübtes Recht verstummte, so sah sie sich doch von der Ausübung ausgeschlossen, und die geistliche Wirksamkeit war wieder auf einen andern Weg gewiesen. Unter dem Vorsitz Johann Gersons, des Kanzlers der Universität, gab am 19. September 1398 die Sorbonne ein Gutachten ab, in dessen 28 Artikeln sie die Verbreitung magisch-astrologischen Unwesens beklagt und als Irrtum verdammte. Sie behauptet hierin ebensosehr die Realität der magischen Wirkungen, wie sie jeden Versuch der Magie, sich durch Anschmiegen an die christlichen Kultusformen den Anschein einer erlaubten Herrschaft über die Geisterwelt zu geben, entschieden zurückweist. Weder Bilder noch andere Zaubermittel haben durch sich selbst oder durch Weihungszeremonien ihre Kraft, sondern alles beruht auf einem ausdrücklichen oder stillschweigenden Bündnisse mit den Dämonen, die sich durch Zeremoniell und Sprüche niemals in Wirklichkeit zwingen lassen, wohl aber sich bisweilen so stellen, um die Menschen zu berücken.

Wie sehr magische Übungen insbesondere zum Zwecke der Heilung damals in Frankreich verbreitet gewesen sein müssen, erhellt auch aus einer Schrift des Kanzlers Gerson († 1429). Er ist unzufrieden mit den kirchlichen Heilungen durch Wallfahrten, Weihwasser, geweihtes Wachs usw. und betrachtet sie als alte, nur nicht leicht auszurotende Miß-

---

1) *Bodin*, Daemonomania, p. 377.

bräuche[2]. Die menschliche Ungeduld aber, wenn diese
Mittel fehlschlagen, führt zur Anwendung der eigentlichen
Magie. Sie sollen fest sein im Glauben wie Philipp von
Frankreich, der einst ein Wachsbild, an dessen Schmelzen
ein Zauberspruch den Tod des Königs gebunden haben
sollte, selbst ins Feuer warf mit den Worten: Wir wollen
sehen, ob der Teufel mächtiger ist, mich zu verderben,
oder Gott, mich zu erhalten!

Mit den Hinrichtungen wollte es von jener Zeit an in
Frankreich nicht mehr recht gehen. Wo von zauberischen
Tötungen und Beschädigungen die Rede war — und es mögen
zuweilen wirkliche Vergiftungen für Zauberei gegolten haben
— da machten jetzt die Parlamente ihre Rechte geltend[3], und
die Verfolgung angeblich häretischer Greuel mußte sich
gelähmt fühlen, seitdem das große römische Schisma die
ganze katholische Christenheit mit dem Banne geschlagen
hatte, zur Hälfte von Rom aus, zur Hälfte von Avignon.

So geriet die französische Inquisition in allmählichen
Verfall, und in gleichem Maße minderten sich die Hexenprozesse. Die Synode von Langres (1404) suchte wieder
auf dem Wege der Belehrung und der Disziplin zu wirken;
sie stellt die Wahrsagungen als Betrügereien gewinnsüchtiger
Menschen dar, verbietet magische Heilungen als unchrist-
lich und arbeitet insbesondere dem Glauben entgegen,
daß ein Mensch, der sich dem Teufel ergeben, nicht durch
Reue und Buße aus dessen Klauen gerettet werden könne.
Hinsichtlich der Büßungen sind die Bestimmungen des
Konzils sehr mild[4]. Dreizehn Personen, die 1406 vor dem
Tribunale von Toulouse standen, wurden nur zu Geldstrafen,
Pilgerschaften, Fasten und andern guten Werken verurteilt.
Bald darauf aber wurde der Inquisitor der Unterschlagung
konfiszierter Güter angeklagt, und Karl VI. ließ ihm seine
Einkünfte zurückbehalten[5].

---

2) De erroribus circa artem magicam. *Hansen*, Quellen, S. 86. — 3) *Lamothe-Langon*, Tome III. pag. 295. — 4) *Raynald*, ad. ann. 1404. —
5) *Lamothe-Langon*, III. p. 299.

Der politische Justizmord an der Jungfrau von Orleans[6] bietet nur einzelne Momente dar, die sich auf das Zauberwesen beziehen. Als Jeanne d'Arc vom englischen Hofe an den Bischof von Beauvais zur Untersuchung abgegeben war, zog dieser den Bruder Magistri, Vikar des abwesenden Generalinquisitors, hinzu und erklärte sie für angeklagt und verrufen wegen mehrerer Anrufungen der Teufel und anderer Übeltaten. Johanna verteidigte sich mit Mut und Geistesgegenwart, namentlich auch hinsichtlich des ihr vorgehaltenen Umgangs mit den Feen. Am Schlusse der Untersuchung wurde ihr jeder einzelne der sie belastenden Punkte mit dem Ausspruche der Pariser Universität vorgelesen. Über die von der Jungfrau vorgegebenen Erscheinungen der Engel und Heiligen sagt das Gutachten, daß diese Offenbarungen von bösen Geistern ausgegangen, die ihnen erwiesene Ehrerbietung aber, wenn sie eingestanden werde, als Götzendienst, Teufelsanrufung und Irrglaube zu strafen sei; das Tragen der Männerkleidung wird für Übertretung des göttlichen Gesetzes und heidnisch erklärt. Der Kanzler Gerson hatte ein Separatvotum beigelegt, worin er darzutun suchte, daß Johannas Taten von Gott, nicht von bösen Geistern stammten. — Hierauf las man der Jungfrau einen Revers vor, durch den sie einfach das Tragen weiblicher Kleidung versprechen sollte, schob aber dann eine Abschwörung, worin sie sich aller ihr gemachten Vorwürfe schuldig bekannte, zur Unterzeichnung unter und verlas hierauf das Endurteil, das auf ewiges Gefängnis (avec pain de douleur et autre tristesse) lautete. — Durch unmenschliche Schikane nötigte man sie im Kerker, anstatt des ihr weggenommenen Frauengewandes ein Mannskleid anzulegen, und verbrannte sie dann als Rückfällige[7].

Einem deutschen Schriftsteller zufolge traten gleichzeitig in der Nähe von Paris zwei Weiber auf, die von

6) *Hansen*, Quellen, S. 456. *Lea*, III., S. 338 ff. *Probst*, Der Prozeß der Jungfrau von Orleans, Basel 1895. — 7) *Denifle-Chatelain*, Chartularium universitatis Parisiensis, IV., 1897, Nr. 2369 ff.

Gott gesendet zu sein vorgaben, um der Jungfrau beizustehen. Vor den Inquisitor von Frankreich gestellt, kam die eine zu der Überzeugung, daß sie vom bösen Geiste betrogen sei, und schwur ab; die andere aber beharrte und wurde verbrannt[8]. 1432 wurden in Toulouse vierundzwanzig Personen „accusées d'hérésie et de pratiques superstitieuses" auf Grund von Inquisitions-Urteilen verbrannt[9]. 1430—1458 finden in der Dauphiné und Umgebung starke Ketzer- und Hexenverfolgungen durch Franziskaner als Inquisitoren statt[10]. Am 25. Oktober 1440 wird in Nantes das Ungeheuer Gilles de Rais, das Urbild des Blaubarts erst gehängt und dann verbrannt. Er war kein Hexenmeister und Ketzer, als der er verurteilt wurde, wohl aber ein Sadist, der zahlreiche Kinder, „hundert, zweihundert und mehr", heißt es im Urteil, vielleicht aber die drei- und vierfache Zahl, hinschlachtete, um sich an den Todesqualen seiner Opfer zu berauschen[11], ein würdiges Seitenstück zu jener blutdürstigen Bestie, der ungarischen Blutgräfin, Elisabeth Báthory; die Zahl ihrer Opfer schwankt zwischen 51 und 650[12]!

In Bern waren bereits um 1400 männliche und weibliche Zauberer von dem weltlichen Gericht verbrannt worden. So erzählt der schwäbische Dominikaner Johannes Nider[13], der um die Zeit des Baseler Konziliums durch seinen „Formicarius" in der Form eines belehrenden Dialogs auch Deutschland in die Mysterien des Hexenprozesses einzuweihen suchte. Nider, zuerst Professor der Theologie zu Wien, dann Prior des Predigerklosters in Nürnberg, war einer der gefeiertsten Kanzelredner seiner Zeit, ein eifriger Reformator der Klöster seines Ordens, daneben ein Hauptvertreter des kirchlichen Aberglaubens. Im

---

8) *Nider,* Formicar. im Mall Malefic. ed Francof. 1592 Tom. I. pag. 757. — 9) *Hansen,* Quellen, S. 456. — 10) *Hansen,* Quellen, S. 459—466. — 11) *Dr. Otto Krack,* Das Urbild des Blaubarts, Berlin o. J. — 12) *R. A. v. Elsberg,* Die Blutgräfin, Breslau 1894. S. 179 ff. — 13) *Hansen,* Quellen, S. 88. *K. Schieler,* Mag. Joh. Nider, Mainz 1885.

Formicarius bietet er eine Sammlung der wüstesten Gespenster- und Hexengeschichten, oft unter Berufung auf analoge Erzählungen der Heiligenlegenden[14]. Nider, obgleich selbst Inquisitor, beruft sich nicht ein einziges Mal auf eigene Amtserfahrungen, sondern immer nur auf fremde, zum Teil französische Quellen hinsichtlich des Tatsächlichen. Ein weltlicher Richter zu Bern, Peter von Greyerz, um 1400 Hexenvertilger im Simmental[15], und ein ehemaliger Inquisitor zu Autun liefern ihm die Hauptbelege zu den theoretischen Meinungen, die er auf die Autorität seiner Kollegen, der Baseler Theologen, und der älteren Scholastiker baut. Andere Belehrungen verdankt er der freiwilligen Mitteilung eines bekehrten Nekromanten. Nach der späteren Praxis wäre dieser unfehlbar dem Scheiterhaufen verfallen gewesen; damals aber durfte der Verfasser noch offen erzählen, daß sein Gewährsmann, nachdem er sich von der Zauberei losgesagt, Benediktiner geworden sei und als Prior des Schottenklosters zu Wien in Segen und anerkannter Frömmigkeit wirke. Desgleichen entging ein Mädchen zu Köln, das die Rolle der Jungfrau von Orleans spielte und in dem Streit um die Trierische Kurwürde die Partei des einen Kompetenten ergriff, durch den Schutz des Adels den Klauen des Kölner Inquisitors Heinrich Kalteisen, obgleich sie beschuldigt war, zerrissene Tücher und zerbrochene Gläser durch Zauberei wiederhergestellt zu haben. Verbrennungen kennt Nider nur in Bern. Nichtsdestoweniger stellt seine Schrift fast das vollständige System des Hexenwesens dar. Eine kurze Andeutung der Hauptpunkte wird genügen: Verleugnung der christlichen Religion und der Taufe; Treten des Kreuzes; Paktum mit dem Teufel und Homagium; Versammlungen, wo der Teufel in Menschengestalt erscheint; Luftfahrten; Hagel und Blitz machen; Getreide locken; Pferde aufhalten; Erregen von Haß und unkeuscher Liebe;

---

14) *Riezler*, S. 56 ff. — 15) *Dr. Paul Schweizer*, Zürcher Taschenbuch 1902, S. 13. *Hansen*, Quellen, 523, 91 ff. *Hansen*, Zauberw., 437.

Verhinderung des Beischlafs und der Konzeption bei Menschen und Tieren durch eine unter die Türschwelle gelegte Eidechse; Verwandlung des eigenen Körpers in Tiergestalt, z. B. in die einer Maus; Tötung der Frucht im Mutterleibe; Salbe aus den Leichnamen gemordeter Kinder, zur Verwandlung gebraucht, — „de liquidiori vero humore flascam vel utrem replemus, de quo is qui potatus fuerit, additis paucis caerimoniis, statim conscius efficitur et magister nostrae sectae" (wie bei den Chorherren von Orleans); Inkuben und Sukkuben, besonders aus Thomas von Aquino bewiesen. So wird berichtet, daß Scharen von Sukkuben unter der Maske von Huren sich auf dem Konzil zu Konstanz einfanden und viel Geld verdienten. — Der an das Bett eines von einem Inkubus verfolgten Mädchens gesteckte Stab des hl. Bernhard verbietet dem Dämon den Eintritt in das Gemach. Die Zauberer erscheinen bei ihm als eine Sekte mit ruchlosem Kult, gegen deren gemeingefährliches Wirken es keine andere Hilfe gibt, als den Glauben und das Zeremoniell der katholischen Kirche. Dem Richter aber, der gegen solche Frevler verfahren will, wird die beruhigende Versicherung gegeben, daß Hexenmacht gegen die Obrigkeit nichts vermag[16].

Durch solche Lehren bahnte Nider seinen Kollegen, den Inquisitoren, den Weg zur allmählichen Erweiterung ihrer bisher auf deutschem Boden so sehr beschränkten Macht. Er ist lange Zeit eine Autorität geblieben, bis die Sache beinahe von selbst ging. Gleichzeitig (1437) erließ Papst Eugen IV. ein Umschreiben an sämtliche Inquisitoren, in dem er zu strengster Verfolgung der Zauberei auffordert[17]. Er geht hierin zwar nicht in allen Punkten so weit wie Nider — namentlich gedenkt er der Inkuben und Sukkuben nicht — doch kennt er die Teufelsanbetung, das Homagium, das Chirographum und die Kraft der Zauberer,

16) *Janssen*, VIII., S. 548 ff. *Riezler*, 56 ff. *Hansen*, S. 437 ff. — 17) *Hansen*, Quellen, S. 17, Nr. 27.

unter Anrufung der Dämonen durch Worte, Berührung, Zeichen und Bilder Krankheiten hervorzurufen und zu heilen, Gewitter zu machen und Wahrsagungen zu erteilen, wozu man auch die Hostie, die Taufe und das Kreuz mißbrauche. Der Papst ermächtigt die Inquisitoren, summarisch und geräuschlos zu verfahren und nötigenfalls die Schuldigen dem weltlichen Arme zu übergeben. Schließlich erweitert er diese Befugnis auch für diejenigen Diözesen, die durch frühere päpstliche Privilegien und Indulte von der delegierten Inquisition befreit waren, und gestattet dem Inquisitor, über die Grenzen seines Gerichtssprengels hinauszugreifen. Unter dem 17. Juli 1445 wiederholt der Papst diesen Erlaß dem in Carcassonne tätigen Inquisitor aus dem Dominikanerorden.

Diese Verfügungen blieben für Deutschland nicht ohne Wirkung.

In Frankreich dagegen müssen Eugens Worte nicht viel gefruchtet haben; denn schon 1451 fand es Nikolaus V. nötig, eine noch weit volltönendere Vollmacht für den Oberinquisitor des Königreichs, Hugo Lenoir, auszufertigen. Um alle Kompetenzzweifel abzuschneiden, wird dieser ausdrücklich ermächtigt, gegen alle Lästerer Gottes und der heiligen Jungfrau, so wie gegen alle Zauberer, auch wenn sie nicht ketzerischen Charakter verraten, in jeder geeignet erscheinenden Form, selbst mit gänzlicher Übergehung des Diözesanbischofs, zu verfahren und alle, die gegen diese Verfügung reden, als Rebellen zu bestrafen[18].

Zwei Jahre nach dem Erlaß der obigen Bulle fiel ein aufgeklärter Geistlicher als Opfer seiner Freimütigkeit. Wilhelm Adeline, Doktor der Theologie, früher Professor an der Universität Paris und Prior zu St. Germain en Laye, hatte von der Kanzel herab sich gegen den Glauben an die Wirklichkeit der Hexenfahrten ausgesprochen. Dafür sehen wir ihn den 12. September 1453 in der bischöflichen Kapelle zu Evreux vor dem geistlichen Gericht fußfällig

---

18) *Raynald*, ad ann. 1451. *Hansen*, Quellen, S. 19.

und weinend bekennen: wie er selbst wirklich und körperlich mit andern den Satan in Bocksgestalt verehrt, den Glauben und das Kreuz verleugnet habe und von dem Teufel angestiftet worden sei, in seinen Predigten zur Mehrung des satanischen Reichs und zur Beschwichtigung des Volkes die Zaubersekte für ein Ding der Einbildung zu erklären. Er schwur ab[19] und wanderte dafür nun auch nicht zum Holzstoße, sondern bloß in den Kerker auf Lebenszeit; denn er hatte, wie ein Gleichzeitiger versichert, sein Verbrechen freiwillig gestanden — ungefähr so, wie zweihundert Jahre nach ihm Galilei das seinige. Er starb nach vier Jahren im Gefängnis.

Indessen war Adelines Stimme nur eine von den vielen gewesen, die sich in Frankreich für die Sache der Vernunft erhoben. Der Dominikaner Nikolaus Jaquier, Inquisitor von Nordfrankreich, der im Jahre 1458 sein Flagellum haereticorum fascinariorum schrieb[20], erklärt in der Vorrede, er tue dies notgedrungen wegen der häufigen, der Amtsführung des Inquisitors entgegentretenden Schwierigkeiten, und klagt darüber, daß sehr viele Menschen, gestützt auf gewisse verkehrte Ansichten, zum großen Nachteil des katholischen Glaubens sich der Zauberer annehmen. Man versichere, daß der Teufelssabbat mit allen seinen Greueln nur eine Täuschung der Träumenden sei, und berufe sich deshalb sehr ungeeigneterweise auf den Kanon Episcopi; ja man finde es unglaublich und mit der Allgütigkeit Gottes unvereinbar, daß den Dämonen eine so große Macht zum Schaden der Menschen verliehen sein sollte.

Hiernach begreift es sich von selbst, daß ein guter Teil der Schrift der Beseitigung des Kanons Episcopi gewidmet ist. Es wird geltend gemacht, daß dieser Kanon 1. nur von einer Partikularsynode herrühre, 2. eine falsche Argumentation enthalte und 3. von Fällen handle, die ihre Wahr-

---

19) *Jaquerii*, Flagellum haeret. fasc. cap. 4. *Hansen*, Quellen, 467 ff., Zauberwahn, 422 ff. — 20) Francofurti ad. M. 1581. *Hansen*, Quellen, S. 133 ff.

heit haben können, ohne daß darum die durch neuere Erfahrungen bestätigte körperliche Ausfahrt der Hexen unwahr werde. Hierbei ist nun freilich dem Verfasser selbst die Inkonsequenz begegnet, daß er die Diana und Herodias nur als nichtige poetische Fiktionen behandelt, während er doch etwas später den Neptun als wirklichen Dämon aufführt. Aus Scholastikern, Legenden und Bekenntnissen von Inquisiten wird sodann die Realität der Zauberei in allen ihren Zweigen erwiesen. Mit Jaquiers Schrift kann das System der Hexerei als abgeschlossen betrachtet werden. Spätere haben nichts wesentlich Neues hinzugefügt, sondern nur modifiziert, weiter ausgeführt und subtiler begründet.

Folgende Stellen werden die Grundzüge des Ganzen hervortreten lassen. „Die Handlungen und Zusammenkünfte dieser Zaubersekte sind nicht Täuschungen der Phantasie, sondern verwerfliche, aber wirkliche und körperliche Handlungen Wachender. Es ist ein feiner Kunstgriff des Teufels, daß er den Glauben zu verbreiten sucht, als gehörten die Hexenfahrten nur ins Reich der Träume. — In der Sekte oder Synagoge dieser Zauberer erscheinen nicht bloß Weiber und Männer, sondern, was schlimmer ist, sogar Geistliche und Mönche, die dastehen und mit den sinnlich wahrnehmbar in mancherlei Gestalt erscheinenden Dämonen reden, sich von ihnen mit eigenen Namen benennen lassen und sie, unter Verleugnung Gottes, des katholischen Glaubens und seiner Mysterien, mit Opfern, Kniebeugungen und Küssen als Herren und Meister anbeten. Dafür versprechen die Dämonen Schutz und Hilfe, erscheinen auf den Ruf der Zauberer auch außer der Synagoge, um ihre Wünsche zu erfüllen, und geben ihnen „Venefizien“ und Stoffe, um Zaubereien zu vollbringen. — Dies Verhältnis beruht auf einem Vertrage und Bund mit den Dämonen. Ein Bezwingen der Dämonen durch Nekromantie ist nicht möglich, nur göttliche Kraft, wie sie dem Diener der Kirche verliehen, ist ihnen gewachsen. — Die Zauberer bewirken

Krankheiten, Wahnsinn, Tod von Menschen und Tieren, Unglück im ehelichen Leben, Verderben der Feldfrüchte und anderer Güter. — In den Versammlungen, die meist am Donnerstag stattfinden, wird das Kreuz bespien und getreten, besonders zur Osterzeit eine geweihte Hostie geschändet und dem Teufel geopfert und fleischliche Vermischung mit den bösen Geistern getrieben. Keiner darf das Zeichen des Kreuzes machen, sonst verschwindet im Augenblick die ganze Gesellschaft, woraus ein Beweis für die Vortrefflichkeit des den Dämonen so verhaßten katholischen Glaubens genommen wird. Jedem Zauberer wird ein unvertilgbares Zeichen, das stigma diabolicum, aufgedrückt."

Merkwürdig ist die Argumentation, durch die Jaquier die Gültigkeit eines gerichtlichen Vorschreitens auf Grund des Zeugnisses angeblicher Komplizen dartut. Man hatte nämlich geltend gemacht, daß ein beim Hexensabbat Anwesender gar nicht mit Gewißheit behaupten könne, diese oder jene bestimmte Person dort gesehen zu haben, weil es möglich sei, daß der Teufel nur ein Trugbild in der Gestalt jener Person habe erscheinen lassen. Wollte man diese Ausrede gelten lassen, so würde, wie Jaquier sehr richtig meint, dem Inquisitor der Weg zur Verfolgung der Hexensekte sehr bald verschlossen sein. Um diesem zu begegnen, gibt er folgende Anweisung: „Sagt der von Mitschuldigen Angeklagte, der Teufel habe nur sein Scheinbild vorgeführt, so antworte man ihm, daß der Teufel dies nicht ohne die Erlaubnis Gottes habe tun können. Behauptet der Angeklagte weiter, daß Gott diese Erlaubnis gegeben habe, so erwidere man ihm, daß der Behauptende dem Richter genügende Beweise deshalb beizubringen habe; tut er dies nicht, so ist ihm kein Glauben beizumessen, weil er nicht dem Rate Gottes beigewohnt hat. Denn so wie der Prokurator des Glaubens die Malefizien zu beweisen hat, die er dem Angeklagten zur Last legt, so liegt auch dem Angeklagten der Beweis dessen ob, was er zu seiner Verteidigung anführt."

Am Schlusse führt Jaquier den Satz durch, daß die Zauberer, auch wenn sie bereuen, nicht wieder in den Schoß der Kirche aufzunehmen, sondern dem weltlichen Arme zu übergeben seien. Denn bei ihnen gehe alles aus bösem Willen, nichts aus Irrtum hervor, und sowohl ihre abscheuliche Ketzerei an sich, als die mit ihr verbundenen Verbrechen, Mord, Sodomie, Apostasie und Idololaterie verlangen die strengste Bestrafung. Um aber vollkommen sicher zu gehen, behauptet der Verfasser, daß selbst, wenn man auch die Realität der Hexenfahrten als unerweislich ansehen wollte, dennoch die Mitglieder der Zaubersekte sich der Ketzerei schuldig machen, sofern sie im Wachen tun, was ihnen der Satan im Traume befohlen hat, z. B. sie unterlassen, die göttlichen Mysterien zu verehren, und beichten nicht, was ihnen begegnet ist.

Ein Jahr später als Jaquier schrieb der Beichtvater des Königs Johann von Kastilien, Alphonsus de Spina, ein getaufter Jude, geboren etwa 1420, sein Fortalitium fidei[21]. Das fünfte Buch handelt von der Dämonologie und Zauberei. Der Verfasser kennt die gewöhnliche Theorie der Inkuben und Sukkuben und der Erzeugung menschlicher Wesen durch ihre Vermittlung; den Hexenflug aber erklärt er unter ausdrücklicher Anführung der Worte des Kanons Episcopi für ein Blendwerk des Teufels, ohne indessen die Weiber, die derartiges an sich erfahren, von Schuld und Strafe freizusprechen.

Pierre le Broussart[22], Dominikaner und Inquisitor zu Arras, ließ 1459 während der Abwesenheit des dortigen Bischofs ein Weib von Douay, namens Deniselle, verhaften. Sie war von dem Eremiten Robinet de Vaux, den man kurz vorher zu Langres als Waldenser verbrannt hatte, als Mit-

21) Fortalitium fidei contra Judaeos, Saracenos aliosque christianae fidei inimicos. Edit. Norimberg. 1485. — *Hansen*, Quellen, 145 ff. — 22) *Jacques du Clercq*, im 39. Band der Kollektion des Chroniques nationales françaises von *J. A. Buchon. Hansen*, Quellen, S. 149 ff. 413, 475 ff. *Riezler*, S. 322 ff. *Hansen*, Zauberwahn, S. 423. *Lea*, III. Bd. 519 ff.

schuldige bezeichnet worden. Die Geistlichen des Bischofes schritten zum Verhöre. Deniselle gestand auf der Folter, daß sie auf der Waldenserei (vauderie) gewesen und dort verschiedene Personen gesehen habe, unter diesen Jean Lavite, genannt Abbé de peu de sens. Demzufolge wird auch dieser eingezogen und gefoltert; er gesteht und veranlaßt seinerseits wiederum Verhaftungen von Vornehmen und Geringen, Geistlichen und Weltlichen, so daß sich die Sache immer weiter verzweigt. Viele Stimmen erheben sich jetzt für die Niederschlagung des Prozesses; aber der Franziskaner Johann, Bischof von Barut und Suffragan von Arras besteht auf der Fortsetzung — man sendet den Theologen zu Cambray die Akten zu, und diese bestimmen, daß die Angeklagten, wenn sie Widerruf tun, nicht am Leben zu strafen seien. Gegen diesen milderen Spruch erheben sich der Kanonikus Dubois und Johann.

Ein von der Inquisition verurteilter Ketzer

Stich von Picart, 1723

Vor einer zahlreich versammelten Volksmenge schritt man zum Gerichte; die Angeklagten standen auf einem hohen Gerüste, Mützen auf dem Kopfe, auf denen die Anbetung des Teufels gemalt war. Broussart erklärte, daß sie der Waldenserei schuldig seien, und beschrieb die Einzelheiten ihres Verbrechens. Sie ritten, hieß es in der Anklage, auf gesalbten Stöcken durch die Luft zur Vauderie, speisten da, huldigten dem als Bock, Hund, Affe oder Mensch erscheinenden Teufel durch den bekannten obszönen Kuß und durch Opfer, beteten ihn an und ergäben ihm ihre Seelen, träten das Kreuz, spien darauf und verhöhnten Gott und Christus; nach der Mahlzeit trieben sie untereinander und mit dem Teufel, der bald die Gestalt eines Mannes, bald die eines Weibes annehme, die abscheulichste Unzucht. Der Inquisitor setzte hinzu, daß die zum Fliegen dienende Salbe aus einer mit geweihten Hostien gefütterten Kröte, gepulverten Knochen eines Gehängten, dem Blute kleiner Kinder und einigen Kräutern zubereitet sei. Der Teufel predigte in den Versammlungen, verbiete die Messe zu hören, zu beichten und sich mit Weihwasser zu besprengen; er befehle, wenn man seiner persönlichen Sicherheit wegen das eine oder das andere zum Schein zu tun genötigt wäre, vorher immer zu sagen: Ne déplaise à notre maître.

Nach dem Vortrage fragte der Inquisitor jeden einzelnen, ob dies nicht alles wahr sei? Alle bejahten. Hierauf wurden die Angeklagten dem weltlichen Arm überliefert, ihre Liegenschaften dem Landesherrn und ihre bewegliche Habe dem Bischof zugesprochen. In Verzweiflung schrien jetzt die Verurteilten: man habe sie betrogen; es sei ihnen, wenn sie gestünden, eine leichte Pilgerfahrt, wenn sie leugneten, der Tod angesagt worden, die Folter habe das übrige getan; sie hätten niemals an der Vauderie teilgenommen und wüßten nicht, was das wäre. — Sechs dieser Personen starben 1460 unter Beteuerung ihrer Unschuld auf dem Scheiterhaufen.

Auf die Angabe der zu Arras Hingerichteten wurden bald darauf mehrere Personen in Amiens wegen der Vauderie verhaftet. Doch der Bischof von Amiens ließ sie alsbald wieder frei und erklärte, daß er es ebenso mit allen anderen, die man ihm noch zuführen sollte, machen würde, weil er das, was man ihnen vorwürfe, für unwahr und unmöglich hielte. Ebenso in Tournay, wo ein von dem Theologen und Rektor der Kölner Universität Jean Taincture (Tinctoris, 1400—1469)[23] verfaßter Traktat die Folge hatte, daß alle Verhafteten die Freiheit erhielten.

Mittlerweile lieferte ein zweites Autodafé zu Arras drei Männer und fünf Frauen auf den Holzstoß, die ebenfalls protestierend starben. Es waren reiche Leute unter ihnen. Zwei andere wurden, „weil sie gutwillig gestanden hatten," nur zum Kerker verurteilt. Gleich darauf gab es neue zahlreiche Verhaftungen, besonders unter Begüterten. Viele Einwohner flohen, Arras verlor seinen kaufmännischen Kredit. Die öffentliche Meinung erhob sich laut gegen das Unwesen. Der Herzog Philipp von Burgund, der aus Frankreich schlimme Urteile über die Verfolgung der Reichen hören mußte, rief eine Versammlung von Theologen nach Brüssel, die wenigstens die Einstellung fernerer Verhaftungen bewirkte. Die noch anhängigen Prozesse wurden jedoch zu Ende geführt. Ein Herr von Beaufort, obgleich derselben Vergehungen geständig wie die Verbrannten — aber ohne Folter, wurde zu öffentlicher Geißelung durch den Inquisitor, siebenjährigem Gefängnis und einer Geldbuße von 5000 Goldtalern für den Stock zu Mecheln und außerdem 620 Pfund an verschiedene Kirchen verurteilt; zwei andere traf noch längere Kerkerstrafe; der vierte, ein sehr reicher Mann, der Kinder zur Bereitung der Hexensalbe getötet und Pulver zur Beschädigung von Menschen und Feldfrüchten gemacht haben sollte, wurde, obgleich nicht geständig, verbrannt, und seine Güter wurden eingezogen. Einer von diesen Unglücklichen war fünfzehnmal gefoltert worden. Viele wurden, nachdem sie die kanonische Reinigung geleistet hatten, gänzlich frei-

---

23) *Hansen*, Quellen, S. 183.

gesprochen. Indessen mußten alle ohne Ausnahme die Verpflegungskosten und die Gebühren für die Inquisitoren zahlen.

1461 brachten es die Verwandten des eingekerkerten Beaufort dahin, daß die Sache der Waldenser von Arras vor dem Pariser Parlament verhandelt wurde. Hierbei kamen nun alle begangenen Schändlichkeiten zur Sprache: die heuchlerischen Zureden und Versprechungen des Kanonikus Dubois, die Suggestionen, die barbarische Folter. Endlich die Erpressungen der Richter für sich selbst, den Herzog und den Grafen von Etampes. Bei einigen noch laufenden Prozessen schlugen sich der Bischof von Paris und der Erzbischof von Reims ins Mittel. Auch der abwesende Bischof von Arras hatte mittlerweile von Rom aus etliche Freilassungen verfügt.

Dreißig Jahre später, nachdem unterdessen Artois an Frankreich gefallen war, wurde auch dem Andenken und den Erben der Verbrannten Gerechtigkeit zuteil. Ein Spruch des Pariser Parlaments von 1491 kassierte die Urteile von Arras, stellte den ehrlichen Namen der Verurteilten wieder her und legte dem Herzog, dem Bischof und den Richtern außer der Erstattung der Kosten eine namhafte Geldstrafe auf, um daraus eine Messe für die Hingerichteten zu fundieren. Auf königlichen Befehl wurde dies Urteil öffentlich vor dem bischöflichen Palaste zu Arras verlesen und der Tag, an dem dies geschah, für einen Feiertag erklärt.

Bald brach auch in der Dauphiné eine Verfolgung der Waldenser aus. Als der sonst so bigotte Ludwig XI. dem schamlosen Unwesen der Inquisitoren auf eine für sie nicht sehr ehrenvolle Weise gesteuert hatte, wiederholte bald darauf Innocenz VIII. ganz ähnliche Anklagen gegen die Waldenser Südfrankreichs.

So stand es in den romanischen Landen.

In Deutschland dagegen, wo die Inquisition seit dem Tode Konrads von Marburg nie wieder hatte Boden gewinnen können, war die Lage der Dinge noch in der ersten Hälfte des Jahrhunderts eine günstigere. Hier galt noch immer — wenigstens vorherrschend — der Gedanke, daß Hexerei ein nichtiger Aberglaube sei, den die Kirche ganz ebenso wie die Ausübung sonstigen heidnischen Unwesens nur mit Exkommunikation zu bestrafen habe. Ein von dem Erzbischof Balduin 1310 in der Peterskirche zu Trier versammeltes Provinzialkonzil stellte bezüglich des heidnischen Aberglaubens eine Reihe von Kanons auf, in denen wir folgendes lesen[24]: 79. Wahrsagerei, Sortilegien, die Anwendung von Mitteln zur Erweckung der Liebe etc. werden verboten. 80. Namentlich auch die Sortes sanctorum, apostolorum vel psalterii, wobei man die Bibel zur Erforschung der Zukunft mißbraucht. 81. Kein Weib darf vorgeben, daß sie nachts mit der heidnischen Göttin Diana oder mit der Herodias ausreite. 82. Beim Kräutersammeln darf man keine Zaubersprüche und keine anderen Formeln anwenden als das Vaterunser und das Symbolum. Auch darf man auf die Zettelchen, die getragen werden, nichts anderes schreiben. Besessene dürfen Steine und Kräuter, aber ohne Zaubersprüche, anwenden. Es ist nicht erlaubt, auf die ägyptischen Tage, zwei von den ägyptischen Astrologen als unglücklich bezeichnete Tage jedes Monats, auf Konstellationen und Lunationen (Mondswandlungen), auf die Kalenden des Januars und der übrigen Monate, auf den Lauf der Sonne, des Mondes und der Sterne abergläubisch zu achten, als ob hierin besondere Kraft liege. 83. Es gibt keine Tage und Zeiten, die an sich glücklich oder unglücklich sind, so daß man da irgend etwas beginnen soll oder auch nicht. Auch darf man nicht aus dem Fluge und Geschrei der Vögel oder aus dem Anblick eines Tieres auf Glück oder Unglück schließen. 84. Aus dem Sternzeichen, in dem jemand geboren ist, darf man nicht seine Sitten und Schicksale voraussagen, auch sich nicht nach diesen Zeichen richten, wenn man ein Haus bauen oder eine Ehe schließen will u. dgl.

---

24) *Hefele,* Conciliengesch. B. VI., S. 437—438.

Des nachtes auff die schlauffende leüt
Das es in heymliche ding bedeüt
Vnd vil zaubery vntayn
Die setzent an dem schulter payn
Was dem menschen sol beschehen
Vnd etlich die jehen
Es sey nit gůt das man
Den lincken schůch leg an
Vor dē gerechten des morgens frü
Vnd vil die jehen man stoß der kü
Die milch auß der wammen
So seynd etlich der ammen

Milchzauber
Aus Hans Vintlers Tugendspiegel, Augsburg 1486

Pieter Brueghel, Die Besessenen

In gleichem Sinne dekretierte ein im Jahr 1349 zu Prag versammeltes Provinzialkonzil, daß alles Zauberwerk purer Aberglaube und darum mit Exkommunikation zu bestrafen sei. Dieselbe Bestrafung war übrigens 1296 von einem italienischen Provinzialkonzil zu Grado und später (1335) auch von einer spanischen Synode zu Salamanka[25] angeordnet worden.

Hinrichtungen wegen Zauberei finden wir in Deutschland erst um die Mitte des fünfzehnten Jahrhunderts; doch kamen sie damals nur noch ganz vereinzelt vor. Wie 1446 etliche Frauen zu Heidelberg und Thalheim auf Grund von Urteilen der Ketzerinquisition verbrannt wurden, überliefert Dr. Johann Hartlieb aus Neuburg an der Donau, Rat und Leibarzt des Herzogs Albrecht III. von Bayern und später seines Sohnes Sigmund. Im folgenden Jahre, als man ein anderes Weib, das als die Lehrmeisterin der Hingerichteten galt, eingezogen hatte, erwirkte sich Hartlieb bei dem Pfalzgrafen die Erlaubnis, die Gefangene in Gegenwart des Inquisitors über die Kunst, Regen und Hagel zu machen, befragen zu dürfen. Als er jedoch vernahm, daß diese Kunst nicht erlernt werden könnte, ohne Gott, die Heiligen und die Sakramente zu verleugnen und sich drei Teufeln zu ergeben, stand er davon ab. Das Weib wurde verbrannt. Auch diese Tatsachen teilt Hartlieb in seinem 1456 verfaßten, „Buch aller verbotenen Kunst, Unglaubens und der Zauberei" mit, das „den besten und einen überraschenden Einblick in die Fülle und Mannigfaltigkeit des damals herrschenden Aberglaubens" gewährt[26]. Einen Auszug daraus geben Riezler[27] und Hansen[28]. Ein Kompendium des Volksaberglaubens um die Wende des fünfzehnten Jahrhunderts bieten die „Pluemen der Tugent" des Tiroler Dichters Hans von Vintler. Vintler trägt in nahezu tausend Versen alle Formen des Aberglaubens zu-

25) *Hefele*, B. VI., S. 335 u. 561. — 26) *Riezler*, S. 64 ff., *Oefele*, Deutsche Biographie, X. 670 ff. — 27) *Riezler*, S. 326 ff. — 28) *Hansen*, Quellen, S. 130 ff.

sammen, die in Tirol im Schwange waren und von denen manche noch heute in anderen Gegenden fortbestehen.

Wunder mit dem hufnagel
Vnd etlich die steckend nadel
Den leuten in den magen
Vnd etlich lassent iagen
Die hund auff der rechten fert
Etlich seynd so wol gelert
Das sy such mit gewalt
An nemen eyner katzen gestalt
So vindt man denn zaubreyn vntreyn
Die den leuten den weyn
Trinckent auß den kelleren vstolen
Die selben heysset man vnholen
So seynd denn etliche
Wenn sy sehend eyn leiche

Zauberei am Weinfaß
(Hans von Vintlers Pluemen der Tugent. Augsburg 1486)

Der Dichter selbst nimmt gegenüber dem Hexenwahn eine wenigstens teilweise aufgeklärte Stellung ein. Er glaubt weder an die Realität der Hexenfahrten noch überhaupt an zauberische Künste alter Weiber. „Die solche Dinge glauben, sind der Wahrheit fern[29]." Hingegen glaubte er († 1419), der Richter auf dem Ritten bei Bozen, fest an Teufelsbündnisse.

Als im Triptis 1433 der schnell schmelzende Schnee die Felder verdarb und Überschwemmungen hervorrief, schrieb man die Schuld den Juden, Tataren, Zauberern, Hexen, Scharfrichtern und Abdeckern zu, an denen das Volk seine Wut ausließ[30].

In Hamburg wurde nach den Kammerrechnungen der Stadt von 1444 in diesem Jahre eine Mulier divinatrix und eine andere Incantatrix verbrannt. Auch aus dem Jahre 1458 wird die Verbrennung eines Weibes erwähnt. Die nächstfolgende derartige Hinrichtung kam erst 1482 vor. Damals hatte eine Bauersfrau in dem Hamburgischen Dorfe Harvestehude, um ihren Kohl im Garten zu besserem Gedeihen zu bringen, eine Hostie in ihrem Garten unter einem Kohlstrauch vergraben. Die Sache wurde ruchbar, und die Geistlichen des im Orte befindlichen Klosters fanden bei Vornahme einer feierlichen Nachgrabung, daß die Wurzel dieses Strauches wie ein Kruzifix geformt war. Das Weib wurde mit dem Tode bestraft[31].

In Frankfurt a. M. ließ 1471 der Rat ein zauberisches Weib stäupen, das unter anderem in einem Spiegel gestohlene Sachen erkannte[32]. 1486 wurde ein Gaukler, der sein Glück auf den Messen versuchte, als der Zauberei schuldig, im Main ertränkt[33]. Der Henker Diepolt Hartmann von Miltenberg gibt in einem Verhör am 14. Februar 1494 vor dem Frankfurter städtischen Gericht seine Erfahrungen, die er 1492—1494 an etwa dreißig Zauberinnen gemacht, zum besten. Über die Bereitung eines Zauber-

---

29) *Riezler*, S. 18 ff. — 30) *J. Barthel*, Triptiser Chronik, Triptis o. J., S. 29. — 31) *Trummer*, Vorträge, S. 108—110. *Dr. O. Beneke*, Hamburger Geschichten und Sagen. Berlin 1888. S. 153 ff. — 32) *Hansen*, Quellen, 579. — 33) *Kirchner*, Geschichte der Stadt Frankfurt. Frankfurt 1807. T. I., S. 504.

mittels sagt er: „Item sie nemen die crucifix in den wegen und verprennen es zu pulfer und des unschuldig kindlins beyn auch zu pulvermele am Gründornstag gemalen und wasser, daruß machen sie eyn deigk und lassen eyn

Hexenbrand in Amsterdam 1571
Kupfer von Jan Luyken

messe daruber lesen uff eyn Gründornstag, domit bezaubern sie die mentzschen [34]."

In den Ratsprotokollen von Mainz finden sich aus den Jahren 1505—1511 Zeugenverhöre über Hexen, die auf Grund müßigen Klatsches in Untersuchung gezogen worden waren. Zwei „Hexen", sittlich durchaus verkommene, zur Vergiftung des Junkers Hans Röder zu Tiersperg und seines Töchterleins gedungene Vetteln, „bekannten" auf

---

34) *Hansen*, Quellen, S. 594.

nicht weniger als fünf Teufeln, mit denen sie zu schaffen gehabt hätten. Sie brachten die Neuigkeit vor, auf eine ihrer Fahrten sei jede von ihnen „auf ihrem Teufel geritten". Vom Schöffengericht zu Tiersperg verurteilt, wurden sie am 29. August 1486 hingerichtet.

„Item uff montag darnach (13. August 1509) verbrante man drei böse wiber zauberische zu Pfeddersheim seßhaft, hatten viel bös zauberei und wetter gemacht und vollnpracht lut irer erkantnus", schrieb der Wormser Chronist Reinhart Noltz in sein Tagebuch[35].

In Pforzheim standen 1491 zwei Hexen vor ihren Richtern[36]. Weitere Prozesse spielten sich 1524, 1531 und 1533 ab. In Erfingen bei Pforzheim stand eine Hebamme in so schwerem Verdacht der Hexerei, daß in ihrem Beisein kein Pfarrer ein Kind mehr taufen wollte[37].

In Hildesheim hieb man 1496 zwei „boven" die Köpfe ab, denn ihre Besitzer konnten durch ihre teuflische Kunst „alle frauwen und jungfrauwen to falle bringen"[38].

1504 wurden in dem pfälzischen Bretten mehrere Unholde eingeäschert[39]. Die vor Bretten liegenden württembergischen Söldner beschuldigten sie, ein Hagelwetter gemacht und die Leute in Angst versetzt zu haben. Es seien noch mehr Unholde als die verbrannten in dem Ort: „Das ist aber nit wahr", erklärt der Chronist jenes Vorfalles, der Schultheiß Georg Schwarzerdt, Melanchthons Bruder[40].

In Osnabrück fand während der ganzen ersten Hälfte des sechzehnten Jahrhunderts nur eine einzige Hexenverbrennung im Jahre 1501 statt[41]. Um dieselbe Zeit mußte in Braunschweig ein Weib wegen Milchzaubers auf den Scheiterhaufen[42]. In Koblenz schwor am 22. September

35) *Boos*, Wormser Urkundenbuch, III, 542; bei *Hansen*, Quellen, 600. — 36) *J. G. F. Pflüger*, Geschichte der Stadt Pforzheim. Pforzheim 1861. S. 211. — 37) Ebenda, S. 212. — 38) *Hansen*, Quellen, S. 595, Nr. 173. — 39) *Hansen*, ebda. S. 598. — 40) *Vierordt*, Geschichte der evangelischen Kirche im Großherzogtum Baden. Karlsruhe 1847. II., 121. — 41) *Janssen*, VIII., 593. — 42) *Hansen*, Quellen, S. 597.

1494 Gerdt Junkeren von Moselweiß, die wegen Zauberei ins Gefängnis gekommen, aber wieder entlassen worden war, dem Erzbischof und dem städtischen Rat Urfehde. Am 9. Oktober 1500 wird in Horchheim in der Nähe von Koblenz eine Frau verbrannt und eine andere in Untersuchung gezogen[43].

In Köln fing das Hexentreiben fast fünf Dezennien früher an. Im August 1456 fällt das städtische Gericht das Todesurteil über zwei Hexen; die eine davon ist eine Metzer Bürgerin[44]. Im April 1483 ließ der Gewölbmeister Frank Wartz zu Köln eine alte Frau, die er der Zauberei verdächtigte, scheren und zu Tode peinigen, um einen auf ihn gefallenen Verdacht auf diese abzuwälzen[45]. 1487 gesteht von zwei Mörderinnen, Mutter und Tochter, die letzte, daß ihre Mutter auch Zauberei getrieben habe[46]. — 1491 beschuldigt in Hochkirchen bei Düren eine Frau vor ihrem Tode eine andere der Hexerei, die aber trotz der schwersten Folterungen zu keinem Geständnis gebracht werden kann[47].

Eine lakonische Eintragung in einer handschriftlichen Konstanzer Stadtchronik von 1453 lautet: „Dis jars schlug der Hagel umb Triboldingen (am Untersee) alles, was da was. Die von Constanz viengent sy und den man und ein sun; umb Allerheiligentag ward sy verbrennt und der mann ledig gelassen[48]." — Ulrich Molitor erzählt einen selbsterlebten Vorfall, der sich in Konstanz zutrug. Dort wurde nach Urteil des weltlichen Gerichts 1458 auf die Beschuldigung eines Mannes ein Malefikus verbrannt, der seinem Ankläger auf einem Wolfe reitend begegnet sein sollte. Der Angeklagte wurde nicht gefoltert, da sich auch andere Zeugen fanden, die von ihm bezaubert zu sein vorgaben. Ein Verteidiger, der ihm zur Seite stand, vermochte ihn nicht vom Scheiterhaufen zu retten[49].

43) Ebda. 595—597. — 44) Ebda. S. 566, Nr. 84. — 45) Ebda. S. 583. — 46) Chroniken der niederrhein. Städte: Köln, Bd. 14; Leipzig 1877, S. 913. — 47) *Hansen*, Quellen, S. 588. — 48) Ebda. S. 561. — 49) Ebda. S. 245.

Von Duisburg, Ruhrort und Walsum erzählt die Chronik Johann Wassenberchs zu den Jahren 1513 und 1514, daß „veyl toyferschen gebrant".

Die erste Aufzeichnung eines sächsischen Prozesses findet sich 1424 in Zwickau, in welchem Jahre eine Frau wegen „czubernisse und duberey" vier Meilen weit aus der Stadt verwiesen wird[50]. 1510 wird eine Zauberin wegen ihrer „yrregleubig kunst", mit der sie viel Böses angerichtet, auch „den hurmeydelin durch ire falsche Art die Frucht abgetrieben", mit ihren Büchern und Zaubergeräten verbrannt[51]. In Konstanz wurde am 1. August 1493 gegen eines Schuhmachers Weib aus Bregenz, „ein unhold", verhandelt, der im Kerker der Teufel den Hals umdrehte[52]. Zwei Jahre nachher, am 3. Juli wurde Adelheid von Frauenfeld, die mit einem Teufel namens „Krüttle" zu schaffen gehabt, verbrannt[53].

Schon vor dem Auftreten der Inquisitoren leidet Metz stark unter dem Zauberwahn. Vom 22. April bis zum 18. Mai 1456 starben Männer und Frauen wegen Wettermachens auf dem Scheiterhaufen[54], ebenso im darauffolgenden Jahre[55], dann 1481 im Juni und Juli[56] und 1488[57].

1516 bis 1521 fand in Dinslaken ein Prozeß gegen die Nonne Ulanda Dämerts, auch Ulent Dammertz oder Ulanda Dammars geschrieben, aus dem Kloster Marienbaum bei Kalkar statt. Die Nonne bekannte. Ob sie aber in „vuer und vlammen" starb oder nur zu langem Gefängnis verurteilt wurde, wie verschiedene Chroniken abweichend voneinander erzählen, ist ungewiß[58].

In den Niederlanden kamen wohl hier und da im fünfzehnten Jahrhundert Leute zur Anzeige, die mit dem Teufel im Bunde stehen und verderbliche Zauberei (wigchelary)

---

50) *E. Fabian*, in den Mitteilungen des Altertumsvereins für Zwickau, IV. Band, ebda. 1894, S. 122 ff. — 51) *Fabian*, ebda. S. 124. — 52) *Hansen*, Quellen, S. 592, Nr. 165. — 53) Ebda. S. 595, Nr. 172. — 54) Ebda. S. 565. — 55) Ebda. S. 569, Nr. 91. — 56) Ebda. 581, Nr. 130. — 57) Ebda. 586, Nr. 149. — 58) Chroniken der westfälischen und niederrheinischen Städte, I. Bd. Leipzig 1887. S. 403.

treiben sollten; allein aus der Zeit vor 1472 liegt keine Nachricht über eine deshalb vollzogene Hinrichtung vor. Man bestrafte die Hexen und Zauberer mit Ausstellung auf dem Pranger, Landesverweisung und Geldbußen [59]. In den Registern der bischöflichen Stadt Utrecht findet sich zum Jahr 1440 die Eintragung vor, „daß in der Stadt viel Zauberei im Schwange sei und von Männern und Weibern ausgeübt werde, und daß daher der Rat das Zaubern unter Glockenschall habe verbieten lassen, unter Androhung von einjähriger Verbannung aus der Stadt, weil das Zaubern gegen Gottes Wort sei" [60]. Erst aus dem Jahr 1472 wird aus Zutphen ein Todesurteil erwähnt, an einer Dienstmagd zu Almen wegen Hexerei vollzogen [61].

In der Schweiz treten im vierzehnten und fünfzehnten Jahrhundert viele Fälle von Zauberei hervor. Das eigentliche Hexenwesen aber war dem Volke noch fremd, weshalb auch die von den Päpsten im fünfzehnten Jahrhundert angeordnete kriminelle Verfolgung hier nur sporadisch auftrat. Als die Berner in der Mitte des Sommers 1383 vor Olten zogen und das Schloß stürmen wollten, vernahm Graf Eberhard von Kyburg, der sich darin befand, es sei dort eine Frau, „die könne etwas", womit dem Schloß und den Leuten zu helfen sei. Der Graf ließ sie holen, und nachdem er versprochen, er wolle nichts gegen sie vornehmen und sie auch nicht anzeigen, stellte sie sich neben ihn auf die Zinne und sprach heimlich einige Worte, worauf alsbald eine Wolke über den Berg hereinkam und sich mit einem solchen Unwetter entlud, daß die Berner eiligst abziehen mußten [62]. 1467 schrieben Schultheiß und Rat zu Bern an den Bischof von Sion, den Walliser Hexentilger, daß in ihrem Lande nur eine Hexe zu finden ge-

---

59) *Hansen*, Quellen, S. 527, Nr. 19, 529, Nr. 33, 556, Nr. 70, 576, Nr. 102. Zauberwahn, S. 432. — 60) *C. Burman*, Utrechtsche Jaarboeken, Bd I, S. 513. — 61) *Scheltema*, Geschiedenis der Hecksenprocessen, S. 120. *Hansen*, Quellen, S. 569. — 62) *Justinger*, Berner Chronik, herausgegeben von Stierlin und Wyß, Bern, 1819, S. 205.

wesen sei, die sie nach kaiserlichem Recht „mit füres brand verderben lassen"[63]. Die große Hexenschlächterei des Bischofs von Sion übte auf Bern üblen Einfluß aus, denn 1473 wurden im Berner Gebiet auf einmal 14 Personen beiderlei Geschlechts der Hexerei bezichtigt[64].

1482 fühlte sich die Berner Obrigkeit veranlaßt, zur Besserung gemeiner Landesbresten gegen Gespenst, Hexenwerk, Zauberei und Ungewitter gewisse Schutzmaßregeln zu ergreifen und ordnete als die wirksamsten hierzu dienlichen Mittel besondere Gottesdienste, Messen, Prozessionen sowie den Gebrauch von geweihten Palmen, Salz, Kerzen u. dgl. an[65].

In Basel war die gewöhnliche Strafe für Zauberei die „Leistung vor den Kreuzen", den Grenzsteinen der Stadt, d. h. zeitweilige oder ewige Landesverweisung. In dem noch jetzt vorhandenen „Leistungsbuch" von 1390 bis 1473, einer Sammlung von Ratsbeschlüssen und Straferkenntnissen, liegen Nachrichten über Zaubererprozesse vor, die merkwürdigerweise gerade Personen aus den adeligen und vornehmsten Bürgerfamilien der Stadt betrafen. Im Jahr 1399 wird eine Frau verurteilt, „fünf Jahre vor den Kreuzen zu leisten", weil sie mit ihrer Zauberei einen Mann zur Armut gebracht hatte[66]. Großes Aufsehen machte ein Prozeß gegen einige Frauen aus dem städtischen Patriziat wegen Zauberei im Jahre 1407, dem ähnliche 1414 und 1416 nachfolgten. In Nieder-Hauenstein bei Basel wurde eine Unholdin zum Tode verurteilt, von der ein Bauer eidlich erklärte, sie sei eine Hexe, und sie sollte auf einem Wolf geritten sein[67]. Im Jahr 1433 schwur ein Mann bezüglich einer in Läufelfingen in Haft sitzenden Frau zu Gott und den Heiligen: „Als er an einem Donnerstag um Pfingsten vor einem Jahr um Mittag gegen Bukten zum

---

63) *Hansen*, Quellen, 580, Nr. 127. — 64) *Tobler*, Schweizer Archiv für Volkskunde, II. 59 ff. — 65) *Ansselm*, Berner Chronik, herausgegeben von Stierlin und Wyß, Bd. I, S. 307 ff. — 66) *Buxtorf-Falkeisen*, IV., S. 12. — 67) *Hansen*, Quellen, S. 529.

Wein gehen wollte, sah er die Verhaftete von Bukten gegen ihn heranfahren, auf einem Wolfe reiten, und lief der Wolf für sich, und saß sie hinter sich und hielt dessen Wedel in der Hand. Er erschrak zum Zittern und lief hinter einen Baum sich zu verbergen. Da sah er das Weib schnell dahinfahren, ging dann weiter und war froh, so davongekommen zu sein." 1451 wurde in Basel eine Hexe hingerichtet[68], desgleichen im Mai 1482 in Liestal bei Basel[69].

In Luzern führen die ersten Spuren eines Zauberprozesses zum Jahre 1398. Damals klagte eine Frau, sie sei durch eine andere um vierhundert Gulden geschädigt worden, die habe ihren Mann verzaubert und wollte sie zu „einer huren han gemacht"[70]. 1400 liegen sich wieder Weiber wegen Zauberei vor dem Rat in den Haaren. Die eine hatte der anderen „ihr brunzelwasser in ir augen" geschüttet. 1406 wird Anna Kollers wegen Verabreichung eines Liebestrankes verklagt[71]. 1419 wird schon ein Mann wegen „Hexereye" gefoltert. In diesem Prozeß wird das Wort Hexerei zum ersten Male von Amts wegen gebraucht[72]. In den Fasten 1423 verbrennt man in Sursee bei Luzern die Hexe Verona Rehagin. Von 1450 ab fanden in Luzern zahlreiche Hexenprozesse statt, die, besonders seit 1454 mit Bränden schließen. So werden in den Jahren 1460, 1461, 1482, 1490, 1519 stets mehrere Hexen auf den Holzstoß gebracht. 1526 gesteht Elisabeth Meyer von Sarmensdorf und büßt in den Flammen, ebenso 1528 Barbara Haller von Vaumarcus. 1531 und 1532 sind zwei Personen der Hexerei verdächtig; eine wird verbrannt[73].

In Zürich finden 1462 Verhandlungen gegen zwei der Hexerei anrüchige Weiber statt. Eines der beiden muß die Stadt verlassen. Das Geschick der andern ist in Dunkel gehüllt. Am 20. Januar 1459 wurde in Andermatt am

---

68) *Buxtorf-Falkeisen*, Basler Zauberprozesse aus dem vierzehnten und fünfzehnten Jahrhundert. Basel 1868. — 69) *Hansen*, Quellen, S. 582. — 70) Ebda. 524. — 71) Ebda. 527. — 72) Ebda. 528. — 73) Ebda. 612.

St. Gotthard eine Hexe aus Steinberg im Urserental zur Richtung durch das Schwert mit nachfolgender Verbrennung abgeurteilt [74].

Solothurn den 25. November 1466 datiert die Urfehde der Anna Schwebin, die wegen „schweren, großen, unge-limpflichen und unchristenlichen lümbden, das ich sölle ein hegß sin und mit sollichen Sachen umbgan" gegen das Versprechen, die Eidgenossenschaft für immer zu meiden, entlassen wurde [75]. Etwa 1490 wurde hier eine Frau in der Aar ertränkt, die einen zauberischen Diebstahl auf der Folter gestanden hatte [76]. Dreiundvierzig Jahre früher war in Büren bei Solothurn Anna Vögtin auf dem Scheiter-haufen hingerichtet worden, weil sie gestanden hatte, sich dem Teufel ergeben, in Bischoffingen und Ettiswil das Altarsakrament entwendet und damit vielfache Malefizien ausgeführt zu haben [77].

Von besonderer Bedeutung sind die Nachrichten von den in der französischen Schweiz vorgekommenen Prozessen [78]. Sie sind noch wesentlich Ketzerprozesse, zeigen aber, daß der ganze Wahnsinn, den man aus den Hexen im sieb-zehnten Jahrhundert herausfolterte, auch den Ketzern im fünfzehnten Jahrhundert unterschoben wurde, und daß die Hexerei als wesentliches Moment der Ketzerei galt.

Die Inquisition lag hier in den Händen des bischöflichen Offizialats zu Lausanne, das sie durch Predigermönche im Waadtland und in den Landen von Freiburg und Neuchâtel ausüben ließ. Die Aufgabe der Inquisitoren war, alle auf-zuspüren, die des Verbrechens der Ketzerei, Zauberei und Waldenserei verdächtig waren. Das Vermögen des Hin-gerichteten wurde regelmäßig konfisziert. Zwei Drittel fielen dem Fiskus zu und ein Drittel dem Offizium der Inquisition.

---

74) Ebda. 571. — 75) Ebda. 577. — 76) Ebda. 588. — 77) Ebda. 548. — 78) Les sorciers dans le pays de Neuchatel au 15. 16. et. 17. siècle. Recherches curieuses sur les procédures instruites par l'Inquisition etc. Locle 1862.

In Wallis setzen die großen, von einer weltlichen Instanz inszenierten Hexenverfolgungen 1428 ein. Ihre Urheber sind die Walliser Bauerngemeinden unter Führung der Bischöfe von Sion und deren Statthalter. In einer Versammlung zu Leuk bestimmen sie gemeinsam, daß allerwärts die durch zwei bis zehn Personen der Zauberei verdächtigten Einwohner gefangen genommen, der Tortur unterworfen und nach abgelegtem Geständnis verbrannt werden sollten. In eineinhalb Jahren waren über zweihundert Hexen und Zauberer verbrannt. Dabei hatten sich noch viele zu Tode foltern lassen, ohne zu gestehen[79]. Auch das schamlose Abrasieren der Körperhaare, um das Teufelsstigma zu finden, an dem man ohne weiteres die Hexe zu erkennen vermochte, verpflanzte sich hier von den gleichzeitigen Inquisitionsprozessen in die weltlichen[80]. Hier führen die Zauberer und Hexen außer Unwettern auch Lawinenstürze herbei[81].

Besonders heftig wüteten die Freiburger im Üchtland gegen die „Wodeis". 1440 werden von Angehörigen dieser Sekte zwei Männer gerädert und vier Frauen verbrannt[82]. Der „Carnacier" hatte dann zu tun in den Jahren 1454[83], 1457[84], wo der den „Woudeises" angehörige Cristin Bastardet überführt wurde 1. der Bestialität mit einer Kuh, einer Gemse (!) und einer Ziege, 2. des dem Teufel geleisteten Homagiums, 3. des Wettermachens, dann in den Jahren 1462[85], 1479[86] und 1482[87].

Vom 6. Oktober bis zum 1. Dezember 1481 leitet in Neuchâtel P. Franz Grenet, Ord. Praed., Stellvertreter des Generalinquisitors in den Diözesen Genf, Lausanne und Sion, Verhandlungen gegen vier „Valdois", die der Hexensekte angehörten. Die angeklagten Männer wurden dem weltlichen Arm übergeben und starben auf dem Scheiterhaufen. Der Prozeß knüpfte an das 1439 in derselben

79) *Hansen*, Quellen, 531 ff. — 80) *Hansen*, Zauberw., 441 ff. — 81) Quellen, 577. — 82) Quellen, 546. — 83) Quellen, 561. — 84) Quellen, 569. — 85) Quellen, 576. — 86) Quellen, 581. — 87) Quellen, 582.

Stadt stattgefundene Verfahren gegen Hanchemand-le-Mazelier, den Häuptling der Sekte, der gleichfalls verbrannt worden war[88], an.

Zur näheren Charakteristik dieser „Ketzerprozesse" teilen wir den Verlauf eines dieser 1481, also kurz vor dem Erscheinen der Bulle Innocenz VIII. und des Hexenhammers vorkommenden Prozesse mit. Er betraf einen gewissen Rolet Croschet, der am 27. November 1481 „pour cas d'hérésie" dem Inquisitor vorgeführt wurde. Croschet gestand, unzweifelhaft nach vorgängiger Tortur: Er sei ein Ketzer und vor etwa vierzig Jahren in die „Sekte" eingetreten. Bei der ersten Versammlung, die er besucht, sei der Teufel als großer, schwarzer Mann zugegen gewesen. Er habe sich jedoch in einen Hammel verwandelt, worauf der Angeklagte ihm zum Zeichen seiner Huldigung den Hinteren geküßt habe. Darauf habe ihm der Teufel, der sich selbst Robin genannt, um ihn als sein Eigentum zu zeichnen, den Nagel des Mittelfingers der rechten Hand, jedoch ziemlich schmerzlos, abgenommen. Gleichzeitig habe er Gott, den katholischen Glauben und die Sakramente der Kirche verleugnet und ein in den Fußboden gezeichnetes Kreuz mit Füßen getreten und verflucht. Auch habe er wiederholt die in der hl. Kommunion empfangene Hostie dem Teufel gebracht, der sie einem schwarzen Hunde gegeben oder sonstwie geschändet und verderbt habe. Die Versammlungen der Sekte fänden regelmäßig am Freitag statt. Bei ihnen brenne ein grünes, mit gewöhnlichem gar nicht zu vergleichendes Feuer. Die Stimme des immer schwarz gekleideten Teufels töne rauh und heiser durch die Versammlung. Der Teufel habe ihm auch verboten, gesegnetes Brot und Wasser zu gebrauchen und sich dem Kreuze zu nähern. Das eigentliche Fest der Versammlung beginne mit einer gemeinsamen Mahlzeit, wobei namentlich das Fleisch kleiner Kinder verzehrt werde. Nach Beendigung der Mahlzeit gehe man

---

88) Quellen, 499 ff., 455; Zauberwahn, 418 ff.

zum Tanze über, auf den dann die wildeste geschlechtliche Vermischung zu folgen pflege. Einer aus der Sekte sei Probst, der allen Genossen Geld gäbe, ihnen die Malefizien auftrage, die sie den Menschen zufügen sollten, und ihnen für den Fall, daß diese Malefizien nicht ausgeübt würden, mit Entziehung der Unterstützungen drohe. Von dem Teufel habe er eine harte Salbe in der Größe einer Nuß erhalten. Mit ihr bestreiche er den Besenstiel, auf dem er zur Sekte

Der Teufel im Kampfe mit einem alten Weibe

fahre. Zur Zubereitung dieser Salbe würden namentlich die Herzen kleiner Kinder verwendet. — Schließlich gab der Inquisit noch eine Reihe von Personen an, die er als Mitschuldige und Angehörige der „Sekte" auf den Freitagsversammlungen gesehen haben wollte. — Nach diesen Geständnissen ward Rolet Croschet auf dem Platz vor dem Schlosse Boudry lebendig verbrannt.

Wenige Jahre später wurden die Prozesse, die man bisher als „Ketzerprozesse" geführt hatte, ganz in der bisherigen Weise unter dem Titel „Hexenprozesse" fortgeführt.

Eine weitere umfassende Verfolgung ist 1457—1459 in dem damals zu Uri gehörenden Val Leventina, dem oberen Tessintal, nachweisbar, wo die Ketzerinquisition kurz vorher sich auch mit Hexenverfolgung befaßt hatte. Auch dort wurden zahlreiche Männer und Frauen nach schwerer Folter verbrannt. Hexensabbat und Flug, Verzehren kleiner Kinder, Malefizien, Milchzauber und Wettermachen spielten hier die herkömmliche Rolle, auch Verwandlung in Tiere kam häufig vor. Der Verhafteten waren so viele, daß Notare und Schöffen sich an der Bewachung beteiligen mußten und die Behörden Scharfrichter und Folterknechte von auswärts zu verschreiben genötigt war. Dennoch erlahmte der Eifer der Justiz erst nach mehrjähriger Betätigung[89].

Ungarn war selbst noch im fünfzehnten Jahrhundert von der Hexenverfolgung ganz frei. Das Ofener Stadtrecht, dessen letzte Redaktion vor 1421 fällt, bestimmte, daß man Hexen und Zauberer, wenn man sie zum ersten Male ergreife, an einem Freitage auf einem besuchten Platze der Stadt auf einer Leiter, mit einem Judenhut auf dem Kopf, auf dem die heiligen Engel gemalt wären, vom Morgen bis zum Mittag sollte stehen lassen. Darauf hatten sie zu schwören, von ihrem Irrtum ablassen zu wollen, und alsdann sollen sie frei sein. Würden sie aber zum zweiten-mal um desselben Vergehens willen eingebracht, so sollte man sie wie Ketzer brennen[90]. — Mit dieser Bestimmung des Ofener Stadtrechts sind zwei Verfügungen des Erz-bischofs von Gran von 1447 und 1450 über die der geist-lichen Gerichtsbarkeit unterworfenen Sachen zusammenzu-stellen. In ihnen wird wohl die Ketzerei, nicht aber die Zauberei erwähnt, was hinlänglich beweist, daß man sie von der Ketzerei nicht trennte, und daß man ihr nicht die selbständige Bedeutung beilegte, die sie in den romanischen Ländern bereits erlangt hatte[90].

---

89) *Hansen.* S. 442 ff. — 90) *F. Müller*, Beitrag zur Geschichte des Hexenglaubens und des Hexenprozesses in Siebenbürgen, Braunschweig 1854, S. 11 u. 16.

Das Treiben der Hexen und Zauberer
Aus dem Laienspiegel von Ulrich Tengler, 1511

VIERZEHNTES KAPITEL

DIE HEXENBULLE VON INNOCENZ VIII.
DER MALLEUS MALEFICARUM

Im ganzen Mittelalter ist kein deutscher Säkularkleriker
zu nennen, der den Aberwitz der Inquisitoren so dumm-
gläubig nachgebetet hätte wie der Oberpfälzer Matthias
von Kemnat, Hofkaplan Friedrichs des Siegreichen von
der Pfalz", sagt Riezler[1]. Matthias, ein armer Kleriker,
den Friedrich „aus dem Kote" zu sich erhoben hatte[2],
erzählt in seiner Chronik, daß er viele Hexen zu Heidelberg und an anderen Orten (1475) verbrennen gesehen
habe. Was er dann von den Hexenprozessen erzählt, ist
nichts anderes als der Hexenwahn der Inquisitoren, der
den Unglücklichen auf der Folter stückweise beigebracht
wurde[3]. Nach ihm gibt es eine geschlossene Organisation
der Hexen und Zauberer. „Nun komme ich auf die aller-
größte Ketzerei und Sekte und heißt ein Irrsal und Sect
Gazariorum, d. i. des Unholden und die bei der Nacht
fahren auf Besen, Ofengabeln, Katzen, Böcken oder anderen
dazu dienenden Dingen. Ist die allerverfluchteste Sekt
und gehört viel Feuers ohne Erbarmen zu." Wer in diese
Sekte kommen will, muß schwören, auf den Ruf eines
Mitgliedes alles im Stiche zu lassen und mit dem Rufer
in die „Sinagoga" zu gehn. Dort wird dann der Verführte
dem Teufel überantwortet, der in Gestalt einer schwarzen
Katze, eines Bocks oder auch eines Menschen erscheint.
Er hat zu schwören, daß er dem Ketzermeister und seiner
Gesellschaft getreu sein und Fleiß anwenden werde, möglichst viele neue Mitglieder zu werben. Ferner, daß er
bis in den Tod verschwiegen sein, alle Kinder unter drei
Jahren töten und in die Gesellschaft bringen, auf jeden
Ruf sofort in diese eilen, alle Eheleute verwirren und impo-
tent machen wolle usw. Dann betet er den Ketzermeister

---

1) *Riezler*, 72. — 2) *Waldschmidt*, S. 24. — 3) *Hansen*, Quellen, S. 231ff.

an und gibt sich ihm hin. Die Schilderung der nun folgenden gräßlichen Orgie, wobei gesottene und gebratene Kinder gegessen und die widernatürlichste Unzucht verübt wird, entspricht bis in kleine Einzelzüge hinein den einst gegen die Tempelherren geschleuderten Verleumdungen. Man braucht nur diese Übereinstimmung in den am Beginne des vierzehnten Jahrhunderts gegen französische Ritter und fast zwei Jahrhunderte später gegen pfälzische Landleute gerichteten Anklagen ins Auge zu fassen, um sofort im Ankläger das verbindende Glied zu erkennen. Weiter wird geschildert, wie das neue Mitglied gelehrt wird, seinen Stab zu schmieren mit einer aus dem Fett der gebratenen Kinder und giftigen Schlangen, Eidechsen, Kröten und Spinnen bereiteten Salbe. Durch Bestreichen mit dieser Salbe können sie Menschen töten, durch Pulver aus Eingeweiden die Luft vergiften und ein großes Sterben hervorrufen. „Und das ist Ursach, daß in etlichen Dörfern Pestilenz regiert und zu allernächst dabei ist man frisch und gesund[4]".

Der deutsche Boden war demnach wohl vorbereitet, die giftige Saat zu empfangen, die zwei Inquisitoren nun mit vollen Händen ausstreuen sollten.

Im letzten Viertel des fünfzehnten Jahrhunderts waren Heinrich Institor (Krämer) für Oberdeutschland und Jakob Sprenger für die Rheingegenden als Inquisitores haereticae pravitatis bestellt worden und hatten es für zweckmäßig erachtet, ihr Geschäft vorerst durch Verfolgung des Hexenwesens zu popularisieren. Aber auch hierbei stießen sie auf heftigen Widerspruch. Aus ihren eigenen Klagen entnehmen wir, daß dieser nicht nur gegen ihre richterliche Kompetenz, sondern auch gegen die Sache selbst gerichtet war. Dergleichen Ansichten bewirkten es, daß sich die Inquisitoren ihre Opfer mehrfach durch den Schutz der weltlichen Macht entzogen sahen. In dieser Verlegenheit wandten sich Sprenger und Institor nach Rom und erwirkten sich die Bulle Summis desiderantes

---

4) *Riezler*, S. 72 ff.

(vom 5. Dezember 1484). Dieses verhängnisvolle Aktenstück ist deswegen von entscheidender Wichtigkeit, weil es der im Widerspruch mit dem Kanon Episcopi in den beiden letzten Jahrhunderten allmählich erwachsenen Lehre von der Häresie des Zauberwesens und dem Inquisitionsverfahren gegen die Zauberei eine neue und für manche Punkte sogar die erste päpstliche Sanktion erteilt und somit die Verbreitung des Unwesens über ganz Europa wesentlich gefördert hat. Innocenz VIII., der Verfolger der Hussiten und Waldenser, ist der Vater dieses heillosen Machwerks.

Daß der Papst in dieser Bulle nur über einzelne ihm bekannt gewordene Greueltaten historisch referieren und keine dogmatische Entscheidung treffen wollte, ist recht zweifelhaft. „Es lag zu einer Glaubensdefinition an dieser Stelle keinerlei Veranlassung vor. Diese vielerörterte Frage hat übrigens kein besonderes historisches, sondern nur ein esoterisches katholisches Glaubensinteresse, da sie für die tatsächliche Wirkung der Bulle irrelevant ist", sagt Hansen [5]. Die katholische Tendenzhistorik schrotet diese Ansicht Hansens weidlich aus und sucht durch sie zu beweisen, „daß weder der Inhalt noch die Veranlassung der Bulle zu der Annahme berechtige, daß der Papst eine Definition in betreff des Glaubens hat erlassen und zur Verbindlichmachung der Kirche durch diese seine Erklärung von seiner obersten Gesetzgebungsgewalt Gebrauch machen wollen, da er nur den Inquisitoren die ihnen bestrittene Kompetenz in betreff der von diesen bezeichneten, den Tatbestand der Hexerei erfüllenden Vergehen beilegt" [6]. Ja, ein klerikaler Rechtsgelehrter geht so weit, zu erklären: „Der Papst wollte bloß das Crimen magiae dem geistlichen Richter zuweisen, weil die Angeklagten unter den Händen der rohen und völlig unwissenden weltlichen Richter eine aller Gerechtigkeit hohnsprechende Behandlung erfuhren [7]".

---

5) *Hansen*, 468[8]. — 6) *Janssen-Pastor*, VIII., S. 551. — 7) *Hansen*, 469, s. auch *Riezler*, S. 86 ff.

Die Bulle beginnt mit den Worten: „Mit sehn-lichstem Verlangen wünschen wir, wie es die Pflicht pa-storaler Obhut erfordert, daß der katholische Glaube zu-mal in unseren Zeiten wachse und blühe, und daß alle ketzerische Verworfenheit weit von den Grenzen der Kirche vertrieben werde. Daher erklären und gewähren wir gern alles das, wodurch dieser unser fromme Wunsch verwirklicht werden kann." Dann klagt der Papst, daß, wie ihm zu Ohren gekommen sei, jüngst in einigen Teilen von Ober-deutschland, wie auch in der Salzburger, Mainzer, Kölner, Trierer Kirchenprovinz viele Personen beiderlei Geschlechts vom Glauben abgefallen seien, mit dem Teufel gottlose Bündnisse eingegangen, Menschen und Vieh großes Un-heil zugefügt und auch sonst argen Schaden verursacht hätten. Er sagt nämlich: „Gewißlich, es ist neulich nicht ohne große Beschwehrung zu unsern Ohren gekommen, wie daß in einigen Theilen des Oberteutschlandes, wie auch in den Mäinzischen, Cöllnischen, Trierschen, Saltzbergischen und Bremenschen Ertzbistümern, Städten, Ländern, Orten und Bistümern sehr viele Personen beyderley Geschlechts ihrer eigenen Seligkeit vergessend und von dem catholischen Glauben abfallend, mit denen Teufeln, die sich als Männer (incubis) oder Weiber (succubis) mit ihnen vermischen, Mißbrauch machen und mit ihnen Bezauberungen, und Liedern und Beschwerungen, und anderen abscheulichen Aberglauben und zauberischen Uebertretungen, Lastern und Verbrechen, die Geburthen der Weiber, die Jungen der Thiere, die Früchte der Erden, die Weintrauben und die Baumfrüchte, wie auch die Menschen, die Frauen, die Thiere, das Vieh, und andere unterschiedene Arten Thiere, auch die Weinberge, Obstgärten, Wiesen, Weiden, Korn und andere Erdfrüchte, verderben, ersticken und umkommen machen und verursachen, und selbst die Menschen, die Weiber, allerhand groß und klein Vieh und Thiere mit grausamen sowohl innerlichen als äußerlichen Schmertzen und Plagen belegen und peinigen und eben dieselbe

Menschen, daß sie nicht zeugen, und die Frauen, daß sie nicht empfangen, und die Männer, daß sie den Weibern, und die Weiber, daß sie den Männern die eheliche Werke nicht leisten können, verhindern. Ueberdieses den Glauben

Teufel bei der Messe
Ritter vom Turn, 1493

selbst, welchen sie bey Empfangung der heiligen Taufe angenommen haben, mit eidbrüchigem Munde verleugnen. Und andere überaus viele Leichtfertigkeiten, Funden und Laster, durch Anstiftung des Feindes des menschlichen Geschlechts zu begehen und zu vollbringen, sich nicht fürchten, zu der Gefahr ihrer Seelen, der Beleidigung göttlicher Majestät und sehr vielen schädlichem Exempel und Aergerniß[8]."

Daher werden die beiden Dominikaner Jakob Sprenger und Heinrich Institor, denen als Notar ein Geistlicher des Bistums Konstanz, Johannes Gremper, beigegeben wird, aufs neue für die Kirchenprovinzen Salzburg, Mainz, Trier, Köln, Bremen, also fast für ganz Deutschland, mit Ausnahme des nordöstlichen Teils, als Inquisitoren über das Verbrechen teuflischer Zauberei mit der Vollmacht autorisiert, gegen die Übeltäter mit Einkerkerung und sonstigen Strafen einzuschreiten und von den Kanzeln herab das Volk über das Wesen der Hexerei zu belehren und vor ihr zu verwarnen. Zugleich wird der Bischof von Straßburg aufgefordert und ermächtigt, die Inquisitoren auf jede Weise zu schirmen und zu unterstützen, die Gegner der Hexenverfolgung, wes Standes und Würden sie seien, mit Suspension, Bann und Interdikt zu belegen und nötigenfalls auch den weltlichen Arm gegen sie anzurufen.

Es wurde verkündet, daß in Deutschland ein geheimes Reich des Satans bestehe, zu dessen Vernichtung sich der Statthalter Gottes erhob. Dazu mußte freilich einem großen Teile des Klerus und der Gemeinden der Glaube an das wirkliche Bestehen dieses Reiches erst noch beigebracht werden. Daher werden nicht allein die Inquisitoren ermächtigt, überall, namentlich da, wo Bischöfe und Pfarrer sich zur Hexenverfolgung nicht geneigt zeigen, zur Aufregung des Volkes beizutragen, die Kanzeln zu gebrauchen und alle Mittel des kirchlichen Strafrechts zur Anwendung zu bringen, sondern es wird auch der geldgierige Bischof von Straßburg, Albert von Bayern, zum Oberaufseher über die Hexenverfolgung bestellt und in ganz unkanonischer Weise autorisiert.

Die Lehre aber, die den Deutschen von den Inquisitoren verkündet werden soll, ist folgende: 1. Es gibt in der Christenheit eine Hexerei, die eine mit Hilfe des Teufels

---

8) *J. M. Schwager*, Versuche einer Gesch. der Hexenprozesse. Berlin 1784, I. (einziger) Band, S. 23 ff.

bewirkte Zauberei zum Zwecke vielfacher, entsetzlicher Schädigung der Menschen ist; 2. diese Hexerei beruht auf einem mit dem Teufel abgeschlossenen Bund, und 3. dieser Bund fußt auf den Abfall vom christlichen Glauben, indem die Zauberer und Hexen sich von Gott los- und sich dem Teufel zusagen und dadurch ihres ewigen Seelenheils verlustig gehen.

Von Hexenfahrten, von Vermischungen der Hexen mit dem Teufel etc. wird nichts gesagt.

Die in der Bulle aufgezählten Malefizien gegen Personen und deren Eigentum würden an und für sich vor das weltliche Forum gehört haben; allein sie werden hier der kirchlichen Inquisition und Verfolgung zugewiesen, weil sie als Wirkung des Abfalls von Gott und vom Glauben, als Werke des Teufels gelten sollen.

Mit der Bulle des Papstes ausgerüstet, begannen nun die beiden Inquisitoren in Deutschland ihre grausige Arbeit. — Binnen fünf Jahren waren in der Diözese Konstanz und im Städtchen Ravensburg 48 Personen — weil sie Dämonen als Inkuben zugelassen haben sollten — auf den Scheiterhaufen gebracht. Der Kollege der beiden Inquisitoren, Cumanus, ließ in dem einen Jahre 1485 in der Grafschaft Wormserbad sogar 41 Unglückliche verbrennen. Indessen fanden die Genannten doch alsbald, daß die methodisch betriebene Hexenverfolgung überall in Deutschland weder nach dem Sinne der Hierarchie noch nach dem des Volkes war.

Selbst in Tirol und Salzburg vermochte Heinrich Institor für seine Mission nirgends rechten Boden zu gewinnen. Zwar wurde in Tirol am 23. Juli 1485 wie überall in Deutschland die Bulle Innocenz VIII. durch den Bischof von Brixen, Georg Golser, publiziert, und am 14. Oktober desselben Jahres nahm die Hexenverfolgung ihren Anfang[9].

---

9) *L. Rapp*, Die Hexenprozesse und ihre Gegner aus Tirol. Innsbruck, 1874. S. 5 ff. Hartmann Ammann, in der Zeitschrift des Ferdinandeums für Tirol und Vorarlberg, III., Folge XXXIV. Innsbruck 1890, S. 1 ff.

Alle wegen Hexerei verdächtigen Personen wurden nach ihren Vergehen und ihren Mitschuldigen befragt. Die Folge davon war, daß über zahllose Familien namenloses Elend kam. Sogar die eigenen Familienangehörigen wurden von

Der Wolfritt   Der behexte Schuh

Aus Molitors „De laniis et phitonicis mulieribus", Straßburg

den Gefolterten als Mitschuldige angegeben, und selbst in das Haus des damaligen Regenten von Tirol, des Erzherzogs Sigmund, griff die Denunziation ein[10]. Ein Sturm der Entrüstung ging durch das ganze Land. Schließlich befahl der Bischof dem Inquisitor in sehr gemessener Weise, das Land zu verlassen und in sein Kloster zurückzukehren. Am

10) *Fr. Sinnacher*, Geschichte der bischöflichen Kirche von Säben und Brixen, B. VI. S. 634.

8. Februar 1486 schrieb der Bischof an einen Freund: „Mich verdreust des Münchs, ich find in des Papstes Bullen, daß er bei viel Päpsten ist vor Inquisitor gewesen, er bedunkt mich aber propter senium ganz kindisch sein worden, als ich ihn hier zu Brixen gehört habe mit dem Kapitel."

Auch die Landesstände wollten von Hexenverfolgungen nichts wissen. Auf dem Tiroler Landtag, der im August 1487 zu Hall im Inntale versammelt war, wurde dem Erzherzog Sigmund gegenüber darüber geklagt, daß in jüngst vergangener Zeit „viele Personen gefangen, gemartert und ungnädiglich gehalten worden seien, was doch merklich wider Gott und Sr. Fürstl. Gnaden Seelen Seligkeit und wider den Glauben ist[11]." — Der Erzherzog, der die Hexenverfolgung gern begünstigte, kam darüber ins Gedränge und forderte, um sich womöglich auf eine juristische Autorität berufen zu können, den angesehenen Juristen Ulrich Molitoris auf, der zu Pavia die Würde eines Doktors des kanonischen Rechts erlangt hatte und seit achtzehn Jahren die Stelle eines Prokurators bei der bischöflichen Kurie zu Konstanz bekleidete, ihm ein Gutachten über das gegen die wegen Zauberei Angeklagten zur Anwendung zu bringende Verfahren auszustellen. Molitoris war so vorsichtig[12], sein Gutachten, ehe er es dem Erzherzog übergab, dessen damaligem Obergeheimschreiber Konrad Stürtzel von Buchheim vorzulegen, dessen Vorlesungen über Jurisprudenz und Rhetorik er einst zu Freiburg gehört hatte. Molitoris hatte es für angemessen erachtet, seiner Arbeit die Form eines Gesprächs zwischen sich und dem Erzherzog zu geben, in das er als dritte Person noch den damaligen Schultheißen von Konstanz, Konrad Schatz, verflocht, der in Hexenprozessen viele Erfahrung hatte. Am 10. Januar 1489 hatte Molitoris das Manuskript abgeschlossen. Sein Titel lautet: Tractatus ad illustrissimum principem, Dominum Sigismundum — de

11) *Rapp*, S. 12—13. — 12) *Riezler*, S. 123. *Hansen*, Quellen, S. 243 bis 246.

Lamiis et pythonicis mulieribus, per Ulricum Molitoris —
ad honorem eiusdem principis ac sub suae Celsitudinis
emendatione scriptus. — Ex Constantia a. 1489.

Seine eigenen Ansichten läßt Molitoris klüglich den Erzherzog aussprechen, der darum als Mann von überraschender

Das Hexenmahl

Aus Ulrich Molitors „De laniis et phitonicis mulieribus", Reutlingen

Aufklärung erscheint.
Schon auf die erste
Äußerung des Schult-
heißen, daß man die
Hexen allgemein be-
schuldige, Unwetter
hervorzubringen, und
daß sie, peinlich be-
fragt, dies selbst ge-
ständen, erwidert der
Herzog ganz verstän-
dig: auf bloßes Gerede
gebe er nichts, und
ebensowenig könne er
von Aussagen, die auf
der Folter erpreßt
wären, etwas halten.
Durch Furcht, Schrek-
ken und Qual könne
man jemanden leicht
dazu bringen, auch das
Unmögliche zu beken-
nen. Als sich nun der
Schultheiß weiterhin
auf die Erfahrung beruft, bemerkt der Erzherzog treffend,
daß gerade diese gegen den Hexenglauben spreche. Denn
hätte es mit ihm seine volle Richtigkeit, so brauchte ein
Fürst für den Krieg keine Armee zu unterhalten, indem
er dann nur eine Hexe unter sicherem Geleite an der
Grenze aufzustellen hätte, die das feindliche Land schon
genugsam durch Hagel und sonstiges Unwetter verwüsten

254

würde. Der Schultheiß flüchtet nun zur Hl. Schrift, schiebt zunächst aus dem A. Testament die Gaukler am Hofe des Königs von Ägypten usw. vor und zieht dann aus der Apokalypse die vier Engel heran, die bestimmt seien, Land

Der Teufel verführt Betende zu „geschwetz und gelechter"
Ritter vom Turn, 1493

und Meer zu verderben. Auf eine Erörterung des A. Testaments läßt sich indessen der Erzherzog nicht ein, und bezüglich der apokalyptischen Engel meint er, Johannes habe sie nur im Traume gesehen und erzähle daher eine Fabel. — Schließlich resümiert der Verfasser das Ergebnis des Gesprächs in folgenden Sätzen: „Der Teufel kann weder unmittelbar durch sich, noch mittelbar durch die Menschen den Elementen, Menschen oder Tieren schaden. Da Gott allein Herr der Natur ist, so kann nichts ohne seine Zulassung geschehen. Geister können keine Kinder erzeugen; kommen aber angeblich doch solche vor, so sind sie untergeschoben. Menschen können keine andere Gestalt annehmen und sich nicht an entfernte Orte versetzen; sie können sich nur einbilden, daß sie seien, wo sie nicht sind, und daß sie sehen, was sie nicht sehen. Ebensowenig können Hexen viele Meilen weit zur Nachtzeit wandern und von diesen Wanderungen zurückkommen, sondern indem sie träumen und an allzu reizbarer Phantasie leiden, kommt ihnen Eingebildetes so lebhaft vor die Augen, daß sie, erwachend, durch Selbsttäuschung glauben, sie hätten Nichtverstandenes in Wirklichkeit gesehen."

So hell und klar wußte scheinbar Molitoris die Nichtigkeit des Hexenglaubens zu durchschauen; allein die praktischen Folgerungen aus dieser Einsicht zu ziehen, hatte er doch nicht den Mut. Schließlich erklärt er nämlich: „Obschon also dergleichen böse Weiber in der Tat nichts ausrichten, so müssen sie nichtsdestoweniger deshalb, weil sie — von Gott abfallen und mit dem Teufel ein Bündnis eingehen, wegen ketzerischer Bosheit mit dem Tode bestraft werden." Das Endergebnis der Erörterung ist also, daß die der Hexerei Angeklagten zwar keine Hexen, daß sie aber Ketzer, und daß sie eben darum in üblicher Weise zu behandeln und zu bestrafen sind. In diesem Sinne richtete Molitoris am Schlusse seiner Abhandlung an das weibliche Geschlecht die Ermahnung, des Taufgelübdes eingedenk zu bleiben und sich dem Teufel nicht zu ergeben[13].

Die gemachten Erfahrungen und allerlei andere Kundgebungen der öffentlichen Meinung jener Zeit mußten nun die beiden päpstlichen Inquisitoren allmählich zu der Überzeugung bringen, daß für die Hexenverfolgung, wenn sie

---

13) *Ruppert*, Konstanzer geschichtliche Beiträge, Heft 4, Konstanz 1895, S. 47 ff. *Hansen*, Quellen, S. 243 ff.

wirklich in Gang kommen sollte, notwendig eine breitere und praktischere Grundlage geschaffen werden müsse. Beide beschlossen daher einen Kodex des Hexenprozesses herzustellen, dem eine ganz genaue und vollständige Belehrung über das fluchwürdige Wesen und Treiben der Hexen beigegeben werden mußte.

Den Hauptteil der Arbeit übernahm Sprenger, der alle Elemente des Aberglaubens, die sich zerstreut und vereinzelt unter dem Volke vorfanden, zusammentrug und dadurch ein System des Hexenglaubens schuf, das weit über die in der Bulle vom 5. Dezember 1584 gegebene Darstellung des Hexenwesens hinausging, indem es namentlich die Hexenfahrt zum Teufels-Sabbat und die geschlechtliche Vermischung mit ihm als wesentliches Moment des Hexenwesens hinstellte.

So entstand im Jahr 1487 der berüchtigte Malleus maleficarum, ein Werk, so barbarisch an Sprache wie an Gesinnung, spitzfindig und unverständlich in der Argumentation, originell nur in der Feierlichkeit, mit der die abgeschmacktesten Märchen als historische Belege vorgetragen werden, „das verruchteste und zugleich das läppischste, das verrückteste und dennoch unheilvollste Buch der Weltliteratur[14]," das nur ein Görres ein „in den Intentionen reines und untadelhaftes Werk" nennen konnte[15].

Mit einer seltsam aussehenden Bescheidenheit erklären die Verfasser in der Vorrede, daß sie keine Poesien schaffen, keine sublimen Theorien entwickeln, sondern nur aus früheren Schriftstellern schöpfen und von dem Ihrigen weniges hinzutun wollen, weshalb ihr Buch dem Inhalte nach ein altes und nur in der Zusammenstellung ein neues sei.

---

14) *Riezler* 102, *Hansen* in der Westdeutschen Zeitschrift für Geschichte und Kunst, 1898, S. 119 ff.; *Hansen*, Quellen, 360 ff., Zauberwahn, S. 473 ff. *Roskopf*, II. 226–293, *Georg Längin*, Religion und Hexenprozeß, Leipzig 1888, S. 11 ff. *J. W. R. Schmidt*, Der Hexenhammer. Berlin 1906. 3 Bde. *Janssen*, VIII, 14. Auflage, 557 ff. — 15) *J. v. Görres*, Die christliche Mystik, 4. Bd. 2. Abteilung, Regensburg 1842, S. 585.

Dieses Werk umfaßt drei Hauptteile. Im ersten wird die Realität der Hexerei aus der Hl. Schrift und aus dem kanonischen und bürgerlichen Rechte erwiesen. An die Spitze der ganzen Ausführung wird der Satz gestellt: Das Leugnen der Hexerei ist — Ketzerei, womit der Satz: „Es gibt Hexen, die mit teuflischer Hilfe den Menschen schaden"

Von eyner edlen frowen wie die vor eym spiegel stund, sich mutzend vnnd sy jn dem spiegel den tüfel sach jr den hyndern zeigend

Ritter vom Turn, Basel 1493

als Dogma hingestellt war. Dann folgt die Lehre vom Bunde der Hexen mit dem Teufel, von den Inkuben und Sukkuben, von der Macht der Dämonen, von den eigentlichen Malefizien, die Erörterung, warum vorzugsweise das weibliche Geschlecht sich diesem Verderben hingebe, der Beweis, daß das Verbrechen alle übrigen an Strafbarkeit übertreffe, und die Entkräftung verschiedener von Laien erhobenen Einwürfe. Augustin, Thomas von Aquino und Nider müssen die Hauptargumente liefern. Namentlich wird hinsichtlich der Inkuben und Sukkuben die Theorie des Thomas festgehalten und die Versicherung gegeben: die Ansicht, daß durch Inkuben Menschen erzeugt werden, sei so sehr katholisch, daß die Behauptung des Gegenteils nicht nur den heiligen Kirchenlehrern, sondern auch der Tradition der Hl. Schrift widerstreite. Die sechste Quästion bürdet dem weiblichen Geschlechte alles Schlimme auf, das nur denkbar ist, insbesondere unersättliche Wollust, die zum Umgang mit den Dämonen reize; daher sage man auch nicht Haeresis maleficorum, sondern maleficarum (a potiori), obgleich das männliche Geschlecht keineswegs ausgeschlossen sei. Bei der Beantwortung der Frage, warum bei den Weibern die Zauberei mehr Eingang finde als bei den Männern, meint der Verfasser, diese Hinneigung des Weibes sei schon in seinem Namen angedeutet; denn das Wort femina sei gebildet aus fe und minus, quia femina semper minorem habet et servat fidem [16].

In der Lehre von der „Enormitas maleficorum" heißt es, daß seit Luzifers Fall keine so arge Sünde begangen worden sei, und daß daher die Schuldigen, auch wenn sie bereuen und zum Glauben zurückkehren, nicht, wie andere Ketzer, mit Gefängnis, sondern am Leben bestraft werden sollen. Mit Vorliebe kommen die Verfasser mehrmals darauf zurück, daß die Hexen von der Ohrenbeichte nichts halten. Unter den von Laien erhobenen Einwänden sind einige sowohl durch ihre eigene Verständigkeit, wie durch die Albernheit der Widerlegung bemerklich. Wie kommt's — hatte man gefragt — daß die Hexen trotz ihrer Macht meistens nicht reich werden? Weil — lautet die Antwort — der Teufel zur Schmach des Schöpfers den Menschen um den möglichst niedrigen Preis haben will; dann auch, damit die Hexen durch Reichtum nicht auffallen sollen. Ferner war

---

16) *Schmidt*, I., S. 99.

gefragt worden: Warum schaden die Hexen den Fürsten nicht? Warum nicht den Feinden derjenigen Fürsten, bei denen sie Schutz finden? Die Antwort ist: Weil sie alles aufbieten, um mit den Fürsten in Freundschaft zu bleiben, und weil ein guter Engel die Zaubereien gegen die Feinde hexenfreundlicher Fürsten vereitelt.

Der zweite Hauptteil zerfällt wiederum in zwei Abhandlungen. Die erste gibt das Nähere über die Art, wie die Zauberer aufgenommen werden, das Homagium leisten, durch die Luft fliegen, mit den Dämonen sich vermischen, Tiergestalt annehmen, Hagel machen, Krankheiten bewirken usw. In der zweiten entfaltet sich der Schatz der kirchlichen Heilmittel gegen allerlei Zauberschäden. In diesem ganzen Hauptteile bietet sich den Verfassern häufige Gelegenheit dar, außer den scholastischen Autoritäten und Nieders und Erzählungen gleichzeitiger Inquisitoren auch eigene Amtserfahrungen mitzuteilen. Wir erfahren, daß die beiden Kollegen in Zeit von fünf Jahren in der Kostnitzer und andern Diözesen nicht weniger als achtundvierzig Weiber dem Scheiterhaufen überantwortet haben, die sämtlich in vieljähriger Buhlschaft mit dem Teufel gelebt hatten. Sie berichten uns ferner aus den ihnen gemachten Bekenntnissen, wie neben dem solennen Teufelsbund, der in voller Versammlung vollzogen wird, auch noch ein schlichter besteht, der zu jeder Stunde eingegangen werden kann; wie eine Inquisitin einst in einer Nacht von Straßburg bis Köln geflogen ist, wie der Teufel solche, die unter der Tortur gestanden hatten, anstiftete, sich im Gefängnisse zu erhängen, um sie dadurch um die Buße und Aussöhnung mit der Kirche zu bringen usw.

Unter den Zaubermitteln begegnen wir nichts wesentlich Neuem, interessant aber ist es, den Schweizerhelden Wilhelm Tell unter den Freischützen (sagittarii) anzutreffen[17].

Bei aller scholastischen Subtilität sind indessen den Männern in ihrem Eifer doch einige Inkonsequenzen be-

17) *Schmidt*, II. Bd., S. 163.

gegnet. So ist trotz des früher ausgesprochenen Grundsatzes, daß alle Hexen dem Scheiterhaufen verfallen seien, dennoch hin und wieder von solchen die Rede, die man zu anderen Bußen zuließ. Anderwärts heißt es, daß die Obrigkeit gegen Zaubereien gesichert sei[18], und wir lesen nichtsdestoweniger von Hexen, die den Richter durch ihren bloßen Anblick bezaubern.

Der dritte Teil des Malleus, der das gerichtliche Verfahren behandelt, beginnt mit einer Vorfrage in betreff der richterlichen Kompetenz. Eben dieselben Männer, die, bevor sie ihr bluttriefendes Buch schrieben, bereits achtundvierzig Hexen verbrannt und sich für ihre Blutarbeit die ausgedehntesten päpstlichen Vollmachten erwirkt hatten, erklären sich plötzlich geneigt, von der persönlichen Mitwirkung an der Verfolgung der Zauberer zurückzutreten (se exonerare) und sie den Bischöfen und weltlichen Gerichten zu überlassen. Ja, sie strengen sich nicht wenig an, ihre Berechtigung zu diesem Zurücktreten der päpstlichen Bulle und den widersprechenden Ansichten der spanischen Inquisitoren gegenüber mit Gründen zu erweisen, indem sie das pflichtmäßige Einschreiten des Inquisitors auf diejenigen Fälle beschränken, wo die Zauberei einen ketzerischen Charakter an sich trage. Man sieht, daß die beiden Männer Zeiten und Verhältnisse schlau genug zu erwägen wußten. Durch ihre ausgesprochene Maxime entwaffneten sie auf der einen Seite den zu befürchtenden Widerspruch der bischöflichen und weltlichen Gerichte; auf der andern aber sicherten sie sich vollkommen freie Hand, sowohl gefährliche Prozesse von sich abzulehnen — vielleicht war ihnen Konrad von Marburg im Traume erschienen — wie auch auf günstigem Boden nach vollem Belieben zu inquirieren, da ja über den häretischen Charakter der einzelnen Fälle niemand anders entschied als sie selbst.

Für das Verfahren selbst liegt im wesentlichen das

18) II. Bd., S. 3 a. a. O.

Direktorium des Eymericus zugrunde, mit den im Laufe der Zeit weiter ausgebildeten Gewohnheiten, Grausamkeiten und Kniffen der delegierten Inquisition, natürlich mit denjenigen Modifikationen, die der besondere Gegenstand zu erheischen schien.

Von der päpstlichen Vorschrift ausgehend, daß in Sachen des Glaubens simpliciter et de plano zu verfahren sei, verwirft der Malleus vor allen Dingen das Anklageverfahren; es sei nicht nur mit allzuvielen Förmlichkeiten verbunden, sondern auch wegen des Jus talionis von zu großer Gefahr für den Kläger. Der Richter soll demjenigen, der mit einer Anklage auftreten will, abraten und die Weisung geben, statt dessen den Weg der Denunziation zu betreten.

Der Denunziant verpflichtet sich nämlich nicht zur Beweisführung für das Ganze, sondern beschwört lediglich die Wahrheit seiner Aussagen, die nur auf einzelne Indizien, bösen Ruf u. dgl. gerichtet zu sein brauchen. Zu solchen Denunziationen soll der Richter durch öffentlichen Anschlag auffordern. Es wird angenommen, daß derjenige, der sie anbringt, nicht in eigener Sache, sondern aus Glaubenseifer oder aus Furcht vor den dem Schweigenden angedrohten kirchlichen und bürgerlichen Strafen handle, und es trifft ihn keinerlei Nachteil, wenn auch der Denunzierte losgesprochen wird.

Den Namen des Inquisitionsprozesses gebraucht der Malleus für diejenigen Fälle, wo der Richter auf den öffentlichen Ruf (infamia) hin von Amts wegen einschreitet. Diese Unterscheidung des Denunziations- und Inquisitionsprozesses ist übrigens eine sehr unfruchtbare, da der erstere Ausdruck nicht in dem Sinne der späteren Kriminalistik zu nehmen ist, sondern hier durchaus nichts anders bezeichnen will wie einen Inquisitionsprozeß, der von einer gemachten Denunziation seinen Ausgang nimmt. Das Inquisitionsverfahren wird übrigens dem weltlichen Richter in Zaubersachen nicht weniger empfohlen als dem geistlichen, und es ist daher Tatsache, daß gerade die Hexenprozesse späterhin der allmählichen Verdrängung des Anklageverfahrens durch das inquisitorische in Deutschland einen besonders wirksamen Vorschub geleistet haben.

Da eine Untersuchung wegen Zauberei es nicht nur mit durchaus unwirklichen Dingen zu tun hat, sondern auch auf einen Komplex unter sich verschiedener Handlungen gerichtet ist, von denen ein großer Teil als keine Spuren des Verbrechens zurücklassend gedacht wurde, so begreift es sich von selbst, daß es in dieser Anweisung mit der abgesonderten Aufnahme eines Tatbestandes sehr mißlich stehen muß. Im ganzen ließ man die Ermittlung des Tatbestandes selbst mit der Erforschung des Verhältnisses des Angeklagten zu ihm zusammenfallen.

Brach z. B. ein Hagelwetter los, und es wurde zu gleicher Zeit eine alte Frau im Felde bemerkt, so war man überzeugt, dieses Wetter rühre von ihrer Zauberei her, und ein einfaches Zusammentreffen zweier außer allem Zusammenhange stehenden Umstände wurde zugleich für das objektive wie für das subjektive Verbrechen entscheidend. Wurde jemand krank, nachdem ihm ein Erzürnter gedroht hatte, er werde sein Benehmen einst bereuen, so zweifelte man nicht, daß er behext sei, und hatte zugleich auch ein dringendes Indizium gegen den Täter gefunden. Allerdings empfiehlt der Malleus, der Sicherheit halber einen Sachverständigen, d. i. einen Arzt oder eine Hexe, darüber zu vernehmen, ob die fragliche Krankheit ein Morbus maleficialis (Nachtschaden) sei oder nicht — wenngleich nur in denjenigen Fällen, wo etwa der Verteidiger gegen die zauberische Natur des Schadens Einrede erheben sollte. Im Ganzen hält sich der Richter an den überall ausreichenden Satz: Damnum minatum et effectus subsecutus, — ohne sich weder über den Sinn der Drohung, noch über die Beschaffenheit des eingetretenen Übels, noch über den ursächlichen Zusammenhang beider viele Sorgen zu machen.

In höchst verworrener Weise handelt der Malleus weiter von den Indizien, dem üblen Rufe, den verschiedenen

Graden des Verdachts und ihren Wirkungen, den Zeugen, der Einkerkerung und dem Verhöre der Inkulpaten, der Folter, der Defension, die er so gut wie ganz abschneidet, und den Endurteilen, zu denen er eine Menge sehr umständlicher Formularien gibt. Diese schließen, wenn sie auf Ablieferung an den weltlichen Arm lauten, stets mit der den Inquisitoren von jeher geläufigen heuchlerischen Phrase, in der die Obrigkeit gebeten wird, wenn es möglich sei, das Blut des Verurteilten nicht zu vergießen.

Die Einzelheiten des Verfahrens, wie sie hier unter fast steter Berufung auf das kanonische Recht empfohlen werden, haben sich großenteils auf die Folgezeit vererbt und selbst in der Praxis der weltlichen Richter Eingang gefunden. Nach dem Grundsatze der allgemeinen Inquisition will der Malleus die Namen der deponierenden Zeugen weder dem Inkulpaten selbst, noch dessen Verteidiger, wenn dieser nicht etwa ein anerkannt glaubenseifriger und verschwiegener Mann ist, genannt wissen. Es wird somit selbst die einzige Einrede, die man im Ketzer- und Hexenprozesse nach kanonischem Recht dem Inquisiten gegen die Zulässigkeit eines Belastungszeugen übrig ließ, die der Todfeindschaft, fast unmöglich gemacht. Damit aber doch der Schein gewahrt bliebe, so soll der Angeklagte gleich am Anfang gefragt werden, ob er Todfeinde habe, und wer diese seien. Hierbei wird aber nicht nur der Begriff der Todfeindschaft auf möglichst enge Grenzen zurückgeführt — gewöhnliche, wenn auch heftige Feindschaft macht den Zeugen nicht unfähig, sondern der Richter erhält auch allerlei pfiffige Ratschläge, wie er gerade aus den zu Protokoll gegebenen Feindschaften neue Vermutungen für die Schuld des Inquisiten herauszukonstruieren habe[19].

Dem nüchternen Sinne der Gegenwart erscheinen die vom Malleus gebotenen Inquisitionsmittel an sich schon vollkommen ausreichend, um einem halbwegs gewandten Richter über alle Gefahr des Steckenbleibens in einem

---

19) *Schmidt*, III., S. 74 ff.

angefangenen Hexenprozesse hinauszuhelfen; das fromme Gemüt eines Sprenger und Institor hingegen war allzutief von der Überzeugung durchdrungen, daß menschliche Weisheit ohne den Segen des Himmels eitel Torheit sei. Darum wird der Richter wiederholt und eindringlichst aufgefordert, sich der kirchlichen Schutzmittel bei seinem Geschäfte nicht zu entschlagen; er soll geweihtes Wachs, geweihtes Salz und geweihte Kräuter bei sich tragen. Selbst die Tortur, sagt der Malleus, ist unwirksam, wenn nicht Gott die vom Teufel eingegebene Verstocktheit bricht. Darum soll man der Hexe unter Anrufung der Dreieinigkeit Weihwasser, mit etwas geweihtem Wachs vermischt, eingießen, einen Zettel mit den sieben Worten, die Christus am Kreuz gesprochen, umhängen und das Verhör vornehmen, während eine Messe gelesen wird und das Volk die Engel um Hilfe gegen die Dämonen anruft.

Mit dem Malleus, der Bulle Summis desiderantes und einem Patente des neuerwählten römischen Königs Maximilian I. vom 6. November 1486 erschienen nun Sprenger und Institor im Mai 1487 zu Köln und erbaten sich die Approbation der Kölner Universität, die sie aber, nach Hansens abschließenden Forschungen, nicht erhielten[20]. Nur vier Kölner Professoren der Theologie gaben ihr Gutachten ab. Das zweite, mit acht Unterschriften versehene, den Malleus energisch empfehlende Vorwort ist eine Fälschung[21]. Aber auch hierbei zeigte es sich, daß die Doktrin des Hexenwesens in der Gestalt, in der sie im Hexenhammer vorlag, neu war und den Gelehrten wie dem Volke erst noch eingeimpft werden mußte. Jene Approbation der vier Kölner Theologen ist nämlich ziemlich zurückhaltend und verklausuliert; insbesondere werden die über die Bestrafung der Hexerei aufgestellten Grundsätze nur insoweit gebilligt,

20) *Hansen*, „Der Malleus maleficarum, seine Druckausgaben und die gefälschte Kölner Approbation vom Jahre 1487" in der Westd. Zeitschrift für Geschichte und Kunst, 17. Jahrg. 1898, S. 119—168. — 21) *Schmidt*, Hexenhammer, S. XVI ff.

„als sie den heiligen Kanones nicht widersprechen," und der Traktat soll nur erfahrenen und gottesfürchtigen Menschen in die Hände gegeben werden. — Die von Maximilian ausgestellte Urkunde wird im Malleus maleficarum nicht wörtlich mitgeteilt. Sie ist zwar nicht nachweisbar, an ihrer Echtheit besteht jedoch kein Zweifel[22]; es wird in ihr gesagt, daß sie die päpstliche Bulle zu schützen verspreche und den beiden Inquisitoren Vorschub zu leisten gebiete.

INNOCENTIVS·VIII·PAPA·GENVENSIS·
fu fatte del 1484 uise ani 7 mesi 9 giorni 18

1484—1492

So war denn für Deutschland der Hexenprozeß anerkannt. Er hatte zugleich durch den Malleus eine bestimmte Gestalt gewonnen. Bald folgten für andere Länder Bullen ähnlichen Inhalts nach, die aber ebenfalls bewiesen, daß die Hexenverfolgung mit dem im Hexenhammer symbolisierten Hexenglauben dem Widerstreben der Völker gegenüber sich überall nur allmählich Raum schaffen konnte.

Alexander VI. (1492–1503) trug dem Dominikaner Angelus als Inquisitor der lombardischen Provinz auf, über die sich dort umtreibenden Frevler, die Menschen, Vieh und Felder zu schädigen suchten, fleißig seines Amtes zu warten, zu

22) *Hansen*, Zauberwahn, S. 473[2].

IVLIVS·II·PAPA·SAVONENSIS·LIGVR·

fu fatto del 1503 vise ani 9 mesi 4 giorni 20

18

Papst Julius II.

welchem Zwecke er ihm — alle etwa entgegenstehenden früheren apostolischen Verfügungen aufhebend, plenam et omnimodam facultatem erteilte.

Leo X. klagte in einem an die Bischöfe Venetiens gerichteten Breve vom 15. Januar 1521 darüber, daß einige, die in der Umgegend von Brescia und Bergamo wegen Zauberei aufgegriffen wären, hartnäckig lieber ihr Leben preisgegeben, als ihre Verirrungen bekannt hätten, und daß der Senat der Republik Venedig den Hauptleuten des Landes verboten habe, die Strafsentenzen der Inquisition zu vollziehen, indem er in seiner Feindseligkeit gegen die Freiheit der Kirche so weit gehe, die

ALEXANDER·VI·PAPA·VALENTINVS·HISP.

1492—1503

Prozeßakten und die Urteile der Inquisition selbständig prüfen und über sie entscheiden zu wollen. Die Bischöfe sollten daher den Senat vor einem solchen Unterfangen verwarnen und ihn nötigenfalls mit kirchlichen Zensuren gefügig machen.

Schon vorher hatte Julius II. an den Inquisitor Georg de Caseli zu Como ein Breve erlassen, worin er seinen Schmerz darüber ausgesprochen, daß seine Inquisitoren in der Verfolgung und Ausrottung der Zauberei von vorwitzigen Geistlichen und Laien an der Ausrichtung ihres Amtes gehindert worden, indem sie von diesen für inkompetent erklärt und der öffentlichen Mißachtung preisgegeben würden. Daher habe er jetzt die Inquisitoren mit apostolischen Briefen versehen und beglaubigt, durch die er allen, die den Inquisitoren beistehen würden, dieselben Ablässe zusichere, die durch päpstliches Indult den Kreuzfahrern zugesichert wären.

Dieses Breve wurde in einem Erlaß Hadrians VI. vom 29. Juli 1523 wiederholt. — Der Dominikaner Bartholomäus de Spina erwähnt in seiner Schrift De strigibus noch ein von Clemens VII. unter dem 18. Januar 1524 an den Governatore von Bologna erlassenes Breve, in dem dieser aufgefordert wird, den Inquisitoren in der Verfolgung und Bekämpfung der Haeresis strigatus jeden möglichen Vorschub zu gewähren.

Indem nun das Papsttum für den Hexenglauben eingetreten war, kamen jetzt die Hexenprozesse allerorten in Gang; und indem in den Prozessen nach dem Hexenhammer verfahren, und die in diesem enthaltene Doktrin des Hexenwesens in der Form von Suggestivfragen den wegen Verdachts der Hexerei Eingezogenen und den Zeugen vorgetragen ward, so wurde die Hexenlehre des Malleus mehr und mehr unter die Leute gebracht.

Zunächst freilich stieß der Malleus maleficarum fast überall auf den heftigsten Widerspruch. Gerade aus den Schriften, die zur Verteidigung des Hexenhammers ebenfalls unter dem Titel „Malleus maleficarum" zuerst 1598 zu Frankfurt a. M. in vier Bänden erschienen, ist es in sonnenheller Weise zu ersehen, wie wenig das christliche Abendland trotz des allgemein herrschenden Aberglaubens für die systematische Hexenverfolgung vorbereitet war. Sprenger belehrt die Geistlichen, wie man den Zweifeln der Laien an der Zauberei und deren Wirksamkeit als einem argen Irrtum entgegenzutreten habe. Denn gar viele Leute wollten an die Wirklichkeit des Unwesens gar nicht glauben, gegen das der Hexenhammer gerichtet war. Noch auffallender aber war, daß in der Erzdiözese Köln, als in ihr auf Grund der Bulle Innocenz VIII. die Hexenverfolgung begann und überall Schrecken und Entsetzen hervorrief, einzelne Priester

Höllenqualen. Compost et calendrier des Bergers
Paris 1497

die im Volke hervorgetretene Aufregung dadurch zu dämpfen suchten, daß sie die Wirklichkeit des Verbrechens der Zauberei in Frage stellten. Ein Beschluß der Doktoren der Universität Köln rügte daher (im Jahre 1487) in den schärfsten Ausdrücken den in dieser Skepsis hervortretenden Mangel kirchlicher Denkweise.

Etwa dreißig Jahre später, im Jahr 1522, gab der Predigermönch Bartholomäus de Spina seine Quaestio de strigibus heraus. Aus ihnen ist zu ersehen, daß die Hexenverfolgung nach dem Schema des Hexenhammers in einzelnen Gegenden die heftigste Auflehnung des Volks hervorgerufen hatte. Namentlich war dieses in Oberitalien der Fall gewesen. Darum klagt Spina: „Die Unwissendsten, die Gottlosesten und die Ungläubigsten wollen nicht glauben, was sie glauben sollten; und was noch bedauernswerter ist, sie bieten allen ihren Einfluß auf, um diejenigen zu hemmen, die die Feinde Christi vernichten."

Titelkopf der ersten Ausgabe von Ulrich Molitors Tractatus
(vor 1500)

FÜNFZEHNTES KAPITEL

DAS VERBRECHEN

1. DAS TREIBEN DER HEXEN

Indem wir nun dazu übergehen, die Verbrechen der Hexerei im Zusammenhange vorzuführen, dürfen wir den ersten besten konkreten Fall aus den Untersuchungsakten irgendeines beliebigen Landes herausgreifen; er wird im ganzen ein treues Bild aller übrigen geben. Wir wählen, der anschaulichen Darstellung wegen, die von Llorente mitgeteilten Bekenntnisse der Hexen, die im Jahre 1610 zu Logroño in Spanien verurteilt und zum Teil hingerichtet wurden[1]. Einzelne Abweichungen und Eigentümlichkeiten, wie sie sich in deutschen und anderen Prozeßakten finden, werden sich Llorentes Berichte anschließen.

Den Ort ihrer Zusammenkunft nannten die neunund-

Albrecht Dürer, Die Hexe

---

1) *Llorente* kritische Geschichte der spanischen Inquisition. Deutsch von *J. K. Höck*. Gmünd 1821. Bd. III., Kap. XXXVII. Abschn. 2.

zwanzig Verurteilten, sämtlich aus dem Königreich Navarra gebürtig, in gaskonischer Sprache Aquelarre, d. h. Bockswiese, weil dort der Teufel in Gestalt eines Bockes zu erscheinen pflegte. Montag, Mittwoch und Freitag jeder Woche waren für die gewöhnlichen Zusammenkünfte bestimmt, für die solenneren dagegen die hohen Kirchenfeste, wie Ostern, Pfingsten und Weihnachten, auch Johannistag und andere Heiligenfeste; denn so wie diese Tage dem feierlichsten Gottesdienste geweiht sind, so gefällt es dem Teufel, gleichzeitig von seinen Anbetern eine besondere Verehrung entgegen zu nehmen. Er erscheint in der Gestalt eines düsteren, jähzornigen, schwarzen und häßlichen Mannes, sitzt auf einem hohen, verzierten Stuhl von Ebenholz und trägt eine Krone von kleinen Hörnern, zwei große Hörner auf dem Hinterkopfe und ein drittes auf der Stirne; mit diesem erleuchtet er den Versammlungsplatz. Sein Licht ist heller als das des Mondes, aber schwächer als das der Sonne. Aus den großen Augen sprühen Flammen, der Bart gleicht dem der Ziege, die ganze Figur scheint halb Mensch, halb Bock zu sein. Die langen Nägel der Finger spitzen sich wie Vogelkrallen zu, die Füße ähneln den Gänsefüßen. Wenn der Teufel spricht, so ist seine Stimme rauh und furchtbar, wie die Stimme des Esels. Nach lothringischen Akten singen die Teufel mit einem heisern Geschrei, „gleich als wenn sie durch die Nase trommeten"[2] — oder sie geben eine Stimme von sich „gleich denen, so den Kopf in ein Faß oder zerbrochenen Hafen stecken und daraus reden"[3]. Oft redet er undeutlich, leise, ärgerlich und stolz; seine Physiognomie verkündet üble Laune und Trübsinn.

Bei Eröffnung der Versammlung wirft sich alles nieder, betet den Satan an, nennt ihn Herrn und Gott und wiederholt die bereits bei der Aufnahme ausgesprochene Lossagung vom Glauben; hierauf küßt man ihm den linken Fuß, die linke Hand, den After und die Genitalien.

2) *Remig.*, Daemonolatr. I. 19. — 3) *Remig.*, Daem. I. 8.

Um neun Uhr abends beginnt die Sitzung und endet gewöhnlich um Mitternacht; über den Hahnenschrei hinaus darf sie nicht dauern.

An den Hauptfeiertagen der katholischen Kirche beichten die Zauberer dem Teufel ihre Sünden, die darin bestehen, daß sie dem christlichen Gottesdienst beigewohnt haben. Der Teufel macht Vorwürfe, legt nach den Umständen die Buße der Geißelung auf und gibt die Absolution, wenn Besserung verheißen wird[4]. Hierauf nimmt der Teufel im schwarzen Ornat, mit Infel und Chorhemd, Kelch, Patene, Missale usw. eine Parodie der Messe vor. Er warnt die Anwesenden vor der Rückkehr zum Christentum, verheißt ein seligeres Paradies, als das der Christen ist, und empfängt auf einem schwarzen Stuhle, den König und die Königin der Hexen neben sich, die Opfergaben, die in Kuchen, Weizenmehl u. dgl. bestehen. In französischen Prozessen im fünfzehnten Jahrhundert opfert man Geflügel und Korn[5], in lothringischen des sechzehnten Jahrhunderts schwarze Tiere und andere Dinge[6], in deutschen von 1628 auch Geld[7]. Hierauf betet man wiederum den Satan an, küßt ihm abermals den After, was er dadurch erwidert, daß er Gestank von sich gehen läßt, während ein Assistent ihm den Schweif aufhebt. Dann nimmt und gibt der Teufel nach einer Einsegnungszeremonie das Abendmahl in beiderlei Gestalt; was er zum Essen darreicht, gleicht einer Schuhsohle, ist schwarz, herb und schwer zu kauen, die Flüssigkeit, in einer Kuhklaue oder einem becherartigen Gefäße dargereicht, ist schwarz, bitter und ekelerregend.

Nach der Messe vermischt sich der Teufel fleischlich mit allen Manns- und Weibspersonen und befiehlt Nachahmung[8]; am Ende vermischen sich die Geschlechter ohne Rücksicht auf Ehe und Verwandtschaft.

Hierauf sendet der Teufel alle fort und gebietet jedem,

---

4) Vgl. *Remig.* I. 22. — 5) *Jaquier*, Flagell., p. 51. — 6) *Remig.*, Daemonol., S. 85. — 7) *Mone*, Anzeiger 1839, S. 130. — 8) Urteil der Inquisition zu Avignon 1582, bei *Delrio*, Lib. V. sect. 16.

an Menschen und Früchten des Feldes nach Möglichkeit Schaden zu stiften, wozu man sich teils in Hunde, Katzen und andere Tiere verwandelt, teils Pulver und Flüssigkeiten anwendet, bereitet aus dem Wasser der Kröte, die jeder Zauberer von dem Augenblicke seiner Aufnahme an bei sich trägt, und die eigentlich der Teufel selbst ist. Zuletzt verbrennt sich der als Bock darstellende Teufel zu Asche.

Wer aufgenommen werden will, muß seinen Glauben abschwören und den des Teufels annehmen. Er entsagt Gott, Jesu Christo, der heiligen Jungfrau, allen Heiligen und der christlichen Religion, verzichtet auf die ewige Seligkeit, erkennt den Teufel als Gott und Herrn, schwört ihm Gehorsam und Treue, um alle Üppigkeit dieses Lebens zu genießen und dereinst in das Paradies des Teufels einzugehen.

Rudolf Reuß[9] teilt zwei Abschwörungsformeln mit, die eine 1659 im Elsaß vorkommende: „Hiermit fahre ich dem lebendigen Teufel zu, der soll mich behüten und bewahren, bin auch Gott nicht mehr angehörig." — Die andere lautet:

> „Da stehe ich auf dem Mist,
> Verleugne Gott, alle Heiligen
> Und meinen Jesum Christ."

Diese war in der einen oder in der anderen Modifikation die gebräuchlichste Formel. Im protestantischen Hessen z. B. begegnet man in den Prozeßakten öfters der Formel:

> „Ich stehe hier auf der Mist
> Und verleugne Jesum Christ."

Bei Horst[10] bekennt eine protestantische Hexe, die 1651 verbrannt wurde, „sie habe müssen an einen weißen Stock fassen, der gewesen, als wenn er von einer Weide geschnitten und abgeschülfert wäre, und zwei Finger der linken Hand auf ihre Brust legen, sich an einen Berg lehnen und also sprechen:

> „Hier greife ich an diesen Stock,
> Und verleugne hiermit unsern Herrn Gott
> Und seine zehn Gebote."

---

9) La sorcellerie au 16 et 17 siècle, S. 23. — 10) Dämonologie II., S. 161.

Katholische Hexen gebrauchten auch die Formel:

„Ich fasse an diesen weißen Rock
Und verleugne Mariäs Sohn und Gott."

Andere Hexen gestehen, Glockenspäne vom Teufel erhalten und mit den Worten ins Meer geworfen zu haben: „So wenig diese Späne je wieder zur Glocke kommen, ebensowenig ich zu Gott und seinen Heiligen[11].

Hierauf drückt der Teufel mit den Klauen der linken Hand dem Novizen ein Zeichen auf irgendeinen Teil des Körpers, gewöhnlich auf der linken Seite, der dadurch vollkommen unempfindlich wird (Stigma diabolicum)[12], oder er zeichnet mit einem Goldstücke in den Stern des linken Auges die Figur einer Kröte zum Erkennungszeichen für andere Zauberer. Freilich waren nicht alle Hexen mit dem Stigma behaftet, sondern im allgemeinen nur diejenigen, denen der Böse nicht recht traute und die er daher als sein Eigentum zu bezeichnen für ratsam erachtete. Er tat es gewöhnlich durch einen Griff mit der Hand oder einen Schlag mit der Klaue an den Schultern oder auch an den Hüften, Schenkeln oder an anderen Körperteilen, d. h. er hatte es überall da getan, wo man im Prozeß an einer Inquisitin ein Muttermal, eine Warze, einen Leberflecken oder des etwas vorfand[13]. Das Stigma findet sich nach mecklenburgischen Hexenprozessen hinter den Ohren, zwischen den Lefzen, unter den Augenbrauen, auf oder unter der Achsel, an der Brust oder Hüfte. Die Stelle ist ein wenig erhaben, wegen der Narbe hüglig, ganz ohne Blut, unempfindlich, so daß man mit einer Nadel hineinstechen kann, ohne daß der Betroffene es merkt. Zuweilen finden sich auch schwarze Strichlein oder Fleckchen an Stirn, Augen oder sonstwo, die man nicht abwaschen kann,

11) S. *Schreiber* im Taschenbuch für Geschichte und Alterthum in Süddeutschland, 1846, S. 172. — 12) *Bodin.*, Daemonoman. II. 4. — 13) *Trechsel*, Das Hexenwesen im Kanton Bern; im Berner Taschenbuch von 1870, S. 174.

zuweilen Zeichen in Gestalt eines Krötenfußes[14]. Im Badischen sind die Hexenzeichen auf den rechten Arm gepetzt, in die linke Seite gebissen, auf die linke Schulter geschlagen, an das rechte Auge gestoßen, an den linken Fuß gegeben, ins linke Auge gestochen, auf das rechte Knie gebissen usw. (Mones Anz. 1839, S. 124). In Frankreich: J'avoue, que la première fois qu'on va au sabbat, tous masques, sorciers, sorcières et magiciens sont marqués avec le petit doigt du diable, qui a cette charge . . . . . J'avoue, que j'ai été marqué au sabbat, de mon consentement et y ai fait marquer Magdelaine. Elle est marquée à la tête, au cœur, au ventre, aux cuisses, aux jambes, aux pieds et en plusieurs autres parties de son corps[15]. Dann übergibt er dem Paten eine für den Neuling bestimmte Kröte, die ihm hinfort die Kraft verleiht, sich unsichtbar zu machen, durch die Luft zu fliegen und allen möglichen Schaden zu stiften. Die Kröte findet sich in englischen, französischen und deutschen Prozessen. In englischen ist es auch zuweilen ein weißer Hund, eine Katze, eine Eule, ein Maulwurf etc. Diese Tiere müssen sorgfältig gepflegt und geliebkoset werden, die Hexen sind sogar verpflichtet, die bösen Geister öfter an sich saugen zu lassen[16].

Hat er seine Probezeit ausgehalten, d. h. sich hinlänglich oft am Christentum vergangen, so weiht ihn der Teufel definitiv zum Seinigen, indem er ihm mit den unanständigsten Geberden den Segen erteilt.

An manchen Tagen wird nach der Musik der Querpfeife, der Leier, Trompete oder Trommel getanzt. Um sich zum Fliegen vorzubereiten, bestreicht sich der Zauberer mit dem aus der Kröte ausgedrückten Safte. Gifte aus Pflanzen, Reptilien und Christenleichnamen werden unter besonderer Aufsicht des Teufels zubereitet. Nicht alle Zauberer haben

---

14) *C. Beyer,* Zauberei und Hexenprozesse im evangelischen Mecklenburg, Berlin 1903, S. 15. — 15) *Hauber,* Bibl. mag. Bd. I. S. 463. — 16) The wonderful discovery of the witchcrafts of Margaret and Phillip Flower etc. London 1619. Reprinted Greenwich 1838. — Webster, Cap. V.

bei der Bereitung Zutritt, aber allen wird von der Salbe mitgeteilt, damit sie ihre Malefizien damit ausführen.

Wenn der eine Ehegatte die Bockswiese besuchen will, ohne daß der andere es bemerkt, wird dieser entweder in tiefen Schlaf gesenkt, oder es wird ein Stock, der die Gestalt des Abwesenden annimmt, zu ihm ins Bett gelegt.

Oft macht der Teufel auch seine unkeuschen Besuche in den Wohnungen der Hexen.

Ein kleines, in die Türe gebohrtes Loch genügt den Hexen zum Ausgang.

Sie lieben es, kleine Kinder durch Blutaussaugen zu töten.

Bei zufälliger oder absichtlicher Nennung des Namens Jesus verschwindet plötzlich der Teufel und die ganze Versammlung des Sabbats.

Übereinstimmend mit diesen Bekenntnissen der Hexen von Logroño in allen Hauptsachen und selbst in den meisten Einzelheiten sind die Aussagen in den übrigen Ländern; nur versteht es sich, daß jedes Land seine eigenen Orte für die Zusammenkünfte und mancherlei Modifikationen im einzelnen hat. Versammeln sich die Hexen von Navarra in Aquelarre, so hat Deutschland seit dem 15. Jahrhundert seinen Blocksberg[17], Inselsberg, Weckingstein bei Minden, Staffelstein bei Bamberg, am Wörth im Staffelsee, das Kaiserbachtal bei Kufstein, Ringberg bei Egern[18], am Niklasbrunnen zu Farchach am Würmsee, Brecherspitz am Schliersee, Peißenberg und Auerberg, die Wiege von Schöngeising, den dreieckigen Stein bei Türkenfeld, den hl. Kreuzwald bei Holzhausen, die Scharnitz, Heu- und Heuchelberg in Württemberg, Kreidenberg bei Würzburg, Hirschelberg bei Eisenach, den Kandel im Breisgau, Höberg in Thüringen[19], Bönnigsberg bei Lokkum, Hupella auf den Vogesen, Fellerberg bei Trier. Der Heuberg im Schwarzwald, der südwestlichste, höchste und rauheste Teil der

17) *Grimm,* Deutsche Mythol., S. 591. *Jakobs,* Der Brocken in Geschichte und Sage, Halle 1879. — 18) *Dr. M. Höfler,* Wald- und Baumkult, München 1892, S. 87, 100. — 19) *Werthke,* S. 157, § 215.

Alb (wo noch jetzt bei Obernheim das „Hexenbäumlein"
zu sehen ist), wird schon in einem 1506 geschriebenen
und 1515 gedruckten Traktat des tübingischen Theologen
Martin Plantsch erwähnt. Dann der Hörselberg in Thüringen,
Blumenberg bei Oldesloe in Holstein und viele andere Bock-
hornsberge, Brochelsberge, Glockersberge[20]. Schon um
das Jahr 1300 (?) sagt ein alter deutscher Nachtsegen,
wie Reichhardt angibt:

Gott möge mich heut Nacht bewahren
Vor den bösen Nachtfahrern,
Ich will mich bekreuzen,
Vor den Schwarzen und Weißen,
Die die guten werden genannt,
Und zum Brockelsberge sind gerannt,
Vor den Bilwissen (Korndämonen),
Vor den Manessern,
Vor den Wegeschrittern,
Vor den Zaunreitern,
Vor allen Unholden[21].

In Schlesien bezeichnet man als Versammlungsorte der
Hexen Kreuzwege und Galgen. Ein Hirschberger Sprichwort
aus der Mitte des achtzehnten Jahrhunderts sagt von einem
recht liederlich aussehenden Menschen: „A sit aus, as
wenn a om Wolpertoomde (Walpurgisabend) met a Hexa
ufm Goljabarje getanzt hätte[22]." Frankreich hat seinen
Puy de Dôme, Italien den Barco di Ferrara, Paterno di
Bologna und namentlich Benevent, wo sich die Hexen
unter einem Nußbaum versammelten und die „beneventische
Hochzeit" feierten. In der deutschen Schweiz wird die
„Brattelenmatte", von der man jedoch nicht weiß, wo sie
zu suchen ist, als Stätte der Hexensabbate genannt.

---

20) *Theophr. Paracelsus,* Volumen Paramirum, herausg. v. *Dr. Franz
Strunz,* Jena 1904, S. 398. — 21) *Rud. Reichhardt,* Die deutschen Feste
in Sitte und Brauch, Jena 1908, S. 140. — 22) *Dr. Franz Schreller,*
Schlesien, Glogau o. J., S. 259.

Die Versuchunge[n]
Holzschnitt nach

heiligen Antonius
ymus van Ackten

Oft sind dem Wohnorte der Inquisiten ganz nahe gelegene Lokalitäten genannt: die Hexen des Busecker-Tals versammeln sich in den Klimbacher Hecken, die trierischen zuweilen auf der Hetzeroder Heide, die offenburgischen auf der dortigen Pfalz, die coesfeldischen „ufr Vlaemschen Wieschen, ufm Voßkampfe"; oder es heißt auf der Wiese, unterm Nußbaum, auf dem Zimmerplatze, auf dem Bühel beim hl. Angesicht usw. Kirchhöfe werden in Genf, Frankreich und im Elsaß, die innern Räume der Kirchen in Berwick und England, Plätze vor Kreuzen in Poitou und Lothringen, Kreuzwege in Westphalen, Navarra und anderwärts, — kurz Örtlichkeiten der verschiedensten Art, unter denen Berge allerdings die Hauptrolle spielen, werden als Schauplätze des obszönen Sabbats bezeichnet.

Bei den Hexensabbaten präsidiert der Teufel, entweder in eigener Person oder durch einen ihm untergebenen Dämon, dem die Hörner fehlen, und der vom Platze weicht, sobald der Teufel erscheint. Als Zeit der Hauptversammlungen treten auch anderwärts die großen Kirchenfeste hervor; neben diesen der Johannistag, der in Frankreich und Bayern seine besondere Bedeutung hat, der Jakobstag, die übrigen Apostel und die Marientage und für einen großen Teil Deutschlands, besonders aber im nördlichen und nordwestlichen, ganz vorzüglich die Walpurgisnacht.

Außer den solennen Versammlungen, an denen bisweilen zehn- bis zwölftausend Hexen und Zauberer zusammen sind, finden auch wöchentliche mit geringerer Förmlichkeit statt; für diese haben sich die lothringischen Hexen den Mittwoch und Freitag, die französischen teils den Montag und Freitag, teils den Mittwoch, Donnerstag und Freitag, die trierischen und lombardischen aber den Donnerstag ausersehen. Hier und da kommt es vor, daß der Satan seine verführende Kraft einer Örtlichkeit mitteilt. Wer sie betritt, ist ihm verfallen. So befindet sich bei Trzebiatkow im östlichen Hinterpommern der Hexensee, von dem jeder Zauberkraft empfing, der in ihm badete. Um die Mitte des achtzehnten

Jahrhunderts wurden mehrere Weiber beschuldigt, in ihm gebadet zu haben, um Zauberei zu treiben. Dadurch entstand ein Aufruhr, der die Behörde zum Einschreiten nötigte[23].

In Deutschland, in der Schweiz und anderwärts jedoch geht der Teufel selbst auf Werbung aus. Er erscheint dann gewöhnlich als schmucker Kavalier oder Krieger, legt sich irgendeinen mehr oder weniger bedeutsamen Namen bei. „Denn der Satan hat allezeit, um mehr Betruges willen schöne holdselige Zunamen gesucht, die ihm seinen rechten Vornamen beschönten[24]."

Hier einige dieser Teufelsnamen: Alexander, Ariel, Auerhain (Urian), Bädel, Balebuck (Mecklenburg 1590), Baram (Pommern), Barrabas, Blümlin, Burseran (Franken), Bursian, Chim (Mecklenburg 1659), Chirkum (ebenso), Claus, Durst, Federhans, Hans Federlin, Federspiel, Feuerchen, Firlenhan, Flederwisch, Foland, Glöckel, Junker Greger, Größlin, Grünläubel, Junker Hahn, Haintzle, Haverliedt, Heinrich, Hemmerlin, Hundsfutt, Hurst, Hurstel, Joachim, Käsperlin, Knipperdolling (!), Kochlöffel, König Beltzamer (Hamburg), Krautle, Kreutlin, Krüttle, Kumbher (Hannover), Laub, Läubel, Leichtfuß, Löwer, Lukas, Luzifer, Luginsland (Schwarzwald), Machleid, Männel, Mephistopheles, Moyset, Müsgen, Nüßlin, Ognon, Peterling, Rauschen, Rauscher, Christoffer Rickert (Wesenberg 1612), Rotmentlin, Rufian (= Kuppler), Hans Rumpel, Schönhanß, Schiffmann, Schuhfleck, Schwarzkünstler, Schwarzlaster, Spitzhut, Strohbutz, Stumpfäfflin, Tieke (Hannover 1605), Uhrhahn, Urian, Valant, Volant[25], Zieglscherb, Zumwaldfliehen[25].

In Holland kommen die Namen Hanske, Harmen, Hendrik, Pollepel, Roltje vor, in der Schweiz Arlibus, Belzibock

---

23) *Otto Knoop,* Volkssagen, Erzählungen etc. aus dem östlichen Hinterpommern, Posen 1885, S. 20 ff. *Tettau* und *Temme,* Die Volkssagen Ostpreußens etc. Berlin 1837, S. 251. — 24) *J. Bodin,* ne Magorum Daemonomania, deutsch von *Joh. Fischart,* Straßburg 1591. S. 280. — 25) Faust, I. Teil, „Platz! Junker Voland kommt."

(Zürich), Hänsli, Barlaba, Cränzli, Hans Leng oder Hans Leug, Jean Wxla, Hürsch-Martin, Julius, Krütli, Kleinbrötli, Karlifas, Kempfer, Robet, Robin, Remomus, Schwarzhänsli, Turbini usw. In Schottland: Pastetenwächter, Beißindikrone, Thomas Weinessig usw. In Schweden: Loeyta.

Er, der Versucher, tritt vor ein einsames, einfältiges, trauerndes oder von Not bedrängtes Weib, tröstet, droht oder schreckt, zeigt und schenkt Geld, das jedoch fast immer am nächsten Morgen in Kot oder dürres Laub verwandelt ist, verheißt vergnügtes Leben und großen Reichtum, der indessen selten eintrifft. Nur wenn reiche Leute in Untersuchung waren, ließ man den Teufel sein Wort gehalten haben. So wurde bei einer Angeklagten zu Osnabrück der Reichtum als Indizium des Teufelsumgangs genommen (Wierus De Lamiis 51); dem Kaufmann Köbbing zu Coesfeld wurde ein geldbringender Sukkubus beigelegt (Niesert, Hexenproz. zu Coesfeld S. 37); in burgfriedbergischen und andern Akten findet sich Ähnliches, besonders im siebzehnten Jahrhundert, wo auf die Reichen häufiger Jagd gemacht wurde. Er betört die Arme, vermischt sich mit ihr fleischlich, wobei ihr die unangenehme Beschaffenheit seines Membrum virile und seine kalte Natur auffällt[26].

Er drückt dem Weibe das Stigma auf und läßt bei seinem Verschwinden die unzweideutigsten Zeichen seines gemeinen diabolischen Wesens hinter sich.

Nun gehen der Verblendeten die Augen auf, aber sie kann nicht zurück, setzt das Verhältnis fort, schwört den Glauben ab und läßt sich, nachdem zuvor das Chrisam abgestrichen ist, in des Teufels Namen taufen, wobei Paten und Zeremonien nötig sind. Im Elsaß erhalten die Hexen die Namen Saufvessel, Schwarzdesche, Zipperle, Grundt, Krautdorsche, Gänsfüßel, Kräutel, Blümel, Grünspecht, Sipp etc. In einem westfälischen Prozesse heißt ein Sukkubus Christine.

---

26) *Bodin*, Daemonoman. II. 7. p. 251; *Remig.* Daemonolatr. p. 25 ff., 31 ff.; *Delrio*, Disquisit. mag. Lib. V. Append. p. 854; *De Lancre*, Chap. VIII.

Seltener ist's, daß der Teufel gleich anfangs in Bocksgestalt oder mit Kuhfüßen und Hörnern einem Mädchen
mit seinen Bewerbungen entgegentritt und durch Drohungen
oder Gewalttätigkeiten zum Ziele gelangt.

Die Taufe wird mit Blut, zuweilen mit Schwefel und
Salz vollzogen[27].

Ein Weib gegen sieben Teufeln. Holzschn. v. Günther Zainer, Augsburg

In den Hexenversammlungen kam auch ein teuflisches
Weihwasser vor, womit die Versammelten besprengt wurden. „Sie brauchen auch weyhwasser, dann uns wahrhafftig
gesagt ist, daß der Teuffel erst durch ein Loch pisset,
darnach alle die auf dem Sabbath seindt, groß und klein,
vnd daß bisweilen zween Teuffeln, bisweilen ein Mann
das Volk damit besprengete[28]."

Oft werden selbst unmündige Kinder dem Teufel zur
Aufnahme von den Hexen zugeführt, und auch diese verschont er nicht mit seiner Unzucht.

27) *Lauterbach*, Consiliis (Consil. Juridic. Tubingens. Tom. IV.), *Walter
Scott*, Br. über Dämonol. II. 139. — 28) „Wunderbarliche Geheimnussen
der Zauberey, darinn aus der Uhrgicht vnd Bekenntnuß vieler vnder-
scheidlicher Zauberer vnd Zauberinnen die vornembste Stück, so bey
solchem Teuffelswesen umgehen, beschrieben werden." (1630) S. 91.

Häufig finden sich beim Teufelsbunde eigentliche Verschreibungen mit Blut. Bisweilen ist diese Formalität
mehr den Gliedern der höheren Klassen des satanischen
Reiches als den gemeinen Hexen vorbehalten[29].

Manche Hexen dienen dem Teufel sechs bis zehn Jahre,
ehe sie das Homagium leisten, andere tun dies gleich anfangs.

Hexenspuk. Bruder Johannes Pauli, Schimpf und Ernst, Augsburg 1533

Der Besuch des christlichen Gottesdienstes ist nicht
ganz verboten; vielmehr gilt es als verdienstlich, der Messe
beizuwohnen und während der Elevation auszuspeien und
unanständige Worte zu murmeln oder zum Abendmahl
zu gehen und die empfangene Hostie aus dem Munde zu
nehmen, um sie später dem Teufel zur Schändung und
Bereitung von Zaubermitteln auszuliefern[30].

Die Hexe tritt das Kreuz, fastet am Sonntag und ißt
am Freitag Fleisch.

---

29) *Mone*, Anz. 1839, S. 125. *Bekker*, Bez. Welt, IV. 29. *Hauber*, Bibl.
mag. III. 306. *Bodin*, Daemonum, II. 4. The wonderful discovery etc.
p. 10, Jakob I. Daemonol I. 6. *Cannaert*, Bydragen tot de kennis van
het oude strafrecht in Vlaenderen, p. 243. — 30) *Delrio*, V. 16.

Zum Hexensabbat reitet man auf Böcken, Hunden, Ochsen, Schweinen, auf einer Geiß, auf einem schwarzen Pferd, auf einer dreibeinigen Ziege[31], Stöcken, Ofengabeln, Besen, Spießen oder anderen abenteuerlichen Vehikeln; der gewöhnliche Weg geht durch den Schornstein, häufig auch durch die Türe oder das Kammerfenster in die Luft. Seltener durchstreift man das Land zu Fuße in Katzen- und Hasengestalt. Ekkehard von St. Galens Weltchronik erwähnt im dreizehnten Jahrhundert die Zauberinnen, die auf Bänken und Besen und anderem Hausgerät auf den Brockenberg ritten.

Zum Flug wie zur Verwandlung ist eine Salbe nötig, meist wird auch eine Formel („Auf und davon, hui, oben hinaus und nirgend an") gebraucht. Ein äußerst sinnreiches Verfahren wendeten die schwedischen Hexen an, wenn sie ihre Nachbarinnen, Freundinnen, Kinder zur Fahrt nach Blaculla mitnehmen wollten. Sie steckten nämlich ihrem Bock eine Stange in den Hinteren, auf die sich die lieben Freundinnen setzten, worauf es dann sofort durch die Luft gen Blaculla ging. — In Schottland besteigt man Stroh- schütten, Bohnenstangen oder Binsenbündel und erhebt sich unter dem Rufe: Roß und Heuhaufen, in des Teufels Namen[32].

Erhellt wird die Mahlzeit durch „Leuchter", d. h. durch Hexen, die gebückt stehend im After brennende Kerzen tragen.

Wer den Sabbat versäumt oder sich auf ihm ordnungs- widrig aufführt, erlegt eine Geldstrafe oder wird gezüchtigt[33].

Der Teufel ist indessen bei diesem Feste nicht immer ein mürrischer Gebieter. Oft sitzt er mit einem gewissen Ausdruck der Milde da, liebt einen Spaß, läßt die Hexen kopfüber springen oder zieht ihnen die Besen und Stangen unter den Beinen weg, daß sie hinfallen, lacht, daß ihm der Bauch schüttert, und spielt dann anmutige Melodien auf der Harfe.

---

31) *C. Hartmann*, Geschichte Hannovers, 2. Aufl., Hannover 1886, S. 197. Jahrbücher für romanische Literatur III., S. 147. — 32) *W. Scott*, Br. über Dämonologie II. 235. — 33) *De Lancre*, Cap. II. *W. Scott*, II. 137.

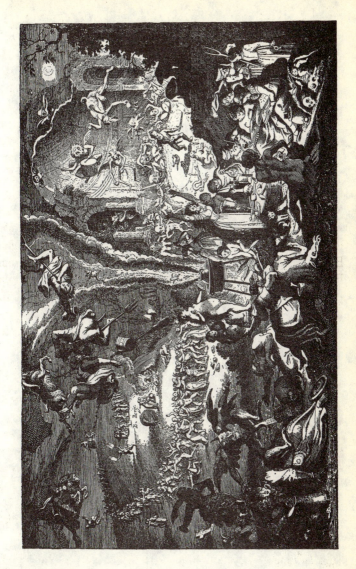

Hexensabbat auf dem Blocksberg
Kupfer nach Michael Heer, 1661 †

In dem berüchtigten Hexenprozesse von Mora in Schweden (1669), der zweiundsiebzig Weibern und fünfzehn Kindern das Leben kostete, wird er auch zuweilen krank und läßt sich Schröpfköpfe ansetzen; einmal stirbt er sogar auf kurze Zeit und wird in Blaculla laut betrauert.

Die Mahlzeiten bei den großen Versammlungen — lauter Schaugerichte — bestehen aus schmaler und ekelhafter Kost[34]. In badischen Akten (Mone, a. a. O.) Fische und Fleisch vom Geschmacke faulen Holzes, ohne Salz; Wein wie Mistlachenwasser oder saurer Wein. — Das Brot fehlt z. B. in burgfriedb. Akten von 1665. — Oft werden die Speisen von den Abdeckeplätzen geholt. Dann wieder müssen die Vorräte der Reichen das Ausgesuchteste und Schmackhafteste liefern[35], nur fehlt bisweilen Salz und Brot, oft auch der Wein — drei Dinge, die durch den Gebrauch der katholischen Kirche als geheiligt galten.

Als besonderer Leckerbissen der Hexen bei ihren Sabbaten galten kleine Kinder. Man nahm an, daß die Kinder, die hierbei scheinbar geschlachtet und verzehrt wurden, bald nachher sterben müßten.

Übrigens trinkt hier keiner dem anderen zu.

Nach dem Essen geht der Tanz an, ein runder Reigen, das Gesicht nach außen gekehrt[36]. Eine Hexe in der Mitte des Kreises steht auf dem Kopfe und dient als Lichtstock. Tanzen einzelne Paare, so kehren die Tanzenden einander den Rücken zu. Sackpfeifen, Geigen, Trommeln ertönen, und der Chor singt: „Harr, Harr, Teufel, Teufel, spring hie, spring da, hüpf hie, hüpf da, spiel hie, spiel da[37]!" oder ein ähnliches Lied.

Auch Hexenhochzeiten werden in zahlreicher Versammlung gehalten. Offenburger Hexen fahren nach Obernehenheim „in die Sonnen" und halten daselbst Hochzeit[38].

---

34) *Remig.*, I. Cap. 16. — 35) Buseckische Akten von 1656. — 36) *Remig.*, S. 111, 133. — *Delrio*, Disqu. mag. Lib. V. Append. p. 855. — *Mone*, S. 127. *W. Scott*, II. 171. — 37) *Bodin*, Daemonoman. II. 4. — 38) *Remig.* 219 u. 225. — Orig.-Akten d. Reichskammerger., Hoffmännin contra Stadt Offenburg.

Außer der Würde des Königs und der Königin gibt es in der Hexenwelt auch verschiedene Militär-, Zivil und geistliche Chargen: man findet Offiziergrade vom General bis zum Leutnant und Fähnrich abwärts und selbst Hexenkorporale, ferner Gerichtsschreiber, Sekretäre, Rentmeister, Köche, Spielleute und Hexenpfaffen. General und Korporal in Lindheimer und Friedberger Akten; Oberst, Kapitän und Leutnant in Coesfelder Akten. Fahnenjunker auf der Insel Schütt (Theatr. Europ. VII. S. 327). — Der Gerichtschreiber protokolliert den Eid, der dem Satan beim Sabbat geschworen wird (Coesf. A.); der Rentmeister kassiert die für den König eingehenden Opferheller ein (Friedb. Akten); der Pfaffe reicht das Teufelsabendmahl (ebenda). In Schottland finden sich die Hexen zuweilen in Rotten (covines) und Schwadronen (sqads) abgeteilt, deren jede zwei Offiziere oder Befehlshaberinnen hat. (W. Scott II., 133). — In der Gascogne trägt der Zeremonienmeister einen vergoldeten Stab. (Dictionnaire infernal von Gollin de Plancy, Art. Aguerre.)

Die Offizianten werden mittelst zusammengeschossener Beiträge entlohnt.

Die Hauptverpflichtung der Hexe gegen den Teufel bestand darin, daß sie bemüht sein mußte, mit Hilfe und nach dem Bescheid des Teufels die Christen an Leib und Seele, an Hab und Gut zu schädigen und zu verderben. Dabei ist zu beachten, daß die Hexen, wenn sie Schaden stiften wollten, immer vereinzelt, fast nie in Gemeinschaft mit anderen operieren. Nur einmal, in Schiltach in Baden, sind alle Hexen des Städtchens an einer Brandstiftung beteiligt[39].

Das eigentliche Sakrament, durch das die Hexen ihre Wirksamkeit ausüben, ist die Hexensalbe, mit der die Hexen sich und die Spitzen ihrer Gabeln zur Ausfahrt bestreichen, mit der sie Menschen und Vieh schädigen und

39) „Annales oder Jahresgeschichten der Baarfüßeren oder Mindern Brüdern S. Francisci ordinis — zu Thann — durch P. F. Malachiam Tschambser, MDCCXXIV" (Colmar 1864) B. II. S. 73.

töten etc. Außerdem spielen Pulver, Kräuter und allerlei Zauberformeln eine Hauptrolle[40]. Oft aber genügt schon ein Gruß, ein Hauch, ein Blick.

Das Bestreben des Teufels war besonders auch dahin gerichtet, durch die Hexen und Hexenmeister unter den Menschen Haß und Zwietracht zu säen, insbesondere Ehegatten einander zu entfremden. In einem Berner Prozeß von 1591 gestand ein Hexenmeister, der Teufel habe ihm geboten, die Leute gegeneinander aufzureizen und Uneinigkeit zu stiften, soviel er nur könne und möge. Im Jahr 1609 bekannte eine in Bern wohnhafte Weibsperson aus dem Kanton Zürich neben vielen Krankheiten, Lähmungen und Todesfällen, die sie durch Berührung mit der Hand, ja durch bloßes Streifen der Kleider verursacht habe, auch einige Versuche, die sie gemacht, selbst Ehen zu zerstören, indem sie den Ehegatten unüberwindliche Abneigung einzuflößen suchte, einen Zweck, den sie zwar nicht immer, aber doch öfters erreicht habe[41].

Wer könnte außerdem die Zwecke und Mittel der Hexerei alle im einzelnen verfolgen? Hier wird ein Weib durch einen dargebotenen Apfel zu sechsmaligem Abortieren gebracht, dort ein Mädchen durch einen Trunk Bier bezaubert, daß es die Haare verliert, ein Kind mit Sauerkraut oder einem leisen Schlag auf die Schulter behext, ein Mann durch einen Schluck Branntwein des Verstandes und des Lebens beraubt.

Über die zahllosen Störungen der ehelichen Freuden durch Nestelknüpfen klagen besonders die Franzosen Bodin und de Lancre. Bodin versichert, es gebe mehr als fünfzig Arten des Nestelknüpfens. Wie sehr in einem von diesem Aberglauben angesteckten Individum schon die bloße Furcht vor solchen Malefizien psychisch niederschlagend wirken und mithin Erscheinungen herbeiführen konnte, die man dem Maleficium selbst zuschrieb, ist an sich klar.

---

40) *Remig.*, I. 2. *Delrio.* — 41) Berner Taschenbuch. 1870, S. 180.

Eine Hexe im Buseckertale melkt mittelst einer Spindel, die den Akten als Corpus delicti beigelegt wird, fremde Kühe. Eine Landsmännin der vorigen gibt der Nachbarin einen Wecken zu essen, worauf deren Knie so anschwellen, daß am folgenden Sonntage der Pfarrer von der Kanzel herab diese Übeltat straft. Die Täterin läßt sich bestimmen, den Zauber abzutun, legt einen Aufschlag von Bienenhonig und Tabak auf die Geschwulst, diese öffnet sich, und es gehen, den Akten zufolge, anderthalb Maß Materie mit Kellerasseln, Engerlingen, Schmeißfliegen und haarigen Raupen heraus, die Kranke aber ist genesen.

Ein junger Lord in Rutlandshire wird dadurch getötet, daß man seinen rechten Handschuh siedet, durchsticht und in der Erde begräbt[42]. An andern Orten ist die Rede von Dornen, Holzstücken, Steinen, Knochen, Glas, Nadeln, Nägeln und Haarknäueln, die den Leuten in den Leib gezaubert werden. Zahlreiche Bezauberte in England, Holland und Deutschland, die Nägel, Stecknadeln und andere harte Körper vomierten, haben oft Mitleiden und Almosen, zuweilen die Schande der Entlarvung ihres Betruges geerntet. Noch in dem berüchtigten Hexenprozeß zu Glarus (1782) bildet diese Art Malefiziums den Mittelpunkt der ganzen Sache[43].

Die Nonnen eines Klosters bekommen plötzlich steife Hälse, weil ein Weib ein Gebräu von Schlangen, Kröten und Sanguis menstruus bereitet hat.

Solche Mittel, gewöhnlich Gifte oder Giftgüsse genannt, werden häufig vor Türen ausgeschüttet oder unter der Schwelle vergraben; man verdirbt mit ihnen Menschen, Tiere und Bierbrauerei[44]. Kochen die Hexen allerlei Obstblüte in einem Hafen, so mißrät das Obst; werfen sie gewisse Gegenstände in einen kochenden Topf zusammen, so entstehen Raupen und kleine Würmer, die das Eckerich

---

42) The wonderful discovery etc. pag. 16 und 21. — 43) *Jhs. Scherr*, Menschliche Tragikomödie, 3. Aufl., VI. Bd., S. 49—69. — 44) *Raumer* in den Märkischen Forschungen, Band I. Berlin 1841. S. 238ff.

(die Frucht der Buchen) zerstören; Mäuse werden durch ähnliche Künste in die Felder gezaubert.

Werwölfe[45] haben ihren Zustand bald durch den Gebrauch einer Salbe, bald durch das Anlegen eines Gürtels, bald in anderer Weise herbeigeführt. Im Jahre 1598 brach im Jura eine Werwolfepidemie aus. „Die Menschen verfielen damals scharenweise dem Wahne der Lykanthropie und zerfleischten und verzehrten zahlreiche Menschen und Tiere, die ihnen in den Weg kamen"[46].

In Italien verwandelten sich die Hexen in Katzen[47], wogegen die Werwölfe (loups-garous) namentlich in Frankreich vorkamen[48]. Hier wurde es noch am Ende des sechzehnten Jahrhunderts aktenmäßig festgestellt, daß der Jäger, der die einem Wolfe abgeschossene Pfote als Jagdbeute in die Tasche steckte, nach Hause zurückgekehrt, zu seinem größten Entsetzen sah, daß es eine Hand seiner Frau war.

Übrigens ist sonst das gewöhnlichste Hexentier, in allerlei Beziehung und zu allerlei Beschädigung des Menschen, die Katze[49]. Die Hexen verwandeln sich gern in Katzen, „denn die Katzen klettern auf dem Dach, kriechen in die Häuser, mögen in den Stuben, Kammern stehlen, zaubern, die Kinder verletzen"[50]. Zu Hildesheim wurde 1615 ein Knabe verbrannt, der nach seinem „Bekenntnis" den Leib einer Katze annehmen konnte[51].

---

45) Hexenhammer I. S. 14 (*Schmidt*). *Leubuscher,* Über die Währwölfe und Thierwandlungen im Mittelalter, Berlin 1850. — 46) *Dr. Richard Hennig,* Der moderne Spuk- und Geisterglaube, Hamburg 1906. S. 100. — 47) *Riezler,* S. 68. — 48) Discours exécrables des Sorciers ensemble, leurs procès faits depuis deux ans en divers endroits de la France avec six avis en fait de sorcellerie (Lyon 1602, 1603, 1605, 1607, 1608, 1610). Cimber et Danjou, Archives curieuses de l'histoire de France, Sér. I. Tom. 8, S 7 ff. Sens 1574. — 49) *Stöber,* Über die sogen. Gespenstertiere im Elsaß, im „Neujahrs stollen" auf 1850, S. 48. *Wuttke,* Volksglaube, 3. Bearb. S. 127 § 173. — 50) Theatrum de veneficis, „Hexenbüchlein", S. 306 ff. — 51) *Janssen,* VIII. S. 683⁵. *Grimm,* Mythologie, II. Aufl. 1651. *Hertz,* Werwolf, S 71.

Häufig dient auch eine Art Ungeziefer, das die Hexen als unmittelbare Frucht ihres Teufelsumgangs gebären, die sogenannten Elben, bösen Dinger, guten Holdchen oder guten Kinder, zur Peinigung der Bezauberten[52]. In den von Carpzov zusammengestellten Urteilen des Leipziger Schöppenstuhls kommen diese Elben häufig vor. Z. B. Nr. XXI. „Hat die Gefangene G. J. bekannt und gestanden etc.: Wenn sie mit ihren Bulen (dem Buhlteufel Lucas) zu schaffen gehabt, hätte sie weiße Elben, und derselben allezeit zehn bekommen, so gelebet, spitzige Schnäbel und schwarze Köpffe gehabt, und wie die jungen Rauben hin und wieder gekrochen, welche sie zur Zauberey gebraucht, ihr Bule ihr auch etliche gebracht, ehe sie mit ihm gebulet. Sie habe auch der Matthes Güntherin Kind ein bös Gesicht gemacht, indem sie es angesehen, und angehauchet, dazu sie diese Worte gebraucht: Ich wollte, daß du blind wärst; welches ihr Bule Lucas ihr also geheißen, und sie es in ihres Bulen Lucas und des Teuffels Namen thun müssen. Ferner habe sie auch die weiße Elben mit schwartzen Köpffen in den Brandtewein gethan, und darinnen zergehen lassen, dieselben auch klein zerrieben in Kuchen gebacken, und solches auf ihres Bulen Lucassen Befehl, welcher gesagt, wenn sie zu jemands Feindschaft hätte, solte sie demselben die Kuchen oder Brandtewein beybringen, darauf er an Gliedern und Leibe übel würde geplaget und gemartert werden. Hierüber hat Inquisitin bekannt, daß sie auf des Pfarrherrns zu Rotenschirmbach Acker mit ihrem Messer einen Ring gemacht, und drei Elben dahinein verstecket und vergraben, zu dem Ende, daß, wer darüber gienge, lahm werden und Reißen in den Gliedern überkommen solte, welches denn vorgedachtem Pfarrherrn zu Rotenschirmbach gegolten, weil er sie auf der Cantzel öffentlich für eine Zauberin ausgeschryen, sie hätte die Elben in aller Teuffel Nahmen eingegraben und darzu gesagt: Wer darüber gienge, der solte lahm und

52) *Carpzov*, Nova practica rerum criminal., Part. I. Qu. XLIX.

krumm werden; und es hat sich in eingeholter Erkundigung also befunden, daß Matthes Günthers Kinde und andern Personen durch Zauberey an ihrer Gesundheit Schade zugefüget worden usw." Ein 1687 nach einem Spruch der Juristenfakultät zu Frankfurt a. d. O. hingerichtetes Mädchen sollte vom Teufel Eidechsen geboren, sie verbrannt und mit der Asche Menschen und Tiere bezaubert haben.

Die Elben der Germanen sind überwiegend gute, dem Menschen zugetane und dienstwillige Geister. Die Elben auf Irland knüpfen Liebschaften mit Menschentöchtern an, bringen verlaufenes Vieh zurück, schenken ihren Freunden unter den Menschen wundertätige Gegenstände und heilen Siechtum[53]. Doch schon die Snorra Edda kennt außer diesen Lichtelben die schwarzen Elben, böse Gesellen, die auf dieselbe Weise den Menschen schaden wie Hexen[54].

Nach altgermanischer Vorstellung kamen diese krankheitserzeugenden Elben, gespensterhaftes Ungeziefer aus dem wilden Wald zu Menschen[55] und Vieh[56]. „Der Baum, dessen Rinde sie beherbergt," meinte man „entsende sie entweder aus Lust am Schaden oder um sie los zu werden, weil sie in seinem eigenen Leibe, wie in den Eingeweiden des Menschen verzehrend wüten."

In dem späteren Hexenglauben ist es nicht mehr der Baum oder der Baumgeist, der die Würmer aussendet, sondern eine Zauberin. Entweder sind sie ihre Leibesfrucht, oder, in den Wald gehend, schüttelt die Hexe die „bösen" oder „guten Dinger", „fliegenden Elben", „Holdichen" oder „guten Kinder", die bald als Schmetterlinge, bald als Hummeln, Grillen, Raupen und als Würmer beschrieben werden, von den Bäumen herab oder

53) *Wolfg. Golther,* Handbuch der german. Mythologie, Leipzig 1895. S. 134. — 54) *Elard Hugo Meyer,* Mythologie der Germanen, Straßburg 1903, S. 117 ff., 135, u. a. a. O. Golther, S. 122 ff. — 55) *Grimm,* Mythologie, 2. Aufl. 1109. *Haupt,* Zeitschrift für deutsches Altertum, Berlin 1841 ff. IV. 389. — 56) *Kuhn,* Westfälische Sagen, Leipzig 1859, II. 19 ff.

gräbt sie unter dem Hollunder hervor, um sich ihrer zur Hervorbringung von Krankheiten, Geschwulst bei Menschen und Vieh zu bedienen, indem sie sie in Haut und Gebein beschwört[57].

Teufelsgeburten in Menschengestalt, wie Robert der Teufel[58], Merlin, Caliban[59] u. a. m., Wechselbälge und Kielkröpfe gehören mehr unter die streitigen Probleme der Theorie, als unter diejenigen Gegenstände, die im wirklichen Leben der Entscheidung des Richters zu unterliegen pflegten[60].

Auch von den Eier legenden Hexen, wie sie hin und wieder erwähnt werden, und die sogar ihre Erzeugnisse zu Markte gebracht haben sollen, sehen wir hier ab[61].

Das Merkwürdigste aber, was durch solche Teufelsbuhlschaften jemals zum Wehe der Menschheit gewirkt wurde, hat die Polemik des sechzehnten Jahrhunderts in den raschen Fortschritten der Reformation zu entdecken gewußt.

Martin Luther, behauptete man, habe nur darum so leicht ganze Völker um ihr Seelenheil zu betrügen vermocht, weil er der Sohn des Teufels gewesen, der sich einst unter der Maske eines reisenden Juweliers in das Haus eines Wittenberger Bürgers Eingang verschaffte und dessen Tochter verführte. So versicherte im Jahre 1565 ein Bischof von der Kanzel seiner Domkirche herab, und Fontaine wiederholte es in seiner Kirchengeschichte, wobei es denn freilich dem frommen Bischof nicht gefallen hat, die gemeine Meinung, die Luthers Erzeugung nicht nach Wittenberg, sondern nach Thüringen verlegt, einer weiteren Beachtung zu würdigen. Auch der Jesuit Delrio erzählt diese Überlieferung, ohne indessen für ihre Glaubwürdigkeit einstehen zu wollen.

---

57) Mythologie, 1027. — 58) *G. O. Marbach*, Volksbücher Nr. 26, S. 5 ff. — 59) *Shakespeare*, Der Sturm. — 60) *Delrio*, Disqu. mag. Lib. II. Quaest. XV. p. 177. Mall. malefic. P. II. Qu. II. cap. 7. *Delrio* a. a. O. S. 179. *E. Kroker*, Luthers Tischreden i. d. Mathesischen Samml,, Leipzig 1903, Nr. 352. — 61) *Schindler*, Der Aberglaube des Mittelalters, S. 286.

Unter einen weit entschiedeneren Schutz glänzender Autoritäten stellt sich dagegen der Glaube an das Vermögen der Zauberer, ihre Feinde durch das Zusenden böser Geister wahrhaft besessen zu machen. König Jakob I. von England verficht ihn in seiner Dämonologie; eine Kommission des Kardinals Richelieu hat sich in den merkwürdigen Exorzismen von Loudun, eine Kommission von Jesuiten in dem nicht minder interessanten würzburgischen Hexenprozesse vom Jahr 1749 von seiner Wahrheit überzeugt.

Der Stab hat seit Circe und Pharaos Zauberern lange Zeit eine Rolle in der Magie gespielt. Im Mittelalter tritt er mehr zurück und ist in der eigentlichen Hexerei niemals wieder zu allgemeinerem Ansehen gelangt. Hier und da findet er sich noch als Attribut des gelehrteren Magus, der mit einem zu bestimmter Zeit und in bestimmter Form abgeschnittenen Haselschößling einen Kreis zieht und Geisterbeschwörungen anstellt. Auch griff gegen das Ende des siebzehnten Jahrhunderts besonders in Frankreich der Wahn um sich, daß man durch einen gabelförmigen Apfel-, Buchen-, Erlen oder Haselzweig, eine Wünschelrute (baguette divinatoire), die Spur eines verlorenen Eigentums oder eines Missetäter finden könne[62]. Doch machte man die Kunst mit ihr umzugehen, von der Zeit und den Umständen der Geburt eines Individuums abhängig, und man hat lange darüber gestritten, ob diese Kunst, deren Realität nicht bezweifelt wurde, aus der Macht des Teufels oder aus geheimen Naturkräften zu erklären sei[63].

Das mantische Element tritt überhaupt in dem modernen Hexentum wesentlich zurück, zumal soweit von einem kunstmäßigen Verfahren die Rede ist. Wo die Hexe etwas Verborgenes weiß, da hat es ihr in der Regel der Teufel unmittelbar gesagt, der ihr nötigenfalls selbst im Beisein anderer als Mücke, Sperling oder in einer anderen Maskierung erscheint.

---

62) *Wilh. Mannhardt*, Die Götter der deutschen und nordischen Völker, Berlin 1860, S. 206. *Dr. L. Weber*, Die Wünschelrute, Kiel und Leipzig 1905. *Graf Carl v. Klinkowstroem*, Bibliogr. der Wünschelrute, München 1911. — 63) *Le Brun*, Histoire critique des pratiques superstitieuses.

Die vorstehenden Einzelheiten mögen genügen, um die Natur derjenigen Dinge zu bezeichnen, die das christliche Europa während der letzten Jahrhunderte unter dem Begriffe der Hexerei zusammenfaßte. Der Malleus maleficarum suchte dieses alles theoretisch zu begründen; seine Dialektik ist jedoch sehr verworren. In mehr wissenschaftlicher Form taten dies viele seiner zahlreichen Nachfolger in allen Nationen, am gelehrtesten der Jesuit Martin Delrio, dessen Disquisitiones magicae 1599 zum ersten Male in Mainz gedruckt wurden[63]. Delrio[64] definiert die natürliche Magie als eine tiefere Kenntnis der geheimen Naturkräfte, der Sympathien und Antipathien, des Sternenlaufs und seiner Bedeutung; sie ward schon Adam gegeben, und Salomo war ihrer in hohem Grade kundig. Sie zerfällt in die Ars operatrix und divinatrix. Beispielsweise erinnert Delrio hierbei an des Tobias Fischleber und an das Entzünden des Kalkes im Wasser. Die Magia artificiosa ist entweder mathematica (Brennspiegel des Archimedes, Automaten, Equilibristen), oder praestigiatoria (Blendwerke der Taschenspieler etc). In das Gewand der Ars naturalis und artificiosa hüllt sich oft die magia diabolica; diese ist eine facultas seu ars, qua, vi pacti cum daemonibus initi, mira quandam et communem hominum captum superantia efficiuntur; sie teilt sich wieder in Magia specialis, divinatio, maleficium und vana observantia.

Das Pactum mit dem Teufel war entweder ein wirklich vollzogenes, ein Pactum expressum, wenn beide Teile den Vertrag unterzeichnet hatten, oder, was gleichfalls ein todeswürdiges Verbrechen war, ein Pactum tacidum, implicitum — ein sehr einseitiges Kontraktverhältnis, bei dem

---

63) Disquisitionum magicarum libri sex, quibus continetur accurata curiosarum artium et vanarum superstitionum confutatio, utilis Theologis, Jurisconsultis, Medicis, Philologis, Auctore *Martino Del-Rio*, Societ. Jesu presbyt. etc. — Ed. Colon. Agripp. 1679, pag. 3 sqq. — 64) *Längin*, Religion und Hexenprozeß, S. 132 ff.

Hendrik de Clerck, Der Sündenfall

Doktor Faust
Kupfer von Rembrandt

wohl der Teufel, aber nicht der Mensch sich gebunden hatte. Jedes Anrufen des Teufels, jedes im Namen des Teufels ausgeführte Malefizium, jeder Akt, in dem man Zauberei durch Zauberei zu vertreiben suchte, galt nämlich als eine Handlung, die den Teufel (und folglich auch den Hexenrichter) berechtige, hierin den Eintritt in ein diabolisches Bundesverhältnis zu erkennen und geltend zu machen. Dieser Pakt ist die Basis und Bedingung, auf der die ganze Hexerei beruht. Ohne ihn kann keine dämonische Magie gedacht werden; der Teufel läßt sich vom Menschen nicht zwingen, er dient ihm freiwillig, aber nicht unentgeltlich. Die Zaubermittel haben nicht ihre Kraft in sich selbst — sofern diese nicht etwa eine pharmakodynamische ist — sondern sie sind bloße Formen, unter denen der Teufel vertragsmäßig den Zauberern seine Kraft zur Vollbringung der Malefizien verleiht.

Welcher Gattung der Magie die alchimistischen Operationen angehören, kann nach Delrio nur aus der Beschaffenheit bestimmter Fälle beurteilt werden. Die Alchimie kann sich nämlich bald als Magia diabolica, bald als praestigiatrix, bald als naturalis darstellen; denn unmöglich ist es ja nicht, meint der Verfasser, daß jemand durch eigenes Studium die Kunst des Goldmachens ergründen könne. In diesen vagen Bestimmungen wußte Delrio dem Zeitgeist des sechzehnten Jahrhunderts, das die Alchimie zu Ehren brachte wie kein anderes, zu huldigen, ohne dem finsteren Wahne, der früher einen Roger Baco und andere Naturforscher verfolgt hatte, etwas zu vergeben.

Diese Ansichten erklären auch die Erscheinung, warum, während die ungelehrten Zauberer zu Tausenden den Scheiterhaufen bestiegen, alle, die sich mit den sogenannten geheimen Wissenschaften beschäftigten, ein Trittenheim, Faust, Agrippa von Nettesheim, Picus von Mirandola, Paracelsus u. a., bald als Koryphäen der Weisheit gepriesen, bald als Notabeln im Reiche Satans verschrien wurden, öfters hart genug an den Schranken der

Inquisition vorbeistreiften, im wesentlichen aber ungekränkt blieben.

Der Geist der Wissenschaft war schon zu weit gediehen, als daß nicht das Wahre, das bei allen wunderlichen Verirrungen in ihren Studien geahnt wurde, Achtung geboten hätte. Der Priestergeist aber und sein Pflegling, der Pöbelglaube, rächten sich dafür durch das Märchen vom Faust, in dem ganz eigens der Beweis geführt wird, wie der Teufel auch in den vornehmeren Magiern seine Vasallen erkennt. Der Doktor Faust, als historische Person — man mag sich nun an den Georg Faustus des Trithemius, Begardi und Mutianus Rufus, oder an den Johannes Faustus Melanchthons und Weiers halten wollen — jedenfalls mehr abenteuernder Charlatan als Gelehrter, gehört in die Geschichte der Hexenprozesse in keiner andern, als in der angedeuteten Beziehung. Einem Zauberer auf freiem Fuße den Hals zu brechen, liegt sonst nicht in den Gewohnheiten des Teufels. Er greift zu diesem Auskunftsmittel in der Regel nur dann, wenn eine verhaftete Hexe ihm durch reumütiges Bekenntnis und Rückkehr zum Glauben abtrünnig zu werden droht, d. h. in die Sprache des neunzehnten Jahrhunderts übersetzt, der Teufel wurde als Täter vorgeschoben, wenn der Richter den durch die Folgen der Tortur herbeigeführten Tod oder den in der Verzweiflung begangenen Selbstmord einer Verhafteten zu rechtfertigen hatte[65].

---

65) Über das Historische vom Faust s. *Kirchner*, Disquisitio historica de Fausto praestigiatore, praeside Neumann, Viteb. 1693, und *Hauber*, Bibl. mag. II. 707 ff. III. 184 ff. *Karl Kisewetter*, Faust in Geschichte und Tradition, Leipzig 1893; Das Volksbuch vom Doktor Faust (1587). Herausgegeben von *Wilhelm Braune*, Halle 1878, S. 59. Volksbücher des sechzehnten Jahrhunderts, herausgeg. von *Felix Bobertag* (Kürschners Deutsche National-Litt., 25. Bd.), S. 150 ff. *Emil Reicke*, Der Gelehrte in der deutschen Vergangenheit, Leipzig 1900, S. 91 ff. *Karl Engel*, Zusammenstellung der Faustschriften vom sechzehnten Jahrhundert bis Mitte 1884, 2. Aufl., Oldenburg 1885. *Goedecke*, Grundriß 2, 562 ff. *Janssen*, VI., 538 ff.

In Übereinstimmung mit seinen Vorgängern, besonders Thomas von Aquino, behandelt Delrio auch die Lehre von den Inkuben und Sukkuben. Es steht ihm fest, daß ein Inkubus mit einem Weibe ein Kind erzeugen könne; dieses geschieht jedoch nicht durch seinen eigenen Samen, sondern durch den Samen eines Mannes, mit dem sich zuvor der Dämon als Sukkubus vermischt hat, so daß also das erzeugte Kind nicht eigentlich den Dämon selbst, sondern denjenigen Mann zum Vater hat, dem der Samen entwendet worden ist. Ein Sukkubus hingegen kann weder empfangen, noch gebären, sondern den aufgenommenen Samen einzig zu dem oben bezeichneten Zwecke verwenden. Der Jesuit Molina gilt als Zeuge, daß solche diabolische Geburten noch ganz neuerdings vorgekommen seien, und in Brabant fand Delrio selbst das noch ganz frische Beispiel der Hinrichtung einer Unglücklichen, die vom Satan empfangen und geboren hatte. Um recht viel männlichen Samen zu erlangen, waren natürlich auch zahlreiche Sukkubi nötig. So wurde 1468 in Bologna ein ganzes Bordell voll Sukkubi aufgehoben und sein Inhaber verbrannt[66].

Wollen wir die Hexerei als ein Ganzes fassen, so erscheint sie, vom Standpunkt der Doktrin betrachtet, als eine in sich vollendete diabolische Parodie des Christentums. Das Christentum ist Gottesverehrung, die Hexerei Teufelskult; der Christ sagt dem Teufel ab, die Hexe entsagt Gott und den Heiligen. Der Christ sieht in dem Heiland den Bräutigam seiner Seele; die Hexe hat in dem Teufel ihren Buhlen. Im Christentum waltet Liebe, Wohltun, Reinheit und Demut, in der Hexerei Haß, Bosheit, Unzucht und Lästerung; der Christ ist strafbar vor Gott, wenn er das Böse tut, die Hexe wird vom Satan gezüchtigt, wenn ein Rest von Menschlichkeit sie zum Guten verführt hat. Christi Joch ist sanft und seine Bürde leicht, aber des Teufels Joch ist schwer, und es geschieht ihm nimmer

---

66) *Jakob Burckhardt*, Die Kultur der Renaissance, 8. Aufl., II. 261.

genug. Gott ist wahrhaftig und barmherzig, seine Gnade läßt selbst den Schwachen in die Seligkeit eingehen; der Teufel aber ist ein Lügner von Anfang und betrügt seine treuesten Diener selbst um das vertragsmäßig bedungene Wohlleben.

St. Michael und der Teufel

Stich eines unbekannten Meisters.   Berliner Kgl. Kupferstichkabinett

Ebenso deutlich zeigt sich der Teufel in den Einzelheiten des Rituals als der Affe Gottes. Wie der Christ den Sabbat Gottes begeht, so feiert die Hexe den Teufels-Sabbat. Was aber der Kirche heilig ist, Feste, Kreuz,

Weihwasser, Messe, Abendmahl, Taufe und Anrufung der Heiligen — das entweiht der Teufel durch Verzerrung, Mißhandlung und Beziehung auf sich. Die Zauberei in der Hexenperiode ist die Ketzerei und Apostasie in ihrer höchsten Steigerung; sie ist, zwar nicht etymologisch, doch ihrer Idee nach die vollendete Teufelei auf Erden. Und zwar ist sie dieses, was wohl zu beachten ist, durch ihre Stellung zum Christentum. Ohne Abfall vom Christentum ist Hexerei undenkbar. Die Lossagung von Gott und Christus muß der Ausgangspunkt der gegen das Christentum und gegen die Christen gerichteten Feindschaft sein. Dieses ist ein ganz wesentliches Moment im Begriffe der Hexerei, weshalb unter den zahllosen Opfern des Hexenwahns auch nicht eine Nicht-Christin vorkommt. Eine Hexe ist ihrem Begriffe nach eine Zauberin, die Christin war, vom Teufel dazu verführt, sich von Gott, Christus und der Kirche losgesagt, dem Teufel zu eigen gegeben und sich mit ihm fleischlich vermischt hat und nun mit Hilfe des Teufels das Reich Gottes und die Christen in jeder ihr möglichen Weise zu schädigen sucht. Darum gab es wohl jüdische und zigeunerische Zauberer und Zauberinnen, aber Hexen gab es weder unter den Juden noch unter den Zigeunern, — weil diese den christlichen Glauben nicht abschwören konnten.

Was die dem Verbrechen beigelegten Namen anbelangt, so werden im Hexenprozesse die Ausdrücke magus, lamia, saga, strix, veneficus, maleficus, φαρμακός und φαρμακίς, sortilegus, sortiaria, mathematicus, incantator und incantatrix, veratrix und praestigiatrix zuweilen zur Bezeichnung einzelner Arten gebraucht, am häufigsten jedoch ohne Unterschied auf das Ganze bezogen[67]. Auch die hebräischen Ausdrücke des Alten Testaments wurden in dieser Weise generalisiert. Diese Vermengung erleichterte wesentlich die Anwendung der alten speziell gegriffenen Strafandrohungen

---

67) *Carpzov*, Nov. Pract. rer. criminal. P. I. Quest. XLVIII. 9. *Binsfeld*, Comment. in tit. Cod. lib. IX. de maleficis et mathematicis, Notab. 5.

auf das neu geschaffene Kollektivverbrechen. Im Deutschen ist bekanntlich Zauberei derjenige Name, dessen sich das Gesetz bedient; in Akten, wie in der Volkssprache ist jedoch sehr gewöhnlich auch von Hexen, Unholden und (namentlich in Süddeutschland) Truden die Rede, und der Name der Hexerei ist ohne Zweifel der bequemste, um ohne weitere Umschreibung die moderne ungelehrte Zauberei von der antiken Magie, wie von den sogenannten geheimen Wissenschaften der neueren Zeit zu unterscheiden.

In der deutschen Vorzeit stößt man nur sehr selten auf das Wort „Hexe", doch findet es sich bereits nach 1293 in der „Martina" Hugo von Langensteins, eines schwäbischen Deutschordensritters[68]. Anfangs des vierzehnten Jahrhunderts wird in den alemannischen „Bîhtebuoch" gefragt: „ob du ie geloube tost an hecse[69]?" „Hecs" heißt die Striga in einer im Jahre 1393 niedergeschriebenen altdeutschen Predigt; nach einer späteren Redaktion „hezze". In Heinrich von Wittenweilers komischem Epos „Der Ring" aus der ersten Hälfte des fünfzehnten Jahrhunderts, fliegt eine „häxen" auf einer Gais daher.

Auch in der Folgezeit sind die Hexen noch recht spärlich vertreten. Meist treiben Unholde ihr zauberisches Werk. Doch spricht Ulrich Tengler in seinem „Layenspiegel" schon von „hächsen", auch Ulrich Molitor kennt „unholden vel hexen". Die Schweizer Protokolle aus dem ersten Viertel des fünfzehnten Jahrhunderts berichten gleichfalls von „hexereye", „hegsery", die „Kunst der hexi". Eine eigenartige Etymologie des Wortes Hexe gibt Turmair, genannt Aventinus, in seiner „Bayerischen Chronik"[70]. Dort heißt es im Kapitel „von den Kriegsweibern": „Ir hauptmannin ist gewesen Frau Häcs obgenannts künigs Theuers gemachel; sol ain große ärztin gewesen sein, darvon man noch die alten zaubererin hecsen nennt." Goldast (Rechtl. Bedenken von Konfiskation der Zauberer- und Hexengüter S. 76) gibt eine

68) *J. Franck,* Geschichte des Wortes Hexe in Hansen, Quellen (VII. Absch.), S. 632. — 69) Ebenda, S. 633. — 70) Ebenda, S. 644.

Im Nahmen der Heiligen unzertheil-
ten Dreyfaltigkeit/ Amen.

I.

DEmnach das abscheuliche Laster/ der
von aller Welt hero verdampten Zauberey und
Hexerey/ zu diesen ungläubigen/ abtrünnigen
und verführten Zeiten/ [a] mehr als zuvor / und [a]
bey Gedächtnüß unserer frommen Vor-Eltern/
jemahls erhöret worden / überhand genommen / und je länger je weiter sich thut erstrecken
und außbreiten / so haben etliche Gottsförchtige/ Christliebende/ ge-
treue Könige/ Chur-Fürsten/ Fürsten / Geistliche und Weltliche
Prälaten/ Graffen/ Herren/ Edle und Stätte / sich ihres tragenden
schweren/ ihnen von dem Könige aller Königen / und Herren aller
Herren/ dessen Statthalter sie auff Erden seyn/ anbefohlenen Ampts
gehorsambst erinnert/ und auff Mittel und Wege gedacht / wie diesem gefährlichen Unheyl/ und höchststräfflichem Laster/ bey zeiten zu
steuren/ die in des Teuffels Netzen/ Stricken und Banden / allbereit verwirrete/ gefässelte und verhaffte/ wiederumb zu erlösen/ auch
weiterer Abfall von Gott/ seiner Heiligen Christlichen Kirchen und
Seinem/ forthin verhütet werden möchte.   Zu dem Ende sie zu fo-
derst die heylsame Justiz ihnen selbst vor Augen gestellet / und die
Straffen/ so in Göttlichen/ Geistlichen und Weltlichen Rechten/
auch von den Heyden selbsten/ aus dem Liecht der Natur / wie des H.
Apostel Paulus bezeuget / und Eingebung der Menschlichen Ver-   Rom.i.
nunfft/ wieder die Zauberey und Hexen auffgesetzet/ und von Gott

A ij   dem

Erste Seite von Melchior Goldasts „Rechtliches Bedencken"
(Siehe Seite 401)

ansehnliche Menge von laufenden Namen für die Teufels-
verbündeten: „diese sind, die man böse Zauberer, böse
Leuthe, zu Laien Maleficos, Veneficos und Sortilegos, auff
Teutsch Nigromanten, das ist, Schwartz-Künstler, Hexen-
meister, Loßleger, Sortzier, Böse Männer, Gifft-Köche,
Mantelfährer, Bockreuter, Wettermacher, Nachthosen, Gabel-
träger, Nachtwanderer etc. nennet. Aber die Weiber dieser
Arth heißt man: Lamias, Stryges, Sortiarias, Hexen, All-
raunen, Feen, Drutten, Sägen, Böse Weiber, Zäuberschen,
Nachtfrawen, Nebelhexen, Galsterweiber, Feld-Frawen,
Menschen-Diebin, Milch-Diebin, Gabel-Reitterin, Schmier-
vögel, Besemreitterin, Schmaltzflügel, Bock-Reuterin, Teufels-
Buhlen, Teuffels-Braut, und insgemein Unholden, darumb
daß sie Niemanden hold, sondern Gottes, der Menschen und
aller Geschöpffen Gottes, abhold, und geschworene Feinde
sind." Erst im siebzehnten und achtzehnten Jahrhundert
dürfte Hexe allgemein geworden sein.

3. DIE WALPURGISNACHT

Es ist aus dem Obigen bekannt, daß diese Zeit keineswegs
die einzige für die Sabbate ist; ja sie wird nicht einmal
in den Akten am häufigsten genannt. Aber in einem großen
Teile Deutschlands hat sich der traditionelle Hexenglaube
der Gegenwart fast ausschließlich an diesen Tag geheftet,
vielleicht nur deswegen, weil gerade für ihn sich Volksgewohnheiten erhalten haben, die der Erinnerung zur Stütze
dienen.

Man hat die Walpurgisnacht von den Maiversammlungen
der alten Deutschen herleiten wollen[71]. Mag man nun bei
diesen Maiversammlungen an die politischen Maifelder denken oder an die hier und da in den Mai fallenden Frühlings-
feste, deren Existenz jedoch in sehr alter Zeit kaum nachweisbar sein dürfte — in beiden Fällen scheint es uns nicht
klar zu sein, welche Beziehung diese teils geschäftlichen,

---

71) *Grimm,* Deutsche Mythol., S. 591.

teils festlichen, von Obrigkeit und Kirche autorisierten Versammlungen zu zauberischem Spuke haben können. — Andere dagegen haben an ein Gaukelwerk gedacht, das die alten Sachsen absichtlich machten, um ungestört ihrem Wotansdienste auf dem Harze obliegen zu können. Es fehlen hierbei aber nicht nur die historischen Nachweisungen für das Faktum selbst, sondern die Walpurgisnacht ist auch für Gegenden, die vom Harze weit entfernt sind, übel berüchtigt.

Wie die auf die hohen Kirchenfeste und Heiligentage verlegten Hexenversammlungen sich aus der angenommenen Opposition des Hexenwesens gegen das Christentum erklären, so scheint dagegen die Wahl der ersten Mainacht für den gleichen Zweck in einem aus dem römischen Altertum ererbten Aberglauben ihren Grund zu haben; wie denn dergleichen so manches, ohne auf den ersten Blick als römisch erkannt zu werden, noch heute unter den Völkern fortlebt.

Der Mai war den Römern recht eigentlich ein Polter- und Spukmonat. Gleich auf den ersten Tag fiel das Fest der Lares Praestites. Sind diese gleich bei Ovid (Fast. V. 128 ff.) Schutzgötter des Hauses, so fand doch schon zu Plutarchs Zeit die Meinung Eingang, die Laren seien umherirrende böse, furienartige Geister, zum Strafen geschaffen und in das Familienleben des Menschen sich einmischend (Plut. Quaest. Rom 51).

Ferner fällt auf den ersten Mai das Fest der Bona Dea[72].

Über das Wesen dieser Göttin waren schon die Alten uneinig; um so fähiger zeigte es sich für jede Umdeutung. Nach den bei Macrobius (Sat. I. 12) gesammelten Meinungen war die Bona Dea bald Maja, bald Fauna, bald Fatua, bald die chthonische Hekate, bald Medea. Bei dem einen ist sie Fauns Gemahlin, bei dem andern Fauns Tochter, der von dem eigenen Vater Gewalt angetan worden sei. Wo nun die Göttin als Hekate oder Medea gefaßt wurde, da

---

72) *Ovid,* Fast. V. 148.

Hexensabbat
Kupfer von Gillot

ist ihre Beziehung zum Zauberwesen von selbst klar. Gleiches läßt sich von der Fatua sagen. Diese ist ja das Wesen, aus dem die Fata der Italiener, die Fée der Franzosen, die Fairy der Engländer hervorgegangen ist[73].

An die Feen knüpfen sich aber nicht allein die heiteren und poetischern Zauberfabeln des Mittelalters, wie die vom Venusberg und den unterirdischen Prachtgemächern, sondern auch die ernsten und diabolischen, die zum Gegenstand gerichtlicher Anklagen wurden.

So war es zum Beispiel der Feenbaum von Bourlemont bei Domremy, unter dem der Hexensabbat in Gemeinschaft mit den Feen gefeiert wurde, und unter dem, laut der Verhörsartikel, Jeanne d'Arc ihre Zaubereien angestellt haben sollte[74]. Auch in Schottland werden die Feen mit in den Hexentanz hereingezogen: sie heißen dort gute Nachbarn (boni vicini). Dieser Name entspricht dem der guten Damen (bonae Dominae) in Frankreich, deren Führerin die Königin Habundia ist.

Die Domina Abundia oder Dame Habonde, die Guilielmus Alvernus, Bischof von Paris († 1248) erwähnt[75], soll in bestimmten Nächten mit anderen Frauen (nymphae albae, dominae bonae, dominae nocturnae), alle in weiße Gewänder gehüllt, erscheinen, in die Häuser kommen und die für sie hingesetzten Speisen genießen. In diesen weißgekleideten Damen haben wir wohl keltische Feen zu erkennen; aber der Roman de la Rose nennt die Begleiterinnen der Habundia geradezu Hexen (estries = striges[76]).

Mit der Habundia stellt Guilielmus Alvernus die Satia zusammen, mit der die von Augerius episcopus Conseranus erwähnte welsche Bensozia wohl identisch ist[77]. Der Habundia hat Grimm die nord- und mitteldeutsche Holda (Frau Holle) an die Seite gestellt[78], der in Süddeutschland

73) *Lactant*, Instit. I. 22. 9. — 74) *Delrio*, Lib. V. Append. p. 853. — 75) *Guil. Alvern.*, Opera, Par. 1674, I. 1036, 1066, 1068. — 76) Roman de la Rose (ed. *Méon*) V. 18625. — 77) *W. Müller*, Altdeutsche Religion, S. 130. — 78) Deutsche Mythol., S. 177 ff.

die Berchta mit ihrem Gefolge von Heimchen und Zwergen entspricht.

In den Niederlanden war die Wanne Thekla[79] die Königin der Alven und Hexen.

Alle diese Wesen sind nachtfahrende, von großen Scharen begleitete Geister; ihr Charakter aber wird aus verschiedenen Gesichtspunkten verschieden gefaßt. Bald sind sie, wie die römischen Laren, Freunde des Hauses. Sie schützen es und bringen ihm Segen und Überfluß. Man stellt ihnen deshalb ein leckeres Mahl bereit[80]. Bald benehmen sie sich wie neckische Poltergeister[81]; bald treten sie den Parzen nahe, wie bei Hektor Boëthius, der zu Shakespeares Macbeth und seinen Weird-sisters den Stoff geliefert hat. Boëthius hat seinerseits wieder aus Wyntownis Cronykil geschöpft, wo die Sache in ihrer einfachen Urgestalt vorzuliegen scheint. Dort erscheinen dem jungen Macbeth, als er in dem Hause seines Oheims Duncan wohnt, drei Weiber im Traume, die er für Schicksalsschwestern (Werd Systrys) hält. Dieser Traum hatte Macbeths Schandtat zur Folge. — Hektor Boëthius tat den Banko hinzu, der sich im Cronykil noch nicht findet, und ließ diesem mit Macbeth zusammen die drei Weiber im Walde erscheinen. Hekate und die ganze hexentümliche Einkleidung ist von Shakespeare selbst, der die Tragödie unter dem hexensüchtigen Jakob I. schrieb, hinzugefügt. Das Stück ist aus verschiedenen Elementen gemischt und gibt darum weder für die Zeit des Dichters, noch für die des Helden ein treues Bild des Zauberglaubens.

Endlich verlieben sich die Geister in die Menschen und entführen sie zu einem Leben voll Wonne in den Venusberg.

Die kirchliche Auffassung aber hatte hier unter zwei Dingen die Wahl: entweder mußte sie die Existenz dieser Wesen überhaupt leugnen, oder sie konnte sie nur als Dämonen erkennen, durch die der Teufel wirkt und deren

79) *W. Müller*, S. 361. — 80) *Grimm*, Mythol., S. 179 und 596ff. — 81) *Alphons de Spina*, Fortalit. fidei lib. V. Consid. X.

Walten also ein böses ist. Beides ist geschehen, das erstere in der helleren Hälfte des Mittelalters, das zweite zu der Zeit, da die Finsternis einriß. Wie die Laren schon dem späteren Römer Schreck- und Quälgeister waren, so wurden auch die ihnen entsprechenden gutmütigen, schützenden Hausgeister, die guten Nachbarn und guten Damen samt ihrer Königin Habundia unter der Feder der christlichen Kirchenschriftsteller zu bösartigen Dämonen und die Holda zur Unholdin; das Fest der Bona Dea, die nach den obigen Bemerkungen mit Fatua, Hekate oder Medea zusammenfällt, begegnet am ersten Mai dem der Hausgeister, und dieser Tag geht somit schon aus dem römischen Material und dessen mittelalterlicher Umgestaltung als ein Tag dämonischen Zauberspuks hervor.

Er ist aber auch, und zwar durch die Floralien, ein Tag der ungebundensten Liederlichkeit[82]. Was Rom an feilen Dirnen hatte, strömte unter Trompetenschall zum Theater; nackte Huren führten mit den Mimen vor allem Volke die wollüstigsten Tänze auf, ahmten die Bewegungen des Beischlafs nach oder schwammen im Kolymbethron herum, rannten durch die Straßen der Stadt und trieben ihr scheußliches Unwesen bei Fackelschein die ganze Nacht hindurch[83].

In den Mai fielen ferner die Lemurien, ein Rest der anfangs in diesem Monat gefeierten und später in den Februar verlegten Feralien. Man vertrieb die spukenden Lemuren, Geister der Verstorbenen, die aber die spätere römische Zeit als Schreckbilder in Tiergestalt faßte, mit Zeremoniell und dem Geräusche zusammengeschlagener Erzplatten[84]. An den Feralien selbst übten alte Weiber allerlei Zauberhandlungen, um die Zungen ihrer Feinde zu binden, legten Weihrauch unter die Schwellen, drehten

82) *Ovid*, Fast. IV. 945. *Valerius Maximus*, II. 10. 8. *Seneca*, Epist. 97. *Martial*, Epigr. I. 1 u. 36. — 83) *Lactant*, Inst. I. 20. 10. *Arnob.*, Adv. gent. III. p. 113. VII. p. 238. *Rosenbaum*, Geschichte der Lustseuche im Altertume. Berlin, 1904. S 93 ff. — 84) *Ovid*, Fast. V. 441.

sieben schwarze Bohnen im Munde, schwangen den Zauberhaspel, rösteten Fische, deren Köpfe sie mit kupfernen
Nadeln durchstachen, träufelten etwas Wein ins Feuer
und berauschten sich vom Rest[85]. Dies geschah zum Gedächtnis der vom Merkur geschändeten Lara, am letzten
Tage der Feralien, der gewöhnlichen Berechnung zufolge
am 18. Februar. Bei dem engen Zusammenhange der
Feralien mit den Lemurien mag aber ähnliches Zauber-
treiben auch noch für den Mai geblieben sein. Wenigstens
nahm man auch da, um die Sicherheit der Familie zu
wahren, schwarze Bohnen in den Mund und warf sie hinter
sich mit der Formel: Haec ego mitto; his — — redimo
meque meosque fabis, worauf das Zusammenschlagen der
Erzplatten folgte[86]. Eine andere Ähnlichkeit der Lemurien
und Feralien besteht darin, daß man an beiden keine
Hochzeiten hielt. Die ersteren brachten sogar den ganzen
Monat Mai deshalb in Verruf.

Wenn wir nun die Ansicht aussprechen, daß auch die
Lemurien in der Walpurgisnacht noch fortleben, so
befürchten wir wenigstens nicht den chronologischen Einwurf, daß sie erst mit dem achten Mai begannen. Die als
Zauberwesen gefaßte Bona Dea, die den Anfang des
Monats beherrscht, mochte wohl auch seine übrigen Zauber-
elemente an sich ziehen können.

Daß aber außer der Abkunft der Feen von der Fatua
und Bona Dea auch noch andere Punkte des späteren
Aberglaubens, die sich an den Mai und besonders an
seinen ersten Tag knüpfen, auf römischem Boden fußen,
ist kaum zu bezweifeln, wie aus dem folgenden hervorgeht.

Noch im achtzehnten Jahrhundert feierte man im schottischen Hochlande gewissenhaft das Beltane oder das Fest
des ersten Mai. Unter herkömmlichem Zeremoniell wurde ein
Kuchen gebacken, in Stücke zerschnitten und feierlich den
Raubvögeln oder wilden Tieren zuerkannt, damit sie oder
vielmehr das böse Wesen, dessen Werkzeuge sie sind, den

---

85) *Ovid*, Fast. II. 533 ff. — 86) *Ovid*, Fast. V. 435.

Schaf- und Rinderherden kein Leid zufügen möge[87]. Fast derselbe Brauch fand sich in Gloucestershire. Er entspricht der römischen Redemtionszeremonie. Die Schotten, selbst die vornehmeren vermeiden noch jetzt, im Mai eine Ehe zu schliessen.

In Frankreich galt, wie Bayle versichert[88], der Mai für unglücklich zur Abschließung einer Ehe.

In Deutschland besteht noch jetzt eine Sitte, die an die Temesaea aera der römischen Lemurien erinnert; Anton Prätorius, der gegen das Ende des sechzehnten Jahrhunderts schrieb, lernte sie 1597 auf dem Vogelsberg kennen. Während seiner Anwesenheit in Büdingen zogen die Bürger in der Walpurgisnacht scharenweise mit Büchsen aus, schossen über die Äcker und schlugen gegen die Bäume, um die Hexen, die auf Beschädigung des Eigentums ausgingen, zu verjagen[89]. Recht interessant ist, was der ungenannte Verfasser der „gestriegelten Rocken-Philosophie oder aufrichtige Untersuchung derer von vielen superklugen Weibern hochgehaltenen Aberglauben"[90], ein sonst leidlich vernünftiger Mann, über die Walpurgisnacht sagt. Er, der gegen den Aberglauben recht scharf zu Felde zieht, schreibt über die Walpurgisnacht: „Es wird fast im ganzen Sachsenlande von dem gemeinen Manne geglaubt und dafür gehalten, daß in der Walpurgisnacht die Hexen auf ihren Tanz und Versammlung zögen. Daher an manchen Orten solcher Lande die Gewohnheit eingerissen ist, daß diejenigen, welche Landgüter oder Felder besitzen, am Walpurgisabend mit Röhren oder Büchsen über die Felder schießen, aus der einfältigen und albernen Meinung, hiemit die Hexen zu scheuchen, daß sie auf ihrer Reiterei und Reise, die sie durch die Luft über solche Felder täten, nicht die Saat beschädigen möchten. Allein, erstlich ist nicht zu glauben, daß, wenn ja wahr-

---

87) *Pennant* b. *W. Scott*, Briefe üb. Dämonol. u. Hexerei. Bd. I, S. 130. — 88) Pensées diverses, § 100. — 89) *Prätorius'* Bericht von Zauberei und Zauberern. Zweite Aufl. 1613. S. 114. — 90) Chemnitz 1718—22.

haftig die Hexen gewisse Versammlungen dem Teufel zu Dienst anstellten, solches eben zu keiner anderen Zeit als in der Walpurgisnacht geschehe, sondern es kann vielmehr aus jetzt bemeldeten Historien bewiesen werden, daß solche Hexenversammlung gar oft angestellt werde. Dahero die Unvorsichtigkeit, so nur allein am Walpurgis-abend gebraucht wird, zu wenig zu sein scheint, auf ein-mal so vielen Hexenzügen zu widerstehen. Zum andern, wenn ja noch wahrhaftig der Hexenzug durch die Luft geschieht (welches aber der bekannte Ahteist Dr. Becker in seiner bezauberten Welt und andere gänzlich verinnern), so geschieht es ja mit Hilfe des Teufels auf eine solche Art und Weise, daß ein solches an ihrer Reiterei nichts würde schaden können. Drittens wird aus vieler Hexen Bekenntnis und Aussage so viel zu erkennen sein, daß die Verderbung der Felder, so durch Hexen geschieht, nicht zu der Zeit verrichtet wird, wenn sie auf ihren Kon-vent ziehen. Denn solche ,Reuterey' soll so schnell und ungesäumt verrichtet werden, daß dabei kein Anhalten zur Verderbung der Felder gestattet ist. Also halte ich das Schießen über die Felder am Walpurgisabend für nichts anderes, als einen Teufelsfund und Dienstleistung des Satans. Denn die solch Schießen verrichten, achten den Teufel und seine Werkzeuge, die Hexen so mächtig, als ob sie über diejenigen Dinge, welche in dem Schutze des allmächtigen Gottes verwahret stehen, dennoch könnten Gewalt nehmen und daran Schaden tun, da doch der zwar sonst ,starke und gewaltige Rumor-Meister, jedoch auch ohnmächtige Höllenhund' ohne Gottes Verhängnis niemand ein Haar zu krümmen vermag. Zum andern untersteht sich ein solcher Feldschießer einer Sache, wozu er viel zu ohnmächtig ist und will sein Feld selbst vor der Beschädigung des Teufels beschützen. Dabei ver-achtet er den Schutz Gottes, ja vergisset solchen sogar, welches sicher dem großen allmächtigen Gott ein Miß-fallen sein muß. Daher es auch wohl geschieht, daß um solchen Aberglaubens willen Gott verhänget, daß denen, die daran glauben und doch um ein ander Hindernis willen das Schießen unterlassen müssen, einiger Schade an den Feldern geschieht, weil sie es eben nicht anders glauben und haben wollen. Also tut der Teufel den Seinigen, die ihn ehren und fürchten, selbst Schaden; wer aber Gott vertrauet und sich seines Schutzes getröstet, den muß der Teufel wohl in Frieden lassen."

Fassen wir das bisher Erörterte zusammen, so dürfte wohl als Resultat hervortreten, daß das spätere Hexenwesen ebensogut die Walpurgisnacht, als Epoche genommen, aus dem römischen Altertum ererbt habe, wie es gewiß ist, daß ein großer Teil der Zauberübungen, die ihren Inhalt ausmachen, aus ihm hervorgegangen ist. Wir sehen hier in ganz analogen Vorstellungen und Gebräuchen Schotten, Engländer, Franzosen und Deutsche einander begegnen, vier Völker, die unter sich gegenseitig einen bei weitem geringeren Einfluß übten, als derjenige war, der aus gemeinsamen römischen Überlieferungen, zeitweise sogar durch Vermittlung und unter dem Schutze der kirchlichen Autoritäten, zur Verbreitung eines gleichmäßigen Aberglaubens nach allen Seiten ausströmte. Der sächsische Wotansdienst auf dem Brocken erklärt die Walpurgisnacht auf den schottischen Hochgebirgen und in der Provence nicht, ja nicht einmal die Walpurgisnacht auf dem Kreidenberge bei Würzburg, wo, laut der gerichtlichen Bekenntnisse, dreitausend Hexen bei Spiel und Tanz den Sabbat feierten, nachdem sie sieben Fuder Wein aus dem bischöflichen Keller gestohlen hatten.

Übrigens stehe hier wiederholt die Bemerkung, daß in den zahlreich vorhandenen Akten weit häufiger die hohen Kirchenfeste und außerdem Johannis-, Jakobs- und andere Heiligentage als Zeiten der Hexenversammlungen erscheinen, als die durch Goethes Faust klassisch gewordene Walpurgisnacht. Als Grundzug der Zauberei galt es ja, daß sie den christlichen Kult parodiere und befeinde, und vielleicht mag auch der Walpurgisunfug in dem Festkalender der Zauberei seine aus dem römischen Wesen ererbte Stelle zum Teil eben darum festgehalten haben, weil dieses Fest, wo die Hexe das Kreuz tritt, demjenigen, wo es der Christ am meisten verehrt, dem der Kreuzerfindung, nur um zwei Tage vorhergeht. Der Tag aber, an dem der Münsterländer den Sullevogel, d. h. das magische Ungeziefer unter der Schwelle, austrieb, fiel mit der Schwellensühnung der Römerinnen nicht ganz zusammen; diese geschah am 18., jenes am 22. Februar. Vielleicht hatte das Fest der römischen Stuhlfeier, in dem die Schirmkraft der Kirche über die ganze Christenheit sich aussprach, diese Verschiebung bewirkt.

Schließlich bemerken wir noch, daß im siebzehnten Jahrhundert der Festalmanach der Hexen ebenso zwiespältig war wie der christliche. Dies mußte auch auf die Walpurgisnacht Anwendung finden. Zwar geht die große Ausfahrt bei Katholiken wie bei Lutheranern nominell am 1. Mai vor sich, aber bei jenen nach dem Gregorianischen, bei diesen nach dem alten Stile, so daß, die Angaben der beiderseitigen Prozeßakten miteinander verglichen, in dieser Periode der Teufel dasselbe Fest zweimal im Jahre begangen haben muß[91].

---

91) S. *Prätorius*, Geographischer Bericht vom Blocksberg. S. 548.

SECHZEHNTES KAPITEL

DAS GERICHTLICHE VERFAHREN UND DIE STRAFE

1. DER PROZESS — AKKUSATORISCHES UND INQUISITORISCHES VERFAHREN — SIEG DES INQUISITIONSPROZESSES

Der Hexenprozeß war die Fortsetzung des Prozeßverfahrens, das die Inquisition zur Aufspürung und Bestrafung der Ketzer aufgebracht hatte. Dieses ist zur richtigen Beurteilung der eigentümlichen Natur des Hexenprozesses vor allem zu beachten.

Die richterliche Kompetenz zum Hexenprozeß betreffend ist die Zauberei nach dem Malleus maleficarum, Delrio und andern katholischen Autoritäten ein Crimen fori mixti, sie gehört vor den geistlichen wie auch vor den weltlichen Richter — vor jenen, weil am Glauben gefrevelt ist, vor diesen wegen der an Menschen und Eigentum begangenen Missetaten. Der weltliche Richter darf selbständig die Todesstrafe verhängen, ist jedoch zu ihrem Vollzug nicht befugt, so lange die Kirche nicht auch ihrerseits über Schuld und Buße erkannt hat; er ist überhaupt verpflichtet, auf die erste Aufforderung den Angeklagten an das geistliche Gericht auszuliefern und dessen Spruch zu erwarten. In der Regel verfolgt die Kirche den Prozeß und übergibt dann den Verurteilten dem weltlichen Arme.

Was nun die geistliche Gerichtsbarkeit anbelangt, so stand diese nach der Bulle von Innocenz VIII. hinsichtlich des Zauberwesens den Inquisitoren besonders zu; doch haben wir bereits oben gesehen, wie die Verfasser des Malleus mit schlauer Politik die der Inquisition niemals holden Bischöfe Deutschlands und selbst die weltlichen Gerichte scheinbar in den Vordergrund der Kompetenz schoben, während ihnen selbst in ihrer bescheidenen Zurückhaltung zugleich mit der leiblichen Sicherheit auch die Befugnis blieb, eine anhängige Sache nach Belieben an sich zu ziehen und zu Ende zu führen. So erklärt Pegna in der zweiten Hälfte des sechzehnten Jahrhunderts den Inquisitor für berechtigt, jeden Augenblick die Auslieferung des Inquisiten oder Akteneinsicht vom weltlichen Richter zu begehren; auch dürfe er gegen die Zauberer allein verfahren, doch sei es sicherer und schicklicher, den Diözesanbischof hinzuzuziehen[1].

Diese Überordnung der geistlichen Gerichte wurde jedoch in Deutschland von den weltlichen nicht anerkannt. Diese behaupteten, daß zwischen ihnen und der geistlichen Behörde in den einzelnen Fällen die Prävention entscheide. Hiermit drangen sie jedoch im Anfang nicht durch; vielmehr wurden sie, wie aus den Beschwerden der deutschen Nation von 1522 erhellt, hin und wieder von den Geistlichen ganz und gar vom Richten über Zauberei ausgeschlossen[2].

Noch 1519 und 1520 finden wir einen Inquisitor haereticae pravitatis in Metz mit Hexenverfolgung beschäftigt[3].

Als später die Inquisition in den deutschen Ländern durch die Reformation außer Tätigkeit gesetzt wurde, zogen in katholischen wie in protestantischen Gebieten die weltlichen Gerichte das Verbrechen der Zauberei ausschließlich vor ihr Forum, ebenso in Frankreich, England, Schweden und andern Ländern, wo das Übel erst später größere Ausdehnung erreichte. Hier und da werden, wahrscheinlich weil die Schwierigkeit der Sache ganz besondere Befähigung des Richters erheischte, Spezialkommissionen, sogenannte Hexenkommissäre, angetroffen. In den Amtsbezirken der Grafschaft Sponheim waren im siebzehnten Jahrhundert sogenannte Hexenausschüsse tätig, deren Aufgabe es war, die Hexen und Zauberer aufzuspüren und zur Anzeige zu bringen. Da die Mitglieder dieser Aus-

---

1) Paralipom. ad Bernard, Comens. addend. im Mall. malefic. — 2) Des Heil. Röm. Reichs Ständ Beschwerden etc. Nr. 70. *Goldast.* Imp. Const. Tom. IV., Cl. II. p. 71. — 3) *Hansen,* Quellen, S. 512, Zauberwahn, 503, Binz, Weyer, II. Aufl., S. 15.

schüsse für die Anzeige und Anklage sowie für die Bewachung während der Haft aus dem Vermögen der Hexen reiche Vergütung empfingen, so suchten sie natürlich auch überall Hexen und Zauberer zu entdecken.

Ähnliche Ausschüsse und Kommissionen bestanden auch in anderen Ländern.

Es lag in der Natur der Sache, daß, bei der steten Beziehung der Hexerei auf theologische Fragen, der Geistlichkeit auch da, wo ihr die richterliche Entscheidung entzogen war, ein gewisser Einfluß blieb. Der Beichtvater oder Seelsorger war zuweilen in stetem Rapport mit dem weltlichen Inquirenten. So fand sich z. B. in einem burg-friedbergischen Prozesse von 1665 der protestantische Inspektor fast Tag für Tag in dem Kerker einer Inquisitin ein, bestürmte sie mit Schrecken und Hoffnung und arbeitete dem Richter vor, indem er Geständnisse erwirkte und neue Indizien eruierte. Sein den Gerichtsakten fast immer um einen Schritt vorauslaufendes Privatprotokoll wurde dem Richter regelmäßig kommuniziert und, als zuletzt die Akten an die Juristenfakultät zu Straßburg versendet wurden, ihnen beigelegt. Die Fakultät belobte den Eifer des Mannes und drückte den frommen Wunsch aus, daß überall beide Brachia in dieser Weise zur Ausrottung des Hexenlasters „cooperiren" möchten.

Jesuitische Beichtväter haben den Gerichten berichtet, ob die Verurteilten hinsichtlich der denunzierten Mitschuldigen bis zum letzten Augenblick bei ihren Angaben geblieben sind oder nicht; und von diesen Berichten hing die Verbreitung oder Beschränkung einer Verfolgung wesentlich ab. Andererseits wird von „gottesfürchtigen, barmherzigen Priestern" aus dem Orden Jesu berichtet, die ihrer seelsorgerischen Pflicht genügten und sich der armen Hexen annahmen, soweit es in ihrer Macht stand. Die Beweise, die Duhr[4] hierfür vorbringt, können nicht gut angezweifelt werden.

4) B. Duhr, Die Stellung der Jesuiten in den deutschen Hexenprozessen, Köln 1900. S. 73.

In der evangelischen Kirche trat in der Regel der Verkehr der Seelsorger mit den Angeklagten erst ein, wenn das Schuldig bereits ausgesprochen war. Indessen sind zahllose Hexen verbrannt worden, ohne vom Tage ihrer Einziehung an einen Geistlichen gesehen zu haben. In unzähligen anderen Fällen haben sich die Geistlichen der Verhafteten angenommen, auf humanere Behandlung hingewirkt, die Nichtigkeit der gegen die Angeklagten vorgebrachten Indizien und Zeugenaussagen nachgewiesen und überhaupt der Hexenverfolgung entgegengearbeitet[5]. Es ließ sich eine große Anzahl von Orten nachweisen, in denen darüber die Geistlichen mit den Behörden und Gerichten in fortwährendem Kampfe lagen. Die scheußliche Brennerei zu Nördlingen wurde 1590 trotz der beiden Strafpredigten begonnen, in denen darüber der dortige Superintendent den Magistrat öffentlich abkanzelte. Noch im Jahr 1674 erkühnte sich sogar der Amtmann zu Tambach in einem an den Herzog zu Gotha erstatteten Bericht auszusprechen, daß man die Geistlichen von jeder Einwirkung auf die Hexenprozesse fernhalten müsse, indem sie den Eingezogenen nur allzugern die günstigsten Zeugnisse zu geben und sogar auf die Zeugen einzuwirken pflegten, weshalb man fernerhin in Inquisitionssachen „vorsichtiger" (d. h. brutaler, teuflischer) vorgehen müsse. „Denn", fährt der Amtmann fort, „ich habe auch in Nachdenken und Betrachtung gezogen, daß die Geistlichen, weil sie zum Teil gern nach dem Äußerlichen judizieren (welches bei sotanen, des Satanas, heimlichen verborgenem Reich, da die Heuchelei und Gleisnerei sehr groß, und wie man allhier genugsam erfahren, solche Hexenleute mit Kirchengehen, Singen, Beten, Nießung des heil. Abendmahls die fleißigsten und sonst dem Nächsten ganz gern behilflich seien (!), sich nicht tun lassen will), auch davon nichts wissen wollen, daß sie dergleichen Zuhörer in ihren anvertrauten Kirchen haben, solche gute Zeugnisse ausstellen,

5) Zeitschr. für deutsche Kulturgesch. 1856.

welche hernach den Prozeß in dem Kurs heilsamer Justiz hindern und hemmen, zumal wenn es zur Defension kommt[6]."

Für den ganzen Charakter des Hexenprozesses waren nun vor allem zwei Dinge von maßgebender Bedeutung: 1. die Auffassung der Hexerei als ein Crimen exceptum und 2. die Verdrängung des Akkusationsprozesses durch den Inquisitionsprozeß.

Man teilte nämlich alle Verbrechen in Crimina ordinaria und in Crimina excepta ein. Zu diesen rechnete man: Majestätsbeleidigung, Hochverrat, Falschmünzerei, Straßen- und Seeraub, Ketzerei und Hexerei. Zur Verfolgung dieser „außerordentlichen" Verbrechen muß der Richter notwendig auch mit außerordentlichen Vollmachten versehen sein, weshalb er an den gewöhnlichen Prozeßgang nicht gebunden sein kann. „In his ordo est, ordinem non servare."

Aber die Hexerei ist nicht bloß ein Crimen exceptum, sondern sie hat unter den außerordentlichen Verbrechen noch einen ganz besondern außerordentlichen Charakter. Sie wird ausgeübt mit den Mächten der Finsternis in tiefster Verborgenheit. Wird die Hexe wegen ihrer Malefizien zur Untersuchung gezogen, so steht ihr der Vater der Lüge zur Seite, lehrt sie leugnen und lügen, verhärtet sie gegen den Schmerz, verblendet die Augen der Richter, verwirrt das Gedächtnis und die Gedanken der Zeugen etc. Daher hat der Richter im Hexenprozeß eine Aufgabe zu lösen, wie in keinem anderen Kriminalprozeß: er hat während der ganzen Untersuchung einen beständigen Kampf mit dem Teufel zu bestehen, den zu überlisten und zu bezwingen er bestrebt sein muß, was nur durch ganz außerordentliche Inquisitionsmittel möglich ist[7].

Das alles hatte man im Auge, indem man die Hexerei ein Crimen exceptum nannte, das (wie Carpzov sagte) ein ganz eigenartiges Crimen atrox, ja atrocissimum sei[8]; denn

6) *Hitzigs* Annalen, B. XXVI. S. 80—81. — 7) *K. F. Köppen* in „Wigands Vierteljahrsschrift", B. II. S. 27 ff. — 8) *Dreyers* Sammlung vermischter Abh. B. II. (Rostock und Wismar 1756) in Nr. 1 § 4, Note 17.

in ihr vereinigen sich Ketzerei, Apostasie, Sacrilegium, Blasphemie und Sodomie. Darum verjährt die Schuld der Ketzerei niemals und die Untersuchung und Bestrafung kann selbst noch an der auszugrabenden Leiche des Angeklagten stattfinden [9].

Die Verdrängung des Akkusations- durch den Inquisitionsprozeß erfolgte zwar nur allmählich, aber doch verhältnismäßig rasch, und zwar zunächst infolge der überaus bedeutenden Teilnahme der Geistlichen an der Rechtspflege bis in die Zeit der Reformation hinein. In Deutschland wußte man es bis dahin nicht anders, als daß die Rechtspflege eine offene und öffentliche vor den Volksgenossen sein müsse, vor denen ein Ankläger die als Schuldige Anzusehenden zur Anzeige zu bringen habe. Die Geistlichen aber waren längst an den Inquisitionsprozeß gewöhnt, weshalb sie ihn auch alsbald in der Hexenverfolgung zur Geltung zu bringen wußten, und zwar mit solchem Erfolge, daß auch die protestantischen Gerichte allmählich ihrem Vorgange folgten. Schon gegen das Ende des fünfzehnten Jahrhunderts behandelten juristische Schriftsteller den Inquisitionsprozeß als ein in subsidium anwendbares Gerichtsverfahren und als einen in der Praxis selbst der weltlichen Gerichte bereits anerkannten Modus procedendi extraordinarius, „so kein Ankläger vorhanden" [10].

Allerdings war der Anklageprozeß in der Hexenverfolgung nicht gänzlich ausgeschlossen; allein der inquisitorische war von Anfang an vorgezogen und besonders empfohlen. Man erwog hierbei die Schwierigkeit, auf dem Wege des Akkusationsverfahrens Hexen aufzuspüren, die mißliche Stellung des Anklägers, der Kaution leisten mußte, sich zum Beweise verpflichtete und im Falle, daß er diesen nicht führen konnte, der Poena talionis unterlag, während der Denunziant oder der von Amts wegen einschreitende Richter fast ganz ohne Gefahr handelte [11]. Zwar war noch

---

9) *Torreblanca*, Daemon, III. 9. — 10) *Biener*, Beiträge zur Geschichte des Inquisitionsprozesses, S. 145 ff. — 11) Mall. malef. Part. III. Qu. 1.

in der peinlichen Gerichtsordnung des Reichs, in der Carolina, der akkusatorische Prozeß als die ordentliche Form des Gerichtsverfahrens bestätigt worden, allein alle die heilsamen Formen des Prozesses, die im alten Rechte begründet waren, schwanden doch allmählich dahin. Die Schöffenverfassung bestand noch, löste sich jedoch allmählich fast ganz auf. Nur hier und da erhielten sich auch im Hexenprozeß Reste der alten Volksgerichte, wogegen es üblich wurde, die Prozeßakten juristischen Fakultäten oder Schöppenstühlen zur Prüfung und Beschlußfassung zuzusenden. Die Öffentlichkeit und Mündlichkeit war längst aus den Gerichtsstuben verschwunden, in denen man jetzt die sorgfältigsten Protokolle anlegte.

Das Beweisverfahren im Kriminalprozeß wurde jetzt auch ein wesentlich anderes.

Im Mittelalter hatte man im Beweisverfahren zwischen handhafter und übernächtiger Tat unterschieden.

Bei Hexen konnte es nun natürlich zum Prozeß auf handhafte Tat nicht leicht kommen, — weil es nicht möglich war, eine Hexe mit ihren Malefizien auf frischer Tat zu ertappen.

Im Prozesse auf übernächtige Tat war aber der Unschuldige, wenn er in gutem Rufe stand und das Vertrauen und Wohlwollen der „Nachbarn" besaß, insofern in ganz günstiger Lage, als er sich durch seinen Eid losschwören konnte. Waren nämlich dabei auch nach manchen Statuten Eidhelfer nötig, die mit ihrem Eide ihren Glauben an die Wahrhaftigkeit des Angeklagten und seines Eides bezeugen mußten, so fand ein solcher Angeklagter die Zahl der nötigen Eidhelfer ohne Not zusammen. Dieses ganze Verfahren wurde jedoch vom Ende des fünfzehnten Jahrhunderts an durch eine ganz neue Prozedur verdrängt. Die Gerichte begannen nämlich, indem sie, zum Teil auf kaiserliche Privilegien gestützt, nach dem Vorgange der geistlichen Gerichte ex officio einschritten, das alte Beweissystem zu verlassen und alles, neben der Zeugenaussage, vom Geständnis der Angeschuldigten abhängig zu machen. Dieses Geständnis suchte man nun durch alle nur möglichen Mittel herbeizuführen. Als Hauptmittel hierzu wurde, nach dem Vorgange der geistlichen Gerichte, die Folter erkoren, was nach und nach durch die Bamberger Halsgerichtsordnung von 1507[12] und dann durch die Reichsgesetzgebung, die peinliche Gerichtsordnung Karls V., bestätigt wurde[13].

Mit der Einführung dieses ganz neuen Beweisverfahrens wurde nun der Sieg des Inquisitionsprozesses über das Anklageverfahren erst recht befestigt.

Späterhin sehen wir in vielen Territorien Deutschlands im Kriminal- wie im Hexenprozeß ein Institut hervortreten, das dem Gerichtsverfahren wenigstens die Form des Anklageprozesses wiederzugeben schien. Es war dieses das Fiskalat in dem Processus mixtus. In vielen deutschen Landen (namentlich in Kurbrandenburg) wurde nämlich ein Fiskal (Advocatus s. Commissarius fisci) bestellt, der durch Abfassung eines Klaglibells den Prozeß zu eröffnen und durch den ganzen Lauf der Verhandlungen hin an ihm teilzunehmen hatte[14]. Dabei blieb aber doch der Inquisitionsprozeß, was er im Unterschiede vom Anklageprozeß war.

Der Sache nach verdrängte der Inquisitionsprozeß, der den Angeklagten ganz der Willkür des Untersuchungsrichters preisgab, den Akkusationsprozeß gänzlich und ließ nur hier und da einige nichtssagende Formen davon übrig, bis auch diese zuletzt verschwanden. Wenn der Ankläger sein Libell einreichte, so befand sich der Beschuldigte gewöhnlich schon in Haft und war einer übereilten und gewaltsamen Voruntersuchung unterworfen wor-

12) *Franz Heinemann*, Der Richter und die Rechtspflege in der deutschen Vergangenheit, o. O. u. J., S. 63. — 13) *Von Wächter*, Beiträge zur deutschen Geschichte, insbesondere zur Geschichte des deutschen Strafrechts, S. 97 ff. — 14) *Meister*, Einleitung in die peinl. Rechtsgelehrs. Teil I., S. 193 ff.; *Heffter* im Archiv des Kriminalrechts, 1845, S. 600 ff.; *Ortloff* in der Zeitschrift für deutsches Recht, Bd. XVI., S. 307 ff.

den, und die Klageschrift war dann oft großenteils aus
den so erpreßten Geständnissen konstruiert, auf die man
sich denn auch ausdrücklich bezog. Schon Delrio bezeichnet
den Inquisitionsprozeß als den gewöhnlichen (ordinarium)
in Hexensachen [14], und Carpzov rechtfertigt ihn für dieses,
wie für alle schwereren und verborgenen Verbrechen [15].

Doch liegen uns zwei Hexenprozesse aus der zum Herzogtum Luxemburg gehörigen Herrschaft Neuerburg, aus den
Jahren 1629—1631 vor, in denen der Akkusationsprozeß
vorherrscht [16]. In dem ersten dieser Prozesse tritt als
Kläger ex officio der Amtmann zu Neuerburg auf. Er
erklärt am 24. Oktober 1629 vor Schultheiß und Gericht,
daß des Pastors Magd „von vielen Jahren des abscheulichen Lasters der Zauberei in großem Verdacht und Argwohn nicht allein per rumorem vulgi gewesen, sondern
auch jüngsthin von Stefan Claussen eines solchen denunziert und besagt worden sei". Hierauf wird folgendes
Dekret gegeben: „Nach Verhör ex officio Klägers und
beschehenem Begehr ernennen Schultheiß und Gericht zu
Neuerburg Herrn Klägern Tag gegen Morgen den 25. dieses."
An dem anberaumten Tage führt sodan Kläger einen Zeugen vor, „begehrend selbigen mediante iuramento über münd-
lichen Vermeß zu examinieren". Dieses geschieht an diesem
wie an den beiden folgenden Tagen mit mehreren anderen
Zeugen, nachdem Kläger jedesmal um „Kontinuation" angehalten hat und diese darauf beschlossen worden ist. —
Bei dem zweiten Prozeß tritt der Kläger, ein Privatmann,
nicht ex officio auf, sondern er hat sich „aus Eifer der
Gerechtigkeit" vorgenommen, sich als „Formalkläger" gegen die Inquisitin darzustellen. Dazu muß er aber nicht
nur zwei Bürgen „setzen", sondern auch mit einem leiblichen Eid beschwören, daß er diese Handlung „aus keiner

---

14) *Delrio*, Lib. V. sect. 2. — 15) Nov. Pract. rer. crim. Part, III. Quaest.
103, 50 u. Qu. 107. — 16) *Schletter*, „Zauberei und Hexenprozesse"
in *Hitzigs* u. *Demmes* Annalen, B. 16. S. 236—253. *Prof. Dr. Melchior
Thamm*, Femgerichte und Hexenprozesse, Leipzig-Wien o. J., S. 139 ff.

anderen Meinung, denn allein aus purem Eifer der Gerechtigkeit, ohne einigen verbotenen Anhang, durch eigene Bewegnis sich vorgenommen habe", worauf ihm erst ein Tag zur Anstellung der Information „präfixiert" wird. — Ja selbst in weit späterer Zeit finden sich vereinzelte Beispiele vom Gebrauche der alten Prozeßformen vor. Die burgfriedbergische Obrigkeit mußte sich 1666 von den Straßburger Juristen die Bemerkung gefallen lassen, daß sie sich dadurch Verlegenheiten bereitet habe, die auf dem Inquisitionswege leicht zu umgehen gewesen wären[17].

An ein geordnetes Vorschreiten war weder auf dem einen, noch auf dem andern Wege zu denken. Sehr häufig sprang man von diesem auf jenen über und umgekehrt. So verfuhr der Dominikaner Savini mit allen Schikanen des Ketzerrichters gegen ein Weib in Metz, nachdem dessen Privatankläger ihn durch Bewirtung und Geschenke in ihr Interesse gezogen hatten[18].

Deutlicher noch geht diese Vermengung aus folgendem Falle hervor. Im Mai 1576 erschien eine Deputation der Gemeinde Feckelberg vor dem Amtmann zu Wolfstein in der Pfalz und erklärte, daß sie beauftragt sei, ein Weib aus dem Dorfe, Katharine Hensel, der Zauberei förmlich anzuklagen. Nach geschehener Erinnerung an die Strafe für falsche Anzeige, erklärte sie sich weiter bereit, jede Verantwortung zu tragen, und bat um Einleitung des Prozesses. Der Amtmann, ein Doktor beider Rechte, ließ sich ein schriftliches Verzeichnis der Punkte, die zu solcher Klage berechtigen könnten, einreichen — sie betrafen verschiedene Behexungen von Menschen, Kühen und Schweinen — und verfuhr zuerst auf dem Inquisitionswege, erwirkte durch die Tortur Geständnisse, die bald widerrufen, bald erneuert wurden, und trat hierauf vor dem gräflichen Malefizamte als Kläger auf. Das Weib wurde im Juli zum Tode verurteilt, widerrief aber als sie zur Richtstätte

17) Aktenstück im Hofgerichts-Archive zu Gießen. — 18) *Cornel. Agrippae a Nettesh.*, Epist. II. 38, 39 u. 40.

geführt wurde, so entschieden, daß trotz aller Befehle des Amtmanns der Scharfrichter die Exekution verweigerte. Hierauf ließ sich der Pfalzgraf Georg Johann von Veldenz die Akten einschicken, und nach langem Hin- und Widerschreiben war die Sache so verwickelt, daß auf seine Anordnung von beiden Teilen ein Schiedsgericht aus drei speyerischen Rechtsgelehrten ernannt wurde, das am 27. Februar 1580 sein Urteil abgab. Dieses lautete dahin, daß die seit vier Jahren Eingekerkerte sub cautione fidejussoria von der Instanz zu absolvieren, die Gemeinde Feckelberg aber in die Kosten zu nehmen sei[19].

Im folgenden Jahrhundert galt diese Vermengung der Prozeßarten in Bayern, Sachsen, Württemberg und andern Ländern bereits als etwas durch Gewohnheitsrecht Geheiligtes. Man nannte das eine Kumulation.

Hatte man nun aber auch die gewünschten Geständnisse erpreßt, so war man damit noch nicht zum letzten Ziele gekommen, auf das der Hexenrichter hinarbeitete. Nach der Carolina mußten die erpreßten Geständnisse, wenn sie gelten sollten, Tatsachen enthalten, die nicht leicht ein Unschuldiger wissen konnte, und die angegebenen Umstände sollten wahrscheinlich sein und nach angestellten Nachforschungen als wahr erfunden werden. Wie war aber bei der Zauberei die Feststellung dieses äußeren Tatbestandes, des Corpus delicti möglich? Man half sich dabei mit den willkürlichsten Prozeduren, indem man den Verhafteten eine Reihe von Fragen vorlegte, auf die nur mit Ja oder Nein zu antworten war, z. B. „Ob wahr, daß die Angeklagte an einem bestimmten Tage im Felde gestanden? Ob wahr, daß sie hierbei eine Hand zum Himmel ausgestreckt oder mit der Hand gewinkt habe? Ob ferner wahr, daß damals ein Gewitter ausgebrochen?" Hatte die Angeklagte diese drei Fragen bejahen müssen, so nahm der Richter die Tatsache als konstatiert an, daß

---

19) Neue Zusätze zu *Johann Weier*, von den Hexen und Unholden, in der deutschen Übers. der Schr. De praestigiis daemonum, S. 567 ff.

sie auch das Unwetter herbeigeführt habe, und nun folgte die entscheidende Frage: „Ob wahr, daß der Teufel sie veranlaßt, sich selber und ihren Mitmenschen zum Schaden das Wetter zu machen?"

Bezüglich der Bündnisse und Vermischungen mit dem Teufel, der Hexenfahrten, ließ sich freilich auch nicht einmal auf diesem Wege der Tatbestand feststellen, weshalb nach der sonst herrschenden juristischen Ansicht hierbei nur eine gelindere Strafe eintreten sollte. Allein bei den Hexenprozessen hielt man es auf Grund der Theorie von dem Delictum atrocissimum et occultum anders. Carpzov z. B. erklärt (Quaest. 49, Nr. 60 ff.), eine andere Gewißheit des einbekannten Verbrechens, als die man eben haben könne, sei nicht erforderlich. Bei verborgenen und schwer nachweisbaren Verbrechen genüge es, wenn für ihren Tatbestand die Vermutung spreche. Aus welchen Vermutungen und Anzeigen aber die Gewißheit einer vollführten Hexerei konstatirt werden könne, lasse sich nicht genau bestimmen, sondern müsse durchaus der Einsicht und dem Ermessen des Richters überlassen werden. — Daher war noch der Professor der Jurisprudenz zu Tübingen und der Direktor des Konsistoriums zu Stuttgart, Wolfgang Adam Lauterbach († 1678), der Ansicht, daß eine Hexe auf ihr bloßes Geständnis hin zum Tode verurteilt werden könne, auch wenn von anderer Seite über den objektiven Tatbestand gar nichts bekannt sei[20]. Wie genau oder ungenau man aber mit der Erhebung des Tatbestandes, auch wo er unmittelbarer Erforschung zugänglich war, zu verfahren pflegte, das mögen folgende aus einer reichen Fülle herausgegriffene Beispiele beweisen.

Eine Magd zu Baden litt an einer Armgeschwulst. Sie erinnerte sich, daß kurz zuvor eine Krämersfrau, bei der sie Pfeffer holte, ihre schönen Arme gelobt hatte. Da die Frau sich schon früher einmal zum Verdruß der Obrig-

---

20) Consil. Jurid Tübingens. 1733. Tom. IV, p. 165. *Carpzov*, N. Pr. cr. Part. I. qu. XLIX. 57 seq.

keit einem gegen sie eingeleiteten Hexenprozeß zu entziehen gewußt hatte, so ergriff man diese Gelegenheit, sie von neuem zu verhaften. Der Ehemann beschwerte sich hierauf beim Kammergericht wegen Gewalttätigkeit. Das badische Gericht rechtfertigte jedoch seine Befugnis zu peinlichem Vorschreiten auf Zauberei aus folgendem Protokolle: „Matthiß Haug, Burger und Balbirer allhie zu Baden, ist befragt und angehört worden, wie er diesen Schaden befunden, als er geschickht worden, selbigen zu besichtigen. — Es seye nit anderst gewesen, als wann drey Finger darein getruckht weren. Inmaßen die mähler noch zu sehen und zu erkhennen geben. Dahero zu besorgen, eß möchten drey löcher in den Arm fallen und die schwindsucht darzue khommen. Ihren der Magd khönne solliches natürlicher Weiß nit geschehen sein, weilen sie zuvor nie keinen Schaden daran gehabt. Ließe es also auch darbey bewenden [21].“

Fünf bis sechs Weiber zu Lindheim, erzählt Horst [22], wurden entsetzlich gemartert, damit sie bekennen sollten, ob sie nicht auf dem Kirchhofe des Orts ein vor kurzem verstorbenes Kind ausgegraben und zu einem Hexenbrei gekocht hätten. Sie gestanden dieses zu. Der Gatte einer dieser Unglücklichen brachte es endlich dahin, daß das Grab in Gegenwart des Ortsgeistlichen und mehrerer Zeugen geöffnet ward. Man fand das Kind unversehrt im Sarge. Der fanatische Inquisitor hielt jedoch den unversehrten Leichnam für eine teuflische Verblendung und bestand darauf, daß, weil sie es doch alle eingestanden hätten, ihr Eingeständnis mehr gelten müsse als der Augenschein. Man müsse sie deshalb „zur Ehre des dreieinigen Gottes“, der die Zauberer und Hexen auszurotten befohlen habe, vertilgen. Sie wurden in der Tat verbrannt.

21) Aus Originalakten des R. K. G. rubric. Weinhagen contra Wilhelm, Markgrafen zu Baden. 1628. — 22) Zauber-Bibl. Th. II. S. 374. — *Weng*, Die Hexenprozesse der ehemaligen Reichsstadt Nördlingen von 1590 bis 1594, S. 20.

Nach dem Malleus und der späteren allgemeinen Praxis war der Richter befugt, auf bloße Denunziation, übeln Ruf und sonstige Indizien einzuschreiten. Kam der wandernde Inquisitor in eine Stadt, wo er tätig sein wollte, so forderte er durch einen Anschlag an den Türen der Pfarrkirchen oder des Rathauses unter Androhung von Kirchenbann und weltlichen Strafen auf, jede Person, von der man etwas Zauberisches wisse, oder von der man selbst nur gehört habe, daß sie in üblem Rufe stehe, binnen zwölf Tagen anzuzeigen. Der Denunziant wurde mit geistlichem Segen und klingender Münze belohnt, sein Name auf Verlangen verschwiegen. In den Kirchen fand man an manchen Orten, z. B. in Mailand, Kasten mit einem Spalt im Deckel, zur Einlegung anonymer Denunziation[23]. Weltliche Gerichte beschieden, wenn irgendein Impuls ihre Aufmerksamkeit auf das Hexenwesen gelenkt hatte, Gerichtsschöffen aus den Dörfern zu sich, um sich nach verdächtigen Personen zu erkundigen, oder sandten Späher in die Gemeinden. Manche ahmten auch den umherziehenden Ketzerrichtern nach.

Hierbei waren auch die harmlosesten und bedeutungslosesten Äußerungen, die Kinder im Verkehre miteinander taten, den Spähern oft ein willkommener Anlaß zur Anzeige und zur Einleitung eines Hexenprozesses. Wie Thomasius erzählt, wurde ein achtjähriges Kind in Untersuchung gezogen, weil es eine Maus aus seinem Taschentuch geknotet hatte. Seine Gespielen erzählten, das Mädchen könne Mäuse machen, worauf sich der Dorfpfarrer beeilte, eine Anklage auf Hexerei zu erheben. Die Alte, die dem Kinde das Mäusemachen gelehrt hatte, wäre beinahe auf die Folter gekommen[24].

Hatte der Richter die nötigen vorläufigen Indizien, so eröffnete er den Prozeß. Was aber galt als Indizium[25]?

---

23) *Bodin,* Daemonom. IV. I. — 24) *Max Bauer,* Die deutsche Frau in der Vergangenheit, Berlin o. J., S. 253. — 25) Mall. malef. Pars III. Quaest 6. *Delrio,* lib. V. sect. 3 u. 4. *Binsfeld* in Tit. de malef. et mathemat. p. 613.— *Carpzov,* a. a. O. Part. III. Qu. CXXII. 90.— Sehr kurz in der C. C. C. Art. 44.

Antwort: Alles! Übler Ruf, oft begründet durch die vor Jahren aus Haß oder auf der Folter getanen Aussagen einer Inquisitin, oft nicht einmal durch Zeugen erhoben, die Angabe eines Mitschuldigen, die Abstammung von einer wegen Zauberei Hingerichteten, Heimatlosigkeit, ein wüstes und unstetes Leben, große und schnell erworbene Kenntnisse ohne bemerkbaren Fleiß, rasch zunehmender Wohlstand, eine Drohung, auf die den Bedrohten ein plötzlicher Schaden traf, die Anwesenheit im Felde kurz vor einem Hagelschlag — dies alles erscheint noch als etwas ziemlich Einfaches; aber außerdem wurden noch die entgegengesetztesten Dinge zu Indizien gestempelt, so daß, wer die Scylla vermeiden wollte, notwendig in die Charybdis geriet. Eine wirkliche Heilung war oft nicht weniger gefährlich als eine nachgesagte Beschädigung. Die Beklagte hat ihrer kranken Schwiegertochter Lorbeeren eingegeben, worauf diese genas. Der Fiskal folgert daraus, daß sie selbst die Krankheit zuvor durch Zauberei herbeigeführt habe[26]. — Von zwei kranken Zimmergesellen stirbt der eine, der andere gesundet unter der Pflege der Hausfrau; „dannenhero der Nicolaus Schönle (der Zimmermeister) ganz wohl gemerket, wie das Spiel gekartet gewesen und daß die Peinlich-Beklagtin Zauberei appliciret und damit es nicht so grob herauskommen möchte, hat sie dem Kerlen fleißig gearzet, daß er wieder gesund worden usw.[27]" — „Dergleichen ist auch hie zu Schletstadt geschehen, da eines Schreiners Fraw in jres Nachbawren Hauß viel gewandelt, und jm letzlich ein jung Kind an einem Ärmlein erbermlich verderbt hat, und hernach zum Theil mit baden, Kreutern etc. widerumb geholffen[28]." Bei einer Frau von bravem Lebenswandel führte man als Belastungsgrund ins Treffen, „der Teufel könne auch die Gestalt eines Gerechten annehmen", und brachte sie ins Gefängnis und auf die

---

26) Deduktionsschrift v. 1675 in buseckischen Akten. — 27) Deduktionsschrift des Fiskals v. 1673. — 28) Bericht über die im Jahre 1570 zu Schlettstadt verbrannten Hexen, im Theatrum de veneficis, Frankf. 1589, S. 5.

Tortur. So in Offenburg die Maria Fehr, geborene Linderin, die am 6. Oktober 1601 hingerichtet wurde[29].

Der nachlässige Besucher des Gottesdienstes war verdächtig, aber der fleißige nicht minder, weil sein Benehmen die Absicht verriet, den Verdacht von sich abzuwälzen. Zeigte sich jemand bei der Gefangennehmung furchtsam und erschrocken, so war das die Äußerung des bösen Gewissens; benahm er sich gelassen und mutig, so hatte ihn der Teufel verhärtet und verstockt. Redete man gegen die Hexenprozesse, nahm man sich der Verfolgten an, bezweifelte man die Wahrheit der magischen Greuelgeschichten, so war das eine Oratio pro domo; ging man auf der andern Seite im Lobe der Inquisitoren und ihrer Bestrebungen etwas zu weit, so galt dies als eine höchst verdächtige Captatio benevolentiae. Unverzügliches Denunzieren einer vermeintlichen Zauberhandlung hatte den Vorwurf verdächtiger Voreiligkeit zu fürchten, aber das Unterlassen der Denunziation war wiederum Begünstigung des Lasters. Wer einer aufkommenden üblen Nachrede nicht schleunig durch gerichtliche Schritte begegnete, ließ eines der stärksten Indizien sich befestigen; wer dagegen klagte, überlieferte sich freiwillig allen Schikanen eines gefährlichen Prozesses. Kurz, es traf auch im Hexenprozesse ein, was schon Apulejus in seiner Apologie von der Zauberriecherei seiner Zeit sagt: Omnibus, sicut forte negotium magiae facessitur, quidquid omnino egerint, objicietur. Wir verzichten darauf, alles Einzelne aufzuzählen; doch bemerken wir noch, daß man beim Abendmahl darauf lauerte, ob ein Weib etwa die Hostie aus dem Munde nehme. Eine zufällige Annäherung der Hand nach dem Gesichte konnte gefährlich werden. Schon der Malleus, P. II. Quaest. I. Kap. 5, macht auf dieses Indizium aufmerksam. 1665 wurde zu Friedberg ein Weib zum Tode verurteilt, deren Prozeß damit begonnen hatte, daß eine Nachbarin gesehen haben wollte, wie sie nach empfangener Hostie beim Umgang

---

29) *Volk*, S. 53 ff.

um den Altar den Mund wischte. — Um zu zeigen, wie weit man's im Absurden trieb, folge hier noch eine Stelle aus der Schrift des Fiskals in einem buseckischen Prozesse von 1672: „14. entsteht auch ein merkliches Indicium wider die P. Beklagtin, weil sie sich so unfläthig hält, es auch also bei ihr stinkt, daß die Wächter deßhalben unmöglich bei ihr bleiben können, sondern die P. B. in ihrer bisherigen Wachtstuben einsperren, und die Wächter in der andern Stuben gegen der über sich aufhalten müssen, ex hoc enim exoritur indicium magiae (Crusius de indic. delict., part. 2, cap. 32, no. 200, § 41. et n. 69, § 30). Und damit, daß deme also seye, der Juristen Facultaet, wohin die peinlichen Acta verschickt werden dürften, auch wissend seye, so bittet Fiscalis, einen Schein ad acta zu legen, oder in der Missiv dessen zu gedenken."

Zu den Indizien gehörte auch die Flucht, und zwar selbst dann, wenn das, was man dafür ansah, in Wahrheit gar kein Entweichen war. So erzählt Spee, eine ehrbare Frau, die einige Stunden von ihm entfernt wohnte, sei zu ihm gekommen, um ihn zu fragen, was sie tun sollte, da man sie als Hexe verdächtigt habe. Daraufhin habe er ihr geraten, nach Hause zurückzukehren, da ja durchaus kein Verdachtsgrund gegen sie vorliege. Diesen Rat habe die Frau auch befolgt, allein sowie sie in der Heimat wieder angekommen sei, habe man ihre nur nach Stunden zu zählende Abwesenheit als Flucht und somit als überführendes Indizium geltend gemacht, sie gefoltert und durch fortgesetztes Foltern ein Geständnis erpreßt, worauf sie verbrannt worden sei. Auch weist v. Wächter (S. 104—105) darauf hin, daß schon die bloße Berührung einer Person mit einer anderen, wenn dieser hernach etwas Böses widerfuhr, genügte, um die erstere der Hexerei anzuschuldigen.

Das schrecklichste Indizium war aber die Aussage einer Hexe, die, auf der Folter nach Genossen befragt, um von der gräßlichen Qual befreit zu werden, irgend jemanden nannte, der dann sofort verhaftet wurde. Als in Grünberg in Schlesien eine eben verhaftete Frau ihrer Angeberin gegenübergestellt wurde, beschwor sie die Denunzierte und ihre Töchter, ihre unwahren Behauptungen zu widerrufen. Da wies die bereits gefolterte Hexe auf die Marterwerkzeuge und stöhnte: „Liegt ihr nur erst da, und ihr werdet noch Schlimmeres sagen[30]."

Wie leicht auch die harmloseste Beschäftigung ein Indizium abgeben konnte, hat Hormayr im „Österreichischen Archiv" nachgewiesen, wo er berichtet, daß zwei alte Weiber auf dem Plinzenberg bei Fulnek verbrannt wurden, „weil sie zur Sommerszeit viel in Felsen und Wäldern herumgewandelt und Kräuter gesucht"[31].

Man sieht, daß es kein Mittel gab, dem Verdacht zu entgehen; aber es gab auch kaum eines, aus den Krallen eines blutgierigen Richters sich zu befreien, wenn man einmal hineingeraten war. „Denn haben wir schon öfter von den Gefangenen, ehe sie noch bekannt, gehört, wie sie wohl einsehen, daß keiner mehr, der Hexerei halber eingefangen ist, mehr herauskommt, und ehe sie solche Pein und Marter ausstehen, wollten sie lieber zu allem, was ihnen vorgehalten werde, ja sagen, wenn sie es auch entfernt nie getan, noch je daran gedacht haben[32]."

Die Carolina gab hinsichtlich der Indizien und Untersuchungspunkte Beschränkungen an, die von einer für jene Zeit rühmlichen Mäßigung zeugen; aber in der Anwendung hielt man sich auch in Deutschland fast immer lieber an den Malleus und seine Nachtreter. Wo nicht das Formlose ganz rückhaltlos hervorstürmte, da schlich die Schikane in den Irrgewinden kanonistischer und romanistischer Gelehrsamkeit herum und beging künstlich ein Dutzend Nullitäten, wo der plumpe Fanatismus eine einzige aus Dummheit machte.

---

30) *August Förster*, Aus Grünbergs Vergangenheit, Grünberg 1900, S. 124. — 31) *Roskoff*, II., Seite 343. — 32) *Von Lamberg*, Hexenprozesse im ehemaligen Bistum Bamberg während der Jahre 1624 bis 1630. S. 14.

Sehen wir zuvörderst, wohin der Verhaftete gebracht wird.

Wie in der Einrichtung der Gefängnisse jener Zeit überhaupt die gewissenloseste Nachlässigkeit hervortritt, so zeigt sich in denen für die Hexen insbesondere noch eine höchst erfinderische Grausamkeit. „Denn es ist genugsam bekannt und darüber geklagt worden, daß zumal in Deutschland das Gefängnis ein unterirdischer, schrecklicher und schmutziger Ort ist", bekennt selbst ein Carpzov[33]. Es gab eigens eingerichtete Hexentürme und Drudenhäuser. Das von Bischof Johann Georg II. (1622—1633) zu Bamberg erbaute Malefizhaus hatte allerlei neuerfundene Vorrichtungen zur Tortur; über dem Portale stand das Bild der Themis mit der Umschrift: Discite justitiam moniti et non temnere Divos[34]! Bambergische Inquisitoren rühmen als ein äußerst wirksames Mittel, die Hexen zahm zu machen, „das gefaltelt Stüblein", wahrscheinlich eine Art Lattenkammer.

Der Hexenturm zu Lindheim in der Wetterau ist von Horst (Dämonomagie, B. II., S. 349 ff.) genau beschrieben; der auf dem Schloß zu Marburg ist ganz ähnlich gebaut. Den schauerlichen „Kaibenturm" in Zug in der Schweiz beschrieb 1867 nach eigener Anschauung Professor Osenbrüggen[35]. Lassen wir uns von einem Augenzeugen, dem calvinistischen Prediger Anton Prätorius, dem wackeren Vorläufer Spees, ein Bild von dem entwerfen, was man vor dritthalb Jahrhunderten ein Gefängnis nannte[36].

„In dicken, starken Thürnen, Pforten, Blochhäusern, Gewölben, Kellern, oder sonst tiefen Gruben sind gemeinlich die Gefängnussen. In denselbigen sind entweder große, dicke Hölzer, zwei oder drei über einander, daß sie auf und nieder gehen an einem Pfahl oder Schrauben:

---

33) Pars, III, Quaest. CXI, 48. — 34) *Von Lamberg*, a. a. O., S. 17. — 35) *Eduard Osenbrüggen*, Kulturhistorische Bilder aus der Schweiz, 2. Aufl. Leipzig 1867. S. 134 ff., S. 138. — 36) *Anton Prätorius*, Von Zauberey und Zauberern. Gründlicher Bericht etc. Heidelberg 1613. S. 211 ff.

durch dieselben sind Löcher gemacht, daß Arme und Beine daran liegen können.

Wenn nun Gefangene vorhanden, hebet oder schraubet

Anna Schültin verwittibte Hofmeyerin.
Wenn aus der Bosheit man die Quintessentz gezogen,
So hätte man daraus mich völlig vorgebracht.
Mein Leser! zweifle nicht Dann wann du hast erwogen,
Waß ich durch Feür und Mordja sterbend noch gemacht!
So wirstu öffentlich vor aller Welt bekennen,
Daß eine Märtrin ich des Satans sey zu nennen.

ad viv. del. Chr Müller

man die Hölzer auf, die Gefangen müssen auf ein Klotz, Steine oder Erden niedersitzen, die Beine in die untern, die Arme in die obern Löcher legen. Dann lässet man die Hölzer wieder fest auf einander gehen, verschraubt, keilt und verschließet sie auf das härtest, daß die Gefangen weder Bein noch Arme nothdürftig gebrauchen oder regen können. Das heißt, im Stock liegen oder sitzen.

Etliche haben große eisern oder hölzern Kreuz, daran sie die Gefangen mit dem Hals, Rücken, Arm und Beinen anfesseln, daß sie stets und immerhin entweder stehen, oder liegen, oder hangen müssen, nach Gelegenheit der Kreuze, daran sie geheftet sind.

Etliche haben starke eiserne Stäbe, fünf, sechs oder sieben Viertheil an der Ellen lang, dran beiden Enden eisen Banden seynd, darin verschließen sie die Gefangenen an den Armen, hinter den Händen. Dann haben die Stäbe in der Mitte große Ketten in der Mauren angegossen, daß die Leute stäts in einem Läger bleiben müssen.

Etliche machen ihnen noch dazu große, schwere Eisen an die Füße, daß sie die weder ausstrecken, noch an sich ziehen können. Etliche haben enge Löcher in den Mauren, darinn ein Mensch kaum sitzen, liegen oder stehen kann, darinn verschließen sie die Leute ohngebunden, mit eisern Thüren, daß sie sich nicht wenden oder umbkehren mögen. Ettliche haben fünfzehn, zwanzig, dreißig Klafter tiefe Gruben, wie Brunnen oder Keller aufs allerstärkest gemauret, oben im Gewölbe mit engen Löchern und starken Thüren Gerembsten, dardurch lassen sie die Gefangen, welche an ihren Leibern sonst nicht weiter gebunden, mit Stricken hinunter, und ziehen sie, wenn sie wöllen, also wieder heraus.

Solche Gefängnuss habe ich selbst gesehen, in Besuchung der Gefangenen; gläube wohl, es seyn noch viel mehr und anderer Gattung, etliche noch greulicher, etliche auch gelinder und träglicher.

Nach dem nun der Ort ist, sitzen etliche gefangen in großer Kälte, daß ihnen auch die Füß erfrieren und abfrieren, und sie hernach, wenn sie loskämen, ihr Lebtage Krüppel seyn müssen. Etliche liegen in stäter Finsternuß, daß sie der Sonnen Glanz nimmer sehen, wissen nicht, ob's Tag oder Nacht ist. Sie alle sind ihrer Gliedmaßen wenig oder gar nicht mächtig, haben immerwährende Unruhe, liegen in ihrem eigenen Mist und Gestank, viel unfläthiger und elender, denn das Viehe, werden übel gespeiset, können nicht ruhig schlafen, haben viel Bekümmernuß, schwere Gedanken, böse Träume, Schrecken und Anfechtung. Und weil sie Hände und Füße nicht zusammen bringen und wo nöthig hinlenken können, werden sie von Läusen und Mäusen, Steinhunden und Mardern übel geplaget, gebissen und gefressen. Werden über das noch täglich mit Schimpf, Spott und Dräuung vom Stöcker und Henker gequälet und schwermüthig gemacht.

Summa, wie man sagt: Alle Gefangen arm!

Und weil solches alles mit den armen Gefangenen bisweilen über die Maßen lang währet, zwei, drei, vier, fünf Monat, Jahr und Tag, ja etliche Jahr: werden solche Leute, ob sie wohl änfänglich gutes Muths, vernünftig, geduldig und stark gewesen, doch in die Länge schwach, kleinmüthig, verdrossen, ungeduldig, und wo nicht ganz, doch halb thöricht, mißtröstig und verzagt. — — — —

O ihr Richter, was macht ihr doch? Was gedenkt ihr? Meinet ihr nicht, daß ihr schuldig seyd an dem schrecklichen Tod eurer Gefangenen?"

Die Salzburger Gefängnisse, sehr bezeichnend Keuchen genannt, waren Löcher voll Unrat, in denen die Gefangenen auf zerfaultem Stroh, mit schweren Ketten belastet, zusammengepfercht lagen. Wochen-, oft monatelang, brachten die Inhaftierten hier zu. Das Essen war so übelriechend, daß sogar ein Bettelweib mit Rutenstreichen gezwungen werden mußte, es hinunterzuwürgen, ebenso ein gewiß nicht verwöhnter Betteljunge. Im Sommer verschmachteten die Gefangenen fast vor Hitze und im Winter froren ihnen die Zehen ab, wie dies dem Buben Kunz Siebenhofer geschah. Laut den Protokollen wurden einige von Ratten angefressen, andere waren derartig von Ungeziefer bedeckt, daß man ihnen neue Kleider von Sackleinwand geben

mußte. Nicht genug an solchen Schrecknissen, peinigte
man auch die Gefangenen noch dadurch, daß man sie in
kupferne Körbe steckte und diese an eisernen Haken an
der Mauer aufhängte, damit der Satan seine Macht über
sie verliere, was bekanntlich der Fall war, wenn sie nicht
den Boden berührten. Ein anderer Gewährsmann im ersten Viertel des achtzehnten Jahrhunderts sagt kurz und
bündig: „Die Gefängnisse sind jetzt überall wüst und
schaurig. Meistens liegen sie unter dem Erdboden und
sehen aus wie eine übelriechende Pfütze oder eine grauen-
erregende Höhle. Liegen sie aber zuweilen über der Erde,
so gleichen sie eisernen Käfigen, die nicht für Menschen,
sondern für Tiger oder (andere) gräßliche Ungeheuer bestimmt sind[37]." Selbst Nürnberg, das deutsche Paris des
Mittelalters, unterschied sich darin nur wenig von den
anderen, viel weniger kultivierten deutschen Städten[38].
Die Gefängnisse, sagt Johann Ewich 1584, sollen nur zur
Verwahrung, nicht zur Strafe da sein, würden aber „etwan
also zugerüstet, daß sie mit Recht wohl Teufels Herbergen
mögen genannt werden, und etliche lieber sterben wollen,
denn dieselbigen länger bewohnen[39]." Um sich von seiner
Pflicht zu drücken, den Verhandlungen gegen „Hexen" beizuwohnen, schreibt am 7. Julius 1675 der Kaiserl. Kommissar
Graf Purgstall an die Regierung nach Graz, „daß er dau-
sendmall liber bey den Barbaros quam apud inferoset dae-
mones commissioniren wole, da der Gestankh so man in
den Kerkhern des Gefangenen ausstehen mueß, ist Vnbe-
schreiblich, were auch kein Wunder (wann Gott nicht bei-
stünde), eine schwere Krankheit zu erlangen[40]". Daß auch
die Eingesperrten darunter litten, das kam dem hochedlen
Herrn nicht in den Sinn.

In solcher Umgebung sahen sich die Gefangenen einem

37) *Janssen-Pastor*, VIII, S. 521. — 38) *Dr. Herm. Knapp*, Das Loch-
gefängnis etc. in Alt-Nürnberg, Nürnberg 1907. — 39) *Janssen*, VIII.
609 ff. — 40) *Hammer-Purgstall*, Die Gallern auf der Rieggersburg.
3. Teil, II. 109, S. 162.

vorläufigen Nachdenken über ihre Gegenwart und Zukunft überlassen. Es ist begreiflich, daß in dieser Lage sich mit den Unglücklichen allerlei Schreckliches zutrug. Eine Frau, die 1664 zu Eßlingen im Hexenturm saß, erfuhr, daß ihr Mann gestorben sei, und brach, als sie diese Nachricht erhalten, aus dem Kerker und stürzte sich vom Turm herab, so daß sie mit zerschmettertem Schädel auf der Straße lag[41].

Dergleichen Vorfälle wurden jedoch von den Hexenrichtern nicht weiter beachtet.

Der Malleus gibt die Weisung, verstockte Personen nötigenfalls ein ganzes Jahr in diesem Zustande zu erhalten und dann ihnen die kanonische Reinigung mit zwanzig bis dreißig Eideshelfern aufzuerlegen; können sie diese nicht leisten, so soll das Verdammungsurteil erfolgen. Weltliche Richter, bei denen jenes kanonische Beweismittel nicht galt, haben die Haft zuweilen auf zwei, drei und vier Jahre ausgedehnt. Ein Weib zu Offenburg saß vom Oktober 1608 bis zu Anfang 1611 im Kerker und wurde dann hingerichtet, obgleich der Prozeß noch vor dem Kammergericht schwebte. (R. K. G. Akten.) Wurzerin zu Bamberg war drei Jahre lang im Kerker an Ketten angeschlossen (v. Lamberg S. 25). — Die Hensel aus Feckelberg hatte vier Jahre gesessen.

Doch dieses konnte nur infolge ganz eigentümlicher äußerer Verhältnisse oder einer seltenen Untüchtigkeit der Gerichte eintreten. In der Regel wußte man schneller zum Ziele zu gelangen.

Was nun in diesen finstern Kammern von in Teufel umgewandelten Menschen Unmenschliches, Barbarisches, Niederträchtiges verübt worden ist, das weiß nur Gott. Die meisten Prozeßakten existieren nicht mehr, und die vorhandenen geben die Einzelheiten nicht[42] an.

---

41) Zeitschr. für deutsche Kulturgesch. 1856, S. 455. — 42) *Buchmann,* Die unfreie und die freie Kirche, S. 309. *Franz Volk,* Hexen in der Landvogtei Ortenau und Reichsstadt Offenburg. Lahr 1882, S. 112. *Scherr,* Deutsche Kultur- und Sittengeschichte, 10. Aufl. Leipzig 1897, S. 387.

Ehe der Richter die Hexe selbst vernahm, schritt er gewöhnlich zu einem Zeugenverhöre, das auch da, wo die akkusatorischen Formen gewahrt wurden, der Litiskontestation vorausgehen durfte und dem Amtsankläger das Material lieferte. Dieses Zeugenverhör erhielt aber durch zweierlei einen ganz besonderen Charakter: 1. der Untersuchungsrichter betrachtete die Angeklagten und Eingezogenen von vornherein als wirklich Schuldige, als unzweifelhafte Hexen und Zauberer, deren geheime Verbrechen er ans Licht zu ziehen habe, und 2. in Malefizsachen wurde durchaus jedes Zeugnis als gültig betrachtet, sofern es gegen die Angeschuldigten gerichtet war. Meineidige, Infame, Exkommunizierte, Mitschuldige, Zeugen in eigener Sache, Eheleute gegeneinander, Kinder gegen Eltern usw. usw. wurden als Belastungszeugen zugelassen, — aber nur als diese. Auch der Verteidiger war verpflichtet, gegen die Angeklagte zu zeugen und ihre etwaigen Geständnisse und Mitteilungen dem Richter zu übergeben. Selbst die Aussage einer verurteilten Hexe gegen eine andere Verdächtige galt als ein vollgültiges Zeugnis. Ja sogar die Phantasien von Fieberkranken, die man im Bette vernahm, wurden als vollgültige Aussagen behandelt[43], wenn sie für den Richter brauchbar waren. Nur der „Todfeind" sollte nicht als Zeuge zugelassen werden; was aber unter einem Todfeind zu verstehen sei, galt als zweifelhaft[44].

Zur Erleichterung der Aussagen pflegte man auch die Namen der Zeugen nicht zu nennen, weshalb man leicht jede wünschenswerte Mitteilung von ihnen erhalten konnte.

Da bezeugte nun der eine, die Inkulpatin gelte seit längerer Zeit im Dorfe als verdächtig; der andere, es sei im letzten oder vorletzten Sommer ein Gewitter gewesen um dieselbe Zeit, als jene von dem Felde zurückgekommen; ein dritter hatte bei einem Hochzeitsschmause plötz-

---

43) *Hitzigs* Annalen, B. XVI. S. 250. — 44) *K. F. Köppen* in Wigands Vierteljahrschrift, B. II. S. 36. — Mall. Malef. P. III. quaest. 4. — *Delrio*, Lib. V. sect. 5, König Jakob I., Daemonol. III. 6.

lich Leibweh bekommen, und es hatte sich später ergeben, daß die Inkulpatin gerade um diese Stunde vor dem Hause vorübergegangen war; einem Vierten war nach einem Wortwechsel mit ihr ein Stück Vieh krank geworden; ein unwissender Arzt erklärte die Krankheit eines Nachbarn, aus der er nicht klug werden konnte, oder die unter seinen Händen den Tod zur Folge gehabt hatte, für einen Morbus maleficialis. Konnten die Verwandten in dem Bette des Leidenden einen Knäuel zusammenklebender Federn, eine Nadel oder sonst einen fremden Körper auffinden oder heimlich hineinbringen, so legte ihn der Richter den Akten als Corpus delicti bei. Büchsen, Fläschchen, Federwische, Besenstiele, Schmalztöpfchen, Kräuter, die man in der Wohnung der Inkulpatin fand, kamen ebenfalls zu den Akten.

Jetzt schritt man zum Verhör der Gefangenen. Der Malleus will das Verhör mit der Frage eröffnet haben: ob die Inquisitin glaube, daß es Hexen gebe? Wer nun die Existenz der Hexen läugnete, der wurde jedenfalls als Ketzer verurteilt; denn — sagt der Malleus — haeresis est maxima, opera maleficarum non credere.

Diese in der Tat sehr feine Art, eine Hexe zu fangen, war in späteren Zeiten indessen nicht mehr recht praktisch, weil jene Häresie des Zweifels an der Hexerei im allgemeinen sehr selten war und der Inquisit sich begnügte, seine eigene Beteiligung zu leugnen. Desto geeigneter waren jederzeit Fragen wie folgende: was Inquisitin vor dem Gewitter im Felde zu tun gehabt, warum sie sich mit dieser oder jener Person gezankt, warum sie diesen oder jenen Knaben angeredet oder berührt, warum ihre Gartenfrüchte besser gedeihen als die des Nachbarn, warum sie in des Nachbarn Stall gewesen, warum sie sich nicht gegen aufkommendes Geschrei gerechtfertigt? usw.

Erfolgen die gewünschten Geständnisse nicht, so wird die Unglückliche in den Kerker zurückgeführt, um dort von neuem bearbeitet zu werden. Alle Qualen des Mangels, des Schmerzes und Ekels umgeben sie; der Richter tritt ein und versichert, er werde Gnade angedeihen lassen, wobei er, vermöge einer erlaubten Mentalreservation, unter der Gnade die Verwandlung des Feuertodes in Hinrichtung mit dem Schwert versteht oder auch die Gnade nicht der Gefangenen, sondern sich selbst oder dem gemeinen Besten zudenkt. Auch bleibt es seinem Ermessen überlassen, ob er nicht sagen will: „Gestehest du, so werde ich dich nicht zum Tode verurteilen." Wenn's zum Spruche kommt, kann er dann abtreten und einen andern das Urteil verkünden lassen. — In Zürich versprachen 1487 die Richter einer Frau, sie nicht hinzurichten, wenn sie gestehen wollte. Sie erzählte hierauf von dem Teufelsbündnis und ähnlichem Unsinn. Die Richter hielten ausnahmsweise Wort, verurteilten aber die Frau, auf Lebenszeit eingemauert zu werden mit der Bestimmung, daß sie täglich einmal Essen erhalten sollte. Nach ihrem Tode soll ihr Leichnam verbrannt werden[45].

Solche und viele ähnliche Kniffe empfahl der Malleus, um ein sogenanntes freiwilliges Bekenntnis zu erhalten, und er hatte recht, darauf hohen Wert zu legen, weil es, solange die Doktrin des Hexenwesens noch nicht ganz allgemein geworden war, eine ungleich kräftigere Wirkung machen mußte, als das durch die Folter erzwungene. Doch vererbten sich diese Mißhandlungen auch auf die spätere Zeit. Priester lockten und schreckten[46], Büttel plagten und suggerierten[47], Richter logen und betrogen, wenn es auf andere Art nicht gehen wollte. „Hat die Gefangene W. Brosii Borschen seinen Jungen begossen, davon derselbe blind worden — — — und endlich, als man ihr Gnade zugesagt, freiwillig bekannt, daß sie zu dem Goß die Worte gesagt: Der Junge sollte verblinden ins Teufels Namen etc. — — Da ihr euch nun eigentlich erkundiget hättet, oder nochmals erkundigen würdet, daß

---

45) Richtbücher im Zürcher Staatsarchiv nach *Hansen*, Quellen, S. 586, 147. — 46) *Spees* Cautio criminalis, Quaest. XIX. *Horst*, Z. B. Th. III, S. 356 ff. — 47) S. *Mackenzie* bei *W. Scott*, B. über Dämonol., Th. II, S. 143.

der Junge bald nach empfangenen Goß blind worden und die Gefangene würde auf ihrem gethanen Bekenntniß vor Gericht freiwillig verharren, oder des sonsten, wie recht, überwiesen: so möchte sie von wegen solcher begangenen und bekannten Zauberei, nach Gelegenheit dieses Falls, weil ihr von euch Gnade versprochen, und über ihr gütliches Bekenntniß mit der Tortur wider sie verfahren worden, mit dem Schwert vom Leben zum Tode gestraft werden. V. R. W.[48]"

Jeder hielt sich gegen das Hexenvolk zu allem berechtigt, weil er damit entweder dem Himmel einen Dienst zu leisten glaubte oder sich selbst.

Während so die Verhaftete allen Angriffen bloßgestellt war, sah sie sich zugleich auch fast aller rechtlichen Verteidigungsmittel beraubt. Weil in Glaubenssachen überhaupt nach einer Bestimmung Bonifacius VIII. „simpliciter et de plano, absque advocatorum et judiciorum strepitu et figura" verfahren werden sollte, so erlaubte der Malleus nicht die Annahme eines Advokaten nach freier Wahl. Es durfte zwar ein Rechtsbeistand gegeben werden; dieser mußte aber dem Richter als ein glaubenseifriger Mann (vir zelosus) bekannt sein und wurde überdies feierlich davor verwarnt, durch Begünstigung des Bösen sich selbst schuldig zu machen. Ein solcher Beistand wußte somit, was er seiner eigenen Sicherheit wegen zu tun und zu lassen hatte. Vor weltlichen Gerichtsstellen ist die Wahl des Defensors nicht immer so beschränkt, aber seine Wirksamkeit häufig sehr behindert worden. So wurde ihm in Bayern, Bamberg, Osnabrück und anderwärts keine Abschrift der Indizien mitgeteilt, sondern diese nur dem Inkulpaten zu augenblicklicher mündlicher Verteidigung vorgelegt. Delrio billigt dies, weil die Advokaten leicht mit unwesentlichen Dingen den Handel in die Länge ziehen könnten. Im Bambergischen untersagte man die Verteidi-

---

48) Sentenz des Leipziger Schöppenstuhls in einem Bautzener Prozeß von 1599 bei *Carpzov*, Nr. XVI.

gung vor der Tortur gänzlich, worüber bei Ferdinand II. Beschwerde geführt wurde. In Coesfeld findet sich ein Fall, wo noch kein Defensor gegeben war, als der Fiskal nach vollzogener Tortur bereits um das Endurteil bat. Der wandernde Hexenrichter Balthasar Voß im Fuldischen verweigerte schlankweg alle Verteidigung. Und was half überhaupt auch der beste Anwalt bei den einmal in Geltung gekommenen Voraussetzungen?

Aus dem siebzehnten Jahrhundert gibt es Prozesse, die in allen Formen des Anklageverfahrens verlaufen; der Verteidiger reicht die lichtvollsten, der Fiskal die monstrosesten Schriften ein, und dennoch siegt der Fiskal vor Richtern und Fakultäten. Es lag in keinem Falle in der Gewalt des Anwalts, den Angeklagten gegen die Wirkungen seines eigenen Geständnisses zu schützen; dieses Geständnis aber war der Zielpunkt, auf den alle Hebel des Verfahrens hinwirkten. Das Schlimmste aber war dabei, daß nur gar zu oft, wenn das Gericht selbst von der Unschuld einer Inquisitin durch die im Prozesse hervorgetretenen Indizien überzeugt worden, die Richter doch um ihrer Reputation willen ein Geständnis der Unschuldigen zu erzwingen suchten. So sehen wir z. B. in dem Coesfelder Prozeß von 1632[49] die satanische Erscheinung, wie ein ganzes Kollegium — nämlich der Stadtrat zu Coesfeld — es als Ehrensache ansieht, daß der nun einmal von ihm in Untersuchung Genommene zur Rechtfertigung des leichtfertig angestellten und geführten Prozesses vor der Welt als schuldig erscheine — wozu der ehrsame Rat in unerhört grausamer Weise das wirksamste Hilfsmittel des Inquisitionsprozesses, die Folter, zur Anwendung brachte.

2. DIE TORTUR

Die Tortur war die eigentliche Seele des ganzen Prozeßverfahrens. Ohne sie würde es gar nicht möglich ge-

---

49) *Jos. Niesert*, Merkwürdiger Hexenprozeß gegen den Kaufmann G. Köbbing aus den Jahren 1632. Coesfeld 1827.

worden sein, die Massen von Hexen aufzuspüren, die man
allerorten prozessiert und justifiziert hat. Ohne die Folter
wäre der Hexenprozeß niemals das geworden, als was er
in der Geschichte der Menschheit dasteht. Die Tortur

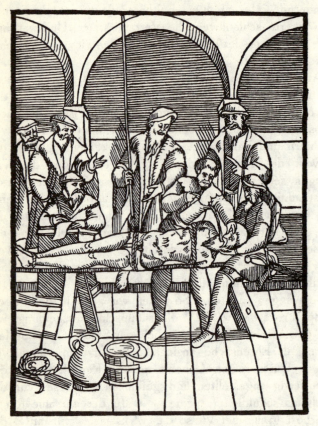

Folterung
Holzschnitt aus dem 16. Jahrhundert

war der Hauptnerv aller Beweisführung, die Folter war
das eigentliche Symbol des Hexenprozesses.

Zur Anwendung der Tortur schritt man schon auf die
leisesten Indizien hin; zwei oder drei Denunziationen, wenn

auch noch so unbestimmter Natur, oder die Angabe eines einzigen sogenannten Komplizen wurden als gesetzlich genügend betrachtet[50]. Wo man dem Satze vom Crimen exceptum eine etwas freiere Auslegung gab, da war die Folter das Alpha und das Omega des Verfahrens[51]. Kaiser Ferdinand II. sah sich genötigt, dem Bischofe von Bamberg einen Gerichtspräsidenten zu bestellen, „damit nit mehr dergleichen Denunciationen so bald a captura et tortura anfangen, sondern die Instruenten zuvor über alle circumstantias loci et maleficii und daß sie sich in ipso facto wahr befinden, genugsame Nachricht einholen"[52].

Bei osnabrückischen Prozessen aus dem achten Dezennium des sechzehnten Jahrhunderts klagt der Jurist Rüdenscheid, daß die verfolgten Weiber, „alsbald sie gefänglich eingezogen worden, der Tortur eodem quasi momento unterworfen sein und ihre defensiones, wie sich zu Recht gebührt, nicht gehöret"[53].

Der Malleus rät, die Folter stufenweise und an verschiedenen Tagen anzuwenden, jedoch dürfe man das nicht eine Wiederholung, sondern nur eine Fortsetzung nennen. Weltliche Richter haben indessen an jenem Ausdrucke keinen Anstoß genommen[54]. Weil die Zauberei ein Crimen exceptum war, so erlaubte man sich in dem Grade, der Wiederholung und der Zeitdauer des Akts jede Freiheit. Drei- und vierstündige Tortur war nichts Ungewöhnliches[55]. Ein der Lykanthropie Angeklagter in Westfalen wurde einst zwanzigmal „mit der Schärfe", wie man die Tortur nannte, angegriffen[56]; in Baden-Baden peinigte man ein Weib zwölfmal und ließ sie nach dem letzten Akt noch zweiundfünfzig Stunden auf dem sogenannten Hexenstuhle

---

50) *Delrio*, lib. V. sect. 3. *Carpzov*, Qu. CXXII. 60 ff. *Niesert*, Hexenprozeß zu Coesfeld, S. 5. P. *Paulus Laymann*, Processus iuridicus contra Sagas et Veneficos d. i. Ein rechtlicher Prozeß etc., Köln 1629, S. 11 ff. — 51) Cautio criminal. Quaest. XVIII. — 52) *Von Lamberg*, S. 19. — 53) *Wierus*, De Lamiis, p. 53. — 54) *Von Raumer* in den Märk. Forschungen, 1841, Bd. I., S. 249. — 55) *Von Lamberg*, S. 6. Horst Z. B. II. 153. — 56) *Delrio*, Lib. V. Cap. IV. Sect. 9.

sitzen[57]. Ein Weib in Düren, das in wiederholter Pein
standhaft leugnete, die Krautgärten durch Hagelschlag
verwüstet zu haben, blieb, mit ungeheuren Beingewichten
beschwert, an der Schnur hangen, während der Vogt zum
Zechen ging; als er wieder kam, hatte der Tod die Arme
von allen Qualen erlöst[58]. Diesem Vogte fehlte indessen
die Geistesstärke, mit der man sonst in solchen Fällen
behauptete, daß der Teufel sein Opfer geholt habe; er
wurde wahnsinnig. Die Aufeinanderfolge der Foltergrade
hatte eine Verordnung des Herzogs Julius von Braunschweig
vom 3. Februar 1570 geregelt. Der erste Grad umschloß
den Marterstuhl, das Festbinden der Hände auf dem Rücken,
die Daumenstöcke und die Peitsche. Der zweite Grad
fügte ein die Haut zerschneidendes Einschnüren, sowie
das Anlegen und Zuschrauben der Beinstöcke hinzu. Der
dritte Grad verordnete das Ausrecken der Glieder auf der
Leiter mit dem gespickten Hasen oder auf Gutbefinden
der herzoglichen Kanzlei nach der Schwere des Verbrechens
„andere geeignete Mittel", die die Foltergrade verschärften[59].
In grausiger Übersichtlichkeit ist das ganze Verfahren
von dem Juristen Hartwig v. Dassell zu Lüneburg, einem
Gesinnungsgenossen des Hexentilgers Heinrich Julius von
Braunschweig, in einer 1597 herausgegebenen Schrift dargestellt[60]. Er schreibt: „Um zu verhüten, daß die der
Hexerei Angeklagten nicht das Maleficium taciturnitatis
ausüben, soll man vorher die geeigneten Vorsichtsmaßregeln anwenden. Namentlich ist darauf zu sehen, daß
sie nicht etwa in Kleidern und Haaren ein Amulett versteckt halten. Man lasse sie sodann binden, wobei der
Richter es versuche, bei der Zurüstung und Anlegung der

57) Originalakten des R. K. G. von 1628, Weinhagen contra Markgrafen
von Baden. — 58) *Weier*, De praestig. daemon., S. 433. — 59) *Janssen-
Pastor*, VIII. 734. — 60) *Hardevicia Dassell* J. C. Responsum iuris in
causa poenali maleficarum Winsiensium prodefensione innoxiarum et con-
demnatione nocentum, ne quisquam ante iudieium iniuste innocenterque
condemnetur. — Datum Luneburg. Ultimo Junii die, a. 1597. *Trummer*,
Vorträge etc., S. 117 f. 119 ff., vgl. II., S. 20. *Janssen* VIII., 734 ff.

Marterwerkzeuge sie zum Geständnis zu bringen. Hat dieses keinen Erfolg, so beginnt die Tortur. Führt auch diese nicht zum Ziel, so ist den Angeklagten ein Termin auf den zweit- oder drittnächsten Tag zur „Fortsetzung" der Tortur zu setzen. Dabei pflegen die Henker der Vorsicht wegen zu „protestieren" und der Richter zu „interloquieren", daß sie einstweilen mit der Fortsetzung der Tortur Anstand nähmen. In der Zwischenzeit sorgt der Richter dafür, daß die Gefolterten nicht allein bleiben, weil sie sonst, vom Teufel aufgereizt, einen Selbstmord versuchen könnten. An dem anberaumten Tage muß der Richter sie abermals ernstlichst ermahnen, um sie zu einem „freiwilligen" Geständnis zu treiben. Fruchtet dieses nichts, so läßt er sie auf die Folter bringen, und während sie in die Höhe geschraubt werden, läßt er ihnen die Aussagen ihrer Genossen, mit Verschweigung der Namen, vorlesen und ruft ihnen zu: Ihr seht also, daß ihr durch Zeugen überführt seid!

Wenn das alles noch nicht hilft, so darf man die Angeklagten doch noch nicht freigeben, sondern man schafft sie vielmehr nach einem entfernten Castrum (Hexenturm etc.). Wenn sie dort mehrere Tage zugebracht haben, gibt der Vogt eine weite Reise vor und läßt inzwischen die Verhafteten durch abgeschickte Weiber besuchen, die sich mit ihnen unterhalten und ihnen versprechen müssen, daß sie ihnen die Freiheit verschaffen wollten, wenn sie ihnen nur etwas Hexerei beibringen wollten. (!) Bleibt aber auch dieses erfolglos, so kann ihnen der Richter das Todesurteil verkündigen und kann sie auch, wenn die Umstände es erlauben, anscheinend zur Hinrichtung hinausführen lassen, um sie zur Reue zu bringen. Hilft auch dieses nichts, so muß er sie fragen, ob sie die glühende Eisen- oder die Wasserprobe wagen wollten. Antworten sie im Vertrauen auf die Hilfe des Teufels mit Ja, so entgegnet ihnen der Richter, daß er doch eine solche Reinigung als auf ein vom Teufel ersonnenes Blendwerk nicht gestatten könne. Beharren dann die Angeklagten auch jetzt noch bei ihrem Schweigen, so hat sie der Richter in lebenswierige Haft zu nehmen, wobei sie dann vielleicht der Dunst des Gefängnisses („carceris squalor"!) zum Geständnis treibt, oder wo sich neue Indizien ergeben, die zu neuer Anwendung der Folter berechtigen. Legen

Foltern: Brennen und Strecken. Im Hintergrund: Abschlagen
der Hand
(Ulrich Tenglers Laienspiegel, Augsburg 1509)

aber die Angeklagten endlich ein Geständnis ab, so hat alsbald die gewöhnliche Hinrichtung durch Feuer einzutreten. In Ulrich Tenglers „Layenspiegel", von dem später ausführlicher gesprochen werden muß, findet sich nach dem Hexenhammer [61] die Mahnung, die Unholden rücklings in die Folterkammer zu führen, damit ihr Blick den Richter nicht zur Nachgiebigkeit bezaubere.

61) *Schmidt*, III., Frage 15, S. 93.

Ehe man zur Folter schritt, wurden vor den Augen der Angeklagten die Folterwerkzeuge ausgekramt, wobei der Henker deren Anwendung beschrieb. Hatte diese „Territion" nicht den gewünschten Erfolg, so wurden die Angeklagten gewöhnlich einer Prozedur so scheußlicher Art unterworfen, daß eine ehrbare Frau oder ein züchtiges Mädchen schon dieser bloßen Vorbereitung der Folter den Tod vorziehen mochte. Die Unglückliche wurde nämlich zunächst (zuweilen aber auch erst, nachdem die ersten Martern erfolglos angewendet waren) vollständig entkleidet. Die rohen Hände des Scharfrichters und der Henkersknechte begannen vor allem in der schamlosesten Weise an dem Körper der Unglücklichen nach verborgenen Zaubermitteln, durch die sie sich etwa gegen die Folter unempfindlich machen könnte, zu suchen. Dabei wurde nicht selten von Bütteln, Scharfrichtern und Gefangenwärtern noch die scheußlichste Unzucht verübt. Der grimme Hexenrichter Remigius, Verfasser der „Daemonolatria" von 1595, erzählt von einem seiner Opfer, Katharina geheißen, sie sei, obgleich noch ein unmannbares Kind, im Kerker wiederholt dergestalt vom „Teufel" genotzüchtigt worden, daß man sie halbtot gefunden habe. Auch Fr. v. Spee erwähnt ein in Deutschland von einem Scharfrichter bei dem Scheren vor der Folterung verübtes derartiges Verbrechen [62]. In den Akten vom Salzburger Zauberjackl-Prozeß erzählen die angeklagten Frauen und Mädchen, daß sie im Kerker so und so oft vom Teufel vergewaltigt wurden. So mußten sie eben vor dem Richter aussagen, eingeschüchtert durch die Drohungen der Gefängniswärter, deren guter oder schlechter Behandlung sie schutzlos preisgegeben waren [63].

Da möglicherweise im Haar ein Zaubermittel versteckt sein konnte, wurden der Angeklagten an allen Körperteilen alle Haare und Härchen abrasiert beziehungsweise

62) Caut. crim. XXXI. — 63) *Prof. Becker* - Salzburg , Zauberjackl-Prozeß.

abgesengt[64], was aber ursprünglich in Deutschland für „unanständig" gehalten wurde, wie der Hexenhammer hervorhebt[65]. Später wurde es jedoch auch hier allgemein üblich[66].

Sodann begann der Gerichtsknecht an allen Teilen des Körpers nach dem Hexenmal, Stigma diabolicum, zu suchen. Man glaubte nämlich, jede Hexe habe an ihrem Körper eine Stelle, an der sie unempfindlich und ohne Blut sei. Der Knecht stach daher mit einer Nadel in alle Leberflecken, Warzen υ. dgl., um zu sehen, ob nach irgendeinem Stiche kein Blut fließe. Noch in der bayerischen General- und Spezialinstruktion über den Hexenprozeß von 1622 wird unter den Beweismitteln angeführt: „wenn sonst bei einer ein Zeichen am Leibe gefunden wird, welches der böse Feind dem Menschen zur Betätigung des Bundes zugefügt hätte."

Acht Jahre später wagte sich der Bonner Pfarrer, D. Johannes Jordanäus in seiner Disputatio de proba stigmatica, utrum scilicet ea licita sit necne (Köln 1630) gegen die Bedeutung der Hexenmale auszusprechen. Er bekämpfte die von dem Juristen Peter Ostermann vertretene Ansicht, daß die Richter nach Hexenmalen suchen und diese als sichere Indizien betrachten dürfen[67].

Wollte die Angeklagte jetzt noch kein Geständnis ablegen, so begann der Richter — um das Maleficium taciturnitatis fortzuschaffen — sie mit Drohungen und Versprechungen zu bearbeiten. Dabei war dem Richter im Hexenhammer der Gebrauch von Amphibolinen, Mentalreservationen und anderen Fallstricken zur Erwirkung eines „freiwilligen" Geständnisses empfohlen[68]. Bei dem Beginne der Tortur pflegten Untersuchungsrichter allerlei Vorsichtsmaßregeln anzuwenden, durch die sie alle das Gerichtsverfahren störende Einwirkungen des Teufels und anderer Hexen auf die Inquisiten verhindern wollten.

---

64) *Spee* (Dub. XXXI). *Von Wächter*, Beiträge, S. 323. — 65) *Schmidt*, III., 15. Frage S. 96. — 66) *Riezler*, S. 136. — 67) *Riezler*, S. 216. — 68) *Carpzov*, im Anhange zur Quaest. L. Nr. 17.

An manchen Orten legte man den Angeklagten zu diesem Zwecke ein Hemd an, das an einem Tage gewirkt, gesponnen und zusammengenäht sein sollte. An anderen Orten sah man wenigstens darauf, daß sie während der Tortur gar nichts von ihren Kleidern am Leibe hatten; denn eine Hexe in Innsbruck hatte sich einst gerühmt, wenn sie nur einen Faden vom Kleide einer Gefangenen habe, so wollte sie diese dergestalt verzaubern, daß sie durch keine Marter zum Geständnis gebracht werden könnte. In katholischen Gegenden gab man den Unglücklichen auch einen mit allerlei geweihten Stoffen zurechtgemachten Trank ein, der sie zum Geständnis geneigt machen und den Beistand des Teufels verhindern sollte. Ganz gewöhnlich aber war es hier, daß man die Folter wiederholt mit Weihwasser besprengte und die Folterkammer mit aus geweihten Kräutern hergestelltem Rauch erfüllte, — um „des Teufels Gespenst" vom Orte fern zu halten [69]. In den Akten eines 1619 im Elsaß vorgekommenen Hexenprozesses [70] wird bezüglich der vorgenommenen Tortur berichtet, daß der Gefangenen „ganz neue gebenedeite Kleider, darin auch eine Particula de agno Dei genähet gewesen, angelegt worden".

Zahllos waren die Torturmittel, durch die eine sinnreiche Kriminalistik dem Lügenteufel im Menschen zu Leibe ging, vom einfachen Anlegen der Daumschrauben an bis zum Abreißen der Fingernägel mit Schmiedezangen, das Jacob I. üben ließ. Raffinierter war vielleicht keines als das sogenannte Tormentum insomniae, das schon von Binsfeld gebilligt und später in England mit Erfolg angewandt wurde. Matthäus Hopkins, der berüchtigte General-Hexenfinder Englands, ließ die Gefangenen stets wach erhalten, „damit sie keinen Zuspruch vom Teufel erhielten". Zu diesem Zwecke wurden sie im Kerker unaufhörlich umhergetrieben, bis sie wunde Füße hatten und

69) *L. Rapp*, Die Hexenprozesse und ihre Gegner aus Tirol, S. 38. —
70) *Rud. Reuß*, La sorcellerie etc. S. 160.

zuletzt in einen Zustand vollkommener Verzweiflung und Tollheit gerieten [71]. Dieses „Tormentum insomnii" oder „insomniae" wurde aber zur Steigerung der Tortur ebenso wie in Deutschland [72] auch im Kirchenstaat [73] angewendet.

Andere Untersuchungsrichter pflegten den Verhafteten nur gesalzene Speisen ohne einen Trunk verabreichen zu lassen [74]. Hatte die Anwendung dieser Mittel nicht den beabsichtigten Erfolg, so schritt man zur eigentlichen Tortur.

In Württemberg, wo erst seit 1662 Daumschrauben und spanische Stiefel angewendet wurden, bediente man sich hierzu der sogenannten Wippe, die darin bestand, daß man der Angeklagten Hände und Füße zusammenband und sie dann an einem über eine Rolle laufenden Seil auf- und niederzog. Bei dem zweiten Grade der Folter wurde ein leichterer, bei dem dritten ein schwerer Stein (oft vom Gewicht eines Zentners) angehängt, was eine geringere oder stärkere Verrenkung der Glieder zur Folge hatte [75].

Das gewöhnliche Verfahren bei der Anwendung der Folter beschreibt v. Wächter (Beitrag zur deutschen Geschichte, S. 120) in folgender Weise: Man begann die Tortur (auch die „peinliche Frage", die „scharfe Frage" genannt) gewöhnlich mit dem Daumenstock, indem man den Angeklagten entblößte und anband und dessen Daumen in Schrauben brachte, diese langsam zuschraubte und so die Daumen quetschte.

Half dieses nichts, so nahm man die Beinschrauben oder spanischen Stiefel, durch die Schienbein und Waden glatt gepreßt wurden, nicht selten bis zur Zersplitterung der Knochen. Zur Erhöhung der Qual wurde dabei noch zwischendurch mit dem Hammer auf die Schraube geschlagen. Um nicht durch das Jammergeschrei der Gefolterten molestiert zu werden, steckte ihnen der Scharfrichter ein Kapistrum in den Mund, das das Schreien unmöglich machte.

71) *Binsfeld* in Tit. Cod. de malef. et mathemat. — *W. Scott*, Br. II. 92. — 72) *Reuß*, La sorcellerie, S. 177. — 73) *Chartario*, Praxis interrogandorum reorum (Rom 1618), p. 198. — 74) *Pfaff*, S. 374. — 75) *Pfaff*, 259.

Der Teufel und der Erzengel Michael am Totenbett
einer Rittersfrau
Ritter vom Turn, 1493

Der nächstfolgende Grad der Folterung war der Zug, die Expansion oder Elevation. Dem Angeschuldigten wurden hierbei die Hände auf den Rücken gebunden und an diese ein Seil befestigt. An diesem Seile wurde nun der Unglückliche bald frei in der Luft schwebend durch einen an der Decke angebrachten Kloben, so im Waldeckschen[76], bald an einer aufgerichteten Leiter, bei der oft in der Mitte eine Sprosse mit kurzen, spitzen Hölzern — dem „gespickten Hasen" — angebracht war, gemächlich in die Höhe gezogen bis die Arme ganz verdreht über dem Kopfe standen, worauf man ihn mehrmals rasch hinabschnellen ließ und „gemächlich" wieder hinaufzog. Erfolgte auch jetzt noch kein Geständnis, so hing man den Gefolterten, um die Glieder noch ärger und noch qualvoller auseinanderzurecken, schwere Gewichte an die Füße und ließ ihn so eine halbe, oft eine ganze Stunde und noch länger hängen, legte ihm oft auch noch die spanischen Stiefel an.

In Zürich wurde 1660 eine neue Tortur eingeführt, indem zwei Bretter mit hölzernen Nägeln an die Füße und Knie gebunden wurden, und womit die Hexen täglich sechs Stunden lang gestreckt wurden, „bis ihnen der Krampf durch alle Adern gieng[77]". Es kam dabei vor, daß während dieser Zeit das Gerichtspersonal abtrat, um sich bei Speis und Trank zu erholen.

Von Wächter berichtet[78] nach einem Bamberger Protokoll, „daß ein wegen Zauberei Angeschuldigter drei und eine halbe Stunde lang mit Beinschrauben und Daumenstock gefoltert und am Ende, da er nicht gestand, an einem Stricke acht Schuhe hoch von der Erde hinaufgezogen und ihm an die große Zehe ein Gewicht von zwanzig Pfund gehängt wurde. Half auch diese oder eine ähnliche Tortur nichts, so träufelte man dem Inquisiten brennenden Schwefel oder brennendes Pech auf den nackten Körper oder hielt

76) *Rudolf Quantner*, Die Folter, Dresden 1900, S. 143. — 77) *Prof. Schweizer* im Züricher Taschenbuch, 1902, S. 49. — 78) *Wächter*, a. a. O., S. 173.

ihm brennende Lichter unter die Arme oder unter die Fußsohlen oder an andere Teile des Körpers." In Bamberger
Gefängnissen waren noch andere wahrhaft infernalische
Foltern im Gebrauche. „In specie aber außerhalb deren
seindt nachfolgendte Persohnen in gefenkhnussen durch
unerhörte Speis allß hering mit lauter Saltz vnd Pfeffer
zum Prey gesotten, so sie ohne ainichen trunckh essen
müessen, Item mit einem Wannen Baadt von siedheißen
Wasser mit Kalch, Salltz, Pfeffer vndt anderer scharpffen
Matherie zugerichtet neben andern neuerfundenen (sic!)
Torturn auch Hungers Noth ohne einichen christlichen
trost, Urtl oder Raht ellendtlich vmb ihr Leben kommen
vnd gleichmaßig verbrent worden", ist in einem Bamberger
Aktenstück aus dem Jahre 1631 zu lesen[79].

Im Fürstentum Münster pflegte der Scharfrichter dem
Angeklagten in diesem letzten Stadium der Folter die Arme
und die Schulterknochen aus ihrem Schultergelenk auszu-
brechen, die Arme rückwärts am Hinterkopf fest zusam-
menzuschnüren und ihn durch seine Knechte so aufziehen
zu lassen, daß seine Füße einige Spannen weit vom Boden
hingen. Zur Vergrößerung der Schmerzen brachte der
Scharfrichter in Zwischenpausen an den Händen und Füßen
des Unglücklichen wieder die Daumschrauben und die spanischen Stiefel an und ließ sie von Zeit zu Zeit versetzen
und fester anschrauben. Außerdem schlugen ihn die Henkersknechte mit Ruthen oder mit Lederriemen, die am Ende
mit Blei beschwert oder mit scharfen Haken versehen
waren, und zwar so lange, bis der Scharfrichter mit der
Peinigung einzuhalten befahl, damit nicht der Tod des Gefolterten erfolge[80].

Wie qualvoll dieser letzte Grad der Folterung unter
allen Umständen sein sollte, ist aus einem Erlaß des münsterischen Ober- und Landfiskus vom 9. September 1725

79) *Leitschuh*, S. 59. — 80) *Niesues*, Zur Geschichte des Hexenglaubens
und der Hexenprozesse, vornämlich im ehemaligen Fürstbistum Münster,
Münster 1875, S. 43 u. 44.

in Sachen eines Verhafteten Friedrich Jacobs zu ersehen.
Jacobs war vom Scharfrichter im vorletzten Grad der Tortur der Arm zerbrochen worden, so daß er erklärte, den letzten (fünften) Grad nicht mit ihm vornehmen zu können.
Auf die Anfrage des Untersuchungsrichters, was er daher
an die Stelle des fünften Grades setzen solle, erklärte der
genannte Ober- und Landfiskus, daß man anstatt des fünften Grades die vom Scharfrichter in Vorschlag gebrachte
Folterung anwenden solle, nämlich, „daß Inquisit von hinten auf mit Füßen und Armen aufgezogen, sodann mit
Ruthen gehauen, mit brennendem Schwefel beworfen und
bei weiter in confitendo sich ergebender Obstination er
annoch zwischen den beiden vordersten Fingern jeder Hand
mit einer Lunte durchgebrannt werde."

In Baden war auch der sogenannte „Hackersche Stuhl"
als Folterinstrument für Hexen im Gebrauch. Die Ge-
fangenen wurden auf den mit Stumpfstacheln besetzten
Eisenstuhl festgebunden und der Sitz von unten geheizt.
So ließ man die Unglücklichen fast tagelang bis zum Geständnisse martern, wenn dieses nicht bald erfolgte, bis zur
vollen Erschöpfung oder selbst bis zum Eintritt des Todes.
„Nächten nach 11 Uhr ist des Welschen Magdalen auf dem
Stuhl plötzlich verstorben", heißt es in einem Offenburger
Protokoll vom 1. Juli 1628. Die Frau war um 11 Uhr des
Morgens auf den Stuhl gesetzt worden[81]. Es erfordert
unglaubliche Willenskraft und körperliche Widerstands-
fähigkeit, wenn ein Weib die öftere Wiederholung dieser
teuflisch ersonnenen Qualen bloß zur Darlegung ihrer Unschuld bestehen sollte[82]. Der in Nürnberg angewandte
Folterstuhl scheint nicht heizbar gewesen zu sein, enthielt
aber über 2000 spitze Holznägel[83]. In Salzburg wandte
man die Eicheln an, spitze Nägel, deren Köpfe mit einer

---

81) *Dr. R. Wrede*, Die Körperstrafen, Dresden, 1898, S. 21. *Franz Volk*,
Hexen in der Landvogtei Ortenau und Reichsstadt Offenburg. Lahr 1882,
S. 73. — 82) *Volk*, S. 114. — 83) *J. George*, Humanität und Kriminal-
strafen, Jena 1898, S. 147. *Quantner*, S, 192.

brennbaren Masse bestrichen waren. Diese Eicheln wurden unter Finger- und Zehennägel getrieben und die Masse entzündet.

Als Beispiel für eine besonders harte, aber trotzdem nicht außergewöhnliche Folterung aus dem Jahre 1629 geben wir folgende gerichtlich erhobene Tatsachen aus einem Falle, in dem die Inquisitin durch eine seltene Standhaftigkeit in der Tortur es dahin brachte, daß nur die Landesverweisung über sie verhängt werden konnte.

„Insonderheit saget testis 2. Philipp Wagner, der Richter selbsten, ad 2. art. Ob Maderin gleich bey der ersten Marter nichts bekennet, habe man doch ohne rechtliches Erkenntniß, die Tortur wiederholet, und der Scharpffrichter ihr die Hände gebunden, die Haar abgeschnitten, sie auff die Leiter gesetzet, Brandenwein auff den Kopff gossen, und die Kolbe vollends wollen abbrennen, Ad artic. 3. ihr Schwefelfedern unter die Arm, und den Hals gebrennet, art. 4. hinden aufwarts mit den Händen biß an die Decke gezogen, art. 5. so bey 3. oder 4. Stunde gewehret, und sie gehangen, der Meister aber zum Morgenbrodt gangen, art. 6. 7. und als er wiederkommen, ihr Brandenwein auff den Ruck gossen, und angezündet, art. 8. 9. 10. ihr viel Gewichter auff den Rücken gelegt, und sie in die Höhe gezogen; Nach diesem wieder auff die Leiter, und ihr ein ungehoffeltes Bret mit Stacheln under den Rücken geleget, und mit den Händen biß an die Decke auffgezogen. art. 11. Furter die beyde große Fußzehen, und beyde Daumen zusammen geschraubet, eine Stange durch die Arm gestecket, und sie also auffgehänget, daß sie ungefehr eine viertheil Stunde gehangen, wär ihr immer eine Ohnmacht nach der andern zugangen. ad art. 12. et 13. die Beine weren ihr in den Waden geschraubet, und wie zu vermercken, die Tortur auff die Fragen underschiedlich wiederholet worden.

Bey der dritten Tortur, so der (Henker) von Dreißigacker verrichtet, seye es ärger zugangen, als der sie mit einer ledernen Peitschen umb die Lenden, und sonst gehauen, daß das Blut durchs Hembde gedrungen, art. 14. 15. 16. Ferner sie auffgezogen, ad art. 15. ihr die Daumen und große Zehen zusammen geschraubet, sie also im Bock sitzen lassen, und weren der Henker neben denen Gerichtspersonen, zum Morgenbrodt gangen, ungefehr vor Mittage, umb 10 Uhr, darinnen sie gesessen bis 1. Uhr, nach Mittag, daß auch ein benachbarter Beamdter zu Zedgen kommen und gesagt, warumb man so unbarmhertzig mit den Leuten umbgienge, man hette zu Neustadt davon gesagt, daß die zu Poßneck so unbarmhertzig weren, art. 17. Darauff sie abermal mit der Carbatschen jämmerlich zerhauen, und seye es hierbey ersten Tages verblieben, art. 18. den andern Tag, (notetur) were man noch einmal (doch absque sententia praevia) mit ihr durchgangen, Tortur hette bißweiln mit der Peitschen zugehauen, aber nicht so sehr, wie den vorigen Tag, es were ein abscheulich Werck gewesen, art. 19. — diesem Zeugen stimmet in den meisten Punkten bei testis 4. Christoph Rhot, auch Richter usw."[84]. Der hier erwähnte Bock war ein in scharfer Schneide auslaufender Holzblock, auf den die Hexe rittlings gesetzt wurde, so daß zufolge des eigenen Körpergewichtes die spitzzulaufende Kante des Blockes tief in den entblößten Damm und Schamteil einschnitt, da durch gleichzeitiges erzwungenes Spreizen der Beine jeder andere Stützpunkt entzogen wurde. Noch heute ist im Rathaus der Stadt Zug ein solcher Marterblock vorhanden[85].

Wurde das durch eine solche Marterung erpreßte Geständnis hernach aus Gewissensnot als Lüge widerrufen, so begann die Folterung aufs neue. Niesues teilt (S. 45) aus Münsterschen Akten einen Fall mit, in dem der Ober- und Landfiskus nach dreimaligem Widerruf zum vierten Mal die Folterung durch alle fünf Grade verordnete.

84) *Leibs* Consil. et Respons. Frankof. 1666, S. 463. — 85) *Heinemann*, Richter und Rechtspflege, S. 66.

Konnte aber aus den Anklagten durch die Tortur kein Geständnis herausgemartert werden, so wurden sie nicht etwa freigegeben, sondern sie kamen in das Gefängnis zurück, wo ihnen der Scharfrichter auf dem Strohlager die auseinandergerissenen Glieder notdürftig wieder ineinanderfügte und verband.

Von Wächter macht (S. 103) noch darauf aufmerksam, daß vom Gerichte der Grad der Folter in der Regel nur in sehr unbestimmten Ausdrücken erkannt wurde, so daß der folternde Untersuchungsrichter so ziemlich freie Hand hatte, und darum nicht selten auch durch Anwendung der ausgesuchtesten Marter, z. B. durch Eintreibung von Keilchen zwischen die Nägel und das Fleisch von Fingern und Zehen, selbst die Vorschriften des Hexenhammers und des auf ihm beruhenden Herkommens zu überbieten wußte.

War durch die Folterung, trotz aller der verschiedenartigen Qualen, mit denen die Unglücklichen gepeinigt wurden, doch kein Geständnis erpreßt, so sollte vorschriftsmäßig eine abermalige Tortur nur in dem Falle vorgenommen werden, daß neue Indizien ermittelt waren. Derartige Indizien waren aber gar leicht zu beschaffen, und außerdem half man sich mit der Phrase, die abermalige Tortur sei nicht eine Wiederholung, sondern eine Fortsetzung der ersten Folter. Auch wurde oft geradezu das Überstehen der ersten Folter als Beweis, daß den Gefolterten der Teufel helfe, d. h. als neues Indizium der Zauberei angesehen. Bei Unzähligen, namentlich bei Frauen, wurde erst durch Wiederholung der Folter das verlangte Eingeständnis herausgemartert. Und dabei begnügte man sich nicht mit einer einmaligen Wiederholung der Folter; vielmehr wurde forttorquiert, bis man das Geständnis erpreßt hatte, oder bis die Gemarterten auf der Folter zum Sterben gekommen, oder bis man des Folterns müde war. In Fulda im Hennebergschen wurde am 2. April 1662 eine Hexe von 11 Uhr vormittags

bis gegen 5 Uhr am folgenden Morgen fast ununterbrochen gefoltert. Man hörte mit der Tortur nur auf,
weil das verstockte Weib — seinen Geist aufgab [86]. Schuegraf [87] berichtet sogar, daß die Hexe „Holl" 56 mal auf
die Folter gespannt wurde und die Tortur überstanden

Blick in eine Folterkammer des 16. Jahrhunderts

habe. Die bestiale Roheit, mit der diese Prozeduren vorgenommen wurden, spricht sich oft schon in der Kürze der
Protokolle aus, die über die entsetzlichsten Greuel wie über
die einfachsten Sachen nur mit drei Worten berichten.
So ein Eßlinger Torturprotokoll vom 14. Sept. 1662 [88]:

86) Journal von und für Deutschland von Bibra, Ulrich 1786, 1. Bd.
S. 523. — 87) Zeitschrift für deutsche Kulturgesch. 1858, S. 766. —
88) *Pfaff* in der Zeitschrift f. d. Kulturgesch., 1856, S. 367.

Wird gebunden; winselt, „könne's nicht sagen"; „Soll ich lügen? O weh, o weh, liebe Herrn!" Bleibt auf der Verstockung. Der Stiefel wird angetan und etwas zugeschraubt. Schreit: „Soll ich denn lügen, mein Gewissen beschweren? Kann hernach nimmer recht beten!" Stellt sich weinend, übergeht ihr aber kein Auge. „Kann wahrlich nicht, und wenn der Fuß herab müßte!" Schreit sehr: „Soll ich lügen, kann's nicht sagen!" Ob zwar stark angezogen, bleibt sie doch auf einerlei. „O Ihr zwingt einen!" Schreit jämmerlich: „O lieber Herr Gott! Sie wollt's bekennen, wenn sie es nur wüßte; man sage ja, sie solle nicht lügen!" Wird weiter zugeschraubt. Heult jämmerlich. — „Ach, liebe Herrn, tut mir nicht so gar. Wenn man Euch aber eins sagt, wollt Ihr gleich wieder ein anderes wissen"; usw.

Andere Protokolle lassen die gräßlichsten Prozeduren, die man bei der Folter vornahm, um so deutlicher erkennen.

Die viel zitierte bestialisch-grausame Folterung einer schwangeren Frau, die Scherr ausführlich mitteilte [89], sei hier kurz erwähnt. In Nürnberg werden schwangere „nur" mit dem Daumenstock gefoltert [90].

Hier die aktenmäßige Darstellung einer Folterung. Das Protokoll ist von dem Untersuchungsrichter Dr. Gogravius bei der Torquierung der Enneke Fürsteners zu Coesfeld am 31. Oktober 1724 aufgenommen [91].

Nachdem die Angeklagte vergebens zum gütlichen Bekenntnis aufgefordert war, ließ Dr. Gogravius ihr den Befehl der Tortur publizieren, und führte ihr demnächst ernstlich zu Gemüte, daß sie den Umständen nach und nach der Lage der Dinge schuldig sein müsse und sich keineswegs werde reinwaschen können. Sie möchte darum lieber die Wahrheit gestehen, als daß sie sich selbst,

89) Deutsche Kultur- und Sittengeschichte, 10. Aufl., Seite 640 [18]. Hexenaberglaube und Hexenprozesse in Deutschland v. *Curt Müller*, Reclam, S. 106 ff. — 90) *Knapp*, Kriminalrecht, S. 112. — 91) *Niehus*, a. a. O., S. 40—45.

weil die peinliche Frage sie ja doch zum Bekenntnis bringen werde, die Strafe verdoppele.

Wie nun Dr. Gogravius der Angeklagten die Tat also umständlich vorgehalten, ließ er zum ersten Grade der Tortur schreiten. Der Nachrichter Matthias Schneider wurde herbeigerufen. Er zeigte ihr die Folterwerkzeuge und redete ihr scharf zu, während der Richter ihr die einzelnen Anklagepunkte vorlas. Sie leugnete noch immer.

Darauf schritt der Richter zum zweiten Grad der Folterung. Die Angeklagte wurde in die Folterkammer geführt, entblößt und angebunden und über die Anklagepunkte befragt. Sie blieb beständig beim Leugnen. „Bei der Anbindung hat Angeklagte beständig gerufen und um Gottes willen begehrt, man möge sie loslassen. Sie wolle gern sterben und wolle gern Ja sagen, wenn die Herrn es nur auf ihr Gewissen nehmen wollten. Und wie selbige beständig beim Leugnen verblieben, ist zum dritten Grad geschritten und sind der Angeklagten die Daumschrauben angelegt worden. Weil sie unter der Tortur beständig gerufen, so ist ihr das Kapistrum in den Mund gelegt und ist mit Applizierung der Daumschrauben fortgefahren. Obgleich Angeklagte fünfzig Minuten in diesem Grade ausgehalten, ihr auch die Daumschrauben zu verschiedenen Malen versetzt und wieder angeschroben sind, hat sie doch nicht allein nicht bekannt, sondern auch während der peinlichen Frage keine Zähre fallen lassen, sondern nur gerufen: ‚Ich bin nicht schuldig! O Jesu, gehe mit mir in mein Leiden und stehe mir bei!‘ Sodann: ‚Herr Richter, ich bitte Euch, laßt mich nur unschuldig richten!‘ Ist also zum vierten Grad geschritten vermittelst Anlegung der spanischen Stiefeln. Als aber peinlich Befragte in diesem Grade über dreißig Minuten hartnäckig dem Bekenntnis widerstanden, ungeachtet die spanischen Stiefeln zu verschiedenen Malen versetzt und aufs schärfste wieder angeschroben werden, auch keine einzige Zähre hat fallen lassen; so hat Dr. Gogravius besorgt, es möchte peinlich Befragte sich vielleicht per maleficium unempfindlich gegen die Schmerzen gemacht haben. Darum hat er dem Nachrichter befohlen, sie nochmals entblößen und untersuchen zu lassen, ob vielleicht an verborgenen Stellen ihres Körpers oder unter den Unterkleidern etwas Verdächtiges sich vorfinde. Worauf der Nachrichter berichtet, daß er alles auf das genaueste habe untersuchen lassen, aber nichts gefunden sei. Ist ihm also befohlen, abermals die spanischen Stiefel anzulegen. Die Inquisitin aber hat die Tat beständig geleugnet und zu verschiedenen Malen gerufen: ‚O Jesu, ich habe es nicht getan, ich habe es nicht getan! Wann ich es getan hätte, wollte ich gern bekennen! Herr Richter, lasset mich nur unschuldig richten! Ich bin unschuldig, unschuldig!‘ "

„Als demnach peinlich Befragte die ihr zum zweitenmal angelegten spanischen Stiefel abermals über dreißig Minuten hartnäckig überstanden, so zwar, daß sie während der Folterung weder die Farbe im Gesicht veränderte noch eine einzige Zähre hat fallen lassen, auch nicht vermerkt werden konnte, daß sie an Kräften abgenommen oder die Strafe sie geschwächt oder verändert hätte, so fürchtete Dr. Gogravius, der vierte Grad möchte die Angeklagte nicht zum Geständnis bringen und befahl zum fünften Grad zu schreiten."

„Demgemäß wurde die Angeklagte vorwärts aufgezogen und mit zwei Ruten bis zu dreißig Streichen geschlagen. Als Angeklagte aber zuerst gebunden werden sollte, hat sie begehrt, man möchte sie doch nicht ferner peinigen, mit dem Zusatze: ‚sie wollte lieber sagen, daß sie es getan hätte und sterben unschuldig, wenn sie nur keine Sünde daran täte.‘ Dieses wiederholte sie mehrmals; in betreff der ihr vorgehaltenen Artikel aber beharrte sie beim Leugnen. Daher dem Nachrichter befohlen worden, peinlich Befragte rückwärts aufzuziehen. Mit der

Aufziehung ist dergestalt verfahren, daß die Arme rückwärts gerade über dem Kopfe gestanden, beide Schulterknochen aus ihrer Verbindung gedreht und die Füße eine Spanne weit von der Erde entfernt gewesen sind."

„Als die Angeklagte ungefähr sechs Minuten also aufgezogen gewesen, hat Dr. Gogravius befohlen, sie abermals mit dreißig Streichen zu hauen, was denn auch geschehen ist. Peinlich Befragte verharrte aber beim Leugnen. Auch als Dr. Gogravius zu zweien Malen, jedesmal zu acht Schlägen die Korden anschlagen ließ, hat sie nur gerufen: ‚Ich habe es nicht getan! Ich habe es nicht getan!' Ferner auch, obwohl die Korden zum dritten Mal mit ungefähr zehn Schlägen angeschlagen und ihr außerdem die bisherigen Folterwerkzeuge (die Daumschrauben und die spanischen Stiefel) wieder angelegt sind, dergestalt, daß sie fast unerträglich geschrien, hat sie doch über dreißig Minuten diesen fünften Grad ebenso unbeweglich wie die vier vorhergegangenen überstanden, ohne zu bekennen."

„Wie nun Dr. Gogravius dafür halten mußte, daß die erkannte Tortur gehörig ausgeführt, gleichwie dann der Nachrichter mitteilte, daß nach seinem Dafürhalten peinlich Befragte die Folterung nicht länger werde ausstehen können, so hat Dr. Gogravius sie wieder abnehmen und losbinden lassen und dem Scharfrichter befohlen, der Gefolterten die Glieder wieder einzusetzen und sie bis zu ihrer völligen Genesung zu verpflegen." —

Nach einem Protokoll vom folgenden Tage ging der Scharfrichter zu der Unglücklichen ins Gefängnis, um sie zu verbinden und „redete ihr bei dieser Gelegenheit zu und führte ihr zu Gemüte, daß sie die gestern überstandene Tortur nicht hätte überstehen können, es wäre denn, daß sie einen Vertrag mit dem Teufel hätte". Worauf sie geantwortet, daß sie mit dem Teufel nichts zu schaffen habe, sondern sie habe nur die heilige Mutter Gottes angerufen, daß diese sie auf der Folter stärken möge, und mit deren Hilfe hätte sie die Schmerzen überstanden. —

Nichtsdestoweniger brachte der Scharfrichter das bis dahin so starke Weib an diesem Tage „durch gütiges Zureden" zum Geständnis.

Nicht selten geschah es, daß eine Gefolterte während der Tortur den Geist aufgab. In diesem Falle war es Herkommen, daß der Scharfrichter den Hals der Unglücklichen herumgedreht fand, was dann als Beweis galt, daß der Teufel selbst ihrer Not ein Ende gemacht hatte, um sie am Geständnis der Wahrheit zu hindern. Stand es doch sogar in der Henkerpraxis jener Zeit fest, daß, wenn ein wegen Zauberei Angeklagter unter den Qualen der Tortur die Sprache verloren hatte, er vom Teufel stumm gemacht war!

So heißt es z. B. in einem Protokolle eines zu Wasungen im Hennebergischen geführten Hexenprozesses vom 22. August 1668: „Als sie (die auf die Folter gelegte Angeschuldigte) nun eine Weile so gesessen, ist sie bedroht worden, wo sie gutwillig nicht bekannte, daß mit der Tortur fortgefahren werden sollte, auch darauf ein wenig in die Höhe gezogen. Aber als sie etwas, jedoch unvernehmlich geredet, und man vermeinet, sie würde weiter Aussage tun, bald wieder heruntergelassen worden, hat man vermerkt, daß es nicht richtig um sie sei. Daher der Scharfrichter sie mit darneben stehendem Weine angestrichen. Als aber befunden, daß das sonst starke Atemholen nachließ, ist sie auf die Erde auf ein Bett gelegt worden, da sie sich noch in etwas geregt und bald gar ausgeblieben und gestorben. Es ist aber derselben, als der Scharfrichter sie erst besehen, der Hals oben im Gelenke ganz entzwei gewesen. Wie es damit hergegangen, kann niemand wissen. Die Tortur hat von früh acht Uhr bis zehn Uhr und also zwei Stunden gewährt usw. — Vermutlich hat der böse Feind ihr den Hals entzweigebrochen, damit sie zu keinem Bekenntnis kommen sollen." — Auf hierüber erstatteten Bericht reskribierte der Graf: „Uns ist aus Euerem Bericht vorgetragen worden, wieweit Ihr mit denen verdächtiger Hexerei halber in Haft sitzenden Personen verfahren und wie Ihr wegen Paul Mopens Weibes, welche bei der Tortur verstorben, des Körpers wegen Verhaltungsbefehl erholen wollen. Dieweil nun Euerem Bericht nach von dem Scharfrichter kein Exzeß in der Tortur begangen und gleichwohl wider diese Inquisitin unterschiedliche Indizia, auch endlich ihr, wiewohl nur generaliter und zwar bei der Tortur auf Befragung des Scharfrichters getanes Bekenntnis vorhanden, auch aus denen bei ihrem Absterben sich ereignenden Umständen und vorhergegangenen Besichtigungen so viel abzunehmen, daß ihr von dem bösen Feind der Hals zerknickt sein muß, als habt Ihr bei so gestalten Sachen den Körper alsbald hinausschaffen und unter das Gericht einscharren zu lassen[92]."

Viele Unglückliche starben infolge der erlittenen Tortur im Gefängnis, ehe die Exekution vollzogen werden konnte. Ein solcher Fall trug sich z. B. 1662 mit einem fünfzigjährigen Manne aus Möhringen in Württemberg zu, dem man unter anderem das Geständnis abgemartert hatte, daß er ein von ihm mit einem Mädchen im Ehebruch erzeugtes Kind in Gesellschaft des Mädchens und dessen Mutter verzehrt habe. Über sein am 3. April 1662 erfolgtes Ableben berichtete der Turmmeister: „Vor seinem Ende tat er zwei unmenschliche Schreie wie ein Ochs. Als man zulief, begehrte er, man solle ihn loslassen, er müsse ersticken, Gott werde ein Zeichen an ihm tun. Dann schlug er wild um sich, riß die Kleider und das Hemd vom Leibe. Bald darauf konnte er nicht mehr reden, bekam ein scheußliches Gesicht, wickelte seinen Mantel zusammen, legte den Kopf darauf und war plötzlich tot." — Als man ihn untersuchte, fand man „sein Genick ganz

---

92) *Bopp*, in Rottecks u. Welckers Staatslexikon, Bd. VII, S. 4.

eingedrückt". Die Leiche wurde auf den Richtplatz geschleift und dort verbrannt[93].

Selbstmorde der Unglücklichen im Hexenturm waren nichts Ungewöhnliches, werden aber ebenfalls in den Relationen über die Prozesse oder in den Akten immer so dargestellt, daß dabei irgendwie der Teufel die Hand im Spiel hat. Wie hartnäckig die zur Verzweiflung getriebenen Unglücklichen ihr Leben zu zerstören suchten, mag ein Beispiel zeigen. Die ungefähr vierzigjährige Maria N. bittet ihre Wächter flehentlich um ein Messer, sucht sich „die Medianader" mit den Nägeln aufzukratzen, sich mit ihrem Kittel zu erhängen, sich die Zunge auszureißen, sich mit einem Finger zu ersticken. Alles vergebens. Sie ist am 17. Dezember 1627 durch den Scharfrichter „ziemlich wohl gestorben"[94].

Daß der Scharfrichter bei dem ganzen scheußlichen Prozeßverfahren ein Mann von großer Bedeutung und von dem entschiedensten Einflusse war, geht aus dem Bisherigen zur Genüge hervor. Von seinem guten oder schlimmen Willen hing so vieles ab! Zumeist aber erachtete es der Scharfrichter für eine Schande, wenn er mit einem alten Weibe nicht zum Ziele kommen, nicht mit ihm „fertig werden" könnte. Daher erklärt sich die bestiale Roheit, mit der diese Unmenschen gegen die Unglücklichen verfuhren. In einer späteren Periode kannte Spee immer noch Scharfrichter, „die an etlichen Orten das Ruder führen und ihres Gefallens vorschreiben, wie und auf was Weise man diese oder jene foltern müsse; — und dürfen sich ihrer etliche wohl rühmlich vernehmen lassen, daß sie noch keine unter Händen gehabt, welche nicht endlich gewonnen gegeben und geschwätzet habe, — und das seyn dann die besten, dieselbigen werden hingefordert, wo etwan andre Gewissens halber haben aufhören müssen"[95].

---

93) *Pfaff*, in der Zeitschr. für deutsche Kulturgesch. 1856, S. 445 u. 446. — 94) *Riezler*, S. 225. — 95) Caut. crim. Quaest XX. § 10.

Der Zweck des Geschilderten war einzig und allein die Erzielung des Geständnisses. Geständnisse wollte der von der Schuld im voraus überzeugte Richter, und der Inquisit mußte es zuletzt ebenfalls wollen. Bei vielen erstaunen wir über die moralische Kraft, mit der sie die lange Stufenfolge inquisitorischer Grausamkeiten bis zum letzten schrecklichsten Ende an sich erschöpfen ließen; bei den meisten jedoch bedurfte es des Ganzen bei weitem nicht. War das Eis einmal gebrochen, so ergoß sich auch der Trotzigste in eine Flut von Bekenntnissen; ihr Inhalt war teils die eigene Schuld, teils die Angabe von Mitschuldigen. Alle Greuel des Hexentums wurden jetzt auf Befragen kleinlaut zu Protokoll gegeben und die bisherige Verstocktheit auf die unmittelbare Einwirkung des Teufels geschoben, der oft, den Richtern unsichtbar, in Gestalt einer Mücke oder eines Vogels in der Folterkammer weilte und den Angeklagten durch Drohungen eingeschüchtert haben soll. Mit den Punkten, worauf es in diesen Prozessen ankam, war ja das Volk zuletzt fast genauer bekannt als mit seinem Katechismus.

Nun kam es nur noch darauf an, den Geständigen bei seinen getanen Aussagen zu erhalten. Sehr gewöhnlich freilich war es, daß, wenn die Schmerzen der Tortur vorüber waren, im nächsten Verhöre widerrufen wurde, was das vorhergehende erwirkt hatte; der Inquisit begab sich aber damit in einen ebenso unnützen wie gefährlichen Kreislauf. Neue Tortur und der Verlust des Anspruches auf diejenige mildere Todesart, mit der man den Bußfertigen begnadigte, war dann das Unausbleibliche, was ihm der Richter in Aussicht stellte[96].

In dieser Lage war Beharren bei dem Geständnis das einzige Heil; es kürzte und milderte wenigstens die Qualen. Das begriffen viele. Mit Schaudern sehen wir Verhaftete, wenn sie nicht den Selbstmord vorzogen, unter Beteuerungen der aufrichtigsten Zerknirschung den Richter

96) *Fichard* Consil. Vol. III. p. 94.

um einen baldigen Tod anflehen[97]. Eine eingekerkerte und geständige Engländerin bat um baldige Hinrichtung und bestand trotz der Bemühungen des Geistlichen auf ihren Bekenntnissen. Auf dem Richtplatze redete sie mit lauter Stimme zum Volk: „Wißt, ihr alle, die ihr mich heute sehet, daß ich als Hexe auf mein eigenes Bekenntnis sterbe, und daß ich alle Welt, vor allem aber die Obrigkeit und die Geistlichen von der Schuld an meinem Tode freispreche. Ich nehme sie gänzlich auf mich, mein Blut komme über mich! Und da ich dem Gott des Himmels bald werde Rechenschaft ablegen müssen, so erkläre ich mich so frei von Hexerei wie ein neugeborenes Kind. Da ich aber von einem boshaften Weibe angeklagt, unter dem Namen einer Hexe ins Gefängnis geworfen, von meinem Manne und meinen Freunden verleugnet wurde und keine Hoffnung zur Befreiung aus meiner Haft und zu ehrenvollem Fortleben in der Welt mehr hatte, so leistete ich durch Verlockung des Bösen ein Geständnis, das mir vom Leben hilft, dessen ich überdrüssig bin[98]." Sie sagten auch mit der frechsten Stirne ihren angeblichen Komplizen das Absurdeste und Unmöglichste ins Gesicht[99]. Ja, es verdient bemerkt zu werden, daß man an manchen Orten die Hexen, trotz der allgemeinen Vorstellung von ihrer vollendeten Verworfenheit, ihre Komplizen-Angaben eidlich zu bekräftigen anging, und daß solche Eide wirklich geschworen worden sind[100].

Nur aus den Akten der Prozesse selbst vermag man zu erkennen, bis zu welcher Verzweiflung die Unglücklichen durch die Folterqual getrieben wurden, und wie sich diese Qual in ihnen aussprach.

Da lesen wir z. B. aus Hexenprozeßakten von 1658,

---

97) *Remig.*, Daemonol., S. 410 ff. — 98) *W. Scott*, Br. über Dämon., T. II. S. 145. — 99) Beitrag zur Geschichte des Hexenprozesses in von Jagemanns und Nöllners Zeitschrift f. d. Strafrechtsverfahren, III. Bd., 3. Heft. — 100) Offenburger Ratsprotokoll von 1608. Originalakten des R. K. G. *Niesert*, S. 33.

die der Essener Land- und Stadtrichter Rautert 1827 veröffentlicht hat, wie ein gefoltertes Weib am 23. Juni 1658 flehentlich bittet, „man möchte sie mit weiteren Tormenten verschonen, — denn sie wüßte nichts mehr, — sie sollten ihr nur abhelfen", wie sie aber, weil sie ihre Komplizen nicht vollständig angegeben zu haben schien, am 3. Juli nochmals gefoltert und zur Nennung von Namen gebracht, worauf sie bittet, man möchte ihr das „vorige Gebet wieder vorlesen, wie denn geschehen, da sie abermals mitgebetet und dem Teufel abgesagt, bittend man sollte sie nun nicht lange mehr aufhalten und ihr bald davon helfen und ein Vater-Unser für sie beten", welche Bitte sie dann nach geschehener Konfrontation mit einer von ihr angegebenen Person nochmals wiederholt; wie sie dann am 4. Juli, als ihr für den folgenden Tag die Hinrichtung mit dem Schwert angekündigt wird, „mit gefalteten Händen" nochmals bittet, „sie wäre eine Sünderin, man sollte nur morgen mit ihr fortfahren und helfen, daß ihre Seele zu Gott kommen möchte, auch allesamt ein Vater-Unser für sie beten." Da sehen wir also ein frommes, gottergebenes Weib, das nach allen Qualen des Leibes und der Seele, die ihm angetan waren, die Qual und Schmach der öffentlichen Hinrichtung (die am 5. Juli erfolgte) gegenüber dem, was sie unter den Händen ihrer Peiniger erlitt, als Erlösung ansah. Und diese fromme, gottergebene Frau war durch die Tortur dahin gebracht worden, daß sie andere, die ebenso unschuldig waren wie sie selbst, als Mitschuldige bezeichnete und diese Angabe im Angesichte des Todes beteuerte. Daher klingt es wie ein Hohn der Hölle, wenn der Unglücklichen noch unmittelbar vor der Hinrichtung vom Gericht „ihrer vorigen Konfession halber zu Gemüte geführt ward, daß, wenn sie den einen oder anderen aus Haß oder Neid denunziert hätte, sie solches anjetzo andeuten und ihre Seele nicht zu kurz tun sollte".

In unzähligen Fällen ist es aus den Prozeßakten zu

ersehen, daß die wochen-, monate- und jahrelang im
scheußlichsten Kerker, auf der Folter und unter der rohesten
Behandlung des Gerichts und des Henkers erlittene Qual
die Unglücklichen schließlich zu einer Begriffsverwirrung
und zu einem Wahnsinn trieb, in dem sie schließlich selbst
an die Wahrheit der ihnen auf der Folter erpreßten Aussagen glaubten und die von ihnen Denunzierten bei der
Konfrontation in wildester Erregung ins Gesicht hinein
der Lüge ziehen, wenn diese von den ihnen zur Last
gelegten Malefizien nichts wissen wollten!

Eine überaus interessante Anleitung, durch allerlei Scharf-
richterstücke die Hexen zum Geständnis zu bringen, enthält das Luzerner Turmbuch. Die dort gegebenen Vorschriften zeichnen sich durch eine relative Milde aus, da
sie sich hauptsächlich auf allerlei frommen Hokuspokus mit
geweihtem Wachs, Weihwasser beschränkten[101]. Leider
wurde aber sehr wahrscheinlich, wenn diese Mittel nicht
verfingen, zur eigentlichen Tortur geschritten, und durch
die erfuhr man dann „gewüß, das sy ein Hex ist".

3. DIE GESTÄNDNISSE DER HEXEN, DEREN SOGENANNTE FREIWILLIGKEIT UND ÜBEREINSTIMMUNG

Nichts hat in unserer Zeit das Urteil über das Hexenwesen mehr in die Irre geführt als die Entdeckung, daß die
Hexenakten uns nicht nur so viele freiwillige, sondern auch
so viele bis in die kleinsten Punkte auffallend untereinander
übereinstimmende Bekenntnisse geben. Aus jenem hat
man schließen wollen, die Hexen selbst seien von ihrer
Schuld überzeugt gewesen, es habe eine Art epidemischer
Verrücktheit unter den Weibern geherrscht; dieses hat
sogar zu der Vermutung geführt, die Hexenversammlungen
seien etwas objektiv Wirkliches, ein fortlebender Rest von
heidnisch-germanischem Kultus.

Die Lösung dieser beiden Rätsel ist sehr einfach.

Freiwillig oder gütlich war nach dem gerichtlichen Sprach-

---

101) *Th. von Liebenau*, In den Kath. Schweizerblättern 1899, S. 401.

gebrauch jedes Bekenntnis, das nicht durch die wirkliche Anwendung der eigentlichen Folter ermittelt wurde. Dies bedarf keines weiteren Belegs. Wer also gestand, weil er der angedrohten Folter überhoben sein wollte, weil er durch maßloses Kerkerelend mürbe, durch Kreuzfragen gedrängt, durch zweideutige Zusagen betört, durch seelsorgerischen und andern psychologischen Zwang bestürmt war, der lieferte ein freiwilliges oder gütliches Bekenntnis. Wer in richtiger Würdigung seiner Lage, aus der kein Weg mehr in ein unangefochtenes Leben und die Achtung der Mitbürger zurückführte, die Begnadigung zu dem Schwerte oder dem Strange anstatt des Lebendigverbrennens sich verdienen wollte, der kam dem Richter auf halbem Wege entgegen, und sein Bekenntnis war dann mehr als gutwillig, es war sogar reumütig. Wie aber diese Freiwilligkeit sich nicht nur mit der sogenannten Realterrition, sondern sogar mit der wirklichen Anwendung der Folter selbst vertrug, dafür wollen wir Akten und Zeitgenossen reden lassen.

„Wahr," — sagt ein offenburgisches Aktenstück von 1609[102] — „daß als Montag hernach den 20. Octobris die Herren Examinatorn auß Bevelch eines Ersamen Rhats wiederumb zu ihr kommen, sie ihrer ersten Aussagen güettlich erinnert und begehrt, solle ihrem Herzen ferneres raumen, Sie nicht allein Weitters nicht aussagen wollen: Sondern daßjenig, was sie erstlich bekannt, wieder verneint: derowegen man sie wieder dem Meister (Scharfrichter) befohlen, und alß er sie gebunden, hatt sie wiederumb Fürbitt zue Gott dem Herrn angesprochen, so ihr abermahlen widerfahren. Ist demnach ohnaufgezogen auf ihr Begehren ledig gelassen und in das Stüblin geführt worden, allda sie alles wie obgemelt in Guette bekennt."

War eine Hexe vor Gericht geschleppt, so wußte sie bereits, daß ihr einziger Trost — der Tod war, der sie

---

102) Im R. K. G. Archive befindlich, Rubr. Hoffmännin gegen Stadt Offenburg.

vor der Qual der Folter und unzähligen anderen teuflischen Peinigungen bewahren konnte. Diesen Trost aber konnte sie sich nur durch ein solches Geständnis sichern, wie es die Hexenrichter haben wollten.

Daher erzählt der Jesuit Friedrich v. Spee, wie die Angeklagten immer darauf bedacht waren, unwahre, aber wahrscheinlich aussehende Geständnisse vorzubringen, um der Folter zu entgehen und nicht durch Unwahrscheinlichkeiten in deren Fänge zu geraten, wie so viele ihn befragten, in welcher Weise sie wohl auf der Folter gegen sich und gegen andere lügen dürften; wie er die Einfalt derer beklagt, die, nachdem sie sich auf der Folter als schuldig bekannt hatten, dieses Bekenntnis hernach widerriefen — weil sie es nicht als ein freies Bekenntnis gelten lassen — und dafür aufs neue auf der Folter gemartert wurden. „Wehe der Armen," ruft er aus, „die einmal ihren Fuß in die Folterkammer gesetzt hat! Sie wird ihn nicht wieder herausziehen, bevor sie alles nur Denkbare gestanden hat. Häufig dachte ich bei mir: daß wir alle nicht auch Zauberer sind, davon sei die Ursache allein die, daß die Folter nicht auch an uns kam, und es ist sehr wahr, was neulich der Inquisitor eines großen Fürsten zu prahlen wagte, daß, wenn unter seine Hände und Torturen der Papst fallen sollte, ganz gewiß auch er sich als Zauberer bekennen würde. Das Gleiche würde Binsfeld tun, das Gleiche ich, das Gleiche alle anderen, vielleicht wenige überstarke Naturen ausgenommen." —

Ebenso wird in einem Bamberger Reskript aus dem siebzehnten Jahrhundert an die Zentrichter über die „Mängelspunkte der zurzeit wider die Hexenpersonen angestellten Prozesse" (v. Bamberg, Anh. S. 13) unter anderem gesagt: „Wir haben schon öfter von den Gefangenen, ehe sie noch bekannt, gehört, wie sie wohl einsähen, daß keiner, der Hexerei halber eingefangen sei, mehr herauskomme, und ehe sie solche Pein und Marter ausstünden, wollten sie lieber zu allem, was ihnen vorgehalten würde, Ja sagen, wenn sie es auch entfernt nie getan, noch jemals daran gedacht hätten."

Durch Suggestivfragen torquierte man aus den unglücklichen Schlachtopfern alle Geständnisse heraus, die man überhaupt haben wollte. Bei einem Prozeß in Curdeshagen in Pommern sagte eine Angeschuldigte nach der Folter: „Man mußte idt woll bekennen, Jochim Damitze der Houedmann (Inquisitor) hedde er (ihr) vorgesecht vnd So hedde Se em nachgesecht[103]." In Greene im Braunschweigischen rief 1663 die Inquisitin auf den Befehl des Vorsitzenden, zu bekennen, „wenn sie was sagen sollte, müßte man's ihr vorsagen[104]."

Wurden die Qualen der Folter unerträglich, so sagten sieben- und achtjährige Kinder, ehrbare Frauen und achtzigjährige Matronen aus, daß sie erst noch in letzter Zeit mit dem Teufel gebuhlt, und acht-, zehn- und zwölfjährige Mädchen gestanden, daß sie infolge des teuflischen Beischlafs mehrmals geboren hätten![105]"

Es ist also wahr, was der edle Graf Spee schreibt: „Ich habe es mehr dann einmal mit meinen Ohren gehört, nicht allein von Richtern und Kommissarien, sondern auch von Geistlichen, daß sie gesprochen, diese und jene haben gutwillig und ungepeiniget bekennet und derowegen müssen sie notwendig schuldig sein. Ist's aber nicht zu verwundern, daß man sich der Sprache so weit mißbraucht? Denn als ich darauf gefraget, wie es denn mit solcher gütlicher Bekenntnis hergegangen, haben sie gestanden, daß selbige Personen zwar gefoltert, aber allein mit den ausgehöhlten oder gezähnten Beinschrauben vor den Schienen (da denn die Empfindlichkeit und Schmerzen am größten ist, indem man dem armen Menschen das Fleisch und die Schienbeine gleich einem Kuchen oder Fladen zusammenschraubt, also daß das Blut herausfließt

103) *Max v. Skojentin*, Aktenmäßige Nachrichten von Hexenprozessen etc., Weimar 1898, S. 41. — 104) *A. Rhamm*, Hexenglaube und Hexenprozesse etc., Wolfenbüttel 1882, S. 45, 46. — 105) *Von Wächter*, S. 313.

und viele dafür halten, daß solche Folter auch der stärkste Mensch nicht ausstehen möchte) seyen angegriffen oder tentieret worden. Und dennoch muß ihnen das heißen gutwillig und ohne Folter bekennen; also bringen sie es bei dem gemeinen Mann an, das schreiben sie an ihre Fürsten und Herren usw."

Wer diesen richterlichen Sprachgebrauch mit den faktischen Verhältnissen vergleicht, muß wohl an der vollen Freiwilligkeit der Geständnisse, dem Glauben der Hexen an ihre eigene Schuld und dem beliebten epidemischen Hexenwahnsinne irre werden. Geben wir indessen billigermaßen zu, daß in einzelnen Fällen die Verrücktheit eines Weibes sich ebensogut im Hexensabbat festfahren konnte, wie es unbezweifelt ist, daß manche Wahnsinnige sich für Verstorbene oder für Gott den Vater gehalten haben. Wer Hexenprozeßakten gelesen hat, wird geneigt sein, die Zahl solcher möglichen Wahnsinnsfälle sehr, sehr niedrig anzuschlagen. — Sie können für die Beurteilung des Hexenwahns und des Hexenwesens gar nicht in Betracht kommen.

Die Meinung, daß allen Hexenprozessen nur Unschuldige zu Opfer fielen, ist durchaus unzutreffend. Allerdings waren die Angeklagten keineswegs Hexen. Wohl aber ab und zu Giftmischerinnen, Kupplerinnen und krankhaft veranlagte Weiber, psycho-sexuale Individuen, die sich entweder selbst mit dem Nimbus des Geheimnisvollen umgaben oder ob der ungewöhnlichen Krankheitserscheinungen als Hexen angesprochen wurden und bei dem damaligen Stand der Wissenschaft auch angesprochen werden mußten. Greift doch noch heute trotz des hohen Standes der Psychiatrie gar oft der Richter ein, wo der Irrenarzt zu sprechen hätte. Zahlreiche Kranke, deren Zustand Krafft-Ebing[106] beschreibt, hätten noch vor knapp zwei Jahrhunderten den Scheiterhaufen besteigen müssen. Andererseits liegen Beweise sonder

---

106) Psychopathia sexualis, Stuttgart 1901, 5. Aufl., S. 46 ff. *Dr. Iwan Bloch*, Beiträge zur Psychopathia sexualis, Dresden 1902.

Zahl dafür vor, daß es sich bei vielen Morden an Kindern und Erwachsenen, Liebes- und anderen Zaubern, Vergiftungen und Leichenschändungen um wirkliche Verbrechen handelte, deren Triebfeder weniger Geisteskrankheit als der Aberglaube war[107]. Daß auch die Hysterie bei den Denunziationen wie bei den Selbstanklagen ein gewichtiges Wort mitsprach, wird ohne weiteres einleuchten[108].

Was nun die ins einzelne gehende Übereinstimmung der Bekenntnisse anbelangt, auf die namentlich Carpzov (Quaest. XLIX., Nr. 67) und der dort angeführte Moller ganz besonderes Gewicht legen, so hat diese durchaus nichts Rätselhaftes.

Waren die Angeklagten auf die Folter gespannt, so wußten sie, daß es für sie nur ein Mittel gab, um von der unnennbaren Folterqual befreit zu werden, nämlich das Eingeständnis, daß sie Hexen seien. Sehr richtig ist daher, was zur Erläuterung dieses Punktes v. Wächter (S. 325) hervorhebt: Sie mußten eben gestehen und gestanden (nach den näheren Umständen befragt), was man in jenen Zeiten gewöhnlich von den Hexen erzählte, was die Kirche dem Volke genugsam als Warnung vorhielt und was noch in zahllosen populären Traktätchen über das Treiben der Hexen und über die Geschichte und die Bekenntnisse hingerichteter Hexen unter das Volk gebracht wurde[109]. So erklärt sich die Übereinstimmung der Bekenntnisse, sofern sie sich auf die Sabbatsmysterien überhaupt bezieht. Hier hatte der Inquisit lediglich die stereotypen, sehr bald allgemein verbreiteten Greuelgeschichten mit der nötigen Anwendung auf seine Person wiederzuerzählen.

---

107) *A. Rhamm*, Hexenglaube und Hexenprozesse vornämlich in den braunschweigischen Landen, Wolfenbüttel 1882, S. 104. Zauberjackl-Prozeß, Originalakten in München u. v. a. m. — 108) *Snell*, Hexenprozesse und Geistesstörung, München 1891, S. 74, 112 ff. — 109) *Janssen*, VIII, S. 577, VI, 484 ff. *Diefenbach*, Der Zauberglaube im 16. Jahrh. etc., Mainz 1900, S. 139 ff.

Aber auch in vielen Besonderheiten konnten sie leicht übereinstimmen, selbst in der so gefährlichen, die in Hexenprozessen so häufig vorkam, — in der Angabe der Personen, die bei Hexenversammlungen gewesen sein sollen. Hatten sie die Hexerei eingestanden, so verlangte man natürlich von ihnen auch zu wissen, mit wem sie auf den Hexentänzen gewesen seien. Die häufige Angabe, daß sie die Leute nicht gekannt hätten, oder die Nennung bereits Verstorbener oder Hingerichteter genügte natürlich nicht. Man folterte, bis sie Lebende nannten; und hier bezeichneten sie meistens eben solche, die im Geruche der Hexerei standen, oder von denen sie wußten, daß sie bereits in Untersuchung oder von anderen genannt seien. So erklärt sich ein Zusammentreffen der Aussagen verschiedener Angeschuldigten leicht; und nannten sie auch eine Reihe von Personen aufs Geratewohl, so konnte leicht eine solche Person unter denen sein, die auch eine andere Gefolterte von ungefähr genannt hatte. Was dann durch solche natürliche Verhältnisse nicht vermittelt wurde, das ergänzten Suggestionen aller Art, des Gefangenenwärters, des Geistlichen, des Richters, des Henkers.

Überhaupt hatte jedes Gericht so ziemlich seine feststehenden Fragen, die es den Hexen vorlegte, wodurch sich die Übereinstimmung der Geständnisse ganz besonders erklärt. Man fragte gewöhnlich, wo und von wem die Beklagten die Zauberei erlernt, wie lange sie diese getrieben, und wen sie selbst darin unterrichtet hätten. Ferner, wann sie sich dem Teufel verschrieben und ob sie dabei der Dreifaltigkeit und dem christlichen Glauben entsagt hätten und vom Teufel getauft worden wären. Dann fragte man, wo, wann und wie sie zu den Hexenversammlungen gefahren, was und wen sie da gesehen, mit wem und wie oft sie da gebuhlt hätten. Von wem sie ihre Salben und Kräuter empfangen, wann sie Hagel, Nebel und sonstiges Unwetter gemacht, wem sie damit hätten schaden wollen, welche Genossen sie bei ihren Verbrechen gehabt etc.

Manche Partikularrechte schrieben die an die Hexen zu richtenden Fragen mit der größten Umständlichkeit vor. Liest man eine solche Fragenliste und erwägt dabei, daß die Fragen einer gefolterten Person vorgelegt wurden, und daß die Gefolterte unter der grausigen Qual nur daran denken konnte, eine dem Richter genügende und nicht zu neuer Qual führende Antwort zu geben, so begreift man, daß die Antworten gerade in der Übereinstimmung gegeben wurden, in denen sie eben den Delinquenten in den Mund gelegt wurden. Man vergleiche hierzu nur das Interrogatorium, das das Landrecht von Baden-Baden vom Jahr 1588 vorschrieb. Nach ihm hatte der Richter an die Unglücklichen unter anderem folgende Fragen zu richten:

„Ob sie von Hexenkunst gehört, von wem und was für Hexenwerk; — Item (weil man bishero Hexen verbrannt), ob sie nicht auch von ihren Kunststücklein gehört; denn die Weiber ohne Zweifel aus Fürwitz danach fragen und dessen ein Wissens begeren. Und so sich dessen entschuldigt wird, ist es ein Anzeigen, daß Solches nicht gar ohne werde sein, und woher ihr das komme, durch wen sie es erfahren, wer dieselbigen Personen und weß Namens sie seien; item, was es für Hexenwerk und was für Stücke sie zum Wettermachen und zur Schädigung des Viehes haben müssen. — Und so sie solches bestehet, muß und soll man ferner nachfragen:

Ob sie auch etliche Stücklein, sie seien so gering sie wollen, gelernt, als: den Kühen die Milch zu nehmen, oder Raupen zu machen, auch Nebel und dergleichen. Item, von wem und mit was für Gelegenheit solches beschehen und gelernt, wann und wie lange, durch was für Mittel, ob sie kein Bündnis mit dem bösen Feind (eingegangen), ob es allein ein schlecht Zusagen oder ein Schwur und ein Eid? Wie derselbe laute? Ob sie Gott verleugnet, und mit was für Worten? In wessen Beisein, mit was für Ceremonien, an was für Orten, zu was für Zeiten und mit oder ohne Charakter? Ob er keine Verschreibung von ihr habe, ob dieselbe mit Blut, und was für Blut oder mit Tinte geschrieben? Wann er ihr erschienen? Ob er auch Heirath oder allein Buhlschaft von ihr begehrt? Wie er sich genannt, was er für Kleider (getragen), wie auch seine Füße ausgesehen? Ob sie nichts Teuflisches an ihm gesehen und wisse? Auch sollte der Richter (natürlich deutsch) fragen: an Diabolus post initum pactum cum rea concubuerit? quonam modo Diabolus reae potuerit eripere virginitatem? Quale fuerit membrum virile Diaboli, quale eius semen? (Auf welche Frage die Angeschuldigten mit „kalt" antworten sollten.) An concubitus cum Diabolo meliore et maiore ream affecerit voluptate quam concubitus cum viro naturali? An et rea semen emiserit? An Diabolus cum rea noctu pluries rem habuerit et semper cum seminis effluxione? Utrum rem cum rea peregerit in ipso membro muliebri an et in aliis corporis locis? An et ab aliis viris naturali ratione gravida facta? Quid cum partu fecerit? An vivus fuerit partus? Quomodo partum enecaverit?"

Dann folgen die Fragen: „Wer sie es gelernt, wer ihr dazu geholfen, was sie sonsten für böse Stücke als mit Stehlen, Brennen, Kinder verthuen, Morden u. dgl. in der Welt begangen? An contra naturam peccaverit? Quomodo cum viris, cum mulieribus, secum ipsa, cum bestiis? Mit Holz, Wachs, Gewächs, Kräutern? — Ob sie auch Leuten in Kraft ihres Schwurs und wem geschadet mit Gift, Anrühren, Beschwören, Salben? Wie viele Männer sie gar getödtet, Weiber, Kinder? Wie viele sie nur verletzt? Wie viele schwangere Weiber? Wie viel Vieh? Wie viel Hagel und was dieselbe gewirkt? Wie sie die eigentlich gemacht und was sie dazu gebraucht? Ob sie auch fahren könne und worauf sie gefahren? Wie sie das zuwege bringe, wie oft dieß geschehe, wohin zu allen Zeiten und Fristen? Wer in diesem Allen ihre Gesellen, so noch leben? Ob sie auch, und durch was für Mittel, verwandeln könne? Wie lang es, daß sie ihre Hochzeit mit ihrem Buhlen gehalten, wie solches geschehen und wer als dabei gewesen, und was für Speisen, sonderlich von Fleisch (gegessen worden), wo solches herkomme, wer das mitgebracht? — Item, ob sie auch Wein bei ihrer Hochzeit und woher sie den gehabt? Ob sie auch damals einen Spielmann (gehabt), ob es ein Mensch oder ein böser Geist gewesen, welches Ansehen er gehabt, und ob er auf dem Boden oder dem Baum gesessen oder gestanden? Item, was bei vorgemeldeter Beisammenkunft ihr Anschlag gewesen, und wo sie künftig wieder beieinander erscheinen wollen? Wo sie bei nächtlicher Weile Zehrung gehalten, auf dem Felde, in Wäldern oder Kellern, auch wer jeder Zeit bei und mit gewesen? Wie viele junge Kinder sie geholfen essen, wo solche hergekommen und zuwege gebracht, wem sie solche genommen oder auf den Kirchhöfen ausgegraben, wenn sie solche zugerichtet, gebraten oder gesotten, item, wozu das Häuptlein, die Füße und die Händlein gebraucht, ob sie auch Schmalz von solchen Kindern bekommen, und wozu sie das brauchen, auch ob sie zur Machung der Wetter nicht Kinderschmalz haben müssen? Wie viele Kindbetterinnen sie umbringen helfen, wie solches zugegangen und wer mehr dabei gewesen? Oder ob sie Kindbetterinnen auf den Kirchhöfen geholfen ausgraben und wozu sie es gebraucht, item wer dabei und mitgewesen, wie lange sie daran gesotten, oder ob sie unzeitige Kindlein ausgegraben und was sie damit angerichtet?"

Bezüglich der Hexensalbe sollte der Richter weiter fragen: „Wie solche zugerichtet und was für Farbe sie habe, item ob sie auch eine zu machen sich getraue? Da sie so Menschenschmalz haben müssen und consequenter so viele Morde begangen und weil sie (die Hexen) gemeinlich das Schmalz aussieden oder im Braten schmelzen: was sie mit dem gekochten und gebratenen Menschenfleisch gethan? Item: brauchen allezeit zu solchen Salben Menschenschmalz, es sei gleich von todten oder lebendigen Menschen, deßgleichen desselben Bluts, Farrensamen etc., des Schmalzes aber ist allezeit dabei. Die anderen Stücke werden oft ausgelassen; doch von todten Menschen taugt es zur Tödtung von Menschen und Vieh, aber von lebendigen zum Fahren, Wettermachen, unsichtbare Gestalten an sich zu nehmen. — Ferner: „Wie viele Wetter, Reife, Nebel sie geholfen machen und wie lange solches geschehen, auch was Jedes ausgerichtet, und wie solches zugehe und wer dabei und mitgewesen? Ob ihr Buhle auch im Examen oder im Gefängnis zu ihr gekommen? Ob sie auch die consecrirte Hostiam bekommen, und von wem, auch was sie damit ausgerichtet? Und ob sie auch zum Nachtmahl gegangen und dasselbe recht genossen? — Wie sie Wechselkinder bekommen und wer's ihnen gibt? Item: den Kühen die Milch entziehen und zu Blut machen, auch wie solchen wieder zu helfen? Ob sie nicht Wein oder Milch aus einem Weidenbaum lassen könne? — Item: wie sie den Männern die Mannschaft nehmen, wodurch und wie ihnen wieder zu helfen? u. s. w."

Derartige Fragenlisten, die den ganzen Inhalt des Hexenglaubens mit allen seinen Scheußlichkeiten und Albernheiten vollständig vor Augen führen, ließen sich noch viele mitteilen [110].

Die Angeschuldigten gestanden oft auf der Folter Dinge, die sich im Prozeß selbst als Unwahrheiten und Unsinnigkeiten erwiesen, und die dennoch von den Gerichten als bare Münze hingenommen wurden. So sagte in einer Fuldischen Prozeßverhandlung [111] die „alte Bröllin" von Fulda in ihrer Urgicht aus: 1. sie habe eins der ungetauften Kinder der Witwe des Dr. Hector zu ihrer „Salb oder Schmier" gebraucht, und doch hatte die Witwe Hector niemals ein totes Kind zur Welt gebracht oder war eins ihrer Kinder vor der Taufe gestorben; 2. sie habe ihren ersten Mann „gesterbt" d. h. durch Zauberei getötet, und

---

110) Weitere s. *Schuegraf* in der Zeitschr. für deutsche Kulturgesch. 1858, S. 521 ff. *Riezler*, Beilage II, S. 338 ff. *Pollack*, S. 12 ff. *Janssen* VIII, 588. — 111) Vgl. *Malkmus* Fuldaer Anekdotenbüchlein, S. 124 ff.

doch war es im ganzen Stift Fulda notorisch, daß ihr erster Mann Hans Leibold vor fünf Jahren durch einen mit Weinfässern beladenen Wagen, der ihm zwischen Hammelburg und Unterertal über den Leib gefahren, ums Leben gekommen war. Auch hatte sie 3. in der Tortur angegeben, daß ihre „Schmier oder Salbe" an einem bestimmten Ort in ihrem Hause stehe, wo man sie finden werde; man fand aber an dem bezeichneten Orte nichts anderes als ein Töpfchen voll frischen Kirschenmuses, woran sich ihr jetziger alter Mann labte. Und dennoch wurde die Bröllin auf ihre Geständnisse hin als Hexe zum Tode verurteilt.

In einem anderen Fuldischen Hexenprozeß bekannte Kurt Lösers Weib von Langenbieber während der Tortur, daß sie ihre beiden Kinder durch Zauberei ums Leben gebracht und dem Hans Bleuel einen Schimmel gesterbt habe; und doch lebten ihre Kinder noch und dem Bleuel war kein Schimmel gestorben.

In einem anderen Fuldischen Prozeß bekannte die Braunschweigerin von Margarethenhaun, daß sie den Wirt Heinz Vogel daselbst gesterbt habe, und doch lebte der Wirt noch und stand sogar leibhaftig bei dem Gericht, als diese falsche Urgicht vor der Exekution vorgelesen wurde.

In burg-friedbergischen Akten von 1633 finden wir ein in einundvierzig Artikeln abgefaßtes Schema für die Generalinquisition beigelegt. Es wird darin nach allen Spezialitäten des Hexenwesens gefragt. Aus den Ergebnissen der Generalinquisition wurde sodann das Klagelibell des Fiskals konstruiert, dessen einzelne Artikel mit Ja oder Nein zu beantworten waren. Da nun auch in diesem Anklageprozesse der Beschuldigte späterhin der Tortur unterworfen und abermals auf jene Artikel befragt wurde, so gewinnt dadurch dieses peinliche Verhör den Charakter einer fortlaufenden Suggestion.

Ein bereits geständiger Inquisit zu Lindheim hatte den Bürger Johannes Fauerbach als Mitschuldigen angegeben;

in der Konfrontation sagte er ihm ins Gesicht, daß er der Hexenpfaffe sei. Fauerbach leugnete und blieb vorerst noch auf freiem Fuße. Bald darauf ward ein Weib eingekerkert, gestand auf sich selbst und nannte Fauerbach als Hexenpfaffen, wie er denn seit seiner Konfrontation überhaupt im Dorfe verschrien war; er wurde angeklagt und hatte einen langen Prozeß durchzumachen. In dessen Verlauf übersandte der mittlerweile entsprungene lindheimische Inquisit ein Zeugnis, worin er versicherte, daß er Fauerbach nur unter der Tortur und auf ausdrückliches Befragen dessen Namen genannt habe [112].

Statt aller übrigen Beispiele mag folgendes dienen, was Spee aus guter Quelle über das Verfahren eines berüchtigten Hexenrichters vernahm [113]: „Dieser Richter, wann etwa eine Gefangene auf sich selbst bekennet hatte, und darauf um ihre Gesellen gefragt wurde, sie aber aufs beständigste darbei bestunde, daß sie deren keine wüßte oder kennete, pflegte er zu fragen: Ei, kennest du dann die Titiam nicht, hast du dieselbe nicht auf dem Tanz gesehen? Sagte sie alsdann Nein, sie wüßte nichts Böses von derselben, so hieße es sobald: Meister, ziehe auf, spanne besser an! Als dies geschahe und die Gemarterte die Schmerzen nicht erdulden konnte, sondern rief: Ja, ja, sie kennete dieselbe und hätte sie auch auf dem Tanz gesehen, man sollte sie nur herunter lassen, sie wollte nichts verschweigen, — so ließ er solche Denunziation oder Besagung ad protocollum setzen, fuhr fort und fragete, ob sie nicht auch die Semproniam kennete und an einem solchen Ort gesehen hätte? Leugnete sie dann anfangs, so wird der Meister seines Amts erinnert, welcher dann damit so lange anhielte, bis Sempronia auch schuldig gemacht wurde, und also fürder, bis er zum wenigsten drei oder vier aus der armen gemarterten Person gebannet hätte." Entrüstet über dieses Verfahren, brachte Spee

112) Burgfriedbergische Originalakten von 1664 — 113) Caut. crim. Qu. XXI. § 11 ff.

diese Geschichte zu Papier, um den Fürsten die Augen zu öffnen; aber ein Freund, der dazu kam, lachte über dieses Beginnen und sagte: „er solle dies Exempel doch wieder ausstreichen, dann es ja ein Überfluß wäre, dasjenige mit Exempeln zu behaupten, welches nunmehr der gemeine Stylus wäre und fast täglich praktiziert würde." Spee überzeugte sich später durch eigenen Anblick, daß dem so war, und gelangte zu dem für uns sehr interessanten Resultat: „Daher kommt nun ferner dieses, daß weiln die Kommissarii (wie ich selbst observieret habe) obangeregtermaßen die armen Sünder nicht allein von ihren Gesellen, sondern auch von ihren Taten, von Ort und Zeit der Tänze und anderen dergleichen Umständen entweder mit Namen oder doch so deutlich und umständlich, als wann sie es auch in specie vorsagten und ihnen in den Mund geben, fragen, nach der Hand bei ihren Herren und andern nicht genugsam rühmen und herausstreichen können, wie viel Hexen in allen Punkten und Umständen so eigentlich übereingestimmt hätten."

Man denke indessen nicht, daß man sich überall ängstlich um die Übereinstimmung der Aussagen bekümmert habe. Viele Richter nahmen, wie wir bereits sahen, selbst an den gröbsten Widersprüchen keinen Anstoß. „Ihrer drey sind justificirt" — erzählt Leib in seinen Responsen — „und haben bekennet, wie sie einen Müller umbgebracht, aber in modo interfectionis und auff was Weiß eine die andere zum complicen dabey gehabt, und wie sie ad locum facti perpetrati kommen, sind sie gar wiederwertig gewesen. Da auch schon die Gefangene von Umbständen gefragt werden, melden sie doch solche entweder gar nicht, oder confundiren sich, oder bekennen in's gemein, was alle dergleichen zu bekennen pflegen, und der gemeine Mann zu erzehlen weiß, da doch an der concordantia confessionum ac nominationum so wohl Erzehlung der Umständ, sehr viel gelegen."

Das Eingeständnis des Beschuldigten war übrigens bei

der Zauberei so wenig wie bei andern Verbrechen eine unumgängliche Bedingung zur Verurteilung. Es ward auch hier angenommen, daß die Evidenz des Faktums durch einfachen Zeugenbeweis hergestellt werden könne, und die Sache stand dann für den leugnenden Überführten noch schlimmer, weil er Unbußfertigkeit bezeigte[114].

4. DIE HEXENPROBEN

Ehe wir von der Bestrafung der Hexerei handeln, haben wir noch einiger sogenannten Proben zu gedenken, die mitunter der Folter vorauszugehen pflegten.

1. Die Feuerprobe (ferrum candens)[115]. Dieses alte Beweismittel, von dem sich schon bei Sophokles eine Spur findet, bei den germanischen Stämmen einst so gewöhnlich, aber auch den Japanern und Slaven nicht unbekannt, von Konrad von Marburg und andern Inquisitoren auch gegen Ketzer angewandt, kommt im Hexenprozesse nur in dessen frühester Zeit und nur ganz vereinzelt in späterer Zeit vor. Der Hexenhammer erzählt von der Probe mit dem heißen Eisen, die 1485 in der Herrschaft Fürstenberg stattgefunden hatte[116]. „Die hexenwerk halben verlümdotte frow" Anna Henni von Röthenbach bei Löffingen im Schwarzwald bestand die Probe und wurde gegen Leistung der Urfehde entlassen[117]. Der Malleus verwirft sie gänzlich[118]. Weit gebräuchlicher war

2. diejenige Probe mit dem kalten Wasser, die man das Hexenbad nannte. Das Ordale des kalten Wassers (judicium aquae frigidae) reicht tief in das Mittelalter zurück[119]. Ludwig der Fromme verbot es, Hinkmar von Reims trat als sein Verteidiger auf, zur Zeit Bernhards von Clairvaux

---

114) Mall. malefic., Part. III., Qu. 31. — 115) *Lehmann*, Aberglauben, S. 103 ff. — 116) *Schmidt*, Hexenhammer, 17. Frage, III. Bd., S. 110. — 117) *Riezler*, S. 78, *Hansen*, Quellen, S. 584, Nr. 142. — 118) Part. III. Qu. 17. *Schmidt*, III., S. 100 ff. — 119) *Grimm*, Deutsche Rechtsaltertümer, B. II, S. 923. *Le Brun*, Histoire des pratiques superstitieuses, Vol. II., p. 290 ff.

wurde es gegen sogenannte Manichäer in Frankreich angewendet; seitdem aber Innocenz III. auf dem Lateran-
Konzil 1215 ein neues Verbot darauf legte, kam es in
Abnahme. Das Verfahren bestand darin, daß der Angeschuldigte an ein Seil gebunden und ins Wasser hinabgelassen wurde. Schwimmen war das Zeichen der Schuld,
Untersinken das der Unschuld. Einige deutsche Weis-
tümer aus dem vierzehnten und fünfzehnten Jahrhundert
nehmen jedoch die Entscheidung gerade umgekehrt[120].

Schwur und Wasserprobe der Hexen
Aus der Heidelberger Sachsenspiegelhandschrift

Im sechzehnten Jahrhundert fing man in manchen Gegenden Deutschlands diese Probe bei den Hexen zu gebrauchen
an, so 1436 in Hannover[121]. Man band ihnen die Hände
mit den Füßen kreuzweise zusammen und ließ sie an
einem Seile in einen Fluß oder Teich dreimal hinab,
wobei das Schwimmen für die Schuld sprach. Als end-
liches Überführungsmittel ist die Wasserprobe zwar nirgends

120) *Grimm*, a. a. O., S. 924. *Heinemann*, S. 31. — 121) *C. J. v. Hefele*,
Konziliengeschichte, Freiburg i. B., 6. Bd. (1890), S. 616.

recht in Gebrauch gekommen, als vorläufige Prüfung aber erhielt sie sich sehr lange. Wurde sie genügend bestanden, so folgte entweder augenblickliche Freilassung oder kanonische Reinigung; wo nicht, so schritt man zur Tortur. Aus einem Schreiben dem marburgischen Professors der Philosophie Scribonius an den Magistrat zu Lemgo ersieht man, daß die Wasserprobe in dieser Stadt erst 1583 nach dem Muster anderer Länder eingeführt, in den übrigen Teilen Deutschlands aber noch fast ganz unbekannt war. Scribonius suchte die Zweckmäßigkeit des Verfahrens mit Gründen darzutun [122] und verwickelte sich in einen Streit mit den Ärzten Johann Ewich [123] und Hermann Neuwald, Professor in Helmstädt [124], in dem er den kürzeren zog. Auch Jesuiten verwarfen das Hexenbad, darunter sogar der berüchtigte Martin Delrio. Er erklärt: die gebräuchlich gewordene Wasserprobe, die überhaupt keineswegs erlaubt sei, könne kein Recht zur Folterung bieten. Ebenso zählt der Jesuit Leonhard Lessius zu den Gegnern des Schwemmens [125].

Aus Westfalen verbreitete sich die Anwendung des Hexenbades nach Lothringen; gegen das Ende des sechzehnten Jahrhunderts finden wir es auch in Belgien und Frankreich [126], wo es indessen vom Pariser Parlament verboten wurde, und um die Mitte des siebzehnten trieb man besonders in England einen gar argen Unfug mit ihm. Auch nach Ostindien ist es, wahrscheinlich durch die Engländer, gekommen [127]. In Italien und Spanien dagegen kam es gar nicht vor. Der Gerichtshof von Holland ließ sich in einem vorkommenden Falle 1594 von den Professoren zu Leyden ein Gutachten ausstellen, das gegen die Anwendbarkeit dieser Probe ausfiel. Im folgenden

---

122) *Janssen*, VIII. S. 646. — 123) *Binz, Weyer*, S. 84 ff. — 124) *Janssen*, VIII, 648. *A. Praetorius*, Gründlicher Bericht von Zauberei und Zaubern, Frankfurt 1629, S. 112 ff. — 125) De iustitia et iure, Antwerpen 1617, p. 385. *Janssen*, VIII., 665. — 126) *Le Brun*, II., 290 u. 294. — 127) Ausland 1837. Nr. 271.

Eine zum Scheiterhaufen verurteilte spanische Ketzerin
Picart 1723

Jahre wurde sie auch in den spanischen Niederlanden verboten [128]. Im Oldenburgischen ist unter der ersten Schwedenherrschaft (1633—1635) an zwei Frauenspersonen aus Dinklage und Vestrup in Vechta die Wasserprobe vollzogen worden [129]. In Mecklenburg war dieses Ordal bis zum Jahre 1649 im Gebrauch [130]; für immer verschwand es erst in der ersten Hälfte des neunzehnten Jahrhunderts [131].

Die diesem Ordale zugrunde liegende Vorstellung findet sich bei Hinkmar dahin entwickelt, daß das Wasser, geheiligt durch die Taufe Christi im Jordan, keine Verbrecher aufnehme, wenn es darauf ankomme, sie zu entdecken. Nach König Jakob I. wollte das Wasser in Gemäßheit besonderer Anordnung Gottes die Hexen darum nicht in seinem Schoß dulden, weil sie in ihrer Lossagung von Gott und Christus das heil. Taufwasser von sich geschüttelt hätten.

Die mittelalterliche Auffassung der Wasserprobe als eines Gottesurteils hatte im Hexenprozeß einer ganz anderen Auffassung Platz gemacht. Sie galt jetzt als Mittel, um Indizien zu erlangen. Man wollte dahinter kommen, ob die Angeklagte wohl schwämme. Schwamm sie, so war ein sehr bedeutendes Indizium gegen die Angeklagte gewonnen, wobei zwei Gesichtspunkte in Betracht kamen. Einerseits stand es dann nämlich fest, daß der Teufel im Wasser mit ihr war und ihr Untersinken verhinderte. Bisweilen versprach der Teufel den Hexen, während der Wasserprobe eine eiserne Stange zu bringen, damit sie sinken könnten, brachte dann aber bloß eine leichte, unnütze Nadel. Andererseits erkannte man an dem Schwimmen die spezifische Leichtheit der Hexen, die ihnen kein Teufel

128) *Cannaert*, Bydragen, p. 219. Dreyers Sammlung vermischter Abhandlungen z. Erläuterung d. deutschen Rechte u. Altertümer, Rost, 1756, T. II., S. 859 ff. — 129) *Ludwig Strackerjan*, Aberglaube und Sagen aus dem Herzogtum Oldenburg, 2. Aufl., Oldenburg 1909, I. Bd., S. 421 c. 130) *C. Beyer*, Mecklenburg, S. 20. — 131) *Karl du Prel*, Studien aus dem Gebiete der Geheimwissenschaften, Berlin 1890/91. I. S. 5 und 23.

abnehmen konnte[132]. Dafür daß dieses letztere der Haupt-
gesichtspunkt war, spricht auch, daß Scribonius sich umständlich über die Leichtheit der Hexen verbreitet und
der Wasserprobe noch eine andere Probe zur Seite steht,
die von dem spezifischen Gewichte der Hexen ausgeht.
Dies ist nämlich

3. die Probe mit der Wage (probatio per pondera
et lancem). Diese Probe mit der „Hexenwage" bestand
darin, daß die Angeklagten, wenn sie auf diesem Wege
ihre Unschuld dartun wollten, etwas schwerer sein mußten,
als sie geschätzt worden waren. Besonderen Ruf hatte
in dieser Beziehung die Stadtwage zu Oudewater[133].
Man berief sich auf ein Privilegium Karls V., nach dem
ein Zeugnis des Stadtrats, daß ein Verdächtiger amtlich
gewogen worden sei und ein seinem Körperumfange entsprechendes Gewicht bewährt habe, überall rechtlichen
Glauben haben und alle anderen Proben ausschließen sollte.
Wie es sich mit jenem Privilegium verhalten möge, steht
dahin. Bei der Verwüstung der Stadt durch die Spanier
1575 ist das Rathaus mit allen seinen Urkunden in Flammen
aufgegangen. Doch weiß man, daß auf Befehl des Kaisers
Karl V. die Gewichte der Wage zu Oudewater am
2. März 1547 nach denen zu Gauda geprüft wurden[134].
Gewiß aber ist, daß man aus den Stiften Köln, Münster
und Paderborn häufig seine Zuflucht zum Rat von Oudewater nahm und in der Regel nicht Ursache hatte, sich
über unbillige Behandlung zu beschweren. 1754 wurde
die letzte Probe in dieser Stadt vorgenommen, mit zwei
Beschuldigten aus Coesfeld und Telligt im Münsterschen.
Daß man ein Minimum von 11—14 Pfunden für den Unschuldigen angenommen habe, ist ein Märchen[135]. Auch
in Szegedin soll eine Hexenwage im Gebrauch gewesen

132) *Hitzig* u. *Demme*, Annalen, 1843, S. 313. — 133) *Balthasar Bekker*,
Bezauberte Welt, Bch. I, Kap. 21. — 134) *Scheltema*, Geschiedenis,
S. 142, sowie Geschied = en Letterkundig Mengelwerk, B. IV., S. 252
bis 263. — 135) *Scheltema*, Geschiedenis der Heksenprozessen, p. 141.

sein[136]. Ähnliche Proben fanden sich auch anderwärts. 1707 ergriff der Pöbel bei Bedford ein verschrienes Weib und nahm die Wasserprobe vor, die ungenügend bestanden wurde. Nach langen Verhandlungen verfiel man darauf, die Verdächtige gegen die zwölf Pfund schwere Kirchenbibel abzuwägen, und da diesmal das Gewicht genügte, so stand man von weiterer Verfolgung ab[137].

4. Die Nadelprobe. Fand sich am Körper der Angeklagten irgendeine Warze, ein Mal oder dergleichen, so stach der Scharfrichter, zuweilen auch ein eigens beauftragter Chirurg, hinein, und wenn keine Äußerung des Schmerzes erfolgte oder kein Blut herausdrang, so war man sicher, das Stigma diabolicum gefunden zu haben. Diese Probe war allgemein; sie findet sich in Deutschland, Frankreich, Belgien, England und Spanien. In Frankreich und der Schweiz wurde diese Untersuchung gewöhnlich von Chirurgen vorgenommen[138], in Deutschland durch den Scharfrichter im Beisein der Schöffen. In Belgien, wo zwischen dem Büttel und den Ärzten oft Meinungsverschiedenheit vorkam, bestimmte eine Verordnung von 1660, daß der Henker nicht mehr zuzulassen sei, sondern nur neutrale en insuspecte docteurs. Dennoch findet sich eine Rechnung des Scharfrichters von Melin im Hennegau von 1682, worin für dessen Bemühungen beim Suchen des Stigmas einer Inquisitin und ihre Torquierung 62 livres 8 sols angesetzt sind[139]. Fand sich bei der Besichtigung nichts, was als Stigma genommen werden konnte, dann galt der Satz, daß der Teufel nur zweifelhaften Anhängern sein Siegel aufdrücke und die sicheren ungezeichnet lasse[140].

Bei dieser Nadelprobe übte der Scharfrichter zuweilen den Kniff, daß er auf dem angeblichen Stigma selbst den Kopf der Nadel aufsetzte, dann aber zum Beweise, daß der Mensch überhaupt dem Schmerze nicht unzugänglich sei, die Spitze an einer andern Stelle tapfer einbohrte.

136) *Riezler*, S. 81. — 137) *W. Scott*, Br. üb. Dämonol, Th. II, S. 112. — 138) *Hauber*, Bibl. mag., II, 640. — 139) *Cannaert*, Bydragen, p. 207, 211. — 140) *Bodin*, Daemonom., II, 4. und IV, 4.

5. Die Tränenprobe. Der Mangel an Tränen während der Folter war Zeichen der Schuld; nach der Tortur konnte auch der reichlichste Erguß nicht helfen. Der Grund ist wohl ein sehr natürlicher, auch bei Märtyrern hat man die Erscheinung wahrgenommen, bei Hexen vielleicht nur darum häufiger, weil deren ungleich mehr gefoltert worden sind[141]. Bodin hat sich erzählen lassen, daß nur das rechte Auge einer Hexe in der Pein drei Tränen zu vergießen vermöge. Erst spät wagen Rechtsgelehrte (Hert, Opuscula, T. II. 1737 S. 383) mit Berufung auf die Autorität von Ärzten hervorzuheben, daß das Übermaß der Folterqual es nicht zur Tränenergießung kommen lasse.

Ein besonderes Kennzeichen einer Hexe war auch, daß sie bei dem Hersagen des Unser-Vaters an der sechsten oder siebenten Bitte anstieß und im Gebet nicht fortzufahren vermochte.

Ebenso fand man das Laster der Hexerei konstatiert, wenn die oder der Beklagte im Verhör sich bestürzt zeigte, in der Rede stockte, die Zunge spitzte, sie krümmte und gegen die Untersuchungsrichter herausstreckte, wenn er unter sich oder auf die Seite sah und sich vergeblich zu weinen bemühte, oder sonst (infolge der furchtbaren Seelenangst, die den Unglücklichen, namentlich bei dem Anblick der Folterwerkzeuge befiel) etwas Auffallendes in seinem Benehmen zeigte.

Außerdem gab es noch manche seltenere Proben sehr eigentümlicher Art.

So wurde einst zu Nidda einem achtzehnjährigen Mädchen nach richterlichem Erkenntnis das Nasenbein eingeschlagen, um aus dem Blutflusse über Schuld und Unschuld zu urteilen.

Eine Art von Offa judicialis mit Butterbrot wurde 1618 bei einer Hexe zu Lincoln auf deren eigenes Verlangen angewendet; sie soll daran erstickt sein[142].

---

141) Mall. malef , Part. III., Qu. 15. — 142) The wonderful discovery of the witchcrafts etc., p. 11.

Waren nun durch Verhöre, Proben und Tortur, durch Geständnis oder Überführung die Akten endlich zum Schlusse gekommen, so erfolgte der Spruch. Auch Kontumazial-urteile wurden erlassen. Völlige Freisprechung sollte nach dem Malleus nicht ausgesprochen werden, sondern bloß Absolution von der Instanz; Delrio empfiehlt diese als sicherer, obgleich er die rechtliche Möglichkeit der ersteren ein-räumt. Und diese Maxime befolgte gewöhnlich auch der weltliche Richter, wenn das Verfahren einmal über die ersten Stadien der Folterung hinausgegangen war. Der Losgesprochene wäre mit seinen zerfolterten Gliedern und seinem durch die Haft verkümmerten Leibe ein umher-wandelnder Vorwurf für die Obrigkeit gewesen. Sah man sich aber dennoch genötigt, die Verhafteten und Verhörten wieder in Freiheit zu setzen, so mußten sie vorher die Ur-fehde schwören, in der sie insbesondere zu geloben hatten, daß sie sich wegen der erlittenen Einziehung etc. an der Obrigkeit nicht rächen wollten.

Die vorerwähnte Katharina Lips aus Betziesdorf in Ober-hessen, deren Heldenhaftigkeit auch durch die furchtbarste Tortur nicht hatte gebrochen werden können, wurde nach Ausstellung folgender Urfehde aus dem Marburger Hexen-turm entlassen:

„Ich Katharina, Dieterich Lipsen Hausfrau, Schulmeisters zu Betziesdorf, urkunde hiermit: Als in der durchlauchtigen etc. unserer gnädigen Fürstin gefängliche Haft allhier aufm Schloß ich wegen angegebenem Zaubereiverdachts geraten, auch von ihrer Durchlaucht fiscali am hochpeinlichen Hals-gericht hierselbst deswegen besprochen und nach geführtem langem peinlichem Prozeß endlich Bescheid erteilt worden, daß gegen genugsame Caution, da man ins künftige eine mehrere Anzeigen und Verdacht des Zaubereilasters gegen mich in Erkundigung bringen würde, mich jederzeit mit dem Leibe wieder zu sistieren, ich für diesmal gegen gewöhnliche Urphede und Erstattung der Unkosten ab instantia zu absolvieren und der gefänglichen Haften zu erlassen sei; daß demnach mit Handgegebener Treue an Eidesstatt angelobt und versprochen habe, auch hiermit angelobe und verspreche, nicht allein die aufgegangenen Unkosten unverlangt zu bezahlen, und dieser gefänglichen Haften und was mir darinnen begegnet weder an Ihrer Durchlaucht, noch dero Bedienten, oder anderen deren Untertanen in keinem Wege zu rächen oder zu ahnden, sondern auch, da inskünftig eine mehrere Anzeige oder Verdacht erwähnten Lasters halber in Erkundigung sich finden würde, mich jederzeit auf Erfordern mit dem Leibe wieder zu sistieren oder Ihrer Durchlaucht höchstgedacht mit allem dem meinigen verfallen zu sein, gestalt ich dann deswegen, weilen ich keinen Bürgen aufbringen können, alle und jede meine gegenwärtigen und zukünftigen Habe und Güter, wie die Namen haben oder anzutreffen sein mögen, zu speciellem und gewissem Unterpfand hiermit eingesetzt, und allen und jeden mich dagegen schützenden Beneficien und Guttaten, der Rechte und Gewohnheiten mich wolerinnert renunciert, auch den edlen festen und hochgelehrten Herrn Jacob Blankenheim, fürstl. Oberschultheis allhier mit Fleiß erbeten, daß er diesen Cautionsschein und Urphede meinetwegen eigenhändig unterschrieben und sein gewöhnliches Amtssiegel aufgedrücket hat, doch Ihrer Durchlaucht, seinem Amt, ihm und den Seinigen ohne Schaden. So geschehen zu Marburg den 4ten Mai anno 1672."

In Westfalen wird ab und zu eine Hexe, gegen die noch kein hinreichendes Belastungsmaterial vorliegt, gegen Kaution entlassen. Die Kaution bestand in Bürgen, die „mit Hand und Mund" unter Begebung aller Einreden sich verbürgen, daß sie „als ammanuenses den Beschuldigten in ihr Verwahrsam nehmen und dafür gut sein, daß er dieser gefängnisse halber weder mit Worten noch mit Taten, es geschehe denn mit ordentlichem Rechten nichts fürnehmen soll; auch sonsten auf fernere Zusprache zu ihm allhier in Haft, so oft solches erfordert wird, einliefern sollen und wollen. Und das bei Pein 200 Gulden [143]."

Gewöhnlich sahen sich aber die Freigelassenen doch noch durch besondere Anordnungen des Gerichts gemaßregelt. Meist wurde Ihnen eine Geldstrafe auferlegt, dann hatten sie die Kosten des Verfahrens zu tragen, überdies wurden sie wegen des an ihnen trotz der Freilassung noch haftenden Verdachts der Zauberei in schimpflichster Weise an ihrer Freiheit geschädigt. Oft wurde ihnen der Besuch der Kirche untersagt, und wenn ihnen der Kirchenbesuch gestattet war, so mußten sie im Gotteshaus, von allen anderen gesondert, an einem ihnen zugewiesenen Platze sitzen. Auch im eigenen Hause sollten sie ohne Verkehr mit den Ihrigen, in einem besonderen Gemach leben. Nicht selten aber sahen sich die Unglücklichen bei ihrer Rückkehr von ihrer Heimat und den Ihrigen wie Aussätzige verstoßen. Man reichte ihnen keine Hand und die Ortsobrigkeit ließ sie nicht selten zum Ort hinauspeitschen oder sperrte sie ins Findelhaus oder Spinnhaus ein.

Das Günstigste war es noch für die Freigesprochenen, wenn sie zur öffentlichen Kirchenbuße verurteilt und ihnen nach deren Vollziehung die Absolution und das heil. Abendmahl erteilt wurde, wie es z. B. nach einem Beschlusse des Rats zu Eßlingen vom 1. Juli 1664 mit mehreren verhaftet gewesenen jungen Leuten geschah [144].

Die verdammenden Sentenzen des geistlichen Gerichts sprachen die Schuld und die kirchlichen Büßungen aus, verordneten die Abschwörung der Ketzerei, verhängten, wenn sich der Fall zur Anwendung besonderer Milde eignete, Kerkerstrafe auf Lebenszeit, oder übergaben, was das Gewöhnlichste war, den Schuldigen der weltlichen Behörde. Geschah dies einem Geistlichen, so mußte er zuvor degradiert werden.

---

143) *Dr. H. Pollack*, Mitteil. üb. d. Hexenpr. in Deutschland, Berlin 1886, S. 21. — 144) *Pfaff*, Zeitschr. f. deutsche Kulturgesch., 1856, S. 455 u. 456.

Der weltliche Arm strafte mit dem Tode.

Die Hinrichtung geschah in der Regel so, daß der Verurteilte in Begleitung von bewaffneten Reitern oder Musketieren auf den Richtplatz geführt oder geschleift wurde, wo dann zunächst die Urgicht, d. h. das Verzeichnis der auf der Tortur erpreßten Geständnisse oder der Verbrechen vorgelesen wurde, was gewöhnlich mit einer vorausgeschickten Einleitung geschah. Eine 1662 in Eßlingen zur Publikation der Urgicht und des Urteils gebrauchte Einleitung war z. B. folgende[145]: „Es sollen billig erschrecken und mit stillschweigender Verwunderung alle Zuseher auf diesem traurigen Schauplatz anhören und zu Gemüt ziehen, was der von Gott in die Höllenglut verstoßene Mord und Lügengeist in den Kindern des Unglaubens wirkt und zu was für einem harten, grausamen Mord und anderen Untaten er sie zum Verderben ihrer armen Seele anführt. Welchergestalt die erschrecklichen, himmelschreienden und stummen Sünden der Zauberei und Sodomiterei vielerorten überhand genommen und wie der Krebs hochschädlicherweise um sich gefressen, das bezeugt die tägliche, höchst traurige Erfahrung. Daher muß von einer christlichen Obrigkeit auch beizeiten durch harte und exemplarische Bestrafungen solchen seelenverderblichen Unheil- und Greueltaten vorgebeugt werden. — Unter denjenigen Tugenden, die den Regenten und Obrigkeiten wohl anstehen, die Schärfe, die sie gegen die Bösen und Lasterhaften anwenden will" u. s. w.

Hierauf erfolgte sofort die Hinrichtung der Verurteilten, d. h. in der Regel „Einäscherung". Die erste Nachricht von Verbrennung der Zauberer auf deutschem Boden enthält die Lex Salica, das um 500 verfaßte fränkische Rechtsbuch. Nach ihm wird derjenige, der das Maleficium ausgeübt, indem er einen andern durch einen Gifttrank tötete, als Mörder behandelt. Kann er das entsprechende

---

145) *Pfaff*, Zeitschrift für die deutsche Kulturgesch., 1856, S. 362.

Wehrgeld nicht bezahlen, so soll er auf dem Scheiterhaufen sterben[146].

Die anscheinend aus dem fünfzehnten Jahrhundert stammende glarnerische Hochgerichtsordnung schreibt vor: Urteil über „Kätzer, Hexen, Brenner. Vnnd alda ein für machen, vnnd Inne vff einer Leyteren gebunden also lebende Inn das für stoßen, sin Lyb, Fleysch vnnd Bein, Hutt vnd Har zu Buluer vnd Eeschen verbrennen, darnach die Eeschen vnd was da blybt vf der Richtstath vergraben, damit dauon weder Lüth noch gütt schaden empfachind, vnd dadurch mengklich ab sölcher straff vnd schandlichem tod etc.[147].

Als eine Linderung der Strafe galt es, wenn der Verurteilte zuvor enthauptet oder erwürgt wurde, worauf die Leiche auf einem Holzstoß zu Asche verbrannt wurde. In Schwaben und in der Schweiz kam es auch vor, daß man zur Abkürzung des schrecklichen Feuertodes dem Verurteilten auf dem Scheiterhaufen Pulversäcke oder einen Pechbesen anhing[148]. In Erding in Bayern wurde 1716 der Hexenmeister Johann Enatgrueber, Mesner und Schloßgärtner aus Zeilhofen, „aus besonderer Gnade" an einer Säule erdrosselt und sein Leichnam verbrannt[149].

Sollte die Strafe noch verschärft werden, so wurden die Verurteilten, indem man sie zum Richtplatz schleifte, noch mit glühenden Zangen gezwickt, oder es wurde ihnen vor der Einäscherung eine Hand abgehauen, wie z. B. aus dem St. Galler Urteil von 1691 zu ersehen ist[150]: „Auf solche verlesene und von dem armen Mensch bekannte schwere Verbrechen ist mit Urtel und Recht erkannt, daß sie in die Schranken geführt, daselbst ihr die rechte Hand abgehauen, hernach auf einen Karren gesetzt, auf den

---

146) Lex Salica tit. 19 (ed *Geffcken* 1898, S. 19, 130), *Riezler*, S. 55. — 147) *Dettling*, Hexenproz. im Kanton Schwyz, Schwyz 1907, S. 9. — 148) Von *v. Gonzenbachs* Mitteilungen „aus Stadt St. Gallischen Hexenakten seit 1600" in *Schletter's* Annalen der Kriminalrechtspflege, 1855, S. 1 ff , *Pfaff*, a. a. O., S. 442. *Alwin Schultz*, Deutsches Leben im 14. und 15. Jhrhdt. Wien etc. 1892. S. 43 ff. *Bauer*, Frau, S. 257. — 149) *Riezler*, S. 292. — 150) *Von Gonzenbach*, ebendas, S. 22.

Richtplatz gezogen, auf eine Leiter gelegt, angebunden, mit aufrechtem Angesicht auf den Scheiterhaufen geworfen und also lebendig zu Staub und Asche verbrannt werde." — Ein früheres St. Galler Urteil von 1604 lautet: „daß die Frau vor das Rathaus geführt, ihr die Urgicht vorgelesen und folgens dem Nachrichter befohlen werde, der solle ihr davor ihre Hände zusammenbinden und auf die gewöhnliche Richtstatt führen, und ihr auf derselben die linke Hand abschlagen, und folgens ihr einen Pulversack an ihren Hals hängen, demnach an einen Pfahl binden, mit Holz umgeben und lebendig verbrennen[151]." Die 70jährige Anna Wilcken, die 1599 in Curdenhagen in Pommern eingeäschert wurde, erhielt auf der Fahrt zur Richtstatt vom Henker vier Risse mit glühenden Zangen. Aus Stockum brachte man 1587 zwei Zauberinnen nach Mainz. Die eine erlag der Tortur und wurde in einen Sack genäht. Die andere bekannte ihre Schuld, wurde lebend in ein Faß geschlagen, worauf man beide verbrannte[152].

Die Rechtsmäßigkeit der Todesstrafe erweist Delrio aus der Vernunft, dem mosaischen, römischen und päpstlichen Rechte, den geschriebenen und ungeschriebenen Gesetzen von fast ganz Europa, der Praxis der Inquisitoren und den Ansichten der Kriminalisten aller Nationen[153].

Was nun das päpstliche Recht anlangt, so könnte es scheinen, als ob Delrio hier nur dessen Geist, nicht dessen wörtlichen Ausdruck im Auge habe, indem sich das Papsttum allezeit gesträubt hat, die Bestrafung der Ketzer und Zauberer am Leben ausdrücklich zu fordern. Die Päpste haben aber folgendes getan: sie haben von Bestrafung durch Vermittlung der Justiz, von Ausrottung der Sekten und Übergabe an den weltlichen Arm gesprochen; sie haben die Inquisitoren, die diesem Arme die meisten Opfer zuwiesen, gefördert, die weltlichen Behörden aber, die

---

151) Ebenda, S. 6. — 152) *Janssen*, VIII., 686. — 153) Disqu. mag. lib. V. sect. 16.

außer dem Arme auch ihre Augen gebrauchen wollten, wie die Venetianer, mit Bann und Interdikt bedroht, wenn sie sich unbedingter Exekution weigern würden; sie haben

Hinrichtungen und Stäupen
Aus Ulrich Tenglers Laienspiegel, Mainz 1508

endlich Verpflichtung der Magistrate auf Friedrichs II. Blutedikte begehrt und allen, die sich in der Ausrottung der Zauberer eifrig zeigen würden, gleichen Ablaß verheißen wie den Kreuzfahrern. Konzilien haben sich zuweilen weniger verblümt ausgedrückt. Die Synode zu

Narbonne von 1246 verordnete ausdrücklich, daß die unbußfertigen Häretiker an den weltlichen Arm zum Le-
bendigverbrennen auszuliefern seien[154].

Indessen liegt ein Breve des Papstes Paul IV. vom
4. Januar 1559 vor, das doch die Aussage Delrios vollkommen rechtfertigt. In diesem auf die in Spanien auch
unter den höheren Kreisen einreißende lutherische Ketzerei
bezüglichen Breve autorisiert nämlich Paul IV. den Generalinquisitor mit den Worten: quod — — huiusmodi omnes
et singulos haeresiarchas, — etiamsi relapsi non fuerint
saecularis iudicis arbitrio, poena ultimi supplicii plectendos
dimittere sive tradere libere et licite valeas, plenam et
maplam — — concedimus — — potestatem[155].

6. Die Strafgesetzgebung und deren allmähliche Entwicklung

Wie die Geschichte lehrt, daß Hexen erst infolge der
Hexenverfolgung vorkamen, und daß eigentlich erst durch
diese der Hexenglaube dem Volke eingeimpft worden ist,
so zeigt die Geschichte auch, daß die Strafgesetzgebung,
der im sechzehnten und siebzehnten Jahrhundert die
Massen der Hexen zum Opfer fielen, erst ganz allmählich
in der Hexenverfolgung und durch diese erwachsen ist.

In bezug auf die bürgerlichen Strafbestimmungen in
Deutschland, so haben wir oben gesehen, wie bereits
der Sachsenspiegel und mehr noch die späteren Redaktionen des Schwabenspiegels in der Zauberei neben
dem operativen Elemente auch ein apostatisches bezeichnen, ohne daß jedoch hierin eine Bekanntschaft mit demjenigen ausgebildeten Hexentum, wie es im vierzehnten
Jahrhundert in Frankreich sich abschloß, ausgesprochen
wäre. Inquisitoren waren es, die im Laufe des fünfzehnten Jahrhunderts das vollendete System durch Schrift und
Praxis in Deutschland einheimisch zu machen suchten.
Unter mancherlei Widerspruch bildete sich die Sache

---

154) *Lamothe-Langon*, Hist. de l'Inqu. en France. Tom I. p. XCVIII.
— 155) *Raynaldi*, Annal. eccles., T. XV., p. 31ff.

faktisch durch, und die bürgerlichen Gerichte, von dem Malleus selbst nicht nur „propter damna temporalia" an sich für kompetent, sondern auch im Falle bischöflicher Kommission über das übrige zu sprechen für fähig erklärt, zogen nachgerade, ohne daß es einer neuen Gesetzesformulierung bedurft hätte, das Ganze vor ihr Forum. Doch schritt auch im Laufe der Zeit die Gesetzgebung mit mehr oder weniger Modifikationen vor.

Des pfalz-neuburgischen Landvogts Ulrich Tenglers [156] Laienspiegel in seiner ersten Auflage von 1509 berührt die Zauberei nur in dem Kapitel „von Todtschlägen und andern Entleibungen"; der theologische Gesichtspunkt ist ihm durchaus fremd, er beruft sich auf kein deutsches Gesetz, sondern bloß auf Gewohnheiten und weiß die Todesstrafe nur auf römisches Fundament zu gründen: „Item nach bemeltem Gesatz (nämlich der Lex Cornelia de sicariis et veneficis) mögen auch gestrafft werden, die mit vergift, zauberey oder andern verpoten sachen die menschen zu ertödten, zu latein genannt venefici, malefici, incantatores, phitonisse; doch werden solche weibs person gewonlichen im feur, oder wasser vom leben zum tode gerichtt, oder zu äschen verbrannt." Die folgenden, namhaft erweiterten Auflagen des „Layenspiegels" sind jedoch durchaus von der theologischen Auffassung beherrscht. Schon der 1511 in Augsburg erschienene „neu Layenspiegel" beruht ganz auf dem Malleus und enthält ein ausführliches Kapitel von „Ketzerei, Wahrsagen, Schwarzer Kunst, Zauberei, Unholden etc." [157]. Die ganz außergewöhnliche Verbreitung des Laienspiegels — dreizehn verschiedene, in den Jahren 1509—1560 erschienene Ausgaben sind allein in München — „kann nicht bezweifelt werden, daß Tengler zur Beförderung des Hexenwesens wesentlich beigetragen hat" [158].

---

156) *Von Eisenhart*, Allgem. deutsche Biographie, XXXVII. Band, Lpzg. 1894, S. 568 ff. — 157) *Riezler*, S. 132 ff. — 158) *R. v. Stintzing*, Geschichte der deutschen Rechtswissenschaft, 1. Abs., München und Leipzig 1880, S. 83 ff., S. 643.

In der vom Kaiser Maximilian 1499 für Tirol erlassenen Halsgerichtsordnung — dem ältesten derartigen deutschen Strafgesetz — findet sich über Verbrechen der Zauberei und Hexerei gar nichts vor. Zwar wurde dann in der von Kaiser Max 1514 aus Gmunden erlassenen Ordnung für die Landgerichte unter der Enns „die Zauberey in Rechten verpoten", dagegen in der 1526 auf Befehl des Erzherzogs Ferdinand I. herausgegebenen „Landesordnung der fürstlichen Grafschaft Tirol" und selbst noch in der Landesordnung für Tirol von 1532 ist von derartigen Verbrechen nicht die Rede. Ebenso erklärte Kaiser Ferdinand I. — trotz der zu Recht bestehenden Karolina — in seiner Polizeiordnung von 1544 Zauberei und Wahrsagerei als ein „Fürgeben" und „Betrug" und 1552 wird polizeilich wiederholt, daß „Zauberei und Wahrsagen abergläubisch bös Sachen seien, „das aller Orten ausgereutet und an denen, so sie brauchen, gebürend bestraft werden soll". Von Todesstrafen ist keine Rede. Dementsprechend verordnete auch Max II. 1568, daß Zauberer und Wahrsager dem öffentlichen Hohn und Spott ausgesetzt, daß sie angehalten werden sollen, ihre Kunst öffentlich zu beweisen und sich unsichtbar oder „gefroren" zu machen. Im dritten Betretungsfall sollen sie des Landes verwiesen werden [159]. In der sogen. „Neureformierten Landesordnung der fürstlichen Grafschaft Tirol", veröffentlicht unter Erzherzog Ferdinand II. 1573, wird freilich „Zauberey und aberglaubige Wahrsagerey" unter den verbotenen Handlungen aufgeführt, jedoch nur in der „Polizey-Ordnung", die dieser neureformierten Landesordnung von 1573 beigegeben ist und sich auf geringere Vergehen bezieht. Hier heißt es nämlich: „Wir wollen bei gleicher Straff, wie gegen den Gotteslästerern, auch alle Zauberey und aberglaubige Wahrsagerey, Sprechen u. dgl., es seye, daß jemands solche Zauberey und Wahrsagerey selbst treiben oder solche

159) *A. Silberstein*, Denksäulen im Gebiete der Kultur und Literatur, Wien 1879, S. 212. *Hansen*, S. 525. *Riezler*, S. 137.

Wahrsager und Zauberer besuchen würde, hiemit gäntzlichen verbotten haben." Als Strafe wurden aber hier hauptsächlich nur Geldstrafen bestimmt, wovon der „Anzeiger" insgeheim, damit er nicht bekannt würde, ein Viertel, ein anderes Viertel die Obrigkeit für ihre Mühwaltung erhalten, die übrige Hälfte zu milden Zwecken verwendet werden sollte [160].

In einem ganz anderen Charakter gestaltete sich dagegen das Strafrecht in den Landen der deutschen Reichsstände. Hier ging allen anderen Reichslanden das Fürstbistum Bamberg auf dem Wege der Gesetzgebung voran. In den alten Bamberger Rechtsquellen wird Hexerei nicht erwähnt [161]. Erst der in Bamberg entstandene Vorläufer der Karolina machte sie zum todeswürdigen Verbrechen.

Die bambergische Halsgerichtsordnung von 1507 — die älteste deutsche nach der Tiroler — die der auch als Literat und Übersetzer bedeutende Freiherr Johann von Schwarzenberg [162] († 1528 als kurbrandenburgischer Minister) 1508 zu Mainz im Druck erscheinen ließ, die auch 1516 in den fränkischen Territorien Kurbrandenburgs zur Einführung kam, enthält zwei aufeinanderfolgende Artikel (130 und 131) von Ketzerei und Zauberei. Der Art. 131 von „Straff der Zauberey" lautet: „So Jemandt den leuten durch Zauberey schaden oder Nachteyl zufüget, soll man straffen vom leben zum tode, vnd man soll solche straff gleych der ketzerey mit dem fewer thun. Wo aber Jemandt zauberey gebraucht, vndt damit niemant keinen Schaden gethan hette, sol sunst gestrafft werden nach gelegenheit der sach, darinnen die Urteyler rats gebrauchen sollen, als von radtsuchen geschrieben steht."

---

160) *L. Rapp*, Die Hexenprozesse und ihre Gegner aus Tyrol, S. 13 u. 14. — 161) *H. Zöpfel*, Das alte Bamberger Recht als Quelle der Karolina, Heidelberg 1839, S. 121. — 162) *Dr. Karl Borinski*, Geschichte der deutschen Literatur, Stuttgart, S. 63. (Kürschn. Nat.-Lit. 163, Bd. II.) *Joh. von Schwarzenberg*, Das Büchlein vom Zutrinken, herausgegeben von Willy Scheel, Halle 1900, S. 1 ff.

Diese Bestimmung ging fünfundzwanzig Jahre später in die Reichsgesetzgebung, nämlich in die „Peinliche Gerichtsordnung Kaiser Karls V. und des heil. römischen Reichs", nach längeren Verhandlungen auf dem Reichstage zu Regensburg 1532 sanktioniert, wörtlich über, nur daß hier (in Art. 109 der sogen. Karolina) die Worte „gleych der ketzerey" hinweggelassen wurden.

Nach der Karolina[163] sollte also ebenso wie nach der Bambergensis für Zauberei die Strafe des Todes durch Feuer nur dann eintreten, wenn ein Zauberer oder eine Hexe jemanden durch Teufelswerk wirklich Schaden oder Nachteil zugefügt hatte. Für alle Fälle von Zauberei, durch die kein Damnum illatum verursacht war, sollte (nach dem Rate von Sachverständigen) eine mildere Strafe verhängt werden.

Es ist noch zu bemerken, daß die Karolina in ihrer Auffassung der Hexerei sich nicht sowohl auf dem Boden des Hexenhammers wie auf dem der Bulle Innocenz' VIII. bewegt.

Leider aber wendete sich die Praxis der Hexenrichter allmählich von der humaneren Auffassung Schwarzenbergs und der Karolina ab.

Während diese die Zauberei lediglich wegen des etwa durch sie verursachten Schadens als ein mit dem Feuertode zu bestrafendes Verbrechen hinstellten — was auch der Papst Gregor XV. im Jahr 1623 ausdrücklich bestätigt hatte[164] — wurde in der Gerichtspraxis nicht nur die im Hexenhammer entwickelte Doktrin vom Hexenwesen (von den Vermischungen mit dem Teufel etc.), sondern auch der Gedanke herrschend, daß die mit Hilfe des Teufels vollbrachte, also auf diabolischem Abfall von Gott beruhende Hexerei an sich ein Verbrechen sei, das mit dem Tode

163) *J. Kohle*r und *W. Scheel,* Die peinliche Gerichtsordnung Kaiser Karls V., Halle 1900, S. 59. *Curt Müller,* Hals- oder Peinliche Gerichtsordnung Kaiser Karls V., Reclam, Leipzig, S. 54. — 164) *Gregor XV.* in der Konstitution „Omnipotentis Dei" vom 20. März 1623 (Bullar. Rom. T. III.).

Bestechliche und ungerechte Richter
Holzschnitt aus der Bambergischen Halsgerichtsordnung. Mainz 1510

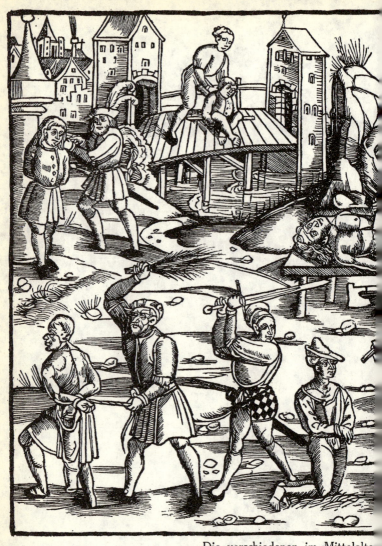

Die verschiedenen im Mittelalte
Ulrich Tenglers La

en Strafen und Hinrichtungsarten
el, Augsburg 1509

durch Feuer bestraft werden müßte. Und leider ließ sich sowohl die Rechtswissenschaft wie die Gesetzgebung allmählich durch diese von den Hexenrichtern geltend gemachte Auffassung der Hexerei überwältigen.

Diese Tatsache tritt zuerst in der kursächsischen Kriminalordnung des Kurfürsten August von 1572 hervor. Sie bestimmt nämlich: „So iemands in Vergessung seines Christlichen Glaubens mit dem Teuffel ein Verbündniß aufrichtet, umgehet, oder zu schaffen hat, daß dieselbige Person, ob sie gleich mit Zauberey niemands Schaden zugefüget, mit dem Feuer vom Leben zum Tode gerichtet und gestrafft werden soll. Da aber außerhalb solcher Verbündnissen jemand mit Zauberey Schaden thut, derselbe sey groß oder geringe, so soll der Zauberer, Manns- oder Weibs-Person, mit dem Schwert gestrafft werden[165]." In „Von Straf und Pein aller und jeder Malefizhandlung ein kurzer Bericht" des Münchener herzoglichen Rates Andreas Perneder, die aus Perneders Nachlaß der Ingolstädter Professor Wolfgang Hunger 1544 herausgab, wird der Hexenhammer ignoriert. Dort heißt es: „Der mittelst der schwarzen Kunst, Anrufung der bösen Geister oder anderer Zauberei den Leuten Schaden zufügt oder ihnen vermeinterweise wahrsagt, soll verbrannt werden. Hat aber jemand durch seine Kunst einem Kranken geholfen oder Felder vor Wetterschäden behütet, so ist dies unstrafbar. Wer aber Wetter macht oder den Leuten sonst durch Zauberei oder Gespenst Schaden zufügt, gegen den soll mit peinlicher Frage und Todesstrafe verfahren werden[166]."

Auch in anderen Partikularrechten wurde jetzt dasselbe ausgesprochen, z. B. in dem kurpfälzischen Landrecht von 1582, im Landrecht von Baden-Baden usw.

Die Praxis des siebzehnten Jahrhunderts wollte, daß nur die ausgezeichneten und unbußfertigen Hexen lebendig verbrannt würden, den reumütigen aber die Begnadigung

---

165) A. a. O., S. 74 ff. *Nikolaus Paulus,* Hexenwahn und Hexenprozeß, Freiburg 1910, S. 54 ff. *Janssen,* VIII., 741. — 166) *Riezler,* S. 139 ff.

des Schwertes oder Stranges widerführe. Diese Praxis, die der Aufmerksamkeit nicht genug empfohlen werden kann, wenn gefragt wird, warum es in jener Zeit so viel reumütige Hexen gab, belegen wir mit den Worten einer approbierten Instruktion[167]: „Zu jetziger unser Zeit aber, obwohl etliche wenige Zauberer und Unholden, so ganz vermessentlich, gotteslästerlich und gleichfalls an Gott und ihrer Seelen Heil verzweifelt hinfahren wollen, in das Feuer gestellt, oder unerhörter Laster wegen lebendig verbrannt werden, ist jedoch fast bei aller Christen Tribunalibus und Richtstätten der milde Brauch angenommen, daß jede zauberische Personen, so sie der bösen Geister Gesellschaft und Verheiß absagen und dem lieben Gott mit reumüthigem Herzen wieder zuschwören, nicht mit dem langwierigen Feuer lebendig gepeiniget, sondern nach jedes Orts Sitt und Gewohnheit entweder stranguliert und versticket, oder mit dem Schwert zuvor enthauptet und ihre todten Körper allen Anderen zum Schrecken und guter richtiger Justicierhaltung ins Feuer und Aesche gelegt werden. Dieweil eine christmilde und Gott liebende Obrigkeit sich zu besorgen hat, es möchten etliche von solchen Maleficanten, so sie alle lebendig sollen verbrennt werden, aus Verbitterung oder großer Kleinmüthigkeit in gröbere Sünd oder Verzweiflung gerathen und von einem Feuer ins andere (dafür der gütige Gott seyn wölle) wandern."

Nach der Hinrichtung solcher bußfertigen Personen schrieb man wohl auch, wie in Bamberg, ins Protokoll: Deus ter maximus faxit, ut haec mors, quam patienter et fortiter sustinuit, sit ipsi vita, et quidem beata et aeterna[168].

Nach den Bestimmungen des kanonischen Rechts sollte der Verurteilung wegen Zauberei, wenn sie ketzerisch war, auch die Konfiskation des Vermögens folgen[169]. Die ersten

---

167) Processus juridicus contra sagas et veneficos, das ist etc. Posterior et correctior editio. Aschaffenburg 1629. Tit. XII. 3. — 168) *Von Lamberg*, S. 9. — 169) Decr. Gregor. Lib. V. Tit. VII. Kap. 8 u. 13. Sext. Decr. Lib. V. Tit. II. Kap. 19.

Ausgaben der Karolina drücken sich indessen über die Zulässigkeit der Konfiskation im allgemeinen so dunkel aus, daß es zweifelhaft bleibt, ob es außer dem Verbrechen der beleidigten Majestät noch andere gibt, auf die sie diese angewendet wissen will. Die Originalfassung des hierher gehörigen Art. 218 wurde in der Folge durch sinnverändernde Interpunktion und sogar durch Versetzung der Worte, Ausstreichung oder Verwandlung einer wesentlichen Negationspartikel auf das willkürlichste entstellt, so daß der Gegenstand bis in die neuere Zeit streitig geblieben ist[170].

So viel ist indessen gewiß, daß Karl V. die Gewohnheit der Gütereinziehung in weiterer Ausdehnung vorgefunden hat und in engere Grenzen zurückgewiesen sehen will. Auch war es im sechzehnten Jahrhundert Grundsatz der deutschen Juristen, sie nur bei dem Majestätsverbrechen, zum Teil auch bei der Ketzerei zuzulassen[171]. Nun war freilich ein weiterer Streit, ob die Zauberei vom Gesichtspunkte der Ketzerei aufzufassen sei; doch hat die Karolina die Ketzerei gar nicht unter die bürgerlichen Verbrechen aufgenommen, und wir erfahren durch Julius Clarus, daß der damaligen Gerichtspraxis zufolge die Einziehung der Hexengüter nicht stattfand. Der trierische Weihbischof Binsfeld (um 1589) betrachtet sie als durch die Karolina aufgehoben[172], und so spricht sich auch wieder Carpzov, gestützt auf die Novellen und Art. 218 der Halsgerichtsordnung, den er jedoch sehr verstümmelt, gegen die Konfiskation aus, ohne übrigens zu verkennen, daß manche Zweifel obwalten können[173]. Melchior Goldast rechtfertigt sie wiederum sehr entschieden aus dem gemeinen Rechte überhaupt und aus der Karolina insbesondere. Ihm zufolge sollen nach deutschem Rechte die Güter der Verurteilten

---

170) S. *Kochs* Vorrede zu seiner Ausg. der Karolina, Gießen 1769. Desselben Institut. jur. crim. § 140. Giss. 1787: *Curt Müller*, a. a. O., S. 5. 171) *Offenbach* in *Fichardi* Consil., Tom. III, p. 166. *Fichard*, Tom. II p. 414. — 172) De confessionibus maleficorum et sagarum. Trevir. 1589, 13. — 173) *Carpzov*, Nov. Pract. rer. crim. P. III, Qu. 135.

demjenigen, der die peinliche Obrigkeit oder das Halsgericht hat, nicht dem Inhaber der Landeshoheit als solchem, zufallen[174].

Was aber auch die Theorie bestimmen mochte, die Praxis hat, wie sich im folgenden ergeben wird, stets bald unter dem unverblümten Namen der Konfiskation bei den Katholiken, bald unter dem Titel der Prozeßkosten bei den Protestanten das Vermögen des Verurteilten auszuplündern gewußt.

Binsfeld erlebte dergleichen Konfiskationen in seinem eigenen Vaterlande[175]. Ferdinand II. erließ nachdrückliche Verbote deshalb an den Bischof von Bamberg, gegen den Beschwerde erhoben worden war[176], aber gleichzeitig nahmen die österreichischen Beamten im Breisgau das Vermögen der zu Offenburg hingerichteten Hexen weg[177]. 1593 gaben „die weltlichen Räte" im Mainzer Erzbistum in bezug auf Hexenunruhen den Befehl: „Man solle nicht so viel Umstände machen und vor allem das Vermögen einziehen[178]. Auch in Nördlingen verhängte der Magistrat die Konfiskation[179]. Am 11. Dezember 1627 erließ der Bischof Johann Christoph von Eichstätt eine Verordnung über die Hinterlassenschaft hingerichteter Hexen. Wiewohl er berechtigt sei, diese einzuziehen, erklärte der Kirchenfürst, habe er sich zu einem milderen Verfahren resolviert, damit männiglich wisse, daß es ihm und seinen Räten bei diesen Prozessen nur um die Rettung der Ehre Gottes, Beförderung des menschlichen Heils und Administration der Gerechtigkeit zu tun sei[180]. Konfiskationsmaßregeln mußten notgedrungen in den Instruktionen einige Beschönigung suchen.

174) Rechtliches Bedencken, von Confiscation der Zauberer- und Hexen-Güther. Bremen 1661. (Abgefaßt 1629 für den Kurfürsten von Trier.) — 175) Linden in Gest. Trevir. ed. Wyttenbach et Müller. Tom. III, p. 54. Binsfeld a. a. O. — 176) Von Lamberg, S. 20. — 177) H. Schreiber, Die Hexenprozesse im Breisgau, S. 19 und 32. — 178) Janssen, VIII, 685. — 179) Weng, Die Hexenpr. in Nördlingen, S. 24. — 180) Riezler, S. 225 ff.

So sagt der mit Erlaubnis der Oberen herausgegebene Processus juridicus contra sagas et veneficos[181]: „So dann eine zauberische Person zum Tod und zur gewöhnlichen Leibesstrafe ist verurtheilet und verdammet worden, vergönnen an vielen Orten die Rechte, daß ihre Güter dem Fisco und Rentseckel zugesprochen und überliefert werden, welche praxis und gemeiner Gebrauch jederzeit von den Doctoribus beider Rechten ist für recht und gut erkannt worden." Es werden sodann drei Gründe dafür angeführt: 1. „weil dieß ein groß und schwer exceptum crimen und ausgenommenes Laster ist, bei welchem was zur Zeit beschlossen und gehandlet wird, von der hohen Obrigkeit (ob es schon nicht ausdrücklich in gemeinen Rechten verfaßt und geschrieben ist) leichtlich entschuldigt und beantwortet wird;" — 2. weil die Zauberer vom katholischen Glauben abgefallen, also Ketzer sind; — 3. weil sich mit der Zauberei gewöhnlich das Verbrechen des Dardanariats verbindet.

Auch in der Schweiz, in Italien und Frankreich[182] findet sich noch 1782 die Einziehung der Hexengüter. In Spanien war sie zwar in der Regel nicht üblich, doch ist Torreblanca (um 1618) der Meinung, daß diese Gewohnheit dem Rechtsgrundsatze, nach dem sie eigentlich geschehen sollte, nichts vergeben könne[183].

Um durch einen aktenmäßigen Beleg zu veranschaulichen, wie es mit der Nennung der Mitschuldigen herging, sei hier als Anhang folgender Protokollauszug aus einem buseckischen Prozesse gegeben:

„Actum den 29. Aprilis A. 1656.

Ward die P. Beklagtin befragt: Wer sie zum Leugnen beredet?

R. Das habe der bösе feindt gethan; sie solle leugnen, so wolle er ihr darvon helffen. Ihr Geist heise Hans und. seye ihr in rothen Kleidern mit einem federbusch er-

---

181) Tit. XV. 7. — 182) *Collin de Plancy*, Dictionnaire infernal. v. Boguet. — 183) Daemonol. III. 11.

schienen. Item ihr Hans (der Geist) seye vor wenig Tag einsmahls deß Nachts im gefängnus zu ihr kommen und angezeigt, daß Koch Wilhelms Frau allhier dem Meister von Grünbergk Hans Peter in einem Trunk Bier mit Gift vergeben habe, daß er sterben solle, undt wann er todt seye, so werde keiner Hexen nichts weiter geschehen." (Folgen einige weitere Aussagen über Einzelheiten des Sabbaths.) Von Complicibus zeigt sie an:

Zu Großenbuseck: Born Johannes, Mewer Hansen Fraw, Marten Annels, Hof Melchors Fraw, Mewer Conradts Fraw, Nickels Stracken Fraw, der alten Kuhe Hirtin Jung Curt (folgen einige Angaben über diesen Mann), Logerbes Angels könne Wandtleus und die scheiden Möllerin könne Meus machen, und Wilhelm Sammen Fraw könne frösch und Schlangen machen. . . . . . . Item Spar Conradts Mägdlein, Schmidt Georg Fraw, Reichardt Hanes Fraw die seye auch von ihrer Mutter in der Jugend hierzu verführt worden, Item Reichardt Hanes Mägdlein, und seye kein ärgeres allhier im Dorff. Merten Göbels Fraw, Ludwig Möllers Fraw und sein gros Mägdlein, Item Peter Werners Fraw, Balzer Schmitts Wittib, des Herrn Fraw und Mägdlein, dem alten Schulmeister Johann Henrich hab sie ohnrecht gethan undt wisse nichts bößes von Ihme, habe ihn auch nicht beym Tanz gesehen. Matthäus Stein von Bewern undt Sittich Otto allhier haben mit ihr gedanzet und nach verrichteten Danz in Beyschlaf sich mit ihr vermischet. Item Koch Wilhelms Fraw hab ihr der P. Beklagtin auch erzehlet in Koch Crein Greben, daß sie Nickels Schäfers Fraw allhier bezaubert und es ihr in Bier ein und vergeben habe. Item habe sie den Reiskircher Pfarrherr als der Hexen Obersten am Hexen Danz bekannt, und habe es der P. Beklagtin ihr Geist Hans angezeigt, daß sie Koch Wilhelms Fraw ihre eignen Pferdt bezaubert habe. Eulen Johann.

Warumb sie P. Beklagtin gesagt, sie wolle auf keinen Menschen sterben?

R. Der böse feindt wolle es nicht haben, daß sie auf die Leuth bekennen solle.

Was sie dann von Lipp Bechtolds Fraw zu sagen wisse?

R. Die Seye so gut als sie P. Beklagtin und könne zaubern, habe auch den verstorbenen Magnus Fincken bezaubern helffen, welches der P. Beklagtin ihr Geist gesagt habe.

Ob sie den gewesenen Pfarrherrn zu Reiskirchen am letzt vergangenen Jacobi Nacht auch am Hexen Convent gesehn, und derselbe des Teufelsabentmahl gehalten habe?

R. Ja. (Von späterer Hand beigeschrieben.) Na. Dießes wird von Jost Haasen und dem Jungen negirt.

Er habe ja zu Giesen gefangen gesessen, wie er dann dort beym Tanz habe seyn können?

R. Er habe doch beim Tanz seyn können, der Teuffel habe ihm wohl dahin bringen können.

(Von späterer Hand.) Na. Dießes similiter."

In dieser Weise gehen die Denunziationen fort. Es werden aus Großenbuseck noch weiter zwei Kinder, aus Altenbuseck acht, aus Bersrod zwei, aus Reiskirchen zwei und aus Albach zwei Personen namhaft gemacht. Hier war Stoff zu einundvierzig Prozessen.

Titelblatt von Melchior Goldasts „Rechtliches Bedencken"

(Siehe Seite 401)

SIEBZEHNTES KAPITEL

ALLGEMEINE GRÜNDE DER VERBREITUNG DER HEXENPROZESSE UND DES GLAUBENS AN HEXEREI IM SECHZEHNTEN JAHRHUNDERT

Einer Seuche vergleichbar, griffen die Hexenverfolgungen um sich, sprangen aus einem Lande in das andere über, erreichten ihre Höhepunkte, um zeitweise wieder abzunehmen, und erwachten dann von neuem mit einer Heftigkeit, die die heilsame Krisis vorzubereiten bestimmt war.

Kinder von acht und Greise von achtzig Jahren, Arme und Reiche, Edelherren und Geschäftsleute, Bürgermeister und Rechtsgelehrte, Ärzte und Naturforscher, Domherren und Minister, Marionettenmänner und Schlangenzähmer haben den Scheiterhaufen bestiegen; im Namen von Kaisern und Königen, von Bischöfen und Landjunkern sind die Bluturteile gesprochen worden, und was die päpstliche Bulle den Hexen zur Last legt, das ist wenigstens durch die Prozesse gegen sie vielfältig herbeigeführt worden: Tod von Menschen und Tieren, Verödung der Dörfer, Felder und Weinberge, die ihre Bewohner und Bebauer zum Richtplatze schreiten oder, um diesem zu entgehen, beizeiten dem Vaterlande den Rücken wenden sahen. Wer vermag sich des Entsetzens zu erwehren, wenn er liest, daß eine etwa fünfjährige Verfolgung in dem kleinen Stifte Bamberg sechshundert, in dem nicht viel größeren Bistum Würzburg sogar neunhundert Opfer und eine nur dreijährige in dem ganz kleinen Stift Fulda zweihundertfünfzig Opfer verschlang, daß im Braunschweigischen die Hexenpfähle auf dem Richtplatze wie ein kleiner Wald anzusehen waren, Schwabach im 16. Jahrhundert einen eigenen Drudenhenker besaß [1], daß England einen General-Hexenfinder hatte und daß die Juristen protestantischer wie katholischer Universitäten bis ins achtzehnte Jahr-

---

1) Zeitschrift für deutsche Kulturgeschichte, Berlin 1893, S. 303.

hundert Gnade zu üben wähnten, wenn sie statt des Feuertodes aufs Schwert erkannten? Und das alles in einer Zeit, die als reich gepriesen wird an Fortschritten geistiger Aufklärung, als groß durch Taten religiöser Begeisterung!

Um dies erklärlich zu finden, müssen wir, ehe die verschiedenen Epochen im Verlaufe der Hexenprozesse dargestellt werden können, den Charakter der Zeit, überhaupt die allgemeinen Gründe des Umsichgreifens jenes heillosen Wahns einigermaßen beleuchten.

Wenn es sich nun hierbei vor allem um die Frage nach der wissenschaftlichen Bildung und Intelligenz jener Zeit in allen kirchlichen Dingen handelt, die sich mit den allgemeineren Wissenschaften berühren, so kann unter den Männern der Wissenschaft, denen wir am Ende des fünfzehnten und im Anfange des sechzehnten Jahrhunderts begegnen, kaum ein zweiter so vollwichtiger Gewährsmann und Zeuge aufgerufen werden als der berühmte Abt des Kloster Sponheim, Joh. Trithemius (1442 bis 1516), Verfasser der auf Befehl des Markgrafen Joachim von Brandenburg ausgearbeiteten und am 16. Oktober 1508 vollendeten, aber erst 1555 gedruckten vier Bücher umfassenden Schrift Antipalus maleficiorum [2].

Wie kein anderes Buch jener Zeit ist dieser „Gegner der Zaubereien" geeignet, uns über die Stellung der damaligen Gelehrtenwelt zum Hexenglauben zu belehren.

Trithemius will mit seiner Schrift nicht etwa den Hexenglauben bekämpfen; vielmehr steht ihm die Tatsache diabolischer Zauberei fest. Er will nur zeigen, wie der Christ sich dagegen zu schützen vermag. Unter den Zauberern und Hexen, die durch die Hilfe böser Geister und durch allerlei Zaubertränke den Menschen Schaden zufügen, sind nach ihm vier Klassen zu unterscheiden, nämlich 1. solche, die ohne Bündnis mit dem Teufel, durch

---

2) *J. Silbernagel*, Johannes Trithemius 2. Aufl., Regensburg 1885, S. 132, ff. *W. Schneegans*, Abt Johannes Trithemius, Kreuznach 1882, S. 226 ff. *Hansen*, Quellen, S. 291 ff. *Janssen* VIII, S. 563 ff.

Gifte und andere natürliche Mittel diejenigen Menschen, die sie hassen, schädigen, indem sie z. B. die Männer beischlafsunfähig machen, den Gebärenden Not bereiten, auch sonstige Krankheit, ja sogar den Tod durch ihren Zauber bewirken;

Der Teufel als Kinderräuber
(Ritter vom Turn. Basel 1493)

2. solche, die durch die Kunst der sogen. Encunctica, d. h. durch geheimnisvolle, abergläubische Worte, Formeln und Zeichen übernatürliche Wirkungen hervorbringen wollen; 3. solche, die, ohne sich den Teufeln ergeben zu haben, doch mit ihnen verkehren und wie die Nekromantiker zur Ausführung ihrer Zaubereien sie um Hilfe anrufen; endlich

solche Zauberer und Hexen, die mit dem Teufel einen eigentlichen Bund abgeschlossen und sich ihm zu eigen gegeben haben. Diese vermögen nicht bloß wie die Unholde der dritten Klasse Menschen zeugungsunfähig und blind zu machen, ihnen Schwindel zu bereiten, Unwetter hervorzurufen u. dgl., sondern mit Hülfe des Teufels können sie auch Pest, Fieber, Epilepsie, Taub- und Lahmheit bewirken, Menschen wahnsinnig und in allerlei Weise elend machen. Diese Art der Hexen vermischt sich sogar fleischlich mit dem Teufel und ist wegen ihrer Gottlosigkeit und Verderblichkeit mit dem Feuertode zu bestrafen. „Und leider ist die Zahl solcher Hexen in jeder Landschaft sehr groß, und es gibt kaum einen noch so kleinen Ort, wo man nicht eine Hexe der dritten oder vierten Klasse anträfe. Aber wie selten findet sich ein Inquisitor und wie selten (fast nirgends!) findet sich ein Richter, der diese offenbaren Frevel gegen Gott und die Natur rächt! Es sterben Menschen und Vieh durch die Niederträchtigkeit dieser Weiber, und niemand denkt daran, daß es durch die Bosheit der Hexen geschieht. Viele leiden fortwährend die schwersten Krankheiten und wissen nicht, das sie behext sind!“

Trithemius sucht nun klar zu machen, daß diejenigen der Bosheit der Hexen am meisten preisgegeben sind, die die Sakramente der Kirche verachten und in Todsünden dahinleben, die der Unzucht frönen und die geweihten Heil- und Schutzmittel der Kirche verschmähen; wogegen allen Dienern der Gerechtigkeit, die die Hexen aufsuchen und verfolgen, allen gläubigen Christen, die sich der Sakramente und der Segnungen der Kirche bedienen und sich vor Todsünden hüten, sowie allen denen, die Gottes Barmherzigkeit durch die Engel besonders behüten läßt, die Hexen nicht leicht etwas anhaben können. — Er warnt davor, daß man Frauen, die einigermaßen wegen Hexerei anrüchig wären, zu Hebammen bestelle. Denn diese brächten nicht selten die Kinder um und opferten sie dem Teufel;

auch vermählten sie neugeborene Mädchen den Dämonen, machen die Gebärenden unfruchtbar und erfüllten das ganze Haus mit Teufelsspuk. Taufwasser mischten sie mit Urin, und was sie mit dem Sakrament des Leibes Christi verübten, lasse sich gar nicht aussagen. Deshalb haben die Priester bei der Austeilung der Kommunion sorgfältigst darauf zu achten, daß verdächtige Weiber die empfangene Hostie nicht etwa wieder aus dem Munde herausnehmen, weil sie diese sonst in der scheußlichsten Weise mißbrauchen. — „Willst du, o Christ, vor Dämonen und Hexen sicher sein, so stehe fest im Glauben an Christus und halte dein Gewissen von Todsünden rein. Besuche an allen Sonn- und Feiertagen die heil. Messe und laß dich vom Priester mit Weihwasser besprengen. Nimm geweihtes Salz in deinen Mund und besprenge mit Weihwasser auch dein Haus, dein Bett sowie deinen Viehstall. Die geweihten Lichtmeß- kerzen, die an Mariä Himmelfahrt geweihten Kräuter sowie die am Palmsonntage geweihten Zweige hänge über der Türe deines Hauses auf. An den Freitagen und Sonnabend der vier Quatemberfeste durchräuchere dein ganzes Haus mit Rauch von geweihten Kräutern und Palmen. Früh- morgens, wenn du dich vom Lager erhebst, bezeichne dich mit dem Zeichen des Kreuzes, und ehe du issest oder trinkst oder aus dem Hause gehst, bete ein Pater noster, ein Ave Maria und den Glauben. Dasselbe tue abends, wenn du zu Bett gehst. Denn wenn du so lebst, wird keine Hexe über dich Gewalt haben."

Außerdem empfiehlt Trithemius noch allerlei besondere Schutzmittel. Zur Herstellung eines dieser Amulette ist Wachs von Lichtmeß- und Osterkerzen, Weihrauch, der zu Ostern, Kräuter, die an Mariä Himmelfahrt, Hostien, die am Gründonnerstag geweiht sind, sowie Friedhofserde, Weihwasser und benediziertes Salz erforderlich. Die Kräuter, Hostien und die Friedhofserde werden pulverisiert und in warmem Weihwasser mit dem Wachs zu einer Masse ver- mengt, wobei man das Pater noster, das Ave Maria und das Credo betet. Aus dieser Masse werden nun in gewärmtem Weihwasser kleine Kreuze bereitet, die man mit Aussprechung der drei heiligsten Namen über den Türen des Hauses, der Kammern und des Stalles, auch an der Wiege anbringt und außerdem am Halse trägt.

Zur Aufhebung des Zaubers und der durch ihn verursachten Leiden und Übel dienen die mancherlei Exorzismen der Kirche. Als besonders wirksam empfiehlt Trithemius ein Bad, das er in folgender Weise beschreibt: Der Behexte legt eine Generalbeichte ab und empfängt die Kommunion, entweder in der Kirche (wenn er dahin gebracht werden kann) oder in seinem Hause, wo dann der Priester die Messe de S. Trinitate mit besonders eingelegten Gebeten auf einem Tragaltar liest. Das Bad ist an einem verborgenen Orte in einer reinen Badewanne mit Flußwasser herzurichten. In das letztere sind Weihwasser, geweihtes Wachs und Salz, geweihte Asche, geweihte Palmen, geweihte Friedhofserde und neunerlei Kräuter zu tun. Der Mann steigt in die Wanne nackt, das Weib mit einem Hemd angetan, worauf der Priester die Wanne unten, in der Mitte und oben mit je einer dreifachen Lichtmeßkerze beklebt. Sodann bereitet er aus Weihwasser, geweihtem Salz und einem zurückbehaltenen Teile der Friedhofserde einen Teig und bindet ihn unter Gebet dem Kranken auf den leidenden Körperteil. Der Behexte ruft dann, im Bade sitzend, die göttliche Hilfe an, während der Priester verschiedene Exorzismen über ihn spricht und die kranke Stelle mit einem Wasser wäscht, dem Ysop zugesetzt ist. Hierauf weiht der Priester Wein für den Kranken, stellt aus achtunddreißig Pulvern das sogen. vollkommene Wachs in Form eines Kreuzchens her, schließt es in eine Nußschale ein, die in ein Tuch eingenäht und so um den Hals gehängt wird. Ebenso macht er aus dem geweihten Wachse noch andere Kreuzchen, die er an die Türen, an das Bett, an den Tisch etc. im Hause des Behexten befestigt. Dieses Bad hat der Kranke neun Tage hintereinander zu gebrauchen. Während dieser ganzen Zeit darf er nichts anderes trinken als den für ihn benedizierten Wein, und außerdem hat er morgens und abends das Pulver des Eremiten Pelagius in warmem Wein oder in Brot zu nehmen und dabei sich vor jeder Sünde zu hüten. Ist nach Ablauf der neun Tage der Kranke gesund geworden, so wird er in die Kirche geführt, um Gott zu danken. Doch darf er das um den Hals gehängte Kreuz von Wachs vor Ablauf der nächsten zwölf Monate nicht ablegen und ebenso hat er die übrigen Kreuzchen an ihren Stellen zu lassen. Ist aber nach neun Tagen der Zauber noch nicht gebrochen, so muß dafür Sorge getragen werden, daß fromme Leute fasten, beten, Almosen geben, daß neun Tage lang für den Behexten Messe gelesen wird usw. Bleibt der Zauber auch dann noch, so müssen die Wohnung gewechselt werden, das Fasten und Beten vermehrt und die Exorzismen wiederholt werden usw.

So sehen wir das Denken des Trithemius von dem Glauben an Zauberei vollständig beherrscht. Der Dämonismus tritt bei ihm geradezu als der bestimmende Mittelpunkt seiner Gedankenwelt, seiner ganzen Weltanschauung hervor. Und dieselbe Wahrnehmung bietet sich uns so ziemlich bei allen Repräsentanten des Kulturlebens jener Zeit dar. So bei dem geistvollen Satiriker Thomas Murner (1475—1539), der sich in seiner Narrenbeschwörung bis zu der Paroxisme versteigt:

> Und ob man schon kein Henker findt,
> E daß ich dich wolt lassen gan,
> Ich wolt's e selber zünden an[3],

damit die Weiber eingeäschert werden, die vermeinen, Teufelswerk verrichten zu können, was doch nur der Satan selbst zu vollbringen imstande ist. Murner erzählt überdies in seinem Tractatus perutilis de phitonico contractu (von der Zauberlähmung, 1499), wie er von einem alten

---

3) Die Narrenbeschwörung. Erneut und erläutert von *Karl Pannier*, Leipzig, S. 153.

Weibe zuerst lahm gehext, sodann aber wieder gesund gemacht worden sei[4]. Doch können diese Ansichten noch für freigeistig gelten, gegenüber denen anderer bedeutender Persönlichkeiten jener Epoche. So vermag sie denn auch der unsterbliche Straßburger Domprediger Johann Geiler von Kaisersperg nicht zu teilen. Geiler war ganz und gar im Hexenwahn seiner Zeit befangen[5] und hatte hauptsächlich die Meinung Niders über den Zauberglauben zu der seinen gemacht. Den „Formicarius" hat er ebenso benützt, wie Niders Erklärung des Dekalogs. Da auch die Humanisten wie der Tübinger Professor Heinrich Bebel, der berühmte Fazetiensammler, und selbst Erasmus von Rotterdam niemals die Realität der Hexerei bestritten, konnte Geiler mit Recht erklären: „Das sagt kein Gelehrter nicht, daß das Hexenwerk nicht wahr sei!"[6]

So gestaltete sich das Urteil über den Kausalzusammenhang der Dinge ganz nach den überlieferten Vorstellungen des Dämonismus. In der Theologie erwuchs hiernach die Lehre vom Teufel, seinem Reiche und seiner Wirksamkeit in der Weise, daß sie in die Glaubenslehre der Kirche und in das Glaubensleben der Glieder der Kirche tief eingriff.

Aber auch in den anderen Wissenschaften, namentlich in der Philosophie und in der Naturwissenschaft machte diese dämonistische Weltanschauung ihre Einwirkung geltend. Überall begegnen wir der Neigung zum Magischen und zu allerlei theosophischen und theurgischen Mysterien.

Das sechzehnte Jahrhundert und die erste Hälfte des siebzehnten trägt eine vorherrschend theologische Färbung, die sich auch den nichttheologischen Wissenschaften und der Politik mitteilte. Reuchlin und Georg Venetus erhoben nach Pico von Mirandolas Vorgang mit einem Aufwande glänzender Gelehrsamkeit die Kabbala, um durch

4) *Paulus*, S. 7. — 5) *August Stöber*, Zur Geschichte des Volksaberglaubens im Anfange des XVI. Jahrhunderts. Aus der Emeis von Dr. Joh. Geiler von Kaisersberg 2. Ausg., Basel 1875. S. 11. — 6) *Paulus*, S. 18.

diese wieder ihrer Gelehrsamkeit eine höhere Weihe zu geben. Wenn die Mönche über das Unchristliche von Reuchlins Studien schrieen, so hatten sie wenigstens nicht in allem unrecht. Sie hingen zum Teil mit dem Streben zusammen, eine edlere Art der weißen Magie darzustellen[7]. Das Dämonologe und die Theosophie gediehen und traten selbst in die Physik ein, so daß im fünfzehnten und sechszehnten Jahrhundert alles Wissen von der Natur und deren Kräften noch in den Nebel der Magie, Alchymie und Astrologie eingehüllt war. Selbst Melanchthon glaubte an den Teufel und dessen Diener und ihre Gewalt über die Dinge der Natur[8]. Der geniale Abenteurer Agrippa von Nettesheim[9] verkündete seine sogenannte natürliche und himmlische Magie als Vollendung der Philosophie, als den Weg zur wahren Vereinigung mit Gott. Von der Verträglichkeit seiner Occulta philosophia, die er in der Tat nur als eine Magie im besseren Sinne des Worts gibt, mit den Grundsätzen der katholischen Kirche will er vollkommen überzeugt sein; liest man aber, was er z. B. vom Binden und Bannen der Liebe, des Hasses, eines Heeres, eines Diebes oder des Blitzes sagt[10], so findet man sich so ziemlich unter dieselben Dinge versetzt, die der ältere Plinius seinen Lesern als Vanitates magicas vorführt. Niemand hat blendender diese Geheimnisse zu empfehlen gewußt als Agrippa in seiner Occulta philosophia (1531), niemand aber hat sie auch in jenem Zeitalter beißender gegeißelt, als er selbst etwas später in seinem Buche De vanitate scientiarum tat. Mundus vult decipi! Das Zeitalter klebte eigensinnig an der ersteren Schrift, an der des Verfassers Ehrgeiz und Gewinnsucht nicht weniger Anteil hatten als seine Schwärmerei, und schmähte auf die zweite, dem ehrlichen Bekenntnis eines zur Besinnung gekommenen großen Geistes.

7) *Meiners*, Histor. Vergleichung der Sitten des Mittelalters etc., T. III., S. 279 ff. — 8) *K. Hartfelder*, Der Aberglaube Philipp Melanchthons, Histor. Taschenbuch, Leipzig 1889, S. 252 ff. — 9) *Meiners* a. a. O., T. III., S. 291 ff. — 10) Occult. philos , lib. I, cap. 40.

Gleichzeitig mit Agrippa wirkte Paracelsus (1493—1541), dessen Ruhm weit über sein Vaterland hinausdrang und zu einer Art Paracelsusschwärmerei ausartete[11]. Obgleich

ALTERIVS NON SIT QVI SVVS ESSE POTEST

EFFIGIES AVREOLI THEOPHRASTI AB HOHEN
HEIM SVE ÆTATIS 47
OMNE DONVM PERFECTVM A DEO
INPERFECTVM A DIABOLO

· 1540

Theophrastus Paracelsus

seine Richtung mittelbar zur chemischen Schule der Medizin hinführte, so gründete er doch unmittelbar nur die

11) *J. E. Poritzky*, Shakespeares Hexen, Berlin 1900, S. 21. Shakespeare, Ende gut, alles gut. 2. Aufzug, 3. Szene.

theosophische[12]. „Lerne artem cabbalisticam," schrieb er, „die schließt alles auf." Theurgie, Astrologie und Alchimie schlossen sich an; das Ganze erreichte im siebzehnten Jahrhundert durch die Rosenkreuzer seinen Höhepunkt. Diese geheimen Lehren und Künste wußten selbst an den Fürstenhöfen Eingang zu gewinnen; eine Menge unterschobener mystisch-alchimistischer Schriften unter dem Namen des Hyppokrates, Galenus, Avicenna und anderer war im Umlauf.

In demselben Boden aber, der diesen Glauben an Theurgie und ihr Verwandtes wuchern ließ, mußte auch, so scheint es, der Glaube an dämonische Zauberei als natürlicher Gegensatz von selbst schon tiefere Wurzel schlagen können; um so mehr aber, wenn es gerade die theosophischen Schwärmer und Gaukler ihrer eigenen Sicherheit förderlich fanden, diesen Gegensatz recht hervorzuheben. Mag es sein, daß dieser Glaube bei vielen Gelehrten gerade auf dasjenige sich stützte, was nun einmal als eine durch Folter und Bekenntnis gerichtlich erhobene Tatsache galt: so ist doch nicht zu verkennen, welchen Einfluß die Ansicht der ersten Gelehrten ihrer Zeit wiederum auf das Gerichtswesen und die Gestaltung der öffentlichen Meinung ausüben mußte.

In der Jurisprudenz herrschte ein Geist engherziger Beschränktheit, aller philosophischen Betrachtungsweise bar und ledig, teils an den Satzungen des römischen und kanonischen Rechts haftend und in die müßigsten Spiele der Dialektik sich verirrend, teils in den theologischen Begriffen der Zeit befangen. Was von Franzosen und Italienern Erfreuliches geleistet wurde, bezog sich auf das Zivilrecht. Die Strafrechtspflege, finster und streng wie sie war, dachte nicht daran, den Schutz der bürgerlichen Gesellschaft zum Ziele zu haben. Sie fühlte sich zum

---

12) *Sprengels* Versuch einer pragmatischen Geschichte der Arzneikunde T. III, S. 335 f., 452. *Reiche*, Der Gelehrte, S. 93. *Peters*, Der Arzt. 91 ff. *Janssen*, VI, 484 ff.

Organ der göttlichen Strafgerechtigkeit berufen; der Eifer galt für ein größeres Lob als Besonnenheit und vorurteilfreies Abwägen. Der Jurist forschte nicht nach der Möglichkeit der Zauberei; er hielt sich einfach an seinen Justinianischen Kodex und an die Bibel. In dieser fand er das Gebot: „Die Zauberer sollst du nicht leben lassen." Hierin lag ihm ein göttliches Zeugnis für die Existenz der Zauberei. Nehmen wir hierzu noch die weitverbreitete Unwissenheit und unbewachte Willkür vieler Richter, besonders in den kleineren Gebieten, so haben wir das Bild der Gerechtigkeitspflege im sechzehnten und siebzehnten Jahrhundert in traurigster Gestalt. Einzelne Ausnahmen — z. B. der in der Reformationszeit lebende Jurist Johannes Franz de Ponzinibius aus Piacenza, der die Möglichkeit eines Bundes mit dem Teufel in Zweifel zog, — können nicht in Betracht kommen. Was die Karolina Dankenswertes bot, ist in der Praxis arg verkümmert worden.

Die Medizin endlich, ohne feste physiologische und pathologische Grundlage, klebte am Altüberlieferten und machte sich aus der Macht des Teufels einen Schild gegen alle Vorwürfe. „Inscitiae pallium maleficium atque incantatio" — war nach Reginald Scot das Motto, der Ärzte im sechzehnten Jahrhundert. Weier, der selbst Arzt war, widmet in seiner Schrift über die Hexerei ein eigenes Kapitel der Ausführung des Satzes, „daß die ungelehrten Schlingel in der Medizin und Chirurgie jr unwissenheit und fehler dem verzäubern oder veruntrewen und den Heiligen zuschreiben"[13]. Johann Baptist van Helmont (1577—1644), der die medizinische Chemie auf ihren Höhepunkt brachte[14], hegte noch den festen Glauben an Metallverwandlung, an den Stein der Weisen, faßte Donner, Blitz, Erdbeben, Regenbogen und andere Naturerscheinungen als Wirkungen einzelner Geister auf usw. — Der Londoner Arzt Robert Fludd († 1637), der berühmteste unter den

13) De praestig. daemonum, Bch. II, Kap. 18. — 14) *Kopp*, Geschichte der Chemie, 1. Bd. (Braunschweig 1843.)

Rosenkreuzern, leitete die Entstehung der Krankheiten von bösen Dämonen her, gegen die der gläubige Arzt zu kämpfen habe. In jedem Planeten hause ein Dämon, und so gebe es saturnische, jovialische, venerische, martialische und merkurialische Dämonen, die ihnen gemäße Krankheiten erzeugen. — Der Rostocker Professor Sebastian Wirdig († 1687) sah zwei Arten von Geistern durch die ganze Natur verbreitet, deren sich auch im menschlichen Körper befänden und mit den Geistern der Luft in den Gestirnen in Gemeinschaft ständen, durch deren Einfluß sie regiert würden. Wie Thomas Campanella, Fludd u. a. gibt auch Wirdig der Wärme, Kälte, Luft einen Geist und leitet die Krankheiten von den zornigen und rachsüchtigen Geistern der Luft und des Firmaments her. Er verteidigt die Wünschelrute[15] wie die Nekromantie und findet die Beweise in biblischen Sprüchen.

Beispiele ähnlicher Art ließen sich aus der Geschichte der Medizin[16] und der Naturwissenschaften in Menge anführen. Denn das Denken selbst der Koryphäen der Wissenschaft war bis über das siebzehnte Jahrhundert hinaus vom Aberglauben so beherrscht, daß man in dem Verlaufe und Zusammenhange natürlicher Dinge nicht das Naturgesetz, sondern das geheimnisvolle und unheimliche Walten verborgener Geister und dämonischer Mächte sah[17].

Unter diesen Umständen wird es erklärlich, warum die Reformation Hexenglauben und Hexenprozessse nicht gestürzt hat. Sie ließ beide bestehen, wie sie den Glauben an den persönlichen Teufel bestehen ließ. In diesem Glauben erhitzte sich der Eifer gegen die Verbündeten des Teufels um so mehr, je weniger eine Religionsgenossenschaft der andern im Abscheu gegen das Diabolische nach-

---

15) Zeitschrift f. Volkskunde. 13. Jahrg. *H. Sökeland*, Die Wünschelrute, S. 202 ff. Berlin 1903. — 16) *Valentin Kräutermann*, Der thüringische Paracelsus etc., Arnstadt und Leipzig 1720. *William Marshall*, Neueröffnetes, wundersames Arzenei-Kästlein, Leipzig 1894. Troels-Lund. Gesundheit und Krankheit, Leipzig 1901. — 17) *Roskoff*, B. II, S. 321.

stehen wollte; und so rasten die verschiedenen Parteien
der Protestanten untereinander selbst und mit den Katholiken um die Wette. Zwar will Walter Scott bemerkt
haben, daß in England unter hervortretendem calvinistischen
Übergewichte die Hexenprozesse immer zahlreicher gewesen seien, als unter dem des anglikanischen Klerus, und
es ist richtig, daß im sechzehnten Jahrhundert England
verhältnismäßig nur wenige Hinrichtungen kennt; aber
Jakobs I. Blutgesetze, die im siebzehnten so viele Greuel
brachten, gingen doch nicht von den Calvinisten aus.
Weiter ist es Tatsache, daß der reformierte Theodor Beza
den französichen Parlamenten den Vorwurf der Lässigkeit
in den Hexenprozessen machte; aber der katholische Florimond de Remond, weit entfernt den fanatischen Eifer seines
Gegners zu tadeln, beeilt sich nur, das behauptete Faktum
in Abrede zu stellen, indem er auf die zahllosen Opfer
hinweist, die er als Parlamentsrat zu Bordeaux täglich zum
Feuer verurteilen half. Arge Verblendung aber ist's, wenn
es katholische Schriftsteller versucht haben für die Verbreitung der Hexenprozesse nicht der geistlichen Inquisition und den päpstlichen Bullen, sondern der Reformation
eine besondere Rolle zuzuweisen. Luther hat die Lehre
vom Teufel aus der katholischen Kirche herübergenommen,
aber freilich so, daß sie in ihm nach zwei Seiten hin eine
ganz neue, und zwar gegen den dämonischen Aberglauben
der Kirche sich abschließende Gestalt gewann. Denn
1. faßt Luther den Teufel wesentlich als Werkzeug des
göttlichen Zornes über die Sünde, als Mittel der Strafgerechtigkeit Gottes auf, so daß sich die Gewalt des Teufels
nicht weiter als das Zorngebiet Gottes erstreckt, auf den
Gott ihm „Raum läßt"; und 2. sieht Luther die Stellung
des Christen im Kampfe mit dem Teufel ganz anders an
als die Kirche es tat. Diese betrachtete den Kampf gegen
den Teufel als ein rein äußerliches Vorgehen, dem sich
der Christ der ihm von der Kirche gebotenen Mittel, nämlich
bestimmter Gebetsformeln, des Weihwassers, der Nennung

Erasmus v. Rotterdam
Kupfer von Albrecht Dürer, Berlin, Kgl. Kupferstich-Kabinett

des Namens Jesu, des Kreuzzeichens usw. bedienen sollte. Luther dagegen verlegte den Kampf in das Innere der Seele, wo sich der Christ durch anhaltendes Gebet, durch immerwährende Buße, durch stetes Wachsen im Glauben und in der Gemeinschaft mit Gott sich gegen alle Anläufe des Bösen schirmen und sich mehr und mehr zum Siege über denselben erheben sollte[18]. Darum kann von Luther nicht gesagt werden, daß er durch seine Lehre von der Gewalt des Teufels das Übel der Hexenverfolgung verschuldet habe. Ist es doch auch unumstößliche Tatsache, daß die katholischen Länder, und zwar unter päpstlicher Autorität, den Hexenprozeß nicht nur geraume Zeit vorher betrieben, ehe Luthers Reformation begann, sondern auch daß das Übel in keinem protestantischen deutschen Lande jemals eine gleiche Höhe erreicht hat, wie in den Gebieten der katholischen Länder und der geistlichen Fürsten.

Es steht zweifellos fest, daß Luther den Hexenwahn nicht ins Leben gerufen hat, was auch kein vernünftiger Mensch behaupten wird. Ganz anders ist es jedoch mit der Popularisierung des Teufelglaubens unter den Reformatoren und somit auch in der evangelischen Kirche. Daß Luther die Teufelsmacht weniger fürchtete als verachtete[19], tut nichts zur Sache. Andere seiner Anhänger waren weniger starkgeistig als er. Er ist trotzdem in der Betonung der Wirksamkeit des Teufels weit über das Mittelalter hinausgegangen. Wie schon Freytag betonte, war der deutsche Teufel „recht gemütlich zugerichtet"[20], ein Tolpatsch, der nur betrog, wenn er einen ganz Dummen fand, meist aber von geriebeneren Gaunern als er selbst war, ordentlich über das Ohr gehauen wurde. So kennen ihn das deutsche Märchen[21] und die deutsche Volkssage[22].

---

18) *Roskoff*, B. II, S. 365—377. — 19) *Gustav Freytag*, Bilder aus der deutschen Vergangenheit, 24. Aufl., 2², S. 355. — 20) *Freytag*, S. 353. — 21) *Grimm*, Kinder- und Hausmärchen, 32. Aufl., Stuttgart-Berlin 1906. *Grimm*, 3. Bd., Leipzig (Reclam), S. 273 ff. — 22) *August Wünsche*, Der Sagenkreis vom geprellten Teufel, Leipzig, S. 545, Wien 1905.

Das wurde mit der Reformation anders. Der Teufel des Volksglaubens wurde von dem der Theologen verdrängt, und dies ist Luthers Schuld mit.

„Niemand aber hat diese Rolle (des Teufels) mehr gefördert als Luther, der sich förmlich in die Teufelsidee verrannte. Er glaubte sich von ihm auf der Wartburg, wie im Kloster zu Wittenberg gestört. . . . Wenn sich auch bei seinem Reden und seinen Geschichten vom Teufel nach volkstümliche Denkart äußerte, so hat er doch in seiner Verflechtung des ganzen menschlichen Lebens mit Anfeindungen und Versuchungen des Teufels neue und unheilvolle Wege eingeschlagen," also charakterisiert Georg Steinhausen, der bedeutendste deutsche Kulturhistoriker der Gegenwart, Luthers Aberglaube[23]. Es war, was Luther vom Teufel dozierte, vielleicht nicht immer so ernst gemeint, aber es wurde ernst genommen.

Mit diesen historisch begründeten Behauptungen setze ich mich in Widerspruch zu Soldan, dem Verfasser dieses Werkes und dessen ersten Bearbeiter Heppe. Diese ernsten Forscher, die im Hauptamte Pastoren waren, verehren die Wirksamkeit und die Person Luthers, daß sie darüber ihre Objektivität verlieren und Schatten retouchieren, ohne die das Bild des großen Reformators unnatürlich wirken würde. Luther war ein Kind seiner Zeit, vielleicht das gewaltigste, aber sein Denken und Fühlen wurzelte im Geiste jener Epoche. Ihm die Anschauung späterer Jahrhunderte künstlich aufpfropfen wollen, heißt sein Bild verzerren.

Wenn der Jesuit Delrio Leute nennen wollte, die im Hexenglauben heterodox seien, so fehlten Luther und Melanchthon nicht[24]. Der Pater Angelicus Preati, indem er die Realität der Hexenfahrten als Dogma verficht, nennt das Leugnen der Zauberei eine Nachfolge Luthers und Melanchthons; der Pater Staidel setzt den Zweifel an der Hexerei einer ketzerischen Verleugnung der Firmung gleich; der Pater Concina wirft abermals die Meinung, daß es

23) Kulturgesch., S. 518. — 24) Disquis. mag., 1. II., qu. 16.

keine Hexen gebe, Luthern, Melanchthon und ihren „Spieß-gesellen" vor[25], und der Pater Agnellus März wiederholt dies, indem er den Münchener Akademiker Sterzinger, der den Hexenglauben bekämpft, zu verketzern sucht[26]. Torreblanca endlich zählt Luther nebst Huß und Wicleff unter denjenigen auf, die sich gegen die Bestrafung der Hexen ausgesprochen haben sollen[27].

Die genannten Väter, deren Zahl wir leicht noch beträchtlich vermehren könnten, haben unrecht. Luther hat nirgends den Zauberglauben eigens abgehandelt[28]. Wo er bei Veranlassungen auf ihn zu reden kommt, da ergibt es sich, daß er ihm, jedoch mit Einschränkungen, ergeben ist. Die Incuben und Succuben räumt er mit besonderer Beziehung auf Augustins Autorität ein, weil der Satan gerne den Menschen in der angenommenen Gestalt eines Jünglings oder einer Jungfrau betrügen möge; daß aber aus solchem Umgange irgend etwas erzeugt werden könne, stellt er in Abrede[29]. Ferner glaubt er, daß der Teufel imstande sei, Kinder zu stehlen und anderwärts unterzuschieben (Wechselbalge, Kielkröpfe)[30]. Die Hexenfahrten erklärt er, wie Melanchthon, für Einbildung; aber er ist für die strengste Bestrafung der Zauberinnen, die Leib und Gut ihres Nächsten beschädigen und will sie zum Scheiterhaufen geführt sehen[31].

In Süddeutschland meinte der Reformator Schwabens, Joh. Brentz zu Stuttgart, man müsse wenigstens noch alle diejenigen Weiber unter das Schwert bringen, die es im Ernste versucht hätten, zauberische Werke zu verrichten[32], wogegen die Jülich-Clevische Kirchenordnung von 1533

25) *Dell' Osa*, Die Nichtigkeit der Zauberei, Frankf. 1766, S. 262. — 26) Urteil ohne Vorurteile etc. 1766, S. 57. — 27) Daemonol. III. 1. — 28) *Soldan-Heppe* irren siehe. Luthers Werke, Weimar 1883 ff., I. Bd., S. 406 ff., VII. 207, X. 2. 380. *Dr. B. Haendcke,* Deutsche Kultur im Zeitalter des 30jähr. Krieges. Leipzig 1906, S. 449. *Paulus*, S. 23. — 29) Erklärung der Genesis, 6. 1. Tischreden, XXIV. § 94 ff. — 30) Ebendaselbst. — 31) Tischreden, Kap. XXV., Weimarer Ausgabe, XVI., 551. — 32) *Wolters*, Konrad v. Heresbach, S. 154. — *Paulus*, S. 107.

alle Zauberer, Wahrsager und Beschwörer als Gotteslästerer behandelt wissen wollte. Diese Kirchenordnung war teilweise das Werk des Konrad v. Heresbach, der von jeher die für „Götzendiener" hielt, „welche wähnen, ein Geschöpf könne in eine andere Gestalt verwandelt werden"[33].

Übrigens war Brentzens Meinung von der Hexerei nicht die des Hexenhammers. Er sagt in einer Predigt von 1564 über das Wettermachen der Hexen, „daß die Unholde Hagel, Ungewitter und andere böse Dinge zu machen, zu erregen und aufzubringen, gar keine Gewalt haben, sondern daß sie vom Teufel damit aufgezogen und verspottet werden, der ihnen weismacht, sie hätten solches getan. Denn in dem Augenblicke, wo der Teufel weiß, daß ein solches Wetter kommen wird, gibt er einer Hexe ein, daß sie ein solches herbeibeschwören müsse, um sie in ihrem Glauben zu stärken." — Als Servede zu Genf auf dem Scheiterhaufen stand, redete Farel die versammelte Menge mit den Worten an: „Sehet ihr wohl, welche Gewalt dem Satan zu Gebote steht, wenn sich ihm einer einmal überlassen hat! Dieser Mann ist ein gelehrter Mann vor vielen und vielleicht glaubte er recht zu handeln; nun aber wird er vom Teufel besessen, was euch ebensowohl geschehen könnte!"

Jene Disposition des Zeitalters, wie wir sie darzulegen versucht haben, bildete indessen nur die allgemeine Grundlage, auf der niedrige Motive jeder Art ein um so freieres Spiel zur Verbreitung des Übels entwickeln konnten.

Vor allem knüpfte sich an die Bestrebungen der hierarchischen Reaktion fortwährend der alte kirchliche Macchiavellismus. Zwar war ein großer Teil Deutschlands außer dem Bereiche der Inquisiton; aber es mußte dafür gesorgt werden, daß die immer weitergreifenden Fortschritte der Reformation gehemmt, die noch schwankenden Länder erhalten würden. Dem Andringen des Protestantismus gegenüber führten daher die Jesuiten überall das Gespenst des Hexentums als schreckendes Medusenhaupt vor.

<hr>

33) *Wolters*, S. 152.

„Nur die Unverschämtheit kann leugnen," sagt Delrio, „daß die Zaubergreuel den Ketzereien auf dem Fuße folgen, wie der Schatten dem Körper; die ganze Seuche kommt hauptsächlich von der Vernachlässigung und Verachtung des katholischen Glaubens." Dann weist er darauf hin, wie schon die Gnostiker und andere Sekten des Altertums Zauberer gewesen seien, schiebt eine Stelle aus Tertullian in das Vordertreffen und nähert sich mit behutsamer Taktik dem eigentlichen Angriffspunkte. „Erst haben die Hussiten Böhmen, dann die Lutheraner Deutschland überzogen. Welche Zaubergreuel jenen nachfolgten, haben die Inquisitoren Nider und Sprenger dargetan; welche Ströme von Hexen aber die Lutheraner ausschütteten, davon wissen diejenigen zu erzählen, die, gleichsam eingefroren in jene arktische Kälte, vor Furcht erstarrt sind; denn kaum gibt es dort noch irgend etwas, was frei und unbeschädigt wäre von jenen Bestien oder vielmehr Teufeln in Menschengestalt." Sodann wird versichert, daß man auf den Alpen kaum noch ein Weib treffe, das nicht eine Hexe sei, weil dort die Reste der Waldenser sich versteckt hielten.

In der Schweiz, in Frankreich, England, Schottland und Belgien muß der Calvinismus das ganze Übel tragen; auch an die sogenannten Politiker Italiens wird ein Seitenhieb ausgeteilt.

Ganz im Einklange hiermit ist es, wenn man im Trierischen Leute auf der Folter bekennen ließ, daß sie zu jener Zeit angesteckt worden seien, als der Markgraf Albrecht von Brandenburg, „diese schändliche und höllische Stütze des Luthertums, der selbst ein Erzzauberer gewesen sei," das Land mit seinen Truppen überzogen habe. Am Ende der Vorrede läßt Delrio seinen Lehrer und Mitjesuiten Maldonatus die Frage beantworten, warum die Zauberei sich so unzertrennlich an die Ketzerei knüpfe. Die angeführten Gründe laufen hauptsächlich darauf hinaus, daß der Teufel so gerne in die Leiber der Ketzer fahre, wie einst in die der Schweine; daß die Ketzerei, wenn sie

anfangs auch noch so geschickt in das Gewand der Unschuld und Wahrheit sich zu kleiden wisse, bald altere
und, um ihre Existenz zu retten, zur Magie werde, wie die
verblühte Hure zur Kupplerin usw.

So sieht denn auch Delrio den Calvinismus, das Luther-
tum und den Anabaptismus, die drei unreinen Geister
die ihm hervorgegangen sind aus dem Rachen der Schlange,
dem Rachen des Tieres und dem Rachen des falschen
Propheten, schon kraftlos hinwelken und nur noch mit
Mühe atmen; sie können niemanden mehr locken, aber an
ihre Stelle wird Zauberei und Atheismus in unverhüllter
Häßlichkeit treten und, gleich den Heuschrecken im Propheten Joel, das Land verzehren. Nichtsdestoweniger erblickt sein scharfes Auge auch in der katholischen Kirche
nur ein so kleines Häuflein wahrhaft Gläubiger, daß es
vor dem Blicke fast verschwindet; alles ist ihm auch da
zu matt und schon auf dem Wege zum Atheismus. Diesen
lauen Katholiken nun einen heilsamen Schrecken einzujagen,
die ganze Schändlichkeit des Zauberwesens allen Schwankenden vor die Augen zu halten, das Schwert der Gerechtigkeit gegen die Schuldigen zu schärfen, schreibt er
sein Buch.

An solchen Bestrebungen erkennen wir ganz den Geist
der Gesellschaft Jesu wieder, denselben Geist, der durch
den Pater Andreas zu Wien von der Kanzel verkündigen
ließ, daß es besser sei, mit dem Teufel sich zu vermählen,
als mit einem lutherischen Weibe, weil jener doch mit
Weihwasser und Exorcismen zu vertreiben sei, an diesem
aber Kreuz, Salböl und Taufe verloren gehe; denselben
Geist, der andern Vätern dieser Gesellschaft offenbarte,
daß, wer bei den Evangelischen das Abendmahl unter
beiderlei Gestalt empfange, recht eigentlich den Teufel
selbst genieße. Und wäre nicht derselbe Geist in seinen
Wirkungen kennbar, wenn wir die Tatsache erwägen, daß
es unter den katholischen Ländern Deutschlands gerade
die geistlichen Stifte sind, wo verhältnismäßig die meisten

Hinrichtungen stattfanden? Trier, Bamberg, Würzburg, Fulda und Salzburg stehen obenan.

Über das Interesse, das die geistlichen Fürsten an der Unterdrückung der Reformation in ihren Ländern haben mußten, kann kein Zweifel bestehen. Nun aber schnitten die Erfolge des schmalkaldischen Krieges dem Verfolgungsgeiste die Anwendung der Todesstrafe ab, wenn die Anklage auf das Bekenntnis der lutherischen Lehre oder auf die Hinneigung zu ihr lautete. Der Augsburger Friede gestattete nur die Landesverweisung, und diese entzog, wo sie versucht wurde, wie in Salzburg unter Wolfgang Dietrich, mit dem Vermögen der auswandernden Reichen den Ländern ihre besten Kräfte [34].

Dagegen verbot kein Gesetz, öffentliche und heimliche Freunde des Protestantismus wegen des Verbrechens der Zauberei in den Tod zu schicken. Zauberei war ja nach römischem Grundsatze auch Ketzerei; wer den Tod des Zauberers starb, der litt auch die Strafe des Ketzers, sein Vermögen blieb im Lande und fiel sogar an vielen Orten dem Fiskus zu. Es war also hiermit die Möglichkeit gegeben, unter der Maske des gesetzlichen Hexenprozesses eine blutige Verfolgung des Protestantismus zu betreiben, die das Gesetz verbot [35]. Auch in Frankreich fällt, wie Delrio richtig bemerkt, die Hauptepoche seines wieder auflebenden Hexenwesens in die Zeit, wo die Hugenotten am mächtigsten emporstrebten, d. h. es fanden die meisten Hinrichtungen statt.

In Spanien erscheint die Zahl der wegen Zauberei Hingerichteten im Verhältnisse zu der Gesamtsumme der Opfer des Glaubensgerichtes gering; dies erklärt sich gerade aus der ausgedehnten Macht der dortigen Inquisition, die ohne Umschweife auf ihr Ziel losgehen durfte.

Dagegen wüteten in Polen die Hexenprozesse am meisten seit der Zeit, wo der Jesuitenorden seine Bestrebungen zur Ausrottung der zahlreichen Dissidenten begann.

---

34) *Franz Duckher*, Salzburgische Chronica S. 268. — 35) *Längin*, Religion und Hexenprozeß S. 109.

Näheres hierüber später. Um jedoch das Gesagte zu beweisen, teilen wir einige Vorkommnisse mit, die keiner weiteren Erläuterung bedürfen.

Louis Berquin, Rat am Hofe Franz I., hatte sich über die frommen Betrügereien der Mönche etwas freimütig ausgesprochen, ward der Begünstigung des Luthertums beschuldigt und entging der öffentlichen Abschwörung nur durch den besonderen Schutz des Königs. Hierauf erhob man die Anklage der Zauberei und Teufelsanbetung, und der König wagte es nicht mehr, ihn zu vertreten. Berquin wurde mit durchbohrter Zunge am 17. April 1529 auf dem Grèveplatz zu Paris lebendig verbrannt[36].

Ein Spezereihändler zu Baden führte 1628 gegen seinen Landesherrn, den nach protestantischer Landesverwaltung erst kürzlich eingesetzten katholischen Markgrafen Wilhelm von Baden-Baden, Klage beim Reichskammergericht wegen widerrechtlicher Verhaftung seiner Ehefrau. Er erzählt: „Als für's Erste sie, meine liebe Hausfrau, jetzt nunmehr ein Jahr, uf 6 bloße Angebungen, alss wann sie bei einem Hexen Tantz seye gesehen worden, uf eim Zinstag umb 10 Uhr zu Mittag urplötzlich zue gefänglicher Hafft genommen undt alssbaldt da sie in Thurn kommen, ihr angezeigt, auss fürstlichem Bevelch geschehe dass, undt hatt sie Eppach und ein Schreiber mit diessen ungestümen Wortten angeredt: Sie seye die gröste Hur in Baden undt darzue ein Hex, undt habe solche Hexerey von iren Eltern (welche lutherisch gewesen und die Frauw gleichfalls) gelernt, sie soll es nur nicht leugnen, sondern rundt bekennen, darauf sie beständiglich geantworttet, man thue ihr für Gott und aller Welt Unrecht, hatt man sie also baldt ohne alle Barmhertzigkeit ahne die Folter geschlagen usw."[37].

Von dem Kaufmann Köbbing zu Coesfeld, 1632 hingerichtet, sagt der Fiskal in den eingereichten Artikeln:

36) *Garinet*, Hist. de la magie en France p. 120. *Bodin*, Daemonoman. lib. IV. cap 5. — 37) Aus Originalakten des R. K. G. Rubr. Weinhagen ca. Wilhelmen Markgrafen zu Baden.

„Art. 68. Inmaßen wahr, daß er ein Gottvergessener Mensch sey, der nicht allein die Kirchen nicht frequentirt, sundern auch zu sagen pflegt, man müsse temporisiren, und soviel den Glauben anbelangt allen Sekten und Religionen sich accomodiren können. 69. Item er wolle sich wegen den Glauben so viel nicht bekümmern, daß er darumb verfolgt oder getödtet werden solle. 70. Wahr, daß man uf solche Gottvergessene unrechtfertige und heillose Leuth desto leichtlicher solchs Laster versehen müge." — Die beiden ersteren Artikel waren unter den fünfundsiebzig der Klageschrift die einzigen, deren Inhalt, sofern er gravirend war, der Beschuldigte in seinem ersten Verhöre nicht gänzlich in Abrede stellte. Köbbing stand als Kaufmann mit Holländern in Verbindung; auch hatte er die Tochter eines protestantischen Geistlichen in seinem Hause beherbergt. Jesuiten, seit 1626 in Coesfeld, spielten die Beichtväter in den Hexenprozessen dieser Stadt und referierten dem Rate über die letzten Erklärungen der Verurteilten[38].

Neben dem negativen Nutzen der Herabsetzung des Protestantismus suchten viele Kleriker auch noch einen positiven Gewinn zur direkten Verherrlichung der römischen Kirche zu ziehen. Bot ja doch ihr Ritual die Specifica gegen alle zauberischen Anfeindungen: Exorzismen, Weihwasser, geweihtes Salz, geweihte Kerzen, Zweige usw. Und von wie vielen einzelnen Fällen wissen die Kleriker zu erzählen, daß diese Mittel wirklich geholfen haben, — Fälle freilich, in denen man vorsichtig genug war, sich des Erfolgs im voraus zu versichern![39] Ferner traten jetzt unter den Händen geschickter Exorzisten die Behexten in die Reihe der Zeugen für die Wahrheit katholischer Dogmen, und der Teufel selbst mußte aus dem Munde der Bezauberten Zeugnis ablegen für die Religion, deren Widersacher er ist.[40] In salzburgischen Akten haben die

---

38) *Niesert*, Merkw. Hexenprozeß gegen den Kaufm. G. Köpping. — 39) *Weier*, Buch V. Kap. 3. *W. Scott*, Br. üb. Dämon. II. 59 ff. Jakob I. Daemonol. III. 4. — 40) *Längin*, Religion und Hexenprozeß, S 111².

Gefolterten deponiert, und man trug Sorge dafür, daß dies weiter verbreitet wurde, — daß man nur durch des Teufels Antrieb dazu komme, den Heiligendienst und die Ohrenbeichte zu verwerfen, und daß aus der beim Teufelssabbat durchstochenen Hostie Ströme von Blut geflossen seien[41]. Die blutenden Hostien vererbten sich jetzt aus den Judenverfolgungen auf den Hexenprozeß; auch in bambergischen Akten[42] und in den Exorzismen von Loudun begegnen wir ihnen, in den letzteren auch ausdrücklichen Zeugnissen für die Transsubstantiation, die der beschworene Teufel aus den Besessenen heraus ablegte.

Ein zweites, sehr wirksames Motiv war die Habsucht. Niemanden ist es unbekannt, wie sehr diese in das Gerichtswesen des sechzehnten Jahrhunderts überhaupt eingriff

„Die Gerichtsherren, — sagt Udalrich Zasius — statt auf das gemeine Beste zu sehen, strafen nur, um ihre Einkünfte zu vermehren. Ärgerlich ist's, im voraus das Unglück der Menschen in Anschlag zu bringen, und verdammlich ist daher die Sitte, beim Verkauf der Güter, mit denen peinliche Gerichtsbarkeit verknüpft ist, die Strafen mit zum Bestande der Einkünfte zu rechnen"[43]. Der Trierer Kurfürst Johann VII. von Schönberg kennzeichnet mit erschreckender Offenheit die richterlichen Erpressungen: „Die tägliche Erfahrung ergibt, daß viele Nullitäten und Unwichtigkeit sowohl der Prozesse als der Exekutionen halber vorgegangen, daher den armen Untertanen unerträgliche Unkosten zur Hand gewachsen, so daß viele Gemeinden und Untertanen, ja Witwen und Waisen ins äußerste Verderben gesetzt worden", sagt er in seinem Dekret vom 18. Dezember 1591. Es sei natürlich nicht damit gesagt, daß bei allen Richtern die Geldgier die treibende Kraft zur Hexenverfolgung war. Auch Riezler[44]

---

41) *Hauber*, Bibl. mag. Bd. III. S. 306. — 42) *V. Lamberg*, Beilage Lit. S. 43) *Henke*, Grundr. einer Geschichte des deutschen peinl. Rechts. — Sulzbach 1809. Th. I. S. 319. — 44) S. 127, *Janssen*, VIII. S. 695

betont, daß in keinem der bis jetzt bekannten bayerischen Fälle Eigennutz oder Schurkerei bei den Richtern zu erkennen war. Deshalb aber diese Motive bei allen Richtern rundweg abzuleugnen, wie es Mejer tat[45], geht bei der Fülle der Beweise vom Gegenteil nicht gut an. Sie waren vorhanden und nicht im Hexenprozeß allein. Die Geldsucht der Richter und Juristen war sprichwörtlich geworden[46].

Wie diese niederträchtige Gier ganz besonders auf die Hexenprozesse wirkte, das erkannten schon die Scharfsichtigeren unter den Zeitgenossen. Der Kanonikus Cornelius Loos, dem die Freimütigkeit, mit der er gegen solchen Unfug auftrat, mehrmals Kerkerstrafe zuzog, nannte diese Prozesse eine neuerfundene Alchymie, durch die man aus Menschenblut Gold und Silber mache.

Vierzig Jahre später sagte Friedrich Spee, daß viele nach den Verurteilungen der Zauberer hungerten, „als dem Brocken, davon sie fette Suppen essen wollten". Der Aufwand mancher Richter entging selbst der Aufmerksamkeit des Pöbels nicht. Und in der Tat konnte es für eine Behörde, die ihre Sache verstand, keine bessere Finanzoperation geben. Die Güter der Verurteilten wurden auf dem Wege der Konfiskation oder unter anderen Titeln eingezogen; Inquisitoren und Richter nahmen entweder eine beträchtliche Quote, oder reichliche Sporteln; auch Denunziant, Häscher und Scharfrichter waren bedacht. Der Offenburger Magistrat versprach 1628 jedem, der eine Hexe einliefere, zwei Schilling Pfenning Fanggebühr[47].

Nun war aber keine andere Untersuchung so gänzlich nach Belieben einzuleiten und zu verzweigen, wie die wegen Zauberei. Jeder andere Prozeß verlangte doch die Erhebung eines objektiven Tatbestandes und war an feste Formen und Grenzen gebunden. Anders bei der Zauberei. Jedes Indizium, jedes Verfahren, jeder Beweis

45) Die Periode der Hexenprozesse, S. 33 — 46) *Heinemann*, Der Richter, S. 92 ff. — 47) *Schreiber*, Die Hexenpr. im Breisgau, S. 18.

galt, nur der des Alibi nicht. Richter und Folterknecht mußten entweder sehr ehrlich oder sehr ungeschickt oder abgefunden sein, wenn sie nicht aus dem ersten Angeklagten Stoff zu zehn, zwanzig oder mehr neuen Prozessen herauspreßten. Bei Mord und Raub ergab sich die Zahl der in dem Gerichtssprengel begangenen Verbrechen aus der Wirklichkeit. Bei der Zauberei waren es ebensogut tausend wie ein einziges; dort bestimmte die Tat den Richter, hier der Richter die Tat. Darum darf es nicht befremden, wenn in manchen Bezirken zehn ergiebige Hexenprozesse auf eine einzige Hinrichtung wegen Straßenraubs kommen.

„In dem Rechte — sagt Agrippa[48] — ist ausdrücklich bestimmt, daß den Inquisitoren über Verdacht, Verteidigung, Beschützung und Begünstigung einer Ketzerei keine jurisdiktion zustehe, sobald nicht erwiesen ist, daß eine offenbare und ausdrücklich verdammte Ketzerei vorliege. Aber diese blutgierigen Geier gehen über ihre Privilegien hinaus und drängen sich gegen alle Rechte und kanonischen Bestimmungen in die Jurisdiktion der Ordinarien ein, indem sie sich anmaßen, auch über solche Dinge, die gar nicht ketzerisch, sondern nur anstößig oder sonst irrtümlich sind, abzuurteilen. Gegen arme Bauernweiber wüten sie auf das grausamste und unterwerfen die wegen Zauberei Angeklagten oder Denunzierten, oft ohne daß das mindeste rechtsbeständige Indizium vorliegt, einer schrecklichen und maßlosen Folter, bis sie ihnen das Bekenntnis von Dingen, an die sie nie gedacht haben, auspressen, um einen Vorwand zur Verurteilung zu gewinnen. Sie glauben nur dann ihres Namens würdig zu sein, wenn sie nicht eher ablassen, als bis die Arme entweder verbrannt ist, oder dem Inquisitor Gold in die Hände gedrückt hat, damit er sich erbarme und sie durch die Folter gerechtfertigt finde und freispreche. Der Inquisitor

---

48) De vanitate scientiarum cap. 96. *Cardanus*, De rerum varietate Lib. XV. Cap. 80.

vermag nicht selten eine Leibesstrafe in eine Geldstrafe zu verwandeln und diese seinem Inquisitionsgeschäfte zuzuwenden, woraus ein nicht unbeträchtlicher Gewinn gezogen wird. Sie haben unter jenen Unglücklichen nicht wenige, die eine jährliche Steuer zahlen müssen, um nicht von neuem vor Gericht gezogen zu werden. Da man überdies die Ketzergüter konfisziert, so macht der Inquisitor auch daran eine schöne Beute, und da endlich die Anklage oder die Denunziation, ja selbst der leiseste Verdacht der Zauberei und sogar die Vorladung einen Makel nach sich zieht, der nur dadurch geheilt wird, daß man dem Inquisitor Geld gibt, so macht auch dieses etwas aus. Vermöge dieser Kautel mißhandelten, als ich in Italien war, die meisten Inquisitoren im Mailändischen viele unbescholtene Frauen, auch aus dem vornehmeren Stande, und erpreßten so im stillen ungeheure Summen von den Geängstigten. Als der Betrug herauskam, fiel der Adel über sie her, und sie entrannen nur mit Not dem Feuer und dem Schwerte."

Gleichzeitig verfolgten in Deutschland die bischöflichen Offizialate, wenn gleich etwas glimpflicher, ihren Gewinn.

War eine Person in bösen Leumund geraten, so lud sie der Offizial vor, ließ sie einen Reinigungseid schwören und nötigte ihr dann einen lossprechenden Urteilsbrief auf, der mit $2^1/_4$ Gulden bezahlt wurde. Dieser Punkt bildet, unter namentlicher Hervorhebung der Zauberei, die siebenundfünfzigste unter den Beschwerden, die der Nürnberger Reichstag von 1522 gegen den römischen Stuhl erhob.

In Trier, wo unter dem schwachen Johann VI. das Übel auf den höchsten Grad stieg, waren zwar Äcker und Weinberge aus Mangel an Arbeitern verödet, aber Notarien, Aktuarien und der Nachrichter waren reich geworden. Der Henker ritt, in Gold und Silber gekleidet, einher; seine Frau wetteiferte in Kleiderpracht mit den vornehmsten Damen. Als jedoch das Übermaß des Elends die Sporteltaxe endlich etwas zu ermäßigen gebot, war alsbald auch einige Abnahme des Verfolgungseifers bemerkbar[49], obgleich auch jetzt noch der Notarius täglich einunddreißig Albus und der Nachrichter für jeden, der unter seine Hände kam, 1¹/₂ Gulden erhielt. Zu Koesfeld bezog der Nachrichter 1631 binnen sechs Monaten 169 Rthlr. allein für seine Bemühungen an den Hexen[50]. Der zu Koburg veranlaßte um dieselbe Zeit für sich, seine Pferde, Knechte und Boten in Jahresfrist einen Kostenaufwand von mehr als 1100 Gulden[51]. An manchen Orten erhielt der Richter, wie Spee versichert, von jedem Kopfe 4 bis 5 Rthlr.; und doch hatte Karls V. peinliche Gerichtsordnung sehr treffend den Richter, der „von jedem Stuck sein belonung het", mit dem Nachrichter verglichen. Unter den englischen Hexenfindern nahm Hopkins Transportkosten, freie Station und Diäten; ein Schotte, der nach Newcastle entboten wurde, erhielt außer der Vergütung der Reisekosten 20 Schillinge für jede entdeckte Zauberin[52].

Von besonderem Interesse ist, was in dieser Beziehung aus Österreichisch-Schlesien und Mähren mitgeteilt wird[53]. Dort suchte man zur Leitung eines Hexenprozesses einen darin erfahrenen Mann zu gewinnen. Da aber selbst unter den Amt- und Hofleuten der Gerichtsherren sich selten solche fanden, die dazu bereit gewesen wären, so mußte die Gerichtsherrschaft bei der geringen Auswahl, die man hatte, guten Lohn geben. Die Hexenrichterei wurde also zum Gewerbe, von dem man lebte. Ein Hexenrichter namens Boblig erhielt von der Gerichtsherrschaft, der Gräfin Galle, Kost und bequeme Wohnung für sich und seinen Diener, außerdem einen Reichstaler täglich und für Kom-

49) *Linden*, in Gest., Trevir. ed. Wyttenb., Vol. III., p. 54. *S. Sugenheim*, Bayerns Kirchen- und Volkszustände im 16. Jahrh., Gießen 1842, S. 509. — 50) *Niesert*, S. 100. — 51) *Leib*, Consilia, responsa ac deductiones juris variae, Francof 1666 p. 124. — 52) *Hutchinson*, Histor. Versuch über die Zauberei, Kap. 4. A trial of witches at the assizes held at Bury St. Edmonds, 1664. London 1838, p. 25. — 53) „Zur Geschichte des Glaubens an Zauberer, Hexen und Wampyre in Mähren und Österreichisch-Schlesien" von *Bischof* und *d'Elwert*. *Roskoff*, II., 332 ff.

missionsreisen die üblichen, nicht unbedeutenden Zehr- und Wartegelder. Die nämliche Bezahlung erhielt er auch vom Fürsten von Liechtenstein, als die Prozesse auf dessen Gebiet hinübergespielt worden waren, und diese Bezahlung wurde bei weiterer Ausdehnung der Hexenverfolgung noch bedeutend erhöht.

Eben dieselbe Bezahlung sagte auch der Fürstbischof von Olmütz dem Boblig zu, als er ihm die Leitung des Prozesses gegen den Dechant Lauthner von Schönberg übertrug. Inzwischen hatte Boblig auch in Prossnitz zwei Weiber, Elisabeth Brabenetzki und Katharina Wodak, auf den Scheiterhaufen gebracht, und dafür täglich 3 Gulden, in Summa 246 Gulden eingestrichen.

Erwägt man nun, daß die Hexenrichter keine anderweite Stellung einnahmen, sondern lediglich von der Verfolgung der Hexen lebten, so begreift es sich leicht, daß sie an der ununterbrochenen Weiterverbreitung der Hexenprozesse das größte Interesse haben mußten. Die von Bischof eingesehenen Akten lassen es deutlich wahrnehmen, wie eifrig Boblig darauf bedacht war, die Hexenprozesse nicht ins Stocken kommen zu lassen. An vielen Orten erhoben sich daher Klagen über den Aufwand der Henker und ihrer Weiber. Meister Jörg Abriel, der Schongauer Scharfrichter, reiste mit seiner Hausfrau und zwei Geleitsboten mit drei Pferden wie ein großer Herr im Lande umher[54].

Der Scharfrichter von Dieburg (in der hessischen Provinz Starkenburg) verrechnete sich für die Jahre 1628 und 1629 die enorme Summe von 253 Gulden 13½ Batzen. In dieser Rechnung befinden sich 43 Personen, die à 3 Gulden hingerichtet wurden, und 23 Personen, „wie es sein Verfahren gehabt, als wären dieselben justifizirt worden" à 3 Gulden[55]. Andreas Rainhabt, Freimann in Steiermark, berechnet 1694

„Ein scheidterhauffen auf zwey pershon zu machen 1 fl. 30 kr. zwey pershon zu veräschern ist auch . . . . 1 „ 30 „

54) *Riezler*, S. 172. — 55) *Malten*, Neueste Weltk., 1843, B. I., S. 111.

zwey feyerhägel, von ein jeden 30 Kr., ist . . 1 fl. — kr.
Den aeschen wekh zu reinigen ist . . . . . — „ 48 „ "
das sind 4 Gulden 48 Kreuzer. Für zwei Personen mit dem
Schwerte zu richten erhält er insgesamt nur 30 Kreuzer, also
kaum ein Achtel von dem, was ein Brand brachte[56]. Die
Scharfrichter hatten bei derartigen Sporteln ein bedeut-
sames Interesse daran, dort Hexenbrände zu entfachen, wo
sie noch nicht gebräuchlich waren. Das bekam aber in
Nürnberg einem Eichstätter Scharfrichtersknecht sehr übel,
der auf raffinierte Weise die Bürger gegeneinander auf-
hetzte und ihre Weiber als Unhulden verschrie. Meister
Franz torquierte dem Burschen sein Vorhaben gründlich
aus dem Leibe[57]. Auch in Straßburg tritt 1451 solch ein
agens provocateur, Hans Schoch von Fürstenfelden, auf.
Er hatte bereits in Basel sein Handwerk geübt und suchte
nun in Straßburg „ehrliche stattliche weiber dergestalt in
gefar zu bringen". Er bezichtigte eine alte Frau ein Hagelwetter gemacht zu haben. Da er seine Anklage nicht zu
beweisen vermochte, wird er selbst ertränkt[58].

Spee kannte einen Inquisitor, der sein Geschäft auf folgende Weise betrieb. Zuerst ließ er durch seine Leute
das Landvolk bearbeiten, bis dieses sich vor lauter Hexenfurcht nicht mehr zu fassen wußte und den Schutz des
Inquisitors anflehte. Nun nahm er die Miene an, als riefen
ihn seine Geschäfte anderswohin, ließ sich jedoch durch ein
zusammengeschossenes reichliches Geschenk bewegen, zu
erscheinen, leitete auch die Untersuchung ein, redete abermals von seinen anderweitigen Obliegenheiten, sammelte
nochmals Geld und begab sich dann in ein anderes Dorf,
um dasselbe Spiel von vornen anzufangen[59].

Neben dem Gewinne, der aus dem Vermögen des Verfolgten floß, wurde auch noch der Bezauberte mannichfach
besteuert.

56) Zeitschrift für Kulturgeschichte, 1871, S. 331. — 57) *Knapp*, Loch-
gefängnis, S. 40 u. 59. — 58) *Aug. Stöber*, Alsatia, Mülhausen und
Basel 1856/57, S. 306. — 59) Caut. Crim. Quaest., XVI., 6.

Beschwörung eines Besessenen
Aus Moscherochs Gesichte Philanders von Sittewald
Straßburg 1540

Für Messelesen oder Exorzismen anzustellen wurde anständig gefordert. Terminierende Bettelmönche zogen mit ganzen Säcken sogenannten Hexenrauchs umher und spendeten ihn als Schutzmittel gegen Zauberei für reichliche Gaben aus.

Doch die Besessenheit war auch wiederum ein Kapital, das dem Behafteten selbst Renten trug. Viele Taugenichtse spekulierten darauf, wie die Bettler auf ihre fingierte Krüppelhaftigkeit. In Deutschland, Holland und England hat man sogar Kinder gesehen, die mit erstaunlicher Verschlagenheit ihre einträgliche Rolle monatelang fortspielten, bis sie endlich entlarvt wurden.

Auch protestantische Geistliche haben sich durch solche Gaukeleien betrügen lassen und salbungsreiche Gebete angestellt, wie bei jener geldschluckenden Magd in Frankfurt an der Oder, bei der Luther das Gutachten abgab, die Magd fleißig zur Kirche zu führen und bei Gott für sie zu bitten[60]. „Anno 1600 10. Jan. bin ich zu des Vogten Michael Christs zu Nordtheim Weib, welche vom bösen Geist um Leibeigenschaft gegen viel Geldreichung angesprochen und gar thierisch aussahe, geschikket worden, sie zu bekehren, wie geschehen," schreibt der Stadtpfarrer Wolfgang Ammon von Marktbreit am Main, im bayerischen Bezirksamt Kitzingen in seiner Selbstbiographie[61]. Eine Teufelsaustreibung im 17. Jahrhundert beschreibt Moscherosch in seinem „Gesichte Philanders von Sittewald" im „Schergen-Teuffel"[62]. Balthasar Bekker kannte einen schulkranken Knaben in Oberyssel, der die Obrigkeit als Bezauberter äffte: er gab Nadeln mit dem Urin von sich, vomierte Zöpfe, Scherben und lateinische Exerzitien; erst

---

60) *Freytag*, Bilder, II², S. 358, ff., nach „Wundere Zeitung von einem Geldteufel, eine seltzame, unglaubliche, doch wahrhaftige geschicht. Zu Frankfurt an der Oder beschehen und urkundlic haußgangen." 1538, *Längin*, Religion, S. 177. — 61) *Franz Hüttner*, im Archiv für deutsche Kulturgesch., I. Bd. 1903, S. 291. — 62) Herausgeg. von Felix *Bohrtag*, (32. Bd., von Kürschners Nat.-Literat.), S. 11 ff.; herausgeg von *Karl Müller* (Reclam) S. 14 ff.

spät merkte man den Betrug, und das alte Weib, das ihn behext haben sollte, wurde nur mit Mühe gerettet[63].

Der ehrwürdige Agobard von Lyon hatte für dergleichen Fälle andere Mittel, als Exorzismen und Gebete. Als man einst eine sogenannte Besessene vor ihn brachte, ließ er sie auspeitschen, und es ergab sich alsbald, daß die ganze Besessenheit nur um der erwarteten Almosen willen angenommen war. Solche vorurteilsfreie Männer, die im karolingischen Zeitalter lebten, besaß das sechzehnte und siebzehnte Jahrhundert wenige. Doch liest man vom Bischofe von Amiens, daß er Agobards Beispiel an einer ähnlichen Betrügerin im Jahr 1587 mit Erfolg nachgeahmt habe[64]. Wie man den Hexenprozeß benützte, um mit seiner Hilfe unliebsame Personen unschädlich zu machen, beweist die Geschichte der Agnes Bernauerin, der schönen Baderstochter, die Herzog Albrecht von Bayern „aufs höchste lieb gehabt, also daß man sagt, der Herzog hatte sie zur Ee genommen und die Ee versprochen, aber doch nit zur Kirch gefiertet", wie Clemens Sender schreibt, Herzog Ernst der Vater ließ ihr den Prozeß als Zauberin machen und am 12. Oktober 1435 wurde das goldlockige Weib vor der Donaubrücke in Straubing ertränkt[65].

Die Triebfelder der Habsucht, in Verbindung mit der jammervollen Befähigung der Justitiarien, erklären hauptsächlich die Erscheinung, daß unter den protestantischen Gebieten Deutschlands gerade die kleineren, besonders die ritterschaftlichen Territorien verhältnismäßig die meisten Hinrichtungen aufzuweisen haben. Hier lieferten die Hexenverfolgungen den oft beschränkten Finanzen der kleinen Herren einen stets willkommenen Zuschuß für sie selbst und ihre Diener, am meisten zu der Zeit, da das Elend

---

63) Bezauberte Welt, Buch IV, Kap. 10. — 64) *Hauber*, Bibl., mag., Bd. I, S. 498. — 65) *Dr. Christ. Meyer*, Kulturgesch., Studien, II. Aufl., Berlin 1903, S. 22 ff., ders. in Westermanns Monatsheften 1905, S. 818 ff., *Riezler*, S. 63 ff.

Agnes Bernauer
Nach dem Originalgemälde in Straubing

des Dreißigjährigen Kriegs ihre Kassen geleert und die Gemüter bis zum äußersten verwildert hatte.

Ein merkwürdiges Aktenstück hierzu gibt Horst in seiner Dämonomagie (Th. II., S. 369). Der Justizamtmann Geiß zu Lindheim, ein ehemaliger Soldat und ohne alle juristische Bildung, schrieb 1661 an seine adeligen Herren, daß neuerdings das Zauberwesen wieder ausbreche, „daß auch der mehren Theilss von der Burggerschaft sehr darüber bestürzet und sich erbotten, wenn die Herrschaft nur Lust zum Brennen hätte, so wollten sie gerne das Holtz darzu und alle Unkosten erstatten, undt könndte die Herrschaft auch so viel bei denen bekommen, daß die Brügck wie auch die Kierche kendten wiederumb in guten Stand gebracht werden. Noch über daß so kendten sie auch so viel haben, daß deren Diener inkünftige kendten so viel besser besuldet werden, denn es dürfften vielleicht gantze Häusser und eben diejenigen, welche genung darzu zu thun haben, infociret (inficiret?) seyn."

Dieser Geiß nun war es auch, der den großen lindheimischen Hexenprozeß leitete und ausbeutete. Er setzte sich z. B. für einen Ritt nach einem zwei Stunden entlegenen Städtchen 5 Rthlr. Gebühren an. Aus einer von ihm selbst aufgestellten Rechnung ergibt sich, daß er bei den verschiedenen Verhaftungen allein an barem Gelde eine Summe von 188 Rthlr. 18 Alb. eingetrieben hat.

Was er sich an Vieh aus den Ställen der Lindheimer Untertanen zugeeignet, hat er, wie eine spätere Untersuchung ergab, nicht jederzeit aufzuschreiben für nötig erachtet.

Um zu zeigen, daß auch die Häscher ihre Vorteile hatten, ziehen wir aus den Geißischen Rechnungen noch einige Posten aus[66]:

Pag. 15. Dem Wihrth zu Hainchen ($^1/_2$ Stunde von Lindheim) NB. Was die der Hexenkönigin nachgesetzdten Schützen daselbst vertrunken . . . . 2 Rthlr. 7 Alb.

66) *Horst*, Dämonomagie, Bd. II., S. 436 ff.

Pag. 16. Den 29. Julyus dem Keller zu
  Geidern bei der Hexenverfolgung in Beyseyn Herrn Verwaltern . . . . . .12 Rthlr.15 Alb.
Pag. 18. Den 12. Januarii 1664 Hanns Em-
  meichen zu Bleichenbach (2 St. von Lindheim) wass der Ausschuß bei der Henxen-
  jagt allda verzehret, NB. in zwey Täg
  daselbsten versoffen . . . . 8 Rthlr.

usw.

Über die Kosten der großen Eßlinger Prozesse von 1662
und 1663 wird mitgeteilt, daß sie aus dem Vermögen der
Justifizierten und aus den Strafgeldern gedeckt wurden.
Bis zum 30. Juni 1663 hatte man 2300 Gulden aufgewendet
und 2045 Gulden eingezogen. Was für die vielen bei den
Juristenfakultäten zu Tübingen, Heidelberg und Straßburg
eingeholten Gutachten bezahlt wurde, ist unbekannt.

Von den Geistlichen, die mit der Seelsorge der Verhafteten viel zu tun hatten, erhielt nach Beschluß vom
20. September 1664 jeder drei Tonnen Ehrenwein, wobei
sie wiederholt ermahnt wurden, in ihren Schranken zu
bleiben und den Untersuchungsrichtern nicht in ihr Amt
zu greifen.

Diese selbst erhielten vom Spital für jedes Verhör eine
Kanne Wein und einen Laib weißes Brot. Dasselbe bekam wöchentlich der aufwartende Knecht. Auch die Wein-
zieher, Kornmeister und Wächter auf der Burg wurden
für ihre Dienste bei den Hinrichtungen mit Brot und Wein
vom Spital belohnt. Dem Scharfrichter Deigentesch ver-
willigte man am 1. Dezember 1664 eine außerordentliche
„Ergötzlichkeit" von 20 Gulden wegen seiner vermehrten
Geschäfte und weil er die herbeigezogenen fremden Scharfrichter hatte traktieren müssen.

Nach einer Originalrechnung des Rats von Zuckmantel
vom 20. Oktober 1639 brachte das Einäschern von elf Hexen
425 Reichstaler ein. (Man bedenke den damaligen Geldwert!)

Davon empfing:

der Bürgermeister	. .	9 Taler	6 Groschen	
der Rat		9 „	6	„
der Vogt		18 „	12	„
die Gerichtsschöffen	.	18 „	12	„
der Stadtschreiber	. .	9 „	6	„
der Stadtdiener	. . .	9 „	6	„

Der Überrest von 351 Talern 23 Groschen wurde dem
Fürstbischof von Breslau als dem Landesherrn eingehän-
digt. Da das Urteil über die Hingerichteten in Neisse
gefällt war, so hatte der Rat von Zuckmantel diesmal nur
halbe Gebühren erhalten; sonst würde er doppelt so viel,
nämlich ein Schock Groschen für den Kopf empfangen
haben[67].

Als in einem friedbergischen Prozesse das Gerichtspersonal
nach gehaltenem peinlichen Gerichte auf Kosten des Angeklagten schmauste und der Prälat von Arnsburg zufällig
dazukam, ließ man noch etliche Flaschen Wein kommen,
und auch diese wurden dem Manne zur Last gesetzt. Der
Beschuldigte überstand Verhöre und Folter mit seltenem
Mute, wurde zuletzt aus dem Lande gejagt und mußte
nach Ausweis der Akten 404 Gulden 49 Kreuzer an Kosten
bezahlen, wobei jedoch die Deserviten seines Defensors,
die Abschlagszahlungen an die Wächter und andere Posten
nicht mitgerechnet sind[68].

Wenn Haß und Rachsucht oft genug Motive zum Be-
zichten von Verbrechen gewesen sind, so hatten sie bei
keinem freieres Spiel, als bei der Zauberei, wo sie des
Erfolges beinahe immer sicher sein durften. Wie konnte
man sich eines Feindes, eines Nebenbuhlers, eines politischen Gegners leichter entledigen, als daß man ihn selbst
oder, noch besser, seine Frau der Hexerei verdächtigte?

---

67) Hexenprozesse in Neisse, S. 13. — 68) Burg-friedb. Originalakten,
Rubr. In Sachen Inquisit. ex offic. et Fiscalis ca. Johannettam Quantsin
von Rodenbach und Johannes Feuerbach von Altstadt, pto. Zauberei,
De Anno 1663 usque 1666.

So protestierte 1608 der Straßburger Notar Baldauf anläßlich eines Prozesses seiner Schwiegermutter gegen das Verfahren des Offenburger Rates, weil dieser „unerweisliche, hochsträfliche, per falsissima narrata unbegründete Handlungen in seinen Bericht eingeschoben, auch privat affectiones angezogen habe"[69].

Titelblatt der Hans Sachsschen Schrift „Nachred das grewlich Laster / sampt seinen zwelff eygenschafften"

Weiber in England wurden damals, wenn der Ehegatte ihrer überdrüssig war, nicht nur als Ware am Stricke auf den Markt, sondern auch als Hexen dem Strange des Henkers zugeführt[70]. Bei einer 1591 vorgenommenen Kirchen-

69) *Volk*, Ortenau, S. 109. — 70) *Scheltema*, Geschiedenis der Heksenprocessen, p. 62.

visitation war Anzeige erstattet worden, daß des alten Hennen Frau zu Eckweiler der Zauberei verdächtig sei. Die Visitatoren untersuchten daher die Sache und fanden, daß der einzige Ankläger der Frau ihr eigener Mann sei, der im Verdacht stand, daß er sie habe umbringen wollen, wie er sie bereits aus seinem Hause verstoßen habe. Der Bube hatte allerdings keinen Erfolg, da ihm die Geistlichen nur befahlen, sein Weib wieder bei sich aufzunehmen.

In Offenburg wurde 1629 das hübsche junge Weibchen des Stettmeisters Philipp Beck ergriffen. Kaum war die Frau gefangen, als der Stettmeister den Rat bittet, sie auch wegen des Eingeständnisses der von ihr begangenen Untreue peinlich befragen zu lassen. Sie wird am 29. August 1629 mit vier anderen Unholden hingerichtet. Ihr liebevoller Gatte muß trotz seiner wüsten Schimpfereien die Kosten bezahlen[71]. In Mecklenburg mußte der Denunziant Kaution stellen, aus der die Prozeßkosten gedeckt wurden, wenn sich die Angeklagte als schuldlos erwies. Wiederholt machten die Bauern eines Dorfes, die insgesamt eine Hexe zu fürchten hatten, unter Anführung des Pfarrers gemeinsame Sache, und traten geschlossen als Ankläger auf, indem sie die Kaution unter sich aufbrachten. Überdies hatten noch unter Umständen die Unkosten des Prozesses und der Exekution die Dörfer selbst zu tragen, wenn die Hexe und ihre Verwandten die Gerichtskosten nicht zu begleichen vermochten[72]. Die Pfarrakten von Wangelin berichten z. B., daß, um einen Hexenprozeß anstrengen zu können, eine Subskription eröffnet wurde, die der Pfarrer in die Wege leitete, nachdem der Landesherr sie ausdrücklich genehmigt hatte[73]. Ein elfjähriges Mädchen zu Paisley rächte sich nach einem Zank mit der Hausmagd dadurch, daß es sich besessen stellte. Es führte seine Rolle so geschickt durch, daß zwanzig Personen auf sein Zeugnis hin verurteilt

71) *Volk*, a. a. O., S. 85. — 72) *Frendius*, Gewissensfragen oder Gründlicher Bericht von Zauberey und Zauberern, Frankfurt 1671, Frage 395. — 73) *C. Beyer*, Kulturg. Bilder aus Mecklenb. Berlin 1903, S. 19.

wurden, von denen fünf wirklich den Tod erlitten[74]. Oft griffen Angeklagte zur Anzeige Vornehmer, um durch deren Einfluß die Niederschlagung des Prozesses zu erwirken; oft aber war es auch dem Verzweifelten eine schauderhafte Genugtuung, Personen, die er im Leben gehaßt und beneidet, oder die er als Urheber seines Unglücks betrachtete, durch seine Bekenntnisse mit sich ins Verderben zu ziehen[75]. Spee kannte sogar durch ihren Verfolgungseifer berühmt gewordene Richter, die zuletzt selbst als überführte und geständige Zauberer den Holzstoß bestiegen[76].

So sind niedrige Motive verschiedener Art, indem sie auf der Unterlage einer befangenen Theologie und Naturkunde wirkten, zu Haupthebeln geworden, die den Hexenglauben und die Hexenprozesse emporbrachten und hielten.

Wenn wir indessen an die ungeheure Ausbreitung und an die Dauer der Hexenprozesse denken, so will das Angegebene zu ihrer Erklärung doch noch nicht genügen. Man hat die Zahl der vom Ende des fünfzehnten Jahrhunderts an wegen Hexerei Verurteilten gesucht, und es hat sich gezeigt, daß sie nach Millionen zu berechnen sind.

Ein solches Resultat kann nicht durch Rachsucht, durch Habsucht der Richter, nicht durch Aberglaube, Ketzerhaß und Reaktion gegen den Protestantismus allein herbeigeführt sein. Es müssen da Potenzen gewirkt haben, die überall da vorhanden und wirksam waren, wo es sich um die Verfolgung von Hexen handelte, — Potenzen, deren Wirksamkeit annähernd unwiderstehlich war und die, so lange sie ihre Herrschaft behaupteten, überall mit Notwendigkeit eine immer größere und immer intensivere Verbreitung der Hexenprozesse im Gefolge haben mußten. Diese Potenzen waren 1. der herrschende Teufels- und Dämonenglaube; 2. die Änderung im prozessualischen Beweisverfahren, die gegen das Ende des fünfzehnten Jahrhunderts

74) *Walter Scott,* Br. über Däm., Th. II., S. 199. — 75) *Weier,* de praest-daem., S. 572. — Badisches Gerichtsprotokoll von 1628. R. K. G. Akten. — 76) Caut. crim., Qu. XI., 4.

eintrat; und 3. die den Hexenmeistern gestattete und befohlene Anwendung der Tortur, sowie die ganze Einrichtung des Hexenprozesses. Das Zusammenwirken dieser drei Dinge war es, was die furchtbare Ausbreitung und die lange Dauer der Hexenprozesse möglich, ja notwendig machte [77].

Von dem das fünfzehnte bis siebzehnte Jahrhundert beherrschenden Teufelsglauben war eine geradezu dualistische Weltanschauung erwachsen, die sich von dem eigentlich sogenannten Dualismus nur dadurch unterschied, daß man den Bestand der Herrschaft des Teufels über die gefallene Welt aus göttlicher Zulassung ableitete. „Täglich höret man von greulichen Taten, die alle der Teufel hat zugericht: da werden etliche Tausend erschlagen, da geht ein Schiff mit Leuten unter auf dem Meer, da versinkt ein Land, eine Stadt, ein Dorf, da ersticht sich einer selbst, da erhängt sich einer, da ertränkt sich einer, da fällt einer den Hals ab, da tut einer sich selbst sunst den Tod an; diese Morde alle richtet der leidige Teufel an. Er ist uns feind, darum stellt er uns nach Leib und Leben. Nicht ermordet er allein die Menschen, sondern auch das Vieh, und verderbt dazu alles, was zu des Menschen Notdurft dient, mit Hagel, Teuerung, Pestilenz. Krieg, Verräterei, Aufruhr und so weiter" [78].

Die allgemeine Ausbreitung und die lange Dauer der Hexenverfolgungen erklärt sich also zunächst aus dem die Kirche wie alle Stände beherrschenden Teufels- und Hexenglauben.

Dazu aber kam, daß um diese Zeit in Deutschland im Kriminalprozeß ein völlig neues Verfahren und ein völlig neues Beweissystem eingeführt wurde, wodurch eine Einrichtung des Hexenprozesses möglich wurde, bei der man

77) *Dr. Ludwig Mejer*, Die Periode der Hexenprozesse, Hannover 1882' S. 31 ff. — 78) *Andreas Althammer*, Eyn Predigt von dem Teuffel, das er alles Unglück in der Welt anrichte. 1532, Blatt A 3. *Janssen* VIII. 575.

alle Hexen und Hexereien, die man nur irgend aufspüren wollte, notwendig auch finden mußte: die Folter.

Wirklich war auch die Zeit der Einführung des neuen Beweisverfahrens und der Folter die Zeit des Anfangs der Hexenverfolgung. Das Einschreiten von Amtswegen bewirkte bei der allgemein herrschenden Überzeugung von der heiligen Pflicht der Hexenverfolgung, daß man jetzt überall nach Hexen suchte, und die Folter machte es, daß man sie in Menge fand[79]. Beide Mittel wußte schon der Hexenhammer wohl zu würdigen, und ohne diese Mittel wäre aller Hexenglaube, wäre die Bulle von Innozenz VIII. und ähnliches durchaus wirkungslos gewesen.

Die teufliche Wirksamkeit der Folter wurde aber durch die eigentümliche Einrichtung und Behandlung des Hexenprozesses noch gesteigert. Die bestehenden Grundsätze hatten nämlich über den Gebrauch der Folter im gewöhnlichen Kriminalprozeß gewisse Schranken aufgerichtet; für den Hexenprozeß waren diese jedoch nicht vorhanden. Somit war der Angeschuldigte im Hexenprozesse völlig schutzlos; der Richter hatte bezüglich der Anwendung der Tortur völlig freie Hand und konnte die Angeschuldigten martern, bis sie das Geständnis ihrer Schuld ablegten.

Hiermit aber begnügte sich der Richter nicht.

War das Geständnis der eigenen Schuld abgelegt, so hörte der Hexenrichter nicht auf, sein Schlachtopfer zu foltern, bis die Zermarterte beliebige andere lebende Personen als Hexen genannt hatte. So verfehlte die Anwendung der Folter nicht allein, von den seltensten Ausnahmefällen abgesehen, niemals ihres unmittelbaren Zweckes, — indem die Angeschuldigte regelmäßig sich durch ihr eigenes Geständnis als Hexe erwies, — sondern sie führte von jedem einzelnen Hexenprozesse zu neuen Hexenverfolgungen.

---

79) *Trummer*, „Abriß der Geschichte des kriminellen Zauberglaubens etc." S. 111.

Erwägt man nun, daß die im Hexenhammer vorgeschriebene Ordnung der Hexenprozesse recht dazu angetan war, auch die Geldgier und andere Leidenschaften aufzustacheln, so begreift es sich, daß die Hexenverfolgung wie eine Seuche sich über die Lande verbreiten und jahrhundertelang wüten konnte.

HENRICUS CORNELIUS AGRIPPA Med & IC.EQU

Nascitur Colon.
Agrip.
Obijt Anno 1535.

Stemmate natus Eques, Medicus Magus atq̃ peritus
Juris et Imperij consul Agrippa sui.

Heinrich Cornelius Agrippa von Nettesheim

GEGNER UND VERTEIDIGER DES HEXENWAHNS

Bereits gegen Ende des sechzehnten Jahrhunderts war hie und da in den geistlichen Unterrichtsbüchern ein Verbot gegen den Hexenglauben aufgetaucht, ohne jedoch, bei dem unerschütterlich festen Aberwitz, irgendwelche Geltung erlangen zu können. Wenn vereinzelte kluge Männer, wie Stefan Lanzkranna, Propst zu St. Dorotheen in Wien, in seiner „Himmelstraße" von 1484 gegen den Wahn Front zu machen suchten, und den „altkirchlichen Kampf" gegen den Glauben an die Realität der Hexerei fortsetzten, so war dies ebensowenig von nachhaltigem Einfluß, wie der volltönige Kampfesruf Heinrich Cornelius Agrippa von Nettesheims[1], geboren am 14. September zu Köln, wo auch der Hexenhammer das Licht der Welt erblickte, gestorben 1535 in Grenoble. Der bewunderte und grimmig gehaßte, altgläubig fromme, spekulativ verträumte, geistvolle, klarblickende Mann, der als Soldat, Doktor der Medizin, Doktor beider Rechte, Philosoph, Schriftsteller, Stadtsyndikus von Metz seinen Mann stellte, war einer der stürmenden Geister, die die Schäden ihrer Zeit erkannten und mit den Waffen des Geistes gegen

Holzschnitt eines Hexenflugblattes von 1517

1) *W. E. Hartpole Lecky*, Gesch. des Ursprungs und Einflusses der Aufklärung in Europa; übers. von Jolowicz, B. I, S, 69. *Siegwart*, Kleine Schriften, I. Freiberg 1889. *Längin*, Religion, S. 74 ff. *Binz*, II. Aufl., S. 137 ff.

sie zu Felde zogen und der Phalanx der Feinde unterlagen. Agrippa hatte sich in seiner Jugend viel mit
den auf die Magie bezüglichen Schriften beschäftigt
und war bald zu dem Schlusse gekommen, daß sie entweder auf Betrug oder auf einer besonderen Kenntnis
der Natur beruhen müsse. Aus diesen Gedanken ging
seine erste Hauptschrift „de incertitudine et vanitate
scientiarum declamatio invectiva" (Köln 1527) hervor,
die eine Satire auf den damaligen Zustand der Wissenschaften enthält. Von hier aus gelang es ihm auch allmählich, sich zu einer von dem Aberglauben der Zeit unabhängigen Beurteilung des Hexenglaubens und der Hexenverfolgung zu erheben. Gegen beide richtete er seine
Schrift „de occulta philosophia" (Köln 1510, Paris 1531,
Köln 1533). Diese Schrift jedoch sowie seine geschickte
Verteidigung einer Bäuerin, die der Inquisitor Savin verbrennen wollte, machte ihn verdächtig. Man sagte ihm
nach, daß er selbst mit dem Teufel im Bunde stehe und
Magie treibe. Deshalb angeklagt, mußte er in Brüssel
ein Jahr lang im Gefängnis schmachten. Nach seinem
Tode erzählte man, er habe auf seinem Sterbebette einen
schwarzen Hund aus seinem Nacken gezogen und dabei
gerufen: der sei die Ursache seines Verderbens. Es lag
ein furchtbarer Haß auf dem freisinnigen und mutigen
Manne.

Doch war sein Auftreten nicht erfolglos geblieben, indem
er wenigstens einen Schüler hinterließ, der auf den Wegen
des Lehrers weiter zu gehen wagte, den kalvinistischen
Leibarzt des Herzogs Wilhelm von Cleve, Johann Weyer[2]
oder Weier, in seinen lateinischen Schriften Wierus, auch
Piscinarius genannt.

---

2) *Sprengel*, Gesch. der Arzneikunde, III. S. 275 ff., *Binz Carl*, Doctor
Johann Weyer, Bonn 1885, II. verm. Aufl., Berlin 1896. Zeitschrift
des Bergischen Geschichtsvereins, 21. Bd. Bonn 1885. *Dr. H. Eschbach*, in den „Beiträgen zur Gesch. des Niederrheins", Düsseldorf 1886,
I, S. 57 ff. *Binz*, ebenda 1887, II, 48 ff.

VINCE
TE
IPSVM.

Plostern Sculp.

IOANNES WIERVS.
ANNO ÆTATIS LX SALUTIS M. D. LXXVI.

Zu Grave an der Maas in Nordbrabant 1515 oder 1516 geboren, hatte sich Weyer als vierzehnjähriger Schüler in Antwerpen an Agrippa von Nettesheim angeschlossen, dem er 1533 nach Bonn gefolgt war, worauf er seine Studien in Paris fortgesetzt, dann 1537 in Orleans die medizinische Doktorwürde erlangt und hernach zur Erweiterung seiner Weltkenntnis Ägypten und andere Teile des Orients, sowie auch die griechischen Inseln, namentlich Kandia bereist hatte. Im Jahr 1545 in die Heimat zurückgekehrt, hatte er sich in Arnheim als Arzt niedergelassen, wo er wegen der ungewöhnlichen Vielseitigkeit seiner Bildung die besondere Aufmerksamkeit Konrad von Heresbachs auf sich zog, der 1550 seine Berufung auf die Stelle eines fürstlichen Leibarztes an dem Hofe zu Düsseldorf bewirkte. Mit großer Freude nahm nun Weyer wahr, wie sein Fürst mit den Unglücklichen, die der Zauberei angeklagt waren, weit vorsichtiger und milder verfuhr als man anderwärts tat, und nur dann zu scharfer Strafe griff, wenn er sich überzeugte, daß Giftmischerei im Spiele war. Die Hoffnung, diese von ihm geteilten Ansichten zu verbreiten, bestimmte den wackeren Arzt zur Herausgabe seiner fünf Bücher De praestigiis daemonum et incantationibus ac veneficiiss. (Basel 1563, 7. Auflage 1583.)

Weyer war nach Agrippa von Nettesheim der erste, der gegen die ganze Tollheit, Roheit und Niederträchtigkeit der Hexenverfolgung mit offenem Visir und mit solcher Entschiedenheit zu Felde zog, daß alle nachfolgenden Schriftsteller, die diesen Gegenstand berührten, in ihm entweder einen Bundesgenossen oder einen Gegner ersten Ranges erkannten. Zwar hat auch er über die Begriffe seiner Zeit hinsichtlich der Macht des Teufels sich nicht ganz erhoben, und es bleibt auch für ihn noch eine Magie, die durch den Beistand des bösen Geistes wirkt; aber sein Verdienst ist es, daß er die grobsinnlichen Vorstellungen von den sichtbaren Erscheinungen des Teufels und seinem persönlichen Verkehr mit den Menschen bekämpft und

vieles aus natürlichen Gründen erklärt, was man bisher
dem Teufel zugeschrieben hatte. Seine autoritätsgläubigen
Zeitgenossen suchte er auf eine bessere Bahn zu lenken,
indem er ihnen nachwies, wie das neuere Hexenwesen nur
auf Einbildung beruhe und jener Zauberei gänzlich fremd
sei, die Bibel und römisches Recht mit Todesstrafe bedrohen. Er sah im Aberglauben das wesentlichste Hindernis des Glaubens. Darum entwarf er 1562 im Schlosse
Hambach sein Buch „von den Blendwerken der Dämonen,
von Zauberei und Hexerei", das er im folgenden Jahre
wie eine Brandfackel in die Nacht seiner Zeit hinauswarf[3].

„Als aber dieser Gräuel"[4], — heißt es darin in der Zu-
eignung an Wilhelm von Cleve, — „jetzund von etwas
Jahren her ein wenig gestillet, und ich derhalb gute Hoffnung gefaßt hatte, es würde ohn Zweifel der liebe Gott
verleihen sein Gnad und Kraft, daß er durch die Predigt
der gesunden Lehr gar abgeschafft und aufgehebt würde,
so sehe ich doch wohl von Tag zu Tag je länger je mehr,
daß ihn der leidige Teufel wiederum viel stärker, weder
(als) von je Zeiten her auf die Bahn gebracht hat und
täglich bringt. — Dieweil dann zu solchem gottlosen Wesen
der Mehrtheil Theologi schweigen und durch die Finger
sehen; die verkehrten Meinungen von Ursprung der Krankheiten, auch gottloser abergläubischer Ableinung derselben
die Medici leiden und gestatten, auch überdas die Erfahrenen der Rechten, angesehen, daß es ein alt Herkommen
und derhalb ein ausgesprochene Sach ist, fürüber passieren
lassen, und zu dem Allem Niemand, der aus Erbarmniß
zu den armen Leutlin diesen verworrenen, schädlichen
Handel zu offenbaren oder zum wenigsten zu verbessern
sich unterwinden wölle, gehört wird: so hat mich, Gnädiger
Fürst und Herr, für nützlich und nothwendig angesehen,
die Hand, wie man spricht, an Pflug zu legen, und ob ich
gleich meines Vorhabens nicht in alleweg gewährt, jedoch

3) *A. Wolters*, Konrad v. Heresbach, Elberfeld 1867, S. 149 ff. — 4)
Nach der deutschen Übersetzung von *Fuglinus*, Frankf. 1586.

Andern, so in Verstand und Urtheil solcher Sachen mir den Stein weit vorstoßen, ein Anlaß, ja (wie man pflegt zu sprechen) die Sporn, diesem Handel fleißiger nachzutrachten und ihre Meinungen auch zu fällen, zu geben."

Wohlweislich hatte Weyer seine Schrift, bevor er sie unter die Presse gab, dem Kaiser Ferdinand überreicht, um ein Privilegium gegen den „Nachdruck" zu gewinnen, und dieses war auch mit dem Bemerken ertheilt worden, „daß das rühmliche Vorhaben nicht nur gebilligt und gelobt, sondern auch gefördert zu werden verdiene".

In dieser dem Werke vorgedruckten Supplik an Kaiser und Reich wird mit ebensoviel Bescheidenheit wie Freimütigkeit gesagt: „Bitte demnach fürs Andere Ew. Majestäten, Durchleuchtigkeiten und Gnaden nicht weniger dann zuvor aufs Allerdemüthigste, Ew. Majestäten, Durchl. und Gnaden wöllen sich nicht irr machen lassen den alten und von vielen Jahren her eingewurzelten Wahn, sondern vielmehr, wann etwa in Ew. Majestät und Durchl. Herrschaft, Landen und Gebiet sich zuträgt, daß über solche teufelische Sachen berathschlagt, Gericht besessen und Urtheil gefällt soll werden, daß alsdann gedachtem Rath, so in diesen Büchern gezeigt, nachgesetzt und gefolgt soll werden: zuvorderst aber und am allermeisten, wann es zu thun ist um Hexen oder Unholden, mit welchen man's bisher unrichtig und verworren genug gehalten hat. Auf solche Weis zweifelt mir gar nicht, werden alle rechtgeschaffenen Christen des leidigen Satans Betrug und Täuscherei desto besser merken, und daß er so viel nicht vermöge, wie bisher dafür gehalten worden, wohl erkennen können. Auch wird hinfürder desto weniger unschuldiges Blut vergossen werden, nach welchem sonst den leidigen Teufel, als der ein Mörder von Anbeginn an gewest, ohn Unterlaß hüngert und dürstet. Dessgleichen wird auch gemeiner Landfried, welchem er als der Stifter alles Lärmens zum Bittersten feind, so leichtlich nicht zerstöret werden können. So werden sich auch die Regenten und

Obrigkeiten für dem nagenden Wurm des Gewissens desto weniger zu fürchten haben; und wird endlichen so des Teufels Gewalt und Reich von Tag zu Tag je länger je mehr abnehmen, fallen und brechen, dagegen aber das Reich unsers Herrn Christi je länger je weiter sich ausbreiten."

Buch II. Kap. I. „Also ist nun gewiß und offenbar, daß vielerlei Schwarzkünstler, auch für dieselben in hebräischer, griechischer und lateinischer Zungen mancherlei Namen vorhanden sind. Aber unsere Teutschen nennen den Handel kurz und geben ihnen allensammen den einzigen Titel Zäuberer. Daher kommt es auch, daß alsbald man die Hexen und Hexenmeister zu Red wird, den allernächsten die Zäuberer des ägyptischen Königs Pharaonis, deren Hanthierung aber weit ist vom Hexenwerk gewesen, anzeucht und auf die Bahn bringt. Derhalben nehm ich kein Blatt für das Maul, sondern sag's gut rund, daß alle teutschen Scibenten, welche ich noch gesehen und gelesen hab, in diesem Argument, wiewohl sie es vornen her mit herrlichen Titeln schön aufmutzen und allein auf die heilige Schrift sich berufen, hören lassen, jedoch alle sammt und sonders des rechten Zwecks verfehlt und an einen Stock gefahren sind. Und das um so viel mehr, dieweil ich sehe, daß sie den elenden, arbeitseligen Zaubervetteln, das Ungewitter und Leibsverletzungen betreffend, gar zu viel zumessen und sie hiedurch ohn alles Urtheil, Unterschied und Erbärmde dem Henker an die Hand geben und im Rauch gen Himmel schicken." Weyer will nun unter denen, die man bisher in eine Kategorie zusammenwarf, drei Klassen unterschieden haben:

1. „Des Teufels Eidgeschworene, die Magi infames, d. i. Zäuberer und Schwarzkünstler, welche wissentlich und willentlich mit Hülf und Beistand der bösen Geister allerlei Verblendung und eitel vorschwebende Phantaseien unseren Augen entgegenwerfen, auch durch ihr Wahrsagen und Versegnen ihren Nächsten hinters Licht führen und das

DE PRAESTIGIIS
DÆMONVM.

Von Teuffelsge

spenst Zauberern vnd

Gifftbereytern/ Schwartzkünstlern/ He-
ren vnd Vnholden/ darzu jrer Straff/ auch von den Bezauberten/
vnd wie jhnen zuhelffen sey / Ordentlich vnd eigentlich mit sonderm fleiß in
VI. Bücher getheilet: Darinnen gründlich vnd eigentlich darge-
than/ was von solchen jeder zeit disputiert/ vnd
gehalten worden.

Erstlich durch D. Johannem Weier in Latein beschrieben/ nachmals
von Johänne Fuglino verteutscht / jetzund aber nach dem letzten Lateinischen außgange-
nen Original auffs neuw vbersehen / vnnd mit vielen heilsamen nützlichen stücken : Auch sonderlich
hochdienlichen newen Zusätzen/ so im Lateinischen nicht gelesen/ als im folgenden Blat
zufinden/ so der Bodinus mit gutem grund nicht widerlegen kan/
durchauß gemehret vnd gebessert.

Sampt zu endt angeheucktem newem vnd volkommenen Register.

Mit Röm. Keys. Maiest. Freyheit/ auff zehen Jahr nicht nachzudrucken/ begnadet.

Getruckt zu Franckfurt am Mayn/ durch Nicolaum Basseum.

M. D. LXXXVI.

Titelblatt der ersten deutschen Übersetzungen von Weyers
„De Praestigiis daemonum"

edel Studium der Medicin mit ihren teuflischen Betrügereien beflecken." Zwischen Magie und Theurgie läßt er keinen Unterschied gelten: „es sind zwei Paar Hosen eines Tuchs."

2. „Hexen sind Weibsbilder, mehrtheils schwache Geschirr, betagtes Alter, ihrer Sinnen auch nicht aller Dinge bei ihnen selber, in welcher arbeitseliger elenden Vetteln Phantasei und Einbildung, wann sie mit einer Melancholei beladen oder sonst etwa zaghaft sein, der Teufel sich als ganz subtiler Geist einschleicht und verkreucht, und bildet ihnen durch seine Verblendung und Täuschereien allerlei Unglück, Schaden und Verderben anderer Leut so stark ein, daß sie nicht anders meinen, dann sie haben's getan, da sie doch der Sachen allerdings unschuldig sein." Anderwärts sagt er: „Lamian heiße ich ein solches Weib, welches mit dem Teufel ein schändliches, grausames oder imaginirtes Verbündnis aus freiem Willen, oder durch des Teufels Anreizung, Zwang, Treiben, heftiges Anhalten um seine Hülf, etzliche böse Ding durch Gedanken, unheilsames Wünschen, zu begehen und zu vollbringen vermeint, als daß sie die Luft mit ungewöhnlichem Donner, Blitz oder Hagel bewegen, ungeheuer Ungewitter erwecken, die Früchte auf dem Felde verderben oder anderswohin bringen, unnatürliche Krankheiten der Menschen oder Viehe zufügen, solche wiederumb heilen und abwenden, in wenig Stund in fremde Land weit umherschweifen, mit den bösen Geistern tanzen, sich mit ihnen vermischen, die Menschen in Thiere verwandeln und sonsten tausenderlei närrische Dinge zeigen und zu Werk bringen können, wie dann die Poeten viel Lügen hiervon erdichtet und geschrieben, dem Sprichwort nach: Pictoribus atque poëtis quidlibet audendi semper fuit aequa potestas."

3. „Veneficae, welche mit angeboten, angestrichen oder an Ort und End, da es mit dem Athem angezogen mag werden, hingelegten Gift beide die Menschen und das Vieh härtiglich beschädigen und verletzen. — Zwischen den Zäuberern, Hexen und Giftbereitern, welche doch bisher in

ein Zunft und Gesellschaft gerechnet, ist ein langer, breiter und dicker Unterscheid."

Die Schwarzkünstler und Giftmischer, wie Roger Baco und ähnliche Genies seiner Zeit, will Weyer mit dem Tode bestraft haben; auf die sogenannten Hexen aber seien die im Pentateuch und im römischen Recht enthaltenen Strafandrohungen mit Unrecht bezogen worden. Der Kanon Episcopi breche sogar dem ganzen Hexenglauben den Stab, indem er ihn für das Erzeugnis einer kranken Phantasie erkläre. Die Hexenbrände seien deshalb eine Ungerechtigkeit. „Die wahnwitzigen, vom bösen Geist gefatzten Mütterlinen, welchen der Dachstuhl verrückt ist, so doch keine sonderbare Missetath begangen, hat man ohn alles Erbarmen in tiefe, finstere Thürn geworfen, für Gericht gestellt, zum Tod verdammt und endlich in dem Rauch gen Himmel geschickt, aus Ursach, daß man allein auf ihr bloße Bekanntnis und Bericht aushin führe, auch nicht genugsam, was zwischen einer Unholden und einer Giftköcherin Unterschieds sei, erwäge." „Von der Art der Prozesse kommt es, daß solche arme, geplagte Leut viel lieber einmal im Feuer sterben wollen, denn so unmenschlicher Weise so vielmal aus einander gestreckt und unverschuldter Weise geplagt und gemartert zu werden. Noch wollen's etwan die unbarmherzigen Leute und Peiniger nicht erkennen, daß oftmals unschuldig Blut vergossen und durch die große Pein hingerichtet worden. Denn wenn die Armen, wie oftmals geschieht, von der schweren Tortur ihre leiblichen Kräfte verlieren und in dem Gefängniß ihr Leben enden, alsdann wollen die Richter in diesem ihre Entschuldigung fürwenden, daß sie sagen, die armen gefolterten Leute haben sich selbst im Gefängniß umbracht, seyen verzweifelt und der Teufel habe ihnen den Hals gebrochen, damit sie zu öffentlicher Straf nicht seyen geführet worden."

Unwissende Ärzte und intriguante Kleriker sind die Hauptbeförderer des Hexenglaubens[5]. „Die Münche rüh-

---

5) Buch II., Kap. 17.

men sich der Arznei, deren sie sich aber eben wie ein Kuh Sackpfeifens verstehen. Sie überreden die unverständigen Leute, daß eine Krankheit von Zauberern komme. Hierdurch hängen sie mancher unschuldigen, gottesfürchtigen Matronen ein solch Schlötterlein an, das weder ihr, noch ihren Nachkommen der Rhein zu ewigen Zeiten nimmermehr abwäscht. Denn sie je vermeinen, der Sach sey nicht genug geschehen, wenn sie allein in Anzeigung und Entdeckung der Krankheiten, Ursprung und Herkommen ein Puppen schießen, sondern sie müssen auch die Unschuldigen verleumden und Verdacht machen, bei leichtgläubigen Leuten untödtlichen und nimmer ablöschlichen Neid und Haß anzünden, mit Zank und Hader ganze Nachbarschaften erfüllen, Freundschaften zertrennen, das Band der Blutsverwandtschaft auflösen, zu Scharmutz und Streit, also zu reden, Lärmen schlagen, Kerker und Gefängnisse zurüsten und aufs allerletzt Todschläg und Blutvergießen auf mancherlei Weise anstiften, nicht allein der unschuldigen, falsch angegebenen und verdachten Weiber, sondern auch derer, so sich ihren mit einem Wörtlein annehmen und sie zu verteidigen unterwinden dürfen. Daß der Sach aber in Wahrheit also sey, darf ich eigentlich, kein Blatt für das Maul genommen, bezeugen, und wenn ihnen schon der Kopf in tausend Stücken zerspringen sollt. Denn es erfährt's und rühmt's ihr Prinzipal Beelzebub, daß diese fleischlichen, oder geistlichen sollt ich sagen, Personen, so zu seinem Fürnehmen treffliche gute Werkzeug sind, mehrertheils unter dem Deckmantel der Geistlichkeit ihren Dienst ihm treulich und unverdrossen leisten: welche entweder von Gelds oder Ehrgeiz wegen ihre eigenen und auch anderer Leute Seelen dem Teufel so schändlich auf den Schwanz binden und hieneben die uralte fast nützliche, ja nothwendige Kunst der Medizin mit solchem falschen Wahn des Verhexens in natürlichen Krankheiten beflecken und besudeln."

Von der Art, wie zu Weyers Zeit sich manche Priester bei der Heilung von Zauberschäden benahmen, ein Beispiel.

„Es hat einer aus dieser beschorenen Rott (Jakob Vallick) kürzlich ein erdichtet, erlogen Gespräch in Druck verfertigt, doch allein in deutscher Zungen (denn vielleicht das Latein um das liebe Herrlein ziemlich theuer ist gewesen): es sey nämlich vor etlich Jahren einem Weibe das Bäuchlein dermaaßen aufgegangen, daß Jedermann, sie gehe schwanger, gänzlich vermeinet habe. Und dieweil sie guter Hoffnung, sie würde noch vor Fastnacht des Kinds genesen, und aber solches wider ihre Hoffnung nicht beschehen, habe sie bei ihm Rath und Hülf gesucht, da habe er ihr einen Trank eingegeben, dadurch er bei seinem geschworenen Eid zwo Kannen Kirschenstein, die zum Theil schon angefangen grünen, zum Theil aber eines Fingers lang aufgeschossen, von ihr getrieben habe. Es wird dieser Kauz die Anatomica etwan nicht wohl gestudirt haben; denn daß es eine lange, breite, dicke Lüge sey, mag ein Jeder dabei wohl leichtlich abnehmen."

Die Fakta in betreff der fremdartigen Gegenstände, die sich zuweilen im menschlichen Körper finden sollen, wie Haarknäuel, Eisenstücke, Steine, Nadeln, Sand u. dgl. im Magen und Darmkanal, leugnet Weyer nicht, erklärt sie aber durch diabolische Besessenheit, nicht durch Behexung.

Beifällig verweilt er bei dem weisen Verfahren seines Herrn, des Herzogs von Cleve, in Zaubersachen. Ein Bauer, dessen Kühen die Milch ausblieb, hatte einen Wahrsager befragt, und dieser des Maiers junge Tochter als Hexe angegeben. Das Mädchen ward ergriffen, gestand, was man wollte, und bezeichnete noch sechzehn Weiber als Mitschuldige. Als nun der Herzog um die Genehmigung weiterer Schritte angegangen wurde, befahl er, den Wahrsager zu verhaften, das Mädchen in einen guten Religionsunterricht zu geben, die sechzehn Weiber aber ungekränkt zu lassen. „Wollte Gott," — fährt Weyer fort, — „daß alle Obrigkeiten diesem Exempel nachkämen, so würde nicht so viel unschuldiges Blut dem Teufel zu gefallen vergossen werden. Aber es ist fürwahr hoch zu bedauern, daß oftmals der Fürsten Räth, auch andere Fürgesetzten und Amtleute so ungeschickte Schlingel seyn (— die es nicht antrifft, verzeihen mir —), daß sie weder in dieser, noch in einigen andern zweifelhaftigen Sachen ein recht satt Urtheil fällen können, und derhalben nirgends anders wohin, denn daß es Blut koste, sehen und sich richten können." Seine Veröffentlichung brachte Weyer viele böse Tage ein. Als nämlich Herzog Wilhelm IV. in Trübsinn verfallen war, wurde Weyer teuflischer Künste angeklagt, durch die er den Geist des Fürsten umnachtet haben sollte. Um sich dem schlimmsten Schicksal zu entziehen, floh er von Düsseldorf. Dann fand er bei dem Grafen von Bentheim in Tecklenburg Aufnahme und Schutz, und lebte hier von 1564 bis zu seinem Tode 1588, als Arzt und Schriftsteller unablässig tätig. Weyers Buch machte ungeheures Aufsehen. Viele Gelehrte, besonders Ärzte, aber auch Geistliche beider Konfessionen stimmten dem Mutigen lebhaft bei. Der edle Cujacius schätzte das Werk. Kaspar Borcholt empfiehlt das Buch dem lüneburgischen Rate Bartolus Richius[6], Johann Brentz, Probst zu Stuttgart, trat in einen Briefwechsel mit dem Verfasser, worin er bei großer Hochachtung vor dessen humanen Bestrebungen das Ansehen der Strafgesetze dadurch zu retten suchte, daß er den Hexen, deren Unvermögen Hagel zu machen er selbst in früheren Predigten behauptet hatte, wenigstens einen strafbaren Konat beimaß. Vom Pfalzgrafen Friedrich, dessen theologische Fakultät anfangs noch scharf hinter den Hexen her gewesen war[7], rühmt Weyer selbst, daß er bald der Stimme der Vernunft Gehör gegeben habe. Ähnliches sagt er von der clevischen Regierung und vom Grafen von Nieuwenar. Dieser begnügte sich, eine geständige Angeklagte des Landes zu verweisen, und dies hauptsächlich aus Rücksicht auf ihre eigene Sicherheit.

---

6) *Binz,* II. Aufl., S. 71 ff. *Dr. H. Eschbach,* Johannes Wier in den Beiträgen zur Gesch. des Niederheins, I. Bd., Düsseldorf 1886, S. 144 ff. — 7) *Fichard,* Consil., Vol. III., p. 60.

Dieses Beispiel fand bald in Worms und anderwärts Nachahmung. Nehmen wir noch hierzu, daß man auch in Württemberg um dieselbe Zeit wenigstens zu größerer Vorsicht im Verfahren sich bequemte, eine gründlichere Generalinquisition und deutlichere Indizien verlangte und — was als etwas Besonderes hervorgehoben wird — zur Folterung niemals anders als auf gerichtliches Erkenntnis schritt[8]: so bleibt kein Zweifel daran übrig, daß Weyers Buch dem Hexenprozesse im deutschen Reiche einen harten Stoß gegeben hat. Er selbst spricht in seinen späteren Schriften mit Befriedigung über die Erfolge seines Kampfes; Crespet klagt über dessen Rückwirkungen auf Frankreich. Das glänzendste Zeugnis aber hat ihm, ohne es zu wollen, der fanatische Bartholomäus de Spina ausgestellt. „Die Pest des Hexenwesens" — sagt der Magister sacri palatii — „ist gegenwärtig so arg, daß neulich in einer Versammlung Satan, der, wie einige der vom Inquisitor Verhafteten ausgesagt haben, in Gestalt eines Fürsten erschien, zu den Hexen sprach: Seid alle getrost; denn es werden nicht viele Jahre vergehen, so triumphiert ihr über alle Christen, weil es mit dem Teufel vortrefflich steht durch die Bemühungen Weyers und seiner Jünger, die sich gegen die Inquisitoren mit der Behauptung aufwerfen, daß dies alles nur törichte Einbildung sei, und so diese gottlosen Apostaten begünstigen und in ihren Ketzereien indirekt bestärken. Denn sähen sich nicht die Väter Inquisitoren gehemmt durch die Bedenklichkeiten dieser Leute, auf deren Aussprüche oft die Fürsten wie auf die Worte der Weisen horchen und der Inquisition die schuldige Hilfe entziehen, so wäre durch den glühenden Eifer besagter Inquisitoren diese Sekte bereits gänzlich ausgerottet, oder wenigstens aus dem Gebiete der Christenheit verjagt[9]."

Satan hatte diesmal auf Weyers Wirksamkeit allzu kühne Hoffnungen gebaut. Der Theorie und der Praxis war von dem mutigen Arzte allzu derb auf den Fuß getreten worden,

8) *Fichard*, Consil., Vol. III, p. 80. — 9) *Delrio*, Lib. V, sect. 16.

als daß sich nicht beide zum Bunde gegen ihn hätten die Hand reichen sollen. Kaum hatte man sich daher von der ersten Überraschung etwas erholt, so eröffneten Gesetzgeber, Richter und Gelehrte aus den vier akademischen Fakultäten gegen ihn einen erbitterten Kampf, in dem ihm nur wenige, obwohl achtungswerte, Bundesgenossen zur Seite standen. Der Sieg war auf seiten der Unvernunft, die in dem wiedereroberten Land ihr blutiges Banner aufpflanzen durfte.

Zuerst begannen ein angeblicher Fürst della Scala und Leo Suavius, eigentlich Johannes Campanus, ein französischer Parazelsist, das Geplänkel; Weyer schrieb gegen sie eine Apologie und wies sie mit siegender Derbheit zurück[10]. Dann trat die schon erwähnte kursächsische Kriminalordnung hervor (1572) und verkündete mit Überbietung der Karolina folgende Strafbestimmung: „So jemands in Vergessung seines christlichen Glaubens mit dem Teufel ein Verbündniß aufrichtet, umgehet oder zu schaffen hat, daß dieselbige Person, ob sie gleich mit Zauberey niemands Schaden zugefüget, mit dem Feuer vom Leben zum Tode gerichtet und gestraft werden soll." Man sieht, wie in dem protestantischen Lande der Fürst als summus episcopus auch das geistliche Moment vertrat, während die Karolina vom Umgang mit dem Teufel schweigt und nur eine äußere Rechtsverletzung mit dem Scheiterhaufen bedroht. In den Motiven zu dieser Kriminalordnung wird Weyer mit Achselzucken abgefertigt; er sei Arzt, nicht Jurist.

Der Landsmann Weyers, Johann Ewich, erst Arzt in Duisburg, dann Stadtphysikus und Professor zu Bremen, bekannte sich erst brieflich, später öffentlich zu Weyers Ansichten. Er wünschte zwar nicht die Straflosigkeit der Hexen und Ketzer, sondern Überlegung und Abwägung bei der Verhängung der Strafe. Auch Kinder und „die Überalten" soll man nur „eines Bessern richten und lehren".

---

10) Apologia adversus quendam Paulum Scalichium, qui se principem de Scala vocitat.

Ewich sprach sich ferner dafür aus, daß man den Beschuldigten Berufungen an Obergerichte von den unteren Gerichten gestatte, „damit diese von jenen etwas lernen, oder jene korrigieren und bessern, was diese vielleicht nicht bedacht oder übersehen haben." Wenn man bei dem Hexenhandel nicht mit aller Vorsicht vorgehe, werde man „Verwirrung der Oberkeit, Murrung und Empörung unter dem gemeinen Volk" verursachen. „Die Exempel sind vor der Tür und schreien fast überall mit lauter Stimme." „Nicht lange vor dieser Zeit hat man im braunschweigischen Lande die Sache von schlichten Personen angefangen, und zu den adeligen, ja schier den höchsten nicht ohne großen Schaden gebracht." „Denn es hat der Moloch eine besondere Lust an solchen Brandopfern, die er zum Teil selbst zurichtet, zum Teil werden sie ihm von andern zugerichtet durch Unerfahrenheit, und Leichtfertigkeit der Leute, unrechtmäßige Prozesse, Vielheit der Gottlosen, deren die Welt voll ist." Es sei gewiß, daß durch Schuld der Richter „zu oftmalen nicht wenigen die Straf ohne Schuld widerfährt. Ach was ein unsägliches Unrecht, das nicht allein den elenden hingerichteten Personen hochbeschwerlich und schändlich, sondern auch dem ganzen Geschlecht und ganzer Freundschaft eine ewige Verleumdung macht! Sollte es denn nicht löblicher sein, daß man etliche nicht genugsam Ueberzeugte hingehen ließe, denn die Unschuldigen um das Leben brächte[11]?"

Ewichs Schrift, deren deutsche Übersetzung im Theatrum de veneficiis abgedruckt wurde, verpuffte wirkungslos.

Zunächst trat dann eine theologische Autorität für den Hexenglauben und die Hexenverfolgung in die Schranken, der berühmte Kalvinist Lambert Danäus, der eigentliche Vater der reformierten Moraltheologie, als selbständiger theologischen Disziplin. Er gab 1575 zu Köln seinen Dialog De veneficis, quos olim sortilegos, nunc autem vulgo sortiarios vocant, heraus, worin die im Hexenhammer vorgeschriebene Auffassung und Verfolgung der Hexerei, z. B.

11) *Janssen*, VIII, 609ff. *Längin*, Rel. u. Hexenpr., 269.

Von den
Zauberern /

Hexen / vnd Vnholden /

Drei Christliche verscheidene /
vnnd zu diesen vnsern vngefärlichen zeiten notwendige Bericht / auß Gottes wort/
Geistlichen vnd Weltlichen Rechten/vnnd
sunst allerley bewerten Historien ge-
zogen/Durch die hoch vnd
wolgelehrte Her-
ren/

LAMBERTVM DANAEVM,
IACOBVM Vallick/ vnnd
VLRICVM MOLITORIS.

Viler vngleicher fragen vnnd meynun-
gen halben / so in diser Matery vorfallen mü-
gen/allen Vögten/ Schultheissen/ Amptleutē
oder Ampts verwaltern/Regenten des weltlichen Schwerdts vnnd Regiments/
hochnützlich vnnd dienlich.

Gedruckt zu Cölln/ durch
Johannem Gymnicum/im Einhorn
M.D.LXXVI.

Mit Röm. Key. Maie. Freyheit.

Titelblatt der deutschen Ausgabe

von der Hexenschrift des Calvinisten Lambert Danäus

Des weyland Hochgelehrten

Johannis Bodini,

Der Rechten Doctoris und Beysitzers
im Französischen Parlement

DÆMONOMANIA,

Oder außführliche

Erzehlung

Des wütenden Teuffels/ in seinen
damahligen rasenden Hexen und Hexen-
meistern/ dero Bezauberungen/Beschwerungen/
Vergifftungen/ Gauckel- und Possen-Wercke; auch Verblendung seiner ergebenen Unholden/ derselben würcklichen Bekäntnissen und Abstraffungen.

Welches der andere Theil

Nicolai Remigii

DÆMONOLATRIA.

Wobey gleichfalls angehänget:
Vielerhand warhafftige und erschreckliche
Geschichte besessener Leute/ so sich hin und wieder in Teutsch-
land/ meistentheils noch vor kurtzen Jahren/ zu grosser Verwunderung und Schrecken begeben und zugetragen haben.
Nebst noch etnigen betrieglichen und von Menschen practicirten kurtzweiligen Begebenheiten.

HAMBURG,
Gedruckt bey Thomas von Wiering, im gülden A.B.C. Anno 1698.
Sind auch in Franckfurt und Leipzig bey Zacharias Herteln zu bekomen.

Titelblatt der Übersetzung von Bodins Demonomanie

auch das Abscheren der Haare vor der Tortur, vom theologischen Standpunkte aus vollständig gerechtfertigt wurde[12].

Des Heidelberger Arztes Thomas Erastus Buch de lamiis et strigibus (1577), in dialogischer Form, angefüllt mit dem seit dem Malleus längst Gewohnten und ohne polemische Taktik, machte jedoch mehr eine Demonstration, als einen wirklichen Angriff[13].

Zwei oder drei Jahre später trat der in Frankreich hoch gefeierte Philosoph und Parlamentsrat Jean Bodin (1503 bis 1596), Heinrichs III. Günstling, mit seinem Traité de la démonomanie des sorciers (Paris, 1580, 4°.) hervor[14], dessen Übersetzung der „ehrenfeste und hochgelehrte Doktor beider Rechte"

und Satyriker Johann Fischart besorgte. Die Übertragung, 1581 in Straßburg erschienen, trägt den Titel: „Vom ausgelassenen wütigen Teufelsheer der besessenen unsinnigen Hexen und Hexenmeister, Unholden, Teufels-

12) *Janssen*, VIII, S. 636 ff. — 13) Repetitio disputationis de lamiis seu strigibus, in qua plene, solide et perspicue de arte earum, potestate intemque poena disceptatur. Basil. Vorwort April 1578. — *Janssen*, VIII, S. 648. — 14) Die lateinische Ausgabe des Werks führt den Titel: De magorum daemonomania seu detestando lamiarum ac magorum cum Satana commercio libri IV. Accessit ejusdem opinionum Joannis Wieri confutatio non minus docta, quam pia. Francofurti 1603.

beschwörer, Wahrsager, Schwarzkünstler, Vergifter, Nest verknüpfer, Veruntreuer, Nachtschädiger, Augenverblender und aller andern Zauberer Geschlecht, samt ihren ungeheuren Händeln: wie sie vermöge der Recht erkannt, eingetrieben, gehindert, erkundigt, erforscht, peinlich ersucht und gestraft sollen werden." Fischart, den fruchtbarsten und bedeutendsten Schriftsteller des sechzehnten Jahrhunderts, hat man aus dieser Übersetzung und seiner Tätigkeit für die Verbreitung des Hexenhammers zu verketzern gesucht und ihm die unlautersten Motive bei der Bearbeitung dieser Bücher unterschoben. Sehr mit Unrecht. Fischart war eben im tiefsten Aberglauben befangen, wie schon seine Geschichte vom Ritter Peter von Stauffenberg (1588) beweist, deren Fabel er für wahr hält, trotzdem eine „Meerfrau" darin als Heldin auftritt. Die Vorrede zum Stauffenberger handelt von zahlreichen mythischen Erscheinungen die Fischart zu Verwandten der Meerfee macht, vor allem von den „halb frawen und halb Fischartischen bildern". Venus, Sphinx, Circe und Medusa und andere Gestalten der antiken Mythe sind ihm Teufelskinder[15]. Sein Glaube und sein Charakter waren nicht schlechter, aber auch nicht besser als der zahlreicher Priester, die die gleichen Ansichten nicht nur ausgesprochen, sondern in Tat umgesetzt haben.

Nun wieder zu Bodin. Bodin hatte bei einigen Hexenprozessen als Richter den Vorsitz geführt und mit unglaublichem Eifer sich in die auf Zauberei und Hexenwesen bezügliche Literatur vertieft. Dadurch war es ihm klar geworden, daß im Volksglauben aller Völker und aller Zeiten die Realität des Hexenwesens verbürgt sei. Er wußte auch über zahllose Hexenprozesse und über die Motive der Verurteilung einer Legion von Hexen zu berichten, weshalb in seinen Augen das Auftreten Weyers nichts anderes als eine auf der lächerlichsten Selbstüberschätzung beruhende Mißachtung einer jedem vernünftigen Menschen von selbst

15) *Dr. Adolf Hauffen,* Joh. Fichards Werke, I. Bd. (Nationalliteratur), Stuttgart o. J. S. LIV ff.

DE LA
DEMONOMANIE
DES SORCIERS.

A MONSEIGNEVR M. CHRE-
stofle de Thou Cheualier Seigneur de Cœli, premier
Président en la Cour de Parlement, & Conseil-
ler du Roy en son priué Conseil.

PAR I. BODIN ANGEVIN.

A PARIS,
Chez Iacques du Puys, Libraire Iuré, à la Samaritaine.

M. D. LXXXI.

AVEC PRIVILEGE DV ROY.

einleuchtenden Autorität und zugleich eine Gottlosigkeit war. Nicht ohne Absicht ist das Buch dem Präsidenten des seit langer Zeit besonneneren Pariser Parlaments in äußerst schmeichelnden Ausdrücken gewidmet. Überall ist man dem Verfasser zu lau, obgleich er anerkennt, daß unter Heinrich weit mehr zur Vertilgung der Hexen geschehe, als unter der vorigen Regierung. Er fordert die Richter auf, aus eigenem Antriebe einzuschreiten und nicht erst die Schritte des königlichen Prokurators abzuwarten; ja er will, nach Mailänder Sitte, Kasten mit Deckelspalten in den Kirchen eingeführt wissen, um die Denunziationen zu erleichtern. Er zählt fünfzehn einzelne Verbrechen auf, aus denen sich die Zauberei zusammensetze, und beweist daraus eine fünf-zehnfache Todeswürdigkeit. Dem Werke hängte Bodin eine ausführliche Widerlegung Weyers an, um, wie er sagt, die durch diesen angegriffene Ehre Gottes zu schirmen. Diese Verteidigung nun beruht, außer der Wiederholung der alten Fabeln und der Berufung auf die Ergebnisse der neueren Praxis, hauptsächlich auf der boshaften Taktik, Weyer mit dem Doktor Edelin auf gleiche Stufe zu stellen[16]. Ohne Zweifel hätte es der französische Philosoph gerne gesehen, wenn sein Gegner auch Edelins Ausgang genommen hätte. „Daß dem Weyer zu End seines Buches der Kopf vor Zorn dermaßen erhitzigt, daß er die Richter greuliche Nach-richter und Henker schilt, gibt wahrlich große Vermutung, er besorge sehr, es möchte etwan ein Zauberer oder Hexen-meister zu viel schwätzen, und tut eben wie die kleinen Kinder, welche vor Forcht des Nachts singen."

Bodin ist eine Autorität geworden, und selbst im Aus-lande hat man sich oft auf ihn bezogen, während er in Rom allerdings auf den Index gesetzt wurde[17].

Wenige Jahre nach Bodin begegnet uns der deutsche protestantische Philosoph Wilhelm Adolph Scribonius Professor zu Marburg, als Parteigänger in dem großen

---

16) *Janssen* VI, 274 ff. VIII 650 ff. *Riezler*, S. 247. — 17) *Rensch*, Der Index der verbotenen Bücher, I. Bd., Bonn 1883, S. 417. 537.

Kampfe, dessen Wirken für die Wasserprobe bereits erwähnt wurde. Hier muß nur noch seines giftigen Machwerkes „Ueber die Natur und Gewalt der Hexen" [18] gedacht werden, in dem er Weyer begeifert. Er schrieb: „Weyer geht auf nichts anderes aus, als die Schuld der Hexen von ihren Schultern abzuwälzen und sie von aller Schuld freizumachen, um die Zauberkunst überall in Schwang zu bringen. Ja, ich glaube mit Bodinus, daß Weyer in alle Verhältnisse der Hexen eingeweiht, daß er ihr Genosse und Mitschuldiger gewesen, daß er, selbst ein Zauberer und Giftmischer, die übrigen Zauberer und Giftmischer verteidigt hat. O, wäre solch ein Mensch doch nie geboren, oder hätte er wenigstens nie etwas geschrieben, statt daß er nun mit seinen Büchern so vielen Menschen Gelegenheit zu sündigen und des Satans Reich zu mehren gibt."

Auch der berühmte Zwinglische Theologe Heinrich Bullinger verfocht die Wirklichkeit aller Hexen- und Zauberkünste, ebenso der kalvinistische Professor der Theologie in Straßburg und Zürich Petrus Martyr Vermigli. Er trat für den ausbündigsten Hexenglauben auf, spricht von Teufelsbuhlschaften, Incubi und Succubi, Teufelspakt und dergleichen. Ganz ähnlich sprach sich Hieronymus Zanefi, Professor in Straßburg und Heidelberg, aus. Der Züricher Prediger Ludwig Lavater, der Ahne Johann Kaspars, glaubte alles bis auf den Wetterzauber [19]. Auch der Dekan Jakob Graeber zu Schwäbisch-Hall verwarf 1589 manche Anschauungen vom Hexenwesen als Affen- und Teufelswerk und bedauerte, daß „bei dieser argen verkehrten Welt schier alle alten Weibspersonen üppiglich des Hexenwerkes veruft" würden. Allein er fordert nichtsdesto-

---

18) Siehe I. Band S. 395 ff. — De Sagarum natura et potestate deque his recte cognoscendis et puniendis, deque purgatione earum per aquam frigidam epistola. Lemgov. 1583. Marp 1588. *S. Th. Graesse*, Bibliotheca magica et pneumatica. Leipzig 1843, S. 36. *Binz* S. 84 ff. — Gegen Scribonius erschien 1589 zu Frankf.: Examen Epistolae et partis Physiologiae de examine Sagarum per aquam frigidam a. G. A. Scribonio in lucem editarum. — 19) *Schweizer*, Zürcher Taschenbuch 1902, S. 40 ff.

weniger die Bestrafung der Hexen „als öffentlicher Feinde des menschlichen Geschlechtes und beförderst Verschwörer Gottes ihres Schöpfers"[20].

Einen wuchtigen Schlag gegen all diese Finsterlinge führte 1584 in England ein Laie, Reginald Skot, der als Privatmann zu Smeeth lebte und 1599 starb, durch Veröffentlichung seiner Schrift Discovery of witchcraft. Skot deckte in seinem Buche den Trug des Hexenglaubens mit einer bis dahin beispiellosen Kühnheit auf. Unerschrockenen Mutes legte er es in beredtester Sprache dar, mit welcher Grausamkeit die Geständnisse erpreßt und mit welcher Liederlichkeit die Indizien beschafft würden. Er zeigte, daß die dem Teufel und den Hexen zugeschriebenen Gaukeleien nichts als Absurditäten wären. Dabei legte Skot nicht nur an den gesunden Menschenverstand, sondern auch sehr geschickt an das protestantische Bewußtsein seiner Landsleute Berufung ein, um ihnen ein von der katholischen Inquisition aufgestelltes Verfolgungssystem verhaßt zu machen.

Was die Hexenfeinde des strikten Glaubens am meisten verdroß, war, daß sie in ihrem eigenen Lager eine Spaltung entstehen sahen. Denn viele, die an der Befähigung der Hexen zum Schadenstiften und an ihrer Strafbarkeit im allgemeinen festhielten, wollten den Luftflug, den Sabbath und den Konkubitus nicht mehr als wirklich gelten lassen. Der gelehrte Frankfurter Jurist Joh. Fichard gestand in seinen „Consilien" (z. B. Tom. II., Cons. 113 vom Jahr 1590), daß er die nächtlichen Teufelstänze und Mahle und die Vermischung des Teufels mit Frauen für nichts anderes als für Träumereien und Täuschungen halte, wegen deren man nicht auf Feuertodesstrafe erkennen dürfe. Im übrigen war er ganz vom Hexenglauben befangen und verdammte zum Feuertod, wenn Hexen gestanden, durch Erregung von Gewittern oder in anderer Weise Schaden verursacht zu haben[21].

---

20) *Janssen*, VIII, S. 637 ff. *Diefenbach*, Zauberglaube S. 204.
21) *Paulus*, Hexenwahn, S. 59 ff.

Noch entschiedener als Fichard trat der mecklenburgische Jurist Joh. Georg Godelmann auf[22]. In Vorlesungen, die er im Jahr 1584 in Rostock über die Karolina gehalten hatte, und die er nach 1590 erweitert unter dem Titel Tractatus de magis veneficis et lamiis deque his recte cognoscendis et puniendis herausgab, sagt er unter anderem (Lib. III, cap. 11): „Die Hexen gestehen entweder Mögliches, nämlich daß sie Menschen und Vieh durch ihre magische Kunst und Zauberei getötet haben, und wenn sich dieses so erfindet, so sind sie nach Art. 109 der Karolina zu verbrennen; oder sie gestehen Unmögliches, z. B. daß sie durch einen engen Schornstein in die Luft geflogen seien, in Tiere sich verwandelt, mit dem Teufel sich vermischt haben, und dann sind sie nicht zu strafen, sondern vielmehr mit Gottes Wort besser zu unterrichten; oder endlich gestehen sie einen Vertrag mit dem Teufel, in welchem Falle sie mit einer außerordentlichen Strafe, z. B. Staupenschlag, Verbannung oder Geldstrafe (wenn sie reuig sind), belegt werden können. — Diese Strafe soll ihrem Leichtsinn gelten, weil sie den teuflischen Einflüsterungen nicht widerstanden, ja sogar ihnen zustimmten." — In einem anderen, dem Lib. III. jenes Werkes vorgedruckten Gutachten von 1587 sagt Godelmann: „Was das Reiten und Fahren der Hexen auf Böcken, Besen, Gabeln nach dem Blocksberg oder Heuberg zum Wohlleben und zum Tanz, desgleichen auch die fleischlichen Vermischungen, so die bösen Geister mit solchen Weibern vollbringen sollen, anbelangt, achte ich nach meiner Einfalt dafür, daß es ein lauter Teufelsgespinst, Trügerei und Phantasie ist. Dergleichen Phantasie ist auch, daß etliche glauben, daß die Hexen und Zauberer in Katzen, Hunde und Wölfe können verwandelt werden. Denn daß solche Veränderung unmöglich sei, ist bereits in einem alten Concilio, so zu Ancyra gehalten (Kanon Episcopi!), geschlossen worden. — Endlich

22) *Von Wächter*, Beitr. zur deutschen Geschichte, S. 294 u. 295. *Paulus*, S. 122ff. *Binz*, S. 96ff. *Janssen*, VIII, S. 620ff. *Riezler*, S. 247.

wird auch den Hexen vorgeworfen, daß sie böse Wetter machen können, so doch Wettermachen Gottes und keines Menschen Werk ist. — Derentwegen kann kein Richter jemanden auf solche Punkte peinigen, viel weniger töten, weil derselbigen mit keinem Wort in der Peinlichen Halsgerichtsordnung gedacht wird. Und ist zu erbarmen, daß hin und wieder in Deutschland jährlich so viel hundert aberwitzige Weiber, die oftmals zu Haus weder zu beißen noch zu brechen haben, und in so großer Sorg und Schwermut sitzen, auch durch des Teufels geschwinde Rhetorica eingenommen werden, auf solche närrische und phantastische Bekenntnisse verbrannt werden, denn je mehr man ihrer umbringet, je mehr ihrer werden." „Solche Leute mit verrückten Hirnen" solle „man billiger zum Arzt dann zum Feuer führen"! Schon vor Gödelmann schärften Juristen den Richtern und Behörden Vorsicht beim Hexenurteil ein. So enthalten z. B. mehrere den Jahren 1564, 1565, 1567 angehörige „Consilia und Bedenken etlicher zu unsern Zeiten rechtsgelehrten Juristen von Hexen und Unholden, und wie es mit denselbigen in Wiederholung der Tortur zu halten" manche ruhige und maßvolle Aussprüche zugunsten eingezogener Hexen und deren Behandlung[23].

In demselben Sinne veröffentlichte damals der kalvinistisch gesinnte „Augustin Lerchheimer von Steinfelden", ein Pseudonym für den Heidelberger Professor Hermann Wilcken, genannt Witekind, 1585 ein „Bedenken von der Zauberey". Wilcken leugnet ebensowenig wie Weyer und Gödelmann den Hexenglauben. Er hält sogar daran fest, daß „der Satan in einem angenommenen Mannsleibe mit den Hexen sich vermischen" könne. Auch wegen der Strafen vertrat er den strengeren Standpunkt. Er schiebt die Hauptschuld an dem überhandgenommenen Teufelswerk den Obrigkeiten zu, die nicht für genügende Unterweisung in christlicher Zucht und Lehre sorgen. Hier-

23) *K. Binz*, Augustin Lerchheimer, Straßburg 1888, S. 112. *Janssen*, VIII, 623.

durch hat Witekind den festen Boden gewonnen, zugunsten der „armseligen Weiber" mannhaft einzutreten, warm und beredt die über sie verhängten Folterqualen und Todesurteile zu brandmarken und die Befürworter und Verteidiger solcher Qualen und Urteile gebührend an den Pranger zu stellen[24].

Selbst der strenge Ketzerrichter Hartwig von Dassell, Verfasser des I. 358 erwähnten Responsums von 1597, war der Meinung, daß sehr oft die Aussagen von Frauen über ihre Hexenfahrten, ihre Buhlerei mit dem Teufel etc. auf Einbildung und Träumerei beruhten.

Inzwischen begann in Frankreich eine Denkweise durchzubrechen, die sich vor allem dadurch kennzeichnete, daß sie prinzipiell alles, was auf Autorität und Tradition beruhte, in Zweifel zog. Der „Philosoph", der zuerst mit dieser Anschauungsweise hervortrat, war 1588 der originelle Michel de Montaigne[25], ein Gelehrter, der seinen Ruhm weit weniger der Tiefe seines Geistes als der Kühnheit seiner Skepsis und seiner unbeugsamen Rechtlichkeit verdankt. Seiner Meinung nach war von dem, was man über die Hexen und deren Treiben sagte, gar nichts verbürgt; vielmehr sei anzunehmen, daß es teilweise mit ganz natürlichen Dingen zugehe, teilweise auf Sinnestäuschung, beziehungsweise auf Lüge beruhe. Er meint, es sei weit wahrscheinlicher, daß unsere Sinne uns täuschen, als daß ein altes Weib auf einem Besenstiel in den Schornstein fahre. Es müsse weit weniger befremden, wenn Zungen lügen, als wenn Hexen die angeblichen Taten ausführten. Darum möge man den Weibern, wenn sie ihre Nachtfahrten u. dgl. eingestehen wollten, lieber Nieswurz als Schierling zuerkennen.

Was nun Montaigne in der Form eines Zweifels ausgesprochen, das wurde von dem gleichzeitigen Skeptiker, dem Großvikar Pierre Charron zu Paris († 1603) geradezu

24) *Janssen*, VI, S 614 ff. — 25) Michel de Montaignes gesammelte Werke, München, Georg Müller Verlag.

TRACTAT

Von Bekanntnuß der Zauberer vnd Hexen. Ob vnd wie viel denselben zu glauben.

Anfängklich durch den Hochwürdigen Herrn Petrum Binsfeldium, Trierischen Suffraganien/ vnd der H. Schrifft Doctorn/ kurtz vnd summarischer Weiß in Latein beschrieben.

Jetzt aber der Warheit zu stewr in vnser Teutsche Sprach vertiert/ durch den Wolgelerten M. Bernhart Vogel/ deß löblichen Stattgerichts in München/ Assessorn.

EXOD. XXII. CAP.
Die Zauberer solt du nicht leben lassen.

Gedruckt zu München bey Adam Berg.
ANNO DOMINI M. D. XCI.
Mit Röm: Bay: May: Freyheit/ nit nachzudrucken.

Hexen- und Teufelswerk

Vignette auf dem Titelblatt der Übersetzung von Binsfelds Tractatus

geleugnet und bekämpft, und es begann jetzt in Frankreich eine Weltanschauung herrschend zu werden, die alles Wunderbare mit Widerwillen betrachtete, die alles aus einem natürlichen Zusammenhange erfassen wollte, und daher in dem Hexenglauben nichts anderes als Wahn und Trug erkannte.

Um gegen solche Freigeistereien wenigstens die Hauptbasis des Hexenprozesses, die Glaubwürdigkeit der Bekenntnisse, zu retten, schrieb 1589 der 1570—76 im Collegium germanicum in Rom erzogene[26] trierische Suffraganbischof Peter Binsfeld seinen Traktat und gab ihn zwei Jahre darauf, besonders zum Gebrauch der bayerischen Gerichte, wo er Beifall gefunden hatte, neu bearbeitet heraus[27]. Die Realität des Pactums wird darin gegen Weyer aus der Versuchungsgeschichte Jesu dargetan; die Autorität des Kanons Episcopi aber, als einer von ganz andern Dingen redenden Stelle, abgewiesen. Kirchenväter, Scholastiker und die Bekenntnisse der damals im Trierischen stark verfolgten Hexen liefern die Beweise für die Wahrheit eben dieser Bekenntnisse. Binsfeld hat den traurigen Ruhm, an dem Sturze zweier Ehrenmänner, die dem blutigen Treiben entgegentraten, mitgewirkt zu haben[28].

Cornelius Loos, als Schriftsteller auch latinisiert Callidius, wurde 1546 in Goude geboren. Er studierte in Löwen, wurde Geistlicher und erlangte in Mainz ein theologisches Lehramt. Dort begann er seine fruchtbare literarische Tätigkeit. Später übersiedelte Loos nach dem Trierischen, wo er wegen seiner Anschauungen in bezug auf Zauberei und Hexerei Anstoß erregte. Er wurde zum Widerruf gezwungen und mußte das Trierische Gebiet

---

26) *Steinhuber*, Geschichte des Collegium Germanicum, Freiburg 1895, II. Band, S. 211 ff. — 27) „Tractatus de confessionibus maleficorum et sagarum, an et quanta fides iis adhibenta sit, und führte das Motto (die Parole der Hexenrichter!): Exod. XXII.: Maleficos non patieris vivere. Eine spätere Ausgabe (in 8⁰. 795) erschien zu Trier 1596. — 28) *Artur Richel*, Zwei Hexenprozesse aus dem 16. Jahrhundert. Beiträge zur Kulturgeschichte 2, Weimar 1898. *Riezler*, S. 170. *Janssen*, VIII, S. 655 ff.

verlassen. Er begab sich nach Brüssel, wo er kurze Zeit eine Pfarrei verwaltete. Des Rückfalls in seine „Irrtümer" bezichtigt, hatte er eine längere Kerkerhaft zu bestehen. Den Folgen einer dritten Anklage gegen ihn kam sein am 3. Februar 1595 erfolgter Tod zuvor[29]. Loos war einer der wenigen Aufgeklärten des Jahrhunderts, die in der ganzen Hexerei und ihren Wirkungen nur Trug und Einbildung sahen. Im Trierischen fand er unter dem schwachen Johann VI. alle Greuel des Hexenprozesses vor. Schon früher durch einige gelehrte Streitschriften bekannt, schien er der Mann zu sein, von dem man eine siegende Widerlegung Weyers erwarten durfte. Als er jedoch nach einiger Zeit eine Schrift, de vera et falsa magia betitelt, zu Köln in Druck geben wollte, fand es sich, daß er darin die Unwissenheit, Tyrannei und Habsucht der Hexenverfolger aufs rücksichtsloseste gezüchtigt hatte. Das Manuskript wurde konfisziert und galt für verloren. Erst 1886 fand der um die Geschichte des Hexentums verdiente Amerikaner George Linc. Burr Bruchstücke des Loosschen Buches in einem Fache der alten Jesuitenbibliothek in Trier[30]. Loos selbst wurde auf Befehl des päpstlichen Nuntius im Kloster St. Maximin bei Trier eingekerkert und zum schimpflichsten Widerruf gezwungen, den er am 15. März 1592 vor dem Generalvikar der Diözese Trier, Peter Binsfeld, und dem Abt des Klosters ablesen und unterzeichnen mußte. Die Anführung einiger der 16 Artikel dieses Widerrufs wird den Geist seines Wirkens dartun[31].

„Art. I. Erstens widerrufe, verdamme, verwerfe und mißbillige ich, was ich oft schriftlich und mündlich vor

---

29) *Werner*, in der Allgem. Deutschen Biographie IXX. Leipzig 1884, S. 168 ff. — 30) *Janssen*, VIII., S. 633 Anm. 1. Andrew Dickson White, Geschichte der Fehde zwischen Wissenschaft und Theologie in der Christenheit, Leipzig 1911, S. 305. — 31) *Delrio*, Lib. V. Append. p. 858 ff. — *J. Marx*, Geschichte des Erzstiftes Trier, Trier 1858—64, II. Bd. S. 117 ff.

vielen Personen behauptet und als den Hauptgrundsatz meines Traktats aufgestellt habe, daß nur Einbildung, leerer Aberglaube und Erdichtung sei, was man von der körperlichen Ausfahrt der Hexen schreibt; sowohl weil dies ganz und gar nach ketzerischer Bosheit riecht, als auch weil diese Meinung mit dem Aufruhr Hand in Hand geht und darum nach dem Verbrechen der beleidigten Majestät schmeckt.

„Art. II. Denn (was ich zweitens widerrufe) ich habe durch heimlich an gewisse Personen abgesandte Briefe gegen die Obrigkeit hartnäckig und ohne haltbaren Grund ausgesprengt, daß die Hexenfahrt unwahr und eingebildet sei, mit der weiteren Behauptung, daß die armen Weiber durch die Bitterkeit der Tortur gezwungen werden, zu gestehen, was sie niemals getan haben, daß durch hartherzige Schlächterei unschuldiges Blut vergossen und daß mittelst einer neuen Alchymie aus Menschenblut Gold und Silber hervorgelockt werde.

Art. V. Außerdem widerrufe und verdamme ich folgende meine Sätze: daß es keine Zauberer gebe, die Gott absagen, dem Teufel einen Kult erweisen, mit Hilfe dessen Wetter machen und Ähnliches ausführen, sondern daß diess alles Träume seien." Usw.

Am Schlusse dieser vor Binsfeld protokollierten Palinodie erkannte sich Loos, wenn er rückfällig werden sollte, jeder willkürlichen Bestrafung würdig. Er wurde aus dem Lande gejagt. Rascher war es mit dem andern Opfer zu Ende gegangen. Der Doktor Dietrich Flade, kurfürstlicher Rat und Schultheiß zu Trier, 1585 auch Rektor der Universität, war vielleicht eine von jenen obrigkeitlichen Personen, an die sich Loos schriftlich und mündlich gewandt hatte[32]. Wenigstens suchte auch er dem Unwesen

---

32) *Riezler*, S. 243, *Janssen*, VIII. 691 ff, *Reiffenbergs* Historia Societatis Jesu ad Rhenum inferiorem. Colon. Agripp. 1764, I, p. 241 ff. *Cesta Trevirorum*, Animadv. ad Vol. III, p. 18. *Delrio*, Lib. V, sect. 3. *Hauber*, Bibl. mag. Bd II, 583 ff.

Einhalt zu tun, indem er alles aufbot, die gesamte Hexerei als Chimäre hinzustellen. Doch mochte er noch so nachdrücklich auf den Kanon Episcopi sich berufen, gerade dieses machte man zum Indizium gegen ihn selbst. Wer die Hexen verteidigte, der war ja selbst der Hexerei verdächtig. „Ihm trat", sagt Delrio, „Peter Binsfeld tapfer mit einer gelehrten Widerlegung entgegen und gab seinen Traktat über die Bekenntnisse der Hexen heraus. Flade wurde verhaftet, gestand endlich, wie Edelin, sein Verbrechen und seinen Betrug und wurde lebendig verbrannt. Das gegen ihn geltend gemachte Indizium gründet sich auf eine offenbare Rechtsvermutung usw." Mit ihm fielen zwei Bürgermeister, einige Ratsherren und Schöffen und mehrere Priester. Die Hinrichtung geschah im Jahre 1589[33].

Flade war ein reicher Mann gewesen. Eine Summe von 4000 fl., die er bei der Stadt Trier stehen hatte, wurde auf Befehl des Kurfürsten an die Pfarrkirchen zu frommen Zwecken verteilt. Von seinem übrigen Vermögen ließ die Stadtobrigkeit sofort nach seinem Tode ein General-Inventarium anfertigen. Daß man auch den Staatssäckel nicht vergaß und Schultheiß, Schöffen und selbst Scharfrichter nicht ihre Hände in den Taschen behielten, versteht sich bei der damaligen „Gerechtigkeit" von selbst[34]. In späteren Prozessen wird sein Name mehrfach unter den Mitschuldigen beim Hexentanze auf der Hetzeroder Heide genannt[35]. Im Sinne Binsfelds und mit Anlehnung an die Binsfeldschen Ausführungen behandelt der in Bayern wirkende Spanier Gregor von Valentia den Hexenprozeß. Im 3. Bande seines Hauptwerkes Commentariorum Theologicorum (Ingolstadt 1595) stellt er als Regel auf, daß zur Folterung einer Person die Denunziation genügt, die

33) *Burr*, The Fate of *Dietrich Flade*, (Papers of the American Historical, Association. Vol. 5, No. 3.) 1891. S. 47 ff. *E. P. Evans*, Ein Trierer Hexenprozeß (Augsburger Allgem. Zeitung 1892, Beilage 86). *Binz*, S. 113 ff. — 34) *Burr*, S. 56. — 35) *Liel* im Archiv für Rheinische Geschichte von Reisach und Linde, Th. I, S. 47 ff.

eine andere Person auf der Folter angegeben hat, wenn irgendwelche andere Indizien oder — die Präsumtion hinzutritt. Dieser in Bayern befolgte Grundsatz hatte zur Folge, daß nach einigen Jahrzehnten von den Jesuiten schaudernd auf die drohende Entvölkerung des Landes hingewiesen wurde[36].

Gleichzeitig mit Binsfeld wirkte in dem Nachbarlande Lothringen Nikolaus Remigius, herzoglich lothringischer Geheimerrath und Oberrichter. Aus dem reichen Schatze seiner Amtserfahrungen stellte er seine Dämonolatria[37] zusammen, die zuerst lateinisch und gleich darauf, 1596 und 1598, auch deutsch erschien. Sie ist „lieblich zu lesen", dem Richter ein wahres Arsenal in jeder Verlegenheit, es gibt nicht leicht einen Punkt, für den der Verfasser nicht aus irgendeinem nach Namen und Tag bezeichneten Prozeßfall einen Beleg beibrächte. So verficht er zwar die leibliche Ausfahrt der Hexen, läßt aber daneben auch eine eingebildete, obgleich ebenso verdammliche bestehen. Die Salbe der Hexen ist zugleich giftig und unschädlich; giftig, sobald sie die Hexe selbst auch nur in der geringsten Menge aufstreicht; unschädlich, sobald sie in die Hände des Gerichts fällt, und wären es ganze Töpfe voll. Das Weib, dem man ankommen will, ist verdächtig, wenn es oft, und wenn es nie in die Kirche geht, wenn sein Leib warm, und wenn er kalt ist. Während der sechzehn Jahre, die Remigius dem Halsgerichte beiwohnte, sind, seiner eigenen Angabe zufolge, in Lothringen nicht weniger als achthundert Hexen zum Tode verurteilt worden, ebensoviele waren entweder entwichen oder hatten durch die Tortur nicht überführt werden können. Remigius sieht im ganzen mit Zufriedenheit auf sein Wirken zurück; doch hat er sich eine Schwachheitssünde vorzuwerfen. Einst hatte er nämlich, dem Mitleiden seiner Kollegen nachgebend, siebenjährige Kinder, die beim Hexentanze gewesen waren, nur dadurch bestraft, daß er sie, nackt ausgezogen, dreimal

---

36) *Riezler*, S. 189. — 37) Daemonolatriae Libri III., Lugd. 1595.

um den Platz, wo ihre Eltern den Feuertod erlitten hatten, mit Ruten herumhauen ließ. Seine richterliche Überzeugung sagte ihm, daß auch sie den Tod verdient hatten; denn „ein heylsamer Eyffer ist allezeit dem schedlichen eußerlichen Schein der Begnadigung vorzuziehen"[38]. Es ist Remigio ein schlechter Ruhm, wenn er in seinem Buche von etlichen hundert Personen die Rechnung macht, bei welchem Prozeß seine Exzellenz gewesen. Solche alberne Possen bringt Remigius auf das Papier, die viel mehr zeugen von der Unschuld der Verurteilten als von der Geschicklichkeit der Richter. Mit Fleiß habe ich die Charten durchlesen und befunden, daß der ganze Plunder beruhe auf den durch die Marter erpreßten Aussagen und betörten Erzählungen der wahnwitzigen Vetteln. Die von diesem Herrn vorgebrachten Beweise sind „so ungereimt, unmöglich und daher unglaublich," daß sie „auch ein ABC-Knabe für Fabeln halten müsse", sagte bereits im siebzehnten Jahrhundert der Pastor J. M. Meyfart[39].

Mit dem Minister Remigius wetteiferte bald ein königlicher Schriftsteller um den Preis in der Bekämpfung des satanischen Reiches, nämlich Jakob I. von Schottland und England, jener Fürst, der so stolz war auf seine Theologie und sein Lateinsprechen. Noch bevor er den englischen Thron bestieg, hatte er seine Dämonologie geschrieben und ihren Grundsätzen in seinem schottischen Reiche Geltung verschafft[40]. Ein wahres Wort hat er in der Vorrede gesprochen, indem er von Bodins Dämonomanie versichert, sie sei „majore collecta studio, quam scripta judicio"; aber die Nachwelt muß von der königlichen Dämonologie leider dasselbe sagen. — Jakob unterscheidet zwischen der Magie (auch necromantia) und dem Veneficium (auch incantatio oder Hexerei). Die Venefici sind Sklaven, die Nekromanten Gebieter des Teufels. Zwar gebieten sie nicht

---

38) Daemonolatr., Th. II., Kap. 2. — 39) *J. Reiche,* Unterschiedliche Schriften vom Unfug des Hexen-Prozesses, Halle 1703, S. 357 ff. — 40) *Jacobi I.,* Daemonologia in den Opp. ed. Montague. Francof. 1689.

SERENISSIMVS IACOBVS VI DEI GRATIA · SCOTORVM REX · ANNO DOMINI 1598

QVOD SIS, ESSE
VELIS.

Viribus inferior, sed par virtute Britanno
Fluctibus Oceani circumluor vndique magni:
Commoditate loci si gnauius vterer, omnis
Oceanus nobis nullo prohibente pateret.
Pace meam longa gentem licet vsque bearim,
Ipsa tamen terra ac pelago gens dedita Marti est.

16 03

König Jakob I. von England
Berlin, Kgl. Kupferstich-Kabinett

Hexenspuk
Aus N. Remigii Daemonolatria, Hamburg 1693

absolut, sondern bedingt, nicht kraft ihrer Kunst, sondern vermöge eines Vertrags. Denn um ihnen Leib und Seele abzugewinnen, macht sich der Teufel verbindlich, in einigen untergeordneten Dingen ihrem Befehle zu gehorchen. Die Heilsprüche, das Nestelknüpfen, die Astrologie und das Horoskopstellen sind nur das ABC des Teufels, wodurch er, da diese Dinge ziemlich unschuldig erscheinen, die Neugierigen in sein Netz lockt. Der Teufel ist der Affe Gottes; der Kuß wird ihm auf die Hinterseite gegeben, weil Moses den Herrn auch nur von hinten sehen konnte. Zwei Arten der Hexenfahrt müssen angenommen werden: 1. eine leibliche, wenn die Hexen an nahegelegene Orte teils zu Fuß oder Pferd, teils mit des Teufels Hilfe durch die Luft kommen; 2. eine im Geiste, wenn der Ort so entfernt ist, daß die in einem Moment zu vollendende Reise vermöge ihrer Schnelligkeit die Unmöglichkeit des Atemholens voraussetzen würde. Den Koitus mit den Inkuben und Sukkuben räumt der König ein, nicht aber die Erzeugung von Ungeheuern und wirklichen Kindern. Die Magier sowohl wie die Hexen sollen mit dem Tode bestraft werden. In einem andern, der Ausbildung seines Sohnes zum Regenten gewidmeten Werke[41] stellt Jakob unter denjenigen Verbrechen, bei denen die königliche Begnadigung Sünde wäre, die Zauberei obenan.

Nach all diesen Plänklern trat endlich der gewaltigste Verfechter des Hexenprozesses, Martin del Rio (Delrio) hervor, um allen Angriffen ein für allemal ein Ende zu machen.

Delrio 1551 zu Antwerpen von spanischen Eltern geboren, hatte zu Paris, Douai und Löwen Philosophie und die Rechte studiert und in der letzteren Wissenschaft zu Salamanca den Doktorgrad erlangt[42]. In Brabant wurde er dann in rascher Folge zum Rate des höchsten Konseils,

41) Βασιλικῶν δώρων lib. II. — 42) *Hauber,* Bibl. mag., Bd. I, S. 123 ff. *Bayle,* Réponse aux questions d'un provincial, Chap. 16. *Duhr,* Jesuiten, S. 39 ff. *Janssen,* VIII, 663.

zum Intendanten der Armee, zum Vizekanzler und Pro-
kureur-General ernannt. Während der Bürgerkriege verließ
er die Niederlande, wurde Jesuit in Valladolid, kehrte aber
bald zurück und lehrte an verschiedenen Universitäten
Philosophie und Theologie. Er starb 1608 zu Löwen.

In Löwen erschienen 1599 seine berühmten Disquisitiones
magicae in sechs Büchern[43]. Sie leisteten dasjenige, was
man von Loos vergeblich erwartet hatte. Unter allen Hexenverfolgern ist Delrio unstreitig der gelehrteste und ge-
wandteste. Stellenweise zeigt er sogar eine gewisse Aufklärung, Liberalität und Billigkeit. Verschiedene Arten
abergläubischer Heilungen werden von ihm gründlich bekämpft, um anderen, nicht weniger abergläubischen, Platz
zu machen. Alle Theurgie oder weiße Magie ist unwirklich;
die Dämonen lassen sich vom Menschen nicht zwingen.
Dies alles aber bahnt nur den Weg zu dem Grundsatze,
daß jene Charaktere, Sigille usw. nur willkürlich verabredete
Zeichen seien, unter denen der Teufel allerdings wirke,
nicht gezwungen, sondern infolge eines Vertrages. Der
Pakt mit dem Teufel, in dem die Abschwörung des Christentums inbegriffen ist, bildet die Grundlage aller Zauberei;
die dämonische Magie zu leugnen, ist ketzerisch. Sie ist
der Inbegriff alles Diabolischen und todeswürdig. Gegen
sie, wie gegen alle andern Übel, schützen nur die Heilmittel der katholischen Kirche, wie Segen, Exorzismen,
Kreuze, Reliquien, Agnus Dei usw. In der Lehre von den
Zaubergreueln folgt Delrio ganz seinen Vorgängern, die
er nur an Kenntnissen und dialektischer Gewandtheit über-
trifft. Der Kanon Episcopi wird in einer weitläufigen Abhandlung aller Bedeutung beraubt: er handle weder von
den Hexen der neueren Zeit, noch würde er, selbst wenn
dies wäre, ihnen irgendwie nützen, da er auch diejenigen
Weiber, die die Luftfahrt nur in der Einbildung machen,
als Ungläubige (infideles) bezeichne. Die Hexen aber sollen,
auch wenn sie niemanden beschädigt haben, schon bloß

---

43) *Gräße*, Bibl. magica, S. 47.

um ihres Teufelsbundes willen getötet werden. Auch im Prozesse weiß Delrio sich das Ansehen der Besonnenheit zu geben, indem er unwesentliche Einzelheiten, die gleichwohl großen Anstoß gegeben hatten, wie das Hexenbad und die Nadelprobe, mißbilligt, auch zum Maßhalten in der Tortur rät[44]; dabei bleibt ihm aber, wie allen übrigen, die Zauberei ein Crimen exceptum, wo alles vom Ermessen des Richters abhängt, und aus dem den Inquisiten von ihm umgeworfenen Netze ist kein Entkommen möglich. Völlige Lossprechung, obgleich rechtlich denkbar, widerrät er; der Richter soll nur von der Instanz entbinden.

Wo Gelehrsamkeit und Sophismen nicht mehr ausreichen wollen, da wird durch vornehmes Naserümpfen, durch Verdächtigen und Schrecken gewirkt. Die früheren Gegner seines Systems oder einzelner seiner Sätze, einen Melanchthon, Alciatus, Agrippa, Weyer, Montaigne u. a. macht er lächerlich. Ketzer, einseitige Literaten, Legisten und Rabulisten müssen schweigen, wo der Jesuit redet, und dürfen sich weder auf den Kanon Episcopi, noch auf den gesunden Menschenverstand berufen; wer nicht an Hexen glaubt, ist kein Katholik. Seinen künftigen Gegnern aber hält er erst die Katastrophe eines Edelin, Loos und Flade vor, und dann fordert er sie auf, seine Lehre von der Wirklichkeit der Hexenfahrten entweder zu widerlegen oder anzunehmen. Dieses geschieht in eben demselben Kapitel, in dem das Leugnen der Hexengreuel als Indizium der Zauberei aufgestellt wird. Von solchem Geschütz verteidigt, ist Delrios Werk ein Bollwerk des Hexenprozesses geworden, und mehrere Menschenalter sind vergangen, ehe der erste wirksame Angriff darauf gewagt werden konnte. Kaum daß sich einzelne Stimmen über die unmäßige Barbarei der Prozeßbehandlung vernehmlich zu machen wagten; die Hauptsache blieb unangefochten. Das offizielle Geschichtswerk des Jesuiten Juvencius S. I. „Historia Societatis Jesu", Romae 1710, S. 851, schreibt über Delrio

44) *Janssen*, VIII, S. 664.

„Nicht zufrieden, die Ketzer zu verfolgen, hat Delrio auch ihre schändliche Ausgeburt, die Zauberei, die damals in Deutschland weit verbreitet war, in einem gehaltvollen Werke (operoso volumine) bekämpft. Diesen in sich dunkeln und wie mit höllischen Nebeln umgebenen Gegenstand. hat er gründlich erläutert und mit bewundernswerter Gelehrsamkeit, in geistlicher wie weltlicher Hinsicht, ausgeschmückt."

Kurz nach Delrio schrieb sein Landsmann Torreblanca eine Dämonologie in vier Büchern[45]. Sie ist dem Papste Paul V. gewidmet und hat die Approbation des heiligen Officiums. Hieraus folgt von selbst der Schluß, daß sie sich von dem bereits bekannten System nicht entferne.

---

45) Erste Ausgabe 1615, dann Mainz 1623.

Aus: Sphaera Infernalis Mystica von Joh. Gg. Hagelgans, Frankfurt a. M. 1740

HEXENPROZESSE IN DEUTSCHLAND, DER SCHWEIZ, ITALIEN, SPANIEN, ENGLAND, SCHOTTLAND UND FRANKREICH BIS ZUR MITTE DES SECHZEHNTEN JAHRHUNDERTS

Als Innozenzens Bulle erschienen war und bereits blutige Früchte trug, konnte die deutsche Geistlichkeit und die öffentliche Meinung der Nation sich noch nicht sogleich in die Ansichten und Absichten des Heiligen Vaters finden. Zwar hatten Sprenger und Institoris in einer fünfjährigen Wirksamkeit achtundvierzig, ihr Kollege im Wormserbad in dem einzigen Jahre 1485 sogar einundvierzig Opfer den Flammen übergeben[1]; aber noch immer wurde von deutschen Kanzeln herab die Existenz solcher Wesen, die durch geheime Künste Menschen und Tiere beschädigen könnten, kräftig bestritten. Diesen Widerspruch zum Schweigen zu bringen und den dadurch der Gerechtigkeit und dem Glauben zugefügten Schaden für die Zukunft zu entfernen, wurde, wie das kölnische Notariatsinstrument versichert, der Malleus maleficarum geschrieben und die Approbation der kölnischen Theologen gefälscht, in der insbesondere auch das Predigen gegen den Hexenglauben als verwerflich bezeichnet wurde. Der Malleus verfehlte seinen Zweck nicht, die Prozesse kamen allmählich in Gang. Aber dennoch wurden auch jetzt noch Stimmen laut, die gegen die Doktrin des Hexenhammers Verwahrung einlegten. Gegen den Glauben an die leibliche Ausfahrt der Hexen erklärten sich, auf den Kanon Episcopi gestützt, die Juristen Alciatus[2] und Ponzinibius; sie betrachteten den Hexentanz für leere Einbildung. Dafür wurde Ponzinibius von dem Dominikaner Bartholomäus de Spina, Sacri palatii Magister zu Rom, bekriegt[3]. Spina macht

---

1) Mall. malef. Part. I. Quaest. 1. Kap. 4. — 2) Parerg. juris. cap. 21. — 3) Ponzinibium de lamiis apologia I. et II. im 2. T. des Mall. malef. Lugdun 1669.

besonders geltend, daß der Jurist eigentlich vom Hexenwesen nichts verstehe und, wenn er zum Prozesse hinzugezogen werde, dem Inquisitor, der seine eigene Art zu prozedieren habe, leicht durch unnütze Weiterungen hinderlich werde.

Während sich so die Gelehrten teils billigend, teils mißbilligend oder einschränkend aussprachen, ging die Praxis ihren Gang.

In Deutschland sehen wir anfangs noch die bischöfliche Jurisdiktion mit der weltlichen konkurieren, ja während des ersten Viertels des sechzehnten Jahrhunderts die delegierte Inquisition ihr Unwesen treiben. Die eilfertige Plumpheit eines niederen bürgerlichen Richters im Gegensatz zu der langsamen Förmlichkeit des Reichskammergerichts zeigt folgender Fall, den wir aus den Originalakten mitteilen. Er ist ohne Zweifel der erste, der im Punkte der Hexerei diesem höchsten Tribunal zur Entscheidung vorlag, und mag wohl, wie so viele Fälle nach ihm, ohne Ende geblieben sein.

Im Dezember 1508 klagte Anna Spülerin aus Ringingen vor dem Stadtammann zu Ulm gegen dreiundzwanzig Einwohner von Ringingen auf Entschädigung (Wandel, Abtrag und Bekehrung, angeschlagen auf zweitausend Gulden) für eine durch deren Schuld erlittene Unbill. Ihrer Erzählung zufolge, die in ihren wesentlichen Punkten durch spätere Zeugenverhöre bestätigt wurde, verhielt sich die Sache folgendermaßen: Als vor einem Jahre ihre Mutter nebst einigen andern Weibern auf Anrufen der Einwohner von Ringingen durch den Vogt von Blaubeuren als Zauberin eingezogen worden, seien ihr, der Tochter, Worte gerechter Entrüstung entfallen, infolge deren ihr Warnungen zugekommen, als wenn sie dadurch sich selbst verdächtig gemacht habe. Eines Morgens habe sie einen großen Auflauf vor ihrem Haus bemerkt, und als sie, um der Gefahr zu entgehen, sich durch die Hintertüre auf das Feld begeben, hätten die von Ringingen sie eingeholt und, ohne über ihre Absicht sich bestimmt auszusprechen, nach Blaubeuren abgeführt. Dort im Gefängnisse habe sie erwartet, daß man sie baldigst etwa ihrer ausgestoßenen Reden wegen zur Verantwortung ziehen und dann wieder entlassen würde. „Aber nyemands were zu Ir komen annders, dann gleich aubents ains Ersamen Rats hie zu Ulm zuechtiger und nachrichter, der hette gegen Ir strenngklich peenlich unmentschlich und unweyplich gehanndelt und von Ir wissen haben wöllen, Sy were aine, das Sy sollichs bekennen söllte, Aber alls Sy sich sollichs frey und unschuldig gewißt, hette Sy Ihr selbs kain unwarheit auflegen, noch nichtzit bekennen wollen, sonnder Ir Hoffnung zu Gott dem Allmechtigen gesetzt, nachgennds were Sy in ain annder fanngknus und gemach geführt und abermals nit ain zway drew viermal, Sonnder unmentschlich peenlich gemartert, alle Ire glüder zerrissen, Sy Irer vernunfft und auch Fünff Synn beraupt und entsetzt worden, dann Sy Ir gesicht und gehördt nit mer hette alls vor, So wer Ir auch in sollicher großen Irer unmentschlichen marter begegnet, das Sy besorgte, wi wol Sy kain gründlich wissen, noch das, mangel halb Irer gesicht, nit wol erkennen noch sehen, das von Ir kommen were, das villeicht darauss ain lebennde Seel mugen hett werden, solliche Marter hett dannocht nit gnug sein, noch erschiessen wolln, Sonnder were ain anderer Züchtiger von Tüwingen mit dem Vogt komen, da hett Sy der Vogt bereden wöllen, auf sich selbs zubekennen, und Ir selbs ab der Marter zuverhelffen und gleich mit guten worten gesagt, Was Sy sich doch züge, Sy sollte der Sach bekennen, So Sy dann auss diesem Zeitt füre, So sollten und müssten die von Ringingen, nemlich yeder insonnder Ir ain mess fromen lassen, Dartzu Sy geantwurt hette, dass sollte In diser danncken, dann Sy sich unschuldig gewisst hette. Als nun der Vogt nichtzit von Ir bringen mögen, helte er weytter angefanngen und gesagt, wie Ir Muter auf Sy bekennt und verjehen haben sollte, das Sy auch aine were, das hette

Sy widersprochen und veranntwurt, Sy wisste wol, das Ir
Muter nichtzit args von Ir zu sagen wisste, auch sollichs
von Ir nit sagte, So wisste Sy sich auch ganntz unschuldig
frey und ledig, were also für und für auf der warheit verharret und darab nit weychen wöllen. Alls Sy aber sollichs
gesehen, hetten Sy weytter mit der Mutter und mit vil
troworten an Sy gesetzt und gesagt, Sy wollen Ir alle
Adern im leib zerryssen, und wiewoln Sy mermaln gütig-
klich gesagt het, was Sy Sy doch zeyhen, ob Sy Sy von
der warhait treyben wöllten, So hette Sy doch sollichs
nit fürtragen, noch fassen mögen, Sonnder hetten Sy für
und für gesagt und von Ir wissen haben wöllen, Sy were
aine, und nie genennt ain unhollden, bis zum letsten. Also
hette Ainer unnder den widertailen, so yetzo gegenwürttig
alda stünde, gesagt und Sy gefragt, wahin das Hembt vor
unnser lieben Frawen in der kirchen zu Ringingen komen
were, dann Sy wisste, wer das zerschniten, hette Sy geanntwurt, ob Sy es yemands beschuldigte, und alls der Vogt
gesagt, Er hette des wissen und Im sein klains fingerlin
gesagt, hette Sy wieder geanntwurt, Ir geschehe damit
unrecht, Sy were dess unschuldig, Mit Erbiettung, wa sollichs
ain Mentsch von Ir, das Sy das gethan hette, sagte, wöllte
Sy darumb den tod leiden, aber nyemands hette Sy sollichs
ferrer beschuldigen wöllen. Mit dem wern Sy von Ir
abgeschieden mit dem traw, Sy wöllten enmordnens wider
komen und mit noch hertter und strennger peen und martter
gegen Ir hanndeln, und hetten Sy darauf in ain noch hertter
und schwerer fanngknus dann vor, gelegt, in dem alls
yedermann von Ir komen were Ir eingefallen und hette
bedacht Ir zuflucht zu nemen zu dem, der Ir helffen mügen
het, das wern nemlich Got der Allmechtig und sein gepe-
rerin die himelkönigin Marie, hett dieselbigen auss Innigkeit
und grundt Irs Hertzen, und in ansehung Irer unschuld,
der gerechtigkait und warhait angerufft, Sy sollicher Irer
strenngen hertten fanngknus zuerledigen, und Sy bei der
warhait zubehalten. Sollich Ir gebett und auch die ver-

haissung der wallfarten, so Sy dabey zu Sannt Leonhart und an annder ort gethan hett, were bey Gott dem Allmechtigen erhört, und Sy derselben nacht zwischen der zehennden und Aylfften stund auss sollicher fanngknus erledigt worden. Dem allem nach und die weyl Sy also auf anruffen der von Rynngingen in sollich fanngknus komen, darynn strenngklich peenlich und unmentschlich gemartert, Ir Ire glüder zerrissen, Sy Irer vernunft und Synn entsetzt, Auch um Ir Er und gefür, und desshalb in gross, unüberwintlich hertzlaid komen und bracht, dadurch Sy sich selbs und Ire klaine kynndlin nicht mer alls dann vor der zeitt geschehen were, Erneren und hinbringen und Ir auch Ir Eelicher Hausswirt nicht mer, alls vor, Eelich beywonnen möchte. So were Ir anruffung und bitt, die von Rynngingen gütlich zuvermögen und daran zu weisen, Ir unb sollich Ir zugefügt erlitten Schmertzen, Marter schmach und schaden, nach Irer Eren notturft wandel abtrag und bekerung zu thun, wa aber das gütlich nit sein mochte, So hoffte Sy Es sollte billich wesen, mit Recht erkannt werden." Hierauf erwiderten die Verklagten, die Spülerin habe bei der Hinrichtung ihrer Mutter die Drohung ausgestoßen, sie wolle die von Ringingen an Leib und Gut unglückhaft machen. Der Vogt habe sie deshalb gleich damals greifen wollen, doch, da dies Anstand gefunden, den Befehl hinterlassen, man solle das Weib, wenn es solche Drohungen wiederholen würde, ihm zuführen. Da sie von ihren Reden nicht gelassen, so habe man sie nach Blaubeuren gebracht. Für die weiteren Handlungen des Vogts seien sie nicht verantwortlich und darum zur Genugtuung nicht verpflichtet. Nach verschiedenen Verhandlungen erkannte das Gericht zu Ulm den Verklagten den Eid zu, dass sie an der Peen und Marter der Spülerin nicht schuld gewesen und sie bloß ihrer Drohworte wegen auf Befehl verhaftet hätten. Die Ringinger erklärten sich bereit zu schwören; die Klägerin aber appellierte gegen das Urteil an das Kammergericht, wobei insbesondere geltend gemacht wurde, daß hier nichtiglich das juramentum in supplementum probationis erteilt worden sei. Das Kammergericht wies die Sache zu weiterer Verhandlung an das Gericht der Stadt Biberach und gab schon damals eine gute Probe von der Langsamkeit seines Geschäftsganges, durch die es späterhin so berüchtigt wurde. Die in dieser Sache eingereichte Duplik der Appellaten trägt das Präsentatum vom 23. Juni 1518 und ist das jüngste Stück, das sich unter den Akten findet. Wie lange der ganze Prozeß gedauert hat, ob und wie er entschieden ward, bleibt daher im Dunkel; doch ist, was uns hier am meisten angeht, aus den Zeugenaussagen ersichtlich, daß die Appellantin das gegen sie eingeschlagene tumultuarische und grausame Verfahren der Wahrheit gemäß angegeben hatte.

Seit dem Anfang des sechzehnten Jahrhunderts finden sich in Deutschland, abgesehen von Metz, nur noch vereinzelte Spuren der Amtstätigkeit von mit päpstlichen Vollmachten ausgerüsteten Inquisitoren. Sprenger läßt sich aber noch 1489 in Frankfurt und Köln als Inquisitor in einem Prozeß gegen einen Astrologen nachweisen[4], und Institoris wirkte noch um 1497 in Bayern, 1500 in Böhmen[5] eifrig gegen Hexen und Ketzer, wohin er vom Papst Alexander VI. in besonderer Mission entsendet wurde. Ein Hexenprozeß in Basel vom Jahre 1519 wurde wahrscheinlich noch von dem bischöflichen Offizialate geführt[6].

Wie um jene Zeit ein Inquisitor, der Dominikaner Nikolaus Savini, in Deutschland sein Geschäft betrieb, mag uns Agrippa von Nettesheim erzählen: „Als Syndikus zu Metz, — schreibt er[7], — hatte ich (1519) einen harten Kampf mit einem Inquisitor, der ein Bauernweib um der

---

4) *Hansen*, Zauberwahn S. 504. Quellen, 502 ff. — 5) *Riezler*, S. 100 ff. — 6) *Janssen*, VIII, S. 566. *Fr. Fischer*, Die Basler Hexenprozesse in dem 16. und 17. Jahrhundert. Basel 1840, S. 4. — 7) Epist. lib. II. 38, 39 et 40. De vanitate scientiarum Cap. 96. *K. Binz*, Doktor Johann Weyer, 2. Aufl., Berlin 1896, S. 12 ff.

abgeschmacktesten Verleumdungen willen mehr zur Ab-
schlachtung als zur Untersuchung vor sein nichtswürdiges
Forum gezogen hatte. Als ich ihm in der Verteidigung
der Angeklagten bewies, daß in den Akten kein genügendes
Indizium vorliege, sagte er mir ins Gesicht: Allerdings
liegt ein sehr genügendes vor, denn ihre Mutter ist als
Zauberin verbrannt worden. Ich verwarf ihm dies als un-
gehörig; er aber berief sich auf den Malleus malleficarum
und die peripathetische Theologie und behauptete, das
Indizium müsse gelten, weil Zauberinnen nicht nur ihre
Kinder sogleich nach der Geburt den Dämonen zu weihen,
sondern sogar selbst aus ihrem Umgang mit den Inkuben
Kinder zu zeugen und so das Zauberwesen in den Familien
zu vererben pflegten. Ich erwiderte ihm: Hast du eine
so verkehrte Theologie, Herr Pater? Mit solchen Hirn-
gespinsten willst du unschuldige Weiber zur Folter schleppen und mit solchen Sophismen Ketzer verurteilen, während
du selbst mit deinem Satze kein geringerer Ketzer bist,
als Faustus und Donatus? Angenommen, es wäre, wie
du sagst: wäre damit nicht die Gnade der Taufe vernichtet?
Der Priester würde ja vergeblich sagen: Ziehe aus, un-
sauberer Geist, und mache Platz dem heiligen Geiste, —
wenn wegen des Opfers einer gottlosen Mutter das Kind
dem Teufel verfallen wäre usw." Voll Zorn drohte der
Dominikaner, daß er Agrippa als Begünstiger der Ketzerei
vor Gericht ziehen werde; dieser jedoch ließ sich in seiner
Verteidigung nicht beirren. Die Angeklagte wurde befreit,
die falschen Ankläger mit einer Geldstrafe belegt und
den Inquisitor traf die allgemeine Verachtung, denn Savini
hatte von der Gegenpartei Geschenke genommen. Den
Feinden war die Wahl zwischen dem Anklage- und dem
Denunziationsprozesse gelassen worden; sie hatten den
ersteren gewählt, und dennoch hatte der Mönch sich alle
Schikanen des damaligen Inquisitionsverfahrens erlaubt.
Die Einführung des Hexenprozesses in den verschiedenen
Territorien Deutschlands erfolgte im fünfzehnten und sech-

zehnten Jahrhundert fast überall ganz allmählich, indem man in vielen Landen noch geraume Zeit hindurch, nur im allgemeinen von Zauberei sprach, ohne die Hexerei von ihr zu unterscheiden, so daß sich der Begriff der Hexe erst nach und nach im Volksbewußtsein fester gestaltete[8].

In der Mark Brandenburg liegt die älteste aktenmäßige Urkunde über Hexereien aus der Zeit des Kurfürsten Joachim II. (1535—1571) vor, doch sind schon mehrere frühere Fälle bekannt. Bereits 1336 wurden 14 Personen — Luciferianer — in Angermünde dem markgräflichen Vogt zur Verbrennung übergeben[8a]. 1399 wurde eine Zauberin durch das Berliner Ratsgericht zur Verbrennung verurteilt. Ferner finden Prozesse 1406 und 1423[9] statt. In dem Dokument Joachims heißt es, daß in Neustadt-Eberswalde Zauberei mit Molken und Bier getrieben sei. Der Kurfürst befahl, darüber ein Erkenntnis der Schöffen in Brandenburg einzuholen. Diese Zauberei mit Bier trat seitdem in der Mark auffallend häufig hervor. So erlitt eine Hexe den Feuertod, weil sie „fliegende Geister" in ein Brauhaus geschickt haben sollte. Im Jahre 1545 kochte ein Weib im Lande Rhinow eine Kröte, Erde von einem Grabe und Holz von einer Totenbahre zu einer „Zaubersuppe" zusammen, die sie in einen Torweg goß, den ein anderer passieren mußte. Auch „Zaubersuppen" kamen seitdem in der Mark öfters vor. Doch erfolgten Hexenprozesse einstweilen nur ganz vereinzelt: 1551, 1553, 1554, 1563, 1569, 1571, 1572, 1576, 1577, 1579. Bei der Hinrichtung einer Zauberin in Berlin im Jahre 1552 trug sich nach einer Chronik ein wunderbarer Vorfall zu: Als die Flamme des Scheiterhaufens emporschlug, flog ein Reiher in die Glut und stieg dann mit einem Stück von dem Pelz der Hingerichteten wieder

---

8) *Riezler,* S. 141 ff. — 8a) *Gottfr. Brunner,* Ketzer und Inquisition in der Mark Brandenb. im ausgeh. Mittelalter. In. Dis. 1904. Wattenbach, Abh. der Kgl. Akademie der Wissensch., Berlin 1886, III. — 9) Berlinisches Stadtbuch, neue Ausg., Berlin 1883, S. 203, 208, 214, 223. *Ernst Fidicin,* Hist. diplomat. Beitr. z. Gesch. d. Stadt Berlin, 5. Teil, Berlin 1842, S. 426.

in die Lüfte. Die zahlreichen Zuschauer waren der Überzeugung, daß dies nur der Teufel gewesen sein konnte. Und von dieser Zeit festigte sich der Glauben an den persönlichen Verkehr des Satans mit dem sich ihm zuneigenden Menschen immer mehr[10]. Im Jahre 1553 sind, wie der Augsburger Prediger Bernhard Albrecht in seiner „Magia" erzählt[11], in Berlin zwei Wettermacherinnen eingezogen worden, die einer Nachbarin ein Kindlein gestohlen, es in Stücke zerhackt und gekocht hatten. Sie wurden dabei von der Mutter des Kindes gestört, sonst hätten sie Unwetter erzeugt, daß alle Früchte auf den Feldern hätten verderben müssen. In Küstrin wurde 1559 „ein neuer Profet", der auf Einflüsterung des Teufels sich damit abgegeben hatte, „die Hexen zu verraten", öffentlich verbrannt. 1565 werden in der Mark acht Hexen verbrannt.

Von Stendal heißt es: „Besonders waren der Pfarrer zu St. Jakob und früherer Vikar des Domstiftes Johann Wolter mit dem Bürgermeister Jürgen Möring arge Verfolger der Zauberei, deren Spuren sie überall wahrnahmen, wo sich ein Unglück zutrug. Als Georg Möring die Bürgermeisterstelle übernahm (1563), zeigte er dem gleichgesinnten Pfarrer ein Verzeichnis von Hexen und Zauberern, die es auch in Stendal gebe, so lang, wie der Pfarrer später aussagte, daß, wenn er auch sogleich (es war in der Adventzeit) verbrennen zu lassen anfinge und wöchentlich deren zwei oder drei verbrennen ließe, er doch schwerlich vor Ostern mit dieser Strafvollziehung werde fertig werden. Die traurigen Exekutionen kamen wirklich durch den Amtseifer des Pfarrers und Bürgermeisters gutenteils zur Ausführung. Die Untersuchungen aber gingen immer weiter fort, da man der Opfer des Wahnes nicht genug erhalten konnte. Zuletzt wurde der Pfarrer Johann Wolter selbst der Zauberei angeklagt, eines verdächtigen Händeauflegens überführt und nach einem Erkenntnis des Brandenburger Schöppenstuhles vom Mittwoch nach Trinitatis 1579 nach

10) *E. Fidicin*, Hist.-dipl. Beitr., V. Bd, S. 425 ff. — 11) Leipzig 1628, S. 187.

34 jähriger Amtsführung seines Pfarramts entsetzt und mit Staupenschlag des Gerichtes verwiesen." Vermutlich hatte eines der Opfer den hexenwütigen Herrn als Mitschuldigen bezeichnet [12].

„Auch in Gardelegen wurde durch die Reformation in den gebildeten Volksklassen weder der Aberglaube ausgerottet noch wahre Aufklärung hervorgerufen. Freilich suchte man seitdem den Hauptstolz in der Gelehrsamkeit — man rühmte sich, nur studierte Ratsherren zu besitzen. Aber in den zehn Jahren von 1544 bis 1554 hat der Rat nicht weniger als vierzehn Hexen verbrannt [13]."

„Insbesonders wurden auch die Juden zum höchsten anrüchig wegen allerlei zauberischer, teuflischer Künste." So fand 1573 der gräßliche Justizmord des Münzmeisters Lippold, des Vertrauten des Kurfürsten Joachim II. in Berlin statt. Sein Nachfolger Johann Georg machte Lippold für die Miß- und Maitressenwirtschaft seines Vaters verantwortlich, und da ihm in bezug auf sein redliches Geschäftsgebaren nicht beizukommen war [14], ging man auf die Zauberei-Anklage über, die jeden ans Messer lieferte. So auch Lippold, dem man abfolterte, was man brauchte, um sein Vermögen einzuziehen und ihn wie die Schuldscheine in seiner Hand unschädlich zu machen. Er wurde in wahrhaft bestialischer Weise an derselben Stelle hingerichtet, wo heute „das Lutherdenkmal den Triumph der Religion der Liebe verkündet [15]."

In Breslau nimmt das Hexenwerk sehr zeitig überhand. Am 29. Oktober 1456 werden zwei Frauen ertränkt, weil sie mit Liebesbissen, durch die sie ihre Verheiratung herbeiführen wollten, Männer ums Leben brachten. Ein Jahr später büßt eine Frau den Besitz von Zaubermitteln mit dauernder Stadtverweisung [16]. 1458 verbrennt man in

---

12) *Herm. Dietrichs* und *Ludolf Parisius*, Bilder aus der Altmark, Hamburg 1883, — 13) *Dietrichs* und *Parisius*, S. 240 ff, II. Bd., S. 15. 14) *Dr. A. Ackermann*, Münzmeister Lippold, Frankfurt a. M. 1910, S. 51. — 15) Ebenda, S. 63. — 16) *Hansen*, Quellen, 569.

Gnichwitz bei Breslau einen Kirchenräuber. Er hatte von einer Frau Anna zu Troppau Kräuter erhalten, die alle Schlösser aufspringen machen sollten[17]. 1481 ertränkt man eine Zauberin, die den Tod eines Mannes verursachte[18]. 1482 und 1485 finden Stadtverweisungen je einer Zauberin statt[19], 1499 müssen zwei Hexen[20], 1503 eine ins Elend[21].

In Friedeberg in der Neumark ließ Kurfürst Johann Georg im Herbst 1594 den Pfarrer nach Küstrin ins Gefängnis führen. Die „armen Leute" zu Friedeberg hatten ihren Seelsorger angeklagt, daß er mit dem Höllenfürsten im Bunde stehe. Der Kurfürst befahl die Tore Friedebergs zu schließen und den Einwohnern Lebensmittel zu bringen, damit nicht auch Fremde vom „Teufel geplagt werden[22]." In den beiden letzten Dezennien des Jahrhunderts dagegen sehen wir die Hexenverfolgung sich in allen Orten des Landes erheben[23].

In Pommern begannen die Hexenbrände bereits in der ersten Hälfte des sechzehnten Jahrhunderts. Das älteste Aktenstück über einen Hexenprozeß stammt aus dem Jahre 1538 und führt in das Städtchen Schlawe[24].

Der dortige Bürgermeister Lindenberg hatte zwei verheiratete Töchter, die Lettowsche und die Ristowsche. Er war in zweiter Ehe mit Jesse N. vermählt. Kurz vor Pfingsten 1538 erkrankte die Lettowsche. Trotzdem sie mit Vater und Stiefmutter keineswegs in Eintracht lebte, erbat sie von ihnen Hilfe für ihr Leiden. Auf Drängen des Bürgermeisters sandte Jesse der Stieftochter durch die Frau des Kleinschmiedes Tönniges Hesse ein dickes schwarzes Bier „Momye", wahrscheinlich Mumme, das Hesse erst kürzlich aus Stolp mitgebracht hatte. Kaum hatte die Lettowsche den Trank zu sich genommen, brach

17) *Hansen*, 571. — 18) Ebenda, 582. — 19) Ebenda, 583. — 20) Ebenda, 596. — 21) Ebenda, 598. — 22) *Jansen—Pastor*, VIII., S. 739. — 23) *Von Raumer* in den Märkischen Forschungen, Berl. 1841, S. 236 ff. *Heffter* in der Zeitschrift für preußische Geschichte und Landeskunde, III. Band, Berlin 1866, S. 523 ff., *Janssen*, VIII., 739 ff. — 24) *Dr. Max v. Stojentin*, Aus Pommerns Herzogstagen, Stettin 1910, S. 4.

bei ihr eine Art Raserei aus, die sich aber bald wieder verlor. Während des Fiebers beschuldigten die Kranke und ihre Schwester die Stiefmutter und die Schmiedefrau, durch den „Zaubertrank" die Krankheit verschlimmert zu haben.

Ein Jahr vor diesem Vorfall war bereits in Schlawe eine Anzahl Hexen verurteilt worden; so fielen denn auch diese Anklagen auf fruchtbaren Boden, um so mehr, als die Hesse ohnehin nicht im besten Ruf stand „und seit Jahren mit Frau Lindenberg viel seltsamen Verkehr bei geschlossenen Türen gepflogen hatte". Die Hesse wurde sofort verhaftet. Die Lindenberg, von tödlicher Angst getrieben, schlich mehrfach des Nachts zu den Fenstern des Gefängnisses, beschwor die Hesse, nichts davon zu verraten, daß sie ihr den Trank für die Stieftochter gegeben, und versprach ihr Befreiung und reichliche Belohnung. Tatsächlich suchte sie die Gefangene zu befreien, doch ohne Erfolg, da deren Mann und der Bruder die Hesse für eine Hexe hielten und ihre Hilfe versagten. In der Hoffnung, durch die vielvermögende Bürgermeisterin gerettet zu werden, nimmt die Hesse zunächst alle Schuld auf sich, gesteht aber dann auf der Folter den wahren Zusammenhang und eine weitere Hexerei. Als Mitschuldige bezichtigte sie die Marie Schwarz aus Malchow und die Lindenberg, die eine ärgere Zauberin sei als sie selbst. Die Bürgermeisterin sah das Henkersschwert über ihrem Haupte und entfloh. Die Hesse wurde verbrannt. Für die Lindenberg traten Gatte und Sippe so nachdrücklich bei Herzog Barnim XI. ein, daß ihr freies Geleite und gerechte Untersuchung zugesichert wurde, die einen glücklichen Ausgang genommen zu haben scheint[25]. Die von der Hesse denunzierte Marie Schwarz mußte gleichfalls auf den Scheiterhaufen, ebenso eine von dieser angegebene „olde Drewekische" aus Nehmitz.

52) *Max v. Stojentin*, Beiträge zur Kulturgeschichte, Weimar 1898, Seite 20 ff.

Ein Aktenfragment aus dem Jahre 1564 behandelt einen Stettiner Prozeß, dem eine Hirtin, die „blaue Petersche", anscheinend eine Giftmischerin, zum Opfer fiel[26].

In Neustettin wütete von 1585 bis 1592 der Hexenmeister Landvogt Jakob von Kleist und rottete ganze Familien aus. So wurden ein Mann namens Maurer nebst Frau, Sohn und Tochter verbrannt. Personen aus allen Ständen fielen dem Wahn zum Opfer.

Um 1591 erreichten die Neustettiner Hexenverfolgungen ihren Höhepunkt in dem Verfahren gegen die Frau des ehemaligen Neustettiner Hauptmannes und pommerschen Jägermeisters Melchior v. Dobschütz auf Plosa, Elisabeth von Strantz. „Der umfangreiche, im weiteren Verfolg hochpolitische Prozeß gegen diese Adelige ähnelt in seinen Einzelheiten und Motiven völlig dem, der mehrere Jahrzehnte später gegen Sidonia von Borke geführt wurde. Er nahm einen nicht minder dramatischen Verlauf wie jener"[27], übertraf ihn aber durch die Bestialität der Richter.

Melchior von Dobschütz, der Günstling des Herzogs Johann Friedrich, war durch die Quertreibereien einiger Hofleute, besonders des damals allmächtigen Peters von Kamecke, in Ungnade gefallen und 1590 aus Pommern verbannt worden. Schon zur Zeit, da Dobschütz noch im Amt war, hatten Zauberweiber auf der Folter auf seine Frau als Genossin bekannt, was wohl darin seinen Grund haben mochte, daß Elisabeth durch ihre Pedanterie und unnachsichtliche Strenge sich den Haß ihrer Mägde und loser Weiber zugezogen hatte. Unglücklicherweise war dem Nachfolger Dobschütz', dem fanatischen Hauptmann v. Kleist, von der Übernahme seines Amtes an das Brotbacken und Brauen mißlungen, so daß Brot und Bier ungenießbar wurden. Da bezichtigte ein im übelsten Rufe stehendes Weib, die Klotzische, auf der Folter Elisabeth von Dobschütz, mittelst eines Pulvers das fürstliche Brau-

---

26) *Von Stojentin*, Herzogstagen, S. 12 ff. — 27) *Von Stojentin*, Beiträge, S. 31 ff.

und Backhaus verzaubert zu haben. Ein kleines Heer von Zeugen wurde gütlich und peinlich vernommen, darunter viele ehemalige Dobschützsche Mägde, wodurch das Material gegen Elisabeth fabelhaft anschwoll und die Anklagen selbst immer ungeheuerlicher wurden. Allmählich verdichtete sich die Anklage sogar dahin, daß die Dobschütz durch einen gewissen Hans Meurer, einen jungen Beutler und ihr Patenkind, der etliche Zeit im Schlosse bedienstet war, nachdem seine Eltern und Geschwister in Neustettin verbrannt worden waren, einen Trunk habe nach Stettin tragen lassen, um durch diesen die Herzogin Johann Friedrich unfruchtbar zu machen. Dadurch war dem Prozeß ein ausgeprägt politischer Charakter gegeben, der die ganze Herrscherfamilie aufs äußerste erregte.

Zahllose Zeugen in Polen, Brandenburg, ganz Pommern bis nach Rügen hinauf, wurden verhört, Verdächtige, darunter Hans Meurer, verhaftet und peinlich befragt, ein Steckbrief hinter Elisabeth erlassen und sie endlich in Crossen gefangen genommen. Obgleich schwanger, legte man sie in Neustettin in den Block und bewachte sie Tag und Nacht. Ihrem Hauptbelastungszeugen, Hans Meurer, entlockte man in mehrfacher, stetig gesteigerter Tortur alles, was man wollte und brauchte. Da Elisabeth alle ihr zur Last gelegten Taten, darunter auch Ehebruch und Diebstahl leugnete, wurde sie in der großen Ritterstube in Stettin, wohin man sie inzwischen überführt hatte, in Gegenwart der höchsten Hofbeamten gefoltert und dieser Akt in den darauffolgenden Nächten mehrfach wiederholt. Mit Ekel und Abscheu wies das arme Weib die ihr vorgeworfenen Scheußlichkeiten als Lügen zurück und fügte hinzu: „wan sie ein schelm schelte vnd eine Hure lobete, so wäre sie doch ein ehrlich Kind." Immer schärfer und schärfer befragt, bekannte sie schließlich mehr als die Richter wollten, nahm aber, in das Gefängnis zurückgebracht, alles wieder zurück. „Sie hätte es wohl gesagt, es aber aus Schmerzen gethan, nicht anders erdenken können, es thete sehre wehe, sie wollte das Sakrament darauf nehmen, daß es nicht geschehen." „Sie hätte es negst aus Pein gethan."

Schließlich fällte der Stettiner Schöppenstuhl auf Drängen des Herzogs sein Urteil. Hans Meurer sei mit dem Schwert abzutun, die Dobschütz „mit vorgehenden zweien Zangen gerissen, mit dem Feuer vom Leben zu Tode zu bringen". Die im Verlaufe des Prozesses in den verschiedenen Urgichten bezichtigten Personen seien einzuziehen und zu inquirieren. Darauf bevölkerten zahlreiche Personen die Gefängnisse.

Am 17. Dezember wurde das Urteil gesprochen. Im Frühjahr des nächsten Jahres wurde die Verurteilte vor den Toren Stettins hingerichtet und verbrannt, trotz der Proteste ihres Gatten und zahlreicher hochstehender schlesischer und brandenburgischer Adelspersonen.

In Jülich-Cleve-Berg (Geldern) begann die systematische Hexenverfolgung in den Jahren 1499—1502. Nach erfolgten Geständnissen, die auf Zauberei, Teufelsbuhlschaft und Teilnahme an den Hexensabbaten lauteten, wurden während dieser drei Jahre verbrannt: eine Frau in Rheinberg, drei Frauen zu Angermund und Ratingen, zu Viersen zwei Frauen, zu Gladbach drei, zu Ahrweiler eine, zu Grevenbroich eine, zu Erkelenz drei, zu Brauweiler eine, insgesamt fünfzehn Frauen[28]. Auch in den Jahren 1509—1515 sah das Herzogtum Jülich verschiedene Prozesse gegen Zauberinnen. Dann wieder 1522—1536[29].

In Jülich-Cleve-Berg und Mark tritt 1516 ganz vereinzelt eine Art von Hexenprozeß hervor[30]. Ulant Dammartz, die Tochter angesehener Eltern, war, weil sie zur Verehelichung mit einem

---

28) *Hansen*, Quellen, S. 596, Nr. 176. Zeitschrift für Kulturgeschichte. 5. Band 1898. S. 313. *Janssen*, VIII., S. 567. — 29) *Pauls* in den Beiträgen zur Geschichte des Niederrheins, XIII. Düsseldorf 1898. S. 228 ff. — 30) *W. Crecelius* in der Zeitschr. des Bergischen Geschichtsvereins, Band IX, S. 103—110. *Troß*, Westphalia, III. Jahrg. 1826. S. 11.

jungen Manne ihre Einwilligung nicht geben wollten, in dem Kloster Marienbaum bei Xanten als Novize einge-treten, wo nun alsbald ein Teufelsspuk begann. Ulant Dam-martz erscheint als vom Teufel besessen und steckt mit ihrer Besessenheit auch andere Nonnen an, die darunter zum Teile viele Jahre leiden müssen. Endlich wird im Jahr 1516 eine Untersuchung gegen die inzwischen aus dem Kloster Entflohene eingeleitet, die im Hause ihres Vaters verhaftet und nach Dinslaken ins Gefängnis gebracht war. In dem mit ihr angestellten Verhör gesteht sie ohne Tortur folgendes: In ihrem Jammer darüber, daß sie dem Ge-liebten hatte entsagen müssen, hatte sie den Teufel ange-rufen. Dieser war ihr alsbald erschienen und hatte sie Gott und der heiligen Jungfrau abschwören und geloben lassen, daß sie ihm treu und hold sein wollte. So oft sie es nun wünschte, kam er, zuweilen mit anderen frischen Gesellen und Jungfern, lauter Dämonen, die alle, wie ihr eigener Buhlteufel irgendein Gebrechen an sich trugen. Dann tanzten sie, ohne daß es von andern Menschen gesehen werden konnte, indem sie ganz still zu stehen schienen. Auch fleischliche Vermischungen kamen vor. Sie vergrub und schändete die in der Kommunion empfangene Hostie, machte blasphemische Eintragungen in das Gebetbuch. Sie schä-digte die Nonnen durch Äpfel, Feigen und Kuchen, die der Böse vorher bezaubert hatte. Sonst beschränkte sie sich auf den eigenen Verkehr mit dem Buhlteufel, dessen Versuchungen sie mitunter auch widerstand, z. B. als er sie aufforderte, dem eigenen Vater Böses anzutun.

Man sieht, die Zauberin war hier noch keine richtige „Hexe", und der Prozeß, den man ihr machte, war noch kein richtiger Hexenprozeß im Sinne des Hexenhammers. Die Angeklagte wurde nicht gefoltert, nicht geschoren. Man hielt sie, um sie unschädlich zu machen, lange Zeit im Gefängnis zurück, wobei sie von dem Gefängniswärter zweimal geschwängert wurde[31], und entließ sie schließlich.

---

31) *Weyer*, Praestigiis daemon. 1563. LIII. S. 295 ff.

Derm feiner Menschlichen Wohnung nach stets rasende des Verkommt; und gehorgimen; so genanten Magischen Wolffs; etd.

Der Werwolf von Neuses im Markgrafentum Onolzbach anno 1685
Gleichzeitiger Kupferstich

Aber auch in den nächstfolgenden Dezennien blieb das Herzogtum Jülich-Cleve-Berg und Mark von dem Greuel der Hexenverfolgung frei, namentlich auch unter dem Herzog Wilhelm († 1592), der in dieser Beziehung ganz dem Rate seiner einsichtsvollen Ärzte Joh. Weyer aus Grave und Reiner Solmander aus Büderich folgte[32]. Der Glaube an die Wirklichkeit der Hexerei war natürlich auch in Jülich-Cleve vorhanden; allein als das richtigste Verfahren gegen die der Hexerei Angeschuldigten galt nicht die Tortur, sondern die Wasserprobe, deren Vornahme in einem derartigen Falle durch ein herzogliches Mandat vom 24. Juli 1581 ausdrücklich befohlen wurde[33]. Erst ganz am Ende des sechzehnten Jahrhunderts nahm die Hexenverfolgung auch hier ihren Anfang. Damals machte namentlich das Verfahren gegen eine ehrbare, vornehme Greisin aus Büderich großes Aufsehen, die während der Tortur starb, und deren Leiche dann durch die Stadt geschleift und zu Asche verbrannt wurde[34]. Ferner ein Riesenprozeß gegen dreihundert Frauen, die als Werwölfe Unheil angerichtet haben sollen. Die „Erschröckliche und zuvor nie erhörte newe Zeitung" über diesen Massenmord hat der Briefmaler Georg Kreß in Augsburg herausgegeben.

Im Herzogtum Württemberg hatten bereits zu Anfang des sechzehnten Jahrhunderts, nämlich 1505 in Tübingen, wie aus einem Briefe Heinrich Bebels an Petrus Jacobi von Arlon hervorgeht[35], ein Hexenbrand, dann um die Mitte des Jahrhunderts weitere Hinrichtungen durch Feuer stattgefunden, wie sich aus einem Schreiben ergibt, das die herzoglichen Räte am 22. Juni 1563 an einen nicht näher bezeichneten Grafen gerichtet haben. Dieser Graf hatte in Stuttgart angefragt, wie man dort gegen die Hexen verfahre. In ihrer Antwort erklärten die Räte unter anderem,

---

32) *Wolters,* Konrad v. Heresbach, S. 153—155. — 33) *Wigand,* Archiv für Gesch. und Altertumskunde Westfalens, B. VI. Heft 4, S. 417. — 34) *Grevius,* Tribunal reformatum, p. 433. — 35) *Hansen,* Quellen, S 259.

es seien „eine Zeit her gar viele Personen des berührten teuflischen hochsträflichen Lasters des Hexenwerks auch in unsers gnädigen Fürsten und Herrn Fürstentum verdacht, beschreit und angegeben, auch derselben etliche gefänglich eingezogen und hingerichtet worden[36]."

1551 wurde in Eßlingen eine Hexe verbrannt. Ihre Tochter ließ der Rat „durch die Backen brennen und vermauern".

Doch die Hexenbrände im großen entfacht der berühmte Dramatiker der Reformationszeit und begeisterte Anhänger Luthers, Thomas Naogeorgus (Kirchmaier)[37]. Als am 3. August 1562 ein entsetzliches Hagelwetter die Gegend von Eßlingen und Stuttgart auf 18 Meilen im Umkreis verheerte, bezeichnete er auf der Kanzel dies als Hexenwerk. Der Rat ließ daraufhin drei Frauen foltern, wozu er Scharfrichter von Stuttgart, Ehingen und Wiesensteig berief. Da die Frauen trotz schrecklicher Folterqualen ihre Unschuld beteuerten, gab man sie nach viermonatlicher Haft frei. Nun aber erhob Naogeorgus ein großes Geschrei wider den Rat. Sein Gehilfe dabei war der Wiesensteiger Scharfrichter. Er erklärte, diese drei seien nicht die einzigen Hexen in Eßlingen; auch wären sie schon zum Geständnis gebracht worden, hätte man ihn nach seinem Gefallen handeln lassen. Naogeorgus und der Rat gerieten scharf aneinander. Der Prediger erhielt einen Verweis, weil er „Lotterbuben und Henkern mehr glaube als dem Rat". Aber durch den Prozeß hatte sich nun der Hexenwahn in der Bevölkerung erst recht festgesetzt, so daß sich der Rat genötigt sah, auf neue Klagen gegen andere Frauen einzuschreiten. Im Februar 1563 wurde eine der neuerdings Gefolterten verbrannt[38].

In Waldsee — im jetzigen württembergischen Donaukreise gelegen — dem Hauptorte der Standesherrschaft Waldburg-Wolfegg-Waldsee, nahmen die Hexenprozesse im

36) *Paulus,* S. 104. — 37) *Borinski,* S. 66 ff. – 38) *Riezler,* S. 143. *K. Pfaff,* Gesch. der Reichsstadt Eßlingen. Eßlingen 1840, 1852, S. 569. *L. Theobald,* Das Leben und Wirken des . . . Thomas Naogeorgus, Leipzig 1908, S. 100 ff.

Jahr 1515 ihren Anfang, kamen jedoch bis 1585 nur sehr vereinzelt vor. Dagegen verging seitdem kaum ein Jahr, in dem das kleine Städtchen nicht mehrere auf dem Scheiterhaufen endigende Prozesse sah. Dabei ist zu beachten, daß ebenso die Untersuchungsakten ein mit der Zeit mehr und mehr anwachsendes Konglomerat der tollsten Geständnisse erkennen lassen, wie die Urteile des Gerichts allmählich immer grausamer werden[39]. Das letzte, uns bekannt gegebene Urteil vom Jahr 1645 befiehlt: Die Verurteilte soll dem Scharfrichter übergeben, an den Richtplatz geführt, und soll „unterwegs zum dritten Male mit glühenden Zangen zu ihr gegriffen, hernach an eine Säule gebunden, daran erdrosselt, hernach verbrannt und die Asche vergraben werden. Gott der Allmächtige wolle ihrer Seele gnädig und barmherzig sein!"

In der Stadt Hannover wurden 1466 Adelheid Wedekind lebendig und die Leiche der „Bußischen", die man tot gefoltert hatte, auf dem Scheiterhaufen eingeäschert. 1590 folgte die „Vossische", 1594 der Schwertfeger Heinrich Arendt. 1604 nimmt sich der Rat auf Ersuchen des Grafen Ernst von Schaumburg zweier Hexen, Mutter und Tochter, an, die vor dem Grafen entflohen waren. Für die Atzung, Verhöre, Folterungen hatte der Graf 25 Taler zu zahlen. Für das Holz zum Scheiterhaufen wollte der „Ehrbar Rhath nichts furdern und begehren".

Im darauffolgenden Jahre wurden die Witwe Blome mit ihrer von ihr selbst angezeigten Tochter Katharina Blome, des Bürgers Medefeld Ehefrau, drei Tage später Katharina Fierken aus Stadthagen verbrannt. Mit ihr kam die Leiche ihrer Lehrerin, der Strackschen, auf den Holzstoß. Diese Strackschen hatte die Tortur „steif und fest" ausgehalten, da entschloß sich der Richter zur Wasserprobe. „An Händen und Füßen gebunden, setzte sie der Scharfrichter in Gegenwart von sieben Amtspersonen aufs Wasser. Sie schwamm,

---

39) *C. Haas*, „Die Hexenprozesse", Tübingen 1865, S. 84—102. *Janssen*, VIII., 682.

wie sie sich auch bemühen mochte, unterzugehen. Da hat sich's begeben, daß sie sich herumgeschmissen und auf dem Wasser wie ein Hecht etwa vier Ellen lang hingeschossen. Man hörte Krachen im Wasser und Schwirren in der Luft. Meister Christoph (der Henker) wurde durch den Teufel auf einen Weidenbaum geschleudert. Als man die arme Person herauszog, fand man, daß sie tot und ihr der Hals gebrochen war. Die Leiche schleppte man ins Gefängnis zurück und legte sie mit dem Rücken auf Stroh. Doch der Satan drehte sie in der Nacht um, legte sie auf den Bauch „und hat ihr das Angesicht im Nacken gestanden[40]".

Die nächsten Opfer, die Wissel und die Hert, lieferte die Denunziation der Prediger Lange und Janns den Richtern in die Hände. Die Hert starb im Gefängnis, die Wissel wurde gegen „Urfeidt" entlassen. In Neustadt an der Leine bei Hannover spielte sich 1523 ein politischer Hexenprozeß ab. Else van Kampe, ihr Sohn Melchior und andere Verwandte waren angeklagt, durch Kurt von Alten in Celle angestiftet worden zu sein, den Herzog Erich von Braunschweig zu „bezaubern und vergeben". Die van Kampe und die Wantslebische, eine Mitschuldige, büßen mit dem Leben[41].

Von besonderem Interesse sind die Nachrichten, die über den Beginn der Hexenverfolgung in der Reichsstadt Nördlingen vorliegen[42]. — Hier begann die Furcht vor der Hexerei erst in den Jahren 1588 und 1589 um sich zu greifen, weshalb der Bürgermeister Georg Pferinger mit Hilfe der Doktoren der Rechte Sebastian Röttinger und Conrad Graf und des Stadtschreibers Paul Majer alsbald die Stadt von dem Hexengeschmeiß zu reinigen be-

48) *R. Hartmann,* Geschichte Hannovers, 2. Aufl , Hannover 1886, S. 199 ff. — 41) *Hansen,* Quellen, S. 610, Nr. 232. — 42) *Weng,* Die Hexenprozesse zu Nördlingen, Nördlingen 1837, 1838 „Hexenprozeß-Drangsal E. E. Raths der freien Stadt Nördlingen" in Hitzigs und Demmes Annalen, B. XXVI, S. 105—125 *L. Wächter,* Historischer Nachlaß, I. Bd., Hamburg 1838, S. 106 ff. *Janssen,* VIII., S. 719.

schloß. Drei der Hexerei verdächtige arme Weiber wurden auch 1589 gefänglich eingezogen und nach allen Regeln des Hexenprozesses torquiert; allein sie gestanden nichts, wurden unschuldig befunden und mußten entlassen werden. — Unglücklicherweise erregte nun dieses rohe Verfahren des Magistrats den Zorn des Superintendenten zu Nördlingen, Wilhelm Lutz, der zwar an die Wirklichkeit der Hexerei glaubte, aber über die Hexenriecherei und über das Torquieren empört war und den Rat wegen seines ganz unchristlichen Verfahrens gegen angebliche Hexen in zwei Predigten abkanzelte. In einer der Predigten klagte er darüber, daß es des Bezichtigens wegen Hexerei kein Ende nehme. Etliche hätten bei ihm schon ihre Schwiegermütter, ja ihre eigenen Eheweiber angegeben; wohin sollte das noch führen? Dem Rat aber hielt er vor, daß er wohl einige arme Hündlein gefangen habe, aber die rechten wohl durchschlüpfen lassen werde. — Mit diesen Worten fühlte aber der wohlweise Rat seine Ehre angetastet. Daher erteilte er nicht nur dem Superintendenten einen scharfen Verweis dafür, daß er sich in so ungeziemender und höchst bedenklicher Weise zum Verteidiger der Hexen aufgeworfen habe, sondern er beschloß, jetzt gegen diese auf Grundlage eines von dem Stadtschreiber Mayer ausgestellten Gutachtens (worin die Hexerei als ein nur im nächtlichen Dunkel mögliches Verbrechen hingestellt wurde, das darum nur durch eine „heilsame Tortur" ans Licht gebracht werden könnte) mit aller Strenge vorzugehen. Dabei sollte alle Welt sehen, daß er ganz ohne Ansehen der Person verfahre, weshalb er eine Menge alter Weiber, auch aus den angesehensten Familien, verhaften und eintürmen ließ. Unter ihnen befanden sich die Witwen mehrerer Ratsherren, auch die Witwe des erst 1589 verstorbenen Bürgermeisters Gundesfinger. — Das eingeleitete Prozeßverfahren war, da man mit der Folter ganz entsetzlich wütete, ein sehr kurzes, so daß schon im Mai 1590 drei Hexen, acht Wochen nachher wieder drei, sieben Wochen später fünf auf einmal verbrannt werden konnten. Unter diesen befand sich auch die Frau des Zahlmeisters Peter Lemp — ein frommes, edles Weib — deren Prozeß wir, weil er die Art und Weise der Hexenverfolgung zu Nördlingen in das hellste Licht setzt, auch an herzbewegenden Momenten besonders reich ist, eingehender ins Auge fassen wollen.

Rebekka Lemp war, in Abwesenheit ihres Mannes, auf die durch die Folter erpreßten Angaben anderer Angeklagten hin, schon im April 1590 verhaftet worden. Mit blutendem Herzen hatten es die sechs Kinder mit angesehen, wie die liebe Mutter gepackt und in den schrecklichen Turm abgeführt wurde. Daher schickten sie ihr nicht lange nachher folgenden Trostbrief zu: „Unseren freundlichen, kindlichen Gruß, herzliebe Mutter! Wir lassen Dich grüßen, daß wir wohlauf sind. So hast Du uns auch entboten, daß Du wohlauf seiest, und wir vermeinen, der Vater wird heute, will's Gott, auch kommen. So wollen wir Dich's wissen lassen, wann er kommt, der allmächtige Gott verleihe Dir seine Gnade und heiligen Geist, daß Du, Gott woll', wieder mit Freuden und gesundem Leib zu uns kommest. Gott woll', Amen. — Herzliebe Mutter, laß Dir Beer kaufen und laß Dir eine Salfan backen und Schnittlein, und laß Dir kleine Fischlein holen und laß Dir ein Hühnlein holen bei uns, und wenn Du Geld darfst, so laß holen; hast's in Deinem Säckel wohl. Gehab Dich wohl, herzliebe Mutter. Du darfst nicht sorgen um das Haushalten, bis Du wieder zu uns kommst etc."

Zu den leiblichen Nöten, unter denen die Unglückliche in dem scheußlichen Gefängnis zu leiden hatte, kam nun auch die ihre Seele folternde Sorge, daß ihr zärtlich geliebter Mann sie für schuldig halten möchte. Daher schrieb sie ihm, als sie seine Rückkehr erfuhr: „Mein herzlieber Schatz, bis ohne Sorge. Wenn auch ihrer Tausend auf mich bekenneten, so bin ich doch unschuldig; oder es kommen alle Teufel und zerreißen mich. Und ob man mich sollt' strenglich fragen, so könnte ich nichts bekennen, wenn man mich auch zu tausend Stücke zerriß. Vater, wenn ich der Sach' schuldig bin, so laß mich Gott nicht vor sein Angesicht kommen immer und ewig. — Wenn ich in der Noth muß stecken bleiben, so ist kein Gott im Himmel. Verbirg doch Dein Antlitz nicht vor mir; Du hörst ja meine Unschuld, um Gottes Willen, laß mich nicht in der schwülen Noth stecken."

Indessen nahm der Prozeß gegen Rebekka Lemp in üblicher Weise seinen Anfang. Zweimal überstand sie die Tortur, ohne sich schuldig zu bekennen; bei der dritten verschärften Folterung begann sie jedoch zu verzagen. Sie bekannte sich zu einigen der geringeren Anschuldigungen; so auch bei der vierten Tortur. Da war es aber, daß sie heimlich an ihren Mann folgenden Brief schrieb: „Mein auserwählter Schatz, soll ich mich so unschuldig von Dir scheiden müssen, das sei Gott immer und ewig geklagt! Man nöthigt Eins, es muß Eins ausreden, man hat mich so gemartert, ich bin aber so unschuldig als Gott im Himmel. Wenn ich im Wenigsten ein Pünktlein um solche Sache wüßte, so wollte ich, daß mir Gott den Himmel versagte. O Du herzlieber Schatz, wie geschieht meinem Herzen! O weh, o weh meine armen Waisen! Vater, schick mir Etwas, daß ich sterb; ich muß sonst an der Marter verzagen. Kommst heut nicht, so thue es morgen. Schreib mir von Stund an. O Schatz, Deiner unschuldigen Rebecka! Man nimmt mich Dir mit Gewalt! Wie kann's doch Gott leiden! Wenn ich ein Unhold bin, sei mir Gott nicht gnädig. O wie geschieht mir so unrecht. Warum will mich doch Gott nicht hören? Schick mir Etwas, ich möchte sonst erst meine Seele beschweren usw."

Der Mann aber kannte sein Weib, weshalb sein Glaube an ihre Unschuld durch nichts erschüttert wurde. Daher machte er mit einer Eingabe an den Rat den Versuch, das geliebte Weib aus den Händen der Peiniger zu be-

freien. Er richtete an den Rat die Bitte, „meine groß-
günstigen gebietenden Herrn wollen fürnehmlich und erstlich dahin sehen, daß sie mit allem Ehesten gegen die
mißgünstigen — Personen, die sie freventlich — angegeben
habe, möge confrontirt und hierbei Bescheid und Antwort gegeneinander angehört werden. — Ich hoffe und
glaube und halte es für gewiß, daß mein Weib Alles,
dessen man sie bezüchtigt, — nicht einmal Zeit ihres Lebens
in Gedanken gehabt, vielweniger denn, daß sie solches
mit Werk und in der That sollte jemals auch nur im Geringsten gethan haben. Denn ich bezeuge es mit meinem
Gewissen und mit vielen guten, ehrlichen Leuten, — daß
— mein Weib zu allen Zeiten gottesfürchtig, stets züchtig,
ehrbar, häuslich und fromm, dem Bösen aber jederzeit
abhold und feind gewesen, Ihre lieben Kinder hat sie gleichfalls — neben und sammt mir treulich und fleißig nicht allein
in ihrem Katechismo, sondern auch in der heil. Bibel, insonderheit aber in den lieben Psalmen Davids unterrichtet
und unterwiesen, also daß, Gott sei Dank! ich, ohne Ruhm
zu vermelden, kein durch Gottes Segen mit ihr erzeugtes
Kind habe, das nicht etliche Psalmen Davids auswendig
wüßte und erzählen könnte. Überdieß kann aber auch
Niemand, — Niemand sage ich, — mit Grund der Wahrheit darthun und erweisen, daß sie irgendeinmal einem
Menschen — auch nur den kleinsten Schaden am Leibe
oder sonst hätte zugefügt oder man deßhalb eine Vermuthung auf sie gehabt hätte." Daher glaubte der Zahlmeister die Gewährung der Bitte erwarten zu dürfen, daß
man sein liebes Weib ihm entweder gleich zurückgeben,
oder wenigstens durch Gegenüberstellung mit den Anklägern
ihr eine ehrliche Defension gewähren möchte. — Allein es
half alles nichts; vielmehr ging der Rat, um das Material zu
einem Todesurteil zu erhalten, jetzt nur noch fürchterlicher
mit der Folter gegen das arme Weib vor, bis man die gewünschten Geständnisse hatte. Alsdann wurde sie mit zwei
anderen Hexen rasch am 9. September 1590 verbrannt.

Immer schrecklicher wütete nun das Gericht gegen die Weiber zu Nördlingen. Für die Menge der Verhafteten fanden sich kaum die nötigen Haftlokale vor, und der „Peinmann" sah seiner Arbeit kein Ende.

Da geschah es im Oktober 1593, daß auch die Frau des Gastwirts zur Krone, Maria Holl, aus Ulm gebürtig, auf Grund der Angaben einer Gefolterten ins Gefängnis und alsbald zur Folterbank geführt wurde. Was vor ihr keine Gefolterte imstande war, das vermochte sie. Standhaft ertrug sie alle wiederholten und mit satanischer Grausamkeit immer von neuem wiederholten und mit jeder Wiederholung auch immer noch verschärften Torturen, ohne sich ein Schuldbekenntnis abmartern zu lassen; und als in dieser Verlegenheit zur Torquierung der Seele gegriffen wurde — indem der Rat ihr gemein vorspiegelte, daß ihre Verwandten und Freunde, ja selbst ihr Ehemann sie für schuldig hielten, — da hielt das heldenmütige Weib auch diese Marter aus.

Nach völlig glaubhaftem Bericht wurde gegen Maria Holl die Tortur sechsundfünfzigmal „mit der ausgesuchtesten Grausamkeit" angewendet[43].

Jetzt aber sah sich der Rat im Gedränge. An dem stahlfesten Heldensinn des Weibes hatten alle sonst sicher treffenden, zermalmenden Mittel ihre Kraft verloren, und das Volk, in dessen Augen die Gequälte längst vollkommen gerechtfertigt war, begann seinen Zorn und Unwillen über die nun jahrelang andauernde Brennerei laut und unverhohlen zu äußern. Aber freilassen wollte man die Gefolterte nicht, um sich nicht vor der Bürgerschaft eine Blöße zu geben. Der Rat von Nördlingen stand ratlos da, — als die Sache plötzlich eine neue Wendung erhielt, indem die Verwandten der Maria Holl in Ulm die Hilfe der Ulmer Gesandtschaft zu Regensburg anriefen. Durch Vermittelung der Nördlinger Abgeordneten zu Regensburg richteten daher die Ulmer Gesandten an den Rat das Er-

43) *Janssen*, VIII., S. 720. *Riezler*, S. 150, 169.

suchen, die Gefangene „ohne Entgeld und mit unverletzter Ehre" auf freien Fuß zu setzen. Dies hatte zur Folge, daß man die nun elf Monate lang Inhaftierte glimpflicher behandelte, indem man sie soweit mürbe gemacht zu haben glaubte, daß sie bei gütlichem Zureden sich zum Geständnis herbeilassen würde. Allein die Kronenwirtin blieb standhaft, der Rat wußte wiederum nicht, was zu tun sei, und die Ulmer erhielten keine Antwort. Da aber erließen die Ulmer Abgeordneten auf nochmaliges Bitten der Verwandten unter dem 18. September 1594 ein abermaliges Schreiben an den Rat zu Nördlingen, worin sie insbesondere folgendes sehr bestimmt erklärten: Sie (die Gesandten) hätten nach ihrer Zurückkunft in ihrer Vaterstadt fleißig Bericht eingezogen und erfahren, daß sie (die Verhaftete) als eine Ulmer Bürgerstochter jederzeit gottesfürchtig, ehrlich und ohne verdächtigen Argwohn dessen, was man sie beschuldigt, sich erhalten habe. Ihr verstorbener Vater, vieljähriger Diener des Rats und Amtmann auf dem Lande, habe sie mit ihren Brüdern und Schwestern in der Furcht Gottes, des Allmächtigen, erzogen, und erstere seien von ihren Oberen zu ehrlichen Dingen gebraucht worden. Sie könnten sich daher des Argwohns nicht erwehren, daß besagte Frau durch mißgünstige Leute (von denen auch anderen Orts die Obrigkeit übel verleitet und übereilt worden sei) angegeben worden. Auf erneutes Ansuchen der Freundschaft, und weil die Frau nun elf Monate enthalten werde, hätten sie diese Fürbitte ergehen lassen, deren Schluß so lautet: „Darum an E. E. W. nochmals unsere freundliche und dienstwillige Bitte, es wolle ein E. E. W. nunmehr selbst diesen Sachen endlich ab- und zur Ruhe helfen, sie, die gefangene Frau, solcher ihrer Haft ohne ferneren Verzug und Aufhalt, ohne Entgeld und ihrer Ehren halben unverletzt, ledig und auf freien Fuß stellen und sie ihrem Ehewirt, auch ehrlicher Freundschaft solches unseres Bittens freundlich und dienstlich genießen lassen."

Somit war also jetzt wiederholt ein Reichsstand für das heldenhafte Weib eingetreten! Darüber war nicht so leicht hinauszukommen. In seiner Not forderte daher der Rat den Rechtsgelehrten Sebastian Röttinger auf, sich über das, was dem Andringen der Ulmer gegenüber mit der Kronenwirtin anzufangen sei, gutachtlich zu äußern. — Röttinger erklärte, nach den bei allen Gerichten anerkannten Grundsätzen könne man die Verhaftete nicht weiter torquieren und könne sie auch nicht für immer im Gefängnis zurückhalten. Man möchte sie daher unter allerlei Beschränkungen entlassen, d. h. sie vor allem nur von der Instanz entbinden. Der Verhafteten sei zu eröffnen, daß man diese Gnade nur um der gegen sie eingelegten Fürbitte willen ihr zuteil werden lasse, daß sie aber vor der Entlassung aus dem Gefängnis eine ihr noch vorzulegende Urfehde zu unterschreiben habe, und daß sie nach der Entlassung ihr Haus niemals weder bei Tage noch bei Nacht verlassen dürfte. — Die Unglückliche unterzeichnete die Urfehde und ging im Februar 1595 aus der Gefängnishaft in einen immerwährenden Hausarrest über! Das war der Ausweg, den man gefunden hatte! Sie und die Ihrigen riefen späterhin nochmals die Ulmer Gesandtschaft zu Regensburg mit der Bitte an, dahin wirken zu wollen, daß eine angemessene ehrenvolle Freisprechung erfolge und der Hausarrest aufgehoben werde. Gern entsprachen die Ulmer auch diesem Gesuch, jedoch, wie es scheint, ohne Erfolg, da die Akten wohl die Ulmer „Fürschrift" vom 28. September enthalten, dagegen über eine auf diese bezügliche Entschließung des Rats nichts mitteilen.

So waren die vier Schreckensjahre von Nördlingen, 1590—1594, verlaufen, von denen der Zahlmeister Peter Lemp in seiner Nördlinger Chronik sagt, daß man gesehen, wie während ihnen der Verstand in Nördlingen spazieren gegangen sei. Fünfunddreißig Weiber waren während dieser vier Jahre in der kleinen Stadt in Asche verwandelt worden.

In Dillingen bereiteten 1587 die Jesuiten sieben Hexen zum Tode vor[44]. In Donauwörth gingen die Hexenverfolgungen Hand in Hand mit der kirchlichen Restauration, die Herzog Maximilian nach der Schlacht am Weißen Berge rücksichtslos durchführte. Am 29. November 1608 wurde eine Schustersfrau hingerichtet, die während einer Prozession ein Unwetter gemacht haben sollte. Anna Pucherin, die reiche Witwe eines Kaufmanns, gestand auf der Folter ihre Buhlschaft mit dem Teufel, den sie als schönen, munteren Jüngling schildert, die Teilnahme an Hexentänzen, Wettermacherei und alles, was man sonst wissen wollte. Sie mußte auf den Scheiterhaufen, ihr Vermögen wurde eingezogen. Zugleich mit der Pucherin wurden zwei weitere Hexen verurteilt. Eine wiederholt gefolterte Frau wurde freigelassen, jedoch erst, nachdem man sie in München nochmals auf Befehl des Herzogs peinlich befragt hatte. Die Rückkehr nach Donauwörth indes wurde ihr verboten. Um dieselbe Zeit ließ der Statthalter Bemelding in seiner Pflege Wemding zehn Hexen verbrennen[44].

In Nürnberg, wo Hans Sachs die weit über seine Zeit erhabenen Worte sang:

> „Des teuffels eh und reutterey
>
> Ist nur gespenst und fantasey ...
>
> So du im Glauben Gott erkennst
>
> So kann dir schaden kein Gespenst[45]"

ist ein wirklicher Hexenbrand in dieser Zeit nicht nachweisbar. Vom Jahre 1505 berichtet allerdings der Chronist Heinrich Deichsler recht ausführlich von einer Zauberin in Schwabach bei Nürnberg, die auf der Folter ihre Teufelsbuhlschaft gestand, dann aber ihre Aussagen zurücknahm, trotzdem aber verbrannt wurde[46]. Die 1591 in Malefizbüchern genannten Unholden sind weder in den Aufzeichnungen des Scharfrichtermeisters Franz, noch sonst in

---

44) *Riezler*, S. 203 ff. — 45) Werke, herausgegeben von *A. von Keller*, Tübingen 1870 ff., 5. Bd., S. 287 ff. — 46) Die Chroniken der fränk. Städte: Nürnberg, 5. Bd., Leipzig 1874, S. 340.

Urkunden erwähnt; die Eintragung ist also sehr fraglicher Natur. „Einige milder bestrafte Zauberinnen trifft man in den Jahren 1434, 1468 und 1659, wovon sie die erstere an einen Stock bei der Pegnitz stellten, ihr eine bemalte Infel aufsetzten und einen Teil der Zunge abzwickten, die andere auf eine Leiter banden und kurze Zeit an ein am Markt errichtetes Kreuz hingen, hierauf brandmarkten und davonjagten, die letzte endlich vor die Kirchentüre stellten und auswiesen[47]. 1608 enthauptet man einen Söldner, weil er einen Bund mit dem Teufel geschlossen[48].

In Osnabrück fand wohl 1501 der erste Hexenbrand statt. Von da ab war ein Menschenalter hindurch Ruhe. Genauere Nachrichten liegen dann wieder von 1561 vor. Nach dem Erlöschen der Pest bestiegen in diesem Jahre sechzehn Frauen den Holzstoß. Zweiundzwanzig Jahre später begann Bürgermeister Hammacher, der in Erfurt und Wittenberg studiert hatte, ein systematisches Würgen, dem im Laufe eines Vierteljahres innerhalb des Weichbildes von Osnabrück 121, in Iburg 20, in Vörden 14 Menschen zum Opfer fielen. 1585 verbrannte man wieder einige „Molkentoversche", d. h. Milchzauberinnen, 1589 an einem Tage vier[49]. Von 1585—1589 wurden in Osnabrück insgesamt 157 verbrannt[50], 1590 weitere zehn.

Im Orte Ohsen und in Buxtehude kommen 1580 Hexenprozesse vor[51]. Bei der großen Hexenverfolgung vom Jahre 1617 in Vörden wurden vier „Zaubersche" von dem leibhaftigen Teufel im Kerker umgebracht. Einer der „dreier Balbiere", die die Leichname zu untersuchen hatten, schrieb: „Wie der Meister (Henker) seine Instrumente herfür gelangete und sie (die Hexe) auf die Folter gebracht, daß

---

47) *Dr. jur. Herm. Knapp*, Das alte Nürnberger Kriminalrecht, Berlin 1896, S. 274. — 48) *Knapp*, ebenda, S. 301. — 49) *L. Hoffmeyer*, Geschichte der Stadt und des Regierungsbezirkes Osnabrück, Osnabrück 1904. S. 102. — 50) Neues vaterl. Archiv oder Beyträge zur allseit. Kenntniß des Königreichs Hannover, Lüneburg 1824, II. Bd, S. 291. — 51) Archiv 1824. S. 299 ff.

sie torquiert werden sollte, ist sie vor der Tortur, wie sie ausgezogen, tot geblieben, daß der Hals sich hat hin- und herumwerfen und biegen lassen, wie der Scharf- richter solches den umstehenden Herren Verordneten de- monstriert hat." Den Vorwurf, die armen Geschöpfe zu hart angegriffen zu haben, widerlegten bereitwilligst die eingeholten Gutachten der Juristenfakultäten von Witten- berg und Helmstädt[52].

Nach einigen Jahren der Ruhe begannen in der schreck- lichsten Epoche des Dreißigjährigen Krieges in Osnabrück die Verfolgungen aufs neue. 1636 wurden 34 meist alte Frauen und 4 Männer hingerichtet. „Unter den angeschul- digten Frauen befanden sich auch zwei aus den vornehm- sten Ständen: die Gattin des Apothekers Ameldung und die 82 jährige Mutter des vormaligen Bürgermeisters Mode- mann. Beide Frauen waren durchaus unbescholten, beson- ders Frau Ameldung lebte als Gattin und Mutter in den glücklichsten Verhältnissen. Ihre Amme, selber der Hexerei geständig, gab dem Untersuchungsrichter die gewünschten Antworten auf die Fragen: „Welches Mädchen ihre Frau mit zum Tanze gebracht, ob es nicht ihre eigene Tochter gewesen? Wie es zugegangen, daß ihre Frau und die Witwe Modemann fast täglich in Ohnmacht fielen und fast eine Stunde ohne Besinnung lägen? Ob nicht ihre Frau den Buhlen oft in Gestalt einer schwarzen Katze und wohl in der Kirche auf dem Schoß gehabt?" Nach zu ihren Ungunsten ausgefallener Wasserprobe gestanden dann die beiden Frauen. Die beiden Gatten appellierten an den König von Schweden als den Landesherrn. Als dessen Befehl ein- traf, unter Androhung der härtesten Strafe, das Verfahren einzustellen, war das Urteil bereits gefällt und vollzogen. Im nächsten Jahre fanden mit der Richtung von acht Frauen die Hexenbrände in Osnabrück ihr Ende.

Zu Braunsberg im Ermelande wurden, soweit nachzu- weisen, wegen Hexerei Angeklagte, bis über die Mitte des

52) Mitteilungen des Histor. Vereins zu Osnabrück. 10. Jahrg. S. 98 ff.

16. Jahrhunderts nur mit Kirchenbußen und Verbannung bestraft. Erst 1605 wurde in der Altstadt die erste Hexe, 1610 eine andere in der Neustadt verbrannt[53].

In Erfurt kamen Hexenbrände in den Jahren 1530, 1538 und 1550 vor[54], in Wittenberg wurden 1540 vier Personen an einem Tage den Flammen übergeben[55].

Im Breisgau wurden einem fliegenden Blatt zufolge im Jahre 1576 „in etlichen Städten und Flecken an die 136 Unholden gefangen und verbrennt". Nach einer anderen „Neuen Zeitung" desselben Jahres waren es aber nur 55[56].

Zu Freiburg wurde eine Schweizer Landstreicherin im Jahre 1546 als Hexe gerichtet. Im Jahre 1599 verurteilte das städtische Gericht 18 Freiburger zum Feuertod. Im Jahre 1613 wurde ein Student der Freiburger Universität von einem Pfarrer dem Senat als Hexenmeister angezeigt und von der Anstalt verwiesen[57].

In der Landvogtei Ortenau begann der Hexenreigen im Juli 1557, wo eine Hexenmeisterin und ihre Schülerin verurteilt wurden[58]. Zwölf Jahre später werden Wolf Lenz, seine Mutter und die Margarete Ketter von Urloffen „meniglich zu einem Exempel dem Nachrichter an die Hand gegeben, auf die gewöhnliche Richtstätte geführt und mit dem Feuer vom Leben zum Tode gerichtet und also ihr Leib, Fleisch, Geblüt und Gebein zu Asche verbrannt". Weitere Prozesse folgen 1573, wo eine Frau auf die Aussage ihres Sohnes verbrannt wird, 1574, 1575, 1595, 1599, 1603.

Aus Speier wird nur ein Hexenbrand gemeldet. Er fand im Jahre 1581 statt[59].

53) *J. A. Lilienthal*, Die Hexenprozesse der beiden Städte Braunsberg, Königsberg 1861. S. 70 ff., S. 83 ff — 54) *Jaraczewski*, Zur Geschichte der Hexenprozesse in Erfurt und Umgebung, Erfurt 1876, S. 25 ff. *A. B. Richard*, Licht und Schatten. Lpzg. 1861, S. 146 — 55) *Janssen*, VIII., S. 592 ff. — 56) *Janssen*, VIII., 681. — 57) *H. Schreiber*, Geschichte der Albert-Ludwigs-Universität zu Freiburg i. Br. 2. Bde. Freiburg 1857, 1859. II. 125. — 58) *Franz Volk*, Hexen in der Landvogtei Ortenau. Lahr 1882. S. 9 ff. — 59) *Th. Harcher*, Das Strafrecht der freien Reichsstadt Speier, Breslau 1900, S. 74.

In Mecklenburg gab es bereits in den Jahren 1336, 1403, 1417 und 1496 Hexenprozesse. „Solche Fälle scheinen aber nur sehr vereinzelt vorgekommen zu sein", sagt der mecklenburgische Historiker Boll[60]. Erst in der zweiten Hälfte des sechzehnten Jahrhunderts nahmen sie im ganzen Lande überhand.

In der im Jahre 1552 veröffentlichten Kirchenordnung wird die Bestrafung des Zaubers als Pflicht der weltlichen Obrigkeit hingestellt, und daß nur das Feuer dieses Verbrechen sühnen kann, geht aus den Polizeiordnungen von 1562 und 1572 hervor. Allerdings soll dieses nur angewandt werden, wenn der Zauberer „Leuten Schaden und Unglück zufügen würde"[61]. Daß dies stets der Fall war, dafür sorgte schon die Folter. So züngelten denn allenthalben die Flammen an den Hexen hinan. In einer Schrift vom Jahre 1577 erzählt der Braunschweiger Prediger David Bramer, er sei „vor etzlichen Jahren" im Lande Mecklenburg angestellt gewesen, wo „damals viele Zauberinnen und Wettermacherinnen verbrannt worden".

In der vornehmsten Stadt des Landes, in Rostock, werden im Jahre 1584 siebzehn Hexen und ein Hexenmeister verbrannt, und im gleichen Jahre kommt in Schweriner Akten sechzehnmal die Formel vor, „ist dies Weib mit dem Feuer vom Leben zum Tode gerichtet"[62].

Doch auch Landstädtchen, wie z. B. Crivitz, „zeigten ihr sonstiges Elend auch in den schmutzigsten Hexenverfolgungen, besonders unter Sorge und Streit um die Hinrichtungskosten"[63].

In Rottenburg am Neckar brannte man am 12. Juli 1583 zwölf, am 7. April 1585 neun Hexen. Die Anzahl der Hexen wurde schließlich so groß, daß der Stadtrat anfing „müde

60) *E. Boll*, Gesch. Mecklenburgs, I. Neubrandenburg 1855. S. 284. — 61) *D. Schröder*, Kirchen-Historie des evangelischen Mecklenburgs. Rostock 1788. II. S. 318, III. 139 bei Paulus, S. 121. — 62) *C. Beyer*, Kulturgesch. Bilder aus Mecklenburg. Berlin 1903. S. 34. — 63) *Beyer*, ebenda, S. 34.

zu werden, solche Leute zu justifizieren, sorgend, daß, wenn man weiter fortfahren sollte, fast keine Weiber mehr übrig bleiben sollten". „So weit", schreibt der Barfüßermönch Malachius Tschamser, „kam die teuflische Bosheit bei diesen leichtgläubigen Leuten; allein kein Wunder: der Teufel hatte sie schon in Luthero verblendet" [64].

Zu Freudenberg in der Grafschaft Löwenstein-Wertheim wurden am 23. Okt. 1591 gleichzeitig sechs Frauen und zwei Männer hingerichtet. Zu einer der Angeklagten sagte der Amtmann während der Folter: „Du mußt bekennen, und sollte ich drei viertel Jahr mit dir umgehen. Da friß Vogel oder stirb!" [65]

In Gelnhausen hatten die Hexenbrände 1584 begonnen. Ein besonders absonderlicher Prozeß spielte sich dort im Jahre 1597 ab. In diesem Prozesse „hat man bei aller Kunstsinnigkeit, die dem Satanus sunst bei dem Hexengeschwürm zu eigen, doch zum erstenmal aus dem wahrhaftigen Zeugnis der Unholdin erlebt, daß er gar in Gestalt von Flöhen und Würmern sich leibhaftig sehen läßt und agiert". Klara Geißlerin, eine neunundsechzigjährige Taglöhnerswitwe, war von einer der Hingerichteten beschuldigt worden als „eine Buhlerin, so es zu gleicher Zeit mit drei Teufeln zu tun und viele Hundert unschuldige Kinder ausgegraben, auch viele Menschen gemordet" habe. Daumenschrauben und Fußschienen ließen sie nun gestehen, daß sie das Blut gestohlener Kinder — „habe wohl bei 60 gemordet" — trinke, mit dem Teufel, der in Katzengestalt stets um sie sei, als Katze verwandelt, nachts über die Dächer fahre und sich erlustige. Dann nannte sie etliche zwanzig andere Unholdinnen, mit denen sie bei den Tänzen gewesen sei. Nach der Folter widerrief sie alles, wurde aufs neue gemartert und gestand das alte und noch viel mehr, um später wieder alles als unwahr zu bezeichnen. Sie wurde „dermaßen unsinnig, daß sie Richter und Knechte vor Gottes Gericht rief". Bei der dritten, mehrstündigen

64) *W. Westenhofer*, Die Reform. Geschichte von einer Barfüßerin. Leipzig 1882, S. 87. — 65) *Janssen*, VIII., 727.

Folter gab sie zu, über 240 Personen „gemördert" zu haben. Sie „habe aus den Teufeln an die 17 Kinder geboren", die sie alle umgebracht, ihr Fleisch gegessen und ihr Blut getrunken habe und viel ähnliches mehr, bis sich der Teufel ihrer erbarmte, da es die Menschen nicht taten. „Der Teufel hat ihr nichtes mehr offenbaren lassen wollen und deshalben (während der Folter) den Hals umgedreht", lautete das Gerichtserkenntnis. In den Jahren 1596 und 1597 waren in diesem Reichsstädtchen 16 Hexen zu Feuer oder Schwert verurteilt worden[66].

In Göttingen war der Magistrat seit dem Jahre 1561 fast unaufhörlich mit Hexenprozessen beschäftigt. „Die Zauberinnen bekannten, wie gewöhnlich eine auf die andere, und die Inquisitores verfuhren so scharf, daß fast kein Weib für der peinlichen Frage und dem Scheiterhaufen sicher war"[67]. In Osnabrück begann das Hexenbrennen im Jahre 1583 unter der Leitung des Bürgermeisters Hammacher, der in Erfurt und Wittenberg studiert hatte, in so großem Stil, daß in drei Monaten allein 121 Personen aus Osnabrück den Holzstoß besteigen mußten. Dabei loderten rings um Osnabrücks Weichbild noch die Flammen. In Iberg fanden 20, in Verden 14 den Tod.

Von 1585 bis 1589 wurden in Osnabrück insgesamt 157 verbrannt, „aber 4, so die Schönsten, hat der Teufel lebendig davon weggeführt in die Luft, ehe sie ins Feuer gekommen sind". Wer sich da wohl Teufelsmasken vorgebunden haben mochte? Über Wittenberg lag Janssen aus dem Jahre 1540 ein Holzschnitt vor, nach dem an einem Tage vier Personen eingeäschert wurden[68]. Von katholischen Priestern, die dem Hexenwahn zum Opfer fielen, teilt Dr. Hennen aus der Diezöse Trier folgende mit: Pastor Johann Weltroch zu Mehring, 1588, Dechant Schweich zu Longuich, 1589, Dechant Christian zu Waldrach, 1590, Dechant Peter Homphaeus zu Pfalzel, 1591,

66) *Janssen*, VIII., 727ff. — 67) Zeitschr. des Harzvereins, 3. 798. — 68) *Janssen*, VIII., S. 593.

Hexen im Bistum Trier zu Anfang des 17. Jahrhunderts

Johann Malmunder, Abt zu St. Martin, 1590, J. N. Kapellan zu Trittenheim, 1592, Mathias N., Pastor zu Bescheid, 1593, Pastor Jost zu Büdelich, 1593 und noch andere mehr[69].

Von Westfalen ist aus der zweiten Hälfte des fünfzehnten Jahrhunderts nur ein Hexenprozeß überliefert, der sich 1466 in Siegen abspielte. Am 26. Februar 1514 wurden in Recklinghausen bei Dortmund elf „molkentoverschen", die ein Jahr vorher einen Sturm erregt haben sollen, „umbracht", d. h. „mit vuer" verbrannt. Um dieselbe Zeit saßen in Dortmund drei Hexen gefangen; sie gingen aber schließlich frei aus[70].

Am 24. Juli 1522 wurden in Dortmund die Leichname von Johann Dietel und Didrich Venijn, zweier Mordbrenner, die sich dem Teufel verschrieben hatten, verbrannt. Sie hatten sich im Gefängnis erwürgt, wenn ich die altplattdeutsche Stelle in Dietrich Westhoffs Chronik richtig lese[71].

In den südlichen Teilen des kurkölnischen Herzogtums Hannover begannen die Hexenprozesse erst mit dem Jahre 1584. Sie wüteten besonders in den Jahren 1590 bis 1595. „Als im März 1592 viele Hexen eingezogen werden mußten und viel Böses und Mordtaten bekannten, wurde allen Pastoren zum höchsten befohlen und eingebunden, gegen die Zauberei auf der Kanzel zum heftigsten zu predigen." Gegen Ende des Jahrhunderts hören die Verfolgungen auf, um etwa ein Vierteljahrhundert später wieder mit Nachdruck einzusetzen.

In der hinteren Grafschaft Sponheim war 1586 eine Frauensperson eingezogen worden, die der Zauberei angeklagt war. Sie ward von dem Gericht „mit allem Ernst in der Güte auf viele Wege examinirt", war aber zu keinem „Geständnis" zu bringen. Sie ward daher auf die Folter genommen; allein da sie den ersten Grad der Tortur standhaft ertrug und beharrlich ihre Unschuld beteuerte, so

---

69) *Dr. Hennen*, Ein Hexenprozeß aus der Umgebung von Trier, 1572. Wendel, 1887, S. 11. — 70) *Hansen*, Quellen, S. 607. — 71) Chroniken der deutschen Städte, 20. Bd., Leipzig 1887, S. 399, 414.

erklärte das Gericht von einer Fortsetzung der Tortur abstehen und die Angeklagte entlasten zu müssen, „obwohl der Nachrichter wie auch männiglich sie für eine große Zauberin halte."

In Ersingen und Bilfingen (Baden), wo in den Jahren 1573 und 1576 bereits mehrere Hexen gerichtet worden, baten Schultheiß, Gericht und Gemeinde 1577 den Markgrafen Christoph von Baden, er möge sie doch um Gottes willen von ihren vielen bösen Weibern befreien, die mit Lähmung und Tötung des Viehs großen Schaden anrichteten. In Ersingen stand eine Hebamme in solch schwerem Verdacht der Zauberei, daß in ihrer Gegenwart die Pfarrer kein Kind mehr taufen wollten[72].

Unter den Fürsten und Gewalthabern im Deutschen Reich nimmt Landgraf Philipp der Großmütige von Hessen (1509—67) in der Beurteilung der Hexerei und des Zauberglaubens eine fast alle überragende Stellung ein. Eine klassische Kundgebung der Geistesfreiheit dieses großen Fürsten liegt insbesondere aus dem Jahre 1526 vor. Der Amtmann zu Lichtenberg hatte damals an den Landgrafen nach Speier berichtet, daß mehrere böse Weiber durch Zauberei entsetzlichen Schaden angerichtet hätten. Er habe sie (wie es scheint, peinlich) verhört, und eine, die der Hexerei geständig sei, habe er noch in Haft. Der Amtmann bat nun, ihn zur weiteren Behandlung der Verhafteten zu instruieren. Der Landgraf beschied jedoch am 1. August 1526 den Amtmann, er solle in dieser Sache ja nicht zu eilig vorgehen, „nachdem es ein zweifelig Ding ist". Es sei, bezüglich der Verfolgung angeblicher Zauberer und Zauberinnen, wohl zu beachten, „daß vielen Leuten könne darin Unrecht geschehen". „Darum", so fährt Philipp fort, „so wollest Du die Frau, die noch in Haft ist, nochmals in der Güte, ohne Pein, auf alles ihr getanes Bekenntnis fragen lassen, und wo sie es also bekennt, ihr alsdann ihr Recht widerfahren lassen. Und

---

72) *Janssen*, VIII., S. 681.

dieweil sie auch noch mehr Leute bekannt hat, wo dann solche Personen deshalb etwas ruchbar und in einem bösen Leumund sind, so wollest Du die auch in Haft nehmen, und sie in dem Gefängnis gütlich, auch ernstlich, mit Bedräuung, ohne Pein anreden und fragen, daß sie ihnen selbst zugute die Wahrheit bekennen und sich vor weiterer Pein und großer Marter verhüten wollten, damit nicht etwa ein Unschuldiger möchte gepeinigt und unverdienter Sache gestraft werden." Diese Stellung des Landgrafen zur Hexenfrage der Zeit trug wesentlich dazu bei, daß in Hessen bis in die zweite Hälfte des Jahrhunderts hinein von Hexerei wenig, und von Hexenverfolgung gar nicht die Rede war. Daher ist auch unter Philipp in Hessen niemals jemand wegen Hexerei am Leben gestraft worden.

Allerdings wissen wir von einem Prozeß gegen eine Hexe zur Zeit Philipps, in dem von der Juristenfakultät zu Marburg auf Verbrennung erkannt wurde[73]. Er betraf ein Weib aus der Obergrafschaft Katzenellenbogen, die vor dem Zentgrafen und Schöffen zu Gerau im Dezember 1564 auf peinliche Befragung, jedoch „extra torturam", erklärt hatte, daß sie mit dem Teufel „Spitzhut" wiederholt gebuhlt, sich von Gott losgesagt, an den Tänzen der Hexen teilgenommen und viele Menschen an ihrem Besitz geschädigt. Allein hernach nahm die Inquisitin ihre Aussagen zurück, indem sie erklärte, daß sie das Ausgesagte nicht in Wirklichkeit getan, sondern nur infolge teuflischer Berückung sich dieser Vergehen schuldig bekannt habe. Der Teufel sei doch ein Lügner von Anfang an, dem nicht zu glauben sei. Auch sei er ein geistiges Wesen ohne Leib, könne also keinen geschlechtlichen Umgang ausüben. — Nun erklärte die Juristenfakultät zu Marburg, daß Angeklagte für eine Vera saga zu halten sei, die mit ihrer Zauberei Menschen geschädigt habe und daher zu verbrennen sei. Über den Vollzug dieses Urteils wird jedoch nichts gesagt.

---

73) *Fichard*, Consiliis vol. III. p. 118 ff.

Auch unter dem ältesten Sohne Philipps, dem Landgrafen Wilhelm IV. den Weisen von Hessen-Cassel, ist in dem von ihm regierten Niederhessen keine Hexe verbrannt worden. Allerdings war auch er von den Vorstellungen seiner Zeit abhängig. Als im Jahre 1571 zu Allendorf a. d. Werra durch verdächtige Weiber an einem Knaben allerlei Gaukeleien verübt wurden (sie brachten aus seinem Auge Fliegen, Kalk und große Stücke Holz hervor) und Landgraf Wilhelm deshalb den damals als Humanist und Naturforscher vielgenannten Joachim Camerarius um Rat fragte, übersandte ihm dieser eine Abhandlung über die Erforschung der Dämonen, tadelte die Folterung vermeintlicher Zauberinnen als abergläubisch und grausam und erklärte die Wasserprobe für durchaus unsicher. Allein Wilhelm antwortete: Er müsse das Recht ergehen lassen und könne nach dem Beispiel benachbarter Obrigkeiten die Wasserprobe nicht ganz verwerfen. Denn wenn er gleich nicht verstehe, wie es zugehe, daß solche Zauberinnen nicht untergingen, so schienen doch die von ihnen verübten Gaukeleien übernatürlich zu sein. Es gebe noch mehr Geheimnisse, wie die Wirkungen des Magnets, die er Gott anheim stelle. — Diese Antwort des Landgrafen gab nun Camerarius Veranlassung, ihn in ernstester Weise vor dem Gräuel der Hexenverfolgung und Hexenverbrennung zu warnen, wobei er ihm insbesondere das Geschick einer unglücklichen Frau zu Ellwangen vorhielt, die darum, weil ihr dem Trunk und Spiel ergebener Sohn ihr nachgesagt, daß der Teufel ihr Geld gebracht habe, durch die grausamste Tortur zu einem falschen Geständnis getrieben und hingerichtet worden sei[74].

Wie es scheint, blieben diese Vorstellungen auch nicht ohne Erfolg; wenigstens kamen, solange Wilhelm regierte, in Hessen-Cassel keine Hexenverbrennungen vor.

Die erste Diskussion über die Zauberei und deren Verfolgung trat in Hessen 1575 hervor, indem bei dem zu

---

74) *Von Rommel*, Gesch. v. Hessen, 5. B., S. 657.

Marburg residierenden Landgrafen Ludwig von Oberhessen zwei im Amte Blankenstein ergriffene Frauenspersonen, Mutter und Tochter, die im Geruche der Zauberei standen und sich auch gegenseitig „Zäubersche" schimpften, nach Marburg in Haft gebracht waren. Der Landgraf kam über diesen Fall in die größte Not; denn gegen die Verhafteten ohne weiteres nach der peinlichen Halsgerichtsordnung des Reichs verfahren zu lassen, hinderte ihn sein Gewissen. Daher legte er die Sache der gerade damals in Marburg versammelten Generalsynode Gesamthessens vor, die er aufforderte, sein Gewissen zu beraten [75]. Bei der hierdurch veranlaßten Diskussion der Synode zeigte es sich, daß ihre Mitglieder von dem Glauben an einer mit teuflischer Hilfe zu bewerkstelligenden Zauberei beherrscht waren. Schließlich mochte aber die Synode sich nicht in diese Angelegenheit mischen, die gar nicht vor ihr Forum gehöre, und überließ es dem Landgrafen, sie nach Recht und Gesetz untersuchen zu lassen.

Mit dieser Kundgebung der Generalsynode war jedoch Landgraf Wilhelm durchaus nicht zufrieden, weshalb er alsbald durch ein Generalausschreiben alle Pfarrer Niederhessens aufforderte [76], das Volk zu belehren, daß die Zauberei niemanden schaden könne, wenn man nicht daran glaube. Denn der böse Feind habe keine Macht, wo man ihm nicht Raum gebe.

Anders aber als Landgraf Wilhelm dachte dessen jüngerer Bruder Georg zu Darmstadt, der gegen Ende des Juni 1582 mehrere Frauenspersonen als überführte Hexen verbrennen ließ [77]. „Der Teufel ist ganz und gar ausgelassen", schrieb der Landgraf im Jahre 1582 an Otto von Tettenborn, seinen Abgeordneten auf dem Augsburger Reichstage, „und wütet ebensowohl an anderen Orten als hier dieses Ortes umher: wie wir dann Euch nicht genugsam zu-

---

75) *Heppe*, Gesch. der hessischen Generalsynoden von 1568—1582, B. I., S. 139 ff. — 76) Generalsynoden, II., S. 245 u. 246. — 77) Generalsynoden, B. II., S. 245.

schreiben können, was für seltsame greuliche Händel mit den Hexen oder Zauberinnen allhier verlaufen und was uns dieselben zu schaffen geben. Dann wir nunmehr die alten fast abgeschafft und hinrichten lassen, so kommt es aber jetzo an die jungen, von denen man nicht weniger als von den alten sehr abscheuliche Dinge hört [78]."

Um so erfreulicher war die für jene Zeit wahrhaft imponierende Freigeistigkeit der in diesem Jahre zu Marburg versammelten Generalsynode in ihrer Auffassung der Hexerei und des Teufelsspuks.

Hier teilte nämlich der Superintendent Meier zu Cassel mit, in Cassel sei ein gewisser Hans Badstuber, der angeblich vor einer Reihe von Jahren mit dem Teufel einen Pakt auf zwölf Jahre abgeschlossen habe, nach deren Ablauf er dem Teufel verfallen sein wollte. Da nun die Verfallzeit seiner Seele bevorstehe, und er deshalb in großer Not sei, so bitte er, daß ihm seitens der Kirche gegen den Teufel Schutz und Hilfe gewährt werden möge. Der Superintendent fügte hinzu, vorläufig habe er den Badstuber ermahnt, gegen die Anfechtungen des leidigen Satan die Waffen des Gebets zu gebrauchen und den Bund zu halten, den er in der Taufe mit seinem Gott und Heiland geschlossen habe, um den Bund mit dem Teufel aber sich nicht zu kümmern. — Diese Mitteilung war natürlich der ganzen Synode sehr überraschend; aber nicht eine Stimme forderte, daß gegen den Badstuber peinlich vorgegangen würde. Vielmehr wurde mehrseitig geäußert, daß möglicherweise die ganze Geschichte erlogen sei, und schließlich vereinigte man sich zu dem Beschluß, der Badstuber sollte in spezielle kirchliche Aufsicht genommen, zum täglichen Besuch der Gottesdienste angehalten, für ihn als für eine vom Teufel angefochtene Person gebetet und er eventuell in Kirchenbuße genommen und öffentlich absolviert werden. Von einer „Leibesstrafe" aber habe

78) *Fr. v. Bezold*, Briefe des Pfalzgrafen Johann Casimir. I. Bd. München 1882. S. 501.

man, „weil dieser Fall mehr durch des bösen Feindes be-
trügliche Nachstellung als durch des Badstubers Rat und
zeitigen Vorbedacht geschehen", Abstand zu nehmen.

Weiterhin wurde angezeigt, daß sich eine der Hexerei
bezichtigte Frau zu Darmstadt durch ihr Davonlaufen verdächtig gemacht habe. Sie sei allerdings zurückgekehrt,
allein sie sage selbst, daß sie des Teufels sei und daß
der Teufel in ihrem Namen getan habe, was man ihr
schuld gebe. Es frage sich daher, wie man gegen sie zu
verfahren habe. Der Berichterstatter fügte jedoch hinzu,
man habe ein groß Geschrei gemacht, daß die Angeklagte
mehrere Eheweiber behext habe; es sei dieses aber jedenfalls erlogen. — Diese Mitteilung gab zu einer Diskussion
über das Zauberwesen überhaupt Veranlassung. Die
Stellung der meisten Synodalen zu der Frage war in der
von dem Hauptmann von Ziegenhain, Eitel v. Berlepsch,
als landesherrlichem Kommissar abgegebenen Erklärung
dargestellt: Er sei der Meinung, ein Christ solle nur den
Teufel und die Zauberei verachten, und der Teufel habe
verloren. Wenn man aber die bösen Künste hochachte
und sie fürchte, so habe der Teufel gewonnen. — Am
ausführlichsten sprach sich der damalige Stadtpfarrer zu
Marburg, H. Herder, aus: Wenn die Zauberin zu Darmstadt erkläre, der Teufel möge das ihr schuld Gegebene
in ihrem Namen getan haben, so sei dieses wohl zu überlegen. Denn es sei bekannt, wie der Teufel durch seine
betrüglichen Eingebungen bei den zauberischen Tänzen
die Hand im Spiele habe, indem wohl etliche dabei zugegen sein möchten, aber sehr viele nur durch die Berückung und Gaukelei des Satans dabei gewesen zu sein
vermeinten. Auch stelle des Teufels Trug dabei gar
manchmal imagines innocentissimorum hominum als Zauberer vor und bringe sie dadurch in bösen Verdacht. Der
Satan suche die von ihm Besessenen auch durch Träume
zu berücken; daß sie glauben müßten, sie hätten das in
Wahrheit erlebt oder die Dinge wirklich getan, mit denen

sie nur im Traume zu tun gehabt hätten. Man solle das Volk darüber belehren, daß ohne Gottes Willen die Zauberei keinem Menschen Schaden bringen könnte, und wenn jemand durch sie geschädigt zu sein glaube, so solle er sagen: Dominus dedit, Dominus abstulit. Auch solle man das Volk ermahnen, sich mit der Waffe des Gebets gegen die Anläufe des Teufels zu schützen und nicht alles, was unerklärlich erscheine, für des Teufels Blendwerk zu halten. Denn gar vieles sehe man als Zauberei an, was doch mit ganz natürlichen Dingen zugehe[79].

Während in Niederhessen bis zu des Landgrafen Wilhelms IV. Tod (1592) nicht eine Hinrichtung wegen Hexerei vorkam, nahm in den anderen hessischen Territorien, nämlich in dem von dem Landgrafen Ludwig zu Marburg regierten Oberhessen und in Hessen-Darmstadt, eben damals die Hexenverfolgung ihren Anfang.

Im Jahr 1584 klagte ein achtzigjähriger Greis zu Nidda bei dem Landgrafen Ludwig zu Marburg, seine Frau sei der Hexerei angeklagt und deshalb mit der scharfen Frage angefaßt und gemartert, endlich aber unschuldig befunden und allen Verdachts freigesprochen worden. Gleichwohl wolle sie nun der Rentmeister zu Nidda als eine verdächtige Person in der Stadt nicht dulden.

Im Jahre 1591 war eine Frau wegen Verdachts der Hexerei torquiert und als schuldlos entlassen worden. Ihr Mann bat nun den Landgrafen Ludwig, den Kläger zum Schadenersatz anzuhalten, weil seine Frau durch die Tortur zum Krüppel geworden sei.

Im Jahre 1595 wurde eine Hexe auf der Amöneburg verbrannt, während viele andere Verdächtige in Haft waren.

Die heftigste Hexenverfolgung fand aber in den Jahren 1596—1598 statt. Aus allen Ämtern des Landes wurden damals Verdächtige, meist nach Marburg, in Haft gebracht.

---

79) *Heppe*, Hessische Generalsynoden, B. II, S. 230—252.

In der Landgrafschaft Hessen-Darmstadt stellte Landgraf Georg[80] († 1596) eine peinliche Gerichtsordnung auf, die für dieses Land die erste gegen das Hexenwesen gerichtete Strafbestimmung brachte. In ihr heißt es: „Die Zauberei ist ein gräuliches, sonderbares, ungöttliches, hochsträfliches Laster, das jetziger Zeit fast allenthalben unter den Weibspersonen durch Gottes gerechten Zorn und Verhängniß eingerissen, daher die Beamten mit allem Fleiße inquiriren, alsbald eine Person des Lasters bezüchtigt und ein Geschrei erschollen, da es sich befindet, daß eine publica vox et fama sei, zu Haften bringen sollen." Nach dieser Vorschrift wurde denn auch in Darmstadt alsbald wacker Hand ans Werk gelegt. Nach der „Warhafften und glaubwürdigen Zeyttung von 134 Unholden" (Straßburg 1583) ließ Landgraf Wilhelm am 24. August 1582 zu Darmstadt zehn Weiber verbrennen „und ist ein Knab von 17 und ein Meidlein von 13 Jahren darunter gewesen"[81]. Eine im Jahre 1582 zu Marburg verbrannte Hexe hatte auf der Folter ausgesagt: Der Teufel mache sie unsichtbar, daß sie in die Ställe kommen und dem Vieh das Gift einblasen könne; vor etlichen Jahren habe sie sich abends beim Feuer dem Teufel mit ihrem Blute, so er ihr mit einer Klaue von der Stirn genommen, verpflichtet und verbunden; ihre Mutter, die eine Königin unter den Hexen, sei dabei gewesen[82]. Im Jahre 1583 wurde in Marburg einer Frau gleichzeitig mit ihren zwei Töchtern das Todesurteil gesprochen[83]. Im Jahre 1585 waren in Darmstadt nicht weniger als dreißig Personen wegen Hexerei in Untersuchung, von denen siebzehn hingerichtet, und sieben des Landes verwiesen wurden. Eine Unglückliche machte ihrem Leben selbst ein Ende[84].

80) *Steiner*, Georg I. Landgr. von H.-Darmstadt, Groß-Steinheim 1861, S. 55 ff. — 81) *Janssen*, VIII., S. 731[1]. — 82) Theatrum de veneficiis, Frankfurt a. M. 1586, S. 211 ff. — 83) *H. W. Kirchhof*, Wendunmuth, herausgeg. von Osterley, Stuttgart 1870. 2. Bd. S. 550. — 84) „Zur Hexengeschichte". Darmst. Zeitung von 1856, Nr. 113.

In der Landgrafschaft Hessen-Cassel (Niederhessen) dagegen hielt man sich noch immer an die alte Reformationsordnung von 1573, die alle Wahrsagerei, Kristallseherei und dergleichen Aberglauben streng zu ahnden befahl; dagegen war hier von der Hexerei noch immer keine Rede. Ein ganz vereinzelt dastehender Fall war die in einer Schmalkalder Chronik zum Jahre 1598 erwähnte Verbrennung einer Hexe, die „die Milch der nachbarlichen Kühe stehen gemacht, sechs Pferde gesterbt und das aus dem Munde genommene hl. Abendmahlsbrot in ein anderes Brot gebacken und auf Anstiften des Satans ihrem Sohne zu essen gegeben". Es wird dabei bemerkt, daß ähnliches seit hundert Jahren nicht vorgekommen sei[85]. Im eigentlichen Niederhessen ist der erste aktenmäßig feststehende Fall, daß ein wegen Zauberei Angeklagter, Joh. Köhler, genannt Stölzelfuß aus Niederurf, „durch Richter und Schöffen zur scharfen Frage erkannt" wurde, im Jahr 1605 vorgekommen. Seitdem nahmen die Hexenprozesse freilich auch in Niederhessen überhand. Doch ist zu beachten, daß einer der ersten, der auf die gefährliche Anwendung der Tortur aufmerksam machte, ein Hesse war, nämlich Ludwig Gilhausen[86].

In der Grafschaft Nassau-Dillenburg, wo bereits 1458 eine „zaubersche" verbrannt, eine andere gefoltert worden war und auch später noch die Henker viele Arbeit mit dem Hexenvolk hatten[87], wurde der Ausbruch der Hexenverfolgung am Ende des sechzehnten Jahrhunderts für geraume Zeit durch den trefflichen Grafen Johann VI. († 1606) — der die Leibeigenschaft in seinem Lande aufhob und für die Hebung der geistigen Bildung seines Volkes sehr tätig war, auf- aber nicht hintangehalten. Es liegt von ihm ein Erlaß vom 28. Juli 1582 vor[88], in dem er sagt, daß er

<hr>

85) *Rommel*, Gesch. v Hessen, B. VI, S. 631. — 86) *Tittmanns* Geschichte der deutschen Strafgesetze, 1830, S. 290 und 291. Allgem. Deutsche Biographie, 9. Bd. S. 171 ff. — 87) *Hansen*, Quellen, S. 571, Nr. 96; S. 610, Nr. 230. — 88) *L. Götze* in den „Annalen des Vereins für Nassauische Altertumskunde und Geschichtsforschung", B. XIII., S. 327 ff.

trotz vielfältiger Klagen über Beschädigungen von Menschen und Vieh, die „von Zauberinnen entspringen sollen", und trotzdem ihm die angeblichen Hexen genannt worden seien und ihre Ausrottung verlangt werde, doch nicht gegen sie vorgegangen sei, sondern er habe erst bei sich selbst nachgedacht, dann habe er sich bei vornehmen Standespersonen und in- und ausländischen Rechtsgelehrten erkundigt und sei zu dem Resultat gelangt, daß man in Sachen, die Leib und Leben und der Seelen Seligkeit betreffen, nicht „liederlich" und auf bloße Anzeige hin handeln, auch niemanden vor eingezogener besserer Erkundigung angreifen, geschweige denn mit ihm zum Feuer eilen dürfe. Damit er aber jederzeit wissen möge, was es mit denjenigen, die als „Hexen oder Zauberinnen angegeben werden", für eine Beschaffenheit habe, so sollten sich die Schultheissen jedesmal bei den Heimburgen, bei vier Geschworenen und anderen unparteiischen Leuten im Stillen erkundigen, wodurch die angeschuldigten Personen in den Verdacht der Hexerei gekommen wären, ob gegründete Beweise für die ihnen zur Last gelegte Schadenstiftung vorhanden und namentlich, „wie sie sich von Jugend auf bis anhero erzeigt, ob sie sich christlich und fromm, auch aller guten Nachbarschaft beflissen und sich diesfalls unbescholten verhalten hätten". Nichtsdestoweniger wurde während der Regierung dieses Grafen Johann bis zum Jahre 1600 an 16 Weibern und 4 Männern wegen Hexerei die Todesstrafe vollstreckt[89].

Besonders merkwürdig ist ein nassauischer Prozeß aus den Jahren 1592—1594. Entgen Hentchens Mutter und ihre beiden Schwestern waren in Montabaur als Hexen verbrannt worden, als auch sie auf Beschuldigung einer mit ihr verfeindeten Verwandten eingezogen wurde. Am 29. Juni 1594 wurden ihr die Daumschrauben angelegt, durch Zangen die Schienbeine zerquetscht, dann die Armknochen aus den Schultergelenken gerissen, ohne daß sie

---

89) *Janssen*, VIII., 729 ff.

gestand. Zwei Tage später wieder gefoltert, sagte sie, sie hätte den Satan nie erkannt. „Mit der Zang und den Schrauben zugleich angegriffen, will nichts bekennen, sentiert keinen Schmerz, ist ihr nicht anzukommen, ist am letzten wie am ersten", lautet das Protokoll. Selbst als sie mit Lichtern oder Schwefel an der Brust, unter den Achseln und an den Fußsohlen gebrannt und mit brennendem Pech beträufelt wird, leugnet sie. „Entgen," sagen die Akten vom 16. Juli, „abermals mit der Folter sentiert, einmal oder zweimal aufgezogen, mit Feuerwerk sehr geschreckt(!), will sich nicht zum Bekenntnis geben." Auf Bürgschaft ihres Mannes wird das standhafte Weib gegen Urfehde entlassen[90].

In Hamburg begann bereits früh die Justiz vom Boden des alten Rechts sich zu dem die Hexenprozesse charakterisierenden Willkürverfahren hinzuneigen.

Ein besonders markanter Fall betraf einen der ersten Märtyrer der Reformation, Heinrich von Zütphen[91], den ein hamburgischer Offizial durch seinen Vikar Johann Schnittger am 11. Dezember 1524 zum Scheiterhaufen verurteilen ließ. Das Urteil lautete: „Dieser Bösewicht hat gepredigt wider die Mutter Gottes und wider den christlichen Glauben, aus welcher Ursache ich ihn vonwegen meines gnädigsten Bischofs zum Feuer verurteile." Doch kamen derartige Fälle zurzeit in Hamburg wie anderswo nur ganz vereinzelt vor. Anders aber wurde die Sache, als man in Hamburg die Folter eingeführt, worauf sogleich Hexenverfolgungen begannen. Der erste Fall, wo in Hamburg erweislich die Tortur zur Anwendung kam, war auch der erste Fall einer größeren Hexenverfolgung. Am 16. Juli 1555 nämlich wurden zu Hamburg von vierzehn Hexen, die in Haft waren, zwei zu

---

90) Akten im Germ. Museum in Nürnberg, Beilagen zur Augsburger Allgem. Zeitung, 1881. Nr. 344 ff. — 91) *Iken*, Heinrich von Zütphen, Halle a. S. 1886. *Rogge*, Heinrich von Zütphen, der Reformator Bremens, Barmen 1887.

Tode gepeinigt und vier, darunter die „Vögtin aus Hamm", lebendig verbrannt. Schon 1556 wurde sodann am 25. Juli ein Hexenmeister samt seinen Kameraden lebendig mit dem Feuertode bestraft. Dasselbe geschah am 12. August 1576 mit fünf Hexen. Später wurden am 12. August 1581 sechs Hexen, am 8. März 1583 eine, die Abelke Bleken, und am 26. August desselben Jahres fünf Hexen verbrannt[92]. Auch werden Hexenverbrennungen zu Hamburg aus den Jahren 1589, 1591 und 1594 überliefert[93].

In Hamburg erschien auch damals (1587) die erste niederdeutsche Druckschrift über den Hexenprozeß unter dem Titel: De Panurgia lamiarum, sagarum strigum ac veneficarum totiusque cohortis magicae Cacodaemonia LL. III., Dat ys: Nödige vnd nütte vnderrichtinge, 1) Van der Töverschen geschwinden list vnd geschicklichkeit quadt to donde; 2) Vnde dat Töverye eine düvelsche Sünde sy, de wedder alle teyn Gebade Gades strydet; 3) Vnde, wo eine Christlike Ouericheit mit sodanen gemeinen Fienden Minschlikes geslechtes vmmeghan schöle. Durch M. Samuelem Meigerium, Pastoren tho Nordtorp in Holstein (Malachiä 3).

Sehr geringen Anklang scheint die Hexenverfolgung im sechzehnten Jahrhundert in Lübeck gefunden zu haben; wenigstens werden aus den Gerichtsannalen des klösterlichen Vogteigerichts zu Lübeck nur drei Fälle aus den Jahren 1551, 1581 und 1591 erwähnt. Im Falle von 1551 dringen aber die Angeklagten selbst mit Ungestüm auf Untersuchung der gegen sie erhobenen Anschuldigung, wobei eine Frau äußert: „Will mir Gott nicht helfen, so helfe mir der Teufel", infolgedessen sie peinlich verhört, zum Bekenntnis gebracht und hierauf zum Feuertode verurteilt wird. Der Prozeß von 1591 endete damit, daß der Ankläger verhaftet wird und der Angeklagten 33 Schill. für

92) *C. Trummer*, Vorträge etc. S. 110—112. *C. Beneke*, Hamb. Geschichten und Denkwürdigkeiten. 3. Aufl. Berlin 1890. S. 105 ff. — 93) Ebenda, S. 115.

ihre Unkosten, sowie 60 Schill. Buße an das Kloster zahlen muß[94].

In der Reichsstadt Nordhausen erfolgten die ersten Hexenverbrennungen, von denen wir wissen, im Jahre 1573. Etwas Eigenartiges tritt in der dortigen Zauberei insofern hervor, als die beiden in diesem Jahr verbrannten Hexen die Geschicklichkeit besaßen, den Leuten Elben (Plagegeister) im Namen des Teufels massenweise anzuhexen, und sie auch im Namen Gottes aus den Menschen wieder zu vertreiben[95].

Molkenzauberinnen: der Axtstiel wird gemolken
Geiler von Kaisersberg, Emeis, Straßburg

Auffallend früh und mit besonderer Heftigkeit trat die Hexenverfolgung in den an romanische Gebiete angrenzenden deutschen Landen hervor.

Im Elsaß begannen die Hexenprozesse im 16. Jahrhundert[96], erreichten aber erst nach 1570 ihren Höhepunkt.

94) Mitteilungen des Vereins für lübeckische Geschichte, Heft 4 und 6. — 95) *Förstemann*, Kleine Schriften zur Gesch. der Stadt Nordhausen, 1855, S. 102 ff. Zeitschrift des Harzvereins, Wernigerode 1870, S. 824. — 96) *J. Klélé*, Hexenwesen und Hexenprozesse in der ehemaligen Reichsstadt und Landvogtei Hagenau, ebenda 1895. S. 15.

In diesem Jahre wurden in Schlettstadt vier Hexen zum Scheiterhaufen geführt und „hat man mit Brennen nicht nachgelassen so lang, bis diese Personen ganz und gar zu Pulver und Asche verbrannt worden"[97]. Eine dieser „Hexen" hatte „die wohlgenannten Herren für das jüngste Gericht geladen"[98]. Eine fünfte Hexe starb im Gefängnis[99].

In Straßburg fand an vier Oktobertagen des Jahres 1582 ein furchtbares Brennen statt[100]. Während der Jahre 1586—1597 wurden zu Rufach 37 und bei St. Amarin beiläufig 200 Hexen zum Tode geführt. Eine Chronik des Städtchens Thann berichtet: „Im Wintermonat 1572 hat man allhier angefangen, vier sogenannte Hexen zu verbrennen, und hat dergleichen Exekution gewährt bis Anno 1620, also daß innerhalb 48 Jahren nur allein hier, teils von hier, teils von der Herrschaft (den umliegenden Vogteien und Meiertümern) bei 152, darunter nur etwan acht Mannspersonen gewesen, eingezogen, gefezt, gefoltert, hingerichtet und verbrennt worden, teils mit teils ohne Reue. Unter währender dieser Zeit sind dergleichen Exekutiones so gemein gewesen, daß nur im Elsaß, Schwaben und Breisgau 800 dergleichen Personen verbrannt worden, dergestalten, daß man glaubte, daß je mehr und verbrennt wurden, je mehr dergleichen Hexen und Zauberin gleichsam aus der Aschen hervorkriechten[101]." In diesem fanatischen Neste bestiegen oft fünf bis acht Frauen zusammen den Scheiterhaufen, darunter Greisinnen von 92 und 93 Jahren. Manche Verurteilte wurden noch auf dem Wege zur Richtstätte alle 100 oder 1000 Schritte mit glühenden

97) *Janssen*, VIII, S. 682. *Reinhard Lutz*, Warhaftige Zeitung. Von den gottlosen Hexen usw. 1571. *Paulus*, Diözesanarchiv von Schwaben, 1895., S. 81 ff. — 98) Theatrum de veneficiis, S. 1 ff. — 99) *Riezler*, S. 144. — 100) Warhaffte vnd glaubwirdige Zeyttung von Hundert vnd viervnddreyßig Unholden, So vmb irer Zauberei halben diß verschinen 1582 Jars zu Gefencknus gebracht vnd den 15. 19. 24. 28 October auff ihr vnmenschliche Thaten vnd gräwliche aussag — — zum Fewer verdampt vnd verbrennet worden. Straßburg 1583. — 101) *A. Stöber*, Die Hexenprozesse im Elsaß, Alsatia, Mülhausen 1857. S. 307 ff.

Zangen gezwickt oder an dem Schweif feuriger Rosse zum Scheiterhaufen geschleift[102]. Und doch war all dies gewissermaßen noch ein harmloses Präludium zu den späteren Hexenbränden, denen in den Jahren 1615—1635 im Bistum Straßburg etwa 5000 Frauen und Mädchen zum Opfer fielen[103].

In Flandern wütete die Hexenverfolgung durch die ganze zweite Hälfte des sechzehnten und während des siebzehnten Jahrhunderts[104].

Am 12. Juni 1527 ließ in Stuttgart der Vogt Fürderer die Witwe Margareta Lösin, da sie eben vom Eßlinger Markt kam, unter dem Tor gefangen nehmen, weil vor vielen Jahren die Rede gewesen, sie sei eine Unholdin, habe mit dem Teufel Gemeinschaft gehabt und sei auf einer Ofengabel über ihren Gartenzaun geritten. Der Lösin wurden die Haare abgeschnitten, sie kam auf die Folter, wurde aufgezogen und mit Ruten gehauen, die Schienbeine wurden ihr mit in Pech getauchten und angezündeten Lumpen verbrannt, das Seil preßte ihren Kopf zusammen, ihre Füße kamen in „Schweinsschuhe", die man über einem Kohlenbecken röstete, sie wurde auf einen Stuhl gebunden und mit glühenden Kohlen überschüttet. Als sie trotz all dieser Martern nicht bekannte, sperrte man sie in einen dachlosen Turm auf dem Reichenberg, in dem sie drei volle Jahre schmachten mußte, dann trieb man sie aus dem Land[105].

Österreich hielt sich, vereinzelte Vorfälle abgesehen, von den Greueln der Hexenverfolgung ziemlich lange frei. So fand um 1350 in Brünn ein Prozeß wegen eines Todes durch Behexung statt[106].

---

102) *Rodolphe Reuß,* La sorcellerie au 16. et au 17. siècle, particulièrement en Alsace, S. 192—194. — 103) *Schreiber* im Taschenb. für Gesch. u. Alterth. in Süddeutschland, 1846, S. 193. — 104) *Cannaert,* Procès des sorcières en Belgique, Gand 1847. — 105) *Dr. Jul. Hartmann,* Chronik der Stadt Stuttgart, Stuttgart 1886, S. 50 ff. — 106) *Hansen,* Quellen, S. 517, Nr. 2.

Jacques Callot, Die Versuchung des hl. Antonius

Abbildung 133: Der verschollene Jahrhunderstern

Aus dem Jahre 1499 wird von einer „Alraune" zu Wien berichtet, der Landeshauptmann und Bürgermeister mit vierundzwanzig Gewappneten auf dem Lande nachgestellt hatten. Man will nun zwar nicht die „Alraune", aber ihren Gefährten bei Dürnkrut gefaßt haben. Er soll mit dem Schwerte hingerichtet und verbrannt worden sein[107].

Ein Jahr vorher, am 21. Oktober, wurden gleichfalls zwei Alraunen, Zauberwurzeln, die unter dem Galgen wuchsen[108], namens Catzett und Sigl verurteilt und hingerichtet, obwohl der Henker sie, wahrscheinlich ihre Rache fürchtend, „nicht hat richten wollen"[109]. Man hatte daher den Scharfrichter von Krems herbeiholen müssen, dem — und das ist ebenfalls zu beachten — nach geschehener Exekution „das Schwert neu gefaßt und zugerichtet wurde". Dieses ist der einzige aktenmäßig feststehende Wiener Fall im fünfzehnten Jahrhundert[110].

Auch um die Mitte des sechzehnten Jahrhunderts treten in Österreich nur wenige Fälle von Hinrichtungen hervor. Großes Aufsehen erregte die 1540 an Barbara Pachlerin, die auf dem Hexenstein im Tiroler Sarntal ihr höllisches Unwesen getrieben, vollzogene Exekution. Sie wurde durch den Henker von Meran zu Asche verbrannt[111].

Der nächste Fall, dessen Akten noch vorhanden sind, gehört dem Jahre 1582 an. Er betraf ein sechzehnjähriges Mädchen, Anna Schlutterbauer aus Mank in Oberösterreich, und deren Großmutter, die siebzigjährige Elisabeth Plainacherin. Das junge Mädchen litt an Krämpfen und galt für besessen, weshalb es auf kaiserlichen und bischöflichen

107) *A. Silberstein*, Denksäulen im Gebiete der Kultur und Literatur, Wien, 1879, S. 211. — 108) *Shakespeare*, Romeo und Julia, 4. Akt, 3. Szene; Heinrich VI., 2. Teil, 3. Akt, 2. Szene. *Grimmelshausen*, Landstörtzerin Courage, 18. Kapitel. *Scheible*, Das Kloster, VI. Bd., Stuttgart 1847, S. 181 ff. — 109) Alt-Wiener Studien von *Ed. Hoffmann* (Wien, herausgegeb. von Ed. Pötzl), Leipzig, S. 177. — 110) *Schlager*, Wiener Skizzen aus dem Mittelalter, Neue Folge, II., S. 35. — 111) „Barbara Pachlerin, die Sarnthaler Hexe", herausgegeben von *Ign. Zisterle*, Insbr. 1858.

Befehl exorziert werden sollte. Die Jesuiten, denen man nun diese ehrenvolle Operation zuwies, bereiteten sich alsbald durch Fasten, Geißelung und andere dem Teufel verhaßte Werke auf ihr schwieriges Vorhaben vor. Doch war der Kampf der frommen Väter mit dem hartnäckigen und verschmitzten Satan nicht leicht. Er dauerte (zuerst in St. Pölten begonnen, dann in Mariazell und schließlich in der St. Barbarakirche auf dem Alten Fleischmarkt zu Wien fortgesetzt) geraume Zeit. Endlich aber (am 14. August 1583) gewannen die Patres doch die Oberhand, indem sie nicht weniger als 12652 lebendige Teufel aus dem Leibe des Mädchens austrieben. Das Mädchen wollte gesehen haben, wie seine Base die Teufel als Fliegen in Gläsern bewahrte, mit Teufeln umging, ihr einen Apfel geschenkt hatte, in dem der Teufel als Wurm hauste usw. Die Greisin wurde nach den Beteuerungen ihrer Unschuld erst mit zwei, dann mit drei Steingewichten auf der Leiter gestreckt, und schließlich bekannte sie nicht nur alles, sondern noch mehr als man haben wollte[112]. — Vergeblich hatte der Stadtrichter Adam Altensteig anfänglich beantragt, die Greisin als eine altersschwache Person in einem Versorgungshaus unterzubringen; er mußte sie schließlich verurteilen, worauf sie zum Richtplatz auf zwei Brettern, die mit Stricken an einen Pferdeschwanz gebunden waren, geschleift und dort verbrannt wurde.

Aus dem Jahre 1588 wird berichtet, daß man in Wiener-Neustadt zwei Zauberinnen und einen Zauberer, die Ungeziefer machten, gefangen hatte. Ein Inquisitor wurde verschrieben, der auch nach Wien kam, aber am Tage nach seiner Ankunft im Bette tot gefunden wurde[113]. —

Der Hexenprozeß war zwar immer noch nicht recht im Gange, aber die Folter tat schon ihre Dienste.

112) *Schlager*, Wiener Skizzen im Mittelalter, II., 48 ff., 65 ff. *Roskoff*, II., 305. *Jos. Huber*, Der Jesuitenorden, Berl. 1873, S. 339 u. 340. *Silberstein*, S. 212 u. 213. *Karl Ed. Schimmer*, Alt- und Neu-Wien, 2. Aufl., Wien 1904, I. Bd., S. 677. — 113) *Silberstein*, S. 213 u. 214.

In den Jahren 1601 und 1603 waren zwei arme Weiber als angebliche Hexen im Kriminalhause in der Himmelpfortgasse zu Wien in Haft. Eine von ihnen machte ihren Leiden ein Ende, indem sie sich in den Brunnen des Gefängnisses stürzte; die andere unterlag den Qualen der Folter. Ihre Leiche wurde auf die Gänseweide am Erdberg geschleift und dort verbrannt. Die Leiche der ersteren dagegen wurde in ein Faß gepackt und dieses in die Donau geworfen, damit sie fern von Wien verwese[114].

Von späteren Hexenprozessen in der Nähe von Wien, sind die Hainburger von 1617 und 1618 zu erwähnen. In der „Warhafftige newe Zeitung etc.", Wien, bei Gregor Gelhaar, 1618, sollen dort bei 80 zauberische Weiber verbrannt worden sein und eine viel größere Zahl liege noch in den Gefängnissen. Zu den Bekenntnissen der Hingerichteten gehörte, daß sie „45 Scheffel voll Flöhe in Wien hineingezaubert hätten[115]".

Auch nach Böhmen, dem deutschen wie dem tschechischen, wurden die Hexenjagden von Deutschland aus verpflanzt. Der erste Hexenprozeß ist 1540 nachweisbar. Die ältesten strafrechtlichen Bestimmungen über Hexerei und Zauberei stehen in den Koldinschen Stadtrechten von 1579. Reich an Hexenbränden sind namentlich die Stadtbücher von Komotau. In Solnic endete ein Prozeß mit dem Freispruch der Angeklagten[116], ebenso ein Prager Fall von 1523[117] und wahrscheinlich auch ein im Jahre 1617 in Braunau geführter Prozeß[118]. In Trautenau wurde der Leichnam eines „Zauberers" zwanzig Wochen nach dem Begräbnis ausgegraben und vom Scharfrichter geköpft und dann verbrannt[119]. Von weiteren Hexenprozessen in Böhmen berichtet J. Svatek[120]. Bereits im Jahre 1588 erstand hier den Hexen in dem

114) *Roskoff*, Gesch. des Teufels, B. II, S. 305. — 115) *Janssen*, VIII. 670 ff. — 116) *Janssen*, VIII., 598. — 117) *Hovorka-Kronfeld*, II., 896. — 118) Mitt. des Vereins für Gesch. der Deutschen in Böhmen, 33. Jahrg., Prag 1895, S. 285 ff. — 119) *Janssen*, 599. — 120) *J. Svatek*, Kulturhistor. Bilder aus Böhmen, Wien 1879, S. 3 ff.

Pfarrer Johann Stelcar Zeletawsky ein Verteidiger, der ihre Verfolgung für unmenschlich erklärte.

Mit am frühesten brach die Hexenverfolgung, — die bisher nur vereinzelt vorgekommen war, — in größerem Maße in Welsch-Tirol aus. Eine im Statthalterei-Archiv zu Innsbruck aufbewahrte Aufzeichnung berichtet über die Justifizierung von etwa dreißig Hexen aus Cavalese im Fleimser Tal, die 1501—1505 unter dem Hauptmann Vigil von Firmian eingezogen worden waren. Die meisten wurden verbrannt oder ersäuft; einige retteten sich durch die Flucht. Das Vermögen aller wurde konfisziert[121].

Auch im deutschen Südtirol kamen schon in den ersten Jahren des sechzehnten Jahrhunderts vereinzelte Hexenverbrennungen vor. Der erste größere Prozeß fand 1510 gegen neun Weiber aus dem Gericht Völs statt. Aus den Akten geht hervor[122], daß damals die Doktrin des Hexenhammers von der Teufelsbuhlschaft den Tirolern noch fremd war. Die den Hexen auf der Folter abgemarterten Geständnisse weisen aber auf einen eigentümlichen Tiroler Volksaberglauben hin. Die Hexen standen in einem Bündnis mit dem Teufel, dessen Zweck die Ausrottung des christlichen Glaubens war. An gewissen „Erchtagen" (Dienstagen) fuhren sie auf Stöcken, Stühlen oder sonstigen Dingen zu Versammlungsstätten, wobei sie in des Teufels Namen die Worte sprachen: „Oben aus und nindert an" und dadurch sicher gen Terlan, auf die Wolff, auf Gfell oder auf den Schalern (Schlern) gelangten. Dort traf man mit dem Teufel zusammen, der in der Gestalt eines „Königs von England" erschien, und dem eine der anwesenden Hexen als „Königin von England (Engelland)" erkoren wurde. Sie wurde dann mit dem Schein von königlichem Schmuck angetan, worauf ein Schmaus folgte, bei dem namentlich kleine Kinder verzehrt wurden. Unerläßliche Vorbedingung der Teilnahme an dieser diabolischen Fest-

121) *L. Rapp*, Die Hexenprozesse und ihre Gegner aus Tirol, S. 16 u. 17. — 122) *Rapp*, S. 143—175.

lichkeit war die feierliche Lossagung von Gott, der Jungfrau Maria und allen Heiligen. Die daraufhin den Hexen gewährte Hilfe des Teufels bestand darin, daß sie böse Wetter zu machen, Menschen und Vieh an ihrer Gesundheit zu schädigen, die Milch der Kühe zu verderben und sonstige Malefizien auszuüben vermochten.

Vom Ende des sechzehnten Jahrhunderts an haben die Tiroler Hexenprozesse durchaus den gleichen Charakter wie im übrigen Deutschland. Zahlreiche Hexenprozesse in Welsch-Tirol werden aus der ersten Hälfte des siebzehnten Jahrhunderts gemeldet, z. B. auf dem Nonsberge in den Jahren 1614 und 1615[123], zu Nogaredo, wo fünf Weiber gleichzeitig verbrannt wurden[124] usw.

Auch im nördlichen Tirol begannen gegen Ende des sechzehnten Jahrhunderts die gerichtlichen Einschreitungen gegen Hexen und Zauberer häufiger und schärfer zu werden. Die Regierung zu Innsbruck erließ wiederholt an die ihr untergebenen Gerichte und Magistrate den strengsten Befehl, auf alle wegen geheimer Zauberei verdächtigen Personen zu achten und gegen sie gebührend zu verfahren[125].

Aus der Erzdiözese Salzburg liegen die Akten eines Prozesses gegen die Ursula Zanggerin, Ehefrau des Paul Riedl zu Neukirchen vor, die als Hexe am 24. Mai 1594 verbrannt wurde.

Bemerkenswert ist bei diesen Prozessen aus dem sechzehnten Jahrhundert, daß bei ihnen Geschworene sitzen, die aus dem Bürger- und Bauernstande gewählt waren. Erst im siebzehnten Jahrhundert, wo die gelehrten Richter und das geheime Gerichtsverfahren in der Strafrechtspflege zur Alleinherrschaft kamen, verschwand hier das Institut der Richter aus dem Volke[126].

Aus Kärnten haben sich im Gräflich Lodronschen Herr-

---

123) „Sammler f. Gesch. und Statistik von Tirol", Bd. III. — 124) *C. P. Dandolos* „La Signora di Monza e le streghe del Tirolo, processi famosi del secolo 17 per la prima volta cavati dalle Fitze originali". Milano, 1855. — 125) *Rapp*, S. 18. — 126) *Rapp*, S. 118.

schaftsarchiv zu Gmünd Hexenprozeßakten aus der Wende des sechzehnten zum siebzehnten Jahrhundert gefunden. Sie berichten von Verfahren gegen eine Frau in Bieberstein und eine in Gmünd aus dem Jahre 1581. Ihr Ausgang ist in Dunkel gehüllt[127]. In einen dieser Prozesse ist eine interessante Persönlichkeit verwickelt, Anna von Teufenbach, geborene Neumann von Wasserleonburg. Die allgemein als Hexe verschriene Frau hatte nicht weniger als fünf Ehemänner überlebt und schritt 1617, als 82jährige Matrone, zum sechstenmal zum Altar, um den 31jährigen Grafen Georg Ludwig v. Schwarzenberg zu heiraten. Am 27. August 1603 wurden Lucia Neidegger und Hans Träxler, von denen der Mann[128] die Teufenbach beschuldigt, in Gmünd hingerichtet. Die nächste Exekution findet 1653 an dem 18jährigen Wettermacher Kaspar Haintz statt[129].

In Ungarn und Siebenbürgen[130] kamen während des ganzen sechzehnten Jahrhundert eigentliche Hexenprozesse nicht vor. Allerdings hatte der ungarische Reichstag 1525 die Verbrennung der Ketzer nachdrücklichst gefordert; aber es kam doch kaum einmal (1550) zur Ausführung dieses Gesetzes. In Siebenbürgen bestimmte ein im Jahr 1577 von der geistlichen und weltlichen Universität bestätigter Visitationsartikel: „Die Zauberei der alten Weiber und was sonst an Teufels Gespenst ist — soll die Obrigkeit nach dem Gebote Gottes und Kaiserlichen Rechten mit dem Feuer strafen oder mit dem strengen Edikt der Obrigkeit wehren; und solange solche nicht ablassen, sollen sie nicht zum Sakrament gelassen werden, denn man muß das Heiligtum nicht vor die Hunde werfen." Hier ist

---

127) *A. v. Jacksch* in der „Carinthia", 84. Jhrg. Klagenfurt 1894. S. 7 — 128) Ebenda, S. 15. — 129) Ebenda, S. 43 ff. — 130) *F. Müller*, Beiträge zur Geschichte des Hexenglaubens und des Hexenprozesses in Siebenbürgen, Braunschw. 1854, S. 17 ff. Magyarországi boszorkányperek oklevéltára. Szerkesztette Komáromy Andor. Budapest 1910. (Das leider meines Wissens noch nicht ins Deutsche übertragene Urkundenbuch der ungar. Hexenprozesse.)

also von Hexerei die Rede; aber ihre Bestrafung soll nicht nach nationalem, sondern nach Kaiserlichem Recht erfolgen — was hinlänglich die Neuheit des hier angeordneten Strafverfahrens beweist. Daher begreift es sich, daß das Gesetzbuch des Fürsten Stephan Bathori von 1583 zwar Strafbestimmungen über Giftmischerei und offenbaren Mord, die in späteren Hexenprozessen häufig als strafentscheidend angezogen werden, aber keinen einzigen gegen die Hexerei gerichteten Paragraphen enthielt.

Auch in Dänemark kamen im sechzehnten Jahrhundert Hexenprozesse stark in Aufnahme[131]. Man findet hierfür ausreichende Erklärung im „Visitationsbuch" des Bischofs Petrus Palladius, dem vom König Christian III. eine Art Oberaufsicht über das dänische Kirchenwesen verliehen war. „Du darfst es nicht verschweigen," mahnte Palladius 1540 das Volk, „wenn du irgend eine Hexe weißt. Die sollen nun ihren verdienten Lohn empfangen. In diesen durch das reine Evangelium erleuchteten Tagen können sie sich nicht mehr halten. Sie werden nun vor der Welt zu schanden, und das ist ihr verdienter Lohn. Erst neulich wurde ein Haufen solcher Hexen in Malmö, Kjöge und anderswo verbrannt, und jetzt hören wir, daß in Malmö wieder ein Haufen eingefangen ist und verbrannt werden soll. In Jütland und den kleinen Ländern macht man Jagd auf sie wie auf Wölfe, so daß neulich auf Alsen und in den umliegenden Gegenden 52 Hexen ergriffen und verbrannt wurden." Palladius selbst spürte auf seinen Visitationsreisen durch Seeland überall Hexen auf. In seinen Augen gehörten auch alle jene zu Hexen, die sich noch katholischer Segnungen und Gebete bedienten. Auch den Hebammen sollte man auf die Finger sehen. Wenn „eine Hebamme mit Segnungen, Beschwörungen und anderen Hexereien und

---

131) *E. Pontoppidan*, Annales Eclesiae Danicae diplomatici, oder nach Ordnung der Jahre abgefaßte und mit Urkunden belegte Kirchenhistorie des Reiches Dänemark, 3. Bd., Kopenhagen 1747, S. 302 u. a. a. O. *Janssen*, VIII., S. 597 ff. Historisch-politische Blätter, 81, S. 435 ff.

Zaubereien sich befaßt, so soll sie — sonst ist der Hehler ebenso schlecht wie der Stehler — der Obrigkeit angezeigt werden, damit sie hundert Fuder Holz unter den Arsch bekomme und lebendig verbrannt werde, wie sie es verdient hat".

Unter sotanen Umständen besorgte bald der dänische Teufel „Geschäfte aller Art von Mord, langwierigem Krankenlager, Totgeburt bis hinunter zu Arm- und Beinbruch, schlimmen Fingern und bloßem Bauchkneipen"[132]. Hier nur ein paar bezeichnende Beispiele: Herr Iver Krabbe wurde 1561 auf Ersuchen zweier Weiber vom Teufel geholt. Als die Obrigkeit sie über einem gelinden Feuer auf die Folter spannte, sagten sie, daß sie von zwei Knechten dazu veranlaßt worden seien. Als in der Nacht des 29. Juli 1566 bei Gotland die ganze dänische Flotte mit Tausenden von Menschen zugrunde ging, war daran der vom Teufel erregte Sturm schuld. Ein paar Hexen hatten ihn hierzu bewogen, weil sie eine Wirtin aus Kopenhagen bezahlt hatte, einen an Bord befindlichen Kapitän aus der Welt zu schaffen, um sein Gut behalten zu können, das sie in Verwahrung hatte. Die Hexen wurden natürlich alle verbrannt. — 1580 wurden fünf Weiber, die Didrik Blomes Ehefrau eine Krankheit angehext hatten, zum Tode geführt, ebenso 1588 die Weiber, die Frau Anna Ahlefeldt krank gemacht hatten. Die Ahlefeldt „wurde endlich ganz von denen umgebracht, die sie behext hatten". Frau Anna Bille hatte fünfzehnmal tote Kinder geboren, bis sie 1597 mit ihrem Manne hinter die Hexen kam und es durchsetzte, daß alle unadeligen unter diesen Hexen verbrannt wurden, worauf sie gesund wurde. „Am 23. Mai 1615 gingen unter der Schiffer Jakob Rubbertsön mit seiner Frau und einer Menge von Leuten, Bürgern, Gesellen und sechs Schiffern, als sie zur See von Bergen nach Holland gehen wollten. Eine Hexe, Mary Geith, hatte ein anderes Weib gekauft, das anzurichten. Dafür wurde

---

132) *Troels-Lund*, Gesundheit und Krankheit, S. 61 ff.

PROMPTE   ET SINCERE ·

IOHANNES · CALVINVS ·
ANNO · ÆTATIS · 53 ·
· B ·

Mary Geith und eine andere Hexe verbrannt. Aber dem Weibe, das Mary Geith gekauft hatte, dem drehte in der Johannisnacht der Teufel im Gefängnis den Hals um[133]."

In der Schweiz griff die Hexenverfolgung zunächst in den romanischen Kantonen um sich. Mit besonderer Heftigkeit erhob sie sich in Genf, was sich teilweise aus dem theokratischen Staatsbegriff Calvins und aus dem mächtigen Einfluß erklärt, den Calvin auch auf alle bürgerlichen Dinge Genfs, namentlich auch auf die Strafgesetzgebung der Stadt ausübte. Nicht mit Unrecht ist von den Strafgesetzen, die der Rat der Stadt nach Calvins Weisung aufstellte, gesagt worden, sie seien noch mehr mit Blut geschrieben als die Satzungen Drakons und kaum anwendbar auf fehlbare Menschen dieser Erde. Die oberste Norm aber, nach der sich diese Strafgesetzgebung Genfs gestaltete, war der Gedanke: Alles was vor Gott strafbar ist, das muß in einem christlichen Staate, soweit es von Menschen wahrgenommen werden kann, auch vor dem Staatsgesetz strafbar sein. Nun hat Gott z. B. ausdrücklich die Zauberei mit Todesstrafe zu ahnden befohlen, daher wollte Calvin, daß alle Zauberer in Genf — zur Ehre Gottes — ausgerottet würden[134]. Das ganze Gerichtsverfahren Genfs läßt darum nicht nur eine ungewöhnliche Strenge, sondern auch eine unmenschliche Härte erkennen[135]. In dem kurzen Zeitraum von 1542—1546 ließ der Rat der Stadt nicht weniger als achtundfünfzig Todesurteile vollstrecken und daneben wurden noch sechsundsiebzig Personen mit Verbannung bestraft, — darunter siebenundzwanzig, gegen die nur der Verdacht vorlag, ein Verbrechen begangen oder „beabsichtigt" zu haben. Dabei richtete sich nun die Strafjustiz des Rats ganz besonders gegen das Verbrechen der Zauberei, indem man die Pest, die 1542

---

133) *Troels-Lund*, 61 ff. — 134) *E. Stähelin*, Joh. Calvin, Leben und ausgewählte Schriften (Elberf. 1863). B. I., S. 349. — 135) *F. W. Kampschulte*, Johann Calvin, seine Kirche und sein Staat in Genf, Leipzig 1869, S. 424 ff.

furchtbare Verheerungen in Genf anrichtete, auf „Pestbereiter" zurückführte. Auf „Bündnis mit dem Satan, Zauberei und Pestbereitung" wurden unzählige in lange, schreckliche Haft, auf die Folter, aufs Schaffot und auf den Scheiterhaufen gebracht. Namentlich zu Anfang des Jahres 1545 häuften sich die Verhaftungen und Prozesse in erschreckendem Maße. Der Kerkermeister erklärte am 6. März dem Rate, daß alle Gefängnisse der Stadt überfüllt wären und er fernerhin Verhaftete nicht mehr unterzubringen wisse. Dabei war das gegen die Verhafteten angewandte Verfahren ein entsetzliches. Man zwickte sie mit glühenden Zangen, man mauerte sie ein und ließ sie verschmachten, wenn sie kein Geständnis ablegten[136]. Man ersann alle möglichen neuen Torturmittel. Es ist vorgekommen, daß Angeklagte neunmal die Marter der Estrapade am Schwibb- oder Schnellgalgen ertragen mußten. „Aber welche Pein man ihnen auch antat," klagt das Ratsprotokoll einmal, „so wollten sie die Wahrheit doch nicht bekennen." Mehrere der Unglücklichen endeten während oder bald nach der Tortur unter Beteuerung ihrer Unschuld. Andere gaben sich, um den furchtbaren Qualen der Kerkerhaft und der Tortur zu entgehen, den Tod, „auf Eingebung des Satans", wie oft gesagt wird. Der Arm des Henkers ermattete unter der Last der Arbeit, die, wie er am 18. Mai 1545 dem Rat erklärte, eines Mannes Kraft überstieg. Wurden doch in den wenigen Monaten vom 17. Februar bis 15. Mai 1545 vierunddreißig jener Unglücklichen — und unter ihnen des Scharfrichters eigene Mutter — durch Schwert, Scheiterhaufen, Galgen und Vierteilung vom Leben zum Tode gebracht! Und dabei war es etwas ganz Gewöhnliches, daß der eigentlichen Exekution noch grausame Verstümmelungen des Körpers vorhergingen[137].

Nicht besser aber als in Genf sah es in dem eben erst von den Bernern eroberten Waadtland aus[138]. Hier hatte

---

136) Ratsprotokoll vom 2. April 1545. — 137) *Philippson,* Westeuropa im Zeitalter Philipp II. (Oncken) Berl. 1882, S. 26. — 138) *J. v. Wall,* Deutsche histor. Schriften, hrsg. v. E. Götzinger, St. Gallen 1875—79, 3. Bd., S. 279 ff.

die Berner Regierung mit den vielen Zwingherrn, deren Kastellane und Gerichte sich namentlich in der Verfolgung der Zauberei die ärgsten Unregelmäßigkeiten erlaubten, fortwährend ihre große Not[139]. Keine zehn Jahre nach der Eroberung des Landes sah sie sich genötigt, unter dem 25. Juli 1543 an ihre welschen Amtleute desfalls zu erinnern: „Wir vernehmen, wie die Edelleute und Twingherrn in deiner Verwaltung und anderswo in unserem neugewonnenen Lande mit den armen Leuten, so der Unhulde oder Hexerei verdächtigt und verleumdet werden, ganz unweislich grob seien und unrechtförmig handeln, als daß gesagte Twingherrn oder Seigneurs-banderets auf ein jedes schlechtes Läumden, Angeben oder einzigen Prozeß unerfahrener Sachen die verzeigten, verargwohnten Personen mit großer, ungebräuchlicher Marter (als mit dem Feuer und Brand an den Füßen, Strapaden[140] u. dgl.) zu Bekennung und Verjahung unverbrachter Sachen bringen und ohne weiteren Rath vom Leben zum Tod richten. Daran wir in diesem gefährlichen Fall der Hexerei besonderes Mißfallen haben." Den Amtleuten soll deshalb eingeschärft werden, sich selbst noch den Gerichtsleuten solches zu gestatten, vor dem Einschreiten sich zu erkundigen, ob genügender Grund dazu vorhanden, ob und unter was für Umständen die angeklagten Taten von den Betreffenden wirklich verübt worden seien usw., gegen die Verhafteten mit Bescheidenheit zu verfahren und keine grausame oder ungewöhnliche Tortur anzuwenden, den Malzeichen fleißig nachzuforschen und in zweifelhaften Fällen sich bei anderen oder bei der Obrigkeit Rats zu erholen, „damit Niemandem zu kurz geschehe, und doch das Uebel gestraft werde". In diesem Sinne sollten sie auch mit den Twingherrn „trungenlich reden".

Bald nachher (21. August 1545) wurde sogar jede Hinrichtung in der Waadt untersagt, bevor die Prozeßakten

---

139) *Dr. Trechsel* in dem Berner Taschenbuch von 1870, S. 149 ff. — 140) Estrapades = Wippen, Schnellen.

nach Bern gesandt, und das Urteil vom Rate bestätigt worden wäre.

Dennoch blieben die Vorschriften der Berner Obrigkeit nur zu häufig unbeachtet, oder sie wurden umgangen, und selbst wo der Prozeß ganz regelrecht geführt wurde, erscheint uns das dabei beobachtete Verfahren in hohem Grade vexatorisch und grausam. Es beruhte auch hier nicht auf dem System direkter Anklage, sondern auf dem der Denunziation und Inquisition, weshalb ein vages Gerücht schon zum Beginn eines Prozesses genügend war, — was selbst Richter und hohe Beamte zu ihrem großen Schaden erfahren mußten.

Der Kastellan von Gland und Prangins, Nicolas de la Foge, war fünf Jahre lang Gegenstand hartnäckigster Angriffe. Von drei Hexen zu Nyon im Jahre 1600 der Mitschuld angeklagt, wurde er gefangen gesetzt und mit ihnen konfrontiert. Da die Hexen auf ihrer Aussage bestanden, so wurde auf höhere Weisung der Prozeß gegen ihn eingeleitet. Indessen beteuerte er auch in der Tortur seine Unschuld, weshalb die Geschworenen ihn freisprachen. Allein im Jahr 1602 erklärten zwei andere Hexen ihn wiederum für mitschuldig. Als sie jedoch bei der Gegenüberstellung ihre Aussage nicht recht aufrecht erhalten wollten, kam von Bern der Bescheid zurück, „da es eine heikle Sache sei, deren rechten Grund allein Gott wisse, so müsse man es Ihm anheimgeben und den de la Foge seiner Gelöbniß und Bürgschaft entlassen". Zugleich wurde dem Kastellan Bory, seinem Nachfolger, wegen schlechter Befolgung der Ordnung das obrigkeitliche Mißfallen ausgedrückt und eine ernste Warnung erteilt. Allein auch jetzt hatte der Geplagte keine Ruhe, indem er sechs Monate später nochmals zur Untersuchung kam. Ja noch 1605 erhielt Bory auf eine neue Beschuldigung und Anfrage seinethalb die Antwort, weil nicht erhelle, daß er etwas Böses begangen, sondern nur, daß man ihn bei der „Versammlung" gesehen haben wolle und dgl., so sei darauf als auf bloße Illusion nichts zu geben; doch möge er immerhin seinem Ankläger gegenübergestellt werden.

Zu Büren hatte im Jahr 1620 ein junger Mensch von siebenzehn Jahren vor Gericht mancherlei gegen seine Mutter bekundet. Nach Bern transportiert erklärte er alles für unwahr. Was er dort gesagt, sei nur auf Andringen des Schultheißen, des Prädikanten und anderer geschehen, denn obschon er ihnen gleich anfangs den Verlauf der Dinge der Wahrheit gemäß eröffnet, hätten sie sich doch dessen nicht begnügt, sondern „mit vielem Fräglen, bald liebkosenden glatten, bald aber mit rauhen Worten, vorgebend, seine Mutter habe schon bekannt", — ihn endlich dazu gebracht, daß er geredet, was sie wollten, und zu allem Ja gesagt. Darauf seien sie noch weiter gegangen, hätten ihn eingesetzt und gefoltert, ihn befragt, ob nicht ein Mann zu seiner Mutter gekommen, auf sein Ja, ob er nicht grün bekleidet gewesen usw. Bei seiner Abführung nach Bern hatte man ihm noch eingeschärft, nicht wieder zu leugnen, sonst würde man ihn noch mehr martern, was auch leider geschehen sei. Erst als er den Worten seiner neuen Examinatoren und seines Mitgefangenen nachgedacht, er solle sich selbst nicht unrecht tun, habe er billig widerrufen und Gott gebeten, daß er ihn bei der Wahrheit erhalten wolle.

Mutter und Sohn wurden infolgedessen gegen Erlegung der Kosten freigegeben.

Bei der Anwendung der Tortur unterschied man im Bernerland hauptsächlich zwei Stufen, die „ziemliche", dann die „notwendige" oder „strenge". Das gewöhnliche Werkzeug war das Seil oder die Strecke. Der Gefangene wurde zuerst leer, d. h. ohne Gewicht, dann auch mit Gewichten von 25—50, auch 100 Pfund, an den Füßen aufgezogen. Nach Umständen schritt man aber auch bis zur Anlegung von 150-Pfundgewichten fort, und zwar mit mehrmaliger Wiederholung. Nur wo in seltenen Fällen die körperliche Beschaffenheit der Inquisiten das Aufziehen nicht rätlich erscheinen ließ, kamen auch andere Torturmittel, wie die Daumschraube, die Wanne, die Breche oder Leiter zur Anwendung. Natürlich brachte dieses Verfahren so ziemlich alle zum Geständnis.

Hatte dagegen die Beschuldigte sich gerechtfertigt und den Ungrund der Anklage dargetan, so erfolgte allerdings ihre Freisprechung, bald mit einer Zensur, bald auf Urfehde, d. h. auf das Versprechen hin, sich an niemand rächen zu wollen, bald auch von einer schriftlichen Ehrenerklärung begleitet; in der Regel jedoch blieb sie unter polizeilicher Aufsicht und mußte, selbst wenn sie das „Kaiserliche Recht", d. h. die Tortur ohne Geständnis ausgehalten, dennoch die Kosten bezahlen. Abergläubische, unwissende, lasterhafte Personen wies man auch dem Pfarrer oder dem Chorgerichte zu, und bisweilen wurde ihnen öffentliche Kirchenbuße und Abbitte vor der Gemeinde auferlegt. Bei starkem, aber nicht ganz erwiesenem Verdacht und widerrufenem Geständnis traten willkürliche oder außerordentliche Strafen ein, z. B. der Ausschluß aus gewissen Bezirken, die Landesverweisung mit oder ohne Stäupung.

Zu einem Todesurteile genügte indessen gesetzlich der bloße Zeugen- und Indizienbeweis nicht, sondern es mußte das Eingeständnis, sei es gütlich oder peinlich, hinzukommen. Im letzteren Falle schützte sogar die spätere Zurücknahme nicht immer. Man sollte, heißt es mehr als einmal in den Prozeßakten, zur Vollziehung schreiten, „unangesehen zu erwartenden Abfalls". Im deutschen Kantonsteile stand die Rechtsprechung den Landgerichten zu; in zweifelhaften Fällen jedoch wurde öfters „Weisung" eingeholt oder der Angeklagte selbst nach Bern gebracht. Auch die Exekution geschah meistens ohne Einspruch oder Bestätigung der Obrigkeit, die sich bloß das Milderungs- oder Begnadigungsrecht vorbehielt.

Als mildernde Umstände galten Jugend, hohes Alter,

aufrichtige Reue, frühzeitig erfolgter Rücktritt aus dem Teufelsbund und insbesondere die glaubhaft gegebene Versicherung, daß durch teuflische Mittel kein oder nur wenig Schade bewirkt worden sei. Die Gnade erstreckte sich jedoch nur ausnahmsweise bis zur Schonung des Lebens; gewöhnlich blieb es bei einer Umwandlung der Strafe in die der Ertränkung für Frauen und der Enthauptung oder Strangulierung für Männer und nachfolgende Einäscherung der Leiche. In späterer Zeit wurden manchmal zur Abkürzung der Leiden den Delinquenten Beutel mit Schießpulver an den Hals gehängt. — Der Exekution ging wie immer die Verlesung der Urgicht („Vergicht") oder des Bekenntnisses — mit Auslassung anstößiger Teile — nebst dem Urteil voran. Auf dem Richtplatze selbst wurde der Verurteilte nochmals, mit Hinweisung auf Gottes Gericht befragt, ob er niemand fälschlich beschuldigt habe.

In betreff des Nachlasses der Hingerichteten herrschte eine verschiedene Ansicht und Übung. Die waadtländischen Gerichtsherrn nahmen ihn als dem Fiskus verfallenes Gut oft in sehr ausgedehnter und eigennütziger Weise in Anspruch. Die Regierung zu Bern dagegen brachte, wo sie die Gerichtsbarkeit besaß, meistens andere Grundsätze zur Anwendung. Begreiflicherweise suchte sie vor allem die Prozeßkosten zu decken. Sie behielt aber auch die Rechte der Gläubiger und Geschädigten vor, wies ihre Beamten an, ihnen darin behilflich zu sein oder bestimmte zuweilen die Entschädigung selbst. So heißt es z. B. im Rats-Manual vom 19. April 1603: „da Claude Pavillard laut Vergicht der Pernette Michauld die bösen Geister eingegeben und sie dadurch unnütz gemacht, so solle ihr aus seinem Gut — fronfestlich zwei Kopf Korn und zehn Fl. verordnet werden." Den Rest überließ die Regierung entweder den natürlichen Erben oder teilte wenigstens mit ihnen, sei es nach einem gewissen Verhältnisse oder nach gerichtlichem Ausspruche. — Auch die Sorge für die Hinterbliebenen vergaß man nicht ganz. Die Kinder wurden mit ihrem Erbteil bald den Verwandten zur Erziehung übergeben, bald an „gute Orte" unter Aufsicht des Amtmanns verdingt.

Dessenungeachtet waren auch die Familien hingerichteter Hexen immer schwer betroffen. Nach der öffentlichen Meinung lastete ein Fluch auf denen, die zu jenen Personen in näherer verwandtschaftlicher Beziehung standen. Sie hatten allgemein das Vorurteil wider sich, das sie ähnlicher Dinge für fähig hielt. Hier und da schienen auch besondere Maßnahmen zur Verhütung von Gewalttat an den Gefangenen nötig, und es wird sogar erzählt, wie zu Thonon 1565 ein Sohn zum Rade verurteilt wurde, der seine im Rufe der Hexerei stehende Mutter zur Vermeidung der Schande mit Hilfe eines gedungenen Mörders umgebracht hatte (Haller und Müslin, Chronik, S. 107.)

Im deutschen Teile des Kantons Bern datierte der erste bis zur Hinrichtung durchgeführte Hexenproxeß aus dem Jahre 1571. In dem welschen Kantonsteile wurden von 1591—1595 durchschnittlich in jedem Jahre elf Hexen, dagegen in den Jahren 1596—1600 durchschnittlich in jedem Jahre einundfünfzig, also im Laufe von zehn Jahren dreihundertundelf Hexen hingerichtet. Der Ruhm, in kürzester Frist das meiste getan zu haben, gebührt dem Amte Chillon, wo in dem einzigen Jahre 1598 nicht weniger als vierzehn Hexen verurteilt wurden.

Mit diesem Treiben der Gerichte in dem welschen Waadtland lag jedoch die Berner Regierung im fortwährenden Kampf. Es muß zu ihrem Ruhm hervorgehoben werden, daß sie sich zur Zeit, wo in allen anderen europäischen Landen der Glaube an die Wirklichkeit teuflischer Hexerei und an die Pflicht ihrer Verfolgung und Ausrottung unerschütterlich feststand und wo daher von Schranken, innerhalb deren sich die Hexenverfolgung zu halten habe, gar keine Rede war, aller der unglücklichen Hexen annahm, soweit es nur die Zeit erlaubte. Schon in einem Erlaß an die welschen Amtleute vom 8. Aug. 1583 hatte sie es gerügt, daß bei der Vergichtung der Hexen so wenig nachgeforscht werde, ob die von ihnen bekannten Malefizien auch wirklich, und unter welchen Umständen, durch sie geschehen wären, da ohnedies ihre Schuld zweifelhaft bleibe, „weil ihr Meister, der Satan, ihnen wohl auch einbilden könnte, daß der Abgang von Menschen und Vieh u. dgl. m. von ihrem Tun herrühre, während es vielleicht in Krankheiten und anderen Zufällen seinen Grund habe."

Im Jahre 1600 entschloß sich sogar der Berner Rat, eine Revision der Prozeßordnung in Hexensachen vornehmen zu lassen. Er setzte zu diesem Zwecke eine Kommission unter dem Vorsitz des Schultheißen Manuel ein. Der von dieser Kommission ausgearbeitete Entwurf, vom Berner Rat am 19. Juni 1600 bestätigt, hatte folgenden Inhalt:

Im Eingange spricht die Regierung wegen des Überhandnehmens der Hexerei im Waadtlande ihr tiefes Bedauern aus und kommt dann sogleich auf die aus den Akten geschöpfte Wahrnehmung zu sprechen, daß die Hexen sich so oft gegenseitig angäben, als hätten sie einander in ihren „gleichwohl vermeinten" Versammlungen gesehen, zusammen gegessen usw. Dadurch sähen sich dann gewöhnlich die Amtleute, Twing- und Pannerherrn veranlaßt, alsbald solche angegebenen Personen aufzugreifen und mit der Tortur gegen sie zu verfahren. Es sei aber zu besorgen, der Teufel, der ein Feind und Lügner von Anfang sei, möchte den Denunzianten die Gestalt ehrlicher Leute vorstellen, wodurch diese in große Gefahr gerieten, zumal wenn man alsbald mit großer Marter gegen sie vorgehe. Um dem allen vorzubeugen, werde daher folgende Ordnung festgesetzt: Erstlich solle kein Amtmann oder Gerichtsherr eine wegen Hexerei verdächtigte Person gefänglich einziehen, „sie sei denn in dreien unterschiedlichen Prozessen angegeben und verzeigt". In diesem Falle und sofern es sich nur darum handle, daß die angeklagte Person in der „Sekte" (d. h. bei dem Hexensabbat) gewesen, ohne etwas Tätliches vollbracht zu haben, sei sie allerdings zu verhaften, jedoch nicht sofort zu foltern, sondern nur mit strengen und drohenden Worten zu befragen. Außerdem habe man sie zur Ermittelung etwaiger Malzeichen sorgfältig zu untersuchen. Lege sie nun kein freiwilliges Bekenntnis ab, so habe man über ihren Wandel genaue Erkundigung einzuziehen, und — wenn diese verdächtig ausfalle — die „ziemliche" Folter anzuwenden oder höheren Orts sich Bescheid einzuholen. Kämen dagegen Malefizien so zur Anzeige, daß sich bei genauer Untersuchung der Sache die Anzeige als begründet erweise, so habe man zur strengeren Folter zu schreiten, immerhin jedoch nur mit dreimaligem Aufziehen mit dem fünfzig-, hundert- oder auch mit dem hundertfünfzigpfündigen Steine. Die zu Lausanne immer noch gebräuchlichen ungesetzlichen Folterwerkzeuge sollten gänzlich abgetan werden. Die Kosten der Exekution sollten aus dem Nachlaß der Hingerichteten gedeckt werden. Es sei ein „ungereimt Ding", daß die Gerichtsherren den Nachlaß einzögen und die Regierung die Kosten trage.

Diese für ihre Zeit mild zu nennende Prozeßordnung hatte zur Folge, daß sich im Waadtlande in den nächstfolgenden Jahren die Zahl der Todesurteile bedeutend verminderte. Doch erreichte sie in dem Jahrzehnt von 1601 bis 1610 immerhin noch die Höhe von zweihundertundvierzig. In den unter unmittelbar Bernischer Verwaltung stehenden Ämtern sank sie dagegen bedeutend. In Avenches von siebenunddreißig auf achtzehn, in Chillon von fünfunddreißig auf neun, und aus Yverdon und Morges sind gar keine bemerkt. In anderen Bezirken dagegen steigerte sich die Zahl der Exekutionen. In Colombier erlitten in den drei ersten Monaten des Jahres 1602 acht Personen, zu Etoy in derselben Zeit ebenfalls acht und 1609 während eines einzigen Monats sieben Personen den Hexentod. Auch kamen hin und wieder, was unter der Bernischen Gerichtsbarkeit nie der Fall war, Massenexekutionen vor. Es geschah, daß in Colombier und St. Saphorin je vier, zu Etoy sogar fünf Hexen auf einem Scheiterhaufen verbrannt wurden. Und das alles geschah in einem Umkreis von nur wenigen Stunden! Bald fing die Seuche der Hexenverfolgung aber auch auf deutschem Gebiete zu wüten an, namentlich im Seelande, das durch seine Lage der Einwirkung romanischer Denkart und Sitte am nächsten war.

Um das Prozeßverfahren noch mehr einzuschränken, erließ der Berner Rat im Jahr 1609 eine neue Verordnung, in der er es auszusprechen wagte, daß auch ein dreimaliges Gesehenwerden einer Person in der „Sekte" und eine darauf sich gründende dreimalige Anzeige nichts zu beweisen vermöchte, weil das Ganze nur auf einen Teufelsspuk hinaus laufen könnte. Es sei ja bekannt, daß der leidige Satan auch christgläubige Leute verblende, wie viel mehr also solche, die sich ihm ergeben hätten, denen er „die Gestalt ehrlicher Biederleute vorstellen kann und ein solches zwei-, drei- und mehrmal zuwege bringen mag, dannenhero etwan ehrliche Leute in böse Geschäfte, ja auch äußerste Tortur gefallen und alsbald Sachen bekannt, deren sie nicht behaftet gewesen". Daher solle bei Personen von gutem Rufe, die wegen nichts anderem bezichtigt, als daß man sie bei der Sekte gesehen, auch wenn dieses noch so oft vorgekommen sein sollte, „solches für eine Illusion und Betrug des Satans gehalten und geachtet werden". Beim Hinzukommen schlechten Leumunds wird der Richter angewiesen, gründliche Informationen einzuziehen und die Befehle der Regierung abzuwarten. Jedoch dürfe man nur unverdächtige Zeugen vernehmen, die mit dem Angeschuldigten nicht in Feindschaft ständen, worüber eine besondere Vermahnung an sie zu richten sei. Im übrigen blieb es bei der vorigen Prozeßordnung mit wiederholtem Verbot der ungebührlichen Tortur und der verfänglichen Fragen. Auch wird den Amtleuten die persönliche Anwesenheit bei den Verhören zur Pflicht gemacht. Diesem für beide Landesteile berechneten Erlasse folgte, unter dem 12. Mai 1610, eine Warnung vor den schweren Sünden der Zauberei, wie Wahrsagen, Beschwören, Segnen usw.

Wie früher, so ließ sich auch jetzt wieder augenblicklich eine günstige Wirkung der neuen Vorschriften verspüren. Schon im Jahr 1610 sank die Zahl der waadtländischen Hexenfälle auf das bisherige Minimum von fünf, und erhielt sich auch in den folgenden Jahren auf einer verhältnismäßig bescheidenen Höhe. Allein 1613 betrug sie schon wieder sechzig, und im Jahr 1616 sogar fünfundsiebzig. Mit geringen Abwechselungen blieb dieser Stand der Dinge noch volle fünfzig Jahre hindurch. Im Amte Chillon wurden 1613 in der Zeit von vier Monaten siebenundzwanzig Hexen hingerichtet.

Die Regierung ließ es in Ermangelung eines besseren an Aufsicht und Handhabung ihrer Mandate nicht fehlen, wobei sich mitunter sogar eine gewisse Schärfe kundgab. Der Herr v. Berchier z. B. mußte die Weisung hinnehmen, „sich inskünftig solcher Inprodezuren bei Ihrer Gnaden Strafe und Ungnade zu überheben". Der Amtmann zu Grandson wird ernstlich getadelt, daß er ordnungswidrig Angegebene verhaftet und unmäßige Tortur angewendet; und einzelne Kastellane und Gerichte erhalten strenge Verweise über ihr Vorgehen „auf einfältige Accusation" hin. Bereits seit 1616 war es auch verboten, die Namen der nur als Teilnehmer an den nächtlichen Versammlungen Verklagten in den Akten zu verzeichnen. Die letzte Verordnung wurde 1634 vervollständigt wiederholt.

In den Baseler Archiven liegen die Akten von vierzehn Hexenprozessen vor, von denen die ersten fünf der Periode von 1519 bis 1550 angehören[141]. Von da an hörten die Prozesse, soviel aus den Akten zu ersehen ist, für ein halbes Jahrhundert auf, bis sie mit dem Jahre 1602 wieder in Gang kamen. Es verdient bemerkt zu werden, daß zu Basel in der Hexenverfolgung allezeit mit seltener

141) *Fr. Fischer*, die Basler Hexenprozesse im 16. und 17. Jahrh. Basel 1840.

Humanität verfahren wurde. Nur einmal, 1624, ist eine Hexe hingerichtet worden. Sehr heilsam wirkte hier auf die Behandlung der Hexen und auf den Gang der Prozesse die reformierte Geistlichkeit ein, wie im Jahre 1602 Jakob Grynäus[142]. Allerdings wurde in der Baseler Reformations- und Polizeiordnung von 1637 das Hexenwesen und alle Zauberei sehr ernst bedroht. Es heißt dort: „Sintemalen durch die teuflische Zauberei, Wahrsagerei, Teufelsbeschwö- rungen und dergleichen abergläubische Dinge, deren sich etliche mit Charakteren sich vor Hauen und Stechen oder mit der bekannten, verfluchten Passauischen Kunst vor Schießen fest und hart zu machen, gebrauchen, die heil. Majestät Gottes zum höchsten beleidigt und an seiner Statt der leidige Satan gleichsam angebetet wird, so gebieten wir ernstlich, daß sich Jedermänniglich solcher Segen, Wahrsagens, Zauberens, Beschwörens, des Nachlaufens von Heiden und Zigeunern usw. gänzlich entziehe. Denn wir sind beständig entschlossen, die dießfalls fehlbar Be- fundenen an Leib, Ehre, Hab und Gut, ja auch am Leben, je nach Gestalt und Befindung ihres Übertretens ohne Gnade abstrafen zu lassen." Allein auch diese Polizei- ordnung spricht es aus, daß gegen Hexen und Zauberer nicht ohne weiteres mit Feuer und Schwert verfahren werden solle, und die Folter kam seit 1643 im Hexen- prozeß zu Basel gar nicht mehr zur Anwendung, obschon man es oftmals mit recht bedenklichen Personen zu tun zu haben glaubte.

In den Niederlanden begann die Hexenverfolgung im ersten Viertel des sechzehnten Jahrhunderts, mit voller Wucht aber seit 1555 in Amsterdam und in anderen Städten. In den einzelnen Prozessen tritt dabei ganz derselbe Wahnwitz und dieselbe Grausamkeit wie in Deutschland hervor.

In Bommel hatte man 1529 eine Zauberin tot im Gefäng- nis gefunden. Ihr hatte der „duyvel den hals gebroicken".

---

142) *Fischer*, S. 12—13.

In Amsterdam wurde z. B. im Jahr 1564 eine im Hospital liegende kranke Frau daran als Hexe erkannt, daß sie in der Fieberhitze viel vom Teufel und von Hexen gefaselt hatte. Sie wurde, krank wie sie war, in den Kerker geschleppt, und, da sie sich nicht schuldig bekennen wollte, geschoren und so lange gefoltert, bis sie sich des Abfalls von Gott, der Buhlerei mit dem Teufel und vielfacher Schadenstiftung schuldig bekannte, worauf sie (am vierten Tage nach ihrer Abführung) zum Feuertod verurteilt wurde. Doch starb sie tags darauf im Gefängnis, weshalb man ihren Leichnam auf den Scheiterhaufen legte und zu Asche verbrannte. — In den „Geständnissen" der niederländischen Hexen tritt es namentlich häufig hervor, daß sie Seestürme und den Untergang von Schiffen herbeigeführt haben wollen. Bei der Justifikation pflegte man auch hier, wie in Süddeutschland, in der Schweiz etc. den Verurteilten auf dem Scheiterhaufen einen Pulversack umzuhängen. Bei einer Exekution zu Bommel im Jahr 1557 geschah es, daß der Scharfrichter, der das Pulver ungeschickt anzündete, sich selbst verbrannte. Übrigens kamen Hexenverbrennungen in den Niederlanden durch das ganze Jahrhundert hin nur vereinzelt vor. Ganze Provinzen, so Friesland bis zum Jahr 1620, und große Städte, z. B. Antwerpen, blieben von dem Greuel der Hexenverbrennung vollständig frei. Die Schöffen der Baronie von Brügge in Flandern beschlossen 1542, Klagen wegen Hexerei gar nicht anzunehmen. Die Stadt Oudewater war so glücklich, durch die ihr von Kaiser Karl V. verliehene Wage alle Angeklagten vor dem Tode und sich selbst vor der Manie der Hexenverfolgung schützen zu können[143].

Die Zahl der Hexenprozesse wurde allerdings häufiger, als Philipp II. 1570 für die Niederlande eine Kriminalordnung publizierte, die in Art. 60 eine sorgfältigere Aufspürung und strengere Bestrafung der Hexerei befahl.

143) *Scheltema*, Geschiedenes etc. S. 114—147.

Indem aber die nördlichen Provinzen das spanische Joch abschüttelten und ein freies, niederländisches Staatswesen bildeten, kennzeichnete sich der Geist, der dieses beseelte, unter anderem auch dadurch, daß die Hexenverfolgung in ihm keinen rechten Raum gewinnen konnte. Eine 1593 zur peinlichen Frage verdammte Frau zu Schiedam appellierte an die obere Instanz und wurde freigesprochen, während der Amtsrichter, der sie für schuldig erklärt hatte, in die Kosten verurteilt ward. Gleichzeitig sah sich der Gerichtshof von Holland anläßlich eines anderen Hexenprozesses bemüßigt, die Professoren der Medizin und der Philosophie zu Leiden um ihr Urteil über die Zulässigkeit der Wasserprobe zu ersuchen. Das unter dem 9. Januar 1594 ausgestellte Gutachten sprach der Wasserprobe die Beweiskraft ab. Denn das Wasser könne doch nichts beratschlagen und beschließen, und „wenn das Wasser die Hexen für schuldig erkennt, warum trägt sie die Erde, warum gibt ihnen die Luft Lebensatem?" Daß angebliche Hexen so oft auf dem Wasser schwämmen, erkläre sich aus der Art, wie sie kreuzweise gebunden ins Wasser gesenkt würden, indem sie auf ihm mit dem Rücken wie kleine Schiffchen zu liegen kämen usw.[144]

Aus den Jahren 1594—1601 finden wir nichtsdestoweniger eine Anzahl von Hexenprozessen verzeichnet, die mit der Hinrichtung der Angeklagten endigten. In ihnen bekannten einzelne auch, daß sie jahrelang als Werwölfe gehaust, wobei ihr Denkvermögen aber keine Sprachfähigkeit gehabt, daß sie Kühe gebissen hätten u. dgl. In den Jahren 1601—1604 dagegen wird gegen alle der Hexerei schuldig Befundenen nicht auf Hinrichtung, sondern auf mehrjährige Verbannung erkannt[145].

Die entsetzlichste Hexenverfolgung erlebte 1613 das Herzogtum Limburg. Sie erwuchs aus dem Gerede eines Kindes zu Roermonde, durch das zunächst eine Frau in den Verdacht der Hexerei kam, was aber zur Folge hatte,

144) *Scheltema*, S. 250 ff. u. Beilagen S. 51 ff. — 145) *Scheltema*, S. 259.

daß in Roermonde und in den umliegenden Ortschaften Straelen, Ool, Wassenberg, Swalm und Herringen ganze Massen von Männern, Frauen und Mädchen in Anklagestand versetzt wurden. Schon nach wenigen Monaten war das ganze Land fieberhaft erregt. Man erzählte sich, wie die Hexen und Zauberer wenigstens tausend Menschen umgebracht, zahlloses Vieh getötet und an Ackerland, Feldfrüchten und Obstgärten unglaublichen Schaden angerichtet hätten, und alsbald hatte die Inquisition ihre Fallstricke in dem ganzen Lande ausgeworfen, und nicht ohne Erfolg. Sie brachte heraus, daß die eigentliche „Hexenprinzessin" eine Hebamme, und deren Helfer, der „Fahnenträger der Zauberer", ein Chirurg war, die beide furchtbar gefoltert und dann verbrannt wurden. Im ganzen wurden vom 24. September 1613 an bis in den Oktober desselben Jahres hinein nicht weniger als vierundsechzig Hexen und Zauberer zu Roermond gehängt und verbrannt[146].

Gleichzeitig wirkte die Inquisition in verschiedenen Teilen Italiens. In der Lombardei trieb sie es so arg, daß die Bauern die Waffen ergriffen. Wer sich nicht loskaufte, den verbrannte man. Agrippa[147] und Alciatus[148] erzählen dies aus eigener Wahrnehmung, letzterer namentlich berichtet, daß allein in den Alpentälern über hundert Personen verbrannt worden seien. Diese Zahl wurde noch überboten in dem Bezirke von Como, als Papst Hadrian VI. am 20. Juli 1523 den Inquisitor dieser Diözese mit einer neuen Hexenbulle ausgerüstet hatte[149].

Es heißt darin: in der Lombardei sei eine Sekte von Männern und Weibern, die den katholischen Glauben verlassen, das Kreuz Christi mit Füßen treten, das Abendmahl mißbrauchen, sich dem Teufel ergeben, durch Zauberei Tiere und Feldfrüchte vielfältig beschädigen usw. Vor Jahren schon habe der Dominikaner Georg von Casali,

---

146) *Scheltema*, S. 240—242. — 147) De vanit. scient. cap. 96. — 148) Parerg. VIII. 21. — 149) *Sept. Decret.*, Lib. V. Tit. XII. de malef. et incantat. cap. 3. *Hansen*, Quellen, S. 34 ff.

Inquisitor zu Cremona, gegen diese Zauberer vorgehen wollen, mehrere vorwitzige Laien und Kleriker hätten jedoch sein Recht dazu bestritten, sein Geschäft behindert und ihm selbst großen Haß erregt, wodurch der Glaube in nicht geringe Gefahr gekommen. Julius II. habe ihn deshalb mit ausdrücklichen Vollmachten ausgerüstet, den Widerstrebenden mit Exkommunikation gedroht, alle Förderer der Inquisition dagegen gleicher Ablässe mit den Kreuzfahrern gewürdigt. Dieselben Vollmachten werden nun von Hadrian auch auf den Inquisitor von Como und alle übrigen Inquisitoren aus dem Dominikanerorden ausgedehnt. Wie blutige Früchte diese Bulle trug, erzählt Bartholomäus de Spina[150]. In der einzigen Diözese von Como rechnet er im Durchschnitt jährlich tausend Prozesse vor der Inquisition und über hundert Hexenbrände.

Auf größere Schwierigkeiten stieß dagegen die Hexenverfolgung in dem venezianischen Teile der Lombardei. Kein Staat hat seine Selbständigkeit gegen die Eingriffe der geistlichen Inquisition so eifersüchtig gewahrt wie die Republik Venedig. Vermöge ihres nach langen Kämpfen 1289 abgeschlossenen Konkordats wohnten den Sitzungen der Inquisitoren jedesmal drei Kommissarien der Regierung bei; ohne ihre Anwesenheit war jede Verhandlung nichtig. Sie konnten Urteile aufheben, hatten an den Senat zu berichten und überwachten das Ganze. Außerdem war die Jurisdiktion des heiligen Offiziums strenge auf die Ketzerei beschränkt; die Zauberei gehörte nur dann vor sein Forum, wenn mit den Sakramenten Mißbrauch getrieben worden war. Auch gingen die Güter der Verurteilten auf deren nächste Erben über[151]. Dieser Beschränkungen versuchte sich die Inquisition bei verschiedenen Gelegenheiten zu entledigen, jedoch ohne Erfolg. Solche Versuche schienen am aussichtsreichsten in den neuerworbenen Provinzen, wo die Inquisition bisher eine freiere Stellung behauptet hatte. So ermächtigte bereits

150) De strigibus cap. 12. — 151) *Daru*, Hist. de Venise, Tom. I. p. 463.

Alexander VI. den Dominikaner Angelo von Verona, Inquisitor in dem venezianischen Teile der Lombardei, auch allein, d. h. ohne Regierungskommissarien, gegen die Zauberer beiderlei Geschlechts fleißig zu inquirieren und sie durch Vermittlung der Justiz, d. h. durch Übergabe an den weltlichen Arm, zu bestrafen[152]. Hiergegen schritt die Regierung, als man 1518 in der Provinz Brescia viele Verurteilungen vornahm, kräftig ein, kassierte die Urteile und zog die anmaßenden Richter zur Verantwortung[153]. Der Papst schwieg vorläufig, um bald eine desto stolzere Sprache zu führen. Ein Ausschreiben Leos X. von 1521[154] rühmt, wie der römische Stuhl, um den Wünschen der Venezianer zu willfahren, den Bischof von Polo mit der Revision der bisherigen Prozesse beauftragt und die Leitung der künftigen an dessen Mitwirkung geknüpft habe. Nun habe dieser in der Person des Bischofs von Istria einen Subdelegaten bestellt. Als dieser in Verbindung mit den Inquisitoren im Val Camonica, wo das verdammte Zaubervolk am meisten hause, mehrere Schuldige dem weltlichen Arm habe übergeben wollen, habe der Podesta von Brescia auf Befehl der Regierung die Vollstreckung verboten, den Inquisitoren die Gebühren entzogen, Einsendung der Akten nach Venedig verlangt und sogar den Subdelegaten zu persönlichem Erscheinen vor dem Senate genötigt. Um jeden Zweifel auszuschließen, erklärte Leo X., wie schon Innozenz VIII. 1486 in einer gegen Brescia gerichteten Bulle[155], daß die weltliche Obrigkeit über geistliche Personen und Sachen nichts zu entscheiden, keine Akteneinsicht zu begehren, sondern nur die gesprochenen Urteile ohne weiteres zu vollstrecken habe. Schließlich werden die Inquisitoren aufgefordert, ihren Privilegien und Gewohnheitsrechten gemäß in der Verfolgung der Zauberer fortzufahren und die Regierung samt dem Dogen nötigenfalls

---

152) *Sept. Decretal.* Lib. V. Tit. XII. cap. 1. *Hansen*, Quellen, S. 31. — 153) *Daru*, a. a. O. — 154) *Sept. Decretal.* Lib. V. Tit. XII. cap. 6. *Hansen*, Quellen, S. 32. — 155) *Hansen*, Quellen, S. 29.

durch kirchliche Zensur und „andre geeignete Rechtsmittel" (alia juris opportuna remedia) zur blinden Urteilsvollstreckung anzuhalten. — Solche Sprache fand im Jahr 1521 in Venedig keine allzu geneigte Aufnahme. Man las in dieser Zeit dort Luthers Schriften mit fast ungeteiltem Beifall, und als in demselben Jahre von den Kanzeln die Exkommunikation über den Reformator und seine Anhänger verkündigt werden sollte, gestattete es die Regierung nur ungern und mit Beschränkungen. Der Widerspruch der Venezianer gegen die Hexenprozesse betraf übrigens nicht lediglich die Kompetenzfrage; man hatte das Verfahren der Inquisitoren gegen die Angeklagten alles Maß überschreitend, oder — wie sich der Papst ausdrückt — zu rigoros gefunden.

In Spanien scheint das erste Autodafé gegen Zauberer 1507 vor sich gegangen zu sein. Die Inquisition von Calahorra verbrannte in diesem Jahre über dreißig Weiber. Genauere Nachrichten gibt Llorente über eine ausgedehnte Untersuchung, die zwanzig Jahre später in Navarra eröffnet ward. Zwei Mädchen von neun und elf Jahren denunzierten gegen die Zusage der eigenen Straflosigkeit eine Menge von Hexen, die sie an einem Zeichen am linken Auge zu erkennen vorgaben. Die Verhafteten lieferten eine genaue Beschreibung des Sabbats, und eine von ihnen legte sogar, wie der Bischof Sandoval in seinem Leben Karls V. versichert, vor den Augen der Richter und auf deren Aufforderung eine Probe des Luftfluges ab, nachdem sie sich aus ihrer Büchse an verschiedenen Teilen des Körpers gesalbt hatte. Die Inquisition zu Estella verurteilte die Angeklagten, hundertundfünfzig an der Zahl, nur zu zweihundertfünfzig Peitschenhieben und mehrjährigem Gefängnis. Dagegen veranstaltete bald darauf das hl. Offizium zu Saragossa etliche Brände (1536). — Ein vom GeneralInquisitor erlassenes Edikt gebot, alle Personen, von denen man etwas auf Zauberei Hindeutendes wisse oder gehört habe, der Inquisition anzuzeigen[156]. — Als Hauptsitz der Zauberer galt Toledo.

---

156) *Llorente*, Krit. Gesch. d. span. Inqu. T. II, Kap. 15. *Hansen*, S. 500.

In England[157] erscheinen die ersten Prozesse als Verfolgungen wirklicher oder bloß vorgegebener Angriffe auf die Person des Regenten. So sah sich die Herzogin von Gloucester zur Kirchenbuße und Verbannung auf die Insel Man verurteilt, weil man ihr zur Last legte, sich mit Zauberinnen über die Tötung Heinrichs VI. beraten zu haben. Die ganze Beschuldigung war von dem tödlichen Hasse des Kardinals von Beaufort gegen seinen Halbbruder, den Herzog von Gloucester, ausgegangen. Ebenso gedachte der ränkevolle Richard III. seine Gegner dadurch am sichersten zu vernichten, daß er die Anklage der Zauberei gegen die Königin Witwe, gegen Morton, nachmaligen Erzbischof von Canterbury, und andere Anhänger des Grafen von Richmond erhob. Die Königin sollte an seinem verkrümmten Arme Schuld sein. Eine Wahrsagung, die der Lord Hungerford über die Lebensdauer Heinrichs VIII. eingeholt hatte, wurde 1541 die Ursache seiner Enthauptung und zugleich die Veranlassung zweier Parlamentsakte, von denen eine gegen falsche Prophezeiungen, die andere gegen Beschwörung, Zauberei und Zerstörung der Kruzifixe gerichtet war. Letzteres Statut ward im ersten Regierungsjahre Eduards VI. wieder aufgehoben. Als unter Elisabeth die Gräfin Lenox des Hochverrats und der Befragung um die Lebensdauer der Königin beschuldigt ward, erschien 1562 nicht nur ein Gesetz gegen die Stellung der Nativität des Regenten, sondern auch ein anderes gegen die Zauberei überhaupt. Bereits wenige Monate nach ihrer Thronbesteigung war Elisabeth vom Bischof Jewel von der Kanzel herab in folgender Weise apostrophiert worden: „Mögen Eure Gnaden geruhen, sich von der wunderbaren Vermehrung zu überzeugen, welche Zauberer und Hexen während der letzten Jahre in Ihrem Königreiche gewonnen

---

157) *Hutchinson*, Histor. Versuch von der Hexerei. Deutsch von Arnold. Leipzig 1726. *Walter Scott*, Br. üb. Dämonol. T. II, S. 12 ff., *Thomas Wright*, Narrativs of Sorcery and Magic. London 1851 T. I, Kap. XI.—XIV.

haben. Ew. Gnaden Untertanen schwinden dahin bis zum Tode, ihre Farbe verbleicht, ihr Fleisch modert, ihre Sprache wird dumpf, ihr Sinn betäubt. Ich bitte Gott, daß die Zauberer ihre Kraft niemals weiter anwenden mögen als an dem Untertanen"[158]. Doch waren die englischen Gesetze gegen Zauberei im ganzen weit milder als das auf dem Festland übliche Verfahren. Die erste Übertretung des Verbots der Zauberei war — falls die Hexe mit ihren Zauberformeln nicht jemand einen Schaden zugefügt hatte — nur mit Gefängnis und mit Ausstellung auf dem Pranger bedroht. Auch ließ man die zum Tode Verurteilten nicht auf dem Scheiterhaufen, sondern am Galgen sterben. Außerdem war die Tortur in England nicht gesetzlich eingeführt. Zur Auffindung der Hexen und zur Erpressung von Geständnissen bediente man sich der Nadelprobe, mit der man nach dem stigma diabolicum suchte, des Hexenbades, wobei das Untersinken als Zeichen der Unschuld galt, und der tortura insomniae. — Allerdings ist unter der Regierung Elisabeths öfters Blut geflossen, doch im Vergleich mit dem, was später vorkam, nur wenig. Siebzehn Personen fielen 1576 in Essex, drei 1593 in Warbois. Mit der Thronbesteigung Jakobs I. (Jakobs VI. von Schottland) 1603, also mit dem Beginne der Herrschaft der Stuarts, folgte ein Hexenprozeß dem anderen[159], insbesondere seit dem Prozeß von 1612.

Dieser Prozeß von 1612[160] — der in der Geschichte der Hexenverfolgung in England epochemachend war — endete mit der Hinrichtung von zehn Menschen. Unter ihnen gehörten neun dem Pendle-Forst-Bezirk in Lancashire an, wo zwei achtzigjährige Weiber, die „alte Demdike" und die „alte Chattox" als Hexen verschrien waren. Alles Unheil in Nah und Fern, jedes Erkranken

---

158) *A trial of witches* usw. — with an appendix by C. Clark. London 1838 pag. 27. — 159) *Thomas Wright*, Narratives of Sorcery and Magic, London 1851, B. II, S. 16. — 160) „Pott's Discovery of witches in the county of Lancashire. Reprinted from the original edition of 1613 " 1845.

und Sterben von Menschen und Vieh wurde ihrer Tücke und ihren Zauberkünsten zur Last gelegt. Daher sah sich endlich der Richter Roger Stowell in Read veranlaßt, beide Weiber mit ihren Töchtern Alison Davis und Anna Redfern am 2. April 1612 in Haft zu nehmen. Infolgedessen versammelten sich die Kinder und Anverwandten der Verhafteten am Karfreitag ein einem alten, abgelegenen, steinernen Gebäude, Malking Tower genannt, um die zur Verteidigung der Angeklagten erforderlichen Schritte zu beraten. Diese Zusammenkunft wurde jedoch ruchbar, und alsbald wollte man wissen, daß die Angehörigen der alten Hexen beschlossen hätten, den Gefängnisvogt zu Lancaster Castle, wo diese in Haft lagen, umzubringen und das Schloß in die Luft zu sprengen. Eiligst ließ daher der Richter aus der Verwandtschaft der Angeklagten noch mehrere andere Personen in Haft bringen, unter ihnen eine Gutsbesitzerin, mit der er seit längerer Zeit in einem Grenzstreit lebte. Der Hauptzeuge bezüglich der in Malking Tower getriebenen „schwarzen Künste" war ein Kind von neun Jahren, der „alten Demdike" Enkelin, auf deren Aussage hin ihre nächsten Anverwandten, Mutter, Großmutter, Bruder und Schwester, nachdem sie sich im Gefängnisse Geständnisse hatten abpressen lassen, zum Tode verurteilt wurden. Die übrigen behaupteten ihre Unschuld bis zum letzten Augenblick. Zehn Personen waren zum Strange ververurteilt, unter ihnen auch die alte Demdike, die jedoch vor der Exekution im Gefängnisse starb.

Gleichzeitig wurden in Northampton fünf Personen hingerichtet.

Ein Hexenprozeß, der 1618 in dem Schlosse Belvoir an der Grenze der Grafschaften Leicester und Lincoln vorkam, machte darum ganz besonderes Aufsehen,. weil er eine der angesehensten Familien des Landes betraf[161].

In der schottischen Geschichte hängen die ältesten wirklichen Zaubergeschichten ebenfalls mit politischen Dingen

---

161) *Wright*, in den Narratives, Kap. XXIV.

zusammen[162]. Als Jakob III. auf den Argwohn verfiel, daß sein Bruder, der Graf Mar, in feindseliger Absicht Hexen befrage, ließ er zuerst diesen in seinem Zimmer unverhört zu Tode bluten und darauf zwölf Weiber und vier Männer verbrennen, um das Verbrechen des Grafen als ein weit verzweigtes erscheinen zu lassen. 1537 fiel, vom Volke allgemein betrauert, die Lady Johanna Douglas, Schwester des Grafen Angus, angeklagt des Mordversuchs auf den König, um die Familie der Douglas auf den Thron zu bringen. Niemand glaubte an ihre Schuld.

Seit dieser Zeit mehrten sich die schottischen Hexenprozesse[163], im ganzen eintönig, wie die übrigen, nur selten einige phantastischere Abweichungen bietend. Unter Maria Stuart wurden sie überaus zahlreich, und die dreiundsiebzigste Akte ihres neunten Parlaments unterwarf das Verbrechen einer geschärften Bestrafung.

Ihr Sohn Jakob hat in der Folge sogar durch seine persönliche Teilnahme an diesen Angelegenheiten Epoche gemacht.

Frankreich hatte schon im Laufe des dreizehnten[164] und vierzehnten Jahrhunderts seine Opfer gebracht und war für längere Zeit zur Besinnung gekommen. Seitdem das Pariser Parlament den Hexenprozeß den geistlichen Richtern abgenommen hatte (1390), kam er nur noch selten vor. „Seit dieser Zeit", sagt Bodin, „trieb der Satan sein Spiel so weit, daß alles, was man von den Zauberern erzählte, für Fabeln gehalten wurde[165]." Ludwig XI., Karl VIII. und Ludwig XII. waren einsichtsvoll genug, um die alten Greuel nicht wiederzukehren lassen. Auch unter Franz I. kam nur weniges vor. Crespet klagt[166], daß die Zahl der angegebenen Zauberer damals hunderttausend überstiegen habe, und daß durch die Lauheit der Richter und die Gunst der

---

162) *W. Scott* a. a. O. Neunter Brief. — 163) Vgl. *Hugo Arnot*, Collection of Criminal Trials in Schottland from 1536, to 1784. Edinb. 1785, S. 347 ff. — 164) *Hansen*, Quellen, S. 445 ff. — 165) *Bodin*, Daemonum. Lib. IV, Cap. I. — 166) *Delrio*, lib. IV, sect. 16.

Großen das Übel noch gewachsen sei. Wenn die Anklage nicht auf Beschädigungen, sondern bloß auf den Nachtflug und den Besuch des Sabbats ging, so sprach das Pariser Parlament in jener Zeit keine Verurteilung aus. Unter Heinrich II. fing man indessen an, dem allgemeinen Zuge der Zeit zu folgen; 1549 wurden in Nantes sieben Zauberer auf einmal verbrannt, weitere bald darauf zu Laon und anderwärts[167]. Solche Brände wiederholten sich unter Karl IX. für den Eifer der Hexenfeinde viel zu selten.

Auffallend häufig trat in Frankreich die Hexerei als Lykanthropie hervor[168]. Überall erzählte man sich mit größter Angst von Zauberern und Zauberinnen, die vom Teufel die Gabe empfangen hätten, sich in Wölfe und Wölfinnen verwandeln zu können, als solche mit dem Teufel oder mit wirklichen Wölfinnen und Wölfen Unzucht trieben, Menschen und Tiere in Masse anfielen, zerrissen und fräßen. Im Herbst 1573 wurden durch einen Parlamentserlaß die Bauern in der Umgegend von Dôle, in der Franche Comté, sogar ermächtigt, auf Werwölfe Jagd zu machen. Nach Boguets Schilderung (Discours de sorciers, 1603 bis 1610) war um 1598 im Juragebirge die Lykanthropie geradezu epidemisch geworden. Aber auch die gewöhnliche Hexerei sah man aller Orten in Frankreich ihr Unwesen treiben.

Ein Verurteilter, Trois-Echelles, versprach einst um den Preis seiner Begnadigung, alle Hexen Frankreichs zu entdecken, deren Gesamtzahl er, wie Bodin erzählt, auf dreihunderttausend angab[169]. Er zog umher, erkannte die Schuldigen vermittels der Nadelprobe am Stigma und soll deren über dreitausend der Obrigkeit bezeichnet haben, unter diesen selbst Reiche und Angesehene. Ihre Verfolgung wurde jedoch unterdrückt. Mehrere gleichzeitige

---

167) *Bodin*, Daemon. II., 5. — 168) *Leubuscher*, Über die Werwölfe und Tierverwandlungen im Mittelalter, Berlin 1850, S. 15—29. — 169) *Bodin*, Daemonum. IV, 5. *Hauber*, Bibl. mag., Bd. II. S. 438 ff. u. 454 ff. *Bayle*, Réponse aux questions d'un provincial, Chap. 55.

Schriftsteller tadeln Katharinas von Medici eigene Hinneigung zu magischen Dingen und die Nachlässigkeit der Richter, wodurch das Zaubervolk in Frankreich an Menge immer mehr zugenommen habe. Dieser Tadel, der, soweit er dem Parlamente gilt, nur ein Lob ist für diese Behörde, an deren Spitze damals der wackere Achilles von Harlay wirkte, hängt mit einer heilsamen Krise der Ansichten zusammen, die in jener Epoche von Deutschland aus über ganz Europa ausgehen zu wollen schien.

Ein Zeitgenosse behauptet nämlich [170], daß die Lauheit der französischen Richter hauptsächlich durch Weyers Schriften veranlaßt worden sei.

---

170) *Crespet* de odio Satanae bei *Delrio*, lib. V, sect. 16.

INHALT